総本山醍醐寺 編

醍醐寺叢書 目録篇

醍醐寺文書聖教目録

第四巻

第六一函〜第八〇函

勉誠出版

醍醐寺文書聖教目録　第四巻　目次

凡　例

一、本書は、醍醐寺霊宝館に架蔵される文書聖教類の目録であり、個々の史料について、その史料名・年月日・員数の他に、成立時代・形状・料紙・法量や端裏書・書出・書止・差出・宛所など書誌・内容に関わる情報を併せて掲げた。

一、本目録では函単位に史料を掲げることとし、その配列は、醍醐寺文化財研究所の手で原本に付され、『醍醐寺記録文書聖教目録』に列記された史料番号に従う。

一、史料の名称については、基本的に『醍醐寺文書目録』（平成元年、文化庁文化財保護部美術工芸課編）に依るが、統一上その表記を変更した場合もある。

一、目録の記載内容は、個々の史料を内容・形式により文書・聖教形式に大別し、各々について以下の項目によることを原則とした。但し該当項目にあたる情報が記載できぬ場合は省略に従った。

〔文書形式〕

㈠ 分類番号、㈡ 史料名、㈢ 年月日、㈣ 員数、㈤ 成立、㈥ 形状、㈦ 欠損、㈧ 料紙、㈨ 紙背、（一〇）法量、（一一）紙数、（一二）端裏・端書、（一三）書出（若しくは全文、前欠の場合は文首）、（一四）書止（後欠の場合は文尾）、（一五）差出、（一六）宛所、（一七）備考

〔聖教形式〕

㈠ 分類番号、㈡ 史料名、㈢ 員数、㈣ 成立、㈤ 形状、㈥ 欠損、㈦ 料紙、㈧ 紙背、㈨ 法量、（一〇）紙数、（一一）外題、（一二）首題、（一三）尾題、（一四）文首、（一五）文尾、（一六）奥書・書写奥書、（一七）備考

一、貼続・書継等により一括性をもつ連券・書継案文については、冒頭に総括名称、次いで共通情報を掲げ、以

下小番号のもとに個々の史料に関わる情報を掲出した。なお小番号は、連券では漢数字、書継ではアラビア数字を用いた。

一、史料名は、文書の場合、古文書学に基づく文書名を付し、成立条件により案・土代・写を付加した。聖教類の場合、首題・外題・尾題の順に従うこととし、無記の場合は適宜仮題を付与した。

一、文書の内容的成立を示す年月日は、その記載形式を尊重して掲げた。なお後筆の付年号は「　」、端裏書等から明らかな年号には〔　〕、記事内容から推定される年号には（　）を付した。

一、現存史料それ自体の成立について、年紀の明記されぬ場合は内容・紙質・書体等から推測し、以下の時代区分に従い表記した。

奈良時代（和銅三年（七一〇）～延暦三年（七八四）九月）
平安前期（延暦三年（七八四）十月～昌泰三年（九〇〇））
平安中期（延喜元年（九〇一）～長保五年（一〇〇三））
平安後期（寛弘元年（一〇〇四）～応徳三年（一〇八六））
平安院政期（寛治元年（一〇八七）～元暦二年（一一八五）二月）
鎌倉前期（元暦二年（一一八五）三月～承久三年（一二二一））
鎌倉中期（貞応元年（一二二二）～弘安十年（一二八七））
鎌倉後期（正応元年（一二八八）～正慶二年・元弘三年（一三三三）四月）
南北朝時代（正慶二年・元弘三年（一三三三）五月～明徳三年（一三九二）十月）
室町前期（明徳三年（一三九二）閏十月～嘉吉三年（一四四三））
室町中期（文安元年（一四四四）～延徳三年（一四九一））
室町後期（明応元年（一四九二）～永禄十一年（一五六八）八月）

安土桃山時代（永禄十一年（一五六八）九月～慶長八年（一六〇三）正月）
江戸前期（慶長八年（一六〇三）二月～延宝八年（一六八〇））
江戸中期（天和元年（一六八一）～安永九年（一七八〇））
江戸後期（天明元年（一七八一）～慶応三年（一八六七）九月）

一、形状は原則として現状を記載し、成立時と形状が改変されていることが判明する場合は、原形状を付記した。なお形状は、竪紙・続紙・切紙・縦切紙・小切紙・折紙・竪折紙と巻子装・袋綴装・粘葉装・綴葉装・折本・仮綴・横帳等の表現を用いた。また二紙一体の書札料紙は、その状態を重紙、第一紙目を本紙、第二紙目を裏紙と表記した。本紙・裏紙に付属して、逐而書が墨書される料紙を礼紙とし、縦使いの封紙を懸紙とした。

一、料紙については、紙質・加工・染めの順（例、楮紙（杉原・雲母引・茶染））に記述した。なお料紙の紙質は以下の表現を用いた。

楮紙（引合・檀紙・杉原・強杉原・奉書紙・美濃紙・高檀紙）・楮紙打紙
斐紙（鳥の子・雁皮紙）
三椏紙
漉返紙（宿紙）・漉返紙
泥間似合
染紙（宿紙・黄染紙・茶染紙）

一、紙背については、紙背文書もしくは裏書の有無を記載し、紙背文書の細目は史料末尾に追記した。

一、法量は縦×横の順に、折紙は開いた状態で計測し、二紙以上にわたる場合、連券は各一紙の横長を合計し、続紙は貼り継がれた状態での全長を計測した。重紙は一紙ごとの法量を計測したが、二紙の法量が等しい場合は、一紙の法量に代表させた。

一、史料個々の内容を窺う手がかりとして、文書形式では端裏・端書・書出・書止・差出・宛所、聖教形式では外題・首題・尾題・奥書の抄出もしくは全文を掲げた。

一、史料からの引用にあたり、文字は常用漢字を原則とし（一部は原本に従い正字体）、異体字・抄物書は常用漢字・通用語句に書き換え、梵字は原本の字形を記した。また、双行・細字・行間書は可能な限り原本の体裁に従って表記することとし、畳字は「々」（漢字）、「ゝ」（平仮名）、「ヽ」（片仮名）を用い、見セ消チ部分の左側には抹消符号「〻」、墨抹部分は▨、虫損・破損部分は□・［　］、左右行間の文字列の挿入箇所には「○」、改行部分には「／」、朱書の文字列には『　』、異筆の文字列には「　」を付した。

一、差出書の位置について、日下以外を注記した。

一、備考には、前後天地以外の欠損、押紙・付箋・逐而書・追記や文書に付記された外題・奥書等の文字情報、記主や裏花押、礼紙の料紙・法量、封式の種類・墨引・ウハ書・封帯、懸紙・包紙の料紙・法量・ウハ書、同函・他函の他号史料との連続関連、印記・印文、破損・虫損の現状、文書に付された訓点・註記等を掲げた。

一、本目録の編集は、永村眞（醍醐寺文化財研究所研究員・日本女子大学名誉教授）・藤井雅子（醍醐寺文化財研究所研究員・日本女子大学文学部）・西弥生（日本女子大学学術研究員）・飯田晶子（日本女子大学学術研究員）が担当した。

以上

醍醐寺文書聖教目録　第四巻　第六一函～第八〇函

第六一函

一　後西天皇綸旨（年未詳）七月廿九日　一通

江戸前期　重紙　染紙（薄墨紙）三四・一糎×四八・二糎　二紙

（本文）自明日可令候二間／夜居給者、／天気如此、仍執啓如件、

（差出）左少弁（花押）（葉室頼孝）

（宛所）謹上　水本前大僧正御房

（備考）懸紙（薄墨紙、三三・八糎×四八・二糎、ウハ書「謹上　水本前大僧正御房
左少弁頼孝」）、

二　後西天皇綸旨等　二通

江戸前期

（備考）（一）・（二）一括、包紙（漉返紙、四六・五糎×三三・四糎、ウハ書「初度
御持僧　綸旨并請文明暦二年二月晦日」）、

（一）後西天皇綸旨（明暦二年）二月晦日　一通

重紙　染紙（薄墨紙）三四・三糎×四八・〇糎　二紙

（本文）被　綸言偁、可令祗／候夜居之由、宜遣仰／者、　綸言如此、仍
執／啓如件、

（差出）左少弁頼孝（葉室）奉

（宛所）謹上　水本前大僧正御房

（備考）懸紙（薄墨紙、三三・八糎×四七・八糎、ウハ書「謹上　水本前大僧正御
房　左少弁頼孝」）、

（二）後西天皇綸旨案（明暦二年）二月晦日　一通

竪紙　楮紙（奉書紙）三一・八糎×四五・三糎　一紙

（本文）被　綸言偁、可令祗／候夜居之由、宜遣仰／者、　綸言如此、仍
執／啓如件、

（差出）左少弁頼孝　奉

（宛所）謹上　水本前大僧正御房

（備考）（一）の案文、懸紙（奉書紙、三一・四糎×四四・七糎、ウハ書「謹上　水
本前大僧正御房　左少弁頼孝」）、包紙（漉返紙、三三・二糎×五〇・二糎、
ウハ書「謹上　水本前大僧正御房　左少弁頼孝」）、

三　明正天皇綸旨案（年未詳）三月五日　一通

江戸前期　竪紙　楮紙（美濃紙）三六・八糎×四九・二糎　一紙

（本文）可令候二間夜居／給之由、／天気所候也、以此旨／随心院前大僧
正可被申／入之状如件、

（差出）右中将基音（園）

（宛所）謹上　大納言僧都御房

（備考）懸紙（美濃紙、三六・六糎×四八・九糎、ウハ書「謹上　大納言僧都御房
右中将基音／「随御門主御持僧之案」」）、

四　明正天皇綸旨案　〔寛永七年〕十二月廿四日　　一通

江戸前期　竪紙　楮紙（美濃紙）　三六・八糎×四九・四糎　一紙

（本文）東寺法務之事、／可令存知給之由、／天気所候也、以此旨／随心院
前大僧正可被申／入之状如件、

（差出）右中将基音

（宛所）謹上　大納言僧都御房

（備考）懸紙（美濃紙、三七・三糎×四九・〇糎、ウハ書「謹上　大納言僧都御房
右中将基音／「随御門主法務知行之案　寛永七年十二月廿四日長
者宣下／同八年閏十月十七日三ヶ吉事於住坊有之、／同年同月廿日東
寺拝堂」」）、

五　明正天皇口宣案写　寛永七年十二月廿四日　　一通

江戸前期　竪紙　楮紙（美濃紙）　三六・九糎×四九・四糎　一紙

（端裏）口　宣案

（本文）上卿　日野新大納言（資勝）　寛永七年十二月廿四日　宣旨／前大僧正増
孝／宜為東寺長者、

（差出）蔵人頭右近衛権中将藤原基音（園）奉

（備考）懸紙（美濃紙、四九・〇糎×三六・九糎、ウハ書「口宣案写」）、

六　室町幕府奉行人連署奉書写　永正九年三月廿二日　　一通

江戸前期　竪紙　楮紙（美濃紙）　三一・三糎×四三・二糎　一紙

（本文）護持事、被仰付訖、早／任鹿苑院殿（足利義満）御判之旨、可／被勤修之由、
所被仰下也、／仍執達如件、

（差出）下野守（飯尾之秀）判／対馬守（松田英致）判

（宛所）報恩院雑掌

（備考）包紙（美濃紙、四三・一糎×三一・一糎、ウハ書「報恩院雑掌　下野守
（飯尾）之秀」）、

七　前大僧正寛済請文案等　　二通

江戸前期　竪紙

（備考）（一）・（二）一括、

（一）前大僧正寛済請文案　明暦二年七月廿九日　　一通

楮紙（奉書紙）　三三・〇糎×四五・八糎　一紙

（端裏）謹請綸旨御持僧ニ付ての分

（本文）謹請／綸旨事／右、自明日可令候／二間夜居之状、謹所請如件、

（差出）前大僧〇正寛済

（二）前大僧正寛済請文土代　明暦二年七月廿九日　　一通

漉返紙　紙背あり　三三・一糎×五〇・三糎　一紙

（本文）謹請／綸旨事／右、従（自）明日可候　二間夜居／之状、謹所請如件、

（差出）前大僧正寛済

（備考）紙背を包紙に用いる（ウハ書「御持僧　綸旨并請文明暦二年七月廿九日」）、

八　前大僧正寛済請文案　明暦三年正月晦日　　一通

江戸前期　竪紙　楮紙（奉書紙）　三一・六糎×四五・六糎　一紙

（本文）謹請／綸旨／右、可候二間夜居者、／謹所請如件、
（差出）前大僧正寛済

九　前大僧正寛済請文案　明暦二年二月卅日　一通
江戸前期　竪紙　漉返紙　三三・六糎×五〇・二糎　一紙
（本文）謹請　綸旨事／右、可候　二間夜居之状、／謹以所請如件、
（差出）前大僧正寛済

一〇　法印亮観請文案　宝永七年三月三日　一通
江戸中期　竪紙　楮紙（奉書紙）　三三・八糎×四六・六糎　一紙
（本文）謹領／後七日御修法伴僧事／右、於東寺灌頂院可被行／伴僧、所請如件、
（差出）法印亮観

一一　御持僧勅使従者交名　明暦二年七月廿九日　一通
江戸前期　竪紙　楮紙（美濃紙）　三三・二糎×四六・三糎　一紙
（本文）新蔵人正六位上右近衛将監安倍泰純／御蔵民部大丞紀正方／衛士藤井家清／仕丁二人役者
（備考）包紙（美濃紙、四六・〇糎×三一・二糎、ウハ書「御持僧　勅使之事　明暦二年七月廿九日」）、

一二　御持僧勅使交名案等　三通
江戸前期　竪紙
（備考）（一）〜（三）一括、

（一）御持僧勅使交名案　明暦三年七月廿九日　一通
楮紙（奉書紙）　三四・二糎×五〇・一糎　一紙
（本文）仰御持僧事／勅使／極臈正六位上左近衛将監小槻重房／御倉正六位上左衛門志中原清喜／衛士藤井家清／仕丁二人役者
（差出）御祈奉行勧修寺右〔左〕少弁経慶
（備考）奥に追記「但今度者、　綸旨不被付之」、

（二）御持僧勅使交名土代　明暦三年七月廿九日　一通
漉返紙　紙背あり　三三・一糎×四四・八糎　一紙
（本文）仰御持僧事／勅使／極臈正六位上左近衛将監小槻重房／御倉正六位上左衛門志中原清喜／衛士藤原家清／仕丁貳〔二〕人役者
（差出）御祈奉行勧修寺右少弁経慶
（備考）奥に「但今度者、　綸旨不被付之」、
（紙背）本国寺重延書状　（明暦三年）七月廿七日　一通
折紙
（書出）其已往者、／以野札不奉申、／疎鬱之至、奉存候、／先々貴躰弥／御鞏固御座被／成候耶、承度奉存候、
（書止）尚不図何も／申含登山仕候而、／万緒可奉申候、／恐惶謹言、
（差出）本国寺重延
（宛所）水本前大僧正様

（備考）逐而書、

（三）　御持僧勅使従者交名案　明暦三年七月廿九日　　一通

前欠　漉返紙　三〇・一糎×三三・四糎　一紙

（本文）御蔵正六位上左衛門志中原清喜／衛士藤井家清

（備考）懸紙（漉返紙、四五・二糎×三三・〇糎、ウハ書「御持僧之事明暦三年七月廿九日」）、

一三　御持僧勅使交名　明暦四年正月廿九日　　一通

江戸前期　竪紙　漉返紙　三三・八糎×五〇・一糎　一紙

（本文）仰護持僧事／勅使／極﨟／正六位上左近衛将監小槻重房／御倉民部大丞正六位上紀正方／衛士藤井重行／仕丁二人役者

（差出）御祈奉行勧修寺左少弁経慶

（備考）奥に「但今度者、　綸旨不被付之」、包紙（奉書紙、四八・八糎×三三・四糎、ウハ書「護持僧之事明暦四年正月廿九日」）、包紙に紙背あり、

（包紙紙背）品川内膳正某書状　（年未詳）正月廿八日　　一通

折紙

（本文）遠路思召寄、／預尊札拝見忝／奉存候、如仰私儀／為御使罷上申候、／逗留中若御出京／被成候ハヽ、其節面上／可得貴意候、恐惶謹言、

（差出）品川内膳正高□（花押）

（宛所）報恩院大僧正御房尊報

一四　勧修寺経広書状（年月日未詳）乃刻　　一通

江戸前期　竪紙　楮紙（杉原）　三五・一糎×五一・八糎　一紙

（書出）芳翰悦令早扣候、御請文并／御返状等給置候、

（書止）尤神妙ニ存事候、／万端期面謁候条、令省略候、／恐々謹言、

（差出）（勧修寺経広）（花押）

（備考）逐而書、奥に捻封（墨引、ウハ書「水本僧正御房貴酬　経広」）、

一五　勧修寺経広書状（年未詳）十二月廿三日　　一通

江戸前期　折紙　楮紙（杉原）　三三・五糎×四六・九糎　一紙

（書出）芳翰落手令早／披候、昨日御本尊／開眼供養御勤行／之由、目出存候、

（書止）寒気／厳重ニ候間、年内令／御出京も有間敷候条、／明春早々以面上可申／承候、恐々謹言、

（差出）（勧修寺）経広

（宛所）水本殿

（備考）逐而書、懸紙（美濃紙、二八・八糎×四三・二糎、ウハ書「水本殿／勧修寺前大納言経広」）、

一六　勧修寺経広書状（万治元年カ）七月十一日　　一通

江戸前期　折紙　楮紙（奉書紙）　三六・九糎×五三・四糎　一紙

（書出）御懇札并和州／瓜壱籠被送下候、／毎度御芳情難／謝候、御堅固之由、／弥重ニ存候、

（書止）尚其内御出京／之時分、可申承候、恐々／謹言、

（差出）勧修寺前大納言（花押）
（宛所）水本大僧正御房
（備考）文中に「去六日開山七百五十年忌之法会」、逐而書、懸紙（美濃紙、二六・六糎×四一・二糎、ウハ書「水本大僧正御房／勧修寺前大納言経慶」）、

一七　勧修寺経広書状　「明暦四」正月廿七日　一通
江戸前期　折紙　楮紙（杉原）　三五・二糎×五三・〇糎　一紙
（書出）新春之吉兆不／可有尽期候、且／御歓楽之由、餘／寒も候間、御保養／専一ニ候、
（書止）廿九日如例／蔵人可参候間、／其御心得尤ニ存候、／猶期永日候、／恐々謹言、
（差出）（勧修寺経広）（花押）
（宛所）報恩院前大僧正御房
（備考）逐而書、懸紙（美濃紙、二六・二糎×四〇・五糎、ウハ書「水本殿／勧修寺前大納言経広」）、

一八　勧修寺経広書状　（明暦四年）二月晦日　一通
江戸前期　折紙　楮紙（杉原）　三〇・四糎×四七・六糎　一紙
（書出）芳墨薫誦悦／存候、誠以例之御祈、／殊令尽精誠候由、／尤以珎重ニ存候、則／本尊御撫物御／巻数等請取申候、
（書止）且又今朝以／書状申入候、途中／違可申与存事候、／尚期後面候、恐々／謹言、

（差出）（勧修寺経広）（花押）
（宛所）水本僧正御房
（備考）懸紙（美濃紙、二六・四糎×三九・九糎、ウハ書「報恩院大僧正御住房　勧修寺前大納言経広」「明暦四戊戌／二月晦日返礼」）、

一九　勧修寺経広書状　（年未詳）三月十一日　一通
江戸前期　折紙　楮紙（杉原）　三〇・四糎×四三・四糎　一紙
（書出）昨日者預御状候へとも、／他行申不能即答候、／殊当山早薇一折／送被下、毎度御懇情之／至、不知謝詞候、兼又／未灌頂之仁被加／御持僧、御祈勤修之例、
（書止）且不審ニ存、先日／釈迦院殿へ尋申／候キ、委細者御出／京之時分、掛御目／可申承候、恐々謹言、
（差出）（勧修寺経広）（花押）
（宛所）水本殿
（備考）懸紙（美濃紙、二九・〇糎×三九・四糎、ウハ書「水本殿　勧修寺大納言」）、

二〇　勧修寺経広書状　（年未詳）六月十九日　一通
江戸前期　折紙　楮紙（奉書紙）　三五・二糎×五三・八糎　一紙
（書出）昨日者、預芳翰候／處ニ、院参仕、不能／則答候、異当山之／名物楊梅一折被／送下候、毎度御懇／志之至、欣悦不少候、／護持御順番月／別事、
（書止）下官も無事ニ而御座候間、／可被心易候、尚御出京／之時分可申承候、／恐々謹言、

（差出）（勧修寺経広）（花押）
（宛所）水本殿
（備考）懸紙（美濃紙、二九・〇糎×四三・〇糎、ウハ書「水本殿　勧修寺前大納言
　経広」）、

二一　勧修寺経広書状　（万治元年）十二月晦日　一通
江戸前期　折紙　楮紙（奉書紙）　三一・八糎×四五・六糎　一紙
（書出）芳翰悦披見申候、／当月護持之御祈、／就被遂御修行、／巻数御進
　献弥重ニ候、
（書止）昨日者、参　内／申候、明後二日／待存候、諸事期／其節候、恐々
　謹／言、
（差出）（勧修寺経広）（花押）
（宛所）水本僧正御房
（備考）懸紙（美濃紙、二八・八糎×四三・二糎、ウハ書「水本僧正御房　勧修寺
　大納言」「万治元　十二　卅／経広卿返礼」）、

二二　勧修寺経広書状　（万治元年）七月卅日　一通
江戸前期　折紙　楮紙（奉書紙）　三一・五糎×四五・六糎　一紙
（書出）依護持之御祈／無為無事御結／願、巻数御献上／弥重ニ存候、仍
　御本／尊撫物等御返上／預置申候、
（書止）旁以迷惑千万可／為御推量候、心事／御出京之節可／申承候条、
　令省略候、恐々謹言、
（差出）（勧修寺経広）（花押）
（宛所）水本大僧正御房
（備考）懸紙（美濃紙、二八・五糎×四〇・八糎、ウハ書「水本大僧正御房
　勧修寺前大納言経広」「万治元　明暦四戌年」）、

二三　勧修寺経広書状　（年未詳）十二月十二日　一通
江戸前期　折紙　楮紙（奉書紙）　三一・五糎×四六・八糎　一紙
（書出）先日者御懇札本／望之至ニ存候、三通并／経朝心底抄一冊返／進
　申候、門跡之事、三通／写留申候間、御次而之時分、／可備　叡
　覧候、
（書止）其段心静ニ以／面上可申達候、開眼之／日次、弥廿二日可有御／
　修行候、恐々謹言、
（差出）（勧修寺経広）（花押）
（宛所）水本殿
（備考）懸紙（美濃紙、二六・〇糎×三六・六糎、ウハ書「水本殿　勧修寺前大納言
　経広」）、

二四　勧修寺経広書状　（年未詳）十二月十七日　一通
江戸前期　折紙　楮紙（奉書紙）　三一・四糎×四六・八糎　一紙
（書出）昨日者、預御状／祝着申候、開眼供／養之御布施、／乍憚少経慶
　相／計而可致申沙汰／旨、被／仰出候、
（書止）若可／然候ハん哉、強而如何／様にても不苦義／御座候、恐々謹
　言、
（差出）（勧修寺）経広

（宛所）水本殿
（備考）懸紙（美濃紙、二六・二糎×三八・四糎、ウハ書「水本僧正御房　勧修寺前大納言経広」）、

二五　勧修寺経広書状　（年未詳）十二月九日　一通
江戸前期　折紙　楮紙（奉書紙）　三一・五糎×四六・八糎　一紙
（書出）昨日者、預芳札候／處、自早朝参／内宿侍、至今日申／刻許祗候申候故、／御報及只今申候、／一開眼之事、今月／廿二日可有御修行／勅定候、
（書止）一文殿注進　一通／右之分、預置申候、委／曲近日可申達候条、／不能詳候、恐々謹言、
（差出）（勧修寺経広）（花押）
（宛所）水本殿
（備考）懸紙（美濃紙、二六・二糎×三六・六糎、ウハ書「水本殿　勧修寺前大納言経広」）、

二六　勧修寺経広書状　（年未詳）十二月十六日　一通
江戸前期　折紙　楮紙（奉書紙）　三一・五糎×四六・八糎　一紙
（書出）芳墨早披欣悦候、／廿二日弥以可令遂／開眼供養給候、前／官之儀、東寺長者／不苦事ニ申候ハん哉、
（書止）職原抄之奥ニ僧正／之相当ニ法印見ヘ／申候間、令言上事候、／公用之儀御座候故、／早々申入候、恐々謹言、
（差出）（勧修寺）経広
（宛所）水本僧正御房
（備考）逐而書、懸紙（美濃紙、二六・一糎×四〇・四糎、ウハ書「水本殿　勧修寺前大納言経広」）、

二七　勧修寺経広書状　「万治二亥」五月十四日　一通
江戸前期　折紙　楮紙（奉書紙）　三一・六糎×四四・四糎　一紙
（本文）従東府無事ニ／上洛申候、就夫／早々預御使者、悦／存候、当月御持／御祈之御順番、／暑気之時分、御／苦労察入候、此／壹端、出産之印迄ニ／進入申候、猶期／面謁候、恐々謹言、
（差出）（勧修寺経広）（花押）
（宛所）水本殿
（備考）懸紙（美濃紙、二五・八糎×三六・八糎、ウハ書「報恩院僧正御房　勧修寺大納言経広」）、

二八　勧修寺経広書状　（年未詳）三月十四日　一通
江戸前期　切紙　楮紙（奉書紙）　一五・九糎×三九・四糎　一紙
（本文）使之覚／四月護持御祈御／順番ニ而御座候間、内々／其御心得、尤ニ存候、委細ハ／御出京之時分、可得御意候、以上、
（備考）端裏に切掛封（墨引、ウハ書「水本殿　勧修寺右中弁」）、

二九　水野石見守忠貞書状　（年未詳）九月廿八日　一通
江戸前期　折紙　楮紙（奉書紙）　紙背あり　三四・四糎×四九・一糎　一紙
（書出）尊札忝拝見／仕候、先令息災之／由、恐悦奉存候、／先日者、京

都／拙宅へ御尋被／成候旨、過分奉／存候、
（書止）何様にと遂／伺公、積鬱／可奉得　尊意候、／恐惶謹言、
（差出）水野石見守忠貞（花押）
（宛所）水本様尊答
（備考）逐而書、紙背を包紙として用いる（ウハ書「護持御本尊事明暦三九四」）、

三〇　水野忠貞書状　（年未詳）十一月廿八日　一通
江戸前期　折紙　楮紙（奉書紙）　三一・六糎×四四・二糎　一紙
（書出）其後ハ致何角／御物遠ニ罷過候、こゝもと／弥御無事ニ御さ候哉、
（書止）将又／江戸より致出来候間、／乍憚少蠟燭百挺／進之候間、猶期後／音刻候、恐惶／謹言、
（差出）水野石見守忠貞
（宛所）報恩院僧正様御同宿中

三一　寛済書状案　（明暦三年）九月四日　一通
江戸前期　竪紙　楮紙（奉書紙）　紙背あり　三一・四糎×四五・二糎　一紙
（本文）誠其後不啓案内、背／本意候、抑三壇御修法／之事、当御代被再興／之上、三ケ寺御本尊新／調被　仰出候之由、目出候、／即延命像渡遣絵師了琢／候了、可得御意候、恐々謹言、
（差出）寛済
（宛所）左少弁殿

（備考）三五号と同文、
（紙背）水野忠貞書状　（年未詳）極月八日　一通
折紙
（書出）此比者、甚寒／其元之儀、奉察候、／弥御息災ニ御座／被成候哉、承度奉／存候、
（書止）猶近々以愚札尋／尊意候間、不能一二候、／恐惶謹言、
（差出）水野石見守忠貞（花押）
（宛所）水本様御同宿御中
（備考）逐而書、

三二　寛順請文案　（年未詳）二月十四日　一通
江戸前期　重紙　緒紙（奉書紙）　三三・二糎×四五・二糎　二紙
（本文）法務長者職護持之事、／辞申入候之趣、以御機／嫌可令洩　披露給候、／恐々謹言、
（差出）法務寛順
（備考）裏紙に本文書の書止シ（二行、墨抹）、裏紙端裏に切封（墨引、ウハ書「左少弁殿　法務寛順」）、

三三　寛済書状案　（明暦三年）十二月十七日　一通
江戸前期　重紙　楮紙（奉書紙）　三一・〇糎×四五・八／四五・二糎　二紙
（書出）今度新図之延命／菩薩像、来廿二日可奉／開眼供養之由、被／仰出候、

（書止）実以畏入／存候、可然様可令　奏洩／給候、恐々謹言、
（差出）寛済
（備考）裏紙奥に「返事之案文 勧修寺弁殿　寛済」、

三四　寛済書状　　二通
江戸前期　重紙　楮紙（奉書紙）
（備考）（一）・（二）一括、ほぼ同文、

（一）　寛済書状　（明暦三年）十二月廿三日　　一通
三二・五糎×四四・四／四五・〇糎　二紙
（本文）三壇御修法延命／菩薩新図開眼供／養之事、抑不肖寛済／令致其
　儀之条、就冥顕／恐惲雖不尠候、／綸命無拠辞、整／開眼之秘業、
　即御／本尊返上候了、宜預／申御沙汰候哉、恐々謹言、
（差出）寛済
（備考）裏紙奥に切封（墨引、ウハ書「勧修寺弁殿　寛済」）、本紙袖に切
　封封帯、

（二）　寛済書状　（明暦三年）十二月廿三日　　一通
三二・〇糎×四五・〇糎　二紙
（書出）三壇御修法延命／菩薩新図開眼供／養之事、抑不肖寛済／令致其
　儀之条、
（書止）即御／本尊返上候了、宜預／申御沙汰候哉、恐々謹言、
（差出）寛済

（備考）裏紙奥に封書「勧修寺弁殿　寛済」、

三五　寛済書状　（明暦三年）九月四日　　一通
江戸前期　竪紙　楮紙（奉書紙）　三二・一糎×四五・四糎　一紙
（本文）誠其後不啓案内、背／本意候、抑三壇御修法之／事、当御代被再
　興之／上、三ケ寺御本尊新／調被　仰出候之由目出候、／即延命
　像渡遣絵師了琢／候了、可得御意候、恐々謹言、
（差出）寛済
（宛所）左少弁殿
（備考）三一号と同文、

三六　万里小路時房書状写等　　三通
江戸前期
（備考）（一）・（二）一括、包紙（美濃紙、四三・三糎×三二・三糎、ウハ書「御
　持僧御本尊ニ付問合也、書時房／之書状」）、

（一）　万里小路時房書状写　（応永廿年）二月九日　　一通
重紙　楮紙（奉書紙）　三二・〇糎×四四・九糎　二紙
（端裏）時房の〇状《書》
（書出）無指題目候之間、細々不申／通背本意候、旁可参拝候、／抑先御
　代三壇御本／尊留何門跡候哉、
（書止）委細被／仰含候ハヽ、可然候、毎事／期参會之時候、恐惶／謹言、
（差出）（万里小路）時房

（宛所）水本（隆源）御房
（備考）奥に追記「今二尊妙法院宮并聖護院前大僧正両門跡ニテ申出之云々／万里小路右少弁応永廿二十六、当絵所行秀登山、仍御本尊延命像渡之、一両日之間写之、可返納之由云々」、
（二）①と同文、

（二）万里小路時房書状写等　一巻
続紙　楮紙（杉原）　三・四糎×三六・〇糎　三紙
（備考）①・②書継、包紙（杉原、三・六糎×二七・三糎）、

①万里小路時房書状写　（応永廿年）二月九日
（書出）無指題目候之間、細々不申／通背本意候、旁可参拝候、／抑先御代三壇御本／尊留何門跡候哉、
（書止）委細被仰含候ハヽ、可然候、／毎事期参會之時候、／恐惶謹言、
（差出）時房
（宛所）水本御房
（備考）奥に追記「今二尊妙法院宮并聖護院前大僧正両門跡ニテ申出之云々／万里小路右少弁応永廿二十六、当絵所行秀登山、仍御本尊延命像渡之、一両日之間写之、可返納之由云々」、
（一）と同文、

②報恩院隆源書状写　（応永廿年）二月十六日
（端書）三壇御修法御本尊事／予返状云、
（本文）誠依無差事、不令啓、／何様可参申候、抑代始／御本尊可被新調之由、目／出度候、延命像即渡／遺絵所候了、可得御意候、／恐々謹言、
（差出）隆源
（宛所）右少弁殿（万里小路時房）

三七　報恩院隆源書状写　（応永廿年）二月十六日　一通
江戸前期　竪紙　楮紙（奉書紙）　三・〇糎×四五・二糎　一紙
（端書）三壇御修法御本尊事／予返状云、
（本文）誠依無差事、不令啓、何／様可参申候、　抑代始／御本尊可被新調之由、目／出度候、延命像即渡／遺絵所候了、可得御意候、／恐々謹言、
（差出）隆源
（宛所）右少弁殿
（備考）三六号（二）②と同文、

三八　兼空書状　（年未詳）卯月三日　一通
江戸前期　折紙　楮紙（奉書紙）　三・六糎×四六・〇糎　一紙
（本文）就護持御修法／令始行候、為／御祝義両樽并／二種被贈下候、誠／御懇情之至、難／紙上申伸存候、去／晦日未上刻勅使恵来、則／御本尊御撫物等／拝受申候て、令修／行申候、貴山御透之／時分、御出京次第、／於光駕被枉候者、／可畏入候、諸篇／申来度存候、恐惶／謹言、
（差出）兼空
（宛所）水本様　拝答

三九　二間観音供抄出　一通
江戸中期　仮綴（モト続紙）中欠　楮紙（奉書紙）　紙背あり　一五・七糎×九・四糎　三紙
（外題）二間観音事
（文首）秘密決義鈔公家十八日観音供事／大師御伝文云、遷唐朝風云々、
（文尾）仍此観音御手不御／也、聖観音儀軌説塔婆印／云々、余事略之、
（備考）糊離れ、「秘密決義鈔」「随見秘要抄」の抄出、
〔紙背〕長瀬新兵衛書状　（年未詳）二月廿七日　一通
仮綴（モト続紙）　前欠
（書出）目出奉申納候、大僧正様・／釈迦院様増々御機嫌能、／万喜被為任御意候間、／尚以弥重目出度奉存候、
（書止）何様／追々可得御意候、此等之趣、／宜預御披露候、恐々謹言、
（差出）長瀬新兵衛以甫（花押）
（宛所）竹田権兵衛殿

四〇　清閑寺益房書状案　（年未詳）三月十五日　一通
江戸中期　竪紙　泥間似合　三三・七糎×四五・四糎　一紙
（書出）一翰令啓達候、抑／主上御平日御持病ニ御通御不巡／候間、御機嫌宜御快通被遊候、
（書止）堅固蜜々之義候間、以飛札申入／候也、恐惶謹言、
（差出）（清閑寺）益房
（備考）奥に捻封（墨引、ウハ書「報恩院権僧正御房　益房」）、

四一　坊城某書状案　（年未詳）十月廿七日　一通
江戸中期　切紙　楮紙（奉書紙）　一五・五糎×四三・四糎　一紙
（書出）一昨日之為御返報、御／口上書之通令拝見候、／当月護持御撫物之事、／此度者、初而御勤仕候故、／六位其地へ参請取申候／事候、
（書止）巻数之儀、晦日ニ此方迄御／越可被成候由、得其意存候、御／勝手次第ニ可被成候、以上、
（備考）包紙（美濃紙、三三・九糎×一六・九糎、ウハ書「護持之御撫物ニ付坊城弁殿手紙」）、端裏に切封（墨引、封帯、ウハ書「東寺長者僧正御房　坊城弁より」）、

四二　勧修寺経慶書状　（万治元年）霜月廿二日　一通
江戸前期　折紙　楮紙（奉書紙）　三一・六糎×四四・四糎　一紙
（本文）遂日雖寒気候、／御勇健候哉、来月／護持御祈之事、／実相院可有勤仕由／御座候間、然者閏十二月／御順番ニ候、内々其御／心得尤存候、餘事／期面謁候、恐惶謹言、
（差出）（勧修寺）経慶
（宛所）水本殿
（備考）逐而書、懸紙（美濃紙、二六・七糎×四一・二糎、ウハ書「「万治元　十一　廿二」／水本殿　勧修寺経慶」）、

四三　勧修寺経慶書状　（万治元年）十一月廿七日　一通
江戸前期　折紙　楮紙（奉書紙）　三一・四糎×四四・五糎　一紙

（本文）十二月護持御祈事、／実門主可有勤／仕由候処、所労之間、／只今被申越候間、／貴前可有御修行候、／仍令啓候、恐惶謹言、
（差出）経慶（勧修寺）
（宛所）水本僧正御房
（備考）逐而書「明後日御撫物可令／持参候、以上」、懸紙（美濃紙、二六・七糎×四一・二糎、ウハ書「「万治元　十一　廿七到来」水本僧正御房
勧修寺弁経慶」）、

四四　実雅書状案　（年未詳）六月十六日　一通
江戸中期　折紙　楮紙（美濃紙）　紙背あり　三一・九糎×四五・六糎　一紙
（端書）返事のひかへ
（本文）貴翰拝閲、暑気之節、／愈御安全御座被成／目出存候、然者来月／護持勤修之儀、被／仰下候、
（書止）委細／御示給之趣、畏存候、御請／申上候間、宜御沙汰希存候也、
（差出）実雅
（宛所）左少弁殿
（備考）見返奥に「封／左少弁殿　実雅」、
（紙背）実雅書状土代　（年月日未詳）　一通
折紙
（書出）貴翰拝閲、暑気之節、／愈御安全御座被成／目出存候、然者来月
護持勤修之儀、
（書止）委細御示／給畏存候、御請申上候間、宜／御沙汰希存候也、

（備考）四四号の土代、

四五　裏松益光口状案　（年未詳）八月十六日　一通
江戸中期　折紙　楮紙（奉書紙）　三一・四糎×四七・一糎　一紙
（本文）口状／来九月護持之事、／可有御勤修候哉、／内々得御意候也、
（差出）裏松弁
（宛所）報恩院前大僧正御房
（備考）包紙（美濃紙、二七・七糎×四二・一糎、ウハ書「護持ニ付／裏松弁益光手札」）、

四六　烏丸大納言某口上覚　（年未詳）三月晦日　一通
江戸中期　切紙　楮紙（奉書紙）　一五・八糎×三四・九糎　一紙
（端裏）水本僧正様へ上ル
（本文）口上之覚／今日御撫物之義、毎／度蔵人本坊へ持参被／仕候得共、各依所労及／闕如候間、御里坊迄侍／僧中出可被進候、於御／里坊相渡可進候、此度／之義者、役者闕如之間、／後日之例ニ罷成間敷候、／其御心得可被成候也、
（差出）烏丸大納言（日下前行）

四七　隆幸書状　（年未詳）六月三日　一通
江戸中期　折紙　楮紙（奉書紙）　三一・五糎×四五・七糎　一紙
（書出）御示致展誦候、逐日／向暑候得共、弥御清勝／珎重存候、然者先々月／護持僧／勅許之由、珎重御事／存候、

（書止）於御領掌者、当十五六日比迄ニ／廣情方迄御指出頼入存候、／恐々謹言、
（差出）隆幸
（宛所）報恩院権僧正様
（備考）懸紙（美濃紙、二七・二糎×四〇・〇糎、ウハ書「報恩院権僧正様回章　隆幸」）、

四八　護持院光星書状　（年未詳）正月廿日　一通
江戸中期　折紙　楮紙（奉書紙）　三九・八糎×四九・〇糎　一紙
（書出）尊札拝見仕候、如仰改年之／御慶重畳申納候、貴院様／弥御康健被成、御超年／珎重之御事奉存候、
（書止）殊末広一箱／被懸貴意、忝致祝納候、右、／為御礼如斯御座候、恐惶／謹言、
（差出）護持院権僧正光星（花押）
（宛所）報恩院法務様

四九　坊城俊方口上覚　（年未詳）十月廿五日　一通
江戸中期　小切紙　漉返紙　一六・四糎×三一・七糎　一紙
（本文）口上之覚／当月護持御撫物之事、／醍醐江六位請取ニ令／参候筈ニ、相究候間、被／相御心得可被成候、晦日ニ請取／被申筈候也、
（差出）俊方（坊城）
（宛所）東寺長者僧正御房

五〇　延命菩薩開眼供養張札案　三通
江戸前期
（備考）（一）〜（三）一括、包紙（奉書紙、三六・三糎×五一・二糎、ウハ書「三壇御本尊事」）、包紙に紙背あり、

（一）延命菩薩開眼供養張札案　一通
続紙　泥間似合　三六・六糎×一〇三・五糎　三紙
（本文）三壇御修法御本尊延命菩薩新図／奉　制、欽而開眼供養畢、／明暦三年十二月廿二日　前大僧正寛済

（二）延命菩薩開眼供養張札案　一通
竪紙　楮紙（奉書紙）　三一・〇糎×四四・〇糎　一紙
（本文）三壇御修法御本尊／延命菩薩新図奉／制、欽而開眼供養畢、／明暦三年十二月廿二日　寛済

（三）延命菩薩開眼供養張札案　一通
竪紙　楮紙（奉書紙）　三一・二糎×四三・八糎　一紙
（本文）三壇御修法御本尊延命／菩薩新図奉／制、欽而開眼供養畢、／明暦三年十二月／東寺長者前大僧正寛済

（包紙紙背）水野石見守忠貞書状　（年未詳）十月十五日　一通
折紙
（書出）昨日者、尊報拝／見、殊大関土佐守祈／祷之儀、御執行可／被下

由、忝奉存候、／本尊之御事、可／然様奉頼候、
（書止）随而峯中記、／いつニても拝見仕度候、／万端奉期後音刻候、／恐惶謹言、
（差出）水野石見守忠貞（花押）
（宛所）水本様御同宿御中
（備考）（一）～（三）一括包紙の紙背、

五一　万里小路建房奉書等　六通
江戸後期
（備考）（一）～（六）一括、

（一）万里小路建房奉書　（年未詳）十月廿九日　一通
折紙　楮紙（美濃紙）　三三・二糎×四六・四糎　一紙
（本文）住心院僧正／甘露王院権僧正／常住金剛院権僧正／右、護持僧被／仰出候、此旨可令洩／申給候也、
（差出）（万里小路）建房
（宛所）大納言僧都御房

（二）万里小路建房奉書　（年未詳）六月廿三日　一通
折紙　楮紙（美濃紙）　三三・〇糎×四六・〇糎　一紙
（本文）大覚寺前大僧正／護持僧被／仰下候、此旨可令／洩申給候也、
（差出）建房
（宛所）大納言僧都御房

（三）万里小路建房奉書　（年未詳）二月廿二日　一通
折紙　楮紙（美濃紙）　三三・三糎×四五・八糎　一紙
（本文）来月護持可令／勤修給之旨、被／仰下候、以此旨、宜申／入給候也、
（差出）建房
（宛所）大納言僧都御房

（四）中御門経定請文　（年未詳）七月五日　一通
折紙　楮紙（美濃紙）　三三・二糎×四五・八糎　一紙
（本文）御祈奉行奉候、／以此旨可令申入給候／也、
（差出）（中御門）経定
（宛所）大納言僧都御房

（五）清閑寺共福書下　（年未詳）正月五日　一通
折紙　楮紙（美濃紙）　三三・二糎×四六・〇糎　一紙
（本文）来八日太元法　御撫／物可相渡候間、巳剋必／無遅々僧侶一人可有／御差出候也、
（差出）（清閑寺）共福
（宛所）大納言僧都御房

（六）撫物衛士等交名　（年月日未詳）　一通
折紙　楮紙（美濃紙）　三三・二糎×四六・二糎　一紙
（本文）御祈ニ付従御撫物／三宝院御門跡江参向、／衛士藤井土佐掾／同

重主計／召具白丁両人／両具持壱人／右、合三人、

五二　覚源請文案等　九通・一紙

（備考）（一）～（八）一括、

（一）　覚源請文案　（年未詳）三月廿日　一通

江戸中期　折紙　楮紙（奉書紙）　紙背あり　三三・六糎×四六・七糎　一紙

（本文）来月護持可／令勤修之旨／被　仰下、謹承／之候也、

（差出）覚源

（宛所）右少弁殿

（備考）追記「綸旨之義、可相尋事、／金剛王院様今日御帰院／之趣、承知ニ付、御返書候也、／被申候事」、

（紙背）某書状案　（年月日未詳）　一通

折紙

（書出）貴翰拝誦如仰、頃者／御来駕得拝顔大幸存候、／乍然何之風情茂無之、／残情不少候、

（書止）猶／大僧正与茂御参會候ハヽ、／宜被仰入、被置可被下候、／毎事拝面可申候也、／頓首々々、

（備考）逐而書、

（二）　実雅護持参勤辞状案　（年未詳）十一月廿八日　一通

江戸中期　折紙　楮紙（奉書紙）　三二・七糎×四六・〇糎　一紙

（本文）来十二月護持之事、可令勤修之旨、依所労／御断申上候也、

（差出）実雅

（備考）奥に「追免」、逐而書、

（三）　文書返納覚　（年未詳）卯八月十四日　一通

江戸後期　切紙　三椏紙　一五・八糎×三二・〇糎　一紙

（書出）覚／一凡僧別当執　奏／申状貳通／一同勅許口宣壱通／一法務宣下之事

（書止）右、今日進上被申候、／重而御返納被遊候節、／此目録ニ御引合被遊候而／御返し可被遣候、以上、

（差出）使　真長

（四）　護持御祈順番札　（年月日未詳）　一通

江戸後期　小切紙　楮紙（奉書紙）　一八・〇糎×一五・〇糎　一紙

（本文）護持御祈順番／五月　十一月

（五）　観音供本尊由緒　（年月日未詳）　一通

江戸中期　切紙　三椏紙　一五・四糎×二一・二糎　一紙

（書出）小野僧正状云、／十八日観音供／正観音七寸梵天七□□□／醍醐三昧堂本尊仁寿殿観音也、

（書止）十八日観音供本尊被用意、但／□□□梵天・帝尺也、正観音／勿論也、

（備考）虫損甚し、

（六）別当宥円奉書案等

江戸中期

（備考）1～3一括、

1　別当宥円奉書案　（年未詳）四月十日　一通

続紙　楮紙（美濃紙）　一四・三糎×三九・三糎　二紙

（本文）報恩院権僧正法務一長者／宣下如斯候、如先々可／令存知給候也、仍而執達／如件、

（差出）別当法印宥円

（宛所）執行法印御房《権律師》

（備考）二紙目に「追申、口／宣案両通巻加／進之候」、

2　別当宥円書状案　（年未詳）四月十日　一通

切紙　楮紙（美濃紙）　紙背あり　一四・五糎×二六・〇糎　一紙

（本文）就報恩院権僧正一長者／宣下事、惣寺并執行方／以書状申候、可有御伝達候、／恐々謹言、

（差出）宥円

（宛所）宝菩提院法印大僧都御房《中納言法印御房》

（備考）紙背に「□和泉守」、端裏に封書「宝菩提院法印大僧都御房《中納言法印御房》　宥円《円》」、

3　別当宥円書状案　（年未詳）四月　一通

切紙　楮紙（美濃紙）　一三・八糎×二六・三糎　一紙

（本文）報恩院権僧正一長者／宣下候、為寺家御存知／令啓候也、恐々謹言、

（差出）別当法印宥円

（宛所）年預法印御房《御》

（備考）奥に「かけ紙有、／表包ニ／年預法印御房　別当法印」、

（七）護持僧差札　（年月日未詳）　一通

江戸後期　小切紙　漉返紙　三四・四糎×六・四糎　一紙

（本文）水本前大僧正御房　葉室左少弁（花押）

（八）綸旨包紙　（年月日未詳）　一紙

江戸中期　竪紙　漉返紙　五〇・三糎×三三・四糎　一紙

（備考）ウハ書「綸旨」、

五三　別当分用途注文　（年月日未詳）　一通

江戸中期　切紙　三椏紙　一五・七糎×四一・四糎　一紙

（書出）別当分／一大堂供　一貫百文／一灌頂院大師御捧物　一貫文／一呪願師　一貫文

（書止）一絹裹一　五百文／已上／合六貫五百二拾八文

五四　勾堂敬意請取状　天和四年正月十九日　一通

江戸中期　竪紙　楮紙（美濃紙）　二五・九糎×三九・三糎　一紙

（本文）長者并別当御拝堂御下行米／合六拾弐石四斗三升弐合也、／右、

請取申所如件、

(差出) 勾堂敬意 (円形黒印)

(宛所) 水本大僧正御内竹内宮内卿殿

五五　拝堂用途送進状書様　享保二年十一月十六日　一通

江戸中期　切紙　楮紙 (美濃紙)　二四・七糎×二〇・一糎　一紙

(本文) 送進　御拝堂用途事／合五拾三貫四百卅文者、／右、任注文之旨、
所送進如件、

(差出) 真長坊印実名／川久保主水印名乗

五六　拝堂用途請取状案　享保貳年／酉ノ十一月十六日　一通

江戸中期　切紙　楮紙 (美濃紙)　二四・八糎×二四・三糎　一紙

(本文) 長者并別当御拝堂御下行米／合六拾貳石四斗三升貳合也、／右、
請取申処如件、

(差出) 勾当下野印

(宛所) 水本大僧正御内川久保主水殿／真長坊殿

五七　装束等覚等　二通

江戸中期　竪紙　楮紙 (美濃紙)

(備考) (一)・(二) 一括、

(一)　装束等覚 (年月日未詳)　一通

二四・〇糎×三三・七糎　一紙

(書出) 覚／一上童／一中童子／一大童子／一小結

(書止) 一力者ノ着物　五六人前有之、／一たこし有之、

(二)　童子・力者等装束借用覚 (年未詳) 二月十五日　一通

二四・〇糎×三三・七糎　一紙

(書出) 覚／一中童子　二人前但かり衣計、さしぬきハなく候、

(書止) 右之外ハ無御座候由、申来候間、／左様ニ御心得可被成候、御左
右次第、／右之分ハ取ニ遣可申候、以上、

(差出) 長谷川郁也

(宛所) 桂昌院様まいる

五八　供奉人数注文 (年月日未詳)　一通

江戸前期　切紙　楮紙 (美濃紙)　三一・七糎×一六・九糎　一紙

(本文) 供奉之人数／惣合四拾七人歟、

五九　報恩院前大僧正某訴状案　天和三年／九月廿七日八　一通

江戸中期　巻子装　前欠　楮紙 (奉書紙)　三一・五糎×二六八・一糎　六紙

(文首) 事、無了簡延引令迷惑候事、／一先師大僧正三ヶ吉事申次役、令
違変候／様子者、松橋之門弟慈心院と申候ニ、申次役／相催、則
領状之上、前日習礼迄も相勤、

(書止) 偏奉仰　聖断候、可然候様、御／沙汰候者、別而可為恐悦存候、
以上、

(差出) 報恩院前大僧正

六〇　兵部卿正政書状等　　四通・九紙

（備考）（一）～（一三）一括、

（一）　兵部卿正政書状　（延宝四年）五月十三日　　一通

江戸前期　折紙　漉返紙　三二・四糎×四五・七糎　一紙

（本文）来十九日就／後荘厳院殿十七回忌、／曼供御執行之間、／磬役参
勤可有之候、／且又十八日午刻、／習礼被仰付候間、／其心得尤
候、恐々／謹言、

（差出）兵部卿正政／正政（花押）

（宛所）宝幢院御房

（二）　坊城俊将書状　〔享保四年〕二月十七日　　一通

江戸中期　切紙　楮紙（美濃紙）　一五・五糎×一九・五糎　一紙

（端裏）享保四

（本文）来月御持可令／勤修給候哉、仍／得御意候也、

（差出）（坊城）俊将

（宛所）理性院前大僧正御房

（三）　護持御撫物役人交名　（年月日未詳）　　一通

江戸前期　竪紙　楮紙（美濃紙）　二八・三糎×三九・三糎　一紙

（本文）護持之御撫物持参／之役人／勅使　差次蔵人／御衣取次役人／
御蔵／御衣請取役人／宝幢院権律師隆弁／取次／行事法師長
僖／承仕　知善

（四）　勅使登山役人交名　（年月日未詳）　　一通

江戸前期　折紙　楮紙（美濃紙）　三〇・七糎×四二・五糎　一紙

（書出）延宝六戊午／十月晦日護持之／御衣返上之時、／勅使登山役人／之
覚／勅使　差次蔵人／御衣取次　御蔵左兵衛尉／紀亮方

（書止）行事／法師長僖／承仕　知善／御蔵左兵衛／紀亮万／衛士源之
丞／藤井元重

（五）　理性院方伝法灌頂記表紙　　一紙

室町中期　モト巻子装　楮紙（強杉原）　三〇・三糎×二六・三糎　一紙

（外題）伝法灌頂記理性院方

（六）　和漢朗詠集上書止シ　　一紙

室町後期　竪紙　後欠　漉返紙　二九・三糎×三九・八糎　一紙

（首題）和漢朗詠集上

（本文）春／立春　早春　春興　春夜　子日付若菜、／三月三日付桃、　暮春　三
月尽　閏三月

（備考）包紙に転用、奥に「愛染供」、

（七）　金剛線包紙　（年月日未詳）　　一紙

江戸中期　竪紙　泥間似合　三三・三糎×四六・〇糎　一紙

（備考）ウハ書「金剛線　宥円」、

（八）　包紙　（年月日未詳）　　一紙

江戸中期　折紙　漉返紙　四五・八糎×三一・八糎　一紙

（備考）墨付なし、

（九）包紙（年月日未詳）　一紙

江戸中期　切紙　泥間似合　三三・八糎×五六・〇糎　一紙

（一〇）包紙（年月日未詳）　一紙

江戸中期　切紙　泥間似合　三三・八糎×五六・〇糎　一紙

（一一）包紙（年月日未詳）　一紙

江戸中期　竪紙　楮紙（奉書紙）　四五・六糎×三三・七糎　一紙

（一二）包紙（年月日未詳）　一紙

江戸中期　竪紙　斐紙（雁皮紙）　三一・二糎×四六・五糎　一紙

（一三）包紙（年月日未詳）　一紙

江戸中期　竪紙　泥間似合　四五・二糎×三三・二糎　一紙

六一　護持僧初参日記　一通

平安院政期　竪紙　楮紙（強杉原）　紙背あり　二八・八糎×五三・四糎　一紙

（外題）護持僧初参日記

（文首）僧都御房御持僧初参事／天承元年二月二日　宣下、／同三月十九日初参、

（文尾）先於縫殿陣、経　奏聞之後、参二間暫候、退出、

〔紙背〕従僧貢進文案　保延三年十二月十三日　一通

竪紙

（本文）貢上／伝燈法師位覚暁臈年

（備考）墨合点、

六二　二間参略記　一通

鎌倉後期　続紙　楮紙（強杉原）　二九・二糎×六一・一糎　二紙

（外題）二間参略記第二度、正安二仏名院

（文首）正安二年庚子三月廿九日天晴、遂二間参第二度、／先之参勤　院、尊勝陀羅尼供養、

（文尾）但依為／陣中并　仙洞之南面、於二条京極辻乗手／輿、廻朱雀、帰入宿所、両ヶ重事、共以無為無／事、可謂冥応歟矣、

六三　延命像裏書軸書写　一通

江戸前期　竪紙　楮紙（奉書紙）　三一・六糎×四二・九糎　一紙

（本文）本尊裏書／延命像観応二年十一月　日、虫損為長者御修法御本尊被渡之畢、／報恩院僧正隆舜東寺寺務／、、、、、画師摂津守／已上上件銘、根本之銘写之畢、寛正二年表布衣改沙汰訖、／長者僧正隆済記之、／同軸本書付云、／根本之表布衣絵士〔師カ〕之沙汰歟、輪布／衣、以絵具為之、地者香色、文ハ輪宝ヲ／五ノ目ニヒタト絵之、輪ノ中ハ青色、輪ノ／筋ハ金ノ色也、／已上、本尊裏書僧正隆済筆也、

（備考）包紙（漉返紙、四六・三糎×三一・九糎、ウハ書「御持僧御本尊事」）、

六四　護持僧記　　一巻

江戸前期　巻子装　楮紙打紙　二九・三糎×二六〇・九糎　六紙

（外題）護持僧記尊応准后注進　三宝院

（文首）三寺護持僧三壇長日御修法御本尊事／如意輪法延暦寺・延命法
東寺・不動法園城寺

（文尾）六月廿一日　左少弁経重（勧修寺）奉／謹奉　般若院僧正御坊／今度当所計
法性寺座主僧都――右、尊勝院光什僧都注進也、

（文中識語）右、前天台座主青蓮院准后依御尋、且／注進可写給之由、依仰
拝領正本、仍以／件本書之、／文亀二年正月廿九日　権中納言
元長（甘露寺）

（奥書）写本右一巻者、青蓮院尊応依　仰／被注進之記也、甘露寺元長卿
被写／置之、今般上件之本、自勧修寺亜相／経広卿儲之給、因茲
令書写畢、／明暦三年六月十日／前大僧正寛済

（備考）包紙（丁字染紙、三一・二糎×六・三糎、ウハ書「護持僧記」）、

第六二函

一　大覚寺寛尊法親王書状写　正慶元年十月五日　一通
江戸前期　続紙　楮紙（奉書紙）　三〇・七糎×六六・六糎　二紙
（書出）醍醐寺松橋門跡相／承事、自実誉童名医王丸、／律師手不慮伝領／間、
就御管領申入事、／子細於　崇明門院賜／令旨了、
（書止）然者御子息／外、更不可申、自他人就／其器用、早可被相続／法
流候也、謹言、
（差出）『西院宮』（寛尊法親王）御判
（宛所）冨小路前中納言殿
（備考）包紙（漉返紙、四三・二糎×二六・八糎、ウハ書「西院宮御書」）、裏書
「亀山院皇子僧寛融大覚寺寛尊法親王、号西院、／崇明門院後宇多院皇女、／旧院
亀山院か」）、

二　左中将某奉書案断簡　康安元年九月十六日　一通
南北朝時代　竪紙　天欠　楮紙（杉原）　二九・七糎×四七・〇糎　一紙
（本文）［　　］事、其沙汰未断之／［　　］寄附山城国東西九
条当／［　　］於下地者、雖為政所料所、／［　　］要
限所々可加／［　　］可有御下知之状如件、
（差出）左中将御判
（宛所）謹上　長者僧正御房
（備考）虫損甚し、

三　足利尊氏筆理趣経奥書写等　一通
室町後期　竪紙　漉返紙　二七・〇糎×三三・六糎　一紙
（備考）①・②書継、
①足利尊氏筆理趣経奥書写
（本文）三宝院大僧正賢俊相当四十九日／仏事、般若理趣経一巻自書写／
者也、／延文二年八月廿八日／正二位源朝臣尊氏御判
②伝法灌頂職衆請定写　天文十七年正月　日
（書出）請定／伝法灌頂職衆事／無量寿院法印　民部卿法印
（書止）右、来廿八日於金剛輪院可被行伝法灌頂、／職衆請定如件、
（差出）大阿闍梨前大僧正法印大和尚位

四　後小松天皇綸旨　応永六年六月六日　一通
室町前期　竪紙　漉返紙（宿紙）　三〇・三糎×四五・〇糎　一紙
（本文）禁裏御料所近江国／船木庄可有御知行之／由、／天気所候也、以
此旨可令／申入給、仍執啓如件、
（差出）権右少弁（花押）
（宛所）謹上　大納言法印御房

五　後花園天皇綸旨　寛正三年十二月廿三日　一通
室町中期　竪紙　漉返紙（宿紙）　三三・〇糎×四八・二糎　一紙
（本文）越前国河合庄号河北、公文職／石丸名事、為諸職進止之地、／被帯
　厳重御下知之上者、／正住院於掠賜　勅裁者、／被召返了、可有御
　存知由、／天気所候也、以此旨可令／洩申　三宝院(義賢)准后給、仍／
　執達如件、
（差出）左中弁（花押）
（宛所）謹上　大納言僧都御房

六　後光厳天皇綸旨懸紙　（年月日未詳）　一紙
南北朝時代　竪紙　染紙（宿紙）　五〇・七糎×三三・三糎　一紙
（備考）ウハ書「謹々上東寺長者僧正御房　春宮大進俊冬(坊城)」、

七　仁和寺御室宮空性法親王令旨案　寛永二／五月廿四日　一通
江戸中期　竪紙　楮紙（美濃紙）　三〇・四糎×四二・八糎　一紙
（本文）法印御免之事、／令披露候処、不可有／子細之旨、／御室(空性)宮御気
　色／所候也、仍執達如件、
（差出）朗俊判
（宛所）法印源祐御房

八　座主前大僧正満済御教書　（応永卅二年）四月三日　一通
室町前期　竪紙　漉返紙　二九・六糎×四七・〇糎　一紙
（本文）来十四日、於灌頂院可有／宝池院(義賢)僧正御坊御入／壇事、可令参職
　衆給者、／依　座主前大僧正御房／御気色、執達如件、
（差出）法印豪仲奉
（宛所）謹上　西方院法印御房

九　仁和寺御室某令旨案　（年未詳）三月七日　一通
江戸中期　竪紙　楮紙（高檀紙）　三四・八糎×四九・七糎　一紙
（本文）来十三日於仁和寺可被行／伝法灌頂、可令参色衆給者、／依　御
　室宮御消息執達如件、
（差出）法眼有證
（宛所）謹上　按察使権少僧都御房
（備考）懸紙（奉書紙、四九・五糎×三四・六糎、ウハ書「謹上　按察使権少僧都
　御房　法眼有證」）、

一〇　霊元天皇綸旨案　天和三年三月九日　一通
江戸中期　竪紙　漉返紙　三三・四糎×四四・一糎　一紙
（本文）来年三月、弘法大師八百五十年／忌於東寺准御斎会可被／修行、
　法会予相觸都鄙門徒／之諸寺、可令致随分之懇志、／存無式之報
　恩之旨、／天気所候也、仍執啓如件、
（差出）右大弁(清閑寺)凞定
（宛所）謹上　長者前大僧正御房
（備考）礼紙（漉返紙、三三・五糎×四四・一糎）、逐而書、懸紙（漉返紙、四四・〇
　糎×三三・〇糎、ウハ書「謹上　長者前大僧正御房　右大弁凞定」）、

一一　霊元天皇綸旨案　天和三年三月九日　一通

江戸中期　竪紙　楮紙（美濃紙）　三一・五糎×二四・〇糎　一紙

（本文）来年三月、弘法大師八百五十年／忌於東寺准御斎会可被／修行、法会報恩謝徳事、予／被　仰下都鄙門徒畢、別而令／同心勠力者、可為神妙之由、／天気所候也、悉之、以状、

（差出）右大弁判

（宛所）東寺諸門徒中

（備考）懸紙（美濃紙、二八・三糎×二四・〇糎、ウハ書「東寺諸門徒中　右大弁」）、

一二　後光明天皇宣旨写　一通

江戸前期　竪紙　漉返紙　二九・〇糎×四四・五糎　一紙

（備考）①・②書継、

①後光明天皇宣旨写　慶安四年八月二日

（本文）前大僧正法印大和尚○位寛海／右中弁藤原朝臣熙房(清閑寺)伝宣、権大納言／藤原朝臣公富(三條)宣、奉　勅、件人宣令為／東寺長者者、

（差出）左大史兼主殿頭算博士小槻宿祢忠利奉

②後光明天皇宣旨写　慶安四年八月二日

（本文）前大僧正法印大和尚位寛海／右中弁藤原朝臣熙房伝宣、権大納言／藤原朝臣公富宣、奉　勅、件人宣令知行／法務者、

（差出）左大史兼主殿頭算博士小槻宿祢忠利奉

一三　光格天皇綸旨写　天明二年十月十九日　一通

江戸後期　続紙　楮紙（奉書紙）　三六・三糎×九五・九糎　二紙

（本文）明後年三月、弘法／大師九百五十年之／遠忌於東寺准／御斎会可被執行、／法会報恩謝徳事、／予被仰下都鄙／門徒等畢、別而／令遂其節者、可為／神妙之由、／天気所候也、悉之、以状、

（差出）左中弁判

（宛所）東寺諸門徒中

（備考）懸紙（奉書紙、四六・一糎×三三・〇糎、ウハ書「東寺諸門徒中　左中弁判」）、

一四　後嵯峨上皇院宣写　（建長三年）六月六日　一通

江戸前期　切紙　楮紙（美濃紙）　三三・〇糎×三三・六糎　一紙

（端裏）座主　院宣之写

（本文）醍醐寺座主事、所被　宣下候也、此非被付三宝院／門跡、依当時之器量所被補也、可令存其旨給者、依／院宣執達如件、

（差出）太宰権帥判

（宛所）報恩院別号(憲深)極楽房法印御房

一五　摂政九条尚美御教書写　（安永八年）五月四日　一通

江戸中期　竪紙　楮紙（奉書紙）　三三・三糎×四六・四糎　一紙

（本文）仁寿殿観音供年久／為中絶之處、今度再興、／従来十八日始行、毎月於自坊／抽丹誠、宜奉祈天下泰平、／宝祚長久者、依摂政殿(九条尚美)御消息／上啓如件、

（差出）右少弁文房《（万里小路）》
（宛所）謹々上東寺長者僧正御房
（備考）礼紙（奉書紙、三三・三糎×四六・五糎）、逐而書、懸紙（奉書紙、四六・四糎×三三・〇糎、ウハ書「謹々上東寺長者僧正御房　右少弁文房」）、

一六　後土御門天皇口宣案写　文明九年七月十七日　一通
江戸前期　竪紙　漉返紙　三〇・四糎×四五・四糎　一紙
（端裏）口　宣案　東寺宝輪院
（本文）上卿 冷泉大納言 文明九年七月十七日　宣旨／法印宗寿／宜任権僧正、
（差出）蔵人右中弁藤原《（勧修寺）》政顕 奉

一七　後柏原天皇口宣案写　大永五年二月四日　一通
江戸前期　竪紙　楮紙（奉書紙）　三一・六糎×四六・〇糎　一紙
（端裏）口　宣案　宝輪院
（本文）上卿 帥大納言 大永五年二月四日　宣旨／法印宗承／宣任権僧正、
（差出）蔵人頭左近衛権中将藤原《（中御門）》宗藤 奉

一八　正親町天皇口宣案写　天正十二年二月十三日　一通
江戸前期　竪紙　漉返紙　三〇・三糎×四四・四糎　一紙
（端裏）口　宣案　東寺宝泉院
（本文）上卿 源中納言 天正十二年二月十三日　宣旨／法印宗秀／宜任権僧正、

（差出）蔵人左少弁藤原《（中御門）》宣光 奉

一九　後水尾天皇口宣案写　寛永三年十二月十二日　一通
江戸前期　竪紙　漉返紙　三〇・五糎×四五・〇糎　一紙
（端裏）口　宣案　東寺光明院
（本文）上卿 広橋大納言 寛永三年十二月十二日　宣旨／法印尭瑜／宜令任権僧正、
（差出）蔵人頭左近衛権中将藤原《（中山）》元親 奉

二〇　明正天皇口宣案写　寛永十四年二月十三日　一通
江戸前期　竪紙　漉返紙　三〇・三糎×四五・二糎　一紙
（端裏）口　宣案　東寺宝生院
（本文）上卿 日野大納言 寛永十四年二月十三日　宣旨／法印真昭／宜任権僧正、
（差出）蔵人頭右大弁藤原《（清閑寺）》共綱 奉

二一　後光明天皇口宣案写　正保五年後正月廿日　一通
江戸前期　竪紙　楮紙（奉書紙）　三四・三糎×四八・五糎　一紙
（端裏）口　宣案　東寺宝輪院
（本文）上卿 中院大納言 正保五年後正月廿日　宣旨／権大僧都宗慶／宜任権僧正、
（差出）蔵人右中弁藤原《（坊城）》俊広 奉

二二　後光明天皇口宣案写　慶安三年十二月廿二日　一通
江戸前期　竪紙　漉返紙　三〇・二糎×四五・二糎　一紙
（端裏）口　宣案　東寺覚王院
（本文）上卿　四辻大納言　慶安三年十二月廿二日　宣旨／権少僧都尭盛／
宜任権大僧都、
（差出）蔵人右中弁藤原（清閑寺）熙房奉

二三　後光明天皇口宣案写　承応三年三月廿六日　一通
江戸前期　竪紙　漉返紙　三〇・四糎×四五・三糎　一紙
（端裏）口　宣案　東寺覚王院
（本文）上卿　日野中納言　承応三年三月廿六日　宣旨／法眼尭盛／宜叙法
印、
（差出）蔵人頭右中弁藤原熙房奉

二四　後西天皇口宣案写　明暦二年十二月一日　一通
江戸前期　竪紙　漉返紙　三〇・二糎×四五・〇糎　一紙
（端裏）口　宣案　東寺増長院
（本文）上卿　坊城中納言　明暦二年十二月一日　宣旨／権大僧都宗円／宜
任権僧正、
（差出）蔵人頭左中弁藤原（中御門）資熙奉

二五　桃園天皇口宣案　二通
江戸中期　竪紙　楮紙（美濃紙）
（備考）（一）・（二）一括、同筆、包紙（美濃紙、四一・一糎×二七・四糎、ウハ
書「口宣《宣》法務長者」）、
（一）桃園天皇口宣案　寛延四年三月十二日　一通
二七・八糎×四一・二糎　一紙
（端裏）口　宣案
（本文）上卿　醍醐大納言　寛延四年三月十二日　宣旨／権僧正実雅／宜為
東寺長者、
（差出）蔵人権右少弁藤原（勘解由小路）資望奉
（二）桃園天皇口宣案　寛延四年三月十二日　一通
二七・八糎×四一・二糎　一紙
（端裏）口　宣案
（本文）上卿　醍醐大納言　寛延四年三月十二日　宣旨／権僧正実雅／宜知
行法務事、
（差出）蔵人権右少弁藤原資望奉

二六　日野西兼栄奉書等　九通
江戸中期　折紙
（備考）（一）～（九）一括、
（一）日野西兼栄奉書「享保五」七月十六日　一通
楮紙（奉書紙）三三・七糎×四六・四糎　一紙

（本文）来月御持／可令勤修給由、被／仰下候也、
（差出）兼栄（日野西）
（宛所）理性院前大僧正御房
（備考）見返奥に「享保五七月・八月亡母正忌故御断申候也」、

（二）　日野西兼栄奉書　〔享保五年〕正月十六日　一通
楮紙（奉書紙）　三一・五糎×四六・二糎　一紙
（端裏）享保五子年
（本文）来月御持／可令勤修給由、被／仰下候也、
（差出）兼栄
（宛所）理性院前大僧正御房

（三）　日野西兼栄奉書　「享保五子」八月廿三日　一通
楮紙（奉書紙）　三一・七糎×四六・三糎　一紙
（本文）来月御持／可令勤修給由、被／仰下候也、
（差出）兼栄
（宛所）理性院前大僧正御房

（四）　日野西兼栄奉書　〔享保五年〕十一月十六日　一通
楮紙（奉書紙）　三一・四糎×四六・七糎　一紙
（本文）来月御持／可令勤修給之由、被／仰下候也、
（差出）兼栄
（宛所）理性院前大僧正御房
（備考）見返奥に「享保五子十一十六」、

（五）　日野西兼栄奉書　〔享保六年〕十一月十六日　一通
楮紙（奉書紙）　三一・六糎×四六・〇糎　一紙
（本文）来月御持／可令勤修給之旨、被／仰下候也、
（差出）兼栄
（宛所）理性院前大僧正御房
（備考）見返奥に「享保六丑十二月被　仰出御請、奉行日野西弁」、

（六）　日野西兼栄奉書　〔享保六年〕八月十六日　一通
楮紙（奉書紙）　三一・〇糎×四四・八糎　一紙
（本文）来月御持／可令勤修給之旨、被／仰下候也、
（差出）兼栄
（宛所）理性院前大僧正御房
（備考）見返奥に「享保六年御請申、奉行日野西」、

（七）　日野西兼栄奉書　〔享保六年〕四月十六日　一通
楮紙（奉書紙）　三一・五糎×四六・〇糎　一紙
（本文）来月御持／可令勤修給之由、被／仰下候也、
（差出）兼栄
（宛所）理性院前大僧正御房
（備考）見返奥に「享保六丑四　十六、奉行日野西」、

（八） 日野西兼栄奉書 〔享保七年〕四月廿日　一通
楮紙（奉書紙） 三二・八糎×四六・二糎 一紙
（本文） 来月御持／可令勤修給之由、被／仰下候也、
（差出） 兼栄
（宛所） 理性院前大僧正御房
（備考） 見返奥に「享保七寅四月」、

（九） 中御門宣誠奉書 〔享保八年〕二月十九日　一通
楮紙（美濃紙） 三二・八糎×四六・七糎 一紙
（本文） 来月御持／可令勤修給之旨、被／仰下候、仍得御意候也、
（差出） 〔中御門〕宣誠
（宛所） 理性院前大僧正御房
（備考） 見返奥に「享保八卯三月、御持被仰出、奉行中御門」、

二七 万里小路説道奉書　九通
江戸中期 折紙
（備考）（一）～（九）一括、

（一） 万里小路説道奉書 （年未詳）十月八日　一通
漉返紙 三三・〇糎×四五・二糎 一紙
（本文） 来月護持可令／勤修給旨、被／仰下候、仍申入候也、
（差出） 〔万里小路〕説道
（宛所） 報恩院権僧正御房

（二） 万里小路説道奉書 （年未詳）五月九日　一通
楮紙（美濃紙） 三二・六糎×四七・一糎 一紙
（本文） 来月護持可／令勤修給旨、被／仰下候、仍申入候也、
（差出） 説道
（宛所） 報恩院権僧正御房

（三） 万里小路説道奉書 （年未詳）十月十一日　一通
漉返紙 三二・九糎×四五・三糎 一紙
（本文） 来月護持可〔令脱カ〕／勤修給之旨、被／仰下候、仍申入候也、
（差出） 説道
（宛所） 報恩院権僧正御房

（四） 万里小路説道奉書 （年未詳）六月十五日　一通
楮紙（美濃紙） 三三・三糎×四五・四糎 一紙
（本文） 来月護持可令／勤修給旨、被／仰下候、仍申入候也、
（差出） 説道
（宛所） 報恩院権僧正御房

（五） 万里小路説道奉書 （年未詳）九月十八日　一通
楮紙（奉書紙） 三二・六糎×四七・〇糎 一紙
（本文） 来月護持／可令勤修給旨、被／仰下候也、
（差出） 説道
（宛所） 報恩院権僧正御房

（六） 万里小路説道奉書 （年未詳）五月十七日 一通
楮紙（奉書紙） 三三・一糎×四七・七糎 一紙
（本文）来月護持可／令勤修給旨、被／仰下候、仍早々／申入候也、
（差出）説道
（宛所）報恩院権僧正御房

（七） 万里小路説道奉書 （年未詳）正月十五日 一通
楮紙（奉書紙） 三三・九糎×四五・五糎 一紙
（本文）来月護持可／令勤修給旨、被／仰下候、仍申入候也、
（差出）説道
（宛所）報恩院権僧正御房

（八） 万里小路説道奉書 （年未詳）十一月十三日 一通
楮紙（奉書紙） 三三・五糎×四六・四糎 一紙
（本文）当月 新嘗祭依／御神事、従来十六日晩／到十八日朝、被免護
持／勤修之事候旨、被／仰下候、仍申入候也、
（差出）説道
（宛所）報恩院権僧正御房

（九） 万里小路説道奉書 （年未詳）十一月十五日 一通
楮紙（奉書紙） 三三・二糎×四六・五糎 一紙
（本文）従来十六日朝至／十八日朝、護持／勤修之義被免候事、／右之通、
被 仰下候、／尤先達而申入候儀、／少々相違有之候条、／更申入
候也、
（差出）説道
（宛所）報恩院権僧正御房

二八 葉室頼熙奉書 十四通
江戸中期 折紙 楮紙（奉書紙）
（備考）（一）～（一四）一括、

（一） 葉室頼熙奉書 （年未詳）八月廿三日 一通
三三・八糎×四六・二糎 一紙
（本文）来月御持可令／勤修給之旨、被／仰下候、仍申入候也、
（差出）頼熙（葉室）
（宛所）法務僧正御房

（二） 葉室頼熙奉書 （年未詳）七月十九日 一通
三三・〇糎×四六・五糎 一紙
（本文）来月護持可令／勤修給之旨、被／仰下候、仍申入候也、
（差出）頼熙
（宛所）法務僧正御房

（三） 葉室頼熙奉書 （年未詳）三月十六日 一通
三三・三糎×四六・七糎 一紙
（本文）来月御持可令／勤修給之旨、被／仰下候、仍申入候也、

（差出）頼熙
（宛所）法務僧正御房

（四）　葉室頼熙奉書　（年未詳）六月十五日　一通
三・八糎×四六・三糎　一紙
（本文）来月御持可令／勤修給之旨、被／仰下候、仍申入候也、
（差出）頼熙
（宛所）理性院僧正御房

（五）　葉室頼熙奉書　（年未詳）十一月廿二日　一通
三・六糎×四七・〇糎　一紙
（本文）当月御持、従廿三日／晩至廿五日朝三ヶ日／被止之候、仍申入／候也、
（差出）頼熙
（宛所）理性院権僧正御房

（六）　葉室頼熙奉書　（年未詳）三月十六日　一通
三・二糎×四七・〇糎　一紙
（本文）来月御持可令／勤修給之旨、被／仰下候、仍申入候也、
（差出）頼熙
（宛所）理性院僧正御房

（七）　葉室頼熙奉書　（年未詳）十月十六日　一通
三・六糎×四六・九糎　一紙
（本文）来月護持可／令勤修給之旨、被／仰下候、仍申入候／也、
（差出）頼熙
（宛所）理性院権僧正御房

（八）　葉室頼熙奉書　（年未詳）六月十九日　一通
三・五糎×四六・八糎　一紙
（本文）来月御持可令／勤修給之旨、被／仰下候、仍申入候也、
（差出）頼熙
（宛所）理性院権僧正御房

（九）　葉室頼熙奉書　（年未詳）十一月六日　一通
三・三糎×四五・五糎　一紙
（本文）従当月廿三日至／廿五日朝、被止御／持三ヶ日候、仍申入／候也、
（差出）頼熙
（宛所）理性院権僧正御房

（一〇）　葉室頼熙奉書　（年未詳）二月廿日　一通
三・九糎×四六・八糎　一紙
（本文）来月御持可令／勤修給之旨、被／仰下候、仍申入候也、
（差出）頼熙
（宛所）理性院権僧正御房

（一一）　葉室頼熙奉書　（年未詳）十月十五日　一通
三三・二糎×四六・三糎　一紙
（本文）来月御持可令勤／修給之旨、被／仰下候、仍申入候也、
（差出）頼熙
（宛所）理性院権僧正御房

（一二）　葉室頼熙奉書　（年未詳）十一月廿四日　一通
三三・〇糎×四五・八糎　一紙
（本文）来月御持可令／勤修給之旨、被／仰下候、仍申入候也、
（差出）頼熙
（宛所）法務僧正御房

（一三）　葉室頼熙奉書　（年未詳）十月十九日　一通
三三・三糎×四六・〇糎　一紙
（本文）来月御持可令／勤修給之旨、被／仰下候、仍申入候也、
（差出）頼熙
（宛所）法務僧正御房

（一四）　葉室頼熙奉書　（年未詳）十一月十四日　一通
三三・〇糎×四五・七糎　一紙
（本文）当月御持、従十七日晩至十九日／朝三ヶ日被止候、／仍申入候也、
（差出）頼熙
（宛所）法務僧正御房

二九　中御門宣誠奉書　八通
江戸中期　折紙
（備考）（一）～（八）一括、

（一）　中御門宣誠奉書　「享保九辰」二月十九日　一通
楮紙（奉書紙）　三三・四糎×四五・二糎　一紙
（本文）来月御持／可令勤修給之旨、被／仰下候、仍早々得御意候也、
（差出）（中御門）宣誠
（宛所）理性院前大僧正御房

（二）　中御門宣誠奉書　〔享保七年〕八月十六日　一通
楮紙（奉書紙）　三三・七糎×四六・三糎　一紙
（本文）来月護持可／令勤修給之旨、被／仰下候也、
（差出）宣誠
（宛所）理性院前大僧正御房
（備考）見返奥に「享保七寅九月勤番、奉行中御門弁」、

（三）　中御門宣誠奉書　〔享保七年〕六月廿一日　一通
楮紙（奉書紙）　三三・八糎×四六・九糎　一紙
（端裏）享保七寅年仰御断也、
（本文）来月護持可令／勤修給之由、被／仰下候也、
（差出）宣誠
（宛所）理性院前大僧正御房

（四）中御門宣誠奉書（享保八年）四月廿五日　一通

楮紙（奉書紙）三・九糎×四七・二糎　一紙

（本文）来月護持／可令懃修給之旨、被／仰下候也、

（差出）宣誠

（宛所）理性院前大僧正御房

（備考）見返奥に「享保八卯五月御持被　仰出、御請申」、逐而書、

（五）中御門宣誠奉書（享保九年）五月十八日　一通

楮紙（奉書紙）三・〇糎×四六・三糎　一紙

（本文）来月護持／可令勤修給／之旨、被　仰下候、／仍得御意候也、

（差出）宣誠

（宛所）理性院法務前大僧正御房

（備考）見返奥に「御祈奉行万里小路兵部大輔、去比被／仰出ト云々、然処祖母死去、依故障、／中御門弁ヨリ申給、／享保九辰六月御持之事、奉行中御門弁、御請申、」、

（六）中御門宣誠奉書（享保十年）七月十八日　一通

楮紙（奉書紙）三・七糎×四六・〇糎　一紙

（本文）来月護持／可令勤修給之旨、被／仰下候、仍得御意候也、

（差出）宣誠

（宛所）理性院前大僧正御房

（備考）見返奥に「享保十巳八月護持被　仰出、八月亡母依／正忌、御断申入也、奉行中御門弁」、

（七）中御門宣誠奉書（享保十年）八月十一日　一通

楮紙（檀紙）三・五糎×四四・四糎　一紙

（本文）来月護持／可令勤修給之旨、被／仰下候、仍得御意候也、

（差出）宣誠

（宛所）理性院前大僧正御房

（備考）見返奥に「享保十巳九月御持之事、／奉行中御門、御請申候也」、

（八）中御門宣誠奉書（享保十年）二月十五日　一通

楮紙（奉書紙）三・六糎×四六・〇糎　一紙

（本文）来月護持／可令勤修給之旨、被／仰下候、仍申入候也、

（差出）宣誠

（宛所）理性院前大僧正御房

（備考）見返奥に「享保十巳年三月勤行之仰、御請申」、

三〇　摂政九条尚実御教書等　十通

江戸中期　折紙

（備考）（一）～（一〇）一括、

（一）摂政九条尚実御教書（安永九年）六月十六日　一通

楮紙（奉書紙）三・〇糎×四六・〇糎　一紙

（本文）来月護持可令勤修／給、摂政殿（九条尚実）御消息所候、／仍早々申入候也、

（差出）（万里小路）文房

（宛所）理性院僧正御房

（二）　摂政九条尚実御教書　（安永九年）七月廿日　一通
楮紙（奉書紙）　三三・三糎×四六・〇糎　一紙
（本文）来月護持可令勤修給、／摂政殿御消息所候、／仍早々申入候也、
（差出）文房
（宛所）理性院僧正御房

（三）　万里小路文房奉書　（年未詳）正月十三日　一通
漉返紙　三三・三糎×四五・八糎　一紙
（本文）護持僧之事、被／仰下候、仍申入候也、
（差出）文房
（宛所）理性院僧正御房

（四）　万里小路文房奉書　（年未詳）八月十四日　一通
楮紙（奉書紙）　三三・三糎×四五・五糎　一紙
（本文）来月護持可令勤修／給之旨、被／仰下候、仍申入候也、
（差出）文房
（宛所）理性院僧正御房

（五）　万里小路文房奉書　（年未詳）二月十八日　一通
楮紙（奉書紙）　三三・三糎×四五・〇糎　一紙
（本文）来月護持可令勤修／給之旨、被／仰下候、仍申入候也、
（差出）文房
（宛所）理性院僧正御房

（六）　万里小路文房奉書　（年未詳）五月十五日　一通
楮紙（奉書紙）　三三・五糎×四五・八糎　一紙
（本文）来月護持可令勤修／給之旨、被／仰下候、仍申入候也、
（差出）文房
（宛所）理性院僧正御房

（七）　摂政九条尚実御教書　（安永九年）十月十五日　一通
楮紙（奉書紙）　三三・三糎×四五・四糎　一紙
（本文）来月護持可令勤修／給之旨、摂政殿御消息／所候、仍早々申入候
也、
（差出）文房
（宛所）理性院僧正御房

（八）　摂政九条尚実御教書　（安永九年）正月十八日　一通
楮紙（奉書紙）　三三・二糎×四六・五糎　一紙
（本文）来月護持可令勤修／給之旨、摂政殿御消息／之所候、仍早々申入
候也、
（差出）文房
（宛所）理性院僧正御房

（九）　摂政九条尚実御教書　（安永九年）九月廿二日　一通
楮紙（奉書紙）　三三・三糎×四六・〇糎　一紙
（本文）来月護持可令勤修／給之旨、摂政殿御消息／之所候、仍早々申入

候也、

（差出）文房

（宛所）理性院僧正御房

（一〇）摂政九条尚実御教書　（安永九年）二月廿四日　一通

楮紙（奉書紙）　三三・五糎×四六・〇糎　一紙

（本文）来月護持可令勤修／給之旨、摂政殿御消息／之所候、仍早々申入
候也、

（差出）文房

（宛所）理性院僧正御房

三一　中御門俊臣奉書等　十通

江戸中期

（備考）（一）〜（一〇）一括、

（一）中御門俊臣奉書　（年未詳）九月十八日　一通

折紙　楮紙（奉書紙）　三一・八糎×四六・四糎　一紙

（本文）来月護持之事、可令／勤修給之旨、被／仰下候、仍申入候也、

（差出）俊臣（中御門）

（宛所）理性院僧正御房

（二）中御門俊臣奉書　（年未詳）三月十五日　一通

折紙　楮紙（奉書紙）　三一・七糎×四五・八糎　一紙

（本文）来月護持之事、／可令勤修給／之旨、被／仰下候、仍得御／意候
也、

（差出）俊臣

（宛所）理性院僧正御房

（三）中御門俊臣奉書　（年未詳）七月十九日　一通

折紙　楮紙（奉書紙）　三三・〇糎×四六・七糎　一紙

（本文）来月護持之事、／可令勤修給之旨、／被／仰下候、仍得御意、／候
也、

（差出）俊臣

（宛所）理性院僧正御房

（四）中御門俊臣奉書　（年未詳）十一月廿四日　一通

折紙　楮紙（奉書紙）　三一・七糎×四六・五糎　一紙

（本文）来月護持之事、可令／勤修給之旨、被／仰下候、仍得御意候／也、

（差出）俊臣

（宛所）理性院僧正御房

（五）中御門俊臣奉書　（年未詳）四月十六日　一通

折紙　楮紙（奉書紙）　三一・九糎×四七・二糎　一紙

（本文）来月護持之事、／可令勤修給之旨、／被／仰下候、仍得御意／候
也、

（差出）俊臣

（宛所）理性院僧正御房

（六）摂政近衛内前御教書　（宝暦十二年）十一月十八日　一通
折紙　楮紙（奉書紙）　三二・六糎×四六・七糎　一紙
（本文）来月御持可令勤／修給之旨、摂政殿（近衛内前）／御消息之所候、仍申／入候
也、
（差出）俊臣
（宛所）理性院僧正御房

（七）中御門俊臣奉書　（年未詳）七月十八日　一通
折紙　楮紙（奉書紙）　三二・八糎×四六・六糎　一紙
（本文）来月護持之事、可／令勤修給之旨、被／仰下候也、
（差出）俊臣
（宛所）理性院僧正御房

（八）中御門俊臣奉書　（年未詳）八月廿八日　一通
折紙　楮紙（奉書紙）　三二・八糎×四六・七糎　一紙
（本文）来月護持之事、／可令勤修給之旨、／被／仰下候也、
（差出）俊臣
（宛所）理性院僧正御房

（九）中御門俊臣奉書　（年未詳）後十一月十六日　一通
折紙　楮紙（奉書紙）　三二・七糎×四六・五糎　一紙
（本文）来月護持之事、／可令勤修給之旨、／被／仰下候、仍申入候也、
（差出）俊臣
（宛所）理性院僧正御房

（一〇）摂政近衛内前御教書　（宝暦十二年）九月廿四日　一通
竪紙　楮紙（奉書紙）　三二・五糎×四六・四糎　一紙
（端裏）宝暦十二午
（本文）如旧可為護持僧之旨、／摂政殿御消息之所候、／仍申入候也、恐
惶謹言、
（差出）俊臣
（備考）奥に捻封（墨引、ウハ書「理性院僧正御房　俊臣」）、

三一　勧修寺敬明奉書　十四通
江戸中期　折紙
（備考）（一）～（一四）一括、

（一）勧修寺敬明奉書　（年未詳）正月廿二日　一通
楮紙（高檀紙）　三三・七糎×四五・三糎　一紙
（本文）来二月護持之事、／可令勤修給之旨、被／仰下候、仍得御意候也、
（差出）敬明（勧修寺）
（宛所）法務僧正御房

（二）勧修寺敬明奉書　（年未詳）十一月廿七日　一通

楮紙（奉書紙）　三二・六糎×四五・五糎　一紙
（本文）来十二月護持之事、／可令勤修給之旨、被／仰下候、仍得御意候
也、
（差出）敬明
（宛所）法務僧正御房
（備考）逐而書、

（三）　勧修寺敬明奉書　（年未詳）七月廿五日　一通
楮紙（奉書紙）　三二・〇糎×四五・六糎　一紙
（本文）来八月護持之事、／可令勤修給之旨、被／仰下候、仍得御意候也、
（差出）敬明
（宛所）法務僧正御房

（四）　勧修寺敬明奉書　（年未詳）六月十九日　一通
楮紙（奉書紙）　三二・六糎×四六・〇糎　一紙
（本文）来七月護持之事、／可令勤修給之旨、被／仰下候、仍得御意候也、
（差出）敬明
（宛所）理性院権僧正御房

（五）　勧修寺敬明奉書　（年未詳）十一月廿六日　一通
楮紙（高檀紙）　三二・六糎×四五・六糎　一紙
（本文）来十二月護持之事、／可令勤修給之旨、被／仰下候、仍得御意候
也、
（差出）敬明
（宛所）理性院僧正御房
（備考）逐而書、

（六）　勧修寺敬明奉書　（年未詳）七月廿六日　一通
漉返紙　三二・八糎×四五・五糎　一紙
（本文）来八月護持之事、／可令勤修給之旨、被／仰下候、仍得御意候也、
（差出）敬明
（宛所）理性院僧正御房

（七）　勧修寺敬明奉書　（年未詳）三月十五日　一通
楮紙（奉書紙）　三二・〇糎×四五・七糎　一紙
（本文）来四月護持之事、／可令勤修給之旨、被／仰下候、仍得御意候也、
（差出）敬明
（宛所）理性院僧正御房

（八）　勧修寺敬明奉書　（年未詳）十月廿五日　一通
楮紙（奉書紙）　三二・八糎×四七・〇糎　一紙
（本文）来十一月護持之事、／可令勤修給之旨、被／仰下候、仍得御意候
也、
（差出）敬明
（宛所）理性院僧正御房

（九）　勧修寺敬明奉書　（年未詳）六月十五日　一通
楮紙（奉書紙）　三三・〇糎×四六・八糎　一紙
（本文）来七月護持之事、／可令勤修給之旨、被／仰下候、仍得御意候也、
（差出）敬明
（宛所）理性院僧正御房

（一〇）　勧修寺敬明奉書　（年未詳）十一月十四日　一通
楮紙（奉書紙）　三三・〇糎×四四・八糎　一紙
（本文）当月護持勤修之事、／依御神事、従十五日晩／至十七日朝、被　免候、仍／申入候也、
（差出）敬明
（宛所）理性院僧正御房

（一一）　勧修寺敬明奉書　（年未詳）十一月廿一日　一通
楮紙（奉書紙）　三二・七糎×四五・五糎　一紙
（本文）来十二月護持之事、／可令勤修給之旨、被／仰下候、仍得御意候也、
（差出）敬明
（宛所）理性院権僧正御房

（一二）　勧修寺敬明奉書　（年未詳）七月十七日　一通
楮紙（奉書紙）　三三・六糎×四六・〇糎　一紙
（本文）来八月護持之事、／可令勤修給之旨、被／仰下候、仍得御意候也、
（差出）敬明
（宛所）理性院権僧正御房

（一三）　勧修寺敬明奉書　（年未詳）六月廿二日　一通
楮紙（奉書紙）　三三・六糎×四六・〇糎　一紙
（本文）来七月護持之事、／可令勤修給之旨、被／仰下候、仍得御意候也、
（差出）敬明
（宛所）法務僧正御房

（一四）　勧修寺敬明奉書　（宝暦四年）十一月廿日　一通
楮紙（奉書紙）　三二・八糎×四五・三糎　一紙
（本文）来十二月護持之事、／可令勤修給之旨、被／仰下候、仍得御意候也、
（差出）敬明
（宛所）法務僧正御房
（備考）懸紙（美濃紙、三一・〇糎×四四・五糎、ウハ書「宝暦四甲戌年、奉行勧修寺／蔵人民部大輔也」）、

三三　清閑寺秀定奉書　八通
江戸中期　折紙
（備考）（一）～（八）一括、

（一）　清閑寺秀定奉書　（享保十一年）十一月廿七日　一通

楮紙（奉書紙）　三三・三糎×四六・五糎　一紙

（本文）来月御持可令／勤修給之旨、被／仰下候、仍申入候也、

（差出）（清閑寺）秀定

（宛所）理性院前大僧正御房

（備考）見返奥に「享保十一午十二月勤行之事、御請申」、懸紙（美濃紙、三一・〇糎×二七・七糎、ウハ書「理性院前大僧正御房　秀定」）、

（二）　清閑寺秀定奉書　〔享保十一年〕七月廿一日　一通

楮紙（美濃紙）　三三・二糎×四五・八糎　一紙

（本文）来月御持可令／勤修給之旨、被／仰下候、仍申入候也、

（差出）秀定

（宛所）理性院前大僧正御房

（備考）見返奥に「奉行清閑寺弁、八月亡母正忌月、仍／享保十一年七月御断申入也」、

（三）　清閑寺秀定奉書　〔享保十一年〕八月廿二日　一通

楮紙（奉書紙）　三三・五糎×四五・五糎　一紙

（本文）来月護持可令／勤修給之旨、被／仰下候、仍申入候也、

（差出）秀定

（宛所）理性院前大僧正御房

（備考）見返奥に「享保十一午年九月勤行八月金剛王院勤行之由、」、

（四）　清閑寺秀定奉書　〔享保十二年〕後正月廿二日　一通

楮紙（奉書紙）　三二・七糎×四六・五糎　一紙

（本文）来月御持可令／勤修給之旨、被／仰下候、仍申入候也、

（差出）秀定

（宛所）理性院前大僧正御房

（備考）見返奥に「享保十二丁未年、奉行清閑寺弁」、

（五）　清閑寺秀定奉書　〔享保十二年〕五月廿六日　一通

楮紙（美濃紙）　三二・四糎×四五・六糎　一紙

（本文）来月御持可令／勤修給之旨、被／仰下候、仍申入候也、

（差出）秀定

（宛所）理性院前大僧正御房

（備考）見返奥に「享保十二未年、清閑寺弁」、

（六）　清閑寺秀定奉書　〔享保十二年〕九月廿八日　一通

楮紙（奉書紙）　三二・七糎×四七・二糎　一紙

（本文）来月護持可令／勤修給之旨、被／仰下候、仍申入候也、

（差出）秀定

（宛所）理性院前大僧正御房

（備考）見返奥に「享保十二丁未十月御持被仰出也、来ル十月先師／正忌、殊年忌相当、依之御断申旨返答申達ス、／奉行清閑寺右少弁、来月御持方々御断多ク／候由、態以使者申給、雖然右之趣御断申也」、

（七）　清閑寺秀定奉書　〔享保十三年〕四月廿五日　一通

楮紙（奉書紙）　三·二糎×四七·三糎　一紙

（本文）来月護持可令／勤修給之旨、被／仰下候、仍申入候也、

（差出）秀定

（宛所）理性院前大僧正御房

（備考）見返奥に「享保十三申五月勤修　仰、御請申」、

（八）　清閑寺秀定奉書　〔享保十三年〕二月廿五日　一通

楮紙（奉書紙）　三·三糎×四五·二糎　一紙

（本文）来月護持可令／勤修給之旨、被／仰下候、仍申入候也、

（差出）秀定

（宛所）理性院前大僧正御房

（備考）見返奥に「享保十三二月、奉行清閑寺右少弁」、

三四　甘露寺篤長奉書等　七通

江戸中期　折紙　楮紙（奉書紙）

（備考）（一）〜（七）一括、

（一）　甘露寺篤長奉書　（年未詳）六月二十日　一通

三·一糎×四五·四糎　一紙

（本文）来月護持可令勤／修給之旨、被／仰下候、仍早々申入候也、

（差出）（甘露寺）篤長

（宛所）理性院僧正御房

（二）　甘露寺篤長奉書　（年未詳）正月十九日　一通

三·二糎×四五·五糎　一紙

（本文）来月護持可令勤／修給之旨、被／仰下候、仍申入候也、

（差出）篤長

（宛所）法務僧正御房

（三）　甘露寺篤長奉書　（年未詳）正月十五日　一通

三·二糎×四五·五糎　一紙

（本文）御祈奉行被／仰下候、仍為御心得／申入候也、

（差出）篤長

（宛所）法務僧正御房

（備考）逐而書、

（四）　甘露寺篤長奉書　（年未詳）七月十三日　一通

三·三糎×四五·二糎　一紙

（本文）来月護持可令勤修給／之旨、被／仰下候、仍早々申入候也、

（差出）篤長

（宛所）理性院僧正御房

（五）　甘露寺篤長奉書　（年未詳）正月廿日　一通

三·二糎×四五·五糎　一紙

（本文）来月護持可令勤修給／之旨、被／仰下候、仍申入候也、

（差出）篤長

（宛所）理性院僧正御房

（六）摂政九条尚実御教書　（安永九年）五月十五日　一通

三二・八糎×四七・〇糎　一紙

（本文）来月御持可令／勤修給旨、摂政殿（九条尚実）／御消息之所候、仍申／入候也、

（差出）篤長

（宛所）理性院権僧正御房

（七）裏松謙光奉書　（年未詳）十月廿二日　一通

三三・〇糎×四六・四糎　一紙

（本文）就来廿九日御禊、／従廿八日晩御持被止候、／仍申入候也、

（差出）謙光（裏松）

（宛所）理性院権僧正御房

三五　広橋伊光奉書　十通

江戸中期　折紙　楮紙（奉書紙）

（備考）（一）～（一〇）一括、

（一）広橋伊光奉書　（年未詳）十一月十六日　一通

三二・七糎×四六・七糎　一紙

（本文）従来廿日晩到廿二日／朝、被止御持御勤修／候、仍早々申入候也、

（差出）伊光（広橋）

（宛所）理性院僧正御房

（二）広橋伊光奉書　（年未詳）十一月廿七日　一通

三二・三糎×四五・七糎　一紙

（本文）来十二月御持可令／勤修給之旨、被／仰下候、仍申入候也、

（差出）伊光

（宛所）理性院僧正御房

（三）広橋伊光奉書　（年未詳）正月廿一日　一通

三二・六糎×四六・二糎　一紙

（本文）来二月護持可令／勤修給之旨、被／仰下候、仍申入候也、

（差出）伊光

（宛所）理性院僧正御房

（四）広橋伊光奉書　（年未詳）六月廿九日　一通

三二・七糎×四六・三糎　一紙

（本文）来七月御持可令／勤修給之旨、被／仰下候、仍早々申入／候也、

（差出）伊光

（宛所）理性院僧正御房

（備考）逐而書、

（五）広橋伊光奉書　（年未詳）九月十五日　一通

三三・七糎×四六・〇糎　一紙

(本文) 来十月御持可／令勤修給之旨、被／仰下候、仍申入候也、
(差出) 伊光
(宛所) 理性院僧正御房

(六) 広橋伊光奉書 (年未詳) 十月十七日 一通
三三・〇糎×四六・二糎 一紙
(本文) 来十一月御持可令／勤修給之旨、被／仰下候、仍早々申入／候也、
(差出) 伊光
(宛所) 理性院僧正御房

(七) 広橋伊光奉書 (年未詳) 四月十七日 一通
三三・五糎×四五・三糎 一紙
(本文) 来月御持可令／勤修給之旨、被／仰下、仍早々申入候也、
(差出) 伊光
(宛所) 理性院僧正御房

(八) 広橋伊光奉書 (年未詳) 三月十七日 一通
三三・六糎×四六・〇糎 一紙
(本文) 来月御持可令／勤修給之旨、被／仰下候、仍申入候也、
(差出) 伊光
(宛所) 理性院僧正御房

(九) 広橋伊光奉書 (年未詳) 七月十八日 一通
三四・〇糎×四六・五糎 一紙
(本文) 来八月御持可令／勤修給之旨、被／仰下候、仍申入候也、
(差出) 伊光
(宛所) 理性院僧正御房

(一〇) 広橋伊光奉書 (年未詳) 九月十九日 一通
三三・二糎×四六・二糎 一紙
(本文) 来十月御持可令／勤修給之旨、被／仰下候、仍申入候也、
(差出) 伊光
(宛所) 理性院僧正御房

三六 万里小路韶房奉書 三通
江戸中期 折紙 楮紙 (奉書紙)
(備考) (一)〜(三) 一括、

(一) 万里小路韶房奉書 (年未詳) 五月十七日 一通
三三・五糎×四六・六糎 一紙
(本文) 来月護持可令／勤修給旨、被／仰下候、仍申入候也、
(差出) (万里小路)韶房
(宛所) 報恩院権僧正御房
(備考) 逐而書「追申、御断多候間、必／御請被申上、可然存候也」、

(二) 万里小路韶房奉書 (年未詳) 六月十七日 一通

三三・三糎×四六・三糎　一紙
（本文）来月護持可令／勤修給旨、被／仰下候、仍申入候也、
（差出）韶房
（宛所）報恩院権僧正御房
（備考）逐而書「追申、御断義多候間、必御請被／仰上、可然存候也」、

（三）　万里小路韶房奉書　（年未詳）十一月九日　一通
三四・八糎×五〇・四糎　一紙
（本文）来月護持之儀、／可令勤修給之旨、／被／仰下候、仍申入候也、
（差出）韶房
（宛所）報恩院権僧正御房

三七　勘解由小路資望奉書等　九通
江戸中期
（備考）（一）～（九）一括、

（一）　勘解由小路資望奉書　（年未詳）八月廿日　一通
折紙　楮紙（奉書紙）　三三・五糎×四五・〇糎　一紙
（本文）来九月御持／可令勤修給之／旨、被／仰下候、仍申入候／也、
（差出）（勘解由小路）資望
（宛所）法務権僧正御房

（二）　勘解由小路資望奉書　（年未詳）四月廿日　一通
折紙　楮紙（奉書紙）　三三・五糎×四五・二糎　一紙
（本文）来五月御持／可令勤修給之旨、／被／仰下候、仍申入候也、
（差出）資望
（宛所）理性院権僧正御房

（三）　勘解由小路資望奉書　（年未詳）十月十六日　一通
折紙　楮紙（奉書紙）　三三・三糎×四五・六糎　一紙
（本文）来十一月御持／可令勤修給之／旨、被／仰下候、仍申入候／也、
（差出）資望
（宛所）理性院権僧正御房

（四）　勘解由小路資望奉書　（年未詳）十一月四日　一通
折紙　楮紙（奉書紙）　三三・三糎×四五・七糎　一紙
（本文）自来十四日晩到／十七日朝、新嘗祭／御潔斎候間、自十／四日晩
到十七日朝、御持勤修被止候、／仍申入候也、
（差出）資望
（宛所）理性院権僧正御房
（備考）逐而書「追申、尤自十七日朝、如例／御勤修可有之候也」、

（五）　勘解由小路資望奉書　（年未詳）八月廿三日　一通
折紙　楮紙（奉書紙）　三三・〇糎×四六・二糎　一紙
（本文）九月御持依／御神事、自当月／廿八日御勤修可／有之候也、
（差出）資望

(宛所) 法務権僧正御房

(六) 勘解由小路資望奉書 (年未詳) 七月十九日 一通
折紙 楮紙 (奉書紙) 三三・五糎×四五・〇糎 一紙
(本文) 来八月護持／可令勤修給之旨、／被／仰下候、仍申入候也、
(差出) 資望
(宛所) 報恩院権僧正御房

(七) 勘解由小路資望奉書 (年未詳) 六月七日 一通
折紙 楮紙 (奉書紙) 三三・五糎×四五・五糎 一紙
(本文) 当月護持／自十八日可令勤修給／之旨、被 仰下候、／仍申入候
也、
(差出) 資望
(宛所) 報恩院権僧正御房

(八) 摂政近衛内前御教書 (延享四年) 四月廿八日 一通
竪紙 楮紙 (奉書紙) 三三・七糎×四六・五糎 一紙
(本文) 自来月一日一七箇日之間、国家安全、／玉躰安穏、諸臣万民、水
火風雨、天災／地揺、無難御祈之事、可抽精誠之旨、／可令下知東
寺給之由、摂政殿(近衛内前)／御消息之所候也、恐惶謹言、
(差出) 資望
(備考) 奥に捻封(墨引、ウハ書「法務権僧正御房 資望」)、逐而書「追
申、来月七日巻数、可有献上候也」、

(九) 実雅請文写 (年未詳) 六月八日 一通
竪紙 楮紙 (美濃紙) 二八・二糎×四〇・三糎 一紙
(本文) 当日護持、自十八日可令勤修之旨、承存候、／宜預御沙汰候也、
(差出) 実雅
(宛所) 権右少弁殿

三八 摂政近衛内前御教書 四通
江戸中期 折紙 楮紙 (奉書紙)
(備考) (一)〜(四) 一括、

(一) 摂政近衛内前御教書 (年未詳) 三月十七日 一通
三三・三糎×四六・五糎 一紙
(本文) 来月御持可／令勤修給之旨、／摂政殿(近衛内前)御消息／之所候、仍早々／
申入候也、
(差出) (烏丸)光祖
(宛所) 法務前大僧正御房

(二) 摂政近衛内前御教書 (年未詳) 十月十五日 一通
三三・九糎×四六・八糎 一紙
(本文) 来月御持可／令勤修給之旨、／摂政殿御消息／之所候、仍早々／
申入候也、
(差出) 光祖
(宛所) 法務前大僧正御房

（三）　摂政近衛内前御教書　（年未詳）三月九日　一通
三三・三糎×四六・二糎　一紙
（本文）来六月御持／御勤修ニ付、御用／御座候ハヽ、従来廿二日／光祖関東下向致候間、／北小路差次江可被示聞／候、為御心得申入候也、
（差出）光祖
（宛所）法務前大僧正御房

（四）　摂政近衛内前御教書　（年未詳）三月一日　一通
三三・八糎×四六・四糎　一紙
（本文）来六月御持／可令勤修給之旨、／摂政殿御消息／之所候、仍申入候／也、
（差出）光祖
（宛所）法務前大僧正御房

三九　柳原光房奉書等　六通
江戸中期　折紙
（備考）（一）～（六）一括、

（一）　柳原光房奉書　（年未詳）後四月十五日　一通
楮紙（奉書紙）　三三・二糎×四六・四糎　一紙
（本文）来月御持可令／勤修給之旨、被／仰下候、仍申入候也、
（差出）光房（柳原）
（宛所）理性院僧正御房

（二）　柳原光房奉書　（年未詳）十月十五日　一通
楮紙（奉書紙）　三三・一糎×四六・四糎　一紙
（本文）来月御持可令懃修／給之旨、被／仰下候、仍申入候也、
（差出）光房
（宛所）理性院僧正御房

（三）　柳原光房奉書　（年未詳）十一月十七日　一通
楮紙（奉書紙）　三三・四糎×四五・七糎　一紙
（本文）就新嘗祭、自廿日晩到／廿二日朝、被止御持懃修候、／仍早々申入候也、
（差出）光房
（宛所）理性院僧正御房
（備考）逐而書「追申、自廿二日朝、如例可有御懃修候也」、

（四）　摂政近衛内前御教書　（宝暦十三年）三月廿二日　一通
楮紙（美濃紙）　三三・七糎×四四・七糎　一紙
（本文）来四月護持可令懃／修給之旨、摂政殿（近衛内前）御消息候、／仍申入候也、
（差出）光房
（宛所）理性院前大僧正御房

（五）　摂政近衛内前御教書　（宝暦十三年）七月十六日　一通

楮紙（美濃紙）　三三・五糎×四五・三糎　一紙
（本文）来八月護持可令懃修／給之旨、摂政殿御消息候、／仍申入候也、
（差出）光房
（宛所）理性院前大僧正御房

（六）　柳原光房奉書　（年未詳）二月十八日　一通
楮紙（美濃紙）　三三・一糎×四五・一糎　一紙
（本文）来三月護持可令懃修／給之旨、被／仰下候、仍申入候也、
（差出）光房
（宛所）理性院僧正御房

四〇　柳原均光奉書等　三通
江戸後期
（備考）（一）～（三）一括、

（一）　柳原均光奉書　〔寛政二年〕二月廿一日　一通
折紙　楮紙（奉書紙）　三三・二糎×四六・二糎　一紙
（本文）来月護持可令勤／修給之旨、被／仰下候、仍申入候也、
（差出）均光（柳原）
（宛所）理性院僧正御房
（備考）見返奥に「寛政二年三月護持　仰」、

（二）　柳原均光書状　（年未詳）九月十五日　一通
竪紙　漉返紙　三三・二糎×四五・六糎　一紙
（本文）被辞護持僧之事、被／聞食候、仍申入候也、恐惶謹言、
（差出）均光
（備考）奥に捻封（墨引、ウハ書「理性院僧正御房　均光」）、

（三）　柳原均光奉書　（年未詳）正月廿二日　一通
折紙　楮紙（奉書紙）　三三・八糎×四六・三糎　一紙
（本文）来月護持可令勤／修給之旨、被／仰下候、仍申入候也、
（差出）均光
（宛所）理性院僧正御房

四一　柳原光綱奉書　〔享保十三年〕十一月廿五日　一通
江戸中期　折紙　楮紙（美濃紙）　三三・七糎×四六・六糎　一紙
（本文）来月護持可／令勤修給之旨、／被　仰出候、仍申／入候也、
（差出）光綱（柳原）
（宛所）理性院前大僧正御房
（備考）見返奥に「享保十三十一月廿五日、奉行柳原権右少弁、／来月御持可勤修由、被　仰出座主／宮ニ者、今月御勤又正月御勤番、梶井／宮ニ者、御所労再三被申入候得共、御断之由也、／金剛王院ニ者、来月正忌月故難成由、／後七日参勤度候得共、無拠申給由、依之／御請申候也」、

四二　錦小路尚秀奉書　〔享保十三年〕七月廿二日　一通
江戸中期　折紙　楮紙（奉書紙）　三四・五糎×四七・三糎　一紙
（端裏）享保十三申年
（本文）来月護持可令／懃修給之旨、被／仰出候也、
（差出）（錦小路）尚秀
（宛所）理性院前大僧正御房
（備考）見返奥に「享保十三申年七月廿二日、従錦小路極臈使口上、来月／御持之事被　仰出旨也、奉行清閑寺弁、所労故、案／内申入由候也、返答来八月亡母正忌月候、依之／御断申入旨也」、

四三　尊淳奉書　二通
江戸後期　折紙　楮紙（奉書紙）
（備考）（一）・（二）一括、

（一）　尊淳奉書　（年未詳）十月廿三日　一通
三三・五糎×四四・五糎　一紙
（本文）御祈奉行之事、／勧修寺弁被奉候、／依而申入候也、
（差出）尊淳
（宛所）理性院僧正御房

（二）　尊淳奉書　（年未詳）十月三日　一通
三三・七糎×四六・五糎　一紙
（本文）御祈奉行之事、／勧修寺左少弁被／奉候、仍申入候也、
（差出）尊淳
（宛所）理性院僧正御房

四四　摂政某御教書等　二通
江戸中期　折紙　楮紙（奉書紙）
（備考）（一）・（二）一括、

（一）　摂政某御教書　（年未詳）十一月十一日　一通
三三・一糎×四六・三糎　一紙
（本文）来月護持可令／勤修給之旨、／摂政殿所御消息候、／仍内々申入候也、
（差出）俊冬
（宛所）理性院僧正御房

（二）　俊冬奉書　（年未詳）十一月廿六日　一通
三三・〇糎×四四・五糎　一紙
（本文）来月御持可令／勤修給之旨、被／仰下候也、
（差出）俊冬
（宛所）法務僧正御房

四五　日野資枝奉書　三通
江戸後期　折紙　楮紙（奉書紙）
（備考）（一）～（三）一括、

（一）　日野資枝奉書　（年未詳）正月廿五日　一通
三三・六糎×四五・七糎　一紙
（本文）来二月御持／可令勤修給之／旨、被／仰下候、仍申入候也、
（差出）資枝（日野）
（宛所）理性院僧正御房

（二）　日野資枝奉書　（年未詳）十一月十五日　一通
三三・二糎×四六・三糎　一紙
（本文）来十二月御持／可令勤修給之旨、／被／仰下候、仍申入候也、
（差出）資枝
（宛所）理性院権僧正御房

（三）　日野資枝奉書　（年未詳）二月廿三日　一通
三九・二糎×五三・四糎　一紙
（本文）来三月御持／可令勤修給之／旨、被／仰下候、／仍申入候也、
（差出）資枝
（宛所）法務僧正御房
（備考）ムレあり、

四六　烏丸光栄奉書　〔正徳五年〕四月廿二日　一通
江戸中期　折紙　楮紙（美濃紙）　三三・八糎×四六・〇糎　一紙
（本文）来月御持／可令勤修給由、被／仰出候也、
（差出）光栄（烏丸）
（宛所）理性院前大僧正御房
（備考）見返奥に「四月晦日於園亭　御撫物右京法橋友勝／請取之、／錦小路差次蔵人／御蔵　粟津因幡／衛士　陰山庄兵衛／御祈奉行、柳原弁日光参向ニ付、烏丸弁奉行、／正徳五未四月廿二日」、

四七　柳原資堯奉書　三通
江戸中期　折紙　楮紙（奉書紙）
（備考）（一）〜（三）一括、

（一）　柳原資堯奉書　「正徳五未」十一月十九日　一通
三三・二糎×四五・三糎　一紙
（本文）来月護持可令／勤修給之由、被／仰出候也、
（差出）資堯（柳原）
（宛所）理性院前大僧正御房
（備考）見返奥に「奉行柳原弁」、

（二）　柳原資堯奉書　〔正徳四年〕八月廿五日　一通
三三・四糎×四五・八糎　一紙
（本文）来月護持可令／勤修給之由、被／仰下候也、
（差出）資堯
（宛所）理性院前大僧正御房
（備考）見返奥に「正徳四年午八月奉行柳原弁」、懸紙（美濃紙、三〇・三糎×四一・八糎、ウハ書「理性院前大僧正御房　資堯／「正徳四年九月勤

修第二度」」)、

(三) 柳原資堯奉書 「正徳五未」十月十五日 一通
三三・〇糎×四五・〇糎 一紙
(本文) 来月護持可令/勤修給之旨、被/仰出候也、
(差出) 資堯
(宛所) 理性院前大僧正御房
(備考) 奥に「来月十一月父正忌、依之御断申也」、

四八 摂政某御教書 (年未詳) 四月十九日 一通
江戸中期 折紙 楮紙 (奉書紙) 三三・二糎×四六・六糎 一紙
(本文) 来月護持可令勤修/給之旨、摂政殿御消息/之所候、仍申入候也、
(差出) 昶定
(宛所) 理性院僧正御房

四九 清閑寺益房奉書 (年未詳) 三月十五日 一通
江戸中期 折紙 楮紙 (奉書紙) 三三・七糎×四六・八糎 一紙
(本文) 来月護持可令/勤修給之旨、被/仰下候、仍申入候也、
(差出) (清閑寺)益房
(宛所) 報恩院権僧正御房

五〇 日野西資興奉書 二通
江戸中期 折紙 楮紙 (奉書紙)
(備考) (一)・(二) 一括、

(一) 日野西資興奉書 (年未詳) 正月十六日 一通
三二・八糎×四六・二糎 一紙
(本文) 来二月御持可令/懃修給之旨、被/仰下候也、
(差出) (日野西)資興
(宛所) 報恩院権僧正御房

(二) 日野西資興奉書 (年未詳) 二月十六日 一通
三二・八糎×四六・五糎 一紙
(本文) 来三月御持可令/懃修給之旨、被/仰下候也、
(差出) 資興
(宛所) 報恩院権僧正御房

五一 坊城俊親奉書 (年未詳) 正月十五日 一通
江戸中期 折紙 楮紙 (奉書紙) 三三・四糎×四五・二糎 一紙
(本文) 御祈奉行承候、/仍為御心得申/入候也、
(差出) (坊城)俊親
(宛所) 理性院僧正御房
(備考) 逐而書、

五二 摂政某御教書 (年未詳) 九月廿日 一通
江戸中期 折紙 楮紙 (奉書紙) 三三・〇糎×四六・七糎 一紙

（本文）来月護持可／令勤修給之旨、／摂政殿所御気色／候也、
（差出）澄仲（慈光寺）
（宛所）理性院僧正御房

五三　勧修寺敬孝奉書　「正徳六甲」四月十五日　一通
江戸中期　折紙　楮紙（奉書紙）　三六・三糎×四九・三糎　一紙
（本文）来月之護持／御巡番候、可被勤／修哉、仍内々得御意／候也、
（差出）敬孝「勧修寺弁」
（宛所）理性院前大僧正御房

五四　摂政某御教書　（年未詳）九月十六日　一通
江戸中期　折紙　楮紙（奉書紙）　三一・六糎×四六・五糎　一紙
（本文）来月御持可令／勤修給之旨、摂政殿／御消息之所候、仍早々／申入候也、
（差出）謙光（裏松）
（宛所）理性院権僧正御房

五五　裏松光世奉書　（年未詳）四月十四日　一通
江戸中期　折紙　楮紙（奉書紙）　三三・二糎×四五・二糎　一紙
（本文）来五月護持可令／勤修給之旨、被／仰下候、仍申入候也、
（差出）光世（裏松）
（宛所）理性院僧正御房

五六　勧修寺経則奉書　〔文化十年〕正月廿二日　一通
江戸後期　竪紙　楮紙（奉書紙）　三三・〇糎×四六・〇糎　一紙
（本文）来月護持可令勤修給／之旨、被／仰下候、仍申入候也、恐惶／謹言、
（差出）経則（勧修寺）
（備考）奥に「文化十」、奥に捻封（墨引、ウハ書「理性院僧正御房　経則」）、

五七　実雅請文案等　十通
江戸中期　折紙　楮紙（奉書紙）
（備考）（一）～（一〇）一括、五七号～五九号厚紙にて一括、

（一）　実雅請文案　〔延享四年〕五月十八日　一通
三一・九糎×四五・八糎　一紙
（本文）来月護持可／令勤修之旨／被　仰下、謹承／之候也、
（差出）実雅
（宛所）左少弁殿
（備考）包紙（美濃紙、四〇・〇糎×二七・八糎、ウハ書「延享四五十八／護持修行之請文／初度」）、

（二）　実雅請文案　（年未詳）正月十五日　一通
三一・九糎×四五・二糎　一紙
（本文）来月護持可／令勤修之事、謹承候、／宜預御沙汰候也、

(差出) 実雅

(宛所) 左少弁殿

(三) 実雅請文案 〔寛延四年〕八月廿四日 一通

三三・七糎×四五・七糎 一紙

(本文) 九月御持、依/御神事自当月/廿八日勤修之義、/謹承候也、

(差出) 実雅

(備考) 見返奥に「寛延四辛未年八月留書」、

(四) 実雅請文案 一通

三三・七糎×四五・八糎 一紙

(備考) ①・②同一折紙上下に書かれる、

①実雅請文案 (年未詳) 十一月十五日

(端書) 初之壱通之請書、此請書戻り了、

(本文) 当月 新嘗祭依/御神事、従来十六日晩/到十八日朝、被免護

持/勤修之事、謹而承候、/宜預御沙汰候也、

(差出) 実雅

(宛所) 左少弁殿

②実雅請文案 (年未詳) 十一月十五日

(端書) 初之壱通相違ニ付、後之請書如斯、従奉行/之壱通相違之故也、

(本文) 当月 新嘗祭依/御神事、従来十六日朝/到十八日朝、被免護

持/勤修之事、謹而承候、/宜預御沙汰候也、

(差出) 実雅

(宛所) 左少弁殿

(五) 実雅請文案 (年未詳) 六月廿三日 一通

三三・八糎×四六・五糎 一紙

(本文) 来七月護持之事、/可令勤修之旨、謹/承候也、

(差出) 実雅

(六) 実雅請文案 (年未詳) 八月廿一日 一通

三三・七糎×四五・七糎 一紙

(本文) 来九月御持/可令勤修之旨、/謹承候、宜預/御沙汰候也、

(差出) 実雅

(七) 実雅請文案 (年未詳) 八月廿四日 一通

三三・八糎×四五・七糎 一紙

(本文) 九月御持依/御神事、自当月/廿八日勤修之義、/謹承候也、

(差出) 実雅

(八) 実雅請文案 (年未詳) 八月廿四日 一通

三三・八糎×四五・七糎 一紙

(本文) 九月御持依/御神事、自当月/廿八日勤修之義、/謹承候也、

(差出) 実雅

（九）　実雅請文案　（年未詳）十一月十日　一通

三一・八糎×四五・八糎　一紙

（本文）来月護持、可令／勤修之旨、承存候、／宜預御沙汰候也、

（差出）実雅

（宛所）左少弁殿

（備考）見返に本文書書止シ、

（一〇）　実雅請文案等　一通

紙背あり　三三・三糎×四五・五糎　一紙

（備考）①・②同一折紙上下に書かれる、

①実雅請文案　（年未詳）六月十六日

（端書）護持うけ文のひかへ

（本文）来月護持可令／勤修之旨、謹承候、／宜預御沙汰候也、

（差出）実雅

（宛所）左少弁殿

（備考）〔紙背〕①とほぼ同文、

②実雅請文土代　（年月日未詳）

（端書）護持請文の／ひかへ

（書出）貴翰拝閲、暑気之候、／兪御安全御座被成目出存候、／然者来(毎)月(々)／護持勤修之儀(所労ニ付)(被　仰候ニ付)毎々御断／申上候(毎々)ニ付、

（書止）委細御示(諭)給之趣畏入存候、(畏存候、)／御請申上候■間、宜預御沙(左様思召候、)／汰希入存候也、

（備考）本文斜線にて墨抹、

〔紙背〕実雅請文等　一通

折紙

（備考）①・②同一折紙上下に書かれる、

①実雅請文案　（年未詳）五月十五日

（本文）来月護持可令／勤修旨、謹承候、／宜預御沙汰候也、

（差出）実雅

（宛所）左少弁殿

（備考）習書、（一〇）①とほぼ同文、

②実雅請文土代　（年未詳）六月十六日

（書出）貴翰拝閲、暑気之節／兼御安全御座被成目出／存候、然者来(月)護持勤修之儀／被　仰下、謹而承候、

（書止）委細御示諭之趣畏入存候、／御請申上候間、宜預御沙汰候也、

（差出）実雅

（備考）習書、奥に天地逆に（一〇）①の書止シ、

五八　実雅請文案等　四通

江戸中期　折紙　楮紙（奉書紙）

（備考）（一）～（四）一括、

（一）　実雅請文案　（年未詳）七月廿日　　一通

三二・五糎×四五・七糎　一紙

（本文）来八月護持／可令勤修之旨、／依所労御断申上候、／宜預御沙汰
候也、

（差出）実雅

（二）　実雅請文案　（年未詳）九月廿五日　　一通

三三・七糎×四五・七糎　一紙

（本文）来月護持可令／勤修之處、依所労／御断申上候、宜預／御沙汰候
也、

（差出）実雅

（宛所）左少弁殿

（三）　実雅請文案　（年未詳）十二月廿二日　　一通

三二・六糎×四五・八糎　一紙

（本文）来十二月護持／令《何と卒》勤修候度存候共、／所労此節不勝罷／在候
ニ付、無拠御断／申上候、宜預御沙汰／様《御座》候様希入存候也、／
御座存候也、

（差出）実雅

（備考）袖に「とめ」、

（四）　実雅請文書止シ　（年月日未詳）　　一通

三二・六糎×四五・八糎　一紙

（本文）来十二月護持之事、／可令勤修之旨候得共《度存候得共、》／所《寒冷》労所方不勝候ニ
付、／無拠御断申上候、宜御《預》沙／汰可被下

五九　道雅請文案　　三通

江戸中期

（備考）（一）～（三）一括、

（一）　道雅請文案　〔宝暦二年〕十一月十五日　　一通

折紙　楮紙（奉書紙）　三三・九糎×四四・二糎　一紙

（本文）来十二月御持／可令勤修之旨、／謹而奉候也、

（差出）道雅

（備考）見返奥に「奉行日野右少弁資枝、／権僧正道雅第三度、／宝暦二申
年十二月御持　仰、／来月在先老ノ年忌故、勤番／如何敷思候得
共、御請申上候也」、

（二）　道雅請文案　（年未詳）後十一月十六日　　一通

折紙　楮紙（奉書紙）　三二・九糎×四六・三糎　一紙

（本文）来月護持可令／勤修之旨、謹而奉候／也、

（差出）道雅

（三）　道雅請文案　〔寛延四年〕十月十二日　　一通

切紙　楮紙（奉書紙）　一七・一糎×四七・五糎　一紙
（端裏）寛延四辛未十月十六日御持懃修御請文之留
（本文）来十一月御持／可令懃修之旨、／謹而奉候也、
（差出）道雅
（宛所）権右少弁殿

六〇　道雅辞状案　（年未詳）九月十五日　一通
江戸中期　切紙　楮紙（奉書紙）　一六・七糎×四六・〇糎　一紙
（本文）来十月御持可／令勤修候之處、／所労之子細、御断／可申上候也、
（差出）道雅

六一　杲観請文案　（年未詳）八月十四日　一通
江戸中期　折紙　楮紙（奉書紙）　三三・〇糎×四六・五糎　一紙
（本文）来月護持可令懃修／被／仰下候旨、謹奉候也、
（差出）杲観
（宛所）万里小路弁殿

六二　錦小路頼尚免状　（年未詳）十一月十八日　一通
江戸中期　折紙　楮紙（奉書紙）　三三・九糎×四六・二糎　一紙
（本文）護持之儀、就／新嘗會、自今晩／至廿日朝、／御祈被／免候也、
（差出）（錦小路）頼尚
（宛所）法務前大僧正御房

六三　日野西兼栄書状　二通
江戸中期　折紙　楮紙（奉書紙）
（備考）（一）・（二）一括、

（一）日野西兼栄書状　〔享保五年〕十一月十六日　一通
三三・四糎×四六・〇糎　一紙
（書出）御陳／来月御持之事申入候、／今年茂度々御勤修、殊／来春大〔太〕元
法可被　仰出／候之間、
（書止）右之段、存知事候へ共、／来月之義申入事候／間、乍御苦労必可
有御請候、／仍如此候也、
（差出）（日野西）兼栄
（宛所）理性院前大僧正御房
（備考）見返奥に「享保五子十一月十六」、

（二）日野西兼栄書状　〔享保六年〕十一月十六日　一通
三三・八糎×四六・〇糎　一紙
（書出）御陳／去年も十二月御勤修／之事、得御意候節、
（書止）青蓮院宮・蓮華光院／各三ヶ度宛勤修之事候／故、来月御持之事
申入候間、／必御請可有之候、仍為／御心得内々如此候也、
（差出）兼栄
（宛所）理性院前大僧正御房
（備考）見返奥に「享保六十一」、

六四　葉室頼熈書状　「安永四」十一月十六日　一通
江戸中期　折紙　楮紙（奉書紙）　三三・二糎×四五・二糎　一紙
（書出）寒冷甚候、弥御安康／候哉、承度存候、抑御祈／申沙汰之事、
（書止）御祈之儀、／自極臈可申入候間、／左御心得可給候、／仍申入置候
　也、
（差出）（葉室）頼熈
（宛所）法務僧正御房

六五　実雅書状案　（年未詳）正月六日　一通
江戸中期　折紙　楮紙（奉書紙）　三三・〇糎×四六・三糎　一紙
（本文）八日参　内刻限、／未刻仕度候事、／四足門御下知可被下候、／御
　屏風如例年拝借／願入候事、
（差出）実雅

六六　日野資枝書状　（年未詳）正月五日　一通
江戸中期　折紙　楮紙（奉書紙）　三三・八糎×四六・〇糎　一紙
（本文）八日参　内刻限之事、／四脚門開事、／御屏風拝借之事、／右、
　否可被仰聞候也、
（差出）（日野）資枝
（宛所）法務僧正御房

六七　勘解由小路資望書状　（年未詳）六月十三日　一通
江戸中期　折紙　楮紙（奉書紙）　三三・四糎×四五・五糎　一紙
（本文）来八月卯半刻、清祓候、／其刻已後、御本尊・／御撫物等、極臈
　可／致持参候、仍為御／心得申入候也、
（差出）（勘解由小路）資望
（宛所）報恩院権僧正御房
（備考）逐而書、六七号・六八号一括、一括包紙（美濃紙、二六・三糎×四〇・〇
　糎、ウハ書「来十八日卯半刻、清祓、／其刻已後、御本尊・／御撫
　物等、極臈持参候／之由承存候也、／追申、四月護持巻数、是又／
　十八日左之刻限已後、可献／之旨、承存候也」）、

六八　実雅書状案　（年未詳）六月十五日　一通
江戸中期　折紙　楮紙（奉書紙）　三三・六糎×四六・八糎　一紙
（本文）来十八日卯半刻、清祓、／其刻已後、御本尊・／御撫物等、極臈
　持／参候之由、承存候也、
（差出）実雅
（宛所）権右少弁殿
（備考）逐而書、

六九　実雅書状案等　二通
江戸中期　折紙　楮紙（奉書紙）
（備考）（一）～（二）一括、
（一）　実雅書状案　（年未詳）十月九日　一通
三三・〇糎×四六・〇糎　一紙

（書出）貴翰致拝見候、抑／主上御平日御持病／御通御不巡ニ付、／御機
嫌能御快通被／遊候様、
（書止）尤堅固密々之儀、承知／仕候、誠恐謹言、
（差出）実雅
（宛所）左少弁殿
（備考）折紙下段に某請文書止シ、

（二）　実雅書状土代　（年未詳）十一月十二日　一通
三三・〇糎×四六・〇糎　一紙
（書出）貴翰（貴翰）令拝見候、抑／主上御平日御持病御通／御不巡候ニ付、
（書止）尤堅固密々／之儀令承知候（承存候、）、宜預御／沙汰候也、誠恐謹言、
（差出）実雅
（宛所）左少弁殿

七〇　日野西兼栄奉書等　七通
江戸中期
（備考）（一）～（七）一括、

（一）　日野西兼栄奉書　〔享保四年〕六月廿五日　一通
切紙　楮紙（奉書紙）一六・三糎×三五・〇糎　一紙
（端裏）享保四亥年奉行日野西弁
（本文）来月御持可／令勤修給由、被／仰下候也、
（差出）（日野西）兼栄
（宛所）理性院前大僧正御房

（二）　北小路俊冬書下　（年未詳）十一月十一日　一通
切紙　楮紙（奉書紙）一六・六糎×三六・九糎　一紙
（本文）御祈奉行之事、／坊城弁依与奪俊冬奉／候、仍御心得迄ニ申入
候／事、
（差出）北小路極﨟　俊冬

（三）　錦小路頼尚書下　（年未詳）十一月十八日　一通
切紙　楮紙（奉書紙）一六・五糎×三三・六糎　一紙
（本文）烏丸弁可令申入候／処、与奪候ニ付、目頼尚／申入候也、
（差出）錦小路極﨟　頼尚
（宛所）法務前大僧正御房

（四）　道雅書状案　（年未詳）三月九日　一通
切紙　漉返紙（茶染紙）一四・〇糎×二一・〇糎　一紙
（本文）来六月御持勤修候ニ付、用事／御座候て、従来廿二日貴公被成／御東行候間、北小路差次へ可／申達候旨承候、此節御用多／候處、
入御念之趣畏存候也、
（差出）道雅
（宛所）烏丸弁殿貴答

（五）　北小路俊冬書下　（年未詳）十一月廿六日　一通

切紙　楮紙（奉書紙）一八・〇糎×三・七糎　一紙
（本文）御祈奉行之事、／葉室弁依与奪俊冬／奉候、仍御心得迄ニ／申入
　候事、
（宛所）北小路極﨟俊冬

（六）　道雅辞状　（年未詳）十一月廿四日　一通
切紙　楮紙（奉書紙）一六・七糎×一四・七糎　一紙
（本文）来月御持可令勤修之處、／所労之子細御断申上候也、
（差出）道雅

（七）　某差文　（年月日未詳）　一通
切紙　楮紙（奉書紙）一六・三糎×二一・〇糎　一紙
（本文）来廿八日辰剋、御撫物／受取ニ極﨟参候事、

七一　護持請文控包紙等　二十紙
江戸中期　竪紙　楮紙（美濃紙）
（備考）（一）～（二〇）一括、（二）～（二〇）指定外、

（一）　護持請文控包紙　（年月日未詳）　一紙
二八・五糎×四〇・七糎　一紙
（備考）ウハ書「護持請文のひかへ」、

（二）　包紙　（年月日未詳）　一紙
二八・一糎×四〇・九糎　一紙
（備考）墨付なし、

（三）　包紙　（年月日未詳）　一紙
二八・〇糎×四〇・〇糎　一紙
（備考）墨付なし、

（四）　包紙　（年月日未詳）　一紙
二八・一糎×四〇・〇糎　一紙
（備考）墨付なし、

（五）　包紙　（年月日未詳）　一紙
二八・〇糎×三九・五糎　一紙
（備考）墨付なし、

（六）　包紙　（年月日未詳）　一紙
二八・八糎×四〇・五糎　一紙
（備考）墨付なし、

（七）　包紙　（年月日未詳）　一紙
三〇・二糎×四二・八糎　一紙
（備考）墨付なし、

（八）　包紙　（年月日未詳）　一紙
二六・三糎×四一・〇糎　一紙
（備考）墨付なし、

（九）　包紙　（年月日未詳）　一紙
三一・〇糎×四四・五糎　一紙
（備考）墨付なし、

（一〇）　包紙　（年月日未詳）　一紙
二九・〇糎×四三・〇糎　一紙
（備考）墨付なし、

（一一）　包紙　（年月日未詳）　一紙
二六・二糎×四一・二糎　一紙
（備考）墨付なし、

（一二）　包紙　（年月日未詳）　一紙
二六・二糎×四〇・八糎　一紙
（備考）墨付なし、

（一三）　包紙　（年月日未詳）　一紙
二九・四糎×三九・三糎　一紙
（備考）墨付なし、

（一四）　包紙　（年月日未詳）　一紙
二六・四糎×四〇・五糎　一紙
（備考）墨付なし、

（一五）　包紙　（年月日未詳）　一紙
二六・五糎×四一・三糎　一紙
（備考）墨付なし、

（一六）　包紙　（年月日未詳）　一紙
二六・〇糎×三七・五糎　一紙
（備考）墨付なし、

（一七）　包紙　（年月日未詳）　一紙
二六・五糎×四一・五糎　一紙
（備考）墨付なし、

（一八）　包紙　（年月日未詳）　一紙
二六・一糎×四〇・〇糎　一紙
（備考）墨付なし、

（一九）　包紙　（年月日未詳）　一紙
二七・七糎×四一・二糎　一紙
（備考）墨付なし、

（二〇）　包紙　（年月日未詳）　一紙
二七・八糎×四三・三糎　一紙
（備考）墨付なし、

七二　綱所賀礼　（年未詳）十二月十五日　一通
江戸中期　重紙　楮紙（奉書紙）　三七・〇糎×五〇・三糎　二紙
（本文）言上／東寺長者　宣下御慶賀事／右、雖御理運之事候、臨／期承
悦之至、啓而有餘、殊／企参賀候之間、且言上如件、／以此旨可
令申入給、恐惶謹言、
（差出）威儀師賢緑
（宛所）進上　別当法印御房

七三　法印真源書状　（年未詳）六月一日　一通
江戸前期　重紙　楮紙（奉書紙）　三四・〇糎×四九・五糎　二紙
（本文）御慶賀之事／長者法務御拝任、雖御／理運候、臨期承悦、且／啓
而有餘候、殊企参賀／可令言上也、誠惶謹言、
（差出）法印真源
（宛所）謹々上　新法務大僧正御房

七四　綱所賀札　（年未詳）十二月十二日　一通
江戸前期　重紙　楮紙（奉書紙）　三三・六糎×四六・四 四六・八糎　二紙
（書出）言上／報恩院新権僧正御房御慶賀事／右、雖御理運事候、臨期承
悦之至、上啓而有餘、
（書止）以此旨可令洩／申給、幸慶恐惶謹言、
（差出）従儀師幸慶
（宛所）進上　兵部卿法印御房
（備考）懸紙（奉書紙、四六・八糎×三二・五糎、ウハ書「進上兵部卿法印御房　従
儀師幸慶」）、差出に裏花押、

七五　綱所賀札　（年未詳）十二月十三日　一通
江戸前期　重紙　楮紙（奉書紙）　三三・六糎×四六・五糎　二紙
（本文）言上／大僧正御房御慶賀事／右、雖御理運事候、臨期／承悦之至、
上啓而有餘、殊／企参賀候之間、且言上如件、／以此旨可然之様
可令洩披露／給、幸慶誠惶誠恐、
（差出）従儀師幸慶
（宛所）進上　大納言阿闍梨御房
（備考）懸紙（奉書紙、四六・五糎×三三・四糎、ウハ書「進上　大納言阿闍梨御
房　従儀師幸慶」）、差出に裏花押、

七六　法印公清奉書　（年未詳）五月廿六日　一通
江戸前期　竪紙　楮紙（奉書紙）　三〇・三糎×四五・一糎　一紙
（本文）御寺務事、　宣下案／賜了、被賀申之趣、殊／以為御本意之由所
候也、／恐々謹言、
（差出）法印公清
（宛所）惣在庁威儀師御房
（備考）懸紙（奉書紙、四五・〇糎×三〇・〇糎、ウハ書「惣在庁威儀師御房　法

印公清」）、

七七　別当法印公清奉書　（年未詳）五月廿九日　一通
江戸前期　竪紙　楮紙（奉書紙）　三一・五糎×四五・〇糎　一紙
（本文）報恩院前大僧正一長者／宣下如此候、如先々可令／存知給候也、
　仍執達如件、
（差出）別当法印公清
（宛所）執行僧都御房

七八　威儀師隆敬請文　（年未詳）十一月十日　一通
江戸中期　竪紙　楮紙（奉書紙）　三五・四糎×四八・七糎　一紙
（本文）来廿日東寺御拝堂、／威従以下可相催之由、／承候訖、早可令存知
　候、／以此旨可令披露給、／恐惶謹言、
（差出）威儀師隆敬
（宛所）別当権僧正御房
（備考）礼紙（奉書紙、三五・三糎×四八・五糎）、逐而書「追啓、／刻限可為辰一
　点之由、／令存知候也」、懸紙（奉書紙、四八・一糎×三四・八糎、ウハ書
　「別当権僧正御房　威儀師隆敬」）、

七九　覚心奉書写　（年未詳）八月　一通
江戸中期　竪紙　楮紙（美濃紙）　二四・五糎×三四・二糎　一紙
（本文）報恩院大僧都加任長者／宣下如期〔斯〕候、如先々可令／存知給候也、
　仍執達如件、
（差出）大法師覚心
（宛所）執行御房
（備考）礼紙（美濃紙、二四・五糎×三四・〇糎）、逐而書「追申、／口宀宣案一通
　巻加進之候」、懸紙（美濃紙、二八・五糎×二四・五糎、ウハ書「執行御
　房　大法師覚心／「中奉書跡　口宣案小奉書ニ殊入遣事」」）、

八〇　三綱補任状案　宝暦四年四月九日　一通
江戸中期　竪紙　楮紙（美濃紙）　三〇・四糎×四一・九糎　一紙
（端裏）本紙中タカ紙也、／宝暦四甲戌四月廿六日、東寺三綱〇宮野常進怦入座候ニ付、補任之義、執
　行方より／申来リ、則遣候補任之留也、本紙法務ニテ被相認、予／
　加判致ス也、
（本文）東寺／補任　権都維那職事／大法師圭随／右人、補任彼職、官符
　未到之間、／宜令勤仕寺役者、
（差出）検校法務僧正在判／別当法印権大僧都在判
（備考）包紙（美濃紙、四〇・九糎×二七・八糎、ウハ書「宝暦四甲戌年東寺三綱宮
　野常進怦圭随、四月九日得度／入座ニ付、補任之義、執行方より
　申来、則法務ニテ相認ラレ、予／加判遣ス也、右、補任之留也、
　本紙ハ中タカ紙ニ相認被遣也、／別当法印有円記之」）、

八一　曼荼羅供職衆請定写　嘉元二年九月十八日　一通
江戸前期　竪紙　楮紙（美濃紙）　三一・六糎×四四・八糎　一紙
（書出）請定　曼荼羅供職衆事／釈迦院法印呪願、唄、　西南院大僧都
（書止）右、来廿五日於報恩院可被行／曼荼羅供、職衆請定如件、

（差出）行事法橋栄尊
（宛所）大阿闍梨法印権大僧都

八二　鎮守読経衆請定案　正安三年十二月　日　一通
鎌倉後期　竪紙　楮紙（檀紙）紙背あり　三三・八糎×五三・五糎　一紙
（書出）鎮守読経衆事／三位律師　祐誉阿闍梨／澄承々々々　実淳々々々
（書止）右、来廿五日、於御社可被勤仕／之状如件、
（紙背）伝法灌頂職衆請定書止シ（年月日未詳）　一通
竪紙
（本文）請定／伝法灌頂職衆事／釈迦院法印　下野僧都／西南院僧都

八三　仁王経法伴僧請定　応永十三年五月　日　一通
室町前期　竪紙　楮紙（強杉原）三四・四糎×五五・〇糎　一紙
（端裏）請定応永十三年五月十五日
（書出）請定／仁王経御修法伴僧事／隆宥法印「奉」　仙助々々「奉」
（書止）右、自来十五日、於石清水八幡宮可被／始行、仍請定如件、
（差出）行事法橋上人位源範

八四　高祖大師七百五十回忌御影堂曼荼羅供職衆請定土代
天正十一年三月　日　一通
安土桃山時代　竪紙　楮紙（美濃紙）二九・七糎×四三・六糎　一紙
（端裏）高祖大師七百五十〇忌■（廻）／アサリ法務前大僧正堯雅

（書出）請定／「東」金勝院権僧正唄、呪願、　宝幢院法印／「東」宝輪院法印
「勧修寺」正観院法印
（書止）右、来廿一日、於御影堂可被行万羅供、（脱アルカ）／職衆請定如件、

八五　大仏供養千僧会職衆交名　（慶長三年八月廿二日）　一通
安土桃山時代　竪紙　漉返紙　三一・七糎×四九・五糎　一紙
（端裏）慶長三八廿二　大仏供養千僧會
（書出）僧名／上乗院大僧正　道順／理性院大僧正　堯助
（書止）都合廿人先例十人、今十人今度増了、／梵音天台悉唱之、／錫杖真言百口唱之、
（備考）墨合点、義演筆、

八六　行樹院曼荼羅供職衆請定土代　慶長六年九月　日　一通
安土桃山時代　竪紙　楮紙（高檀紙）紙背あり　三〇・七糎×四九・四糎　一紙
（書出）請定／曼荼羅供職衆事／慈心院権大僧都俊長唄、呪願、　成身院律師演賀／改後密厳院、　普賢院律師堯政　宝幢院律師源朝散花、
（書止）右、来十一日、於行樹院可被〇（行）曼荼羅供、／職衆請定如件、
（差出）導師松橋法印堯円
（紙背）澄盛法師卅三回忌諷誦文草　慶長六年九月十一日　一通
竪紙
（書出）敬白／請諷誦事／三宝衆僧御布施／右、過去権少僧都尚（和）位生前纔
終三十五年／之旦暮、

(書止) 然則答無二之白葉、證／三密之智用、仍諷誦所修如件、敬白、
(差出) 権少僧都深宥敬白
(備考) 奥に追記「右、澄盛法師卅三回忌云々、諷誦文也」、習書、

八七　仁王経法伴僧請定案　元和七年三月　日　一通
江戸前期　竪紙　楮紙（美濃紙）　三〇・一糎×四二・九糎　一紙
(端裏) 仁王御修法請定
(書出) 請定／仁王経御修法伴僧事／堯瑜法印　弘盛法印十二天供、／演賀法印　堯政法印／源朝法印　亮盛権大僧都護摩、
(書止) 右、自来十二日、於／禁中可被始行、仍請定如件、
(差出) 大行事上座正盛

八八　後七日御修法請定包紙（寛永三年）　一紙
江戸中期　竪紙　楮紙（高檀紙）　五三・〇糎×三二・二糎　一紙
(備考) ウハ書「後七日請定　寛永三年」、裏紙を包む、裏紙（高檀紙、三八・〇糎×五三・五糎）、

八九　後七日御修法伴僧請定請文案　寛永五年正月五日　一通
江戸中期　竪紙　漉返紙　三五・二糎×五〇・四糎　一紙
(本文) 謹請／後七日御修法伴僧事／右、可参勤之状如件、
(差出) 法印権大僧都源朝

九〇　後七日御修法伴僧請定　寛永五年正月五日　一通
江戸中期　竪紙　楮紙（高檀紙）　三八・五糎×五三・七糎　一紙
(本文) 東寺／請定／法印権大僧都源朝／右、於　紫宸殿被行後七日／御修法伴僧可被参勤之状如件、
(差出) 大行事／大阿闍梨僧正法印大和尚位「堯円」

九一　金剛輪院曼荼羅供職衆請定（年月日未詳）　一通
江戸前期　折紙　楮紙（高檀紙）　三八・七糎×五三・五糎　一紙
(書出) 請定／二位権大僧都「奉」／大夫権少僧都「奉」／少将権律師「奉」
(書止) 右、来廿六日、於金剛輪院／可被行万荼羅供、仍請定／如件、

九二　東寺講堂修正会請定写　三通
江戸前期　続紙　楮紙（奉書紙）
(備考) (一)～(三)一括、包紙(漉返紙、四七・四糎×三二・〇糎、ウハ書「寛文九年東寺講堂修正請定写　三通」)、

(一)　東寺講堂修正会請定写　寛文九年正月　日　一通
三二・七糎×九〇・七糎　二紙
(本文) 東寺　會所辰剋、／権僧正堯盛三十二相、／右、来廿八日講堂修正、／任例奉請如件、
(差出) 都維那法師／検校法務大僧正高賢／長者　権僧正／別当　法印大僧都実快／上座　大法師／寺主　大法師

（二）　東寺講堂修正会請定写　寛文九年正月　日　一通
三一・六糎×九〇・五糎　二紙
（本文）東寺　會所辰尅、／阿闍梨堯弁／阿闍梨亮澄／阿闍梨守済／大法師宗恒錫杖、／大法師寛厳／右、来廿八日講堂修正、／任例請定如件、
（差出）都維那法師／検校法務大僧正判（高賢）／長者　権僧正／別当　法印大僧都実快／上座　大法師／寺主　大法師

（三）　東寺講堂修正会請定写　寛文九年正月　日　一通
三一・五糎×九〇・七糎　二紙
（書出）東寺　會所辰剋、／宝厳院法印唄、／金剛珠院法印／金勝院権大僧都
（書止）右、来廿八日講堂修正、／任例奉請如件、
（差出）都維那法師／検校法務大僧正高賢／長者　権僧正／別当　法印大僧都実快／上座　大法師／寺主　大法師

九三　鎮守読経衆請定　寛政四年三月十五日　一通
江戸後期　竪紙　楮紙（高檀紙）　四五・八糎×六八・二糎　一紙
（書出）鎮守御読経衆／中納言大僧都導師、「奉」　大納言大僧都唄、「奉」／少納言権少僧都「奉」　宰相権少僧都散花、「奉」
（書止）右、来十八日、於御社可被勤修／御読経、請定如件、
（差出）大行事法橋定言
（備考）懸紙（高檀紙、六七・一糎×五三・六糎、ウハ書「鎮守読経請定　寛政四三十八」）、

九四　鎮守読経衆請定案　文化五年五月十一日　一通
江戸後期　竪紙　楮紙（美濃紙）　三一・八糎×四四・五糎　一紙
（本文）鎮守読経衆事／寛道律師導師、／円澄律師呪願、／僧進法師／肇法法師／右、来十三日、於　御社可／被勤修之状、如件、
（備考）懸紙（美濃紙、四四・二糎×三〇・三糎、ウハ書「文化五年戊辰五月十三日戊申心宿、月曜、於槙尾山一夜灌頂／鎮守読経請定案／西普灌頂部（醍醐寺普賢院）箱」）、

九五　後七日御修法伴僧請定案等　十七通
（備考）（一）〜（一七）一括、

（一）　後七日御修法伴僧請定案　寛保二年正月六日　一通
江戸中期　竪紙　楮紙（奉書紙）　三三・四糎×四六・五糎　一紙
（本文）宮中南殿／屈請／権大僧都宥円／右、後七日　御修法伴僧可／被参勤者、請定如件、
（差出）大行事隆栄／大阿闍梨法務僧正隆幸

（二）　後七日御修法伴僧交名注進状案　宝暦三年正月十四日　一通
江戸中期　竪紙　楮紙（奉書紙）　三五・六糎×四九・〇糎　一紙
（本文）注進／後七日御修法僧等交名事／大阿闍梨／法務僧正法印大和尚位実雅／伴僧／権僧正　演省「息災護摩、」／権僧正　演春

「聖天供、」／権僧正　澄翁「五大尊供、」／法印権大僧都演静「十二天供、」／法印権大僧都宥円「増益護摩、」／権少僧都淳誉「諸神供、舎利守、」／大行事「法橋宗円」／右、修僧交名注進如件、

（差出）阿闍梨法印〔務〕僧正法印大和尚位実雅

（三）後七日御修法伴僧請定案　宝暦三年正月五日　一通

江戸中期　竪紙　楮紙（奉書紙）　三五・六糎×四九・三糎　一紙

（本文）宮中南殿／権少僧都淳誉／右、後七日御修法伴僧可被／参勤之状如件、

（差出）行事法橋宗円／阿闍梨法務僧正法印大和尚位実雅

（備考）懸紙（奉書紙、四九・一糎×三五・五糎）、

（四）後七日御修法伴僧請定請文案　宝暦四年正月六日　一通

江戸中期　竪紙　楮紙（奉書紙）　三三・〇糎×四六・五糎　一紙

（本文）謹請／後七日御修法伴僧事／右、可参勤之条、所請如件、

（差出）権少僧都淳誉

（五）後七日御修法伴僧請定案　宝暦四年正月五日　一通

江戸中期　竪紙　楮紙（奉書紙）　三六・四糎×四九・八糎　一紙

（本文）宮中南殿／権少僧都淳誉／右、後七日　御修法伴僧可被／参勤之状如件、

（差出）行事法橋宗円／阿闍梨法務僧正法印大和尚位実雅

（備考）懸紙（奉書紙、四九・五糎×三五・九糎）、

（六）後七日御修法伴僧交名注進状案　宝暦五年正月十四日　一通

江戸中期　竪紙　楮紙（奉書紙）　三六・一糎×四九・五糎　一紙

（本文）注進／後七日御修法僧等交名事／大阿闍梨／法務僧正法印大和尚位実雅／伴僧／僧正　賢賀聖天供、／権僧正　演春息災護摩、／権僧正　澄翁五大尊供、／法印権大僧都　演静十二天供、／法印権大僧都　有円増益護摩、／権少僧都　淳杲舎利守、／権律師　真亮諸神供、／大行事大法師性〔生〕覚／右、修僧交名注進如件、

（差出）阿闍梨法務僧正法印大和尚位実雅

（七）後七日御修法請定案　宝暦七年正月五日　一通

江戸中期　竪紙　楮紙（奉書紙）　三五・七糎×四八・六糎　一紙

（本文）請定／法印権大僧都有円／右、於　紫宸殿被行後七日御修法、／可有参勤之状如件、

（差出）大行事法印宥長／大阿闍梨僧正法印大和尚位元雅

（八）後七日御修法請定案　宝暦八年正月五日　一通

江戸中期　竪紙　楮紙（奉書紙）　三三・八糎×四五・八糎　一紙

（本文）請定／権大僧都淳杲／右、於　紫宸殿被行後七日御修法、／可有参勤之状如件、

（差出）大行事法印宥長／大阿闍梨法務僧正元雅

（備考）礼紙（奉書紙、三三・八糎×四五・七糎）、懸紙（奉書紙、四五・七糎×三三・五糎）、

（九）後七日御修法伴僧請定案　明和三年正月四日　一通

江戸中期　重紙　楮紙（奉書紙）三三・一糎×四五・九糎　二紙

（本文）宮中南殿／法印大僧都淳杲／右、後七日御修法伴僧可被／参勤之状如件、

（差出）行事法橋永貞／阿闍梨法務前大僧正法印大和尚位道雅

（備考）懸紙（奉書紙、四五・四糎×三二・八糎）、

（一〇）後七日御修法伴僧請定案　享和二年正月五日　一通

江戸後期　竪紙　楮紙（奉書紙）三七・六糎×四九・九糎　一紙

（本文）東寺／請定／恭宝法眼／右、於　宮中南殿被修後七日御修法／伴僧可被参仕者、請定如件、

（差出）大行事法橋亨謙／大阿闍梨法務前大僧正法印大和尚位禅證

（備考）礼紙（奉書紙、三七・五糎×五〇・〇糎）、逐而書「追申、念誦頭可令／御勤修給候也」、

（一一）後七日御修法伴僧請定案　文化四年正月五日　一通

江戸後期　竪紙　楮紙（奉書紙）三一・四糎×四五・七糎　一紙

（本文）請定／権少僧都淳済／右、於　紫宸殿被行後七日／御修法伴僧請定如件、

（差出）大行事法眼経誼

（一二）後七日御修法伴僧請定案　天保十年正月五日　一通

江戸後期　竪紙　楮紙（奉書紙）三六・三糎×四九・四糎　一紙

（本文）宮中南殿／屈請／権大僧都覚心／右、後七日　御修法伴僧可／被参勤者、請定如件、

（差出）大行事法印性栄／阿闍梨法務前大僧正法印大和尚位寛恕

（一三）後七日御修法伴僧請定案　嘉永五年正月五日　一通

江戸後期　竪紙　楮紙（奉書紙）三一・五糎×四六・一糎　一紙

（本文）請定／大僧都大道息災護摩、／右、於　紫宸殿被行後七日／御修法伴僧請定如件、

（差出）大行事法印為舜

（一四）後七日御修法伴僧請定案　嘉永五年正月五日　一通

江戸後期　竪紙　楮紙（奉書紙）三一・六糎×四六・〇糎　一紙

（本文）請定／権律師賢聖／右、於　紫宸殿被行後七日／御修法伴僧請定如件、

（差出）大行事法印為舜

（一五）後七日御修法伴僧請定案　嘉永六年正月五日　一通

江戸後期　竪紙　楮紙（奉書紙）三一・〇糎×四五・六糎　一紙

（本文）請定／権僧正大道息災護摩、／右、於紫宸殿被行後七日／御修法伴僧請定如件、

（差出）大行事法眼宣正

（備考）懸紙（奉書紙、四五・七糎×三一・九糎、ウハ書「請定」）、

（一六）　後七日御修法伴僧請定案　嘉永六年正月五日　　　一通
江戸後期　竪紙　楮紙（奉書紙）　三・三糎×四・四糎　一紙
（本文）請定／権少僧都賢聖／右、於紫宸殿被行後七日／御修法伴僧請定
　如件、
（差出）大行事法眼宣正
（備考）懸紙（奉書紙、四五・六糎×三・七糎、ウハ書「請定」）、

（一七）　後七日御修法伴僧請定案　嘉永七年正月五日　　　一通
江戸後期　竪紙　楮紙（奉書紙）　三・七糎×四・七糎　一紙
（本文）請定／権僧正大道息災護摩、／右、於　紫宸殿被行後七日／御修
　法伴僧請定如件、
（差出）大行事法印豪円
（備考）懸紙（奉書紙、四六・七糎×三・二糎、ウハ書「請定」）、

九六　勧修寺宮御灌頂持金剛衆請定　（年未詳）三月廿日　　　一通
江戸後期　竪紙　楮紙（奉書紙）　三五・八糎×四九・五糎　一紙
（本文）来廿六日、於勧修寺被／行　宮御灌頂持金剛衆／可令参仕給之状
　如件、
（差出）法印興応
（宛所）宝幢院法印権大僧都御房
（備考）押紙「行樹院大道」、懸紙（奉書紙、四九・〇糎×三五・二糎、ウハ書「宝
　幢院法印権大僧都御房　法印興応」）、

九七　蓮華会請定案　　　二通
江戸中期　竪紙　楮紙（美濃紙）
（備考）（一）・（二）一括、包紙（美濃紙、三四・〇糎×三・六糎、ウハ書「蓮華会〔「蓮華会」〕
　請定　承仕教円」「蓮華会之事　承」、裏書「右十七日者、安養坊
　弟子隠岐也、請定者、■〔同〕也、／右者、寂谷常行坊壱岐之時之請定
　如件、／右之請定者、淳誉大徳御坊様／致進上者也、卯年之卯之
　月之卯日之卯刻定、／「戒本／醍醐／寺西谷」」）、包紙紙背に習書、

（一）　蓮華会請定案　宝暦二年六月　日　　　一通
二四・一糎×三四・四糎　一紙
（本文）請定／来十八日蓮華会之事／供養法／宝幢院法印／経衆／慈心
　院法印　密教院権大僧都讃、／円明院権少僧都讃、　二位大法師
　調声、／右、来十八日於雎〔准〕胝堂可被行／蓮華会、　請定如件、
（差出）堂達元澄

（二）　蓮華会請定案　宝暦二年六月　日　　　一通
二四・二糎×三四・四糎　一紙
（本文）請定／来十七日蓮華会之事／供養法／宝幢院法印／経衆／慈心
　院法印　密教院権大僧都讃、　／円明院権少僧都　二位大法師
　調声、／右、来十七〇日、於准胝堂可被行／蓮華会、　請定如件、
（差出）堂達元言〔澄〕

九八　座主義賢御教書案　（長禄四年）五月十四日　一通
室町中期　竪紙　楮紙（杉原）二七・五糎×四三・五糎　一紙
（端裏）長禄四妙法院賢超受者時　請書案
（本文）来廿日、於灌頂院門跡／御授与之事候、可令参職／衆給者、座主
准后御／消息所候也、仍言上如件、／豪意謹言、
（差出）法印豪意奉
（宛所）進上　理性院僧正御坊
（備考）奥に「上巻如此、進上　理性院僧正御坊　法印豪意奉」、

九九　座主義賢御教書案　（長禄四年）五月十四日　一通
室町中期　竪紙　楮紙（杉原）二七・五糎×四三・五糎　一紙
（端裏）請書案
（本文）来廿日、於灌頂院門跡／御授与之事候、可令参職／衆給者、座主
准后御／消息所候也、恐惶謹言、
（差出）法印豪意奉
（宛所）謹上　西方院僧都御房
（備考）逐而書「ライ紙追申、／誦経導師事、可有／御懃仕候」、奥に「二
巻之内」、

一〇〇　顕済請文案　（長禄四年）五月十四日　一通
室町中期　竪紙　楮紙（杉原）二六・五糎×四一・二糎　一紙
（端裏）請文案
（本文）来廿日、於灌頂院／御授与之事候、可参職衆／由、謹承候了、早
可存知／其旨之由、可令洩披露／給候也、恐々謹言、
（差出）顕済請文

一〇一　威儀師幸誉請文案　（年未詳）三月十七日　一通
江戸前期　重紙　楮紙（高檀紙）三九・〇糎×五三・八糎　二紙
（本文）来廿日、於東寺西院舞楽／曼荼羅供大阿闍梨可有／御参勤、綱所
供奉事、任例／可被相催之旨、謹承畢、以此旨／可令洩披露給候、
恐惶謹言、
（差出）威儀師幸誉
（宛所）別当権少僧都隆弁御房

一〇二　仁和寺宮御灌頂持金剛衆請定請文案等　十七通
（備考）（一）〜（一七）一括、

（一）　仁和寺宮御灌頂持金剛衆請定請文案　（享保十一年）三月七日　一通
江戸中期　竪紙　楮紙（奉書紙）三三・〇糎×四六・〇糎　一紙
（本文）来十三日、於仁和寺被行／宮御灌頂持金剛衆可令／奏（参歟、）伺之旨、謹
所請如件、
（差出）権少僧都澄翁
（宛所）謹上　法眼御房
（備考）袖に「当月八日御室以使者来リ、則面談云々、御拝答／申上候而、
即日請文遣也、其留也、但シ奉書二枚重、／表包同紙也、法眼宥

證者、真乗院住持也、／当山ニ而他門之人ハ、十一日ニ参懃之時ニ
持参被申也、／当山ニ而も行院法印・予計即答申上候也」、包紙
（奉書紙、四五・五糎×三二・〇糎、ウハ書「請文案謹上　法眼御房　権
少僧都澄翁／享保十一丙午年三月十三日角宿、日曜、／仁和寺無品親
王守恕御年二十一、御戒、／大阿闍梨自性院前大僧正幸宥臈四十七、戒、」）、包
紙に「『若草』／御たき物」の印、

（二）後七日御修法伴僧請定請文案　天和四年正月六日　一通
江戸中期　竪紙　楮紙（奉書紙）　三二・〇糎×四九・二糎　一紙
（本文）謹請／御請定之事／右、後七日伴僧可令参勤之由、／所請如件、
（差出）法眼権律師栄春

（三）後七日御修法伴僧請定請文案　天和四年正月八日　一通
江戸中期　竪紙　楮紙（奉書紙）　三四・二糎×四六・六糎　一紙
（本文）謹領／御請書一紙、／右、後七日御修法伴僧可令／参勤之状、謹
所請如件、
（差出）権律師承俊

（四）後七日御修法伴僧請定請文案　天和四年正月八日　一通
江戸中期　竪紙　楮紙（奉書紙）　三四・二糎×四六・六糎　一紙
（本文）謹領／御請書一紙、／右、後七日御修法伴僧可令／参勤之状、謹
所請如件、
（差出）法印秀快

（五）大覚寺門主灌頂衲衆請定請文案　寛保三年九月廿三日　一通
江戸中期　竪紙　楮紙（奉書紙）　三九・四糎×五二・二糎　一紙
（本文）謹請／綱牒一紙、／右、依　宣旨、来廿六日於／大覚寺　御門主
御灌頂／衲衆可令参勤者、所請如件、
（差出）権大僧都有円
（備考）懸紙（奉書紙、四九・八糎×三六・〇糎、ウハ書「大威儀師御房　権大僧
都有円／嵯峨大覚寺御門主御灌頂之時請文、如此相認上ル也」）、

（六）後七日御修法伴僧請定請文案　宝暦四年正月六日　一通
江戸中期　竪紙　楮紙（奉書紙）　三二・九糎×四六・〇糎　一紙
（本文）謹請／後七日御修法伴僧事／右、可参勤之条、所請如件、
（差出）権少僧都淳誉

（七）仁和寺宮灌頂衲衆請定請文案　（宝暦二年）三月十九日　一通
江戸中期　竪紙　楮紙（奉書紙）　紙背あり　三六・三糎×四九・七糎　一紙
（本文）来廿四日、於仁和寺被行／惣法務宮御灌頂衲衆可／令参勤之旨、
謹所請如件、
（差出）法印権大僧都有円
（宛所）謹上　法眼御房
〔紙背〕仁和寺宮灌頂衲衆請定請文土代　（宝暦二年）三月　一通
竪紙
（本文）来廿四日、於仁和寺被行／宮御灌頂持金剛衆可令／参勤之旨、

謹所請如件、

（差出）法印権大僧都宥円

（備考）本文墨線にて抹消、

（八）勧修寺宮灌頂持金剛衆請定請文土代

〔宝暦三年〕三月十九日《廿日》　一通

江戸中期　竪紙　楮紙（奉書紙）　三六・九糎×五一・〇糎　一紙

（端裏）宝暦三癸酉年三月廿六日、勧修寺宮御灌頂請文ノ留也、／法印有円記之、

（端書）宝暦二壬申年三月廿四日、仁和寺惣法務宮覚仁親王御灌頂参勤／御證文ノ案也、如此相認、紙二枚重、表包一枚也、中奉書ニ相認申也、／是ハ不進也、別ニ留アリ、

（本文）来廿四日《六》、於仁和寺《勧修寺》被行／宮御灌頂持金剛衆可令／参勤之旨、
謹所請如件、

（差出）法印権大僧都宥円

（宛所）謹上　法眼御房

（備考）年月日次行に「右、片書之分、宝暦三癸酉年三月廿六日、勧修寺宮○《寛宝親王》御灌頂出座、依之／請文認通リ也、少々仁和寺宮ノ時トハ違認之也」、宛所脇に「勧宮ノ時、此二字不書之、法眼御房ト計認也」、

（九）仁和寺宮灌頂衲衆請定請文案

（宝暦二年）三月十九日　一通

江戸中期　竪紙　楮紙（奉書紙）　三六・四糎×四九・七糎　一紙

（端書）此通リ請文相認進了、掛紙アリ、

（本文）来廿四日、於仁和寺被行／惣法務宮御灌頂納衆可／令参《参》勤之旨、
謹所請如件、

（差出）法印権大僧都宥円

（宛所）謹上　法眼御房

（一〇）仁和寺宮灌頂持金剛衆請定請文案

（宝暦二年）三月十九日　一通

江戸中期　竪紙　楮紙（奉書紙）　三六・四糎×四九・七糎　一紙

（本文）来廿四日、於仁和寺被行／宮御灌頂持金剛衆可令／参勤之旨、
謹所請如件、

（差出）法印権大僧都宥円

（宛所）謹上　法眼御房

（備考）本文墨線にて抹消、包紙（奉書紙、四九・五糎×三六・一糎、ウハ書「法印権大僧都宥円／宝暦二壬申年三月廿四日勅会、仁和寺宮覚仁二品親王覚仁／御灌頂御修行之砌、御請文如此相認、後日ニ進ス、／醍醐院家二口、住侶九口、東寺二口、御室院家二口、／住侶三口、高雄三口、嵯峨院家二口、石山四口、／勧修寺慈尊院法印出座、合廿八口、／依先規、絶席ト云フテ、四五寸計ヘタテ諸衆ノ座ヲ儲ル也、／前法務僧正・長者僧正色衆出座、併少シ座ヲヘダテ絶畳也」、「還列嘆徳相済、宮御門室より帰リ之砌、色衆悉ク下臈前ニ列ノ通リニテ先供也、是又此度／御先代ニ其御格式相見申由ニテ、色衆中院家住侶共前日ニ被仰聞、何茂御請申上ル、／院家

中同断、執綱・執蓋・堂上方御門室迄被相勤、是又御先格依有之、此度段々／御頼之趣ニ相聞ル、其外ノ役人還列之通リニテ列ヲ立先供也、予宥円此度出座申也、／大アサリ尊寿院前法務前大僧正隆幸」）、

（一一）　勧修寺宮灌頂持金剛衆請定請文案

〔宝暦三年〕三月廿日　一通

江戸中期　竪紙　楮紙（奉書紙）　三三・七糎×四五・六糎　一紙

（端裏）宝暦三癸酉三月廿六日、勧修寺宮御灌頂色衆参勤ニ付、／請文之留、掛ケ紙アリ、包紙ニ表書如左、何茂中奉書ニ認ル也、／慈尊院法印大僧都御房　法師宥円

（本文）来廿六日、於勧修寺被行／宮御灌頂持金剛衆可令／参勤之旨、謹所請如件、

（差出）法印宥円

（宛所）慈尊院法印大僧都御房

（備考）紙背に習書、

（一二）　勧修寺宮灌頂持金剛衆請定請文案

（宝暦三年）三月廿日　一通

江戸中期　重紙　泥間似合　三八・〇糎×四八・九糎　二紙

（本文）来廿四〔六〕日、於仁和〔勧修〕寺被行／宮御灌頂持金剛衆可令／参勤之旨、謹所請如件、

（差出）法印権大僧都有円

（宛所）法眼御房

（一三）　後七日御修法伴僧請定請文案　文化四年正月五日　一通

江戸後期　竪紙　泥間似合　三三・二糎×四四・九糎　一紙

（本文）謹領／後七日御修法伴僧之事／右、可令参勤之条、／所領如件、

（差出）権少僧都淳済

（一四）　勧修寺宮灌頂持金剛衆請定請文案

（宝暦三年）三月廿日　一通

江戸中期　竪紙　泥間似合　三六・二糎×四九・七糎　一紙

（本文）来廿六日、於勧修寺被行／宮御灌頂持金剛衆可令／参勤之旨、謹所請如件、

（備考）袖に「勧修寺宮御灌頂之時野子懃(マヽ)仕也、依之／□此認遣者也、別ニ御催文有之也、／□定後ニ依テ衆諍書なをし遣ス留別ニ有之、前之／名前者、慈尊院興応法印御房ト認遣ス也」、

（一五）　護持勤修請文案　（年未詳）正月廿二日　一通

江戸後期　竪紙　楮紙（奉書紙）　三三・〇糎×四五・九糎　一紙

（本文）来月護持可令勤修旨、／被／仰下候由、謹奉候也、恐々／謹言、

（差出）杲助

（備考）奥に捻封（墨引、ウハ書「杲助請」）、

（一六）　山上御影堂曼荼羅供職衆請定請文案

（年未詳）七月三日　一通

江戸後期　竪紙　楮紙（奉書紙）　三三・一糎×四五・三糎　一紙

（端裏）とめ　うわかき治部卿法印御房　権大僧都祐誉

（本文）来六日、於山上御影堂可／被行曼荼羅供可令／参勤職衆之由、座主／御消息之旨、謹所御請／申如件、

（差出）権大僧都祐誉

（宛所）謹上　治部卿法印御房

（備考）紙背に逐而書「追啓、散花役事、可○令勤仕候也」、

（一七）　大覚寺伝法灌頂職衆請定請文案

（年未詳）九月十五日　一通

江戸後期　竪紙　泥間似合　三六・〇糎×五〇・〇糎　一紙

（本文）謹領／綱牒一紙／右、依　宣旨、来二十三日於／大覚寺殿被行伝法灌頂／○持金剛衆又者衲衆、○讃衆所領如件、

（差出）頭権大僧都覚心

（備考）奥に「右之通、山内何レも申合、認請文遣之候事、／但シ紙も此紙中奉書」、

一〇三　僧綱牒案　二通

江戸後期　重紙　楮紙（奉書紙）

（備考）（一）・（二）一括、同筆、

（一）　僧綱牒案　（年未詳）九月十五日　一通

三七・〇糎×五〇・〇糎　二紙

（本文）僧綱／覚心権大僧都頭、／右、依　宣旨請定、来廿三日、於大覚寺／被行伝法灌頂讃衆如件、

（差出）従儀師文煥／大威儀師最紹

（備考）懸紙（奉書紙、四八・九糎×三六・五糎、ウハ書「僧牒」）、

（二）　僧綱牒案　（年未詳）九月十五日　一通

三七・二糎×四九・八糎　二紙

（本文）僧綱／大道権大僧都鏡、／右、依　宣旨請定、来廿三日、於大覚寺／被行伝法灌頂讃衆如件、

（差出）従儀師文煥／大威儀師最紹

（備考）懸紙（奉書紙、四八・六糎×三六・七糎、ウハ書「僧牒」）、

一〇四　実尋請諷誦文案　文保三年正月六日　一通

鎌倉後期　竪紙　楮紙（檀紙）　三四・〇糎×五三・三糎　一紙

（本文）敬白／請諷誦事／三宝衆僧御布施一裹、／右、迎第三廻之忌景、写唯一乗之真文、所叩者鐘磬之響、普驚十方、／所抽者丹石之誠、将尽五門、仰願聖衆／速導先妣、仍諷誦所請如件、敬白、

（差出）実尋敬白

一〇五　禅弁坊卅五日請諷誦文案　永徳二年三月九日　一通

南北朝時代　続紙　漉返紙　紙背あり　三一・二／三〇・七／二九・八糎×一四一・三糎　三紙

（端裏）禅弁坊卅五日諷誦文案

（端書）永徳二年三月五日作制、／四月九日卅五日
（書出）敬白／請諷誦事／三宝衆僧御布施、／右、諷誦所修如件、
（書止）乃至無辺、廻向／不限、敬白、
（備考）奥に天地逆に「無量寿院　本尊同／御年六十二　御修正与念仏／松橋流」、墨（返点・送仮名・傍訓）、
（紙背）弘兼書状　（年未詳）三月卅日　一通
続紙（モト重紙）　三〇・七／三一・二糎×九四・八糎　二紙
（書出）何事御渡候哉、禅師御房／御加行、於今者令終功給候／哉之由□目出候、
（書止）寺門事、／今まてハ無殊事候へハ、先悦存候、／他事期後便候、恐々謹言、
（差出）弘兼
（宛所）五大院御房

一〇六　光賢請諷誦文土代　応永六年六月　日　一通
室町前期　竪紙　漉返紙　三〇・五糎×四六・二糎　一紙
（書出）敬白／請諷誦事／三宝衆僧御布施、／伏惟過去尊霊者、彼機興即生之法躰、
（書止）八十億劫之生死、連烈八葉開敷之尊信、以寛／蘂之伺菫慶拝萌之連晴、為彼法界平等／也予、
（差出）光賢敬白
（備考）袖に「矣」、

一〇七　大僧都聖通請諷誦文案　応永廿六年七月廿二日　一通
室町前期　竪紙　楮紙（強杉原）　三四・二糎×四六・五糎　一紙
（端裏）諷誦静雲院七七忌
（書出）敬白／請諷誦事／三宝衆僧御布施、／右、迎先妣静雲院尊霊七々忌陰、諷誦所修／如件、
（書止）早致九品之／蓮台、乃至沙界皆到彼岸、敬白、
（差出）仏子大僧都法印大和尚位聖通敬白

一〇八　見基請諷誦文案　応永廿六年七月廿二日　一通
室町前期　竪紙　楮紙（強杉原）　三四・三糎×四八・九糎　一紙
（端裏）諷誦七七忌
（書出）敬白／請諷誦事／三宝衆僧御布施、／右、迎先妣聖霊七々忌辰、諷誦所修／如件、
（書止）伏願聖霊／無帰八苦旧卿、速昇九品妙台矣、敬白、
（差出）弟子見基敬白
（備考）隆源筆、

一〇九　前大僧正満済請諷誦文案　応永廿六年六月十七日　一通
室町前期　竪紙　漉返紙　二九・〇糎×四〇・四糎　一紙
（端裏）諷誦二七日
（書出）敬白／請諷誦事／三宝衆僧御布施一裹、／右、過去先妣聖霊布浮縁想、
（書止）法界皆詣浄列矣、仍諷誦所修如件、敬白、

（差出）仏子前大僧正、、、敬白
（備考）隆源筆、

一一〇　前大僧正満済請諷誦文案　応永廿一年十一月廿二日　一通
室町前期　竪紙　楮紙（杉原）　三一・一糎×四四・五糎　一紙
（端裏）諷誦
（書出）敬白／請諷誦事／三宝衆僧御布施、／右、先考一品尊儀生前纔終四十《二》年之旦／暮、没後早迎三十三年之忌辰、
（書止）然則答無貳之白葉、證／幽儀之金容、仍諷誦所修如件、
（差出）弟子前大僧正法印大和尚位敬白

一一一　権大僧都淳基請諷誦文案　永享三年三月廿九日　一通
室町前期　竪紙　楮紙（檀紙）　三四・八糎×四八・一糎　一紙
（本文）敬白／請諷誦事／三宝衆僧御布施、／右、為過去前大僧正法印大和尚位／増進仏果、諷誦所修如件、敬白、
（差出）仏子権大僧都法印大和尚位淳基敬白

一一二　前大僧正某請諷誦文案　永享六年八月廿七日　一通
室町前期　竪紙　漉返紙　二七・八糎×四五・五糎　一紙
（端裏）諷誦三十三廻忌
（書出）敬白／請諷誦事／三宝衆僧御布施、／右、迎祖師尊霊三十三廻之／忌辰、
（書止）仍諷誦所修□□〔如件カ〕、敬白、
（差出）弟子前大僧正法印奉
（備考）虫損甚し、

一一三　前大僧正某請諷誦文案　二通
室町前期
（備考）（一）・（二）一括、同筆、

（一）　前大僧正某請諷誦文案　永享七年七月　日　一通
竪紙　漉返紙　二六・三糎×四一・九糎　一紙
（端裏）諷誦七七日
（書出）敬白／請諷誦事／三宝衆僧御布施、／右、弔尊霊尽七之御忌、
（書止）奉祈三明開悟之／覚台、功徳有隣、得脱無限、／仍諷誦所修如件、敬白、
（差出）仏子前大僧正法印大和尚位敬白
（備考）追記「此ハ法身院准宮満｜済四十九日ノ御諷誦歟」、

（二）　前大僧正某請諷誦文案　永享七年七月　日　一通
続紙　漉返紙　二八・八糎×六六・〇糎　二紙
（端裏）諷誦七七日
（書出）敬白／請諷誦事／三宝衆僧御布施、／右、弔尊霊尽七之御忌、
（書止）奉／祈三明開悟之覚台、功徳有隣、得／脱無限、仍諷誦所修如件、敬白、
（差出）仏子前大僧正法印大和尚位敬白

一一四　童都々丸請諷誦文案　永亨九年六月十三日　　一通
室町前期　重紙　漉返紙　二七・二糎×四五・四糎／二七・四糎×四六・〇糎　二紙
（本文）敬白／請諷誦事／三宝衆僧御布施、／右、奉為　過去准三宮（満済）尊
　霊／成等正覚、仍所諷誦如件、敬白、
（差出）童都々丸敬白

一一五　前大僧正宗観請諷誦文案　　二通
室町前期　竪紙　楮紙（杉原）
（備考）（一）・（二）一括、

（一）　前大僧正宗観請諷誦文案　嘉吉貳年六月廿三日　　一通
二七・〇糎×四一・二糎　一紙
（書出）敬白／請諷誦事／三宝衆僧御布施、／右、贈太相国尊儀、親族之
　好異他、
（書止）答／此善因、資彼勝果、仍諷誦所修如件、／敬白、
（差出）弟子前大（宗観）僧正法印大和尚位敬白
（備考）奥に「曼荼羅供アサリ理性院前大僧正宗｜観、職衆十口、十弟子二
　人、／普広院殿御一周忌御諷誦、三門跡御分、　記別在之」、墨（返
　点・送仮名・傍訓）、

（二）　前大僧正宗観請諷誦文案　嘉吉貳年六月廿三日　　一通
二七・一糎×三八・二糎　一紙
（書出）敬白／請諷誦事／三宝衆僧御布施、／右、贈太相国尊儀、親族之
　好異他、
（書止）答／此善因、資彼勝果、仍諷誦所修如／件、敬白、
（差出）弟子前大僧正法印大和尚位敬白
（備考）奥に「普広院殿御一周忌御諷誦、門主御分、／曼荼羅供阿闍梨理
　性院前大僧正、職衆十口、十弟子二人」、墨（返点・送仮名・傍
　訓）、

一一六　教賢請諷誦文案　文安四年六月十三日　　一通
室町中期　竪紙　楮紙（杉原）　二七・六糎×四五・三糎　一紙
（端裏）諷誦十三廻忌
（書出）敬白／請諷誦事／三宝衆僧御布施、／右、伏惟抱孫不抱子、先王
　之教書紳事／死如事、生仁者之言在耳、
（書止）屢叩筍虡／洪鐘、願粧瓔珞之珎眼、乃至阿鼻聞／此分香、敬白、
（差出）大僧都法眼和尚位教賢敬白

一一七　円賢請諷誦文案　文明六年四月廿九日　　一通
室町中期　竪紙　楮紙（強杉原）　三〇・六糎×四〇・七糎　一紙
（端裏）右、此諷誦永久寺僧正御筆也、
（書出）敬白　請諷誦事／三宝衆僧御布施、／如法書写之妙典一部、
（書止）惣而七世四恩平等利益、／仍所修諷誦如件、
（差出）円賢敬白
（備考）墨（返点・傍訓）、

一一八　権少僧都宗詢請諷誦文案　文明七年九月十日　一通

室町中期　竪紙　楮紙（杉原）　三〇・四糎×四八・九糎　一紙

（書出）敬白／請諷誦事／三宝衆僧御布施、／右、奉為先師尊霊、謹凝追
　　賁之丹腑、

（書止）四智円明、今果位定照彼懇誠矣、／仍諷誦所修如件、敬白、

（差出）権少僧都法眼和尚位宗詢敬白

（備考）墨（返点・送仮名・傍訓・博士点）、

一一九　権少僧都某請諷誦文案　長享三年八月五日　一通

室町中期　竪紙　楮紙（杉原）　三一・四糎×三五・五糎　一紙

（書出）請諷誦事／三宝衆僧御布施、／右、先妣聖霊光心禅尼七廻忌序云、

（書止）早現仏身□□無過利益平等、仍諷誦／所修如件、敬白、

（差出）権少僧都法眼和尚位□□敬白

（備考）虫損甚し、

一二〇　某請諷誦文案　明応――　一通

室町後期　竪紙　楮紙（杉原）　三五・五糎×五一・二糎　一紙

（端裏）布留諷誦不知作者、

（書出）敬白　請諷誦事／三宝衆僧御布施、／奉講讃妙法蓮華経并金光妙
　　典仁王般若等、／右志者、為天下泰平・国土安全、殊郷内安穏、
　　万民／決〔快〕楽、於尊神之霊地所修如件、

（書止）耀光於十方之莽、利生普播達／望於万人之上矣、仍諷誦所修如件、

（備考）墨（返点・送仮名・傍訓）、

一二一　前僧正賢深請諷誦文案　文亀二年九月五日　一通

室町後期　続紙　漉返紙　二六・〇糎×八四・六糎　二紙

（書出）敬白　請諷誦事／三宝衆僧御布施、／右、先師聖霊辝有待之境、
　　移無為之／都以来、

（書止）投財微／善作、抜済人夫資糧、凡厥功徳／有隣、廻向無限諷誦所
　　修如件、／敬白、

（差出）前僧正法印大和尚位賢深敬白

（備考）奥に「水本隆済僧正卅三回仏事、理趣三昧諷誦也、宗永導師也」、
　　墨（返点・送仮名・傍訓）、

一二二　某請諷誦文案　文亀二年十二月十九日　一通

室町後期　竪紙　楮紙（檀紙）　四一・〇糎×六〇・五糎　一紙

（書出）敬白／請諷誦事／三宝衆僧御布施／右、／先院聖霊麟跡之化、雖
　　再盛鶴駕之／夢、終無帰吁嗟　聖忌既卅三霜、／蜡月迎日愁涙、

（書止）豈空伏乞、上界下生、沈魂滞魄、刹々／円洞、箇々頓成、仍諷誦
　　所修如件、敬白、

一二三　権律師円瑜請諷誦文　永正五年四月十四日　一通

室町後期　竪紙　楮紙（檀紙）　三三・三糎×四八・三糎　一紙

（書出）敬白／請諷誦事／三宝衆僧御布施一裹、／右、為滅罪生善、證得
　　菩提、所請如右、

（書止）氎／仏果円満之月、乃至導四魂之衆生、到五／智之宝城、敬白、

（差出）権律師円瑜敬白

一二四　興賢正忌請諷誦文　永正八年八月十七日　一通
室町後期　竪紙　楮紙（強杉原）　三七・〇糎×四七・九糎　一紙
（書出）敬白　請諷誦事／三宝衆僧御布施、／奉十種供養如法書写妙典、／右此法莚者、過去興資在生之時、建一／宇之道場、始三時之勤行、
（書止）若然者、聖霊必乗白牛之宝、斬怨親／等、坐青蓮之花台、仍所修如件、
（備考）日下に「敬白」、

一二五　某妻子等請諷誦文案　永正五年五月十八日　一通
室町後期　続紙　漉返紙　二六・二糎×八二・〇糎　二紙
（書出）敬白／請諷誦事／三宝衆僧御布施、／右、過去聖霊答来者、必帰之理、告／生者必滅之悲、
（書止）乃至四恩同飽〔胞〕／甘露、六趣普浴法雨、敬白、
（差出）妻子等敬白

一二六　孝子某請諷誦文案　永正六年四月十四日　一通
室町後期　竪紙　漉返紙　二六・〇糎×四三・六糎　一紙
（書出）敬白／請諷誦事／三宝衆僧御布施、／右、過去聖霊答来者、必帰之理、告生者／必滅之悲、
（書止）乃至／四恩同飽〔胞〕甘露、六趣普浴法雨、敬白、
（差出）孝子―敬白
（備考）墨（返点・送仮名）、

一二七　権律師仙耀請諷誦文案　永正六年六月廿二日　一通
室町後期　竪紙　楮紙（杉原）　三〇・六糎×四五・七糎　一紙
（書出）敬白／請諷誦事／三宝衆僧御布施一裹、／右、迎先師尊霊尽七日之忌／序、謹叩石磬、
（書止）乃至法界／含識平等抜済、仍諷誦所修／如件、敬白、
（差出）権律師仙耀敬白

一二八　権律師仙耀請諷誦文案　永正六年八月十三日　一通
室町後期　竪紙　楮紙（杉原）　二八・九糎×三三・五糎　一紙
（端裏）諷誦案文
（書出）敬白／請諷誦事／三宝衆僧御布施一裹、／右、迎先師尊霊卒哭之忌／辰、謹鳴梟氏三下之鐘、
（書止）伏願以此功徳／餘薫、普及法界、仍諷誦所修如件、
（差出）権律師弟子仙耀敬白
（備考）墨（返点・送仮名）、

一二九　公厳僧正卅三回忌請諷誦文案　永正十年十月　日　一通
室町後期　続紙　漉返紙　二七・三糎×九二・四糎　二紙
（書出）敬白／請諷誦事／三宝衆僧御布施、／右、朝日雖出暘谷、竟没光景於暮山、／浮雲在掩太虚、
（書止）乃至利益無／際廻向平均、仍諷誦所修如件、／敬白、
（備考）奥に「右草、五條為学卿草也、／公厳僧正三十三廻作善理趣三昧／供養法、法恩院法眼」、墨（返点・送仮名・傍訓）、

一三〇　仏子某等請諷誦文案　永正十二年六月十三日　一通
室町後期　竪紙　漉返紙　三五・四糎×四三・二糎　一紙
（本文）敬白　請諷誦事／三宝衆僧御布施／右、奉為山門泰平、伽藍／安穏、興隆仏法、人法繁昌／殊者本願聖霊御増進／仏道、乃至法界平等利益、／仍諷誦所修如件、
（差出）仏子等敬白

一三一　後柏原院遠忌請諷誦文　一通
室町後期　続紙　楮紙（強杉原）三〇・五糎×八六・五糎　二紙
（文首）敬白／請諷誦事／三宝衆僧御布施、／右、／後柏原院尊儀丁孟夏之／遠忌、
（文尾）乃至業苦即消、／妄縁頓釈、仍諷誦所修如件、敬白、

一三二　三条西公條草請諷誦文案　永禄四年七月九日　一通
室町後期　続紙　漉返紙　二六・一糎×八五・一糎　二紙
（端書）三条西公條公称名院草也、
（書出）敬白／請諷誦事／右、／今年一十有三廻、光陰若夢、／人生三万六千日、／迅晷転頭、
（書止）慧日輝山林、／仍為餝菩提、所請如件、
（備考）奥に「主上法華一部読○誦御、御廻向由被仰下、仍俄当日／被加此句者也、私記之」、日下に「敬白」、墨（返点・送仮名・傍訓）、

一三三　先師前大僧正某卅五日忌請諷誦文案　永禄十年三月廿三日　一通
室町後期　竪紙　漉返紙　二七・八糎×四三・〇糎　一紙
（書出）敬白／請諷誦事／三宝衆僧御布施、／右、先師前大僧正法印大和尚位／終離永別之境界、
（書止）顕恒沙円満之白善報厚恩、仍／諷誦所修如件、
（差出）――

一三四　某請諷誦文案等　六通
（備考）（一）～（六）一括、

（一）某請諷誦文案（年月日未詳）　一通
江戸中期　竪紙（モト重紙カ）後欠　楮紙（奉書紙）二七・九糎×四四・四糎　一紙
（書出）敬白／請諷誦事　三宝衆僧御布施、／右、先孝尊霊終離永別之境界、速登本／分之覚路以来、
（文尾）答神変加持之／功力、到法身大果、凡厥功徳満法界廻向無限、諷誦所修

（二）某請諷誦文草（年月日未詳）　一通
江戸前期　竪紙　楮紙（美濃紙）三三・九糎×四四・九糎　一紙
（端裏）諷誦三十三年
（書出）蓋聞、有為諸法如夢、如任分段三界、乍生乍滅、伏惟先師／前大

僧正法印大和尚位早厭俗塵、
（書止）早答修全秘門之／勝因、速終奇妙増進之良果、仍諷誦所修如件、

（三）　某請諷誦文草　（年月日未詳）　一通

江戸前期　続紙　楮紙（美濃紙）　二九・八糎×四四・七糎　二紙
（端裏）諷誦追善
（書出）敬白／請諷誦事／三宝衆僧御布施、／右、先妣静雲院尊霊早辞東
杖之境、／速乗西蓮之台以降、
（書止）報恩草夕露更添香花／之色、乃至蠢々、利益各々、仍所修如件、
敬白、
（備考）奥に「今日者則仏歓喜日也、／亡母救度其有憑、／今日者亦僧自恣
日也、／低頭供養甚得境」、糊離れ、

（四）　准三宮道意請諷誦文案　（年月日未詳）　一通

室町前期　竪紙　漉返紙　紙背あり　二八・七糎×四六・八糎　一紙
（端裏）■■■諷誦追善
（書出）敬白／請諷誦事／三宝衆僧御布施、／右真言者、護於帰敬之国家
也、
（書止）入驪／観行於本有常住之覚蔵而已、仍所修如件、敬白
（差出）准三宮道意
（紙背）某書状書止シ　（年月日未詳）　一通
竪紙
（本文）今月御祈祷六□護摩

（五）　某請諷誦文草　（年月日未詳）　一通

室町前期　竪紙　漉返紙　二七・八糎×四三・〇糎　一紙
（端裏）諷誦第三廻忌
（書出）敬白／請諷誦事／三宝衆生御布施、／右、迎先師第三廻忌辰諷誦
所修如件、
（書止）懸／懸（行カ）三宝之明鏡、万徳台朗、仍所修如件、敬白、

（六）　某請諷誦文草　（年月日未詳）　一通

江戸前期　竪紙　楮紙（美濃紙）　紙背あり　三三・五糎×四一・〇糎　一紙
（書出）敬白／請諷誦事／三宝衆僧御布施、／右、先師尊霊（先師前大僧正法印大和尚位）終離永別之境
／界、速登本分之覚路、
（書止）凡厥功徳満法界、仏果／円満、利益平等、仍請諷誦所修／所修如
件、敬白、
（備考）奥・紙背に習書、

一三五　法印禅海請諷誦文　文禄元年十二月十六日　一通

安土桃山時代　竪紙　楮紙（強杉原）　三五・七糎×四七・七糎　一紙
（端裏）禅海諷誦灌頂
（本文）敬白／請諷誦事／三宝衆僧御布施白布百端、／右、為善願成就諷
誦所／請如件、敬白、
（差出）法印禅海敬白

一三六　阿闍梨亮済請諷誦文　文禄四年二月廿六日　一通

安土桃山時代　竪紙　楮紙（強杉原）　三四・九糎×四四・〇糎　一紙

（端裏）諷誦亮済灌頂

（本文）敬白／請諷誦事／三宝衆僧御布施一裹、／右、為大願成就諷誦／所請如件、

（差出）阿闍梨亮済敬白

一三七　高野大塔供養請諷誦文案　慶長二年三月廿一日　一通

安土桃山時代　竪紙　斐紙（鳥の子）　三七・五糎×五三・〇糎　一紙

（端裏）高野大塔供養諷誦　導師予、誦経導師北室頼旻、職衆百五十口、悉高野衆、庭儀曼タラ供、／大檀那大相国北御方、着座公卿　勧修寺大納、中山大納言、慶長二年三月廿一日御供養

（書出）敬白／請諷誦事／三宝衆僧達親一裹、／夫以大慈与楽仏駄之事業、大悲抜苦薩埵之行願也、

（書止）四海安全／舜日風不鳴枝野、老撃腹壌衆庶康〈親〉哉、仍諷誦所修／如右、敬白、

（差出）護持法主敬白

（備考）端裏義演筆、

一三八　豊臣秀頼請諷誦文案　二通

安土桃山時代　竪紙

（備考）（一）・（二）一括、

（一）　豊臣秀頼請諷誦文案　慶長七壬寅年九月廿三日　一通

楮紙（檀紙）　四六・〇糎×六三・七糎　一紙

（書出）敬白／請諷誦事／三宝衆僧御布施一裹、／伏惟精舎建立者、諸善奉行之最頂、／仏像荘厳者、万徳円満本基也、

（書止）恵時常住至慈尊會之／暁、乃至功普天地徳通遠近、仍諷誦如件、敬白、

（差出）弟子従二位行権大納言豊臣朝臣／秀頼敬白

（備考）本文紙背にわたる、

（二）　豊臣秀頼請諷誦文案　慶長七歳次壬寅九月廿三日　一通

漉返紙　二八・七糎×四六・〇糎　一紙

（端裏）石山堂供養諷誦松橋法印草、慶長七　九　廿三

（書出）敬白／請諷誦事／三宝衆僧御布施一裹、／伏惟精舎建立者、諸善奉行之最頂、仏像荘厳者、／万徳円満本基也、

（書止）乃至功普／天地徳通遠近、仍諷誦所捧如件、敬白、

（差出）弟子従二位行権大納言豊臣朝臣秀頼敬白

（備考）墨（返点・送仮名・註記）、

一三九　某請諷誦文案（年月日未詳）　一通

江戸前期　竪紙（モト続紙カ）　後欠　楮紙（高檀紙）　三二・四糎×四四・四糎　一紙

（端裏）諷誦

（書出）敬白／請諷誦事／三宝衆僧御布施、／右、先師聖霊辞有為之谷舎、

帰無為本床以来、顧往事／乎、
（文尾）又不動・尺迦・文殊・普賢・地／蔵・弥勒・薬師供養法各七座、
此外供仏施僧等、今日廼㗛

一四〇　大法師演慶請諷誦文案　元和五年二月十三日　一通
江戸前期　竪紙　楮紙（高檀紙）　三八・八糎×五五・〇糎　一紙
（端裏）演慶諷誦灌頂
（本文）敬白／請諷誦之事／三宝衆僧御布施一裹、／右、為滅罪生善、悉
地成就、所請如件、敬白、
（差出）大法師演慶敬白
（備考）懸紙（高檀紙、五四・〇糎×三八・三糎、ウハ書「灌頂演慶諷誦」）、

一四一　大僧都寛済請諷誦文案　元和五年十一月七日　一通
江戸前期　竪紙　楮紙（高檀紙）　三八・九糎×五一・五糎　一紙
（本文）敬白／請諷誦事／三宝衆僧御布施一裹、／右、為滅罪生善、悉地
成就、所請／如件、敬白、
（差出）仏子大僧都法眼和尚位寛済敬白

一四二　少僧都尊済請諷誦文案　寛永九年四月廿一日　一通
江戸前期　竪紙　楮紙（高檀紙）　三七・九糎×五三・七糎　一紙
（書出）敬白／請諷誦事／三宝衆僧御布施一裹、／右、准三宮尊霊明修清
浄於閻浮之界、／幽沐摩尼于兜率之天、
（書止）仍〔故〕叩蒲牢之／逸韻、遍驚花界高聴、仍諷誦所修如件、／敬白、
（差出）仏子少僧都法眼和尚位尊済敬白

一四三　金剛仏子覚定請諷誦文案　寛永十一年三月廿日　一通
江戸前期　竪紙　楮紙（美濃紙）　三一・四糎×四五・五糎　一紙
（端裏）寛永十一三廿覚定諷誦之写諷誦八百年忌、円明院
（書出）敬白／請諷誦事／三宝大師御布施、／右、今日者、独尊八百年忌
辰也、
（書止）然則雲管不遠、散灑哀悲之法雨焉、／宿望至深、必鑑通知恩之丹
棘矣、敬白、
（差出）金剛仏子覚定敬白

一四四　僧正寛済請諷誦文案　寛永十一年三月二十日　一通
江戸前期　竪紙　楮紙（奉書紙）　三三・四糎×四九・八糎　一紙
（端裏）寛永十一三廿諷誦寛済之案文之写／八百年忌　円明院
（書出）敬白／請諷誦事／三宝大師御布施、／右、就独尊〔高祖〕八百年聖忌、恭
荘弘／仁給預之霊場、
（書止）以凝知恩報恩之匪／石、冀垂微雲之祭、必熟上生／之縁、仍諷誦
所修如件、敬白、
（差出）弟子僧正法印大和尚位覚済敬白

一四五　権僧正栄厳請諷誦文案　正保二乙酉年初秋二□□一日　一通
江戸前期　竪紙　楮紙（奉書紙）　四〇・〇糎×五六・六糎　一紙
（書出）敬白／請諷誦事／三宝衆僧御布施一裹、／夫惟物僉有躰有用有用

故、存生死別有体故、不生不滅矣、
（書止）乃□□〔至法〕界普賢皆趣入、仍諷誦如斯、
（差出）権僧正法印大和尚位栄厳敬白
（備考）一部虫損、

一四六　法務大僧正高賢請諷誦文案　寛文十年十月三日　一通
江戸前期　竪紙　楮紙（高檀紙）　三八・五糎×五三・五糎　一紙
（端裏）一致院殿第三回忌諷誦
（書出）敬白／請諷誦事／三宝衆僧御布施、／右、先考一致院従一位前左
丞相／尊霊相迎第三廻之忌辰、
（書止）伏乞酬此修善、／早脱無明糟、速坐本覚台也、／仍諷誦所修如件、
（差出）法務大僧正高賢敬白

一四七　一切経会請諷誦文案　寛文十三年六月十八日　一通
江戸前期　竪紙　楮紙（奉書紙）　三四・二糎×五〇・〇糎　一紙
（端裏）諷誦一切経会
（本文）敬白請諷誦之事／三宝衆僧御布施、／右、天下安全、五穀成熟、／
護持施主、滅罪生善、／子孫繁昌、所修諷誦、敬白、

一四八　権少僧都禅誉請諷誦文案　寛文二年九月廿六日　一通
江戸前期　竪紙　楮紙（奉書紙）　三五・六糎×五一・二糎　一紙
（端裏）禅誉灌頂諷誦
（本文）敬白／請諷誦事／三宝衆僧御布施一裹、／右、為滅罪生善、悉地
成就、／所請如件、
（差出）仏子権少僧都禅誉敬白

一四九　法務前大僧正寛済請諷誦文案　万治二年三月廿日　一通
江戸前期　竪紙　楮紙（美濃紙）　三〇・〇糎×四五・〇糎　一紙
（端裏）東寺拝堂諷誦案万治二　三　廿
（本文）敬白／請諷誦事／三宝衆僧御布施一裹、／右、為悉地成就、所請
如件、敬白、
（差出）法務前大僧正寛済敬白

一五〇　法務前大僧正有雅請諷誦文　天和四年正月廿日　一通
江戸中期　竪紙　楮紙（高檀紙）　三九・七糎×五一・四糎　一紙
（本文）敬白／請諷誦事／三宝衆僧御布施一裹、／右、為悉地成就、所請
如件、敬白、
（差出）法務前大僧正有雅敬白

一五一　権僧正全海請諷誦文　元禄五年九月十三日　一通
江戸中期　竪紙　楮紙（高檀紙）　三九・八糎×四三・八糎　一紙
（端裏）全海入壇諷誦全海自筆
（本文）敬白／請諷誦事／三宝衆僧御布施一裹、／右、為滅罪生善、悉地
成就、／所請如件、敬白、
（差出）権僧正法印大和尚位全海

一五二　前法務高賢請諷誦文　元禄六年五月十九日　一通

江戸中期　竪紙　楮紙（高檀紙）　四〇・二糎×五六・五糎　一紙

（端裏）「後」荘厳院殿覚定三十三廻諷誦

（書出）敬白／請諷誦事／三宝衆僧御布施、／右、尊霊撫育之恩、難忘恋慕之思、／尤切一生一別哀泪、未尽三十三年之／忌辰、

（書止）答斯功徳、／成彼出離、仍諷誦所修如件、敬白、

（差出）前法務高賢敬白

一五三　賢能請諷誦文　元禄八年九月日　一通

江戸中期　竪紙　楮紙（高檀紙）　三九・〇糎×五三・〇糎　一紙

（端裏）賢能灌頂諷誦

（本文）敬白／請諷誦事／三宝衆僧御布施一裹、／右、為大願成就、諷誦所／修如件、

（差出）賢能敬白

（備考）懸紙（高檀紙、五三・八糎×三八・〇糎、ウハ書「賢能灌頂諷誦」）、

一五四　弟子某請諷誦文　元禄十四年八月十八日　一通

江戸中期　重紙　楮紙（高檀紙）　三一・一糎×四四・〇糎　二紙

（本文）敬白／請諷誦事／三宝衆僧御布施、／右、奉為本願大徳邀恒例之／忌辰、今日之斎席、修般若／理趣妙業、奠随力珍供、伏願／以此介福奉報彼恩、敬白、

（差出）弟子敬白

一五五　法務前大僧正房演請諷誦文　宝永五年七月六日　一通

江戸中期　竪紙　楮紙（高檀紙）　四六・一糎×六四・四糎　一紙

（書出）敬白／請諷誦事／三宝衆僧御布施、／右、理源大師／八祖密伝之秘局、留枢鍵於我山、

（書止）応物布満山、利益普沙界、／仍諷誦所修如件、

（差出）法務前大僧正大和尚位房演敬白

一五六　房演カ請諷誦文　一通

江戸中期　竪紙　楮紙（奉書紙）　三三・二糎×四七・一糎　一紙

（本文）敬白／請諷誦之事／三宝衆僧御布施一裹、／右、為天下泰平、五穀成就、／万民豊楽、護持施主、／滅罪生善、悉地円満、／諷誦所修如件、

（備考）日下に「敬白」、

一五七　大僧都寛雅請諷誦文案　宝暦十二年九月六日　一通

江戸中期　竪紙　楮紙（高檀紙）　五三・二糎×六七・三糎　一紙

（書出）敬白／請諷誦事／三宝衆僧御布施、／夫以〇吾〇■（一字アケ）曩祖検校僧正者、嘗慕遍照金剛之／法水、

（書止）然則　〇元祖聖霊本有覚月、／愈増其明、真如心蓮、蓋厳其香、仍諷誦所修／如件、

（差出）後学沙門大僧都法印寛雅敬白

（備考）包紙（奉書紙、四九・二糎×三五・〇糎、ウハ書「元憲―遠忌諷誦文　案円本」）、

一五八　別当僧正寛證請諷誦文　安永九年三月十二日　一通
江戸中期　続紙　楮紙（高檀紙）　四一・〇／四一・七糎×一二四・七糎　二紙
（書出）宮庁／請諷誦事／三宝衆僧御布施　麻布五百端、／右、恭惟故、／禅定法皇／聖政御宇、遺誡千世、法化絶隣、／垂規億兆、
（書止）大嶺密教紹隆、無彊門流、宗派／繁栄、方域自他、含識平等普潤、／仍諷誦所修如件、
（差出）別当僧正寛證奉
（備考）糊離れ、

一五九　請諷誦文書様　延享五年六月廿三日　一通
江戸中期　竪紙　泥間似合　三三・八糎×四五・八糎　一紙
（本文）敬白／請諷誦之事／三宝衆僧御布施一裹、／右、奉為天下泰平、風雨／順時、五穀成就、万民豊／楽如件、敬白、
（備考）日下に「敬白」、

一六〇　僧正賢賀請諷誦文　寛延第三庚午歳十二月二日　一通
江戸中期　続紙　楮紙（高檀紙）　四五・二糎×一七三・六糎　三紙
（書出）敬白／勧修寺宮庁／請諷誦事／三宝衆僧御布施、／右、丁　長吏宮即身院二品大王済深尊儀／五十回正忌、
（書止）然則／尊儀得益豈是唐捐、大王薫修誰放間、／然凡願功徳、所及妙業有隣、敬白、
（差出）僧正賢賀敬白

一六一　大僧都興応請諷誦文　寛延四年十月十一日　一通
江戸中期　竪紙　楮紙（高檀紙）　四〇・七糎×五三・七糎　一紙
（本文）敬白／請諷誦事／三宝衆僧御布施、／右、為護持受者、滅罪生善、悉地／円満、諷誦所修如件、敬白、
（差出）法印大僧都興応敬白

一六二　護持大衆某請諷誦文　明治廿三年四月十八日　一通
明治時代　竪紙　泥間似合　三八・七糎×四五・八糎　一紙
（本文）請諷誦／敬白三宝衆僧御布施一裹、／右、奉為高祖弘法大師一千／五十年御遠忌報恩謝徳、／所請如件、敬白、
（差出）護持大衆敬白

一六三　金剛仏子杲宝文殊十願願文写　正平七年二月廿五日　一通
南北朝時代　続紙　楮紙（杉原）　二八・九糎×一二四・八糎　三紙
（端裏）文殊十願
（書出）敬白秘密教主大日法身両部界會、諸尊聖衆、別／而三世覚母大聖、文殊師利菩薩并真言密教根／本高祖遍照金剛、
（書止）早恵光照迷暗、神力／加護念、速発堅固道心、必令成弟子所願給、／乃至法界平等利益敬白、
（差出）金剛仏子杲宝
（備考）奥に「先懺悔／我昔所造悪業、皆由無始貪嗔癡、／従身語意之所生、一切我今皆懺悔、／次三帰／我弟子某甲帰依仏両足尊、帰依法離欲尊、／帰依僧衆中尊、三説、／既発戒躰已更三須結帰、／我弟

子某甲帰依仏竟、帰依法竟、帰依僧竟、三説／次戒相／第一不殺生戒、第二不偸盗戒、第三不婬欲戒、／第四不妄語戒、第五不酤酒戒、第六不談他過失戒、／第七不自讃毀他戒、第八不慳生毀辱戒、第九不瞋不受謝戒、／第十不謗三宝戒」、

一六四　前大僧正義賢結縁灌頂願文写等　一通

室町後期　続紙　漉返紙　紙背あり　二六・八糎×一二七・三糎　三紙

（端裏）□□□〔法身院カ〕殿御百ヶ日結縁灌頂願文并御諷誦案文／為清朝臣草、

（備考）①・②書継、奥書「右二通、以案文写之、点同之、雖○〔為〕別紙、恐散失、続之／追而可書直者也、／永正十一年甲戌九月四日甲子、於行樹院写之、／報恩院殿御本也、　澄恵八十三」、

①前大僧正義賢結縁灌頂願文写　永享七年九月　日

（端書）法身院准后御百箇日結縁灌頂願文案為清朝臣草進之、

（書出）夫結縁灌頂大會者、投四曼陀之覚花而、是器／非器皆結菩提之芳縁、

（書止）乗弥陀済度／之船兮、到無上菩提之彼岸、廻向広大、／利益平均、敬白、

（差出）仏師前大僧正法印大和尚位義賢敬白

（備考）墨（返点・送仮名・傍訓）、

②前大僧正義賢請諷誦文案　永享七年九月　日

（端書）准后御百箇日結縁灌頂御諷誦案為清朝臣草進云々、

（書出）敬白／請諷誦事／三宝衆僧御布施、／右、准三后尊儀恩徳最大、報謝難覃、

（書止）祈出離得脱之果／位、答此善種、開彼覚花、仍諷誦所修／如件、敬白、

（差出）仏子前大僧正法印大和尚位義賢敬白

（備考）墨（返点・送仮名・傍訓）、

〔紙背〕宗丹書状（年未詳）二月六日　一通

続紙（モト重紙）二六・八糎×四三・二〜四〇・五糎　二紙

（書出）態御書畏致拝見申候、如仰当年／御慶珎重々々、猶以不可有盡期候、

（書止）今度則可申上候、於／坂本辺江被下候て、今延引迷惑仕候、／可然様御心得、奉憑入候、恐惶謹言、

（差出）宗丹（花押）

（宛所）進上　行樹院参御同宿中

（備考）逐而書、三紙目紙背が本紙、二紙目紙背が懸紙（漉返紙、二六・六糎×四四・三糎、ウハ書「進上　行樹院参御同宿中　民部入道宗丹」）、一紙目紙背が裏紙（切封墨引）、

一六五　金剛仏子聖融願文案　応永十四年卯月十九日　一通

室町前期　続紙　漉返紙　前欠　二四・三糎×九六・二糎　三紙

（文首）随□□□□□□□者小野・広沢渕源、／蓋復師□□□極之許可伝法秘奥、／頻挑三密恵□□可謂暗室之燈燭也、

（書止）尓則／古観臆中之月、新添五古円満之相、／昔想心上□蓮　定開無垢菩提之座、／寺院安穏、／人法繁昌、／乃至砂界、／皆到王場敬白、
（差出）金剛仏子聖融敬白
（備考）墨（返点・送仮名・傍訓）、虫損、隆源筆、

一六六　太神宮啓白写等　二通
江戸前期
（備考）（一）・（二）一括、

（一）　太神宮啓白写　寛文十一年二月十日　一通
続紙　楮紙打紙　三〇・七糎×八七・六糎　二紙
（端裏）太神宮啓白
（書出）太神宮啓白／夫神明元旨者基陰陽、舎那本誓／者起胎金、是故乾坤之二気両部之外用、
（書止）右、此啓白、天照大神奉授弘法大師、／其御返報也云々而已、／南無（梵字）トテ、母珠ヨリ／引チカエニ至リ、唵（梵字）ソワカトテ／引チカヘヨリ、
（備考）奥書「于時寛文十一年二月十日、以西往院／経蔵之御本令書写、明朝幸相勤／神明講之処、件啓白奉書写、尤／神明之感応、不可疑慮、弥尽／渇仰之誠、且可抽深信之志／者也、／賢清敬白」、墨（返点・送仮名・傍訓）、

（二）　太神宮礼文写　（年月日未詳）　一通
竪紙　楮紙（美濃紙）　三三・七糎×三四・五糎　一紙
（書出）太神宮礼文曰、／実相真如之日輪、鎮照生死長夜／之暗、本有常住之月輪、速払無明／煩悩之雲云々、
（書止）而日輪者、大日如来也、本地盧／舎那仏也、衆生者悟解此理、当帰／依仏法トシ、依之始而東大寺ヲ御建立有之、
（備考）墨（返点・送仮名）、

一六七　天満宮祭文等　六通
（備考）（一）～（四）一括、

（一）　天満宮祭文　（宝暦二年二月）　一通
江戸中期　竪紙　楮紙（高檀紙）　三五・八糎×五二・三糎　一紙
（端裏）祭文草
（書出）維宝暦二年歳次壬申二月吉日良辰、醍醐／山之僧侶某等、恭敬祭／聖廟神霊、伏惟／天満大自在天神者、或塩梅於天下、輔佐一人、／或日月於天上、
（書止）今茲幸当八百五十年聖忌、僧侶某等、奉／修理祠壇、繙経巻、奠香花、慎謹而致精誠、／伏願垂　欣享、敬白、
（備考）墨（返点・送仮名・傍訓・合符）、

（二）　諸徳三礼文等
（備考）1～3一括、

1　諸徳三礼文　（宝永元年七月六日）　一通

江戸中期　竪紙　楮紙打紙　三六・一糎×五一・三糎　一紙

（書出）諸徳三礼／維宝永元年七月六日、醍醐寺門葉、欽／謦白月国漢地、密教祖師之霊、而言、夫／崇山海者也、猶無疎涓塵、戴仏日者也、

（書止）猶歓伝法之靡違、縦砕身粉骨、豈報／恩酬徳乎、仍謹備茶薬之饌、庶幾照／察微志尚饗、

（備考）墨（返点・送仮名・声点・傍訓・合符・博士点）、

2　庭上上堂覚書　一通

江戸中期　切紙　楮紙（美濃紙）　一五・三糎×一三・三糎　一紙

（本文）覚／一普通上堂モ庭モ無言行道モ／皆下﨟前也、／一金流庭上堂上一行列之時ハ、如庭上也、下﨟前、堂上一行列ノ時ハ不用之、堂上／上﨟前、当時金流上﨟前、無言行道上﨟前、但下﨟前ト両説也、記六八下﨟前也、／一金流鐃持大床之下進行也、

3　讃衆交名　一通

江戸中期　切紙　楮紙（美濃紙）　一七・七糎×一六・六糎　一紙

（本文）讃衆／一沙弥慧察讃頭、／沙弥祐済堂達、磬、

（三）　五十一坊仁王経読誦願文　文化八年辛未閏二月十一日　一通

江戸後期　竪紙　漉返紙　三〇・四糎×四三・三糎　一紙

（書出）於神前読誦仁王経百部願文／利生之仏光者、鎮輝覚満之月於法性之大虚、護法之神徳者、静開果熟之花於幽冥／之玄風、

（書止）冥衆擁護倏忽感／応、渇仰室中、万宝泉涌、乃至功徳恵風、遠扇／梵王之天、回向法雨、遍灑沙界之底、

（差出）五十一坊敬白

（備考）墨（返点・送仮名）、

（四）　槙尾山万供願文包紙　寛政十二年六月六日　一紙

江戸後期　竪紙　楮紙（美濃紙）　四〇・五糎×二七・七糎　一紙

（備考）ウハ書「願文一首寛政十二年六月六日、於槙尾山万供大阿闍梨行之、用此願文、比丘□道草、」、

一六八　諸法巻数写等　十六通

（備考）（一）～（一六）一括、

（一）　虚空蔵法巻数写等　一通

鎌倉前期　竪紙　楮紙（杉原）　三一・二糎×五〇・八糎　一紙

（端裏）巻数案二通

（備考）①・②書継、

①虚空蔵法巻数写　建保六年十月十二日

（書出）虚空蔵御修法所／奉供／大壇供二十一ヶ度、／護摩供二十一ヶ度、／諸神供三ヶ度、

（書止）右、奉為／聖朝安穏、天下泰平、太上天皇御願円満、始自今月五日迄于今日／一七ヶ日夜之間、率十口僧綱大法師等、殊致精誠奉修如件、

（差出）阿闍梨権僧正法印大和尚位成（賢）―

②愛染王法巻数写　建暦三年七月十八日
（書出）愛染王御修法所／奉供／大壇供、／護摩供、／諸神供、
（書止）護摩真言／一字金輪真言、／右、奉為　護持大｜｜｜
（差出）阿闍梨権僧正法印｜｜成｜

（二）　仁王般若経講読巻数写　建暦元年四月廿四日　　一通
江戸後期　竪紙　楮紙（美濃紙）　二五・〇糎×三四・五糎　一紙
（端裏）建暦元年仁王講二百部巻数案成賢　酉戒ノ
（本文）御祈祷所／奉講読／仁王般若経二百部、／右、奉為　太上天皇御
願円満、始自今月■日《一日》至／于同廿一日三七箇日之間、二百口禅侶
各致精／誠、一門奉勤行如件、
（差出）法印大僧都成賢
（備考）奥書「右巻数之案、拝見之序、宝院本ヲ以書写之者也、／于時文
化四年丁卯六月廿八日　権僧正蔵海」、

（三）　六字経法巻数案　建長六《八》年六《四》月二《十》日　　一通
鎌倉後期　竪紙　漉返紙　二四・六糎×四〇・二糎　一紙
（端裏）六字用　巻数事
（書出）六字用／一巻数事／六字経御修法所／奉供／大壇供八十四箇
度、／護摩供八十四箇度、／諸神供十二箇度、
（書止）右、奉為　国母□院御息災安穏、御産平安、呪咀怨念、／末代治
除、御願円満、始自去《建長八》月三日迄于今日并四《五》七箇／日夜之間、率六
口大法師等、殊《建長八》致精誠奉修如件、

（差出）阿闍梨法印大《権僧正》和尚位権大僧都憲深
（備考）袖に「ム云、○《建長六八》両度御産御祈也、光賢記在之」、奥に「札云、六字
御修法　法印憲深／権僧正」、

（四）　六字経法巻数案　弘安七年七月十五日　　一通
鎌倉後期　竪紙　漉返紙　二四・七糎×四〇・七糎　一紙
（書出）遍智院実勝法印懃修巻数案云、／六字経御修法所／奉供／大壇
二十一ヶ度、／護摩供、／諸神供、
（書止）右、奉為　太政天皇玉躰安穏、増長宝寿、御願円満、／始自今月
六〔日脱カ〕迄于今日并七ヶ日夜之間、殊致精誠奉／修如件、
（差出）阿闍梨法印権大僧都実勝
（備考）奥に「札云、六字経御修法　法印権大僧都実勝」、

（五）　六字経法巻数案　永仁四年三月廿五日　　一通
鎌倉後期　竪紙　漉返紙　二四・八糎×四〇・八糎　一紙
（書出）祖師尺迦院僧正為師主御祈○《二七ヶ日》被修之、護摩巻数案云、／六字経護
摩所／奉供／大壇供四十二箇度、／護摩供四十二箇度、／諸神供
六箇度、
（書止）右、奉為　護持大法主御息災安穏、増長福寿、咀咀怨念、／末代
解脱、御悩平癒、御願円満、始自今月十一日迄于今日并／二七箇
日夜之間、殊致精誠奉修如件、
（差出）阿闍梨法印権大僧都《印大和尚位》権大僧都隆｜《勝》
（備考）奥に「札云、六字経護摩　法印隆勝／祖師法務僧正隆舜　懃修巻

数案云」、

（六）金剛夜叉法巻数案　建武三年正月十一日　一通

南北朝時代　竪紙　楮紙（杉原）二九・八糎×四七・〇糎　一紙

（端裏）金剛夜　御修法巻数案

（書出）金剛夜叉御修法／奉供／大壇供一百二十六箇度、／護摩供一百二十六箇度、／諸神供十八箇度、

（書止）右、奉為／金輪聖王増長宝寿、無辺御願、成就円満、／怨家降伏、天下泰平、始自去十一月晦日迄于今／月今日并六七ヶ日夜之間、率四口伴僧、殊精誠／奉修如件、

（差出）阿闍梨権僧正法印大和尚位、、

（備考）袖に「札云、／金剛夜叉御修法　前権僧正法印」、

（七）八字文殊護摩巻数案　観応元年六月十三日　一通

南北朝時代　竪紙　楮紙（杉原）二六・三糎×三七・三糎　一紙

（書出）八字文殊護摩所／奉供／大壇供二十一箇度、／護摩供二十一箇度、／諸神供三箇度、

（書止）右、奉為／太上天皇御息災安穏、増長宝寿、恒受／快楽、御願円満、地震振異、消除〔解カ〕□脱、／始自今月□日迄于今日并一七箇日夜之／間、殊致精誠奉修如件、

（差出）阿闍梨前権僧正法印大和尚位、、

（備考）虫損甚し、

（八）釈迦供巻数案　応安三年十一月―――日　一通

室町前期　竪紙　漉返紙　二四・三糎×三四・八糎　一紙

（本文）釈迦供所／奉供／供養法―――、／奉念／仏眼真言―――、／大日真言――、／本尊真言――、／又真言／又真言／普賢菩薩真言、／文殊師利菩薩真言、／仏慈護真言、般若無尽蔵真言、／不動明王真言、／一字金輪真言、／右、奉為／金輪聖王―――――、

（備考）隆源筆、

（九）普賢延命法巻数写　康暦元年十月廿六日　一通

室町後期　竪紙　漉返紙　三一・二糎×五〇・八糎　一紙

（書出）普賢延命御修法所／奉修／大壇供二十一箇度、／護摩供二十一箇度、／十二天供一七箇度、

（書止）右、奉為　護持大施主殿下御息災安穏、増長／福寿、無辺／御願、成就円満、天変〔恠カ〕□異、消除災難、始自今月十九／日至于今日并一七箇日夜間、殊致精誠奉修如件、

（差出）阿闍梨権僧正法印大和尚位隆源

（一〇）八字文殊護摩巻数案　永徳元年十一月　一通

室町前期　竪紙　漉返紙　二五・三糎×四〇・二糎　一紙

（端裏）天変御祈彗星巻数案於本坊□□□□

（書出）八字文殊護摩所／奉供／大壇供二十一箇度、／護摩供二十一箇度、／諸神供三箇度、

（書止）右、奉為／金輪聖王天長地久、御息災安穏、増長宝寿、無辺御願、／

成就円満、天変恠異、消除解脱、始自今月一日迄于／今日并一七
箇日夜之間、□(殊)致精誠奉修□□(如件)、
(差出)□(阿)闍梨権僧正法印大□□□□
(備考)袖に「札云、／八字文殊護□□□□□」、隆源筆、

(一一)　北斗法巻数案　応永三年十二月晦(廿一)日　一通
室町前期　竪紙　漉返紙　二九・七糎×四九・〇糎　一紙
(書出)北斗御修法所／奉修／大壇供二十一箇度、／護摩供二十一箇度、／諸神供三箇度、
(書止)右、奉為　護持大施主殿下御息災安穏、増長／福寿、無辺御願、成就円満、自去十七日／迄于今日并一七箇日夜之間、殊致精誠奉修如件、
(差出)阿闍梨前僧正法印大和尚位隆源
(備考)本文紙背にわたる、

(一二)　不動護摩巻数案　応永六年十二月十四日　一通
室町前期　竪紙　漉返紙　二九・五糎×四八・三糎　一紙
(端裏)不動調伏護摩巻数案於北斗壇所修之、
(書出)不動護摩所／奉供／大壇供二十一箇度、／護摩供二十一箇度、／諸神供三箇度、
(書止)右、奉為　護持准三后大相国禅閤殿下御息災安穏、／増長福寿、怨家降伏(退散)、万民惋与(天下静謐)、無辺御願、成就円満、始自／去七日迄于今日并一七箇日夜之間、殊致精誠奉供(修)如件、
(宛所)大阿闍梨前僧正法印大和尚位隆源
(備考)袖に「札云、／不動護摩　前僧正隆源」、隆源筆、

(一三)　不動護摩巻数案　応永十七年七月十九日　一通
室町前期　竪紙　漉返紙　二九・五糎×四八・二糎　一紙
(書出)不動護摩所／奉修／大壇供二十一箇度、／護摩供二十一箇度、／諸神供三箇度、
(書止)右、奉為　護持大施主殿下御息災安穏、増長福寿、無辺／御願、成就円満、始自去十二日迄于今日并一七箇日夜之間、／殊致精誠奉修如件、
(差出)阿闍梨僧正法印大和尚位隆源
(備考)袖に「札云、／不動護摩　僧正隆源」、隆源筆、

(一四)　愛染王供巻数案　応永廿五年八月廿九日　一通
室町前期　竪紙　漉返紙　三〇・〇糎×四九・〇糎　一紙
(端裏)愛供変異御祈
(書出)愛染王供所／奉供／供養法五十六度、／奉念／仏眼真言五百廿五遍、
(書止)右、奉為　護持内相府殿下御息災安穏、増長／福寿、天変恠異、未然解脱、無辺御願、成就円満、／始自去七月四日迄于今日并五十六箇日之／間、殊致精誠奉供如件、
(差出)阿闍梨前大僧正法印大、、、、
(備考)隆源筆、

(一五)　不動供巻数案　大永元年十一月五日　一通
室町後期　竪紙　漉返紙　二六・九糎×三八・七糎　一紙
(端裏) 地動　大永元十〇《一》月枝ニ付札ニハ不動供　上醍醐寺近如此也、右案ハ一臈官名在之、
(書出) 不動供／奉供／供養法二十一箇度、／奉念／仏眼真言五百遍、
(書止) 右、奉為／金輪聖皇天長地久、玉躰安穏、無辺御願、成就／円満、地動佐異、消除解脱、始〇《自》去月廿七日迄于今日并／一七箇日夜間、満山僧綱大法師等、殊致精誠奉修如件、
(差出) 阿闍梨法印大和尚位権大僧都〇／公運
(備考) 奥に「自寺務代御教書ニハ、公武御巻数可進由在之、／雖然唯禁裏ヘノ御巻数計進上之、／御門中此分ト云々、山下同前也」、

(一六)　不動護摩巻数案　天文□年三月二日　一通
室町後期　竪紙　漉返紙　二四・〇糎×四〇・〇糎　一紙
(端裏) 灌頂加行護摩百日行之巻数也、
(書出) 不動護摩所／奉供／大壇供三百ヶ度、／護摩供三百ヶ度、／諸神供十一箇度、
(書止) 右、為護持御子滅罪生善、悉地成就、始自／去十一月廿一日至于今月今日一百ヶ日夜間、／殊致精誠奉供奉念如右、
(差出) 仏子宗然
(備考) 虫損甚し、

一六九　諸法巻数案等　十六通
(備考) (一)〜(一六) 一括、

(一)　如意輪護摩巻数土代　寛永六年正月七日　一通
江戸前期　竪紙　漉返紙　二九・六糎×四三・五糎　一紙
(書出) 如意輪護摩所／奉供／供養法二十一箇度、／護摩供二十一箇度、／諸神供三箇度、
(書止) 右、奉為護持施主息《災》安穏、除《消》不祥、増長宝寿、／無辺所願、決定成就、決定円満、始自去朔日一七ヶ日夜／之間、殊致精誠奉修如件、
(差出) 阿闍梨法印大和尚位源朝

(二)　延命法巻数案　安永四年四月二十九日　一通
江戸中期　竪紙　楮紙 (美濃紙)　二六・三糎×四三・〇糎　一紙
(端裏) 安永四年四月　先月来月　持明院僧正良胤座主宮尊真親王　第十一度
(書出) 延命御修法所／奉供／供養法二十九箇度、／奉念／仏眼真言六百遍、
(書止) 右、奉為／金輪聖王天長地久、玉躰安穏、増長宝寿、無辺御願、成就／円満、始自去朔日迄今日并二十九箇日之間、殊致精誠奉修如件、
(差出) 阿闍梨法務僧正法印大和尚位杲観

(三)　延命法巻数案　安永十年二月三十日　一通

江戸中期　竪紙　楮紙（美濃紙）　二六・四糎×四〇・七糎　一紙
（端裏）当今御持　第三度目結願巻数
（書出）延命御修法所／奉供／供養法三十箇度、／奉念／仏眼真言六百三十遍、
（書止）右、奉為／金輪聖王天長地久、玉躰安穏、増長宝寿、無辺／御願、成就円満、始自去朔日迄于今日并三十／箇日之間、殊致精誠奉修如件、
（差出）阿闍梨前法務僧正法印大和尚位杲観

（四）　延命法巻数案　天明四年九月三十日　一通
江戸後期　竪紙　楮紙（美濃紙）　二七・九糎×四一・二糎　一紙
（端裏）当今御持結願之巻数　十度目
（書出）延命御修法所／奉供／供養法三十箇度、／奉念／仏眼真言六百三十遍、
（書止）右、奉為／金輪聖王天長地久、玉躰安穏、増長宝寿、無辺御願、成就／円満、始自去朔日迄于今日并三十箇日之間、殊致精誠奉修如件、
（差出）阿闍梨前法務僧正法印大和尚位杲観

（五）　延命法巻数案　天明七年二月二十九日　一通
江戸後期　竪紙　楮紙（高檀紙）　三九・二糎×五四・〇糎　一紙
（端裏）天明聖王護持結願巻数　第十五度　天明七年二月
（書出）延命御修法所／奉供／供養法二十九箇度、／奉念／仏眼真言六百遍、
（書止）右、奉為／金輪聖王天長地久、玉躰安穏、増長宝寿、無辺御願、成就／円満、始自去朔日迄今日并二十九箇日之間、殊致精誠奉修如件、
（差出）阿闍梨前法務僧正法印大和尚位杲観

（六）　延命法巻数案　宝暦十一年五月二十九日　一通
江戸中期　竪紙　楮紙（美濃紙）　二六・五糎×四三・〇糎　一紙
（端裏）宝暦十一年五月廿九日　廿三度
（書出）延命御修法所／奉供／供養法二十九箇度、／奉念／仏眼真言六百遍、
（書止）右、奉為／金輪聖王天長地久、玉躰安穏、増長宝寿、無辺御願、成就／円満、始自去朔日迄于今日并二十九箇日間、殊致精誠奉修如件、
（差出）阿闍梨僧正法印大和尚位道雅

（七）　延命法巻数案　宝暦十二年十二月三十日　一通
江戸中期　竪紙　楮紙（美濃紙）　二六・五糎×四一・〇糎　一紙
（端裏）宝暦十二壬午極月三十日　廿六度
（書出）延命御修法所／奉供／供養法　三十箇度、／奉念／仏眼真言六百三十遍、
（書止）右、奉為／金輪聖王天長地久、玉躰安穏、増長宝寿、無辺御願、／成就円満、始自去朔日迄于今日并三十箇度日夜之間、殊致／精誠

奉修如件、
（差出）阿闍梨僧正法印大和尚位道雅

（八）不動護摩巻数案　明和六年十二月　日　　一通
江戸中期　竪紙　楮紙（美濃紙）　三一・六糎×四五・七糎　一紙
（書出）不動明王護摩所／奉供／供養法三百五十五《四》箇度、／護摩供三百五十五《四》箇度、／諸神供三十五《四》箇度、
（書止）凡三百五十五《四》箇日之間、満山僧侶、殊致精誠奉修如件、
（差出）一﨟大僧都法印大和尚位淳杲
（備考）奥に「凡三百五十五ノ時、三百五十四ノト」、

（九）延命法巻数案　天明六年閏十月三十日　　一通
江戸後期　竪紙　楮紙（美濃紙）　二八・三糎×四一・〇糎　一紙
（端裏）天明聖王護持結願巻数　第十三度　天明六年閏十月
（書出）延命御修法所／奉供／供養法三十箇度、／奉念／仏眼真言六百三十遍、／大日真言三千遍、
（書止）右、奉為／金輪聖王天長地久、玉體安穏、増長宝寿、無辺御願、成就／円満、始自去朔日迄于今日并三十箇日之間、殊致精誠奉修如件、
（差出）阿闍梨前法務僧正法印大和尚位杲観

（一〇）不動護摩巻数案　宝永三年五月　日　　一通
江戸前期　竪紙　楮紙（杉原）　三三・七糎×四六・〇糎　一紙
（書出）不動護摩所／奉供／供養法二十一箇度、／護摩供二十一箇度、／諸神供三箇度、
（書止）始自去十四日／到于今日一七ヶ日夜間、殊致精誠奉供□□□如右、
（差出）金剛仏子尭観
（備考）虫損甚し、

（一一）後七日御修法巻数土代　宝永五年正月十四日　　一通
江戸中期　竪紙　泥間似合　三五・八糎×四八・八糎　一紙
（書出）後七日御修法所／奉修／大壇供二十一箇度、／息災護摩供二十一箇度、
（書止）自去八日迄于今日一七箇日之間、殊致精誠、依例奉修如件、
（差出）大行事大法師浄円／阿闍梨長者前大僧正法印大和尚位寛順

（一二）薬師供巻数土代　宝永六年十月八日　　一通
江戸中期　竪紙　楮紙（美濃紙）　二四・三糎×三四・三糎　一紙
（書出）薬師供所／奉供／供養法二十一箇度、／奉念／仏｜｜｜四百四百《十》一反、
（書止）無辺御願成就円満、○点《于》《乎》○吉日良辰、■■■満山僧等、殊／抽精誠奉修如件、
（差出）法印権大僧都運助

（一三）止雨法巻数案　文化四年六月廿九日　　一通

江戸後期　竪紙　楮紙（美濃紙）　三五・二糎×三四・五糎　一紙

（端裏）文化四丁卯年六月霖《就》雨渉数旬、今度従／禁中御祈祷被　仰出ニ付、巻数〻并〻御札献上之案　権僧正蔵海

（書出）止雨御祈祷所／奉供／不動供養法九箇度、／奉念／仏眼真言一百八十九遍、

（書止）右、奉為／金輪聖主玉躰安穏、悪風悪雨、対治息除、天下泰平、五／穀成就、万民豊楽、御願成就円満、始自去廿三日至于廿九日／一七箇日之間、満山定額僧綱等、殊凝精誠奉勤修如件、

（差出）山務《別当》〻〻僧正法印大和尚位定隆

（備考）紙背に「料紙大鷹ニ書之、此外ニ御札有之」、祈祷札・封書書様を記す、

（一四）　准胝観音法巻数案　文政二年正月二十九日　一通

江戸後期　竪紙　楮紙（高檀紙）　三八・〇糎×五八・八糎　一紙

（書出）准胝観音御修法所／奉供／供養法　《小》二十九ヶ度、

（書止）始自去元《朔》日《正月ハ如是、》迄于今月今日并二十九《大三十ヶ》箇日之間、殊致精誠奉修如右、

（差出）阿闍梨前大僧正法印大和尚位高演

（一五）　後七日御修法巻数案　慶応二年正月十四日　一通

江戸後期　竪紙　楮紙（高檀紙）　紙背あり　四六・〇糎×五九・六糎　一紙

（書出）後七日御修法所／奉供／大壇供二十一箇度、

（書止）右、奉為／征夷大将軍幕下御寿福増長、御武運長久、天下泰平、／殊致精誠、依例奉修如件、

（差出）大阿闍梨法務前大僧正法印大和尚位行雅

〔紙背〕後七日御修法結願告文土代　慶応二寅歳正月　一通

竪紙

（本文）今春後七日秘法如／例歳、無異儀十四日／暁天　奉結願畢、／後入内殿／玉體謹奉〻奉《加》持、退朝、

（差出）権僧正演護

（備考）習書多数、

（一六）　不動護摩巻数案　（年月日未詳）　一通

江戸後期　竪紙　泥間似合　三三・七糎×四六・五糎　一紙

（書出）不動明王護摩所／奉供／供養法三百八十四箇度、／護摩供三百八十四箇度、

（書止）始自去正月朔日至于今月今日／凡三百五十五箇日之間、満山僧侶、殊致精誠奉修如件、

（差出）一﨟大僧都法印大和尚淳杲

一七〇　僧正宗能書状案　（年未詳）正月五日　一通

室町後期　竪紙　漉返紙　二九・七糎×四八・五糎　一紙

（端裏）太元御請之案文

（本文）太元法可令懃修之由、／〻旨謹承候了、早可／存知候由《旨、》、可得御意候、／恐々謹言、

（差出）僧正宗能

一七一　宗能書状　（年未詳）十二月十七日　一通
室町後期　竪紙　漉返紙　二八・六糎×四六・五糎　一紙
（本文）只今門跡御不審／候之間、馳申候、雖非／准御斎會候、可有御／
誦経使候、勿論事候、／明日可有件使候、御誦／経物早用意候、
可有御／心得之由、可令申給候也、／恐々謹言、
（差出）宗能
（備考）逐而書「彼物尤自三条／可進候由申候、同可／令申給候」、袖に
切封（墨引、封帯）、

一七二　隆恵書状　（年未詳）□月廿八日　一通
室町前期　続紙　天欠　漉返紙　三〇・三糎×九五・六糎　二紙
（書出）□□旨謹拝見仕／□□、／□□荘厳院敷地間事、
（書止）□□之由申候上ハ、殊更／□□入可畏存候、以／□□預御披露候、
隆恵誠惶／謹言、
（差出）隆恵上
（宛所）□□□殿
（備考）奥に追記「一巻五通／一通　アミタ堂綸旨、／一通　長者状、／一
通　指図、／已上応永七四廿八、自実相寺／僧都隆然方籠被召之
間、進／北山殿候了」、

一七三　心王院諸衆等願文　寛政十二年六月六日　一通
江戸後期　竪紙　楮紙（奉書紙）　三二・五糎×四五・二糎　一紙
（書出）為明忍和上追善、修行曼荼羅供／因彩修不動明王願文／夫諸仏事
業定慧福徳以為厳身、菩薩／大士抜苦與楽以為礎基、三世諸仏十
方／薩埵果徳円満、捨此正路、焉求滑矣、
（書止）然則乗五智法印、祖師聖霊直向安養之／宝刹、道叡必上昇兜卒之
天宮、乃至四生／含霊平等普利、敬白、
（差出）心王院諸衆等
（備考）墨（返点・送仮名）、

一七四　房快書状　（年未詳）卯月廿六日　一通
室町後期　竪紙　天欠　漉返紙　二六・四糎×四六・四糎　一紙
（端裏）□□院
（本文）□□自東寺被（令）申候／□荘厳院敷地事、／□□正文共其ニ被／召置
候哉、此使ニ可／被進之由、被仰下／候、次此旨可有御披露候、／
恐々謹言、
（差出）房快

一七五　弘鑁書状　（年未詳）後正月廿七日　一通
室町後期　竪紙　漉返紙　二九・二糎×四五・〇糎　一紙
（書出）宝幢寺供養御出仕／御加持事、御門跡大慶不可／過之、返々御目
出存候、就其／御祈祷事蒙仰候、
（書止）本尊事、可為何尊候哉、／蒙仰度存候、其由能々御／披露候者、
所仰候、恐々謹言、
（差出）弘鑁

一七六　安倍有世御加行日時勘文〔応永七年〕八月十三日　一通
室町前期　竪紙　漉返紙　三〇・四糎×四七・六糎　一紙
（端裏）有世卿注進応永七
（本文）可被始御加行日、／今月廿一日癸丑、／廿七日己未、
（差出）前大僧正判

一七七　前大僧正某附法状案　大永六年七月廿七日　一通
室町後期　竪紙　漉返紙　二五・五糎×四三・三糎　一紙
（本文）宗大事・大法秘法・故実・口伝・当流代々秘伝以下、一事無脱／落、悉以令教授厳助大僧都／畢、弥守法勿堕地、仍為後代／證判所記置如件、
（差出）前大僧正判

一七八　菩提実御数珠相伝記等　五通
（備考）（一）～（五）一括、

（一）菩提実御数珠相伝記　一通
室町中期　竪紙　漉返紙　二六・〇糎×四四・六糎　一紙
（文首）大唐皇帝勅給弘法大師菩提実御数珠相伝事／開田准后法助
号円城寺、
佐々目僧正中武蔵守経時子、最明寺入道甥、　佐々目法印政助武蔵守、相模守時弟
（文尾）仍且期三會値遇、且為一宗紹隆、奉／施入高祖宝前之状如件、／
貞和四年戊子六月十五日　沙門鏡尊在判
（奥書）応仁貳年子十二月廿二日、於戒光寺尊住院一見之間、／借出写畢、
権律師　慶清
（備考）暦応四年八月十五日法印頼順置文・貞和四年六月十四日足利直義御教書・同年六月十五日沙門鏡尊寄進状写を含む、

（二）某書状土代（年月日未詳）　一通
室町後期　竪紙　漉返紙　二七・〇糎×四四・〇糎　一紙
（書出）尤雖可参申候、且先以書状令啓候、／抑太元法御本尊并御道具等修複料事、／先別当光覚僧正時代　奏達之處、／鳥目一万疋被下行候了、
（書止）奉壇場（料理）壇場之条、／是淩蔑之至哉（歟）、所詮早速御要脚／被下、慇懃之可励修営之由、可預御／奏問候、
（備考）（三）に関連、

（三）某書状案（年月日未詳）　一通
室町中期　竪紙（モト続紙カ）　後欠　漉返紙　二七・二糎×四三・八糎　一紙
（端裏）御書状案
（書出）尤雖可参申候、且以書札令啓候、／抑太元法御本尊并御道具等事、就朽損／修複料事、先別当光覚僧正時代、／奏達之處、鵝眼一万疋被下行候畢、
（文尾）所詮早速御要脚被下、可加丁寧／慇懃之修複候、此等之趣、〔忩被経御
（備考）（二）に関連、

（四）某書状（年月日未詳）　一通

室町中期　竪紙（モト続紙カ）　後欠　漉返紙　二七・七糎×三九・六糎　一紙

（端裏）山上寺家与堂衆方申事

（書出）就山上堂衆対寺僧於路次木履／脱否事、三問三答、并寺僧出帯之／證文、応永廿二年山上置文連署／内、隆瑜一人判形無之、

（文尾）然者無煩之由、／寺僧申入之間、此連署事、無相違、

（五）　某方日次記抜書　一通

室町中期　竪紙　楮紙（杉原）　紙背あり　墨（合点）　二七・二糎×三五・六糎　一紙

（本文）暦応三十十二日夕、隆円上人来臨、／十三日黙心之次ニ物語、服者加行事尋申之處、卅五日之間ハ神／分ヲ略而可修之云々、加行日数事、三宝院方必ス七百日事／不審也、大師之行法記録ニ其旨全不見、灌頂加行ヲコソ三年／可修旨被載之云々、／一七星之惣印事、尤可用印也云々、成喜院被出證文タリト／覚印云々、／行法神分鐘事、広沢方ニ御流ニハ最初ニ必三打之、余流ニハ／必不少広沢方二様也云々、

〔紙背〕真誉書状　（年未詳）十月六日　一通

竪紙（モト重紙）

（本文）申候之間、依其事、／用途可入候にて候／之間、待申候、遣之候、／此之間可入寺候ハヽ、／入見参可申候、恐惶／謹言、

（差出）真誉上

（備考）本紙欠、

一七九　常英書状　（年未詳）十月廿八日　一通

室町中期　続紙　漉返紙　二八・五糎×一二七・〇糎　三紙

（書出）御状之趣、委細拝見申候、兼者／就志摩之弓矢事、委細承候、／驚入候、私々別而合力仕候由承候、／いか躰候者、注置仕候哉、泊浦と申候／とも、かもと中候も、志摩之国人候／者、承候へ共、

（書止）以／此旨可預御披露候、返々か様之注進／など仕候、曲事候、委細者、重而可／申候、恐々謹言、

（差出）常英（花押）

（宛所）兵部卿法眼　まいる御返報

（備考）端裏に切封墨引、

一八〇　正親町天皇女房奉書写　〔天正十年七月廿日〕　一通

安土桃山時代　竪紙　楮紙（高檀紙）　三八・七糎×五三・一糎　一紙

（端裏）仰天正十七廿／『人皇百七代正親町院《ヲ、キマチノイン》、永禄以後治天御宇、天正十年壬午七月廿日被仰出也、／天正十一年秀吉立三法師丸信長之末子也、　醍醐寺普賢院蔵』

（書出）しなのヽ国下いな文永寺あんやう寺の事、／こんとそのあたりもうりかわちとやらん／とり候よしきこしめし候、

（書止）御とヽのへ候ハんする事、かん／ようにおほしめし候、よくよく心へ候て／申との事にて候、かしく、

（宛所）りしやう院とのへ

（備考）包紙（泥間以合、四七・三糎×三四・二糎、ウハ書「信州文永寺醍醐寺定額交衆之節、太元御修法参勲之事／有之、依是一旦衰微之節、自

禁中心添可令再興之旨、／被　仰出女房之奉書之写（天正十年七月廿日）、醍醐寺普賢院蔵」）、

一八一　三宝院門跡御兼帯覚写　〔天正十五年十二月十八日〕　一通
安土桃山時代　竪紙　楮紙（杉原）　二七・五糎×四一・六糎　一紙
（端裏）天正十五　十二　十八
（書出）覚／御書立之通、御拝見候、／一随心院門跡御仁躰之儀被仰出候、就其三宝院門跡／異于他御由緒付、御兼帯不始于今、其由来付、
（書止）右条々、外聞実儀可然様被仰出候者、可為御満足、／此由御披露頼思食候、仍如件、

一八二　有舜書状　（年未詳）七月一日　一通
室町後期　折紙　漉返紙　三三・八糎×五一・三糎　一紙
（書出）去六月五日尊書忝致／拝閲候、如来命良久／不対恩顔不本意、乍恐／瞻望不浅令存候、先以／御法躰安康被成御座、
（書止）愚老及八／十申事ニ御座候間、一向／相参候へハ、埒明申儀と御座候へ共、無左／様何共迷惑存事ニ候、万緒／難申尽、不備、誠惶戦慄、
（差出）有舜（花押）
（宛所）法務大僧正閣下垂髪御中
（備考）逐而書、差出次行に追記、

一八三　前大僧正寛済書状土代　（年未詳）四月五日　一通
江戸前期　竪紙　楮紙（奉書紙）　三三・二糎×四五・七糎　一紙
（書出）東寺寺務長者之闕、定及御／沙汰候歟、寛済雖〇至愚不肖、已為／第二長者、云理運、云先例、更／無上首之可競、又無傍輩之可／争候之上者、　勅許不可有豫／儀候哉、
（書止）然者於今度之闕者、／誰称非拠之望乎、可然之様、可／令洩　奏達給候也、恐々謹言、
（差出）前大僧正寛済
（宛所）頭弁殿
（備考）墨合点、

一八四　前大僧正寛済書状案　〔慶安三年〕三月廿六日　一通
江戸前期　続紙　楮紙（奉書紙）　三三・七糎×九一・七糎　二紙
（端裏）清書ノトメ　慶安元三廿六
（書出）一於諸寺諸山良家与住侶、昇進之／次第差異有之、如近代者、住侶自／権律師経権少僧都・権大僧都、以／法印一階為極位、
（書止）然者連／綿之例、雖不詳之『未審』、勅許無／相違之様、可預申御沙汰候哉、／恐々謹言、
（差出）前大僧正寛済
（宛所）小川坊城大納言殿
（備考）朱註記、

一八五　観仲書状　（年未詳）九月二日　一通
江戸前期　折紙　楮紙（奉書紙）　二九・〇糎×四三・二糎　一紙
（書出）追而令申候、五筆之／花厳経壱巻、上巻ニ／紙数等書載、重□／有由緒重宝ニ候へ共、／□子細□以所持候、
（書止）後便ニ可返給候、委曲／空観可有伝語候、恐惶／謹言、
（差出）観仲（花押）
（宛所）頼寛公まいる御袖下
（備考）見返奥に墨引（ウハ書「頼寛様まいる床□　□□済観仲」）、逐而書、虫損甚し、

一八六　三宝院門跡雑掌申状案　寛文拾貳年　一通
江戸前期　竪紙（モト続紙カ）　前欠　楮紙（奉書紙）　三七・五糎×五〇・三糎
一紙
（文首）知行方付、時々我儘押領被成候付、勧門主江其御付届被成候者、度々に京御／奉行衆牧野佐渡守殿・水野石見守殿・小出越中守殿・宮崎若狭守殿・／雨宮対馬守殿江右押領之段、度々に御付届被成候へハ、
（書止）自今以後両御門跡永代御出入無之、御互ニ可為／御満足候、然者雑掌共、偏難在可奉存候、誠恐謹言、
（差出）三宝院御門跡雑掌

一八七　報恩院役人連署状　宝暦七丁丑年三月　一通
江戸中期　竪紙　楮紙（奉書紙）　三六・〇糎×四九・二糎　一紙
（書出）信州浅間山真楽寺境内江／清瀧権現勧請之旨趣者、御法流之／鎮護及寺門檀中、
（書止）益寺門檀中厚可有信仰、／仍為后知書記如件、
（差出）報恩院殿役人宇野兵庫／葛西左京
（宛所）真楽寺正等御房／塩野村惣檀中

一八八　上下醍醐寺惣代口上覚　（年未詳）子十二月　一通
江戸後期　竪紙　楮紙（奉書紙）　三三・〇糎×四六・二糎　一紙
（書出）口上覚／仙洞様就　崩御、献経御焼香参勤仕候節、於般舟院／御焼香順次之儀ニ付、別段相願度儀者、
（書止）右之通、相成候様／奉願上候、此趣宜敷御沙汰奉仰候、以上、
（差出）下醍醐寺惣代密巌院権大僧都（円形黒印）／上醍醐寺惣代円明院権大僧都（円形黒印）
（宛所）徳大寺大納言殿／日野前大納言殿

一八九　上下醍醐寺惣代連署口上覚　（年未詳）子十二月　一通
江戸後期　竪紙　楮紙（奉書紙）　三三・〇糎×四六・三糎　一紙
（書出）口上覚／仙洞様就　崩御、献経御焼香参勤仕候節、於般舟院／御焼香順次之儀ニ付、別段相願度儀者、
（書止）右之通、相成候様／奉願上候、此趣宜敷御沙汰奉仰候、以上、
（差出）下醍醐寺惣代密巌院権大僧都（円形黒印）／上醍醐寺惣代円明院権大僧都（円形黒印）
（宛所）葉室中納言殿

一九〇　上下醍醐寺総代口上覚写　（年月日未詳）　一通
江戸後期　続紙　楮紙（奉書紙）　三〇・五糎×九〇・五糎　二紙
（書出）口上覚／仙洞御所就〔大行天皇就〕崩御、御焼香之儀、任先格奉願候、
（書止）右之通、相違無御座候、尤／御代々相勤来候、今般参勤仕候仁躰、左之／両人相勤申候、以上、
（差出）下醍醐寺惣代密厳院権大僧都／上醍醐寺惣代行樹院権大僧都
（備考）包紙（美濃紙、四〇・二糎×二七・〇糎、ウハ書「口上覚／上醍醐寺惣代円明院権大僧都／下醍醐寺惣代密厳院権大僧都」）、

一九一　行樹院・持明院領山堺目出入證文　慶長拾一丙午年八月十一日　一通
江戸前期　竪紙　漉返紙　二六・五糎×四三・六糎　一紙
（書出）證文／鷹屋谷行樹院領山と持明院領山と／の堺目出入数年有之、然処ニ持明院下総より／明徳貳辛未年八月十二日之書物有之由ニて、／慶長拾乙巳年二月九日光台院亮済御／手跡にて写状、
（書止）直ニ見通ハ、、一間ほど／谷へさがり□□也、多□□□ねにてハなきなり、以上、
（備考）奥に「慶長拾一丙午年八月十一日□右方状ヲ取替、出入悉相済／者也、後代覚のため□如此、玄勝　十九才也、」、裏打、虫損甚し、

一九二　南之坊田地譲状写等　二通
江戸中期　竪紙
（備考）（一）・（二）一括、同文、

（一）南之坊田地譲状写　寛保三亥年五月日　一通
楮紙（美濃紙）　二五・〇糎×三四・三糎　一紙
（書出）譲り渡し申候田地之事／一奥出三人植壱ヶ所堺東西東ハ明神宮田地堺、南北南西ハ川土井根堺、／此田地旁（マヽ）永代譲り渡し申候所実正明白也、
（書止）何時成共、譲り主・證人罷出、急度埒明可申候、／為後日仍而一札如件、
（差出）譲り主南之坊印／證人八郎兵衛印
（宛所）山田伝右衛門参

（二）南之坊田地譲状　寛保三亥年五月日　一通
漉返紙　二六・七糎×三六・五糎　一紙
（書出）譲り渡し申候田地之事／一奥出三人植壱ヶ所堺東西東ハ明神宮田地堺、南北南西ハ川土井根堺、／此田地其方永代譲り渡し申候所実正明白也、
（書止）何時成共、譲り主・證人罷出、急度埒明可申候、／為後日仍而一札如件、
（差出）譲主南之坊（円形黒印）／證人八郎兵衛（円形黒印）
（宛所）山田伝右衛門参

一九三　宝幢院良言金子借状案　享保十九寅歳八月廿五日　一通
江戸中期　切紙　楮紙（美濃紙）　二八・二糎×三六・一糎　一紙
（端書）下書
（書出）拝借申金子之事／一金子五拾両也、／右之金子、拙僧為出世金、不存寄、／依御恵御預ヶ被成被下、慥ニ預り申所実正明鏡也、

（書止）右之元金致一倍返納可申候、／仍而拝借證文如件、
（差出）宝幢院良言判
（宛所）管悠山様後室 照心院様

一九四　報恩院内溝口内記口上覚　（年未詳）正月晦日　一通
江戸後期　竪紙（モト続紙）　後欠　楮紙（奉書紙）　三六・九糎×三七・六糎　一紙
（書出）口上之覚／一貞享年中　御祈祷任先例相勤、巻数献上之儀、／御両伝様江、此方より相窺御指図之上、被差上候、
（書止）今度之用脚之儀、　御祈祷所故常之支度／有之儀御座候条、各別ニ難書上、御理申上度候、以上、
（差出）報恩院前大僧正内 溝口内記
（宛所）□□□□□

一九五　年預雑掌返答状　（年未詳）午《卯》六月廿三日　一通
江戸中期　巻子装　漉返紙　二四・〇糎×二〇九・〇糎　七紙
（書出）御尋之条々／一水本領西笠取村三郎衛与申者、近年／不埒重畳候ニ付、去年九月ニ諸職取上之／百姓共へ預置候、
（書止）一兎角此沽券ニ甚深子細御座候間、御吟味／無他由事、／此義如何、／右、御尋之趣候間、一々返答可申上候也、
（差出）年預 雑掌
（宛所）二尾村庄屋／同断年寄中／同文右衛門／左兵衛

一九六　執行厳恭申状　（年未詳）二月四日　一通
江戸中期　竪紙　楮紙（美濃紙）　三三・七糎×四七・〇糎　一紙
（書出）旧冬年預金蓮院被仰候者、御唐櫃封之儀、惣寺／御所存有之由ニ而、長者方御封被成来候、
（書止）此等之趣、惣寺一党之御返答／可被仰聞之儀、其品此儘難閣候、以上、
（差出）執行厳恭
（宛所）年預観智院御房

一九七　万福院長□書状等　六通・一紙
（備考）（一）～（七）一括、

（一）　万福院長□書状　（年未詳）潤十二月九日　一通
江戸中期　折紙　楮紙（奉書紙）　三一・〇糎×四三・七糎　一紙
（書出）態一簡奉啓上候、／先以　尊前様弥／御安泰ニ被成御座、／殊更当秋東寺／御法務相渡候由、／去月始ニ承候、
（書止）是非来春／中には、登山仕可奉／得尊命与奉存候、／猶此者口上可申上候間、／不能詳候、恐惶謹言、
（差出）万福院長（花押）
（宛所）東寺御法務様人々御披露

（二）　重応書状　（年未詳）九月六日　一通
江戸中期　折紙　楮紙（奉書紙）　三一・五糎×四五・〇糎　一紙

（書出）一書令啓達候、／何哉為御使者御伺／公之間、得芳意満足存候、／
宗家様弥御安泰御／座被成候哉、
（書止）先々此便／を師書状進入申候間、／可然様御披露頼／存候、猶期
後音候、恐惶／謹言、
（差出）一音／重応
（宛所）竹内権兵衛様
（備考）逐而書、

（三）有馬重昌書状（年未詳）十一月八日　　一通
江戸中期　折紙　楮紙（奉書紙）三六・〇糎×四九・八糎　一紙
（書出）乍御報九月廿一日之／貴翰拝受忝存候、／先以其御地無御別
条、／貴僧様倍御勇健／之旨、殊為　勅定／東寺一長者并法務
ニ／被為成候由、珎重之至／奉存候、
（書止）誠ニ入／御念、示被下不浅存候、／猶期後音之時候、恐惶謹言、
（差出）有馬内蔵助重昌（花押）
（宛所）水本大僧正様

（四）契□書状（年未詳）三月五日　　一通
江戸中期　折紙　楮紙（奉書紙）三六・五糎×五三・八糎　一紙
（書出）御紙上之趣、披露／令申候處ニ、法眼之／儀被仰遣候、両度／仙
洞江被　仰上候／処ニ聖護院様よりも／法眼之御訴訟／御座候
間、
（書止）猶／様子知レ候者、自／是可被仰入候旨ニ御座候、／右、宜御申
給候、恐惶／謹言、
（差出）契（花押）
（宛所）水本大僧正様人々御中
（備考）逐而書、

（五）宝幢院隆弁口上覚案（年未詳）霜月二日　　一通
江戸中期　折紙　楮紙（美濃紙）三一・三糎×四三・二糎　一紙
（書出）口上之覚／一今度水本前大僧正／拝堂之役儀ニ付、醍醐／学侶中
及衆儀ニ、拙僧／儀者法之親御坐候与／申所存者無御坐候得共、
（書止）愈不能思案、／衆中一同成間敷／段、以書付衆儀江／其断申入候、
然者／為御届如此御坐候、以上、
（差出）宝幢院隆弁判
（宛所）花山院右大将様／千種大納言様御家老中

（六）権大僧都禅亮書状（年未詳）十二月廿七日　　一通
江戸後期　折紙　楮紙（奉書紙）三六・〇糎×四八・八糎　一紙
（本文）一翰致啓達候、厳密／御座候得共、弥御安全候哉、／承度存候、
抑明春／御修法被　仰出候、／法務被致修行候、伴僧／御出座可
有之旨御座候、／仍内々申入候、恐々謹言、
（差出）別当法印権大僧都禅亮
（宛所）円明院御房

（七）伝授日記表紙　　一紙

江戸中期　袋綴装　楮紙（奉書紙）　紙背あり　朱（註記）三四・〇糎×二四・七糎　一紙
（外題）伝授日記宝永五
（表紙）寛順（花押印）（右下）
（備考）表紙見返に「宝永五年歳次戊子伝授日次人数」として交名を記す、
（紙背）中坊孝憲書状　（年未詳）三月晦日　一通
折紙
（書出）一筆致啓上候、／然者其御地／弥御無事可被為／成御座候、目出度／奉存候、祗候仕／御見廻申上度／儀御座候得とも、
（書止）従是／醍井餅一箱、書院／間鍋壹ヶ進上仕候、／大僧正様御前可／然之様、御披露奉／頼上候、恐惶謹言、／以上、
（差出）中坊孝憲（花押）
（宛所）竹内権兵衛殿御披露

一九八　勧修寺経広書状　〔万治二年〕十月廿九日　一通
江戸前期　折紙　楮紙（美濃紙）　三六・〇糎×五三・七糎　一紙
（本文）芳翰悦令披見候、／護持之御祈今朝／結願被成、御巻数／御献上弥重ニ存候、／然者右之御祈之／儀、巨細御筆禄〔録〕之／一冊見せ給候、心静ニ／可令薫読候、餘事／期御出京之節候、恐々／謹言、
（差出）（草名）
（宛所）水本僧正御房
（備考）懸紙（美濃紙、二九・〇糎×三九・九糎、ウハ書「万治　二　十　廿九／水本僧正御房　勧修寺前大納言」「護持僧之愚記一冊、前大納言経広卿／備一見之處、返札如此也、／万治二　十　廿九」）、

一九九　壬生官務忠利書状　「明暦二丙申」三月九日　一通
江戸前期　折紙　楮紙（高檀紙）　三四・三糎×五一・〇糎　一紙
（書出）先度者、御状被下／候得共、二条殿御下国／故、大津迄参候故、
（書止）六条殿天気よく御／下国にて御満足と奉存候、／猶面上之節、可申上候、／恐惶謹言、
（差出）壬生官務忠利
（宛所）水本大僧正様参御同宿中
（備考）逐而書、

二〇〇　勧修寺経広書状　（年未詳）九月三日　一通
江戸前期　折紙　楮紙（高檀紙）　三五・三糎×五三・三糎　一紙
（書出）芳翰欣悦之至、／事々得其意申候、／昨日令啓候延命像、／早々持せ被献候、慥ニ／預置申候、
（書止）乍去／強而近日可調進候、／餘事期面謁候条、／令省略候、恐々謹言、
（差出）（勧修寺）経広
（宛所）水本前大僧正御房
（備考）懸紙（美濃紙、二八・七糎×四一・九糎、ウハ書「勧修寺前大納言経広／水本前大僧正御房」）、

二〇一　勧修寺経広書状　（年未詳）九月六日　一通
江戸前期　折紙　楮紙（美濃紙）　三五・三糎×五三・〇糎　一紙
（書出）芳墨満悦之至／存候、昨日者了掾／致登山候処、本尊／之様子、具被仰聞、／彼是御懇情之／段、夜前参候而演／説申候、
（書止）経慶行事之／一通御所望之由、／頓而申付可進候、／万事期面謁候条、／不能具候、恐々謹言、
（差出）経広
（宛所）水本僧正御房
（備考）懸紙（美濃紙、二八・七糎×四三・一糎、ウハ書「勧修寺前大納言経広／水本僧正御房」）、

二〇二　勧修寺経広書状　（年未詳）十月九日　一通
江戸前期　折紙　泥間似合　三三・七糎×四六・二糎　一紙
（本文）已前進入候愚状之／留書、見申候処ニ、／檀ノ字ニ令沙汰候、／則壇字ニ書改申候間、／何にても幸便之刻、／最初之状可返給候、／事々期面候、恐々／謹言、
（差出）経広
（宛所）水本僧正御房

二〇三　葉室頼業書状　〔明暦二年〕二月廿日　一通
江戸前期　折紙　楮紙（奉書紙）　三六・五糎×五三・二糎　一紙
（本文）一通之古案之写／持せ被下令満足候、／当家顕頼之案／相調進之申候、写／一巻則此方ニ留置／申、忝存候、万事／以面上可申達候、／恐々謹言、
（差出）（葉室）頼業（花押）
（宛所）水本大僧正御房尊答
（備考）包紙（美濃紙、二八・二糎×四〇・二糎、ウハ書「明暦二丙申／葉室大納言頼業卿状／護持　綸旨之時到来」）、

二〇四　説道書状　（明暦二年）十月八日　一通
江戸前期　折紙　楮紙（美濃紙）　三三・二糎×四五・六糎　一紙
（書出）一書致啓達候様、抑／主上御平日御持病ニ、／御通御不巡ニ候間、／御機嫌能御快通被／遊候様、
（書止）議奏被申候、／尤堅固密々之儀候間、以／飛札申入候也、恐惶謹言、
（差出）説道
（宛所）報恩院権僧正御房
（備考）懸紙（美濃紙、二八・二糎×四〇・二糎、ウハ書「報恩院権僧正御房／説道」）、二〇七号に関連、

二〇五　説道書状　（年未詳）六月十五日　一通
江戸前期　折紙　楮紙（美濃紙）　三三・〇糎×四五・五糎　一紙
（書出）先比者御所労候旨、最／早御快にて存候段、来月護持／御勤修之儀、被　仰下候、
（書止）御人数も甚／御無人之間、欣候て、以御／請被仰上可然存候、仍内々ニて／得御意候也、

（差出）説道
（宛所）報恩院権僧正御房
（備考）懸紙（美濃紙、二六・〇糎×四〇・五糎、ウハ書「報恩院権僧正御房／説道」）、

二〇六　海住山経尚書状（万治二年）九月廿日　一通
江戸前期　折紙　楮紙（奉書紙）三三・〇糎×四四・五糎　一紙
（本文）右中弁方江之／御芳札令披見候、／随而今度弁も江／戸へ参向申候、就夫／来月者、貴僧護／持之可為御順番／之旨、大納言下官ニ／被申置候間、左様ニ／御心得可被成候、殊更為御見廻、見事之／大和柿二籠被送／下、忝存候、大納言／上洛之刻、御懇志／之段、具ニ可申聞候、／猶期後音之時候、／恐惶謹言、
（差出）海住山経尚
（宛所）報恩院大僧正御房
（備考）懸紙（美濃紙、二六・二糎×三六・六糎、ウハ書「「万治二　九　廿」／報恩院大僧正御房／海住山経尚」）、

二〇七　詔房書状（明暦二年）十一月十一日　一通
江戸前期　折紙　楮紙（奉書紙）三五・〇糎×五〇・六糎　一紙
（本文）一翰令啓達候、抑／主上御平日御持病ニ、御／通御不巡ニ候間、／御機嫌克御快通被遊／候様、従来月護持御勤修／可被込修之旨、可申入之由、／議奏被申候、尤堅固密／々之儀候間、以飛札申入候也、／恐惶謹言、
（差出）詔房
（宛所）報恩院権僧正御房
（備考）二〇四号に関連、

二〇八　勘解由小路資望書状等　二通
江戸中期　折紙
（備考）（一）・（二）一括、
（一）勘解由小路資望書状（年未詳）四月廿五日　一通
楮紙（美濃紙）三三・五糎×四五・二糎　一紙
（本文）来明日廿六日、／禁中觸穢候得共、／不被觸穢、護持勤修／可有之候、尤御撫物／返上、巻数献上等如／例可被成、仍得御意／候也、
（差出）（勘解由小路）資望
（宛所）報恩院権僧正御房
（備考）懸紙（美濃紙、二六・二糎×四〇・五糎、ウハ書「報恩院権僧正御房／資望」）、
（二）実雅書状（年未詳）四月廿五日　一通
楮紙（奉書紙）三三・六糎×四七・二糎　一紙
（本文）自明日廿六日、／禁中觸穢ニ付、／不觸穢、可令／護持勤修旨、尤／御撫物返上、巻数／献上等可為如例之／儀、謹承存候也、
（差出）実雅
（宛所）権右少弁殿

（備考）（一）に同封、

二〇九　喜多村筑後正□・侍従法眼経誓連署状等　十二通

（備考）（一）〜（一二）一括、

（一）　喜多村筑後正□・侍従法眼経誓連署状

（年未詳）八月十三日　一通

江戸後期　折紙　楮紙（奉書紙）　三二・六糎×四七・五糎　一紙

（本文）以上、／先日被　仰出候にの尾／炭山出入之義、御返事／可被仰上与、心中待／思召之処、干今御左右／無之候之間、申越候、委細／御報ニ可承候、恐惶／謹言、

（差出）喜多村筑後正（花押）／侍従法眼経誓（花押）

（宛所）山上年預御房

（二）　年預某書状　（年未詳）十二月廿四日　一通

江戸後期　折紙　楮紙（奉書紙）　三一・五糎×四四・五糎　一紙

（本文）以上、／態以飛脚致／啓上候、仍而指樽／壹荷并両種令／進献候、誠歳暮之／表、御祝儀迄ニ候、／可然様ニ御披露／所仰候、恐惶謹言、

（差出）年預（花押）

（宛所）高田丹後殿／金子美濃殿

（備考）紙背を包紙として用いる（ウハ書「『十七』准胝法并牛黄加持之事公家」）、

（三）　玄空書状　（年未詳）八月三日　一通

江戸中期　折紙　楮紙（奉書紙）　三〇・四糎×四五・九糎　一紙

（書出）如仰於貴院去／廿九日護持之／勅使来臨之事、／誠貴流御法威／繁興佳節此時候／乎、

（書止）御祈之事、／貴院御在京中ハ尺迦院殿／御与奪之由、御理りも／御座候へき哉とも存候、／猶期後信之時候、／恐惶謹言、

（差出）玄空

（宛所）水本前大僧正様尊酬

（備考）逐而書、

（四）　諸法会次第不審条々　一通

江戸前期　折紙　楮紙（奉書紙）　紙背あり　墨点（送仮名）　墨（註記・合点）　三三・五糎×四四・五糎　一紙

（文首）不審／一唱礼代ニ普礼事／一法界生ノ次ニ転法輪除ヤノ事、

（文尾）一安住恵ノ印ノ事、／一後鈴ノ事／一百光輪コトニ（梵字）字アリヤノ事、

（備考）奥に「淡路・弘進不審ト云／々、裔什校合之時、／岩坊持来」、勘返書、

（紙背）女房奉書　（年月日未詳）　一通

竪紙

（書出）今朝ハ御たんくたされ候、／かたしけなく／いたゝきまいらせ候、

（書止）人をしん上申候ハんに、／御ねん比の／御つかひ／かす〻うれしく存候、かしく、
（差出）□
（備考）奥に捻封（墨引、ウハ書「そう正様まいる人々御中」）、

（五）金剛王院覚海書状　（年未詳）七月廿二日　一通
江戸後期　続紙　楮紙（奉書紙）一六・二糎×五三・六糎　二紙
（書出）以愚状得此意申候處、／特ニ時疫風病御煩／患者ニ御座候由、諸方／一般之儀ニ候、先々折／角御保養専一存候、
（書止）御物／語共可承申候、爾来／何角取込再入無／正躰申入候也、
（備考）端裏に封書「山務僧正法前　金剛王院覚海」、

（六）覚源書状　（年未詳）四月十九日　一通
江戸後期　切紙　楮紙（奉書紙）一六・五糎×四五・二糎　一紙
（書出）拝見昨日御光臨／寛々奉期此話畏／悦仕候、然者拝殿勤／行之事、先刻普賢院／被参侍候故、御書上之趣、／被命入候旨、御尤之儀／奉存候、
（書止）可蒙／尊教候、御懇諭之揆共、特馮奉存候、折／節急事取紛、草々／捧略報候也、九拝、
（備考）端裏に封書「法務前大僧正尊衲拝答　覚源」、

（七）某書状案　（年月日未詳）　一通
安土桃山時代　切紙　斐紙（鳥の子）三・四糎×四〇・七糎　一紙
（端裏）江戸大納言へ書状案文使角坊
（本文）其以往者、杳給音／向候、依其差《角坊》下候、／然者小金表末寺等候、／久地之事候条、不及／改給様ニ御寄進之段、／奉頼《可為怡悦候、》候、猶彼口上可／有演説候、恐々謹言、

（八）宥円書状案　（年未詳）臘月廿六日　一通
江戸後期　切紙　楮紙（奉書紙）一六・八糎×四六・二糎　一紙
（書出）尊書拝覧仕候、如仰一昨日者、／参向得貴意、奉畏悦候、然者／従東寺返書披見仕候、四人出座／之旨、承知仕候、
（書止）猶御帰院之砌、万々可申／上候、是等之《(行カ)》之趣、宜御披達所／希候、以上、
（差出）宥円

（九）仏法寺憲海・惣持院憲英連署状　（年未詳）七月十六日　一通
江戸後期　折紙　楮紙（美濃紙）三五・二糎×四七・五糎　一紙
（本文）一筆奉啓上候、残炎／尚盛之節、／玉下法旆御静然被遊／御座、恐悦之至奉存候、然者弊刹等初遂登山、新／蒙御授法難有仕合奉存候、／右、御礼為可申上、如此御座候、／恐惶謹言、
（差出）仏法寺憲海（花押）／惣持院憲英（花押）
（宛所）行寿院僧正様
（備考）紙背を包紙として用いる（ウハ書「宥雄之／「宥雄自筆也、」／不動護摩次第」）、

（一〇）　槙島直時書状　（年未詳）三月朔日　一通
江戸後期　折紙　楮紙（奉書紙）　紙背あり　三六・六糎×五一・二糎　一紙
（書出）一筆啓上仕候、其御／表御別条、弥御勇／健可被成御座、珎重之／
御儀御座候、
（書止）当所之条、素麺一曲進上／仕候、誠書音之験迄御座候、／猶期後音
之節候、恐惶謹言、
（差出）槙島半之丞直時（花押）
（宛所）僧正御房様
（備考）逐而書、

〔紙背〕全海草律僧如周・同朴翁伝記抄　一通
折紙　墨点（返点・送仮名・合符・句切点）
（文首）全海艸／如周字正専姓伴氏、城州／八幡人、甫九歳、登東山泉／
涌、十三剃落、
（文尾）無不通／達、貞享三年七月晦日／坐化、僧夏三十、俗齢五／十、

（一一）　淳禅書状　（年未詳）七月九日　一通
江戸後期　折紙　漉返紙　三二・一糎×四五・七糎　一紙
（本文）報恩院之義、万／事宜御商量／御頼申入候也、
（差出）淳禅（花押）
（宛所）僧正尊宿

（一二）　卒都婆新写供次第草　一通
江戸後期　折紙　楮紙（美濃紙）　紙背あり　墨点（返点・送仮名）　墨
（註記）三二・五糎×四五・六糎　一紙
（文首）先方便、次取香呂二丁、／新被造立供養新写大日如来之三摩耶／
形／法界、五輪之率都婆千基、各功／徳為奉念成就円満、
（文尾）ナウホアキヤシヤキヤラハヤウンアリキヤマリ／ボリソワカ

〔紙背〕里う消息　（年月日未詳）　一通
折紙
（書出）御ふミのやう、／うけ給候へく候、／何も〳〵御ねん／比ニ、き
のふも又た〻今も／仰入候、
（書止）す〻み候て、／其上なく候御さし候、後程々々、／めてたくかし
く、
（差出）里う状
（宛所）光台院殿まいる

二一〇　鎮護御守奉祀覚等　二十一通
（備考）（一）～（二〇）一括、

（一）　鎮護御守奉祀覚　（年未詳）四月五日認之、　一通
江戸後期　切紙　漉返紙　一六・六糎×四一・五糎　一紙
（本文）覚／一鎮護御守　一封／右、来ル六日戌刻申酉之／間ニ、被為
伺候而御戴き／被為遊、其後申酉之間、／柱ニ而も鴨居か壁ニ而
も、何レ／御勝手宜き所江御張セ／置被遊、御全快已後、御反シ／

可被遊事、尚又御賽報事、／上みそぎ仕候御事、

（差出）萬清拝書

（二）有円書状　（年未詳）正月十日　一通

江戸後期　続紙　楮紙（美濃紙）　一五・三糎×六三・〇糎　二紙

（書出）御修中無御障御出／勤可被成与珎重之御事／存候、当春暖気一入／御仕合ニ而御座、随分無／悉御勤可被成候、

（書止）猶／追付首尾好御結願之上、／御帰院之砌、万々可申承／候条、不能詳候、以上、

（備考）端裏に封書「円明院大徳／戒光院秀衲　有円」、端裏に押紙「五月六日丙酉平水□□□□」、逐而書、

（三）道具覚　（年月日未詳）　一通

江戸後期　切紙　楮紙（美濃紙）　一五・〇糎×二四・〇糎　一紙

（本文）覚／一居箱／一香呂箱／右者、戒光院殿ニ而拝借、／一柄香呂／一三衣袋／一鈍色二ツ、袈裟共、／一坐具壱ツ、／右者、御仲間物、

（四）北村伊賀守書状　（年未詳）六月十二日　一通

江戸後期　小切紙　漉返紙　一五・二糎×二六・六糎　一紙

（本文）昨日者、御往来申候、／先々御心付ニ而御好物／之品御上被成、殊外之／御満足ニ御座候、御器物／返進申候、猶書余／期拝面候、以上、

（備考）端裏に結封（墨引、ウハ書「円明院様貴下　北村伊賀守」）、

（五）松沢右衛門書状　（年未詳）菊月六日　一通

江戸後期　続紙　漉返紙　一六・三糎×六四・〇糎　二紙

（書出）被為　仰付候草木／貳拾五種花方分ケ、／今日差上ケ申候、／持参可仕奉持候處、／勘気罷在候ニ付、乍恐／為持進上仕候、

（書止）猶遂参上見給可申候、／何之通、宜御取成奉／頼上候、以上、

（差出）松沢右衛門

（宛所）監物様／大膳様

（六）左近書状　（年月未詳）十三日　一通

江戸後期　小切紙　漉返紙　一五・四糎×三五・二糎　一紙

（本文）京豆腐五丁被為進、／則及披露候処、被／為思召寄之段、忝思召候、／追付御料理可被仰付候、／比段可然御礼御申上／候様ニ可申伸候旨／御座候、以上、

（備考）端裏に封書「大膳様　左近」、

（七）醍醐円明院雑掌注文覚　（年未詳）十一月　一通

江戸後期　小切紙　漉返紙　一五・八糎×二五・三糎　一紙

（本文）覚／鳥ノ子次第紙／右、本之通五十折、／当月廿一日比迄、乍／御世話遣来憑／入御事候、以上、

（差出）だいご円明院雑掌

（宛所）経師長右衛門殿

（八）僧正澄翁本命当年星真言書付等

（備考）１・２一括、

１　僧正澄翁本命当年星真言書付　　一通

江戸中期　小切紙　漉返紙　一六・二糎×一六・四糎　一紙

（文首）僧正澄翁六十五卯之歳／本命星文曲星、

（文尾）宝暦十三癸未年四月廿三日ヨリ所労／為祈禱、大威徳法／一七ヶ日開白、／五月朔日朝結願也、

２　某法種子書上　　一通

江戸中期　小切紙　斐紙（鳥の子）　一八・八糎×一五・六糎　一紙

（端裏）（梵字）虞嚕《グロ》重　（梵字）尾若拏ニ合曩伎　（梵字）尾駄味宣《ビタビ》

（文首）祢嚩天《デイバ》　訥呬女《ドツキ》、

（文尾）般若菩薩・太元大師次第　仁海次第、

（九）　無量寿院僧正某口上覚　（年未詳）十月十一日　　一通

江戸中期　続紙　漉返紙　一六・〇糎×四五・五糎　二紙

（書出）口述／一今度慈心院無住ニ付、／法流之由緒相互之儀ニ／候間、聖教記録什物等、／本流門弟中可致相封印候、

（書止）勿論早々後住相続之儀／肝要ニ存候、仍而如此候、已上、

（差出）無量寿院僧正

（宛所）弥勒院権僧正御房

（一〇）　三好民右衛門某口上覚　（年未詳）正月廿四日　　一通

江戸後期　切紙　楮紙（美濃紙）　一六・五糎×三三・二糎　一紙

（本文）口上覚／東寺住侶／右、官位年齢如例、／御書付来廿七日迄ニ／当家江御指出可被成候事、

（差出）日野右少弁殿使三好民右衛門

（一一）　醍醐寺惣代・年預連署口上覚　（宝永五年）十二月　　一通

江戸中期　続紙　楮紙（奉書紙）　一六・五糎×八五・六糎　二紙

（書出）口上覚／一先年言上仕置候通、／来丑年就／開山大師御遠忌、衆中／参會衆評仕候處、諸／伽藍近年屋祢及破／損候、

（書止）追々御下知被／仰出候様、奉希候、右、勧／化等之儀、宜御沙汰奉／願候、以上、

（差出）惣代宝幢院／年預密教院

（一二）　某書状写　　一通

江戸後期　続紙　前欠　楮紙（高壇紙）　一六・五糎×九七・六糎　三紙

（備考）①・②書継、

①某書状写　（年月日未詳）

前欠

（文首）宝幢院寺□□末／両院申入候、大切ニ可致せ／□□□事

（書止）可致取計可仕、／仍而後日一札如件、

（備考）奥に「右者戒より予へ被送／一通下書写シ」、

②某書状写（年月日未詳）

（書出）宝幢院寺跡之事、／両院申入、可致支配／之所、兼而御頼之事／云々故、万事造作等、

（書止）後住相続／之事者、其砌御／熟談之上、宜様取／計可申候、依為後々／一札如件、／尚々不時之入用等候而、／山林等相払候事候ハヽ、／相談□□取計可申候、

（備考）奥に「右二通共、戒より下書被見候時写也」、

（一三）金蓮院某書状（年未詳）十二月十三日　一通

江戸後期　続紙　楮紙（美濃紙）一五・五糎×六〇・三糎　二紙

（書出）御教紙致拝見候、／如貴命驪寒々之至候、／弥御安全ニ御在院之間、珎重奉存候、

（書止）代官中存た／かいの様ニ察存候、尚右之／趣、御申遣可被下候、委細／期面上可申承候也、

（備考）端裏に封書「円明院様貴報　金蓮院」、

（一四）日次抜書　一通

江戸後期　折紙　泥間似合　三二・七糎×四六・六糎　一紙

（文首）御日次之秘書（抜、下同ジ）／享保八年四月八日／直叙法眼／勅許ニ付、葉室頭弁様より／御一通到来、御返簡之／御控等別ニ有之、

（文尾）御当用物別ニ包／分ヶ候而御座候間、宜様ニ／御披露可被成候、以上、

（備考）逐而書、包紙（美濃紙、二四・二糎×三一・八糎、ウハ書「享保八年日次之秘書／市川隼人様十却坊 藤木左近」）、

（一五）演源書状（年未詳）十一月廿六日　一通

江戸後期　切紙　楮紙（美濃紙）一五・三糎×五〇・〇糎　一紙

（書出）如来爾其後者／御疎遠罷成候、此中ハ／難凌寒餘御坐候処、／転御安康御入被成候由、／雀躍存候、

（書止）近々ニ年月御書印／可被成候、唯今致他出／候故、及麁回候也、

（備考）端裏に封書「弥勒院様回章　演源」、

（一六）法務家雑掌口上覚写（年未詳）正月廿六日　一通

江戸中期　折紙　楮紙（奉書紙）三六・五糎×四九・七糎　一紙

（書出）口上覚／後七日御修法御下行米／相渡可申候、米ニ而御請取被成候ハヽ、／来ル廿九日／御所御蔵江家来可被遣候、

（書止）尤印判持参候様、／可被仰付候、為御案内／得御意候、以上、

（差出）法務家雑掌

（宛所）成身院様／弥勒院様／岳西院様／宝幢院様／円明院様／戒光院様

（備考）宛所各下に「銀子ニ而請取可申候」、逐而書、

（一七）諸下行注文　一冊

江戸中期　仮綴（折紙）楮紙（美濃紙）一三・二糎×二四・〇糎　二紙

（文首）正月九日／十五入　献上／九入　長はし／九入　大典侍

（文尾）伴僧　五ッ、、／天供御　十五ッ、、／高寸　貳寸五分／は、

貳寸位

（備考）一紙目奥に押紙「報恩院様」、

（一八）宝幢院某書状　（年未詳）正月廿二日　一通

江戸後期　続紙　楮紙（美濃紙）　一四・七糎×五一・〇糎　二紙

（書出）御再三之致披誦候、／然者東寺より之返書、／官位年戒書付之写／被遣、致一覧候、尤直ニ／御披見之趣、御細書／入、御忘茂御座候、

（書止）尤他筆／御用捨可有候、嘸々／御多用致推察候、尚／期面上候、已上、

（備考）端裏に封書「葛西左京殿御報　宝幢院」、

（一九）勘解由小路弁口上書写　（年未詳）正月十八日　一通

江戸後期　小切紙　漉返紙　一五・八糎×一四・〇糎　一紙

（本文）勘ケ由小路弁口状／東寺住侶之次第御用ニ候間、／来廿二日迄、当家へ被指出之様ニ、／御下知可被成候、以上、

（二〇）宥円書状　（年未詳）四月廿七日　一通

江戸後期　続紙　漉返紙　一六・〇糎×二九・〇糎　二紙

（書出）只今弥皇寺より使僧／此間知セ之一礼〔札〕、口上耳申／来候、円院主今日他行／被申候、

（書止）先右／御知セ旁如此御座候、宜御／披達頼入候、円院他行故、／如此候、以上、

（備考）端裏に封書「葛西左京殿不及御答、　宥円」、

二一一　威儀僧并有職前駈勘例　一巻

江戸前期　巻子装　楮紙（奉書紙）　三二・七糎×二五九・七糎　六紙

（文首）威儀僧并有職前駈之勘例／勝賢僧正拝堂之時、／有職前駈　二人／乗雅阿闍梨／静遍阿闍梨

（文尾）寛正二年／法務僧正宗済理性院／申次役　中将阿闍梨宗舜

二一二　有職前駈勘例　一通

江戸中期　折紙　楮紙（美濃紙）　三二・七糎×四七・三糎　一紙

（文首）有職前駈之例／永享六年拝堂　禅信僧正真光院／有職前駈四人　禅隆阿闍梨

（文尾）宝治ノ記／僧綱　凡僧　前駈／不分扈従威儀僧任／﨟次、交立、

（備考）見返奥に「語之箱」、墨（註記・合点）、

二一三　下醍醐御影堂遷仏行列次第等　二通

江戸前期　続紙　楮紙（奉書紙）

（備考）（一）・（二）一括、同筆、

（一）　下醍醐御影堂遷仏行列次第　一通

三一・九糎×九〇・一糎　二紙

（外題）尊師行列　下醍醐御影堂遷仏、

（首題）尊師行列

（文首）竹杖侍壱人吉郎兵へ　白丁二人松明　中坊相模
（文尾）兵部卿／雑人／福万／雑人
（備考）料紙縦使い、

（二）下醍醐御影堂遷仏行列次第土代　一通
三・〇糎×一〇一・五糎　三紙
（外題）大師行烈下醍醐御影堂遷仏、
（首題）行烈大師
（文首）戒善竹杖　白丁二人松明　中坊佐渡　有職少将
（文尾）傘白丁　侍従／雑人／雑人

二一四　東寺長者有雅拝堂行列次第　一通
江戸前期　続紙　楮紙（奉書紙）　一六・二糎×九六・一糎　三紙
（端裏）門内／助達
（文首）門内／御前／○所司代雑色／○所守／○職掌／○同／○同
（文尾）○鼻広白丁五兵へ○笠持白丁久助
（備考）袖に「天和四正月廿日有雅拝堂之時」、糊離れ、貼紙、

二一五　従宿坊至慶賀門供奉次第　一巻
江戸前期　続紙　楮紙（美濃紙）　紙背あり　一六・七糎×一五八・七糎　四紙
（端裏）語之箱／従御宿坊至慶賀門供奉次第
（文首）○雑職／居箱○力者／鼻広○力者／○力者／○力者／○前駈／○前駈／○従儀師

（文尾）○白丁○○○○○○○○○○烏帽子着烏帽子着
（備考）紙背に同土代（墨抹）、糊離れ、

二一六　別当拝堂行列次第　一巻
江戸前期　続紙　楮紙（奉書紙）　一七・五糎×一三七・五糎　四紙
（文首）竹杖上下／力者　職掌　同　同　中綱　同
（文尾）退紅鼻高柳盤　退紅傘持　白丁白丁
（備考）袖に「十九日別当拝堂行列」、糊離れ、

二一七　某方行列次第等　一巻・二通
（備考）（一）～（三）一括、

（一）某方行列次第　一通
江戸後期　続紙　中欠　漉返紙　一六・〇糎×一三七・二糎　三紙
（文首）箱灯挑　清道　侍　同　同　上下着松明持
（文尾）御草履取／御挟箱／御草履取／中間／中間

（二）長者拝堂行列次第　一巻
江戸前期　巻子紙　楮紙（美濃紙）　二五・五糎×一八五・六糎　五紙
（首題）行列次第門外以左為上、
（文首）先所守二人二行、　白衣袴垂尻、持白杖、／次職掌六人白張、烏帽子、藁沓、
（文尾）次鎰取　次威儀僧／次前駆　次後騎／次中童子　次大童子／次

力者／面々之僮僕離列之外而随行、

（備考）奥に追記、

（三）長者拝堂行列次第　一通

安土桃山時代　続紙　中欠　楮紙（高檀紙）　三四・六糎×一六五・〇糎　四紙

（文首）従僧　布衣二人／御輿／従僧　布衣二人

（文尾）侍法師侍一人肩衣袴、白丁一人、　同同同　笠持／笠持

（備考）糊離れ、

二一八　某中陰次第張文等　十一通

（備考）（一）～（一一）一括、

（一）某中陰次第張文　一通

江戸前期　続紙　楮紙（奉書紙）　三三・二糎×八三・四糎　二紙

（首題）御中陰次第

（文首）初夜　例時／光明真言五十反、／随求陀羅尼廿一反、／慈救呪廿一反、

（文尾）日中　供養法理趣三昧／舎利講式顕、密、／舎利礼七反、／右、如件、
明暦三禩臈月廿三日

（二）某中陰日序注文　一通

江戸中期　竪紙　泥間似合　三六・〇糎×四九・五糎　一紙

（首題）御中陰日序

（文首）初七日　十一日／二七日　十八日／三七日　廿五日御中陰結願、

（文尾）六七日　十六日／七々日　廿三日四十九日、／右、如件、

（三）禅誉中陰日次注文　一通

江戸前期　竪紙　楮紙（奉書紙）　三七・三糎×五〇・六糎　一紙

（端裏）中陰日次禅誉、死去、　円明院

（首題）中陰日次

（文首）初七日正月七日　二七日同十四日／三七日同廿一日

（文尾）七々日同廿日　百ヶ日四月十二日／右、如件、

（備考）奥に「上醍醐寺円明院法印禅誉」、（九）に関連、

（四）某中陰法事次第張文　一通

江戸中期　続紙　楮紙（奉書紙）　三三・〇糎×九一・二糎　二紙

（首題）中陰法事次第

（文首）例時　礼懺／尊勝陀羅尼　三遍、／讃　三段、／長光明真言　廿一遍、

（文尾）舎利講式顕密、　伽陀／舎利礼　七遍、／忌日仏供／光明供／右、如件、／正徳元年十月廿一日

（備考）挿入紙（美濃紙、二三・五糎×五・五糎、「正徳元年十月廿一日」）、

（五）某中陰法事次第張文　一通

江戸中期　続紙　楮紙（奉書紙）　三三・二糎×六六・六糎　二紙

（首題）中陰法事次第

（文首）例時　礼懺／尊勝陀羅尼　三遍、／讃　三段、／長光明真言　廿一遍、
（文尾）舎利講式顕密、　伽陀／舎利礼　七遍、／忌日仏供／光明供／右、如件、／宝永六年四月五日
（備考）本文中一部切取、

（六）　某忌日次第注文　一通
江戸後期　続紙　楮紙（奉書紙）　三九・八糎×六五・五糎　二紙
（首題）忌日次第
（文首）忌日　十月十四日／初七日　同廿日／二七日　同廿七日
（文尾）七々日　十二月三日／百箇日　戌正月廿五日／十月　日

（七）　某中陰法事次第張文　一通
江戸中期　続紙　楮紙（奉書紙）　三三・五糎×一〇五・九糎　三紙
（首題）中陰法事次第
（文首）例時　礼讃／尊勝陀羅尼　三反、／讃　三段、／長光明真言　廿一反、
（文尾）忌仏供　一座、／光明供　一座、／右、如件、／享保十五年十月廿九日

（八）　某中陰法事次第張文　一通
江戸後期　続紙　楮紙（奉書紙）　三三・三糎×一七八・九糎　四紙
（首題）中陰法事次第
（文首）後夜／錫杖理趣三昧／宝篋印陀羅尼／光明真言／随求陀羅尼
（文尾）長光明真言／随求陀羅尼／忌日呪／忌日供／光明供／右、如件、

（九）　禅誉中陰勤行次第張文　一通
江戸前期　続紙　楮紙（奉書紙）　三七・三糎×一五三・二糎　三紙
（端裏）中陰勤行次第禅誉、死去、　円明院
（首題）中陰勤行次第
（文首）初夜／例時　尊勝陀羅尼三反、／讃三段、／光明真言五十反、
（文尾）日中／供養法理趣三昧／舎利講式顕、密、／舎利礼七反、／右、如件、／延宝八年正月十六日
（備考）奥に「上醍醐寺円明院法印禅誉／弟子師広遍大法師書」、（三）に関連、

（一〇）　某中陰次第張文　一通
江戸後期　続紙　楮紙（奉書紙）　三九・八糎×二〇三・〇糎　四紙
（首題）中陰次第
（文首）初夜例時／礼懺／尊勝陀羅尼　三遍、／讃　三段、／光明真言廿一遍、
（文尾）伽陀顕密／舎利礼　七遍、／毎日／忌仏供／光明真言法／右、如件、

（一一）　前法務僧正実雅中陰次第張文　一通
江戸中期　続紙　楮紙（奉書紙）　三六・〇糎×一四六・三糎　三紙

（端裏）前法務僧正実雅御中陰張文
（首題）中陰次第
（文首）初夜例時／礼懺／尊勝陀羅尼　三遍、／讃　三段、／光明真言
　廿一遍、
（文尾）伽陀顕密、／舎利礼　七遍、／毎日／忌仏供／光明真言法／右、
　如件、

二一九　松橋院中長日勤行張文　一通
室町前期　竪紙　泥間似合　三六・五糎×五一・〇糎　一紙
（端裏）□□□□道場毎日勤行張文四度箱ニ入置、
（文首）松橋院中長日勤行事／一不動供院中惣別之祈祷、／一地蔵供
　代々烈祖之追善於霊分之□所、各可加用其号、
（文尾）一夕例時上旬下旬　金剛界、胎蔵界、／礼懺、次尊勝陀羅尼、次讃、次廻向方便
　如常、次愛染王大呪廿一反、次薬師呪廿一反、已上、／一供僧二人俊仲法印俊慶律師／
　永享十一年閏正月廿九日／□定置之者也、

二二〇　堂荘厳同神供日次第注文案　一通
室町後期　続紙　染紙（茶染）　二五・〇糎×二四・〇糎　三紙
（文首）堂荘厳同神供日之事、／自天文十年辛丑一千日之内懃之、／三月
　小／廿一日　開白、／四月大／二日　十二日　廿二日
（文尾）（天文十二年）十一月小／七日　十七日　廿七日／十二月小／八日　十八日
　一千日結願、／右、次第如件、所願成就、皆曾満足、／捨身求菩提、
　苾芻松橋尭雅

（備考）糊離れ、

二二一　上下番僧張文案　寛永十四年十一月十日　一通
江戸前期　竪紙　楮紙（高檀紙）　四七・〇糎×六六・五糎　一紙
（書出）上番／僧正寛済　権僧正弘盛／信遍護摩、　法印大僧都尊済
（書止）弘玄　権律師宥円／大法師成俊　禅政／実賀　禅誉
（差出）大阿闍梨沙門御判

二二二　交名張文　二通
江戸中期　続紙　楮紙（高檀紙）
（備考）（一）・（二）一括、同筆、

（一）　交名張文　一通
四〇・二糎×一二〇・六糎　二紙
（本文）左／権僧正／権僧正／法印権大僧都定円／大僧都全海／権大僧
　都賢隆／権大僧都勝禅／権少僧都宣雅／権少僧都行典／権律師
　運助／権律師亮観／右、如件、

（二）　交名張文　一通
四〇・一糎×一〇九・九糎　二紙
（本文）右／権僧正／法印大僧都寛順／大僧都尭観／権大僧都宥清／権
　大僧都広然／権大僧都隆弁／権少僧都賢晃／権律師賢澄／権律
　師賢継／権律師信栄／右、如件、

二二一三　後七日御修法行儀張文　一巻

江戸後期　巻子装　楮紙（奉書紙）　三九・二糎×三六七・九糎　十紙

（文首）後七日行儀／八日晩　一時／初夜開白、　神供／十二天供両護摩五大尊供、　表白

（文尾）九方便切音、　発願／御加持雖為後夜時結願、故発願唱之、　／香水加持如前、　／

右、如件、

二二一四　御修法日序　一巻

江戸中期　巻子装　楮紙（高檀紙）　墨（合点）　三九・七糎×四〇二・八糎　八紙

（文首）御修法日序／四日晩　一時　／初夜開白　神供／十二天　表白

／五悔如説、　勧請

（文尾）次日中結願之作法、　聖天／五悔切音、　発願／御加持雖為後夜時結願、故発願唱之、

／香水加持如前、　／右、如件、

二二一五　不動護摩供結番次第　一巻

江戸前期　巻子装　後欠　楮紙（美濃紙）　二七・八糎×五六三・八糎　十五紙

（文首）寛文三年正月大／朔日　不動護摩　密教院権僧正／二日　不動

護摩供　密教院権僧正

（文尾）三日不動護摩供、密教院権僧正／四日／五日／六日／七日／八

日／九日

（備考）糊離れ、寛文三年正月より八月に至る、

二二一六　結番次第　二巻

江戸前期　巻子装　漉返紙

（備考）（一）・（二）一括、同筆、

（一）　結番次第　一巻

三三・四糎×二六三・一糎　二十六紙

（首題）寛文四暦／結番次序

（文首）□□□供一座訖、金剛王院法印／二日、御本地供一座訖、金剛

王院法印

（文尾）廿六日　調声・讃、宰相律師／廿七日　調声・讃、宰相師（律、脱カ）／廿八

日／廿九日／大盡日

（備考）寛文四年正月より十二月に至る、

（二）　結番次第　一巻

三三・一糎×一三九三・三糎　三十二紙

（文首）寛文四暦／正月／朔日、供養法、阿弥陀院法印／金剛王院法印／

理性院法印

（文尾）讃散花密厳院律師／問者大夫□闍梨／三位□□師／調声少進々々々

（備考）寛文四年正月より十二月に至る、

二二一七　結番次第　一巻

江戸前期　巻子装　楮紙（奉書紙）　三一・二糎×八七〇・〇糎　二十一紙

（文首）寛文九己酉年／正月／朔日、供養法、西坊法印／金剛王院法印／理

性院法印

（文尾）歳末神法楽、／伽藍安穏、人法繁昌、／興隆仏法、諸人快楽、／万

歳々々、／年預書之、

（備考）奥に「此ヲク少入用ニ候間、／三枚もらひ也」、寛文九年正月より
十二月に至る、

第六三函

一　結縁灌頂職衆請定　嘉禎元年十二月廿四日　一通
鎌倉中期　竪紙　楮紙（檀紙）　三三・四糎×五四・二糎　一紙
（端裏）□□〔結縁〕灌頂請定
（端書）「金剛界」
（書出）請定／恒例結縁灌頂職衆事／釈迦院律師唄、「奉」　叡賢阿闍梨
尊号、「奉」
（書止）右、来廿七日可被行之者、依例請定如件、
（差出）行事寺主大法師忠覚
（備考）追記、虫損甚し、

二　結縁灌頂職衆請定案　建長五年十二月　日　一通
鎌倉中期　竪紙　楮紙（強杉原）　二八・〇糎×四一・〇糎　一紙
（端裏）□〔建〕長五年癸丑
（端書）「金剛界」
（書出）□〔恒〕例結縁灌頂衆事／□□律師唄、　成真阿闍梨□□
（書止）右、来十五日可被行之、依例請定如件、
（差出）行事大法師継俊
（備考）虫損甚し、三号と同筆、

三　結縁灌頂職衆請定案　康元々年十二月　日　一通
鎌倉中期　竪紙　楮紙（強杉原）　二八・五糎×四一・〇糎　一紙
（端裏）廻請康元々年丙辰
（書出）請定／恒例結縁灌頂職衆事／大阿闍梨座主法印大和尚□〔位〕権大僧都
（書止）右、来十四日可被行之、依例請定如件、
（差出）行事大法師継俊
（備考）二号と同筆、

四　結縁灌頂職衆請定写　正安四年十一月十一日　一通
室町前期　折紙　漉返紙　二九・七糎×四七・六糎　一紙
（端裏）古本正安
（書出）請定／恒例結縁灌頂職衆事／釈迦院法印唄、嘆徳、　内大臣僧都片壇、
（書止）右、来十三日可被始行之、依例請定如件、
（差出）行事大法師良舜／後調順成
（備考）隆源筆、

五　結縁灌頂職衆請定案　元応二年八月　日　一通
鎌倉後期　竪紙　楮紙（強杉原）　二九・一糎×三九・一糎　一紙
（端裏）報恩院結縁灌頂役人等請定案元應二　八　廿三
（書出）請定／来廿三日結縁灌頂役人等事／執蓋／仙□　□□　承全／十弟子／良承　良実　裔秀／慶弁奉
（書止）鐃持明円／定光／右、請定如件、

（備考）裏打、

六　結縁灌頂職衆請定写等　一巻・二通

江戸後期

（備考）（一）・（二）一括、包紙一（美濃紙、四四・〇糎×二六・三糎、ウハ書「灌頂曼供請定之留」）、包紙二（漉返紙、三七・〇糎×二六・二糎、ウハ書「此記ノ端少損候て見えかね申候、よく〱／御覧可被成候、地蔵院僧正覚雄ニて候、／十弟子四人ノ内、／東寺二人、醍醐一人、／仁和一人、／此記一段分明ニて候」）、

（一）　結縁灌頂職衆請定写等　一巻

巻子装　漉返紙　三三・九糎×三四・〇糎　六紙

（備考）①～③書継、奥書「至徳二年七月、地蔵院請定并張文尋申之處、注賜之間続加之畢、此内有二ヶ条／不審、一者請定ニハ中納言僧都有太政大臣下ニ、張文ニハ有上ニ佐僧都、高雄長俊僧都也、／中納言改名者、灌頂已後事也、是一、請定右書ニ延文ニ職衆請定如件、略職衆言ヲ／事、是二、先師時同在之、／康暦被略事、如何、深誉記之」、「寛永十六年五月廿日、嵯峨大学寺二品親王御母儀就卅三回忌万供御執行候、／予観助導師令勤仕候、就其十弟子、他寺之衆御加可然之旨申入候処ニ、当院／門下之内、随身之躰ニ候也、後ニて併二人之内一人ハ自是随身可申、今一人ハ／他寺御催可然之旨令申、如何似合仁無之候との再往御理ニ付、二人共ニ／門弟五智院、兵部卿観詢大法師、居箱ノ役、信州密乗院、二位親円大法師、香呂箱ノ役、十弟子随身ニて相勤候也、其砌若出入も候ハんとも、為用心／報恩院寛済僧正へ旧例相尋申候處、此記録共借給之間、早々令書写了、／重而可清書者也」、書出に押紙「写本押紙故如此、／已下案文、自地蔵院僧正御房注賜本続加之、覚演阿闍梨筆」、

①結縁灌頂職衆請定写　延文四年四月廿五日

（書出）請定大阿闍梨覚雄地蔵院／結縁灌頂職衆事延文四年四月廿九日将軍御写本破損難見、／清我助法印権大僧都呪願、深源民部卿法印権大僧都誦経導師、

（書止）右、来廿九日於等持寺可被行結縁灌頂、職衆請定如件、

（差出）行事権寺主浄秀

（備考）（二）とほぼ同文、追記、

②結縁灌頂職衆請定写　康暦元年十一月廿七日

（書出）請定／結縁灌頂職衆事／少輔法印権大僧都呪願、尊号、按察法印権大僧都唄、尊号、

（書止）右、来卅日於等持寺可被行結縁灌頂、／請定如件、

（差出）行事法眼長成

（備考）八号①と同文、追記、

③結縁灌頂職衆張文写　（康暦元年十一月廿七日）

（書出）左／少輔法印権大僧都／大輔法印権大僧都／弁大僧都

（書止）大輔律師／弘甚阿闍梨／堅済阿闍梨

（備考）八号②と同文、

（二）結縁灌頂職衆請定案　延文四年四月廿五日　一通

竪紙　漉返紙　二九・五糎×三九・〇糎　一紙

（書出）請定／結縁灌頂職衆事延文四年四月廿九日、将軍御□□／清我　助法印権大僧都呪願、

（書止）右、来廿九日於等持寺可被行結縁灌頂、職衆請定如件、

（差出）行事権寺主浄秀

（備考）（一）①とほぼ同文、追記、

七　結縁灌頂職衆請定案　三通

江戸前期　竪紙

（備考）（一）～（三）一括、

（一）結縁灌頂職衆請定案　康応元年七月十三日　一通

楮紙（強杉原）裏書あり　三三・五糎×五一・八糎　一紙

（端裏）結縁灌頂請定案大アサリ金剛乗院僧正俊尊、故光済座主七年忌法事、

（書出）請定／結縁灌頂職〔衆〕□事／大輔法印権大僧都唄、呪願、　大夫法印権大僧都小壇、

（書止）右、来十六日於法身院可被行之、仍請定如件、

（差出）行事法橋賢円

（備考）奥書「此記報恩院寛済僧正より借寄馳筆了、／追而可改書者也、観助僧正」、裏書「房勘云、嘉元四九十五、如来寿量院万タラ供、十六口、可為庭儀候處、／依雨儀堂上儀云々、仁和寺先規如此歟、又伝法有此例者也、／可為庭儀支度之處、依降雨引堂上一行烈、／但時分雨止了」、（二）とほぼ同文、追記、

（二）結縁灌頂職衆請定案　康応元年七月十三日　一通

楮紙（杉原）裏書あり　三〇・〇糎×四〇・一糎　一紙

（端裏）結縁灌頂請定案大アサリ金剛乗院僧正俊尊、故光済座主七年忌法事、

（書出）請定／結縁灌頂職衆事／大輔法印権大僧都唄、呪願、　大夫法印権大僧都小壇、

（書止）右、来十六日於法身院可被行之、仍請定如件、

（差出）行事法橋賢円

（備考）裏書「房勘云、嘉元四九十五、如来寿量院万タラ供、十六口、可為庭儀候處、／依雨儀堂上儀云々、仁和寺先規如此歟、又伝法有此例者也、／可為庭儀支度之處、依降雨引堂上一行烈、／但時分雨止了」、（一）とほぼ同文、追記、

（三）結縁灌頂職衆請定案　康応元年七月十三日　一通

漉返紙　二八・八糎×四五・八糎　一紙

（端裏）結縁法身院　大アサリ金剛乗院僧正俊尊光済僧正七年忌、

（書出）請定／結縁灌頂職衆事／大輔法印権大僧都唄、呪願、　大夫法印権大僧都小壇、

（書止）右、来十六日於法身院可被行之、仍請定如件、

（差出）行事法橋賢円

八　結縁灌頂職衆請定案等　一通
南北朝時代　続紙　漉返紙　二九・五糎×一四・二糎　三紙
（備考）①・②書継、挿入紙（杉原、二九・六糎×五・二糎、「至徳二年七月、地蔵院請定并張文案文尋申之處、注賜之間読加之畢、此内有二ヶ条不審、一者、請定ニハ／中納言僧都有太政大臣下ニ、張文ニハ有上ニ佐僧都・高雄長俊僧都也、中納言改名者、灌頂已後事也是一、請定右書ニ延文ニ／職衆請定如件、□職衆言ヲ事、是[redacted]先師時同在之、／深誉記之」）、

①結縁灌頂職衆請定案　康暦元年十一月廿七日
（書出）請定／結縁灌頂職衆事／少輔法印権大僧都呪願、尊号、　按察法印権大僧都唄、尊号、
（書止）右、来卅日於等持寺可被行結縁灌頂、／請定如件、
（差出）行事法眼長成
（備考）六号②と同文、追記、

②結縁灌頂職衆張文案（康暦元年十一月廿七日）
（書出）左／少輔法印権大僧都／大輔法印権大僧都／弁大僧都
（書止）大輔律師／弘甚阿闍梨／堅済阿闍梨
（備考）六号③と同文、

九　結縁灌頂職衆請定案　二通
南北朝時代　漉返紙

（備考）（一）・（二）一括、

（一）結縁灌頂職衆請定案　康暦元年十一月廿八日　一通
竪紙　二九・九糎×四八・四糎　一紙
（端裏）康暦
（書出）請定／結縁灌頂職衆事／少輔法印権大僧都　按察法印権大僧都／大輔法印権大僧都／大貳法印権大僧都
（書止）右、来晦日於等持寺可被行結縁／灌頂、請定如件、
（差出）行事法眼長成

（二）結縁灌頂職衆請定案　康暦元年十一月廿八日　一通
続紙　二八・九糎×五九・四糎　二紙
（端裏）職衆請定案結縁等持寺、アサリ地蔵院、
（書出）請定／結縁灌頂職衆事／祐盛少輔法印権大僧都呪願、　有済按察法印権大僧都唄、尊号、
（書止）右、来卅日於等持寺可被行結縁灌頂、請定如件、
（差出）行事法眼長成

一〇　結縁灌頂職衆請定案　至徳二年四月廿日　一通
南北朝時代　竪紙　漉返紙　二九・八糎×四八・七糎　一紙
（端裏）職衆請定案
（書出）請定／結縁灌頂職衆事／大輔法印権大僧都唄、片壇、奉　大貳法印権大僧都呪願、尊号、奉

（書止）右、来廿二日於灌頂院可被行之、仍請定如件、
（差出）行事上座大法師□済
（備考）隆源筆、

一一　結縁灌頂職衆請定案　明徳三年四月　日　一通
室町前期　竪紙　漉返紙　二七・八糎×四六・五糎　一紙
（書出）請定／法印権大僧都賢宝小阿闍梨、奉／権大僧都聡誉呪願、奉
（書止）右、来廿二日結縁灌頂色衆請定如件、

一二　伝法灌頂職衆請定　応永五年十一月廿四日　一通
室町前期　竪紙　漉返紙　三〇・四糎×四八・〇糎　一紙
（端裏）請定灌頂　憲増法印入壇　応永五　十一　廿五
（書出）請定／伝法灌頂職衆事／大夫法印唄、呪願、　治部僧都散花、奉
（書止）右、来廿五日於理性院可被／伝法灌頂、職衆請定如件、

一三　伝法灌頂職衆請定　応永廿六年三月六日　一通
室町前期　竪紙　漉返紙　三〇・二糎×四六・五糎　一紙
（端裏）請定灌頂　賢信律師入壇也、応永廿六　三　九
（書出）請定／伝法灌頂職衆事／大貳法印唄、呪願、「奉」　刑部卿法印誦経導師、「奉」
（書止）右、来九日於理性院可被行／伝法灌頂、職衆請定如件、

一四　結縁灌頂職衆請定案等　三通
室町前期　竪紙　漉返紙
（備考）（一）～（三）一括、

（一）結縁灌頂職衆請定案　応永廿六年五月　日　一通
二八・七糎×四六・二糎　一紙
（端裏）請定案
（書出）請定／結縁灌頂職衆事／西方院法印権大僧都乞戒、咒願、　卿法印権大僧都誦経導師、
（書止）右、来十四日於理性院可被行之、／仍請定如件、
（差出）大行事

（二）結縁灌頂職衆張文案〔応永廿六年〕　一通
二九・七糎×四七・五糎　一紙
（端裏）張文案応永廿六
（書出）左方／西方院法印／密厳院々々／民部卿僧都
（書止）治部卿律師／隆春阿闍梨／賢信々々

（三）結縁灌頂職衆請定案　応永廿六年五月　日　一通
二九・八糎×四七・七糎　一紙
（端裏）請定案応永廿六
（書出）請定／結縁灌頂職衆事／西方院法印乞戒、呪願、　卿法印誦経導師、
（書止）右、来――於理性院可被行之、仍／請定如件、
（差出）行事法橋源秀

一五　結縁灌頂職衆請定等　二通
室町前期　折紙　楮紙（強杉原）
（備考）（一）・（二）一括、

（一）　結縁灌頂職衆請定　〔応永二十六年五月九日〕　一通
三一・二糎×四六・五糎　一紙
（端裏）結縁灌頂内請応永廿六　五　九理性院道場、
（書出）結縁灌頂職衆／寂賢法印乞戒、呪願、「奉」／覚演法印「故障」誦経導師、「奉」〻〻〻〻
（書止）十弟子／大進俊存「奉」　大夫源恵「奉」／宮内卿源瑜「奉」　少将宗融「奉」
（備考）隆源筆追記あり、

（二）　結縁灌頂職衆張文案　一通
紙背あり　三〇・七糎×五四・一糎　二紙
（端裏）結縁灌頂張文案
（備考）①・②同一折紙上下に書かれる、二紙貼継、隆源筆、追記、

①結縁灌頂職衆張文案　〔応永廿六年五月九日〕
（書出）一張文案事／左方／西方院法印／密厳院々々／民部卿僧都
（書止）大輔律師／治部卿々々／隆春阿闍梨／賢信々々々

②結縁灌頂職衆請定案　応永廿六年五月　日
（端書）結縁灌頂請定応永廿六五九理性院道場、
（書出）一請定案事／請定／結縁灌頂職衆事／西方院法印乞戒、呪願、　卿々々唄、
（書止）右、来九日於理性院可行之、仍／請定如件、
（差出）行事法橋俊秀
〔紙背〕結縁灌頂表白案　〔応永廿六年五月　日〕　一通
折紙
（書出）敬白秘密教主、三世常住、／浄妙法身摩訶毘盧遮／那如来、金剛界會、卅七尊、九會／曼荼羅諸尊座衆、
（書止）伏乞／理智法身海會聖衆／悉知證明、加持護念、敬白、
（備考）袖に押紙「此庭何無随喜思」、朱（返点・声点・傍訓・合符・句切点・註記）、墨傍訓、隆源筆、

一六　伝法灌頂職衆請定案　永享五年十一月　一通
室町前期　折紙　漉返紙　二八・四糎×四四・七糎　一紙
（書出）伝法灌頂職衆／宝厳院僧正誦経導師、／大貳法印唄、呪願、
（書止）右、来廿日於灌頂院／可被行伝法灌頂之／状如件、

一七　伝法灌頂職衆請定　永享七年十一月晦日　一通
室町前期　竪紙　楮紙（強杉原）　三四・二糎×五三・三糎　一紙
（書出）請定／伝法□〔灌〕頂職衆事／大輔法印唄、呪願、「奉」　兵部卿権大僧都誦経導師、「奉」
（書止）右、来月二日於理性院可被行伝法／灌頂、職衆請定如件、

（差出）大阿闍梨前大僧正法印大和尚位（奥上）

一八　伝法灌頂職衆請定土代　永享七年十一月晦日　一通

室町前期　竪紙　漉返紙　二六・一糎×四五・一糎　一紙

（書出）請定／伝法灌頂職衆事／大輔法印権大　兵部卿権大僧都／西方
院権大僧都

（書止）右、来二（月）日於理性院可被行伝法／灌頂、職衆請定如件、

（差出）大阿闍梨前大僧正法印大和尚位（奥上）

（備考）包紙（漉返紙、三六・〇糎×三一・四糎、ウハ書「伝法灌頂請定」）、

一九　伝法灌頂職衆請定案　永享十一年十一月六日　一通

室町前期　竪紙　漉返紙　二六・二糎×四三・四糎　一紙

（書出）請定／伝法灌頂職衆事／禅那院僧正呪願、教授、　中性院僧正誦経導師、

（書止）右、来十四日於灌頂院可令行伝法灌頂、／職衆請定如件、

（差出）大阿闍梨前大僧正法印大和尚位義賢（奥上）

二〇　伝法灌頂職衆請定　文安五年十二月三日　一通

室町中期　竪紙　楮紙（強杉原）　三三・六糎×五四・八糎　一紙

（端裏）請定灌頂　文安五　十二　五、　宗深入壇生年廿三、

（書出）請定／伝法灌頂職衆事／「私云、重耀」大輔法印呪願、教授、　「隆倖」兵部卿法印唄、誦経導師、
「奉」

（書止）右、来五日於理性院可被行伝法灌頂、／職衆請定如件、

（備考）奥に「大アサリ宗ー権僧正済　初度也」、追記、

二一　伝法灌頂職衆請定　長享二年十二月十一日　一通

室町中期　竪紙　楮紙（強杉原）　三三・二糎×四五・五糎　一紙

（書出）請定／伝法灌頂職衆事／少納言法印唄、誦経導師、「奉」　中将大僧都
呪願、教授、神供、「奉」

（書止）右、来十三日於理性院可被行伝法／灌頂、職衆請定如件、

二二　伝法灌頂職衆請定案　明応三年三月　日　一通

室町後期　竪紙　漉返紙　二六・九糎×三七・五糎　一紙

（端裏）覚祐闍梨入壇請定案職衆

（書出）請定／伝法灌頂職衆事／弁法法印呪願、教授、　中将権大僧都誦経導師、

（書止）右、来十八日於中性院可被行伝法／灌頂、職衆請定如件、

二三　伝法灌頂職衆請定案　天文十八年二月七日　一通

室町後期　竪紙　楮紙（強杉原）　三〇・〇糎×四五・七糎　一紙

（書出）請定／伝法灌頂職衆事／民部卿法印呪願、教授、神供、　少納言法印
唄、誦経導師、

（書止）右、来八日於無量寿院可被行／伝法灌頂、職衆請定如件、

二四　伝法灌頂職衆請定　弘治元年潤十月廿九日　一通

室町後期　竪紙　楮紙（強杉原）　三一・九糎×四四・七糎　一紙

（書出）請定／伝法灌頂職衆事／少納言法印唄、呪願、　三位僧都誦経導師、

（書止）右、来朔日於理性院可被行伝法灌頂、／職衆請定如件、

二五　伝法灌頂職衆請定案　慶長二年二月　日　一通
安土桃山時代　竪紙　漉返紙　三〇・〇糎×四三・〇糎　一紙
(書出) 請定／伝法灌頂職衆事／延命院法印大僧都　大輔法印権大僧都
　教授、
(書止) 右、来十日於金剛輪院可令行伝法／灌頂、職衆請定如件、
(差出) 大行事法眼舜盛

二六　伝法灌頂職衆請定　元和六年十月　日　一通
江戸前期　竪紙　楮紙 (高檀紙)　三八・四糎×五一・二糎　一紙
(端裏) 実仙灌頂請定
(書出) 請定／伝法灌頂職衆事／二位法印唄、呪願、「奉」　大夫法印誦経導師、
　「奉」
(書止) 右、来廿六日於円明院可被行伝法灌頂、／職衆請定如件、

二七　伝法灌頂職衆請定案等　三通
江戸前期　竪紙　楮紙 (美濃紙)
(備考) (一)～(三) 一括、同筆、

(一)　伝法灌頂職衆請定案　寛永四年二月　日　一通
二八・四糎×四一・〇糎　一紙
(端裏) 金剛王院尊済灌頂請定　大阿闍梨東寺光明院権僧正堯瑜
(書出) 請定／伝法灌頂職衆事／二位法印呪願、　大夫法印唄、
(書止) 右、来廿八日於金剛王院可被行伝法灌頂、職衆／請定如件、
(差出) 大阿闍梨権僧正法印大和尚位 (奥上)

(二)　鎮守読経衆請定案　寛永四年二月　日　一通
二八・三糎×四一・一糎　一紙
(端裏) 金剛王院尊済鎮守読経請定
(本文) 鎮守読経衆事／二位法印導師、　／大夫法印／大進権少僧都／太
　輔権律師／少将権律師／定順阿闍梨／右、来廿八日於御社可被懃
　仕之状如件、

(三)　金剛王院尊済請諷誦文案　寛永四年二月廿八日　一通
二八・五糎×四〇・七糎　一紙
(端裏) 金剛王院尊済灌頂諷誦
(本文) 敬白／請諷誦事／三宝衆僧御布施一裹、／右、為滅罪生善、悉地
　成就、所請如件、敬白、
(差出) 法眼和尚位賢昌尊済改之、敬白

二八　伝法灌頂職衆請定案等　四通
江戸前期　竪紙　楮紙 (高檀紙)
(備考) (一)～(四) 一括、同筆、

(一)　伝法灌頂職衆請定案　寛永十六年十二月三日　一通
三七・八糎×五三・九糎　一紙
(端裏) 西往院灌頂請定

（書出）請定／伝法灌頂職衆事／大進法印唄、呪願、教授、　太輔法印
（書止）右、来七日於金剛輪院可被行伝法灌頂、／職衆請定如件、
（差出）大阿闍梨法印権大僧都大和尚位（奥上）

（二）　鎮守読経衆請定案　寛永十六年十二月三日　一通
三四・二糎×四四・〇糎　一紙
（端裏）西往院鎮守読経請定
（本文）請定／鎮守御読経衆事／大進法印　太輔法印／左京権少〔大〕僧都
　定政阿闍梨／右、来七日御社可被勤修之状如件、

（三）　鎮守読経衆請定案　寛永十六年十二月三日　一通
三四・三糎×四四・〇糎　一紙
（端裏）西往院鎮守読経請定
（本文）請定／鎮守御読経衆事／権僧正導師、／右、来七日於御社可被勤
　修之状如件、

（四）　西往院灌頂請諷誦文案　寛永十六年十二月七日　一通
三四・二糎×四三・八糎　一紙
（端裏）西往院灌頂諷誦
（本文）敬白／請諷誦事／三宝衆僧御布施一裹、／右、為滅罪生善、悉地
　成就、所請如件、敬白、
（差出）権律師定信敬白

二九　伝法灌頂職衆請定案等　三通
江戸前期　竪紙
（備考）（一）～（三）一括、同筆、

（一）　伝法灌頂職衆請定案　慶安貳年十一月廿五日　一通
楮紙（高檀紙）四〇・〇糎×五一・七糎　一紙
（端裏）光台院親意入壇請定案
（書出）請定／伝法灌頂職衆事／太輔法印呪願、　左京法印唄、
（書止）右、来廿八日於光台院可被行伝法灌頂、職衆／請定如件、
（差出）大阿闍梨法印権大僧都大和尚位（奥上）

（二）　光台院親意入壇鎮守読経衆請定案
　慶安貳年十一月廿五日　一通
漉返紙　三四・五糎×四四・五糎　一紙
（端裏）光台院親意入壇鎮守読経請定案
（本文）鎮守読経衆事／二位法印導師、　二位法印／卿権少僧都　少貳権
　少僧都／三位権律師／右、来廿八日於御社可被勤修之状如件、

（三）　光台院親意入壇諷誦文案　慶安貳年十一月廿八日　一通
楮紙（高檀紙）三七・二糎×四七・四糎　一紙
（端裏）光台院親意入壇諷誦案
（本文）敬白／請諷誦事／三宝衆僧御布施一裹／右、為滅罪生善、悉地成
　就、所請如件、敬白、

（差出）権律師親意敬白

三〇　伝法灌頂職衆請定案等　二通
江戸前期　竪紙　漉返紙
（備考）（一）・（二）一括、同筆、

（一）伝法灌頂職衆請定案　承応貳年九月　日私十七日　一通
三五・三糎×五〇・二糎　一紙
（端裏）私大阿闍梨前大僧正寛済　受者尺迦院○少僧都有雅
（書出）請定／伝法灌頂職衆事／私仁和寺心蓮院権僧正奉呪願、
（書止）右、来廿一日於釈迦院可被／行伝法灌頂、職衆請定如件、

（二）伝法灌頂職衆請定案　承応貳年九月　日私十七日　一通
三五・四糎×五〇・一糎　一紙
（端裏）私大阿闍梨前大僧正寛済　受者釈迦院○少僧都有雅
（書出）請定／伝法灌頂職衆事／私戒光院二位法印奉教授、私理趣房良盛卿権大僧都奉
（書止）右、来廿一日於釈迦院可被行伝法／灌頂、職衆請定如件、

三一　伝法灌頂職衆請定案　二通
江戸前期
（備考）（一）・（二）一括、
（一）伝法灌頂職衆請定案　寛文元年八月　日　一通
竪紙　楮紙（奉書紙）　三七・二糎×五〇・五糎　一紙
（書出）請定／伝法灌頂職衆事／少納言呪願、兵部卿唄、
（書止）右、来十七日於新薬師寺可被行伝法／灌頂、職衆請定如件、

（二）伝法灌頂職衆請定案　寛文元年八月　日　一通
竪紙　漉返紙　三〇・〇糎×四三・二糎　一紙
（書出）請定／伝法灌頂職衆事／海住山宝篋院少納言呪願、宇治山恵心院兵部卿唄、
（書止）右、来十七日於新薬師寺可被行伝法／灌頂、職衆請定如件、

三二　鎮守読経衆請定案　寛文元年八月　日　一通
江戸前期　折紙　楮紙（美濃紙）　三一・七糎×四四・三糎　一紙
（本文）鎮守読経衆事／宰相導師、／宮内卿／二位／常栄／秀玉／玉英／
右、来十七日於御社可被勤仕之状如件、

三三　伝法灌頂職衆請定案等　二通
江戸前期
（備考）（一）・（二）一括、同筆、

（一）伝法灌頂職衆請定案　寛文元年八月　日　一通
竪紙　漉返紙　三一・二糎×四七・八糎　一紙
（書出）請定／伝法灌頂職衆事／松坊宰相照応唄、呪願、教授、瀧本坊帥乗淳誦経導師、

（書止）右、来廿七日於太西坊〔道場〕可被行伝法／灌頂、職衆請定如件、

（二）　鎮守読経衆請定案　寛文元年八月　日　　一通

折紙　楮紙（高檀紙）　三七・九糎×五三・〇糎　一紙

（本文）鎮守読経衆事／梅坊侍従長淳／宮本坊二位増貞道師〔導〕／松坊後住一位照栄／祝坊孝端／沙〔マヽ〕考坊後住憲乗／右、来廿七日於／宝前〇〔可〕被勤仕状如件、

（備考）折紙下段に「鎮守読経衆事」、

三四　伝法灌頂職衆請定案　元禄五年十月　日　　一通

江戸中期　竪紙　漉返紙　二八・四糎×四一・六糎　一紙

（書出）請定／伝法灌頂職衆事／少進法印唄、呪願、　侍従法印教授、

（書止）右、来九日於戒光院可被行／伝法灌頂、職衆請定如件、

三五　伝法灌頂職衆請定　元禄十二年十月　日　　一通

江戸中期　竪紙　楮紙（高檀紙）　三八・九糎×五一・〇糎　一紙

（書出）請定／伝法灌頂職衆事／少将法印唄、呪願、「奉」　式部卿権大僧都教授、「奉」

（書止）右、来廿三日於釈迦院可被行／伝法灌頂、職衆請定如件、

三六　伝法灌頂職衆請定案　元禄十二年十月　日　　一通

江戸中期　竪紙　楮紙（奉書紙）　三五・一糎×四八・七糎　一紙

（端裏）祐誉入壇請定之写

（書出）請定／伝法灌頂職衆事／少将法印唄、呪願、　式部卿権大僧都教授、

（書止）右、来廿三日於釈迦院可被行／伝法灌頂、職衆請定如件、

三七　伝法灌頂職衆請定　延享二年十二月　日　　一通

江戸中期　竪紙　楮紙（奉書紙）　三九・二糎×五三・二糎　一紙

（書出）請定／伝法灌頂職衆之事／中将法印教授、「奉」　中務卿権大僧都誦経導師、「奉」

（書止）右、来十六日為法印権大僧都演静、於岳西院／可被行伝法灌頂、職衆請定如件、

（差出）行事大法師宥仁

三八　伝法灌頂職衆請定案　　四通

江戸中期　竪紙　楮紙（美濃紙）

（備考）（一）～（四）一括、同筆、包紙（漉返紙、三一・八糎×三一・七糎）、

（一）　伝法灌頂職衆請定案　延享二年十二月　日　　一通

三五・二糎×三四・三糎　一紙

（書出）請定／伝法灌頂職衆之事／中将法印教授、　中務卿権大僧都誦経導師、

（書止）右、来十六日為法印権大僧都演静、於岳西院／可被行伝法灌頂、職衆請定如件、

（差出）行事大法師宥仁

（二）　伝法灌頂職衆請定案　享保十九年四月　日　一通
二六・六糎×四〇・九糎　一紙
（書出）請定／伝法灌頂職衆之事／僧正唄、呪願、　侍従法印誦経導師、
（書止）右、来廿四日為大僧都法印実恕、於金剛王院／可被行伝法灌頂、
　職衆請定如件、
（差出）行事大法師栄詮

（三）　伝法灌頂職衆請定案　宝暦七年五月　日　一通
二四・七糎×三四・四糎　一紙
（書出）請定／伝法灌頂職衆之事／中将法印誦経導師、　少輔法印唄、呪願、
（書止）右、来八日・同十日為権大僧都照範・権律師／純〇〔慶〕・権律師英春、
　於成身院可被行伝法／灌頂、職衆請定如件、
（差出）行事大法師玉仙

（四）　伝法灌頂職衆請定案　宝暦七年五月　日　一通
二四・六糎×三四・四糎　一紙
（書出）請定／伝法灌頂職衆之事／権僧正唄、呪願、　中務法印誦経導師、
（書止）右、来八日・同十日為権大僧都照範・／権〔少〕律師純慶・権〔少〕律師英春、
　於成身院／可被行伝法灌頂、職衆請定如件、
（差出）行事大法師玉仙

三九　伝法灌頂職衆請定　宝暦八年二月廿八日　一通
江戸中期　竪紙　楮紙（奉書紙）三六・五糎×五〇・三糎　一紙
（書出）請定／伝法灌頂職衆事／実門法印唄、「奉」　英山法印呪願、「奉」
（書止）右、来三月三日於観音寺可被行／伝法灌頂、職衆請定如件、
（備考）包紙（奉書紙、五〇・二糎×三五・七糎）、

四〇　伝法灌頂職衆請定　享保十六年十月　日　一通
江戸中期　竪紙　楮紙（高檀紙）四五・四糎×五九・六糎　一紙
（書出）請定／伝法灌頂職衆事／侍従法印誦経、「奉」　中将法印唄、呪願、
　「奉」
（書止）右、来朔日於釈迦院可被行／伝法灌頂、職衆請定如件、

四一　伝法灌頂職衆請定　寛政三年四月二十六日　一通
江戸後期　竪紙　楮紙（高檀紙）　裏書あり　三九・三糎×五三・九糎　一紙
（書出）請定／伝法灌頂職衆事／権僧正唄、教授、「奉」　権僧正呪願、「奉」
（書止）右、来二十八日於理性院可被行／伝法灌頂、職衆請定如件、
（差出）行事上座法眼永貞
（備考）裏書「『理性院候人高田大進／鶴退岳西院顕淳　鶴退西往院定源／
　普賢院澄意／報恩院成深／龍光院定隆　密厳院深観』」、

四二　伝法灌頂職衆請定　二通
江戸後期
（備考）（一）・（二）一括、
（一）　伝法灌頂職衆請定　寛政四年三月十五日　一通

続紙　楮紙（高檀紙）　四四・七糎×九九・七糎　二紙

（書出）請定／伝法灌頂職衆事／大僧都法印澄意誦経、「奉」　大僧都法印蔵海「奉」

（書止）右、来十八日於金剛輪院可被行／伝法灌頂、職衆請定如件、

（差出）大行事法橋定言

（備考）包紙（高檀紙、六五・七糎×五三・五糎、ウハ書「寛政四三十八、高―御灌頂請定」）、

（二）　伝法灌頂職衆請定　寛政四年三月十五日　一通

竪紙　楮紙（高檀紙）　四八・八糎×六八・二糎　一紙

（書出）請定／伝法灌頂職衆事／僧正呪願、唄、「奉」／権僧正「奉」

（書止）右、来十八日於金剛輪院可被行／伝法灌頂、職衆請定如件、

（差出）大行事法橋定言

（備考）包紙（高檀紙、六六・三糎×五三・七糎、ウハ書「寛政四年三月御灌頂請定」）、

四三　伝法灌頂職衆請定　寛政七年八月　日　一通

江戸後期　竪紙　楮紙（高檀紙）　四四・七糎×五八・三糎　一紙

（書出）請定／伝法灌頂職衆事／龍光院僧正唄、「奉」　密厳院権僧正呪願、「奉」

（書止）右、来四日於円明院可被行／伝法灌頂、職衆請定如件、

（備考）包紙（高檀紙、五八・七糎×四四・二糎、ウハ書「円明院聖深僧都／入旦〔壇〕之請状」）、

四四　伝法灌頂職衆請定案　寛政七年八月　日　一通

江戸後期　竪紙　楮紙（美濃紙）　二八・〇糎×三九・七糎　一紙

（書出）請定／伝法灌頂職衆事／龍光院僧正唄、　密厳院権僧正呪願、○

（書止）右、来四日於円明院可被行伝法灌頂、／職衆請定如件、

（備考）包紙（美濃紙、三三・八糎×二四・二糎、ウハ書「請定案」）、

四五　伝法灌頂職衆請定　寛政九年五月　一通

江戸後期　竪紙　楮紙（高檀紙）　五四・一糎×六八・二糎　一紙

（書出）請定／伝法灌頂職衆之事／僧正教授、唄、呪願、「奉」　権僧正誦経導師、「奉」

（書止）右、来二十七日為権大僧都顕淳・権少／僧都定源、於成身院道場可被行／伝法灌頂、職衆請定如件、

四六　伝法灌頂職衆請定案　文政四年九月　日　一通

江戸後期　竪紙　楮紙（美濃紙）　二八・一糎×四〇・〇糎　一紙

（書出）請定／伝法灌頂職衆事／大僧正唄、呪願、　権僧正誦経、

（書止）右、来廿日於釈迦院可被行／伝法灌頂、職衆請定如件、

四七　伝法灌頂職衆請定写等　二通

（備考）（一）・（二）一括、

（一）　伝法灌頂職衆請定写等　一通

江戸後期　切紙　楮紙（奉書紙）　一六・四糎×四六・〇糎　一紙

(備考)①・②書継、袖に「左ノ弐通共、文庫ニ入、／駈仕ニ持セ各々廻
之、／奉加ヘ帰候」、

①伝法灌頂職衆請定写　天保十年九月　日
(書出)請定／伝法灌頂職衆之事／僧正《光心》唄、教授、　権僧正《演隆》誦経導師、
(書止)右、来廿五日於報恩院《釈迦》／道場可被行伝法／灌頂、職衆如件、
(備考)袖に「中タカ立ニ認、ツ、ミ紙」、

②鎮守読経衆請定写　天保十年九月　日
(書出)鎮守読経衆事／権僧正《演隆》導師、　中将大僧都法印《賢栄》唄、
(書止)右、来廿五日於　御社／可被勤仕之状如件、
(備考)袖に「中タカ横ニ弐ツ折ニ認、ツ、ミ紙」、

(二)　鎮守読経職衆張文写等　一通
江戸中期　切紙　漉返紙　一六・〇糎×四三・二糎　一紙
(備考)①・②書継、

①鎮守読経職衆張文写　(年月日未詳)
(本文)鎮守読経衆／権僧正《持》導師、／中将大僧都法印《慈心院》唄、／中納言権大僧都《照阿院》
散花、／一位権大僧都《行樹院》／宰相大法印／右四口、

②伝法灌頂職衆張文写　(年月日未詳)
(本文)伝法灌頂職衆／僧正《密》教授、唄、呪願／権僧正《持明院》唄誦経導師、／少納言大僧都法《岳西院》
印呪願《シュグワン》／中将大僧都法印《慈心院》散華、／已上衲衆／中納言権大僧都《照阿院》
讃、／已上衲衆

四八　結縁灌頂職衆交名等　一巻
室町前期　続紙　楮紙(杉原)　三三・三糎×九一・九糎　二紙
(備考)①・②書継、紙継目に「一」「二」、包紙(杉原、四一・九糎×二九・八糎、
ウハ書「祖師参勤之留」)、モト包紙を転用「理性院僧正様尊御下
洞泉」、糊離れ、

①結縁灌頂職衆交名
(文首)永享七年乙卯九月十八日、於醍醐寺結縁灌頂被行／之、記云、／施
主　醍醐座主前大僧正義賢
(文尾)十弟子／三位清仲大法師　民部弘懿大法師／帥豪賀大法師／大夫
俊助大法師

②曼荼羅供良家衆交名
(文首)同年去七月廿八日曼荼羅供於同醍醐寺／在之、大阿闍梨同前、職
衆又同前、
(文尾)西方院僧都宗済　報恩院僧都隆済／西南院僧都

四九　結縁灌頂等職衆交名抄録　一通
室町後期　重紙　楮紙(杉原)　三一・〇糎×四七・〇糎　二紙
(文首)抜書／永享三年四月廿八日為勝曼院卅三廻御追善、於等持寺八講

堂被行／結縁灌頂而已、庭儀、
（文尾）一職衆事、廿口、夏袍裳、甲袈裟、法印西方院権大僧都宗済
（備考）袖に追記「職衆当□□師参勤師弟迄記置也」、永享三年より嘉吉
三年に至る、

五〇　灌頂職衆交名案　康応貳年三月十六日　一通
南北朝時代　折紙　漉返紙　三〇・九糎×四九・四糎　一紙
（書出）東寺長者之時大阿闍梨地蔵院前大僧正／道快／同小別当増長院助授者法印権大僧都義宝
（書止）大法師弘秀／道済／道弘／道場光台院之堂

五一　伝法灌頂職衆交名案　応永七年十二月十九日　一通
室町後期　折紙　漉返紙　三〇・三糎×四七・七糎　一紙
（書出）伝法灌頂職衆交名／僧正通賢唄、誦経導師、／権僧正超済教授、呪願、
（書止）請定事／僧正二人一紙ニ別請之、
（備考）奥端に「十九日」、

五二　灌頂職衆交名案　（年月日未詳）　一通
室町前期　折紙　漉返紙　二九・四糎×四五・二糎　一紙
（書出）灌頂職衆交名／大夫法印唄、／大輔僧都納、（マヽ）／大貳僧都
（書止）十具　東南院／増長院／宝厳院／祐秀／祝裳　卅具／平　三具
／納　三く
（備考）見返奥に「職衆交名」、折紙下段を墨線にて抹消、

五三　職衆交名案　一冊・一通
江戸前期
（備考）（一）・（二）紙捻にて一括、
（一）職衆交名案　寛文三癸卯年／二月九日鬼宿日曜　一冊
横帳（折紙）楮紙（奉書紙）一六・八糎×四八・二糎　三紙
（書出）職衆二十口／密教院権僧正甚信呪願、嘆徳、／東寺増長院々々宗
円誦経導師、
（書止）是よりハ私ニ書之、／寛文三癸卯年／二月九日鬼宿日曜、／道場　金剛輪
院灌頂堂／集会所広御殿／阿闍梨／法務前大僧正寛済臈六十八／
受者／権僧正高賢臈廿五
（備考）墨傍訓、五四号とほぼ同文、丁付、
（二）職衆交名案　寛文三年／十一月十六日　一通
折紙　楮紙（美濃紙）三二・一糎×三四・四糎　一紙
（書出）大覚寺宮　御灌頂／色衆廿四口、／内山上乗院嘆徳、／西密教院権
僧正甚信
（書止）東光明院／東金蓮院／安井大阿闍梨前大僧正性演

五四　職衆交名案　寛文癸卯三年二月九日　一冊
江戸前期　横帳（折紙）楮紙（奉書紙）紙背あり　一九・二糎×三三・五糎　二
紙
（書出）職衆二十口／密教院権僧正甚信呪願、嘆徳、／東寺増長院権僧正宗

円誦経導師／金剛王院法印実快
（書止）鷹司殿大林因幡介／六位、同前藤木甲斐介
（備考）紙背に「昆布　壱折／素麺　壱箱／御樽　壱荷」、五三号（一）
とほぼ同文、
（備考）（一）・（二）一括、

五五　職衆交名張文　二通
室町中期　竪紙　楮紙（強杉原）
（一）　職衆交名張文（文明十八年四月一日）　一通
三四・八糎×五四・七糎　一紙
（端裏）文明十八　四　一、受者蓮蔵院公深
（本文）右方／大貳法印／按察大僧都／辨大僧都／中将律師／俊鏤阿闍
梨
（二）　職衆交名張文（文明十八年四月一日）　一通
三四・八糎×五四・七糎　一紙
（端裏）文明十八　四　一、受者蓮蔵院公深
（本文）左方／三位法印／少納言大僧都／民部卿大僧都／大夫律師／公
我阿闍梨

五六　職衆交名張文案　二通
室町前期　竪紙　楮紙（強杉原）
（備考）（一）・（二）紙捻にて一括、
（一）　職衆交名張文案（年月日未詳）　一通
三三・九糎×五三・二糎　一紙
（本文）右方／釈迦院法印／下野僧都／中正〔性〕院／上総律師／憲成阿闍
梨／浄信々々々
（二）　職衆交名張文案（年月日未詳）　一通
三三・八糎×五三・三糎　一紙
（端裏）張文案
（本文）左方／按察法印／大夫大僧都／宰相僧都／内大臣法眼／孝算阿
闍梨／定渕々々

五七　伝法灌頂職衆張文案（年月日未詳）　一通
室町前期　竪紙　漉返紙　三〇・四糎×四八・〇糎　一紙
（端裏）伝法灌頂張文案　同官用重点事
（書出）張文案／左方／左衛門督法印／三位僧都
（書止）又当日ニ以竹釘打之、四角ヲ打付也、中門／東向ナラハ、左右〔方〕南、
右方北ニ可押也、／已上憲位記
（備考）袖に「灌頂張文也、藕次書損異大法也」、隆源筆、

五八　結縁灌頂職衆張文案（年月日未詳）　一通
室町前期　竪紙　漉返紙　三〇・三糎×四八・二糎　一紙

（書出）張文結縁灌頂／左方／釈迦院法印／西南院僧都／中納言律師
（書止）東寺ニハ無張文、綱所為引頭立烈之故也、／已上、
（備考）隆源筆、

五九　職衆張文案　二通
江戸中期　竪紙　楮紙（奉書紙）
（備考）（一）・（二）一括、

（一）　職衆張文案　（年月日未詳）　一通
三一・六糎×四五・六糎　一紙
（本文）右方／内大臣僧都／大納言法眼／宰相律師／憲成阿闍梨／頼淳阿闍梨／憲一阿闍梨／実淳阿闍梨／教淳阿闍梨／隆性大法師／憲怡大法師

（二）　職衆張文案　（年月日未詳）　一通
三一・六糎×四五・五糎　一紙
（本文）左方／釈迦院法印／西南院僧都／中納言律師／幸賢阿闍梨／憲什阿闍梨／澄承阿闍梨／定弁阿闍梨／教祐阿闍梨／隆舜大法師／憲秀大法師

六〇　曼陀羅供職衆請定案　文禄五年二月十三日　一通
安土桃山時代　竪紙　楮紙（杉原）　二八・五糎×四三・九糎　一紙
（書出）請定／曼荼羅供職衆事／少将法印権大僧都　大輔法印権大僧都
（書止）右、来十五日於金剛輪院可被行曼荼羅供、／職衆請定如件、
（差出）行事上座長海／大阿闍梨権僧正法印大和尚位

六一　曼荼羅供職衆請定　慶長四年二月十五日　一通
安土桃山時代　竪紙　楮紙（強杉原）　三一・一糎×四八・七糎　一紙
（書出）請定／曼荼羅供職衆事／治部卿法印唄、呪願、　民部卿権大僧都
「奉」
（書止）右、於来十九日理性院可被行／曼荼羅供、職衆請定如件、
（差出）大行事法眼快与

六二　曼荼羅供職衆請定案　慶長四年八月　日　一通
安土桃山時代　竪紙　楮紙（強杉原）　三三・〇糎×四三・五糎　一紙
（本文）請定／曼荼羅供職衆事／大僧正呪願、／右、於来十七日五大堂／可被行請定如件、
（差出）大行事法印大和尚位長盛

六三　曼荼羅供職衆請定案　寛永九年四月　日　一通
江戸前期　竪紙　漉返紙　三四・四糎×五〇・二糎　一紙
（端裏）灌頂院准三后義演七回忌法□□様大都記置者也、万供導師報恩院権僧正、
（書出）請定／曼荼羅供職衆事／二位法印呪願、奉　大夫法印唄、奉／帥権大僧都奉　大進権大僧都奉
（書止）右、来廿一日於金剛輪院可被行曼／荼羅供、職衆請定如件、

（差出）大行事法眼経真／大阿闍梨僧正報恩院寛済也、法印大和尚位
（備考）奥に「私義演七回忌請定也」、奥に追記、

六四　曼荼羅供職衆請定案　寛永九年八月九日　一通
江戸前期　竪紙　楮紙（美濃紙）　三一・三糎×四七・八糎　一紙
（書出）請定／曼荼羅供職衆事／大進権大僧都呪願、　大貳権大僧都唄、
（書止）右、来十二日於賀茂聖神寺可被行／曼荼羅供、職衆請定如件、
（差出）行事僧実秀／大阿闍梨権僧正法印大和尚位

六五　曼荼羅供職衆請定等　二通
江戸前期　巻子装
（備考）（一）・（二）一括、

（一）　曼荼羅供職衆請定　寛永十一年三月十日　一通
漉返紙　三三・三糎×三四八・八糎　七紙
（書出）請定／曼荼羅供職衆事／僧正醍醐報恩院寛済呪願、　左／僧正同理性院観助唄、　右
（書止）右、来廿日曼荼羅供任／先日領状、自前日十九日、可有／参宿、次当日事、午一點／不相待、綱所催促令聞集／會鐘給者、各可令参集／給之状如件、
（差出）従儀師幸慶／威儀師隆昌
（備考）奥に「右、奉為高祖大師八百年聖忌、於東寺御影堂／准御斎會被行舞楽曼荼羅供、宗門／之輩惣請也、／大阿闍梨随心院法務前大僧正増孝／着座公卿三人／西園寺大納言実晴　柳原中納言業光／滋野井中納言季吉」、

（二）　曼荼羅供職衆交名案　寛永十一年三月十日　一通
楮紙（美濃紙）　三〇・〇糎×三三〇・六糎　五紙
（端裏）寛永十一三廿曼供職衆交名
（書出）曼荼羅供職衆／水本上酉僧正寛済呪願、　年三十九、戒二十五、／理性院下酉僧正観助唄、　年三十五、戒二十五、
（書止）右、来廿日曼荼羅供任先日領状、自前／日十九日、可有参宿、次当日事、午一點不相待、／綱所催促令聞集會鐘給者、各可令参集／給之状如件、
（差出）従儀師幸慶／威儀師隆昌
（備考）墨合点、

六六　曼荼羅供職衆請定等　二通
江戸前期　竪紙
（備考）（一）・（二）一括、

（一）　曼荼羅供職衆請定　寛永十三年九月廿六日　一通
楮紙（高檀紙）　三七・七糎×五三・四糎　一紙
（書出）請定／曼荼羅供職衆事／大進法印「奉」呪願、　大貳法印唄、「奉」
（書止）右、来廿九日於賀茂聖神寺可被行／曼荼羅供、職衆請定如件、
（差出）行事僧実秀／大阿闍梨僧正法印大和尚位

(二)　曼荼羅供職衆請定案　寛永十三年九月廿六日　一通
漉返紙　二七・〇糎×三八・二糎　一紙
(書出)請定／曼荼羅供職衆事／大進法印呪願、　大貳唄、／治部卿散花、
左京
(書止)右、来廿九日於賀茂聖神寺可／被行曼荼羅供、職衆請定如件、
(差出)行事僧実秀／大阿闍梨僧正法印大和尚位

六七　曼荼羅供職衆請定　元禄十一年三月五日　一通
江戸中期　竪紙　楮紙（高檀紙）　四四・二糎×六四・三糎　一紙
(書出)請定／曼荼羅供職衆事／法印権大僧都賢隆呪願、「奉」　法印権大僧都
宣雅唄、「奉」
(書止)右、来七日為宝池院御堂供養可被行／曼荼羅供、職衆請定如件、
(差出)大行事法眼正詮

六八　曼荼羅供職衆請定案　享保十九年三月　日　一通
江戸中期　巻子装　楮紙（奉書紙）　三四・三糎×三八・五糎　五紙
(書出)請定／曼荼羅供職衆之事／僧正（『東寺宝厳院』）『亮観』　誦経年六十四、戒五十四、　左一
(書止)右、来廿日曼荼羅供、任先日領状、自／前日十九日、可有参宿、次当日事、辰一／點不相待、綱所催役（促歟、）令聞集會／鐘給者、各可参集給之状如件、
(差出)威儀師維仙／威儀師幸淳／従儀師秀緑／従儀師維昌
(備考)奥に「大阿闍梨（嵯峨覚勝院）法務僧正了恕年三十九、戒二十九、　此一行私ニ加之、／権少僧都宥雄記之」、挿入紙二紙（三三・五糎×三・七糎、三三・三糎×三・三糎、ウハ書「依所労子細臨期断ニ而不参也、」、二紙同文）、

六九　堂供養職衆交名等　二通
江戸前期　竪紙　楮紙（奉書紙）
(備考)(一)・(二)一括、同筆、

(一)　堂供養職衆交名　寛永九年八月十二日　一通
三二・五糎×四九・五糎　一紙
(書出)堂供養之事／大阿闍梨報恩院権僧正／職衆／岳西院権大僧都
演光呪願役、
(書止)密乗院阿闍梨　定昌磬役、堂達、／右、如件、
(差出)大行事全秀

(二)　堂供養職衆交名土代　寛永九年八月十二日　一通
三二・七糎×四九・二糎　一紙
(書出)堂供養之事／大阿闍梨（報恩院）権僧正／職衆／岳西院権（法印）大僧都演光呪願役、
(書止)密乗院阿闍梨　定昌磬役、堂達、　讃、（磬、堂達、）／右、如件、／慈心院阿闍梨　聡弁
(差出)大行事全秀

七〇　曼荼羅供僧交名案　〔嘉暦四年正月廿四日〕　一通
江戸中期　竪紙　楮紙（檀紙）　三〇・七糎×四三・一糎　一紙

（端裏）将軍家御仏事　曼荼羅供僧名　嘉暦四正廿四
（書出）曼陀羅供　大阿闍梨　大御堂殿嘉暦四年正月廿四日、／讃衆／権僧正中納言覚伊直清
（書止）房官　法眼源潤／重増　叡増　泰弁　俊含／後往　性舜

七一　曼荼羅供等職衆交名案　永享七年七月十八日　一通
江戸中期　続紙　楮紙（美濃紙）　二六・二糎×一三五・二糎　三紙
（書出）大阿闍梨随心院前大僧正祐厳／曼荼羅供職衆交名／大貳法印唄、
成身院法印
（書止）右、来廿八日於醍醐菩提寺可被行／曼荼羅供、職衆交名如件、
（備考）奥に永享七年九月十八日結縁灌頂職衆を記す、

七二　曼荼羅供職衆交名案　四通
（備考）（一）〜（四）一括、包紙（美濃紙、二六・六糎×四三・〇糎、ウハ書「曼供請定四通」）、

（一）曼荼羅供職衆交名案（貞和四年）　一通
江戸中期　折紙　楮紙（美濃紙）　三〇・七糎×四三・二糎　一紙
（端裏）曼荼羅供貞和四後伏見院御第十三廻
（本文）讃衆／法印権大僧都玄円／法印実鑑／慈遍／法印権大僧都慈能／慈静／権大僧都源範／権少僧都朝救／擬講慈俊
（差出）大阿闍梨前大僧正慈厳

（二）曼荼羅供職衆交名案（年月日未詳）　一通
江戸前期　折紙　漉返紙　三二・二糎×四三・八糎　一紙
（書出）曼陀羅供職衆交名／禅那院僧正／中性院僧正／宮内卿法印
（書止）十弟子／豪賀　性盛／慶弁　仙秀／定印　宗甚

（三）曼荼羅供職衆交名案（年月日未詳）　一通
江戸前期　折紙　楮紙（奉書紙）　三六・五糎×五三・六糎　一紙
（書出）曼荼羅供職衆交名／前大僧正宗観呪願、／僧正賢快
（書止）阿闍梨快助／阿闍梨弘玄／阿闍梨宗我堂達、

（四）曼荼羅供職衆交名案　永享七年七月十八日　一通
江戸中期　折紙　楮紙（美濃紙）　二四・二糎×五〇・一糎　一紙
（端裏）法身院准后満済―四十九日万供執行、大アサリ随〔心〕身院祐厳／施主前大僧正義賢―
（書出）曼荼羅供職衆交名／大貳法印唄、／大輔僧都成身院法印／大夫僧都
（書止）右、来廿八日於菩提寺／可被行曼荼羅供、／職衆交名如件、
（備考）七三号の写、

七三　曼荼羅供職衆交名　永享七年七月十八日　一通
室町中期　竪紙　漉返紙　二九・四糎×四七・九糎　一紙
（書出）曼荼羅供職衆交名／大貳法印唄、「奉」／大輔僧都成身院法印「奉」
（書止）右、来廿八日於菩提寺／可被行曼荼羅供、／職衆交名如件、
（備考）七二号（四）の正文、

七四　請定案　一冊

室町後期　袋綴装　楮紙打紙　一四・六糎×一七・五糎　十三紙

（外題）請定案

（表紙見返）灌頂之請定次第不同、／宝泉院殿記／実順僧正記／興胤大僧正之記／准三宮記／定能僧都記／後勝福院殿記

（文首）永和四年戊午四月五日丁未鬼宿日曜、／於勧修寺宮御所被行伝法灌／頂略記

（文尾）布施取殿上人／前少納言周茂朝臣／堂童子一人／前弾正少弼秀忠／以上所役人、

（奥書）于時大永三年正月廿一日、／為愚見請定之分聊／書写之者也、深以恥外／見、敢莫出闥外、尤可禁／他眼而已、沙門（花押）

七五　請書書様　一冊

江戸前期　袋綴装　斐紙（鳥の子）　二五・八糎×一九・七糎　三十六紙

（外題）請書々様領状等

（表紙）「三宝院」（右下）

（文首）御斎會聴衆請書々様／僧綱／僧正／右、依　宣旨奉請、明年　宮中／金光明會聴衆如件、

（文尾）催威儀僧状書様／来其日於観音院可有伝法／灌頂事、可令候　宮御方威／儀給者、依　御室御気色執／達如件、／月　日法橋某奉／進上

（奥書）文明五年二月十一日書写／功了、／沙門光助四十三歳、／右本者、仁和経蔵之御本也、従去方／得之、寛文四孟春之天写之訖、／座主（花押）（房演）

（備考）首目、

七六　後七日御修法伴僧請定案　十二通

江戸中期　竪紙　楮紙（美濃紙）

（備考）（一）〜（一二）一括、同文、包紙（漉返紙、四〇・三糎×二七・八糎、ウハ書「宝永六丑年後七日御修法於東寺灌頂院／御修行ニ付、醍醐東寺伴僧江遣請定控」）、

（一）後七日御修法伴僧請定案　宝永六年正月五日　一通

二八・五糎×四一・一糎　一紙

（本文）東寺／請定／法印権大僧都賢能五大尊／右、於東寺被行後七日／御修法伴僧請定如件、

（差出）大行事法眼寛慶

（二）後七日御修法伴僧請定案　宝永六年正月五日　一通

二八・九糎×四一・〇糎　一紙

（本文）東寺／請定／権少僧都真円十二天／右、於東寺被行後七日／御修法伴僧請定如件、

（差出）大行事法眼寛慶

（三）後七日御修法伴僧請定案　宝永六年正月五日　一通

二八・九糎×四一・〇糎　一紙

（本文）東寺／請定／権少僧都演真舎利守、／右、於東寺被行後七日／御修法伴僧
請定如件、
（差出）大行事法眼寛慶

（四）後七日御修法伴僧請定案　宝永六年正月五日　一通
二八・四糎×四一・一糎　一紙
（本文）東寺／請定／大僧都亮恕／右、於東寺被行後七日／御修法伴僧請
定如件、
（差出）大行事法眼寛慶

（五）後七日御修法伴僧請定案　宝永六年正月五日　一通
二八・四糎×四一・〇糎　一紙
（本文）東寺／請定／権少僧都快済／右、於東寺被行後七日／御修法伴僧
請定如件、
（差出）大行事法眼寛慶

（六）後七日御修法伴僧請定案　宝永六年正月五日　一通
二八・四糎×四一・〇糎　一紙
（本文）東寺／請定／大僧都教猷／右、於東寺被行後七日／御修法伴僧請
定如件、
（差出）大行事法眼寛慶

（七）後七日御修法伴僧請定案　宝永六年正月五日　一通
二八・四糎×四〇・九糎　一紙
（本文）東寺／請定／法印権大僧都賢敵神供、／右、於東寺被行後七日／御修法
伴僧請定如件、
（差出）大行事法眼寛慶

（八）後七日御修法伴僧請定案　宝永六年正月五日　一通
二八・三糎×四一・〇糎　一紙
（本文）東寺／請定／法印権大僧都賢継増益護摩、／右、於東寺被行後七日／御修法
伴僧請定如件、
（差出）大行事法眼寛慶

（九）後七日御修法伴僧請定案　宝永六年正月五日　一通
二八・四糎×四一・〇糎　一紙
（本文）東寺／請定／法印権大僧都信栄息災護摩、／右、於東寺被行後七日／御修法
伴僧請定如件、
（差出）大行事法眼寛慶

（一〇）後七日御修法伴僧請定案　宝永六年正月五日　一通
二八・四糎×四一・〇糎　一紙
（本文）東寺／請定／法印大僧都亮覚／右、於東寺被行後七日／御修法伴
僧請定如件、
（差出）大行事法眼寛慶

（一一）　後七日御修法伴僧請定案　宝永六年正月五日　一通
二八・四糎×四一・〇糎　一紙
（本文）東寺／請定／法印大僧都栄春／右、於東寺被行後七日／御修法伴
　僧請定如件、
（差出）大行事法眼寛慶

（一二）　後七日御修法伴僧請定案　宝永六年正月五日　一通
二八・四糎×四一・〇糎　一紙
（本文）東寺／請定／法印大僧都亮観聖天供、／右、於東寺被行後七日／御修法伴
　僧請定如件、
（差出）大行事法眼寛慶

七七　綱牒　徳治三年閏八月廿三日　一通
鎌倉後期　竪紙　楮紙（強杉原）　三四・〇糎×四三・五糎　一紙
（本文）僧綱／俊賀権律師／右、依　院宣、奉請、来九月十一日被行／後
　二条院御法事色衆如件、
（差出）従儀師相尊／威儀師隆依

七八　綱牒案　嘉吉元年九月十八日　一通
江戸前期　竪紙　漉返紙　二八・五糎×四五・〇糎　一紙
（本文）僧綱／隆済権大僧都／右、奉請、来月三日於醍醐寺／被行曼荼供
　衲衆如件、
（差出）従儀師行暹／威儀師慶暹

七九　綱牒案等　三通
室町中期
（備考）（一）～（三）一括、

（一）　綱牒案　康正三年四月十七日　一通
竪紙　漉返紙　二七・八糎×四四・七糎　一紙
（本文）僧綱／賢深権少僧都／右、奉請、来廿三日於醍醐寺可被行／結縁
　灌頂持金剛衆如件、
（差出）従儀師慶範／威儀師慶暹

（二）　綱牒案　康正三年四月十七日　一通
竪紙　漉返紙　二七・六糎×四四・七糎　一紙
（本文）僧綱／僧正／右、奉請、来廿三日於醍醐寺可被行／結縁灌頂持金
　剛衆如件、
（差出）従儀師慶範／威儀師慶暹

（三）　威儀師慶暹奉書案　（康正三年）四月十七日　一通
竪紙　漉返紙　二七・八糎×四五・七糎　一紙
（本文）来廿三日於醍醐寺可被／行結縁灌頂巻数役事、／可有御勤仕由被
　仰下也、恐々／謹言、
（差出）威儀師慶暹
（宛所）釈迦院御坊

八〇　綱牒案等　四通

室町中期

（備考）（一）～（四）一括、

（一）綱牒案　寛正四月十一月一日　一通

竪紙　天欠　漉返紙　三・八糎×四五・一糎　一紙

（本文）□□〔僧綱〕／法印権大僧都賢深／□〔右〕、奉請、来七日於等持寺／□〔御〕堂可被行結縁灌頂持／□〔金〕剛衆如件、

（差出）従儀師行厳／威儀師行暹

（二）綱牒案　寛正四月十一月一日　一通

竪紙　漉返紙　二七・二糎×四四・八糎　一紙

（本文）僧綱／僧正／右、奉請、来七日於等持寺／御堂可被行結縁灌頂持／金剛衆如件、

（差出）従儀師行厳／威儀師行暹

（三）綱牒案　寛正四年十一月一日　一通

竪紙　漉返紙　二七・三糎×四四・五糎　一紙

（本文）僧綱／前大僧正／右、奉請、来七日於等持寺／御堂可被行結縁灌頂持／金剛衆如件、

（差出）従儀師行厳／威儀師行暹

（四）威儀師行暹奉書案　（寛正四年）十一月一日　一通

竪紙　漉返紙　二六・八糎×四三・七糎　一紙

（本文）来七日於等持寺／御堂可被行結縁／灌頂唄并小阿闍梨／事、可有御勤仕之由、／被仰下候也、以此旨可令／披露給、恐々謹言、

（差出）威儀師行暹

（宛所）大納言僧都御房

（備考）礼紙（漉返紙、二六・八糎×四三・一糎）、逐而書、

八一　綱牒案等　二通

室町前期

（備考）（一）・（二）一括、

（一）綱牒案　永享三年四月廿三日　一通

竪紙　漉返紙　二九・四糎×四八・一糎　一紙

（本文）僧綱／隆済権大僧都／右、奉請、来廿八日於等持寺／御堂可被行結縁灌頂／持金剛衆如件、

（差出）従儀師慶暹／威儀師覚親

（二）覚親奉書　（永享三年）四月廿三日　一通

竪紙　漉返紙　二九・二糎×四七・四糎　一紙

（本文）来廿八日於等持寺／御堂可被行結縁／灌頂、有御用意法具、／被召具従僧、可有御／早参之由、被仰下候也、／恐惶謹言、

（差出）覚親

（宛所）報恩院御坊

八二　綱牒案　永享五年十一月十一日　一通

室町前期　竪紙　漉返紙　二八・六糎×四三・六糎　一紙

（本文）僧綱／隆済権大僧都／右、奉請、来十八日於等持寺／可被行曼荼
　羅供衲衆如件、

（差出）従儀師慶暹／威儀師隆紹

八三　綱牒案　文亀二年十一月廿一日　一通

室町後期　竪紙　漉返紙　三五・五糎×四四・一糎　一紙

（本文）僧綱／権少僧都隆祐／右、奉請、来月□九日於安禅寺／宮被始行
　曼陀羅供色衆／如件、

（差出）従儀師行経／威儀師隆実

八四　綱牒案　永禄元年四月　日　一通

室町後期　竪紙　漉返紙　二六・〇糎×四一・八糎　一紙

（本文）僧綱／法印大僧都堯助唄、／右、奉請、来七日於般舟三昧院／被執
　行曼荼羅供職衆如件、

（差出）従儀師隆助／威儀師隆生

八五　綱牒案　三通

（備考）（一）～（三）一括、

（一）綱牒案（年未詳）三月　日　一通

江戸前期　竪紙　楮紙（美濃紙）二六・六糎×四〇・七糎　一紙

（本文）僧綱／権僧正／右、依　宣旨奉請、来廿日於／東寺可被行曼陀羅
　供色衆／如件、

（差出）従儀師行経／威儀師隆契

（二）綱牒案（年未詳）三月　日　一通

室町後期　竪紙　漉返紙　二七・八糎×四六・三糎　一紙

（本文）僧綱／権僧正／右、依　宣旨奉請、来廿日於／東寺可被行曼陀羅
　供色衆／如件、

（差出）従儀師行経／威儀師隆契

（三）綱牒案（年未詳）三月　日　一通

江戸前期　竪紙　楮紙（美濃紙）二六・七糎×四〇・七糎　一紙

（本文）僧綱／権大僧都深応／右、依　宣旨奉請、来廿日於／東寺可被行
　曼陀羅供色衆／如件、

（差出）従儀師行経／威儀師隆契

八六　深応綱牒請文案　天文三年三月　日　一通

江戸前期　重紙　楮紙（美濃紙）二六・七糎×四〇・五糎　二紙

（本文）謹請／綱牒一紙／右、来廿日於東寺被行曼荼／羅供衲衆者謹所請
　如件、

（差出）権大僧都深応

八七　綱牒　三通
安土桃山時代　竪紙　漉返紙
（備考）（一）～（三）一括、同筆、

（一）綱牒　文禄三年七月十八日　一通
二九・七糎×四四・六糎　一紙
（本文）僧綱／大僧正／右、奉請、来廿二日為東寺／塔波供養可被行曼荼羅／供持金剛衆如件、
（差出）従儀師慶厳／威儀師隆賀
（備考）包紙（漉返紙、二九・二糎×四四・四糎、ウハ書「綱牒　威儀師隆賀／「文禄年度」」）、

（二）綱牒　文禄三年七月十八日　一通
二九・五糎×四四・八糎　一紙
（本文）僧綱／僧正／右、奉請、来廿二日為東寺／塔供養可被行曼荼羅／供持金剛衆如件、
（差出）従儀師慶厳／威儀師隆賀
（備考）包紙（漉返紙、四四・三糎×二八・九糎、ウハ書「綱牒　威儀師隆賀」）、

（三）綱牒　文禄三年七月十八日　一通
三一・二糎×四五・一糎　一紙
（本文）凡僧／源朝大法師／右請定、来廿二日於東寺／可被行曼荼〔脱有カ〕供讃衆／如件、
（差出）従儀師慶厳／威儀師隆賀
（備考）包紙（漉返紙、四四・八糎×三〇・六糎、ウハ書「綱牒　威儀師隆賀」）、

八八　威儀師隆賀奉書　（年未詳）七月十八日　一通
江戸前期　竪紙　漉返紙　三一・二糎×四四・六糎　一紙
（本文）来廿二日於東寺可被行／曼荼羅供由、被仰下候也、／以此旨可令披露給、恐々謹言、
（差出）威儀師隆賀
（宛所）大納言僧都御房
（備考）礼紙（漉返紙、三一・一糎×四四・六糎）、逐而書、包紙（漉返紙、四五・一糎×三〇・五糎、ウハ書「大納言僧都御房　威儀師隆賀」）、

八九　綱牒案　二通
江戸前期
（備考）（一）・（二）一括、同筆、

（一）綱牒案　寛文六年十一月十一日　一通
竪紙　楮紙（奉書紙）　三三・二糎×四六・一糎　一紙
（本文）綱所／擬補言上加賀国講師職事／伝燈大法師満慶年、臈、／右、件国講師擬補言上如件、
（差出）従儀師伝燈法師位幸誉／威儀師伝燈大法師位維清／法務権僧正法印大和尚位高賢
（備考）綱所印影三顆、

（二） 綱牒案 寛文六年十一月十一日 一通
続紙 楮紙（奉書紙） 三三・二糎×九二・五糎 二紙
（本文）僧綱／伝燈大法師満慶年臈、真言宗延暦寺／右、依 宣旨、請定、当年尊勝寺灌頂／蓮台阿闍梨如件、
（差出）従儀師伝燈法師位／威儀師伝燈大法師位／前大僧正／僧正／僧正／僧正／僧正／僧正／権僧正高賢／権僧正／権僧正／権僧正／権僧正／権僧正／権僧正／権僧正／権僧正／権僧正／法印権大僧都／法印権大僧都
（備考）糊離れ、

九〇 綱牒案 四通
江戸中期 竪紙 楮紙（奉書紙）
（備考）（一）～（四）一括、同筆、

（一） 綱牒案 明暦四年七月 日 一通
三一・八糎×四五・〇糎 一紙
（本文）僧綱／前大僧正／右、奉請、来六日於上醍醐寺／可被行曼荼羅供／持金剛衆如件、
（差出）従儀師宗運／威儀師隆正
（備考）包紙（奉書紙、四五・二糎×三一・二糎）、

（二） 綱牒案 明暦四年七月 日 一通
三一・六糎×四六・〇糎 一紙
（本文）僧綱／定信法印権大僧都／右、奉請、来六日於上醍醐寺／可被行曼荼羅供／持金剛衆如件、
（差出）従儀師宗運／威儀師隆正
（備考）包紙（奉書紙、四六・〇糎×三一・三糎）、

（三） 綱牒案 明暦四年七月 日 一通
三一・二糎×四五・一糎 一紙
（本文）僧綱／良盛法印権大僧都／右、奉請、来六日於上醍醐寺／可被行曼荼羅供／持金剛衆如件、
（差出）従儀師宗運／威儀師隆正
（備考）包紙（奉書紙、四六・五糎×三〇・〇糎）、

（四） 綱牒案 明暦四年七月 日 一通
三一・九糎×四五・一糎 一紙
（本文）僧綱／観訽権少僧都／右、奉請、来十六日於上醍醐寺／可被行曼荼羅供持金剛衆如件、
（差出）従儀師宗運／威儀師隆正
（備考）包紙（奉書紙、四五・三糎×三一・五糎）、

九一 綱牒案 貞享元年三月十日 一通
江戸中期 竪紙 楮紙（奉書紙） 三一・六糎×四五・六糎 一紙
（本文）僧綱／賢晃権少僧都／右、依 宣旨奉請、来廿日／於東寺西院可被行舞楽／曼荼羅供職衆如件、

（差出）従儀師賢縁／威儀師幸誉

九二　綱牒　元禄十六年十二月十五日　一通
江戸中期　竪紙　楮紙（高檀紙）　四三・五糎×五七・六糎　一紙
（本文）僧綱／法印権大僧都賢晃／右、依　宣旨、来十九日嵯峨／清涼寺釈迦堂供養大覚寺宮／可被行舞楽大曼荼羅供／持金剛衆如件、
（差出）従儀師定縁／威儀師維純

九三　綱牒案等　二通
江戸中期
（備考）（一）・（二）一括、

（一）　綱牒案　享保十九年三月十六日　一通
竪紙　楮紙（奉書紙）　三六・二糎×四九・五糎　一紙
（本文）僧綱／宥雄権律師／右、依　宣旨、奉請、来廿日／於東寺西院可被行舞楽／曼荼羅供職衆如件、
（差出）従儀師秀縁／威儀師維仙
（備考）礼紙（奉書紙、三六・七糎×四九・八糎）、逐而書、懸紙（美濃紙、四九・五糎×三六・七糎、ウハ書「僧綱」）、

（二）　権少僧都宥雄綱牒請文案　享保十九年三月十八日　一通
竪紙　楮紙（奉書紙）　三三・六糎×四六・四糎　一紙
（本文）謹領／綱牒一紙／右、依　宣旨、来廿日於東寺／可被行舞楽曼荼羅供／職衆、謹領如件、
（差出）権少僧都宥雄
（備考）礼紙（奉書紙、三三・六糎×四六・三糎）、逐而書、懸紙（奉書紙、四六・三糎×三三・四糎、ウハ書「威儀師御房 御 権少僧都宥雄」「如此書遣ス者也、僧正ノ分ハ御房ヲ少シワキヘ書置也、／法印已下ハマンナカニ書宜也、」「讃頭」）、懸紙紙背に綱牒請文書止シ、

九四　綱牒　二通
江戸中期　竪紙　楮紙（高檀紙）
（備考）（一）・（二）一括、同筆、

（一）　綱牒　寛保三年九月二十三日　一通
四五・四糎×五九・一糎　一紙
（本文）僧綱／宥円権大僧都／右、依　宣旨請定、来二十六日於／大覚寺御門主被行灌頂／衲衆如件、
（差出）大威儀師幸淳

（二）　綱牒　寛保三年九月二十三日　一通
四五・二糎×五八・八糎　一紙
（本文）僧綱／演昌法印権大僧都／右、依　宣旨請定、来二十六日於／大覚寺　御門主被行灌頂／衲衆如件、
（差出）大威儀師幸淳

九五　綱牒案　二通

江戸中期　竪紙　楮紙（奉書紙）

（備考）（一）・（二）一括、同筆、

（一）綱牒案　宝暦八年六月　日　一通

三三・三糎×四六・六糎　一紙

（本文）僧綱／権少僧都英春／右、奉請、来月六日於御影堂／被行曼荼羅
供色衆如件、

（差出）従儀師幸俊／威儀師隆栄

（備考）懸紙（奉書紙、四六・五糎×三三・二糎、ウハ書「僧綱」）、結札（奉書紙、
三・三糎×六・〇糎、ウハ書「十輪院権少僧都御房」）、

（二）綱牒案　宝暦八年六月　日　一通

三三・三糎×四六・六糎　一紙

（本文）僧綱／僧正／右、奉請、来月六日於御影堂／被行曼荼羅供持金剛
衆／如件、

（差出）従儀師幸俊／威儀師隆栄

（備考）懸紙（奉書紙、四六・四糎×三三・三糎、ウハ書「僧綱」）、

九六　綱牒案　天明四年二月十一日　一通

江戸後期　竪紙　楮紙（奉書紙）　三六・九糎×四九・八糎　一紙

（本文）僧綱／成深大僧都法印／右、依　宣旨請定、来三月二十日／東寺
西院舞楽曼荼羅供／持金剛衆如件、

（差出）従儀師最珉／大威儀師幸秀

九七　綱牒　文化四年九月十五日　一通

江戸後期　竪紙　楮紙（高檀紙）　四五・八糎×六〇・〇糎　一紙

（本文）僧綱／顕淳法印大僧都／右、依　宣旨請定、来廿日於／大覚寺殿
被行伝法灌頂衲衆／如件、

（差出）大威儀師慶俊／従儀師幸寛

（備考）懸紙（高檀紙、五九・五糎×四五・〇糎、ウハ書「綱牒」）、

九八　綱牒案　二通

江戸後期　重紙　楮紙（奉書紙）

（備考）（一）・（二）一括、同筆、

（一）綱牒案　文化五年三月二日　一通

三七・一糎×四九・二糎　二紙

（本文）僧綱／演乗権少僧都／右、依　宣旨奉請、来六日於／上醍醐寺御
影堂可被行／曼荼羅供持金剛衆如件、

（差出）従儀師亨謙／大威儀師慶淩

（備考）懸紙（奉書紙、四九・〇糎×三六・七糎）、

（二）綱牒案　文化五年三月二日　一通

三七・二糎×四九・一糎　二紙

（本文）僧綱／演寿権少僧都／右、依　宣旨奉請、来六日於／上醍醐寺御

影堂可被行／曼荼羅供讃衆如件、
（差出）従儀師亨謙／大威儀師慶浚

（備考）礼紙（美濃紙、三六・二糎×五〇・五糎）、
（差出）従儀師文煥／大威儀師亨謙

九九　綱牒案　天保五年三月　一通
江戸後期　竪紙　楮紙（美濃紙）　三六・一糎×五〇・一糎　一紙
（本文）僧綱／僧正／右、依　宣旨奉請、来三月廿日東寺／西院舞楽曼荼
羅供持金剛衆如件、

一〇〇　僧正雅厳綱牒請文案　文禄三年十月廿日　一通
安土桃山時代　竪紙　漉返紙　二七・四糎×四一・八糎　一紙
（本文）謹領／綱牒／右、来廿二日於東寺被行／曼荼羅供衲衆所領如件、
（差出）僧正雅厳
（備考）懸紙（漉返紙、四一・五糎×二六・七糎、ウハ書「威儀師御房〔請状案文〕僧
正雅厳」、裏書「門跡義｜演東寺塔供養之時、不礼状返事安／如
此、請文返事也、／各等是ヲ不書付」）、

一〇一　僧正寛済綱牒請文　寛永十一年三月五日　一通
江戸前期　重紙　楮紙（高檀紙）　三四・三糎×四四・七糎　二紙
（本文）謹請／綱所来牒一紙／右、依　宣旨、来二十日於東寺被行／舞楽
曼荼羅供衲衆可令参勤者、／所領如件、
（差出）僧正寛済
（備考）懸紙（高檀紙、四五・五糎×三四・三糎）、

一〇二　僧正寛済綱牒請文案　寛永十一年三月十八日〔五日〕　一通
江戸前期　竪紙　漉返紙　三四・六糎×三〇・二糎　一紙
（本文）謹請／綱所来牒一紙／右、依　宣旨、来二十日於東寺被行○〔舞楽〕曼
荼／羅供衲衆可令参勤者、所領如件、
（差出）僧正寛済

一〇三　綱牒請文案等　二通
江戸中期　竪紙　楮紙（美濃紙）
（備考）（一）・（二）一括、懸紙（美濃紙、三四・六糎×三三・九糎、ウハ書「威
儀師〔御房〕　権僧正真円」）、同筆、

（一）　権僧正宥□綱牒請文案　享保十九年三月十五日　一通
三四・六糎×三四・〇糎　一紙
（本文）謹領／綱牒一紙／右、依　宣旨、来廿日於／東寺可被行舞楽曼
〔荼茶〕／○羅供衲衆、謹領如件、
（差出）権僧正宥□

（二）　綱牒請文書様（年月日未詳）　一通
三四・五糎×三三・二糎　一紙
（本文）謹領／綱牒一紙〔又ハ謹請、綱所来牒一紙トモ有、〕／右、依　宣旨、○〔来〕廿日於／東
寺可被行舞楽曼荼羅供／衲衆、謹領如件、

（差出）官位実名
（備考）奥に包紙ウハ書、礼紙（美濃紙、二四・七糎×三四・二糎）、逐而書、

一〇四　大僧都寛順綱牒請文案　貞享元年三月十二日　一通
江戸中期　竪紙　楮紙（高檀紙）　三九・九糎×五三・五糎　一紙
（本文）謹請／綱牒一紙／右、依　宣旨、来廿日於東寺／被行舞楽曼荼羅供衲衆／可○令参勤者、謹所領如件、
（差出）法印大僧都寛順

一〇五　権少僧都演乗綱牒請文案　文化四年九月十五日　一通
江戸後期　竪紙　楮紙（奉書紙）　三六・一糎×四九・六糎　一紙
（本文）謹領／綱牒一／右、依／宣旨、来二十日於　大覚寺殿／御門主被行御灌頂衲衆／所領如件、
（差出）権少僧都演乗

一〇六　仁和寺御室宮令旨（年未詳）三月五日　一通
江戸中期　竪紙　楮紙（奉書紙）　三八・五糎×五三・六糎　一紙
（本文）来十二日於当寺可被行／伝法灌頂、可令参色衆給者、／依　御室宮御消息、執達如件、
（差出）権律師孝賀
（宛所）謹上　中将法印御房
（備考）懸紙（奉書紙、五三・〇糎×三八・三糎、ウハ書「謹上　中将法印御房　権律師孝賀」）、

一〇七　仁和寺御室宮令旨写等　一通
江戸中期　竪紙　楮紙（奉書紙）　三七・五糎×四八・九糎　一紙
（端裏）御室御催之節請書案
（備考）①・②書継、
①仁和寺御室宮令旨写（年未詳）三月五日
（本文）来十二日於当寺可被行／伝法灌頂、可令参職衆者、／依　御室宮御消息執達如件
（差出）権律師孝賀
（宛所）謹上　式部卿権少僧都御房
（備考）宛所脇に「上包此通尤別紙也」、
②権少僧都運助請文写（年未詳）三月五日
（本文）来十二日於仁和寺被／行　宮御灌頂、可令参勤○参候、参仕、／職衆之旨、謹所請如件、
（差出）権少僧都運助
（宛所）謹上　大納言権律師御房

一〇八　権少僧都運助請文写等　二通
江戸中期　竪紙　楮紙（美濃紙）
（備考）（一）・（二）一括、同筆、
（一）　権少僧都運助請文写（元禄五年）三月六日　一通

三九・〇糎×四一・三糎　一紙
（端裏）覚助親王御灌頂返牒之写
（本文）来十二日於仁和寺可被行／伝法灌頂、可令参仕職衆／之旨、謹所請如件、
（差出）権少僧都運助
（宛所）謹上　大納言権律師御房
（備考）奥書「元禄五年春、覚助親王御灌頂／職衆屈請之返牒案一見之序、／写之了、／同十一年夏　祐誉書之（花押）」、

（二）　仁和寺御室宮令旨写　（元禄五年）三月五日　一通
三九・二糎×四一・三糎　一紙
（端裏）覚助親王御灌頂請定之写
（本文）来十二日於当寺可被行／伝法灌頂、可令参色衆給者、／依　御室宮御消息、執達如件、
（差出）権律師孝賀
（宛所）謹上　式部卿権少僧都御房
（備考）奥書「此一紙者、元禄五年春覚助親王／御灌頂之砌、運助僧都職衆参仕之／請定一見之序、写之了、／元禄十一年夏、祐誉認之」、

一〇九　東寺長者御教書案　（年未詳）七月四日〔五日〕　一通
江戸中期　竪紙　楮紙（奉書紙）三六・七糎×五〇・一糎　一紙
（本文）当寺寺務職之事、／去月八日被成　宣下候、／如先々可被存知之由、依／法務前大僧正御房仰、／執達如件、
（差出）別当僧正覚源
（宛所）執行法印御房

一一〇　法印興応奉書　（年未詳）三月廿日　一通
江戸中期　重紙　楮紙（奉書紙）三五・八糎×四九・二糎　二紙
（本文）来廿六日於勧修寺被／行　宮御灌頂持金剛衆、／可令参仕給之状如件、
（差出）法印興応
（宛所）岳西院法印権大僧都御房
（備考）懸紙（奉書紙、四九・二糎×三五・二糎、ウハ書「岳西院法印権大僧都御房　法印興応」）、

一一一　法印興応奉書　（年未詳）三月廿日　一通
江戸中期　竪紙　楮紙（奉書紙）三五・七糎×四九・四糎　一紙
（本文）来廿六日於勧修寺被／行　宮御灌頂讃衆、／可令参仕之状如件、
（差出）法印興応
（宛所）阿弥陀院権律師御房
（備考）懸紙（奉書紙、四九・二糎×三五・四糎、ウハ書「阿弥陀院権律師御房　法印興応」）、

一一二　門跡某御教書　（年未詳）十月十四日　一通
江戸後期　竪紙　楮紙（奉書紙）三六・七糎×四九・六糎　一紙
（本文）来廿五日於蓮華光院可有／伝法灌頂之事、可令候／威儀僧給者、

依／御門跡教命、執達如件、
（差出）法橋秀栄
（宛所）謹上　成身院大法師御房
（備考）懸紙（美濃紙、四九・四糎×三五・九糎、ウハ書「謹上　成身院大法師御
房　法橋秀栄」）、

一一三　座主某御教書　（年未詳）七月二日　一通
江戸中期　竪紙　楮紙（奉書紙）三一・七糎×四五・四糎　一紙
（本文）来六日於山上御影堂／可被行曼荼羅供、／可令参勤職衆給／之
由、　座主御消息／如此候、仍上啓如件、
（差出）法眼正真奉
（宛所）謹上　理性院前大僧都御房
（備考）包紙（奉書紙、四五・七糎×三三・〇糎、ウハ書「稱号」）、

一一四　座主某御教書　（年未詳）七月三日　一通
江戸中期　竪紙　楮紙（高檀紙）三三・七糎×四六・五糎　一紙
（本文）来六日於山上御影堂／可被行曼荼羅供、可／令参懃職衆給之
由、／座主御消息所也、仍／上啓如件、
（差出）法印重慶奉
（宛所）謹々上　成身院僧正御房
（備考）付箋「成身院僧正御房」、懸紙（高檀紙、四六・〇糎×三三・三糎、ウハ
書「謹々上成身院僧正御房　法印重慶」）、

一一五　座主某御教書　（年未詳）七月三日　一通
江戸中期　竪紙　楮紙（高檀紙）三三・六糎×四六・一糎　一紙
（本文）来六日於山上御影堂／可被行曼荼羅供、可／令参懃職衆給之
由、／座主御消息所也、仍／執達如件、
（差出）法印重慶奉
（宛所）謹上少将権少僧都御房
（備考）懸紙（高檀紙、四六・二糎×三三・二糎、ウハ書「謹上少将権少僧都御房
法印重慶」）、結札（奉書紙、一七・四糎×六・一糎、ウハ書「密厳院権
大僧都御房　大行事」）、

一一六　座主某御教書　（年未詳）七月三日　一通
江戸中期　竪紙　楮紙（高檀紙）三三・六糎×四六・七糎　一紙
（本文）来六日於山上御影堂／可被行曼荼羅供、可／令参懃職衆給之
由、／座主御消息所也、仍／執達如件、
（差出）法印重慶奉
（宛所）謹上中将権少僧都御房
（備考）懸紙（高檀紙、四六・二糎×三三・六糎、ウハ書「謹上　中将権少僧都御
房　法印重慶」）、

一一七　座主某御教書　（年未詳）七月三日　一通
江戸中期　竪紙　楮紙（奉書紙）三二・五糎×四六・四糎　一紙
（本文）来六日於山上御影堂／可被行曼荼羅供、／可令参勤職衆給／之
由、　座主御消息／如此候、仍上啓如件、

(差出) 法印正詮奉
(宛所) 謹上　岳西院権僧正御房

一一八　権律師尊海請文案　(年未詳) 七月三日　一通
江戸後期　竪紙　楮紙 (美濃紙)　二四・二糎×三四・二糎　一紙
(本文) 来六日於御影堂可被行/曼荼羅供、可令参勤/職衆之由、　座主御消息之旨、/謹所御請申如件、
(差出) 権律師尊海
(宛所) 謹上　治部卿法印御房
(備考) 奥に「掛紙有之、僧正ニ茂同書、/上包ニ茂名アテ有之」、礼紙(美濃紙、二四・二糎×三四・三糎)、逐而書「追啓、/合鉢堂達可令参勤之旨、/畏入候也」、包紙(美濃紙、三四・八糎×二四・〇糎、ウハ書「御座主へ請文之留如此見タリ、/謹上　治部卿法印御房　権律師尊海」)、

一一九　威儀師隆昌奉書　(年未詳) 六月三日　一通
江戸中期　竪紙　楮紙 (奉書紙)　三一・六糎×四六・〇糎　一紙
(本文) 七月三日於　院御所/可被行結縁灌頂、可有/呪願御懃仕之由、被仰/下候也、以此旨可令披露給、/恐々謹言、
(差出) 威儀師隆昌
(宛所) 人々御中
(備考) 礼紙 (奉書紙、三一・七糎×四五・九糎)、逐而書、包紙 (漉返紙、四四・二糎×二九・五糎、ウハ書「人々御中　威儀師」)、

一二〇　仁和寺御室宮令旨　(年未詳) 三月七日　一通
江戸後期　竪紙　楮紙 (奉書紙)　三九・〇糎×五三・八糎　一紙
(本文) 来十三日於仁和寺可被行/伝法灌頂、可令参色衆給者、/依　御室宮御消息、執達如件、
(差出) 法眼宥證
(宛所) 謹上　民部卿法印御房

一二一　惣在庁長俊書状　(年未詳) 十一月十日　一通
江戸後期　竪紙　楮紙 (奉書紙)　三七・五糎×五三・一糎　一紙
(書出) 来廿一日於神泉園舞/楽之曼荼羅供　一長者/准三后御執行之事候、
(書止) 請書/重而可進候、恐々謹言、
(差出) 惣在庁長俊 (花押)
(宛所) 醍醐寺年預御房
(備考) 礼紙 (奉書紙、三七・六糎×五三・三糎)、逐而書、

一二二　綱牒案　寛永十一年三月二日　一通
江戸前期　重紙　楮紙 (奉書紙)　三一・七糎×四六・七 四六・六糎　二紙
(本文) 僧綱/僧正/右、依　宣旨奉請、来/廿日於東寺可被行舞/楽曼荼羅供衲衆如件、
(差出) 威儀師幸慶/威儀師隆昌
(備考) 包紙 (奉書紙、四四・八糎×三一・一糎、ウハ書「綱牒　威儀師」)、包紙紙背に逐而書、

第六四函

一　後七日御修法伴僧請定　寛永二年正月四日　一通
江戸前期　竪紙　楮紙（美濃紙）　三四・六糎×四七・四糎　一紙
（本文）東寺／請定／僧正／右、於　紫宸殿被行後七日御／修法伴僧請定
如件、
（差出）大行事法橋上人位盛純

二　後七日御修法伴僧請定　万治二年正月五日　一通
江戸前期　竪紙　楮紙（高檀紙）　三三・八糎×四八・〇糎　一紙
（本文）宮中南殿／権少僧都朝隆／右、後七日御修法伴僧可被／参勤之状
如件、
（差出）行事大法師宥喜／阿闍梨法務前大僧正法印大和尚位寛済

三　後七日御修法伴僧請定　二通
江戸前期　竪紙　楮紙（高檀紙）
（備考）（一）・（二）一括、同筆、

（一）後七日御修法伴僧請定　万治四年正月五日　一通
三二・三糎×四五・五糎　一紙
（端裏）万治四後七日請定
（本文）宮中南殿／権少僧都禅誉／右、後七日御修法伴僧可／被参勤之状
如件、
（差出）行事大法師宥喜／阿闍梨法務前大僧正法印大和尚位寛済

（二）後七日御修法伴僧請定　万治四年正月五日　一通
三二・五糎×四五・五糎　一紙
（本文）宮中南殿／権少僧都朝隆／右、後七日御修法伴僧可／被参勤之状
如件、
（差出）行事大法師宥喜／阿闍梨法務前大僧正法印大和尚位寛済

四　後七日御修法伴僧請定　寛文二年正月五日　一通
江戸前期　竪紙　楮紙（高檀紙）　三二・三糎×四三・〇糎　一紙
（本文）宮中南殿／権少僧都朝隆／右、後七日御修法伴僧可／被参勤之状
如件、
（差出）行事大法師宥喜／阿闍梨法務前大僧正法印大和尚位寛済
（備考）礼紙（高檀紙、三二・三糎×四二・九糎）、逐而書「逐申、／於　仮殿御所
可被／行候也」、

五　実快後七日御修法伴僧請定請文等　二通
江戸前期　竪紙
（備考）（一）・（二）一括、

（一）　法印実快後七日御修法伴僧請定請文

寛文七年正月五日　一通

楮紙（高檀紙）　三七・二糎×五三・〇糎　一紙

（本文）謹請／後七日御修法伴僧事／右、可参勤之状、所請如件、

（差出）法印大僧都実快

（二）　後七日御修法伴僧請定　寛文七稔正月五日　一通

楮紙（高檀紙）　三九・二糎×五七・五糎　一紙

（本文）東寺／請定／法印大僧都実快増益護摩、／右、於紫宸殿被行後七日御修法／伴僧請定如件、

（差出）大行事法橋正政

六　後七日御修法伴僧請定　二通

江戸前期　竪紙　楮紙（高檀紙）

（備考）（一）・（二）一括、同筆、

（一）　後七日御修法伴僧請定　寛文八年正月五日　一通

四三・五糎×五七・五糎　一紙

（本文）東寺／請定／法印大僧都実快増益護摩、／右、於紫宸殿被行後七日御修法／伴僧請定如件、

（差出）大行事経詳

（二）　後七日御修法伴僧請定　寛文八年正月五日　一通

四三・六糎×五七・七糎　一紙

（本文）東寺／請定／権僧正甚信五大尊供、／右、於紫宸殿被行後七日御修法／伴僧請定如件、

（差出）大行事経詳

七　後七日御修法伴僧請定　二通

江戸前期　竪紙　楮紙（高檀紙）

（備考）（一）・（二）一括、同筆、

（一）　後七日御修法伴僧請定　延宝七年正月六日　一通

三五・〇糎×四八・八糎　一紙

（本文）宮中南殿／法印大僧都禅誉／右、後七日御修法伴僧可被／参勤之状如件、

（差出）行事大法師長僖／阿闍梨法務僧正法印大和尚位有雅

（備考）包紙（高檀紙、四八・九糎×三四・七糎、ウハ書「延宝七後七日請定」）、

（二）　後七日御修法伴僧請定　延宝七年正月六日　一通

三四・九糎×四八・八糎　一紙

（本文）宮中南殿／権律師学乗／右、後七日御修法伴僧可被／参勤之状如件、

（差出）行事大法師長僖／阿闍梨法務僧正法印大和尚位有雅

八　後七日御修法伴僧請定等　二通

江戸中期　竪紙　楮紙（奉書紙）

（備考）（一）・（二）一括、包紙（奉書紙、四六・八糎×三一・六糎、ウハ書「元禄十年丁丑後七日伴僧請定、同返状案／阿闍梨覚勝院大僧正了海」）、

（一）後七日御修法伴僧請定　元禄十丁丑年正月五日　一通

三一・八糎×四六・八糎　一紙

（本文）宮中南殿／屈請／権律師祐誉／右、後七日御修法伴僧可／被参勤者、請定如件、

（差出）大行事法眼玄広／大阿闍梨法務前大僧正了海

（二）権律師祐誉後七日御修法伴僧請定請文案

元禄十年正月五日　一通

三五・一糎×四九・二糎　一紙

（端裏）元禄十後七日返状之案

（端書）返状之案

（本文）謹請／後七日御修法伴僧事／右、可参勤之状、所請如件、

（差出）権律師祐誉

（備考）奥に「如此書テ、丸ク巻テ懸紙シテ、ウヘヲ請定ノ／如クツ、ミ、アトサキヲリテ、ウヘニハ書付ナシ、／ナカニモアテ処ナシ、但シ懸紙ハ表ヲウチヘ／ナシ、ウハツ、ミハ表テヲ外ニナス」、

九　後七日御修法伴僧請定等　二通

江戸中期　竪紙　楮紙（奉書紙）

（備考）（一）・（二）一括、包紙（漉返紙、四六・一糎×三一・三糎、ウハ書「元禄十一年戊寅後七日伴僧請定、同返状案／大阿闍梨覚勝院了海」）、

（一）後七日御修法伴僧請定　元禄十一戊寅正月五日　一通

三二・〇糎×四六・九糎　一紙

（本文）宮中南殿／屈請／権律師祐誉／右、後七日御修法伴僧可被／参勤者、屈請如件、

（差出）大行事権律師了安／大阿闍梨法務前大僧正了海

（備考）礼紙（奉書紙、三一・九糎×四六・七糎）、

（二）祐誉後七日御修法伴僧請定請文案

元禄十一年正月五日　一通

三四・二糎×四六・五糎　一紙

（端裏）元禄十一後七日返状之案

（端書）返状之案

（本文）謹請／後七日御修法伴僧事／右、可参勤之状、所請如件、

（差出）権律師祐誉

（備考）奥に「如此書テ、丸ク巻テ懸紙シテ、ウヘヲ請定ノ／如クツ、ミ、アトサキヲリテ、ウヘニ書付ナシ、／ナカニモアキ《テ》処ナシ、但シ懸紙ハ表ヲウチヘ／ナシ、ウワツ、ミハ表テヲ外ニナス」、

一〇　後七日御修法伴僧請定等　二通

江戸中期　竪紙　楮紙（奉書紙）

（備考）（一）・（二）一括、包紙（奉書紙、四五・九糎×三一・四糎、ウハ書「元禄十三庚辰後七日　御修法伴僧請定、同返状案／大阿覚勝院了海」）、

（一）　後七日御修法伴僧請定　元禄十三庚辰年正月五日　一通

三二・〇糎×四六・二糎　一紙

（本文）宮中南殿／屈請／権律師祐誉／右、後七日御修法伴僧可／被参勤者、請定如件、

（差出）大行事了安／大阿闍梨法務前大僧正了海

（二）　祐誉後七日御修法伴僧請定請文案　元禄十三年正月六日　一通

三五・〇糎×四九・一糎　一紙

（端裏）元禄十三後七日御修法返牒之案

（本文）謹請／後七日御修法伴僧事／右、可参勤之状、所請如件、

（差出）権律師祐誉

（備考）奥に「如此書テ、丸ク巻テ懸紙シテ、ウヘヲ請定ノ／如クツ、ミ、アトサキヲヲリテ、ウヘニ書付ナシ、／ナカニモアテ処ナシ、但シ懸紙ハ表ヲウチヘ／ナシ、ウワツ、ミハ表ヲ外ニ為ル也」、

一一　後七日御修法伴僧請定　元禄十五年正月六日　一通

江戸中期　竪紙　楮紙（美濃紙）　三一・〇糎×四四・九糎　一紙

（本文）屈請／権少僧都祐誉／宮中南殿後七日／御修法伴僧可令参／勤給者、請定如件、

（差出）大行事実長／大阿闍梨法務前大僧正了海

一二　後七日御修法伴僧請定等　二通

江戸中期　竪紙

（備考）（一）・（二）一括、

（一）　後七日御修法伴僧請定　宝永五年正月五日　一通

楮紙（奉書紙）　三五・六糎×四九・〇糎　一紙

（本文）宮中南殿／権大僧都祐誉／右、後七日御修法伴僧可被／参勤之状如件、

（差出）行事大法師浄円／阿闍梨長者前大僧正法印大和尚位寛順

（二）　後七日御修法伴僧請定写　宝永五年正月五日　一通

楮紙（美濃紙）　紙背あり　三一・七糎×四四・五糎　一紙

（端裏）写　後七日請定　宝永五年

（本文）宮中南殿／法印信栄／右、後七日御修法伴僧可被／参勤之状如件、

（差出）行事大法師（報恩院客僧真長）浄円／大阿闍梨長者前大僧正法印大和尚位寛順

〔紙背〕三瀬書状　（年未詳）十一月十三日　一通
折紙
（書出）委細之貴翰致拝誦候、寒気／強候得共、御安康珎重存候、今昼
者、／何茂御入時分能首尾候て、大進ニも／御逢、色々御馳走之由、
罷帰申聞忝存候、
（書止）万諸尚其内／拝謁可申承候、灯下寒気故、／無正躰候、宥恕とて、
以上、
（差出）三瀬
（宛所）松橋僧正様
（備考）逐而書、

一三　権少僧都重誉後七日御修法伴僧請定請文等　二通
江戸中期　竪紙　楮紙（奉書紙）
（備考）（一）・（二）一括、

（一）　権少僧都重誉後七日御修法伴僧請定請文　享保二十年正月五日　一通
三二・六糎×四六・〇糎　一紙
（本文）宮中南殿／後七日伴僧之事／右、可令参勤之状、謹所請如件、
（差出）権少僧都重誉
（備考）懸紙（奉書紙、四〇・六糎×三二・六糎、ウハ書「札　円明院」）、懸紙に
紙背あり（（一）と同文）、

（二）　後七日御修法伴僧請定　享保廿年正月五日　一通
三六・〇糎×四九・〇糎　一紙
（本文）宮中南殿／屈請／権少僧都重誉／右、後七日　御修法伴僧可／被
参勤者、請定如件、
（差出）大行事法眼盛庸／大阿闍梨法務僧正了恕

一四　後七日御修法伴僧請定　宝暦五年正月五日　一通
江戸中期　竪紙　楮紙（奉書紙）　三六・二糎×五〇・一糎　一紙
（本文）宮中南殿／権少僧都淳杲／右、後七日　御修法伴僧可被／参勤之
状如件、
（差出）行事大法師生覚／阿闍梨法務僧正法印大和尚位実雅

一五　後七日御修法伴僧請定　宝暦六年正月五日　一通
江戸中期　竪紙　楮紙（奉書紙）　三六・三糎×四九・一糎　一紙
（本文）宮中南殿／権少僧都淳杲／右、後七日　御修法伴僧可被／参勤之
状如件、
（差出）行事大法師生覚／阿闍梨法務僧正法印大和尚位実雅

一六　後七日御修法伴僧請定　宝暦九年正月五日　一通
江戸中期　竪紙　楮紙（奉書紙）　三三・四糎×四六・四糎　一紙
（本文）請定／権少僧都純慶／右、於　紫宸殿被行後七日／御修法、可有
参勤之状如件、
（差出）大行事法印権大僧都元光／大阿闍梨法務僧正元雅

一七　後七日御修法伴僧請定　享和三年正月五日　一通

江戸後期　竪紙　楮紙（奉書紙）　三一・四糎×四五・二糎　一紙

（本文）請定／権少僧都演乗舎利守／右、於　紫宸殿被行後七日／御修法伴僧請定如件、

（差出）大行事法橋経誼

一八　後七日御修法伴僧請定等　三通

江戸後期　竪紙　楮紙（奉書紙）

（備考）（一）～（三）一括、

（一）　後七日御修法伴僧請定　文化二年正月五日　一通

三一・〇糎×四五・二糎　一紙

（本文）請定／権少僧都演乗神供、／右、於　紫宸殿被行後七日／御修法伴僧請定如件、

（差出）大行事法眼経誼

（備考）礼紙（奉書紙、三一・〇糎×四四・九糎）、懸紙（奉書紙、四四・八糎×三一・七糎、ウハ書「請定」）、

（二）　後七日御修法伴僧請定　文化二年正月五日　一通

三一・〇糎×四五・二糎　一紙

（本文）請定／法印大僧都顕淳十二天供、／右、於　紫震〔宸〕殿被行後七日／御修法伴僧請定如件、

（差出）大行事法眼経誼

（備考）礼紙（奉書紙、三一・三糎×四五・八糎）、懸紙（奉書紙、四五・〇糎×三一・五糎、ウハ書「請定」）、

（三）　法眼円静後七日御修法伴僧請定請文　文化二年正月五日　一通

三一・七糎×四六・一糎　一紙

（本文）謹領／請書事／右、可令参勤／宮中南殿後七日御修法／伴僧者、所領如件、

（差出）法眼円静

（備考）礼紙（奉書紙、三一・五糎×四六・〇糎）、懸紙（奉書紙、四五・〇糎×三一・四糎）、

一九　後七日御修法伴僧請定　三通

江戸後期　竪紙　楮紙（奉書紙）

（備考）（一）～（三）一括、同筆、包紙（奉書紙、四六・二糎×三一・三糎）、

（一）　後七日御修法伴僧請定　文化三年正月五日　一通

三一・六糎×四六・一糎　一紙

（本文）請定／権少僧都演乗舎利守、／右、於　紫震〔宸、下同ジ〕殿被行後七日／御修法伴僧請定如件、

（差出）大行事法眼経誼

（二）　後七日御修法伴僧請定　文化三年正月五日　一通

三・六糎×四六・一糎　一紙

（本文）請定／法印大僧都顕淳十二天供、／右、於　紫宸殿被行後七日／御修法伴僧請定如件、

（差出）大行事法眼経誼

（三）　後七日御修法伴僧請定　文化三年正月五日　一通

三・六糎×四六・三糎　一紙

（本文）請定／権少僧都演寿諸神供、／右、於　紫宸殿被行後七日／御修法伴僧請定如件、

（差出）大行事法眼経誼

二〇　後七日御修法伴僧請定　二通

江戸後期　竪紙　楮紙（奉書紙）

（備考）（一）・（二）一括、同筆、

（一）　後七日御修法伴僧請定　文化四年正月五日　一通

三・六糎×四五・八糎　一紙

（本文）請定／法印大僧都顕淳十二天供、／右、於　紫宸殿被行後七日／御修法伴僧請定如件、

（差出）大行事法眼経誼

（二）　後七日御修法伴僧請定　文化四年正月五日　一通

三・六糎×四六・二糎　一紙

（本文）請定／権少僧都演寿神供、／右、於　紫宸殿被行後七日／御修法伴僧請定如件、

（差出）大行事法眼経誼

二一　後七日御修法伴僧請定　文化十一年二月六日　一通

江戸中期　竪紙　楮紙（奉書紙）　三・四糎×四六・一糎　一紙

（本文）宮中南殿／権大僧都淳済／右、後七日御修法伴僧可被／参勤之状如件、

（差出）行事法眼敬忠／阿闍梨法務僧正法印大和尚位杲助

二二　後七日御修法伴僧請定　文化十三年正月五日　一通

江戸後期　竪紙　楮紙（奉書紙）　三・四糎×四六・四糎　一紙

（本文）宮中南殿／権大僧都淳済／右、後七日御修法伴僧可被／参勤之状如件、

（差出）行事法眼敬忠／阿闍梨法務僧正法印大和尚位杲助

二三　後七日御修法伴僧請定　文政十一年正月五日　一通

江戸後期　竪紙　楮紙（奉書紙）　三六・九糎×四九・〇糎　一紙

（本文）宮中南殿／権律師覚心／右、後七日御修法伴僧可被／参勤之状如件、

（差出）大行事法橋宗景／阿闍梨法務権僧正法印大和尚位淳心

二四　後七日御修法伴僧請定　文政十二年正月五日　一通
江戸後期　竪紙　楮紙（奉書紙）　三六・四糎×四九・六糎　一紙
（本文）宮中南殿／権律師覚心／右、後七日御修法伴僧可被／参勤之状如
件、
（差出）大行事法橋宗景／阿闍梨法務権僧正法印大和尚位淳心

二五　後七日御修法伴僧請定　二通
江戸後期　竪紙　楮紙（奉書紙）
（備考）（一）・（二）一括、同筆、

（一）後七日御修法伴僧請定　天保二年正月五日　一通
三六・二糎×四八・九糎　一紙
（本文）宮中南殿／僧正淳覚聖天供、／右、後七日御修法伴僧可被／参勤
之状如件、
（差出）大行事大法師良僖／阿闍梨法務権僧正法印大和尚位淳心
（備考）懸紙（奉書紙、四八・九糎×三五・六糎）、

（二）後七日御修法伴僧請定　天保二年正月五日　一通
三六・二糎×四八・八糎　一紙
（本文）宮中南殿／権少僧都覚心／右、後七日御修法伴僧可被／参勤之状
如件、
（差出）大行事大法師良僖／阿闍梨法務権僧正法印大和尚位淳心

二六　後七日御修法伴僧請定　四通
江戸後期　竪紙　楮紙（奉書紙）
（備考）（一）〜（四）一括、同筆、

（一）後七日御修法伴僧請定　天保四年正月五日　一通
三五・五糎×四八・六糎　一紙
（本文）請定／権少僧都覚心舎利守、／右、於　紫震〔宸、下同ジ〕殿被行後七日／御修
法伴僧請定如件、
（差出）大行事法印宣重

（二）後七日御修法伴僧請定　天保四年正月五日　一通
三五・五糎×四八・六糎　一紙
（本文）請定／権少僧都大道／右、於　紫震殿被行後七日／御修法伴僧請
定如件、
（差出）大行事法印宣重

（三）後七日御修法伴僧請定　天保四年正月五日　一通
三五・五糎×四八・六糎　一紙
（本文）請定／僧正淳覚聖天供、／右、於　紫震殿被行後七日／御修法伴
僧請定如件、
（差出）大行事法印宣重

（四）後七日御修法伴僧請定　天保四年正月五日　一通

三五・五糎×四八・六糎　一紙
（本文）請定／権少僧都演永／右、於　紫震殿被行後七日／御修法伴僧請
定如件、
（差出）大行事法印宣重

二七　後七日御修法伴僧請定　弘化三年正月五日　一通
江戸後期　竪紙　楮紙（奉書紙）　三七・六糎×四八・九糎　一紙
（本文）宮中南殿／屈請／権大僧都演永／右、後七日　御修法伴僧可／被
参勤者、請定如件、
（差出）大行事法印盛彰／阿闍梨法務僧正法印大和尚位亮恕
（備考）礼紙（奉書紙、三七・八糎×四八・八糎）、逐而書「追啓、／五大尊供可令
勤修／給由候也」一、懸紙（奉書紙、四七・二糎×三五・六糎）、

二八　後七日御修法伴僧請定　嘉永元年三月四日　一通
江戸後期　竪紙　楮紙（奉書紙）　三一・九糎×四五・五糎　一紙
（本文）宮中南殿／法印大僧都演永／右、後七日御修法伴僧可被／参勤之
状如件、
（差出）行事法橋近義／阿闍梨長者僧正法印大和尚位行雅

二九　理趣三昧職衆請定　八通
室町後期　折紙　漉返紙
（備考）（一）～（八）一括、

（一）理趣三昧職衆請定　天文七年六月日　一通
二五・五糎×四二・八糎　一紙
（本文）初段延／来十一日理趣三昧／慈心院法印「奉」／行樹院権大僧都
「奉」／侍従権律師供養法「奉」、／光台院権律師「奉」／民部卿阿闍梨
讃、「奉」／大夫公調声、「奉」／三位公「奉」／右、請定如件、
（備考）下段に「弘存」、

（二）理趣三昧職衆請定　天文七年六月日　一通
二四・八糎×四二・四糎　一紙
（本文）祐盛執当寄進、／来五日理趣三昧事／慈心院法印「奉」／行樹院大
僧都「奉」／侍従律師「奉」／光台院律師「奉」／民部卿阿闍梨「奉」／
大夫公「奉」／三位公「奉」／右、請定如件、
（備考）下段に「此年貢百姓ノ／前ニ申事アツテ、／天文八年ニ少シ納、／
二ヶ年分一ッ、／支配之也」、

（三）理趣三昧職衆請定　天文七年十月日　一通
二五・〇糎×四二・七糎　一紙
（本文）乗俸寄進、／来十二日理趣三昧／慈心院法印「奉」／行樹院大僧都
「奉」／侍従律師「奉」／光台院律師「奉」／民部卿阿闍梨「奉」／大夫
公「奉」／三位公「奉」／右、請定如件、

（四）理趣三昧職衆請定　天文七年十一月日　一通
二五・一糎×四二・六糎　一紙

（本文）寄進勝琳、／来十六日理趣三昧／慈心院法印「奉」／行樹院大僧都「奉」／侍従律師「奉」／光台院律師「奉」／民部卿阿闍梨「奉」／大夫公「奉」／三位公「奉」／右、請定如件、

（五）理趣三昧職衆請定　天文十三年二月日　一通
三三・九糎×四〇・二糎　一紙
（本文）御影堂寄進頌乗／彼岸入来廿三日理趣三昧／安養院法印「故障」／行樹院法印「奉」／慈心院僧都「奉」／密教院律師「奉」／三位阿闍梨「奉」／兵部卿公「奉」／右、請定如件、

（六）理趣三昧職衆請定　天文十三年五月日　一通
二四・四糎×四一・三糎　一紙
（本文）善進御影堂寄進、／来十一日理趣三昧／安養院法印「故障」／行樹院法印「奉」／慈心院僧都「奉」／密教院律師「奉」／三位阿闍梨「奉」／兵部卿公「奉」／右、請定如件、

（七）理趣三昧職衆請定　天文十三甲辰六月日　一通
二四・八糎×四〇・〇糎　一紙
（本文）寄進祐盛執当御影堂／来五日理趣三昧／安養院法印「故障」／行樹院法印「奉」／慈心院僧都「故障」／密教院律師「奉」／三位阿闍梨「奉」／兵部卿公「故障」／右、請定如件、

（八）理趣三昧職衆請定　天文十四年正月日　一通
二四・四糎×四〇・四糎　一紙
（本文）御影堂勝琳寄進／来十六日理趣三昧／安養院法印「故障」／行樹院法印「奉」／慈心院僧都「奉」／密教院律師「奉」／三位阿闍梨「奉」／兵部卿公「奉」／右、請定如件、

三〇　権少僧都宋倩後七日御修法伴僧請定請文
元和九年正月五日　一通
江戸前期　竪紙　楮紙（高檀紙）　三六・〇糎×五三・三糎　一紙
（本文）謹請／後七日御修法伴僧事／右、可参懃之状、所請如件、
（差出）権少僧都宋倩
（備考）懸紙（高檀紙、四七・〇糎×二九・六糎、ウハ書「後七日請状　山上密教院宋倩」）、

三一　僧正尭円後七日御修法伴僧請定請文
寛永二年正月六日　一通
江戸前期　竪紙　楮紙（高檀紙）　三四・一糎×四七・二糎　一紙
（本文）謹領／請書／右、後七日伴僧可参勤／者、謹所請如件、
（差出）僧正尭円

三二　法印賢晃後七日御修法伴僧請定請文　宝永四年正月五日　一通
江戸前期　竪紙　楮紙（奉書紙）　三六・四糎×四八・九糎　一紙
（本文）謹請／後七日御修法伴僧事／右、可参勤之状、所請如件、
（差出）法印権大僧都賢晃

（備考）懸紙（奉書紙、四九・一糎×三六・二糎、ウハ書「請状　岳西院」）、

三三　権大僧都宥円後七日御修法伴僧請定請文

寛保二年正月六日　一通

江戸中期　竪紙　楮紙（奉書紙）　三三・一糎×四五・四糎　一紙

（本文）謹請／後七日御修法伴僧事／右、可参勤之条、所請如件、

（差出）権大僧都宥円

三四　法印淳覚後七日御修法伴僧請定請文案

寛政五年正月五日　一通

江戸後期　竪紙　楮紙（奉書紙）　三三・〇糎×四六・八糎　一紙

（端書）留メ

（本文）謹請／後七日御修法伴僧事／右、可令参勤之状、／所領如件、

（差出）大僧都法印淳覚

（備考）奥に「如此書上ヲ請定ノ如ク包、上下ヲ折テ、但シ表ノ書付／無之、尤内ニモ当名モ無之、同紙ニテ包、多分京都／ニテ可持遣ス也、又或ハ請定到来ノ時遣ス事モアリ」、

三五　後七日御修法伴僧請定請文

三通

江戸前期　竪紙　楮紙（奉書紙）

（備考）（一）～（三）一括、包紙（奉書紙、四五・〇糎×三二・九糎）、

（一）　運助後七日御修法伴僧請定請文　延宝九年正月五日　一通

三二・三糎×四六・一糎　一紙

（本文）謹請／後七日御修法伴僧事／右、可参勤之状、謹所請如件、

（差出）阿闍梨運助

（二）　権大僧都賢隆後七日御修法伴僧請定請文

延宝九年正月六日　一通

三二・三糎×四四・八糎　一紙

（本文）謹請／後七日御修法伴僧事／右、可参勤之条、所請如件、

（差出）権大僧都賢隆

（三）　権少僧都宗融後七日御修法伴僧請定請文

延宝九年正月八日　一通

三二・〇糎×四九・三糎　一紙

（本文）謹請／後七日御修法伴僧事／右、可参勤之状、所請如件、

（差出）権少僧都宗融

三六　後七日御修法伴僧請定請文

四通

江戸中期　竪紙

（備考）（一）～（四）一括、

（一）　法印隆禅後七日御修法伴僧請定請文

天和四年正月八日　一通

楮紙（奉書紙）　三二・八糎×四四・六糎　一紙

（本文）謹領／御請書一紙／右、後七日御修法伴僧可令／参勤之状、謹所
請如件、
（差出）法印隆禅
（備考）包紙（美濃紙、四四・〇糎×二九・二糎、ウハ書「妙観院」）、

（二）権大僧都尭弁後七日御修法伴僧請定請文　天和四年正月八日　一通
楮紙（高檀紙）三四・〇糎×四六・八糎　一紙
（本文）謹領／御請書一紙／右、後七日御修法伴僧可令／参勤之状、謹所
請如件、
（差出）権大僧都尭弁

（三）法橋禅良後七日御修法伴僧請定請文　天和四年正月八日　一通
漉返紙　三三・二糎×四五・五糎　一紙
（本文）謹領／御請書一紙／右、可参勤／宮中南殿後七日御修法／伴僧
者、謹領如件、
（差出）法橋禅良
（宛所）大行事法橋快基御房

（四）大法師亮観後七日御修法伴僧請定請文　天和四年正月八日　一通
楮紙（奉書紙）三一・〇糎×四二・五糎　一紙
（本文）謹領／御請書一紙／右、後七日御修法伴僧可令／参勤之状、謹所
請如件、
（差出）大法師亮観

三七　後七日御修法伴僧請定請文　十三通
江戸前期　竪紙
（備考）（一）～（一三）一括、

（一）法印定昌後七日御修法伴僧請定請文　寛文七年正月五日　一通
漉返紙　三三・五糎×四七・三糎　一紙
（本文）謹請／後七日御修法伴僧事／右、可令参勤之状、所請如件、
（差出）法印権大僧都定昌
（備考）礼紙（漉返紙、三三・四糎×四七・三糎）、懸紙（奉書紙、四六・〇糎×三〇・八
糎、ウハ書「請状　密乗院」）、

（二）権僧正甚信後七日御修法伴僧請定請文　寛文七年正月五日　一通
楮紙（奉書紙）三四・八糎×四八・八糎　一紙
（本文）謹請／後七日御修法伴僧之事／右、可参勤之条、所請如件、
（差出）権僧正甚信
（備考）懸紙（奉書紙、四八・五糎×三四・四糎、ウハ書「請状　権僧正甚信」）、

（三）　法印覚快後七日御修法伴僧請定請文

寛文七年正月五日　一通

楮紙（奉書紙）　三七・三糎×五三・〇糎　一紙

（端裏）三門僧正高賢後七日請状并請文

（本文）謹請／後七日御修法伴僧事／右、可参勤之状、所請如件、

（差出）法印大僧都覚快

（四）　賢淳・賢琛後七日御修法伴僧請定請文

寛文七年正月五日　一通

楮紙（奉書紙）　三八・五糎×五三・六糎　一紙

（本文）謹請／後七日御修法伴僧事／右、可参勤之状、所請如件、

（差出）賢淳阿闍梨／賢琛阿闍梨

（五）　法印公清後七日御修法伴僧請定請文

寛文七年正月五日　一通

楮紙（奉書紙）　三三・九糎×四九・〇糎　一紙

（本文）謹請／御請書一紙／右、於　宮中紫震殿被行後七日／御修法伴僧

可参勤者、謹所請如件、

（差出）法印権大僧都公清

（備考）懸紙（奉書紙、四八・七糎×三三・八糎、ウハ書「請状　安養院」）、

（六）　権大僧都亮観後七日御修法伴僧請定請文

寛文七年正月五日　一通

楮紙（奉書紙）　三六・三糎×五三・七糎　一紙

（本文）謹領／御請書一紙／右、可参勤　宮中南殿／後七日御修法伴僧

者、／所領如件、

（差出）権大僧都亮観

（備考）懸紙（奉書紙、四三・九糎×三〇・七糎、ウハ書「請状　宝菩提院」）、

（七）　法印真源後七日御修法伴僧請定請文

寛文七年正月五日　一通

楮紙（奉書紙）　三三・八糎×四九・一糎　一紙

（本文）謹領／御請定一紙／右、可参勤後七日御修法／伴僧之状、所請如

件、

（差出）法印真源

（備考）懸紙（奉書紙、四九・一糎×三三・五糎、ウハ書「請状　宝厳院」）、

（八）　権僧正堯盛後七日御修法伴僧請定請文

寛文七年正月五日　一通

楮紙（奉書紙）　三四・三糎×四八・四糎　一紙

（本文）謹請／後七日御修法伴僧事／右、可参勤之状、所請／如件、

（差出）権僧正堯盛

（備考）懸紙（奉書紙、四八・五糎×三三・九糎、ウハ書「請状　覚王院権僧正」）、

（九）　権少僧都定隆後七日御修法伴僧請定請文

寛文七年正月五日　一通

楮紙（奉書紙）　三一・二糎×四四・三糎　一紙
（本文）謹請／後七日御修法伴僧事／右、可令参勤之状、所請如件、
（差出）権少僧都定隆
（備考）礼紙（奉書紙、三一・二糎×四四・二糎）、懸紙（奉書紙、四四・〇糎×三一・〇
糎、ウハ書「請状　金蓮院」）、

（一〇）　権律師賢清後七日御修法伴僧請定請文
寛文七年正月五日　一通
滝返紙　三三・八糎×四三・五糎　一紙
（本文）謹請／後七日御修法伴僧事／右、可令参勤之状、所請如件、
（差出）権律師賢清
（備考）懸紙（滝返紙、四三・四糎×三三・六糎、ウハ書「請状　阿弥陀院」）、

（一一）　法印真朝後七日御修法伴僧請定請文
寛文七年正月五日　一通
楮紙（奉書紙）　三四・一糎×四八・六糎　一紙
（本文）謹請／後七日御修法伴僧事／右、可参勤之状、所請如件、
（差出）法印真朝
（備考）礼紙（奉書紙、三四・二糎×四八・六糎）、懸紙（奉書紙、四八・六糎×三三・七
糎、ウハ書「請状　金剛珠院」）、

（一二）　権少僧都定隆後七日御修法伴僧請定請文
寛文七年正月五日　一通
楮紙（奉書紙）　三一・二糎×四四・〇糎　一紙
（本文）謹請／後七日御修法伴僧事／右、可令参勤之状、所請如件、
（差出）権少僧都定隆
（備考）懸紙（奉書紙、五一・九糎×三六・八糎、ウハ書「請状　金剛王院」）、

（一三）　権少僧都宗光後七日御修法伴僧請定請文
寛文七年正月五日　一通
楮紙（奉書紙）　三七・八糎×五三・二糎　一紙
（本文）謹請／後七日御修法伴僧事／右、可参勤之状、所請如件、
（差出）権少僧都宗光
（備考）懸紙（奉書紙、五三・〇糎×三六・八糎、ウハ書「請状　宝輪院」）、

三八　後七日御修法伴僧請定等　二通
江戸中期　竪紙　楮紙（奉書紙）
（備考）（一）・（二）一括、

（一）　後七日御修法伴僧請定　宝永四年正月五日　一通
三六・〇糎×四九・七糎　一紙
（本文）東寺／請定／法印権大僧都賢敞神供、／右、於　紫宸殿被行後七
日／御修法伴僧請定如件、
（差出）大行事法印正詮
（備考）懸紙（奉書紙、四九・八糎×三五・五糎）、

（二）　法印亮覚後七日御修法伴僧請定請文

宝永四年正月五日　一通

三一・三糎×四六・四糎　一紙

（本文）謹領／御請書一紙／右、可令参勤　宮中南殿／後七日御修法伴僧者、／所領如件、

（差出）法印亮覚

（備考）礼紙（奉書紙、三三・三糎×四六・三糎）、懸紙（奉書紙、四六・〇糎×三三・一糎）、

三九　法印信栄後七日御修法伴僧請定請文　宝永五年正月五日　一通

江戸中期　竪紙　楮紙（奉書紙）　三一・六糎×四五・八糎　一紙

（本文）謹請／後七日御修法伴僧事／右、可参勤之状、謹所請如件、

（差出）法印権大僧都信栄

（備考）礼紙（奉書紙、三一・七糎×四六・〇糎）、逐而書「追啓、可勤修息災護摩由可存知候」、懸紙（奉書紙、四五・九糎×三一・三糎）、結札（奉書紙、一六・九糎×四・五糎、ウハ書「大行事寛慶御房」）、

四〇　後七日御修法伴僧請定請文　六通

江戸中期　竪紙　楮紙（奉書紙）

（備考）（一）～（六）一括、

（一）　法印亮覚後七日御修法伴僧請定請文

宝永六年正月七日　一通

三三・一糎×四五・二糎　一紙

（本文）謹領／後七日御修法伴僧事／右、於東寺灌頂院可被／行伴僧、所請如件、

（差出）法印大僧都亮覚

（備考）礼紙（奉書紙、三三・一糎×四五・四糎）、懸紙（奉書紙、四五・三糎×三一・八糎）、

（二）　権少僧都快済後七日御修法伴僧請定請文

宝永六年正月七日　一通

三一・六糎×四六・二糎　一紙

（本文）謹領／後七日御修法伴僧事／右、於東寺灌頂院可被／行伴僧、所請如件、

（差出）権少僧都快済

（備考）礼紙（奉書紙、三一・八糎×四六・二糎）、懸紙（奉書紙、四六・一糎×三一・三糎）、

（三）　法印栄春後七日御修法伴僧請定請文

宝永六年正月七日　一通

三三・一糎×四五・四糎　一紙

（本文）謹領／後七日御修法伴僧事／右、於東寺灌頂院可被／行伴僧、所請如件、

（差出）法印大僧都栄春

（備考）礼紙（奉書紙、三三・一糎×四五・四糎）、懸紙（奉書紙、四五・四糎×三一・九

糎）、

（四）　教猷後七日御修法伴僧請定請文　宝永六年正月七日　一通

三一・五糎×四五・四糎　一紙

（本文）謹領／後七日御修法伴僧事／右、於東寺灌頂院可被／行伴僧、所
請如件、

（差出）大僧都教猷

（備考）礼紙（奉書紙、三一・六糎×四五・六糎）、懸紙（奉書紙、四五・五糎×三一・四
糎）、

（五）　大僧都亮恕後七日御修法伴僧請定請文　宝永六年正月七日　一通

三一・五糎×四六・三糎　一紙

（本文）謹領／後七日御修法伴僧事／右、於東寺灌頂院可被／行伴僧、所
請如件、

（差出）大僧都亮恕

（備考）礼紙（奉書紙、三一・五糎×四六・四糎）、懸紙（奉書紙、四六・二糎×三一・二
糎）、

（六）　法印亮観後七日御修法伴僧請定請文　宝永六年正月七日　一通

三一・九糎×四五・三糎　一紙

（本文）謹領／後七日御修法伴僧事／右、於東寺灌頂院可被行／伴僧、所
請如件、

（差出）法印大僧都亮観

（備考）礼紙（奉書紙、三一・九糎×四五・三糎）、逐而書「追而／聖天供可令存
知之由、得其意候也」、懸紙（奉書紙、四五・四糎×三一・九糎）、

四一　後七日御修法伴僧請定請文　四通

江戸中期　竪紙　楮紙（奉書紙）

（備考）（一）～（四）一括、

（一）　法印賢能後七日御修法伴僧請定請文　宝永六年正月五日　一通

三一・九糎×四六・四糎　一紙

（本文）謹請／御請書事／右、於東寺被行／後七日御修法伴僧／可参勤
者、謹所請如件、

（差出）法印権大僧都賢能

（備考）結札（奉書紙、一七・〇糎×四・七糎、ウハ書「大行事寛慶御房」）、懸
紙（奉書紙、四五・七糎×三一・七糎）、

（二）　法印賢敞後七日御修法伴僧請定請文　宝永六年正月五日　一通

三一・〇糎×四六・四糎　一紙

（本文）謹請／御請書事／右、於東寺被行／後七日御修法伴僧／可参勤
者、謹所請如件、

（差出）法印権大僧都賢敞
（備考）結札（奉書紙、一七・九糎×四・七糎、ウハ書「大行事寛慶御房」）、懸
紙（奉書紙、四六・五糎×三一・七糎）、

（三） 権少僧都演真後七日御修法伴僧請定請文
宝永六年正月五日　一通
三三・〇糎×四六・五糎　一紙
（本文）謹請／御請書事／右、於東寺被行／後七日御修法伴僧／可参勤
者、謹所請如件、
（差出）権少僧都演真
（備考）懸紙（奉書紙、四六・五糎×三一・八糎）、

（四） 権少僧都真円後七日御修法伴僧請定請文
宝永六年正月五日　一通
三九・三糎×五三・七糎　一紙
（本文）謹領／後七日御修法伴僧事／右、可参勤之条者、謹／所請如件、
（差出）権少僧都真円
（備考）懸紙（奉書紙、五〇・二糎×三五・一糎）、

四二　後七日御修法伴僧請定請文　六通
江戸中期　竪紙　楮紙（奉書紙）
（備考）（一）～（六）一括、

（一） 法印賢能後七日御修法伴僧請定請文
宝永七年三月二日　一通
三五・八糎×四九・一糎　一紙
（本文）謹領／御請書一紙／後七日御修法伴僧事／右、所領者如件、
（差出）法印賢能
（備考）懸紙（奉書紙、四九・一糎×三五・五糎）、

（二） 権僧正賢晃後七日御修法伴僧請定請文
宝永七年三月二日　一通
三一・六糎×四六・五糎　一紙
（本文）謹領／御請書一紙／後七日御修法伴僧事／右、所領者如件、
（差出）権僧正賢晃
（備考）懸紙（奉書紙、四六・五糎×三一・四糎）、

（三） 法印信栄後七日御修法伴僧請定請文
宝永七年三月二日　一通
三六・〇糎×四九・九糎　一紙
（本文）謹領／御請書一紙／後七日御修法伴僧事／右、所領者如件、
（差出）法印権大僧都信栄
（備考）礼紙（奉書紙、三六・〇糎×四九・八糎）、逐而書「追啓、可勤修聖天供
由、／可存知候」、懸紙（奉書紙、四九・八糎×三五・四糎）、

（四） 権少僧都真円後七日御修法伴僧請定請文

宝永七年三月二日　一通

三三・一糎×四五・五糎　一紙

（本文）謹領／後七日御修法伴僧事／右、可令参勤之条、／謹所請如件、

（差出）権少僧都真円

（備考）懸紙（奉書紙、四五・五糎×三三・一糎）、

（五）　法印賢継後七日御修法伴僧請定請文

宝永七年三月二日　一通

三三・一糎×四五・九糎　一紙

（本文）謹領／御請書一紙／後七日御修法伴僧事／右、所領者如件、

（差出）法印権大僧都賢継

（六）　権少僧都演真後七日御修法伴僧請定請文

宝永七年三月二日　一通

三六・四糎×四九・三糎　一紙

（本文）謹領／御請書一紙／後七日御修法伴僧事／右、所領者如件、

（差出）権少僧都演真

（備考）懸紙（奉書紙、四九・三糎×三六・〇糎）、

四三　後七日御修法伴僧請定請文　十三通

江戸後期　楮紙（奉書紙）

（備考）（一）～（一三）一括、

（一）　権律師光心後七日御修法伴僧請定請文

享和三年正月五日　一通

竪紙　三六・四糎×五〇・〇糎　一紙

（本文）謹請／後七日御修法伴僧之事／右、可参勤之条、所請如件、

（差出）権律師光心

（備考）礼紙（奉書紙、三六・四糎×四九・六糎）、懸紙（奉書紙、四九・六糎×三六・三糎、ウハ書「請状　権律師光心」）、

（二）　権少僧都隆耀後七日御修法伴僧請定請文

享和三年正月五日　一通

竪紙　三六・六糎×五〇・二糎　一紙

（本文）謹請／後七日御修法伴僧之事／右、可参勤之条、所請如件、

（差出）権少僧都隆耀

（備考）礼紙（奉書紙、三六・五糎×五〇・三糎）、懸紙（奉書紙、五〇・二糎×三六・二糎、ウハ書「請状　権少僧都隆耀」）、

（三）　大法師淳済後七日御修法伴僧請定請文

享和三年正月五日　一通

竪紙　三六・二糎×四九・五糎　一紙

（本文）謹請／後七日御修法伴僧事／右、可参勤之条、所請如件、

（差出）大法師淳済

（備考）礼紙（奉書紙、三六・三糎×四九・六糎）、懸紙（奉書紙、四九・四糎×三五・八糎、ウハ書「請状　大法師淳済」）、

（四）　法眼定快後七日御修法伴僧請定請文

享和三年正月五日　一通

重紙　三七・九糎×四九・三 四九・四糎　二紙

（本文）謹領／請書之事／右、可令参勤／宮中南殿後七日御修法伴僧者、／所領如件、

（差出）法眼定快

（備考）懸紙（奉書紙、四九・三糎×三七・七糎）、

（五）　法眼宝洲後七日御修法伴僧請定請文

享和三年正月五日　一通

重紙　三七・八 三七・九糎×四九・三 四九・四糎　二紙

（本文）謹領／請書之事／右、可令参勤／宮中南殿後七日御修法伴僧者、／所領如件、

（差出）法眼宝洲

（備考）懸紙（奉書紙、四九・五糎×三七・八糎）、

（六）　権少僧都演乗後七日御修法伴僧請定請文

享和三年正月五日　一通

竪紙　三一・八糎×四六・八糎　一紙

（本文）謹請／後七日御修法伴僧之事／右、可令参勤之状、所請如件、

（差出）権少僧都演乗

（備考）懸紙（奉書紙、四六・七糎×三一・七糎）、

（七）　少僧都住宝後七日御修法伴僧請定請文

享和三年正月五日　一通

竪紙　三六・一糎×四九・九糎　一紙

（本文）謹領／請書之事／右、可令参勤／宮中南殿後七日御修法伴僧者、／所領如件、

（差出）少僧都住宝

（備考）礼紙（奉書紙、三六・三糎×四九・九糎）、逐而書「念誦発音可令勤修之旨、／得其意存候也」、懸紙（奉書紙、四九・八糎×三六・二糎）、

（八）　法印顕淳後七日御修法伴僧請定請文

享和三年正月五日　一通

竪紙　三一・八糎×四六・八糎　一紙

（本文）謹請／後七日御修法伴僧之事／右、可令参勤之状、所請如件、

（差出）法印大僧都顕淳

（備考）懸紙（奉書紙、四六・八糎×三一・七糎）、

（九）　権僧正淳覚後七日御修法伴僧請定請文

享和三年正月五日　一通

竪紙　三六・二糎×四九・五糎　一紙

（本文）謹請／後七日御修法伴僧事／右、可参勤之条、所請如件、

（差出）権僧正淳覚

（備考）礼紙（奉書紙、三六・三糎×四九・五糎）、懸紙（奉書紙、四九・五糎×三六・〇糎、ウハ書「請状　権僧正淳覚」）、

（一〇）　権僧正蔵海後七日御修法伴僧請定請文　享和三年正月五日　一通

竪紙　三六・六糎×五〇・五糎　一紙

（本文）謹請／後七日御修法伴僧之事／右、可参勤之条、所請如件、

（差出）権僧正蔵海

（備考）礼紙（奉書紙、三六・六糎×五〇・三糎）、懸紙（奉書紙、五〇・一糎×三六・二糎、ウハ書「請状　権僧正蔵海」）、

（一一）　僧正定隆後七日御修法伴僧請定請文　享和三年正月五日　一通

竪紙　三二・八糎×四五・九糎　一紙

（本文）謹請／後七日伴僧事／右、可令参勤之状如件、

（差出）僧正定隆

（備考）礼紙（奉書紙、三二・九糎×四六・二糎）、懸紙（奉書紙、四六・四糎×三二・七糎）、

（一二）　権僧正澄意後七日御修法伴僧請定請文　享和三年正月五日　一通

竪紙　三二・六糎×四五・六糎　一紙

（本文）謹請／後七日御修法伴僧事／右、可令参勤之状、所請如件、

（差出）権僧正澄意

（備考）礼紙（奉書紙、三二・六糎×四五・七糎）、懸紙（奉書紙、四五・六糎×三二・五糎）、

（一三）　僧正俊賢後七日御修法伴僧請定請文　享和三年正月五日　一通

重紙　三六・四糎×四九・九糎　二紙

（本文）謹請／後七日御修法伴僧之事／右、可参勤之条、所請如件、

（差出）僧正俊賢

（備考）懸紙（奉書紙、四九・九糎×三六・二糎、ウハ書「請状　僧正俊賢」）、

四四　後七日御修法伴僧請定請文　十三通

江戸後期　竪紙　楮紙（奉書紙）

（備考）（一）～（一三）一括、

（一）　権僧正蔵海後七日御修法伴僧請定請文　享和四年正月五日　一通

三六・五糎×五〇・二糎　一紙

（本文）謹請／後七日御修法伴僧之事／右、可参勤之条、所請如件、

（差出）権僧正蔵海

（備考）礼紙（奉書紙、三六・五糎×五〇・四糎）、懸紙（奉書紙、五〇・二糎×三六・二糎、ウハ書「請状　権僧正蔵海」）、

（二）　法眼宝洲後七日御修法伴僧請定請文　享和四年正月五日　一通

三二・七糎×四五・二糎　一紙

（本文）謹領／請書事／右、可令参勤／宮中南殿後七日御修法／伴僧者、

所領如件、
(差出) 法眼宝洲
(備考) 礼紙(奉書紙、三二・七糎×四五・三糎)、逐而書「念誦発音之事、得其／
意候也」、懸紙(奉書紙、四六・四糎×三二・三糎)、

(三) 法印堯朝後七日御修法伴僧請定請文　　享和四年正月五日　一通
三六・二糎×四九・八糎　一紙
(本文) 謹領／請書事／右、可令参勤　宮中南殿／後七日御修法伴僧
者、／所領如件、
(差出) 権僧正法印堯朝
(備考) 礼紙(奉書紙、三六・三糎×四九・八糎)、懸紙(奉書紙、四九・七糎×三五・九
糎)、

(四) 少僧都住宝後七日御修法伴僧請定請文　　享和四年正月五日　一通
三八・〇糎×五〇・〇糎　一紙
(本文) 謹領／請書事／右、可令参勤／宮中南殿後七日　御修法／伴僧
者、所領如件、
(差出) 少僧都住宝
(備考) 礼紙(奉書紙、三八・〇糎×五〇・〇糎)、懸紙(奉書紙、五〇・〇糎×三七・五
糎)、

(五) 法眼定快後七日御修法伴僧請定請文　　享和四年正月五日　一通
三二・六糎×四五・二糎　一紙
(本文) 謹領／請書事／右、可令参勤／宮中南殿後七日御修法／伴僧者、
所領如件、
(差出) 法眼定快
(備考) 礼紙(奉書紙、三二・六糎×四五・二糎)、懸紙(奉書紙、四六・四糎×三二・四
糎)、

(六) 僧正定隆後七日御修法伴僧請定請文　　享和四年正月五日　一通
三二・〇糎×四四・四糎　一紙
(本文) 謹請／後七日御修法伴僧事／右、可令参勤之状、所請如件、
(差出) 僧正定隆
(備考) 礼紙(奉書紙、三二・〇糎×四四・四糎)、懸紙(奉書紙、四四・〇糎×三二・八
糎、ウハ書「請状」)、

(七) 法眼円静後七日御修法伴僧請定請文　　享和四年正月五日　一通
三二・六糎×四五・二糎　一紙
(本文) 謹領／請書事／右、可令参勤／宮中南殿後七日御修法／伴僧者、
所領如件、
(差出) 法眼円静

（備考）礼紙（奉書紙、三二・六糎×四五・二糎）、懸紙（奉書紙、四六・五糎×三二・三
糎）、

（八）　権少僧都演乗後七日御修法伴僧請定請文
享和四年正月五日　一通
三二・八糎×四六・八糎　一紙
（本文）謹請／後七日御修法伴僧事／右、可令参勤之状、所請如件、
（差出）権少僧都演乗
（備考）礼紙（奉書紙、三二・八糎×四六・八糎）、懸紙（奉書紙、四六・八糎×三二・七
糎、ウハ書「請状」）、

（九）　権律師演寿後七日御修法伴僧請定請文
享和四年正月五日　一通
三二・八糎×四六・八糎　一紙
（本文）謹請／後七日御修法伴僧事／右、可令参勤之状、所請如件、
（差出）権律師演寿
（備考）礼紙（奉書紙、三二・八糎×四六・八糎）、懸紙（奉書紙、四六・六糎×三二・七
糎、ウハ書「請状」）、

（一〇）　法印顕淳後七日御修法伴僧請定請文
享和四年正月五日　一通
三二・八糎×四六・七糎　一紙
（本文）謹請／後七日御修法伴僧事／右、可令参勤之状、所請如件、
（差出）法印大僧都顕淳
（備考）礼紙（奉書紙、三二・八糎×四六・八糎）、懸紙（奉書紙、四六・七糎×三二・七
糎、ウハ書「請状」）、

（一一）　権僧正澄意後七日御修法伴僧請定請文
享和四年正月五日　一通
三二・六糎×四六・二糎　一紙
（本文）謹請／後七日御修法伴僧事／右、可令参勤之状、所請如件、
（差出）権僧正澄意
（備考）礼紙（奉書紙、三二・五糎×四六・二糎）、懸紙（奉書紙、四六・二糎×三二・四
糎）、

（一二）　僧正俊賢後七日御修法伴僧請定請文
享和四年正月五日　一通
三六・五糎×五〇・五糎　一紙
（本文）謹請／後七日御修法伴僧之事／右、可参勤之条、所請如件、
（差出）僧正俊賢
（備考）礼紙（奉書紙、三六・六糎×五〇・六糎）、懸紙（奉書紙、五〇・三糎×三六・五
糎、ウハ書「請状　僧正俊賢」）、

（一三）　権僧正淳覚後七日御修法伴僧請定請文
享和四年正月五日　一通
三六・二糎×四九・八糎　一紙

（本文）謹請／後七日御修法伴僧之事／右、可参勤之条、所請如件、
（差出）権僧正淳覚
（備考）礼紙（奉書紙、三六・三糎×五〇・〇糎）、懸紙（奉書紙、四九・九糎×三六・三
糎、ウハ書「請状　権僧正淳覚」）、

四五　後七日御修法伴僧請定請文　十二通
江戸後期　竪紙　楮紙（奉書紙）
（備考）（一）〜（一二）一括、

（一）　法眼定快後七日御修法伴僧請定請文
文化二年正月五日　一通
三一・五糎×四六・五糎　一紙
（本文）謹領／請書事／右、可令参勤／宮中南殿後七日御修法／伴僧者、
所領如件、
（差出）法眼定快
（備考）礼紙（奉書紙、三一・〇糎×四五・一糎）、懸紙（奉書紙、四五・〇糎×三一・六
糎）、

（二）　権僧正淳覚後七日御修法伴僧請定請文
文化二年正月五日　一通
三六・四糎×五〇・〇糎　一紙
（本文）謹領／後七日御修法伴僧之事／右、可令参勤之条、所領如件、
（差出）権僧正淳覚
（備考）礼紙（奉書紙、三六・四糎×五〇・〇糎）、懸紙（奉書紙、四九・九糎×三六・二
糎、ウハ書「権僧正淳覚」）、

（三）　法印顕淳後七日御修法伴僧請定請文
文化二年正月五日　一通
三二・二糎×四六・〇糎　一紙
（本文）謹領／後七日御修法伴僧之事／右、可令参勤之条、所領如件、
（差出）法印大僧都顕淳
（備考）礼紙（奉書紙、三一・五糎×四六・〇糎）、懸紙（奉書紙、四六・〇糎×三三・〇
糎）、

（四）　少僧都住宝後七日御修法伴僧請定請文
文化二年正月五日　一通
三一・七糎×四六・一糎　一紙
（本文）謹領／請書事／右、可令参勤／宮中南殿後七日御修法／伴僧者、
所領如件、
（差出）少僧都住宝
（備考）礼紙（奉書紙、三二・六糎×四六・〇糎）、逐而書「可令念誦発音勤修之
旨、得其意候也」、懸紙（奉書紙、四五・九糎×三三・四糎）、

（五）　法印了空後七日御修法伴僧請定請文
文化二年正月五日　一通
三一・五糎×四五・四糎　一紙

（本文）謹領／請書事／右、可令参勤／宮中南殿後七日御修法／伴僧者、
所領如件、
（差出）法印大僧都了空
（備考）礼紙（奉書紙、三一・五糎×四五・三糎）、懸紙（奉書紙、四五・五糎×三一・三糎）、

（六）僧正定隆後七日御修法伴僧請定請文

文化二年正月五日　一通

三一・三糎×四五・五糎　一紙
（本文）謹請／後七日御修法伴僧事／右、可令参勤之状、所請如件、
（差出）僧正定隆
（備考）礼紙（奉書紙、三一・四糎×四五・一糎）、懸紙（奉書紙、四五・三糎×三一・二糎）、

（七）僧正俊賢後七日御修法伴僧請定請文

文化二年正月五日　一通

三二・〇糎×四六・二糎　一紙
（本文）謹領／後七日御修法伴僧之事／右、可令参勤之条、所領如件、
（差出）僧正俊賢
（備考）礼紙（奉書紙、三二・〇糎×四六・二糎）、懸紙（奉書紙、四六・二糎×三一・九糎、ウハ書「僧正俊賢」）、

（八）権僧正蔵海後七日御修法伴僧請定請文

文化二年正月五日　一通

三一・六糎×四六・七糎　一紙
（本文）謹領／後七日御修法伴僧之事／右、可令参勤之条、所領如件、
（差出）権僧正蔵海
（備考）礼紙（奉書紙、三一・七糎×四六・六糎）、懸紙（奉書紙、四六・六糎×三一・五糎、ウハ書「権僧正蔵海」）、

（九）権律師演寿後七日御修法伴僧請定請文

文化二年正月五日　一通

三一・三糎×四六・〇糎　一紙
（本文）謹領／後七日御修法伴僧之事／右、可令参勤之条、所領如件、
（差出）権律師演寿
（備考）礼紙（奉書紙、三一・三糎×四五・八糎）、懸紙（奉書紙、四五・七糎×三一・〇糎）、

（一〇）法眼宝洲後七日御修法伴僧請定請文

文化二年正月五日　一通

三一・五糎×四六・七糎　一紙
（本文）謹領／請書事／右、可令参勤／宮中南殿後七日御修法／伴僧者、
所領如件、
（差出）法眼宝洲
（備考）礼紙（奉書紙、三一・八糎×四五・一糎）、懸紙（奉書紙、四四・九糎×三一・六糎）、

（一一）　権僧正尭朝後七日御修法伴僧請定請文　　文化二年正月五日　一通

三一・七糎×四六・五糎　一紙

（本文）謹領／請書事／右、可令参勤／宮中南殿後七日御修法伴僧者、／所領如件、

（差出）権僧正尭朝

（備考）礼紙（奉書紙、三一・七糎×四六・六糎）、懸紙（奉書紙、四六・四糎×三一・六糎）、

（一二）　権少僧都演乗後七日御修法伴僧請定請文　　文化二年正月五日　一通

三三・三糎×四五・九糎　一紙

（本文）謹領／後七日御修法伴僧之事／右、可令参勤之条、所領如件、

（差出）権少僧都演乗

（備考）礼紙（奉書紙、三三・三糎×四六・〇糎）、懸紙（奉書紙、四五・九糎×三一・九糎）、

四六　後七日御修法伴僧請定請文　　十三通

江戸後期　竪紙　楮紙（奉書紙）

（備考）（一）〜（一三）一括、

（一）　権少僧都演乗後七日御修法伴僧請定請文　　文化三年正月五日　一通

三三・〇糎×四四・七糎　一紙

（本文）謹領／後七日御修法伴僧事／右、可参勤之条、所請如件、

（差出）権少僧都演乗

（備考）礼紙（奉書紙、三三・〇糎×四四・六糎）、懸紙（奉書紙、四四・五糎×三三・九糎）、

（二）　僧正俊賢後七日御修法伴僧請定請文　　文化三年正月五日　一通

三一・九糎×四六・一糎　一紙

（本文）謹領／後七日御修法伴僧事／右、可令参勤之条、所領／如件、

（差出）僧正俊賢

（備考）礼紙（奉書紙、三一・九糎×四六・〇糎）、懸紙（奉書紙、四六・〇糎×三一・七糎）、

（三）　僧正定隆後七日御修法伴僧請定請文　　文化三年正月五日　一通

三一・七糎×四五・一糎　一紙

（本文）謹請／後七日御修法伴僧事／右、可令参勤之状、所請如件、

（差出）僧正定隆

（備考）礼紙（奉書紙、三一・七糎×四五・一糎）、懸紙（奉書紙、四五・〇糎×三一・五糎）、

（四）　権僧正蔵海後七日御修法伴僧請定請文

文化三年正月五日　一通
三一・六糎×四六・二糎　一紙
（本文）謹領／後七日御修法伴僧之事／右、可令参勤之条、所領／如件、
（差出）権僧正蔵海
（備考）礼紙（奉書紙、三一・六糎×四六・一糎）、懸紙（奉書紙、四六・〇糎×三一・五糎、ウハ書「権僧正蔵海」）、

（五）権僧正淳覚後七日御修法伴僧請定請文
文化三年正月五日　一通
三一・六糎×四六・三糎　一紙
（本文）謹領／後七日御修法伴僧之事／右、可令参勤之条、所領／如件、
（差出）権僧正淳覚
（備考）礼紙（奉書紙、三一・六糎×四六・八糎）、懸紙（奉書紙、四六・二糎×三一・四糎、ウハ書「権僧正淳覚」）、

（六）権僧正澄意後七日御修法伴僧請定請文
文化三年正月五日　一通
三一・七糎×四五・〇糎　一紙
（本文）謹領／後七日御修法伴僧事／右、可令参勤之状、所領如件、
（差出）権僧正澄意
（備考）礼紙（奉書紙、三一・七糎×四五・一糎）、懸紙（奉書紙、四五・〇糎×三一・五糎）、

（七）大僧都顕淳後七日御修法伴僧請定請文
文化三年正月五日　一通
三三・〇糎×四四・七糎　一紙
（本文）謹領／後七日御修法伴僧事／右、可参勤之条、所請如件、
（差出）大僧都顕淳
（備考）礼紙（奉書紙、三三・〇糎×四四・七糎）、懸紙（奉書紙、四四・六糎×三三・〇糎）、

（八）少僧都住宝後七日御修法伴僧請定請文
文化三年正月五日　一通
三一・七糎×四五・八糎　一紙
（本文）謹領／請書事／右、可令参勤／宮中南殿後七日御修法伴僧／者、所領如件、
（差出）少僧都住宝
（備考）礼紙（奉書紙、三一・四糎×四五・七糎）、懸紙（奉書紙、四五・六糎×三一・四糎）、

（九）権少僧都淳済後七日御修法伴僧請定請文
文化三年正月五日　一通
三一・五糎×四六・一糎　一紙
（本文）謹領／後七日御修法伴僧之事／右、可令参勤之条、所領／如件、
（差出）権少僧都淳済
（備考）礼紙（奉書紙、三一・五糎×四六・〇糎）、懸紙（奉書紙、四六・〇糎×三一・九

糎、ウハ書「権少僧都淳済」）、

（一〇）　法眼円静後七日御修法伴僧請定請文　　文化三年正月五日　一通

三一・八糎×四六・八糎　一紙

（本文）謹領／請書事／右、可令参勤／宮中南殿後七日御修法／伴僧者、
所領如件、

（差出）法眼円静

（備考）札紙（奉書紙、三一・六糎×四六・八糎）、懸紙（奉書紙、四六・六糎×三一・五
糎）、

（一一）　権少僧都演寿後七日御修法伴僧請定請文　　文化三年正月五日　一通

三三・〇糎×四四・七糎　一紙

（本文）謹領／後七日御修法伴僧事／右、可参勤之条、所請如件、

（差出）権少僧都演寿

（備考）札紙（奉書紙、三三・〇糎×四四・七糎）、懸紙（奉書紙、四四・六糎×三一・九
糎）、

（一二）　法眼定快後七日御修法伴僧請定請文　　文化三年正月五日　一通

三一・六糎×四六・八糎　一紙

（本文）謹領／請書事／右、可令参勤／宮中南殿後七日御修法／伴僧者、
所領如件、

（差出）法眼定快

（備考）札紙（奉書紙、三一・六糎×四七・〇糎）、懸紙（奉書紙、四六・七糎×三一・五
糎）、

（一三）　法眼宝洲後七日御修法伴僧請定請文　　文化三年正月五日　一通

三一・七糎×四六・七糎　一紙

（本文）謹領／請書事／右、可令参勤／宮中南殿後七日御修法／伴僧者、
所領如件、

（差出）法眼宝洲

（備考）札紙（奉書紙、三一・六糎×四六・八糎）、

四七　後七日御修法伴僧請定請文　十三通

江戸後期　竪紙　楮紙（奉書紙）

（備考）（一）～（一三）一括、

（一）　法眼円静後七日御修法伴僧請定請文　　文化四年正月五日　一通

三一・六糎×四五・七糎　一紙

（本文）謹領／請書事／右、可令参勤／宮中南殿後七日御修法／伴僧者、
所領如件、

（差出）法眼円静

（備考）礼紙（奉書紙、三二・五糎×四五・六糎）、懸紙（奉書紙、四五・四糎×三二・三糎）、

（二）少僧都住宝後七日御修法伴僧請定請文
文化四年正月五日　一通
三二・五糎×四五・五糎　一紙
（本文）謹領／請書事／右、可令参勤／宮中南殿後七日御修法伴僧者、／所領如件、
（差出）少僧都住宝
（備考）礼紙（奉書紙、三二・五糎×四五・五糎）、逐而書「念誦発音可令勤修之旨、／得其意存候也」、懸紙（奉書紙、四五・三糎×三二・三糎）、

（三）法眼定快後七日御修法伴僧請定請文
文化四年正月五日　一通
三二・四糎×四五・七糎　一紙
（本文）謹領／請書事／右、可令参勤／宮中南殿後七日御修法／伴僧者、所領如件、
（差出）法眼定快
（備考）礼紙（奉書紙、三二・五糎×四五・七糎）、懸紙（奉書紙、四五・五糎×三二・五糎）、

（四）法印顕淳後七日御修法伴僧請定請文
文化四年正月五日　一通
三三・〇糎×四四・七糎　一紙
（本文）謹領／後七日御修法伴僧事／右、可令参勤之状、所請如件、
（差出）法印大僧都顕淳
（備考）礼紙（奉書紙、三三・〇糎×四四・三糎）、懸紙（奉書紙、四四・六糎×三二・八糎）、

（五）権少僧都演寿後七日御修法伴僧請定請文
文化四年正月五日　一通
三三・〇糎×四四・七糎　一紙
（本文）謹領／後七日御修法伴僧事／右、可令参勤之状、所請如件、
（差出）権少僧都演寿
（備考）懸紙（奉書紙、四四・六糎×三二・七糎）、

（六）権僧正蔵海後七日御修法伴僧請定請文
文化四年正月五日　一通
三二・五糎×四六・二糎　一紙
（本文）謹領／後七日御修法伴僧之事／右、可令参勤之条、所領如件、
（差出）権僧正蔵海
（備考）礼紙（奉書紙、三二・七糎×四六・〇糎）、懸紙（奉書紙、四六・〇糎×三二・三糎、ウハ書「権僧正蔵海」）、

（七）権僧正澄意後七日御修法伴僧請定請文
文化四年正月五日　一通

三二・八糎×四六・三糎　一紙
（本文）謹領／後七日御修法伴僧事／右、可令参勤之状、所領如件、
（差出）権僧正澄意
（備考）礼紙（奉書紙、三二・九糎×四六・四糎）、懸紙（奉書紙、四六・三糎×三二・七糎）、

（八）少僧都宝洲後七日御修法伴僧請定請文

文化四年正月五日　一通

三二・六糎×四五・七糎　一紙
（本文）謹領／請書事／右、可令参勤／宮中南殿後七日御修法／伴僧者、所領如件、
（差出）少僧都宝洲
（備考）礼紙（奉書紙、三二・六糎×四五・七糎）、懸紙（奉書紙、四五・六糎×三二・四糎）、

（九）僧正俊賢後七日御修法伴僧請定請文

文化四年正月五日　一通

三三・一糎×四六・六糎　一紙
（本文）謹領／後七日御修法伴僧之事／右、可参勤之條、所領如件、
（差出）僧正俊賢
（備考）礼紙（奉書紙、三三・〇糎×四六・五糎）、懸紙（奉書紙、四六・六糎×三三・〇糎、ウハ書「僧正俊賢」）、

（一〇）権僧正淳覚後七日御修法伴僧請定請文

文化四年正月五日　一通

三二・六糎×四五・四糎　一紙
（本文）謹領／後七日御修法伴僧之事息災護摩／右、可令参勤之条、所領／如件、
（差出）権僧正淳覚
（備考）礼紙（奉書紙、三二・六糎×四五・四糎）、懸紙（奉書紙、四五・四糎×三二・五糎、ウハ書「権僧正淳覚」）、

（一一）権少僧都淳済後七日御修法伴僧請定請文

文化四年正月五日　一通

三二・六糎×四五・五糎　一紙
（本文）謹領／後七日御修法伴僧之事／右、可令参勤之条、／所領如件、
（差出）権少僧都淳済
（備考）礼紙（奉書紙、三二・七糎×四五・四糎）、懸紙（奉書紙、四五・四糎×三二・五糎、ウハ書「権少僧都淳済」）、

（一二）権少僧都演乗後七日御修法伴僧請定請文

文化四年正月五日　一通

三三・〇糎×四四・七糎　一紙
（本文）謹領／後七日御修法伴僧事／右、可令参勤之状、所請如件、
（差出）権少僧都演乗
（備考）礼紙（奉書紙、三三・〇糎×四四・七糎）、懸紙（奉書紙、四四・六糎×三二・八

糎）、

（一三） 僧正定隆後七日御修法伴僧請定請文

文化四年正月五日 一通

三・七糎×四・九糎 一紙

（本文） 謹請／後七日御修法伴僧事／右、可令参勤之状、所請如件、

（差出） 僧正定隆

（備考） 礼紙（奉書紙、三・六糎×四・九糎）、懸紙（奉書紙、四・八糎×三・五糎）、

四八 法務高賢護持僧請文案 寛文七年正月卅日（二月一日） 一通

江戸前期 竪紙 楮紙（奉書紙） 四三・六糎×五七・六糎 一紙

（端裏） 護持請文案 掛紙有之也、

（本文） 謹請／論旨事／右、可候二間夜居之状、／謹以所請如件、

（差出） 権僧（法務）正高賢

四九 法務高演不動法伴僧請定請文案等 二通

江戸後期 竪紙 楮紙（奉書紙）

（備考）（一）・（二）一括、包紙（奉書紙、四九・三糎×三七・四糎、ウハ書「甲子御祈請文之案 法務高演」）、

（一） 法務高演不動法伴僧請定請文案

（文化元年）十月廿四日 一通

三七・九糎×四九・九糎 一紙

（本文） 自来十二月廿一日、率／六口伴僧、於南殿可／令始行（勤修）不動法状、／謹所請如件、

（差出） 前（法務）大僧正高演

（備考） 礼紙（奉書紙、三七・九糎×四九・九糎）、逐而書「逐言、／支度進之候也」、

（二） 不動法支度注進状案 文化元年十二月廿四日 一通

三七・八糎×四九・八糎 一紙

（書出） 注進 不動御修法三箇日支度事／合／五色糸 一筋／蘇 蜜 名香 沈

（書止） 阿闍梨 伴僧六口 承仕二人／駈使四人 見丁二人／浄衣白色、供料如常、／右、注進如件、

（差出） 行事法橋経誼／阿闍梨法務大僧正法印大和尚位高演

五〇 前大僧正五大虚空蔵法伴僧請定請文案等 二通

江戸後期 竪紙 楮紙（奉書紙）

（備考）（一）・（二）一括、包紙（奉書紙、四六・五糎×三六・八糎、ウハ書「五大虚空蔵御修法請文之案 前大僧正高演」）、同筆、

（一） 前大僧正高演五大虚空蔵法伴僧請定請文案

（享和元年）十一月十九日 一通

三六・八糎×四六・七糎 一紙

（本文） 自来月十六日、率／八口伴侶、可令始行／五大虚空蔵法状、／謹

所請如件、
（差出）前大僧正高演
（備考）礼紙（奉書紙、三六・八糎×四八・七糎）、逐而書「逐言、／於本坊可令行
之旨奉候、／支度進之候也」、

（二）　五大虚空蔵法支度注進状案　享和元年十一月十九日　一通
三七・〇糎×四八・七糎　一紙
（書出）注進　五大虚空蔵御修法一七箇日支度事／合／蘇　蜜　名香
白檀、／五宝　金　銀　真珠　水精　瑠璃
（書止）折敷三枚　閼伽棚一基　長櫃二合／阿闍梨　伴僧八口　承仕三
人　駈仕四人　見丁二人／浄衣白色、／右、注進如件、
（差出）行事法橋上人位経誼／阿闍梨大僧正法印大和尚位高演
（備考）（一）〜（五）一括、

五一　権僧正五大虚空蔵法伴僧請定請文等　五通
江戸後期　竪紙　楮紙（高檀紙）

（一）　権僧正澄意五大虚空蔵法伴僧請定請文
享和元年十二月十三日　一通
三三・四糎×四六・三糎　一紙
（本文）謹領／五大虚空蔵御修法伴僧事／右、依　宣旨、自来十六日於
御／本坊可被行之、仍可令参勤／之旨、謹所領如件、
（差出）権僧正澄意
（備考）懸紙（高檀紙、四六・三糎×三三・〇糎）、

（二）　権僧正淳覚五大虚空蔵法伴僧請定請文
享和元年十二月十三日　一通
三三・三糎×四六・三糎　一紙
（本文）謹領／五大虚空蔵御修法伴僧事／右、依　宣旨、自来十六日於／
御本坊可被行之、仍／可令参勤之旨、謹所領／如件、
（差出）権僧正淳覚
（備考）懸紙（高檀紙、四六・二糎×三三・〇糎）、

（三）　五大虚空蔵法伴僧請定案　享和元年十二月十三日　一通
三三・七糎×五一・九糎　一紙
（端裏）五大虚空蔵御修法請状案　僧正権僧正書付各通也、
（本文）請定／五大虚空蔵御修法伴僧事／僧正護摩、／右、依　宣旨、自
来十六日於本坊／可被始行、仍請定如件、
（差出）行事法橋経誼

（四）　僧正俊賢五大虚空蔵法伴僧請定請文
享和元年十二月十三日　一通
三三・二糎×四六・三糎　一紙
（本文）謹領／五大虚空蔵御修法伴僧事／右、依　宣旨、自来十六日於／
御本坊可被行之、仍／可令参勤之旨、謹所領／如件、
（差出）僧正俊賢

（備考）懸紙（高檀紙、四五・九糎×三一・八糎）、

（五）僧正定隆五大虚空蔵法伴僧請定請文

享和元年十二月十三日　一通

三四・一糎×四八・六糎　一紙

（本文）謹領／五大虚空蔵御修法伴僧事／右、依　宣旨、自来十六日於／御本坊可被行之、仍護摩／可令参勤之旨、謹所領／如件、

（差出）僧正定隆

（備考）懸紙（高檀紙、五四・九糎×三九・四糎、ウハ書「請定」）、

五二　定演護持僧宣下請文案（年未詳）十二月十八日　一通

江戸後期　竪紙　楮紙（奉書紙）　三二・二糎×四五・五糎　一紙

（本文）可令候二間／夜居之旨、謹／奉候也、謹言、

（差出）定演

（備考）礼紙（奉書紙、三二・一糎×四五・三糎）、懸紙（奉書紙、四五・五糎×三一・九糎、ウハ書「護持僧蒙宣下請文案　定演」）、

五三　定演護持僧請定請文案（年未詳）三月廿七日　一通

江戸後期　竪紙　楮紙（奉書紙）　三二・〇糎×四五・二糎　一紙

（本文）来月護持可令勤修／之旨、被　仰下之由、謹／奉候也、謹言、

（差出）定演

（備考）奥に捻封（墨引、ウハ書「表間護持差文之請文之案　定演」）、包紙（奉書紙、四九・一糎×三一・五糎、ウハ書「護持僧請文案」）、

五四　光格天皇綸旨案等　二通

江戸後期　竪紙　楮紙（奉書紙）

（備考）（一）・（二）一括、包紙（奉書紙、四三・九糎×三一・六糎、ウハ書「甲子御祈請文案　法務高演」）、同筆、

（一）光格天皇綸旨案（文化元年）十月廿四日　一通

三一・六糎×四三・八糎　一紙

（本文）自来十二月廿一日、率六口／伴僧、於南殿可令勤修／不動法給、／天気所候也、以此旨可令申／入給、仍執啓如件、恐々謹言、

（差出）左少弁建房（万里小路）

（宛所）謹上大納言僧都御房

（備考）礼紙（奉書紙、三一・六糎×四四・〇糎）、逐而書「追執啓、／可令注進支度給之旨、／同可令申入給候也」、

（二）法務高演不動法伴僧請定請文案

（文化元年）十月廿四日　一通

三一・七糎×四四・〇糎　一紙

（本文）自来十二月廿一日、率／六口伴僧、於南殿可／令勤修不動法状、／謹所請如件、

（差出）法務高演

（備考）礼紙（奉書紙、三一・六糎×四四・〇糎）、逐而書「逐言、／支度進之候也」、

五五　護持僧請定請文書様等　二通

江戸中期　楮紙（奉書紙）

（備考）（一）・（二）一括、

（一）　護持僧請定請文書様　（年未詳）八月十七日　一通

竪紙　三三・三糎×四五・四糎　一紙

（本文）来月護持可令勤修之／旨、被　仰下之由、謹／奉候也、謹言、

（差出）御名字

（備考）奥に捻封（墨引、ウハ書「御名字」）、懸紙（奉書紙、四六・〇糎×三三・五糎、ウハ書「指文御請之形広橋ヨリ」）、

（二）　護持僧請定請文書様覚　（年月日未詳）　一通

折紙　三〇・〇糎×四六・八糎　一紙

（書出）一御請文月日ハ勿論、／短幾日も、最初／宣下之日、自奉行御教／書ニ書候日ニ候、

（書止）雖無御教書ニ年号、／請文ニ書年号、不可苦／云々、／一紙ハ杉原可然候、三好奉書也、

（備考）懸紙（奉書紙、五一・三糎×三四・六糎、ウハ書「護持僧請文之案等広橋前大納言より被差出」）、

五六　安徳天皇綸旨写等　一通

江戸前期　折紙　楮紙（奉書紙）　紙背あり　三一・五糎×四四・三糎　一紙

（備考）①〜③書継、

①安徳天皇綸旨写　（治承四年）九月廿日

（本文）被　綸旨偁、可祇候／二間夜居之由、宜遣／仰者、　綸旨如此、／恐々謹言、

（差出）左中弁経房

（宛所）謹進　中納言僧都御房

②権大僧都良弘護持僧請文写　治承四年九月廿日

（本文）謹請／綸旨事／右、可候　二間夜居之状、／謹所請如件、

（差出）権大僧都良弘請文

③護持僧旧記　（年月日未詳）

（本文）旧記云、／護持僧事／奉護持帝王故、号／護持僧、奉護持国／王故、名御持僧、是／御持僧云事也、／中宮・春宮御祈僧／護持僧云ヘシ云々、

（備考）墨（返点・送仮名）、

〔紙背〕書状注文　（年未詳）弥生十六日　一通

折紙

（書出）江戸より来候／書状之目録／一御院家江　水野半左様より、／壱帖壱通／一御院家江　天阿上人／壱包／一御院家江　同人／状合

（書止）右七通、甚昌房へ／取わたし申候、／よろしく御披露／頼入存事候まいる、

（差出）見蔵坊（花押）

（宛所）竹内権兵衛殿

五七　後柏原天皇綸旨写等　一通

江戸中期　竪紙　楮紙（奉書紙）　三二・六糎×四五・四糎　一紙

（備考）①〜③書継、

①後柏原天皇綸旨写　文亀二十二月十八日

（本文）被　綸言偁、可候二間夜居之由、／宜仰遣者、　綸命如此、仍執

啓／如件、

（差出）左中弁守光（広橋）

（宛所）謹上　東寺長者僧正御房（報恩院大僧正賢深）

②後奈良天皇綸旨写　天文三正月廿八日

（本文）可令候二間夜居給者、依／天気執啓如件、

（差出）左中弁兼秀（広橋）

（宛所）謹上　東寺長者権僧正御房政所（三宝院義尭）

③護持僧綸旨請文書様　（年月日未詳）

（端書）御持僧請文案

（本文）謹請／綸旨／右所（可イ）候夜居者、謹所請如件、

（差出）某

五八　後奈良天皇綸旨写　天文十三年四月五日　一通

江戸前期　竪紙　漉返紙　二六・七糎×四〇・七糎　一紙

（本文）可令候二間夜居／給者、依／天気執啓如件、

（差出）右中弁晴秀（勧修寺）

（宛所）謹々上　報恩院僧正御房

（備考）奥に追記「東寺長者補任記云、／護持　宣旨者、可候二間《フタマ》夜居《ヨ井》之

由、是也、〇／以下略之」、

五九　護持僧綸旨請文案　（年未詳）二月二日　一通

平安院政期　竪紙　漉返紙（宿紙）　三二・七糎×四九・二糎　一紙

（端裏）大僧正御房

（端書）請文案

（本文）謹請／綸旨／右、可候夜居者、謹以所請如件、

（差出）権少僧都

（備考）懸紙を転用（ウハ書「謹上　醍醐僧都御房　右中弁顕頼（藤原）」）、

六〇　後西天皇綸旨案　二通

江戸前期　竪紙　漉返紙

（備考）（一）・（二）一括、同文、同筆、

（一）　後西天皇綸旨案　（年未詳）二月晦日　一通

三三・五糎×五〇・三糎　一紙

（本文）被　綸言偁、可令祗／候夜居之由、宣遣仰／者、　綸言如此、仍／

執啓如件、

（差出）左少弁頼孝（葉室）奉

（宛所）謹上　水本前大僧正御房

（備考）礼紙（漉返紙、三二・六糎×五〇・五糎）、

（二）　後西天皇綸旨案　（年未詳）二月晦日　一通

三二・七糎×五〇・五糎　一紙

（本文）被　綸言偁、可令祇／候夜居之由、宣遣仰／者、綸言如此、仍／執啓如件、

（差出）左少弁頼孝奉

（宛所）謹上　水本前大僧正御房

六一　寛済護持僧綸旨請文案等　五通

江戸前期　竪紙

（備考）（一）～（三）一括、

（一）　寛済護持僧綸旨請文案

（備考）1～3一括、包紙（奉書紙、四五・五糎×二九・四糎）、同文、

1　寛済護持僧綸旨請文案　明暦二年二月卅日　一通

楮紙（奉書紙）　三二・八糎×四六・六糎　一紙

（本文）謹請／綸旨事／右、可候　二間夜居之状、／謹以所請如件、

（差出）前大僧正寛済

2　寛済護持僧綸旨請文案　明暦二年二月卅日　一通

漉返紙　三二・七糎×五〇・六糎　一紙

（本文）謹請／綸旨事／右、可候　二間夜居之状、／謹以所請如件、

（差出）前大僧正寛済

3　寛済護持僧綸旨請文案　明暦二年二月卅日　一通

楮紙（奉書紙）　三一・三糎×四六・〇糎　一紙

（本文）謹請／綸旨事／右、可候　二間夜居之状、／謹以所請如件、

（差出）前大僧正寛済

（二）　護持僧御本尊持参勅使交名　明暦二年二月晦日　一通

漉返紙　三二・五糎×五〇・六糎　一紙

（本文）御持僧御本尊持参／勅使之事／極﨟正六位上左近衛将監小槻重房／御本尊取次御倉／民部大丞紀正方／主殿衛士藤井重行／仕丁二人役者

（三）　護持僧御本尊持参勅使交名　明暦二年二月晦日　一通

漉返紙　三二・七糎×五〇・五糎　一紙

（端裏）勅使参状　御護持僧ニ付ての

（本文）御持僧御本尊持参／勅使之事／極﨟正六位上左近衛将監小槻重房／御本尊取次御倉／民部大丞紀正方／主殿衛士藤井重行／仕丁二人役者

六二　仁孝天皇綸旨案　（年未詳）十一月十九日　一通
江戸後期　竪紙　楮紙（奉書紙）　三三·三糎×四五·六糎　一紙
（本文）可令候二間夜／居給者、依／天気執啓如件、
（差出）左少弁正房（万里小路）
（宛所）謹上報恩院大僧都御房

六三　三壇法本尊延命菩薩像開眼供養文案等　二通
江戸前期
（備考）（一）・（二）一括、

（一）　三壇法本尊延命菩薩像開眼供養文案　明暦三年十二月廿二日　一通
竪紙　楮紙（奉書紙）　三七·一糎×五二·二糎　一紙
（書出）三壇御修法御本尊延命像、吾／旧祖法務隆舜僧正観応二年／護持之時、根本之　官物令写之、／留于当門跡了、
（書止）左少弁経慶（勧修寺）任　綸命、課絵師／了琢、以観応之古図被写之、因茲／奉　制欽而開眼供養畢、
（差出）東寺長者前大僧正寛済

（二）　三壇法本尊延命菩薩像裏書写　明暦三年十二月廿二日　一通
続紙　楮紙（美濃紙）　三〇·四糎×八九·五糎　二紙
（端裏）官物護持御本尊延命裏書
（本文）三壇御修法御本尊延命菩薩、新図／奉　制欽而開眼供養畢、
（宛所）前大僧正寛済
（備考）料紙縦使い、

六四　勧修寺経慶書状包紙等　二紙
江戸前期　竪紙　漉返紙
（備考）（一）・（二）一括、

（一）　勧修寺経慶書状包紙　明暦三年九月四日　一紙
四七·八糎×三三·三糎　一紙
（備考）ウハ書「勧修寺左少弁経慶状　護持御本尊事／明暦三　九　四　到来」、

（二）　御持僧関係書類包紙　（年月日未詳）　一紙
三〇·四糎×四三·三糎　一紙
（備考）ウハ書「御持僧〇本尊ニ付ての書類　数通」「水本殿」、中央に墨引、懸紙を転用、

六五　後七日御修法請僧交名案　万治四年　一通
江戸前期　竪紙　楮紙（奉書紙）　三三·四糎×四六·四糎　一紙
（端裏）古案古筆
（書出）万治四年後七日御修法請僧等事／阿闍梨法務前大僧正法印大和尚位寛済胎蔵界、／宗円権僧正　有雅法印大僧都増益護摩、
（書止）秀快権律師／大行事大法師宥喜　少行事寿盛／本供物請若鶴丸

蜂田末貞／以前交名如件、

六六　後七日御修法請僧交名注進状案　寛文二年正月十四日　一通

江戸前期　竪紙　楮紙（奉書紙）　三五・一糎×五〇・一糎　一紙

（書出）注進／後七日御修法僧等交名事／大阿闍梨／法務前大僧正法印大和尚位寛済／伴僧／法印大僧都有雅　増益護摩、／法印権大僧都公清　□〔息〕災護摩、

（書止）権少僧都　□〔乗カ〕勝　十二天供、／大行事／大法師宥喜／右、修僧交名注進如件、

（差出）大行事大法師宥喜／阿闍梨法務前大僧正法印大和尚位寛済

六七　後七日御修法請僧交名注進状等　四通

江戸中期　竪紙　楮紙（高檀紙）

（備考）（一）～（四）一括、（一）～（三）同文、

（一）　後七日御修法請僧交名注進状　宝永四年正月十四日　一通

四七・三糎×六三・八糎　一紙

（本文）真言院注進／後七日御修法僧等交名事／大阿闍梨／法務前大僧正法印大和尚位房演／伴僧／権僧正賢隆　聖天供、／法印権大僧都運助　息災護摩、／法印権大僧都賢継　増益護摩、／法印権大僧都賢能　五大尊供、／法印権大僧都賢敞　諸神供、／権少僧都真円　十二天供、舎利守、／大行事／法印正詮／右、修僧交名注進如件、

（差出）大行事法印正詮／大阿闍梨法務前大僧正法印大和尚位房演

（二）　後七日御修法請僧交名注進状案　宝永四年正月十四日　一通

四〇・〇糎×六四・〇糎　一紙

（本文）真言院注進／後七日御修法僧等交名事／大阿闍梨／法務前大僧正法印大和尚位房演／伴僧／権僧正賢隆　聖天供、／法印権大僧都運助　息災護摩、／法印権大僧都賢継　増益護摩、／法印権大僧都賢能　五大尊供、／法印権大僧都賢敞　諸神供、／権少僧都真円　十二天供、舎利守、／大行事／法印正詮／右、修僧交名注進如件、

（差出）大行事法印正詮／大阿闍梨法務前大僧正法印大和尚位房演

（三）　後七日御修法請僧交名注進状案　宝永四年正月十四日　一通

三七・五糎×五三・七糎　一紙

（本文）真言院注進／後七日御修法僧等交名事／大阿闍梨／法務前大僧正法印大和尚位房演／伴僧／権僧正賢隆　聖天供、／法印権大僧都運助　息災護摩、／法印権大僧都賢継　増益護摩、／法印権大僧都賢能　五大尊供、／法印権大僧都賢敞　諸神供、／権少僧都真円　十二天供、舎利守、／大行事／法印正詮／右、修僧交名注進如件、

（差出）大行事法印正詮／大阿闍梨法務前大僧正法印大和尚位房演

（四）　後七日御修法請僧交名注進状書止シ　（宝永四年正月十四日）　一通

三七・七糎×五三・七糎　一紙

（本文）真言院注進／後七日御修法僧等交名事／大阿闍梨／法務前大僧正法印大和尚位房演／伴僧／権僧正　賢隆／法印権大僧都運助

聖、／法印権大僧都賢継／法印権大僧都賢能／法印権大僧都賢
畝／権少僧都　真円／大行事／法

六八　後七日御修法請僧交名注進状　宝永六年正月八日　一通
江戸中期　竪紙　楮紙（高檀紙）　三七・六糎×五三・三糎　一紙
（書出）真言院注進／後七日御修法僧等交名事／大阿闍梨／法務前大僧正法印大和尚位房演／伴僧／法印大僧都亮観　聖天供、
（書止）権少僧都真円　十二天供、／権少僧都演真　舎利守、／大行事／法眼　寛慶／右、修僧交名注進如件、
（差出）大行事法眼寛慶／大阿闍梨法務前大僧正法印大和尚位房演

六九　後七日御修法請僧交名案　〔享和三年正月〕　一通
江戸後期　竪紙　楮紙（高檀紙）　五三・六糎×六五・九糎　一紙
（端裏）享和三亥年正月後七日請僧之手本
（書出）享和三年後七日御修法請僧等事／阿闍梨法務前大僧正法印大和尚位高演胎蔵界、／定隆僧正増益護摩、　俊賢僧正聖天供、
（書止）淳済大法師／大行事法橋経誼　小行事慶寿／本供物請延命丸豊原歳続／以前交名如件、

七〇　室町御所仁王経法伴僧請定　永徳三年五月　日　一通
南北朝時代　竪紙　楮紙（高檀紙）　三四・八糎×五四・六糎　一紙
（端裏）仁王経法請定
（書出）請定／仁王経御修法伴僧事／法印権大僧都任恵「奉」　法印権大僧都光信護摩、「奉」
（書止）大法師憲増「奉」　大法師光永「奉」／右、自来十三日於室町御所可被始行、／仍請定如件、
（差出）行事法眼和尚位澄尊

七一　東寺仁王経法伴僧請定案　天正廿年六月　日　一通
安土桃山時代　竪紙　楮紙（強杉原）　三六・一糎×四八・八糎　一紙
（端裏）於東寺仁王経大法別請雅―厳　大阿闍梨三宝院義―演准三后
（本文）請定／仁王経御修法伴僧事／僧正護摩、／右、自来八日於東寺講堂可被始行、仍請定如件、
（差出）大行事法眼和尚位長盛

七二　後七日御修法伴僧請定案　寛永二年正月四日　一通
江戸前期　重紙　楮紙（強杉原）　三四・四／三四・三糎×四六・九／四七・〇糎　二紙
（本文）東寺／請定／大僧都寛済増益護摩、／右、於紫宸殿被行後七日御修法／伴僧請定如件、
（差出）大行事法橋上人位盛純

七三　大僧都寛済後七日御修法伴僧請定請文案
寛永貳年正月五日　一通
江戸前期　竪紙　楮紙（強杉原）　三四・三糎×四六・三糎　一紙
（本文）謹請／後七日御修法伴僧事／右、可参勤之状如件、
（差出）大僧都寛済

七四　東寺講堂修正会請定案　三通

江戸前期　続紙　楮紙（奉書紙）

（備考）（一）～（三）一括、包紙（奉書紙、四五・一糎×三一・四糎、ウハ書「寛文八年
　東寺講堂修正請定写　三通」）、同筆、

（一）東寺講堂修正会請定案　寛文八年正月　日　一通

三一・三糎×九〇・二糎　二紙

（端裏）寛文八年／東寺講堂請定

（本文）東寺　會所　辰剋／権僧正尭盛唄、／右、来廿八日講堂修正／任例
　奉請如件、

（差出）都維那法師／検校法務権僧正『高賢』／別当法印大僧都『実快』／上
　座大法師／寺主大法師

（二）東寺講堂修正会請定案　寛文八年正月　日　一通

三一・二糎×九〇・四糎　二紙

（端裏）寛文八年／東寺講堂請定

（本文）東寺　會所　辰剋／阿闍梨尭弁／阿闍梨亮澄錫杖、／阿闍梨守済／
　大法師宗恒／大法師寛厳／大法師俊禅／右、来廿八日講堂修正／
　任例奉請如件、

（差出）都維那法師／検校法務権僧正『御判』／別当法印大僧都『実快』／上
　座大法師／寺主大法師

（三）東寺講堂修正会請定案　寛文八年正月　日　一通

三一・二糎×九〇・三糎　二紙

（端裏）寛文八年／東寺講堂請定

（本文）東寺　會所　辰剋／宝厳院法印／金剛珠院法印三十二相、／兵部卿
　権大僧都／宝菩提院権大僧都／観智院権大僧都／宝輪院権少僧
　都／宝泉院権少僧都／妙観院法眼散花、／仏乗院権律師／右、来
　廿八日講堂修正／任例奉請如件、

（差出）都維那大師／検校法務権僧正『高賢』／別当法印大僧都『実快』／上
　座大法師／寺主大法師

七五　東寺講堂修正会請定案　三通

江戸中期

（備考）（一）～（三）一括、

（一）東寺講堂修正会請定案　宝暦二年正月　日　一通

竪紙　楮紙（美濃紙）　二六・二糎×四一・四糎　一紙

（本文）東寺　會所　辰剋／阿闍梨恵雄錫杖、／阿闍梨亮杲／大法師秀雅／
　右、来廿八日講堂修正／任例請定如件、

（差出）都維那法師／検校法務権僧正実雅／長者権僧正元雅／別当法印
　権大僧都宥円／上座大法師／寺主大法師

（二）東寺講堂修正会請定案　宝暦二年正月　日　一通

竪紙　楮紙（美濃紙）　二六・二糎×四一・五糎　一紙

（本文）東寺　會所　辰剋／宝菩提院法印大僧都唄、／宝輪院権少僧都－

散花、梵音、／吉祥園院法眼権律師梵音、／右、来廿八日講堂修正／任

例請定如件、

（差出）都維那法師／検校法務権僧正実雅／長者権僧正元雅／別当法印

権大僧都宥円／上座大法師／寺主大法師

（三）東寺講堂修正会請定案　宝暦二年正月　日　一通

竪紙　楮紙（美濃紙）　二六・二糎×四一・四糎　一紙

（本文）東寺　會所辰剋／僧正亮恕／僧正賢賀／僧正承照三十二相、／僧

正朝海／右、来廿八日講堂修正／任例奉請如件、

（差出）都維那法師／検校法務権僧正実雅／長者権僧正元雅／別当法印

権大僧都宥円／上座大法師／寺主大法師

（備考）追記「宥円私云、請定到来之／時分、実名書加遣計也、／法務長

者同断、実名／加被遣計也、都合三通／到来、何茂実名加遣、／

正月廿五・六日両日之内／到来、当年廿六日ニ／到来也」、

七六　准胝堂蓮華会職衆請定案　二通

江戸中期

（備考）（一）・（二）一括、

（一）准胝堂蓮華会職衆請定案　宝暦二年六月　日　一通

竪紙　楮紙（美濃紙）　二六・三糎×四一・四糎　一紙

（本文）請定／来十八日蓮華會之事／供養法／宝幢院法印／経衆／慈心

院法印　密教院権大僧都讃、／円明院権少僧都　二位大法師

調声、／右、来十八日於　准胝堂可被行／蓮華會、請定如件、

（差出）堂達元澄

（二）准胝堂蓮華会職衆請定案　宝暦二年六月　日　一通

竪紙　楮紙（美濃紙）　二六・三糎×四一・四糎　一紙

（本文）請定／来十七日蓮華會之事／供養法／宝幢院法印／経衆／慈心

院法印　密教院権大僧都讃、／円明院権少僧都　二位大法師

調声、／右、来十七日於　准准胝堂可被行／蓮華會、請定如件、

（差出）堂達元澄

七七　長尾社読経衆請定　元禄十五年二月廿三日　一通

江戸前期　竪紙　楮紙（高檀紙）　四三・〇糎×六四・〇糎　一紙

（書出）請定／鎮守読経衆事／少進法印権大僧都供養法、「奉」　少将法印権大

僧都「奉」

（書止）右、来廿五日於長尾御社可被／勤修御読経、請定如件、

（差出）大行事法眼正詮

七八　長尾天満宮遠忌職衆請定　（年未詳）二月廿二日　一通

江戸後期　竪紙　楮紙（奉書紙）　三六・三糎×四九・五糎　一紙

（本文）請定／慈心院僧正「奉」／普賢院権僧正唄、「奉」／安養院権僧正「奉」／

宝幢院権僧正「奉」／右、来ル廿五日、就　長尾天満宮／御遠忌於

拝殿被行理趣三昧、／軸表紙法用奠供各可令参勤給之条／如件、

（差出）岳西院大僧都

七九　太元法伴僧請定　文政六年正月七日　　一通
江戸後期　竪紙　楮紙（高檀紙）　四五・六糎×五九・八糎　一紙
（本文）請定／太元御修法伴僧事／光心法印大僧都「奉」　淳済法印大僧都「奉」／演寿法印大僧都「奉」　演隆権大僧都神供、「奉」／演淳権少僧都「奉」／右、依　宣旨、自来八日於本坊／可被始行、仍請定如件、
（差出）行事上座法眼豪正
（備考）懸紙（高檀紙、五九・五糎×四五・二糎、ウハ書「文政六年大元法請状」）、

八〇　周忠書状　（年未詳）正月八日　　一通
室町後期　竪紙　漉返紙　三〇・九糎×四五・八糎　一紙
（本文）太元法塗壇土／御香水如嘉例、令／執進候、修正七ヶ夜／執行、弥以厳重之儀／可然様御披露所仰候、／恐惶謹言、
（差出）周忠（花押）
（宛所）目代御坊御返報
（備考）袖に切封封帯、

八一　高演護持僧綸旨請文案　（年未詳）後七月廿八日　　一通
江戸後期　竪紙　楮紙（奉書紙）　三四・六糎×五一・五糎　一紙
（本文）謹請／綸旨事／右、可候二間夜居之状、／所請如件、
（差出）前大僧正高演
（備考）礼紙（奉書紙、三四・八糎×五一・五糎）、懸紙（奉書紙、五一・五糎×三四・六糎、ウハ書「二間夜居之請文之案　前大僧正高演」）、

八二　法務高演後七日御修法請文土代　（年未詳）正月五日　　一通
江戸後期　竪紙　楮紙（奉書紙）　三六・八糎×四八・七糎　一紙
（本文）後七日御修法／可令○《参》勤《修》行／之旨《状》謹所請／如件、
（差出）法務高演
（備考）書入、包紙（奉書紙、四八・四糎×三六・三糎、ウハ書「後七日御修法御消息正月五日／到来、即御請文出也、是案也」「法務高演」「享和二戌十二月十九日、裏松弁より御消息到来、即ヒネリ文／御請申入了、／此ハ此歳不用□御差返シ也、／関白殿之御覧ニ入ル、所、／同三年癸亥正月五日御差返也、／御請文裏松弁ヘ又差出ス也、／去年当年二通也、（全文墨線にて抹消）」）、

八三　陰陽頭安倍泰栄御修法日時勘文　文化元年十二月四日　　一通
江戸後期　竪紙　楮紙（高檀紙）　三九・一糎×五三・七糎　一紙
（本文）択申可被始行御修法日時、／今月廿一日丙子、時酉、
（差出）陰陽頭安倍朝臣泰栄
（備考）礼紙（高檀紙、三九・一糎×五三・七糎）、礼紙虫損甚し、

八四　室町幕府奉行人連署奉書案　永正九年三月廿二日　　一通
室町後期　竪紙　漉返紙　三一・一糎×四七・七糎　一紙
（本文）護持事、被仰付訖、早／任鹿苑院殿御判之旨、／可被勤修之由、所被仰下／也、仍執達如件、
（差出）下野守（飯尾之秀）判／対馬守判
（宛所）報恩院雑掌

（備考）懸紙（漉返紙、四六・九糎×三一・〇糎、ウハ書「報恩院雑掌　下野守之秀」）、

八五　仁和寺御室御教書案等　　二通
江戸中期　竪紙　楮紙（美濃紙）
（備考）（一）・（二）一括、同筆、懸紙（美濃紙、四一・七糎×二七・五糎、ウハ書「謹上金剛王院法印御房　法橋実縁奉」）、

（一）　仁和寺御室御教書案　（年未詳）十月廿七日　　一通
二七・六糎×四二・三糎　一紙
（本文）従来十日於清涼殿／可被始行孔雀経法、可／令参伴僧給者、依／御室御消息、執啓如件、
（差出）法橋実縁奉
（宛所）謹々上　金剛王院法印御房

（二）　法印尊済孔雀経法伴僧請文案　（年未詳）十月廿七日　　一通
二八・一糎×四二・四糎　一紙
（本文）従来月十日、於／清涼殿孔雀経法／伴僧可令参仕之旨、／謹所請如件、
（差出）法印尊済
（宛所）法橋実縁御坊

八六　鎮守読経衆請定廻文　寛文二年九月　日　　一通
江戸前期　折紙　楮紙（高檀紙）　三九・六糎×五三・六糎　一紙
（本文）鎮守読経衆事／権僧正導師、「奉」／二位法印「奉」／少納言権少僧都「奉」／帥阿闍梨「奉」／大貳阿闍梨「奉」／右、来廿六日於御社可被／勤修之状如件、

八七　御祈禱結番次第　元禄十七年正月二日　　一通
江戸前期　続紙　楮紙（奉書紙）　三六・四糎×八四・四糎　二紙
（書出）御祈禱之事／仁王講／読経五十部／毎日各一部／不動供結番／二十一座／毎日三座／二日開白、　戒光院法印／三日　弥勒院法印／四日　照阿院権大僧都
（書止）右、一七箇日夜之間、守結番次第／無懈怠、可被参勤之条、如件、

八八　後七日御修法下行配分注文　正徳三癸巳年正月廿七日　　一通
江戸中期　竪紙　楮紙（美濃紙）　三三・二糎×四八・〇糎　一紙
（書出）御修法御下行之事／貳石　出納／貳石　御蔵
（書止）合五石八斗／右、依例請取各配分申所如件、
（差出）出納
（宛所）水本大僧正御内　川久保主水殿
（備考）差出下に方形黒印（「醍醐之印」）、

八九　後七日御修法下行配分注文　正徳五乙未年正月　　一通
江戸中期　竪紙　楮紙（美濃紙）　三一・四糎×四四・二糎　一紙

（書出）後七日御修法御下行之事／貳石　出納／貳石　御蔵
（書止）合五石八斗／右、任例請取各配分申所如件、
（差出）出納
（宛所）水本大僧正御内川久保主水殿
（備考）差出下に方形黒印（「醍醐之印」）、

九〇　後七日御修法下行配分注文　享保三戊戌年正月　一通
江戸中期　竪紙　楮紙（美濃紙）　三一・四糎×四三・七糎　一紙
（書出）後七日御修法御下行之事／貳石　出納／貳石　御蔵
（書止）合五石八斗／右、任例請取配分申所如件、
（差出）出納
（宛所）水本大僧正御内川久保主水殿
（備考）差出下に方形黒印（「醍醐之印」）、

九一　東寺法務長者御教書案（年未詳）六月十日　一通
江戸後期　竪紙　楮紙（奉書紙）　三三・八糎×四五・七糎　一紙
（本文）当寺寺務職之事、去月廿三日／宣下候、如先々可被存知之由、依／
法務前大僧正仰執達如件、
（差出）別当権僧正杲助
（宛所）執行権律師御房
（備考）包紙（漉返紙、四四・四糎×三三・五糎）、

第六五函

一　大般若経転読衆請定　慶長十乙巳／正月日　一通
江戸前期　折紙　楮紙（奉書紙）　三〇・一糎×四七・二糎　一紙
（書出）請定／大般若転読事／理性院法印「奉」
（書止）演真、、、《（阿闍梨）》「奉」／来五日、於金剛輪院／可有参勤、仍如件、
（備考）見返奥に「慶長十乙巳大般若　請定」、

二　大般若経転読衆請定　（年未詳）正月十日　一通
江戸前期　折紙　楮紙（高檀紙）　三一・〇糎×四一・八糎　一通
（書出）大般若転読／無量寿院法印「奉」／民部卿、、「奉」
（書止）真勝、、、《（大法師）》「奉」／右、来十六日、於／大坂可有参勤、／仍如件、

三　大般若経転読衆請定　（年未詳）正月三日　一通
江戸前期　折紙　漉返紙　三四・一糎×五〇・九糎　一紙
（書出）大般若転読／理性院法印／無量寿院、、「奉」
（書止）真勝、、、《（大法師）》／来五日、於金剛輪院／可有参懃、仍如件、
（備考）墨合点、

四　大般若経転読衆請定案　（年月日未詳）　一通
江戸前期　折紙　楮紙（奉書紙）　三四・四糎×五〇・〇糎　一紙
（端裏）大般若　請定
（書出）大般若転読／理性院法印／松橋｜｜／治部卿｜｜
（書止）右、来十六日、於大坂御／城可有参懃、仍状如件、
（備考）見返奥に「大般若　請定」、

五　大般若経転読衆請定　（年未詳）二月十二日　一通
江戸前期　折紙　楮紙（高檀紙）　三一・二糎×四三・二糎　一紙
（書出）請定／大般若転読衆事／岳西院権僧正「奉」／延命院法印／無量寿院法印
（書止）右、来十六日、於大坂／可被参懃、仍如件、
（差出）法眼舜盛
（備考）墨合点、

六　大般若経転読衆請定案　（年未詳）二月十二日　一通
江戸前期　折紙　楮紙（高檀紙）　三〇・七糎×四四・三糎　一紙
（書出）請定／大般若転読衆事／岳西院権僧正／延命院法印／無量寿院法印
（書止）右、来十六日、於大坂／可被参懃、仍如件、
（差出）法眼舜盛

七　大般若経転読衆請定　（年未詳）五月朔日　一通

江戸前期　折紙　楮紙（奉書紙）　三五・五糎×五三・一糎　一紙

（書出）大般若転読／理性院法印「奉」／松橋――「奉」／治部卿――「奉」

（書止）右、来三日、於金剛輪院／可有参懃状、仍如件、

（備考）見返奥に「請定大般若転読」、

八　大般若経転読衆請定案　（年未詳）五月十三日　一通

江戸前期　折紙　楮紙（高檀紙）　三四・五糎×四七・二糎　一紙

（書出）大般若転読／無量寿院法印奉

（書止）真勝（大法師）、、、奉／来十六日、於大坂／可有参懃、如件、

（備考）墨合点、

九　大般若経転読衆請定　（年未詳）九月二日　一通

江戸前期　折紙　漉返紙　三一・七糎×四九・四糎　一紙

（書出）大般若転読／理性院法印／無量寿院「奉」

（書止）来三日、於金剛輪院／可有参懃、仍如件、

（備考）料紙前後で切断、

一〇　普賢延命法伴僧請定案　三通

江戸前期　竪紙

（備考）（一）～（三）一括、包紙（奉書紙、三一・九糎×四六・七糎、ウハ書「僧正任日之事　寛済」）、包紙に紙背あり、（一）～（三）ほぼ同文、

（一）　普賢延命法伴僧請定案　元和二年二月　日　一通

楮紙（高檀紙）　三二・六糎×四五・六糎　一紙

（端裏）元和二年二月廿二日ヨリ始行、同月廿八日結願、一七日也、／普延御修法伴僧交名／大阿闍梨准三宮前大僧正義演／道場清涼殿

（書出）請定／普賢延命御修法伴僧事／権僧正堯円護摩、　権僧正空盛

（書止）右、自来廿二日、於禁中可被始行、○〔仍〕請定如件、

（差出）大行事法印経運

（二）　普賢延命法伴僧請定案　元和二年二月　日　一通

楮紙（高檀紙）　三二・六糎×四六・〇糎　一紙

（端裏）元和二年二月廿二日ヨリ始行、同月廿八日結願、一七ヶ日也、／普延御修法伴僧交名／大阿闍梨准三宮〔法〕務前大僧正儀〔義〕演／道場清涼殿涼（マヽ）

（書出）請定／普賢延命御修法伴僧事／権僧正堯円護摩、　権僧正空盛

（書止）右、自来廿二日、於／禁中可被始行、仍請定如件、

（差出）大行事法印経運

（三）　普賢延命法伴僧請定案　元和二年二月　日　一通

楮紙（杉原）　三四・二糎×四五・八糎　一紙

（端裏）元和二年二月廿二日ヨリ始行、同月廿八日結願、一七ヶ日也、／普延御修法伴僧交名／大阿闍梨准三宮法務前大僧正義演／道場清涼殿

（書出）請定／普賢延命御修法伴僧事／権僧正堯円護摩、　権僧正空盛

（書止）右、自来廿二日、於／禁中可被始行、仍請定如件、

（差出）大行事法印経運

〔包紙紙背〕定隆書状（年未詳）二月七日　一通
折紙
（書出）先度以後、御見／舞不申入、無沙汰／背本意存候、御無／事候哉、彼一義之／事付、先日菩提院／より見セ被下候、未得／其意存候、此方にも／旧記少々所見有之、
（書止）如何様、頓而遂／参上、可令申入候、／御約束申上候、名／目抄一冊進覧候、／此等之旨、宜様頼／存候、恐々謹言、
（差出）定隆
（宛所）龍提坊
（備考）見返奥に習書、

一一　後七日御修法伴僧請定案等　二通
江戸前期　楮紙（高檀紙）
（備考）（一）・（二）一括、包紙（高檀紙、四七・一糎×三四・一糎、ウハ書「第二度元和十」）、

（一）　後七日御修法伴僧請定案　元和十年正月五日　一通
重紙　三四・四糎×四七・四糎　二紙
（本文）東寺／請定／寛済大僧都増益護摩、／右、於紫宸殿被行後七日御修法／伴僧請定如件、
（差出）大行事法橋上人位長増

（二）　後七日御修法伴僧請定　元和十年正月五日　一通
竪紙　三九・四糎×四五・一糎　一紙
（端裏）文治五、勝賢僧正参勤之時、法眼実継請文案ヲ以書之、
（本文）謹請／御七日御修法伴僧事／右、可参勤之状如件、
（差出）大僧都寛済

一二　伝法灌頂職衆請定　寛永三年四月六日　一通
江戸前期　竪紙　楮紙（高檀紙）　四六・二糎×六六・四糎　一紙
（端裏）伝法灌頂請定寛永三年四月廿五日
（書出）請定／伝法灌頂職衆事／僧正呪願、嘆徳、「奉」／法印権大僧都亮盛誦経導師、「奉」／法印権大僧都演賀唄、教授、「奉」
（書止）右、来廿五日、於金剛輪院可被行伝法灌頂、職衆／請定如件、
（差出）大行事法眼和尚位経真

一三　伝法灌頂職衆請定案　寛永十四年十一月五日　一通
江戸前期　竪紙　楮紙（高檀紙）　三七・四糎×五一・八糎　一紙
（端裏）定増灌頂請定　寛永十四
（書出）請定／伝法灌頂職衆事／大進法印呪願教授　大輔法印
（書止）右、於来七日○金剛輪院可被行伝法／灌頂、職衆請定如件、
（差出）大阿闍梨法印権大僧都大和尚位

一四　伝法灌頂職衆請定案　慶安弐年十一月廿五日　一通
江戸前期　竪紙　楮紙（高檀紙）　三九・六糎×五三・六糎　一紙
（端裏）慶安二

（書出）請定／伝法灌頂職衆事／太輔法印　左京法印／二位法印　二位法印

（書止）右、来廿八日、於光台院可被行伝法灌頂、職衆／請定如件、

（差出）大阿闍梨法印権大僧都大和尚位

一五　上醍醐寺曼荼羅供讃衆請定案　明暦四年七月　日　一通

江戸前期　竪紙　楮紙（奉書紙）三一・四糎×四六・〇糎　一紙

（端裏）明暦四

（本文）凡僧／賢清大法師／右、請定、来六日於上醍醐寺／可被行曼荼羅供、／讃衆如件、

（差出）従儀師宗運／威儀師隆正

一六　鎮守読経衆請定　寛文三年二月　日　一通

江戸前期　竪紙　楮紙（高檀紙）四六・二糎×六五・四糎　一紙

（端裏）権僧正高賢御入壇寛文三

（書出）鎮守御読経衆／大進法印唄、「奉」　太輔法印「奉」

（書止）右、来九日、於御社可被勤修／御読経、御〔請カ〕定如件、

（差出）大行事法眼経信

一七　請状写　二通

江戸前期　竪紙　漉返紙　二九・二糎×四四・二糎　一紙

（備考）①・②書継、奥下に「右請定二通、原□沙汰本」、

①伝法灌頂職衆請定写　寛文六年九月廿八日

（端裏）寛文六

（端書）職衆之事

（書出）請定／伝法灌頂職衆之事／南坊左京法印　戒光院二位法印

（書止）右、来朔日、於金剛輪院可被伝法灌頂、職／衆請定如件、

②鎮守読経衆請定写　寛文七年九月廿八日

（本文）□□／請定／鎮守御読経衆之事／左京西坊法印二位法印唄　五智院兵部卿権少僧都導師、／賢真アサリ　賢淳アサリ散花、／右、来朔日、於御社可被勤修之状如件、

一八　伝法灌頂職衆請定案　延宝六年二月六日　一通

江戸前期　竪紙　楮紙（高檀紙）三八・四糎×五一・四糎　一紙

（端裏）延宝六

（本文）請定／伝法灌頂職衆事／僧正呪願、「奉」／右、来十日於金剛輪院可被行伝法灌頂、／職衆請定如件、

（差出）大行事法眼正政

一九　鎮守読経衆請定　延宝六年二月六日　一通

江戸前期　竪紙　楮紙（高檀紙）三八・二糎×五一・二糎　一紙

（端裏）延宝六

（本文）請定／鎮守読経衆事／治部卿法印権大僧都導師、「奉」　兵部卿法印権大僧都「奉」／按察権大僧都「奉」　刑部卿権大僧都「奉」／侍従権律

師「奉」／右、来十日、於清瀧宮可被勤仕／御読経衆、請定如件、
（差出）大行事法眼正政

二〇　伝法灌頂職衆請定　延宝六年二月六日　一通
江戸前期　竪紙　楮紙（高檀紙）　三八・五糎×五一・五糎　一紙
（端裏）延宝六
（本文）請定／伝法灌頂職衆事／権僧正尭盛　権僧正定昌唄、「奉」／右、来十日、於金剛輪院可被行伝法灌頂、／職衆請定如件、
（差出）大行事法眼正政

二一　曼荼羅供職衆請定案　貞享元年三月十六日　一通
江戸中期　続紙　楮紙（美濃紙）　三〇・〇糎×一三三・七糎　四紙
（端裏）貞享元
（書出）請定／曼荼羅供職衆事／大僧正　呪願　左一／僧正　唄　右一
（書止）右、来廿日曼荼羅供、任先日領状、自／前日十九日、可有参宿、次当日事、午一／點不相待綱所催促、令聞集會／鐘給者、可令参集給之状如件、
（差出）従儀師賢縁／威儀師幸誉

二二　伝法灌頂職衆請定案等　二通
江戸中期　続紙　楮紙（高檀紙）
（備考）（一）・（二）一括、

（一）伝法灌頂職衆請定案　貞享四年二月八日　一通
四五・二糎×一二六・四糎　二紙
（書出）請定／伝法灌頂職衆事／法印大僧都寛順唄、　法印権大僧都定円
（書止）右、来十日、於金剛輪院可被行伝法／灌頂、職衆請定如件、
（差出）大行事法眼経詳

（二）伝法灌頂職衆請定　貞享四年二月八日　一通
四五・七糎×一二六・三糎　二紙
（端裏）灌頂請定貞享四二八
（書出）請定／伝法灌頂職衆事／法印大僧都寛順唄、「奉」　法印権大僧都定円「奉」
（書止）右、来十日、於金剛輪院可被行／伝法灌頂、職衆請定如件、
（差出）大行事法眼経詳

二三　伝法灌頂職衆請定　貞享四年二月八日　一通
江戸中期　竪紙　楮紙（高檀紙）　四五・八糎×六三・二糎　一紙
（端裏）貞享四
（書出）請定／伝法灌頂職事／権僧正呪願、「奉」　嘆徳、／権僧正誦経、「奉」
（書止）右、来十日、於金剛輪院可被行／伝法灌頂、職衆請定如件、
（差出）大行事法眼経詳

二四　鎮守読経衆請定　貞享四年二月八日　一通
江戸中期　竪紙　楮紙（高檀紙）　四〇・〇糎×五四・九糎　一紙

（端裏）貞享四
（本文）請定／鎮守御読経衆事／按察法印「奉」　少進権大僧都「奉」／中将権少僧都「奉」　卿権少僧都「奉」／大蔵卿権律師「奉」　少納言権律師「奉」／右、来十日、於御社可被勤修／御読経、請定如件、
（差出）大行事法眼経詳

二五　伝法灌頂職衆請定　貞享四年二月八日　一通
江戸中期　竪紙　楮紙（高檀紙）　三九・六糎×五五・〇糎　一紙
（端裏）貞享四
（本文）請定／鎮守御読経衆事／権僧正導師、「奉」／右、来十日、於御社可被勤修／御読経、請定如件、
（差出）大行事法眼経詳

二六　伝法灌頂職衆請定案　貞享四年二月十三日　一通
江戸中期　竪紙　漉返紙　三三・八糎×四五・〇糎　一紙
（端裏）請定案等雑　貞享四
（書出）請定／伝法灌頂職衆事／按察法印唄、　大納言大僧都
（書止）右、来十五日、於金剛輪院可被行／伝法灌頂、職衆請定如件、
（差出）大行事法眼経詳

二七　伝法灌頂職衆請定　貞享四年二月十三日　一通
江戸中期　竪紙　楮紙（高檀紙）　三九・六糎×五四・六糎　一紙
（端裏）貞享四
（書出）請定／伝法灌頂職衆事／権僧正呪願、「奉」／権僧正誦経、「奉」／右、来十五日、於金剛輪院可被行伝法／灌頂、職衆請定如件、
（差出）大行事法眼経詳

二八　鎮守読経衆請定等　三通
江戸中期　竪紙
（備考）（一）～（三）一括、

（一）　鎮守読経衆請定　貞享四年二月十三日　一通
楮紙（高檀紙）　三九・八糎×五五・〇糎　一紙
（端裏）貞享四
（書出）請定／鎮守読経衆事／按察法印導師、「奉」　少進権大僧都「奉」
（書止）右、来十五日、於清瀧宮可被勤修／読経、請定如件、
（差出）大行事法眼経詳

（二）　鎮守読経衆請定案　貞享四年二月十三日　一通
漉返紙　三三・八糎×四四・八糎　一紙
（書出）請定／鎮守読経衆事／権僧正／按察法印導師、　少進権大僧都
（書止）右、○来十五日、於清瀧宮可被勤修／読経、請定如件、
（差出）大行事法眼経詳

（三）　鎮守読経衆請定案　貞享四年二月十三日　一通
楮紙（美濃紙）　三一・二糎×四三・六糎　一紙

（端裏）貞享四
（書出）請定／鎮守読経衆事／按察法印導師、　少進権大僧都
（書止）右、十五日、於清瀧宮可被勤修○読経、請定／如件、
（差出）大行事法眼経詳

二九　灌頂職衆交名案等　　二通
江戸中期
（備考）（一）・（二）一括、

（一）　灌頂職衆交名案　〔元禄五年三月十二日〕　　一通
続紙　楮紙（奉書紙）　三五・六糎×一〇四・九糎　三紙
（端裏）仁和寺御門跡　元禄第五壬申稔三月十二日／当日
（書出）御灌頂色衆交名／大阿闍梨真乗院前大僧正孝源／菩提院法務前
　大僧正頼遍年五十五、戒四十三、　教授
（書止）金蓮院権律師賢敞年十九、戒六、　合鉢、堂達、

（二）　灌頂讃衆交名案　〔元禄五年三月十二日〕　　一通
竪紙　楮紙（奉書紙）　三五・六糎×四八・三糎　一紙
（端裏）仁和寺御門跡　元禄第五壬申稔三月十二日／当日
（書出）讃衆八口／醍醐密厳院権少僧都賢継年廿六、戒十六、／石山吉祥院権少僧
　都宥純年廿七、戒十四、
（書止）金蓮院権律師賢敞年十九、戒六、　合鉢、
（備考）墨合点、

三〇　曼荼羅供職衆請定　元禄六年五月十七日　　一通
江戸中期　竪紙　楮紙（高檀紙）　四三・五糎×六一・九糎　一紙
（端裏）元禄六
（書出）請定／曼荼羅供職衆事／侍従法印権大僧都呪願、「奉」　少将法印権大
　僧都唄、「奉」
（書止）右、来十九日、於金剛輪院可被行曼荼羅供、／職衆請定如件、
（差出）大行事法眼正政／大阿闍梨権僧正法印大和尚位

三一　曼荼羅供職衆請定案　享保十九年三月　日　　一通
江戸中期　続紙　楮紙（美濃紙）　三一・四糎×一二四・一糎　三紙
（端裏）享保十九
（書出）請定／曼荼羅供職衆之事／僧正宝厳　誦経年六十四、戒五十四、　左一
（書止）右、来二十日曼荼羅供、任先日領状、自／前日十九日、可有参宿、次
　当日事、辰一點、／不相待綱所催（促）役、令聞集會鐘給者、／各可令参
　集給之状如件、
（差出）威儀師維仙／威儀師幸淳／従儀師秀縁／従儀師維昌
（備考）袖に「右之外ニ綱牒壹通、此返翰不遣、其代／此請定之加奉遣也」、

三二　鎮守読経衆請定案　延享二年十二月　日　　一通
江戸中期　竪紙　楮紙（美濃紙）　二五・二糎×三四・二糎　一紙
（端裏）延享二
（本文）鎮守読経衆事集會辰一點、／中務卿権大僧都　中納言権大僧都
　導師／民部卿権大僧都　少輔権律師／大蔵卿権律師／右、来十六

日、於御社可被勤修之状如件、
（差出）行事大法師宥仁

三三　伝法灌頂職衆請定　文政四年九月　日　一通
江戸後期　竪紙　楮紙（高檀紙）　五四・四糎×六八・〇糎　一紙
（書出）請定／伝法灌頂職衆事／権僧正唄、呪願、「奉」　権僧正誦経、「奉」
（書止）右、来廿日、於釈迦院可被行／伝法灌頂、職衆請定如件、
（差出）上座法橋宗景
（備考）懸紙（高檀紙、五四・〇糎×六八・四糎、ウハ書「文政四年九月／淳―灌頂請定」）、

三四　伝法灌頂職衆請定　二通
江戸後期　続紙　楮紙（高檀紙）
（備考）（一）・（二）一括、

（一）　伝法灌頂職衆請定　文政十年三月二十五日　一通
四四・八糎×八六・八糎　二紙
（端裏）文政十
（書出）請定／伝法灌頂職衆事／大僧都法印演寿「奉」／大僧都法印浄聖散華、「奉」
（書止）右、来二十七日、於醍醐寺金堂／可被行伝法灌頂、職衆請定如件、
（差出）大行事法眼宣重　法眼豪正

（二）　伝法灌頂職衆請定　文政十年三月二十五日　一通
四五・〇糎×八五・七糎　二紙
（端裏）文政十
（書出）請定／伝法灌頂職衆事／僧正唄、呪願、「奉」／僧正教授、「奉」
（書止）右、来二十七日、於醍醐寺金堂／可被行伝法灌頂、職衆請定如件、
（差出）大行事法眼宣重　法眼豪正

三五　伝法灌頂職衆請定案等　三通
江戸後期
（備考）（一）～（三）一括、

（一）　伝法灌頂職衆請定案　文政十年三月二十五日　一通
切紙　漉返紙　一五・五糎×三二・六糎　一紙
（端裏）文政十
（書出）請定／伝―／成大僧都法印演宥／持大僧―法印浄聖散華、
（書止）右、来二十七日、於醍醐寺金堂可被行／伝法灌頂、職衆請定如件、
（差出）大行事法　法

（二）　伝法灌頂職衆請定案　文政十年三月二十五日　一通
切紙　漉返紙　一五・五糎×二六・〇糎　一紙
（書出）請定／伝法灌頂職衆事／安僧正唄、呪願、　宝僧正教授、
（書止）右、来二十七日、於醍醐寺金堂／可被行伝法灌頂、職衆請定如件、
（差出）大行事宥重　法眼豪正　法眼〻〻

（三） 鎮守読経衆請定案　文政十年三月二十五日　一通
小切紙　漉返紙　一五・四糎×二六・四糎　一紙
（本文）鎮守御読衆事／僧正唄、呪願、／権僧正導師、／中納言権大僧都／少納言権大僧都散華、／中将権律師／大納言大法師／右、来廿七日、於御社可被勤修／之状如件、
（備考）奥に「後代前々日也」、

三六　鎮守読経衆請定　文政十年三月二十五日　一通
江戸後期　竪紙　楮紙（高檀紙）　四四・四糎×五六・〇糎　一紙
（端裏）文政十
（本文）鎮守御読経衆事／僧正唄、呪願、「奉」／権僧正導師、「奉」／中納言権大僧都「奉」／少納言権大僧都散華、「奉」／中将権律師「奉」／大納言大法師「奉」／右、来二十七日、於御社可被勤修之状如件、

三七　鎮守読経衆請定　（年未詳）四月廿三日　一通
江戸前期　重紙　楮紙（高檀紙）　三三・四糎×四五・八糎　二紙
（書出）請定／鎮守読経／法印権大僧都演賀導師、呪願、「奉」／法印権大僧都堯政
（書止）右、来廿五日、於御社可有／参懃如件、
（差出）大行事法眼経真
（備考）裏紙端裏に「年不詳四月廿三日」、

三八　理趣三昧衆請定　（年未詳）十月十五日　一通
江戸前期　折紙　楮紙（高檀紙）　三六・〇糎×三三・八糎　一紙
（書出）請定／理趣三昧如説／僧正「奉」／二位法印「奉」／大夫――「奉」／少将――「奉」
（書止）来十七日　御帰座／候也、於御社辰刻／可有参懃如件、
（差出）執行上座長増
（備考）見返奥に「年不詳十月十五日」、

三九　曼荼羅供職衆交名　（年月日未詳）　一通
江戸中期　竪紙　漉返紙　二六・四糎×四一・〇糎　一紙
（端裏）年月日不詳
（書出）十五日職衆／呪願、五智院権僧正／誦経導師、光台院権僧正
（書止）讃戒光院権律師鶴退、／堂達弥勒院権律師同／以上十二人

四〇　後七日御修法伴僧請定請文　九通
江戸前期　竪紙
（備考）（一）〜（九）一括、

（一）　権少僧都定隆後七日御修法伴僧請定請文
寛文八年正月五日　一通
楮紙（奉書紙）　三五・〇糎×五〇・〇糎　一紙
（本文）謹請／後七日御修法伴僧事／右、可令参勤之状、所請如件、
（差出）権少僧都定隆

（備考）包紙（奉書紙、五〇・〇糎×三四・六糎、ウハ書「請状　金蓮院」）、

（二）　権大僧都亮兼後七日御修法伴僧請定請文　　寛文八年正月五日　一通

楮紙（奉書紙）　三八・〇糎×五三・二糎　一紙

（本文）謹請／後七日御修法伴僧事／右、可参勤之状、所請如件、

（差出）権大僧都亮兼

（備考）包紙（奉書紙、四六・〇糎×三二・二糎、ウハ書「請状　宝菩提院」）、

（三）　権律師賢清後七日御修法伴僧請定請文　　寛文八年正月五日　一通

楮紙（奉書紙）　三二・六糎×四五・四糎　一紙

（本文）謹領／後七日御修法伴僧事／右、来八日可令参勤之状、／所領如件、

（差出）権律師賢清

（備考）包紙（奉書紙、四五・四糎×三二・四糎、ウハ書「請状　阿弥陀院」）、

（四）　権大僧都定昌後七日御修法伴僧請定請文　　寛文八稔正月五日　一通

楮紙（奉書紙）　三四・八糎×四九・四糎　一紙

（本文）謹請／後七日御修法伴僧事／右、可令参勤之状、所請如件、

（差出）法印権大僧都定昌

（備考）包紙（奉書紙、四七・四糎×三二・〇糎、ウハ書「請状　密乗院」）、

（五）　賢琛後七日御修法伴僧請定請文　寛文八年正月五日　一通

楮紙（奉書紙）　三五・〇糎×五〇・〇糎　一紙

（本文）謹請／後七日御修法伴僧事／右、可令参勤之状、所請如件、

（差出）阿闍梨賢琛

（備考）包紙（奉書紙、五〇・〇糎×三四・八糎、ウハ書「請状　遍明院」）、

（六）　権大僧都公清後七日御修法伴僧請定請文　　寛文八年正月五日　一通

楮紙（奉書紙）　三二・四糎×四五・八糎　一紙

（本文）謹請／御請書事／右、於　宮中紫宸殿被行／後七日御修法伴僧可参／勤者、謹所請如件、

（差出）法印権大僧都公清

（備考）包紙（奉書紙、四六・二糎×三二・一糎、ウハ書「請状　安養院」）、

（七）　権僧正甚信後七日御修法伴僧請定請文　　寛文八年正月五日　一通

楮紙（高檀紙）　三三・五糎×四三・〇糎　一紙

（本文）謹請／後七日御修法伴僧事／右、可参勤之条、所請如件、

（差出）権僧正甚信

（備考）包紙（高檀紙、四三・〇糎×三三・三糎、ウハ書「請状　密教院権僧正」）、

（八）　大僧都実快後七日御修法伴僧請定請文　　寛文八年正月五日　一通

楮紙（高檀紙）　三七・二糎×五三・〇糎　一紙
（本文）謹請／後七日御修法伴僧事／右、可令参勤之状、所請如件、
（差出）法印大僧都実快
（備考）包紙（高檀紙、五一・九糎×三六・八糎、ウハ書「請状　金剛王院」）、

（九）　権大僧都禅誉後七日御修法伴僧請定請文
寛文八稔正月五日　一通
楮紙（奉書紙）　三〇・八糎×四三・六糎　一紙
（本文）謹請／後七日御修法伴僧事／右、可令参勤之状、所請如件、
（差出）権大僧都禅誉
（備考）包紙（奉書紙、四五・五糎×三〇・八糎、ウハ書「請状　円明院」）、

四一　権大僧都亮兼後七日御修法伴僧請定請文
寛文二年正月五日　一通
江戸前期　竪紙　楮紙（奉書紙）　三一・二糎×四五・六糎　一紙
（本文）謹請／御請書一紙／右、可参勤　宮中南殿／後七日御修法伴
僧、／所請如件、
（差出）権大僧都亮兼
（備考）包紙（奉書紙、三〇・六糎×四二・四糎）、

四二　権大僧都宗儼後七日御修法伴僧請定請文
寛文八年正月六日　一通
江戸前期　竪紙　楮紙（奉書紙）　三一・〇糎×四二・八糎　一紙
（本文）謹請／後七日御修法伴僧事／右、可参勤之状、所請如件、
（差出）権大僧都宗儼

四三　権僧正尭盛後七日御修法請定請文　寛文十年正月五日　一通
江戸前期　竪紙　楮紙（奉書紙）　三一・二糎×四六・一糎　一紙
（本文）謹領／御請書一紙／右、可参勤　紫宸殿／後七日御修法伴僧／
者、所請如件、
（差出）権僧正尭盛
（備考）包紙（奉書紙、四六・〇糎×三〇・九糎）、

四四　後七日御修法伴僧請定請文　二通
江戸中期　竪紙　楮紙（奉書紙）
（備考）（一）・（二）一括、

（一）　大僧都栄春後七日御修法伴僧請定請文
宝永七年三月三日　一通
三三・八糎×四六・八糎　一紙
（本文）謹領／後七日御修法伴僧事／右、於東寺灌頂院可被行／伴僧、所
請如件、
（差出）法印大僧都栄春
（備考）包紙（奉書紙、三三・四糎×四六・二糎）、

（二）　大僧都秀雄後七日御修法伴僧請定請文

宝永七年三月三日　一通

三六・四糎×四八・九糎　一紙

（本文）謹領／後七日御修法伴僧事／右、於東寺灌頂院可被／行伴僧、所請如件、

（差出）大僧都秀雄

四五　座主某御教書請文　（寛永五年）七月三日　一通

江戸前期　重紙　楮紙（奉書紙）　三〇・〇糎×四六・八糎　二紙

（本文）来六日、於山上御影堂／被行曼荼羅供、可令／参懃職衆之由、座主／御消息之旨、謹所御／請申如件、

（差出）権僧正真勝

（宛所）法眼正真御房

（備考）包紙（奉書紙、三四・二糎×四八・〇糎、ウハ書「法眼正真御房　権僧正真勝」）、

四六　大僧都賢晃灌頂職衆請定請文　（元禄元年）三月五日　一通

江戸中期　竪紙　楮紙（奉書紙）　三一・六糎×四四・六糎　一紙

（本文）来十二日、於仁和寺被／行　宮御灌頂、可令参仕／職衆之旨、謹所請如件、

（差出）法印権大僧都賢晃

（宛所）謹上　大納言権律師御房

（備考）懸紙（奉書紙、四四・三糎×三〇・六糎、ウハ書「謹上　大納言権律師御房　法印権大僧都賢晃」）、

四七　座主某御教書案　六通

江戸中期　重紙　漉返紙

（備考）（一）～（六）一括、同筆、

（一）　座主某御教書案　（年未詳）七月三日　一通

三・七 三・二糎×四六・二 四六・五糎　二紙

（本文）来六日、於山上御影堂／可被行曼荼羅供、／可令参勤職衆給／之由、座主御消息／所也、仍執達如件、

（差出）法眼正真奉

（宛所）謹上　卿法印御房

（備考）礼紙（漉返紙、三一・六糎×四六・二糎）、逐而書「追申、／壇行事可令参勤／給者」、懸紙（漉返紙、四六・五糎×三一・二糎、ウハ書「謹上　卿法印御房　法眼正真奉」）、

（二）　座主某御教書案　（年未詳）七月三日　一通

三一・六糎×四五・二糎　二紙

（本文）来六日、於山上御影堂／可被行曼荼羅供、／可令参勤職衆給／之由、座主御消息／如此候、仍上啓如件、

（差出）法眼正真奉

（宛所）謹上　理性院前大僧正御房

（備考）礼紙（漉返紙、三一・六糎×四六・四糎）、逐而書「追啓、／呪願可令参勤／給者」、懸紙（漉返紙、四五・二糎×三一・五糎、ウハ書「謹上　理性院前大僧正御房　法眼正真奉」）、

（三） 座主某御教書案 （年未詳）七月三日 一通

三一・五糎×四五・六糎／四五・二糎 二紙

（本文）来六日、於山上御影堂／可被行曼荼羅供、／可令参勤職衆給／之由、座主御消息／所也、仍執達如件、

（差出）法眼正真奉

（宛所）謹上 釈迦院法印御房

（備考）懸紙（漉返紙、四三・三糎×二七・二糎、ウハ書「謹上 釈迦院法印御房 法眼正真奉」）、

（四） 座主某御教書案 （年未詳）七月三日 一通

三一・六糎×四五・二糎 二紙

（本文）来六日、於山上御影堂／可被行曼荼羅供、／可令参勤職衆給／之由、座主御消息／如此候、仍上啓如件、

（差出）法眼正真奉

（宛所）謹上 行樹院権僧正御房

（備考）礼紙（漉返紙、三一・六糎×四六・五糎）、逐而書「追啓、／唄可令参勤／給者」、懸紙（漉返紙、四五・二糎×二六・二糎、ウハ書「謹上 行樹院権僧正御房 法眼正真奉」、裏書「極官二人、密教院権僧正、増長院権僧正、認用同前也」）、

（五） 座主某御教書案 （年未詳）七月三日 一通

三一・六糎×四五・三糎／四五・〇糎 二紙

（本文）来六日、於山上御影堂／可被行曼荼羅供、／可令参勤職衆給／之由、座主御消息／如此候、仍上啓如件、

（差出）法眼正真奉

（宛所）謹上 増長院権僧正御房

（備考）懸紙（漉返紙、四五・五糎×六一・二糎、ウハ書「謹上 増長院権僧正御房 法眼正真奉」）、

（六） 座主某御教書案 （年未詳）七月三日 一通

三一・六糎×四四・八糎 二紙

（本文）来六日、於山上御影堂／可被行曼荼羅供、／可令参勤職衆給／之由、座主御消息／所也、仍執達如件、

（差出）法眼正真奉

（宛所）謹上 大進法印御房

（備考）懸紙（漉返紙、四四・六糎×二六・二糎、ウハ書「謹上 大進法印御房 法眼正真奉」、裏書「法印七人認用同前也、余ハ無之」）、

四八 座主房演御教書案 二十四通

江戸中期 重紙 楮紙（美濃紙）

（備考）（一）～（二四）一括、同筆、包紙（美濃紙、三〇・二糎×四四・八糎、ウハ書「宝永五子年七月六日、就／開山理源大師八百年忌／職衆江遣請定跡書、以上／二十四〔五歟、〕通」）、

（一） 座主房演御教書案 （宝永五年）七月三日 一通

三〇・三糎／三〇・四糎×四六・〇糎／四五・八糎 二紙

（一）
　（差出）法印正詮
　（宛所）謹上　少納言法印御房
　（備考）懸紙（美濃紙、四六・〇糎×三〇・四糎、ウハ書「謹上　少納言法印御房　法印正詮奉」）、
　（本文）来六日、於山上御影堂／可被行曼荼羅供、／可令参勤職衆給／之由、座主御消息／所也、仍執達如件、

（二）座主房演御教書案　（宝永五年）七月三日　一通
　　三〇・五糎×四五・五糎　二紙
　（差出）法印正詮奉
　（宛所）謹上　少納言権律師御房
　（備考）懸紙（美濃紙、四六・〇糎×三〇・四糎、ウハ書「謹上　少納言権律師御房　法印正詮奉」）、
　（本文）来六日、於山上御影堂／可被行曼荼羅供、／可令参勤職衆給／之由、座主御消息／所也、仍執達如件、

（三）座主房演御教書案　（宝永五年）七月三日　一通
　　三〇・五糎×四五・五糎　二紙
　（差出）法印正詮奉
　（宛所）謹上　少将法印御房
　（備考）懸紙（美濃紙、四六・八糎×三〇・四糎、ウハ書「謹上　少将法印御房　法

（四）座主房演御教書案　（宝永五年）七月三日　一通
　　三〇・五糎×四六・六糎　二紙
　（差出）法印正詮奉
　（宛所）謹上　右京法印御房
　（備考）懸紙（美濃紙、四六・〇糎×三〇・五糎、ウハ書「謹上　右京法印御房　法印正詮奉」）、
　（本文）来六日、於山上御影堂／可被行曼荼羅供、／可令参勤職衆給／之由、座主御消息／所也、仍執達如件、

（五）座主房演御教書案　（宝永五年）七月三日　一通
　　三〇・五糎×四五・五糎　二紙
　（差出）法印正詮奉
　（宛所）謹上　二位権少僧都御房
　（備考）懸紙（美濃紙、四五・七糎×三〇・五糎、ウハ書「謹上　二位権少僧都御房　法印正詮奉」）、
　（本文）来六日、於山上御影堂／可被行曼荼羅供、／可令参勤職衆給／之由、座主御消息／所也、仍執達如件、

（六）座主房演御教書案　（宝永五年）七月三日　一通
　　三〇・五糎×四六・七糎　二紙
　（本文）来六日、於山上御影堂／可被行曼荼羅供、／可令参勤職衆給／之

由、　座主御消息／如此候、仍上啓如件、

（差出）法印正詮奉

（宛所）謹上　報恩院長者前大僧正御房

（備考）礼紙（美濃紙、三〇・五糎×四六・〇糎）、逐而書「追啓、／呪願可令参勤／給者」、懸紙（美濃紙、四六・〇糎×三〇・五糎、ウハ書「謹上　報恩院長者前大僧正御房　法印正詮奉」、裏書「如此相認、但料紙者、本文掛紙上包迄茂小奉書ニ／認遣之也、／僧正以下何茂料紙同前」）、

（七）座主房演御教書案　（宝永五年）七月三日　一通

三〇・五糎×四五・五糎　二紙

（本文）来六日、於山上御影堂／可被行曼荼羅供、／可令参勤職衆給／之由、　座主御消息／所也、仍執達如件、

（差出）法印正詮奉

（宛所）謹上　中将権少僧都御房

（備考）懸紙（美濃紙、四五・六糎×三〇・四糎、ウハ書「謹上　中将権少僧都御房　法印正詮奉」）、

（八）座主房演御教書案　（宝永五年）七月三日　一通

三〇・五糎×四五・七糎　二紙

（本文）来六日、於山上御影堂／可被行曼荼羅供、／可令参勤職衆給／之由、　座主御消息／如此候、仍上啓如件、

（差出）法印正詮奉

（宛所）謹上　密蔵院権僧正御房

（備考）懸紙（美濃紙、四五・六糎×三〇・五糎、ウハ書「謹上　密蔵院権僧正御房　法印正詮奉」）、

（九）座主房演御教書案　（宝永五年）七月三日　一通

三〇・五 三〇・四糎×四六・〇糎　二紙

（本文）来六日、於山上御影堂／可被行曼荼羅供、／可令参勤職衆給／之由、　座主御消息／如此候、仍上啓如件、

（差出）法印正詮奉

（宛所）謹上　理性院前大僧正御房

（備考）礼紙（美濃紙、三〇・五糎×四六・〇糎）、逐而書「追啓、／唄可令参勤／給者」、懸紙（美濃紙、四六・〇糎×三〇・五糎、ウハ書「謹上　理性院前大僧正御房　法印正詮奉」、裏書「如此相認、但料紙者、本文掛紙上包迄茂小奉／書ニ認遣之也、／僧正以下何茂料紙同前」）、

（一〇）座主房演御教書案　（宝永五年）七月三日　一通

三〇・五糎×四五・六糎　二紙

（本文）来六日、於山上御影堂／可被行曼荼羅供、／可令参勤職衆給／之由、　座主御消息／所也、仍執達如件、

（差出）法印正詮奉

（宛所）謹上　宮内卿権大僧都御房

（備考）懸紙（美濃紙、四五・六糎×三〇・五糎、ウハ書「謹上　宮内卿権大僧都御房　法印正詮奉」）、

（一一）座主房演御教書案（宝永五年）七月三日　一通
三〇・五糎×四六・〇糎　二紙
（本文）来六日、於山上御影堂／可被行曼荼羅供、／可令参勤職衆給／之
由、座主御消息／所也、仍執達如件、
（差出）法印正詮奉
（宛所）謹上　民部卿権大僧都御房
（備考）礼紙（美濃紙、三〇・五糎×四六・〇糎）、逐而書「追申、／散花対揚可令
参勤／給者」、懸紙（美濃紙、四六・〇糎×三〇・五糎、ウハ書「謹上　民
部卿権大僧都御房　法印正詮奉」）、

（一二）座主房演御教書案（宝永五年）七月三日　一通
三〇・五糎×四五・六糎　二紙
（本文）来六日、於山上御影堂／可被行曼荼羅供、／可令参勤職衆給／之
由、座主御消息／所也、仍執達如件、
（差出）法印正詮奉
（宛所）謹上　治部卿権大僧都御房
（備考）礼紙（美濃紙、三〇・五糎×四五・五糎）、逐而書「追申、／散花対揚可令
参勤／給者」、懸紙（美濃紙、四五・五糎×三〇・五糎、ウハ書「謹上　治
部卿権大僧都御房　法印正詮奉」）、

（一三）座主房演御教書案（宝永五年）七月三日　一通
三〇・五糎×四五・七糎　二紙
（本文）来六日、於山上御影堂／可被行曼荼羅供、／可令参勤職衆給／之
由、座主御消息／所也、仍執達如件、
（差出）法印正詮奉
（宛所）謹上　太輔権少僧都御房
（備考）礼紙（美濃紙、三〇・五糎×四六・〇糎）、逐而書「追申、／讃頭可令参勤／
給者」、懸紙（美濃紙、四六・〇糎×三〇・五糎、ウハ書「謹上　太輔権
少僧都御房　法印正詮奉」）、

（一四）座主房演御教書案（宝永五年）七月三日　一通
三〇・五糎×四五・七糎　二紙
（本文）来六日、於山上御影堂／可被行曼荼羅供、／可令参勤職衆給／之
由、座主御消息／所也、仍執達如件、
（差出）法印正詮奉
（宛所）謹上　中務卿権大僧都御房
（備考）礼紙（美濃紙、三〇・五糎×四六・〇糎）、懸紙（美濃紙、四五・七糎×三〇・五
糎、ウハ書「謹上　中務卿権大僧都御房　法印正詮奉」）、

（一五）座主房演御教書案（宝永五年）七月三日　一通
三〇・五糎×四五・七糎　二紙
（本文）来六日、於山上御影堂／可被行曼荼羅供、／可令参勤職衆給／之
由、座主御消息／所也、仍執達如件、
（差出）法印正詮奉
（宛所）謹上　式部卿法印御房
（備考）懸紙（美濃紙、四五・七糎×三〇・五糎、ウハ書「謹上　式部卿法印御房

法印正詮奉」)、

（一六）座主房演御教書案　（宝永五年）七月三日　一通

三〇・五糎×四五・八／四五・七糎　二紙

（本文）来六日、於山上御影堂／可被行曼荼羅供、／可令参勤職衆給／之
由、座主御消息／如此候、仍上啓如件、

（差出）法印正詮奉

（宛所）謹上　岳西院権僧正御房

（備考）懸紙（美濃紙、四五・七糎×三〇・五糎、ウハ書「謹上　岳西院権僧正御
房　法印正詮奉」）、

（一七）座主房演御教書案　（宝永五年）七月三日　一通

三〇・五糎×四五・七糎　二紙

（本文）来六日、於山上御影堂／可被行曼荼羅供、／可令参勤職衆給／之
由、座主御消息／如此候、仍上啓如件、

（差出）法印正詮奉

（宛所）謹上　無量寿院大僧正御房

（備考）懸紙（美濃紙、四五・七糎×三〇・三糎、ウハ書「謹上　無量寿院大僧正
御房　法印正詮奉」、裏書「如此相認、但料紙者、本文上包迄も
小奉書ニ／認遣之也、／僧正以下何茂料紙同前」）、

（一八）座主房演御教書案　（宝永五年）七月三日　一通

三〇・五糎×四五・七糎　二紙

（本文）来六日、於山上御影堂／可被行曼荼羅供、／可令参勤職衆給／之
由、座主御消息／所也、仍執達如件、

（差出）法印正詮奉

（宛所）謹上　兵部卿権少僧都御房

（備考）懸紙（美濃紙、四五・七糎×三〇・三糎、ウハ書「謹上　兵部卿権少僧都
御房　法印正詮奉」）、

（一九）座主房演御教書案　（宝永五年）七月三日　一通

三〇・五糎×四五・七糎　二紙

（本文）来六日、於山上御影堂／可被行曼荼羅供、／可令参勤職衆給／之
由、座主御消息／所也、仍執達如件、

（差出）法印正詮奉

（宛所）謹上　刑部卿法印御房

（備考）懸紙（美濃紙、四六・〇糎×三〇・五糎、ウハ書「謹上　刑部卿法印御房
法印正詮奉」）、

（二〇）座主房演御教書案　（宝永五年）七月三日　一通

三〇・五糎×四五・七糎　二紙

（本文）来六日、於山上御影堂／可被行曼荼羅供、／可令参勤職衆給／之
由、座主御消息／所也、仍執達如件、

（差出）法印正詮奉

（宛所）謹上　少将権大僧都御房

（備考）懸紙（美濃紙、四五・七糎×三〇・五糎、ウハ書「謹上　少将権大僧都御

房　法印正詮奉」)、

(二一一)　座主房演御教書案　(宝永五年)七月三日　一通

三〇・五糎×四五・七糎　二紙

(本文)来六日、於山上御影堂/可被行曼荼羅供、/可令参勤職衆給/之
由、座主御消息/如此候、仍上啓如件、

(差出)法印正詮奉

(宛所)謹上　普賢院権僧正御房

(備考)懸紙(美濃紙、四六・〇糎×三〇・五糎、ウハ書「謹上　普賢院権僧正御
房　法印正詮奉」)、

(二一二)　座主房演御教書案　(宝永五年)七月三日　一通

三〇・五糎×四五・六糎　二紙

(本文)来六日、於山上御影堂/可被行曼荼羅供、/可令参勤職衆給/之
由、座主御消息/所也、仍執達如件、

(差出)法印正詮奉

(宛所)謹上　兵部卿権律師御房

(備考)礼紙(美濃紙、三〇・五糎×四五・八糎)、逐而書「追申、/合鉢堂達可令
参勤/給者」、懸紙(美濃紙、四五・七糎×三五・〇糎、ウハ書「謹上　兵
部卿権律師御房　法印正詮奉」)、

(二一三)　座主房演御教書案　(宝永五年)七月三日　一通

三〇・五糎×四五・七糎　二紙

(本文)来六日、於山上御影堂/可被行曼荼羅供、/可令参勤職衆給/之
由、座主御消息/所也、仍執達如件、

(差出)法印正詮奉

(宛所)謹上　一位権少僧都御房

(備考)礼紙(美濃紙、三〇・五糎×四五・八糎)、逐而書「追申、/磬可令参勤/
給者」、懸紙(美濃紙、四五・八糎×三〇・五糎、ウハ書「謹上　一位権
少僧都御房　法印正詮奉」)、

(二一四)　座主房演御教書案　(宝永五年)七月三日　一通

三〇・五糎×四五・八糎　二紙

(本文)来六日、於山上御影堂/可被行曼荼羅供、/可令参勤職衆給/之
由、座主御消息/所也、仍執達如件、

(差出)法印正詮奉

(宛所)謹上　太夫権少僧都御房

(備考)懸紙(美濃紙、四六・〇糎×三〇・二糎、ウハ書「謹上　太夫権少僧都御
房　法印正詮奉」)、

四九　碩学集議中書状写　(文化五年)三月十三日　一通

江戸後期　折紙　漉返紙　四四・〇糎×三三・二糎　一紙

(書出)芳翰致薫誦候、春暖/相増候處、各座弥御清康/御勤仕之由、欣
然之御事/御座候、抑貴山/御開基大師就御遠忌、/勅會御法事
御沙汰之趣、

(書止)御門主御所御満足被為/思食候之段、厚蒙/仰、乍恐本懐之至奉

存候、／仍御請如此御座候、宜預／御取成候、恐惶謹言、
(差出) 碩学集議中印
(宛所) 井内大蔵卿様／北村長門守様

五〇　智積院権僧正某書状　(文化五年) 三月朔日　一通
江戸後期　続紙　楮紙 (奉書紙)　一七・五糎×一四六・二糎　四紙
(書出) 口述／此度就／理源大師御法要、当山／拝見之儀、先回御書翰被
遣／之、
(書止) 右之旨、当山同様御断如此候、／御門主表江茂以此旨宜御申／上
可被下候、以上、
(差出) 智積院権僧正
(宛所) 地蔵院僧正様／慈心院僧正様／宝幢院権僧正様
(備考) 奥に「猶以集議中江も御書翰之／処、同様御断申上候旨、一臈席
より／申来候、已上」、

五一　西大寺一派中書状　(文化五年) 三月七日　一通
江戸後期　折紙　楮紙 (奉書紙)　三六・五糎×五三・五糎　一紙
(本文) 一翰啓上仕候、然者為辰年就／理源大師九百年御遠忌、／勅會大
曼荼羅供被／仰出、今度御執行之旨、先達而／被仰候、法門主幸
奉欣躍候、／因茲為報恩円銀壹枚奉備之候、／宜御前納所希御座
候、恐惶謹言、
(差出) 西大寺一派中
(宛所) 慈心院殿／宝幢院殿
(備考) 包紙 (美濃紙、二七・二糎×四〇・七糎、ウハ書「慈心院殿／宝幢院殿
西大寺一派中」)、

五二　職衆条々覚等　八通
江戸中期
(備考) (一)〜(八) 一括、

(一)　職衆条々覚　(年月日未詳)　一通
折紙　楮紙 (美濃紙)　三〇・一糎×四九・二糎　一紙
(本文) 覚／一表白十月三日、両親、通用、／一嘆徳役之事／一威従催之事／一僧
正四人程／金剛珠院権僧正／一誦経導師之事

(二)　鎮守読経衆請定案　(年未詳) 二月十五日　一通
竪紙　漉返紙　二九・二糎×四〇・七糎　一紙
(書出) 鎮守読経衆事／持明院法印導師／西往院権大僧都／西坊権少僧
都／岳西院権少僧都／龍光院権少僧都

(三)　讃衆交名土代　(年月日未詳)　一通
竪紙　楮紙 (奉書紙)　三一・二糎×四一・五糎　一紙
(本文) 讃衆／大蔵卿〇権律師賢澄鵠退、／式部卿〇権律師運助／少納言権律師賢
継／刑部卿阿闍梨信栄

(四)　職衆交名案　(年月日未詳)　一通

竪紙　後欠　楮紙（奉書紙）　三・五糎×四三・六糎　一紙
（書出）職衆廿口／五智院権僧正観典／宝菩提院権僧正亮兼
（文尾）岳西院権少僧都賢晃／龍光院権少僧都行典

（五）讃衆交名案　（年月日未詳）　一通
竪紙　楮紙（奉書紙）　三・六糎×四三・二糎　一紙
（書出）岳西院権少僧都賢晃／龍光院権少僧都行典
（書止）少納言権律師賢継同讃、／刑部卿権律師信栄同堂達、鐃打、

（六）職衆交名案　（年月日未詳）　一通
竪紙　楮紙（奉書紙）　三・六糎×四三・六糎　一紙
（書出）職衆／五智院権僧正観典嘆徳、／宝菩提院権僧正亮兼誦経、
（書止）宝幢院権大僧都隆弁／西坊権少僧都宣雅

（七）鎮守読経衆請定土代　（年未詳）二月十日　一通
竪紙　漉返紙　二九・五糎×四一・二糎　一紙
（書出）請定鎮守読経経衆事／一光台院権僧正　導師／一持明院法印
（書止）一密厳院権律師／一／七人か／又十人か

（八）用意条々覚　一通
竪紙　楮紙（美濃紙）　二八・六糎×四〇・五糎　一紙
（本文）一諷誦文之事／一式并作法一見事／一行烈調事／一道具目六合
事／一誦経物引五帖遣事／一花平先切事／高机、山上七日取遣候
事、／閼伽井掃除申付事

第六六函

一　御影供職衆交名　一冊

安土桃山時代　仮綴　漉返紙

（備考）（一）～（二三）一括、

（一）御影供職衆交名　文禄五年三月十五日　一通

竪紙　三五・八糎×四〇・三糎　一紙

（書出）御影供　道場光台院／光台院権僧正供養法、　密教院法印合殺、導師、／
慈心院権大僧都　行樹院律師前讃、

（書止）前讃　四智梵　心略梵　東方／後讃　吉慶漢第一　同漢第二　同梵第一

（二）御影供職衆交名　文禄四年三月十八日　一通

竪紙　三七・四糎×四三・〇糎　一紙

（書出）御影供　道場宝幢院／光台院権僧正合殺、　密教院法印供養法、／
慈心院権大僧都導師、舎利礼、

（書止）前讃　四智梵　心略梵　吉慶梵第三／後讃　吉慶漢第四　同第五　西方

（三）御影供職衆交名　文禄二年三月十三日　一通

竪紙　三六・三糎×四〇・二糎　一紙

（書出）御影供　道場慈心院／文禄二年三月十三日／密教院法印供養法、
慈心院権大僧都合殺、舎利礼、／行樹院律師導師、

（書止）前讃　四智漢　心略漢　吉慶漢第三／後讃　吉慶梵第一・第二・
第三

（四）御影供職衆交名　天正廿年三月十八日　一通

竪紙　三六・五糎×四〇・六糎　一紙

（書出）御影供道場密教院／天正廿年三月十八日／光台院法印合殺、　密教
院法印供養法、／慈心院権大僧都導師、

（書止）前讃　四智漢　心略漢　西方／後讃　吉慶漢第四・第五　北方

（五）御影供職衆交名　天正十九年三月十八日　一通

竪紙　三七・四糎×四〇・〇糎　一紙

（書出）天正十九年三月十八日／道場　光台院／光台院法印合殺、　密教
院法印供養法、舎利礼、

（書止）前讃四智梵語、心略梵語、　不動／後讃四智漢語、心略漢語、　南方、

（六）御影供職衆交名　天正十八年三月十八日　一通

竪紙　三六・六糎×四一・八糎　一紙

（書出）御影供／天正十八年三月十八日／道場宝幢院／慈心院権大僧都
供養法、舎利礼、　行樹院律師導師、

（書止）前讃　四智梵　四ハラ密　仏讃／後讃　吉慶漢第三　同第四　不動

（七）御影供職衆交名　天正十七年三月十八日　一通
竪紙　三七・三糎×四〇・四糎　一紙
（書出）御影供／天正十七年三月十八日／道場理趣坊／光台院法印供養法、舎利礼、慈心院権大僧都導師、
（書止）前讃　四智梵　心略梵　東方／後讃　吉慶漢第一　同第二　同
梵第一

（八）御影供職衆交名　天正十六年三月十八日　一通
竪紙　三七・三糎×四〇・〇糎　一紙
（書出）天正十六年三月十八日／道場行樹院／光台院法印供養法、　密教
院法印導師、舎利礼、
（書止）前讃　四智梵　心略梵　吉慶漢第三／後讃　吉慶漢第四　同第五　西方

（九）御影供職衆交名　天正十五年三月十九日　一通
竪紙　二六・八糎×三九・九糎　一紙
（書出）天正十五年三月十九日／道場光台院／光台院法印供養法、　密教
院法印導師、舎利礼、
（書止）前讃　四智漢　心略漢　東方／後讃　吉慶漢初段　同第二　同
第三

（一〇）御影供職衆交名　天正十四年三月十九日　一通
竪紙　二四・四糎×四〇・五糎　一紙
（書出）天正十四年三月十九日／道場慈心院／光台院法印導師、舎利礼、／密教
院法印供養法、
（書止）前讃　四智漢　心略同　吉慶第三／後讃　吉慶第九　同第二　同
第三

（一一）御影供職衆交名　天正十三乙酉稔三月十六日　一通
竪紙　二四・六糎×四〇・〇糎　一紙
（書出）天正十三乙酉稔三月十六日／道場密教院／無量寿院大僧正供養法、／
光台院法印
（書止）前讃　四智漢　心略漢　西方／後讃　吉慶漢第四　同第五　北方

（一二）御影供職衆交名　天正十二甲申年三月十八日　一通
竪紙　二四・六糎×四一・三糎　一紙
（書出）天正十二甲申年三月十八日／道場光台院／密教院法印供養法、舎利礼、／妙
雲院法眼
（書止）前讃　四智梵　心略梵　不動／後讃　四智漢　心略漢　南方

（一三）御影供職衆交名　天正十一年三月十一日　一通
竪紙　二四・六糎×三八・八糎　一紙
（書出）天正十一年三月十一日／道場宝幢院／宝幢院法印供養法、　密教
院大僧都導師、合殺、
（書止）前讃　四智梵　四ハラ密　仏讃／後讃　吉慶漢語第二　同第四　不動

（一四）御影供職衆交名　天正十年三月十八日　一通

竪紙　三三・三糎×三八・六糎　一紙
（書出）天正十年三月十八日／道場行樹院／宝幢院法印合殺、舎利礼、　光台院
大僧都供養法、
（書止）前讃　四智梵　心略梵　東方／後讃　吉慶漢語第四　吉慶同第五　西方

（一五）御影供職衆交名　天正九年三月十八日　一通
竪紙　二四・七糎×四一・三糎　一紙
（書出）天正九年三月十八日／道場慈心院／宝幢院法印供養法、舎利礼、／慈心院
権律師導師、
（書止）前讃　四智漢　心略漢　吉慶漢語第三／後讃　吉慶漢語第四　同第五　西
方

（一六）御影供職衆交名　天正八年三月十八日　一通
竪紙　二六・三糎×四一・三糎　一紙
（書出）天正八年三月十八日／御影供　道場密教院／宝幢院法印
供養法、舎利礼、／光台院権大僧都
（書止）前讃　四智漢語　心略同　東方／後讃　吉慶漢語第一・第二・第
三

（一七）御影供職衆交名　天正七暦三月十八日　一通
竪紙　二七・四糎×四〇・四糎　一紙
（書出）天正七暦三月十八日／御影供　道場光台院／宝幢院法印供養法、舎利礼、
光台院大僧都導師、
（書止）前讃　四智漢語　心略同　吉慶漢語第三／後讃　吉慶梵語第一・
同第二・同第三

（一八）御影供職衆交名　天正六年三月十八日　一通
竪紙　二六・二糎×四一・七糎　一紙
（書出）天正六年三月十八日／御影供　道場宝幢院／宝幢院法印供養法、舎利礼、
光台院権大僧都導師、
（書止）前讃　四智漢語　心略同　西方／後讃　吉慶漢語第四　同第五
北方

（一九）御影供職衆交名　天正五年三月十八日　一通
竪紙　二五・七糎×四一・〇糎　一紙
（書出）天正五年三月十八日／御影供　道場行樹院／報恩院法印供養法、
宝幢院法印導師、舎利礼、
（書止）前讃　四智梵語　心略梵語　不動／後讃　四智漢語　心略漢語
南方

（二〇）御影供職衆交名　天正四年三月十八日　一通
竪紙　二四・六糎×三九・三糎　一紙
（書出）天正四年三月十八日／御影供　道場慈心院／宝幢院権大僧都
供養法、舎利礼、　光台院権大僧都導師、
（書止）前讃　四智梵語　四波羅蜜　仏讃／後讃　吉慶漢第三　同第四　不
動

(二一) 御影供職衆交名 天正三年三月十八日 一通

竪紙 三三・五糎×四〇・六糎 一紙

(書出) 天正三年三月十八日／御影供 道場密教院／戒光院法印供養法、
宝幢院権大僧都合殺、

(書止) 前讃 四智梵語 心略梵語 東方／後讃 吉慶漢語第一 同第二
同梵語初段

(二二) 御影供職衆交名 天正貳年三月十八日 一通

竪紙 三三・一糎×三六・五糎 一紙

(書出) 天正貳年三月十八日／御影供 道場光台院／戒光院法印合殺、
宝幢院権大僧都供養法、

(書止) 前讃 四智梵語 心略梵語 吉慶漢語第三／後讃 吉慶漢語第四
同第五 西方

(二三) 御影供職衆交名 (年月日未詳) 一通

竪紙 二八・一糎×三八・四糎 一紙

(書出) 尊師御影供／道場行樹院／宝幢院法印供養法、 密教院権少僧都
導師、合殺、

(書止) 前讃 四智 四ハラ蜜 仏讃／後讃 吉慶第三 第四 不動／
右、如件、

二 御影供職衆交名 七通

江戸前期 漉返紙

(備考) (一)～(七) 一括、

(一) 御影供職衆交名 元和貳年丙辰三月十八日 一通

竪紙 三〇・一糎×三三・〇糎 一紙

(書出) 元和貳年丙辰三月十八日／御影供 道場宝幢院／宝幢院法印
供養法、舎利礼、 光台院権大僧都導師、合殺、

(書止) 前讃 四智梵 心略梵 不動／後讃 四智漢 心略漢 南方／
右、如件、

(二) 御影供職衆交名 元和九年三月十八日 一通

竪紙 三五・五糎×三三・〇糎 一紙

(書出) 御影供 道場 密教院／宝幢院法印供養法、 密教院権少僧都
合殺、舎利礼、

(書止) 前讃 四智漢 心略漢 東方／後讃 吉慶漢 第一 第二 第
三／右、如件、

(三) 御影供職衆交名 元和四戊午年三月十八日 一通

竪紙 三三・一糎×四六・四糎 一紙

(書出) 元和四戊午年三月十八日／御影供 道場密教院／宝幢院法印
供養法、 密教院権律師導師、舎利礼、合殺、

(書止) 前讃 四智漢語 心略漢語 吉慶漢語第三／後讃 吉慶梵語第一
第二 第三／右、如件、

（四）御影供職衆交名　元和五年三月十八日　一通
竪紙　三五・八糎×五三・四糎　一紙
（書出）元和五年三月十八日／道場行樹院／宝幢院法印導師、合殺、　光台院権大僧都供養法、
（書止）前讃　四智梵　四ハラ密　仏讃／後讃　吉慶漢　第三　第四　不動／右、如件、

（五）御影供職衆交名　元和六年三月十一日　一通
竪紙　三一・五糎×四七・六糎　一紙
（書出）御影供　道場　慈心院／宝幢院法印供養法、　密教院権律師導師、合殺、
（書止）後讃　四智漢　心略漢　南方／右、如件、
（備考）奥書「仁王経御修法、同十五日ヨリ於　禁中御執行之間、／兼日ニ引上ル也」、

（六）御影供職衆交名　元和七辛酉年三月廿日　一通
竪紙　三一・八糎×四九・六糎　一紙
（書出）御影供道場宝幢院／宝幢院法印供養法、　光台院権大僧都
（書止）後讃　吉慶第四　同第五　北方／右、如件、
（備考）奥書「当年又仁王経御修法、阿闍梨随心院大僧正増｜、／三月十二日ヨリ開白、各十八日ニ帰山之間、今日廿日ニ／御影供執行也」、

（七）御影供職衆交名　元和八年三月十八日　一通
竪紙　三一・一糎×四七・五糎　一紙
（書出）御影供　道場　光台院／宝幢院法印供養法、　密教院権律師導師、合殺、舎利礼、
（書止）後讃　吉慶梵　第一　第二　第三／右、如件、

三　御影供職衆交名　一冊
仮綴
（備考）（一）～（五二）一括、

（一）御影供職衆交名　天和三癸亥稔三月十八日　一通
江戸中期　竪紙　楮紙（奉書紙）　三五・一糎×四九・〇糎　一紙
（書出）天和三癸亥稔三月十八日／御影供　道場理趣房／持明院法印合殺、　行樹院権大僧都供養法、
（書止）宝幢院権少僧都　密乗院律師／右故障、

（二）御影供職衆交名　天和貳壬戌年三月十八日　一通
江戸中期　竪紙　楮紙（奉書紙）　三三・四糎×四六・二糎　一紙
（書出）天和貳壬戌年三月十八日／御影供　道場持明院／持明院法印供養法、　修禅院権大僧都合殺、
（書止）前讃　四智梵　心略梵　東方／後讃　吉慶漢第一　同第二　同梵第一

（三）御影供職衆交名　延宝九辛酉年三月十八日　一通

江戸前期　竪紙　楮紙（奉書紙）　三二・一糎×四五・五糎　一紙
（書出）延宝九辛酉年三月十八日／御影供　道場修禅院／持明院法印
供養法、　修禅院権大僧都合殺、
（書止）前讃　四智梵　心略梵　吉慶漢第三／後讃　吉慶漢第四　同第
五　西方

（四）御影供職衆交名　延宝八庚申年三月十八日　一通
江戸前期　竪紙　楮紙（奉書紙）　三二・九糎×四七・九糎　一紙
（書出）延宝八庚申年三月十八日／御影供　道場光台院／持明院法印
舎利礼、合殺、
（書止）前讃　四智漢　心略漢　東方／後讃　吉慶漢　第一・同第二・同
第三

（五）御影供職衆交名　延宝七己未歳三月十八日　一通
江戸前期　竪紙　楮紙（奉書紙）　三一・二糎×四二・七糎　一紙
（書出）延宝七己未歳三月十八日／御影供　道場宝幢院／円明院法印
供養法、
（書止）前讃　四智漢　心略漢　吉慶漢　第三／後讃　吉慶梵　第一・第
二・第三

（六）御影供職衆交名　延宝六戊午歳三月十八日　一通
江戸前期　竪紙　楮紙（奉書紙）　三一・一糎×四三・四糎　一紙
（書出）延宝六戊午歳三月十八日／御影供　道場円明院／円明院法印
供養法、
（書止）以上現出仕、／前讃　四智漢　心略漢　西方／後讃　吉慶漢第四
同第五　北方

（七）御影供職衆交名　延宝五丁巳歳三月十八日　一通
江戸前期　竪紙　漉返紙　三三・一糎×四六・五糎　一紙
（書出）延宝五丁巳歳三月十八日／御影供　道場弥勒院／山務法印
供養法、／円明院法印導師、
（書止）前讃　四智梵　心略梵　不動／後讃　四智漢　心略漢　南方

（八）御影供職衆交名　延宝四丙辰年三月十八日　一通
江戸前期　竪紙　楮紙（美濃紙）　三一・六糎×四三・二糎　一紙
（書出）延宝四丙辰年三月十八日／御影供　道場修禅院／山務法印
供養法、／持明院権大僧都舎利礼、
（書止）前讃　四智梵　四波羅密　仏讃／後讃　吉慶漢第三　同第四　不動

（九）御影供職衆交名　延宝三乙卯年三月十八日　一通
江戸前期　竪紙　楮紙（美濃紙）　三一・二糎×四四・二糎　一紙
（書出）御影供　道場行樹院／山務法印供養法、／円明院法印合殺、
（書止）前讃　四智漢　心略同　東方／後讃　吉慶漢第一　同第二　同第三

（一〇）御影供職衆交名　延宝二年三月十八日　一通
江戸前期　竪紙　楮紙（美濃紙）　三一・六糎×四四・五糎　一紙

(書出) 御影供　道場慈心院／密教院権僧正供養法、／円明院法印導師、
(書止) 前讃　四智漢　心略漢　吉慶漢第三／後讃　吉慶梵第一　同第二
　同第三

(一一) 御影供職衆交名　寛文十三暦三月十八日　一通
江戸前期　竪紙　楮紙（奉書紙）　三四・三糎×五一・三糎　一紙
(書出) 御影供　道場円明院／密教院権僧正供養法、／密乗院法印合殺、
(書止) 前讃　四智漢　心略漢　西方／後讃　吉慶漢第四　同第五　北方

(一二) 御影供職衆交名　寛文十二暦三月十八日　一通
江戸前期　竪紙　漉返紙　三〇・二糎×四五・二糎　一紙
(書出) 御影供　道場密乗院／密教院権僧正供養法、／密乗院法印導師、
(書止) 前讃　四智梵　心略梵　不動／後讃　四智漢　心略漢　南方

(一三) 御影供職衆交名　寛文十一年三月十八日　一通
江戸前期　竪紙　漉返紙　三一・〇糎×四七・二糎　一紙
(書出) 御影供　道場慈心院／密教院権僧正導師、／密乗院法印供養法、
(書止) 前供養　四智梵　四波羅蜜　仏讃／後供養　吉慶漢第三　同第四
　不動

(一四) 御影供職衆交名　寛文十年三月十八日　一通
江戸前期　竪紙　漉返紙　三一・二糎×四六・六糎　一紙
(書出) 御影供　道場持明院／密教院権僧正／密乗院法印供養法、

(書止) 前讃　四智梵　心略梵　東方／後讃　吉慶漢第一／同第二　同梵第一

(一五) 御影供職衆交名　寛文八戊申年三月十八日　一通
江戸前期　竪紙　楮紙（美濃紙）　三一・七糎×四五・五糎　一紙
(書出) 御影供　道場密乗院／密教院権僧正供養法、／密乗院法印合殺、
(書止) 前讃　四智梵　心略梵　吉慶漢第三／後讃　吉慶第四　同第五　西方

(一六) 御影供職衆交名　寛文七年三月十八日　一通
江戸前期　竪紙　楮紙（高檀紙）　三一・六糎×四七・〇糎　一紙
(書出) 寛文七年三月十八日／御影供　道場慈心院／密教院権僧正
　供養法、　理趣坊法印導師、
(書止) 前供養　四智漢　心略漢　東方／後供養　吉慶漢初　同第二　同第三

(一七) 御影供職衆交名　寛文六年三月十八日　一通
江戸前期　竪紙　楮紙（高檀紙）　三一・七糎×四六・九糎　一紙
(書出) 寛文六年三月十八日／御影供　道場持明院／密教院権僧正
　供養法、　理趣坊法印導師、
(書止) 前讃　四智漢　心略漢　西方／後讃　吉慶漢第四　同第五　北方

(一八) 御影供職衆交名　寛文五年三月十八日　一通
江戸前期　竪紙　楮紙（高檀紙）　三一・〇糎×四六・五糎　一紙
(書出) 寛文五年三月十八日／御影供　道場宝幢院／密教院権僧正
　供養法、　理趣房法印導師、

（書止）前讃　四智梵　四ハラ密　仏讃／後讃　吉慶漢第三　同第四　不動

（一九）　御影供職衆交名　寛文四年三月十八日　一通
江戸前期　竪紙　漉返紙　三四・〇糎×五一・三糎　一紙
（書出）御影供道場　密乗院／理趣房法印供養法、　密乗院法印合殺、／宝幢院権大僧都導師、　円明院権少僧都舎利礼、
（書止）前讃　四智梵　心略梵　東方／後讃　吉慶漢第一　同第二　吉慶梵第一

（二〇）　御影供職衆交名　寛文三年三月十八日　一通
江戸前期　竪紙　楮紙（奉書紙）　三〇・五糎×四八・〇糎　一紙
（書出）寛文三年三月十八日／御影供　道場行樹院／密教院権僧正供養法、　宝幢院権大僧都導師、／円明院権少僧都合殺、舎利礼、　持明院権少僧都前讃、
（書止）前讃　四智梵　心略梵　吉慶漢第三／後讃　吉慶漢第四　同第五　西方

（二一）　御影供職衆交名　寛文二年三月十八日　一通
江戸前期　竪紙　漉返紙　三五・五糎×五二・八糎　一紙
（書出）寛文二年三月十八日／御影供　道場持明院／密教院権僧正供養法、　戒光院法印合殺、／密乗院権大僧都導師、　宝幢院権少僧都舎利礼、
（書止）前讃　四智漢　心略漢　東方／後讃　吉慶漢第一　同第二　同第三

（二二）　御影供職衆交名　万治四年三月十八日　一通
江戸前期　竪紙　漉返紙　三二・四糎×四七・七糎　一紙
（書出）万治四年三月十八日／御影供　道場宝幢院／密教院権僧正供養法、　戒光院法印合殺、／密乗院権大僧都導師、　宝幢院権少僧都
（書止）前讃　四智漢　心略漢　吉慶漢第三／後讃　吉慶梵第一　同第二　同第三

（二三）　御影供職衆交名　万治三年三月十八日　一通
江戸前期　竪紙　漉返紙　三三・八糎×五〇・三糎　一紙
（書出）万治三年三月十八日／御影供道場　密乗院／戒光院法印供養法、／密乗院権大僧都導師、／宝幢院権少僧都合殺、
（書止）前讃　四智漢　心略漢　西方／後讃　吉慶漢第四　同第五　北方

（二四）　御影供職衆交名　万治二年九月廿一日　一通
江戸前期　竪紙　楮紙（美濃紙）　三五・〇糎×四三・八糎　一紙
（本文）三月御影供／道場理趣房／密教院権僧正　理趣房法印／万治二年九月廿一日勤之、
（備考）追記「右、今年院寺之間、就確執之縁、寺家／衆各在京、依之其時分、相延有之、此般／尤自兼日雖相催之縁、指合衆多之、／雖然算用旨限近之付、非可相延故、為両人理趣三昧略而遂之畢」、

（二五）　御影供職衆交名　明暦四戊戌年三月十八日　一通
江戸前期　竪紙　漉返紙　三一・二糎×四五・八糎　一紙
（書出）明暦四戊戌年三月十八日／御影供　道場戒光院／密教院権僧正

導師、舎利礼、 戒光院法印供養法、／宝幢院権律師合殺、 円明院権律師
（書止）前讃 四智梵 四ハラ密 仏讃／後讃 吉慶漢第三・第四 不動

（一六） 御影供職衆交名 明暦三年三月十八日 一通
江戸前期 竪紙 漉返紙 三四・八糎×五一・七糎 一紙
（書出）明暦三年三月十八日／御影供 道場行樹院／行樹院権僧正
供養法、 密乗院権少僧都導師、合殺、／持明院権律師後讃、 少納言権律
師舎利礼、
（書止）前讃 四智梵 心略梵 金剛薩埵／後讃 吉慶漢第一 同第二 同
梵第一

（一七） 御影供職衆交名 承応三年三月十八日 一通
江戸前期 竪紙 楮紙（美濃紙） 三一・九糎×四四・四糎 一紙
（書出）承応三年三月十八日／御影供 道場宝幢院／密教院権僧正
供養法、 理趣房権大僧都導師、／密乗院権少僧都合殺、 慈心院権
少僧都舎利礼、
（書止）前讃 四智 心略漢 金剛薩埵／後讃 吉慶漢第一 同第二 同
第三／以上現出仕九人、

（一八） 御影供職衆交名 承応二年三月十八日 一通
江戸前期 竪紙 漉返紙 三四・九糎×五二・〇糎 一紙
（書出）承応二年三月十八日／御影供 道場光台院／行樹院権僧正合殺、
戒光院法印供養法、／理趣房権少僧都導師、 密乗院権少僧都

舎利礼、
（書止）前讃 四智梵 心略梵 吉慶漢第三／後讃 吉慶第四 同第五
西方

（一九） 御影供職衆交名 慶安五年三月十八日 一通
江戸前期 竪紙 漉返紙 三五・三糎×五一・八糎 一紙
（書出）慶安五年三月十八日／御影供 道場慈心院／行樹院権僧正導師、
密教院権僧正合殺、／戒光院法印供養法、 密乗院権少僧都舎利礼、
（書止）前讃 四智漢 心略漢 西方／後讃 吉慶漢第四 同第五 北方

（三〇） 御影供職衆交名 慶安三年三月十八日 一通
江戸前期 竪紙 漉返紙 三三・一糎×四七・四糎 一紙
（書出）慶安三年三月十八日／御影供 道場戒光院／行樹院権僧正合殺、
戒光院法印供養法、／密乗院権少僧都舎利礼、 慈心院権少僧都
導師、
（書止）前讃 四智梵 四波羅蜜 仏讃／後讃 吉慶漢第三 同第四 不
動／当年故障有之、七月廿一日被執行畢、

（三一） 御影供職衆交名 慶安二年三月廿八日 一通
江戸前期 竪紙 楮紙（美濃紙） 三一・五糎×四八・一糎 一紙
（書出）慶安二年三月廿八日／御影供 道場理趣房／密教院法印供養法、
理趣房権少僧都導師、／密乗院権少僧都合殺、舎利礼、 慈心院権律師
後讃、

（書止）前讃　四智梵　心略梵　吉慶漢（東方）／後讃　吉慶第一漢　同第二
同梵第一

（三二）　御影供職衆交名　慶安元年三月十八日　一通
江戸前期　竪紙　漉返紙　三六・〇糎×五三・二糎　一紙
（書出）御影供　道場　密教院／慶安元年三月十八日／行樹院権僧正
舎利礼、密教院権大僧都供養法、／理趣房権少僧都導師、　密乗院
権少僧都合殺、
（書止）前讃　四智梵　心略梵　吉慶漢第三／後讃　吉慶第四　同第五　西方

（三三）　御影供職衆交名　正保二年三月十八日　一通
江戸前期　竪紙　漉返紙　三四・〇糎×五一・二糎　一紙
（書出）正保二年三月十八日／御影供　道場慈心院／戒光院権少僧都
供養法、　理趣房権少僧都導師、合殺、／密乗院権律師後讃、舎利礼、　慈心院権
律師前讃、
（書止）前讃　四智漢　心略漢　東方／後讃　吉慶漢第一　第二　第三

（三四）　御影供職衆交名　寛永廿一年三月十八日　一通
江戸前期　竪紙　楮紙（美濃紙）　三一・六糎×四五・七糎　一紙
（書出）寛永廿一年三月十八日／御影供　道場照阿院／戒光院権少僧都
供養法、／密乗院権律師導師、合殺、／照阿院権律師後讃、舎利礼、
（書止）前讃　四智漢　心略漢　吉慶漢第三／後讃　吉慶梵第一　同第二
同第三

（三五）　御影供職衆交名　寛永廿年三月十八日　一通
江戸前期　竪紙　漉返紙　三五・五糎×五三・二糎　一紙
（書出）寛永廿年三月十八日／御影供　道場密乗院／行樹院法印供養法、
／戒光院権少僧都導師、／理趣房権少僧都合殺、
（書止）前讃　四智漢　心略漢　西方／後讃　吉慶漢第四　同第五　北方

（三六）　御影供職衆交名　寛永十九年三月十八日　一通
江戸前期　竪紙　楮紙（高檀紙）　三四・六糎×五三・三糎　一紙
（書出）寛永十九年三月十八日／御影供　道場戒光院／行樹院法印
合殺、　舎利礼、／密教院権大僧都供養法、／戒光院権律師
（書止）前讃　四智梵　心略梵　不動／後讃　四智漢　心略漢　南方

（三七）　御影供職衆交名　寛永十八年三月十八日　一通
江戸前期　竪紙　漉返紙　三五・〇糎×五三・四糎　一紙
（書出）寛永十八年三月十八日／御影供　道場円明院／行樹院法印
供養法、舎利礼、／円明院権大僧都合殺、／戒光院権律師
（書止）前讃　四智梵　四ハラ蜜　仏讃／後讃　吉慶第三　同第四　不動

（三八）　御影供職衆交名　寛永十七年三月十八日　一通
江戸前期　竪紙　漉返紙　三五・一糎×五三・二糎　一紙
（書出）寛永十七年三月十八日／御影供　道場理趣房／行樹院法印
合殺、舎利礼、／密教院権少僧都供養法、／戒光院権律師
（書止）前讃　四智梵　心略同　東方／後讃　吉慶漢第一　同第二　同梵

第一

（三九）　御影供職衆交名　寛永十六載三月十八日　一通
江戸前期　竪紙　漉返紙　三四・八糎×五一・五糎　一紙
（書出）寛永十六載三月十八日／御影供　道場密教院／行樹院法印
供養法、／円明院権少僧都合殺、／密教院々々々々舎利礼、／戒光院
権律師後讃、
（書止）前讃　四智梵　同心略　吉慶漢第三／後讃　吉慶漢第四　同第五
西方

（四〇）　御影供職衆交名　寛永十四丁丑年三月十八日　一通
江戸前期　竪紙　漉返紙　三四・八糎×五一・九糎　一紙
（書出）寛永十四丁丑年三月十八日／御影供　道場円明院／円明院権少僧
都供養法、／戒光院権律師導師、合殺、前讃、
（書止）前讃　四智漢　心略漢　東方／後讃　吉慶漢　第一　第二　第
三

（四一）　御影供職衆交名　寛永十三丙子年三月十八日　一通
江戸前期　竪紙　漉返紙　三六・六糎×五三・〇糎　一紙
（書出）寛永十三丙子年三月十八日／御影供　道場戒光院／行樹院法印
供養法、／弥勒院権少僧都合殺、舎利礼、／円明院権少僧都導師、
（書止）前讃　四智漢　心略漢　吉慶漢第三／後讃　吉慶梵第一　同第二
同第三

（四二）　御影供職衆交名　寛永十二乙亥年三月十八日　一通
江戸前期　竪紙　漉返紙　三四・五糎×五一・九糎　一紙
（書出）寛永十二乙亥年三月十八日／御影供　道場弥勒院／行樹院権大僧
都供養法、／弥勒院権少僧都舎利礼、／円明院権少僧都導師、合殺、
（書止）前讃　四智漢　心略漢　西方／後讃　吉慶漢第四　同第五　北方

（四三）　御影供職衆交名　寛永十一甲戌年三月十二日　一通
江戸前期　竪紙　楮紙（高檀紙）裏書あり　三五・四糎×五三・二糎　一紙
（書出）寛永十一甲戌年三月十二日／御影供　道場円明院／行樹院権大僧
都供養法、　弥勒院権少僧都導師、／円明院権少僧都合殺、　自性院
権少僧都
（書止）前讃　四智梵　同心略　不動／後讃　四智漢　同心略　南方
（備考）裏書「依今年高祖大師八百年忌、奉　勅命、／大阿闍梨随心院法務
前大僧正増丨《孝》、三月／廿日、於東寺被修舞楽万荼羅供訖、職衆／
五十六口、則当寺々僧不残令出仕、同自廿／四日至廿六日、於東
寺灌頂院被修結縁／灌頂、仍例日之声明講引上、今日十二日／執
行之、廿一日御影供、同十五日令勤修也」、

（四四）　御影供職衆交名　寛永十癸酉年三月十八日　一通
江戸前期　竪紙　漉返紙　三五・五糎×五三・二糎　一紙
（書出）寛永十癸酉年三月十八日／御影供　道場弥勒院／行樹院権大僧都
供養法、／弥勒院権少僧都導師、／円明院権律師合殺、
（書止）前讃　四智梵　四波羅蜜　仏讃／後讃　吉慶　第三　第四　不

動

（四五） 御影供職衆交名 寛永九年三月十八日 一通
江戸前期 竪紙 楮紙（美濃紙） 三四・一糎×四六・八糎 一紙
（書出）寛永九年三月十八日／御影供 道場行樹院／行樹院権大僧都
供養法、／弥勒院権少僧都合殺、舎利礼、／円明院権律師導師、
（書止）前讃 四智漢梵 心略漢梵 東方／後讃 吉慶漢第一 第二 吉慶
梵第一

（四六） 御影供職衆交名 寛永八年三月十八日 一通
江戸前期 竪紙 楮紙（高檀紙） 三四・五糎×五一・七糎 一紙
（書出）寛永八年三月十八日御影供道場戒光院／行樹院権大僧都供養法、舎利礼、 弥勒院
権少僧都合殺、／円明院権律師導師、 戒光院権律師
（書止）前讃 四智梵 心略梵 吉慶漢第三／後讃 吉慶漢 第四 第五
西方／右、如件、

（四七） 御影供職衆交名 寛永七年三月十八日 一通
江戸前期 竪紙 漉返紙 三四・八糎×五一・三糎 一紙
（書出）寛永七年三月十八日御影供道場弥勒院／宝幢院法印供養法 密教院権大
僧都合殺舎利礼／行樹院権律師導師 弥勒院権律師
（書止）前讃／四智 心略 東方／後讃／吉慶漢語 第一 第二 第
三／右、如件、

（四八） 御影供職衆交名 寛永六年三月廿二日 一通
江戸前期 竪紙 漉返紙 三四・五糎×五一・七糎 一紙
（書出）寛永六年三月廿二日／御影供道場行樹院／行樹院権律師
供養法、舎利礼、／円明院権律師導師、合殺、 貳位阿闍梨
（書止）前讃 四智漢 心略漢 吉慶漢第三／後讃 吉慶梵 同第二
同第三

（四九） 御影供職衆交名 寛永五戊辰年三月十八日 一通
江戸前期 竪紙 楮紙（美濃紙） 三四・五糎×五〇・八糎 一紙
（書出）寛永五戊辰年三月十八日／御影供 道場宝幢院／宝幢院法印
合殺、舎利礼、 密教院権大僧都供養法、／弥勒院権律師導師、 円明院権
律師前讃、後讃、
（書止）前讃／四智漢語 心略漢語 西方／後讃／吉慶漢語 第四 第
五 北方／右、如件、

（五〇） 御影供職衆交名 寛永四年三月十八日 一通
江戸前期 竪紙 楮紙（美濃紙） 三三・七糎×四七・八糎 一紙
（書出）御影供 道場 行樹院／宝幢院法印故障、／密教院権大僧都
供養法、舎利礼、／行樹院権律師導師、
（書止）少貳公／宮内卿公祭文、／弁公／以上現出仕、

（五一） 御影供職衆交名 寛永貳年三月十八日 一通
江戸前期 竪紙 楮紙（美濃紙） 三三・四糎×四六・五糎 一紙

（書出）寛永貳年三月十八日／御影供道場　宝幢院／宝幢院法印合殺、釈迦院大僧都供養法、／密教院権少僧都導師、　行樹院権律師舎利礼、

（書止）前讃／四智　心略　東方／後讃／吉慶漢第一　第二　同梵初段／右、如件、

（五二）御影供職衆交名　寛永元年三月十八日　一通

江戸前期　竪紙　漉返紙　三二・四糎×四七・八糎　一紙

（書出）御影供　道場　行樹院／宝幢院法印供養法、　密教院権少僧都導師、合殺、／行樹院権律師舎利礼、　中将阿闍梨後讃、

（書止）前讃　四智梵　心略梵　吉慶漢第三／後讃　吉慶漢　第四　第五　西方／右、如件、

四　御影供職衆交名　一冊

江戸中期　仮綴

（備考）（一）～（四七）一括、

（一）御影供職衆交名　享保二十歳乙卯七月二日　一通

竪紙　楮紙（奉書紙）　三二・九糎×四四・九糎　一紙

（書出）享保二十歳乙卯七月二日／開山御影供　道場弥勒院／行樹院権僧正供養法、　弥勒院法印合殺、／戒光院法印　龍光院法印導師、

（書止）前讃　四智梵　心略梵　吉慶漢第三／後讃　吉慶漢第四　同第五　西方／山務僧正／右、故障、

（二）御影供職衆交名　享保十九甲寅歳七月二日　一通

竪紙　楮紙（奉書紙）　三四・〇糎×四五・八糎　一紙

（書出）享保十九甲寅歳七月二日／開山御影供　道場戒光院／行樹院権僧正供養法、　弥勒院法印合殺、／戒光院法印　龍光院法印導師、

（書止）前讃　四智漢　心略漢　東方／後讃　吉慶漢初　同第二　同第三／山務僧正／右、故障、

（三）御影供職衆交名　享保十八癸丑歳七月二日　一通

竪紙　楮紙（奉書紙）　三二・八糎×四六・九糎　一紙

（書出）享保十八癸丑歳七月二日／開山御影供　道場弥勒院／山務権僧正行樹院権僧正供養法、／弥勒院法印導師、　戒光院法印合殺、

（書止）前讃　四知漢　心略漢　吉慶梵第三／後讃　吉慶梵第一　同第二　同第三／龍光院権少僧都／地蔵院権律師／右、故障、

（四）御影供職衆交名　享保十七壬子年七月二日　一通

竪紙　楮紙（奉書紙）　三三・七糎×四六・五糎　一紙

（書出）享保十七壬子年七月二日／開山御影供　道場戒光院／山務権僧正合殺、　行樹院権僧正供養法、／弥勒院法印　戒光院法印

（書止）前讃　四智漢　心略漢　西南方／後讃　吉慶漢第四　同漢第五　北方／円明院権律師／右、故障、

（五）御影供職衆交名　享保十六辛亥稔七月二日　一通

竪紙　楮紙（美濃紙）　三三・二糎×四五・〇糎　一紙

（書出）享保十六辛亥稔七月二日／開山御影供　道場龍光院／山務権僧正供養法、　行樹院法印合殺、／弥勒院権大僧都導師、　戒光院権大僧都
（書止）前讃四智梵　心略梵　不動　後讃四智漢南方　心略漢／右、故障、

（六）御影供職衆交名　享保十五庚戌歳七月二日　一通
竪紙　楮紙（奉書紙）　三二・〇糎×四六・五糎　一紙
（書出）享保十五庚戌歳七月二日／開山御影供　道場弥勒院／行樹院法印供養法、　弥勒院権大僧都合殺、
（書止）前讃四智梵、仏讃、四波羅密　後讃吉慶、漢第三　第四、不動、／山務権僧正　一位大法師／民部卿大法師／右、故障、

（七）御影供職衆交名　享保十四己酉年七月二日　一通
竪紙　楮紙（奉書紙）　三三・五糎×四六・五糎　一紙
（書出）享保十四己酉年七月二日／開山御影供　道場戒光院／安養院権僧正合殺、　山務権僧正供養法、／行樹院法印　弥勒院権大僧都
（書止）前讃　四智梵　心略梵　東方／後讃　吉慶漢第一　同漢第二　同梵語初段

（八）御影供職衆交名　享保十三戊申年七月二日　一通
竪紙　楮紙（奉書紙）　三三・五糎×四六・二糎　一紙
（書出）享保十三戊申年七月二日／開山御影供　道場行樹院／山務権僧正供養法、　行樹院法印合殺、
（書止）前讃　四智梵　心略梵　吉慶漢第三／後讃　吉慶漢第四　同漢第五　西方

（九）御影供職衆交名　享保十二丁未載七月二日　一通
竪紙　楮紙（奉書紙）　三二・九糎×四五・六糎　一紙
（書出）享保十二丁未載七月二日／開山御影供　道場戒光院／安養院権僧正合殺、　山務光台院権僧正／行樹院法印供養法、　弥勒院権少僧都導師、
（書止）前讃　四智漢　心略漢　東方／後讃　吉慶漢第一　同第二　同第三

（一〇）御影供職衆交名　享保十壹丙午稔七月二日　一通
竪紙　楮紙（奉書紙）　三四・八糎×四九・八糎　一紙
（書出）享保十壹丙午稔七月二日／開山御影供　道場弥勒院／安養院権僧正合殺、　山務光台院権僧正供養法、／行樹院法印導師、　弥勒院権少僧都前讃、
（書止）前讃　四智漢　心略漢　吉慶漢第三／後讃　吉慶梵第一　同第二　同第三

（一一）御影供職衆交名　享保十乙巳稔七月二日　一通
竪紙　楮紙（美濃紙）　三三・三糎×四六・二糎　一紙
（書出）享保十乙巳稔七月二日／開山御影供　道場惣持院／安養院権僧正供養法、　山務権僧正／行樹院法印合殺、　総持院権少僧都導師、
（書止）前讃　四智漢　心略漢　西方／後讃　吉慶第四　同第五　北方／

照阿院権僧正／右、故障、

（一二）御影供職衆交名　享保九甲辰年七月二日　一通
竪紙　楮紙（奉書紙）　三三・七糎×四五・五糎　一紙
（書出）享保九甲辰年七月二日／開山御影供　道場行樹院／光台院権僧正供養法、　照阿院権僧正合殺、／行樹院法印　惣持院権少僧都導師、
（書止）前讃　四智梵　四波羅密　仏讃／後讃　吉慶漢第三　同漢第四　不動／山務権僧正／右、故障、

（一三）御影供職衆交名　享保八癸卯年七月二日　一通
竪紙　楮紙（美濃紙）　三一・三糎×四五・五糎　一紙
（書出）享保八癸卯年七月二日／開山御影供　道場照阿院／山務権僧正合殺、　光台院権僧正／照阿院法印　行樹院法印供養法、
（書止）前讃　四智梵　心略梵　東方／後讃　吉慶漢第一　同漢第貳　同梵語初段／総持院権律師／右、故障、

（一四）御影供職衆交名　享保七壬寅年七月二日　一通
竪紙　楮紙（奉書紙）　三三・七糎×四六・五糎　一紙
（書出）享保七壬寅年七月二日／開山御影供　道場密教院／山務権僧正供養供〔法〕、　光台院権僧正合殺、／照阿院法印導師、　行樹院法印
（書止）前讃　四智梵　心略梵　吉慶第三／後讃　吉慶漢第四　同漢第五　西方／仏眼院権少僧都／右、故障、

（一五）御影供職衆交名　享保六辛丑年七月二日　一通
竪紙　楮紙（奉書紙）　三三・五糎×四六・五糎　一紙
（書出）享保六辛丑年七月二日／開山御影供　道場行樹院／山務権僧正　照阿院法印／行樹院法印　戒光院権律師
（書止）光台院権僧正　密教院権大僧都／仏眼院権少僧都　惣持院権律師／浄珠院権律師／右、故障、

（一六）御影供職衆交名　享保五庚子年七月二日　一通
竪紙　楮紙（奉書紙）　三三・五糎×四五・三糎　一紙
（書出）享保五庚子年七月二日／開山御影供　道場照阿院／山務権僧正供養法、　弥勒院権僧正合殺、／照阿院法印　行樹院法印導師、
（書止）前讃　四智漢　心略漢　吉慶漢第三／後讃　吉慶梵第一　同第二　同第三／光台院権僧正　仏眼院権少僧都／右、故障、

（一七）御影供職衆交名　享保四己亥年七月二日　一通
竪紙　楮紙（奉書紙）　三三・八糎×四六・一糎　一紙
（書出）享保四己亥年七月二日／開山御影供　道場弥勒院／山務権僧正合殺、　光台院権僧正／弥勒院法印供養法、　照阿院法印
（書止）前讃　四智漢　心略漢　西方／後讃　吉慶漢第四　同第五　北方／行樹院法印　仏眼院権少僧都／右、故障、

（一八）御影供職衆交名　享保三戊戌六月廿四日　一通
竪紙　楮紙（奉書紙）　裏書あり　三三・二糎×四六・四糎　一紙

（書出）享保三戊戌六月廿四日／開山御影供　道場密教院／弥勒院法印
供養法、照阿院法印導師、合殺、／密教院権大僧都　惣持院権律師後讃、
（書止）戒光院権僧正　光台院権僧正／行樹院法印　仏眼院権少僧都／
右、故障、
（備考）裏書「当年依為御門主御入峯付、引上而被行之了」、

（一九）御影供職衆交名　享保二丁酉七月二日　一通
竪紙　楮紙（奉書紙）三三・三糎×四五・四糎　一紙
（書出）開山御影供　道場照阿院／戒光院権僧正合殺、　弥勒院法印
供養法、／照阿院法印　行樹院法印導師、／密教院権大僧都　仏眼
院権少僧都後讃、
（書止）光台院権僧正　慈心院法印／惣持院権律師／右、故障、

（二〇）御影供職衆交名　正徳六丙申歳七月二日　一通
竪紙　楮紙（奉書紙）三三・九糎×四五・〇糎　一紙
（書出）正徳六丙申歳七月二日／開山御影供　道場戒光院／戒光院法印
供養法、光台院法印合殺、／弥勒院法印導師、　慈心院法印
（書止）照阿院法印　行樹院権大僧都／密教院権大僧都／右、故障、

（二一）御影供職衆交名　正徳五乙未七月二日　一通
竪紙　楮紙（奉書紙）三三・五糎×四六・一糎　一紙
（書出）正徳五乙未七月二日／開山御影供　道場弥勒院／戒光院法印
供養法、弥勒院法印合殺、／照阿院法印　慈心院法印導師、
（書止）光台院法印　密教院権大僧都／宝幢院権少僧都　仏眼院権少僧
都／右、故障、

（二二）御影供職衆交名　正徳四甲午七月二日　一通
竪紙　楮紙（奉書紙）三三・五糎×四五・八糎　一紙
（書出）正徳四甲午七月二日／開山御影供　道場慈心院／戒光院法印
供養法、弥勒院法印合殺、／照阿院法印　慈心院法印導師、
（書止）光台院法印　宝幢院権少僧都／仏眼院権少僧都／右、故障、

（二三）御影供職衆交名　正徳三癸巳歳七月二日　一通
竪紙　楮紙（奉書紙）三三・二糎×四六・〇糎　一紙
（書出）正徳三癸巳歳七月二日／開山御影供　道場行樹院／戒光院法印
供養法、弥勒院法印合殺、／照阿院法印　慈心院法印
（書止）前讃　四智漢　心略漢　吉慶漢第三／後讃　吉慶梵第一　同第二
同第三／光台院法印／右、故障、

（二四）御影供職衆交名　正徳貮年壬辰七月二日　一通
竪紙　楮紙（美濃紙）三三・〇糎×四五・四糎　一紙
（書出）正徳貮年壬辰七月二日／開山御影供　道場照阿院／戒光院法印
合殺、弥勒院法印供養法、／照阿院法印　慈心院権大僧都
（書止）前讃　四智漢　心略漢　西方／後讃　吉慶漢第四　同第五　北方／
光台院法印　円明院法印／右、故障、

（二五）御影供職衆交名　正徳元年辛卯七月二日　一通
竪紙　楮紙（奉書紙）三二・一糎×四七・〇糎　一紙
（書出）正徳元年辛卯七月二日／開山御影供　道場戒光院／戒光院法印
合殺、　照阿院法印供養法、／円明院権大僧都導師、　慈心院権大僧
都
（書止）光台院法印　弥勒院法印／仏眼院権律師／右、故障、

（二六）御影供職衆交名　宝永七年庚寅七月二日　一通
竪紙　楮紙（奉書紙）三二・一糎×四五・〇糎　一紙
（書出）宝永七年庚寅七月二日／開山御影供　道場円明院／戒光院法印
合殺、　照阿院法印／円明院権大僧都供養法、　慈心院権大僧都
導師、
（書止）前讃　四智梵　四波羅密　仏讃／後讃　吉慶漢第三　同第四　不
動／光台院法印　弥勒院法印／右、故障、

（二七）御影供職衆交名　宝永六年己丑七月二日　一通
竪紙　楮紙（美濃紙）三二・一糎×四五・〇糎　一紙
（書出）宝永六年己丑七月二日／開山御影供　道場弥勒院／戒光院法印
合殺、　弥勒院法印／照阿院法印供養法、　円明院権大僧都導師、
（書止）光台院法印／行樹院権少僧都／侍従大法師／右、故障、

（二八）御影供職衆交名　宝永五戊子年六月二日　一通
竪紙　楮紙（美濃紙）裏書あり　三二・一糎×四六・六糎　一紙
（書出）宝永五戊子年六月二日／開山御影供　道場戒光院／戒光院法印
合殺、　弥勒院法印供養法、／照阿院法印　慈心院権大僧都導師、
（書止）光台院法印　円明院権大僧都／帥阿闍梨／右、故障、
（備考）裏書「当年依為八百年忌、引上而被行之了」、

（二九）御影供職衆交名　宝永四丁亥年七月二日　一通
竪紙　楮紙（奉書紙）三二・八糎×四六・五糎　一紙
（書出）宝永四丁亥年七月二日／開山御影供　道場弥勒院／弥勒院法印
供養法、　照阿院法印合殺、／円明院権大僧都導師、　行樹院権少僧
都前讃、
（書止）山務権僧正　戒光院法印／光台院法印　慈心院権大僧都／帥公
右、故障、

（三〇）御影供職衆交名　宝永参丙戌〔戌〕七月二日　一通
竪紙　楮紙（奉書紙）三二・九糎×四六・六糎　一紙
（書出）宝永参丙戌〔戌〕七月二日／尊師御影供　道場照阿院／戒光院法印
供養法、　弥勒院法印合殺、／照阿院権大僧都　円明院権大僧都
導師、
（書止）山務権僧正　光台院法印／帥公　右、故障、

（三一）御影供職衆交名　宝永貳乙酉歳七月二日　一通
竪紙　楮紙（奉書紙）三二・九糎×四六・六糎　一紙
（書出）宝永貳乙酉歳七月二日／尊師御影供　道場弥勒院／山務権僧正

合殺、　弥勒院法印／照阿院権大僧都供養法、　円明院権大僧都
導師、
（書止）前讃　四智漢　心略漢　西方／後讃　吉慶漢第四　同第五　北方／
戒光院法印　師公／右、故障、
（三二）御影供職衆交名　宝永元年七月二日　一通
竪紙　漉返紙　三三・五糎×四六・四糎　一紙
（書出）宝永元年七月二日／尊師御影供　道場戒光院／持明院法印
供養法、　戒光院法印合殺、／弥勒院法印　照阿院大僧都導師、
（書止）前讃　四智梵　心略梵　不動／後讃　四智漢　心略漢　南方／
師大法師　故障、
（三三）御影供職衆交名　元禄十六癸未年七月二日　一通
竪紙　楮紙（奉書紙）　三三・七糎×四六・四糎　一紙
（書出）元禄十六癸未年七月二日／尊師御影供　道場照阿院／持明院法印
合殺　弥勒院法印供養法、／照阿院権大僧都導師、　慈心院権少僧
都後讃、
（書止）戒光院法印　円明院権少僧都　兵部卿大法師／右、故障、
（三四）御影供職衆交名　元禄十五壬午年七月二日　一通
竪紙　楮紙（美濃紙）　三三・四糎×四五・四糎　一紙
（書出）元禄十五壬午年七月二日／尊師御影供　道場弥勒院／持明院法印
供養法、　戒光院法印合殺、／弥勒院法印　照阿院権大僧都導師、

（書止）前讃四智梵　心略梵　東方／後讃　吉慶漢第一　同第二　同梵
第一
（三五）御影供職衆交名　元禄十四辛巳年七月二日　一通
竪紙　楮紙（奉書紙）　三三・六糎×四五・三糎　一紙
（書出）元禄十四辛巳年七月二日／尊師御影供　道場持明院／持明院法印
供養法、　弥勒院法印合殺、／照阿院権大僧都導師、　円明院権少僧
都
（書止）前讃　四智梵　心略梵　吉慶漢第三／後讃　吉慶漢第四　同第五　西
方／戒光院法印　行樹院権律師／右、故障、
（三六）御影供職衆交名　元禄十三庚辰年七月二日　一通
竪紙　楮紙（奉書紙）　三四・一糎×四六・八糎　一紙
（書出）元禄十三庚辰年七月二日／尊師御影供　道場戒光院／持明院法印
供養法、　戒光院法印合殺、／弥勒院権大僧都　照阿院少僧都
（書止）前讃　四智漢　心略漢　東方／後讃　吉慶漢一　同二　同三／
山務権僧正故障、
（三七）御影供職衆交名　元禄十二己卯年七月二日　一通
竪紙　楮紙（美濃紙）　三三・六糎×四五・二糎　一紙
（書出）元禄十二己卯年七月二日／尊師御影供　道場弥勒院／山務権僧正
供養法、　持明院法印合殺、／戒光院権大僧都　弥勒院権大僧都
導師、

（書止）前讃　四智漢　心略漢　吉慶漢第三／後讃　吉慶梵第一　同第二　同第三

（三八）　御影供職衆交名　元禄十一戊寅年七月二日　一通

竪紙　楮紙（美濃紙）　三一・九糎×四五・三糎　一紙

（書出）元禄十一戊寅年七月二日／尊師御影供　道場戒光院／山務権僧正
合殺、　持明院法印供養法、／戒光院権大僧都導師、　弥勒院権大僧
都故障、

（書止）前讃　四智漢　心略漢　西方／後讃　吉慶漢第四　同第五　北方

（三九）　御影供職衆交名　元禄十丁丑年七月二日　一通

竪紙　楮紙（美濃紙）　三一・四糎×三六・五糎　一紙

（書出）元禄十丁丑年七月二日／尊師御影供　道場照阿院／山務権僧正
合殺、　持明院法印供養法、／戒光院権大僧都　弥勒院権大僧都
導師、

（書止）前讃　四智梵　心略梵　不動／後讃　四智漢　心略漢　南方

（四〇）　御影供職衆交名　元禄九年丙子七月二日　一通

竪紙　楮紙（美濃紙）　三〇・四糎×四四・三糎　一紙

（書出）元禄九年丙子七月二日／尊師御影供　道場宝幢院／山務権僧正
持明院法印合殺、／宝幢院法印供養法、　戒光院権大僧都

（書止）前讃　四智梵　四波羅密　仏讃／後讃　吉慶漢第三　同第四　不
動／民部卿阿闍梨／右、故障、

（四一）　御影供職衆交名　元禄八乙亥年七月二日　一通

竪紙　楮紙（美濃紙）　三〇・二糎×四四・五糎　一紙

（書出）元禄八乙亥年七月二日／尊師御影供　道場宝幢院／山務権僧正
供養法、　宝幢院法印合殺、／戒光院権大僧都導師、　弥勒院権少僧
都

（書止）前讃　四智梵　心略梵　東方／後讃　吉慶漢第一　同第二　吉慶梵
第一／持明院法印／右、故障、

（四二）　御影供職衆交名　元禄七甲戌年七月二日　一通

竪紙　楮紙（美濃紙）　三一・三糎×四五・五糎　一紙

（書出）元禄七甲戌年七月二日／尊師御影供　道場照阿院／宝幢院法印
導師、合殺、　戒光院権大僧都供養法、／照阿院権律師前讃、　治部卿阿闍
梨後讃、

（書止）山務権僧正　持明院法印／弥勒院権少僧都／右、故障、

（四三）　御影供職衆交名　元禄六年癸酉七月二日　一通

竪紙　楮紙（奉書紙）　三四・八糎×四九・三糎　一紙

（書出）元禄六年癸酉七月二日／尊師御影供　道場戒光院／宝幢院法印
供養法、　戒光院権大僧都導師、合殺、／弥勒院権少僧都前讃、　治部卿阿
闍梨後讃、

（書止）山務権僧正　持明院法印／照阿院権律師／右、故障、

（四四）　御影供職衆交名　元禄五壬申年七月二日　一通

竪紙　楮紙（美濃紙）　三〇・六糎×四四・三糎　一紙
（書出）元禄五壬申年七月二日／尊師御影供　道場宝幢院／山務権僧正
供養法、　宝幢院法印合殺、／戒光院権少僧都導師、　弥勒院権律師
前讃、
（書止）前讃　四智漢　心略漢　吉慶漢第三／後讃　吉慶梵第一　同第二
同第三／持明院法印／右、故障、

（四五）御影供職衆交名　元禄四辛未年七月二日　一通
竪紙　楮紙（奉書紙）　三二・五糎×四六・一糎　一紙
（書出）元禄四辛未年七月二日／尊師御影供　道場戒光院／山務権僧正
供養法、　宝幢院法印合殺、／戒光院権少僧都導師、　弥勒院権律師
後讃、
（書止）前讃　四智漢　心略漢　西方讃／後讃　吉慶漢第四　吉慶漢第五
北方讃／持明院法印　蜜乗院権少僧都／右、故障、

（四六）御影供職衆交名　元禄三庚午年七月二日　一通
竪紙　楮紙（奉書紙）　三二・五糎×四六・〇糎　一紙
（書出）元禄三庚午年七月二日／尊師御影供　道場龍光院／山務権僧正
供養法、　宝幢院権大僧都合殺、／龍光院権大僧都導師、　弥勒院権
律師前後讃、
（書止）戒光院権少僧都　照阿院権律師／中将阿闍梨／右、故障、

（四七）御影供職衆交名　元禄二己巳年七月二日　一通
竪紙　漉返紙　三二・一糎×四四・九糎　一紙
（書出）元禄二己巳年七月二日／尊師御影供　道場宝幢院／山務権僧正
合殺、　宝幢院権大僧都供養法、／龍光院権少僧都導師、　密乗院権
律師
（書止）持明院法印　修禅院法印／弥勒院権律師／右、故障、

五　御影供職衆交名　一冊
仮綴
（備考）（一）～（五三）一括、

（一）御影供職衆交名　貞享二乙丑年七月二日　一通
江戸中期　竪紙　漉返紙　二九・四糎×四一・九糎　一紙
（書出）貞享二乙丑年七月二日／尊師御影供　道場密乗院／光台院法印
供養法、　修禅院権大僧都合殺、／宝幢院権少僧都　龍光院権少僧
都導師、
（書止）前讃　四智漢　心略漢　吉慶漢第三／後讃　吉慶梵第一　同第二　同第三

（二）御影供職衆交名　貞享元甲子年七月二日　一通
江戸中期　竪紙　楮紙（奉書紙）　三五・六糎×五〇・九糎　一紙
（書出）貞享元甲子年七月二日／尊師御影供　道場理趣坊／光台院法印
供養法、　宝幢院権少僧都導師、／理趣坊権少僧都合殺、　密乗院権
律師前讃、
（書止）持明院法印　修禅院権大僧都／右、故障、

（三）　御影供職衆交名　天和三癸亥年七月二日　一通

江戸中期　竪紙　楮紙（奉書紙）　三五・六糎×五一・一糎　一紙

（書出）天和三癸亥年七月二日／尊師御影供　道場理趣坊／持明院法印供養法、　行樹院権大僧都導師、／宝幢院権少僧都合殺、　理趣坊権律師

（書止）前讃　四智梵　心略梵　不動／後讃　四智漢　心略漢　南方／右、如件、

（四）　御影供職衆交名　天和二壬戌年七月二日　一通

江戸中期　竪紙　楮紙（奉書紙）　三三・三糎×四六・二糎　一紙

（書出）天和二壬戌年七月二日／尊師御影供　道場持明院／持明院法印合殺、　行樹院権少僧都供養法、／宝幢院権少僧都導師、　龍光院権律師前後讃、

（書止）光台院法印　修禅院権大僧都／宰相大法師／右、故障、

（五）　御影供職衆交名　延宝九辛酉年七月二日　一通

江戸前期　竪紙　楮紙（美濃紙）　三三・〇糎×四五・七糎　一紙

（書出）延宝九辛酉年七月二日／尊師御影供　道場修禅院／持明院法印　修禅院権大僧都合殺、／行樹院権少僧都供養法、　宝幢院権少僧都導師、

（書止）前讃　四智梵　心略梵　東方／後讃　吉慶漢第一　吉慶漢第二　吉慶梵第一／光台院法印故障、

（六）　御影供職衆交名　延宝八庚申年七月二日　一通

江戸前期　竪紙　漉返紙　三三・八糎×四六・三糎　一紙

（書出）延宝八庚申年七月二日／尊師御影供　道場光台院／持明院法印合殺、　光台院法印供養法、／修禅院権少僧都導師、　龍光院権律師前讃、

（書止）行樹院儀ハ、為惣代江戸下向故、不参、但／厳有院殿御諷経之用也、

（七）　御影供職衆交名　延宝七己未歳七月二日　一通

江戸前期　竪紙　楮紙（奉書紙）　三〇・六糎×四四・五糎　一紙

（書出）延宝七己未歳七月二日／尊師御影供　道場円明院／円明院法印　持明院権大僧都／光台院権大僧都　弥勒院権少僧都

（書止）前讃　四智梵　心略梵　東方／後讃　吉慶漢第一　同第二　同梵第一

（八）　御影供職衆交名　延宝六戊午年七月二日　一通

江戸前期　竪紙　楮紙（奉書紙）　三五・〇糎×四八・四糎　一紙

（書出）延宝六戊午年七月二日／尊師御影供　道場円明院／円明院法印供養法、　慈心院権少僧都合殺、／弥勒院権少僧都導師、　行樹院権律師後讃、

（書止）仏眼院山務権僧正　持明院権大僧都／光台院権大僧都　修禅院権少僧都／宝幢院権律師　大蔵卿大法師／以上、故障、

（九）　御影供職衆交名　延宝五丁巳年七月二日　一通

江戸前期　竪紙　漉返紙　三二・九糎×四七・八糎　一紙
（書出）延宝五丁巳年七月二日／尊師御影供　道場弥勒院／持明院権大僧都導師、合殺、／光台院権大僧都供養法、／慈心院権少僧都
（書止）前讃　四智漢　心略漢　東方／後讃　吉慶漢初　同第二　同第三

（一〇）御影供職衆交名　延宝第四丙辰歳七月二日　一通
江戸前期　竪紙　楮紙（美濃紙）　三〇・二糎×四五・五糎　一紙
（書出）延宝第四丙辰歳七月二日／尊師御影供　道場修禅院／山務法印供養法、／持明院権大僧都合殺、／光台院権大僧都導師、／慈心院権少僧都
（書止）前讃　四智漢　心略漢　吉慶漢第三／後讃　吉慶梵第一　同第二　同第三

（一一）御影供職衆交名　延宝第三乙卯年七月二日　一通
江戸前期　竪紙　漉返紙　三二・二糎×四四・九糎　一紙
（書出）延宝第三乙卯年七月二日／尊師御影供　道場行樹院／山務法印供養法、／円明院法印導師、／持明院権大僧都合殺、／慈心院権律師／密教院権律師／弥勒院権律師前讃、
（書止）前讃　四智漢　心略漢　西方／後讃　吉慶漢第四　同第五　北方

（一二）御影供職衆交名　寛文十三年七月二日　一通
江戸前期　竪紙　漉返紙　三四・三糎×五二・一糎　一紙
（書出）寛文十三年七月二日／尊師御影供　道場円明院／密乗院法印供養法、　円明院法印導師、／慈心院権律師合殺、　宰相権律師
（書止）前讃　四智梵　四波羅密　仏讃／後讃　吉慶漢第三　同第四　不動

（一三）御影供職衆交名　寛文十二暦七月二日　一通
江戸前期　竪紙　漉返紙　三二・五糎×四七・四糎　一紙
（書出）寛文十二暦七月二日／尊師御影供　道場密乗院／山務権僧正供養法、　密乗院法印導師、／円明院権大僧都合殺、　師阿闍梨後讃、
（書止）前讃　四智梵　心略梵　金剛薩埵／後讃　吉慶漢第一　同第二　同梵第一

（一四）御影供職衆交名　寛文十一年七月二日　一通
江戸前期　竪紙　漉返紙　三二・二糎×四六・五糎　一紙
（書出）寛文十一年七月二日／尊師御影供　道場慈心院／山務権僧正供養法、　密乗院法印導師、
（書止）前讃　四智梵　心略梵　吉慶漢第三／後讃　吉慶漢第四　同第五　西方

（一五）御影供職衆交名　寛文十年七月二日　一通
江戸前期　竪紙　漉返紙　三二・〇糎×四六・九糎　一紙
（書出）寛文十年七月二日／尊師御影供　道場持明院／山務権僧正供養法、　密乗院法印導師、／円明院権大僧都合殺、　持明院権少僧都

(書止) 前讃　四智漢　心略漢　東方／後讃　吉慶漢第一　同第二　同
第三

(一六) 御影供職衆交名　寛文八年七月朔日　一通
江戸前期　竪紙　漉返紙　三〇・二糎×四五・六糎　一紙
(書出) 寛文八年七月朔日／尊師御影供　道場密乗院／密乗院法印
供養法、　円明院権大僧都導師、／持明院権少僧都合殺、　師阿闍梨
前讃、
(書止) 前讃　四智漢　心略漢　吉慶漢第三／後讃　吉慶梵第一　同第二
同第三

(一七) 御影供職衆交名　寛文五年七月二日　一通
江戸前期　竪紙　漉返紙　二九・七糎×四四・六糎　一紙
(書出) 寛文五年七月二日／尊師御影供　道場宝幢院／山務権僧正(導)道師、
理趣房法印供養法、／宝幢院権大僧都合殺、　円明院権大僧都
(書止) 前讃　四智梵　心略梵　不動／後讃　四智漢　心略漢　南方

(一八) 御影供職衆交名　寛文四年七月二日　一通
江戸前期　竪紙　漉返紙　三四・一糎×五一・五糎　一紙
(書出) 寛文四年七月二日／尊師御影供　道場密乗院／理趣房法印
供養法、　密乗院法印／宝幢院権大僧都導師、　円明院権少僧都
(書止) 前讃　四智梵　四波羅蜜　仏讃／後讃　吉慶漢第三　同第四　不動

(一九) 御影供職衆交名　寛文三年七月二日　一通
江戸前期　竪紙　楮紙(美濃紙)　三〇・五糎×四八・五糎　一紙
(書出) 寛文三年七月二日／尊師御影供　道場行樹院／密教院権僧正
供養法、　宝幢院権大僧都導師、／円明院権少僧都合殺、舎利礼、　持明院
権少僧都後讃、
(書止) 前讃　四智梵　心略梵　東方／後讃　吉慶漢第一　同第二　同梵語
初段

(二〇) 御影供職衆交名　寛文二年七月二日　一通
江戸前期　竪紙　漉返紙　三五・五糎×三三・二糎　一紙
(書出) 寛文二年七月二日／尊師御影供　道場持明院／密教院権僧正
供養法、　密乗院権大僧都導師、／宝幢院権少僧都合殺、　円明院権
少僧都
(書止) 前讃　四智梵　心略梵　吉慶漢第三／後讃　吉慶漢第四　同漢
第五　西方

(二一) 御影供職衆交名　寛文元年七月二日　一通
江戸前期　竪紙　楮紙(美濃紙)　三一・六糎×四五・三糎　一紙
(書出) 寛文元年七月二日／尊師御影供　道場宝幢院／密教院権僧正
供養法、　密乗院権大僧都導師、／宝幢院権少僧都合殺、　円明院権
少僧都前讃、
(書止) 前讃　四智漢　心略漢　東方／後讃　吉慶漢第一　同第二　同
第三

（二一二）　御影供職衆交名　万治三年七月二日　一通

江戸前期　竪紙　楮紙（美濃紙）　三一・六糎×四五・四糎　一紙

（書出）万治三年七月二日／尊師御影供　道場密乗院／戒光院法印供養法、　密乗院権大僧都導師、／宝幢院権少僧都合殺、　円明院権少僧都

（書止）前讃　四智漢　心略漢　吉慶漢第三／後讃　吉慶梵第一　同第二　同第三

（二一三）　御影供職衆交名　万治二年八月廿一日　一通

江戸前期　竪紙　漉返紙　三四・三糎×四三・九糎　一紙

（本文）尊師御影供／道場理趣房／密教院権僧正／戒光院法印／理趣房法印　円明院権少僧都／少将阿闍梨／以上、現出仕、／前讃　四智梵　心略梵　不動／後讃　四智漢　心略漢　南方

（備考）追記「例日寺家衆依指合、相延之畢」、

（二一四）　御影供職衆交名　明暦四年六月二日　一通

江戸前期　竪紙　漉返紙　三一・三糎×四六・八糎　一紙

（書出）尊師御影供／道場戒光院／行樹院権僧正　戒光院法印／理趣房法印　密乗院権大僧都／宝幢院権少僧都　円明院権律師

（書止）前讃　四智梵　四波羅密　仏讃／後讃　吉慶漢第三　同第四　不動

（二一五）　御影供職衆交名　明暦参年七月二日　一通

江戸前期　竪紙　漉返紙　三五・〇糎×五三・五糎　一紙

（書出）尊師御影供／道場行樹院／行樹院権僧正供養法、　密乗院権大僧都導師、／光台院権少僧都　円明院権律師

（書止）前讃　四智梵　心略梵　東方／後讃　吉慶漢第一　同第二　同梵第一

（二一六）　御影供職衆交名　明暦二年七月二日　一通

江戸前期　竪紙　漉返紙　三四・〇糎×五一・九糎　一紙

（書出）尊師御影供／道場持明院／慈心院権少僧都導師、／光台院権少僧都／円明院権律師／按察公後讃、

（書止）前讃　四智梵　心略梵　吉慶漢第三／後讃　吉慶漢第四　同第五　西方

（二一七）　御影供職衆交名　明暦元年七月二日　一通

江戸前期　竪紙　楮紙（奉書紙）　三一・五糎×四六・〇糎　一紙

（書出）尊師御影供　道場弥勒院／行樹院権僧正　戒光院法印供養法、／理趣房権大僧都導師、　密乗院権少僧都合殺、／慈心院権少僧都　光台院権少僧都

（書止）前讃　四智漢　心略漢　東方／後讃　吉慶漢第一　同第二　同第三

（二一八）　御影供職衆交名　承応三年七月二日　一通

江戸前期　竪紙　漉返紙　三四・五糎×五〇・六糎　一紙

（書出）尊師御影供　道場宝幢院／密教院権僧正供養法、　理趣房権大僧都導師、／密乗院権少僧都合殺、　慈心院権少僧都／光台院権少僧都　宝幢院権律師祭文、

(書止) 前讃　四智漢　心略漢　吉慶漢第三／後讃　吉慶梵第一　同第二　同
第三

(二九) 御影供職衆交名　承応二年七月二日　一通
江戸前期　竪紙　漉返紙　三三・五糎×五〇・八糎　一紙
(書出) 尊師御影供　道場光台院／行樹院権僧正合殺、　密教院権僧正
供養法、／理趣房権大僧都導師、　密乗院権少僧都／慈心院権少僧
都　光台院権少僧都
(書止) 前讃讃　四智漢　心略漢　西方／後讃　吉慶漢　第四　第五　北
方

(三〇) 御影供職衆交名　慶安五暦七月二日　一通
江戸前期　竪紙　漉返紙　三五・〇糎×五〇・四糎　一紙
(書出) 尊師御影供　道場慈心院／行樹院権僧正導師、　密教院権僧正
供養法、／戒光院法印合殺、　理趣房権大僧都／密乗院権少僧都
慈心院権少僧都
(書止) 前讃　四智梵　心略梵　不動／後讃　四智漢　心略漢　南方
(備考) 「慶安五暦」の右脇に墨書「承応元年」、

(三一) 御影供職衆交名　慶安三年七月二日　一通
江戸前期　竪紙　漉返紙　三二・九糎×四七・五糎　一紙
(書出) 尊師御影供　道場戒光院／行樹院権僧正合殺、　戒光院法印
供養法、／密乗院権少僧都導師、　慈心院権少僧都／治部卿阿闍梨
宮内卿公前讃、
(書止) 前讃　四智梵　心略梵　東方／後讃　吉慶漢第一　同第二　同梵
語初段

(三二) 御影供職衆交名　慶安二年七月二日　一通
江戸前期　竪紙　楮紙（美濃紙）　三〇・四糎×四五・一糎　一紙
(書出) 尊師御影供　道場理趣房／密教院法印供養法、／理趣房権少僧都
導師、／密乗院権少僧都合殺、後讃、
(書止) 前讃　四智梵　同心略　吉慶漢第三／後讃　吉慶漢　同第四　第
五　西方

(三三) 御影供職衆交名　慶安元年七月三日　一通
江戸前期　竪紙　漉返紙　三二・四糎×四七・〇糎　一紙
(書出) 尊師御影供　道場密教院／行樹院権僧正合殺、　密教院法印
供養法、／理趣房権少僧都導師、　密乗院権少僧都後讃、
(書止) 前讃　四智漢　心略漢　東方／後讃　吉慶漢　第一　第二　第
三／右、如件、

(三四) 御影供職衆交名　正保四年七月二日　一通
江戸前期　竪紙　楮紙（奉書紙）　三六・六糎×五〇・九糎　一紙
(書出) 尊師御影供　道場宝幢院／密教院権大僧都導師、／理趣房権少僧
都供養法、／密乗院権律師合殺、／慈心院権律師前後讃、
(書止) 前讃　四智漢　心略漢　吉慶漢第三／後讃　吉慶梵第一　同第二　同

（三五）御影供職衆交名　正保三年七月二日　一通
江戸前期　竪紙　漉返紙　三四・〇糎×四五・二糎　一紙
（書出）正保三年七月二日／尊師御影供　道場光台院／行樹院法印
導師、／密教院権大僧都供養法、／慈心院権律師合殺、
（書止）前讃　四智漢　心略同　西方／後讃　吉慶漢　第四　第五　北
方／右、如件、

（三六）御影供職衆交名　正保二年七月二日　一通
江戸前期　竪紙　漉返紙　三四・〇糎×五一・二糎　一紙
（書出）正保二年七月二日／尊師御影供　道場慈心院／行樹院法印合殺、
密教院権大僧都／戒光院権少僧都供養法、　理趣房権少僧都導師、
（書止）前讃　四智梵　心略梵　不動／後讃　四智漢　心略漢　南方／
右、如件、

（三七）御影供職衆交名　寛永廿年七月二日　一通
江戸前期　竪紙　漉返紙　三五・七糎×五三・〇糎　一紙
（書出）尊師御影供　道場密乗院／密教院権大僧都供養法、／理趣房権少
僧都導師、合殺、／密乗院権律師後讃、
（書止）前讃　四智梵　心略梵　東方／後讃　吉慶漢第一　同第二　同梵初段

（三八）御影供職衆交名　寛永十九年七月廿一日　一通
江戸前期　竪紙　楮紙（美濃紙）　三一・五糎×四八・八糎　一紙
（書出）尊師御影供　道場戒光院／行樹院法印導師、　密教院大僧都
供養法、／戒光院権少僧都合殺、　理趣坊、、、
（書止）前讃　四智　心略　吉慶第三／後讃　吉慶第四　同第五　西方
（備考）奥に「今月三月依為　仙洞中和門院十三回忌、結／縁灌頂就被修
之、延引之事也、大阿闍梨／二品法親王大覚寺殿、職衆廿六人」、

（三九）御影供職衆交名　寛永十八年七月二日　一通
江戸前期　竪紙　漉返紙　三〇・八糎×四三・五糎　一紙
（書出）寛永十八年七月二日／尊師御影供　道場円明院／行樹院法師
供養法、　円明院権大僧都導師、／密教院権大僧都　戒光院権律師
合殺、
（書止）前讃　四智漢　心略漢　東方／後讃　吉慶漢第一　第二　第三

（四〇）御影供職衆交名　寛永十六年七月二日　一通
江戸前期　竪紙　漉返紙　三四・五糎×五一・八糎　一紙
（書出）寛永十六年七月二日／尊師御影供　道場密教院／行樹院法印
供養法、　円明院権少僧都導師、／密教院権少僧都　理趣房権律師
合殺、
（書止）前讃　四智漢　心略漢　西方／後讃　吉慶漢第四　同第五　北方

（四一）御影供職衆交名　寛永十五年七月二日　一通
江戸前期　竪紙　楮紙（美濃紙）　三〇・四糎×四四・九糎　一紙

（書出）寛永十五年七月二日／御影供　道場戒光院／釈迦院僧正供養法、
行樹院法印導師、／円明院権少僧都合殺、　密教院々々々
（書止）前讃　四智梵　心略梵　不動／後讃　四智漢　心略漢　南方

（四二）御影供職衆交名　寛永十四年七月二日　一通
江戸前期　竪紙　楮紙（奉書紙）　三二・五糎×四八・八糎　一紙
（書出）寛永十四年七月二日／御影供　道場円明院／行樹院法印供養法、
円明院権少僧都導師、／密教院権少僧都合殺、　戒光院権律師後讃、
（書止）前讃　四智梵　四波羅蜜　仏讃／後讃　吉慶漢第三　同第四
不動

（四三）御影供職衆交名　寛永拾三年七月二日　一通
江戸前期　竪紙　漉返紙　三五・五糎×五三・六糎　一紙
（書出）寛永拾三年七月二日／道場戒光院／行樹院法印供養法、　円明院
権少僧都導師、／戒光院権律師合殺、　少貳阿闍梨前讃、後讃、
（書止）前讃　四智漢　心略漢　東方／後讃　吉慶漢第一　同第二　同第三／
弥勒院権少僧都　理趣坊権律師　兵部卿公／以上故障、

（四四）御影供職衆交名　寛永拾二年七月朔日　一通
江戸前期　竪紙　漉返紙　三四・二糎×五一・七糎　一紙
（書出）寛永拾二年七月朔日／道場弥勒院／観心院法印　行樹院権大僧
都合殺、／弥勒院権少僧都供養法、　円明院権少僧都導師、／自性院
権少僧都　戒光院権律師後讃、

（書止）前讃　四智漢　心略漢　吉慶漢第三／後讃　吉慶梵　第一　第
二　第三

（四五）御影供職衆交名　寛永十年七月二日　一通
江戸前期　竪紙　楮紙（奉書紙）　三二・五糎×四七・一糎　一紙
（書出）寛永十年七月二日／尊師御影供　道場戒光院／弥勒院権少僧都
供養法、　円明院権律師導師、合殺、／戒光院権律師　自性院権律師
（書止）前讃　四智漢　心略漢　西方／後讃　吉慶漢　第四　第五　北
方

（四六）御影供職衆交名　寛永九年七月二日　一通
江戸前期　竪紙　漉返紙　三二・四糎×四八・八糎　一紙
（書出）寛永九年七月二日／御影供　道場円明院／行樹院大僧都供養法、
弥勒院権少僧都導師、／円明院権律師合殺、　戒光院権律師
（書止）前讃　四智梵　心略梵　不動／後讃　四智漢　心略漢　南方

（四七）御影供職衆交名　寛永八年七月二日　一通
江戸前期　竪紙　楮紙（美濃紙）　三〇・三糎×四四・九糎　一紙
（書出）寛永八年七月二日／道場理趣坊／行樹院大僧都供養法、　弥勒院
権少僧都導師、／円明院権律師合殺、　戒光院権律師／自性院権律
師　卿阿闍梨前讃、
（書止）前讃　四智梵　四波羅蜜　仏讃／後讃　吉慶漢　第三　第四
不動

（四八）　御影供職衆交名　寛永七年七月三日　一通
江戸前期　竪紙　漉返紙　三四・〇糎×五一・九糎　一紙
（書出）寛永七年七月三日／尊師御影供　道場密教院／宝幢院法印供養法、　密教院権大僧都合殺、　行樹院権律師導師、　弥勒院権律師
（書止）前讃　四智梵　心略梵　東方／後讃　吉慶漢　第一　第二　同梵語初段／右、如件、

（四九）　御影供職衆交名　寛永六己巳年七月三日　一通
江戸前期　竪紙　漉返紙　三四・八糎×五一・九糎　一紙
（書出）寛永六己巳年七月三日／尊師御影供　道場円明院／宝幢院法印供養法、　密教院権大僧都導師、合殺、／行樹院権律師　弥勒院権律師前讃、
（書止）前讃　四智梵　心略梵　吉慶漢第三／後讃　吉慶漢　第四　第五　西方／右、如件、

（五〇）　御影供職衆交名　寛永五戊辰年七月五日　一通
江戸前期　竪紙　楮紙（美濃紙）　三二・〇糎×四五・九糎　一紙
（書出）寛永五戊辰年七月五日／尊師御影供　道場戒光院／宝幢院法印供養法、　密教院権大僧都導師、合殺、／弥勒院権律師　円明院権律師後讃、
（書止）前讃　四智漢　心略漢　東方／後讃　吉慶漢　第一　第二　第三／右、如件、

（五一）　御影供職衆交名　寛永四年七月二日　一通
江戸前期　竪紙　漉返紙　三五・〇糎×五〇・五糎　一紙
（書出）寛永四年七月二日／尊師御影供　道場円明院／宝幢院法印供養法、　密教院権大僧都導師、合殺、／行樹院権律師　弥勒院権律師前讃、
（書止）前讃　四智漢　心略漢　吉慶漢第三／後讃　吉慶梵　第一　第二　第三／右、如件、

（五二）　御影供職衆交名　寛永三年七月二日　一通
江戸前期　竪紙　漉返紙　三一・九糎×四六・五糎　一紙
（書出）寛永三年七月二日／尊師御影供　道場密教院／宝幢院法印故障、　密教院権少僧都供養法、／行樹院権律師合殺、　弥勒院権律師導師、
（書止）前讃　四智漢　心略漢　西方／後讃　吉慶漢第四　同第五　北方／右、如件、

（五三）　御影供職衆交名　寛永貳年七月朔日　一通
江戸前期　竪紙　漉返紙　三二・三糎×四四・一糎　一紙
（書出）寛永貳年七月朔日／尊師御影供　道場宝幢院／宝幢院法印供養法、　密教院権少僧都故障、／行樹院権律師導師、合殺、　慈心院権律師故障、
（書止）前讃　四智梵　心略梵　不動／後讃　四智漢　心略漢　南方／右、如件、

六　御影供職衆交名　一冊

江戸中期　仮綴

（備考）（一）～（五一）一括、

（一）御影供職衆交名　享保廿乙卯歳三月十八日　一通

竪紙　楮紙（美濃紙）三二・九糎×四五・二糎　一紙

（書出）享保廿乙卯歳三月十八日／御影供　道場弥勒院／行樹院権僧正
供養法、　弥勒院法印合殺、／戒光院法印舎利礼、　龍光院法印

（書止）前讃　四智梵　心略梵　吉慶漢第三／後讃　吉慶漢第四　同第五
西方／山務僧正／右、故障、

（二）御影供職衆交名　享保十九甲寅歳二月十八日　一通

竪紙　楮紙（美濃紙）裏書あり　三四・〇糎×四五・八糎　一紙

（書出）享保十九甲寅歳二月十八日／御影供　道場戒光院／行樹院権僧正
供養法、　弥勒院法印合殺、／戒光院法印舎利礼、　龍光院権大僧都
導師、

（書止）前讃　四智漢　心略漢　東方／後讃　吉慶漢初　同第二　同第三／
山務僧正／右、故障、

（備考）裏書「依今年　高祖大師九百遠忌、例日之声明講、今月ニ引上被
行之、／廿一日御影供同前也、尤廿日ニ例時被行也」、

（三）御影供職衆交名　享保十八癸丑三月十八日　一通

竪紙　楮紙（奉書紙）三二・七糎×四六・七糎　一紙

（書出）享保十八癸丑三月十八日／御影供　道場弥勒院／行樹院権僧正
供養法、　弥勒院法印合殺、舎利礼、／龍光院権少僧都導師、　円明院権律
師

（書止）山務権僧正　戒光院法印／右、故障、

（四）御影供職衆交名　享保十七壬子年三月十八日　一通

竪紙　楮紙（奉書紙）三三・七糎×四六・五糎　一紙

（書出）享保十七壬子年三月十八日／御影供　道場戒光院／行樹院権僧正
供養法、　弥勒院法印導師、／戒光院権大僧都合殺、舎利礼、　龍光院権少
僧都

（書止）前讃　四智漢　心略漢　西方／後讃　吉慶漢第四　同漢第五　北方／
山務権僧正／右、故障、

（五）御影供職衆交名　享保十六辛亥歳三月十八日　一通

竪紙　楮紙（奉書紙）三二・四糎×四四・九糎　一紙

（書出）享保十六辛亥歳三月十八日／御影供　道場龍光院／山務権僧正
供養法、　行樹院法印合殺、／弥勒院権大僧都舎利礼、　戒光院権大
僧都

（書止）一位大法師　民部卿大法師／右、故障、

（六）御影供職衆交名　享保十五庚戌暦三月十八日　一通

竪紙　楮紙（奉書紙）三二・八糎×四六・一糎　一紙

（書出）享保十五庚戌暦三月十八日／御影供　道場弥勒院／山務権僧正

供養法、　行樹院法印合殺、／弥勒院権大僧都舎利礼、　戒光院権大僧都導師、

（書止）前讃四智梵仏讃　四波羅密　後讃吉慶漢第三第四不動／龍光院権律師　中務卿大法師／右、故障、

（七）御影供職衆交名　享保十四己酉年三月十八日　一通

竪紙　楮紙（奉書紙）　三三・六糎×四六・〇糎　一紙

（書出）享保十四己酉年三月十八日／御影供　道場戒光院／安養院権僧正合殺、　山務権僧正供養法、／行樹院法印舎利礼、　弥勒院権大僧都導師、

（書止）前讃　四智梵　心略梵　吉慶漢第三／後讃　吉慶漢第四　同漢第五　西方

（八）御影供職衆交名　享保十三戊申年三月十七日　一通

竪紙　楮紙（奉書紙）　三三・五糎×四六・三糎　一紙

（書出）享保十三戊申年三月十七日／御影供　道場行樹院／行樹院法印供養法、　弥勒院権大僧都導師、合殺、／戒光院権少僧都前讃、舎利礼、　龍光院権律師後讃、

（書止）前讃　四智漢　心略漢　東方／後讃　吉慶初漢　同第二　同第三／山務権僧正／右、故障、

（九）御影供職衆交名　享保十二丁未年三月十八日　一通

竪紙　楮紙（美濃紙）　三三・〇糎×四五・七糎　一紙

（書出）享保十二丁未年三月十八日／御影供　道場戒光院／山務権僧正供養法、　弥勒院権少僧都導師、合殺、／戒光院権少僧都前讃、舎利礼、

（書止）前讃　四智漢　心略漢　吉慶漢第三／後讃　吉慶梵第一　同第二　同第三／行樹院法印／右、故障、

（一〇）御影供職衆交名　享保十一丙午稔三月十八日　一通

竪紙　楮紙（高檀紙）　三四・八糎×四九・七糎　一紙

（書出）享保十一丙午稔三月十八日／御影供　道場弥勒院／安養院権僧正合殺、　山務権僧正供養法、／行樹院法印導師、舎利礼、　弥勒院権少僧都前讃、

（書止）前讃　四智漢　心略漢　西方／後讃　吉慶漢第四　同第五　北方／大夫大法師／右、故障、

（一一）御影供職衆交名　享保十乙巳年三月十八日　一通

竪紙　楮紙（奉書紙）　三三・二糎×四六・〇糎　一紙

（書出）享保十乙巳年三月十八日／御影供　道場惣持院／安養院権僧正合殺、　山務権僧正供養法、／行樹院法印導師、　惣持院権少僧都舎利礼、

（書止）前讃　四智梵　心略梵　不動／後讃　四智漢　心略漢　南方／照阿院権僧正／右、故障、

（一二）御影供職衆交名　享保九甲辰年三月十八日　一通

竪紙　楮紙（奉書紙）　三三・六糎×四四・八糎　一紙

（書出）享保九甲辰年三月十八日／御影供　道場行樹院／山務権僧正
供養法、　照阿院権僧正合殺、／行樹院法印舎利礼、　惣持院権少僧
都導師、
（書止）前讃　四智梵　四波羅密　仏讃／後讃　吉慶漢第三　同第四　不動
／光台院権僧正／右、故障、

（一三）　御影供職衆交名　享保八癸卯暦三月十八日　一通
竪紙　漉返紙　三〇・〇糎×四六・四糎　一紙
（書出）享保八癸卯暦三月十八日／御影供　道場照阿院／山務権僧正
供養法、　照阿院法印合殺、／行樹院法印舎利礼、　密教院法印導師、
（書止）光台院権僧正　惣持院権律師少僧都／右、故障、

（一四）　御影供職衆交名　享保七壬寅年三月十八日　一通
竪紙　楮紙（奉書紙）　三五・八糎×四九・六糎　一紙
（書出）享保七壬寅年三月十八日／御影供　道場密教院／山務権僧正
供養法、　照阿院法印合殺、／行樹院法印舎利礼、　密教院権大僧都
導師、
（書止）光台院権僧正　仏眼院権少僧都／惣持院権律師／右、故障、

（一五）　御影供職衆交名　享保六辛丑年三月十八日　一通
竪紙　楮紙（奉書紙）　三三・五糎×四六・二糎　一紙
（書出）享保六辛丑年三月十八日／御影供　道場行樹院／山務権僧正合殺、
照阿院法印供養法、／行樹院法印舎利礼、　密教院権大僧都導師、

（書止）光台院権僧正　弥勒院権僧正／仏眼院権少僧都／右、故障、

（一六）　御影供職衆交名　享保五庚子年三月十八日　一通
竪紙　楮紙（奉書紙）　三六・五糎×四九・七糎　一紙
（書出）享保五庚子年三月十八日／御影供　道場照阿院／山務権僧正合殺、
弥勒院権僧正供養法、／照阿院法印舎利礼、　行樹院法印導師、
（書止）光台院権僧正　仏眼院権少僧都／惣持院権律師　戒光院権律
師／右、故障、

（一七）　御影供職衆交名　享保四己亥年三月十八日　一通
竪紙　楮紙（奉書紙）　三三・五糎×四五・五糎　一紙
（書出）享保四己亥年三月十八日／御影供　道場弥勒院／山務権僧正合殺、
弥勒院法印舎利礼、／照阿院法印供養法、　密教院権大僧都導師、
（書止）光台院権僧正　行樹院法印／仏眼院権少僧都／右、故障、

（一八）　御影供職衆交名　享保三戊戌稔三月十八日　一通
竪紙　楮紙（奉書紙）　三三・五糎×四五・五糎　一紙
（書出）享保三戊戌稔三月十八日／御影供　道場密教院／戒光院権僧正
供養法、　弥勒院法印合殺、／照阿院法印舎利礼、　密教院権大僧都
導師、
（書止）光台院権僧正　行樹院法印／惣持院権律師／右、故障、

（一九）　御影供職衆交名　享保二丁酉年三月十八日　一通

竪紙　楮紙（奉書紙）　三三・三糎×四五・四糎　一紙
（書出）享保二丁酉年三月十八日／御影供　道場照阿院／戒光院権僧正合殺、　弥勒院法印供養法、／照阿院法印　行樹院法印導師、
（書止）光台院権僧正　慈心院法印／大夫大法師／右、故障、

（二〇）御影供職衆交名　正徳六丙申年三月十八日　一通
竪紙　楮紙（奉書紙）　三三・一糎×四五・二糎　一紙
（書出）正徳六丙申年三月十八日／御影供　道場戒光院／戒光院法印舎利礼、　弥勒院法印供養法、／照阿院法印　密教院権大僧都導師、
（書止）光台院法印　慈心院法印／行樹院権大僧都　按察大法師／右、故障、

（二一）御影供職衆交名　正徳五乙未年三月十八日　一通
竪紙　楮紙（奉書紙）　三三・五糎×四六・〇糎　一紙
（書出）正徳五乙未年三月十八日／御影供　道場弥勒院／戒光院法印供養法、　弥勒院法印合殺、／照阿院法印　慈心院法印舎利礼、導師、
（書止）光台院法印　宝幢院権少僧都／仏眼院権少僧都／右、故障、

（二二）御影供職衆交名　正徳四甲午年三月廿日　一通
竪紙　楮紙（奉書紙）　三三・五糎×四五・九糎　一紙
（書出）正徳四甲午年三月廿日／御影供　道場慈心院／戒光院法印供養法、　弥勒院法印／照阿院法印舎利礼、　慈心院法印
（書止）光台院法印　宝幢院権少僧都／侍従大法師／右、故障、

（二三）御影供職衆交名　正徳三癸巳年三月十八日　一通
竪紙　楮紙（美濃紙）　三三・一糎×四五・九糎　一紙
（書出）正徳三癸巳年三月十八日／御影供　道場行樹院／戒光院法印供養法、　慈心院権大僧都導師、／行樹院権大僧都舎利礼、　宝幢院権少僧都前讃、
（書止）光台院法印　弥勒院法印／照阿院法印　円明院法印／密教院権少僧都／右、故障、

（二四）御影供職衆交名　正徳二壬辰年三月十八日　一通
竪紙　楮紙（奉書紙）　三三・一糎×四七・三糎　一紙
（書出）正徳二壬辰年三月十八日／御影供　道場照阿院／戒光院法印供養法、　弥勒院法印合殺、／照阿院法印　円明院法印導師、
（書止）光台院法印／慈心院権大僧都／右、故障、

（二五）御影供職衆交名　宝永八辛卯年三月十八日　一通
竪紙　楮紙（美濃紙）　裏書あり　三三・六糎×四七・四糎　一紙
（書出）宝永八辛卯年三月十八日／御影供　道場戒光院／弥勒院法印供養法、　円明院権大僧都合殺、舎利礼、／慈心院権大僧都導師、　密教院権少僧都前讃、
（書止）戒光院法印　光台院法印／照阿院法印　行樹院権大僧都／仏眼院権律師　侍従大法師／右、故障、
（備考）裏書「右表書故障之内、戒光院・光台院・照阿院・行樹院ハ、／後七日御修法恒例正月御修法、太元大法御執行／ニ付延引、三月

十三日ヨリ十九日迄、右四人参勤、依之／声明講不参也」、

（二一六）御影供職衆交名　宝永七庚寅歳三月十八日　一通

竪紙　楮紙（奉書紙）　三三・二糎×四五・四糎　一紙

（書出）宝永七庚寅歳三月十八日／御影供　道場円明院／戒光院法印合殺、弥勒院法印／照阿院法印供養法、　円明院権大僧都導師、

（書止）前讃　四智梵　四波羅蜜　仏讃／後讃　吉慶漢第三　同第四　不動／光台院法印／右、故障、

（二一七）御影供職衆交名　宝永六己丑年三月十八日　一通

竪紙　楮紙（美濃紙）　三三・五糎×四五・五糎　一紙

（書出）宝永六己丑年三月十八日／御影供　道場弥勒院／戒光院法印供養法、　照阿院法印合殺、／円明院権大僧都舎利礼、　慈心院権大僧都導師、

（書止）光台院法印　弥勒院法印／仏眼院権律師　侍従大法師／右、故障、

（二一八）御影供職衆交名　宝永五戊子年三月十八日　一通

竪紙　楮紙（奉書紙）　三六・二糎×五〇・三糎　一紙

（書出）宝永五戊子年三月十八日／御影供　道場戒光院／山務権僧正供養法、　戒光院法印合殺、舎利礼、／照阿院法印導師、　行樹院権少僧都前讃、

（書止）光台院法印　弥勒院法印／円明院権大僧都　慈心院権大僧都／師阿闍梨／右、故障、

（二一九）御影供職衆交名　宝永四丁亥歳三月十八日　一通

竪紙　楮紙（奉書紙）　三三・〇糎×四六・〇糎　一紙

（書出）宝永四丁亥歳三月十八日／御影供　道場弥勒院／山務権僧正合殺、戒光院法印供養法、／弥勒院法印導師、　円明院権大僧都前讃後讃、舎利礼、／兵部卿阿闍梨祭文、

（書止）光台院法印　照阿院法印／慈心院権大僧都　行樹院権少僧都／密教院権律師　帥大法師／右、故障、

（二二〇）御影供職衆交名　宝永三丙戌年三月十八日　一通

竪紙　楮紙（美濃紙）　三三・九糎×四六・六糎　一紙

（書出）宝永三丙戌年三月十八日／御影供　道場照阿院／山務権僧正合殺、戒光院法印供養法、／光台院法印故障、　弥勒院法印

（書止）前讃　四智漢　心略漢　吉慶漢第三／後讃　吉慶梵第一　同第二　同第三

（二二一）御影供職衆交名　宝永二乙酉歳三月十八日　一通

竪紙　楮紙（美濃紙）　三三・六糎×四六・六糎　一紙

（書出）宝永二乙酉歳三月十八日／御影供　道場弥勒院／山務権僧正合殺、弥勒院法印供養法、／照阿院権大僧都導師、舎利礼、　行樹院権律師後讃、

（書止）戒光院法印　円明院権大僧都／慈心院権大僧都／右、故障、

（三二）御影供職衆交名　宝永元甲申年三月十八日　一通

竪紙　楮紙（美濃紙）　三三・三糎×四六・五糎　一紙

（書出）宝永元甲申年三月十八日／御影供　道場戒光院／持明院法印供養法、弥勒院法印合殺、／照阿院権大僧都導師、　円明院権少僧都舎利礼、

（書止）前讃　四智梵　心略梵　不動／後讃　四智漢　心略漢　南方／戒光院法印／右、故障、

（三三）御影供職衆交名　元禄十六癸未年三月十八日　一通

竪紙　楮紙（奉書紙）　三二・九糎×四五・六糎　一紙

（書出）元禄十六癸未年三月十八日／御影供　道場照阿院／戒光院法印供養法、弥勒院法印合殺、／照阿院権大僧都導師、　円明院権少僧都舎利礼、

（書止）前讃　四智梵　四波羅蜜　仏讃／後讃　吉慶漢第三　同第四　不動／持明院法印／右、故障、

（三四）御影供職衆交名　元禄十五壬午年三月十八日　一通

竪紙　楮紙（美濃紙）　三三・六糎×四六・四糎　一紙

（書出）元禄十五壬午年三月十八日／御影供　道場弥勒院／戒光院法印供養法、　弥勒院法印合殺、／照阿院権大僧都導師、　円明院権少僧都舎利礼、

（書止）前讃　四智梵　心略梵　東方／後讃　吉慶漢第一　同第二　吉慶梵第一／持明院法印／右、故障、

（三五）御影供職衆交名　元禄十四辛巳年三月十八日　一通

竪紙　楮紙（美濃紙）　三三・五糎×四五・八糎　一紙

（書出）元禄十四辛巳年三月十八日／御影供　道場持明院／持明院法印合殺、　戒光院法印供養法、／弥勒院法印舎利礼、　照阿院権大僧都導師、

（書止）前讃　四智梵　心略梵　吉慶漢第三／後讃　吉慶漢第四　同第五　西方／円明院権少僧都／右、故障、

（三六）御影供職衆交名　元禄十三庚辰歳三月十八日　一通

竪紙　楮紙（美濃紙）　三三・五糎×四五・八糎　一紙

（書出）元禄十三庚辰歳三月十八日／御影供　道場戒光院／山務権僧正供養法、　持明院法印合殺、／戒光院法印　弥勒院権大僧都導師、

（書止）前讃　四智漢　心略漢　東方／後讃　吉慶漢第一　同第二　同第三

（三七）御影供職衆交名　元禄十二己卯年三月十八日　一通

竪紙　楮紙（美濃紙）　三三・三糎×四六・六糎　一紙

（書出）元禄十二己卯年三月十八日／御影供　道場弥勒院／山務権僧正合殺、　持明院法印供養法、／戒光院権大僧都導師、　弥勒院権大僧都舎利礼、

（書止）前讃　四智漢　心略漢　吉慶漢第三／後讃　吉慶梵第一　同第二　同第三／慈心院権律師／右、故障、

（三八）御影供職衆交名　元禄十一戊寅年三月十八日　一通

竪紙　楮紙（美濃紙）　三〇・七糎×四六・〇糎　一紙
（書出）元禄十一戊寅年三月十八日／御影供　道場戒光院／山務権僧正合殺、　持明院法印供養法、／戒光院権大僧都　弥勒院権大僧都導師、
（書止）前讃　四智漢　心略漢　西方／後讃　吉慶漢第四　同第五　北方

（三九）御影供職衆交名　元禄十丁丑年三月十八日　一通
竪紙　漉返紙　三一・六糎×四三・五糎　一紙
（書出）元禄十丁丑年三月十八日／御影供　道場照阿院／持明院法印供養法、　戒光院権大僧都導師、合殺、／弥勒院権大僧都前讃、後讃、　照阿院権少僧都祭文、舎利礼、
（書止）山務権僧正　円明院権律師／慈心院権律師／一位大法師／已上故障、

（四〇）御影供職衆交名　元禄九丙子歳三月十八日　一通
竪紙　楮紙（美濃紙）　三三・五糎×四六・三糎　一紙
（書出）元禄九丙子歳三月十八日／御影供　道場宝幢院／山務権僧正供養法、　持明院法印合殺、／宝幢院法印舎利礼、　戒光院権大僧都導師、
（書止）弥勒院権少僧都　円明院権律師／已上故障、

（四一）御影供職衆交名　元禄八乙亥年三月十八日　一通
竪紙　楮紙（美濃紙）　二八・四糎×四一・七糎　一紙
（書出）元禄八乙亥年三月十八日／御影供　道場宝幢院／山務権僧正合殺、　宝幢院法印供養法、／戒光院権大僧都導師、　弥勒院権少僧都前讃、
（書止）持明院法印　民部卿大法師／已上故障、

（四二）御影供職衆交名　元禄七甲戌年三月十八日　一通
竪紙　楮紙（美濃紙）　三一・二糎×四五・四糎　一紙
（書出）元禄七甲戌年三月十八日／御影供　道場照阿院／山務権僧正　宝幢院法印供養法、／戒光院権大僧都合殺、舎利礼、　照阿院権律師導師、
（書止）持明院法印　弥勒院権少僧都／已上故障、

（四三）御影供職衆交名　元禄六癸酉年三月十八日　一通
竪紙　楮紙（美濃紙）　三三・八糎×四七・九糎　一紙
（書出）元禄六癸酉年三月十八日／御影供　道場戒光院／山務権僧正供養法、　宝幢院法印合殺、／戒光院権大僧都舎利礼、　弥勒院権少僧都導師、
（書止）前讃　四智漢　心略漢　吉慶漢第三／後讃　吉慶梵　第一　第二　第三／持明院法印／已上故障、

（四四）御影供職衆交名　元禄五壬申年三月十八日　一通
竪紙　楮紙（美濃紙）　三〇・四糎×四四・七糎　一紙
（書出）元禄五壬申年三月十八日／御影供　道場宝幢院／山務権僧正供養法、　宝幢院法印合殺、／戒光院権少僧都導師、　弥勒院権律師
（書止）持明院法印　照阿院権律師／已上故障、

（四五）　御影供職衆交名　元禄〇四辛未年三月十八日　一通

竪紙　楮紙（美濃紙）　三一・五糎×四六・一糎　一紙

（書出）元禄〇四辛未年三月十八日／御影供　道場戒光院／宝幢院法印供養法、　龍光院権大僧都導師、合殺、／戒光院権少僧都舎利礼、　照阿院権律師前讃、

（書止）山務権僧正　持明院法印／密乗院権少僧都　弥勒院権律師／已上故障、

（四六）　御影供職衆交名　元禄三庚午暦三月十八日　一通

竪紙　楮紙（奉書紙）　三一・八糎×四四・三糎　一紙

（書出）元禄三庚午暦三月十八日／御影供　道場龍光院／山務権僧正供養法、　宝幢院権大僧都導師、合殺、／龍光院権大僧都　戒光院権少僧都舎利礼、

（書止）持明院法印　修禅院法印／密乗院権少僧都　中将阿闍梨／已上故障、

（四七）　御影供職衆交名　元禄二己巳暦三月十八日　一通

竪紙　漉返紙　三一・一糎×四五・三糎　一紙

（書出）元禄二己巳暦三月十八日／御影供　道場宝幢院／山務権僧正合殺、宝幢院権大僧都供養法、／密乗院律師導師、　戒光院律師後讃、

（書止）故障／持明院法印　修禅院法印／龍光院少僧都　弥勒院律師／中将大法師

（四八）　御影供職衆交名　貞享五戊辰暦三月十日　一通

竪紙　漉返紙　三〇・五糎×四四・九糎　一紙

（書出）貞享五戊辰暦三月十日／御影供〻供　道場修禅院／山務権僧正供養法、　修禅院法印合殺、／密乗院律師前讃、　戒光院律師導師、

（書止）前讃　四智梵　心略同　吉慶漢第三／後讃　同第四　同第五　西方

（四九）　御影供職衆交名　貞享四丁卯年三月十八日　一通

竪紙　楮紙（奉書紙）　三三・九糎×四七・七糎　一紙

（書出）貞享四丁卯年三月十八日／御影供　道場密乗院／山務権僧正供養法、　修禅院権大僧都合殺、／宝幢院権大僧都舎利礼、　密乗院権律師導師、

（書止）前讃　四智漢　心略漢　東方／後讃　吉慶漢　第一　第二　第三

（五〇）　御影供職衆交名　貞享三丙寅年三月十八日　一通

竪紙　楮紙（美濃紙）　三一・〇糎×四四・四糎　一紙

（書出）貞享三丙寅年三月十八日／御影供　道場戒光院／修禅院権大僧都供養法、　龍光院権少僧都導師、／密乗院権律師前讃、　戒光院権律師後讃、

（書止）故障／持明院法印　光台院法印／宝幢院権大僧都

（五一）　御影供職衆交名　天和四甲子年二月十九日　一通

竪紙　漉返紙　三一・二糎×四五・一糎　一紙

(書出)天和四甲子年二月十九日／高祖大師御影供　道場宝幢院／持明院
法印舎利礼、　光台院法印供養法、／修禅院権大僧都合殺、　宝幢院
権少僧都導師、
(書止)依今年高祖大師八百五十遠忌、例日之／声明講被引上、今月今日
執行之、／廿一口御影供同廿一口被修之者也、

七　御影供職衆交名　一冊
江戸中期　仮綴
(備考)(一)～(五)一括、

(一)御影供職衆交名　享保廿一丙辰歳三月十八日　一通
竪紙　楮紙(奉書紙)　三三・五糎×四三・七糎　一紙
(書出)享保廿一丙辰歳三月十八日／御影供　道場龍光院／行樹院権僧正
供養法、　弥勒院法印導師、／戒光院法印合殺、　龍光院法印舎利礼、
(書止)山務僧正　地蔵院権少僧都／惣持院権律師／右、故障、

(二)御影供職衆交名　貞享四丁卯年七月二日　一通
竪紙　漉返紙　三二・二糎×四二・四糎　一紙
(書出)貞享四丁卯年七月二日／尊師御影供　道場密乗院／山務権僧正
供養法、　宝幢院権大僧都導師、／理趣坊権僧都合殺、　密乗院律師
前讃、
(書止)前讃　四智梵　心略同　吉慶漢第三／後讃　吉慶漢第四　同第五
西方／持明院法印　修禅院権大僧都／右、故障、

(三)御影供職衆交名　貞享三丙寅年七月二日　一通
竪紙　楮紙(奉書紙)　三一・〇糎×四四・二糎　一紙
(書出)貞享三丙寅年七月二日／尊師御影供　道場戒光院／光台院法印
合殺、　宝幢院大僧都供養法、／龍光院権少僧都導師、　密乗院律師
前讃、
(書止)前讃　四智漢　心略同　東方／後讃　吉慶漢第一　同第二　同第三／持明院
法印　修禅院大僧都／故障、

(四)御影供職衆交名　貞享二乙丑年三月十八日　一通
竪紙　漉返紙　三一・一糎×四四・九糎　一紙
(書出)貞享二乙丑年三月十八日／御影供　道場密乗院／持明院法印
合殺、舎利礼、　修禅院権大僧都供養法、／宝幢院権少僧都導師、　密乗院
権律師後讃、
(書止)前讃　四智漢　心略漢　西方／後讃　吉慶漢第四　同第五　北方

(五)御影供職衆交名　貞享五戊辰年七月二日　一通
竪紙　漉返紙　三一・〇糎×四三・五糎　一紙
(書出)貞享五戊辰年七月二日／尊師御影供　道場修禅院／山務権僧正
供養法、　修禅院法印／龍光院権少僧都導師、　密乗院権律師合殺、
(書止)持明院法印　宝幢院権大僧都／右、故障、

八　法会竪義交名集　一冊
江戸前期　仮綴(折紙)　漉返紙　一六・九糎×五一・八糎　十四紙

（文首）慶安三年竪義／講師良盛僧都　問者朝隆律師／唄　散花定性僧都
（文尾）供養法　真円権僧正／調声　演重権〈大〉法師／坐讃　演経阿闍梨
（備考）慶安三年より享保十八年に至る、

九　御影供職衆請定集　一冊
江戸中期　仮綴（折紙）　楮紙（美濃紙）　一六・一糎×四五・八糎　十紙
（文首）請定／来廿一日御影供之事／光台院山務権僧正　持明院法印／
宝幢院法印　戒光院権大僧都供養法
（文尾）常行坊　持福坊読師、／安養坊　実乗坊／右、依例請定如件、／享
保十七年三月　日　堂達宥栄
（備考）元禄九年より享保十七年に至る、

第六七函

一　諸尊法巻数写　一巻

鎌倉中期　巻子装　楮紙（杉原）　二八・二糎×一五七三・五糎　三十四紙

（端裏）巻数案

（備考）①～⑯書継、墨界（界高二五・三糎、界幅二・二糎）、朱註記、冒頭に首目「諸巻数勧／法華御修法　仏眼御修法　一字金輪、、、　同護摩　同供　尊勝、、、　同護摩　同供　八字文殊、、、／白衣観音、、、　愛染王、、、　同護摩　同供／聖観音、、、　同供　十一面、、、　同供　不空羂索護摩／同供　六字、、、不動、、、　同供　大威徳供／金剛夜叉、、、　北斗、、、同供　御本命供／土星供　羅睺星供　泥塔供　理趣三昧　聖天供／炎魔天供　十五童子経供養　訶里帝母供養／孔雀経御読経尊勝陀羅尼念誦　愛染王、、、／光明真言、、、御念誦　施餓鬼供」、奥書「文永四年七月十六日、交合了、／厳朝（花押）」「文永五年三月　日、於随心院調巻了、／権律師厳舜」、

①法華経法巻数写　天治二年三月廿五日

（書出）法華経御修法所／奉供／大壇供二十一箇度／護摩供二十一箇度／聖天供一四箇度

（書止）右、奉為　大施主殿下御息災安穏、増長福寿、恒受／快楽、御願円満、始自今月十八日至于今日并一七ヶ／日夜之間、率八口伴侶、殊致精誠、奉修如右、

（差出）阿闍梨大法師寛信

②仏眼法巻数写　保延四年十二月六日

（書出）仏眼御修法所／奉供／大壇供廿一箇度／護摩供廿一箇度／諸神供三箇度

（書止）右、奉為　国母仙院御息災安穏、増長宝寿、御願円満、／始自今月十九日至于今日并一七箇日夜之間、率六／口伴侶、殊致精誠、奉修如右、

（差出）阿闍梨前少僧都法眼和尚位

③一字金輪法巻数写　久安二年三月十日

（書出）一字金輪御修法所／奉供／大壇供一百二十六箇度／護摩供一百二十六ヶ度

（書止）右、奉為　金輪聖王玉躰安穏、宝寿長遠、御願円満、始／自正月七日至于今日并六七箇日夜之間、率六口伴／侶、殊致精誠、奉修如件、

（差出）阿闍梨法務権大僧都

④一字金輪法巻数写　長承三年七月廿三日

（書出）一字金輪御修法所／奉供／大壇供六十三箇度／護摩供六十三箇

度

（書止）右、奉為　太上天皇御息災安穏、増長宝寿、御願円／満、始自今月四日至于今日并三七箇日夜之間、率六／口伴侶、殊致精誠、奉修如右、

（差出）阿闍梨権少僧都法眼和尚位

⑤一字金輪護摩巻数写　仁平三年二月廿八日

（書出）一字金輪護摩所／奉供／供養法六十三箇度／護摩供六十三箇度／諸神供九箇度

（書止）右、奉為　左府殿下御息災安穏、増長福寿、御願円／満、始自今月七日至于今日三七箇日夜之間、殊致精／誠、奉修如右、

（差出）阿闍梨法印権大僧都

⑥一字金輪供巻数写　永治元年十一月八日

（書出）一字金輪供所／奉供／供養法一百七十七箇度／奉念／仏眼真言孔雀明王、、

（書止）右、奉為　儲貳殿下御息災安穏、増長宝寿、御願／円満、始自九月九日至于今日并五十九箇日夜之／間、殊致精誠、奉修如右、

（差出）阿闍梨前少僧都

⑦尊勝法巻数写　長承

（書出）尊勝御修法所／奉供／大壇供二十一箇度／護摩供二十一箇度／諸神供三箇度

（書止）右、奉為　太上天皇御息災安穏、増長宝寿、御願円／満、始自今月四日至于今日并一七箇日夜之間、率／六口伴侶、殊致精誠、奉修如右、

⑧尊勝法巻数写　保延五年六月四日

（書出）尊勝御修法所／奉供／大壇供六十三箇度　護摩供六十三箇度／諸神供九箇度　諸神供九箇度

（書止）右、奉為　太上天皇御息災安穏、増長宝寿、御願／円満、始自五月十五日至于今日并三七箇日夜之／間、率六口伴侶、殊致精誠、奉修如右、

（差出）阿闍梨少僧都和尚位

⑨尊勝護摩巻数写　保延四年十月九日

（書出）尊勝護摩所／奉供／供養法、、、　護摩、、　諸神供、、

（書止）右、奉為　后主殿下御息災安穏、増長宝寿、御願／円満、始自六月廿八日至于今日并百箇日夜之間、殊／致精誠、奉修始右、

（差出）阿闍梨前少僧都

⑩尊勝供巻数写　大治元年八月七日

（本文）尊勝供所／奉供／供養法二百十箇度／奉念／仏眼真言　大日、、　本尊、、　同小呪　降三世、、／不動、、　一字金輪、、／右、奉為　国母殿下御息災安穏、増長宝寿、御産平／安、御願円満、始自五月廿五日至于八月六日并七十箇／日夜之間、殊

致精誠、奉修如右、

（差出）阿闍梨大法師

⑪尊勝供巻数写　天養二年五月十四日

（書出）尊勝供所／奉供／供養法百十五箇度／奉念／仏眼真言　大日、、　尊勝陀羅尼　同小呪

（書止）右、奉為　禅定女院○（御息災）除病延命、恒受快楽、御願円満、／始自三月廿五日至于今日并五十箇日夜之間、殊致／精誠、奉修如右、

（差出）阿闍梨権大僧都法眼和尚位

⑫八字文殊法巻数案　長承

（書出）八字文殊御修法所／奉供／大壇供卌二箇度　護摩供卌二箇度／諸神供六箇度

（書止）右、奉為　太上天皇御息災安穏、増長宝寿、恒受快／楽、御願円満、兼天変恠異、消除解脱、始自今月五日／至于今日并二七箇日夜之間、率六口伴侶、殊致精誠、／奉修如右、

⑬八字文殊法巻数写　天治二年六月十八日

（書出）八字文殊御修法所／奉供／大壇供二十一箇度　護摩供二十一箇度／諸神供三箇度

（書止）右、奉為　大施主殿下御息災安穏、増長福寿、恒受／快楽、兼悪夢物恠、未然解脱、無辺御願快定、誠／就始自今月十一月（日）至于今日并七箇日夜之間、率四／口伴侶、殊致精誠、奉修如右、

（差出）阿闍梨大法師

⑭八字文殊法巻数写　天養元年六月七日

（書出）八字文殊御修法所／奉供／大壇供六十三箇度　護摩供六十三箇度／諸神供九箇度

（書止）右、奉為　国母殿下御息災安穏、増長宝寿、御／願円満、始自五月十六日至于今日并三七箇日夜之／間、率六口伴侶、殊致精誠、奉修如件、

（差出）阿闍梨大法師

⑮白衣観音法巻数写　長承元年

（書出）白衣観音御修法所／奉供／大壇供一百五箇度　護摩供一百五箇度／諸神供十五箇度

（書止）右、奉為　太上天皇御息災安穏、増長宝寿、御願円／満、始自九月七日至于今日并五七箇日夜之間、率／六口伴僧、殊致精誠、奉修如右、

⑯愛染王法巻数写　長承三年十二月十九日

（書出）愛染王御修法所／奉供／大壇供四十二箇度　護摩供四十二箇度／諸神供六箇度

（書止）右、奉為　国母仙院御息災安穏、増長宝寿、御願円満、／始自今月五日至于今日并二七箇日夜之間、率十六口／伴僧、殊致精誠、奉修如右、

（差出）阿闍梨権少僧都法眼和尚位

⑰愛染王法巻数写　保延

（本文）愛染王御修法所／奉供如常、　奉念如常、　／右、奉為　前太相国
殿下御息災安穏、増長福寿、御願／円満、始自十一月十四日至于
今日并三七箇日夜之間、殊／致精誠、奉修如右件、

⑱愛染王法巻数写　康治二年十二月三日

（本文）愛染王御修法所／奉供如常、　奉念仏眼、大日、降三世、本尊、平等、金剛吉祥、妙吉祥、成就一切、一字、
／右、奉為　禅定仙院御息災安穏、増長宝寿、恒受快楽、／御願
円満、始自十一月十二日至于今日并三七箇日夜之間、／率六口伴
僧、殊致精誠、奉修如右、

（差出）阿闍梨大僧都法眼和尚位

⑲愛染王法巻数写　保延三年九月四日

（本文）愛染王御修法所／奉供如常、／奉念仏眼、大日、降三世、本尊、平等、金剛妙吉祥、一切成就、奇特仏頂、
／右、奉為　后主殿下御息災《除病》延命、恒受快楽、御願円／満、始自
八月十二日至于今日并三七箇日夜之間、率／六口伴僧、殊致精誠、
奉修如右、

⑳愛染王法巻数写　大治元年四月十五日

（本文）愛染王御修法所／奉供如常、／奉念仏眼、大日、降三世、本尊、同小呪、護摩、一字金輪、
／右、奉為　大施主殿下御息災安穏、増長福寿、御願／円満、始

○自三月廿四日至于今日并三七箇日夜之間、率／二口伴僧、殊致精
誠、奉修如右、

（差出）阿闍梨大法師

㉑愛染王護摩巻数写　大治

（書出）愛染王護摩所／奉供／供養法三百九十九箇度　護摩供三百九十
九箇度／諸神供五十七箇度

（書止）右、奉為　太上天皇御息災安穏、増長宝寿、心中御願、／決定円
満、始自大治二年十一月廿五日至于今日并一百／三十日夜之間、
殊致精誠、奉修如右、

㉒愛染王供巻数写　保延六年閏五月八日

（書出）愛染王所供（供所）／奉供　供養法、、、

（書止）右、奉為　女大施主殿下御息災安穏、増長福寿、御産平／安、所
願円満、始自保延五年十一月廿五日至于今日并一百／九十箇日夜
之間、殊致精誠、奉修如右、

（差出）阿闍梨前少僧都

㉓愛染王供巻数写　保延六年四月廿八日

（書出）愛染王供所／奉供　供養法、、、

（書止）右、奉為　儲貳殿下御息災安穏、増長福寿、御願／円満、始自正
月六日至于今日并八十九箇日夜之間、／殊致精誠、奉修如右、

（差出）阿闍梨前少僧都法眼和尚位

㉔聖観音法巻数写　久安二年四月十三日
（書出）聖観音御修法所／奉供　大壇供、、　護摩供、、　諸神供、、
（書止）右、奉為　禅定仙院御息災安穏、増長宝寿、御願円／満、始自三月十六日至于今日并廿七箇日夜之間、率／六口伴僧、殊致精誠、奉修如右、
（差出）阿闍梨

㉕聖観音供巻数写　久安元年閏十月四日
（書出）聖観音供所／奉供　供養法、、、
（書止）右、奉為　金輪聖王御息災安穏、増長宝寿、恒受／快楽、御願円満、始自七月廿二日至于今日并一百箇／日夜之間、殊致精誠、奉修如右、
（差出）阿闍梨権大僧都法眼和尚位

㉖十一面法巻数写　保安三年十一月廿八日
（書出）十一面御修法所／奉供　大壇供　護摩供　諸神供
（書止）右、奉為　准后殿下御息災安穏、増長宝寿、恒受快／楽、御願円満、始自十月九日迄于今月今日并五十／箇日夜之間、率六口伴僧、殊致精誠、奉修如右、
（差出）阿闍梨大法師
（備考）追記「朱云、待賢門院姫君御時祈」、

㉗十一面観音供巻数写　（年月日未詳）
（書出）十一面観音供所／奉供　供養法、、、
（書止）右、奉為「依」院宣、始自閏三月十九日至于今日并一百箇／日夜之間、殊致精誠、奉祈　女大施主殿下貴躰安／穏、増長福寿由如件、仍勒遍数謹解、

㉘不空羂索護摩巻数写　保延四年三月廿六日
（書出）不空羂索護摩所／奉供　供養法、、　護摩、、　諸神供、、
（書止）右、奉為　后主殿下御息災安穏、増長宝寿、心中御／願、決定円満、始自三月五日至于今日并三七箇夜之／間、殊致精誠、奉修如右、
（差出）阿闍梨前少僧都法眼和尚位
（備考）追記「朱云、中宮御祈」、

㉙不空羂索供巻数写　久安二年六月廿五日
（書出）不空羂索供所／奉供　供養法
（書止）右、奉為　金輪聖王御息災安穏、増長宝寿、天長地／久、御願円満、始自三月十六日至于今日并九十箇日夜／之間、殊致精誠、奉修如右、
（差出）阿闍梨法務権大僧都法眼和尚位
（備考）追記「朱云、当今御祈」、

㉚不空羂索供巻数写　保延七年三月廿八日
（本文）不空羂索供所／奉供　同前／奉念　同前／右、奉為　前太相（マヽ）国殿

下御息災安穏、増長福寿、御／願円満、始自正月廿一日至于今日
并一七箇日夜之間、／殊致精誠、奉修如右、

（差出）阿闍梨前大僧都

㉛六字法巻数写　大治五年七月廿八日

（書出）六字御修法所／奉供大壇供七百十四箇度 諸神供一百二十箇度　護摩供七百十四箇度

（書止）右、奉為　太上天皇御息災安穏、増長宝寿、御願円／満、始自大
治四年十一月廿七日至于今月今日并二百三／十八箇日夜之間、率
六口伴僧、殊致精誠、奉修如右、

（差出）阿闍梨権律師法橋上人位

（備考）年月日脇等に朱追記、

㉜不動法巻数写　長承四年五月十二日

（書出）不動御修法所／奉供　大壇供　護摩供　諸神供

（書止）右、奉為　太上天皇御息災安穏、増長宝寿、御願円満、／始自今
月五日至于今日一七箇日夜之間、率八口伴侶、殊／致精誠、奉修
如右、

（差出）阿闍梨少僧都法眼和尚位

（備考）年月日脇等に朱追記、

㉝不動供巻数写　（年月日未詳）

（本文）不動供所／奉供　供養法、、、／奉念仏眼、大日、本尊、同大界、降三世、 軍荼利、大威徳、金剛夜叉、
一字金輪、／右、奉為　大施主殿下御息災安穏、増長福寿、除病延／
命、御願円満、始自二月十九日至于今日二七箇日夜之／間、殊致
精誠、奉修如件、

㉞大威徳供巻数写　天治二年七月四日

（書出）大威徳供所／奉供　供養法

（書止）右、奉為　親王殿下御息災延命、増長宝寿、恒受快／楽、御願円
満、始自七月十三日至于今月今日三七箇日夜／之間、殊致精誠、
奉修如右、

（差出）阿闍梨大法師

㉟金剛薬叉法巻数写　保安四年四月廿四日

（書出）金剛薬叉御修法／奉供大壇供二百五十二箇度 諸神供三十六箇度　護摩供二百五十二箇度

（書止）右、奉為　国母殿下御息災安穏、増長宝寿、恒受快楽、／御願円
満、始自十一月廿七日至于今月今日并八十五箇／日夜之間、率六
口伴僧、殊致精誠、奉修如右、

（差出）阿闍梨大法師

（備考）書止右に同文の見消チ、

㊱金剛薬叉法巻数写　天承四年五月廿日

（本文）金剛薬叉御修法所／奉供如常、／奉念仏眼、大日、不動、本尊、同小呪、 護摩、一字金輪、
／右、依　院宣、始自四月廿八日迄于今月今日并三七／箇日夜之
間、七口金剛仏子等、殊致精誠、奉祈／太上法皇御息災安穏、増
長宝寿之由如件、仍勒／遍数、以解、

（差出）阿闍梨大法師

㊲北斗法巻数写　永久元年十二月廿九日

（書出）北斗御修法所／奉供　大壇供、、　護摩供、、　諸神供、、

（書止）右、依　院宣、始自十一月三日至于今月今日并五十六／箇日夜之間、三口金剛弟子等、殊致精誠、奉祈／太上法皇玉躰安穏、増長宝寿之由如件、仍勒遍数、／謹解、

（差出）阿闍梨大法師

㊳北斗法巻数写　天承元年五月九日

（書出）北斗御修法所／奉供／大壇供二十一箇度　護摩供二十一箇度　聖天供十四箇度

（書止）右、奉為　太上天皇御息災安穏、増長宝寿、御願円／満、始自今月二日至于今日并一七箇日夜之間、率十二口／伴僧、奉修如件、

（差出）阿闍梨権律師法橋上人位

㊴北斗法巻数写　保延三年十一月廿六日

（書出）北斗御修法所／奉供　大壇供　護摩供　諸神供

（書止）右、奉為　女大施主殿下御除病延命、恒受快楽、御／願円満、始自今月十二日至于今日并二七箇日夜之間、／率四口伴侶、殊致精誠、奉修如件、

（差出）阿闍梨前少僧都法眼和尚位

㊵北斗法巻数写　大治元年二月廿六日

（書出）北斗御修法所／奉供　大壇供　護摩供　諸神供

（書止）右、奉為　大施主殿下御除病延命、恒受快楽、御願円／満、始自今月十九日至于今日并一七箇日夜之間、率六口／伴侶、殊致精誠、奉修如右、

（差出）阿闍梨大法師

㊶北斗法巻数写　永久三年正月廿九日

（本文）北斗御修法所／奉供如常、／奉念如常、／右、依　仰、始自今月十九日至于今日并十箇日夜之間、／三口金剛弟子殊致精誠、奉祈大施主御息災延／命、増長福寿、御願円満之由如件、仍勒遍数謹解、

（差出）阿闍梨大法師

㊷北斗供巻数写　保延四年七月廿五日

（本文）北斗供所／奉供　供養法／奉念仏眼　大日　八字文殊　北斗惣呪　御本命星　御本命曜　御當年星　御本命宿　九曜　廿八宿　破諸障　一字金輪／右、奉為　太上天皇御息災安穏、増長宝寿、御願円満、始／自今月十八日至于今日并一七箇日夜之間、殊致精誠、／奉供如右、

（差出）阿闍梨大法師

㊸北斗供巻数写　保延六年九月廿六日

（書出）北斗供所／奉供　供養法／奉念／仏眼　大日　五字文殊　白衣

観音　本尊　北斗惣呪
（書止）右、奉為　女大施主御除病延命、恒受快楽、所願円満、始／自今
月五日至于今日并三七箇日夜之間、殊致誠奉精（精奉）／修如右、
（差出）阿闍梨前少僧都

㊹北斗供巻数写　大治四年正月十五日
（書出）北斗供所／奉供／供養法／奉念
（書止）右、奉為　親王殿下御息災安穏、増長宝寿、恒受快楽、御／願円
満、始自大治元年十一月九日至于今日并七百八十／二箇日夜之
間、殊致精誠、奉修如右、

㊺御本命供巻数写　保安五年十一月十八日
（書出）御本命供所／奉供　供養法／奉念『戈　御本命宿』
（書止）右、奉為　太上天皇御息災安穏、増長宝寿、御願円満、始自／今
月五日至于今日并二七箇日夜之間、殊致精誠、奉修／如右、
（差出）阿闍梨大法師
（備考）朱追記、

㊻土星供巻数写　保延五年八月廿日
（書出）土星供所／奉供／供養法／奉念
（書止）右、奉為　儲貳殿下御息災安穏、増長宝寿、始自八月／廿八日至
于今日并三七箇日夜之間、殊致精誠、奉修／如右、
（差出）阿闍梨前少僧都法眼和尚位

㊼羅睺星供巻数写　康治元年八月一日
（書出）羅睺星供所／奉供／供養法／奉念／仏眼　大日　八字文殊　白
衣観音　北斗惣呪
（書止）右、奉為　后主殿下御息災安穏、増長宝寿、御願円満、始／自七
月十一日至于今日并三七箇日夜之間、殊致○（精）誠、奉／修如右、
（差出）阿闍梨少僧都

㊽御祈願巻数写　大治四年正月十五日
（書出）御祈願所／奉供／供養法三百七十一箇度／奉造立／泥塔三万七
千一百基
（書止）右、奉為　太上天皇御息災安穏、増長宝寿、恒受快楽、／御願円
満、始自大治二年十二月廿八日至于今日并三百／七十一箇日夜之
間、殊致精誠、奉修如右、
（差出）阿闍梨大法師
（備考）書出右下に「朱云、新院御祈依按察御服結願遍左」、

㊾理趣三昧巻数写　久安四年四月十六日
（書出）理趣三昧所／奉供／供養法十八箇度／奉読／理趣経十八巻
（書止）右、依　院宣、始自四月十日至于今日六箇日夜之間、奉／祈　禅
定仙院御息災安穏、増長宝寿、御願円満之由、／六口大法師等殊
致精○（誠）、奉修如右、
（差出）行事大法師隆栄
（備考）書出右下に「朱云、於石清水被行之院御祈」、

⑤⓪聖天供巻数写　久安六年十二月　日
（書出）聖天供所／奉供／供養法／奉念／仏眼　大日　土面　自在天
　本尊　同小呪　同心中心呪
（書止）右、奉為　大施主殿下御息災安穏、増長福寿、心中所／願、決定円満、始自十一月十五〔十四〕日至于今日三七箇日夜之間、殊致精誠、奉修如右、
（差出）法務権大僧都

⑤①聖天供巻数写　天承　年六月廿五日
（本文）聖天供所／奉云々、／奉云々、／右、奉為　大施主殿下息災安穏、増長福寿、御願円／満、始自今月十一日至于今日二七箇日夜之間、殊致精／誠奉修如右、
（差出）阿闍梨大法師

⑤②焔摩天供巻数写　康治二年七月廿四日
（書出）焔摩天供所／奉供／供養法二十一箇度／奉念／仏眼真言二千一百反　大日々々二千一百反
（書止）右、奉為　禅定仙院御息災安穏、増長宝寿、御願円／満、始自今月三日至于今日并三七箇日夜之間、殊致／精誠、奉修如右、

⑤③炎魔天供巻数写　久安元年閏十月廿日
（書出）炎魔天供所／奉供／供養法一七箇度／奉読／般若法一百五十巻
（書止）右、奉為　大施主殿下御除病延命、増長福寿、恒受快／楽、御願円満、始自今月十二日至于今日一七箇日夜之間、／殊致精誠、奉修如右、
（差出）阿闍梨権大僧都法眼和尚位
（備考）書出下に「朱云、右大将御所御祈」、

⑤④十五童子供巻数写　久安元年十月廿八日
（書出）十五童子供所／奉供／供養法四十二箇度／奉読／童子経四十二巻
（書止）右、奉為　大施主殿下御息災安穏、除病延命、恒受快／楽、所願円満、始自今月十四日至于今日并二七箇日／夜之間、殊致精誠、奉修如右、
（差出）阿闍梨権大僧都法眼和尚位
（備考）書出下に「朱云、左少弁若公祈、／民部卿」、

⑤⑤十五童子供巻数写　天治二年八月廿八日
（書出）十五童子供所／奉供／供養法／奉読／童子経
（書止）右、奉為　親王殿下御除病延命、恒受快楽、御願円満、／始自今月八日至于今日并三七箇日夜之間、殊致精／誠、奉供如右、
（差出）阿闍梨大法師

⑤⑥訶里帝母供巻数写　保延四年正月三日
（書出）訶里帝母供所／奉供　供養法／奉念
（書止）右、奉為　女大施主御息災延命、増長福寿、産生安穏、始／自十

二月廿五日至于今月一七箇日夜之間、殊致精誠、奉／修如右、
（差出）阿闍梨前少僧都

(57)御読経巻数写　天養二年五月八日
（本文）御読経所／奉読／大孔雀明王経三十部／右、依　院宣、始自四月廿九日至于今日十箇日夜之間、奉／祈　禅定仙院御息災安穏、増長宝寿、妖星変現、消除／解脱之由、仍勒巻数、謹解、
（差出）大法師

(58)御読経巻数写　康治二年八月十四日
（本文）御読経所／奉読／大孔雀明王経一百部／右、依　仰旨、始自今月八日至于今日并一七箇日夜之間、／三口大法師等殊致精誠、転読上件経王、奉祈　大施主殿／下御息災安穏、増長福寿、除病延命、御願円満之由如件、仍勒巻数、謹解、
（差出）大法師智海

(59)尊勝陀羅尼念誦巻数写　天養元年八月十一日
（本文）勧修寺／奉念／尊勝陀羅尼五千反／右、依　院宣、始自今月十九日至于今日并十箇日夜／之間、持念上件陀羅尼、殊致精誠、奉祈禅定仙院玉／躰安穏、宝寿長遠之由如件、仍勒巻数、以解、
（差出）大法師

(60)御念誦巻数写　康治二年十一月一日
（本文）御念誦所／奉念／尊勝陀羅尼一万反／右、依　院宣、始自九月廿日至于今日五十箇日夜之間、／殊致精誠、奉祈　禅定仙院御息災安穏、増長宝／寿之由、仍勒遍数、謹解、
（差出）大法師

(61)御念誦巻数写　康治二年五月廿七日
（本文）御念誦所／奉念／尊勝陀羅尼二千反／右、奉為　太上法皇御滅罪生善、御願円満、始自今月／十五日至于今日并一七箇日夜之間、五十口大法師等／異口同音、殊致精誠、奉念如件、

(62)御念誦巻数写　久安（マヽ）四月二日
（本文）御念誦所／奉念／愛染王真言卅万遍／右、依　仰旨、六口大法師等奉満上件真言、殊致精／誠、奉祈　前斎院内親王御息災安穏、増長宝寿／之由、仍勒遍数、謹解、
（差出）行事大法師
（備考）書出下に「朱云、前斎院御祈」、

(63)光明真言巻数写　保延―五月　日
（本文）勧修寺／奉念／光明真言二万反／右、謹依　院宣、始自四月廿六日至于今日并二箇日夜／之間、持念上件真言、奉祈　太上法皇御願円満之由、／仍勒遍数、謹解、
（差出）大法師

64某念誦巻数写　久安元年十二月八日
（本文）右、依　院宣、始自今月九日至于今日十箇日夜之間、殊／致精誠、持念上件陀羅尼、奉祈　禅定仙院御悩／却除、玉躰安穏、宝寿長遠之由、仍勒遍数、謹解、
（差出）大法師

65某念誦巻数写　久安六年正月廿八日
（本文）右、依　院宣、始自正月十九日至于今日并十箇日夜／之間、殊致精誠、奉祈　禅定仙院玉躰安穏、宝寿長／遠之由、仍勒遍数、謹解、
（差出）大法師

66施餓鬼供巻数写　久安四年　月　日
（書出）施餓鬼供所／奉供／供養法／奉念
（書止）右、奉為　過去尊霊離苦得楽、往生極楽、始自ム月／至于今日并ム箇日夜之間、殊致精誠、奉供如件、
（差出）大法師

二　諸法会支度・巻数等写　一冊
鎌倉中期　袋綴装　楮紙打紙　紙背あり　二七・九糎×二一・七糎　二十七紙
（外題）支巻上
（表紙）三帖内　慈心院（右下）
（奥書）正嘉二年五月七日於報恩院書写了、／金剛仏子俊誉年廿三

（備考）①～㉘書継、紙背は袋綴装のため読めず、首目、押界（天二地一、界高二五・〇糎、界幅一・八糎）、

①東寺灌頂会巻数写　文治四年十二月廿五日
（端書）一東寺灌頂巻数案
（書出）東寺／恒例灌頂會　御願事／奉供／大壇具二前　各八供／小壇具廿六前　各八供
（書止）右、奉為／聖朝安穏、増長宝寿、国家豊楽、以今月廿五日昼／行仏性三摩耶戒、夜修結縁灌頂法、三十口僧綱大法師／等致精誠、奉修如件、
（差出）都維那法師／寺主法師／上座威儀師／別当法橋上人位行宴／大阿闍梨権僧正法印大和尚○位勝賢

②東寺灌頂会巻数写　保延五年十二月廿一日
（書出）東寺／恒例灌頂会　御願事／奉供／大壇具二前　各八供／小壇具廿六前　各八供
（書止）右、奉為／聖朝安穏、増長宝寿、国家豊楽、以今月廿一日昼行仏性三／摩耶戒、夜修結縁灌頂法、三十口僧綱大法師等致精誠、奉修如件、
（差出）都維那法師／寺主○大法師／上座威儀師／別当権律師法橋上人位覚雅／大僧正法印大和尚位定海

③東寺灌頂会巻数写　建保元年十二月廿九日

(書出)東寺　恒例御灌頂事／奉修／金剛胎蔵両壇供養法各一座／奉念
／仏眼真言一千反
(書止)右、奉為／聖朝安穏、増長宝寿、天下泰平、万民豊楽、以今月廿
八日／昼行三昧耶戒、夜修結縁灌頂、殊致精誠、奉修如右、
(差出)都維那法師／大阿闍梨権僧正法印大和尚位成賢

④醍醐寺結縁灌頂巻数写　元久二年十二月十四日
(端書)一醍醐寺灌頂御巻数案元久二、年々以之為案、
(書出)醍醐寺灌頂院金剛胎蔵前後事様ハ、当界ノ年ニ可随歟、／奉修／金剛
胎蔵両壇供養法各一座
(書止)右、奉為／聖朝安穏、天長地久、太上天皇玉躰安穏兼天下泰
平、／万民豊楽、廿口金剛仏子等、殊致精誠、奉修如件、
(差出)都維那法師慶嘉／阿闍梨権少僧都法眼和尚位、、

⑤醍醐寺結縁灌頂巻数写　元久元年十二月十四日
(書出)醍醐寺灌頂院／奉修／胎蔵金剛両壇供養法各一座
(書止)右、奉為／金輪聖王天長地久、太上天皇玉躰安穏兼天下泰平、／
万民豊楽、廿口金剛仏子等、殊致精誠、奉修如件、
(差出)都維那師（マヽ）法師禅忠／阿闍梨権少僧都法眼和尚位成賢

⑥醍醐寺結縁灌頂巻数写　天承元年十二月廿七日
(書出)醍醐寺／奉修　御灌頂事／奉供／大壇十六前　各一供／小壇十
六前　各一供

(書止)右、以今月十九日昼修仏性三昧耶戒、夜行結縁権〔灌〕頂、奉為聖朝／
安穏、天長地久、禅定仙院増長宝寿兼天下安穏、万民豊楽、／殊
致精誠、奉修如件、仍勒遍数謹言、
(差出)都維那師／座主阿闍梨権少僧都法眼和尚位

⑦醍醐寺結縁灌頂巻数写　寿永元年十二月十八日
(書出)醍醐寺灌頂院／奉修／胎蔵金剛両壇供養法一座
(書止)右、奉為／聖朝安穏、天長地久、禅定法皇玉躰安穏、廿口金剛仏
子等、／殊致精誠、奉修如件、
(差出)、、、、〔都維那師〕／阿闍梨法印権大僧都
(備考)書出下に「金界之年ハ金剛胎蔵ト可書、／札ニハ、醍醐寺結縁灌
頂ト許書テ人名不書之」、

⑧孔雀経法巻数写　建暦元年七月廿日
(端書)一孔雀経法御巻数案等
(書出)孔雀経御修法所／奉供／大壇供廿一箇度／護摩供々々々
(書止)右、依　宣旨、為祈請甘雨、始従今月十三日至于今日一／七ヶ日
夜之間、廿一口僧綱大法師等、殊致精誠、奉修如件、
(差出)行事法橋上人位厳円／阿闍梨法印権大僧都成賢

⑨孔雀経法伴僧張文写　〔建暦元年七月〕
(端書)孔雀経御修法伴僧張文案也、建暦元年七月／『於三宝院被修之
歟、』

（書出）上番／定範大僧都十二天八部　勝海僧都聖天十二部
（書止）叡覚〔大法師、下同ジ〕々々々廿一部　良厳々々々十五部／浄真々々々十部　深遍大
法師廿部

⑩孔雀経供巻数写　正治二年九月十二日
（端書）一孔雀経供巻数正治二年九月御室御祈二位殿御産祈
（書出）孔雀明王供所／奉供／供養法六十三箇度／奉読／大孔雀明経六
十三部
（書止）右、奉為　禅定大王御願円満、始自八月十九日迄于今月／今日并
三七箇日夜之間、殊精誠致歟、奉供如件、
（差出）阿闍梨権律師法橋上人位成賢

⑪孔雀明王供巻数写　貞応二年三月十一日寛喜元十二廿四日
（書出）孔雀明王供所『護摩所』／奉供／供養法二十一箇度／奉読／大孔雀明王経
二十一部
（書止）右、奉為　禅定大王『二品』御願円満『成就』、始自今月三日『去十七』迄于／今日○『并』一七ヶ
日夜之間、○『殊』致精誠、奉供『修』如件、
（差出）阿闍梨前権僧正法印大和尚位成賢

⑫孔雀経法巻数写　建保二年二月十五日
（端書）一孔雀経御読経巻数案等　月蝕・六条殿宣陽門院
（本文）御祈祷所／奉読／仏母大孔明王経、、／右、奉為　禅定仙院御息
災延命、天変消除、御願円／満、六口僧綱大法師等、殊致精誠、
奉読如右、
（差出）大法師

⑬孔雀経法巻数写　承元四年十一月廿五日
（端書）御室孔雀経法御○祈同御読経巻数案
（本文）御祈祷所／奉念／一字金輪仏頂真言十万遍／奉読／仏母大孔雀
明王経一百部／右、奉為　禅定大王御願円満、天変消除、天下安
穏、二／七口大法師等、殊致精誠、奉念奉読如件、
（差出）大法師真源

⑭仏眼法巻数写　承元四年十二月廿五日
（端書）一仏眼御修法巻数案等
（書出）仏眼御修法所／奉供／大壇供六十三箇度／護摩供六十三箇度／
諸神供九箇度
（書止）右、奉為　太上天皇御願息災延命、増長宝寿、御願円満、／始自今
月五日迄于今日并三七日夜之間、率八口伴僧、殊／致精誠、奉修
如件、
（差出）阿闍梨法印権大僧都成―（賢）

⑮仏眼法巻数写　建暦二年十一月廿一日
（書出）仏眼御修法所／奉供／大壇法六七ヶ度四十二ヶ度如此注書歟、／護摩供六七ヶ度／諸神
供六七箇度
（書止）右、奉為　太上天皇御息災延命、増長宝寿、御願円／満、始自今

月八日迄今日并二七箇日夜之間、率八口伴侶、／殊致精誠、奉修如件、

（差出）阿闍梨権僧正法印大和尚位成―

⑯仏眼法巻数写　承久元年九月十五日

（端書）一院御悩御祈　於水無瀬殿修之、

（書出）仏眼御修法所／奉供／大壇供六十三箇度／護摩供六十三ヶ度／諸神供九ヶ度

（書止）右、奉為　太上天皇御息災延命、増長宝寿、玉躰安穏、／御願円満、始自八月廿三日迄今月今日并三七ヶ日夜之間、／率八口伴侶、殊致精誠、奉修如件、

（差出）阿闍梨前権僧正法印大和尚位成―

⑰仏眼護摩巻数写　承久四年四月　日

（書出）仏眼護摩所／奉供／大壇供二十一ヶ度／護摩供二十一ヶ度／諸神供三ヶ度

（書止）右、奉為　太上法皇（護持皇后）御息災延命、増長宝寿、天変（心中）／消除（御願）、御願（成就）円満、自（始）去月廿九日迄今月今日并一七ヶ日夜之／間、殊致精誠、奉修如件、

（差出）阿闍梨前権僧正法印大和尚位成賢

⑱仏眼護摩用途送文　建保三年八月十三日

（端書）『此ハ不可有歟、別帖可有歟、』

（本文）関東月蝕祈仏眼護摩用途送文／進上　仏眼護摩用途物事／合／上品八丈絹柒疋／銭三貫文／右、用途物進上如件、

（差出）左兵衛尉源惟綱

（備考）書出下に「雖無指用、師主之雑記之中在／之、仍書之」、

⑲守護経供巻数案写　承元二年潤四月四日

（端書）一守護経供巻数案承元二年四月廿七日、仁和寺御室於賀陽院殿一院、御祈一七ヶ日御勤行之、大法作法云々、件御祈修之、

（書出）守護国界主経供所／奉供／供養法二十一箇度

（書止）右、奉為　禅定大王御願円満、始自去月廿七日迄／于今月今日一七ヶ日夜之間、殊致精誠、奉修如件、

（差出）阿闍梨法印権大僧都成賢

⑳六字経法支度注進状写　建暦元年十一月　日

（端書）一六字経法支度巻数等案

（書出）注進　六字経御修法一七ヶ日支度事／合／蘇　蜜　名安息香／五宝　金　銀

（書止）駈仕二人　見丁二人／浄衣青黒色／右、注進如件、

（差出）行事大法師宗実／阿闍〔梨脱カ〕権僧正成

㉑六字経護摩支度注進状写　承元二年六月三日

（端書）資兼祈此祈雖遣支度、自然ニ不遂行、

（書出）注進　六字経護摩一七箇日支度事／合／蘇　密　名香沈　白檀

（書止）見丁一人　浄衣青黒色／右、註（注）進如件、

㉒六字経法巻数写　建暦元年十一月廿六日
（端書）関東天変祈
（書出）六字経御修法所／奉供／大壇供二十一ヶ度／護摩供二十一ヶ
　度／諸神供三ヶ度
（書止）右、奉為　護持大施主三品羽林殿下息災安穏、増長／福寿、天変
　消除、所願円満、始自今月十九日迄于今日并七／ヶ日夜之間、殊
　致精誠、奉修如件、
（差出）阿闍梨権僧正法印〇和尚位成ー（〇に「大」傍書）

㉓六字経供支度注進状写　建保三年七月　日
（端裏）六条宮御祈
（書出）注進　六字経供／一七ヶ日支度事／合／蘇　蜜　名香沈香
（書止）阿闍梨　承仕一人　駈仕一人／浄衣青黒色／右、注進如件、
（差出）阿闍梨権僧正成ー

㉔六字経供巻数写　建保五年六月十九日
（書出）六字供所／奉供／供養法二十一箇度／奉読／六字神呪王経廿一
　巻
（書止）右、奉為　護持禅定仙院御息災安穏、呪咀怨念、／未然解脱、始
　自今月十二日迄于今日一七ヶ日夜之間、／殊致精誠、奉修如件、
（差出）阿闍梨権僧正成ー

㉕五大虚空蔵法支度注進状写　建保六年十月　日
（端書）一五大虚空蔵法支度・巻数等
（書出）注進　五大虚空蔵御修法一七ヶ日支度事／合／蘇　蜜　名香
（書止）阿闍梨　伴僧十口　承仕三人　駈仕四人　見丁二人／浄衣
　白色／右、注進如件、
（差出）行事法橋上人位慶喜

㉖五大虚空蔵法巻数写　承元四年十一月十一日
（端書）御室御祈慧星出現時
（書出）五大虚空蔵供所養（「御修法」傍書）又修法右旨同之、仍示〔支〕度、内裏御祈歟、阿闍梨、／
　奉供／供養法二十一箇度／奉念／仏眼真言二千一百遍（『大壇供二十一ヶ度　護摩供二十一ヶ度　諸神供三ヶ度』傍書）
（書止）右、奉為　禅定大王御願円満、天変消除、未然／解脱、始自今月
　四日迄于今日一七ヶ日夜之間、殊致精誠、奉供如件、
（差出）阿闍梨法印権大僧都成ー
（備考）年月日・差出次行に「聖朝安穏、天下泰平、太上天皇御願円満、
　始自／今月十一日迄于今日、、、、十口僧綱大法師等」、

㉗大仏頂法支度注進状　建暦三年二月　日
（端裏）一大頂〔仏頂〕仏法支度巻数等
（書出）注進　大仏頂（『愛染王』傍書）御修法一七箇日支度事／合／五色糸各三支五尺
　両壇各一筋／蘇　蜜　名香沈　白檀
（書止）阿闍梨　伴僧八口　承仕三人／駈仕六人　見丁三人／浄衣
　白色（『赤色』傍書）／右、注進如件、
（差出）行事上座大法師慶尊／阿闍梨権僧正法印大和尚位成ー

㉘大仏頂法巻数写　建保元年十二月十三日

(書出) 大仏頂御修法所／奉供／大壇供二十一ヶ度／護摩供二十一ヶ度／諸神供三ヶ度

(書止) 右、奉為　太上天皇御息災延命、増長宝寿、魔縁／消除、御願円満、始自今月六日迄于今日并一七ヶ日夜／之間、殊致精誠、奉修如件、

(差出) 阿闍梨権僧正法印大和尚位成―

三　巻数古案　二冊

江戸前期　袋綴装　楮紙（美濃紙）

(備考) (一)・(二) 一括、

(一)　巻数古案　一冊

紙背あり　二六・一糎×二〇・七糎　二十紙

(外題) 巻数古案上　拳

(表紙) 戒光院／二冊之内

(見返) 円光院歳末三所ヘノ巻数之番、山上ノ番也、／永享三十二廿五出了、／隆瑜任供僧テ当年始也、／巻数ニ書状副之、副此ソユル字歟、

(奥書) 本云、　永正六己巳年七月日書写之、書本行樹院／御所持本也、　権少僧都公運卅八才／写本云、　同十八辛巳年卯月中旬天、一見次於寂辺書写之、／深応廿六／寛永十四丁子年六月廿八日書写之畢、／権律師公清卅八才

(備考) ①～㉓書継、紙背は袋綴装のため読めず、

①一字金輪供巻数写　応永卅二年十二月晦日

(端書) 一字金輪供　権僧正隆寛／閏月ノ年巻数禁裏御巻数

(書出) 一字金輪供所／奉供／供養法三百八十四箇度／奉念／仏眼真言八千六十四遍

(書止) 右、奉為／金輪聖王天長地久、玉躰安穏、増長宝寿、無辺御願、成就円満、始／自正月一日迄今日并三百八十四箇日之間、殊致精誠、奉供如件、

(差出) 阿闍梨僧正法印大和尚位隆寛

②愛染王護摩巻数写　応永卅二年十二月晦日

(端書) 仙洞御巻数／札云、愛染王護摩所　僧正隆寛

(書出) 愛染王護摩所／奉供／大壇供三百八十四箇度／護摩供三百八十四箇度

(書止) 右、奉為／太上天皇御息災安穏、増長福寿、無辺御願、成就円満、始自正月一日／迄今月今日并三百八十四箇日間、殊致精誠、奉供所如件、

(差出) 阿闍梨僧正大和尚位隆寛

③不動護摩巻数写　応永卅二年十二月晦日

(端書) 札云、不動供、権僧正隆寛

(書出) 不動護摩所／奉供／大壇供三百八十四箇度／護摩供三百八十四箇度

(書止) 始自正月一日今／月今日并三百八十四箇日間、殊致精誠、奉供如

件、

（差出）阿闍梨僧正法印大和尚位隆寛

④大威徳護摩巻数写　応永卅二年十二月二日

（端書）将軍家御巻数也、／二十三ヶ日分、

（書出）大威徳護摩所／奉修／大壇供六十九箇度／護摩供六十九箇度

（書止）始自去九日迄于今月今日并二十三箇／日之間、殊致精誠、奉供如件、

（差出）阿闍梨僧正法印大和尚位隆寛

⑤愛染王護摩巻数写　元弘三年十二月廿九日

（端書）仙洞御巻数

（書出）愛染王護摩所／奉供／大壇供三百八十四箇度／護摩供三百八十四箇度

（書止）始自正月一日迄于今月今日并三百八十四箇日之間、殊致精誠／奉修如件、（精誠奉修如件、）

（差出）阿闍梨権僧正法印大和尚位

⑥虚空蔵供巻数写　元弘三年十二月廿九日

（書出）虚空蔵供所／奉供／供養法一百五十箇度／奉念／仏眼、、、、、

（書止）始自去十一月十日迄于今日并五十箇／日夜之間、殊致精誠、奉修如件、

（差出）阿闍梨権僧正法印大和尚位

⑦不動供巻数写　元弘三年十二月廿九日

（書出）不動供所／奉供／供養法三百八十三（五十四）箇度／奉念／仏眼、、、、、

（書止）始自正月一日迄于今月今日并三百八十／四箇日間、殊致精誠、奉修如件、

（差出）阿闍梨権僧正法印大和尚位

⑧不動護摩巻数写　元弘（マヽ）年十二月廿八日

（書出）不動護摩所／奉供／大壇供／護摩供／諸神供

（書止）始自正月一日迄于今月今日并三百八十四箇之（日）／之間、殊致精誠、奉供如件、

（差出）阿闍梨権僧正法印大和尚位

⑨大威徳供巻数写　元弘三年十二月廿九日

（書出）大威徳供所／奉供／供養法五十箇度／奉念／仏眼／大日／不動／本尊

（書止）始自去十一月十日迄今日并五十／箇日之間、殊致精誠、奉供如件、

（差出）阿闍梨権僧正法印大和尚位

⑩普賢延命供巻数写　暦応二年十二月卅日

（書出）普賢延命供所／奉供／供養法三百五十四箇度／奉念／仏眼／大

日／本尊
（書止）始自正月一日迄于今月今日并三百五十四／箇日之間、殊致精誠、
奉供如件、
（差出）阿闍梨権僧正法印大和尚位

⑪五大虚空蔵護摩巻数写　貞和五年八月二日
（書出）五大虚空蔵護摩所／奉供／大壇供二十一箇度／護摩供二十一箇
度／諸神供三箇度
（書止）始自去月廿五日迄于今日并一七ヶ日夜之間、殊致／精誠、奉供如
件、
（差出）阿闍梨前権〔僧脱カ〕正法印大和尚位

⑫摩利支天供巻数写　応永卅二年十二月晦日
（書出）摩利支天供所／奉供／供養法三百八十四箇度／奉念／仏眼／大
日／日天
（書止）始自正月一日迄今月／今日并三百八十四箇日之間、殊致精誠、奉
供如件、
（差出）阿闍梨僧正法印大和尚位隆寛

⑬大勝金剛護摩巻数写　応永卅二年十二月晦日
（書出）大勝金剛護摩所／奉供／大壇供／護摩供／諸神供奉念／仏眼／
大日
（書止）始自正月一日迄今月今日／并三百八十四箇日之間、殊致精誠、奉
供如件、
（差出）同／、、、、、、、、、、

⑭仏眼護摩巻数写　（年月日未詳）
（書出）仏眼護摩所／奉供／大／護／諸／奉念／仏／大／本
（書止）右、奉為　護持右同、

⑮如意輪供巻数写　建仁元年三月廿六日
（書出）如意輪供所／奉供／供養法／奉念／仏／大／本／同心呪
（書止）右、為滅罪生善、悉地円満、始自去十九日至于今日一七ヶ日之
間、／殊致精誠、奉供如件、
（差出）仏子良海

⑯大勝金剛供巻数写　貞応二年八月廿一日
（本文）大勝金剛供所／奉供／供養法／奉念／仏／大／本／四仏／大金
／一字／右、奉為護持上綱息災延命、御願円満、始自／七月廿九
日迄于今月今日并三七ヶ日夜之間、殊致／精誠、奉修如件、
（差出）阿闍梨権僧正〔律師〕法橋上人位憲□

⑰准胝供巻数写　（年月日未詳）
（書出）准胝供所／奉供／供養法／奉念／仏眼／大／尺迦／本／又／不
（書止）始自去年十二月六日至今年今月今／日并三十六ヶ日間、殊致精
誠、奉供如件、

⑱不動護摩巻数写　応永廿三年十二月八日
（書出）不動護摩所／奉供／供養法／護摩供／諸神供／奉念／仏／大
（書止）始自去一日并一七ヶ日之間、致／精誠奉供如件、
（差出）阿闍梨僧正法印大和尚位隆覚

⑲薬師供巻数写　応永卅三年十一月廿日
（書出）薬師供所／奉供／供／奉念／仏／大／本／同／日光／月光
（書止）始自今月一日迄于今日／并二十箇日夜之間、殊致精誠、奉供如件、
（差出）阿闍梨僧正法印大和尚位隆寛

⑳六字護摩巻数写　応永卅四年二月廿三日
（書出）六字護摩所／奉供／大／護摩／諸神／奉読／六字神呪王経二十
　一巻
（書止）去始自十七日迄于今日并一七ヶ日夜間、殊致精誠、／奉供如件、
（差出）阿闍梨――

㉑軍荼利法巻数写　応永卅四年六月廿一日
（端書）是ハ五壇法ノ時巻数案於三条坊門万里小路将軍家、中壇花頂僧正、
（書出）軍荼利御修法所／奉供／大／護／諸／奉念／仏／大／不動／本
　／又
（書止）始自去十三日迄于／今日并一七ヶ日夜之間、率六口伴侶、殊致精
　誠、奉供如件、
（差出）阿闍梨僧正法印大和尚位隆寛

㉒愛染王法巻数写　応永廿三年正〔十一〕月廿日
（端書）将軍家御祈禱三条殿／是ハ於石清水社頭被懃仕之時巻数、
（書出）愛染王御修法所／奉修／大壇／護摩／諸神／奉念／仏／大／本
　／同中呪
（書止）始自去十四日迄于今日并一七箇／日夜之間、殊致精誠、奉修如件、
（差出）阿闍梨前大僧正法印大和尚位隆寛

㉓清瀧本地護摩巻数写　応永廿七年十一年廿四日
（端書）如意輪　私注　山上壊殿准胝堂／如意輪護摩十ヶ日夜之間、被勤
　修之、／札云、清瀧本地護摩、権僧正隆寛
（書出）清瀧本地護摩所／奉修／大壇／護摩／諸神
（書止）始自去十四迄于〔日脱〕／今日十箇日夜之間、殊致精誠、奉修如件、
（差出）阿闍梨権僧正法印大和尚位隆寛

（二）　巻数古案下　　　　　　　　　　　一冊
紙背あり　二六・二糎×二二・〇糎　十六紙
（外題）巻数古案下　拳
（表紙）戒光院／二冊之内
（奥書）本云、右、両帖者、行樹院御本ヲ借用申／書写之、但彼本ハ只一
　札也、然ヲ此方ニテ／為上下畢、　権少僧都公運／本云、永正十
　六年十二月二日写了、深応卅一／寛永十四年六月晦日写畢、権律師
　公清／重而能紙ニ可写也、写本火急之故如此也、
（備考）①～⑭書継、紙背は袋綴装のため読めず、

①不動供巻数写　応永卅五年正月廿九日

（書出）不動供所／奉供／供養法二十一箇度／奉念／仏眼／大日／本尊
　火界呪

（書止）始自去廿二日迄于今日／并一七箇日夜之間、殊致精誠、奉修如件、

（差出）阿闍梨｜｜｜

②不動供巻数写　応永廿一年十二月晦日

（端書）札云、不動供　権律師隆寛

（書出）不動供所／奉供／供養法／奉念／仏眼／大日／本尊火界呪

（書止）始自正月一日迄于今月今日并三／百八十四箇日之間、殊致精誠、
　奉供如件、

（差出）権律師法橋上人位隆寛／権大僧都法印大和尚位

（備考）奥に「是ハ閏月之年之巻数也」、

③愛染王供巻数写　永享五年五月九日

（端書）札云、愛染王供

（書出）愛染王供所／奉供／供養法三十三箇度／奉念／仏眼／大日／本
　尊大呪／同中呪／同小呪

（書止）始自去月／廿八日迄于今月九日十一箇日夜之間、殊致精誠、奉修
　如件、

（差出）阿闍梨権大僧都法眼和尚位隆瑜

④巻数書様覚写　（年月日未詳）

（書出）変異御祈祷／室町殿御祈祷也、巻数ハコワ杉原一枚ニ書之、
　上巻無之、

（書止）調伏ノ巻数ハ是ニ替テ真言遍数重ニ書之、／奥ノ書ハテヲ半ニ書
　之也、

⑤水天供巻数写　応永廿七六

（本文）水天供所／｜｜／｜｜｜｜／｜｜／仏／大／○広目会秘説普通ニ不爾歟、／本／又／又／一字／右、為甘雨普潤、五穀成就、万民豊
　楽、／去始自｜｜｜｜｜、

（差出）阿闍梨法務僧正隆｜源

⑥六字護摩巻数写　応永卅四年二月廿三日

（端書）札ニハ六字護摩

（本文）六字護摩所／右、奉為　護持前征夷大将軍禅定殿下御息災／安
　穏、増長福寿、怨家降伏、除災延命、無辺御願、成就／円満、去
　始自十七日迄于今日并七ヶ日○夜間、殊　致精誠、／奉供如件、

（差出）阿闍梨｜｜｜

⑦巻数箱書様等覚写　（年月日未詳）

（書出）箱ノ巻数事、／先如常巻数ヲ調テ、上下ノ頭ヲ紙ヒネリニテ一結
　シテ、箱ニ入／ヘシ、

（書止）巻数箱之中ヘ梅ノ楉可入事也、不審、／又不動護摩ト在、下ニ惣
　山ヨリナラハ醍醐寺、又自分／ナラハ、阿闍梨法印長円ト可在之、

寛斎・真勝両人不審故、被出之者也、

⑧水天供巻数写　応永廿年七月六日
（本文）水天供所／奉供／供養法六ヶ度／奉念／仏／大／○｜｜｜｜｜
広目天真言此真言ヲ加ル秘説也、／本／又／又／一字／右、為　甘
雨普潤、五穀成就、万民豊楽、／去始自四日迄今日并箇日夜間、
殊致／精誠、奉供如件、
（差出）阿闍梨法務僧正隆瑜

⑨六字護摩巻数写　永享九年五月十六日
（端書）是ハ十壇六字護摩巻数也、山下於灌頂院被行之、／永享九五十六
御結願、／承仕下行許無足下行之、
（書出）六字護摩所／奉供修写本如此、／大／護／諸／奉念／仏／大／本
／不動
（書止）始自今月／一日迄于今日并一七ヶ日夜之間、殊致精誠、奉修如件、
（差出）阿闍梨権大僧都法印大和尚位隆瑜
（備考）奥に「十壇六字護摩中相副テ被行之、／初夜一時如例」、

⑩焔魔天供巻数写　永享九年五月十六日
（書出）焔魔天供所／奉供／供養法七箇度／奉念／仏／大／焔摩天
（書止）始自去十日迄于今日并一／七箇日夜間、殊致精誠、奉供如件、
（差出）阿闍梨権大僧都法印大和尚位隆瑜
（備考）奥に巻数書様等の追記、

⑪大威徳護摩巻数写　永享十年九月十一日
（端書）札云、大威徳護摩　法印隆瑜
（書出）大威徳護摩所／奉供／大／護摩／諸神／奉念／仏／大／不動
（書止）自／今月三日迄于今日并八箇日夜之間、率伴侶、殊致精誠如件、
（差出）阿闍梨権大僧都法印大和尚位隆瑜
（備考）奥に「五壇護摩人数」等の追記、

⑫六字護摩巻数写　永享十一年五月廿日
（端書）札云、六字護摩、法印隆瑜
（書出）六字護摩所／奉修／大壇　度／護摩　度／諸神　度
（書止）始自去十／三日迄于今日并一七箇日夜間、殊○致精誠、奉修如件、
（差出）阿闍梨権大僧都法印大和尚位隆瑜
（備考）本文前に「関東御祈祷／永享十一年五月十三日開白、結願廿日」
「六字護摩」壇阿闍梨交名等、奥に「公方様此ノ巻数書様宜キ也
云々」、

⑬六字供巻数写　永享十一年五月廿日
（書出）六字供所／奉供／供養法／奉念／仏／大／本／不タウ／大イ
（書止）自去十三日／迄于今日并一七ヶ日夜間、殊致精誠、奉供如件、
（差出）阿闍梨権大僧都法印大和尚位
（備考）奥に巻数書様、「用意具足等事」の追記、

⑭関東御祈祷勘例　（年月日未詳）

（書出）関東《東》御祈祷／当年又五壇護摩被修之、／永享十二年四月五日開
白、同十一日結願、／毎年如去々年云々、
（書止）来月ニ成テ可被進書也、日限事、／重而可被仰云々、其間ハ被引
可有祈／念云々、
（備考）（一）～（四）一括、竪紙

四　後七日御修法巻数案等　四通

（一）後七日御修法巻数案　宝暦十年正月十四日　一通
江戸中期　泥間似合　三三・一糎×四五・〇糎　一紙
（端裏）巻数案　結願座　阿闍梨読之、微音也、不出音、
（書出）後七日御修法所／奉修／大壇供二十一箇度／息《災》護摩二十一箇
度
（書止）奉為／金輪聖王、天長地久、玉躰安穏、増長宝寿、兼為年穀成就、／
天下泰平、率十三口僧綱大法師等、殊致精誠、奉修如件、
（差出）大行事法印権大僧都元光／大阿闍梨法務僧正法印大和尚位元雅

（二）千手護摩巻数案　延宝三年正月七日　一通
江戸前期　楮紙（高檀紙）　三六・九糎×四九・四糎　一紙
（端裏）一言寺千手巻数／女御　姫君　御祈
（書出）千手護摩所／奉修／大壇供二十一箇度／護摩供二十一箇度／諸
神供三箇度
（書止）右、奉為　護持女御《姫宮》御息《災》安穏、御寿命長遠、／無辺御願、成就
円満、始自去晦日至于今月七日／并一七箇日夜之間、殊致精誠、
奉修如件、
（差出）大阿闍梨前法務前大僧正法印大和尚位高賢

（三）後七日御修法巻数案　宝暦三年正月十四日　一通
江戸中期　泥間似合　三六・三糎×四九・九糎　一紙
（書出）後七日御修法所／奉修／大壇供二十一箇度／息災護摩供二十一
箇度／増益護摩供二十一箇度
（書止）右、奉為　摂政殿下御息《災》延命、増長福寿、無辺御願、／成就円
満、自去八日迄于今日一七箇日之間、殊致精誠、／依例奉修如件、
（差出）大行事法橋上人位宗円／阿闍《梨》法務僧正法印大和尚位実雅

（四）不動護摩巻数案　文化八年三月二十日　一通
江戸後期　泥間似合　三三・五糎×四五・四糎　一紙
（書出）不動護摩所／奉供／大壇供二十一箇度／護摩供二十一箇度／諸
神供三箇度
（書止）始自去月晦日至于今月／今日三七箇日之間、任如来誠説、而満神
呪三洛叉／数遍当結願、斎會以修乳木八千枚焚焼、殊致／精誠、
奉供奉念如右、
（差出）僧正法印大和尚位澄意
（備考）本文中に押紙「清書ノ文、任如来誠説而念誦三十万遍神呪、／当
結願斎會以焚焼八千餘枚乳木／殊致｜｜｜｜」、紙背に押紙「右
筆、宝山寺一派比丘西江庵舜瑞慧澤老衲」、懸紙（美濃紙、四〇・六糎×二八・

一糎、ウハ書「不動護摩巻数　僧正法印大和尚位澄意」）、

五　巻数古案下　　　一冊

江戸前期　袋綴装　楮紙（美濃紙）　二七・三糎×二一・五糎　十七紙

（外題）巻数古案　下「拳」

（表紙）源珍（右下）

（奥書）本云、右両帖者、行樹院御本ヲ借用書写也、但彼本ハ／只一冊也、
然ヲ此方ニテ為上下畢、／永正六[己巳]年七月日　権少僧都公運／
本云、　永正十六年十二月二日写之、深応[卅一]／寛永十七[庚辰]年十二月
六日書写畢、／源珎
『文字ニ書誤可有之也、』
法印公清、

（備考）①～⑪書継、本書巻上は六八函三号、

①不動供巻数写　応永卅五年正月廿九日

（書出）不動供所／奉供／供養法二十一箇度／奉念／仏眼／大日／本尊
火界呪

（書止）右、奉為護持女大施主殿下御息災安穏、除病延命、／増長福寿、
無辺所願、成就円満、始自去廿二日迄于今日／并〇[一]七箇日夜之間、
殊致精誠、奉修如件、

（差出）阿闍梨――

②不動供巻数写　応永廿一年十二月晦日

（本文）不動供所／奉供／供養法／奉念／仏眼／大日／本尊火界呪／慈
救呪／四大明王各／大金剛／一字／右、奉為護持大施主殿下御息
災安穏、増長福寿、／無辺所願、成就円満、始自正月一日迄于今
月今日并三／百五十四箇日之間、殊致精誠、奉供如件、

（差出）権大僧都法印大和尚位〇[隆寛]

（備考）袖に「札云、不動供　権律師隆寛」、奥に「是ハ閏月之年之巻数
也」、

③愛染王供巻数写　永享五年五月九日

（書出）愛染王供所／奉供／供養法三十三箇度／奉念／仏眼／大日／本
尊大呪／同中呪

（書止）右、奉為護持大施主征夷大将軍殿下御息災安穏、／増長福寿、変
異消除、無辺御願、成就円満、始自／去月廿八日迄于今月九日十
一箇日夜之間、殊致精誠、奉修如件、

（差出）阿闍梨権大僧都法眼和尚位隆瑜

（備考）袖に「札云、愛染供」、奥に巻数書様を追記、

④水天供巻数写　応永廿七六―

（本文）水天供所／、、／、、、、／、、／仏／大／〇―広目入之、秘説
普通ニ不爾歟、／本／又／又／一字／右、為甘雨普潤、五穀成就、
万民豊楽、／去始自―――――、

（差出）阿闍梨法務僧正隆―[源]

⑤六字護摩供巻数書様　応永卅四年二月廿三日

（本文）六字護摩所／右、奉為　護持前征夷大将軍禅定殿下御息災／安穏、増長福寿、怨家降伏、除災延命、無辺御願、成就／円満、去始自十七日迄于今日并七ヶ日夜間、殊精誠／奉供如件、

（差出）阿闍梨――――

（備考）袖に「札ニハ六字護摩」、奥に「箱ノ巻数事」以下を記す、

⑥水天供巻数写　応永廿年七月六日

（本文）水天供所／奉供／供養法六ヶ度／奉念／仏／大／○｜広目天真言此真言ヲ加ル秘説也、／本／又／又／一字／右、為甘雨普潤、五穀成就、万民豊楽、／去始自四日迄今日并箇日夜間、殊致／精誠、奉供如件、

（差出）阿闍梨法務僧正隆瑜

（備考）奥に「是ハ十壇六字護摩巻数也、山下於灌頂院被行之、／永享九五十六御結願」、

⑦六字護摩供巻数写　永享九年五月十六日

（本文）六字護摩所／奉供修写本如此、／大／護／諸／奉念／仏／大／本／不動／大威／聖観／千手／馬頭／十一面／准胝／如意／大金／一字／右、奉為護持征夷大将軍左相府殿下御息災安穏、／増長福寿、呪咀怨念、未然解脱、無辺御願、成就円満、始○自／今月一日迄于今日并一七ヶ日夜之間、殊致精誠、奉修如件、

（差出）阿闍梨権大僧都法印大和尚位○隆瑜

（備考）袖に「承仕下行許下無足行之」、奥に「十壇六字護摩中相副テ被行之、／初夜一時如件」、

⑧焔魔天供巻数写　永享九年五月十六日

（書出）焔魔天供所／奉供／供養法七箇度／奉念／仏／大／焔魔天／又／焔魔后

（書止）右、奉為護持征夷大将軍左相府殿下、御息災○安穏、／増長福寿、無辺御願、成就円満、始自去十日迄于今日／并一七箇日夜間、殊致精誠、奉供如件、

（差出）阿闍梨権大僧都法印大和尚位○隆瑜

（備考）奥に巻数書様等を追記、

⑨大威徳護摩供巻数写　永享十年九月十一日

（書出）大威徳護摩所／奉供／大／護摩／諸神／奉念／仏／大／不動／本尊

（書止）右、奉為護持大施主征夷大将軍殿下御息災安穏、／増長福寿、四海安全、天下泰平、無辺御願、成就円満、始自／今月三日迄于今日并八箇日夜間、率伴侶、殊致精誠如件、

（差出）阿闍梨権大僧都法印大和尚位隆瑜

（備考）袖に「札云、大威徳護摩法印隆瑜」、奥に「五壇護摩人数」「関東御祈祷」を追記、

⑩六字護摩供巻数写　永享十一年五月廿日

（書出）六字護摩所／奉修／大壇　度／護摩　度／諸神　度／奉読／六字神呪王経二十一巻准胝如意輪

（書止）右、奉為　護持大施主征夷大将軍殿下御息災安穏、／増長福寿、怨家降伏、除災延命、無辺御願、成就／円満、始自去十三日迄于今日并一七ヶ日夜間、殊致精誠、奉○修如件、

（差出）阿闍梨権大僧都法印大和尚位隆瑜

（備考）袖に「札云、六字護摩　法印隆瑜」、奥に「公方様此ノ巻数書様宜キ也云々」、

⑪六字護摩供巻数写　永享十一年五月廿日

（本文）六字供所／奉供／供養法／奉念／仏／大／本／不動／大井／六観／大金／一字／右、奉為　護持女大施主殿下御息災安穏、増長福寿、呪咀怨念、未然解脱、無辺御願、成就円満、始自去十三日／迄于今日并一七ヶ日夜間、殊致精誠、奉供如件、

（差出）阿闍梨権大僧都法印大和尚位

（備考）奥に「御産ノ御事」「用意具足等事」「関東御祈祷」を追記、

六　巻数覚書　二通

江戸中期　竪紙

（備考）（一）・（二）一括、

（一）　巻数覚　（年月日未詳）　一通

楮紙（美濃紙）　二六・五糎×四〇・七糎　一紙

（端書）但シ紙ハ何レ共モ中奉書ヲ用也、ツギガミ目録右二枚ハ中鷹ヲ用、

（本文）右、奉為　征夷（夷）大将軍御息（災）安穏、御武運長久、／無辺御願、成就円満、自去八日迄于今日一七箇日之／間、殊致精誠、依例奉修如件、／右、奉為　摂政殿下御息（災）延命、増長福寿、無辺御願、／成就円満、自去八日迄今日一七箇日之間、殊致精誠、／依例奉修如件、

（差出）大行事―――／阿闍梨法務僧正法印大和尚位実雅

（備考）奥書「右者、後七日御修法巻数之奥書也、／禁裏様・女院様之巻数ノ奥書ハ別ニ書付／有之、右之奥書者、極真ニ認宜也、／宝暦五年　権少僧都淳杲記」、追記、

（二）　巻数覚　宝暦六年正月十四日　一通

楮紙（杉原）　三二・〇糎×四五・〇糎　一紙

（本文）右、奉為／金輪聖王天長地久、玉躰安穏、増長宝寿兼為年穀成就、天下泰平、／率十四口僧綱大法師等、致精誠、後七日御修法依例奉修候、如右、／右、奉為　女院殿下御息（災）安穏、増長宝寿、無辺御願、／成就円満、自去八日迄于今日一七箇日之間、殊致精誠、／依例奉修如件、

（差出）大行事―――／阿闍梨―――

（備考）追記「巻数極真ニ書也、墨書堅ク無キ様ニ／スベシ」、

七　某披露状　（年未詳）十一月廿五日　一通

鎌倉中期　竪紙　楮紙（高檀紙）　三四・四糎×五四・二糎　一紙

（端裏）御請文第二度

（本文）実深所望事、歎申／候之間、執申之歟候、此事／可在　聖断候之間、不能／計申候、以此旨可令披／露給之状如件、

（差出）（花押）

八　大納言家奉加状写　一通

室町中期　竪紙　楮紙（強杉原）　三四・三糎×四八・四糎　一紙

（備考）①・②書継、奥に「右、以中山家記書之」、

①藤原大納言家奉加状写　弘長二年六月十一日

（本文）藤大納言家／奉加／商布参百段／右、衆林寺作料奉加如件、

（差出）前越中守藤原有清奉

②尹大納言家奉加状写　文安元年六月　日

（本文）尹大納言家／奉加／千疋　雖可加進絹字、近来人不可知之間略了、／右、北野宮寺造営料奉加如件、

（差出）別当中務少輔藤原朝臣判奉

九　醍醐寺炎魔王堂奉加帳写　（年月日未詳）　一通

江戸中期　竪紙　後欠　楮紙（奉書紙）　三一・六糎×四五・六糎　一紙

（端裏）醍醐寺琰魔王堂奉加帳

（本文）奉加／砂金佰両／沙弥心省判／奉加／砂金十両／座主法務大僧正賢儁／奉加／鵝眼千疋／松はし別当法印権大僧都賢季／奉加／馬壹疋／前権僧正隆舜

（備考）墨合点、

一〇　上醍醐御影堂奉加帳写　〔明応五年六月　日〕　一通

江戸前期　竪紙　楮紙（奉書紙）　三一・七糎×四五・一糎　一紙

（端裏）明応五　六　上醍醐御影堂奉加帳

（書出）私云、聖護院三山検校准三宮判／私云、御附弟、無品判（マヽ）親王／聖護院門下衆四人、

（書止）押紙／重心院法印実瑜判／押紙／若王寺法印興淳判

（備考）墨線あり、

一一　醍醐寺勧進帳　（年月日未詳）　一通

江戸中期　続紙　楮紙打紙　三〇・六糎×一四六・四糎　三紙

（書出）勧進沙門昌寿敬白／請特十方檀那乃御助成蒙て、醍醐山／寂静院一宇の堂修造せんと状

（書止）然ハ与善結縁の人／立所に利生に預り助成合力の輩、現当／の悉地何成就せさらむ、乃至砂界、皆到／彼岸、所唱如件、

一二　東寺長者御教書写　貞治二年九月廿九日　一通

江戸中期　竪紙　楮紙（奉書紙）　三六・二糎×四九・〇糎　一紙

（本文）栄済沽却水田事、／綸旨如此、可令存知給之由、／長者僧正御房所

仰也、仍執達／如件、
（差出）権大僧都（花押影）
（宛所）東寺執行律師御房

一三　中御門宣方奉書写　（年未詳）十一月四日　一通
江戸中期　竪紙　楮紙（奉書紙）　三六・三糎×四九・〇糎　一紙
（本文）東寺乾町水田事、為／厳重寺用之内所被／返付也、如元致管領、／於寄検非違使俸禄／千疋者、無懈怠可致其／沙汰之由、可令下知／厳瑜／僧都給之由、被仰下候也、／仍上啓如件、
（差出）左中弁宣方（中御門）
（宛所）謹上　三宝院僧正御房

一四　後光厳天皇綸旨写　（年未詳）九月廿八日　一通
江戸中期　竪紙　楮紙（奉書紙）　三六・二糎×四九・一糎　一紙
（本文）東寺水田内五段、栄済執行之／時、沽却云々、早如元可○（令）管領之／由、／可令下知定伊律師給之旨、／天気所候也、仍上啓如件、
（差出）右中弁嗣房（万里小路）
（宛所）謹上　三宝院（満済）僧正御房

一五　後円融上皇院宣等　一通
江戸中期　竪紙　楮紙（奉書紙）　三六・二糎×四九・〇糎　一紙
（備考）①〜③書継、

①後円融上皇院宣写　至徳四年六月十五日
（本文）東寺八幡宮阿弥陀三昧事、被聞食訖、可為／勅願之儀、毎月無懈怠可令執行□□□／給之旨、／新院御気色所候也、仍執達如件、
（差出）権中納言経重（勧修寺）
（宛所）謹上　長者僧正御房

②後円融上皇院宣写　至徳四年六月十七日
（本文）東寺講代職惣導師将号事（マヽ）、／奏聞之處、被聞食訖之由、可令下知／義宝法印給之旨、　新院御気色所候也、／仍執達如件、
（差出）権中納経重（言脱カ）
（宛所）謹上　長者僧正御房

③東寺長者道快施行状写　（年未詳）七月六日
（本文）当寺講代職可令号惣導師／事、　院宣如此、可令存知給／状如件、
（差出）法務道快
（宛所）謹上　増長院法印御房

一六　東寺伝法会衆補任状案　応永廿年四月廿九日　一通
室町前期　竪紙　楮紙（檀紙）　三四・一糎×五四・八糎　一紙
（端裏）伝法会衆事／「連署」
（本文）東寺／伝法会衆事／大法師長賢／右、隆禅法印闕替、以件長賢欲／被／補任彼職矣、
（差出）権大僧都「杲暁」／法印権大僧都「宣弘」／法印権大僧都「宣弘」／

法印権大僧都融然
（備考）虫損甚し、

一七　准三宮満済自筆譲状　永享二年十一月十九日　一通
室町前期　竪紙　楮紙（杉原）　三二・二糎×四七・七糎　一紙
（本文）三宝院・遍智院・覚洞院・／金剛輪院等諸院并菩提寺・／六條・三条・篠村等八幡宮／別当職、同伝法院座主職、／伊勢国棚橋法楽寺以下寺／社、院領所職所帯目録在別、／事、任代々相伝之旨、奉／譲附前大僧正義賢之状如件、
（差出）准三宮満済（花押）（日下次行）
（備考）包紙（奉書紙、三六・三糎×四九・六糎、ウハ書「満済自筆譲状」）、

一八　教王護国寺所司三綱等申状写等　一通
室町中期　続紙　楮紙（杉原）　二八・一糎×二九・八糎　七紙
（備考）①・②書継、虫損箇所裏打、
①教王護国寺所司三綱等申状写　文安元年三月　日
（書出）教王護国寺所司三綱等誠惶誠恐謹言／請殊蒙　天裁、為弘法大師門徒課役、／令修理当寺状、
（書止）祈宝祚於靏算万歳之春、所司等不耐悃／歎之至、謹勒事状、以解、
（差出）教王護国寺所司三綱等
（備考）墨（返点・送仮名・傍訓・合符・註記）、

②後花園天皇宣旨写　文安元年四月廿一日
（本文）祈宝祚於靏算万歳之春者、権大納言藤原朝臣時宣／奉　勅、依請者、寺宜承知、依宣行之、
（差出）史小槻晨昭判／中弁藤原朝臣判

一九　弥皇寺別当職補任状写等　一通
室町後期　竪紙　楮紙（杉原）　紙背あり　三一・七糎×四九・〇糎　一紙
（備考）①～②書継、奥に「右、理性院僧正宗済寺務之時也」、表裏同筆、
①弥皇寺別当職補任状写　長禄四年七月廿五日
（本文）東寺／補任　弥皇寺別当職事／権律師宗深／右、以彼人所補任如件、
（差出）検校法務僧正（奥上）
②金剛峯寺別当職補任状写　長禄四年七月廿五日
（本文）補任／金剛峯寺別当職事／権大僧都宗我／右、以彼人所補任如件、
（差出）検校法務僧正（奥上）
〔紙背〕厳助奉書写　一通
（備考）①～③書継、奥に「右三通案、三宝院前大僧正義堯寺務之時也、天文三　正　廿六　宣下」、

①厳助奉書写　〔天文三年〕正月廿八日
（本文）一長者之事、当門跡御拝任候、寺家／可令存知給之由、可申旨候、恐々謹言、
（差出）厳助
（宛所）年預僧都御房

②厳助奉書写　〔天文三年〕正月廿八日
（本文）一長者之事、当門跡御拝任　宣下／如此候、可令存知給之由所候也、仍状如件、
（差出）厳助
（宛所）執行律師御房

③厳助奉書写　〔天文三年〕正月廿八日
（本文）一長者之事、当門跡去廿六日御拝任候、／惣寺并執行方へ以書状申候、可令／伝達候也、謹言、
（差出）厳助
（宛所）別当代へ少将阿闍梨御房

二〇　醍醐寺座主義賢御教書写　寛正六年四月廿六日　一通
江戸中期　竪紙　楮紙（美濃紙）　三六・六糎×四九・七糎　一紙
（端裏）堂衆被官ト有之、従　御門跡御書出、寺務代ノ書面也、／密教院寺へ被遣也、座主儀〔義〕賢御時也、寛正酉年より享保六辛丑、凡二百五十六年也、／密教院法印弘典、文明十八年死去、八十二、／寛正、文正、応仁、文明、
（本文）当院家被官之堂衆／并下僧事、被聞食候畢、／此間之儀、不可有相違候、自今／以後之儀、可為同前之由、／座主准后御気色之所候也、／仍執達如件、
（差出）法印判
（宛所）謹上　密教院法印〔弘典〕御房
（備考）年月日上に「座主義賢御時也、／寛正六乙酉年より／享保辛丑年迄／凡二百五十六年也」、

二一　法印某奉書写　一通
室町中期　竪紙　後欠　漉返紙　二四・八糎×三三・三糎　一紙
（備考）①～③書継、包紙（美濃紙、三四・二糎×二四・七糎、ウハ書「鳥羽院御国忌阿闍梨位職事／補任状」）、虫損甚し、シミ、

①法印某奉書写　〔文明四年〕六月　日
（端書）伝法院諸補任案文
（本文）来月二日　鳥羽院御国忌万荼羅供／阿闍梨職事、権少僧都快憲理運／相当之由、不可有相違由、被聞召候也、仍状／如件、
（差出）法印判
（宛所）大伝法院三綱中

②法印某奉書写　文明四年十二月廿六日
（本文）三綱職事、融昌理運相当不可有／相違候由、被仰出候也、仍状如

件、
（差出）法印判
（宛所）大伝法院三綱中

③法印某披露状写　（年未詳）十二月廿六日
後欠
（本文）歳末御巻数、任恒例被進候、則／可被披露候也、仍状如件、
（差出）法印判

二二　金堂釈迦供結番張文　大永五年正月　日　　一通
室町後期　続紙　楮紙（強杉原）　三二・四糎×八七・二糎　二紙
（書出）定／金堂釈迦供結番之事／正月、三々、五々、七々、九々、十一々、
　十二々、
（書止）同堂朝夕番之事／上旬　自朔日至十五日　康怡大法師／下旬
　自十六日至晦日　為衆中勤之、／右、結番如件、
（備考）糊離れ、

二三　某天皇女房奉書　（年月日未詳）　　一通
室町後期　重紙　楮紙（檀紙）　三二・二糎×四七・二 四七・〇糎　二紙
（端裏）仰太元法無為御感事／□□□
（書出）大けんの法ハしめて／権（マヽ）しゆせられ給候、／さき〳〵のやうに／
　一事のいらんも
（書止）さき〳〵の／やうニも／候ハす、／いつかたのきも／よしと申せと
　て候、／かしく、

二四　太元師法伴僧請定案　明暦二年正月五日　　一通
江戸前期　竪紙　楮紙（高檀紙）　三〇・九糎×四五・二糎　一紙
（書出）請定／大元御修法伴僧事／演慶法印　実意法印調伏護摩、／公清
　法印十二天供、　良盛権大僧都息災護摩、
（書止）定朝阿闍梨　乗勝阿闍梨／定隆大法師　賢清大法師発願／右、自
　来八日於／紫宸殿可被始行、仍請定／如件、
（差出）大（マヽ）行師宗勝

二五　伝法灌頂職衆請定　貞享四年二月十三日　　一通
江戸中期　竪紙　楮紙（高檀紙）　三九・九糎×五四・九糎　一紙
（書出）請定／伝法灌頂職衆事／按察法印唄、「奉」　大納言大僧都／少進権
　大僧都「奉」　少将権少僧都「奉」
（書止）右、来十五日於金剛輪院可被行伝法／灌頂職衆、請定如件、
（差出）大行事法眼経詳

二六　曼荼羅供職衆請定　寛文七年五月十七日　　一通
江戸前期　竪紙　楮紙（高檀紙）　四六・四糎×六六・〇糎　一紙
（端裏）寛文七年未ノ五月十九日／後荘厳院殿七回忌ニ付、曼供御執行之
　請定
（書出）請定／曼荼羅供職衆事／二位法印権大僧都呪願、「奉」　卿法印権大僧
　都唄、「奉」／少弐法印権大僧都「奉」　三位権大僧都「奉」

（書止）右、来十九日於金剛輪院可被行之、仍／請定如件、
（差出）大行事法橋正政

二七　曼荼羅供職衆請定案　寛永十三年九月廿六日　一通
江戸前期　竪紙　楮紙（高檀紙）　三四・五糎×四九・二糎　一紙
（書出）請定／曼荼羅供職衆事／大進法印呪願、　大貳法印唄、／少将権大
　僧都　治部卿権少僧都散花、
（書止）右、来廿九日於賀茂聖神寺可被行／曼荼羅供、職衆請定如件、
（差出）行事僧実秀／大阿闍梨僧正法印大和尚位

二八　曼荼羅供職衆請定案　寛永十三年九月廿六日　一通
江戸前期　竪紙　楮紙（高檀紙）　三八・一糎×五三・五糎　一紙
（書出）請定／曼荼羅供職衆事／大進法印呪願、　大貳法印唄、／少将権大
　僧都　治部卿権少僧都散花、
（書止）右、来廿九日於賀茂聖神寺可被行／曼荼羅供、職衆請定如件、
（差出）行事僧実秀／大阿闍梨僧正法印大和尚位

二九　曼荼羅供職衆請定書止シ　〔寛永十三年九月廿九日〕　一通
江戸前期　竪紙　楮紙（高檀紙）　三七・八糎×五三・一糎　一紙
（端裏）上賀茂聖神寺観音堂供養寛永十三丙子九月廿九日遂行之、
（書出）請定／曼荼羅供職衆事／大進法印　大貳法印／治部卿権少僧都
　左京権律師
（書止）已上讃衆、／右、来廿九日於賀茂聖神寺可被行／曼荼供、

三〇　伝法灌頂職衆請定案等　二通
江戸前期　楮紙（高檀紙）
（備考）（一）・（二）一括、

（一）　伝法灌頂職衆請定案　寛文元年八月　日　一通
竪紙　三五・〇糎×四三・四糎　一紙
（書出）請定／伝法灌頂職衆事／賢識房呪願、　順長房誦経導師、／順了房
　唄、　良観房
（書止）右、来廿二日於十輪院可被行伝法／灌頂、職衆請定如件、

（二）　鎮守読経衆請定案　寛文元年八月　日　一通
折紙　三四・七糎×四三・五糎　一紙
（本文）鎮守読経衆事／賢識導師、／泉識／春善／了円／玉延／清順／
　右、来廿二日於御社／可被勤仕之状如件、

三一　伝法灌頂職衆請定　寛文二年九月　日　一通
江戸前期　竪紙　楮紙（高檀紙）　三九・三糎×五三・八糎　一紙
（書出）請定／伝法灌頂職衆事／二位法印唄、「奉」　卿法印「奉」／式部卿法印
　誦経導師、「奉」　少貳権大僧都「奉」
（書止）右、来廿六日於円明院可被行／伝法灌頂、職衆請定如件、

三二　伝法灌頂職衆請定案　寛文二年九月　日　一通
江戸前期　竪紙　楮紙（高檀紙）　三九・〇糎×五三・三糎　一紙

（本文）請定／伝法灌頂職衆事／権僧正奉呪願、／右、来廿六日於円明院可
被行／伝法灌頂、職衆請定如件、

三三　後七日御修法職衆交名案　寛文十年正月十四日　一通
江戸前期　竪紙　楮紙（高檀紙）　三七・六糎×五三・〇糎　一紙
（端裏）真言院注進案　寛文十年
（書出）真言院注進／後七日御修法僧等交名事／大阿闍梨／法務大僧正
法印大和尚位高賢
（書止）大行事／法橋正政／右、修僧交名注進如件、
（差出）大行事法橋正政／大阿闍梨法務権大僧正法印大和尚位高賢

三四　後七日御修法職衆交名案　宝暦三年正月十四日　一通
江戸中期　竪紙　泥間似合　三六・五糎×五〇・一糎　一紙
（書出）注進／後七日御修法僧等交名事／大阿闍梨／法務僧正法印大和
尚位実雅
（書止）大行事法橋宗円／右、修僧交名注進如件、
（差出）阿闍梨法務僧正法印大和尚位実雅

三五　後七日御修法職衆交名案　宝永八年三月十三（九）日　一通
江戸前期　竪紙　楮紙（高檀紙）　四〇・六糎×六四・四糎　一紙
（書出）真言院注進／後七日御修法僧等交名事／大阿闍梨／法務前大僧
正法印大和尚位房演
（書止）大行事／法眼寛慶／右、修僧交名注進如件、
（差出）大行事法眼寛慶／大阿闍梨法務前大僧正法印大和尚位房演

三六　後七日御修法職衆交名案〔寛文八年〕　一通
江戸前期　竪紙　楮紙（高檀紙）　裏書あり　四六・五糎×六五・三糎　一紙
（書出）寛文八年後七日御修法請僧等事／阿闍梨法務権僧正法印大和尚
位高賢金剛界、
（書止）本供物請増長丸　豊原年久／以前交名如件、

三七　後七日御修法伴僧交名　二通
江戸中期　折紙　楮紙（高檀紙）
（備考）（一）・（二）一括、同文、

（一）後七日御修法伴僧交名（年月日未詳）　一通
四〇・七糎×五七・三糎　一紙
（書出）伴僧交名／醍醐持明院権僧正賢隆聖天供、／醍醐岳西院法印権大
僧都賢晃／東寺金勝院法印権大僧都栄春
（書止）東寺法輪院権大僧都秀雄／醍醐行樹院権少僧都真円十二天、舎利守、

（二）後七日御修法伴僧交名（年月日未詳）　一通
四〇・六糎×五七・二糎　一紙
（書出）伴僧交名／醍醐持明院権僧正賢隆聖天供、／醍醐岳西院法印権大
僧都賢晃／東寺金勝院法印権大僧都栄春
（書止）東寺法輪院権大僧都秀雄／醍醐行樹院権少僧都真円十二天、舎利守、

三八　後七日御修法伴僧交名（年月日未詳）　一通
江戸中期　折紙　楮紙（高檀紙）　四〇・七糎×五七・三糎　一紙
（書出）後七日御修法伴僧交名之事／聖天供　醍醐持明院權僧正賢隆
（書止）十二天／舎利守　醍醐行樹院權少僧都真円／以上十三口、

三九　永正拾七年延暦寺法華會聴衆交名　正保四年九月廿日　一通
江戸前期　巻子装　楮紙（高檀紙）　三四・一糎×三〇九・八糎　六紙
（書出）僧綱／進永正拾七年延暦寺法華會聴衆法師等交名事／合／前大僧正法印大和尚位寛海
（書止）伝燈大法師位有雅／威儀師伝燈大法師位隆正／従儀師伝燈大法師位維昌
（差出）従儀師伝燈法師位維昌／威儀師伝燈大法師位隆昌（他四十一名省略）

四〇　後七日御修法僧等交名写　天明九年　一冊
江戸後期　袋綴装　楮紙（美濃紙）　二六・三糎×二〇・〇糎　三紙
（書出）天明九年『改元寛政』『己酉』後七日御修法僧等交名事／大阿闍梨法務僧正法印大和『仁和寺真光院』尚位禅證胎蔵界／義円僧正『年四十三戒三十五』
（書止）禅證／于冒　天恩、無任屏営之至矣、／天明九歳己酉正月　法務僧正禅證謹識、

四一　寛済請文案　二通
江戸前期　竪紙　楮紙（奉書紙）
（備考）（一）・（二）一括、

（一）寛済請文案　寛永十一年三月五日　一通
三一・九糎×四六・七糎　一紙
（本文）謹請／綱所来牒一紙／右、依　宣旨、来二十日於東寺／被行舞楽曼荼羅供、納衆／可令参勤者、所領如件、
（差出）僧正寛済

（二）寛済請文案　寛永十一年三月五日　一通
三一・九糎×四六・六糎　一紙
（本文）謹請／綱所来牒一紙／右、依　宣旨、来二十日於東寺／被行舞楽曼荼羅供、衲衆／可令参勤者、所領如件、
（差出）僧正寛済
（備考）奥に「弘法大師八百年忌舞楽万タラ供、為准御斎會／被行之、綱所相催綱牒之請文也、予職衆／為一臈呪願勤仕了、惣而職衆五十餘口也」、

四二　寛済請文案（年未詳）十月廿七日　一通
江戸前期　竪紙　楮紙（高檀紙）　三四・三糎×四六・二糎　一紙
（本文）従来月十日、於／清涼殿孔雀経法／伴僧可令参仕之旨、／謹所請如件、
（差出）僧正寛済
（宛所）法橋実縁御房

（備考）逐而書「伴僧請状未見、先跡如此、令今案／而已、猶追而可尋之、／
寛永十四年十月廿七日記之」、

四三　僧綱牒写　宝永五年六月日　一通
江戸中期　竪紙　楮紙（奉書紙）　三一・五糎×四三・八糎　一紙
（本文）僧綱／権大僧都祐誉／右、奉請来月六日於御影堂／被行曼荼羅供
持金剛衆／如件、
（差出）従儀師隆敬／威儀師賢縁
（備考）懸紙（奉書紙、四三・九糎×三一・二糎、ウハ書「僧綱」）、

四四　権少僧都重誉請文案　二通
江戸中期　竪紙　楮紙（美濃紙）
（備考）（一）・（二）一括、包紙（美濃紙、三四・五糎×二四・四糎、ウハ書「威
儀師御房　権少僧都重誉」）、

（一）　権少僧都重誉請文案　享保十九年三月十六日　一通
二四・七糎×三四・七糎　一紙
（本文）謹領／綱牒一紙／右、依　宣旨、来廿日於東寺／可被行舞楽曼荼
羅供、讃／衆可令参勤者、謹所領如件、
（差出）権少僧都重誉

（二）　権少僧都重誉請文案　享保十九年三月十七日　一通
二四・七糎×三四・五糎　一紙
（本文）謹領／綱牒一紙／右、依　宣旨、来廿日於東寺／可被行舞楽曼荼
羅供、／讃衆可令参《参》勤者、謹所／領如件、
（差出）権少僧都重誉

四五　権少僧都重誉請文案　二通
江戸中期　竪紙　楮紙（奉書紙）
（備考）（一）・（二）一括、包紙（奉書紙、四五・八糎×三一・三糎、ウハ書「威
儀師御房　権少僧都重誉」）、

（一）　権少僧都重誉請文案　享保十九年三月十七日　一通
三一・九糎×四五・八糎　一紙
（本文）謹領／綱牒一紙／右、依　宣旨、来廿日於東寺／可被行舞楽曼荼
羅供、／職衆所領如件、
（差出）権少僧都重誉

（二）　権少僧都重誉請文案　享保十九歳三月十八日　一通
三一・五糎×四六・三糎　一紙
（本文）謹領／綱牒一紙／右、依　宣旨、来廿日於東寺／可被行舞楽曼荼
羅供／衲衆所領如件、
（差出）権少僧都重誉

四六　醍醐寺座主御教書案（年未詳）七月三日　一通
江戸前期　竪紙　楮紙（美濃紙）　二八・一糎×三八・九糎　一紙

（本文）来六日於山上御影堂／可被行曼荼羅供、／可令参勤職衆給／之
由、　座主御消息／如此候、仍上啓如件、
（差出）法眼正真奉
（宛所）謹上　行樹院権僧正御房
（備考）礼紙（美濃紙、三六・四糎×三六・七糎）、逐而書、懸紙（美濃紙、三六・七
糎×三六・一糎、ウハ書「謹上　行樹院権僧正御房　法眼正真奉／
写」）、

四七　真言宗諸法度写　寛永二年乙丑　一通
江戸前期　続紙　楮紙（美濃紙）　三三・七糎×一九五・九糎　四紙
（書出）真言宗諸法度／夫日本真言高祖弘法大師之尊裔／醍醐寺聖宝僧
正者、為小野流之元祖、／三宝院其嫡流也、
（書止）右、若於有違背之僧徒者、速可處配流者／也、仍如件、
（差出）三宝院准三宮
（備考）追記、義演筆、

四八　当寺々僧法度之事（年月日未詳）　一通
室町後期　続紙　漉返紙　二七・三糎×七五・二糎　二紙
（端裏）醍醐寺普賢院蔵
（書出）当寺々僧法度之事／当寺々僧在国事、三ヶ年之内ハ雖為在《在》／国、
猶常住タリ、三ヶ年ヲ過レハ兼寺僧也、
（書止）山下普賢院／従信州文永寺上洛、此刻太元大法、／於住房被行間、
加伴僧畢、其時及／沙汰、以此儀廿五ヶ年在国ナレトモ令／人数
畢、権僧正亮淳

四九　結番次第　寛文七年　一巻
江戸前期　巻子装　楮紙（杉原）　二九・一糎×六〇三・九糎　十五紙
（書出）寛文第七乙未暦／結番次序／正月／朔日　御本地供一座了、実快法
印／二日　御本地供一座了、実快法印
（書止）極月／十七日　調声・讃　五智院権僧都／十八日　調声・讃　五
智院権僧都
（備考）虫損、

五〇　仁王経読誦結番張文　寛文八年戊申正月初八　一通
江戸前期　続紙　楮紙（奉書紙）　四三・二糎×一三三・〇糎　二紙
（書出）仁王経読誦結番／八日　一部　按察権少僧／太輔阿闍梨／九日
五部　助衆　少貮法印／刑部卿権少僧都／大貮阿闍梨／治部卿
権大僧都／太輔阿闍梨
（書止）十三日　三部　助衆　少貮法印／大夫権律師／按察権少僧都／
大貮阿闍梨／十四日　一部　按察権少僧／太輔阿闍梨／右、日次
如件、／寛文八年戊申／正月初八　金剛界
（備考）ヤケあり、袖上・奥上・紙継目上部に針穴あり、

五一　年中行事抜書断簡（年月日未詳）　一通
室町後期　竪紙　楮紙（杉原）　三一・九糎×四七・二糎　一紙
（書出）年中行事書抜／五日／一風呂事／三昧堂ヨリ下行之根本六百文、

役人一臈下行、／其後依侘言申、二百増八百文下行之、／一番院家
党号湯取青侍一人、被召具之、
（書止）右、彼湯山木守焼申之、於下地者、湯焼食料云々、／風呂番之次第
如上記、四季中々月雖有之、於春季／者、正月在之、
（備考）虫損甚し、

五二　門跡直任勘例　（年月日未詳）　一通
江戸前期　続紙　楮紙（奉書紙）　三五・〇糎×九九・五糎　三紙
（端裏）重而上ル案紙
（書出）門跡直任勘例／随心院前大僧正祐厳歳卅四、／応永廿二年二月十
日　一長者　宣下、
（書止）三宝院十六代長者相続拝任之例有之事、
（備考）虫損、糊離れ、応永廿二年より慶安四年に至る、

五三　後七日御修法請僧交名裏書写　寛文八年　一通
江戸中期　竪紙　楮紙（奉書紙）　紙背あり　三四・九糎×四六・五糎　一紙
（端書）寛文八年之裏書
（書出）八日毎年為恒規被始行、加句之、御修法之大意者、／青阳迎節勤延齢益算
之、
（書止）既是両部之兼綜、豈非一流之規模／耶、其観悦無彊多幸々々、此字十年裏書有之、字替度心底候、／右之分可然候歟、
〔紙背〕後七日御修法請僧交名裏書写　〔寛文十年〕　一通
竪紙
（端書）当寛文十年之裏書
（書出）八日開白、十四日結願、御衣　道具／作法任例、／恭惟依歴代不
絶之佳例、所修後七日之／威儀者、
（書止）奉再　詔勤修三密瑜伽之秘法、／伏冀酬感応道交之加持、成国
家／安泰之御願而已、欣歓不盡、
（備考）追記、墨（返点・送仮名）、

五四　顕淳等連署起請文　文化十一年二月　一通
江戸後期　竪紙　泥間似合　四九・三糎×五三・五糎　一紙
（書出）神文事／理性院僧正杲助就後七日勤修、普賢院僧正澄意／依可為
後見由、諸事及往覆處、我意紆曲既／顕然、
（書止）右等之旨趣、於有異変者、可／蒙奉始　鎮守清瀧権現大小神祇御
罸、仍而／記證文連判如件、
（差出）顕淳（花押）／演乗（花押）／隆耀（花押）／淳済（花押）／演寿（花
押）／俊厳（花押）／演叶（花押）

五五　理性院雑掌手日記　（年未詳）極月二日　一通
江戸前期　続紙　漉返紙　二九・六糎×八六・二糎　二紙
（書出）手日記／一信州伊那郡之内文永寺十／二坊・安養寺六坊之事、醍
醐／理性院末寺として、代々彼住寺／はかならす児にて本寺への
ほり／得度申、
（書止）両寺のこと悉退転申、／なか〱相果申候條、如前々寺領／被仰

付様、羽柴侍従殿へ御取成／頼入存候事、
（差出）理性院雑掌
（宛所）逸見殿

五六　釈迦院道場年中行事次第　（年月日未詳）　一通
江戸後期　竪紙　楮紙（奉書紙）　三五・五糎×四八・三糎　一紙
（書出）於釈迦院道場年中行事次第／正月七日　修正礼懺如常、慈救呪廿一遍調声常住年巡、
（書止）十二月八日　源雅御忌法花講向法用可有之、／右、無怠慢可被勤行之状如件、
（備考）虫損甚し、

五七　山上法会所作次第　（年月日未詳）　一通
江戸前期　竪紙　楮紙（美濃紙）　三一・九糎×四五・〇糎　一紙
（書出）山上法會所作事／一大仁王會　大導師／讃　自少僧都至律師順役
（書止）読師　六時僧順役／以上、諸法會可准之歟、

五八　太政官牒写　寛永十九年十一月四日　一通
江戸前期　竪紙　楮紙（高檀紙）　三七・七糎×六二・五糎　一紙
（本文）太政官牒東寺／大僧正法印大和尚位寛済／右、正二位行権大納言藤原朝臣兼賢／宣、奉　勅、件人宜為彼寺長者／者、寺宜承知、依宣行之、牒到准／状、故牒、
（差出）従四位上行左大史小槻宿祢（花押）奉／正四位上行左中弁藤原朝臣
（備考）礼紙（高檀紙、三七・七糎×六二・五糎）、

五九　太政官牒写　文政十年十月二十四日　一通
江戸後期　竪紙　楮紙（美濃紙）　三二・三糎×四四・四糎　一紙
（端裏）宦府写本紙鷹認、巻テ到来、不折也、／縦白紙ニテ巻重、其者同紙巻包也、
（本文）太政官牒　東寺／大僧都法印大和尚位淳心／右、正二位行権中納言源朝臣基豊／宣、奉　勅、件人宜為彼〔彼〕寺長者、／寺宜承知、依宣行之、牒到准状、故牒、
（差出）修理東大寺大仏長官従四位上行治部権大輔兼主殿頭兼左大吏〔史〕小槻宿祢（花押影）／正五位上行左少弁兼左衛門権佐皇太后宮大進藤原朝臣
（備考）太政官印影三顆（外廓のみ）、

六〇　光格天皇綸旨写　天明二年十月十九日　一通
江戸後期　続紙　楮紙（奉書紙）　三六・二糎×九六・三糎　二紙
（本文）明後年三月弘法／大師九百五十年之／遠忌、於東寺准／御斎會可被執行／法會、豫相觸門徒／中、都鄙諸寺、宜致／一心合衆力、抽無貳／懇欵、若有疎略／之輩者、可及放門之／沙汰者、依／天気執啓如件、
（差出）左中弁頼熙〔葉室〕

（宛所）謹上長者前大僧正御房
（備考）六一号と同文、懸紙（奉書紙、四八・五糎×三六・〇糎、ウハ書「謹上　長者前大僧正御房　左中弁頼熈」）、

六一　光格天皇綸旨写　天明二年十月十九日　一通
江戸後期　続紙　楮紙（奉書紙）　三三・二糎×九九・六糎　二紙
（本文）明後年三月弘法／大師九百五十年之／遠忌、於東寺准／御斎會可被執行／法會、豫相觸門徒／中、都鄙諸寺、宜致／一心合衆力、抽無貳／懇欵、若有疎略／之輩者、可及放門之／沙汰者、依／天気執啓如件、
（差出）左中弁頼熈
（宛所）謹上　長者前大僧正御房
（備考）六〇号と同文、懸紙（奉書紙、五〇・〇糎×三六・八糎、ウハ書「謹上　長者前大僧正御房　左中弁頼熈」）、糊離れ、

六二　摂政九条尚実御教書写　（安永九年）二月七日　一通
江戸中期　竪紙　楮紙（奉書紙）　三六・三糎×五〇・二糎　一紙
（本文）来三月廿一日後夜御影供、／衆門之輩各可有参勤／之旨、依摂政殿御消息／執啓如件、
（差出）左中将隆彭
（宛所）謹上東寺一長者前大僧正御房
（備考）懸紙（奉書紙、四九・八糎×三六・〇糎、ウハ書「謹上東寺一長者前大僧正御房　左中将隆彭」）、

六三　摂政九条尚実御教書写　（安永九年）五月四日　一通
江戸中期　竪紙　楮紙（奉書紙）　三〇・三糎×四五・八糎　一紙
（本文）仁寿殿観音供、年久／為中絶之處、今度再興、／従来十八日始行、毎月於自坊／抽丹誠、宜奉祈天下泰平、／宝祚長久者、依摂政殿御消息、／上啓如件、
（差出）右少弁文房
（宛所）謹々上東寺長者僧正御房
（備考）礼紙（奉書紙、三〇・三糎×四五・八糎）、逐而書、懸紙（奉書紙、四五・五糎×三〇・二糎、ウハ書「謹々上東寺長者僧正御房　右少弁文房」）、

六四　報恩院寛済東寺長者拝任申文案等　三通
江戸前期　竪紙
（備考）（一）〜（三）一括、包紙（檀紙、四八・八糎×三一・五糎、ウハ書「寛永十九年十二月二日／東寺下知之状案弐通」、裏書「報恩院僧正加任長者　宣／報恩院僧正加任長者／如斯」）、

（一）　報恩院寛済東寺長者拝任申文案
（寛永十九年）四月廿一日　一通
楮紙（美濃紙）　二九・三糎×四一・七糎　一紙
（書出）東寺々務長者辞退之聞候、／定及御沙汰候歟、寛済已／為満寺法統之嫡流、又為／未補僧正之上首、
（書止）難称非分之望乎、可／然之様、可令洩御　奏達／給候哉、恐々謹言、

（差出）寛済
（宛所）頭弁殿

（二）明正天皇口宣案写　寛永十九年十一月四日　一通
楮紙（奉書紙）三二・二糎×四九・七糎　一紙
（端裏）口　宣案
（本文）上卿　広橋大納言寛永十九年十一月四日　宣旨／大僧正寛済／宜
　為東寺長者、
（差出）蔵人頭左中弁藤原弘資奉

（三）凡僧別当真勝書状（寛永十九年）十二月二日　一通
楮紙（奉書紙）三二・三糎×四九・五糎　一紙
（本文）報恩院僧正加任長者／宣下如斯候、如先々／可令存知給候也、
　仍／執達如件、
（差出）別当法印真勝
（宛所）執行権律師御房
（備考）礼紙（奉書紙、三二・三糎×四九・五糎）、逐而書、

六五　凡僧別当禅誉書状　三通
江戸中期　竪紙　楮紙（奉書紙）
（備考）（一）～（三）一括、

（一）凡僧別当禅誉書状案（年未詳）九月廿六日　一通
三二・九糎×四九・二糎　一紙
（本文）就院家法務一長者／宣下事、惣寺并執行方江／以書状令申候、可
　有伝達候、／恐々謹言、
（差出）禅誉
（宛所）中納言〈二位〉法印御房
（備考）懸紙（奉書紙、四八・七糎×三一・八糎、ウハ書「中納言〈二位〉法印御房　法印
　禅誉／宣下長者」）、

（二）凡僧別当禅誉書状案（年未詳）九月廿〇六日　一通
奉書　三三・〇糎×四九・〇糎　一紙
（本文）報恩院僧正法務一長者／宣下事〈如此事〉候、如先々可令存／知給候也、仍
　執達如件、
（差出）別当法印禅誉
（宛所）執行権少僧都御房
（備考）礼紙（奉書紙、三三・〇糎×四九・〇糎）、逐而書、

（三）凡僧別当禅誉書状案（年未詳）九月廿六日　一通
三三・〇糎×四九・〇糎　一紙
（本文）報恩院僧正法務一長者／事、宣下候、為寺家／御存知令啓候也、
　恐々謹言、
（差出）別当法印禅誉
（宛所）年預法印御房
（備考）懸紙（奉書紙、四八・五糎×三一・八糎、ウハ書「年預法印御房　別当法

印禅誉」)、

六六　凡僧別当真勝書状案　(寛永十九年)十二月二日　一通
江戸前期　重紙　楮紙(奉書紙)　三一・五糎×四九・五糎　二紙
(本文)報恩院僧正加任長者/事、被　宣下候、為寺/家御存知令啓候也、
恐々/謹言、
(差出)別当法印真勝
(宛所)年預権律師御房
(備考)懸紙(奉書紙、五〇・〇糎×三一・二糎、ウハ書「年預権律師御房　別当
法印真勝」)、

六七　覚心奉書案等　二通
江戸後期　竪紙　楮紙(美濃紙)
(備考)(一)・(二)一括、包紙(美濃紙、四〇・八糎×二六・五糎、ウハ書「執
行御房　大法師覚心/如是相認遣之、執行へ者口宣案写添遣
也」)、

(一)　覚心奉書案　(文政十年)八月廿八日　一通
二八・三糎×四〇・八糎　一紙
(本文)報恩院大僧都加任長者/宣下如斯候、如先々可令/存知給候也、
仍執達如件、
(差出)大法師覚心
(宛所)執行御房

(二)　仁孝天皇口宣案写　文政十年八月六日　一通
二八・三糎×四〇・八糎　一紙
(端裏)口　宣案
(本文)上卿権中納言文政十年八月六日　宣旨/大僧都淳心/宜為東寺長
者、
(差出)蔵人左少弁兼左衛門権佐皇大〔太〕后宮大進藤原〔万里小路〕正房奉
(備考)礼紙(美濃紙、二八・三糎×四〇・八糎)、逐而書、

六八　法印杲快書状　(年未詳)九月廿七日　一通
江戸前期　竪紙　楮紙(奉書紙)　三六・〇糎×五三・八糎　一紙
(本文)報恩院僧正法務一長者/宣下之事、/口　宣案二通并書状、寺
家/執行方江令伝達候也、/恐々謹言、
(差出)杲快
(宛所)治部卿法印御房
(備考)懸紙(奉書紙、五三・五糎×三五・五糎、ウハ書「治部卿法印御房　法印
杲快」)、

六九　凡僧別当公清書状　二通
江戸中期　竪紙　楮紙(奉書紙)
(備考)(一)・(二)一括、

(一)　凡僧別当公清書状　(年未詳)五月廿九日　一通
三一・七糎×四五・六糎　一紙

（本文）報恩院前大僧正一長者／宣下如此候、如先々可令存／知給候也、
仍執達如件、
（差出）別当法印公清
（宛所）執行僧都御房

（二）　凡僧別当公清書状　（年未詳）五月廿九日　一通
三一・〇糎×四三・五糎　一紙
（端裏）水本故大僧正長者之時執行へ之一通案／別当戒光院
（本文）報恩院前大僧正一長者／宣下如此候、如先々可令／存知給候也、
仍執達如件、
（差出）別当法印公清
（宛所）執行律師御房

七〇　綱所賀札　（年未詳）十月四日　一通
江戸中期　竪紙　楮紙（奉書紙）　三五・五糎×四八・六糎　一紙
（本文）寺務御拝任之儀、尤珎重／存候、仍参賀及遅々候之間、／且啓上候、此旨可然様被／御披露候者、可畏存候由、宜／得御意候、恐惶謹言、
（差出）権律師栄元
（宛所）謹上　別当法印御房
（備考）懸紙（奉書紙、四〇・〇糎×三一・七糎、ウハ書「惣在庁賀札」）、

七一　長者補任賀札　（年未詳）九月廿六日　一通
江戸中期　竪紙　楮紙（高檀紙）　四〇・三糎×五三・八糎　一紙
（本文）一長者之事、御理運之条、／雖不能左右御事、臨期承／悦無極候、猶可遂参賀／之間、且捧短札候、以此旨／可有申御沙汰候哉、恐／々謹言、
（差出）権少僧都栄信
（宛所）別当法印御房
（備考）礼紙（高檀紙、四〇・三糎×五四・〇糎）、逐而書、懸紙（高檀紙、五三・八糎×三九・八糎、ウハ書「別当法印御房」）、

七二　綱所賀札　（年未詳）十月十七日　一通
江戸中期　竪紙　楮紙（奉書紙）　三五・〇糎×五〇・三糎　一紙
（本文）言上／東寺長者　宣下御慶賀事／右、雖御理運事候、臨期承悦之至、／上啓而有餘、殊企参賀候之間、且／言上如件、以此旨可令洩披露／給、維清誠恐頓首謹言、
（差出）威儀師維清
（宛所）進上　別当法印御房

七三　東寺長者補任賀札　（年未詳）五月廿九日　一通
江戸中期　竪紙　楮紙（奉書紙）　三四・三糎×四九・六糎　一紙
（本文）当寺一長者事、／報恩院前大僧正御拝／任之旨、尤珎重ニ存候、仍／参賀及遅々候之間、且／啓上候、此旨可然之様、可有／申御沙汰候、恐々謹言、

（差出）権律師栄元
（宛所）別当法印御房
（備考）懸紙（奉書紙、四九・五糎×三四・〇糎、ウハ書「別当法印御房　権律師
栄元」）、

七四　執行永慶書状案（文政十年）八月廿八日　一通
江戸後期　竪紙　楮紙（杉原）　二六・二糎×四一・〇糎　一紙
（本文）報恩院大僧都加任長者／御拝任之旨、珎重存候、／先規之通、寺
官等江可令／觸知候、此等之趣、宜有／御沙汰候、恐惶謹言、
（差出）執行権律師永慶
（宛所）大法師覚心御房
（備考）礼紙（杉原、二六・二糎×四一・〇糎）、逐而書、懸紙（杉原、四一・〇糎×
二六・二糎、ウハ書「大法師覚心御房　執行権律師永慶／「是通相認
来ル大奉書二枚重、表紙者中奉書也」」）、

七五　東寺長者補任賀札（年未詳）四月廿八日　一通
江戸後期　竪紙　楮紙（奉書紙）　三六・五糎×四九・八糎　一紙
（本文）一長者之事、／御還任之旨、承悦之至、上啓而／有餘、猶可遂参
賀候之間、且／言上候、以此旨宜預御沙汰候、／恐惶謹言、
（差出）執行権律師永慶
（宛所）別当法印大僧都御房
（備考）礼紙（奉書紙、三六・六糎×四九・六糎）、逐而書、懸紙（奉書紙、四九・五
糎×三六・二糎、ウハ書「別当法印大僧都御房　執行権律師」）、

七六　東寺長者補任賀札（年未詳）四月十日　一通
江戸中期　竪紙　楮紙（奉書紙）　三六・六糎×四九・六糎　一紙
（本文）一長者之事、御理運候／条、尤珎重ニ存候、仍而可遂／参賀候、
此等之趣、宜可預／御沙汰候、恐惶謹言、
（差出）執行権律師厳恭
（宛所）別当法印御房
（備考）礼紙（奉書紙、三六・六糎×四九・八糎）、逐而書、懸紙（奉書紙、四九・八
糎×三六・〇糎、ウハ書「別当法印御房　執行権律師」）、

七七　東寺長者補任賀札（年未詳）十月四日　一通
江戸中期　竪紙　楮紙（奉書紙）　三六・二糎×五三・五糎　一紙
（本文）当寺々務職　宣下旨、／満寺令披露候處、／衆中承悦有餘／事候、
以此趣宜預／御披露候、恐惶／謹言、
（差出）権大僧都亮兼
（宛所）別当法印御房

七八　東寺長者補任賀札（年未詳）六月六日　一通
江戸中期　重紙　楮紙（奉書紙）　三三・二糎×四六・三糎　二紙
（本文）報恩院前大僧正一長者／転任事、口宣案二通并／書状寺家令披露
候之／處、満寺歓悦之事ニ候／者也、恐々謹言、
（差出）永愿
（宛所）別当法印御房
（備考）懸紙（奉書紙、四六・二糎×三三・〇糎、ウハ書「別当法印御房　年預法

印」）、

七九　東寺長者補任賀札　（年未詳）九月廿七日　　一通
江戸前期　竪紙　楮紙（奉書紙）　三六・二糎×五三・七糎　一紙
（本文）就報恩院僧正法務一長者／宣下書状之趣、令披露候／之處、満寺
　承悦啓而有／餘事ニ候、尚期面謁候、／恐々謹言、
（差出）年預法印杲快
（宛所）別当法印御房
（備考）礼紙（奉書紙、三六・二糎×五三・七糎）、逐而書、懸紙（奉書紙、五三・六
　糎×三五・七糎、ウハ書「別当法印御房　年預法印杲快」）、

八〇　東寺長者補任賀札　（年未詳）十一月廿六日　　一通
江戸後期　竪紙　楮紙（奉書紙）　三三・四糎×四四・八糎　一紙
（本文）報恩院大僧都一長者／宣下之旨、満寺承悦之事候、／宜預御洩達
　候也、恐々謹言、
（差出）年預大僧都賢助
（宛所）別当権大僧都御房
（備考）礼紙（奉書紙、三三・三糎×四四・七糎）、逐而書、懸紙（奉書紙、四四・七
　糎×三三・二糎、ウハ書「別当権大僧都御房　年預大僧都」）、

八一　東寺長者補任賀札　（年未詳）十一月六日　　一通
江戸後期　竪紙　楮紙（高檀紙）　三八・五糎×五三・五糎　一紙
（本文）東寺加任長者御拝任之／事、云先例、云其器、誠以不能／固辞、
　雖御理運至候、臨期／被承悦、自他幸甚々々、併／所存冥助、且
　又可謂宿算之／感果候、心事期参賀之儀／入候也、誠恐謹言、
（差出）権僧正栄禅
（宛所）報恩院大僧正尊房
（備考）懸紙（高檀紙、五三・三糎×三八・二糎、ウハ書「報恩院大僧正尊房　権
　僧正栄禅」）、

八二　法印宥円書状　（年未詳）四月十日　　一通
江戸中期　竪紙　楮紙（杉原）　三三・八糎×四六・五糎　一紙
（本文）就報恩院権僧正一長者／宣下事、惣寺并執行方以書状申候、／可
　有御伝達候、恐々謹言、
（差出）宥円
（宛所）中納言法印御房
（備考）奥に捻封（墨引、ウハ書「中納言法印御房　別当法印」）、

八三　法印宥円書状　（年未詳）十二月廿七日　　一通
江戸中期　竪紙　楮紙（美濃紙）　一九・一糎×二六・三糎　一紙
（本文）報恩院権僧正加任長者事、／被　宣下候、為寺家御存知／令啓候
　也、恐々謹言、
（差出）法印宥円
（宛所）年預権僧正御房
（備考）懸紙（美濃紙、二六・五糎×一九・〇糎、ウハ書「年預権僧正御房　法印
　宥円」）、

八四　法務権僧正某御教書　（年未詳）十月四日　一通
江戸前期　竪紙　楮紙（奉書紙）　三五・〇糎×四九・七糎　一紙
（本文）当寺々務職之事、／去月廿二日被成宣下候、／如先々可被存知之
由、／依　法務権僧正御房仰、／執達如件、
（差出）別当法印実快
（宛所）執行権律師御房

八五　権大僧都常観書状　（年未詳）正月廿三日　一通
江戸後期　竪紙　楮紙（美濃紙）　二四・七糎×三四・〇糎　一紙
（本文）理性院権僧正加任長者／宣下如斯候、如先々可令／存知給候也、
仍執達如件、
（差出）権大僧都常観
（宛所）執行御房
（備考）礼紙（美濃紙、二四・二糎×三四・〇糎）、逐而書、懸紙（美濃紙、三三・九
糎×三・一糎、ウハ書「執行御房　権大僧都常観」）、

八六　権大僧都常観書状案等　一通
江戸後期　竪紙　楮紙（美濃紙）　二四・三糎×三四・〇糎　一紙
（備考）①・②書継、懸紙（美濃紙、三四・一糎×二四・〇糎、ウハ書「年預権僧
正御房　権大僧都常観」）、

①権大僧都常観書状案　（年未詳）正月廿三日
（本文）理性院権僧正加任長者事、／被　宣下候、為寺家御存知／令啓候
也、恐々惶謹、
（差出）権大僧都常観
（宛所）年預権僧正御房

②年預尭朝書状案　（年未詳）正月廿六日
（端書）返書案
（本文）理性院権僧正加任長者／宣下之旨、承悦之事候、／宜預御洩達候
也、恐々謹言、
（差出）年預 権僧正尭朝
（宛所）権大僧都常観御房

八七　執行栄静書状案　（延享四年）正月廿三日　一通
江戸中期　竪紙　楮紙（美濃紙）　紙背あり　二四・二糎×三四・一糎　一紙
（本文）理性院権僧正加任長者／御拝任之旨、尤珎重存候、如／先規可令
相觸候也、恐々謹言、
（差出）執行権律師栄静
（宛所）権大僧都御房
（備考）紙背に「追■」、礼紙（美濃紙、二四・二糎×三四・二糎）、逐而書、懸紙
（美濃紙、三四・〇糎×二一・九糎、ウハ書「権大僧都御房　執行権律師
栄静」）、

八八　勘解由小路資望書状　（延享四年）三月廿日　一通
江戸中期　竪紙　楮紙（奉書紙）　三三・五糎×四四・八糎　一紙

（本文）東寺長者加任之事、唯今／宣下候、仍早々申入候也、／恐惶謹言、
（差出）資望（勘解由小路）
（備考）奥に捻封（墨引、ウハ書「無量寿院権僧正御房　資望」）、

八九　勘解由小路資望書状　（延享四年）三月廿一日　一通
江戸中期　竪紙　楮紙（奉書紙）　三三・五糎×四四・八糎　一紙
（本文）来廿五日参　内之事、／被　仰出候、仍申入候也、／恐惶謹言、
（差出）資望
（備考）逐而書、奥に捻封（墨引、ウハ書「無量寿院権僧正御房　資望」）、

九〇　凡僧別当公清書状案　（延享四年）三月朔日　一通
江戸中期　竪紙　楮紙（奉書紙）　三一・〇糎×四三・四糎　一紙
（端書）自凡僧別当遣東寺執行状案
（本文）今月廿日　寺務並別当／可有拝堂候、用途之儀、／任例可令注進
給之由／所候也、恐々謹言、
（差出）公清
（宛所）執行権律師御房

九一　凡僧別当法印公清書状案　二通
江戸前期　竪紙　楮紙（奉書紙）
（備考）（一）・（二）一括、

（一）凡僧別当法印公清書状案　（万治元年）五月廿九日　一通
三一・六糎×四四・八糎　一紙
（端裏）別当代へ之状
（本文）就院家一長者　宣下事、／惣寺并執行方へ以書状／申候、可有御
伝達候、恐々／謹言、
（差出）公清
（宛所）大納言法印御房

（二）凡僧別当法印公清書状案　（万治元年）五月廿九日　一通
三一・五糎×四四・八糎　一紙
（端裏）年預へ遣状
（本文）報恩院前大僧正一長者／事、　宣下候、為寺家／御存知令啓候也、
恐々謹言、
（差出）別当法印公清
（宛所）年預法印御房

九二　凡僧別当実賀奉書案　（年未詳）九月五日　一通
江戸前期　竪紙　楮紙（奉書紙）　三一・〇糎×四四・〇糎　一紙
（端裏）仁和寺菩提院故僧正執行へ之一通案
（本文）菩提院前大僧正／一長者　宣下如此候、／如先々可令存知給候
也、／仍執達如件、
（差出）別当権大僧都実賀
（宛所）執行権律師御房
（備考）逐而書、

九三　東寺一長者法務高演辞状案　（年未詳）二月八日　一通

江戸後期　重紙　楮紙（奉書紙）　三八・〇糎×五〇・〇／四八・六糎　二紙

（本文）東寺一長者法務職／之事、辞申入候之趣、／宜令洩／奏達給候、
恐々／謹言、

（差出）高演

（宛所）右中弁殿

（備考）懸紙（奉書紙、四九・二糎×三七・三糎、ウハ書「右中弁殿　高演」）、

九四　賢深申文写　（年未詳）十二月十二日　一通

江戸前期　竪紙　漉返紙　三一・三糎×四四・〇糎　一紙

（本文）東寺一長者事、任流例／申入候、可然様被申御沙／汰候者、可為
祝着候、恐々謹言、

（差出）賢深

（宛所）頭弁殿

九五　無量寿院元雅申文案　（年未詳）三月十四日　一通

江戸中期　竪紙　楮紙（奉書紙）　三六・八糎×四九・七糎　一紙

（本文）東寺長者加任之事、／任流例望申候、宜預／御申沙汰者、可畏存
候也、／謹言、

（差出）元雅

（備考）奥に捻封（墨引、ウハ書「蔵人権右少弁殿　元雅」）、

九六　大覚寺宮尊性法親王御教書案　慶安元年十月廿九日　一通

江戸前期　竪紙　楮紙（美濃紙）　二九・四糎×四三・〇糎　一紙

（本文）権大僧都長翁法印／御免許之事、不可／有子細之旨、／法務大覚
寺之宮／御気色之所候也、仍／執達如件、

（差出）（花押）

（宛所）法印長翁御房

九七　東寺長者拝堂用途注進状　享保十一年午十一月朔日　一通

江戸中期　続紙　楮紙（奉書紙）　三三・五糎×一三〇・四糎　五紙

（端裏）『シ』

（書出）注進／東寺長者御拝堂用途事／仏供燈明等／諸堂／御仏供廿一
盃料米四斗弐升、　代三百五拾文

（書止）一事訖後／執行別禄　代壹貫文、／都合五拾五貫六百四十貳文
但三綱御前ム分
三貫文加之、

（差出）蜷川宋壽（長円形黒印）

（備考）懸紙（奉書紙、四六・〇糎×三三・三糎、ウハ書「『シ』上」）、

九八　凡僧別当拝堂用途注進状　享保十一年午十一月朔日　一通

江戸中期　続紙　楮紙（奉書紙）　三三・五糎×一三五・〇糎　三紙

（端裏）『シ』

（書出）凡僧別当御拝堂用途事／諸堂仏供廿一盃　代三百五拾文／同燈
明廿一灯　代百文

（書止）中綱十三人現任七人、職掌六人／各廿文　代貳百六十八文／六十五

人下部五百文、同酒核三百文、／都合五貫八百文／右、任例注進
　如件、
（差出）勾当代蜷川宋壽（長円形黒印）
（備考）懸紙（奉書紙、四六・五糎×三三・四糎、ウハ書「『シ』上」）、

九九　年預法印覚空書状案　　二通
江戸中期　竪紙　楮紙（奉書紙）
（備考）（一）・（二）一括、包紙（奉書紙、四九・〇糎×三六・七糎）、

（一）　年預法印覚空書状案　（年未詳）四月十日　　一通
紙背あり　三二・六糎×四五・九糎　一紙
（本文）報恩院権僧正一長者／宣下之事、惣寺并執行方／御案内之両通、
　令落掌候、／則返簡進之候、恐々謹言、
（差出）覚空
（宛所）別当法印御房
（備考）端裏に捻封（墨引、ウハ書「別当法印御房　年預法印」「中奉書
　ニ認遣、返書も同前也」）、紙背に金子目録（「御報謝金子　二百
　疋／有円／淳誉」）、

（二）　年預法印覚空書状案　（年未詳）四月十日　　一通
三六・四糎×四八・七糎　一紙
（本文）報恩院権僧正一長者／宣下之事、惣寺并執行方／御案内之両通、
　令落掌候、／則返簡進之候、恐々謹言、
（差出）覚空
（宛所）別当法印御房
（備考）端裏に捻封（墨引、ウハ書「別当法印御房　年預法印」）、

一〇〇　年預法印善宝書状案　（年未詳）四月廿八日　　一通
江戸中期　竪紙　楮紙（奉書紙）三二・五糎×四六・二糎　一紙
（本文）還補当寺寺務職之事、去月廿八日／就被為蒙／宣下、可相觸満寺
　之由、畏承候、此旨／宜預御披露候也、恐々謹言、
（差出）年預法印大僧都善宝
（宛所）別当法印大僧都御房
（備考）逐而書、包紙（奉書紙、四六・〇糎×三二・三糎）、

一〇一　元雅請文案　（年未詳）三月廿二日　　一通
江戸中期　竪紙　楮紙（奉書紙）三三・八糎×四五・八糎　一紙
（本文）来廿五日参　内之事、／被　仰下候旨、謹而承／候、宜預御沙汰
　候也、謹言、
（差出）元雅
（備考）逐而書、奥に捻封（墨引、ウハ書「元雅」）、

一〇二　元雅長者加任請文案　（宝暦元年頃）三月廿日　　一通
江戸中期　竪紙　泥間似合　三二・八糎×四六・二糎　一紙
（本文）東寺長者加任之事、唯今／宣下之旨、謹而承候、宜預／御沙汰候
　也、謹言、

（差出）元雅
（備考）奥に捻封（墨引、ウハ書「元雅」）、

一〇三　堯観請文案（年未詳）二月廿一日　一通
江戸中期　竪紙　泥間似合　三三・〇糎×四五・〇糎　一紙
（本文）自来三月四日可被行／太元法旨、御沙汰ニ候由、／内々被再聞承
候了、／表向来月二日可被／仰出之旨、畏存候、宜預／御沙汰候
也、恐惶（々）謹言、
（差出）堯観
（備考）端裏に捻封（墨引、ウハ書「烏丸弁殿　堯観」）、

一〇四　中御門俊臣奉書案（年未詳）十月十六日　一通
江戸中期　竪紙　泥間似合　三三・〇糎×四六・二糎　一紙
（本文）来廿日可有参　内之旨、／被／仰下候、仍申入候也、恐惶謹言、
（差出）（中御門）俊臣
（備考）逐而書、奥に捻封（墨引、ウハ書「法務僧正御房　俊臣」）、

一〇五　甘露寺勝長奉書案（年未詳）十一月廿五日　一通
江戸後期　竪紙　漉返紙　三三・八糎×四六・〇糎　一紙
（本文）来月護持可令勤修／給之旨、被／仰下候也、仍申入候也、恐惶／
謹言、
（差出）（甘露寺）勝長
（備考）奥に捻封（墨引、ウハ書「無量寿院権僧正御房　勝長」）、

一〇六　元雅請文案（年未詳）十月十六日　一通
江戸中期　竪紙　泥間似合　三三・五糎×四六・五糎　一紙
（本文）来廿日参　内之事、被／仰下候旨、畏奉候、宜預／御沙汰候也、
謹言、
（差出）元雅
（備考）逐而書、奥に捻封（墨引、ウハ書「元雅」）、

一〇七　元雅請文案（年未詳）十月十四日　一通
江戸中期　竪紙　泥間似合　三三・五糎×四六・四糎　一紙
（本文）弥勒院権僧正澄翁申／凡僧別当之事、唯今／勅許之旨、謹畏奉候、
宜預／御沙汰候也、謹言、
（差出）元雅
（備考）奥に捻封（墨引、ウハ書「左少弁殿　元雅」）、

一〇八　元雅請文案　二通
江戸中期　竪紙
（備考）（一）・（二）一括、

（一）　元雅請文案（宝暦五年）八月十七日　一通
楮紙（奉書紙）　三三・五糎×四五・六糎　一紙
（本文）法務唯今／勅許之旨、謹畏承候、／宜預御沙汰候也、謹言、
（差出）元雅
（備考）奥に捻封（墨引、ウハ書「右（左）少弁殿　元雅」）、

（二）　元雅請文案　（宝暦五年）八月十七日　一通
泥間似合　三二·八糎×四五·〇糎　一紙
（本文）法務唯今／勅許之旨、謹畏承候、／宜預御沙汰候也、謹言、
（差出）元雅
（備考）奥に捻封（墨引、ウハ書「右少弁殿　元雅」）、

一〇九　権律師厳恭書状案　（享保十一年）十一月朔日　一通
江戸中期　重紙　楮紙（奉書紙）　三六·六糎×五〇·二糎　二紙
（端裏）『シ』
（本文）今月廿日長者并別当／可有御拝堂之条、任／例可致用途注進之／旨、得其意存候、恐惶／謹言、
（差出）権律師厳恭
（宛所）別当権僧正御房

一一〇　僧正有雅請文案　延宝六年九月廿九日　一通
江戸前期　重紙　楮紙（奉書紙）　三二·五 四六·〇糎×四六·〇 三二·四糎　二紙
（本文）謹請／綸旨事／右、可候　二間夜居之状、／謹以所請如件、
（差出）法務僧正有雅
（備考）包紙（奉書紙、四五·五糎×三二·一糎）、

一一一　前大僧正寛済請文案　明暦二年二月卅日　一通
江戸前期　竪紙　楮紙（奉書紙）　三二·〇糎×四五·五糎　一紙
（本文）謹請／綸旨事／右、可候　二間夜居之状、／謹以所請如件、
（差出）前大僧正寛済
（備考）包紙（奉書紙、四六·二糎×三二·八糎、ウハ書「綸旨御持僧付て一通」）、

一一二　大僧都成深請文案　天明四年二月十二日　一通
江戸後期　竪紙　楮紙（奉書紙）　四九·七糎×三六·二糎　一紙
（端裏）□□《ヨ》四年二月廿四日内々之日付者、イカニテモ綱牒到来之明日之日付可然哉、／□□者、綱牒之謹請扣へ、則中奉書貳枚重立文、表包同紙シタテ、ソザイテウへ指遣ス、
（本文）謹請／綱牒一紙／右、依　宣旨、来廿〔日脱カ〕於東寺／西院可被行舞楽曼荼羅／供衲衆、所領如件、
（差出）法印大僧都成深

一一三　後七日御修法伴僧請定請文案　宝永七年三月三日　一通
江戸中期　竪紙　楮紙（奉書紙）　三二·六糎×四五·八糎　一紙
（本文）謹領／後七日御修法伴僧事／右、於東寺灌頂院可被行／伴僧所請如件、
（差出）権少僧都澄海
（備考）包紙（奉書紙、四五·三糎×三二·〇糎）、

一一四　後七日御修法伴僧請定請文案　宝永七年三月三日　一通
江戸中期　竪紙　楮紙（奉書紙）　三二·〇糎×四六·八糎　一紙
（本文）謹領／後七日御修法伴僧事／右、於東寺灌頂院可被行／伴僧所請如件、

（差出）法印亮覚
（備考）包紙（奉書紙、四六・八糎×三一・七糎）、

一一五　明正天皇宣旨写　一通
江戸中期　竪紙　楮紙（奉書紙）　三一・二糎×四五・二糎　一紙
（備考）①・②書継、
①明正天皇宣旨写　寛永十二年四月廿日
（本文）二品尊性親王／左中将藤原朝臣隆量伝宣、権大納言／藤原朝臣兼
賢宣、奉　勅、件人宜令知／行法務者、
（差出）官務小槻宿祢忠利奉
②明正天皇宣旨写　寛永十二年四月廿日
（本文）二品尊性親王／左中将藤原朝臣隆量伝　宣、権大納言／藤原朝臣
兼賢宣、奉　勅、件人／宜令為東寺長者者、
（差出）官務小槻宿祢忠利奉

一一六　東山天皇宣旨案　宝永三年七月一日　一通
江戸中期　竪紙　楮紙（高檀紙）　三八・七糎×五七・〇糎　一紙
（書出）応補任東寺別当職事／僧正法印覚源／右、得彼寺所司等去六月日
奏状偁、謹考／案内、
（書止）以件覚源被補彼職者、弥／仰　朝憲之無偏矣者、左中弁藤原朝臣
尚長伝　宣、／権中納言藤原朝臣輝光宣、奉　勅、依請者、

（差出）主殿頭兼左大史小槻宿祢章弘奉
（備考）包紙（泥間似合、四五・九糎×三一・四糎、ウハ書「別当金剛王院覚源／
宣旨写」）、

一一七　某門主御教書案　宝暦二年六月二日　一通
江戸中期　竪紙　楮紙（高檀紙）　四五・六糎×五九・一糎　一紙
（本文）少将権律師英春／右、宜令称十輪院旨、／御門主御気色之所、／仍
如件、
（差出）兵部卿法眼奉／正慶（花押）

一一八　前大僧正寛済款状草　寛文三年正月九日　一通
江戸前期　竪紙　楮紙（奉書紙）　三七・五糎×五一・〇糎　一紙
（書出）請特蒙　天慈、因准先例、被授伝法灌／頂阿闍梨職位於権僧正高
賢状
（書止）弥奉祈　皇祚之無／彊、仍勒事状、謹請處分、
（差出）法務前大僧正法印大和尚位寛済上状

一一九　東寺款状案　寛延四年三月　日　一通
江戸中期　竪紙　楮紙（高檀紙）　四一・七糎×五六・〇糎　一紙
（書出）東寺／請被殊蒙　天恩、因准先例、補別当職状／法印大和尚位権
大僧都宥円
（書止）以件宥円被補彼職者、弥仰／明憲之無偏矣、仍勒事状、謹請　處
分、

(差出)都維那伝燈大法師位／寺主伝燈大法師位／上座伝燈大法師位／検校法務権僧正法印大和尚位「実雅」

(備考)包紙(高檀紙、三三・五糎×三八・九糎、ウハ書「東寺凡僧別当之解状也、中鷹紙包紙、同シ上包上書無之、如此包者也」)、包紙に紙背あり、

〔包紙紙背〕東寺款状案　寛延四年三月廿二日　一通

竪紙

(書出)東寺／請被殊蒙　天恩、因准先例、補別当職状／法印大和尚位権大僧都宥円

(書止)以件宥円被補彼職者、弥仰／明憲之無偏矣、仍勒事状、謹請　處分、

(差出)都維那伝燈大法師位／寺主伝燈大法師位／上座伝燈大法師位／(実雅)検校法務権僧正法印大和尚位

一二〇　東寺大仏師職補任状写　慶長七年十一月十二日　一通

安土桃山時代　竪紙　楮紙(杉原)　三六・七糎×五一・八糎　一紙

(本文)東寺／補任　大仏師職事／「康猶康正子也、」／右、以人補任彼職、宜懃仕／恒例臨時之寺役者、

(差出)(義演)准三宮検校法務大僧正「予判也、」／別当法印大僧都松橋也、是ハ実名也」、

一二一　東寺大仏師職補任状写　寛文十年五月廿三日　一通

江戸前期　竪紙　楮紙(高檀紙)　三七・八糎×五三・〇糎　一紙

(端裏)東寺大仏師職補任留

(本文)東寺／補任　大仏師職事／法橋康乗／右人補任彼職、宜令勤仕恒例／臨時寺役者、

(差出)検校法務大僧正(寛済)(花押影)／別当　法印実快

一二二　東寺修理別当職補任状案　寛文六年十一月十八日　一通

江戸前期　竪紙　楮紙(高檀紙)　四三・五糎×六五・七糎　一紙

(端裏)東寺執行大法師栄信補任案

(本文)東寺／補任　修理別当職事／大法師栄信／右人補任彼職、宜勤仕寺役者、

(差出)検校法務権僧正(寛済)(花押影)／別当法印実快

一二三　某天皇綸旨写　(年未詳)七月八日　一通

江戸前期　竪紙　楮紙(美濃紙)　二七・六糎×四〇・六糎　一紙

(端裏)大僧正持(厳)―長者御拝任案文

(本文)可令候二間夜居／給者、依／天気言上如件、伊長謹言、

(差出)左少弁伊長

(宛所)進上　(持厳)三宝院大僧正御坊

(備考)虫損、

一二四　東山天皇女房奉書　〔元禄三年正月十一日〕　一通

江戸中期　重紙　楮紙(高檀紙)　三九・九糎×五〇・九糎　二紙

(端裏)元禄三正十一

（本文）たいけんの御いのりはめてたく／おほしめし候、／此三合三か／心得候て／申候へく候、／なを〳〵／御きたう候へく候、
（備考）裏紙奥に切封（墨引、ウハ書「りしやう院とのへ」）、封帯、包紙（美濃紙、四五・〇糎×三〇・三糎、ウハ書「太元御修法三合三荷之勅書 元禄三正十一」）、包紙紙背に「義満」尊氏■■■■、

一二五　理性院某奏状（元禄三年）正月八日　一通
江戸中期　竪紙　楮紙（高檀紙）　三六・六糎×五四・〇糎　一紙
（本文）御代はしめの太けんの大法に／つき、ひきよくと申事かならす／候へく候、阿さりかいひやくのさき、御鏡／をもち、御前にまいり、御かけを／うつしたてまつり、大たんに御祈の間、おかれ候て、又けちくわんにしこう／いたし、御ほう候へく候御事にて候、／此よし御うかゝひ頼入申候事、
（差出）りしやういん
（備考）礼紙（檀紙、三六・六糎×五〇・四糎）、

一二六　霊元天皇口宣案写包紙等　五紙
（備考）（一）〜（五）一括、

（一）　霊元天皇口宣案写包紙〔延宝八年十一月三日〕　一紙
江戸前期　竪紙　楮紙（奉書紙）　四八・七糎×三四・七糎　一紙
（備考）ウハ書「大僧正昇進之口宣 職事清閑寺、右少弁熈定 延宝八 十一三日」、

（二）　執行某書状懸紙（年月日未詳）　一紙
江戸中期　竪紙　楮紙（奉書紙）　四九・六糎×三六・二糎　一紙
（備考）ウハ書「別当権僧正御房　執行権律師」、

（三）　別当禅誉書状懸紙（年月日未詳）　一紙
江戸中期　竪紙　楮紙（奉書紙）　四九・〇糎×三三・五糎　一紙
（備考）ウハ書「執行権少僧都御房　別当法印禅誉」、

（四）　別当真勝書状懸紙（寛永十九年十二月二日）　一紙
江戸前期　竪紙　楮紙（檀紙）　四九・八糎×三三・〇糎　一紙
（備考）ウハ書「執行律師御房　別当法印真勝」、

（五）　西南院持厳法務長者二間口宣案包紙（年月日未詳）　一紙
江戸前期　竪紙　楮紙（奉書紙）　四五・一糎×二九・六糎　一紙
（備考）ウハ書「西南院持厳法務長者二間口宣」、

第六八函

一　愛染王法次第　一通

平安院政期　続紙　前欠・後欠　楮紙打紙　墨界（界高二四・三糎、界幅二・四糎）　三〇・〇糎×九九・一糎　二紙

（文首）妙吉祥破諸宿曜明六千三百遍／一切成就明六千三百遍

（文尾）一壇一面　脇机二前／燈壹四本　礼盤一脚在半畳、

（備考）支度注進状写を含む、

二　中宮御祈火曜供巻数書様　一通

鎌倉前期　竪紙　楮紙打紙　三〇・四糎×四七・五糎　一紙

（端裏）中宮御祈火曜供巻数右状案三法両様、被中合尊厳、三之内

（備考）①・②書継、

①中宮御祈火曜供巻数書様　建久二年十月七日

（端書）此状を被用可宜候歟、

（本文）右、奉為／中宮殿下御悩消除、玉躰安穏、増長宝寿長遠、御願／円満、始自今月一日迄于今日并一七箇日間、殊致精誠、／奉祈如件、仍勒遍数以解、

（差出）法眼和尚位□不可書歟、和尚位尤可被書候、

②中宮御祈火曜供巻数書様　（年月日未詳）

（本文）右、依　令旨、始自今月一日迄于今日并一七ヶ日間、殊／致精誠、奉祈　中宮殿下御悩消除、玉躰安穏、増長／宝寿、御願円満由如件、仍勒遍数以解、

（備考）奥に「長秋宮　宮闈《井》　宮掖《エキ》　椒《セウ》房／如此異名、巻数ニハ不可有云々、／俗官大略書唐名如此、后宮ハ不書候也、／闕字置出如何、／尤可然候」、墨（声点・傍訓）、

三　巻数古案上　一冊

江戸前期　袋綴装　楮紙（美濃紙）　二七・二糎×二一・四糎　二十二紙

（外題）巻数古案　上　拳

（表紙）源珎（右下）

利（左下）

（見返）円光院歳末三所ヘ巻数之番、山上番也、／永享三十二廿五遣之、／隆瑜任供僧テ当年始也、／巻数ニ書状副之、

（奥書）本云、／永正六己巳年七月日書写之、書本行樹院／御所持本也、権少僧都公運卅八才、／写本云、／同十八辛巳年卯月中旬天、一見次、於寂辺書写之、／深応五六、／寛永十七庚辰年十二月六日書写畢、源珎／『文字ニ書誤可有之也、』／法印公清

（備考）①～㉓書継、本書巻下は六七函五号、裏表紙に「円光院歳末」、

①一字金輪供巻数写　応永卅二年十二月晦日

（端書）一字金輪供　権僧正隆寛／閏月ノ年巻数禁裏御巻数

（書出）一字金輪供所／奉供／供養法三百八十四箇度／奉念／仏眼真言
八千六十四遍
（書止）始自正月一日迄今日并三百八十四箇日之間、殊致精誠、／奉供如
件、
（差出）阿闍梨僧正法印大和尚位隆寛

②愛染王護摩巻数写　応永卅二年十二月晦日
（端書）仙洞御巻数／札云、愛染王護摩所　僧正隆寛
（書出）愛染王護摩所／奉供／大壇供三百八十四箇度／護摩供三百八十
四箇度
（書止）始自／正月一日迄今月今日并三百八十四箇日間、殊致精誠、奉供
如件、
（差出）阿闍梨僧正大和尚位隆寛

③不動護摩巻数写　応永卅二年十二月晦日
（端書）札云、不動供　権僧正隆寛
（書出）不動護摩所／奉供／大壇供三百八十四箇度／護摩供三百八十四
箇度
（書止）始自正月一日今〔脱アルカ〕／月今日并三百八十四箇日、殊致精誠、奉供如件、
（差出）阿闍梨僧正法印大和尚位隆寛

④大威徳護摩巻数写　応永卅二年十二月二日
（端書）将軍家御巻数也、／二十三ヶ日分
（書出）大威徳護摩所／奉修／大壇供六十九箇度／護摩供六十九箇度
（書止）始自去九日迄于今月今日并二十三箇／日之間、殊致精誠、奉供如
件、
（差出）阿闍梨僧正法印大和尚位隆寛

⑤愛染王護摩巻数写　元弘三年十二月廿九日
（端書）仙洞御巻数
（書出）愛染王護摩所／奉供／大壇供三百八十四箇度／護摩供三百八十
四箇度
（書止）始自正月一日迄于今月今日并三百八十四箇日之間、殊致／精誠、
奉修如件、
（差出）阿闍梨権僧正法印大和尚位

⑥虚空蔵供巻数写　元弘三年十二月廿九日
（書出）虚空蔵供所／奉供／供養法一百五十箇度／奉念／仏眼ーーーー
（書止）始自去十一月十日迄于今日并五十ヶ／日夜之間、殊致精誠、奉修
如件、
（差出）阿闍梨権僧正法印大和尚位

⑦不動供巻数写　元弘三年十二月廿九日
（書出）不動供所／奉供／供養法三百五十四箇度／奉念／仏眼ーーーー
（書止）始自正月一日迄于今月今日并三百八十／四箇日間、殊致精誠、奉
供如件、

（差出）阿闍梨権僧正法印大和尚位

⑧不動護摩巻数写　元弘〔脱アルカ〕年十二月廿八日

（書出）不動護摩所／奉供／大壇供／護摩供／諸神供／奉念／仏眼――
――

（書止）始自正月一日迄于今月今日并三百八十四ヶ日／之間、殊致精誠、
奉供如件、

（差出）阿闍梨権僧正法印大和尚位

⑨大威徳供巻数写　元弘三年十二月廿九日

（書出）大威徳供所／奉供／供養法五十箇度／奉念／仏眼／大日／不
動／本尊

（書止）始自去十一月十日迄今日并五十／箇日之間、殊致精誠、奉供如件、

（差出）阿闍梨権僧正法印大和尚位

⑩普賢延命供巻数写　暦応二年十二月卅日

（書出）普賢延命供所／奉供／供養法三百五十四箇度／奉念／仏眼／大
日

（書止）始自正月一日迄于今月今日并三百五十四／箇日之間、殊致精誠、
奉供如件、

（差出）阿闍梨権僧正法印大和尚位

⑪五大虚空蔵護摩巻数写　貞和五年八月二日

（書出）五大虚空蔵護摩所／奉供／大壇供二十一箇度／護摩供二十一箇
度／諸神供三箇度

（書止）始自去月廿五日迄于今日并一七ヶ日夜之間、殊致／精誠、奉供如
件、

（差出）阿闍梨前権〔脱アルカ〕正法印大和尚位

⑫摩利支天供巻数案　応永卅二年十二月晦日

（書出）摩利支天供所／奉供／供養法三百八十四箇度／奉念／仏眼／大
日／日天

（書止）始自正月一日迄今月／今日并三百八十四箇日之間、殊致精誠、奉
供如件、

（差出）阿闍梨僧正法印大和尚位隆寛

⑬大勝金剛護摩巻数写　応永卅二年十二月晦日

（書出）大勝金剛護摩所／奉供／大壇供／護摩供／諸神供／奉念／仏
眼／大日／本尊

（書止）始自正月一日迄今月今日／并三百八十四箇日之間、殊致精誠、奉
供如件、

（差出）阿闍梨―――

⑭仏眼護摩巻数写　（年月日未詳）

（書出）仏眼護摩所／奉供／大／護／諸／奉念／仏／大／本／金剛吉祥
成就明

（書止）不動／降三世／護摩／一字金輪／右、奉為護持右同、

⑮如意輪供巻数写　建仁元年三月廿六日

（書出）如意輪供所／奉供／供養法／奉念／仏／大／本／同心呪／同心

中心呪

（書止）始自去十九日至于今日／七箇日之間、殊致精誠、奉供如件、

（差出）仏子良海

⑯大勝金剛供巻数写　貞応二年八月廿一日

（書出）大勝金剛供所／奉供／供養法／奉念／仏／大／本／四仏／大金

／一字

（書止）始自／七月廿九日迄于今月今日并三七ヶ日夜之間、殊致／精誠、

奉供如件、

（差出）阿闍梨権律師法橋上人位憲—

⑰准胝供巻数写　（年月日未詳）

（書出）准胝供所／奉供／供養法／奉念／仏眼／大／尺迦／本／又／不

（書止）始自去年十二月六日至今年今月今／日并三十六ヶ日間、殊致精

誠、奉供如件、

⑱不動護摩巻数写　応永卅三年十二月八日

（書出）不動護摩所／奉供／供養法／護摩供／諸神供／奉念／仏／大／

本尊火界呪

（書止）始自去一日并一七ヶ日之間、致／精誠、奉供如件、

（差出）阿闍梨僧正法印大和尚位隆寛

⑲薬師供巻数写　応永卅三年十一月廿日

（書出）薬師供所／奉供／供／奉念／仏／大／本／同／日光／月光

（書止）始自今月／一日迄于今日并二十ヶ日夜之間、殊致精誠、奉供如件、

（差出）阿闍梨僧正法印大和尚位隆寛

⑳六字護摩巻数写　応永卅四年二月廿三日

（書出）六字護摩所／奉供／大／護摩／諸神／奉読／六字神呪王経二十

二巻

（書止）去始自十七日迄今日并一七ヶ日夜間、殊致精誠、／奉供如件、

（差出）阿闍梨｜｜｜

㉑軍荼利法巻数写　応永卅四年六月廿一日

（端書）是ハ五壇法ノ時巻数案於三条坊門万里小路将軍家、中壇花頂僧正、

（書出）軍荼利御修法所／奉供／大／護／諸／奉念／仏／大／不動

（書止）始自去十三日迄／于今日并一七ヶ日夜之間、率六口伴侶、（脱アルカ）殊精誠

奉供如件、

（差出）阿闍梨僧正法印大和尚位隆寛

㉒愛染王法巻数写　応永廿三年十一月廿日

（端書）将軍家御祈祷　三条殿／是ハ於石清水社頭被懃仕之時巻数、

（書出）愛染王御修法所／奉修／大壇／護摩／諸神／奉念／仏／大／本
（書止）始自去十四日迄○〔于〕今日并一七箇／日夜之間、殊致精誠、奉修如件、
（差出）阿闍梨前大僧正法印大和尚位隆寛

㉓清瀧本地護摩巻数写　応永廿七年十一月廿四日
（端書）如意輪　私注、山上旅殿唯〔准〕胝堂／如意輪護摩十ヶ日夜之間、被勤修之、／札云、清瀧本地護摩、権僧正隆寛
（書出）清瀧本地護摩所／奉修／大壇／護摩／諸神／奉念／仏／大／無量寿
（書止）始自去十四〔日脱カ〕迄于／今日十箇日夜之間、殊致精誠、奉修如件、
（差出）阿闍梨権僧正法印大和尚位隆寛

（備考）（一）・（二）一括、

四　如意輪供巻数写　二通

（一）　如意輪供巻数写　仁治三年六月廿六日　一通
安土桃山時代　竪紙　漉返紙　紙背あり　二四・五糎×四〇・五糎　一紙
（端書）札如意輪供　権少僧都憲―
（書出）左京大夫三位入道／如意輪供所／奉供／供養法二十一箇度／奉念／仏眼真言五百遍
（書止）始自今月十九日迄于今／日并一七箇日夜之間、殊致精誠、奉供如件、
（差出）阿闍梨権少僧都法眼和尚位憲―
（備考）奥に「右、奉為／金輪聖主玉躰安穏、宝祚延長、天下国土、炎旱消除、甘雨普潤、五穀成就、万民快楽、御願円満、／始自去廿九日迄于今月今日一七ヶ日夜之間、殊抽精誠、奉修如件、／天正十二年八月五日　大僧正義演／依綸旨如此候」、
（紙背）准胝供巻数写　（年月日未詳）　一通
竪紙
（書出）准胝供所／奉供／供養法二十一箇度／奉念／仏眼真言五百遍
（書止）一字金輪真言二千一百反大金輪無之、古案ニ無之候、何モノ／右、―――、

（二）　如意輪供巻数写　仁治三年六月廿六日　一通
江戸前期　竪紙　楮紙（奉書紙）　三一・五糎×四五・四糎　一紙
（端書）札如意輪供　権少僧都憲―
（書出）如意輪供所／奉供／供養法二十一箇度／奉念／仏眼真言五百遍
（書止）始自今月十九日迄于今日／并一七箇日夜之間、殊致精誠、奉供如件、
（差出）阿闍梨権少僧都法眼和尚位憲―

五　不動法記写　一通
鎌倉後期　竪紙　楮紙（強杉原）　三一・〇糎×四三・五糎　一紙
（端裏）六波羅祈禱修法建治二
（文首）建治二年十一月十四日ヨリ為六波羅祈祷、於／本房宝池院寝殿北向御前、不動御修法／一七ヶ日始行之、／阿闍梨定済僧正　伴僧八口

（文尾）愛染王護摩御方　不動護摩手代教舜　仁王講栄海アサリ／尊勝タラ
ニ諸衆面々

六　愛染王法記写　一通

南北朝時代　折紙　楮紙（強杉原）　紙背あり　二九・九糎×四三・三糎　一紙

（文首）弘安元年五月、自廿日於／富小路殿愛染王御修法一／七ヶ日／阿闍梨／伴僧八口、

（文尾）毎時御聴所　同数反を／奉行伺候へ、

（備考）折紙下段に「為忠」、モト包紙カ、紙背に包紙ウハ書「民部権大輔殿　定暁」、

七　如来寿量院結縁灌頂巻数案　徳治二年九月十五日　一通

鎌倉後期　竪紙　楮紙（檀紙）　三一・九糎×五三・四糎　一紙

（端裏）如来寿量院結縁灌頂巻数案徳治二　「第三」

（書出）如来寿量院／結縁灌頂所／奉修／両界供養法各一箇座

（書止）修結縁灌頂大法、十二／口金剛仏子等、殊致精誠、奉祈如件、仍勒遍数、謹解、

（差出）伝燈大法師位／権律師法橋上人位／権少僧都法眼和尚位／権少僧都法眼和尚位／法印大和尚位権大僧都／法印大和尚位権大僧都／法印大和尚位権大僧都／法印大和尚位権大僧都

（備考）奥に追記「平法印宣遍并凡僧略之、巻数役長尊許書之、実名不載請書、当座面々自筆書之、／結句ニ巻数役人帰本座加署、又案一紙書之、置脇机、名字不載之」、追記に合点、

八　後七日御修法巻数案　正和二年正月十四日　一通

鎌倉後期　竪紙　楮紙（強杉原）　三三・八糎×五三・二糎　一紙

（端裏）□□日御巻数案正和二

（端書）札銘云、／真言院御修法　法務、、

（書出）宮中真言院後七日御修法所／奉供／大壇供二十一箇度／息災護摩供二十一箇度

（書止）始自今月八日／至于今日并七箇日夜間、十五口僧綱大法師等、殊致精誠、／奉祈如件、仍勒遍数、謹解、

（差出）大行事大法師宗賀／阿闍梨法務権僧正法印大和尚位能—

九　諸尊法巻数書様　一巻

鎌倉後期　巻子装　前欠　楮紙（杉原）　二八・四糎×一〇七三・七糎　二十四紙

（備考）①〜㉘書継、

①某修法巻数書様　（年月日未詳）

前欠

（端裏）大方

（本文）一字金輪真言十三万一千遍／右、奉為　太上天皇御息災安穏、増長宝寿、御願／円満、始自五月十五日至于今日并三七箇日夜間、率／六口伴侶、殊致精誠、奉修如右、

②光明真言法巻数書様　（年月日未詳）

（書出）光明真言御修法所／奉供／大壇供二十一箇度／護摩供二十一箇

度
（書止）始自某日迄于今日并一七ヶ日夜間、率四口／伴侶、殊□□□、奉
修如件、

③真言院後七日御修法巻数書様　（年月日未詳）
（書出）真言院後七日御修法所／奉供／大壇供二十一箇度／息災護摩供
二十一箇度
（書止）十五口／大法師等、殊致精誠奉修如件、

④孔雀経法巻数書様　（年月日未詳）
（書出）孔雀経御修法所／奉供／大壇供二十一箇度／護摩供二十一箇度
（書止）右、依　宣旨、自今月日迄于今日并七ヶ日夜間、／廿二口金剛仏
子等、殊致精誠、奉祈　金輪聖王玉躰／安穏、増長宝寿、天長地
久之由、仍勒遍数、以解、

⑤仁王経法巻数書様　（年月日未詳）
（書出）仁王経御修法所／奉供／大壇供／護摩供二十一箇度
（書止）自今月一日迄于今日一七ヶ日夜間、率廿口僧侶、／殊致精誠、奉
修如件、仍勒反数、以解、

⑥神泉苑御修法巻数書様　（年月日未詳）
（書出）神泉苑御修法所／奉供／大壇供二十一箇度／護摩供二十一箇度
（書止）右、依　綸旨、始自今月十四日至于今日、為甘雨／普潤、五穀成
就、引率廿口大法師等、殊致精誠、／奉修如件、

⑦法花経法巻数書様　（年月日未詳）
（書出）法花経御修法所／奉供／大壇供二十一箇度／護摩供二十一箇度
（書止）始自某月日迄于今日并一七ヶ日夜間、／率八口伴侶、殊致精誠、
奉修如件、

⑧理趣経法巻数書様　（年月日未詳）
（書出）理趣経御修法所／奉供／大壇供二十一箇度／護摩供二十一箇度
（書止）始自ム月迄于今日并一七日夜間、率六口伴僧、／殊致精誠、奉修
如件、

⑨六字経法巻数書様　（年月日未詳）
（書出）六字御修法所／奉供／大壇供六十三箇度／護摩供六十三箇度
（書止）始自正月廿四日至于今月今日并三七ヶ日／夜之間、率六口伴僧、
殊致精誠、奉修如右、

⑩聖観音法并馬頭法巻数書様　（年月日未詳）
（書出）聖観音○〔御修可有歟〕法所／奉供／馬頭御修法所／奉供／大壇供二十一箇度
（書止）始自某月迄于今日并一七ヶ日夜間、／率六口伴侶、殊致精誠如件、

⑪十一面観音法巻数書様　（年月日未詳）
（書出）十一面御修法所／奉供／大壇供一百四十七箇度／護摩供一百四

十七箇度
（書止）始自十月九日迄于今月今日并五十ヶ日／間、率六口伴侶、殊致精誠、奉修如件、

⑫准胝法巻数書様（年月日未詳）
（書出）准胝御修法所／奉供／大壇供二十一箇度／護摩供二十一箇度／諸神供三箇度
（書止）始従今月／某日迄于今日一七ヶ日間、殊致精誠、奉修如件、

⑬如意輪法巻数書様（年月日未詳）
（書出）如意輪御修法所／奉供／大壇供二十一箇度／護摩供二十一箇度
（書止）始自某月日迄于今日并七ヶ日夜間、率／六口伴僧、殊致精誠、奉修如件、

⑭不空羂索護摩巻数書様（年月日未詳）
（書出）不空羂索護摩所／奉供／供養法六十三箇度／護摩供六十三箇度
（書止）自三月五日至于今日并三／七ヶ日夜間、致精誠、奉修如件、

⑮延命法巻数書様（年月日未詳）
（書出）延命御修法所／奉供／大壇供二十一箇度／護摩供二十一箇度
（書止）始自今月迄于今日一七ヶ日夜、殊致精誠、／奉修如件、

⑯五秘密法巻数書様（年月日未詳）
（書出）五秘密御修法所／奉供／大壇供二十一箇度／護摩供二十一箇度
（書止）始自某月日迄于今日并一七ヶ日夜間、／率六口伴侶、殊致精誠、奉修如件、

⑰五大虚空蔵法巻数書様（年月日未詳）
（書出）五大虚空蔵御修法所／奉供／大壇供二十一箇度／護摩供二十一箇度
（書止）始自今月ム日迄于今日一七ヶ日／夜間、殊致精誠、奉修如右、

⑱八字文殊法巻数書様（年月日未詳）
（書出）八字文殊御修法所／奉供／大壇供二十一箇度／護摩供二十一箇度
（書止）始自今月五日迄于今日／一七ヶ日夜間、殊致精誠、奉修如件、

⑲調伏法巻数書様（年月日未詳）
（書出）調伏御修法所／奉供／大壇供二十一箇度／護摩供二十一箇度
（書止）始自ム月日／迄于今日、率六口伴侶、殊致精誠、奉修如件、

⑳愛染王法巻数書様（年月日未詳）
（書出）愛染王御修法所／奉供／大壇供三百箇度／護摩供三百箇度
（書止）始自某月日迄今日并一百箇日夜間、殊致／精誠、奉修如件、

㉑不動法巻数書様（年月日未詳）

（書出）不動御修法所／奉供／大壇供一百五箇度／護摩供一百五箇度
（書止）始自十月廿九日迄于今日并五七ヶ日夜間、率／六口伴侶、殊致精
誠、奉修如右、

㉒降三世法巻数書様　（年月日未詳）
（書出）降三世御修法所／奉供／大壇供二十一箇度／護摩供二十一箇度
（書止）始自某月日迄于今日并一七ヶ日夜間、率／六口伴侶、殊致精誠、
奉修如右、

㉓軍荼利法巻数書様　（年月日未詳）
（書出）軍荼利御修法所／奉供／大壇供二十一箇度／護摩供二十一箇度
（書止）始自某月／日迄于今日、殊致精誠、奉修如件、

㉔大威徳法巻数書様　（年月日未詳）
（書出）大威徳御修法所／奉供／大壇供二十一箇度／護摩供二十一箇度
（書止）始自某日迄于今日并一七ヶ日夜間、率六口／伴侶、殊致精誠、奉
修如右、

㉕金剛夜叉法巻数書様　（年月日未詳）
（書出）金剛夜叉御修法所／奉供／大壇供二十一箇度／護摩供二十一箇
度
（書止）始自某月日迄于今日并一七ヶ日夜間、率／六口伴侶、殊致精誠、
奉修如右、

㉖烏瑟沙摩法巻数書様　（年月日未詳）
（書出）烏瑟沙摩御修法所／奉供／大壇供二十一箇度／護摩供二十一箇
度
（書止）始自／五月迄于今日并一七ヶ日夜間、率六口、殊致／精誠、奉修
如右、

㉗金剛童子法巻数書様　（年月日未詳）
（書出）金剛童子御修法所／奉供／大壇供二十一箇度／護摩供二十一箇
度
（書止）始自五月迄于今日并七ヶ日夜間、率／六口伴侶、殊致精誠、奉修
如右、

㉘北斗法巻数書様　（年月日未詳）
（書出）北斗御修法所／奉供／大壇供一百五箇度／護摩供一百五箇度
（書止）始自七月廿八日迄于今月今日并五七ヶ日夜／之間、殊致精誠、奉
修如件、

一〇　焰魔天供巻数写　応永廿五年九月八日　一通
江戸前期　竪紙　楮紙（高檀紙）　三七・〇糎×四九・三糎　一紙
（端裏）炎魔天供／内相符〔府〕御祈、座主御奉行、東寺三井等十壇云々、／応
永廿五九二始行、十七結願、／毎月自十二日十七日マテト云々、
当年中云々、
（書出）焰魔天供所／奉供／供養法一七箇度／奉念／仏眼真言百五十遍

一千九十
（書止）始自去二日迄于今日并一七箇夜／之間、殊致精誠、奉供如件、
（差出）阿闍梨前大僧正法印大和尚位隆源

一一　歓喜天供巻数案　応永廿七年十二月十三日　一通
室町前期　竪紙　漉返紙　二四・二糎×四一・七糎　一紙
（端裏）冬季以降源草写之、
（書出）歓喜天供所／奉供／供養法一十四箇度／奉念／仏眼真言二百八十三遍
（書止）始自去七日迄于今日／并一七箇日夜之間、殊致精誠、奉供如件、
（差出）阿闍梨前大僧正法印大和尚位

一二　不動供巻数案　享徳三年十二月廿五日　一通
室町中期　竪紙　楮紙（杉原）　二六・九糎×四四・八糎　一紙
（端裏）不動供　巻数案
（書出）不動供所／奉供／供養法二十一箇度／奉念／仏眼真言五百遍
（書止）始自今月十八日迄于今日并一七箇／日夜之間、殊致精誠、奉修如件、
（差出）阿闍梨法印権大僧都俊増
（備考）奥に「札云、／不動供　法印俊増」、

一三　不動護摩巻数案　大永二年十一月三十日　一通
室町後期　竪紙　漉返紙　二六・八糎×四五・〇糎　一紙
（書出）不動護摩所／奉供／大壇供三十箇度／護摩供三十箇度
（書止）自去一日迄于／今月今日并三十箇日間、殊致精誠、奉供如件、
（差出）阿闍梨法眼大和尚位大僧都源雅

一四　不動供巻数案　大永三年十二月　日　一通
室町後期　竪紙　漉返紙　二五・五糎×四一・〇糎　一紙
（端裏）諸家人案文
（書出）不動供所／奉供／供養法二十一箇度／奉念／仏眼真言五百遍
（書止）右、奉為護持施主息災安穏、増長福寿、／無辺所願、成就円満、一七ヶ日之間、〇殊抽精誠、奉供如件、
（差出）阿闍梨法眼和尚位大僧都源雅

一五　不動護摩巻数案　大永四年三月三十日　一通
室町後期　重紙　楮紙（強杉原）　三一・〇糎×四五・〇糎　二紙
（端裏）卅十日（マヽ）
（書出）不動護摩所／奉供／大壇供三十箇度／護摩供三十箇度
（書止）自去／一日迄于今月今日三十箇日之間、殊致精誠、奉供如件、
（差出）法印大和尚位大僧都義堯

一六　不動護摩巻数案　大永四年十一月二十九日　一通
室町後期　重紙　楮紙（強杉原）　三五・〇糎×三三・八糎　二紙
（端裏）二十九箇日之巻数案
（書出）不動護摩所／奉供／大壇供二十九箇度／護摩供二十九箇度

（書止）自去一日迄于今／月今日并二十九箇日之間、殊致精誠、所奉供如件、

（差出）阿闍梨法眼和尚位大僧都源雅

一七　不動供巻数案　大永五年十二月廿日　一通

室町後期　竪紙　地欠　漉返紙　三五・一糎×四三・八糎　一紙

（端裏）不動供巻数案

（書出）不動供所／奉供／供養法二十一箇度／奉念／仏眼真言五百遍

（書止）自去十三日迄于今月今日□□／箇日夜間、殊致精誠、奉供如件、

（差出）大僧都法眼和尚位源雅

（備考）ヤケあり、

一八　不動供巻数案　大永八年正月　日　一通

室町後期　竪紙　漉返紙　三五・三糎×四三・五糎　一紙

（書出）不動供所／奉供／供養法二十一箇度／奉念／仏眼真言五百遍

（書止）右、奉為護持施主息災安穏、増長福寿、／武運長久、所願円満、殊抽精誠、奉供如件、

（差出）阿闍梨法印大和尚位大僧都義尭

一九　愛染王供巻数案　天文二年十二月　日　一通

室町後期　竪紙　漉返紙　三五・九糎×四四・〇糎　一紙

（端裏）愛供一百度

（書出）愛染王供所／奉供／供養法一百箇度／奉念／仏眼真言二千一百遍

（書止）奉為護持女大施主御息災安穏、増長福寿、／無辺所願、成就円満、殊抽精誠、奉供如件、

（差出）権僧正法印大和尚位義尭

二〇　不動護摩巻数案　天文三年九月二日　一通

室町後期　竪紙　漉返紙　二四・二糎×四一・二糎　一紙

（書出）不動護摩所／奉供大壇供二十一箇度／護摩供二十一箇度／諸神供三箇度

（書止）自去二十六日迄于／今月今日并一七日夜間、殊致精誠、奉供如件、

（差出）阿闍梨権僧正法印大和尚位源雅

二一　愛染王供巻数案　天文三年十二月　日　一通

安土桃山時代　竪紙　漉返紙　紙背あり　二七・八糎×四五・八糎　一紙

（端裏）愛供廿一ヶ度

（書出）愛染王供所／奉供／供養法二十一箇度／奉念／仏眼真言五百遍

（書止）右、奉為／金輪聖主天長地久、玉躰安穏、増長／宝寿、無辺御願、成就円満、殊致精誠、／奉供如件、

（差出）大僧正法印大和尚位義尭

〔紙背〕某御修法巻数案　天正十二年四月廿三日　一通

竪紙

（本文）征夷大将軍幕下羽林殿下／右、奉為／護持大王御息災安穏、増長

福寿、無辺御願、成就円満、始自去十七日迄今月今日／并一七箇
日之間、殊精〔抽〕誠、奉供如件、
（差出）大僧正義演
（備考）奥に「自親王様毎月御祈祷之儀、被仰巻数□案文」、

二二　不動供巻数案　天文四年「七」九月「七」　日　一通
室町後期　竪紙　漉返紙　二四・九糎×四一・三糎　一紙
（端裏）不巻数案卅日
（書出）不動供所／奉供／供養法二十一「三十九」箇度／奉念／仏眼真言五百遍「六百三十」「六百七十九」
（書止）右、奉為護持施主「大」息災安穏、征夷大将軍亜相羽林殿下御増長福寿、／武運長久、御所願円満、
殊抽精誠、奉供如件、
（差出）法務「前」大僧正義尭
（備考）書入多数、

二三　不動供巻数案　天文十三年十月　日　一通
室町後期　竪紙　漉返紙　二七・四糎×四五・五糎　一紙
（書出）不動供所／奉供／供養法二十一箇度／奉念／仏眼真言五百返
千八百九十返廿三／六百卅返廿一
（書止）右、奉為護持施主息災安穏、増長福寿、／武運長久、祈願円満、
殊抽精誠、奉供如件、
（差出）前法務前大僧正義尭

二四　仁王般若経読誦巻数案　天文廿年三月三十日　一通
室町後期　竪紙　楮紙（杉原）　三一・〇糎×四五・一糎　一紙
（書出）仁王般若経所／奉読誦仁王般若経三十部
（書止）自去一日迄今月今日三十箇日之間、／殊致精誠、奉読如件、
（差出）阿闍梨権僧正源雅

二五　仁王般若経読誦巻数写　天文廿年三月三十日　一通
江戸前期　竪紙　楮紙（奉書紙）　三一・九糎×四五・五糎　一紙
（書出）仁王般若経所／奉読誦仁王般若経三十部
（書止）自去一日迄今月今日三十箇日之間、／殊致精誠、奉読如件、
（差出）阿闍梨権僧正源雅
（備考）二四号と同文、

二六　仁王般若経読誦巻数案　天文廿二年六月廿九日　一通
室町後期　竪紙　楮紙（杉原）　三一・一糎×四四・八糎　一紙
（端書）札ニ八、仁王般若経　法印俊聡
（書出）仁王般若経所／奉読誦／仁王般若経一百部
（書止）自去各〔脱アルカ〕抽精誠所、奉読誦如件、
（差出）法印大和尚位権大僧都俊聡

二七　仁王般若経読誦巻数写　天文廿二年六月〇〔廿〕九日　一通
江戸前期　竪紙　楮紙（奉書紙）　三一・九糎×四五・七糎　一紙
（端書）札ニ八、仁王般若経　法印俊聡

（書出）仁王般若経所／奉読誦○仁王般若経一百部
（書止）自去各抽精誠、〔脱アルカ〕所奉読誦如件、
（差出）法印大和尚位権大僧都俊聡
（備考）二六号と同文、

二八　愛染護摩供巻数案　天文二十四年九月　日　一通
室町後期　竪紙　漉返紙　二六・四糎×四三・九糎　一紙
（端書）産生平安　悉地円満
（書出）愛染護摩供所／奉供／護摩供二十一箇座／大壇供二十一箇座
（書止）右、奉為護持○（施主）敬愛成就、息災安穏、増長福寿、／無辺所願、悉地円満、殊抽精誠、奉修如件、
（差出）前法務前大僧正義尭

二九　不動供巻数土代　弘治二年三月　日　一通
室町後期　竪紙　漉返紙　二四・三糎×四三・三糎　一紙
（書出）不動供所／奉供／供養法二十一箇度／奉念／仏眼真言五百遍返
（書止）右、奉為　護持大施主征夷大将軍相公羽林殿下／御息災安穏、御武運長久、無辺御願、成就円満、／殊致精誠、奉供如件、
（差出）阿闍梨尭真
（備考）奥に「右、奉為」以下の奉呈文言を二様掲げる、

三〇　不動供巻数案　弘治四年正月（二十五日）日　一通
室町後期　竪紙　漉返紙　二六・三糎×四三・〇糎　一紙
（書出）不動供所／奉供／供養法二十一箇度／奉念／仏眼真言五百遍
（書止）右、奉為護持施主息災安穏、増長福寿、／武運長久、無辺諸願、成就円満、殊抽精誠、奉供／如件、
（差出）前法務前大僧正義尭

三一　不動供巻数案　永禄五年三月八日　一通
室町後期　竪紙　漉返紙　二四・五糎×三四・〇糎　一紙
（書出）不動供所／奉供／供養法二十一箇度／奉念／仏眼真言五百遍
（書止）一七ヶ日夜并／■廿一ヶ（箇）度、殊致精誠、奉修如件、
（差出）権少僧都源長

三二　不動供巻数案　永禄八年四月三十日　一通
室町後期　竪紙　漉返紙　二五・六糎×四三・五糎　一紙
（端書）不動供　法眼厳
（書出）不動供所／奉供／供養法三十箇度／奉念／仏眼真言五百遍
（書止）自去／一日迄○（于）今月今日（并）三十箇日間、殊致精誠、奉供如件、
（差出）法眼雅厳

三三　不動護摩巻数書止シ（年月日未詳）　一通
室町中期　竪紙　楮紙（強杉原）　三四・六糎×五五・五糎　一紙
（書出）不動護摩所／不動護摩所／奉供／供養法二十一箇度／護摩供二十一箇度
（書止）軍荼利真言二千五百遍／大威徳真言二千五百遍

三四　大勝金剛供巻数案　元亀二年正月　日　　一通
安土桃山時代　竪紙　漉返紙　三五・五糎×四〇・二糎　一紙
（書出）大勝金剛供所／奉供／供養法二十一箇度／奉念／仏眼真言五百
　遍
（書止）右、奉為　護持大施主御息《災》延命、増長福寿、／無辺所願、武運
　長久、成就円満、殊抽精誠、奉修如件、
（差出）権律師弥昭

三五　愛染王供巻数案　　二通
安土桃山時代　竪紙　漉返紙
（備考）（一）・（二）一括、同筆、同文、

（一）　愛染王供巻数案　天正五年十月十六日　　一通
二六・一糎×四三・六糎　一紙
（書出）愛染王供所／奉供／供養法二十一箇度／奉念／仏眼真言五百遍
（書止）自今月／十日迄于今日并一七箇日夜間、致精誠、奉修如件、
（差出）法印権大僧都源長

（二）　愛染王供巻数案　天正五年十月十六日　　一通
二六・一糎×四三・八糎　一紙
（書出）愛染王供所／奉供／供養法二十一箇度／奉念／仏眼真言五百遍
（書止）自今月／十日迄于今日并一七箇日夜間、致精誠、奉修如件、
（差出）法印権大僧都源長

三六　仁王経法巻数案　文禄五年七月廿八日　　一通
安土桃山時代　竪紙　漉返紙　三二・八糎×五〇・六糎　一紙
（端裏）下書也、　道場清冷〔涼〕殿
（書出）仁王経御修法所／奉供／大壇供二十一筒〔箇〕度／護摩供二十一箇度
（書止）自今月廿二日迄于今日七筒日夜／間、率十三口伴侶、殊致精誠、
　奉修如件、
（差出）大行事法眼和尚位長盛

三七　仁王経法職衆交名注進状案　文禄五年七月廿八日　　一通
安土桃山時代　竪紙　漉返紙　三二・八糎×五〇・三糎　一紙
（端裏）下書也、　道場清冷〔涼〕殿
（書出）注進　仁王経御修法僧交名事／大阿闍梨／准三后法務前大僧正
　法印大和尚位義演
（書止）大行事／法眼和尚位　長盛／右、注進如件、
（差出）大行事法眼和尚位長盛

三八　不動供巻数案　慶長三年十月七日　　一通
安土桃山時代　竪紙　漉返紙　三二・一糎×四四・五糎　一紙
（書出）不動供所／奉供／供養法二十一《九十》箇度／奉念／仏眼真言六百三十《千八百九十》
　遍
（書止）右、奉為護持大施主亜相殿下御息《災》／延命、武運長久、御願円満、
　殊抽精／誠、奉修如件、
（差出）法印権大僧都源長

三九　諸尊法巻数案等　七十七通・二紙・一葉

（備考）(一)〜(八〇)一括、

（一）不動法巻数案　元和九年十一月四日　一通

江戸前期　竪紙　漉返紙　三一・〇糎×四五・六糎　一紙

（書出）不動御修法所／奉修／大壇供二十一箇度／護摩供二十一箇度

（書止）始自去月廿八日迄于今月今日并一七箇日夜／間、率伴僧、殊致精誠、奉修如件、

（差出）大阿闍梨准三宮前大僧正法印大和尚位義演

（備考）義演筆、(二)と同文、

（二）不動法巻数案　元和九年十一月四日　一通

江戸前期　竪紙　漉返紙　紙背あり　三八・〇糎×五三・八糎　一紙

（書出）不動御修法所／奉修／大壇供二十一箇度／護摩供二十一箇度

（書止）始自去月廿八日迄于今月今日并一七箇日夜／間、率伴僧、殊致精誠、奉修如件、

（差出）大阿闍梨准三宮前大僧正法印大和尚位義演

（備考）(一)と同文、紙背に義演筆で「右、奉為」以下の奉呈文言を掲げる、

（三）不動供巻数案　寛永廿年四月八日　一通

江戸前期　竪紙　漉返紙　三四・三糎×四五・〇糎　一紙

（端裏）不動供寛永廿年四月八日 御台御祈、文箱巻数、

（端書）札云、不動供　前大僧正覚定

（書出）不動供所／奉供／供養法二十一箇度／奉念／仏眼真言二百八十三遍

（書止）始自去朔日迄于今月今日并一七箇日夜之間、／殊致精誠、奉供如件、

（差出）阿闍梨前大僧正法印大和尚位覚定

（備考）(三)〜(七)仮綴、

（四）不動供巻数案　寛永廿年十月廿八日　一通

江戸前期　竪紙　楮紙（美濃紙）　三〇・六糎×四四・〇糎　一紙

（端裏）不動供寛永廿 十廿八 御即位 禁裏御祈、

（端書）札云、不動供　前大僧正覚定

（書出）不動供所／奉供／供養法二十一箇度／奉念／仏眼真言二百八十三遍

（書止）始自去廿一日迄今日并一七箇日夜間、殊致精誠、奉修如件、

（差出）阿闍梨前大僧正法印大和尚位覚定

（五）不動護摩巻数案　寛永十四年六月七日　一通

江戸前期　竪紙　漉返紙　三四・〇糎×四六・八糎　一紙

（端裏）不動護摩巻数案文　円明院

（書出）不動護摩所／奉供／供養法二十一（大壇供一百）箇度／護摩供二十一（一百）箇度

（書止）始自去[redacted]（三）月十九日至于今月今日／并七十余箇日之間、満山大法師等、／殊致精誠、奉修如件、

（差出）阿闍梨法印権大僧都大和尚位真勝
（備考）書入、

（六）不動護摩巻数案　寛永八年五月十六日　一通
江戸前期　竪紙　漉返紙　三五・五糎×三三・七糎　一紙
（端裏）不動護摩巻数案文　円明院
（書出）不動護摩所／奉修／大壇供二十一箇度／護摩供二十一箇度
（書止）自去十日迄于今月／今日并一七箇日夜之間、殊致精誠、奉供如右、
（差出）阿闍利〔梨〕権律師法橋上人位「実仙」

（七）不動供巻数案　寛永十四年正月八日　一通
江戸前期　竪紙　楮紙（美濃紙）　三六・〇糎×四九・七糎　一紙
（端裏）不動供寛永十四年正月八日右府御不例、
（端書）札云、不動供　前大僧正覚定
（書出）不動供所／奉供／供養法二十一箇度／奉念／仏眼真言二百八十三遍
（書止）始自去朔日迄于今月今日并一七箇日夜之間、／殊致精誠、奉供如件、
（差出）阿闍梨前大僧正法印大和尚位覚定

（八）不動護摩巻数案　正保二年正月　日　一通
江戸前期　竪紙　楮紙（奉書紙）　三二・〇糎×四四・七糎　一紙
（端裏）不動護摩供所　正保貳年正月
（書出）不動護摩所／奉修／大壇供二十一箇度／護摩供二十一箇度
（書止）一七ヶ日／夜之間、満山衆徒等、殊抽精誠、奉修如件、
（差出）年預権律師俊栄

（九）不動供巻数案　正保三年九月八日　一通
江戸前期　竪紙　漉返紙　三四・六糎×四一・八糎　一紙
（端裏）不動供正保三　九　八大樹御不例御祈祷御本復、
（端書）札云、不動供　前大僧正覚定
（書出）不動供所／奉供／供養法二十一箇度／奉念／仏眼真言二百八十三遍
（書止）始自去朔日迄于今月今日并一七箇日夜之間、／殊致精誠、奉供如件、
（差出）阿闍梨前大僧正法印大和尚位覚定

（一〇）不動供法巻数案　明暦三年正月八日　一通
江戸中期　竪紙　漉返紙　三三・七糎×四一・六糎　一紙
（端裏）不動供明暦三正八大将殿御祈、
（書出）不動供所／奉供／供養法二十一箇度／奉念／仏眼真言二百八十三遍
（書止）始自去三日迄于今月今日并一七箇／日夜之間、殊致精誠、奉供如件、
（差出）前大僧都法眼大和尚位高賢
（備考）奥に「五月十日阿闍梨大僧都法眼大和尚位高賢／九月八日」、（一

〇)〜(二七) 仮綴、

(一一) 不動供巻数案　明暦二年八月八日　一通

江戸前期　竪紙　漉返紙　三四・〇糎×三九・三糎　一紙

(端裏) 不動供明暦二七廿八 大将殿御祈、

(書出) 不動供所／奉供／供養法二十一箇度／奉念／仏眼真言二百八十三遍

(書止) 始自去朔日朔日迄于今月今日并一七箇日夜之間、／殊致精誠、奉供如件、

(差出) 阿闍梨大僧都法眼大和尚位高賢

(備考) 月日脇に「九月八日」、

(一二) 不動供巻数案　明暦二年四月十三日　一通

江戸中期　竪紙　漉返紙　三八・八糎×四三・八糎　一紙

(端裏) 不動供明暦二　卯　十三 大樹疱瘡御祈、新院御所ヨリ御沙汰、

(端書) 札云、不動供　前大僧正覚定

(書出) 不動供所／奉供／供養法二十一箇度／奉念／仏眼真言二百八十三遍、

(書止) 始自去六日迄于今月今日并一七箇日夜之間、／殊致精誠、奉供如件、

(差出) 阿闍梨前大僧正法印大和尚位覚定

(一三) 不動供巻数案　明暦二年四月十三日　一通

江戸中期　竪紙　漉返紙　紙背あり　三四・四糎×四〇・七糎　一紙

(書出) 不動供所／奉供／供養法二十一箇度／奉念／仏眼真言二百八十三遍

(書止) 始自去六日迄于今月今日并一七箇日夜之間、／殊致精誠、奉供如件、

(差出) 阿闍梨前大僧正法印大和尚位覚定

〔紙背〕幸心抄下書写本奥書集記　(年月日未詳)　一通

折紙

(書出) 応永卅三年十二月初旬、書写了、／追可清書也、万〔満〕済／応永廿二年十月四日於法身院／南窓令書写畢、前大僧正判

(書止) 東長私記永和四年　山伏新熊野別当 教令院定紹于時権僧正、

(備考) 満済・義演・淳基の奥書等を記す、折紙上段奥に貼紙、折紙下段に方形黒印九顆、

(一四) 不動供巻数案　承応三年十月十五日　一通

江戸前期　竪紙　楮紙(奉書紙)　三六・八糎×五一・七糎　一紙

(端裏) 不動供承応三十十五 将軍御祈、従女院御所御沙汰也、

(端書) 札云、不動供　前大僧正覚定

(書出) 不動供所／奉供／供養法二十一箇度／奉念／仏眼真言二百八十三遍

(書止) 始自去八日迄于今月今日并一七箇日夜之間、／殊致精誠、奉供如件、

(差出) 阿闍梨前大僧正法印大和尚位覚定

（備考）月日脇に「十一月八日」「十二月八日」、

（一五）不動供巻数案　承応三年十二月廿三日　一通
江戸前期　竪紙　楮紙（奉書紙）　三一・〇糎×四五・三糎　一紙
（書出）不動供所／奉供／供養法二十一箇度／奉念／仏眼真言五百遍
（書止）自去十六日迄于今日／并十七箇日夜之間、殊致精誠、奉供如右、
（差出）阿闍梨前大僧正法印大和尚位寛済

（一六）不動供巻数案　承応三年十二月　一通
江戸前期　竪紙　漉返紙　三八・八糎×四九・三糎　一紙
（書出）不動供所／奉供／供養法二十一箇度／奉念／仏眼真言二百八十三遍
（書止）始自去八日迄于今月今日并一七箇日夜之間、／殊致精誠、奉供如件、
（備考）本文末行・年月日下に追記、

（一七）不動供巻数案　明暦二年四月九日　一通
江戸中期　竪紙　漉返紙　三四・二糎×四〇・九糎　一紙
（端裏）文箱巻数不動供明暦二卯九 将軍御祈、疱瘡、
（端書）札云、不動供　前大僧正覚定
（書出）不動供所／奉供／供養法二十一箇度／奉念／仏眼真言二百八十三遍
（書止）始自去二日迄于今月今日并一七箇日夜之間、／殊致精誠、奉供如件、
（差出）阿闍梨前大僧正法印大和尚位覚定
（備考）月日脇に「八月八日」、

（一八）不動供巻数案　明暦二年四月九日　一通
江戸中期　竪紙　漉返紙　三四・二糎×四一・二糎　一紙
（端裏）不動供明暦二卯九、下醍醐惣寺中、将軍御疱瘡御祈、
（端書）札云、不動供　于時年預法印演慶
（書出）不動供所／奉供／供養法二十一箇度／奉念／仏眼真言二百八十三遍
（書止）始自去二日迄于今月今日并一七箇日夜之間、／殊致精誠、奉供如件、
（差出）阿闍梨法印権大僧都大和尚位演慶

（一九）不動供巻数案　承応〔明暦〕三年十二月二十日　一通
江戸中期　竪紙　漉返紙　三一・〇糎×四五・五糎　一紙
（端裏）不動供歳末祈、
（書出）不動供所／奉供／供養法二十一箇度／奉念／仏眼真言五百遍
（書止）自去十三日迄于今日／并一七箇日夜之間、殊致精誠、奉供如右、
（差出）阿闍梨前大僧正法印大和尚位寛済

（二〇）不動護摩法巻数案　明暦四年三月八日　一通
江戸中期　竪紙　漉返紙　三三・〇糎×四三・二糎　一紙

（端裏）文箱巻数不動護摩江戸大火事大樹御祈従女院御所御沙汰、三月八日江戸御慎ノ故申来也、明暦四四二遣之也、
（端書）札云、不動護摩　前大僧正覚定
（書出）不動護摩所／奉修／大壇供二十一箇度／護摩供二十一箇度
（書止）自去朔日至于今月今日／并一七箇日夜之間、殊致精誠、奉修如件、
（差出）阿闍梨前大僧正法印大和尚位覚定

（一一）　不動供巻数案　明暦四年四月八日　一通
江戸中期　竪紙　漉返紙　三二・〇糎×四二・〇糎　一紙
（端裏）不動供新院御所疱瘡御祈、明暦四四八、
（端書）札云、不動供　前大僧正覚定
（書出）不動供所／奉供／供養法二十一箇度／奉念／仏眼真言二百八十三遍
（書止）始自去朔日迄于今月今日并一七箇／日夜之間、殊致精誠、奉供如件、
（差出）阿闍梨前大僧正法印大和尚位覚定

（一二）　不動供巻数案　慶安三年九月八日　一通
江戸前期　竪紙　漉返紙　三四・二糎×四三・七糎　一紙
（端裏）不動供　征夷御祈祷
（書出）不動供所／奉供／供養法二十一箇度／奉念／仏眼真言二百八十三遍
（書止）始自去朔日迄于今月今日并一七箇日夜之間、／殊致精誠、奉供如件、
（差出）阿闍梨前大僧正法印大和尚位覚定

（一三）　不動供巻数案　慶安貳〔四〕年貳〔四〕月四〔三〕月十五日〔八日〕　一通
江戸前期　竪紙　漉返紙　三二・五糎×四二・五糎　一紙
（端裏）不動供／大樹御不例御祈、慶安四三、
（端書）札云、不動供　前大僧正覚定
（書出）不動供所／奉供／供養法二十一箇度／奉念／仏眼真言二百八十三遍
（書止）始自去八〔朔〕日迄于今月今日并一七箇日夜之間、／殊致精誠、奉供如件、
（差出）阿闍梨前大僧正法印大和尚位覚定

（一四）　不動護摩巻数案　慶安第五壬辰年五月吉日　一通
江戸前期　竪紙　漉返紙　三四・二糎×五〇・三糎　一紙
（端裏）不動護摩巻数
（書出）不動明王護摩所／奉供／大壇供二十一ヶ度／護摩供二十一ヶ度
（書止）一々御願成就／円満、一七日殊致精誠、奉供奉念如右、
（差出）定歓

（一五）　不動護摩巻数案　承応貳年／十月吉日　一通
江戸前期　竪紙　漉返紙　三一・三糎×四五・〇糎　一紙
（書出）不動護摩供所／供養法二十一箇度／諸神供三箇度

（書止）右、奉為／護持施主息災延命、武運長久、子孫繁昌、／無辺所願、
決定成就、決定円満、一山学徒／抽精誠所奉勤修、念誦遍数如件、
（差出）醍醐山／別当権僧正

（二一六）不動供巻数案　承応三年二月八日　一通
江戸前期　竪紙　漉返紙　三五・四糎×四五・六糎　一紙
（端裏）不動供承応三二八仙洞御祈、従新院御所御沙汰、
（端書）札云、不動供　前大僧正覚定
（書出）不動供所／奉供／供養法二十一箇度／奉念／仏眼真言二百八十
三遍
（書止）始自去朔日至于今月今日／并一七箇日夜之間、殊致精誠、奉修如
件、
（差出）阿闍梨前大僧正法印大和尚位覚定
（備考）月日脇に「三月八日／四月八日／五月八日／六月八日／七月八
日／八月八日／九月八日／十月八日／十一月八日／十二月八
日」、

（二一七）不動供巻数案　明暦二年四月十三日　一通
江戸中期　竪紙　漉返紙　三九・〇糎×四九・六糎　一紙
（端裏）文箱不動供明暦二卯十三大樹疱瘡御祈、従　新院御所御沙汰、
（端書）札云、不動供　前大僧正覚定
（書出）不動供所／奉供／供養法二十一箇度／奉念／仏眼真言二百八十
三遍、
（書止）始自去六日迄于今月今日并一七箇日夜之間、／殊致精誠、奉供如
件、
（差出）阿闍梨前大僧正大和尚位覚定

（二一八）不動供巻数案　万治元年八月八日　一通
江戸前期　竪紙　漉返紙　三四・五糎×四一・三糎　一紙
（端裏）文箱巻数不動供将軍御祈、従女院御所御沙汰、江戸三月八月御慎ノ間、御祈申来也、万治元年八月晦日
（端書）札云、不動供　前大僧正覚定
（書出）不動供所／奉修／供養法二十一箇度／奉念／仏眼真言二百八十
三遍
（書止）始自去朔日至于今月今日／并一七箇日夜之間、殊致精誠、奉修如
件、
（差出）阿闍梨前大僧正法印大和尚位覚定
（備考）（二一八）～（四三）仮綴、

（二一九）不動護摩巻数案　万治三年十二月晦日　一通
江戸前期　竪紙　楮紙（美濃紙）　三一・四糎×四四・〇糎　一紙
（端裏）不動護摩所　万治三年
（書出）不動護摩所／奉修／護摩供三百五十四箇度／奉念／仏眼真言七
千五百遍
（書止）始自正月一日迄于／迄于今月今日并三百五十四箇日之間、満山学
侶殊致精誠、奉修如件、
（差出）権僧正法印大和尚位甚信

（備考）奥に「禅定仙院／護持大施主／女院」、

（三〇）不動護摩巻数案　万治三年十二月晦日　一通
江戸前期　竪紙　楮紙（美濃紙）　三一・九糎×四四・四糎　一紙
（書出）不動護摩所／奉修／護摩供三百五十四箇度／奉念／仏眼真言七千五百遍
（書止）始自正月一日／迄于今月今日并三百五十四箇日之間、満山学侶殊致精誠、奉修如件、
（差出）別当権僧正法印大和尚位甚信

（三一）不動護摩巻数案　万治三年十二月晦日　一通
江戸前期　竪紙　楮紙（美濃紙）　三一・五糎×四四・三糎　一紙
（書出）不動護摩所／奉修／護摩供三百五十四箇度／奉念／仏眼真言七千五百遍
（書止）右、奉為／金輪聖王玉躰安穏、増長宝寿、御願成就、始自正月一日／迄于今月今日并三百五十四箇日之間、満山学侶殊致精誠、奉修如件、
（差出）権僧正法印大和尚位甚信

（三二）不動護摩巻数案　万治四〔三〕年十二月晦日　一通
江戸前期　竪紙　漉返紙　三〇・五糎×四四・八糎　一紙
（書出）不動護摩所／奉修／護摩供三百五十四箇度／奉念／仏眼真言七千五百遍
（書止）始自正月一日／迄于今月今日并三百五十四箇日之間、〇〔満山之学侶〕殊致精誠、奉修如件、
（差出）阿闍梨権僧正法印大和尚位甚信

（三三）不動護摩巻数案　寛文四稔十二月晦日　一通
江戸前期　竪紙　漉返紙　三三・七糎×四三・五糎　一紙
（端裏）不動護摩所　寛文四年十二月
（書出）不動護摩所／奉供／供養法三百八十四箇座／護摩供三百八十四箇度
（書止）右、奉為／護持大守息〔災〕安穏、増長福寿、武運長久、始正月一日／迄于今月今日、満山学侶殊致精誠、奉修如件、
（差出）権僧正法印大和尚位甚信

（三四）不動護摩巻数案　寛文六年五月　日　一通
江戸前期　竪紙　楮紙（奉書紙）　三〇・八糎×四三・七糎　一紙
（書出）不動護摩所／奉修／大壇供二十一箇度／護摩供二十一箇度／諸神供三箇度
（書止）一七箇日夜之間、満山衆徒殊抽精誠、所修如件、
（差出）別当法印大和尚位権僧正甚信

（三五）不動護摩巻数案　寛文十八年五月　日　一通
江戸前期　竪紙　楮紙（美濃紙）　三〇・五糎×四三・五糎　一紙
（端裏）不動護摩所　寛文十八年五月

（書出）不動護摩所／奉修／大壇供二十一箇度／護摩供二十一箇度／諸
神供三箇度
（書止）一七ヶ／日夜之間、満山衆徒殊抽精誠、所修如件、
（差出）山務権僧正甚信
（備考）奥下に「牧野佐州公へ遣」、

（三六）不動護摩巻数案　寛文八年十二月廿九日　一通
江戸前期　竪紙　楮紙（高檀紙）　三三・八糎×四三・二糎　一紙
（端裏）不動護摩供所　寛文八年
（書出）不動明王護摩所／奉供／供養法三百五十五箇度／護摩供三百五
十五箇度
（書止）始自／正月一日迄于今月今日并三百五十五箇日夜之間、満山禅
侶／殊致精誠、奉修如件、
（差出）権僧正法印大和尚位甚信

（三七）不動護摩巻数案　寛文十二年五月八日　一通
江戸前期　竪紙　楮紙（高檀紙）　三六・七糎×四九・五糎　一紙
（端裏）女御御祈祷正五九月巻数
（書出）不動護摩所／奉修／大壇供二十一箇度／護摩供二十一箇度／諸
神供三箇度
（書止）始自去朔日至于今月八日／并一七箇日夜之間、殊致精誠、奉修如
件、
（差出）大阿闍梨前法務大僧正高賢

（備考）月日脇に書入「九（月）八日」、本文途中より後筆、

（三八）不動護摩巻数案　寛文十二年十二月晦日　一通
江戸前期　竪紙　楮紙（美濃紙）　二六・七糎×三八・五糎　一紙
（端裏）不動護摩巻数之案
（書出）不動明王護摩所／奉修／供養法三百八十四箇度／護摩供三百八
十四箇度
（書止）始自／正月一日到于今月今日凡三百八十四箇日夜之間、満山学
侶／等殊抽精誠、奉修如件、
（差出）権僧正法印大和尚位甚信

（三九）不動護摩巻数案　寛文十二年十二月晦日　一通
江戸前期　竪紙　楮紙（美濃紙）　二六・七糎×三八・五糎　一紙
（端裏）不動護摩巻数之案
（書出）不動明王護摩所／奉修／供養法三百八十四箇度／護摩供三百八
十四箇度
（書止）始自／正月一日到今月今日凡三百八十四箇日夜之間、満山学侶／
等殊致精誠、奉修如件、
（差出）権僧正法印大和尚位甚信

（四〇）不動供巻数案　寛文十三年二月七〔四〕日　一通
江戸前期　竪紙　楮紙（美濃紙）　三〇・五糎×三四・七糎　一紙
（書出）不動供所／奉供／供養法二十一箇度／奉念／仏眼真言五百遍／

大日真言二千一百遍
（書止）自今〔去〕月朔〔廿八〕日／迄今日并一七箇日間、致精誠、奉供如右、

（四一）不動護摩巻数案　延宝五丁巳年閏十二月　一通
江戸前期　竪紙　漉返紙　裏書あり　三三・四糎×四三・二糎　一紙
（端裏）此巻数認様ハ閏年之遍数也、
（書出）不動護摩所／奉供／供養法三百八十四箇度／護摩供三百八十四箇度
（書止）始自／正月一日至于今月今日凡三百八十四箇日夜之間、満山大衆等殊致誠（マヽ）／精、奉修如件、
（差出）上醍醐山務権僧正定昌
（備考）裏書「女御巻数奥書／右、奉為　護持女御増長宝寿、御息災安穏、御心中諸願皆悉円満、始／自正月一日至于今月今日凡三百八十四箇日夜之間、満大衆等殊致精／誠奉修如件、／｜｜｜　｜｜｜」、

（四二）不動護摩巻数案　延宝八年十二月　日　一通
江戸前期　竪紙　楮紙（高檀紙）　三七・三糎×五六・六糎　一紙
（端裏）延宝八年十三ヶ月／山上長日護摩大女御様巻数之案
（書出）不動明王護摩所／奉修／供養法三百八十四ヶ度／護摩供三百八十四ヶ度
（書止）始自正月一日到于今月今日凡三百八十四ヶ日夜之間、満山僧侶等／殊致精誠、奉修如件、
（差出）一老権大僧都法印定円

（四三）不動護摩巻数案　延宝九年十二月　日　一通
江戸前期　竪紙　楮紙（高檀紙）　三九・二糎×五七・二糎　一紙
（端裏）延宝八年十三ヶ月／山上長日護摩禁裏様巻数之案
（端書）付札ニ／不動明王護摩所　上醍醐寺
（書出）不動明王護摩所／奉修／供養法三百八十四ヶ度／護摩供三百八十四ヶ度／諸神供三十八ヶ度
（書止）始自／正月一日到于今月今日凡三百八十四ヶ日夜之間、満山僧侶等／殊致精誠、奉修如件、
（差出）一老権大僧都法印定円

（四四）不動供巻数案　貞享三年十一月十六日　一通
江戸中期　竪紙　楮紙（美濃紙）　三〇・〇糎×四五・七糎　一紙
（書出）不動供所／奉供／花水供四十二箇度／飲食供四十二箇度／燈明供四十二箇度
（書止）始自／去三日到于今月二七箇日夜之間、殊致精誠、／奉供奉念如右、
（差出）金剛仏子観典
（備考）（四四）～（六一）仮綴、

（四五）不動護摩巻数案　貞享四年十月十三日　一通
江戸中期　竪紙　楮紙（美濃紙）　三三・二糎×四五・五糎　一紙
（端裏）二重許可重位前行之時ノ巻数
（書出）不動護摩所／奉供／供養法二十一箇度／護摩供二十一箇度／諸

神供三箇度
（書止）右、為護持仏子滅罪生善、悉地円満、始去七月／到于今月一七ヶ日夜間、殊致精誠、奉供奉念如右、
（差出）金剛仏子堯観

（四六）不動護摩巻数案　元禄六年十二月　日　　一通
江戸中期　竪紙　楮紙（美濃紙）裏書あり　三一・二糎×四四・二糎　一紙
（端裏）長日巻数案文
（書出）不動護摩所／奉供／供養法三百五十四箇度／護摩供三百五十四箇度
（書止）始自去正月一日致于今月今日／凡三百五十四箇日之間、満山僧等（侶或）殊致精誠、奉修如件、
（差出）別当権僧正法印大和尚位定〓
（備考）裏書に「十二ヶ月三百五十四ヶ日巻数案」書様・札図等あり、

（四七）不動供巻数案　元禄十七年正月九日　　一通
江戸中期　竪紙　漉返紙　三〇・三糎×四四・五糎　一紙
（書出）不動供御修法所／奉供／供養法五十箇度／奉念／仏眼真言千五十遍
（書止）始自正月二日／迄于今日并一七箇日夜間、満山大衆等殊致精誠、奉修如件、
（差出）阿闍梨法印権大僧都大和尚位賢隆

（四八）不動供巻数書様（年月日未詳）　　一通
江戸中期　竪紙　漉返紙　紙背あり　三〇・三糎×四四・五糎　一紙
（書出）不動供御修法所／奉供／供養法二十一箇度／奉念／仏眼／大日／本尊火界呪
（書止）始自正月二日迄于今日并一七箇日夜間、満山大衆等／殊致精誠、奉修如件、
（備考）奥に「年預へ人数書ノ事／郡代九日ニ付届ノ事／手日録両寺別ノ事／巻数四文字ノ事／朱かさノ事」、
（紙背）不動供巻数案　元禄十七年正月九日　　一通
竪紙
（本文）御祈祷之事／仁王講一七ヶ日読経五十部、／不動供一七ヶ日三時廿一座／右、従正月二日至今日、満山僧侶抽精誠、奉供如件、
（差出）上醍醐寺学侶中

（四九）不動護摩巻数案　宝永二年五月七日　　一通
江戸中期　竪紙　楮紙（高檀紙）四〇・三糎×五六・〇糎　一紙
（書出）不動護摩所／奉修／大壇供二十一箇度／護摩供二十一箇度／諸神供二十一箇度
（書止）始自去晦日至于今月今日／并一七箇日夜之間、殊致精誠、奉修如件、
（差出）法務前大僧正大和尚位房演

（五〇）　不動護摩巻数案　宝永六年正月七日　一通
江戸中期　竪紙　楮紙（高檀紙）　四〇・八糎×三七・〇糎　一紙
（書出）不動護摩所／奉修／大壇供二十一箇度／護摩供二十一箇度／諸
神供二十一箇度
（書止）始自去晦日至于今月今日并一七箇／日夜之間、殊致精誠、奉修如
件、
（差出）法務前大僧正法印大和尚位房演

（五一）　不動護摩巻数案　享保五年十二月　日　一通
江戸中期　竪紙　漉返紙　三〇・七糎×四四・八糎　一紙
（端裏）山上例年上ル巻数案
（書出）不動護摩所／奉供／供養法三百八十四ヶ度〔五十五ヶ度〕
（書止）始自去正月朔日致于今月今日凡三百五十五箇日之間、／満山僧侶
殊致精誠、奉修如件、
（差出）別当権僧正法印大和尚位運助

（五二）　不動護摩巻数案　享保六年十二月　日　一通
江戸中期　竪紙　楮紙（美濃紙）　三三・八糎×四六・五糎　一紙
（書出）不動護摩供所／奉供／供養法三百八十四箇度／護摩供三百八十
四箇度
（書止）始自去正月一日迄于今月／今日凡三百八十四箇日之間、満山僧侶
殊致精誠、奉修如右、
（差出）別当権僧正法印大和尚位運助

（五三）　不動護摩巻数案　享保十六年十一月五日　一通
江戸中期　竪紙　漉返紙　二九・三糎×四六・八糎　一紙
（端裏）享保十六年亥十一月五日権僧正宣雅初開旦〔壇〕前行巻数、功年七十五
才、依為極老略儀歟、
（書出）不動護摩所／奉修／供養法六十三箇度／護摩供二十一箇度
（書止）右、為護持仏子滅罪生善、悉地成就、始自去十月十三日至／于今
月今日三七箇日夜間、殊致精誠、奉供奉念如右、
（差出）金剛仏子宣雅

（五四）　不動護摩巻数案　享保十七年五月三日　一通
江戸中期　竪紙　楮紙（美濃紙）　三〇・四糎×四三・五糎　一紙
（書出）不動護摩所／奉供／大壇供　三百箇度／護摩供　三百箇度／諸
神供　十一箇度
（書止）右、為護持仏子滅罪生善、悉地成就、□□自正月廿一日至于／今
月今日一百箇日夜之間、殊致精誠、奉供奉念如右、
（差出）仏子覚亮

（五五）　不動護摩巻数案　宝暦四年五月五日　一通
江戸中期　竪紙　楮紙（美濃紙）　二八・〇糎×四一・〇糎　一紙
（端裏）宝暦四甲戌五月宗諄入壇ニ付道雅初開壇前行、／不動護摩三七日
勤修結願巻数、／第一度灌頂前行　宝暦四年甲戌五月十日丑、亢宿
月曜、／伝法灌頂修行、予授与初也、
（書出）不動護摩所／奉修／大壇供六十三箇度／護摩供六十三箇度／諸

神供五箇度

（書止）右、為護持仏子滅罪生善、悉地成就、始自去四月十五日至于／今日三七箇日夜間、殊致精誠、奉供奉念如右、

（差出）金剛仏子道雅

（五六）不動護摩巻数案　宝暦九年二月廿三日　一通

江戸中期　竪紙　楮紙（美濃紙）　二九・二糎×四一・三糎　一紙

（端裏）不動護摩正行

（書出）不動護摩所／奉供／大壇供三百箇度／護摩供三百箇度

（書止）右、為護持仏子滅罪生善、悉地成就、始自十一月十一日／至于今月今日一百箇日夜之間、殊致精誠、奉供奉念／如右、

（差出）仏子定隆

（五七）不動護摩巻数案　宝暦十三年九月三日　一通

江戸中期　竪紙　楮紙（美濃紙）　三〇・八糎×四三・二糎　一紙

（端裏）第三度灌頂前行／宝暦十三癸未歳九月廿一日乙亥柳宿木曜、／伝法灌頂修行、受者権少僧都定隆、／阿闍梨前行、不動護摩一七日勤修、

（書出）不動護摩所／奉供／大壇供二十一箇度／護摩供二十一箇度／諸神供三箇度

（書止）右、為護持仏子滅罪生善、悉地成就、始自去廿五日至于／今日一七箇日夜之間、殊致精誠、奉供奉念如右、

（差出）金剛仏子道雅

（五八）不動護摩巻数案　宝暦四年十二月　日　一通

江戸中期　竪紙　楮紙（美濃紙）　三・八糎×四六・二糎　一紙

（端裏）閏月ノ年三百八十四日之時、如此認献上ス、但シ奉供奉念等／無異、奥書禁裏様五ックダリ、其外ハ三クダリ也、年号月日各等ハ無異、／タヾシ名ハ時ノ一﨟ノ名ヲ書也、則一﨟ヨリ認、年始ニ献之也、／僧都淳杲

（書出）不動明王護摩所／奉供／供養法三百八十四〔五〕箇度／護摩供三百八十四箇度

（書止）始自去正月一日／至于今月今日凡三百八十四箇日之間、満山僧侶殊致精誠、奉修如件、

（差出）山上一﨟権僧正法印大和尚位澄翁

（備考）追記、結札（美濃紙、三・二糎×一・五糎、ウハ書「不動明王護摩所上醍醐寺」）、

（五九）不動護摩巻数案　安永七年十二月　日　一通

江戸中期　竪紙　楮紙（美濃紙）　三・七糎×四六・四糎　一紙

（書出）不動明王護摩所／奉供／供養法三百八十四箇度／護摩供三百八十四箇度

（書止）始自去正月／朔日至于今月今日凡三百八十四箇日之間、満山／僧侶殊致精誠、奉修如件、

（差出）別当権僧正法印大和尚位淳杲

（六〇）供養法度数注文（年月日未詳）　一通

江戸中期　竪紙　後欠　漉返紙　二四・四糎×三三・〇糎　一紙
（書出）五十五ヶ日／供養法三百五十五箇度／護摩供三百五十五箇度
（文尾）同ーーー三十八万四千遍／四大ーーー各三万八千四百遍／大□□□□遍

（六一）　不動護摩巻数案　天保十五年十二月　日　一通
江戸後期　竪紙　地欠　楮紙（美濃紙）　二四・三糎×三三・五糎　一紙
（書出）不動明王護摩所／奉供／供養法三百五十五箇度／護摩供三百五十五箇度
（書止）始自去正月朔日至□□□□／凡三百五十五箇日之間、満山僧綱殊致精誠、奉□□□
（差出）別当僧正法印大□□□
（備考）（八〇）に接続、

（六二）　不動護摩巻数案包紙　（年月日未詳）　一紙
江戸後期　竪紙　楮紙（美濃紙）　四〇・七糎×二八・三糎　一紙
（備考）ウハ書「不動護摩巻数　僧正法印大和尚位澄意」、（六三）の包紙か、（六二）〜（八〇）仮綴、

（六三）　不動護摩巻数案　文化八年三月二十日　一通
江戸後期　竪紙　楮紙（美濃紙）　三二・五糎×四五・五糎　一紙
（書出）不動護摩所／奉供／大壇供二十一箇度／護摩供二十一箇度
（書止）斎會以修乳木八千枚焚焼、殊致／精誠、奉供奉念如右、
（差出）僧正法印大和尚位澄意
（備考）貼紙、

（六四）　不動護摩巻数案　天保四《三》三年十二月　日　一通
江戸後期　竪紙　楮紙（美濃紙）　三二・五糎×四五・〇糎　一紙
（書出）不動明王護摩所／奉供／供養法三十八（マヽ）十四箇度／護摩供三百八十四箇度
（書止）始自去正月朔日至于今月今日／凡三百八十四箇日之間、満山僧侶殊致精誠、奉修如件、
（差出）別当僧正法印大和尚位淳覚

（六五）　不動護摩巻数案　天保三年十二月　日　一通
江戸後期　竪紙　楮紙（美濃紙）　三二・三糎×四四・六糎　一紙
（書出）不動明王護摩所／奉供／供養法三百八十四箇度／護摩供三百八十四箇度
（書止）始自去正月朔日至于／今月今日凡三百八十四箇日之間、満山僧侶殊致精誠、奉修／如件、
（差出）別当僧正法印大和尚位淳覚

（六六）　不動護摩巻数案包紙　（年月日未詳）　一紙
江戸後期　竪紙　楮紙（美濃紙）　四一・〇糎×二七・七糎　一紙
（備考）ウハ書「不動護摩巻数案　僧正法印大和尚位澄意／文化八年次辛未三月廿日戊戌斗宿日曜、於和州生駒山／八千枚護摩修行結願所

用巻数案也」、(六七)の包装か、

(六七)不動護摩巻数案　文化八年三月二十日　一通
江戸後期　竪紙　楮紙(美濃紙)　二七・七糎×四一・一糎　一紙
(書出)不動護摩所／奉供／大壇供二十一箇度／護摩供二十一箇度
(書止)当結願斎會以修乳木八千枚焚焼、殊致／精誠、奉供奉念如右、
(差出)僧正法印大和尚位澄意

(六八)不動法巻数案　文化元年十二月　日　一通
江戸後期　竪紙　楮紙(美濃紙)　三二・三糎×四五・〇糎　一紙
(端裏)甲子御祈巻数案
(書出)不動御修法所／奉供／供養法九箇度／奉念／仏眼真言百八十遍
(書止)始従今月、、今日三箇日夜之間、率六口伴侶、／殊致精誠、奉修如件、
(差出)阿闍梨法務前大僧正法印大和尚位、、

(六九)不動護摩巻数案　天明五年五月六日　一通
江戸後期　竪紙　楮紙(美濃紙)　二六・五糎×四一・〇糎　一紙
(端裏)天明五乙巳六月澄意入壇ニ付、杲観具支灌頂授与初、依之不動護摩之時三七日／修行、小所作両大師共勤之、開始両大師計百礼宛、後之七日伽藍入堂、凡念誦／観念如四度礼拝、五躰投地勤之、五(四歟、)月十五日開白今度相続宝池院方、灌頂授与始、アサリ前行相勤ニ付、甚前□(晩カ)ニ当院前行勤之、
(書出)不動護摩所／奉修／大壇供六十三箇度／護摩供六十三箇度／諸神供五箇度
(書止)右、為護持仏子滅罪生善、悉地成就、始自去四月十五日至于／今日三七箇日夜間、殊致精誠、奉供奉念如右、
(差出)金剛仏子杲観

(七〇)不動護摩巻数案　享和二年十一月二十六日　一通
江戸後期　竪紙　楮紙(美濃紙)　二七・七糎×四〇・七糎　一紙
(端裏)灌頂前行
(書出)不動護摩所／奉供／大壇供三百箇度／護摩供三百箇度／諸神供十一箇度
(書止)右、為護持仏子滅罪生善、悉地成就、如(マヽ)自八月十五日／至于今月今日一百箇日夜之間、殊致精誠、奉供奉念／如右、
(差出)仏子常観

(七一)不動護摩巻数案　寛政六年十二月　日　一通
江戸後期　竪紙　楮紙(美濃紙)　三二・六糎×四六・二糎　一紙
(端裏)閏年ノ巻数此通　留メ
(端書)寛政六年者閏ハ十一月ニアリ、閏年ノ巻数左之通認之、
(書出)不動明王護摩所／奉供／供養法三百八十四箇度／護摩供三百八十四箇度
(書止)始自去正月朔日至于／今月今日凡三百八十四箇日之間、満山僧綱殊致精誠、奉修如件、
(差出)別当僧正法印大和尚位淳杲

（備考）書入多数、

（七二）不動護摩巻数案　寛政十年十二月　日　一通
江戸後期　竪紙　楮紙（美濃紙）三三・五糎×四六・〇糎　一紙
（端書）提札不動明王護摩所　上醍醐寺
（書出）不動明王護摩所／奉供／供養法三百五十五箇度／護摩供三百五十五箇度
（書止）始自去正月朔日至于今月今日凡三百五十五箇日之間、満山僧侶殊致精誠、奉修如件、
（差出）一藹《﨟》僧正法印大和尚位定隆

（七三）不動護摩巻数案　寛政十一年十二月　日　一通
江戸後期　竪紙　楮紙（美濃紙）紙背あり　三二・〇糎×四三・七糎　一紙
（端裏）三百五十四日之巻数案
（書出）不動明王護摩所／奉供／供養法三百五十四箇度／護摩供三百五十四箇度
（書止）始自去正月朔日／至于今月今日凡三百五十四箇日之間、満山僧綱殊致／精誠、奉修如件、
（差出）別当僧正法印大和尚位定隆
（備考）朱圏点、
（紙背）巻数奉呈文言并附札書様（年月日未詳）　一通
竪紙
（書出）右、奉為／金輪聖王玉躰安穏、増長宝寿、無辺御願、成就円満、／天下泰平、五穀豊饒、万民快楽、始〇《自》去正月朔日至于／今月今日凡三百五十五箇日之間、満山僧綱殊致／精誠、奉修如件、
（書止）附札不動明王護摩　上醍醐寺
（備考）墨合点、

（七四）不動護摩巻数案　寛政十二年十二月　日　一通
江戸後期　竪紙　楮紙（美濃紙）三三・五糎×四六・三糎　一紙
（端裏）閏月之年巻数案／附札如是書之、不動明王護摩所　上醍醐寺
（書出）不動明王護摩所／奉供／供養法三百八十四箇度／護摩供三百八十四箇度／諸神供三十九箇度
（書止）始自去正月朔日至于今月／今日凡三百八十四箇日之間、満山僧綱殊〇《致》精誠、奉修如件、
（差出）別当僧正法印大和尚位定隆

（七五）不動法巻数案　文化元年十二月二十四日　一通
江戸後期　竪紙　楮紙（高檀紙）四一・二糎×六三・〇糎　一紙
（端裏）甲子御祈巻数案
（書出）不動御修法所／奉供／大壇供九箇度／奉念／仏眼真言百八十遍
（書止）始従今月廿一日今日三箇日夜間、率六口伴侶、／殊致精誠、奉修如件、
（差出）阿闍梨法務大僧正法印大和尚位高演

（七六）　不動護摩巻数案　寛永十四年六月七日　　一通
江戸前期　竪紙　漉返紙　二九・八糎×四三・〇糎　一紙
（端裏）家光御違例時巻数案息ノ時半、調伏ノチヤウ、外ハ半チヤウト可覚、
（書出）不動護摩所／奉供／大壇供一百箇度／護摩供一百箇度
（書止）自去／三月十九日至于今月五《七》日并七十□之間、満山大法師等／殊致精誠、奉修如件、
（差出）阿闍梨法印権大僧都大和尚位真勝
（備考）書入、

（七七）　権大僧都宋倩請文　寛永五年八月晦日　　一通
江戸前期　竪紙　漉返紙　二九・七糎×四二・八糎　一紙
（本文）不動供／三十五座／右、自今月廿四日迄今日一七ヶ日間、／致精誠、奉供如件、
（差出）権大僧都宋倩

（七八）　某法巻数写　宝暦四年　　一通
江戸中期　縦切紙　前欠　楮紙（奉書紙）　三二・八糎×一五・六糎　一紙
（本文）右、奉為／金輪聖王天長地久、玉躰安穏、増長宝寿、無辺／御願、成就円満、天下泰平、五穀豊饒、万民快楽、／始自去正月朔日至于今月今日凡三百八十／四箇日之間、満山僧侶殊致精誠、奉修如件、
（備考）奥に「宝暦四年之也」、書入、

（七九）　不動護摩巻数封紙書様（年月日未詳）　　一通
江戸中期　縦切紙　前欠　楮紙（美濃紙）　二一・四糎×一四・四糎　一紙
（文首）□□□□三万八千四百遍
（書止）不動明王護摩所　上醍醐寺

（八〇）　不動護摩巻数断簡（天保十五年十二月　日）　　一葉
江戸後期　小切紙　前欠　楮紙（美濃紙）　一三・二糎×一六・三糎　一紙
（本文）「　」御願、成就円満、／「　」至于今月今日／「　」修如件、
（差出）「　」和尚位光心
（備考）（六一）に接続、

四〇　延命法巻数写等　　百十六通・二紙
（備考）（一）〜（一一六）一括、

（一）　延命法巻数写　正徳五年五月二十九日　　一通
江戸中期　竪紙　楮紙（美濃紙）　二六・七糎×四二・〇糎　一紙
（端裏）正徳五未五月　第三度
（書出）延命御修法所／奉供／供養法二十九箇度／奉読／金剛寿命経一百巻
（書止）自去朔日迄于今日并廿九箇日間、殊致精誠、奉供奉念如件、
（差出）阿闍梨長者前大僧正法印大和尚位堯観

（二）　延命法巻数写　正徳四年九月二十九日　一通
江戸中期　竪紙　楮紙（美濃紙）　三〇・四糎×四三・二糎　一紙
（端裏）正徳四午年九月　第二度
（書出）延命御修法所／奉供／供養法二十九箇度／奉読／金剛寿命経一百巻
（書止）自去朔日迄于今日并廿九箇日間、殊致精誠、奉供奉念如件、
（差出）阿闍梨長者前大僧正法印大和尚位堯観

（三）　延命法巻数写　正徳五年十二月三十日　一通
江戸中期　竪紙　楮紙（美濃紙）　三〇・七糎×四三・五糎　一紙
（端裏）正徳未五年十二月三十日／第四度
（書出）延命御修法所／奉供／供養法三十箇度／奉読／金剛寿命経一百巻
（書止）始自去朔日迄于今日并三十箇日之間、殊致精誠、奉供奉念如右、
（差出）阿闍梨長者前大僧正法印大和尚位堯観

（四）　延命法巻数写　明暦二年三月三十日　一通
江戸前期　竪紙　楮紙（美濃紙）　二九・八糎×四三・八糎　一紙
（端裏）延命『小月ハ朱書ノ通』（礼紙）
（端書）付札云、延命御修法　前大僧正寛済
（書出）延命護摩（御修法）所／奉供／大壇供三十箇度／護摩供三十箇度／諸神供三箇度
（書止）始自去／朔日迄○（于）今月今日并三十箇日夜（夜）間、殊致精誠、奉修如件、
（差出）阿闍梨前大僧正法印大和尚位寛済
（備考）礼紙（美濃紙、二九・九糎×四三・四糎）、月日脇に「八月二十九日」、書入、

（五）　延命法巻数写　明暦三年八月三十日　一通
江戸前期　竪紙　楮紙（奉書紙）　三三・一糎×四五・七糎　一紙
（書出）延命御修法所／奉供／大壇供三十箇度／護摩供三十箇度
（書止）始自去／朔日迄于今月今日并三十箇日間、殊致精誠、奉修如件、
（差出）阿闍梨前大僧正法印大和尚位寛済
（備考）礼紙（奉書紙、三三・一糎×四五・五糎）、

（六）　延命法巻数案　万治二年十月二十九日　一通
江戸前期　竪紙　楮紙（奉書紙）　三三・九糎×四五・〇糎　一紙
（端裏）延命小ノ月
（書出）延命御修法所／奉供／大壇供二十九箇度／護摩供二十九箇度
（書止）右、奉為／金輪聖王天長地久、玉躰安穏、増長宝寿、無辺御願、成就円満、始自／自去朔日迄于今月今日并三十（二十九）箇日間、殊致精誠、奉修如件、
（差出）法務前大僧正法印大和尚位寛済

（七）　延命法巻数案　万治三年九月二十九日　一通
江戸前期　竪紙　泥間似合　三〇・一糎×四四・八糎　一紙
（端裏）護摩御持巻数之案報恩院一月廿九日之案（マヽ）

（書出）延命御修法所／奉供／大壇供二十九箇度／護摩供二十九箇度
（書止）右、奉為／金輪聖王天長地久、玉躰安穏、増長宝寿、無辺御願、
成就円満、／自去朔日迄于今月今日并廿九箇日間、殊致精誠、奉
修如件、
（差出）法務前大僧正法印大和尚位寛済

（八）延命法巻数案　万治三年九月二十九日　一通
江戸前期　竪紙　楮紙（奉書紙）　三一・〇糎×四五・一糎　一紙
（書出）延命御修法所／奉供／大壇供二十九箇度／護摩供二十九箇度
（書止）右、奉為／金輪聖王天長地久、玉躰安穏、増長宝寿、無辺御願、
成就円満、／自去朔日迄于今月今日并廿九箇日間、殊致精誠、奉
修如件、
（差出）法務前大僧正法印大和尚位寛済

（九）延命法巻数案　寛文十二年四月二十九日　一通
江戸前期　竪紙　楮紙（高檀紙）　三七・三糎×五二・二糎　一紙
（端裏）護持巻数案
（書出）延命御修法所／奉供／大壇供三十箇度／護摩供三十箇度
（書止）右、奉為／金輪聖王天長地久、玉躰安穏、増長宝寿、無辺御願、
成就円満、始自去／朔日迄于今月今日并三十〔二十九〕箇日間、殊致精誠、
奉修如件、
（差出）阿闍梨前法務大僧正法印大和尚位高賢

（一〇）延命法巻数案　延宝六年十月三十日　一通
江戸前期　竪紙　楮紙（奉書紙）　三一・八糎×四四・五糎　一紙
（書出）延命御修法所／奉供／大壇供三十箇度／護摩供三十箇度
（書止）始／自去朔日迄于今月今日并三十箇日間、殊致精誠、奉修如件、
（差出）阿闍梨法務僧正法印大和尚位有雅

（一一）延命法巻数案　延宝九年三月二十九日　一通
江戸前期　竪紙　楮紙（奉書紙）　三一・〇糎×四五・〇糎　一紙
（書出）延命御修法所／奉供／大壇供二十九箇度／護摩供二十九箇度
（書止）右、奉為／金輪聖王天長地久、玉躰安穏、増長宝寿、無辺御願、
成就円満、／自去朔日迄于今月今日并廿九箇日間、殊致精誠、奉
修如件、
（差出）法務前大僧正法印大和尚位有雅

（一二）延命法巻数写　延宝　一通
江戸前期　竪紙　楮紙（美濃紙）　三一・一糎×四二・七糎　一紙
（書出）延命御修法／奉供／大壇供三十箇度／護摩供三十箇度
（書止）右、奉為／金輪聖王天長地久、玉躰安穏、増長宝寿、無辺御願、
成就円満、始／自去朔日迄于今月今日并三十箇日間、殊致精誠、
奉修如件、

（一三）延命法巻数写等
（備考）1・2一括、

1　延命法巻数写　天和二年六月二十九日　一通
江戸中期　竪紙　楮紙（奉書紙）　三〇・九糎×四三・五糎　一紙
（書出）延命御修法所／奉供／大壇供二十九箇度／護摩供二十九箇度
（書止）右、奉為／金輪聖王天長地久、玉躰安穏、増長宝寿、無辺御願、成就円満、始自／去朔日迄于今月今日并二十九箇日間、殊致精誠、奉修如件、

2　延命法巻数案　寛永二年十二月二十九日　一通
江戸前期　竪紙　前欠　楮紙（美濃紙）　三三・一糎×一〇・二糎　一紙
（本文）右、奉為／金輪聖王天長地久、玉躰安穏、増長宝寿、無辺御願、成就円満、自去／朔日迄于今月今日并廿（三十）九箇日間、殊致精誠、奉修如件、
（差出）長者前大僧正法印大和尚位寛順

（一四）延命法巻数案　宝永二年九月廿九日　一通
江戸前期　竪紙　楮紙（美濃紙）　三三・一糎×四六・五糎　一紙
（書出）延命御修法所／奉供／大壇供　三十箇度／護摩供　三十箇度
（書止）○（自）去三十日（卅日）／迄于今月今日并三十箇日間、殊致精誠、奉修如件、
（差出）阿闍梨長者前大僧正法印大和尚位寛順
（備考）奥に追記「初度ノ案／大之月ノ巻数ナレトモ、八月卅日ヨリ日次ニ依開白ノユヘ三十日也、仍小ノ月ノ巻数／不用之也」、

（一五）延命法巻数案　宝永四年十一月三十日　一通
江戸前期　竪紙　楮紙（美濃紙）　三三・〇糎×四五・九糎　一紙
（書出）延命御修法所／奉供／供養法三十箇度／奉読／金剛寿命経一百巻
（書止）始自／去朔日迄于今月今日三十箇日間、殊致精誠、奉修如件、
（差出）阿闍梨長者前大僧正法印大和尚位寛順
（備考）貼紙、

（一六）延命法巻数案　正徳三年五月三十日　一通
江戸中期　竪紙　漉返紙　三三・〇糎×四五・〇糎　一紙
（端裏）供御持巻数之案報恩院一（マヽ）月三十日之案
（書出）延命御修法所／奉供／供養法三十箇度／奉読／金剛寿命経一百巻
（書止）右、奉為／金輪聖王天長地久、玉躰安穏、増長宝寿、無辺御願、成就円満、始自去／朔日迄于今月今日并三十箇日間、殊致精誠、奉修如件、
（差出）阿闍梨法務前大僧正法印大和尚位寛順

（一七）延命法巻数案　享保十三年十二月二十九日　一通
江戸中期　竪紙　楮紙（美濃紙）　二九・三糎×四三・四糎　一紙
（端裏）享保十三酉十二月二十九日第三十四度
（書出）延命御修法所／奉供／供養法二十九箇度／奉念／仏眼真言六百遍
（書止）右、奉為／金輪聖王天長地久、玉躰安穏、増長宝寿、無辺御願、

成就／円満、始自去朔日迄今日并二十九箇日之間、殊致精誠、奉修如件、

（差出）阿闍梨法務前大僧正法印大和尚位堯観

（備考）（一七）～（四五）仮綴、

（一八）　延命法巻数案　享保十三年九月三十日　　一通

江戸中期　竪紙　楮紙（美濃紙）　二九・八糎×四〇・三糎　一紙

（端裏）享保十三申年九月晦日第三十三度

（書出）延命御修法所／奉供／供養法三十箇度／奉念／仏眼真言六百三十遍

（書止）右、奉為／金輪聖王天長地久、　玉躰安穏、増長宝寿、無辺御願、成就／円満、始自去朔日迄于今日并三十箇日之間、殊致精誠、奉修如右、

（差出）阿闍梨法務前大僧正法印大和尚位堯観

（一九）　延命法巻数土代　享保十年正月七□　　一通

江戸中期　竪紙　楮紙（美濃紙）　二九・〇糎×四三・五糎　一紙

（書出）征夷大将軍幕下貴躰安穏、○増長福寿御厄災消除、御武運／長久、御寿福増長、天下泰平、国土安寧、御願円満、／殊致精誠、奉供奉念如右、

（書止）一字金輪一一一万一／奉読金剛寿命経　百巻

（差出）アサリ法務一一一一堯観／法眼和尚位元雅

（二〇）　延命法巻数案　享保十三年五月二十九日　　一通

江戸中期　竪紙　楮紙（美濃紙）　二九・六糎×四〇・八糎　一紙

（端裏）享保十三申年五月二十九　第三十二度

（書出）延命御修法所／奉供／供養法二十九箇度／奉念／仏眼真言六百遍

（書止）右、奉為／金輪聖王天長地久、　玉躰安穏、増長宝寿、無辺御願、成就／円満、始自去朔日迄今日并二十九箇日之間、殊致精誠、奉修如件、

（差出）阿闍梨法務前大僧正法印大和尚位堯観

（二一）　延命法巻数案　享保十三年三月三十日　　一通

江戸中期　竪紙　泥間似合　三四・〇糎×四六・八糎　一紙

（端裏）享保十三年三月　第三十一度

（書出）延命御修法所／奉供／供養法三十箇度／奉念／仏眼真言六百三十遍

（書止）右、奉為／金輪聖王天長地久、　玉躰安穏、増長宝寿、無辺御願、成就／円満、始自去朔日迄于今日并三十箇日之間、殊致精誠、奉修如右、

（差出）阿闍梨法務前大僧正法印大和尚位堯観

（二二）　延命法巻数案　享保十二年六月二十九日　　一通

江戸中期　竪紙　楮紙（美濃紙）　二九・七糎×四一・八糎　一紙

（端裏）去月五月青蓮院座主宮／享保十二丁未年六月二十九日第三十度

（書出）延命御修法所／奉供／供養法二十九箇度／奉念／仏眼真言六百遍
（書止）始自去朔日迄今日并二十九箇日之間、殊致精誠、奉修如件、
（差出）阿闍梨法務前大僧正法印大和尚位堯観

（一二三）延命法巻数案　享保十二年二月二十九日　一通
江戸中期　竪紙　泥間似合　三一・五糎×四四・八糎　一紙
（端裏）去月閏正月梶井宮道仁親王／享保十二丁未年二月二十九日　第二十九度
（書出）延命御修法／奉供／供養法二十九箇度／奉念／仏眼真言六百遍
（書止）始自去朔日迄今日并二十九箇日之間、殊致精誠、奉修如件、
（差出）阿闍梨法務前大僧正法印大和尚位堯観

（一二四）延命法巻数案　享保十一年九月二十九日　一通
江戸中期　竪紙　泥間似合　三一・四糎×四四・八糎　一紙
（端裏）享保十一丙午年九廿九　第二十七度
（書出）延命御修法所／奉供／供養法二十九箇度／奉念／仏眼真言六百遍
（書止）自去朔日迄于今日并廿九箇日間、殊致精誠、奉修如件、
（差出）阿闍梨法務前大僧正法印大和尚位堯観

（一二五）延命法巻数案　享保十一年十二月三十日　一通
江戸中期　竪紙　楮紙（美濃紙）　二八・三糎×四〇・一糎　一紙
（端裏）享保十一午十二月三十日　第二十八度
（書出）延命御修法所／奉供／供養法三十箇度／奉念／仏眼真言六百三十遍
（書止）始自去朔日迄于今日并三十箇日之間、殊致精誠、奉修如右、
（差出）阿闍梨法務前大僧正法印大和尚位堯観

（一二六）延命法巻数案　享保十一年四月二十九日　一通
江戸中期　竪紙　楮紙（美濃紙）　二六・七糎×四一・五糎　一紙
（端裏）享保十一丙午年四月廿九日　第二十六度
（書出）延命御修法所／奉供／供養法二十九箇度／奉念／仏眼真言六百遍
（書止）自去朔日迄于今日并廿九箇日間、殊致精誠、奉修如件、
（差出）阿闍梨法務前大僧正法印大和尚位堯観

（一二七）延命法巻数案　享保十年九月三十日　一通
江戸中期　竪紙　泥間似合　三〇・七糎×四六・五糎　一紙
（端裏）享保十己巳年九月三十日　第二十五ヶ度
（書出）延命御修法所／奉供／供養法三十箇度／奉念／仏眼真言六百三十遍
（書止）始自去朔日迄于今日并三十箇日之間、殊致精誠、奉修如右、
（差出）阿闍梨法務前大僧正法印大和尚位堯観

（一二八）延命法巻数案　享保十年三月二十九日　一通

江戸中期　竪紙　楮紙（美濃紙）　二六・五糎×四〇・一糎　一紙
（端裏）享保巳十年三廿九　第二十四度
（書出）延命御修法所／奉供／供養法二十九箇度／奉念／仏眼真言六百遍
（書止）自去朔日迄于今日并廿九箇日間、殊致精誠、奉修如件、
（差出）阿闍梨法務前大僧正法印大和尚位堯観

（二九）延命法巻数案　享保九年六月三十日　一通
江戸中期　竪紙　楮紙（美濃紙）　二九・一糎×四〇・二糎　一紙
（端裏）享保九辰六晦　第二十三度
（書出）延命御修法所／奉供／供養法三十箇度／奉念／仏眼真言六百三十遍
（書止）始自去朔日迄于今日并三十箇日之間、殊致精誠、奉修如右、
（差出）阿闍梨法務前大僧正法印大和尚位堯観

（三〇）延命法巻数案　享保九年三月二十九日　一通
江戸中期　竪紙　楮紙（美濃紙）　二九・二糎×四〇・九糎　一紙
（端裏）享保九辰年三月廿九　第二十二度
（書出）延命御修法所／奉供／供養法二十九箇度／奉念／仏眼真言六百遍
（書止）自去朔日迄于今日并廿九箇日間、殊致精誠、奉修如件、
（差出）阿闍梨法務前大僧正法印大和尚位堯観

（三一）延命法巻数写　享保八年十二月廿一日　一通
江戸中期　竪紙　楮紙（美濃紙）　二六・〇糎×四一・〇糎　一紙
（書出）延命菩薩供所／奉供／供養法七箇度／奉念／仏眼真言
（書止）右、奉為／太上天皇玉躰安穏、増長宝寿、皇子皇孫恒受快楽、／三箇日夜之間、致殊精誠、奉修如件、
（差出）阿闍梨
（備考）奥に書写奥書「以有雅御自毫写之了、法印大僧都有円」、

（三二）延命法巻数案　享保八年九月三十日　一通
江戸中期　竪紙　楮紙（美濃紙）　二九・二糎×四〇・九糎　一紙
（端裏）享保八卯九晦　第廿一度
（書出）延命御修法所／奉供／供養法三十箇度／奉念／仏眼真言六百三十遍
（書止）始自去朔日迄于今日并三十箇日之間、殊致精誠、奉修如右、
（差出）阿闍梨法務前大僧正法印大和尚位堯観

（三三）延命法巻数案　享保八年五月二十九日　一通
江戸中期　竪紙　楮紙（美濃紙）　二九・三糎×四〇・九糎　一紙
（端裏）享保八卯年五月廿九日　第廿度　今年二度目
（書出）延命御修法所／奉供／供養法二十九箇度／奉念／仏眼真言六百遍
（書止）自去朔日迄于今日并廿九箇日間、殊致精誠、奉修如件、
（差出）阿闍梨長者前大僧正法印大和尚位堯観

（三四）　延命法巻数案　享保二年六月廿九日　一通

江戸中期　竪紙　楮紙（美濃紙）　三〇・一糎×四三・五糎　一紙

（端裏）享保二酉年六月廿九第六度

（書出）延命御修法所／奉供／供養法二十九箇度／奉読／金剛寿命経一百巻

（書止）自去朔日迄于今日并廿九箇日間、殊致精誠、奉修如件、

（差出）阿闍梨長者前大僧正法印大和尚位堯観

（三五）　延命法巻数案　享保三年十月廿九日　一通

江戸中期　竪紙　楮紙（美濃紙）　三〇・一糎×四三・四糎　一紙

（端裏）享保三戌十廿九　第八度

（書出）延命御修法所／奉供／供養法二十九箇度／奉読／金剛寿命経一百巻

（書止）自去朔日迄于今日并廿九箇日間、殊致精誠、奉修如件、

（差出）阿闍梨長者前大僧正法印大和尚位堯観

（三六）　延命法巻数案　享保三年三月廿九日　一通

江戸中期　竪紙　楮紙（美濃紙）　三〇・一糎×四三・三糎　一紙

（端裏）享保三戌戌三廿九　第七度

（書出）延命御修法所／奉供／供養法二十九箇度／奉読／金剛寿命経一百巻

（書止）自去朔日迄于今日并廿九箇日間、殊致精誠、奉修如件、

（差出）阿闍梨長者前大僧正法印大和尚位堯観

（三七）　延命法巻数案　享保四年三月廿九日　一通

江戸中期　竪紙　楮紙（美濃紙）　二八・九糎×四一・三糎　一紙

（端裏）享保四亥三廿九　第九度

（書出）延命御修法所／奉供／供養法二十九箇度／奉念／仏眼真言六百遍

（書止）自去朔日迄于今日并廿九箇日間、殊致精誠、奉修如件、

（差出）阿闍梨長者前大僧正法印大和尚位堯観

（三八）　延命法巻数案　享保四年七月廿九日　一通

江戸中期　竪紙　楮紙（美濃紙）　三〇・〇糎×四三・一糎　一紙

（端裏）享保四亥七廿九　第十度

（書出）延命御修法所／奉供／供養法二十九箇度／奉念／仏眼真言六百遍

（書止）自去朔日迄于今日并廿九箇日間、殊致精誠、奉修如件、

（差出）阿闍梨長者前大僧正法印大和尚位堯観

（三九）　延命法巻数案　享保五年二月三十日　一通

江戸中期　竪紙　漉返紙　三三・一糎×四五・五糎　一紙

（端裏）享保五年子二月晦日　第十一度

（書出）延命御修法所／奉供／供養法三十箇度／奉念／仏眼真言六百三十遍

（書止）始自去朔日迄于今日并三十箇日之間、殊致精誠、奉供奉念如右、

（差出）阿闍梨長者前大僧正法印大和尚位堯観

（四〇）　延命法巻数案　享保五年十二月三十日　　一通

江戸中期　竪紙　泥間似合　三三・〇糎×四五・四糎　一紙

（端裏）享保五子十二三十日　第十三度　今年三ヶ度勤番

（書出）延命御修法所／奉供／供養法三十箇度／奉念／仏眼真言六百三十遍

（書止）始自去朔日迄于今日并三十箇日之間、殊致精誠、奉供奉念如右、

（差出）阿闍梨長者前大僧正法印大和尚位堯観

（四一）　延命法巻数案　享保六年五月三十日　　一通

江戸中期　竪紙　楮紙（美濃紙）　二九・一糎×四一・四糎　一紙

（端裏）享保六丑年五晦　第十四ヶ度

（書出）延命御修法所／奉供／供養法三十箇度／奉念／仏眼真言六百三十遍

（書止）始自去朔日迄于今日并三十箇日之間、殊致精誠、奉供奉念如右、

（差出）阿闍梨長者前大僧正法印大和尚位堯観

（四二）　延命法巻数案　享保六年九月廿九日　　一通

江戸中期　竪紙　楮紙（美濃紙）　二八・五糎×四一・五糎　一紙

（端裏）享保六丑九月廿九　第十五度

（書出）延命御修法所／奉供／供養法二十九箇度／奉念／仏眼真言六百遍

（書止）自去朔日迄于今日并廿九箇日間、殊致精誠、奉修如件、

（差出）阿闍梨長者前大僧正法印大和尚位堯観

（四三）　延命法巻数案　享保六年十二月三十日　　一通

江戸中期　竪紙　楮紙（美濃紙）　三〇・四糎×四三・五糎　一紙

（端裏）享保六丑十二晦　第十六度

（書出）延命御修法所／奉供／供養法三十箇度／奉念／仏眼真言六百三十遍

（書止）始自去朔日迄于今日并三十箇日之間、殊致精誠、奉修如右、

（四四）　延命法巻数案　享保七年五月廿九日　　一通

江戸中期　竪紙　楮紙（美濃紙）　二八・〇糎×四〇・五糎　一紙

（端裏）享保七寅年五月廿九日　第十七度

（書出）延命御修法所／奉供／供養法二十九箇度／奉念／仏眼真言六百遍

（書止）自去朔日迄于今日并廿九箇日間、殊致精誠、奉修如件、

（差出）阿闍梨長者前大僧正法印大和尚位堯観

（四五）　延命法巻数土代　享保七〔八〕年三月三十日　　一通

江戸中期　竪紙　楮紙（美濃紙）　二九・〇糎×四一・七糎　一紙

（端裏）享保八年三月三十日　第十九度

（書出）延命御修法所／奉供／供養法三十箇度／奉念／仏眼真言六百三十遍

（書止）始自去朔日迄于今日并三十箇日之間、殊致精誠、奉修如右、

（差出）阿闍梨長者前大僧正法印大和尚位堯観

（四六）延命法巻数案　宝暦七年五月二十九日　一通
江戸中期　竪紙　楮紙（美濃紙）　二六・〇糎×四〇・八糎　一紙
（端裏）宝暦七丑五月廿九日　第十三ヶ度
（書出）延命御修法所／奉供／供養法二十九箇度／奉念／仏眼真言六百遍
（書止）右、奉為／金輪聖王天長地久、玉躰安穏、増長宝寿、無辺御願、／成就円満、始自去朔日迄于今日并二十九箇日間、殊致／精誠、奉修如件、
（差出）阿闍梨僧正法印大和尚位道雅
（備考）（四六）～（七七）仮綴、

（四七）延命法巻数案　宝暦十三年十月三十日　一通
江戸中期　竪紙　漉返紙　三一・四糎×四五・六糎　一紙
（端裏）宝暦十三癸未年十月卅日　御請二十八度　道雅
（書出）延命御修法所／奉供／供養法三十箇度／奉念／仏眼真言六百三十遍
（書止）右、奉為／金輪聖王天長地久、　玉躰安穏、増長宝寿、無辺御願、／成就円満、始自去朔日迄于今日并三十箇日夜之間、殊致／精誠、奉修如件、
（差出）阿闍梨僧正法印大和尚位道雅

（四八）延命法巻数案　宝暦十四年四月三十日　一通
江戸中期　竪紙　楮紙（美濃紙）　二六・四糎×四一・七糎　一紙
（端裏）宝暦十四年四月卅日　第二十九度
（書出）延命御修法所／奉供／供養法三十箇度／奉念／仏眼真言六百三十遍
（書止）右、奉為／金輪聖王天長地久、　玉躰安穏、増長宝寿、無辺御願、成就／円満、始自去朔日迄于今日并三十箇日之間、殊致精誠、奉修如右、
（差出）阿闍梨前大僧正法印大和尚位道雅

（四九）延命法巻数案　宝暦十三年三月三十日　一通
江戸中期　竪紙　楮紙（美濃紙）　二六・五糎×四〇・八糎　一紙
（端裏）宝暦十三癸未年三月卅日　道雅二十七度
（書出）延命御修法所／奉供／供養法三十箇度／奉念／仏眼真言六百三十遍
（書止）右、奉為／金輪聖王天長地久、　玉躰安穏、増長宝寿、無辺御願、成就／円満、始自去朔日迄于今日并三十箇日之間、殊致精誠、奉修如右、
（差出）阿闍梨僧正法印大和尚位道雅

（五〇）延命法巻数案　宝暦十二年五月二十九日　一通
江戸中期　竪紙　楮紙（美濃紙）　二六・三糎×四一・三糎　一紙
（端裏）宝暦十二壬午年五月二十九日　廿五度
（書出）延命御修法所／奉供／供養法二十九箇度／奉念／仏眼真言六百遍

（書止）右、奉為／金輪聖王天長地久、　玉躰安穏、増長宝寿、無辺御願、
成就／円満、始自去朔日迄于今日并二十九箇日間、殊致精誠、奉
修如件、

（差出）阿闍梨僧正法印大和尚位道雅

（五一）　延命法巻数案　宝暦十一年十一月三十日　一通

江戸中期　竪紙　楮紙（美濃紙）二六・五糎×四一・〇糎　一紙

（端裏）宝暦十一辛巳年十一月卅日　廿四度　道雅

（書出）延命御修法所／奉供／供養法三十箇度／奉念／仏眼真言六百三
十遍

（書止）右、奉為／金輪聖王天長地久、　玉躰安穏、増長宝寿、無辺御願、
成就／円満、始自去朔日迄于今日并三十箇日之間、殊致精誠、奉
修如右、

（差出）阿闍梨僧正法印大和尚位道雅

（五二）　延命法巻数案　宝暦十年十月二十九日　一通

江戸中期　竪紙　楮紙（美濃紙）二六・一糎×四〇・九糎　一紙

（端裏）宝暦十年十月廿九日　第廿二度　道雅

（書出）延命御修法所／奉供／供養法二十九箇度／奉念／仏眼真言六百
遍

（書止）右、奉為／金輪聖王天長地久、　玉躰安穏、増長宝寿、無辺御願、／
成就円満、始自去朔日迄于今日并二十九箇日間、殊致／精誠、奉
修如件、

（差出）阿闍梨僧正法印大和尚位道雅

（五三）　延命法巻数案　宝暦九年十一月三十日　一通

江戸中期　竪紙　楮紙（美濃紙）二六・一糎×四一・〇糎　一紙

（端裏）宝暦九年十一月晦　第廿度　道雅

（書出）延命御修法所／奉供／供養法三十箇度／奉念／仏眼真言六百三
十遍

（書止）右、奉為／金輪聖王天長地久、　玉躰安穏、増長宝寿、無辺／御
願、成就円満、始自去朔日迄于今日并三十／箇日夜間、殊致精誠、
奉修如件、

（差出）阿闍梨僧正法印大和尚位道雅

（五四）　延命法巻数案　宝暦十年四月二十九日　一通

江戸中期　竪紙　楮紙（美濃紙）二六・二糎×四〇・八糎　一紙

（端裏）宝暦十年三月晦　第廿一度　道雅

（書出）延命御修法所／奉供／供養法二十九箇度／奉念／仏眼真言六百
遍

（書止）右、奉為／金輪聖王天長地久、　玉躰安穏、増長宝寿、無辺御願、
成就／円満、始自去朔日迄于今日并二十九箇日間、殊致精誠、奉
修如件、

（差出）阿闍梨僧正法印大和尚位道雅

（五五）　延命法巻数案　宝暦九年七月三十日　一通

江戸中期　竪紙　楮紙（美濃紙）　二九・四糎×四〇・二糎　一紙
（端裏）宝暦九卯七月晦　第十九度　道雅
（書出）延命御修法所／奉供／供養法三十箇度／奉念／仏眼真言六百三十遍
（書止）右、奉為／金輪聖王天長地久、　玉躰安穏、増長宝寿、無辺御願、成就／円満、始自去朔日迄于今日并三十／箇日夜之間、殊致精誠、奉修如件、
（差出）阿闍梨僧正法印大和尚位道雅

（五六）　延命法巻数案　宝暦九年二月三十日　一通
江戸中期　竪紙　楮紙（美濃紙）　二八・一糎×四一・二糎　一紙
（端裏）宝暦九卯二　三十　第十八度　道雅
（書出）延命御修法所／奉供／供養法三十箇度／奉念／仏眼真言六百三十遍
（書止）右、奉為／金輪聖王天長地久、　玉躰安穏、増長宝寿、無辺御願、／成就円満、始自去朔日迄于今日并三十箇日夜之間、／殊致精誠、奉修如件、
（差出）阿闍梨僧正法印大和尚位道雅

（五七）　延命法巻数案　宝暦八年十二月三十日　一通
江戸中期　竪紙　楮紙（美濃紙）　二八・三糎×四〇・七糎　一紙
（端裏）宝暦八十二　卅日　第十七度
（書出）延命御修法所／奉供／供養法三十箇度／奉念／仏眼真言六百三十遍
（書止）右、奉為／金輪聖王天長地久、　玉躰安穏、増長宝寿、無辺御願、／成就円満、始自去朔日迄于今日并三十箇日夜之間、殊致／精誠、奉修如件、
（差出）阿闍梨僧正法印大和尚位道雅

（五八）　延命法巻数案　宝暦八年十月三十日　一通
江戸中期　竪紙　楮紙（美濃紙）　二九・二糎×四一・〇糎　一紙
（端裏）宝暦八寅十月卅日　第十六度
（書出）延命御修法所／奉供／供養法三十箇度／奉念／仏眼真言六百三十遍
（書止）右、奉為／金輪聖王天長地久、　玉躰安穏、増長宝寿、無辺／御願、成就円満、始自去朔日迄于今日并三十箇日／之間、殊致精誠、奉修如件、
（差出）阿闍梨僧正法印大和尚位道雅

（五九）　延命法巻数案　宝暦八年五月二十九日　一通
江戸中期　竪紙　楮紙（美濃紙）　二八・七糎×四三・一糎　一紙
（端裏）宝暦八年五月廿九日　第十五ヶ度
（書出）延命御修法所／奉供／供養法二十九箇度／奉念／仏眼真言六百遍
（書止）右、奉為／金輪聖王天長地久、　玉躰安穏、増長宝寿、無辺御願、／成就円満、始自去朔日迄于今日并二十九箇日間、殊致／精誠、奉

修如件、

（差出）阿闍梨僧正法印大和尚位道雅

（六〇）　延命法巻数案　宝暦七年八月三十日　一通

江戸中期　竪紙　楮紙（美濃紙）　二七・八糎×四一・二糎　一紙

（端裏）宝暦七丑八晦　第十四ヶ度

（書出）延命御修法所／奉供／供養法三十箇度／奉念／仏眼真言六百三
十遍

（書止）右、奉為／金輪聖王天長地久、　玉躰安穏、増長宝寿、／無辺御
願、成就円満、始自去朔日迄于今日并／三十箇日之間、殊致精誠、
奉修如件、

（差出）阿闍梨僧正法印大和尚位道雅

（六一）　送巻数用墨罫下敷（年月日未詳）　一通

江戸中期　竪紙　泥間似合　三一・六糎×四六・〇糎　一紙

（書出）普賢延命御修法所／奉供／大壇供二十一箇度／護摩供二十一箇
度

（書止）聖天供十一箇

（備考）書止シ、習書、墨罫線、本文一部墨線にて抹消、

（六二）　延命法巻数案　宝暦五年八月三十日　一通

江戸中期　竪紙　楮紙（美濃紙）　二八・一糎×四〇・八糎　一紙

（端裏）宝暦五八晦　第九度

（書出）延命御修法所／奉供／供養法三十箇度／奉念／仏眼真言六百三
十遍

（書止）右、奉為／金輪聖王天長地久、　玉躰安穏、増長宝寿、無辺／御
願、成就円満、始自去朔日迄于今日并三十箇／日間、殊致精誠、
奉修如件、

（差出）阿闍梨僧正法印大和尚位道雅

（六三）　延命法巻数案　宝暦六年十二月二十九日　一通

江戸中期　竪紙　楮紙（美濃紙）　二六・四糎×四〇・七糎　一紙

（端裏）宝暦六子年十二月廿九日　第十二ヶ度

（書出）延命御修法所／奉供／供養法二十九箇度／奉念／仏眼真言六百
遍

（書止）右、奉為／金輪聖王天長地久、　玉躰安穏、増長宝寿、無辺御願、／
成就円満、始自去朔日迄于今日并二十九箇日間、殊致／精誠、奉
修如件、

（差出）阿闍梨僧正法印大和尚位道雅

（六四）　延命法巻数案　宝暦六年八月二十九日　一通

江戸中期　竪紙　楮紙（美濃紙）　二六・一糎×三〇・八糎　一紙

（端裏）宝暦六年子八月廿九日　第十一ヶ度

（書出）延命御修法所／奉供／供養法二十九箇度／奉念／仏眼真言六百
遍

（書止）右、奉為／金輪聖王天長地久、　玉躰安穏、増長宝寿、無辺御願、／

成就円満、始自去朔日迄于今日并二十九箇日間、殊致／精誠、奉
修如件、

（差出）阿闍梨僧正法印大和尚位道雅

（六五）延命法巻数案　延享四年十一月三十日　一通

江戸中期　竪紙　泥間似合　三二・八糎×四五・四糎　一紙

（書出）延命御修法所／奉供／供養法二十八箇度／奉読／金剛寿命経一
百巻

（書止）右、奉為／金輪聖王天長地久、　玉躰安穏、増長宝寿、無辺御願、
成就円満、始自去／朔日迄于今月今日并二十八箇日間、殊致精誠、
奉修如件、

（差出）阿闍梨長者権僧正法印大和尚位実雅

（備考）奥に追記「此巻数二十八ヶ度之度数者、十一月就新嘗祭御神事、
自十六日朝至十八日朝、／護持被免ニ付、十六日十七日両日除故、
如是奉念返数等、又如是今案也、／古来尚可尋知也」、

（六六）延命法巻数案　宝暦六年二月三十日　一通

江戸中期　竪紙　楮紙（美濃紙）　二八・六糎×四一・六糎　一紙

（端裏）宝暦六二晦　第十ヶ度

（書出）延命御修法所／奉供／供養法三十箇度／奉念／仏眼真言六百三
十遍

（書止）右、奉為／金輪聖王天長地久、　玉躰安穏、増長宝寿、／無辺御
願、成就円満、始自去朔日迄于今日并／三十箇日之間、殊致精誠、

奉修如件、

（差出）阿闍梨僧正法印大和尚位道雅

（六七）仁王般若経読経巻数案　寛延四年五月七日　一通

江戸中期　竪紙　楮紙（奉書紙）　裏書あり　三二・六糎×四六・〇糎　一紙

（本文）仁王般若御読経所／奉読誦仁王般若経二十一部／右、奉為／金輪
聖王玉躰安穏、増長宝寿、天変地妖、皆悉消除、／未然解脱、始
自去朔日至今日一七箇日之間、殊致精誠、奉／読如件、

（差出）阿闍梨法務権僧正○法印大和向位実雅

（備考）裏書「寛延四未年四月廿八日夜半後、自御祈奉行勘ヶ由小路弁資望／一
通并添状来、仍明廿九日廿九日東寺別当代年預也、江自別当之状遣之、尤／一通
添状写遣之、自朔日仁王経転読、／宝暦二壬申二十○存寄仁王経七部ト
書スヘシ」、

（六八）延命法巻数書止シ（年月日未詳）　一通

江戸中期　竪紙　楮紙（奉書紙）　三三・三糎×四五・四糎　一紙

（書出）延命御修法所／奉供／供養法三十箇度／奉読／金剛寿命経一百
巻

（書止）右、奉為／金輪聖王天長地久、玉躰安穏、増長宝寿、無辺御願、
成就円満、始自去／朔日迄今月

（六九）延命法巻数土代（年月日未詳）　一通

江戸中期　竪紙　楮紙（奉書紙）　三二・八糎×三四・五糎　一紙

（端書）寛延四辛未年九月三十日ニ巻数献上之案也、／即三十一ヶ度ニ
付、／真言之返数等／如左書之、／今案也、／猶追而可勘者也、
（書出）延命御修法所／奉供／供養法三十一箇度／奉読／金剛寿命経一
百巻
（書止）四大天王真言各三千百遍／大金剛輪真言三千百遍〔二百十遍〕／一字金輪真
言三千百遍
（備考）奥端に「始自去／月廿九日迄于今月今日并三十一箇日之間」、

（七〇）　御持巻数案并計付札包紙　（年月日未詳）　一紙
江戸中期　竪紙　楮紙（奉書紙）　四四・九糎×三一・九糎　一紙
（備考）ウハ書「御持巻数案并計付札入」、紙背に「寛延元年七月三十日
実雅」および巻数遍数等あり、

（七一）　延命法巻数案　宝暦三年八月二十九日　一通
江戸中期　竪紙　楮紙（美濃紙）　二六・四糎×四一・〇糎　一紙
（端裏）宝暦三酉八月廿九日　四度
（書出）延命御修法所／奉供／供養法二十九箇度／奉念／仏眼真言六百
遍
（書止）右、奉為／金輪聖王天長地久、　玉躰安穏、増長宝寿、無辺御願、／
成就円満、始自去朔日迄于今日并二十九箇日間、殊致／精誠、奉
修如件、
（差出）阿闍梨権僧正法印大和尚位道雅

（七二）　延命法巻数案　宝暦二年五月二十九日　一通
江戸中期　竪紙　楮紙（美濃紙）　三一・二糎×四四・三糎　一紙
（端裏）宝暦二年五月廿九日第二度
（書出）延命御修法所／奉供／供養法二十九箇度／奉念／仏眼真言六百
遍
（書止）右、奉為／金輪聖王天長地久、　玉躰安穏、増長宝寿、無辺御願、
成就／円満、始自去朔日迄于今日并二十九箇日間、殊致精誠、奉
修如件、
（差出）阿闍梨権僧正法印大和尚位道雅

（七三）　延命法巻数案　宝暦二年十二月三十日　一通
江戸中期　竪紙　楮紙（美濃紙）　二六・三糎×四一・〇糎　一紙
（端裏）宝暦二年十二月三十日第三度、是ハ小ノ月ノ反数也、大ノ月ナレ
ハ相違ナリ、
（書出）延命御修法所／奉供／供養法二十九箇度／奉念／仏眼真言六百
遍
（書止）右、奉為／金輪聖王天長地久、　玉躰安穏、増長宝寿、無辺御願、
成就／円満、始自去朔日迄于今日并三十箇日之間、殊致精誠、奉
修如件、
（差出）阿闍梨権僧正法印大和尚位道雅

（七四）　延命法巻数案　宝暦三年十二月二十九日　一通
江戸中期　竪紙　楮紙（美濃紙）　二六・三糎×四一・二糎　一紙

（端裏）宝暦三年酉十二月二十九日　第五度
（書出）延命御修法所／奉供／供養法二十九箇度／奉念／仏眼真言六百遍／大日真言二千九百遍
（書止）右、奉為／金輪聖王天長地久、　玉躰安穏、増長宝寿、無辺御願、／成就円満、始自去朔日迄于今日并二十九箇日間、殊致／精誠、奉修如件、
（差出）阿闍梨権僧正法印大和尚位道雅

（七五）延命法巻数案　宝暦四年七月三十日　一通
江戸中期　竪紙　楮紙（美濃紙）　二八・五糎×四一・〇糎　一紙
（端裏）宝暦四年戌七月三十日　第六度
（書出）延命御修法所／奉供／供養法三十箇度／奉念／仏眼真言六百三十遍
（書止）右、奉為／金輪聖王天長地久、　玉躰安穏、増長宝寿、無辺御願、成就／円満、始自去朔日迄于今日并三十箇日之間、殊致精誠、奉修如右、
（差出）阿闍梨僧正法印大和尚位道雅

（七六）延命法巻数案　宝暦五年四月三十日　一通
江戸中期　竪紙　楮紙（美濃紙）　二八・〇糎×四一・八糎　一紙
（端裏）宝暦五四晦　第八度
（書出）延命御修法所／奉供／供養法三十箇度／奉念／仏眼真言六百三十遍
（書止）右、奉為／金輪聖王天長地久、　玉躰安穏、増長宝寿、無辺御願、／成就円満、始自去朔日迄于今日并三十箇日之間、／殊致精誠、奉修如件、
（差出）阿闍梨僧正法印大和尚位道雅

（七七）後七日御修法巻数案　宝暦九年正月十四日　一通
江戸中期　竪紙　楮紙（奉書紙）　三五・三糎×四七・九糎　一紙
（書出）後七日御修法所／奉修／大壇供二十一箇度／息災護摩二十一箇度
（書止）右、奉為　若宮御所御息災延命、御所願円満、殊抽／精誠、奉修如件、
（差出）大行事法印権大僧都元光／大阿闍梨法務僧正法印大和尚位元雅

（七八）延命法巻数案　明治元年二月三十日　一通
明治時代　竪紙　楮紙（高檀紙）　四五・四糎×五七・三糎　一紙
（書出）延命御修法所／奉供／供養法三十『二十九』箇度／奉念／仏眼真言六百三六百十遍
（書止）右、奉為／金輪聖王天長地久、　玉躰安穏、増長宝寿、無辺御願、成就／円満、始自去朔日迄于今日并三十箇日之間、殊致精誠、奉修如件、
（差出）大阿闍梨権僧正法印大和尚位心海
（備考）（七八）～（一一三）仮綴、

（七九）　延命法巻数案　慶応二年十月三十日　一通
江戸後期　竪紙　泥間似合　三六・二糎×四八・六糎　一紙
（書出）延命御修法所／奉供／供養法三十箇度／奉念／仏眼真言六百三
十遍
（書止）右、奉為／金輪聖王天長地久、玉躰安穏、増長宝寿、無辺御願、
成就／円満、始自去朔日迄于今日并三十箇日之間、殊致精誠、奉
修如件、
（差出）大阿闍梨法務前大僧正行雅

（八〇）　延命法巻数案　天保十一年十二月廿四日　一通
江戸後期　竪紙　楮紙（奉書紙）　三八・七糎×四七・六糎　一紙
（端裏）天保十一年庚子十二月ハ当御室護持御勤修之順番ニ而候へ共、／
諒闇ニ付、当月廿四日より渡御、倚廬ニ付御勤修被止候間、則／
巻数之度数も被減之候而、翼〔翌カ〕丑年正月七日巻数献上候事、／乍併
月日付候処ハ、失〔矢カ〕張昨子年十二月廿四日ニ被認候事、
（書出）延命御修法所／奉供／供養法二千四箇度
（書止）右、奉為／金輪聖王玉躰安穏、増長宝寿、無辺御願、成就円満、
始自去／朔日迄于今月今日二十四箇日間、殊致精誠、奉修如件、
（差出）阿闍梨前法務僧正法印大和尚位淳心
（備考）書入多数、

（八一）　延命法巻数案　文化四年八月二十日　一通
江戸後期　竪紙　楮紙（高檀紙）　四五・二糎×三三・六糎　一紙
（書出）延命御修法所／奉供／供養法二十一箇度／奉読／金剛寿命経一
千巻
（書止）右、奉為／儲君殿下御息災安穏、除病延命、恒受快楽、始自去／
十三日迄于今日并一七箇日之間、殊凝精誠、奉修如件、
（差出）大阿闍梨法務大僧正法印大和尚位高演

（八二）　延命法巻数案　寛政二年三月三十日　一通
江戸後期　竪紙　楮紙（美濃紙）　二九・〇糎×四一・〇糎　一紙
（端裏）当今護持結願巻数第廿二度目、寛政二年三月
（書出）延命御修法所／奉供／供養法三十箇度／奉念／仏眼真言六百三
十遍
（書止）右、奉為／金輪聖王天長地久、玉躰安穏、増長宝寿、無辺御願、
成就／円満、始自去朔日迄于今日并三十箇日之間、殊致精誠、奉
修如件、
（差出）阿闍梨前法務僧正法印大和尚位杲観

（八三）　延命法巻数案　寛政二年八月二十九日　一通
江戸後期　竪紙　楮紙（美濃紙）　二六・〇糎×四〇・五糎　一紙
（端裏）当今護持結願巻数第廿三度目、寛政二八
（書出）延命御修法所／奉供／供養法二十九箇度／奉念／仏眼真言六百
遍
（書止）右、奉為／金輪聖王天長地久、玉体安穏、増長宝寿、無辺御願、
成就／円満、始自去朔日迄今日并二十九箇日之間、殊致精誠、奉

修如件、
（差出）阿闍梨前法務僧正法印大和尚位杲観

（八四）延命法巻数案　寛政元年閏六月二十九日　一通
江戸後期　竪紙　楮紙（美濃紙）　三六・三糎×四一・六糎　一紙
（端裏）天明聖主護持結願巻数第廿度目、寛政元年閏六月
（書出）延命御修法所／奉供／供養法二十九箇度／奉念／仏眼真言六百
遍
（書止）右、奉為／金輪聖王天長地久、玉体安穏、増長宝寿、無辺御願、
成就／円満、始自去朔日迄今日并二十九箇日之間、殊致精誠、奉
修如件、
（差出）阿闍梨前法務僧正法印大和尚位杲観

（八五）延命法巻数案　寛政元年三月二十九日　一通
江戸後期　竪紙　楮紙（美濃紙）　二九・一糎×四一・二糎　一紙
（端裏）当今御持第十九度目、結願巻数寛政元天明九也、年三月
（書出）延命御修法所／奉供／供養法二十九箇度／奉念／仏眼真言六百
遍
（書止）右、奉為／金輪聖王天長地久、玉体安穏、増長宝寿、無辺御願、
成就／円満、始自去朔日迄今日并二十九箇日之間、殊致精誠、奉
修如件、
（差出）阿闍梨前法務僧正法印大和尚位杲観

（八六）延命法巻数案　天明八年十一月二十九日　一通
江戸後期　竪紙　楮紙（高檀紙）　三九・一糎×五三・六糎　一紙
（端裏）当今護持第十八度目、結願巻数天明八年十一月
（書出）延命御修法所／奉供／供養法二十九箇度／奉念／仏眼真言六百
遍
（書止）右、奉為／金輪聖王天長地久、玉体安穏、増長宝寿、無辺御願、
成就／円満、始自去朔日迄今日并二十九箇日之間、殊致精誠、奉
修如件、
（差出）阿闍梨前法務僧正法印大和尚位杲観

（八七）延命法巻数案　天明八年三月三十日　一通
江戸後期　竪紙　楮紙（美濃紙）　三六・〇糎×四一・四糎　一紙
（端裏）天明帝護持第十七度目、結願巻数天明八年三月
（書出）延命御修法／奉供／供養法三十箇度／奉念／仏眼真言六百三十
遍
（書止）右、奉為／金輪聖王天長地久、玉体安穏、増長宝寿、無辺御願、／
成就円満、始自去朔日迄于今日并三十箇日之間、殊致／精誠、奉
修如件、
（差出）阿闍梨前法務僧正法印大和尚位杲観

（八八）延命法巻数案　天明七年九月三十日　一通
江戸後期　竪紙　楮紙（美濃紙）　三六・一糎×四一・〇糎　一紙
（端裏）天明帝護持結願巻数第十六度、天明七年九月

（書出）延命御修法所／奉供／供養法三十箇度／奉念／仏眼真言六百三
十遍
（書止）右、奉為／金輪聖王天長地久、　玉体安穏、増長宝寿、無辺御願、／
成就円満、始自去朔日迄于今日并三十箇日之間、殊致／精誠、奉
修如件、
（差出）阿闍梨前法務僧正法印大和尚位杲観

（八九）　延命法巻数案　天明六年三月二十九日　一通
江戸後期　竪紙　楮紙（美濃紙）　二六・三糎×四〇・九糎　一紙
（端裏）天明聖主護持結願巻数　第十三度天明六年三月
（書出）延命御修法所／奉供／供養法二十九箇度／奉念／仏眼真言六百
遍
（書止）右、奉為／金輪聖王天長地久、　玉体安穏、増長宝寿、無辺御願、
成就／円満、始自去朔日迄今日并二十九箇日之間、殊致精誠、奉
修如件、
（差出）阿闍梨前法務僧正法印大和尚位杲観

（九〇）　延命法巻数案　天明五年十一月二十九日　一通
江戸後期　竪紙　楮紙（美濃紙）　二六・二糎×四〇・四糎　一紙
（端裏）天明聖主護持結願巻数　第十二度天明五年十一月／先月　真乗院
宥證法務、／来十二月　真光院前権僧正
（書出）延命御修法所／奉供／供養法二十九箇度／奉念／仏眼真言六百
遍
（書止）右、奉為／金輪聖王天長地久、　玉躰安穏、増長宝寿、無辺御願、
成就／円満、始自去朔日迄今日并二十九箇日之間、殊致精誠、奉
修如件、
（差出）阿闍梨前法務僧正法印大和尚位杲観

（九一）　延命法巻数案　天明五年四月二十九日　一通
江戸後期　竪紙　楮紙（美濃紙）　二六・六糎×四〇・一糎　一紙
（端裏）天明聖主御持結願之巻数　十一度目
（書出）延命御修法所／奉供／供養法二十九箇度／奉念／仏眼真言六百
遍
（書止）右、奉為／金輪聖王天長地久、　玉体安穏、増長宝寿、無辺御願、／
成就円満、始自去朔日迄今日并二十九箇日之間、／殊致精誠、奉
修如件、
（差出）阿闍梨前法務僧正法印大和尚位杲観

（九二）　延命法巻数案　天明三年十二月二十九日　一通
江戸後期　竪紙　楮紙（美濃紙）　二七・八糎×三九・〇糎　一紙
（端裏）天明聖主護持結願巻数　第八度
（書出）延命御修法所／奉供／供養法二十九箇度／奉念／仏眼真言六百
遍
（書止）右、奉為／金輪聖王天長地久、　玉躰安穏、増長宝寿、無辺御願、
成就／円満、始自去朔日迄今日并二十九箇日之間、殊致精誠、奉
修如件、

（差出）阿闍梨前法務僧正法印大和尚位杲観

（九三）　延命法巻数案　天明三年五月三十日　　　　　一通

江戸後期　竪紙　楮紙（美濃紙）　二八・三糎×四〇・五糎　一紙

（端裏）天明聖主護持　第■七度之巻数

（書出）延命御修法所／奉供／供養法三十箇度／奉念／仏眼真言六百三十遍

（書止）右、奉為／金輪聖王天長地久、　玉体安穏、増長宝寿、無辺御願、／成就円満、始自去朔日迄今日并三十箇日之間、殊致／精誠、奉修如件、

（差出）阿闍梨前法務僧正法印大和尚位杲観

（九四）　延命法巻数案　天明元年七月二十九日　　　　　一通

江戸後期　竪紙　楮紙（美濃紙）　二八・三糎×四〇・五糎　一紙

（端　裏）当今御持第四度、天明元丑年七月勤仕結願巻数／先六月仁和真光院長者僧正禅證勤仕、杲観

（書出）延命御修法所／奉供／供養法二十九箇度／奉念／仏眼真言六百遍

（書止）右、奉為／金輪聖王天長地久、　玉躰安穏、増長宝寿、無辺御願、成就／円満、始自去朔日迄今日并二十九箇日之間、殊致精誠、奉修如件、

（差出）阿闍梨前法務僧正法印大和尚位杲観

（九五）　延命法巻数案　安永九年十一月三十日　　　　　一通

江戸中期　竪紙　楮紙（美濃紙）　二九・三糎×四〇・三糎　一紙

（端裏）当今御持第二度巻数

（書出）延命御修法所／奉供／供養法三十箇度／奉念／仏眼真言六百三十遍

（書止）右、奉為／金輪聖王天長地久、　玉体安穏、増長宝寿、無辺御願、／成就円満、始自去朔日迄于今日并三十箇日之間、殊致／精誠、奉修如件、

（差出）阿闍梨前法務僧正法印大和尚位杲観

（九六）　延命法巻数案　安永八年九月二十九日　　　　　一通

江戸中期　竪紙　楮紙（美濃紙）　二八・〇糎×四〇・四糎　一紙

（端裏）安永八九月　二十一度

（書出）延命御修法所／奉供／供養法二十九箇度／奉念／仏眼真言六百遍

（書止）右、奉為／金輪聖王天長地久、　玉体安穏、増長宝寿、無辺御願、成就／円満、始自去朔日迄今日并二十九箇日之間、殊致精誠、奉修如件、

（差出）阿闍梨前法務僧正法印大和尚位杲観

（九七）　延命法巻数案　安永八年二月三十日　　　　　一通

江戸中期　竪紙　楮紙（美濃紙）　二七・七糎×四〇・四糎　一紙

（端裏）安永八年二月　第二十度

(書出)延命御修法所／奉供／供養法三十箇度／奉念／仏眼真言六百三
十遍
(書止)右、奉為／金輪聖王天長地久、玉躰安穏、増長宝寿、無辺御願、
成就／円満、始自去朔日迄于今日并三十箇日之間、殊致精誠、奉
修如件、
(差出)阿闍梨前法務僧正法印大和尚位杲観

(九八)延命法巻数案 安永七年八月二十九日
(端裏)安永七年八月 第十九度
江戸中期 竪紙 楮紙（美濃紙） 二七・六糎×四〇・八糎 一紙
(書出)延命御修法所／奉供／供養法二十九箇度／奉念／仏眼真言六百
遍
(書止)右、奉為／金輪聖王天長地久、玉躰安穏、増長宝寿、無辺御願、
成就／円満、始自去朔日迄今日并二十九箇日之間、殊致精誠、奉
修如件、
(差出)阿闍梨前法務僧正法印大和尚位杲観

(九九)延命法巻数案 安永七年六月二十九日
(端裏)安永七年六月 第十八度
江戸中期 竪紙 楮紙（美濃紙） 二七・七糎×四〇・八糎 一紙
(書出)延命御修法所／奉供／供養法二十九箇度／奉念／仏眼真言六百
遍
(書止)右、奉為／金輪聖王天長地久、玉体安穏、増長宝寿、無辺御願、

(一〇〇)延命法巻数案 安永六年八月二十九日
(端裏)安永六年八月 第十七度
江戸中期 竪紙 楮紙（奉書紙） 三三・一糎×四六・〇糎 一紙
(書出)延命御修法所／奉供／供養法二十九箇度／奉念／仏眼真言六百
遍
(書止)右、奉為／金輪聖王天長地久、玉躰安穏、増長宝寿、無辺御願、
成就円満、始自去朔日迄今日并二十九箇日之間、殊致／精誠、奉
修如件、
(差出)阿闍梨前法務僧正法印大和尚位杲観

(一〇一)延命法巻数案 安永六年二月二十九日
(端裏)安永六年二月 第十六度
江戸中期 竪紙 楮紙（奉書紙） 三三・五糎×四五・九糎 一紙
(書出)延命御修法所／奉供／供養法二十九箇度／奉念／仏眼真言六百
遍
(書止)右、奉為／金輪聖王天長地久、玉躰安穏、増長宝寿、無辺御願、
成就円満、始自去朔日迄今日并二十九箇日之間、殊致精誠、奉修／
如件、
(差出)阿闍梨前法務僧正法印大和尚位杲観

（一〇二）　延命法巻数案　安永五年八月三十日　一通
江戸中期　竪紙　泥間似合　三三・〇糎×四四・〇糎　一紙
（書出）延命御修法所／奉供／供養法三十箇度／奉読／金剛寿命経一百巻
（書止）右、奉為／金輪聖王天長地久、玉躰安穏、増長宝寿、無辺御願、成就円満、始自去／朔日迄于今月今日并三十箇日間、殊致精誠、奉修如件、
（差出）阿闍梨法務前大僧正法印大和尚位寛順

（一〇三）　延命法巻数案　安永五年七月三十日　一通
江戸中期　竪紙　楮紙（美濃紙）　二八・〇糎×四〇・〇糎　一紙
（端裏）安永五年七月　第十五度
（書出）延命御修法所／奉供／供養法三十箇度／奉念／仏眼真言六百三十遍
（書止）右、奉為／金輪聖王天長地久、玉躰安穏、増長宝寿、無辺御願、成就／円満、始自去朔日迄于今日并三十箇日之間、殊致精誠、奉修如件、
（差出）阿闍梨前法務僧正法印大和尚位杲観

（一〇四）　延命法巻数案　安永五年二月二十九日　一通
江戸中期　竪紙　楮紙（美濃紙）　二七・六糎×四一・〇糎　一紙
（端裏）安永五申年二月　第十四度　杲観
（書出）延命御修法所／奉供／供養法二十九箇度／奉念／仏眼真言六百遍
（書止）右、奉為／金輪聖王天長地久、玉躰安穏、増長宝寿、無辺御願、成就／円満、始自去朔日迄今日并二十九箇日之間、殊致精誠、奉修如件、
（差出）阿闍梨法務僧正法印大和尚位杲観

（一〇五）　延命法巻数案　安永四年十二月二十九日　一通
江戸中期　竪紙　楮紙（美濃紙）　二八・五糎×四〇・二糎　一紙
（端裏）安永四未年十二月　第十三度　杲観
（書出）延命御修法所／奉供／供養法二十九箇度／奉念／仏眼真言六百遍
（書止）右、奉為／金輪聖王天長地久、玉躰安穏、増長宝寿、無辺御願、成就／円満、始自去朔日迄今日并二十九箇日之間、殊致精誠、奉修如件、
（差出）阿闍梨法務僧正法印大和尚位杲観

（一〇六）　延命法巻数案　安永三年十二月二十九日　一通
江戸中期　竪紙　楮紙（美濃紙）　二八・四糎×四〇・八糎　一紙
（端裏）安永三年十二月　第十度
（書出）延命御修法所／奉供／供養法二十九箇度／奉念／仏眼真言六百遍
（書止）右、奉為／金輪聖王天長地久、　玉躰安穏、増長宝寿、無辺御願、成就／円満、始自去朔日迄今日并二十九箇日之間、殊致精誠、奉

修如件、
（差出）阿闍梨法務僧正法印大和尚位杲観

（一〇七）延命法巻数案　安永三年十一月三十日　一通
江戸中期　竪紙　楮紙（美濃紙）　二六・二糎×四一・七糎　一紙
（端裏）安永三年十一月　第九度
（書出）延命御修法所／奉供／供養法三十箇度／奉念／仏眼真言六百三
十遍
（書止）右、奉為／金輪聖王天長地久、　玉躰安穏、増長宝寿、無辺御願、
成就／円満、始自去朔日迄于今日并二十九箇日間、殊致精誠、奉
修如件、
（差出）阿闍梨法務僧正法印大和尚位杲観

（一〇八）延命法巻数案　安永三年七月三十日　一通
江戸中期　竪紙　楮紙（美濃紙）　二六・〇糎×四一・五糎　一紙
（端裏）安永三年七月　第八度
（書出）延命御修法所／奉供／供養法三十箇度／奉念／仏眼真言六百三
十遍
（書止）右、奉為／金輪聖王天長地久、　玉躰安穏、増長宝寿、無辺御願、
成就／円満、始自去朔日迄于今日并三十箇日之間、殊致精誠、奉
修如件、
（差出）阿闍梨長者僧正法印大和尚位杲観

（一〇九）延命法巻数案　安永二年十一月二十九日　一通
江戸中期　竪紙　楮紙（美濃紙）　二六・三糎×四一・六糎　一紙
（端裏）去十月法務前大僧正尊淳／安永二年十一月二十九日　第六度
杲観／来十二月自性院長者権僧正源證
（書出）延命御修法所／奉供／供養法二十九箇度／奉念／仏眼真言六百
遍
（書止）右、奉為／金輪聖王天長地久、　玉躰安穏、増長宝寿、無辺御願、
成就／円満、始自去朔日迄今日并二十八箇日之間、殊致精誠、奉
修如件、
（差出）阿闍梨権僧正法印大和尚位杲観

（一一〇）延命法巻数案　安永二年七月三十日　一通
江戸中期　竪紙　楮紙（美濃紙）　二六・一糎×四一・四糎　一紙
（端裏）安永二年七月三十日　第五度　杲観
（書出）延命御修法所／奉供／供養法三十箇度／奉念／仏眼真言六百三
十遍
（書止）右、奉為／金輪聖王天長地久、　玉躰安穏、増長宝寿、無辺御願、
成就／円満、始自去朔日迄于今日并三十箇日之間、殊致精誠、奉
修如件、
（差出）阿闍梨権僧正法印大和尚位杲観

（一一一）延命法巻数案　安永二年三月三十日　一通
江戸中期　竪紙　楮紙（美濃紙）　二六・一糎×四一・五糎　一紙

（端裏）主上今月廿日ヨリ御疱瘡御発熱、廿三日御出痘、甚御悩御様子恐
悦也、／安永二巳年三月三十日　第四度　杲観廿九歳
（書出）延命御修所／奉供／供養法三十箇度／奉念／仏眼真言六百三十
遍
（書止）自去朔日迄于今日并三十箇日之間、殊致精誠、奉修如件、
（差出）阿闍梨権僧正法印大和尚位杲観

（一一二）　延命法巻数案　明和二年六月三十日　一通
江戸中期　竪紙　楮紙（美濃紙）　三七・八糎×四〇・五糎　一紙
（端裏）明和二六晦　第三十一度　阿闍梨法務前大僧正法印大和尚位道
雅
（書出）延命御修法所／奉供／供養法三十箇度／奉念／仏眼真言六百三
十遍
（書止）自去朔日迄于今日并三十箇日間、殊致／精誠、奉修如右、
（差出）阿闍梨法務前大僧正道雅

（一一三）　延命法巻数案　明和元年八月三十日　一通
江戸中期　竪紙　楮紙（美濃紙）　二八・一糎×三六・八糎　一紙
（端裏）明和元年八月卅日　第三十度
（書出）延命御修法所／奉供／供養法三十箇度／奉念／仏眼真言六百三
十遍
（書止）右、奉為／金輪聖王天長地久、　玉躰安穏、増長宝寿、無辺御願、
成就／円満、始自去朔日迄于今日并三十箇日之間、殊致精誠、奉
修如右、
（差出）阿闍梨前大僧正法印大和尚位道雅

（一一四）　延命供巻数写　年月二十九日　一通
江戸後期　竪紙　楮紙（美濃紙）　三三・八糎×三〇・七糎　一紙
（端裏）御持月ノ巻数案
（端書）小ノ月
（書出）延命供所／奉供／供養法二十九箇度／奉念／仏眼真言二千九百
遍
（書止）右、奉為／護持聖王玉躰安穏、増長宝寿、御願円満、始□〔自カ〕今月／
一日至于今日二十九箇日之間、殊致精誠、奉修如件、
（差出）阿闍梨長者僧正法印大和尚位元雅

（一一五）　護持巻数案包紙（年月日未詳）　一紙
江戸後期　竪紙　楮紙（美濃紙）　紙背あり　二九・七糎×二七・九糎　一紙
（備考）ウハ書「護持巻数案」、敬季消息懸紙紙背を包紙に転用（ウハ書
「松橋僧正殿　敬季／披見／十月廿三日」）、

（一一六）　延命供巻数写
江戸中期　続紙
（備考）１・２連巻、

1　延命供巻数写　正徳四年四月一日　一通

竪紙　楮紙（美濃紙）　三・九糎×三・六糎　一紙
（端裏）御持月之巻数案／宝暦二壬申年正月五日／于時長者権僧正元雅写
（端書）大ノ月
（書出）延命供所／奉供／供養法三十箇度／奉念／仏眼真言三千遍
（書止）右、奉為／護持聖王玉躰安穏、増長宝寿、御願円満、始自○今月／一日○至迄于今日卅箇日之間、殊致精誠、奉修如件、
（差出）阿闍梨前大僧正法印大和尚位全海
（備考）奥に「御持初度ノ月護摩也、巻数案有別、後々ノ月ハ供也、故／書之也、／正徳四年四月一日　全海　以右御筆元海写之」、下部空白部に料紙縦使いにて「小ノ月」の巻数写あり、

2　延命法巻数写　正徳四年三月三十日　一通

続紙　楮紙（美濃紙）　三・九糎×三八・四糎　二紙
（端裏）御持初度巻数案全海御筆、元雅写之、
（端書）初度護摩之時ノ案也、／多分護摩一七ヶ日余供計
（書出）延命御修法所／奉供／大壇供四十四箇度／護摩供、、、、度／諸神供七箇度
（書止）右、奉為／護持聖王玉躰安穏、増長宝寿、御願円満、始自今月一日／迄于今日卅箇日之間、殊致精誠、奉修如件、
（差出）阿闍梨前大僧正法印大和尚位全海
（備考）奥に「上包付札延命御修法　前大僧正全海／右奉為　奥ツマリ難書時者、如是宜也、／小月二十九ヶ日／護持聖王宝祚長久、御願円満、三十箇日之間、奉修如件」、下部空白部に料紙縦使いにて「小之月」の巻数写あり、

四一　太元護摩巻数案　元和九年正月十四日　一通

江戸前期　竪紙　楮紙（高檀紙）　三五・一糎×四六・九糎　一紙
（端裏）女院御所へ進之案
（書出）太元護摩所／奉供／供養法二十一箇度／護摩供二十一箇度／諸神供三箇度
（書止）奉為　護持女大施主御息災女仙院、女院、皇后、延命、御所願／成就、所修如件、
（差出）阿闍梨権僧正堯円

四二　如意輪供巻数案等　一冊

仮綴
（備考）（一）～（一二）一括、

（一）　如意輪供巻数案　寛保二年五月十八日　一通

江戸中期　竪紙　楮紙（美濃紙）　二九・一糎×四一・八糎　一紙
（書出）如意輪供所／奉供／花水供三百箇度／飲食供三百箇度／燈明供三百箇度
（書止）右、為護持仏子滅罪生善、悉地成就、始自去二月六日至于／今月今日一百箇日夜之間、殊致精誠、奉供奉念如右、
（差出）仏子通典

（二）　如意輪供巻数案　寛保元年十二月二日　一通

江戸中期　竪紙　楮紙（美濃紙）　二九・一糎×四一・七糎　一紙
（書出）如意輪供所／奉供／花水供三百箇度／飲食供三百箇度／燈明供三百箇度
（書止）右、為護持仏子滅罪生善、悉地成就、去始自／八月廿一日至于今月今日一百箇日夜之間、／殊致精誠、奉供奉念如右、
（差出）仏子通典

（三）　如意輪供巻数案　寛保元年五月廿六日　一通
江戸中期　竪紙　楮紙（美濃紙）　二六・二糎×四一・三糎　一紙
（書出）如意輪供所／奉供／花水供二十一箇度／飲食供二十一箇度／燈明供二十一箇度
（書止）右、為護持仏子滅罪生善、悉地成就、去始自／十九日至于今日一七箇日夜間、殊致精誠、／奉供奉念如右、
（差出）通典

（四）　如意輪供巻数案　享保十五年八月廿八日　一通
江戸中期　竪紙　楮紙（美濃紙）　三〇・三糎×四二・八糎　一紙
（書出）如意輪供所／奉供／花水供三百箇度／飲食供三百箇度／燈明供三百箇度
（書止）右、為護持仏子滅罪生善、悉地成就、始自去五月十七日至于今／月今日一百箇日夜之間、殊致精誠、奉供奉念如右、
（差出）仏子覚亮

（五）　如意輪供巻数案　享保十四年九月廿一日　一通
江戸中期　竪紙　楮紙（美濃紙）　三〇・八糎×四三・一糎　一紙
（書出）如意輪供所／奉供／花水供三百箇度／飲食供三百箇度／燈明供三百箇度
（書止）右、為護持仏子滅罪生善、悉地成就、始自去六月十日至于今／月今日一百箇日夜之間、殊致精誠、奉供奉念如右、
（差出）仏子覚亮

（六）　如意輪供巻数案　享保十四年六月十日　一通
江戸中期　竪紙　楮紙（美濃紙）　三〇・八糎×四三・一糎　一紙
（書出）如意輪供所／奉供／花水供二十一箇度／飲食供二十一箇度／燈明供二十一箇度
（書止）右、為護持仏子滅罪生善、悉地成就、始自去今月三日至于今日／一七箇日夜之間、殊致精誠、奉供奉念如右、
（差出）仏子覚亮

（七）　如意輪供巻数案　寛文三年正月廿八日　一通
江戸前期　竪紙　楮紙（奉書紙）　三一・七糎×四四・五糎　一紙
（書出）如意輪供所／奉供／二十一箇度／奉念／仏眼真言五百遍
（書止）右、奉為　金輪聖王玉躰安穏、増長宝寿、／御願円満、始自去廿二日迄今日并一七箇日之／間、殊致精誠、奉修如件、
（差出）権大僧都朝隆

（八）　如意輪供巻数土代　寛文三年正月廿八日　　一通
江戸前期　竪紙　楮紙（奉書紙）　三一・七糎×四四・七糎　一紙
（書出）如意輪供所／奉供／二十一箇度／奉念／仏眼真言五百遍
（書止）右、奉為　金輪聖王玉躰安穏、増長宝寿、／御願円満、始自去廿二日迄今日并一七箇日之／間、殊致精誠、奉修如件、
（差出）権大僧都朝隆
（備考）奥に追記「当今へ上ル巻数也、但奥ノ一行／重ニ書直也」、

（九）　如意輪供巻数土代　寛永四年十二月廿七日　　一通
江戸前期　竪紙　楮紙（美濃紙）　三三・九糎×三一・一糎　一紙
（書出）如意供所／奉供／二十一ヶ度／奉念／仏眼真言七百反自是一字迄ハ半也、／大日々々二千一百反
（書止）三行也、右、奉為護持施主御息災安穏、増長／宝寿、無辺所願、成就円満、自今月／廿一日一七ヶ日夜間、至精誠、奉〔供〕如件、／如件、

（一〇）　如意輪供巻数案　寛文二年五〔六〕月廿〔朔〕日　　一通
江戸前期　竪紙　泥間似合　二九・九糎×四三・一糎　一紙
（書出）如意輪供所／奉供／供養法二十一箇度／奉念／仏眼真言五百遍
（書止）始自去月／廿四日迄于今日并一七箇日之間、殊致精誠、奉供如件、
（差出）阿闍梨法務前大僧正法印大和尚位寛済

（一一）　如意輪供巻数案　万治二年四月八日　　一通
江戸前期　竪紙　楮紙（高檀紙）　三四・六糎×四〇・六糎　一紙
（端裏）文箱巻数如意輪供将軍御祈、従中丸御沙汰、万治二年四月八日
（端書）札云、如意輪供　前大僧正覚定
（書出）如意輪供所／奉供／供養法二十一箇度／奉念／仏眼真言二百八十三遍
（書止）始自去朔日至于今月今日／并一七箇日夜之間、殊致精誠、奉修如件、
（差出）阿闍梨前大僧正法印大和尚位覚定

（一二）　如意輪護摩巻数案　寛永元年四月廿九日　　一通
江戸前期　竪紙　漉返紙　三一・七糎×四八・二糎　一紙
（端裏）『如意輪護摩供時、寛永三年三月』
（書出）如意輪護摩所／奉供／供養法二十一箇度／護摩供二十一箇度／諸神供三箇度
（書止）始自去二十二〔三〕日迄于今日／一七箇日夜間、殊致精誠、奉修如件、
（差出）阿闍梨法印大僧都源朝

四三　光明真言護摩巻数案　　二通
江戸前期　竪紙　楮紙（高檀紙）
（備考）（一）・（二）一括、同筆、

（一）　光明真言護摩巻数案　寛永八年五月十六日　　一通
三四・八糎×五三・〇糎　一紙
（端裏）光明真言護摩巻数之案

（書出）光明真言護摩所／奉修／大壇供二十一箇度／護摩供二十一箇度
（書止）自去十日迄于今月今日／并一七箇日夜之間、殊致精誠、奉供如右、
（差出）阿闍梨権律師法橋上人位実仙

（一二）　光明真言護摩巻数案　寛永八年五月十六日　一通
三四・九糎×三七・二糎　一紙
（端裏）光明真言護摩巻数案文
（書出）光明真言護摩所／奉修／大壇供二十一箇度／護摩供二十一箇度
（書止）自去十日迄于今月今日／并一七箇日夜之間、殊致精誠、奉供如右、
（差出）阿闍梨権律師法橋上人位実仙

四四　愛染供巻数案等　一冊

仮綴
（備考）（一）〜（一二）一括、

（一）　愛染供巻数案　宝永五年九月七日　一通
江戸前期　竪紙　楮紙（高檀紙）　四〇・六糎×五六・五糎　一紙
（書出）愛染供所／奉修／供養法二十一箇度／奉念／仏眼真言五百五十
遍
（書止）始自去晦日至于今月七日并一七箇日／夜之間、殊致精誠、奉修如
件、
（差出）法務前大僧正大和尚位房演

（二）　愛染王護摩巻数案　貞享二年正月七日　一通
江戸中期　竪紙　楮紙（高檀紙）　三七・二糎×四九・五糎　一紙
（書出）愛染王護摩所／奉供／大壇供二十一箇度／護摩供二十一箇度／
諸神供三箇度
（書止）始自去晦日至于今月今日／并一七箇日夜之間、殊致精誠、奉修如
件、
（差出）大阿闍梨前法務前大僧正法印大和尚位高賢

（三）　愛染王護摩巻数案　寛文十二年三月廿一日　一通
江戸前期　竪紙　漉返紙　三三・七糎×四三・四糎　一紙
（端裏）中丸殿御祈
（書出）愛染王護摩所／奉修／大壇供二十一箇度／護摩供二十一箇度／
諸神供三箇度
（書止）始自去十四《四》日至■《于》廿一日／并一七箇日夜之間、殊致精誠、奉修如
件、
（差出）大阿闍梨前法務大僧正法印大和尚位高賢

（四）　愛染王護摩巻数案　明暦三年二月十六日　一通
江戸前期　竪紙　楮紙（高檀紙）　三八・三糎×四九・〇糎　一紙
（端裏）文箱巻数愛染王護摩／江戸大火事／大樹御祈、従　女院御所御沙
汰、／明暦三二十六
（端書）札云、愛染王護摩　前大僧正覚定
（書出）愛染王護摩所／奉修／大壇供二十一箇度／護摩供二十一箇度／

諸神供三箇度

（書止）始自去九日至于今月今日／并一七箇日夜之間、殊致精誠、奉修如件、

（差出）阿闍梨前大僧正法印大和尚位覚定

（五）　愛染供巻数案　明暦二年七月八日　一通

江戸前期　竪紙　楮紙（奉書紙）　三三・七糎×四四・二糎　一紙

（端裏）愛染供明暦二六廿八、大将殿御祈、

（書出）愛染供所／奉供／供養法二十一箇度／奉念／仏眼真言五百遍

（書止）始自去朔日至于今月今日／并一七箇日夜之間、殊致精誠、奉修如件、

（差出）阿闍梨大僧都法眼大和尚位尊興

（備考）月日脇に「八月廿八日／九月廿八日／十月廿八日／十一月廿八日／十二月廿八日」、

（六）　愛染王護摩巻数案　明暦二年四月十三日　一通

江戸前期　竪紙　漉返紙　三四・三糎×四二・六糎　一紙

（端裏）文箱巻数愛染王護摩明暦二卯十三、大樹疱瘡御祈、従　女院御所御沙汰、

（端書）札云、愛染王護摩　前大僧正覚定

（書出）愛染王護摩所／奉修／大壇供二十一箇度／護摩供二十一箇度

（書止）始自去六日至于今月今日／并一七箇日夜之間、殊致精誠、奉修如件、

（差出）阿闍梨前大僧正法印大和尚位覚定

（七）　愛染護摩巻数案　慶安四年三月廿八日　一通

江戸前期　竪紙　楮紙（奉書紙）　三三・二糎×四六・八糎　一紙

（端裏）文箱巻数愛染王護摩慶安四三廿八、将軍御不例御祈、

（端書）札云、愛染王護摩　前大僧正覚定

（書出）愛染王護摩所／奉修／大壇供二十一箇度／護摩供二十一箇度／諸神供三箇度

（書止）始自去廿一日至于今月今日／并一七箇日夜之間、殊致精誠、奉修如件、

（差出）阿闍梨前大僧正法印大和尚位覚定

（八）　愛染王護摩巻数案　承応三年正月八日　一通

江戸前期　竪紙　楮紙（高檀紙）　三九・〇糎×四九・七糎　一紙

（端裏）愛染王護摩承応三正八従新院御所仙洞御祈、御沙汰、

（端書）札云、愛染王護摩　前大僧正覚定

（書出）愛染王護摩所／奉修／大壇供二十一箇度／護摩供二十一箇度／諸神供三箇度

（書止）始自去朔日至于今月今日／并一七箇日夜之間、殊致精誠、奉修如件、

（差出）阿闍梨前大僧正法印大和尚位覚定

（九）　愛染王護摩巻数案　承応三年十月十五日　一通

江戸前期　竪紙　泥間似合　三六・七糎×五一・五糎　一紙

（端裏）愛染王護摩承応三十五、女院御所御祈、

（端書）札云、愛染王護摩　前大僧正覚定
（書出）愛染王護摩所／奉修／大壇供二十一箇度／護摩供二十一箇度／
諸神供三箇度
（書止）右、奉為　護持仙院御息災安穏、御寿命長遠、無辺／御願、成○就
円満、始自去八日至于今月今日并一七箇日夜之間、／殊致精誠、
奉修如件、
（差出）阿闍梨前大僧正法印大和尚位覚定

（一〇）愛染王護摩巻数案　寛永十年三月廿九日　一通
江戸前期　竪紙　楮紙（奉書紙）　三三・三糎×四九・八糎　一紙
（書出）愛染王護摩所／奉修／大壇供二十一箇度／護摩供二十一箇度／
諸神供三箇度
（書止）自今月廿二日迄于今日／并一七箇日夜之間、殊致精誠、所修如件、
（差出）阿闍梨大僧都法眼和尚位尊済

（一一）愛染供巻数案　寛永九年正月元日　一通
江戸前期　竪紙　楮紙（高檀紙）　三三・三糎×四五・五糎　一紙
（書出）愛染大明王供養法一座／本尊大呪　一百反／中呪　三百反
（書止）奉修行御武運長久、息災延命之所、
（差出）権律師公清
（備考）押紙「此紙モ六分　大勝金剛護摩所　権律師公清」、

（一二）愛染供巻数案　寛永十四年七月十四日　一通
江戸前期　竪紙　楮紙（奉書紙）　三六・八糎×五一・四糎　一紙
（端裏）大樹御不例御祈祷寛永十四七月十四日、文箱巻数江戸遣之、
（書出）愛染供所／奉供／供養法二十一箇度／奉念／仏眼真言二百八十
三遍
（書止）始自去八日至于今月今日／并一七箇日夜之間、殊致精誠、奉修如
件、
（差出）阿闍梨前大僧正法印大和尚位覚定

四五　大勝金剛護摩巻数書様　寛永十七年十一月三日　一通
江戸前期　竪紙　重紙　楮紙（奉書紙）　三一・六糎×四七・六糎　二紙
（端書）書様ハ字ヲシンニイカニモシヤン、、、トスミウスク、
（書出）大勝金剛護摩所紙ノハシヨリ是迄ハ公家ノシヤクノヒロサホトマ置ト也、
／奉供／大壇供／護摩供
（書止）始十一月一日迄今日并三ヶ／日夜之間、殊致精誠、奉修如件、
此行ハ字数重息、半ハ調、
（差出）法印権大僧都某
（備考）奥に「紙二枚重ルナリ、イカニモ円キ様ニ巻也」、包紙（美濃紙、
三一・九糎×四六・六糎、墨書「利」「下ハ上ヨリ／ナガク折ル也」）、

四六　薬師法巻数案等　四通
竪紙
（備考）（一）～（四）一括、

（一）　薬師法巻数案　明暦四年六月六日　　　一通
江戸前期　楮紙（高檀紙）　三四・三糎×四一・七糎　一紙
（端裏）薬師供明暦四年六六、随門御児御祈、
（端書）札云、　薬師供　大僧都高賢
（書出）薬師供所／奉供／供養法二十一箇度／奉念／仏眼真言二百八十
　三遍
（書止）始自去二十九日至于今月今日／并一七箇日夜之間、殊致精誠、奉
　修如件、
（差出）阿闍梨大僧都法眼和尚位高賢

（二）　薬師法巻数案　元禄二年正月　日　　　一通
江戸中期　漉返紙　三二・九糎×四四・九糎　一紙
（端裏）巻数之案文
（書出）薬師如来供祈願所／奉供／供養法二十一箇度／奉念／仏眼真言
　二千一百遍
（書止）右、奉為　護持前摂政前殿下御当病平愈、御息災／延命、御心中
　御願、決定成就、決定円満、二十一箇度／特致精誠、奉修之如右、
（差出）醍醐寺御門弟中

（三）　薬師法巻数案　宝永六年十月八日　　　一通
江戸中期　漉返紙　三二・三糎×四五・八糎　一紙
（書出）薬師御修法所／奉供／供養法―――箇度／奉念／仏眼真言――
　―遍
（書止）右、奉為／金輪聖王天長地久、御悩消除、玉躰安穏、増長宝寿、
　無辺御願、／成就円満、今月今日満山衆徒等、抽精誠、奉修如件、
（差出）醍―――

（四）　薬師法巻数案　宝永六年十月八日　　　一通
江戸中期　楮紙（奉書紙）　三二・六糎×四五・三糎　一紙
（端裏）巻数案薬師法　禁裏御不例御修法
（書出）薬師御修法所／奉供／供養法二十一箇度／奉念／仏眼真言四百
　四十一遍
（書止）右、奉為／金輪聖王天長地久、御悩消除、玉躰安穏、増長宝寿、
　無辺御願、／成就円満、今月今日満山衆徒等、抽精誠、奉修如件、
（差出）法印権大僧都運助

四七　後七日御修法巻数案等　　　一冊
仮綴
（備考）（一）～（一五）一括、

（一）　後七日御修法巻数土代（年月日未詳）　　　一通
江戸中期　竪紙　泥間似合　三九・四糎×五二・七糎　一紙
（端裏）宝暦二年後七日御修法巻数之留／女院　摂《摂》政　将軍　『六枚之内
　』宝幢院本
（書出）後七日御修法所／奉修／大壇供二十一箇度／息災護摩供二十一
　箇度

（書止）自去八日迄于今日一七箇〇〔日〕之間、殊致精誠、／依例奉修如件、

（二）　後七日御修法巻数書止シ　（年月日未詳）　一通
江戸中期　竪紙　楮紙（美濃紙）　三三・三糎×四八・〇糎　一紙
（書出）真言院御修法所／奉修／大壇供二十一箇度／息災護摩二十一箇度
（端裏）巻数案　勧修寺　巻数案
（書止）一字金輪真言二万一千遍／右、奉為　皇太后宮御息災延命、

（三）　後七日御修法巻数案　天保三年正月十四日　一通
江戸後期　竪紙　楮紙（高檀紙）　四一・二糎×六七・二糎　一紙
（書出）真言院御修法所／奉修／大壇供二十一箇度／息災護摩供二十一箇度
（書止）率／十三口僧綱大法師等、殊致精誠、後七日御修法〔依〕例奉修如右、
（差出）大行事法印豪正／大阿闍梨法務大僧正法印大和尚位高演

（四）　後七日御修法巻数案　文化四年正月十四日　一通
江戸後期　竪紙　楮紙（高檀紙）　五五・二糎×六七・二糎　一紙
（書出）真言院御修法所／奉修／大壇供二十一箇度／息〔災〕護摩供二十一箇度
（書止）率／十三口僧綱大法師等、殊致精誠、後七日御修法依例奉修如右、
（差出）大行事法眼経誼／大阿闍梨法務大僧正法印大和尚位高演

（五）　後七日御修法巻数案　宝暦二『三』年正月十四日　一通
江戸中期　竪紙　楮紙（奉書紙）　三九・四糎×五三・七糎　一紙
（書出）後七日御修法所／奉修／大壇供二十一箇度／息災護摩供二十一箇度
（書止）率十四口僧綱大法師等、致精誠、後七日御修法依例奉修如右、
（差出）大行事法橋上人位宗円／阿闍梨法務権僧正法印大和尚位実雅
（備考）年脇に追記「文政十一年」、差出脇に付箋「大行事法橋上人位宗景」、

（六）　後七日御修法巻数案　享保十四年正月十四日　一通
江戸中期　竪紙　楮紙（高檀紙）　三九・六糎×五四・〇糎　一紙
（書出）後七日御修法所／奉供／大壇供二十一箇度／息災護摩供二十一箇度
（書止）率十四口僧綱大法師等、殊致精誠、奉修奉念如右、
（差出）大行事法橋友勝／阿闍梨法務前大僧正法印大和尚位堯観

（七）　後七日御修法巻数案　享保二年正月十四日　一通
江戸中期　竪紙　楮紙（奉書紙）　三三・二糎×四五・五糎　一紙
（書出）後七日御修法所／奉修／大壇供二十一箇度／息災護摩供二十一箇度
（書止）率／十四口僧綱大法師等、致精誠、後七日御修法依例奉修如右、

（八）　後七日御修法巻数案　宝永五年正月十四日　一通

江戸中期　竪紙　楮紙（奉書紙）　裏書あり　三五・八糎×四八・九糎　一紙
（端裏）『巻数案後七日』
（書出）後七日御修法所／奉修／大壇供二十一箇度／息災護摩供二十一箇度
（書止）自去八日迄于今日一七箇日之間、殊致精誠、依例奉修如件、
（差出）大行事大法師浄円／阿闍梨長者前大僧正法印大和尚位寛順
（備考）裏書に奉呈文言書止シ、

（九）後七日御修法巻数・伴僧交名土代（年月日未詳）　一通
江戸前期　竪紙　楮紙（奉書紙）　二六・五糎×四三・四糎　一紙
（書出）――――／――――／寛文七年正月十四日、――――／――――／一女院／右、奉為国母仙院御息災延命、御願成就／円満、
（書止）賢清権律師諸神供　賢琛阿闍梨／賢淳阿闍梨舎利守／以前交名如件、

（一〇）真言院御修法巻数案　宝永八年三月十九日　一通
江戸中期　竪紙　楮紙（高檀紙）　四〇・二糎×五七・一糎　一紙
（書出）真言院御修法所／奉修／大壇供二十一箇度／息災護摩供二十一箇度
（書止）率十三口僧綱大法師等、殊致精誠、後七日御修法依例奉修如右、
（差出）大行事法眼寛慶／大阿闍梨法務前大僧正法印大和尚位房演

（一一）後七日御修法巻数案　宝永四年正月十四日　一通
江戸中期　竪紙　楮紙（高檀紙）　三八・五糎×五三・九糎　一紙
（端裏）巻数案文結願之時、置左ノ机也、
（書出）真言院御修法所／奉修／大壇供二十一箇度／息災護摩供二十一箇度
（書止）率十三口僧綱大法師等、殊致精誠、後七日御修法依例奉修如右、
（差出）大行事法印正詮／大阿闍梨法務前大僧正法印大和尚位房演

（一二）後七日御修法巻数案　万治四年正月十四日　一通
江戸前期　竪紙　楮紙（奉書紙）　三四・五糎×四九・三糎　一紙
（書出）後七日御修法所／奉修／大壇供二十一箇度／息災護摩供二十一箇度
（書止）率／十四口僧綱大法師等、致精誠、後七日御修法依例奉修如右、
（差出）大行事大法師宥喜／阿闍梨法務前大僧正法印大和尚位寛済

（一三）後七日御修法巻数案　万治三年正月十四日　一通
江戸前期　竪紙　泥間似合　三三・九糎×四七・五糎　一紙
（書出）後七日御修法所／奉修／大壇供二十一箇度／息災護摩供二十一箇度
（書止）率／十四口僧綱大法師等、致精誠、後七日御修法依例奉修如右、
（備考）紙背は目安紙、

（一四）後七日御修法巻数案　天和四年正月十四日　一通
江戸中期　竪紙　楮紙（奉書紙）　三三・九糎×四七・五糎　一紙

（書出）後七日御修法所／奉修／大壇供二十一箇度／息災護摩供二十一箇度
（書止）率十四口僧綱大法師等、致精誠、後七日御修法依例奉修如右、

（一五）後七日御修法巻数案　弘化四年正月十四日　一通
江戸後期　竪紙　楮紙（高檀紙）　紙背あり　四一・八糎×六七・六糎　一紙
（書出）真言院御修法所／奉修／大壇供二十一箇度／息災護摩供二十一箇度
（書止）率／十三口僧綱大法師等、殊致精誠、後七日御修法依例奉修如件《右》、
（差出）大行事法眼豪円／大阿闍梨法務前大僧正法印大和尚位定演
（備考）紙背に下札書様・巻数箱図・巻数書様・巻数封様等、袖に下札貼付（高檀紙、四四・八糎×二一・五糎、ウハ書「後七日御修法　大阿闍梨法務定演」）、

四八　鎮守本地供巻数案　三通
江戸前期　竪紙
（備考）（一）～（三）一括、

（一）鎮守本地供巻数案（年月日未詳）　一通
楮紙（高檀紙）　三一・一糎×四五・八糎　一紙
（書出）鎮守本地供所／奉供／供養法一七箇度／奉念／仏眼真言百五十遍
（書止）始自去朔日迄于今日并／一七ヶ日之間、殊致精誠、奉供如件、

（二）鎮守本地供巻数案（年月日未詳）　一通
漉返紙　二九・七糎×四一・九糎　一紙
（書出）鎮守本地供所／奉供／供養法二十一箇度／奉念／仏眼真言五百遍
（書止）大金　一百五十遍／一字　二千一百遍

（三）鎮守本地供巻数案　寛文六年八月三日　一通
楮紙（美濃紙）　二六・七糎×四三・三糎　一紙
（書出）鎮守本地供所／奉供／供養法二十一箇度／奉念／仏眼真言五百遍
（書止）始自去月廿五日迄／于今日一七箇日夜之間、殊致精誠、奉供如件、
（差出）阿闍梨権僧正法印大和尚位有雅
（備考）押紙「鎮守本地供　権僧正有雅」、礼紙（美濃紙、二六・七糎×四二・六糎）、

四九　十一面観音供巻数案　一冊
江戸前期　仮綴
（備考）（一）～（四）一括、

（一）十一面観音供巻数案　寛文十一年九月十八日　一通
竪紙　泥間似合　二八・二糎×四三・一糎　一紙

（書出）十一面観音供所／奉供／供養法二十一箇度／奉念／仏眼真言五
百遍
（書止）始自去十四日迄今日／一七箇日之間、殊致精誠、奉修如件、
（差出）大阿闍梨権僧正法印大和尚位有雅

（二）十一面観音供巻数案　延宝三年五月三十日　一通
竪紙　楮紙（高檀紙）三一・〇糎×四五・一糎　一紙
（書出）十一面観音供所／奉供／供養法三十箇度／奉念／仏眼真言七百
遍
（書止）自《始》自去朔日迄于今日三十／箇日之間、殊致精誠、奉供如件、
（差出）阿闍梨僧正法印大和尚位有雅

（三）十一面観音供巻数案　延宝四年九月十三日　一通
竪紙　泥間似合　二九・四糎×四二・六糎　一紙
（書出）十一面観音供所／奉供／供養法一七箇度／奉念／仏眼真言百五
十遍
（書止）右、奉為／護持国母仙院御息《災》安穏、増長宝寿、別年中諸難、／
未然解脱、無辺御願、成就円満、○《始》自去六日迄今日、殊致精誠、
奉供如右、
（差出）阿闍梨僧正法印大和尚位有雅

（四）十一面観音供巻数案　延宝四年二月廿九日　一通
竪紙　楮紙（奉書紙）三一・一糎×四五・三糎　一紙
（書出）十一面観音供所／奉供／供養法三十箇度／奉念／仏眼真言七百
遍
（書止）右、奉為／護持国母仙院御息《災》安穏、安《増》長宝寿、殊《別》年中障《諸》難、／
未然解脱、無辺御願、成就円満、自去五日迄今日、殊致精誠、奉
供如件、
（差出）阿闍梨僧正法印大和尚位有雅

五〇　星供巻数案等　一冊
江戸前期　仮綴
（備考）（一）〜（六）一括、有雅筆、

（一）星供巻数案　延宝四年五月十二日　一通
竪紙　泥間似合　三三・一糎×四八・九糎　一紙
（書出）木曜星《土曜星》供所／奉供／花水供一七箇度／蠟燭供一七箇度
（書止）右、奉為／太上法皇玉躰安穏、増長宝寿、攘《災》招福、恒受快楽、／
無辺御願、成就円満、自去七日迄于今日、殊致精誠、奉修如件、
（差出）阿闍梨僧正法印大和尚位有雅

（二）星供巻数案　延宝三年正月十二日　一通
竪紙　泥間似合　三二・九糎×四八・八糎　一紙
（書出）月曜星供所／奉供／花水供一七箇度／蠟燭供一七箇度
（書止）右、奉為　太上法皇玉躰安穏、増長宝寿、攘《災》／招福、恒受快楽、
無辺御願、皆令満足、自去五日迄／今日、殊致精誠、奉修如件、

（差出）阿闍梨僧正法印大和尚位有雅

（三）　星供巻数案　延宝四年正月八日　一通

竪紙　楮紙（奉書紙）　三一・五糎×四五・七糎　一紙

（書出）月《木》曜星供所／奉供／花水供一七箇度／蠟燭供一七箇度

（書止）右、奉為／太上法皇玉躰安穏、増長宝寿、転禍為福、恒受快楽、／無辺御願、成就円満、自去二日迄于今日、殊致精誠、奉修如件、

（差出）阿闍梨僧正法印大和尚位有雅

（備考）下札（奉書紙、二七・三糎×一・八糎、ウハ書「御当年星供　僧正有雅」）、

（四）　星供巻数案　延宝八年五月十四日　一通

竪紙　楮紙（奉書紙）　三一・九糎×四五・一糎　一紙

（書出）金曜星供所／奉供／花水供一七箇度／蠟燭供一七箇度

（書止）右、奉為／太上法皇玉躰安穏、増長宝寿、転禍為福、恒受快楽、無辺／御願、成就円満、自去六日迄于今日、殊致精誠、奉修如件、

（差出）阿闍梨法務僧正法印大和尚位有雅

（五）　星供巻数案　延宝五年正月十三日　一通

竪紙　楮紙（奉書紙）　三一・八糎×四五・一糎　一紙

（書出）月曜星供所／奉供／花水供一七箇度／蠟燭供一七箇度

（書止）右、奉為／護持国母仙院御息《災》安穏、増長宝寿、別御病難消除、恒受／快楽、無辺御願、成就円満、自去七日迄于今日、殊致精誠、奉修如件、

（差出）阿闍梨僧正法印大和尚位有雅

（六）　星供巻数書止シ（年月日未詳）　一通

竪紙　楮紙（奉書紙）　三一・九糎×四八・八糎　一紙

（書出）月曜星供所／奉供／花水供一七箇度／蠟燭供一七箇度

（書止）大金剛輪真言五十遍／一字金輪真言百五十遍

五一　仁王般若経読誦巻数案等　二通

江戸前期　竪紙　楮紙（奉書紙）

（備考）（一）・（二）一括、有雅筆、

（一）　仁王般若経読誦巻数案　延宝四年二月廿九日　一通

三一・五糎×四四・九糎　一紙

（本文）仁王般若経所／奉読誦仁王般若経三十部／右、奉為　護持征夷大将軍左相府殿下御息《災》／安穏、増長福寿、七難即滅、七福即生、《天下泰平、四海》管領諸国安泰／静謐、無辺御願円満、自去五日迄○《于》今日、殊致精誠、奉読如件、

（差出）阿闍梨僧正法印大和尚位有雅

（二）　仁王経法巻数案　元禄五年九月廿二日　一通

三五・一糎×四九・二糎　一紙

（書出）仁王経御修法所／奉供／大壇供二十一箇度／護摩供二十一箇度／諸神供三箇度

（書止）始自今月十四日迄于今日、率五／口之伴侶、奉修如件、
（差出）前法務前大僧正法印大和尚位有雅
（備考）（一）〜（四）一括、
仮綴

五二　准胝法巻数案等　一冊

（一）准胝法巻数案　延宝七年二月　日　一通
江戸前期　竪紙　楮紙（奉書紙）　三五・二糎×四八・三糎　一紙
（端裏）『準〔准〕胝供所／延宝七年貳月』
（書出）准胝供所／奉修／供養法二十一箇度／奉念／仏眼真言五百五十遍
（書止）右、奉為／金輪聖王玉躰安穏、増長宝寿、別御病悩、／消除解脱、無辺御願、成就円満、一七箇日夜之／間、満山衆徒殊抽精誠、奉修如件、
（差出）山務権僧正法印大和尚位定昌

（二）准胝法巻数土代　文政二〔四〕年十月二十九日〔三十日〕　一通
江戸後期　竪紙　前欠　楮紙（高檀紙）　裏書あり　三八・四糎×四九・五糎　一紙
（文首）奉供／供養法二十九〔三十箇〕ヶ度／奉念／仏眼真言六百遍
（書止）始自去元日〔朔日〕迄于今月今日并二十九箇日〔三十ヶ日〕之間、殊致精誠、奉〇〔修〕如右、
（差出）阿闍梨前大僧正法印大和尚位高演
（備考）裏書に巻数封様・箱図等あり、

（三）准胝法巻数案　文政六年四月二十九日〔三十日〕　一通
江戸後期　竪紙　楮紙（高檀紙）　三四・九糎×三九・五糎　一紙
（書出）准胝観音御修法所／奉供／供養法二十九〔三十箇〕箇度／奉念／仏眼真言六百遍
（書止）始自去朔日迄于今月今日并二十九〔三十箇日〕箇日之間、殊致精誠、奉修如右、
（差出）阿闍梨前大僧正法印大和尚位高演
（備考）袖端に「紙長ヶ凡一尺一寸五分位短カキガ宜シ、ナガク候テハ、筥ニツカヘ申ス也、／但シ巻数筥ノ長ヶ凡一尺三寸五分計有之、／此巻数ノ紙ニテハ長クテ不宜也」、

（四）准胝法巻数案　文政九年八月三十日　一通
江戸後期　竪紙　楮紙（高檀紙）　三三・七糎×三八・四糎　一紙
（書出）准胝観音御修法所／奉供／供養法三十箇度／奉念／仏眼真言六百遍
（書止）始自去朔日迄于今月今日并三十箇日之間、殊致精誠、奉修如右、
（差出）阿闍梨前大僧正法印大和尚位高演

五三　普賢延命法巻数書様　元禄十五年五月廿八日　一通
江戸中期　竪紙　楮紙（奉書紙）　三三・〇糎×四六・一糎　一紙
（端裏）巻数案普延大法
（書出）普賢延命〇〔修、九月之時、〕法〇〔所、九月之時、〕／奉供／大壇供二十一箇度

（書止）自今月廿二日迄今月一七箇日夜迄之間、殊抽精誠、奉修如件、
（差出）阿闍梨大僧正法印大和尚位寛順

五四　御祈祷目録　宝永元年十一月廿六日　一通
江戸中期　竪紙　楮紙（高檀紙）　四〇・二糎×五六・六糎　一紙
（書出）御祈祷目録／一仁王経二十一部／一寿命経二十一部
（書止）一下醍醐清瀧宮二十六日御膳備之、／一同長尾天満宮御膳備之、／一一言寺観音来年二月三月開帳三十日／以上、
（差出）前法務高賢
（備考）奥に追記「右、女院御所御不例之節、御祈祷之目録也」、紙背を包紙に転用（ウハ書「不動息災護摩御札」）、

五五　両界法巻数案　一冊
江戸中期　仮綴
（備考）（一）〜（四）一括、

（一）金剛界法巻数案　享保十五年九月五日　一通
竪紙　楮紙（美濃紙）　三〇・二糎×四三・八糎　一紙
（書出）金剛界所／奉供／花水供　二十一箇度／飲食供　二十一箇度／燈明供　二十一箇度
（書止）右、為護持仏子滅罪生善、悉地成就、始自去八月廿八日至于今月／今日一七ヶ日夜間、殊致精誠、奉供奉念如右、
（差出）仏子覚亮

（二）金剛界法巻数案　享保十六年五月十七日　一通
竪紙　楮紙（美濃紙）　二八・七糎×四五・三糎　一紙
（書出）金剛界所／奉供／花水供三百箇度／飲食供三百箇度／燈明供三百箇度
（書止）右、為護持仏子滅罪生善、悉地成就、始自去二月六日至于今／月今日一百箇日夜之間、殊致精誠、奉供奉念如右、
（差出）仏子覚亮

（三）胎蔵界法巻数案　享保十六年九月六日　一通
竪紙　楮紙（美濃紙）　二九・一糎×四六・三糎　一紙
（書出）胎蔵界所／奉供／花水供二十一箇度／飲食供二十一箇度／燈明供二十一箇度
（書止）右、為護持仏子滅罪生善、悉地成就、始自去八月廿九日至／于今月今日一七ヶ日夜之間、殊致精誠、奉供奉念如右、
（差出）仏子覚亮

（四）金剛界法巻数案　寛保二年五月廿五日　一通
竪紙　楮紙（美濃紙）　二九・一糎×四一・六糎　一紙
（書出）金剛界所／奉供／花水供二十一箇度／飲食供二十一箇度／燈明供二十一箇度
（書止）右、為護持仏子滅罪生善、悉地成就、始自去五月十八日／至今日一七ヶ日夜間、殊致精誠、奉供奉念如右、
（差出）仏子通典

五六　両界法巻数案　二通

江戸中期　竪紙　楮紙（美濃紙）

（備考）（一）・（二）一括、

（一）　金剛界法巻数案　寛保二年二月三日　一通

二九・二糎×四一・六糎　一紙

（書出）金剛界所／奉供／花水供三百箇度／飲食供三百箇度／燈明供三百箇度

（書止）右、為護持仏子滅罪生善、悉地成就、始自／七月廿一日至于今月今日一百箇日夜間、殊致／精誠、奉供奉念如右、

（差出）通典

（二）　胎蔵界法巻数案　寛保三年閏四月十日　一通

二九・一糎×四一・二糎　一紙

（書出）胎蔵界所／奉供／花水供二十一箇度／飲食供二十一箇度／燈明供二十一箇度

（書止）右、為護持仏子滅罪生善、悉地成就、始自去閏四月三日至／于今月今日一七ヶ日夜之間、殊致精誠、奉供奉念如右、

（差出）仏師通典

五七　大黒天供巻数案　元文五年八月三日　一通

江戸中期　竪紙　楮紙（美濃紙）　二六・二糎×四一・二糎　一紙

（書出）大黒天供所／奉供／供養法二十一箇度／花水供二十一箇度／燈明供二十一箇度

（書止）右、為護持仏子滅罪生善、悉地成就、始自去閏七月／廿六日至于今月今日一七箇日夜之間、殊致精誠、／奉供奉念如右、

（差出）金剛仏子覚亮

五八　歓喜天供巻数案等　一冊

仮綴

（備考）（一）～（一〇）一括、

（一）　巻数案包紙（年月日未詳）　一紙

江戸中期　竪紙　楮紙（美濃紙）　四四・〇糎×三三・九糎　一紙

（備考）ウハ書「禁裏女御巻数案文」、

（二）　大聖歓喜天供巻数案　明和二年二月十一日　一通

江戸中期　竪紙　楮紙（美濃紙）　二七・七糎×四一・七糎　一紙

（端裏）浴油供第四明和二三五／先年戒壇院長老洞泉比丘性善大徳開眼也、此天者十善院探道法印義遍造立而／白銀尊像二重御厨子并袋等結構也、／明和二乙酉年二月五日畢宿、月曜、和善宿甘露日、新仏歓喜天浴油開白、十一日結願、

（書出）大聖歓喜天供所／奉供／花水供十四箇度／飲食供十四箇度／浴油供十四箇度

（書止）始自去／五日至于今日一七箇日夜之間、殊致精誠、所奉修如件、

（差出）法務前大僧正法印大和尚位道雅

（三）　歓喜天供巻数案　文化三年正月二十七日　一通
江戸後期　竪紙　楮紙（高檀紙）　四一・五糎×五七・六糎　一紙
（端裏）歓喜天供巻数案　仕立如後七日／下札　歓喜天供　法務大――
―
（書出）歓喜天供所／奉供／華水供二七箇度／飲食供二七箇度／燈明供
二七箇度
（書止）右、奉為／金輪聖王天長地久、玉躰安穏、増長宝寿、無辺御願、
成就円満、自去／二十一日迄今日一七箇日間、殊致精誠、奉修如
件、
（差出）阿闍梨法務大僧正法印大和尚位高演

（四）　歓喜天供巻数案　文化十四年五月廿二日　一通
江戸後期　竪紙　楮紙（高檀紙）　四〇・六糎×五九・五糎　一紙
（端裏）下札　歓喜天供　前大――
（書出）歓喜天供所／奉供／華水供二七箇度／飲食供二七箇度／燈明供
二七箇度
（書止）「右、奉為／金輪聖王天長地久、玉躰安穏、増長宝寿、無辺御願、
成就円満、自去／十六日迄今日一七箇日間、殊致《精》誠、奉修如件、」
（差出）「前大僧正法印大和尚位高演」
（備考）末尾四行異筆、

（五）　歓喜天供巻数案　文政四《五・六》年九月廿八日《五月十二日・正月廿九日》　一通
江戸後期　竪紙　前欠　楮紙（高檀紙）　裏書あり　四〇・五糎×五四・三糎　一
紙
（文首）歓喜天供所／奉供／華水□□□箇度／飲食供二七箇度／燈明供
二七箇度／浴油供五千箇度
（書止）右、奉為／金輪聖王天長地久、玉躰安穏、増長宝寿、無辺御願、
成就円満、自去／廿二日《六日・廿三日》迄今日一七箇日間、殊致精誠、奉修如件、
（差出）阿闍梨前大僧正法印大和尚位高演

（六）　歓喜天供巻数案　文政十一年五月《九》晦日《廿九日》　一通
江戸後期　竪紙　楮紙（高檀紙）　三五・五糎×五六・六糎　一紙
（書出）歓喜天供所／奉供／華水供二七箇度／飲食供二七箇度／燈明供
二七箇度
（書止）自去／二十四《三》日迄今日一七箇日之間、殊致精誠、奉修如右、
（差出）阿闍梨前大僧正法印大和尚位高演

（七）　准胝法巻数案　文政四年十月三十日　一通
江戸後期　竪紙　楮紙（高檀紙）　三五・四糎×五八・八糎　一紙
（書出）准胝御修法所／奉供／供養法三十箇度／奉念／仏眼真言六百遍
（書止）右、奉為／金輪聖王天長地久、玉躰安穏、増長宝寿、無辺御願、
成就円満、／始自去朔日迄于今月今日并三十ヶ日之間、殊致精誠、
奉修如右、
（差出）阿闍梨前大僧正法印大和尚位高演

（八）　歓喜天供巻数案　文政十一年正《九》月七《八》日《廿二日》　一通

江戸後期　竪紙　楮紙（高檀紙）　四〇・六糎×五七・二糎　一紙
（書出）歓喜天供所／奉供／華水供二七箇度／飲食供二七箇度／燈明供二七箇度
（書止）右、奉為／金輪聖王天長地久、玉躰安穏、増長宝寿、無辺御願、成就円満、自去《二》／朔日《十六日》迄今日一七箇日間、殊致精誠、奉修如件、
（差出）阿闍梨前大僧正法印大和尚位高演
（備考）下札（奉書紙、三六・一糎×一・七糎、ウハ書「御当年星供　僧正有雅」）、他の巻数のものか、

（九）　歓喜天供巻数案　文化三年正月廿《二十七日》　一通
江戸後期　竪紙　楮紙（高檀紙）　四三・七糎×六七・五糎　一紙
（書出）歓喜天供所／奉供／華水供二七箇度／飲食供二七箇度／燈明供二七箇度
（書止）右、奉為／金輪聖王天長地久、玉躰安穏、増長宝寿、無辺御願、成就円満、／円満自去二十一日迄今日一七箇日間、殊致精誠、「奉修如件、」／奉修如件、
（差出）「阿闍梨法務大僧正法印大和尚――」
（備考）末尾一行異筆、

（一〇）　巻数書様　文政十年五月十四日　一通
江戸後期　切紙　前欠　楮紙（高檀紙）　紙背あり　三三・一糎×二一・六糎　一紙
（本文）右、奉為／太上天皇〇、《玉躰安穏》増長宝寿、無辺御願、成就円満、自去／八日迄今日一七箇《箇》日之間、殊致精誠、奉修如件、
（差出）阿闍梨前大僧正法印大和尚位高演
（備考）奥に「巻数奥之所如此也」、下札（高檀紙、三三・七糎×二・四糎、ウハ書「真言院御修法所　大阿闍梨定演」）、紙背に同日の巻数書様あり、

五九　聖天供巻数案　一冊
江戸後期　仮綴　楮紙（美濃紙）
（備考）（一）～（二五）一括、

（一）　聖天供巻数案　天明七年十二月五日　一通
竪紙　二六・四糎×四〇・九糎　一紙
（端裏）第四度目
（書出）聖天供所／奉供／供養法二七箇度／奉念／仏眼真言二百九十遍／大日真言千五百遍
（書止）始自去十一月二十八日至／今日一七箇日間、殊致精誠、奉供奉念如右、
（差出）仏子定隆

（二）　聖天供巻数案　天明八年十月十九日　一通
竪紙　二七・四糎×四〇・八糎　一紙
（端裏）第六ヶ度
（書出）聖天供所／奉供／供養法二七箇度／奉念／仏眼真言二百九十

遍／大日真言千五百遍

（書止）始去自十三日／至于今日一七箇日間、殊致精誠、奉供奉念如右、

（差出）仏子定隆

（三）　聖天供巻数案　寛政元年二月十三日　一通

竪紙　二七・四糎×四〇・七糎　一紙

（端裏）華水供第七度、寛政元年二月七日開白、同十三日結願、

（書出）聖天供所／奉供／供養法二七箇度／奉念／仏眼真言二百九十遍

（書止）始去自七日／至于今月一七箇日間、殊致精誠、奉供奉念如右、

（差出）仏子定隆

（四）　聖天供巻数案　寛政元年三月二十三日　一通

竪紙　二七・五糎×四〇・七糎　一紙

（端裏）華水供第八度、寛政元三月十七日開白、同廿三日結願、

（書出）聖天供所／奉供／供養法二七箇度／奉念／仏眼真言二百九十遍

（書止）始去自十七日／至于今日一七箇日間、殊致精誠、奉供奉念如右、

（差出）仏子定隆

（五）　聖天供巻数案　寛政五年十一月十三日　一通

竪紙　二七・八糎×四〇・七糎　一紙

（端裏）花水供第十八箇度、寛政五年十一月七日開白、十三日結願、

（書出）聖天供所／奉供／供養法二七箇度／奉念／仏眼真言二百九十遍

（書止）始去／自七日至今日一七箇日間、殊致精誠、奉供奉念／如右、

（差出）仏子定隆

（六）　聖天供巻数案　寛政三年二月二十五日　一通

竪紙　二九・〇糎×四一・一糎　一紙

（端裏）第十三ヶ度、寛政三年二月十九日開白、廿五日結願、

（書出）聖天供所／奉供／供養法二七箇度／奉念／仏眼真言二百九十遍

（書止）始去自十九日／至于今日一七箇日間、殊致精誠、奉供奉念如右、

（差出）仏子定隆

（七）　聖天供巻数案　寛政三年六月九日　一通

竪紙　二八・〇糎×四〇・六糎　一紙

（端裏）華水供第十四ヶ度／寛政三亥六月三日開白、同九日結願、

（書出）聖天供所／奉供／供養法二七箇度／奉念／仏眼真言二百九十遍

（書止）始去自／三日至于今日一七箇日間、致精誠、奉供奉念如右、

（差出）仏子定隆

（八）　聖天供巻数案　寛政五年六月十一日　一通

竪紙　二八・一糎×四〇・七糎　一紙

（端裏）第十七ヶ度／寛政五丑年六月五日開白、同十一日結願、

（書出）聖天供所／奉供／供養法二七箇度／奉念／仏眼真言二百九十遍

（書止）始去／自五日至今日一七箇日間、殊致精誠、奉供奉念／如右、

（差出）僧正定隆

（九）　聖天供巻数案　寛政七年五月十四日　　一通

竪紙　二八・二糎×四一・二糎　一紙

（端裏）花水供二十四ヶ度、寛政七五月八日開白、同十四日結願、

（書出）聖天供所／奉供／供養法二七箇度／奉念／仏眼真言二百九十遍

（書止）始〇自去八日迄于／今日一七箇日之間、殊致精誠、奉供奉念如右、

（差出）仏子定隆

（一〇）　聖天供巻数案　寛政八年十一月廿二日　　一通

竪紙　二八・四糎×四三・四糎　一紙

（端裏）百坐寛政八年十一月二日開白、廿二日結願、

（書出）聖天供所／奉供／供養法一百箇度／奉念／仏眼真言二千一百遍

（書止）始自去二日／迄于今日三七箇日之間、殊致精誠、奉供奉念／如右、

（差出）金剛仏子定隆

（一一）　聖天供巻数案　寛政元年四月九日　　一通

竪紙　二七・五糎×四〇・九糎　一紙

（端裏）花水供第九ヶ度開白寛政元年四月三日、結願四月九日、

（書出）聖天供所／奉供／供養法二七箇度／奉念／仏眼真言二百九十遍

（書止）始〇去自三日／至于今日一七箇日間、殊致精誠、奉供奉念如右、

（差出）仏子定隆

（一二）　聖天供巻数案　寛政二年正月三十日　　一通

竪紙　二八・七糎×四一・二糎　一紙

（端裏）第十二ヶ度、寛政二年戌正月廿四日開白、同晦日結願、

（書出）聖天供所／奉供／供養法二七箇度／奉念／仏眼真言二百九十遍

（書止）始去自二十四日／至于今日一七箇日間、殊致精誠、奉供奉念如右、

（差出）仏子定隆

（一三）　聖天供巻数案　寛政六年二月二十八日　　一通

竪紙　二七・九糎×四〇・七糎　一紙

（端裏）花水供第十九箇度、寛政六年二月二十二日開白、同廿九日結願、

（書出）聖天供所／奉供／供養法二七箇度／奉念／仏眼真言二百九十遍

（書止）始去／廿二日至今日一七箇日間、殊致精誠、奉供奉念／如右、

（差出）仏子定隆

（一四）　聖天供巻数案　寛政三年正月二十四日　　一通

竪紙　二八・九糎×四一・二糎　一紙

（端裏）寛政三辛亥年自正月十八日至廿四日、於座主御坊、華水供修行、

（書出）聖天供所／奉供／供養法二七箇度／奉念／仏眼真言二百九十遍

（書止）始去自十八日至今日一七箇日間、殊致精誠、奉供／奉念如右、

（差出）仏子定隆

（一五）　聖天供巻数案　寛政四年二月十三日　　一通

竪紙　二八・四糎×四〇・三糎　一紙

（端裏）十四〻五ヶ度寛政四年二月七日開白、十三日結願、

（書出）聖天供所／奉供／供養法二七箇度／奉念／仏眼真言二百九十遍

（書止）始去自／七日至于今日一七箇日間、殊致精誠、奉供奉念如右、

（差出）仏子定隆

（一六）聖天供巻数案　寛政五年二月十一日　一通

竪紙　三六・〇糎×四〇・五糎　一紙

（端裏）第十六ヶ度花水供　度、寛政五年二月十一日結願、

（書出）聖天供所／奉供／供養法二七箇度／奉念／仏眼真言二百九十遍

（書止）始去／自五日至今日一七箇日間、殊致精誠、奉供奉念／如右、

（差出）仏子定隆

（一七）聖天供巻数案　寛政五年二月十九日　一通

竪紙　三六・〇糎×四〇・六糎　一紙

（端裏）花水供、寛政五二月十三開白、同十九結願、施主岩仲坊教行四十才／
実名光覚

（書出）聖天供所／奉供／供養法二七箇度／奉念／仏眼真言二百九十遍

（書止）始去〇自十三日至于今日一七箇日間、／殊致精誠、奉供奉念如右、

（差出）仏子定隆

（一八）聖天供巻数案　寛政元年九月二十日　一通

竪紙　三七・八糎×四〇・四糎　一紙

（端裏）第十一ヶ度開白寛政元年九月十四日、結願九月廿日、

（書出）聖天供所／奉供／供養法二七箇度／奉念／仏眼真言二百九十遍

（書止）始去自十四日／至于今日一七箇日間、殊致精誠、奉供奉念如右、

（差出）仏子定隆

（一九）聖天供巻数案　寛政六年五月二十七日　一通

竪紙　三七・七糎×四〇・九糎　一紙

（端裏）花水供第二十度、寛政六五月廿一日開白、廿七日結願施主慈観、

（書出）聖天供所／奉供／供養法二七箇度／奉念／仏眼真言二百九十遍

（書止）始〇自去二十一日至今／日一七箇日、殊致精誠、奉供奉念如右、

（差出）金剛仏子定隆

（二〇）聖天供巻数案　寛政六年六月九日　一通

竪紙　三七・七糎×四〇・三糎　一紙

（端裏）花水供廿一ヶ度、寛政六年六月九日結願、三日開白也、

（書出）聖天供所／奉供／供養法二七箇度／奉念／仏眼真言二百九十遍

（書止）始自去三日至于今日／一七箇日、殊致精誠、奉供奉念如右、

（差出）仏子定隆

（二一）聖天供巻数案　寛政元年五月十日　一通

竪紙　三七・七糎×四〇・二糎　一紙

（端裏）第十ヶ度開白、寛政元年五月四日、結願五月十日、

（書出）聖天供所／奉供／供養法二七箇度／奉念／仏眼真言二百九十遍

（書止）始去自四日／至于今日一七箇日間、殊致精誠、奉供奉念如右、

（差出）仏子定隆

（二二） 聖天供巻数案 寛政六年閏十一月十六日 一通
竪紙 三七・六糎×四〇・八糎 一紙
（端裏）花水供廿貳ヶ度、寛政六年閏十一月十日開白、十六日結願也、
（書出）聖天供所／奉供／供養法二七箇度／奉念／仏眼真言二百九十遍
（書止）始自去十日至于今日／一七箇日間、殊致精誠、奉供奉念如右、
（差出）仏子定隆

（二三） 聖天供巻数案 寛政八年十二月十三日 一通
竪紙 三七・八糎×四〇・七糎 一紙
（端裏）花水供 寛政八年十二月七日開白、十三日結願、施主深明
（書出）聖天供所／奉供／供養法二七箇度／奉念／仏眼真言二百九十遍
（書止）始自去七日至于今日一七箇日間、／殊致精誠、奉供奉念如右、
（差出）仏子定隆

（二四） 歓喜天供巻数案 寛政七年九月二十二日 一通
竪紙 三八・二糎×四〇・八糎 一紙
（端裏）浴油第十六度 寛政七年九月十六日開白、廿二結願、
（書出）歓喜天供所／奉供／花水供二七箇度／飲食供二七箇度
（書止）始自去十六日迄于／今日一七箇日之間、殊致精誠、奉供奉念如右、
（差出）仏子定隆

（二五） 歓喜天供巻数案 寛政八年五月二十八日 一通
竪紙 三八・二糎×四一・一糎 一紙
（端裏）浴油第十七箇度 寛政八年五月廿八日結願、
（書出）歓喜天供所／奉供／花水供二七箇度／飲食供二七箇度
（書止）始自去廿二六迄于／今日一七箇日之間、殊致精誠、奉供奉念如右、
（差出）仏子定隆

六〇 大日如来供巻数案等 九通
（備考）（一）～（九）一括、

（一） 大日如来供巻数案 （年月日未詳） 一通
江戸前期 竪紙 漉返紙 三六・八糎×四三・七糎 一紙
（書出）大日如来供所／奉供／供養法三十箇度／奉念／仏眼真言七百遍
（書止）右、奉為／護持国母仙院御息災安穏、増長宝寿、別御病難／消除、転禍為福、無辺御願、成就円満、始自去朔日迄于今日卅日／之間、殊致精誠、奉供如件、

（二） 当年星真言注文 （年月日未詳） 一通
江戸前期 折紙 楮紙（高檀紙） 三四・一糎×三五・三糎 一紙
（本文）御所 卯之御年卅六／（梵字）イリタラタウム／（梵字）ホラカソハチシリソハカ／予 四十八／（梵字）イリタラタウム／（梵字）ホタシリソハカ
（備考）挿入紙「北斗呪」、

（三） 歓喜天供巻数案用意紙型 文政十一年五月晦日 一通

江戸後期　竪紙　楮紙（奉書紙・高檀紙）　紙背あり　三五・六糎×四八・七 六六・九糎
二紙
（書出）『歓喜天供所』／奉供
（書止）女御殿下息災安穏、増長福寿、無辺御願、成就円満、自去／二十四日迄今日一七箇日之間、殊致精誠、奉修如右、
（備考）袖に「例年正五九月三ヶ度　女御殿下御願之浴油供巻数／紙之大キサ等如此、／文政十一年子五月廿八日　僧正蔵海識之」、中央部が一部切り取られている、紙背に朱筆にて巻数封様あり、懸紙を転用（ウハ書「末広一握」）、

（四）　不動護摩巻数案　元和六年□□□□　一通
江戸前期　竪紙　楮紙（美濃紙）　二六・三糎×四三・三糎　一紙
（書出）不動護摩所／奉供／供養法三百ヶ度／護摩供三百ヶ度／諸神供十六ヶ度
（書止）日夜之間、殊致精誠、奉供奉念如右、
（差出）金剛仏子観助
（備考）虫損甚し、

（五）　後七日御修法巻数案（年月日未詳）　一通
江戸中期　竪紙　楮紙（美濃紙）　紙背あり　三二・五糎×四二・二糎　一紙
（書出）後七日御修法所／奉供／大壇供二十一箇度／息災護摩供二十一箇度
（書止）□為　太上天皇玉躰安穏、増長□寿、無辺御願、成就／□□、□去八日迄于今日一七箇□□□□
（備考）天一部欠、紙背を包紙として用いる（ウハ書「□月認物案文六通正徳二壬辰年分／□□□続紙同裏書案　巻数案　伴僧交名案」）、

（六）　巻数書様（年月日未詳）　一通
江戸前期　竪紙　楮紙（奉書紙）　三二・五糎×三七・三糎　一紙
（書出）『仙洞』右、奉為　太上天皇玉躰安穏、増長宝寿、無辺／御願、成就円満、自去八日迄今日一七箇日夜之間、／殊致精誠、奉修如件、
（書止）『女御』右、奉為　中宮殿下――／――――／――――

（七）　巻数書様（年月日未詳）　一通
江戸前期　竪紙　楮紙（美濃紙）　二八・〇糎×三六・六糎　一紙
（書出）右、奉為／金輪聖王玉躰安穏、増長宝寿、殊御悩除愈、／御願円満、迄于今月今日一七箇日夜間、殊致精誠、奉供如件、
（差出）権僧正法印大和尚位有雅／法印大僧都厳耀／大僧都法眼和尚位公円

（八）　諸尊真言　一通
江戸前期　折紙　楮紙（奉書紙）　二六・七糎×四三・五糎　一紙
（文首）白色大日／ナウマクサマンタ／アヒラウンケン／赤色宝幢／ナウマクサマンタ／ランラクソハカ
（文尾）ナウマクサマンタ／カンカクソハカ
（備考）挿入紙（美濃紙、三〇・六糎×九・四糎、「北斗呪」を記す）、

（九）　五大堂護摩巻数目安　（年月日未詳）　一通
江戸前期　竪紙　楮紙（奉書紙）　紙背あり　三五・五糎×四八・二糎　一紙
（端裏）五大堂護摩巻数案
（書出）巻数界／上／下
（備考）紙背に不動明王護摩巻数書止シ、

六一　某法巻数案奉呈文言控等　九通・二紙
（備考）（一）～（一一）一括、

（一）　某法巻数案奉呈文言控　文政十一年正〔五〕月廿二〔十八〕日〔九月廿二日〕　一通
江戸後期　切紙　泥間似合　四二・〇糎×一六・七糎　一紙
（本文）右、奉為／太上天皇玉躰安穏、増長宝寿、無辺御願、成就円満、
自去／十六日〔二〕〔六日〕迄今日一七箇日之間、殊致精誠、奉修如件、
（差出）阿闍梨前大僧正法印大和尚位高演

（二）　巻数書様　（年月日未詳）　一通
江戸後期　竪紙　楮紙（美濃紙）　三〇・一糎×四三・七糎　一紙
（書出）右奉為　太上天〔『法』〕皇玉躰安穏、増長宝寿、無辺御願、成就／円満、
自去八日迄于今日一七箇日之間、殊致精誠、奉修如件、
（書止）主上　法皇　女院　女御　関白　大樹　案合七通〔享保二年分〕、

（三）　不動供巻数草案　（年月日未詳）　一通
室町中期　竪紙　漉返紙　二五・三糎×三七・六糎　一紙
（書出）不動供所／奉供／供養法三十箇度／奉念／仏眼真言六百返
（書止）一字金輪真言三千返／右、奉為　護持大施主征夷大将軍亜相
（備考）袖に和歌「我かたにかへる心のみちまても今日は朝の雪に／たへ行／かくハ《おもひとや》《ふり■つる》かり宮この雪のあさほらけ／山もおもハ《かくハかりなる》ぬなにの／ありとは／いかなる山のおくも／おもハて」、

（四）　鎮守御読経請定土代　（年月日未詳）　一通
室町前期　竪紙　漉返紙　三〇・六糎×四七・七糎　一紙
（書出）鎮守読経請定事／〔隆宥〕民部卿法印〔導師〕〔仙助〕大輔僧都／〔弘甚〕大貳
僧都　〔定盛〕帥僧都
（書止）十弟子校名／隆盛盛阿闍梨　覚舜ーーー　超源／超深ーーー
隆仙

（五）　新上西門院・徳川綱吉忌日覚　（年月日未詳）　一通
江戸中期　切紙　漉返紙　一七・六糎×二〇・三糎　一紙
（本文）新上西門院正徳二辰四月十四日／宝永六丑正月十日／常憲院殿薨去、

（六）　巻数写　（年月日未詳）　一通
江戸中期　竪紙　漉返紙　二四・八糎×四〇・三糎　一紙
（本文）右、奉為／金輪聖主玉躰安穏、宝祚延長、天下国土、／炎旱消除、
甘雨普潤、五穀成就、〔万民快楽、〕○御願／円満、始自去廿五〔九〕日迄〔于〕今月今日二〔一〕
七ヶ日夜之間、／殊抽精誠、奉修如件、／堯助・雅厳両僧正参之砌、
相尋注之、

（七）　諒闇時巻数献上先例　（年月日未詳）　一通

江戸中期　竪紙　楮紙（美濃紙）　三一・九糎×四四・四糎　一紙

（端裏）東山院崩御諒闇触穢之時、巻数献上之事

（書出）宝永六年己丑十一月卅日、洛東岡崎宿坊ェ／勅使来臨也、来十二月予勤修之故也、

（書止）廿九日御結願、／巻数献上、於岡崎宿坊御撫物真長坊返渡之、／勅使差次蔵人錦小路　役送山科民部重源兵衛／右、寛順護持僧之記見タリ、

（備考）奥書「如是ニ候間、書抜進覧申候、右者、／東山院諒闇之中ニ候也」、

（八）　千手護摩巻数案書様控　（年月日未詳）　一通

江戸中期　竪紙　楮紙（奉書紙）　三七・〇糎×五一・五糎　一紙

（書出）千手護摩所／奉供／大壇供二十一箇度／護摩供二十一箇度／諸神供三箇度

（書止）右、奉為　―護持―――――――／――――――／年号月日

（差出）法務――――

（備考）袖下に「女二宮　一枚、／御台　一枚」、

（九）　伴僧念誦　（年月日未詳）　一通

江戸中期　竪紙　楮紙（奉書紙）　三五・一糎×五〇・二糎　一紙

（本文）伴僧／仏眼／大日当界／薬師大呪／延命／不動慈救／吉祥天／一字／已上各百遍許、

（一〇）　巻数案包紙　（年月日未詳）　一紙

江戸前期　竪紙　楮紙（美濃紙）　二六・八糎×四六・〇糎　一紙

（備考）ウハ書「秘抄支巻数等」、

（一一）　巻数包紙　（年月日未詳）　一紙

江戸中期　竪紙　楮紙（美濃紙）　三二・〇糎×四三・三糎　一紙

（備考）ウハ書「巻数」、

第六九函

一　御修法巻数案等　二十九通

（備考）（一）～（二九）一括、

（一）御修法巻数案　保元二年正月十日　一通

鎌倉前期　切紙　漉返紙　一四・〇糎×三一・八糎　一紙

（端書）『別本／報恩院本在之、仍書入之、』

（書出）『御修法所／奉供／大壇供六十三箇度／護摩供六十三箇度／諸神

供九箇度』

（書止）『右、奉為　禅定国母仙院御息災安穏、増長宝寿、御願／円満、

始自十二月十八日至于今年今月今日并三七箇／日夜之間、率十八

口伴侶、殊致精誠、奉修如件、』

（差出）『行事大法師如真／阿闍梨権律師法橋上人位』

（二）成賢僧正等修法奉供度数先例　（年月日未詳）　一通

室町前期　折紙　楮紙（杉原）　紙背あり　二九・八糎×四七・五糎　一紙

（書出）建保三年成賢僧正／巻数／五大尊供深賢律師／増益護摩二十一ヶ度／五大

尊供二十一ヶ度

（書止）建暦二年成賢僧正／一両壇同三時／五大尊供三時／十二天供初

夜許

（備考）紙背を包紙として用いる（ウハ書「進上　西方院殿千菊御房申給へ

鳥居安楽寺東坊　寛恵状」）、

（三）不動供巻数案　建武二年十二月卅日　一通

南北朝時代　竪紙　楮紙（檀紙）　三一・二糎×四八・三糎　一紙

（端書）「是ハ潤月分巻数案也、」

（書出）不動供所／奉供／花水供三百八十五箇度／飲食供三百八十五箇

度／燈明供三百八十五箇度

（書止）右、奉為　護持大施主等并女大施主等殿下除病延命、増長福寿、

怨家／呪咀、悪霊邪気、非時中度、年月日時、内外無難、諸不吉

祥、未然消除、未然解脱、／法躰堅固、恒受快楽、無辺御願、決

定成就、決定円満、殊致精誠、奉供奉念如右、

（差出）阿闍梨大法師静舜

（四）炎魔天供巻数案　建武四年十一月四日　一通

南北朝時代　竪紙　楮紙（強杉原）　二九・〇糎×三九・一糎　一紙

（端書）皇女御誕生十一月四日夜、山上□□、／同六日／□□

（書出）炎魔天供所／奉供／花水供十一ヶ度／飲食供十一ヶ度／燈明供

十一ヶ度

（書止）自去月廿三日／至今月四日十一ヶ日夜之間、奉供奉念如右、

（差出）阿闍梨権大僧都法眼和尚位道賢

（備考）本文紙背にわたる、

（五）　愛染王護摩巻数案　暦応四年四月廿九日　　一通
南北朝時代　竪紙　楮紙（杉原）　紙背あり　二七・四糎×三八・三糎　一紙
（端裏）愛染王護摩巻数案遠国乱時御祈
（書出）愛染王護摩所／奉供／大壇供二十一箇度／護摩供、、、、／諸
神供三箇度
（書止）始自去十三日迄于今日十七ヶ日夜之間、／殊致精誠、奉修奉念如
件、
（差出）阿闍梨権少僧都法眼和尚位ー

（紙背）年貢書上（年月日未詳）　一通
室町前期　折紙
（書出）各又年貢事／ムマ明応七ノ年貢ハ／十二月中旬／去金勝出給
候、／ヒツシ明応八
（書止）戌文亀二／イ文亀三

（六）　北斗法巻数案　康永元年八月廿日　一通
南北朝時代　竪紙　楮紙（杉原）　三三・二糎×四九・五糎　一紙
（端裏）御修法巻数案　康永元
（書出）北斗御修法所／奉供／大壇供二十一箇度／護摩供二十一箇度／
蠟燭供七箇度
（書止）自去廿三日迄于今日晦日并一七／箇日間、七口金剛仏子等、殊致
精誠、奉祈如件、仍勒遍数、以解、
（備考）虫損甚し、

（七）　北斗法巻数案　康暦二年九月廿八日　一通
南北朝時代　竪紙　漉返紙　紙背あり　三〇・五糎×四八・五糎　一紙
（書出）北斗御修法所／奉供／大壇供二十一箇度／護摩供二十一ヶ度／
蠟燭供一七ヶ度
（書止）右、奉為護持大施主殿下寿命長遠、無辺御願、皆令満足、／自去
廿二日迄于今日一七ヶ日夜之間、殊致精誠、奉修／奉念如右、
（差出）阿闍梨法務権僧正法印大和尚位宗助
（備考）紙背を包紙として用いる（ウハ書「北斗法次第　表白　巻数」）、

（八）　仁王経法巻数案　永徳三年五月廿日　一通
南北朝時代　竪紙　楮紙（杉原）　三〇・四糎×四八・七糎　一紙
（書出）仁王経御修法所／奉供／大壇供二十一箇度／護摩供二十一箇
度／十二天供七箇度
（書止）従去十三日迄于今日／一七ヶ日夜之間、引率廿口伴侶、殊致精誠、
奉修如右、
（差出）阿闍梨法務僧正法印大和尚位宗助敬白

（九）　仁王経法巻数案　明応三年十二月廿五日　一通
南北朝時代　竪紙　漉返紙　三〇・八糎×四八・六糎　一紙
（書出）仁王経御修法所／奉供／大壇供二十一箇度／護摩供二十一箇
度／十二天供二十一箇度
（書止）従去十八日／迄于今日一七ヶ日夜之間、引率廿口伴侶、殊致／精
誠、奉修如右、

（差出）阿闍梨法務前大僧正宗助敬白

（一〇）　普賢延命法巻数案　応永三年三月十六日　一通
室町前期　竪紙　漉返紙　三〇・一糎×四八・八糎　一紙
（端裏）普賢延命巻数
（書出）普賢延命御修法所／奉供／大壇供二十一ヶ度／護摩供二十一ヶ
度／諸神供三ヶ度
（書止）始自去九日迄于今日十六日一七ヶ日夜之間、十二口金剛／仏子
等、殊致精誠、奉修奉念如右、
（差出）阿闍梨前大僧正法印大和尚位

（一一）　愛染王供巻数案　応永廿六年十月廿五日　一通
室町前期　竪紙　楮紙（杉原）　二八・八糎×四六・〇糎　一紙
（書出）愛染王供所／奉修／供養法六十三ヶ度／奉念／仏眼真言六千三
百遍
（書止）右、奉為　聖朝安穏、天長地久、太上天皇増長／宝寿、一一御願、
皆令満足、始自去四日迄于／今日三七ヶ日間、殊致精誠、奉供奉
念如右、
（差出）権僧正法印大和尚位宗観

（一二）　不動安鎮護摩巻数案　永享三年十二月九日　一通
室町前期　竪紙　楮紙（杉原）　三三・五糎×四五・八糎　一紙
（書出）不動安鎮護摩所／奉供大（マヽ）／大壇供二十一箇度／護摩供二十一箇
度／諸神供三箇度
（書止）右、奉為　護持大施主殿下寿算長久、増長福寿、／無辺御願、皆
令満足、始自去三日迄于今日一七ヶ／日夜之間、殊致精誠、奉修
如右、
（差出）阿闍梨大僧正法印大和尚位宗観

（一三）　六字供巻数案　永享八年十月廿九日　一通
室町前期　竪紙　楮紙（杉原）　二九・四糎×四七・五糎　一紙
（書出）六字供所／奉供／供養法二十九箇度／奉念／仏眼真言二千九百
遍
（書止）右、奉為　護持女施主殿下御息災安穏、増長福寿、／無辺御願、
皆令満足、始自去朔日迄于今日廿九ヶ日／間、殊致精誠、奉供奉
念如右、
（差出）前大僧正法印大和尚位宗観

（一四）　大威徳法修法記書止シ（年月日未詳）　一通
室町中期　竪紙（モト続紙）　後欠　漉返紙　二八・八糎×四五・〇糎　一紙
（書出）永享八年九月八日於三条亭大威徳修法事、／阿闍梨前大僧正　伴
僧八口、兵部卿大僧都隆俸
（文尾）如初夜後夜時後、可有／御加持處、承仕依未練禁忽（楚カ）集會鳴金、然
間日中時

（一五）　六字護摩巻数案　永享十年七月廿日　一通

室町前期　竪紙　楮紙（杉原）　二六・四糎×四七・〇糎　一紙
（端裏）六字
（書出）六字護摩所／奉供／大壇供二十七箇度／護摩供二十七箇度／諸
神供三箇度
（書止）始自去十一日／迄于今日十ヶ日夜間、殊致精誠、奉供奉念如右、
（差出）阿闍梨前大僧正法印大和尚位宗観

（一六）普賢延命法巻数案　嘉吉元年六月五日　一通
室町前期　竪紙　楮紙（杉原）　二六・六糎×四七・三糎　一紙
（書出）普賢延命御修法所／奉修／大壇供二十一箇度／護摩供二十一箇
度／十二天供七箇度
（書止）始自去廿七日迄于今月五日一七箇日夜之／間、率十六口伴侶、殊
致精誠、奉修奉念如右、
（差出）阿闍梨前大僧正法印大和尚位宗観
（備考）奥に追記「於室町殿始行」、

（一七）普賢延命法巻数案　嘉吉元年六月五日　一通
室町前期　竪紙　楮紙（杉原）　二六・六糎×四七・三糎　一紙
（書出）普賢延命御修法所／奉修／大壇供二十一箇度／護摩供二十一箇
度／十二天供七箇度
（書止）始自去廿七日迄于今月五日七箇日夜／之間、率十六口伴侶、殊致
精誠、奉修奉念如右、
（差出）阿闍梨前大僧正法印大和尚位宗ー（観）

（一八）石清水八幡宮仁王経法記草（年月日未詳）　一通
室町中期　竪紙（モト続紙）　後欠　楮紙（杉原）　二七・〇糎×四一・〇糎　一
紙
（書出）嘉吉元年辛酉於石清水／嘉吉元年辛酉四月十日開白、於石清水／仁王
経御修法御勤仕事
（文尾）当所　勧請　御持　増長天下

（一九）如意輪護摩巻数案　嘉吉元年閏九月廿九日　一通
室町前期　竪紙　漉返紙　二九・三糎×四七・三糎　一紙
（端裏）如意論
（書出）如意輪護摩所／奉供／大壇供二十一箇度／護摩供二十一箇度／
諸神供三箇度
（書止）始自去廿三日迄于今日於清瀧宮／宝前一七ヶ日夜間、殊致精誠、
奉供奉念如右、
（差出）阿闍梨前大僧正法印大和尚位宗観

（二〇）不動法巻数案　文安元年九月廿八日　一通
室町中期　竪紙　楮紙（強杉原）　三四・四糎×五五・五糎　一紙
（端裏）禁中御修法巻数案文安元九廿八日結願、
（書出）不動御修法所／奉修／大壇供二十一箇度／護摩供二十一箇度／
諸神供三箇度
（書止）始自去廿一日迄于／今月今日一七ヶ日夜之間、率六口伴僧、殊致
精誠、／奉修奉念如右、

（差出）阿闍梨前大僧正法印大和尚位宗観

（二一一）　不動法巻数案　宝徳元年十二月廿日　一通

室町中期　竪紙　楮紙（強杉原）　三四・五糎×五三・〇糎　一紙

（端裏）宝徳元、於住坊懃仕御巻数案也理性院灌頂堂礼堂中三間拵為導〔道〕場、供料三千疋也、

（書出）不動御修法所／奉修／大壇供二十一箇度／護摩供二十一箇度／諸神供三箇度

（書止）始自去十四日迄于／今日一七箇日夜之間、率六口伴僧、殊致／精誠、奉修奉念如右、

（差出）阿闍梨権僧正法印大和尚位宗済

（二一二）　不動法巻数案　享徳三年十月三日　一通

室町中期　竪紙　楮紙（強杉原）　紙背あり　三三・八糎×四七・五糎　一紙

（端裏）不動并愛染巻数案

（書出）不動御修法所／奉修／大壇供二十一箇度／護摩供二十一箇度／諸神供三箇度

（書止）始自去月廿七日今月／今日迄于一七箇日夜之間、率六口伴僧、殊致精誠、／奉修奉念如右、

（差出）阿闍梨僧正法印大和尚位宗済

〔紙背〕愛染法巻数案　文明六―――――　一通

竪紙

（書出）愛染王供所／奉供／供養法二十一箇度／奉念／仏眼真言七百返

（書止）始自／去月廿六日迄于今月今日一七ヶ日夜之間、殊致精誠、奉供／奉念如右、

（差出）阿闍梨権僧正法印大和尚位

（二一三）　不動法巻数案　長禄三年五月十八日　一通

室町中期　竪紙　楮紙（強杉原）　三一・五糎×五三・二糎　一紙

（書出）不動御修法所／奉修／大壇供二十一箇度／護摩供二十一箇度

（書止）始自去十二日／迄于今日一七箇日夜之間、率六口伴僧、殊致／精誠、奉修奉念如右、

（差出）阿闍梨僧正法印大和尚位□□

（備考）虫損甚し、

（二一四）　聖天供巻数案　文明四年二月一日　一通

室町中期　竪紙　漉返紙　二七・〇糎×三九・〇糎　一紙

（書出）聖天供所／奉供／供養法十四箇度／奉念／仏眼真言三百遍

（書止）始自去廿六日迄于今日一七ヶ日夜之間、／殊致精誠、奉供奉念如右、

（差出）法印大僧都大和尚位公厳

（二一五）　不動法巻数案　天文十五年二月廿九日　一通

室町後期　竪紙　楮紙（強杉原）　三三・〇糎×五一・一糎　一紙

（書出）不動御修法所／奉修／大壇供二十一箇度／護摩供二十一箇度／

諸神供三箇度

（書止）始去廿三日／迄于今日一七箇日夜之間、率六口伴僧、殊致／精誠、奉修奉念如右、

（差出）阿闍梨権僧正法印大和尚位厳助

（備考）虫損甚し、

（二一六）　太元護摩巻数案　元和五年六月　日　一通

江戸前期　竪紙　漉返紙　三四・〇糎×四六・二糎　一紙

（書出）太元護摩所／奉供／大壇供廿一箇度／護摩供廿一箇度／諸神供三箇度

（書止）右、奉為　護持大施主息災延命、武運長久、／一々御願、成就円満、一七日夜之、（脱アルカ）殊致精誠、／奉供奉念如右、

（差出）大僧都法眼観助

（二一七）　薬師供巻数案　寛永七年四月七日　一通

江戸前期　竪紙　楮紙（美濃紙）　二七・三糎×四〇・一糎　一紙

（書出）薬師供所／奉供／供養法七ヶ度／奉念／仏眼真言一百五十遍

（書止）右、奉為／女院皇后御除□延命、／貴躰安穏、御□円満、殊致精誠、奉供奉念如右、

（差出）法印観助

（備考）虫損甚し、

（二一八）　太元護摩巻数案　明暦四年三月廿七日　一通

江戸前期　竪紙　楮紙（高檀紙）　三六・〇糎×五三・二糎　一紙

（書出）太元護摩所／奉供／供養法二十一箇度／奉念／仏眼真言五百遍

（書止）右、奉為／新院除病延命、御貴躰安穏、／殊致精誠、奉供奉念如右、

（差出）前大僧正観助

（二一九）　不動鎮宅護摩巻数案　明応九年正月廿九日　一通

室町後期　竪紙　楮紙（杉原）　二五・一糎×四三・五糎　一紙

（書出）不動鎮宅護摩所／奉供／供養法二十一ヶ度／護摩供二十一ヶ度／諸神供三ヶ度

（書止）右、奉為護持施主武運長久、息災／安穏、鎮宅成就、家内安全、諸人快楽、一七／日間、殊致精誠、奉供奉念如右、

（差出）法印宗典

二　仁王経法伴僧請定等　三十八通・二紙

（備考）（一）～（四〇）一括、

（一）　仁王経法伴僧請定　永徳三年五月　日　一通

南北朝時代　竪紙　楮紙（杉原）　二八・六糎×四五・五糎　一紙

（書出）請定／仁王経御修法伴僧事／法印権大僧都任恵　法印権大僧都光信護摩

（書止）右、自来十三日於室町御所可被始行、／仍請定如件、

（差出）行事法眼和尚位澄尊

（備考）虫損甚し、

（二）　仁王経法伴僧上下結番交名　永徳三年五月十三日　一通

南北朝時代　竪紙　楮紙（杉原）　三一・〇糎×四七・二糎　一紙

（書出）上番／「大夫」法印権大僧都任恵西「大納言　東」光信／「民部卿」権大僧都隆宥西

（書止）「西　刑部卿」弘秀「東　民部卿」宗融／「西　按察」憲増「西　民部卿」光永

（三）　仁王経御修法記表紙　一紙

江戸前期　切紙　楮紙（美濃紙）　三四・三糎×二三・七糎　一紙

（外題）明徳四年仁王経御斎會修法

（四）　石清水八幡宮仁王経法伴僧請定　明徳四年十二月　日　一通

室町前期　竪紙　楮紙（杉原）　二八・五糎×三八・一糎　一紙

（書出）請定／仁王経御修法伴僧事／法印○権大僧都隆宥聖天、法印権大僧都光信／権大僧都弘誉　権大僧都仙乗

（書止）右、自来三日於石清水社頭可被行／仁王経御修法、各可令参勤給之状如件、

（差出）大行事法眼仙秀

（備考）（五）とほぼ同文、

（五）　石清水八幡宮仁王経法伴僧請定写　明徳四年十二月　日　一通

江戸前期　竪紙　楮紙（美濃紙）　三〇・〇糎×四三・四糎　一紙

（書出）請定／仁王経御修法伴僧事／「[redacted]」／法印○権大僧都隆宥聖天、法印権大僧都光信

（書止）右、自来三日於石清水社頭可行／仁王経御修法、各可令参勤給之状如件、

（差出）大行事法眼仙秀

（備考）奥に「写本破損之間、書留了、観助」、（四）とほぼ同文、

（六）　仁王経法伴僧上下結番交名　明徳四年十二月　日　一通

室町前期　竪紙　楮紙（杉原）　二八・五糎×三八・〇糎　一紙

（書出）上番／法印権大僧都隆宥　光信／権大僧都弘誉　仙乗

（書止）下番／権律師定盛　覚演／弘秀　憲増／大法師宗覚　道弘／隆円

（七）　宗済請文案包紙（年月日未詳）　一紙

江戸前期　切紙　楮紙（美濃紙）　二四・〇糎×一七・二糎　一紙

（備考）ウハ書「五壇法御請文案宗済一」、

（八）　某法会伴僧上下結番交名（年月日未詳）　一通

安土桃山時代　竪紙　楮紙（杉原）　二七・二糎×四〇・八糎　一紙

（書出）上番／権僧正宗秀　権僧正真海コマ、／権僧正亮秀　法印大僧都光紹

（書止）権律師弘盛　権律師真聡神供、／大法師亮盛　大法師堯政／大法
師弘玄　兵部卿阿闍梨

（九）　愛染王法伴僧交名　（年月日未詳）　一通
南北朝時代　折紙　楮紙（強杉原）　三一・五糎×五一・二糎　一紙
（書出）愛染王法伴僧交名／権大僧都任恵／賢清／光信護摩、
（書止）慥大法ノ通例故也、／今夜日中発願、初夜勧請、／開白、結願、惣
大願用之、
（備考）折紙下段に道場図、

（一〇）　仁王経法伴僧交名并上下結番交名
応永六年十一月四日　一通
室町前期　竪紙　楮紙（杉原）　二九・七糎×四八・九糎　一紙
（書出）仁王経御修法伴僧交名／隆宥法印権大僧都護摩、壇行事、　仙乗、、、
、、、
（書止）大阿闍梨僧正隆源／大行事法橋憲秀／大壇承仕法橋常随／護摩
壇、、　明心／明智／明賢

（一一）　不動法伴僧交名案等　一通
室町前期　折紙　楮紙（杉原）　二九・二糎×四七・五糎　一紙
（端書）小川殿御所ニテ大御所／応永二十年五月十五日
（備考）①・②同一折紙上下に書かれる、

①不動法伴僧交名案　〔応永二十年五月十五日〕
（端書）三宝院前大僧正満―（済）
（書出）不動法伴僧交名／法印権大僧都隆禅／源円／光慶／隆基／権大
僧都弘忠神供、
（書止）陀羅尼／快盛　良盛／承仕／常音法橋　常金

②降三世法伴僧交名案　〔応永二十年五月十五日〕
（端書）妙法院僧正超済
（書出）降三世法伴僧交名／法印権大僧都定盛壇行事、○／権律師超深
（書止）能陀羅尼／快盛／良純／承任／明心法橋／随心

（一二）　室町殿仁王経法伴僧請定案　応永卅二年三月　日　一通
室町前期　竪紙　楮紙（杉原）　紙背あり　二五・四糎×三四・九糎　一紙
（端書）一請定案
（書出）請定／仁王経御修法伴僧事／賢光法印大僧都　寂賢法印権大僧
都
（書止）右、自来廿一日於室町殿可被始行、／仍請定如件、
（差出）大行事法印光意大和尚位
（備考）墨合点、

〔紙背〕仁王経法結番案　（応永卅二年三月　日）　一通
竪紙
（書出）良能　長慶□□／常寿　常全　常善　常練

（書止）俊増阿闍梨　信俊、、、／祐円、、、　賢瑜、、、／宗済、、
、／已上下番

（一三）陀羅尼読誦僧結番交名　正長二年八月　日　一通
室町前期　竪紙　漉返紙（茶染紙）三一・一糎×四五・二糎　一紙
（書出）新姫君御陀羅尼／一番一日二日　理覚院僧正／二番三日四日　慈尊院僧正
（書止）十四番廿七日廿八日　房縁大僧都自円満院被進之、／十五番廿九日卅日　隆済
法眼

（一四）不動法伴僧交名　宝徳三年六月廿三日　一通
室町中期　折紙　楮紙（杉原）二六・五糎×四七・〇糎　一紙
（書出）不動御修法伴僧交名／法印権大僧都隆偆／権大僧都厳照
（書止）宝徳三年六月廿三日開白、於／禁裏勤修也、当年御重厄／也、御
供料三千疋、

（一五）不動法伴僧交名（文安三年十二月）　一通
室町中期　折紙　楮紙（杉原）二六・一糎×四五・八糎　一紙
（書出）不動御修法伴僧交名／法印権大僧都重耀／宗済／権少僧都厳照
神供
（書止）廿一日初夜御／時より毎時三／座運時了、仍／廿三日後夜ニ結
願／等事可為珎重、

（一六）大威徳法助修僧交名（年月日未詳）　一通
室町中期　折紙　漉返紙　二六・九糎×三九・九糎　一紙
（書出）大威徳法助修／法印権大僧都朝猷金、／権大僧都公意奉行、
（書止）承仕／交賢法橋　蓮修／駈仕五人／見丁二人

（一七）不動法伴僧交名（年月日未詳）　一通
室町中期　折紙　漉返紙　二六・〇糎×四五・五糎　一紙
（本文）不動御修法伴僧交名／法印権大僧都重耀／宗済／権少僧都厳照
神供／権律師重増／権律師宗我／大法師宗深

（一八）金剛夜叉法伴僧交名（宝徳元年九月十日）　一通
室町中期　折紙　漉返紙　二七・三糎×四五・四糎　一紙
（本文）金剛夜叉法伴僧交名／権大僧都厳照神供、／重増／権少僧都隆
賀／大法師宗深／陀羅尼／快乗／弘祐／承仕／尭住／尭全
（備考）折紙下段に追記、虫損甚し、

（一九）不動法伴僧交名〔宝徳元年十二月〕　一通
室町中期　折紙　楮紙（杉原）　紙背あり　二七・六糎×四五・九糎　一紙
（本文）不動御修法伴僧交名／法印権大僧都隆偆／権少僧都厳照諸神供、
／重増／宗我／大法師宗深／賢宗／已上、
（備考）見返奥に「禁裏御祈於住坊理性院懃仕之、／宝徳元十二月自十四
日始行、廿日結願也」、紙背を包紙として用いる（ウハ書「進上
山上御奉行所／大伝法院三綱等権律師聖信」）、

（二〇）　仏眼法伴僧交名　寛正四年九月十四日　一通

室町中期　折紙　楮紙（檀紙）　三三・七糎×五四・〇糎　一紙

（端裏）仏眼御修法伴僧交名

（書出）仏眼御修法伴僧交名／法印権大僧都厳照護摩、

（書止）大法師宗誉／宗慶／厳我／宗詢／宗恵／已上、

（備考）奥に追記「寛正四年九月十四日開白、同廿／日結願也、阿闍梨于時法務前大僧正宗済／扈従宗深并奉行／居箱役宗詢／指觸〔脂燭〕役宗恵／承仕三人、駈仕四人、／長櫃二合／阿伽棚一脚／本尊去々年新図也」、虫損甚し、

（二一）　仏眼法伴僧交名案　寛正四九十四　一通

室町中期　折紙　漉返紙　三二・五糎×三九・九糎　一紙

（書出）仏眼御修法伴僧交名／法印権大僧都厳照護摩、／権大僧都宗我

（書止）厳我／宗詢／宗恵／已上、

（備考）折紙上段奥に「阿闍梨宗理性院ー済／寛正四九十四、准大法」、

（二二）　軍荼利法助修僧交名　（年月日未詳）　一通

室町中期　折紙　楮紙（檀紙）　三四・二糎×五四・一糎　一紙

（端裏）諸御修法記雑々

（本文）軍荼利法助修／権大僧都忠顕唱礼、／忠雅金、奉行、／権少僧都経寿神供、／権律師増顕／能陀羅尼／光蓮　常妙／承仕／松蔵　随重／駈仕五人／見丁二人

（二三）　不動法伴僧交名　（年月日未詳）　一通

室町中期　折紙　楮紙（檀紙）　三三・六糎×五三・五糎　一紙

（本文）不動御修法伴僧交名／権大僧都厳照／宗我／権少僧都隆賀／賢宗神供／権律師宗深／大法師宗誉

（備考）虫損甚し、

（二四）　中壇助修僧交名　（年月日未詳）　一通

室町中期　折紙　楮紙（檀紙）　三三・四糎×五三・四糎　一紙

（本文）中壇助修／法印権大僧都長雅／大僧都実顕／権大僧都祐済唱礼、／権少僧都守雅／権律師重深／応玄／大法師覚盛陀羅尼、／源海陀羅尼、／承仕／善聡法橋／明智

（備考）虫損甚し、

（二五）　一字金輪法伴僧交名　〔文安四年十二月日〕　一通

室町中期　折紙　楮紙（檀紙）　三四・二糎×五五・三糎　一紙

（本文）注進／一字金輪法伴僧交名／権少僧都守基／隆尊／権律師禅海／大法師信尊／宋盛／禅済

（備考）見返奥に「文安四年十二月」、ヤケあり、

（二六）　大威徳法伴僧交名　（年月日未詳）　一通

室町中期　折紙　楮紙（檀紙）　三三・七糎×五三・八糎　一紙

（本文）大威徳法伴僧交名／権大僧都厳照神供、／権少僧都隆賀／権律師宗□／大法師宗鏤／陀羅尼／頼意／頼能／承仕／尭住／尭全

（備考）虫損甚し、

（二七）　連署人数注文　（年月日未詳）　一通
室町中期　折紙　漉返紙　二八・五糎×四〇・五糎　一紙
（本文）連署人数／大法師賢信／光演／権律師宗珎／権少僧都重賢／宗覚／権大僧都房助／頼恵／憲増／法印権大僧都寂賢／弘甚
（備考）虫損甚し、

（二八）　五壇法支配状　（年月日未詳）　一通
室町中期　折紙　楮紙（杉原）　二六・五糎×三九・四糎　一紙
（書出）軍荼／五壇法阿闍梨／不動　御懃仕／降三世懃修　「勤」
（書止）実相院殿護摩供料六千疋、／中壇計記、／已上七ヶ所、

（二九）　不動法伴僧交名　（年月日未詳）　一通
室町中期　折紙　漉返紙　二八・九糎×四五・五糎　一紙
（本文）不動御修法伴僧交名／権大僧都隆増／実有／権少僧都隆裔／円弁／法眼宗済／権律師俊仲／賢信／大法師快円

（三〇）　降三世法助修僧交名　（年月日未詳）　一通
室町中期　折紙　楮紙（杉原）　二七・六糎×四五・八糎　一紙
（本文）降三世法助修／法印権大僧都聡縁金、／権少僧都忠顕唱礼、奉行、／権律師経寿神供、／大法師忠恒／能陀羅尼／常妙　賢信／承仕／常知随重／駈仕五人／見丁二人

（三一）　不動法伴僧交名　（年月日未詳）　一通
室町中期　折紙　楮紙（杉原）　二七・一糎×四七・三糎　一紙
（本文）不動御修法伴僧交名／法印権大僧都重耀／隆俸／宗済神供、／権律師《少僧都》厳照／権律師宗我／大法師宗深

（三二）　某方伴僧交名　（年月日未詳）　一通
室町中期　折紙　楮紙（杉原）　三〇・四糎×四九・二糎　一紙
（書出）伴僧交名／證菩提院／東寺刑部卿僧都／東寺中将僧都／大進律師／大輔律師／刑部卿阿闍梨
（書止）嵯峨大夫阿闍梨／山上按察阿闍梨／山上刑部卿阿闍梨／以上、
（備考）墨合点、

（三三）　五壇法支配状　（年月日未詳）　一通
室町中期　折紙　楮紙（檀紙）　二九・一糎×四六・二糎　一紙
（書出）五壇法阿闍梨／不動　御勤仕／降三世　理性院／軍荼利　金剛王院
（書止）青蓮院殿諸供料八千疋、／実相院殿護摩供料六千疋、中壇計記、／已上七ヶ所

（三四）　北斗法伴僧交名　（年月日未詳）　一通
室町中期　折紙　楮紙（杉原）　三一・二糎×四八・九糎　一紙
（書出）後七日分、地蔵院、／北斗法伴僧交名／法印権大僧都頼淳／成深／有済／弘俊
（書止）廿三日初夜時後、又被重後／夜時一時□後々次第引上／沙汰之、

(備考) 虫損甚し、

(三五) 普賢延命供修僧交名 (年月日未詳) 一通
室町中期 折紙 漉返紙 二六・三糎×四六・三糎 一紙
(本文) 普賢延命人数事／民部卿法印「聖天供、」／大進僧都／卿律師／助阿闍梨「□□」／兵部卿阿闍梨／仙照「十二天供」／已上六人／「此外」
(備考) 虫損甚し、

(三六) 禁中仁王経法伴僧請定案 文禄五年七月 日 一通
安土桃山時代 竪紙 楮紙 (杉原) 二七・六糎×四三・八糎 一紙
(書出) 請定／仁王経御修法伴僧事／宗然法印権大僧都 尭巌法印権大僧都十二天供、
(書止) 右、依 宣旨、来廿二日於／禁中可被始行、仍請定如件、
(差出) 大行事法眼和尚位長盛

(三七) 僧正観助禁中仏眼法伴僧請定請文案 寛永十年八月十日 一通
江戸前期 竪紙 楮紙 (美濃紙) 三三・一糎×四六・二糎 一紙
(本文) 自来十二日○於禁中仏眼法○被始行伴僧／可令参勤之由、謹所請如件、
(差出) 僧正観助
(宛所) 宥厳法印御房
(備考) 逐而書「追申、／護摩可勤修之旨、令存知候也」、

(三八) 禁中仁王経法伴僧請定案 文禄五年七月 日 一通
安土桃山時代 竪紙 漉返紙 二七・五糎×四三・八糎 一紙
(本文) 請定／仁王経御修法伴僧事／大僧正護摩、／右、依 宣旨、来廿二日於 禁中／可被始行、仍請定如件、
(差出) 大行事法眼和尚位長盛

(三九) 不動法伴僧交名 (年月日未詳) 一通
室町中期 折紙 楮紙 (檀紙) 三三・五糎×五三・三糎 一紙
(本文) 注進／不動法伴僧交名／法印権大僧都尊鏤／守鏤／権大僧都隆尊／権律師信尊／大法師経覚／宋盛

(四〇) 某方伴僧交名草 (年月日未詳) 一通
安土桃山時代 竪紙 楮紙 (杉原) 二六・〇糎×四三・八糎 一紙
(書出) 伴僧交名之事／法印権大僧都尭巌年﨟戒﨟／――亮政年―五十五戒
(書止) 阿闍梨 演賀年―廿戒五／――尭政／――尭詢

三 源聖請諷誦文案 宝治二年十一月一日 一通
鎌倉中期 竪紙 楮紙 (杉原) 二九・八糎×三七・一糎 一紙
(本文) 敬白／請諷誦事／三宝衆僧御布施一裹／右、為滅罪生善、悉地成就、所請／如件、敬白、
(差出) 仏子源聖敬白／権少僧都法眼和尚位敬白

四　不動護摩支度注進状　正嘉元年四月八日　一通
鎌倉後期　竪紙　楮紙（檀紙）　三三・九糎×五三・四糎　一紙
（書出）不動護摩七箇日支度／五宝金、銀、瑠璃、真珠、水精、
（書止）駈仕二人　浄衣白色／右、注進如件、
（差出）行事法橋上人位堯遍／阿闍梨権僧正法印大和尚位房円

五　柏原庄領家御方米荒切符　（徳治三年）　一通
鎌倉後期　竪紙（モト続紙カ）　後欠　漉返紙　二六・八糎×四三・一糎　一紙
（端裏）切封　徳治三年トハ　延慶元年也、
（書出）注進　徳治参年柏原御庄領家御方御米荒切符事／合／恒支三石
為遠三石
（文尾）貞延一石五斗　久光二石／勧能丸□石五斗　得光一石五斗

六　醍醐寺座主官符請并拝堂等式目　（貞永元年）　一通
鎌倉中期　竪紙（モト続紙）　後欠　楮紙（杉原）　二九・四糎×四一・二糎　一紙
（端裏）□府請并御拝堂等式目貞永元年日誓□也、
（端書）「貞永元　金剛王院賢海座主」
（書出）醍醐寺座主官符請并御拝堂間條々雑事□／一官符到来之日可有
用意事
（文尾）所司一人召儲可引導之、／次座敷事

七　醍醐山念覚院供僧等申状案　（年月日未詳）　一通
鎌倉後期　続紙　後欠　楮紙（杉原）　二八・八糎×四三・三糎　二紙
（端裏）奏聞申状土代
（書出）醍醐山念覚院供僧等申／欲早任先傍例被経　奏聞、守旧規興
行、／院家領等全仏聖燈油、如法可令勤仕、／勅願仏寺《事》由被申下
綸旨子細事
（文尾）而無依無怙□堂舎依○《星霜》相積、破壊破損之梵宇
（備考）礼紙（杉原、二八・九糎×四三・三糎）、

八　某寺申状案　（年月日未詳）　一通
室町前期　竪紙　楮紙（檀紙）　三五・一糎×五八・三糎　一紙
（書出）□寺申／□□□□之営料所山城国東西九條地頭職間事／右、当地
頭職者、為当寺修造料所、忝被下永代御寄附／□□□□也、
（書止）幸先門主為御沙汰之地、旁難棄置歟、／□□□□（マヽ）為息寺家愁訴、
粗言上如件、
（備考）虫損甚し、修補済、

九　隆源書状　（年未詳）七月六日　一通
室町前期　重紙　楮紙（杉原）　三〇・五糎×四七・七 四八・二糎　二紙
（書出）青天之義、以外珎事候、／広沢懃行もさる事ニて、／第一東寺一定
之安否なる／様候、
（書止）尚々今明いかなる／御秘術とも可預上意候也、／恐々謹言、
（差出）隆源

（備考）裏紙奥に切封（墨引、ウハ書「祈雨ノ事」）、

一〇　某書状　（年月日未詳）　一通

室町前期　竪紙（モト重紙）　後欠　楮紙（杉原）　三一・二糎×四三・〇糎　一紙

（本文）護摩御結願返々／目出畏入候、彼沙汰事、／無別子細悦仕候之間、／殊以御祈禱之至も／あらはれ候て、かたしけ／なくかしこまり入候、／奉行人為使節下向／事候之間、来月十一日、

（備考）裏紙欠、

一一　普賢延命供巻数案　嘉暦三年十一月十七日　一通

鎌倉後期　竪紙　楮紙（檀紙）　紙背あり　三一・八糎×四四・七糎　一紙

（端裏）普賢延命供巻数案　土御門女院〔栄意門院〕御祈

（書出）普賢延命供所／奉供／花水供二十一ヶ度

（書止）始自去十日迄于今日一七ヶ日夜之間、祈禱精誠、奉供奉念如件、

（差出）阿闍梨法印大和尚位権大僧都隆―

（備考）追記「為御産御祈禱也、御産平安、能所々無為之句〔最初〕可明也、／延命院法印御房之時案文如此、猶可被決也、／金剛〔本尊歟、〕サタ持明　降三世本尊箱也、　護摩時御巻数歟」、紙背に追記「長日一座分　花水供飲食、燈明供　各三百八十五ヶ度、／百反真言ハ　三万八千五百反、千反ハ三十八万五千反／七反ハ二千七百反少ハアマレトモ、満数ヲ為本也、護摩巻数　供巻数可用意也」、

（紙背）俊明書状　（年未詳）霜月九日　一通

竪紙

（書出）自明日修法事、以余一／令申候了、定参着候歟、／相構可有御出候、少納言阿闍梨／許へも遣状候了、

（書止）留守事、教琳・浄意等ニ仕候、／可尋候へと仰候へく候、恐々謹言、

（差出）俊明

一二　関東御教書写等　一通

江戸前期　竪紙　楮紙（奉書紙）　三一・五糎×四四・三糎　一紙

（備考）①～④書継、

①某請文写　（永享二年）四月廿九日

（端書）上書ニ室町殿御祈事、勧修寺中納言請案文永享二

（本文）自来月一日一七ヶ日／護摩一壇令懃仕、／結願已後、以供可令／延行候之由、謹承候了、早／可存知仕候之由、可得／御意候、恐惶謹言、

（差出）□□

（備考）逐而書、

②関東御教書写　貞永元年八月廿五日

（端書）関東巻数返事

（本文）御巻数令取進候了、条々御祈／子細具所令申入候也、仍執達如件、

（差出）武蔵守在判／相模守在判

③鎌倉幕府執権連署状写　貞永元年七月廿二日

（本文）五六両月分不動供御巻数／入見参候了、恐々謹言、

（差出）武蔵守在判／相模守在判

④鎌倉幕府執権北条泰時書状写　（年未詳）二月一日

（本文）可被始行将軍御祈候了、令注／日次候、自是可令申候、恐々謹言、

（差出）武蔵守泰時

一三　油支配状　（年月日未詳）　一通

鎌倉後期　続紙　漉返紙　三〇・五糎×八六・一糎　二紙

（書出）油支配事　見油三斗□／三升　聖天壇料／三升　息災護摩壇料／三升　僧〔増〕益護摩料

（書止）駿河国軽油二斗代、雑紙百帖支配事／八十四帖　伴僧并大行事十四口料、一口別六帖／十六帖　大阿闍梨御料／已上百帖所用了、

一四　僧正隆舜申状写　（年未詳）十月廿六日　一通

江戸前期　竪紙　楮紙（奉書紙）　三・三糎×四九・五糎　一紙

（端裏）報恩院

（本文）東寺寺務長者辞退之／聞候、定而及御沙汰候歟、／隆舜為第二長者、云理運、／云先例、無可争申之仁候之／上者、　勅許定不可有豫儀候哉、／為法流殊可畏存候、若又競／望仁候者、一日懸其名之後、／早可献辞状候、可然之様、可／有御奏達候哉、誠恐謹言、

（差出）僧正隆舜

（宛所）謹上　按察殿

一五　仁王経法供料下行物注文等　三通

南北朝時代　楮紙（杉原）

（備考）（一）～（三）一括、

（一）　仁王経法供料下行物注文　（年月日未詳）　一通

続紙　二九・一糎×九〇・〇糎　二紙

（書出）仁王経法供料二百貫下行物事／一二貫四百文　番匠卅人 七貫二百文内也、元二貫二百文被遣了、 木具奉行因幡／一五貫文　彦三郎材木

（書止）六貫四百文　布うり／三貫文　上野借用、

（備考）墨合点、糊離れ、

（二）　某下行算用状　明徳三年十二月廿一日　一通

竪紙（モト続紙）　前欠　二九・九糎×四八・〇糎　一紙

（文首）六貫三百文　絹　奉行丹後／三貫七百文五貫文内　奉行信のメサル、八幡ヘノ利、

（書止）以上百七十貫九百廿四文、／不足六十三文、／惣都合百八十貫文、

（差出）弘甚（花押）

（備考）追記、

(三)　法会下行注文　(年月日未詳)　一通

竪紙(モト続紙)　前欠・後欠　二八・三糎×四六・六糎　一紙

(文首)一あつき十二天代百文／一あしをけひさこ　代七十文／一あかをけ一　ひさこ一　代十五文

(文尾)一かなわ一　代五十文／一おけひさこ　代三十八文／□□□り□□　／代五十文

一六　仁王経法下行物注文等　四通

南北朝時代　続紙　楮紙　(杉原)

(備考)(一)～(四)一括、

(一)　仁王経法下行物注文　明徳三年十二　十八　一通

中欠　二八・三糎×一〇一・二糎　三紙

(端裏)仁王経法下行物明徳三十二廿五結願、男山、

(書出)仁王経法下行物注文明徳三年　十二　十八／一仏供米　三貫四石一斗一升一合大七合、小五合、利平以下皆料、　以米下行、

(書止)一油弐升五合　代二百五十文、／一貫百五十文／以上　十貫六百九十一文

(備考)墨合点、糊離れ、

(二)　仁王経法供料支配状　明徳三年十二月□□□　一通

後欠　二九・八糎×一四四・二糎　三紙

(書出)□〔明カ〕徳三年十二月□□□／仁王経法供料二百貫文内自十二□□□行廿五日、／十六日・十七日両度到来、且百八十貫文到来、

(文尾)十八日／百四十文　酉御出候時、

(備考)虫損甚し、

(三)　仁王経法着到并下行物日割注文　明徳三年十二月十一日　一通

後欠　二五・七糎×三三・一糎　六紙

(書出)仁王経御修法着到事明徳三年十二月十一日八幡ニテ、／十八日行分／十五文一升　上

(文尾)十一文二升　大行事　十文三升六合　御承仕上下八人　／以上五斗五合　院司二百卅七文卅文各々、

(備考)糊離れ、

(四)　某算用状　明徳三年十二月廿五日　一通

前欠　二五・八糎×三二・二糎　二紙

(文首)都合六石六斗一升三合／利平六斗六升／惣都合七石二斗七升三合

(書止)院司入分二貫八百廿七文／御下行三貫文二貫文ハ京殿ニテ、一貫文ハ八幡ニテ、／ノコリ百七十文在之、

(差出)尊(花押)

(備考)糊離れ、

一七　源宥用途借請状等　五通
室町前期　漉返紙
（備考）（一）～（五）一括、

（一）　源宥用途借請状　応永四年三月廿日　一通
竪紙　二九・八糎×四五・九糎　一紙
（端裏）公方
（本文）借請　用途事／合壱貫文者、／右、毎月五十文ノ利平ニ加テ、／陶
　保之年貢到来之時、可被／返弁之状如件、
（差出）源宥（花押）

（二）　源証用途借請状　応永十九年卯月八日　一通
竪紙　二九・五糎×四六・六糎　一紙
（本文）借請　用途事／合弐〔肆〕貫文者、／右、加有限之利分、御供料等到
　来、／早速之御脚ニテ可被返弁之状／如件、
（差出）源証（花押）

（三）　慶法・祐行西院酒請取状　応永十九年三月廿一日　一通
竪紙　二七・六糎×三八・三糎　一紙
（端裏）西院両預酒肴事
（本文）請取申西院両預酒置分事／合五百文者、／右、所請取申如件、
（差出）慶法（花押）／祐行（花押）

（四）　大童子千代君料足請取状　応永十九年三月十八日　一通
切紙　二九・三糎×一六・六糎　一紙
（端裏）大童子方　六貫九百文内二貫文ハ十八日下行之、四貫九百文ハ十九日下行之、
（本文）請取申　大童子料足事／合六貫九百文者、／右所八人分悉請取申
　如件、
（差出）千代君（花押）

（五）　たけまつ用途請取状　応永十九年三月十八日　一通
切紙　二六・五糎×一九・〇糎　一紙
（本文）御うしかいのかりきぬの借ちん六百文、／又二人のひた、れのあ
　さやけの名の／ちん六百文、又かい口一人、うし二ひき／のちん
　五百文、以上壱貫七百文うけ／とり申候了、
（差出）たけまつ（花押）

一八　仏眼法駈仕方注文等　一冊
仮綴
（備考）（一）～（七）一括、

（一）　仏眼法駈仕方注文　永享四年六月十七日　一通
室町前期　続紙　漉返紙　二六・五糎×七三・〇糎　二紙
（書出）仏眼御修法駈仕方／一御仏供米一石一斗一合利平一斗、／代一貫
　五百七十二文各々七升宛、
（書止）以上一貫廿八文、／都合三貫三百廿五文、

(差出)　とのからへ
(備考)　糊離れ、

(二)　仏眼小御修法用意注文　永享四年六月十七日　一通
室町前期　竪紙　漉返紙　二六・五糎×三七・六糎　一紙
(書出)　仏眼小御修法／大蔓　代貳貫文／壇敷　代貳百文
(書止)　蘇蜜　代百文／付皮　代百文／已上　貳貫九百文
(差出)　浄弁（花押）／明随（花押）

(三)　修法注文　（長禄三年五月）　一通
室町中期　続紙　中欠　楮紙（杉原）　二五・八糎×九六・九糎　五紙
(書出)　長禄参年五月十二日ヨリ於裏内御修法張／十二日五合十文、　上料
三升四十八文、　伴僧六人
(書止)　御壇所衆中入目臨時彼是雑事六十一文、／已上壱石捌斗五升四
合、／御雑事入目臨時彼是一貫二百九十文、
(備考)　糊離れ、第三紙と第四紙との間は中欠か、

(四)　室町殿五壇法注文　享徳元年九月　一通
室町中期　続紙　楮紙（杉原）　二六・七糎×一二三・七糎　四紙
(書出)　享徳元年九月十日ヨリ／五壇法衆中善張／十日七合十文、上料
二升四合卅文、　伴僧四人
(書止)　十六日六合五文、土佐　五合三文、松若／已上衆中入目壹石五斗五
升八合、
(備考)　糊離れ、

(五)　室町殿五壇法下行物注文　（享徳元年九月）　一通
室町中期　竪紙　漉返紙　二七・八糎×四五・二糎　一紙
(端裏)　五壇住〔注〕進以下
(書出)　享徳元年九月十日五壇法下行之事／三百五十文　支具物　七十文
くわし／卅文　はなのおり　百廿文　おけ二ツ、
(書止)　惣都合道場□□〔方下カ〕行四貫五百六十五文／享徳元年九月十日結願、十
六日運時也、／予参勤初度也、

(六)　五壇法参仕僧配役事　（享徳元年九月）　一通
室町中期　折紙　漉返紙　紙背あり　二七・八糎×四四・二糎　一紙
(書出)　享徳元年自九月十日／於　室町殿被始行／五壇法、当御代初度
也、／一中壇聖護院准后／満意、降三世若王子／忠意、
(書止)　御対面被仰云、／故僧正毎度参勤／候、仍今度御参目出／度候由
仰也、他事尚／別有面、
(備考)　見返奥に「五壇法」、
(紙背)　室町幕府奉行人連署奉書　長禄貳九月三日　一通
折紙
(本文)　山城国笠取東庄／段銭事、不除仏神／講田并人給米／反別百合
宛、今月／廿日以前可有執沙汰／之由候也、仍執達如件、／無
先例無謂事也、

（差出）経甚（花押）／親秀（松田）（花押）
（宛所）理性院殿丹後上座御房
（備考）本文墨線にて抹消、

（七）　仏眼法下行物注文　〔寛正四年九月十二日〕　一通
室町中期　竪紙　漉返紙　二七・〇糎×四三・五糎　一紙
（端裏）仏眼／寛正四九十二准大法注進
（書出）寛正四年九月十四ヨリ開白、仏眼御修法、准大法、／二貫五百文　大まん
　三百文　壇敷五壇之分、
（書止）以上七百五十一文駈仕方下行、／■〔都合〕已上四貫○〔貳〕百六十六文、御仏
　供方別ニ下行、

一九　足利義教御判御教書写　永享元年十二月廿一日　一通
江戸前期　竪紙　楮紙（奉書紙）　三一・八糎×四五・二糎　一紙
（端書）普広院殿義教御書
（本文）法流并門跡等事、相／続之上者、任先例、可／被致祈禱精誠之／
　状如件、
（差出）御判（足利義教）
（宛所）水本（隆済）僧正御房

二〇　放生会下行物注進状　〔永享十年六月十四日〕　一通
室町前期　続紙　漉返紙　二九・三糎×九六・七糎　二紙
（端裏）放生會御参向下行物下家司盛継注進、永享十六十四、
（書出）放生會　御出調進物事／御誦経物在案一脚、莚、　代伍貫文／白
　妙御幣三本　代参百文
（書止）召次一人御訪　代貳貫文／下家司御訪　代拾貫文／以上拾捌貫
　文
（差出）盛継上

二一　東寺灌頂院御影供用途注進状　明応五年十一月十四日　一通
室町後期　続紙　漉返紙　二六・二糎×一三〇・五糎　三紙
（書出）注進／東寺灌頂院御影供執事用途一方事／八幡宮／御幣紙一帖
　半　代三十八文
（書止）灌頂院仏供米一石五斗　代五百文／後夜御影供伝供　代二百五
　十文／以上拾七貫百六十四文、／右、執事一方注進如件、
（差出）勾当代祐栄（花押）

二二　普賢延命法道場方注進状　三通
室町前期　漉返紙
（備考）（一）～（三）一括、

（一）　普賢延命法道場方注進状　嘉吉貳年五月　日　一通
竪紙　二八・〇糎×四四・五糎　一紙
（端裏）普賢延命御承仕注進嘉吉二五十九於室町殿被行之、
（書出）普賢延命法道場方／一大まん　代五貫貳百五十文／一たんしき
　三　代九百文

(書止)一御時所あふら　代二百文／以上十三貫七十文此内油代百五十疋減之了、

(二)　普賢延命法駈仕方注進状　〔嘉吉二年五月十九日〕　一通

続紙　二八・〇糎×六五・五糎　二紙

(端裏)普賢延命法駈仕注進嘉吉二年五月十九於室町殿被行之、

(書出)普賢延命法くし方／一大壇護摩壇御仏供米　貳石九斗五升六合／もちいかゆおけかう、

(書止)一くし三人　二斗一升　代三百八十文／一こしさし　九百文／以上[redacted]／貳貫八十三文／惣都合拾貫貳百文、

(三)　普賢延命法駈仕方注進状　〔嘉吉二年五月十九日〕　一通

続紙　二七・二糎×六五・五糎　二紙

(端裏)普延駈仕注進嘉吉二五十九被減注文、但今度ハ不被用也、

(書出)普賢延命御くし方／一大壇護摩壇御仏供米大七分小、小五分、　貳石一斗七升もちいかゆおけかう、

(書止)一こしさし／九百文／以上二貫八十三文／惣都合八貫四百九十三文

二三　円光院畳替注文　長禄四年十一月二日　一通

室町中期　竪紙　漉返紙　二七・三糎×四四・〇糎　一紙

(書出)円光院御畳面替九帖注文／壹貫二百十文　備後莚十一枚代二枚続分

(書止)十八文　茶代六日分、／百廿文　奉行分六日分、／合七貫二百六十二文／長禄四年十一月二日ヨリ七日酉時マテ、

(差出)執当有顗(花押)

二四　山上某方散用状　嘉吉貳年九月　日　一通

室町前期　竪紙(モト続紙)　前欠　漉返紙　二八・五糎×四五・五糎　一紙

(文首)五百五十文　茶二斤半、　隠州并玄阿之両所へ被遣之、／六月十三日／四百文　六月廿日・廿五日両度御使節御門跡へ知院御出、

(書止)已上参拾柒貫捌百六十七文、但此内／不足壹貫柒百六十七文、御借物也、／右、散用之状如件、

(差出)執当快盛(花押)

二五　山城守護畠山持国遵行状　文安四年十一月廿四日　一通

室町中期　竪紙　漉返紙　二九・四糎×四八・〇糎　一紙

(本文)醍醐寺鎮守修理要脚事、以／洛中地口尺別壹疋、被付其足訖、早／任去十月七日御教書之旨、賀茂／社以後相觸之、可沙汰渡寺家雑掌／状如件、

(差出)(畠山持国)(花押)

(宛所)羽太豊前守殿

二六　六条八幡社頭修理申状土代　文めい十二年八月　日　一通

室町中期　竪紙　漉返紙　三五・五糎×四三・〇糎　一紙

(端裏)六條八幡社頭修理事

(書出）六てう八まん御さうゐいの事、□□／のせんきともしるしニて申
入候、
(書止）御しゆり／の事、おほせつけられ候やうに、申入られ／たくしる
へく候へく候、《候へく候、》
(差出）浄元／宝寛／泰甚／舜□／賢深／隆海

二七　五智院宗典書状写　　一通
室町後期　竪紙　楮紙（杉原）　二七・六糎×四三・〇糎　一紙
(備考）①・②書継、

①五智院宗典書状写　文明四八月十二日
(書出）今度之御上洛於身本望此事候、授法事、先年大都／無所残申様ニ
候しか共、重而猶委細申談候、本懐不／可過之候、
(書止）未来迄被付于当流御流伝候者、可為／本意候、必風度下国申候て、
猶可申述候、恐々謹言、
(差出）宗典判
(宛所）密乗院御房

②五智院宗典書状写　明応九年六月七日
(本文）宗典之事、公厳より一流相続以後、一流之聖教／可及披見之事、
可存知之由、公厳被申候了、如然宗典／対申貴所ニて一事不残申
置候上者、聖教等／一流之分御披見可有御存知候也、仍状如件、
(差出）五智院 法印宗典判

(宛所）密乗院御房江進候、

二八　清瀧宮毎月遷宮講師結番次第　永正十七年正月　日　一通
室町後期　竪紙　漉返紙　紙背あり　二五・三糎×四三・五糎　一紙
(書出）清瀧宮／毎月御遷宮講師結番／正月　民部卿僧都／二月　宮内
卿権大僧都
(書止）十二月　民部卿僧都／右、結番次第如件、
(紙背）公運書状　永正十七年十二月九日　一通
竪紙
(書出）去年ノ問者ノ番帳ノ裏書仁、予存分／如載《此》之、来年十八年巳年之／
講問所作、如何可認哉之由、
(書止）講師於礼盤／事、可有沙汰歟、其伝ハ散花ニモ／無対陽《(揚カ)》者也、
(差出）公運（花押）

二九　寛済請文案　　二通
江戸前期　竪紙
(備考）(一)・(二)一括、

(一)　寛済請文案（年未詳）十一月十八日　一通
漉返紙　二八・七糎×四三・九糎　一紙
(端裏）禁中五壇法御請文案文
(本文）自来月三日可被始行／五壇法、仍大威徳法参勤／事、其旨可令存

知／之由、謹所請如件、
（差出）僧正寛済
（宛所）謹上　左少弁殿表書同前也、　／謹上左少弁殿云云、
（備考）奥に切封墨引、

（二）　寛済請文案　（年未詳）十一月十八日　一通
楮紙（杉原）　二八・一糎×四七・七糎　一紙
（端裏）禁中五壇法御請文案文
（本文）自来月三日可被始行／五壇法、仍大威徳法／参懃之事、其旨可
令／存知之由、謹所請／如件、
（差出）僧正寛済
（宛所）謹上左少弁殿
（備考）ヤケあり、虫損甚し、

三〇　座主満済御教書　（年未詳）五月十四日　一通
室町前期　竪紙　漉返紙　二八・〇糎×三六・〇糎　一紙
（本文）来廿日於灌頂院門跡／御授与之事候、可令参／職衆給者、　座主
准后／御消息所候也、恐々謹言、
（差出）法印豪意奉
（宛所）謹上　大蔵卿僧都御房

三一　座主満済御教書案　（年未詳）五月十四日　一通
室町前期　竪紙　漉返紙　二七・八糎×三三・八糎　一紙
（本文）来廿日於灌頂院門跡／御授与之事候、可被参／職衆之由、　座主
准后／御消息所候也、恐々謹言、
（差出）法印豪意奉
（宛所）謹上　卿阿闍梨御房

三二　広橋綱光書状　（年未詳）七月廿二日　一通
室町中期　重紙　楮紙（杉原）　二九・三糎×四六・四／四七・四糎　二紙
（書出）来一日日触御祈／事、方々雖被仰／候、御故障之事候、／雖再返
候、
（書止）以別儀可有御請／文候、仍而一通同／御撫物渡進候也、／恐惶謹
言、
（差出）綱光（広橋）
（宛所）理性院殿
（備考）逐而書「猶々以別忠、可有／御存知之由候、／仰女房御教書一通／
付進也」、本紙袖に切封封帯、裏紙奥に切封墨引、

三三　義快書状　（年未詳）十一月八日　一通
室町前期　重紙　楮紙（杉原）　三一・六糎×四四・三／四四・九糎　二紙
（書出）先日以面謁心静／申承候、本望此事候、／抑於／禁裏可被修五壇
法事、／其御沙汰候哉、先以目出候、
（書止）一是も永和四年定、承仕新衆上事、人別三百疋候、／就御不審、乍憚聊注候て進
候、／事々併期面会候、恐々／謹言、
（差出）義快

（備考）裏紙奥に切封（墨引、ウハ書「理性院殿　義快」）、

三四　権僧正宗済請文案　〔宝徳元年〕十二月七日　一通
室町中期　竪紙　漉返紙　二八・六糎×四八・〇糎　一紙
（端裏）宝徳元御請文案也、／先師僧正臨時御修法之初度之時也、不動法　供料三千疋、
（本文）自来十四日可被始行／御修法可参勤之由、謹／承候了、可存知候
　　也、／恐々謹言、
（差出）権僧正―

三五　土御門嗣光奉書　〔永享二年〕十月廿日　一通
室町前期　重紙　漉返紙　二八・三糎×四七・四／四七・三糎　二紙
（本文）来廿五日可有／室町殿御拝賀／并来月御参／宮已下、無風雨／障
　　碍、令遂給／候様、自来廿三日／可致懇祈之由、／可令下知醍醐
　　寺／給之由、被仰下候、／以此旨可令申入／給候也、恐惶謹言、
（差出）嗣光
（宛所）禅那院僧正御房
（備考）礼紙（漉返紙、二八・八糎×四七・一糎）、逐而書「追申、／結願日事、可／
　　被仰後十一月候也」、

三六　土御門嗣光奉書　〔永享二年〕七月十二日　一通
室町前期　重紙　漉返紙　二九・三糎×四七・七／四七・八糎　二紙
（端裏）嗣光　永享二
（本文）来廿五日可有／室町殿御拝賀、／無風雨之障碍、／令遂其節給／
　　候之様、自来十六日／別可致懇祈／由、可令下知醍醐寺／給之由、
　　被仰下候、／以此旨可令申入／給候也、恐惶謹言、
（差出）(土御門)嗣光
（宛所）禅那院僧正御房

三七　坊城俊顕奉書　（年未詳）十一月二日　一通
室町前期　重紙　漉返紙　二七・六糎×四三・三／四四・一糎　二紙
（書出）自来廿一日於　禁裏／可始行五壇法脇壇／御参勤事、別而御就
　　候、／必可有御存知候、
（書止）可然御教書且為／得御意、内々馳申候也、恐惶／謹言、
（差出）(坊城)俊顕
（宛所）理性院僧正御房
（備考）裏紙奥に切封墨引、

三八　万里小路時房奉書　（応永十八年）六月廿二日　一通
室町前期　重紙　楮紙（杉原）　二六・〇／二六・二糎×四五・〇／四五・四糎　二紙
（端裏）万里小路右少弁状
（書出）蝕御祈事、得重／御請文之間、披露／仕之處、北斗法日限／向日
　　候哉、両三日之間、／被結願候者、必可有御／懃修候、
（書止）可存知之間、厳密可／被仰之由、重被仰下候也、／時儀誠恐謹言、
（差出）時房上(万里小路)
（宛所）三宝院殿
（備考）裏紙奥端に「御願方」、裏紙奥に切封墨引、

三九　万里小路時房奉書　（応永十八年カ）六月廿二日　一通
室町前期　竪紙　漉返紙　二八・三糎×四五・二糎　一紙
（端裏）万里■状
（本文）蝕御祈事、得／重御請文之間、申入／候之處、所詮厳密／被仰宗
観法印、可／被申左右之由、／重被仰下候也、時儀／誠恐謹言、
（差出）時房上
（宛所）三宝院殿

四〇　氏広奉書　（年未詳）九月七日　一通
南北朝時代　竪紙　漉返紙　二八・九糎×四五・九糎　一紙
（本文）月蝕御祈御故障／事、伺申入候處、／如此被仰下候、猶早／可有
御存知候也、／恐々謹言、
（差出）氏広
（宛所）理性院法眼御房
（備考）懸紙（漉返紙、四六・七糎×二八・一糎、ウハ書「理性院法眼御房　氏広」）、

四一　中山定親奉書　（年未詳）五月廿二日　一通
室町中期　竪紙　漉返紙　二八・二糎×四七・二糎　一紙
（本文）自来廿七日可被／始行五壇法、降三世／可令勤修給之由、被仰／
下候也、恐々謹言、
（差出）定親（中山）
（宛所）理性院僧正御房

四二　中山定親奉書　〔永享十年〕八月廿二日　一通
室町前期　重紙　楮紙（杉原）　二九・三糎×四八・〇糎　二紙
（本文）自来月二日、於　清瀧／宮護摩一壇可令勤／修給之由、被仰下候
也、恐々謹言、
（差出）定親
（宛所）理性院僧正御房
（備考）懸紙（杉原、四六・九糎×二九・〇糎、ウハ書「理性院僧正御房　定親／
「参籠　永享十九（八）」」、裏書「結願可為九日候也」」、裏紙奥に切封
墨引、

四三　裏松勝光奉書　〔宝徳元年〕十二月十一日　一通
室町中期　竪紙　楮紙（杉原）　二八・六糎×四八・五糎　一紙
（端裏）宝徳元御祈奉行日野裏松事也、
（本文）来十五日祇薗臨時／祭可有御禊之儀、／仍御殿指合候御／修法
事、於于本房／一七日可令懃修給候／由、内々被仰下候也、恐惶／
謹言、
（差出）勝光（裏松）
（宛所）理性院僧正御房

四四　中山定親書状　（年未詳）八月十八日　一通
室町前期　重紙　漉返紙　二七・四糎×四三・五／四三・七糎　二紙
（書出）誠其後閣筆候、無／本意存候、無殊事／冷然許候、抑放生会／事、
自去年無神事／停止候間、先年始の神／事不被行者、不可叶云々、

（書止）恐惶千万候、他事期面拝／候也、恐々謹言、
（差出）定親
（備考）逐而書「近日御出京と以／面事可申請候、／水本も定出京候歟／
由推量候」、裏紙奥に切封（墨引、ウハ書「定親」）、

四五　広橋綱光奉書　（年未詳）五月廿四日　一通
室町中期　竪紙　楮紙（杉原）　二七・八糎×四五・八糎　一紙
（本文）自来廿七日、御台御方／御祈可令奉抽御産／平安、御運長久之精
誠由、／可令下知東寺給由、／被仰下候也、謹言、
（差出）（広橋）綱光
（宛所）長者僧正御房

四六　広橋綱光奉書　（年未詳）五月廿三日　一通
室町中期　竪紙　楮紙（杉原）　二六・五糎×四四・五糎　一紙
（端裏）変異御祈事閏五　廿五　到来、
（本文）変異事、為中将殿御／祈禱、自来廿六日一七ヶ日御祈／念之事、
可申入旨候、御門徒中／同可被触仰候、将又東寺事、同／可有御
下知旨候由、可令申入／入（衍カ）給候也、謹言、
（差出）綱光
（宛所）観心院僧正御房
（備考）逐而書「室町殿御祈事、／同可有御存知候也」、ヤケあり、

四七　広橋綱光奉書案　（年未詳）九月廿六日　一通
室町中期　竪紙　楮紙（杉原）　二七・八糎×四六・〇糎　一紙
（本文）去十九日大流星占文所載、其／慎不軽、連続星変御祈禱／事、自
来廿九日御運益長久、／天下弥太平之由、殊以仰仏／界之玄応、
可令抽心府之丹／誠之由、可有御下知醍醐寺之旨、／被仰下之由、
可得御意候也、恐々／謹言、
（差出）綱光
（宛所）大納言僧都御房
（備考）逐而書「結願可為来月八日／候也」、端裏に封書「大納言僧都御
坊　綱光」、

四八　広橋綱光奉書案　（年未詳）五月廿四日　一通
室町中期　竪紙　漉返紙　二六・〇糎×四七・六糎　一紙
（本文）自来廿七日、御台御方／御祈可令奉抽御産／平安、御運長久之精
誠由、／可令加下知醍醐寺輩／給之旨、被仰下候、以此旨／可得
御意候也、恐々謹言、
（差出）綱光
（宛所）大納言僧都御房
（備考）礼紙（漉返紙、二六・〇糎×四七・四糎）、逐而書「追申／於結願日者、
御誕生／以後、可被仰出之旨、／其沙汰候、同可得御意候也」、懸
紙（漉返紙、二六・〇糎×四七・一糎、ウハ書「「御教書案」／大納言僧都
御坊　綱光」）、

四九　中山親通奉書　（年未詳）後八月晦日　一通
室町中期　竪紙　楮紙　（杉原）　二七・五糎×四五・六糎　一紙
（本文）自来月十日於　室町殿／可被行五壇法、金剛夜／叉可令勤修給之由、被仰／下候也、恐々謹言、
（差出）親通（中山）
（宛所）理性院僧正御房
（備考）天部破損、

五〇　中山親通奉書　（年未詳）九月四日　一通
室町中期　竪紙　楮紙　（杉原）　二六・一糎×四六・〇糎　一紙
（本文）五壇法阿闍梨事、就／闕如被申御門跡候之處、／為公方猶堅可被仰之由、／御返事候間、重可申之旨、／被仰下候、御存知候者、尤可／然候哉、恐々謹言、
（差出）親通（中山）
（宛所）理性院御坊
（備考）奥裏に切封墨引、

五一　広橋守光奉書　（永正七年）三月十八日　一通
室町後期　重紙　楮紙　（杉原）　二六・八糎×四四・八 四四・五糎　二紙
（本文）変異事、御　公家并／室町殿御祈、自来／廿二日一七ヶ日可被抽／懇念之由、護持僧及／東寺御門徒中／可被触仰候由、被仰下候、／此趣可得御意／候也、恐々謹言、
（差出）守光（広橋）
（宛所）理性院僧正御房
（備考）裏紙奥に切封墨引、

五二　勧修寺教秀奉書　（文正元年頃）五月廿五日　一通
室町中期　竪紙　漉返紙　二八・〇糎×四六・二糎　一紙
（本文）自来廿八日於大納言／殿御所、可被始行御修法、／御手代参勤事、可被仰／付候由、被仰下候、以此旨可／令申入給候也、恐々謹言、
（差出）教秀（勧修寺）
（宛所）理性院僧正御房
（備考）逐而書「尚々如此春、可被仰付／御手代候也」、端裏に切封封帯、

五三　報恩院隆源書状　（年未詳）九月四日　一通
室町前期　重紙　漉返紙　二六・二糎×四三・三 四三・五糎　二紙
（本文）自来十三日、於此／門跡太元護摩／一壇可有御参懃／由、可申旨候、御本尊・／仏具・壇以下可有／御随身之由候、委細旨／自弁僧都方可申候、／御返事彼方へ可被仰／遣候、恐々謹言、
（差出）隆源
（備考）逐而書「可被用御手代候／由被仰候」、裏紙奥に切封（墨引、ウハ書「理性院御房　隆源」）、

五四　日野兼郷奉書案　（永享五年頃）六月三日　一通
室町前期　重紙　漉返紙　二九・八 二九・六糎×四八・六 四七・一糎　二紙
（書出）請雨御祈事、所／及数日之懇祈、雖／放一天之霈澤、／猶以不足、

仍黍稷／難生田園欲荒云々、

（書止）雨師之甘樹、汎息／百姓之鬱望、令得／万国之歎叶候之様、／殊

可令凝丹誠／給之由、被仰下候也、／恐々謹言、

（差出）兼郷（日野）

（宛所）理性院僧正御房

五五　広橋兼宣書状　〔応永十二年〕四月廿五日　一通

室町前期　重紙　楮紙（杉原）　二九・〇〔五カ〕糎×四七・〇糎　二紙

（端裏）□□□中納言状応永十二四廿□

（本文）廻御祈事、只今御礼／趣驚存候、最初者／面々勤仕次第、雖被結／

番候、　公方様御物詣等／時者、式延行或運時候／間、兼日々次

可参差之／条、勿論候へく候、新加人々／候、仍自来月廿四日、

可／為御当番候、自去廿一／日　公方様御留守事／候之處、被申

出御撫物候之／条、不可然驚入候也、恐々／謹言、

（差出）兼宣（広橋）

（備考）裏紙奥に切封墨引、本紙袖部分破損、

五六　某書状案　「永享五」五月廿五日　一通

室町前期　竪紙　漉返紙　二八・六糎×四八・八糎　一紙

（端裏）月蝕御祈事

（本文）就月蝕阿闍梨事、／内々被仰出候、当寺／僧綱等大略令懃仕了、／

其上近日御祈重畳／事等候、御覧候様申／沙汰候者、御本意候由

也、／恐々謹言、

（備考）逐而書「追申、／女房奉書返進候」、袖にのみ裏打（漉返紙）、

五七　坊城俊顕奉書　（年未詳）十一月七日　一通

室町中期　竪紙　楮紙（杉原）　二七・八糎×四六・五糎　一紙

（本文）五壇法一壇御懃修事、／御請文之旨、披露候處、迎進／叡願之上、

居東寺長者已／当于仁歟、猥申子細之条、／太不可然、都不可有

御免歟、／早可令存知給之由、被／仰下候也、恐惶謹言、

（差出）俊顕（坊城）

（宛所）理性院僧正御房

五八　坊城俊顕書状　（年未詳）十一月廿三日　一通

室町中期　重紙　楮紙（杉原）　四四・〇 四三・五糎×二七・五 二七・五糎　二紙

（書出）大威徳法御参懃事、重／被仰之處、御所存同篇之趣、／令披露畢、

凡所被申、雖非／無其謂、以前如御沙汰、実済僧正／転大事、非

就五壇参懃之／昇進、已十月初　勅許也、

（書止）参懃近々可被申所存之也、猶／厳密被仰下候也、宿帋／書盡間、

且内々馳申候、今日／中慥可令申領否候也、恐惶／謹言、

（差出）俊顕

（宛所）理性院僧正御房

五九　盛林院淳基書状　（年未詳）十月三日　一通

室町前期　重紙　漉返紙　二八・四糎×四六・〇 四六・六糎　二紙

（本文）五壇俄御纏頭、返々／奉察候、就其木具／方水本へ被借渡／候外、

余分如此折紙候、／可被精用候歟、阿伽折敷／等無之候、同長櫃
下品／候、可有御意候、急候間、／不能委曲候、恐惶謹言、
（差出）淳基
（備考）裏紙奥に切封（墨引、ウハ書「理性院殿　淳基」）、

六〇　妙法院賢長書状　（年未詳）十月四日　一通
室町前期　重紙　漉返紙　二九・二 二九・〇糎×四六・〇 四六・八糎　二紙
（書出）昨日以便風委細／示給候、恐悦候、誠／今度一壇御参懃／事、臨
期御纏／頭察存候、
（書止）御申／事之儀者、申目出候、自／非相応之用ハ、可奉／存候也、
恐惶謹言、
（差出）賢長
（備考）裏紙奥に切封（墨引、ウハ書「理性院殿　昨日御報、賢長」）、

六一　賢長書状　（年未詳）十一月一日　一通
室町前期　重紙　楮紙（杉原）　二九・〇糎×四四・〇 四五・〇糎　二紙
（端裏）二星合御祈事
（本文）二星合変異事、自／今日一壇被始行、可令抽／懇念給候、帰寺同
可致丹／祈之由、可有御下知候、結願／来七日候、可令存知給之
由、内々／仰候、恐々謹言、
（差出）賢長
（備考）逐而書、裏紙奥に切封（墨引、ウハ書「理性院殿　賢長」）、

六二　無量寿院賢誉書状　二通
室町中期　楮紙（杉原）
（備考）（一）・（二）一括、
（一）　無量寿院賢誉書状　（年未詳）五月廿五日　一通
重紙　二六・八糎×四四・三 四五・六糎　二紙
（書出）御産御祈事、御教書／如此候、自明後日廿七日可有／懃修由、山
上山下仁可有御下知、／色々之御祈重畳候間、山上／山下各月又
結番可然候哉、
（書止）兼又東寺へ可有／御下知御教書一通、直ニ可進候へ共、方々申候
間、取乱候、可付進由／自奉行被申候間、執進之候、／御返事於
慥給候て、可伝達候、／恐惶謹言、
（差出）賢誉
（備考）裏紙奥に切封（墨引、ウハ書「理性院殿　賢誉」）、
（二）　無量寿院賢誉書状　（年未詳）五月廿五日　一通
竪紙　二七・九糎×四六・五糎　一紙
（本文）御産之御祈之事、山上准胝／供山下如意輪其分可然候、／自一臈
第三臈まて結番／可然候哉、山下可為同前候、／此旨可被仰付候、
恐惶謹言、
（差出）賢誉
（備考）端裏に切封（墨引、ウハ書「理性院殿　賢誉」）、

六三　山門真言相承抄　一通

室町中期　竪紙　楮紙（杉原）　紙背あり　墨点（返点・送仮名）　二七・二糎×四五・八糎　一紙

（文首）一或血脈記云、他門ニハ必シモ八祖トテ八人定事無之、／八祖ト云事、於東寺ニ事也云々、

（文尾）一八祖次第東寺・天台不同也、／天台ニハ竜猛　竜智　金剛智　無畏　不空　一行　恵果／東寺ニハ大日　薩埵　竜猛　竜智　金剛智　不空　恵果　弘法

〔紙背〕無量寿院賢誉書状（年未詳）二月三日　一通

竪紙

（本文）委細承候了、就此事、／自仁和寺殿以御門跡へ／被申候子細候、仍明日年預／可被参申候、同者宿老中／両三人同可被参之由、／可令申候旨候、恐々謹言、

（差出）賢誉

六四　無量寿院賢誉書状（年未詳）九月廿七日　一通

室町中期　竪紙　楮紙（杉原）　二七・八糎×四五・四糎　一紙

（本文）就流星之御祈之事、自／奉行方如此被申候、仍可有／御下知山上山下之由、可申旨候、／彼状為御披見写進之候、／恐惶謹言、

（差出）賢誉

（備考）逐而書「其へまいり候状、付進候へと／被申候間、執進之候、御返事於／慥給候て、可伝達申候」、裏紙に切封（墨引、ウハ書「理性院殿　賢誉」）、

六五　三宝院義尭書状（年未詳）三月七日　一通

室町後期　重紙　楮紙（杉原）　二四・九糎×四三・〇糎　二紙

（書出）芳礼披閲本望候、法会就／無余日、弥最前無是非候、／一口数事、登山候者、申談／注進候へく候、

（書止）于今一向無覚悟迷惑候、／不得寸暇之間、更以不存由／断候、懇ニ不給候、本望候、万／事以面可申候間、令省略候、恐々／謹言、

（差出）義尭

（備考）裏紙に切封（墨引、ウハ書「理性院廻章　義尭」）、

六六　広橋兼宣書状（年月日未詳）　一通

室町中期　竪紙（モト重紙）　後欠　楮紙（杉原）　二八・三糎×四七・〇糎　一紙

（本文）去十九日大流星占文／所載其慎不軽云々、連／続星変御祈禱事、／自来廿九日御運益長／久、天下弥太平之由、／殊以仰仏界之玄応、／可令抽心府之丹誠由、／可令下知東寺給旨、

（備考）裏紙欠、逐而書「結願可為来月／八日候也」、

六七　聖護院奉行助光書状〔永享十年〕　一通

室町前期　折紙　漉返紙　二九・〇糎×四六・〇糎　一紙

（本文）五壇法御供料事／注進候、此外ニ永享／八年十二月分未下／候哉、其外自御門跡／奉行方へ被注遣候、／只今注進分者、今千疋

分不足□／由被申候、可得御意候、／恐々謹言、

（差出）助光（花押）

（備考）見返奥に「五壇法方　聖護院奉行／永享十」、

六八　中山定親供料下行請ヒ状　永享十一五月十日　一通

室町前期　折紙　地欠　漉返紙　二六・二糎×四五・一糎　一紙

（本文）清瀧宮護摩理性院／供料千疋臨時、可被／下行候也、恐々謹言、

（差出）定親（中山）

（宛所）伊勢守（貞国）殿

（備考）袖に「此分可被進候、貞国（伊勢）（花押）／満政（花押）／禅住坊」、

六九　若君御祈禱護摩供料送進状　永享十二二月十七日　一通

室町前期　折紙　漉返紙　二六・五糎×四四・〇糎　一紙

（本文）若君様御祈禱／護摩御供料之／事、貳拾貫文可／被渡申理性院

殿／御使之由候也、恐々謹言、

（差出）貞国（花押）／満政（花押）

（宛所）正実坊

（備考）右下部分破損甚し、

七〇　室町幕府奉行人飯尾之秀書状　（年未詳）三月廿一日　一通

室町後期　折紙　漉返紙　二六・四糎×四三・五糎　一紙

（本文）変異御祈禱事、／来廿一日結願候様、／可被抽丹誠候旨、被／仰置

候、於奉書者、／御留守之間、不被成候、／如例檀那院・／理性院

江可被申送候、／此旨宜令御披露候、恐々／謹言、

（差出）之秀（飯尾）（花押）

（宛所）三宝院御門跡雑掌

七一　山名宗全書状　〔永享十二〕七月六日　一通

室町前期　折紙　漉返紙　二六・七糎×四六・三糎　一紙

（本文）五壇法御供料／未下行分肆拾／捌貫文候、早々／可被召候、此分

者／永享十一年より／去六月まで分候、／能々可得御意候／由、

可申候由候也、／恐々謹言、

（差出）宗全（山名）（花押）

（宛所）理性院殿御雑掌御方

（備考）見返奥に「五壇未下事永享十二七／行事僧御坊より」、

七二　坊城俊顕書状　（年月日未詳）　一通

室町中期　折紙　漉返紙　二七・九糎×四六・〇糎　一紙

（本文）一通進之候、則／可被御請文候、／上乗院僧正去月初／転大之由

申候、仍／可令勤大威徳法／給候、無何為得／御意、きと申候、

（差出）俊顕（坊城）

（宛所）理性院殿

七三　織田信長朱印状写　元亀参十月十八日　一通

江戸前期　折紙　楮紙（奉書紙）　三一・八糎×四六・五糎　一紙

（本文）当寺領之事、／先年両度雖朱／印遣、猶当知行／所々散在并落

合／号欠所候共、不混／自余、不可有別／儀候、若非分之族於／
存之者、可被加成敗／状如件、
（差出）信長御朱印
（宛所）上醍醐寺

七四　真光院某書状　（年未詳）酉八月五日　一通
江戸中期　折紙　楮紙（奉書紙）　三三・〇糎×四六・五糎　一紙
（書出）中宮御産御祈、／従来十二日於／禁中如法仏眼／御修法　当門
主／御勤仕之事候、／就其貴院御参仕／候様ニ御内意候、／先
内々以含申候、於／御請者、重而猶可／仰入候、恐々謹言、
（差出）真光院（花押）
（宛所）理性院僧正御房

七五　理性院観助書状案　（年未詳）八月五日　一通
江戸中期　切紙　楮紙（奉書紙）　一六・二糎×四六・〇糎　一紙
（本文）国母御産御／祈、従来十二日／於　禁中如法／仏眼御修法、／就
御修行被成候、／拙僧可令参仕／之旨、得其意給候、／宜被御心得
候、恐々／謹言、
（差出）理性院観助
（宛所）真光院法印御房
（備考）逐而書「尚々必／可令参仕候、以上」、

七六　報恩院寛済書状　（年未詳）五月四日　一通
江戸前期　折紙　漉返紙　三五・〇糎×四六・〇糎　一紙
（書出）尊翰拝見、本望不浅／存事候、如仰昨日者、御登／山被成候へ共、
なにの無風情候、
（書止）若／御思案もかわり無御出座／候へとも、不苦候者、是又／無子
細事御座候、恐惶／謹言、
（差出）寛済
（宛所）理僧正様　尊報
（備考）逐而書、

七七　後花園天皇綸旨　（嘉吉二年頃）五月三日　一通
室町前期　竪紙　漉返紙（宿紙）　三二・三糎×四七・八糎　一紙
（本文）来十五日月蝕御祈／可令懃修給者、／依／天気執啓如件、
（差出）右少弁教忠（葉室）
（宛所）謹々上　理性院僧正御房

七八　後花園天皇綸旨案　（宝徳二年頃）六月廿一日　一通
室町中期　竪紙　漉返紙　二八・〇糎×四三・〇糎　一紙
（本文）炎旱御祈事、早凝底露之丹誠、可／施甘雨之玄応之旨、／可有御
下知醍醐寺之由、／天気所候也、以此旨可令／洩申三宝院准后／
給、仍執啓如件、
（差出）右少弁高清（海住山）
（宛所）謹上　大納言法印御房

七九　後奈良天皇女房奉書　（大永二年カ）　一通
室町後期　重紙　漉返紙　三三・三糎×四五・八糎　二紙
（書出）までのこうち殿御めちや〳〵御くわいにんに候て／きと御けひいたされ候、めてたく候、
（書止）まひらせ候よし／御かち申され候へく候、
（備考）端裏に切封（墨引、ウハ書「りしやう院そう正の御ちこへ」）、

八〇　後奈良天皇綸旨案　二通
江戸後期　竪紙　泥間似合
（備考）（一）・（二）一括、包紙（泥間似合、三九・〇糎×三二・五糎、ウハ書「彗星御祈一通写／本紙宿紙認、三宝院宮トアルト之間、／宮室為証禅座主仰門主、御室へ上ル事、／享和三癸亥二月七日　淳覚記之」）、

（一）　後奈良天皇綸旨案　〔享和三年〕二月七日　一通
三二・二糎×四六・二糎　一紙
（本文）彗星御祈事、従来／十日一七ヶ日、殊可令／精誠之由、／天気所候也、以此旨可令申／入三宝院宮給、仍執啓如件、
（差出）右少弁惟房
（宛所）謹上　大納言法印御房
（備考）礼紙（泥間似合、三三・一糎×四六・二糎）、逐而書「追申、／東寺并御門徒／中同可有御下知／也」、

（二）　後奈良天皇綸旨案　〔享和三年〕二月七日　一通
三二・二糎×四六・三糎　一紙
（端裏）享禄四　写書天文也、／享禄四年ハ百六後奈良帝也、大永七義晴将軍ノ次、享禄元年、四年ノ次（礼紙）
（本文）彗星御祈事、従来／十日一七ヶ日、殊可令／精誠之由、／天気所候也、以此旨可令申／入三宝院宮給、仍執啓如件、
（差出）右少弁惟房
（宛所）謹上　大納言法印御房
（備考）礼紙（泥間似合、三三・一糎×四六・二糎）、逐而書「追申、東寺并御門徒／中同可有御下知／也」、

八一　伝法灌頂道場方支度入用注文　二通
江戸前期　竪紙　漉返紙
（備考）（一）・（二）一括、

（一）　伝法灌頂道場方支度入用注文　寛永九年八月　日　一通
三〇・七糎×四三・六糎　一紙
（書出）道場方之入用之注文／一壇敷絹　三疋／一仏布施之絹　壱丈／一誦経物之布　拾端／一五色糸
（書止）一木具之道具　色々／一仏供米　壱斗／一燈油
（備考）虫損甚し、

（二）　伝法灌頂道場方支度入用注文　（年月日未詳）　一通
三〇・九糎×四三・〇糎　一紙

(書出)道場方之入用之注文／一壇敷絹　三疋／一仏布施之絹　壱丈
代百目、／一誦経物之布　拾端五拾目、／一五色糸
(書止)一木具之道具　色々　三匁／一仏供米　壱斗　五匁／一燈油
貳匁／右、合貳百拾六匁
(備考)虫損甚し、

八二　醍醐寺貸出法具注文　寛文十三　九　廿九　一通
江戸前期　折紙　漉返紙　三五・〇糎×四八・六糎　一紙
(書出)醍醐よりの道具／一幡　十七流／一花万　十流／一輪座あり、
一ツ／一羯磨座あり、　四ツ
(書止)一鈍色同かさね、　二人前／一同も　同／一五帖けさ　二ツ／一
上のは□〔かカ〕ま　四人前／以上、

八三　醍醐寺塔婆一重之材木目録等　二通
江戸前期　竪紙　漉返紙
(備考)(一)・(二)一括、

(一)　醍醐寺塔婆一重之材木目録　(年月日未詳)　一通
二七・八糎×四二・五糎　一紙
(本文)醍醐寺塔婆一重之材木目録／一四間木　十本／一弐間木　廿
本／一三間木　卅本／水もと殿・光台院・ミつけう院・たもんゐん下おさ、　奉加／以上
合六十本、
(差出)釣鐘形黒印(印文「□□」〔宝篋カ〕)

(二)　三宝院殿材木目録　(年月日未詳)　一通
二七・七糎×四二・三糎　一紙
(書出)三宝院殿材木御目録／一ひき物松の木　ふもん院山御門跡御存知、　廿本／一ねきの同
木　同同　十五本
(書止)一ひの木一人もち　ゑんミやう院水もと門下、進上　五十本／以上、上醍醐之
内ちゑしゐん山・同ふもん院山、／御門跡御存知アリ、
(差出)釣鐘形黒印(印文「□□」〔宝篋カ〕)

八四　円明院注文仏具納状　(年未詳)　亥七月六日　一通
江戸後期　竪紙　楮紙(奉書紙)　二七・八糎×三二・五糎　一紙
(本文)御注文／一小壇御仏具　壱面／但唐真鍮惣彫御手本之通、／代金
拾五両、／右之通、相違無御座候、当月十二日ニ／可奉差上候、
以上、
(差出)仏具師田中伊賀(方形黒印「北熊」)／代民兵衛／同清兵衛
(宛所)円明院様御役人中様
(備考)書止脇に「右之通、請取相済出入毛頭無御座候」、

八五　高野山寺中法度写　慶長十五年四月廿日　一通
江戸前期　竪紙　楮紙(杉原)　三五・〇糎×四五・二糎　一紙
(書出)高野山寺中法度／一衆徒中之諸沙汰可為如前之事、
(書止)一学侶方之知行不論贔負偏頗、院家／相応可有配当付両門徒中無
疎意、／右條々、可被守此旨也、
(差出)〇大御所様御墨印

（宛所）金剛峯寺衆徒中

八六　真言宗諸法度写　元和元年卯月　日　　一通

江戸前期　竪紙　楮紙（杉原）　三五・二糎×五三・二糎　一紙

（書出）写　真言宗諸法度／一従四度加行至授職灌頂師資授法儀式并衣
躰色浅／深可為如先規寺法事、

（書止）右、可相守此旨、若違輩（マヽ）之僧徒於有○輩之者、可處／配流者也、

（差出）御朱印

（備考）墨（傍訓・合点）、

八七　武州大智寺法度　　二通

江戸中期　続紙

（備考）（一）・（二）一括、包紙（美濃紙、三三・〇糎×三三・五糎、ウハ書「真
言宗諸法度」）、

（一）　武州大智寺法度草　宝暦七丁丑年九月廿六日　　一通

楮紙（美濃紙）　二七・七糎×六四・六糎　二紙

（書出）附与大智寺制掟法制事、／一武州大智寺者、当流末寺由緒異于他、／然今
当住乗雄法印年来求法志願篤、

（書止）右之条々、堅可有制護也、於違犯者、本末共ニ／可為過失候也、

（差出）松橋検校法務僧正元雅（奥上）

（二）　武州大智寺法度案　宝暦七丁丑年九月廿六日　　一通

泥間似合　紙背あり　三三・〇糎×七六・五糎　二紙

（端裏）武州勝呂大智寺江遣法制之文案扣　厷蔵

（書出）附与大智寺法制事／一武州大智寺者、当流末寺由緒異于／他、然
今当住乗雄法印年来求法志／願篤、

（書止）右之条々、堅可有制度護也、於違犯者、本末共ニ／可為過失候也、

（差出）松橋検校法務僧正元雅（奥上）

（備考）紙背に目録（「素麵　五拾把／密教院」「昆布　一折／有馬監物
栄甚」）、

八八　徳川秀忠朱印状写　慶長十八年六月六日　　一通

江戸前期　竪紙　楮紙（美濃紙）　二七・七糎×四三・〇糎　一紙

（端裏）将軍様秀忠ヨリ三宝院殿ヘ御朱印写

（書出）一醍醐寺山上山下領合三千九／百九拾八石貳斗餘之事并／門前
境内山林竹木等可為／守護使不入、

（書止）諸式／共以任去慶長十五年四月廿日／先判之旨、若不可有相違／
之状如件、

（差出）公方様御判

（宛所）三宝院殿

八九　東寺長者拝堂方諸覚書　（年月日未詳）　　一通

江戸前期　切紙　漉返紙　一五・七糎×四六・五糎　一紙

（端裏）長者拝堂方

（書出）一三箇之吉事ハ御拝／堂之砌有之義ニ而候哉、／松橋殿ハこなた

へ参候砌／御座候様ニ被仰事候、

（書止）一觸状した、めやう、／一宣旨二ツなから連々、／こめ申候哉、

九〇　津田儀右衛門書状　（年月未詳）七日　　一通

江戸前期　切紙　漉返紙　一七・〇糎×四八・七糎　一紙

（書出）幸便一書致啓上候、／其表僧正様御機嫌／好被成御座候、於宮
所／上之方様御機嫌能／被為成、漸々しつかに／成申候、

（書止）右之代銀／便リ次第被遣候ハヽ、／可参候由申候、早々／以上、

（差出）津田儀右衛門状

（宛所）快円様

（備考）逐而書、

九一　良久房道典師弟契約状　寛永七庚午年十一月廿九日　　一通

江戸前期　竪紙　楮紙（美濃紙）　二八・一糎×四一・三糎　一紙

（書出）一今度師弟契約之儀、御同心忝／存候、いか様ニも御奉公可仕候、
就其坊舎／同知行高貳拾石并作職之田畠等、／不残我等進退可仕
候通、畏存候、

（書止）只今相渡申銀子、不残此方へ可有／御返弁通申定候、仍契約之状
如件、

（差出）良久道典（花押）

（宛所）善円御房参

九二　善円師弟契約状　寛永七庚午年十一月　　一通

江戸前期　竪紙　楮紙（美濃紙）　二四・〇糎×三五・四糎　一紙

（書出）一今度師弟契約之儀、申定候事、令／満足候、互ニ相違有間敷候、
就其坊／舎・同知行高貳拾石并作職之田／畠等、不残進退可被申
候、

（書止）只今請取申候銀子、不残其方へ返弁／可申候、仍契約之状如件、

（差出）善円

（宛所）良久まいる

九三　大覚寺宮尊性法親王御教書　寛永十年五月三日　　一通

江戸前期　竪紙　楮紙（奉書紙）　三三・三糎×四四・五糎　一紙

（本文）従来八日、於　禁中被始修候／仁王経御修法可令参伴僧給／者、
依　大覚寺宮御気色、執達／如件、

（差出）法眼亮智

（宛所）権大僧都法印堯敬御房

九四　某宮御教書写　寛永十年十日（脱アルカ）　　一通

江戸前期　竪紙　漉返紙　二七・〇糎×三八・五糎　一紙

（本文）自来十二日於　禁中／可被始修仏眼法者、／伴僧可令参勤給之
由、／依　宮御気色候也、執達如件、

（差出）法印宥厳

（宛所）謹上　理性院僧正御房

九五　女房奉書写　（年未詳）十二月六日　一通
江戸前期　竪紙　漉返紙　二九・六糎×四六・七糎　一紙
（本文）大けんの御いのり、ミやう／ねんのも松はしにと、／おほせいた
され候まゝ、この／よし、よく〳〵申候へく候、／つたへられ候
へく候、
（差出）あの少将殿へ
（備考）奥端に「十二月六日／長橋殿御文のうつし」、

九六　大覚寺宮尊性法親王御教書写　（寛永十年）五月三日　一通
江戸前期　竪紙　楮紙（奉書紙）　三一・三糎×四六・五糎　一紙
（端裏）禁中／修法
（本文）自来八日於　禁中可被行／仁王経御修法、可令参懃○伴僧給之由、／
大覚寺宮御消息所候也、仍言上／如件、――恐惶謹言、
（差出）――――奉
（宛所）進上　理性院権僧正御房

九七　大蔵卿経紹書状　（年未詳）卯月一日　一通
安土桃山時代　折紙　楮紙（檀紙）　三四・二糎×五〇・六糎　一紙
（本文）仏具之儀、御申候、／即大小物数廿二、此者ニ／相渡申候、慥ニ
可有御／請取候、仏具屋へ／御念を御入候てうせ申／さぬやう
ニ、頼存候、恐々／謹言、
（差出）大蔵卿経紹（花押）
（宛所）山上年預御房
（備考）袖に「猶々目録別紙ニ／にて申候、御返進時／此目録御そへ候
て／可給候、以上」、

九八　如意宝珠法作法抜書　一通
安土桃山時代　折紙　楮紙（檀紙）　紙背あり　三〇・三糎×四七・二糎　一紙
（首題）如意宝珠法
（文首）種子（梵字）三摩駄都々反成／如意宝珠秘中秘密云々、
（文尾）護摩　部主　宝生／諸尊卅七尊
（奥書）文禄四年十月四日率爾書之、頓而可破之、／但当座之所用也、諸
尊要鈔十五／披覧之次書之、／金剛仏子深有
（紙背）上れう某書状　（年未詳）九月十六日　一通
折紙
（本文）先日者、御越候／刻、指事も／無之候而、無念／奉存候、水院／
御ちこ様ニも／可然様ニ頼存／計候、恐惶謹言、
（差出）上れう（花押）
（宛所）行樹院殿人々御中
（備考）逐而書、

九九　三宝院事書案　（寛文五年頃）　一通
江戸前期　竪紙　楮紙（奉書紙）　三六・〇糎×五三・七糎　一紙
（端裏）二条前摂政殿へ被遣、
（書出）双方之勘例具及披覧候、慈尊院室九十年余／断絶、其上二百年以

来、長者拝任無之通也、三宝院／廿代之内十六代ノ長者拝任、殊
ニ義演御修法再興与申、
（書止）今又慈尊院五十未満自二転一ニ候得者、門室直任之例／停止之様
候間、今度三宝院被補一ノ長者ニ可然存候、
（備考）墨（返点・送仮名）、

一〇〇　徳川綱吉黒印状写　貞享二年六月十一日　一通
江戸中期　竪紙　楮紙（美濃紙）　二八・二糎×四〇・六糎　一紙
（書出）三宝院門跡拝領御黒印写／醍醐寺山上山下領山城国宇治郡醍醐
村／千四百五拾石弐斗余、勧修寺村五百弐拾／五石六斗余、
（書止）并門前境内山林竹木守護使不入、／寺家法度坊舎再興、如先規可
沙汰之状／如件、
（差出）（徳川）綱吉御書判
（備考）奥に「享保十一丙午年仲夏日／右ハ金剛王院源覚以本令書写畢」、

一〇一　理君誕生日時三運勘文案　安永三年甲午春　一通
江戸中期　竪紙　楮紙（奉書紙）　三六・五糎×四八・〇糎　一紙
（本文）理君様御誕生日／御改転考進／安永二癸巳九月五日未剋／九月官
之御運吉／五日胎之御運大吉／未剋養之運吉／右、月日時之三運
共吉祥、
（備考）懸紙（奉書紙、四八・三糎×三六・二糎、ウハ書「御誕生日考進」「九月
五日辛酉」）、

一〇二　桃園天皇宣旨案　寛延二年六月十四日　一通
江戸中期　竪紙　楮紙（高檀紙）　三七・三糎×五八・七糎　一紙
（本文）権大僧都演春／左中弁藤原朝臣資興伝宣、／権中納言藤原朝臣兼
胤宣、奉／勅、件人宜任権僧正者、
（差出）修理東大寺大仏長官主殿頭兼左大史算博士小槻宿祢盈春奉

一〇三　円明院広遍置文案　天和三癸亥年／十月十日　一通
江戸中期　竪紙　楮紙（奉書紙）　三〇・七糎×四一・三糎　一紙
（書出）遺状之覚／一今度水本大僧正三箇吉事ニ付、申次之／役儀相勤候
様ニ御頼候、然所ニ相勤候／儀、衆中同心無之候、
（書止）一円明院本尊聖教其外諸道具等山／林ニ至迄、坊人并寺付之被官
之者共ニ／申付置候、以上、
（差出）円明院広遍判
（宛所）山上学侶各御中

一〇四　行樹院跡本尊聖教諸道具等譲与注文　（年月日未詳）　一通
江戸前期　続紙　後欠　漉返紙　三三・二糎×八九・三糎　二紙
（書出）遺言之覚／一行樹院坊跡本尊聖教諸道具等、右／より二位学乗法
師譲置所也、法流／之儀者、尤任由緒水本可為師範歟、
（文尾）右、江戸万年伝兵衛殿へ／一金道刀　一たんゆふ三幅壱対／□□
□□□壱
（備考）継目裏に方形黒印、

一〇五　三宝院申状案　（年月日未詳）　一通

室町前期　竪紙　漉返紙　二七・七糎×四四・五糎　一紙

（書出）連々参申候太元法御本尊并／御道具等修複〔復、下同ジ〕事、故光覚僧正／奏達之時、被付万疋御足、

（書止）所詮彼是／以　叡信被□□勤之修複候者、天下之／安泰不可如之候、此等之趣、預御　奏聞候／者、畏入候、

（備考）隆源筆、

一〇六　龍猛供頌文写　（年月日未詳）　一通

江戸前期　竪紙　漉返紙　紙背あり　二九・五糎×四六・〇糎　一紙

（書出）龍猛菩薩如来滅八百年／外生南天笠梵志家也、深／究呪術劫通方薬尋本／則妙雲如来現跡則位登／初地、

（書止）師資伝燈于今不絶、諸宗始祖蓋以／此一人歟、

〔紙背〕源俊書状　（年未詳）四月九日　一通

折紙

（書出）源宥方迄之尊書／令披覧候、抑／法眼暗誦之為／御見廻、従／御門跡様御錫／重箱種々被拝領／忝儀共候、

（書止）行樹院／先刻より被罷帰候、／只今可申遣候、及／黄昏候間、不取敢／先如此候通、右之趣／宜様ニ御執成所仰也、

（差出）源俊

（宛所）成身院御房

（備考）逐而書、

一〇七　久右衛門田畑普請請文　元禄三年午ノ十二月廿二日　一通

江戸中期　竪紙　楮紙（杉原）　三一・三糎×三五・〇糎　一紙

（書出）指上ヶ申一札之事／一西畑田地数年荒申ニ付、此度／普請之義奉願候処、普請料／御出ニ被下、難有奉存候、

（書止）急度御納所可仕候、為其一札／指上申候、已上、

（差出）普請主久右衛門（円形黒印）／庄屋小重郎（長方形黒印）

（宛所）戒光院御年預様

一〇八　別当拝堂下行銀口上書案　（年月日未詳）　一通

江戸後期　竪紙　漉返紙　紙背あり　三一・七糎×四四・五糎　一紙

（書出）且又執行江二口下行銀相渡候節、申含之口上、／長者より別当拝堂下行銀、被相渡候間、

（書止）残者、／六拾五匁五分、五斗弐升四合代／但シ別当戒光院江相渡事済畢、

〔紙背〕林平右衛門実正書状　（年未詳）二月廿九日　一通

折紙

（書出）改年之御吉慶追旦被／任尊意候、先以／法務大僧正様益御機嫌／能、高歳御重栄奉恐／悦候、

（書止）御前御序而之節、宜御取成／奉頼存候、猶奉期承日之／時候、恐惶謹言、

（差出）林平右衛門実正（花押）

（宛所）川久保主水様／真長坊様

一〇九　別当拝堂下行銀算用案（年月日未詳）　一通
江戸後期　竪紙　楮紙（美濃紙）　紙背あり　三一・〇糎×四四・六糎　一紙
（書出）十一月十六日下行銀真長坊浄円東寺令持参、／寺務宿坊於宝厳院
　執行并勾当目代／呼寄渡之、
（書止）残銀五斗弐升四合代六拾五匁五分、／別当戒光院江相渡シ事済
　畢、
〔紙背〕恵心院貞立書状（年未詳）二月廿九日　一通
折紙
（書出）幸便ニ御座候得共、一筆／啓上仕候、先以／法務様弥御機嫌能／
　被為成、恐悦奉存候、
（書止）弥以良能御伝授之刻、被／召上度可被下候、恐惶謹言、
（差出）恵心院貞立（花押）
（宛所）真長御房様／河久保主水様
（備考）逐而書、

一一〇　上乗院聖教・道具預ケ状　安政三年／四月十三日　一通
江戸後期　折紙　楮紙（奉書紙）　二一・五糎×四五・二糎　一紙
（書出）證／一金剛王院聖教簞笥封印附、　二合／一秘密道具封印附、
　一筥
（書止）右、目録之通、御預ケ申／置候也、
（差出）上乗院前大僧正亮（花押）
（宛所）理性院僧正御房

一一一　前法務元雅書状写等　四通
（備考）（一）〜（四）一括、
（一）　前法務元雅書状写　安永四年三月三日　一通
江戸中期　切紙　楮紙（奉書紙）　紙背あり　三一・〇糎×三一・八糎　一紙
（端裏）内山上乗院江遣控書也、
（本文）醍醐金剛王院正統法縁相承之事、去冬重秘／尽渕底令授与、可然
　者、向後金剛王院室後住入室／相続之節者、法流相続之事、師範
　可給旨、契詞之證状／申達置處也、
（差出）前法務元雅
（宛所）上乗院亮運権僧正御房
（備考）紙背を包紙として用いる（ウハ書「金　百疋」）、
（二）　住侶叙任覚書（年月日未詳）　一通
江戸前期　竪紙　楮紙（奉書紙）　三一・八糎×四六・五糎　一紙
（書出）覚／一於諸寺諸山良家与住侶昇進之次第／差異有之事候、住侶
　者、自権律師、経／権少僧都・権大僧都、来法印、一階を以／至
　極と仕候、
（書止）一当時侍臣之息直叙法眼来之上者、於／納言参議等之息者、所望
　強非無其／謂候歟、任近比寛宥之儀、勅許無／相違之様、可預
　御下申上沙汰候、
（三）　寺宝等注文（年月日未詳）　一通

江戸後期　折紙　楮紙（美濃紙）　二五・五糎×三四・六糎　一紙
（書出）記／訶《カ》利帝母　壱幅／一大日金輪　壱枚／一弥勒菩薩画幅　壱
副〔幅〕
（書止）一四分量決／一道具抄／一金鑭〔欄〕錦　二切レ／〆拾六点

（四）心文書状（年未詳）十月七日　一通
江戸後期　折紙　漉返紙　紙背あり　三・五糎×四五・〇糎　一紙
（書出）昨日者致伺公、寛被得／御意、大幸存候、御酒等給、忝／存候、
且目録之通、紗綾／一巻・昆布一折被送下、／忝存候、
（書止）内々御内談／可申と存候、尚万々面／上可申述候、頓首、
（差出）心文
（宛所）理性院殿
（備考）紙背を包紙として用いる（ウハ書「孔雀経／仁王経／普賢延命／
守護経／大北斗／『六』」）、

一一一二　源定綱願文案　寛永八年七月廿八日　一通
江戸前期　続紙　漉返紙　三・二糎×九四・〇糎　二紙
（書出）敬白／醍醐山清瀧権現宝前／祈願事／夫醍醐山者、玄聖秘窟帝畿
巨鎮、
（書止）弥仰威徳、鳴／呼此物雖微、有誠能通、唯仏為大無祈不達、
（差出）源朝臣定綱敬白
（備考）奥に「暁鶯雪印之老眼、夕侵日没之梵行」、墨（返点・送仮名・
合符）、糊離れ、

一一一三　権僧正高賢請諷誦文草　寛文二年五月十九日　一通
江戸前期　竪紙　楮紙（奉書紙）　三・四糎×四五・二糎　一紙
（端裏）新座主御房草
（書出）敬白／請諷誦事／三宝衆僧御布施／右、尊霊出有為之境、入無／
為之宮、
（書止）爾者尊霊修円本覚之月／輪、頓住阿字之蓮台、功徳有／隣得脱無
限、諷誦所修如件、
（差出）権僧正法印大和尚位高賢敬白

一一一四　俊存・弘度連署請諷誦文案　正徳二年十月十一日　一通
江戸中期　竪紙　楮紙（奉書紙）　三・七糎×四五・二糎　一紙
（本文）敬白／請諷誦事／三宝衆僧御布施一裹／右、為大願成就所請如
件、敬白、
（差出）仏子権大僧都俊存／仏子権少僧都弘度

一一一五　大僧都亮観請諷誦文案　寛政九年十月二日　一通
江戸後期　竪紙　裏書あり　楮紙（奉書紙）　二七・五糎×三七・五糎　一紙
（端裏）山上山下本堂御影堂諷誦文案、料紙杉原二枚引重書之、／或ハ引
合セ二枚用之、包紙同紙、強杉原ハ今時之奉書紙也、今度用／中
奉書、又小奉書ニテモ無苦見歟、
（本文）敬白／請諷誦事／三宝海會布施物一裹／右、為弟子亮観磨三摩之
戒珠／沐詵遮之智水、諷誦所請如件、
（差出）大僧都亮観敬白

（備考）裏書「此一紙今度予案文記之、依享保十九年甲寅／四月廿四日故西帰院前大僧正御房御授与之時所／用之躰、如件之下敬白二字略之、普通三処有／之、可随宜也、（中略）九月廿一日夜記之、澄意／一昨日依不慮之俗事、伝奏之達文到来、自　貫首／之室直被通命、即十九日夜出門、行奉行所菅沼下／野守役所、廿日之夜、帰山亥刻半剋也、頃日前行中也、其間／万事校考点検繁多也、辛苦疲労言談難尽、可／嘆可嗟、然而蒙官禄身、雖沙門不及是非、皆可堪忍、嗚／呼宿因歟、嘆息之余記之、非私事故、行法不及破壇也、／廿一日夜記之、求法沙門澄意生四十」、包紙（奉書紙、三六・二糎×二七・六糎、ウハ書「寛政九年十月二日授与之時、／山上山下本堂御影堂諷誦文案　金三流西普蔵」）、

一一六　勅許礼参記写等　二通

江戸後期　竪紙

（備考）（一）・（二）一括、包紙（美濃紙、三三・八糎×四四・二糎、ウハ書「有－雅法務／天和二年／綸旨申山々運事、／天和三年冬改元貞享文」）、

（一）　勅許礼参記写　一通

楮紙（美濃紙）　二四・三糎×三三・九糎　一紙

（端裏）水本之記之筒／有－雅尊毫写

（文首）天和二年冬ノ比、寺務寺僧諸共ニ開白／等并武家伝　奏迄、綸旨ノ事奉願、／天和三年三月九日　勅許、

（文尾）於清涼殿／謁　龍眼給、従ノ寺務献上物、杉原十帖・／綾一巻、東宮へ十帖・一本杉原也、

（奥書）東寺々中よりノ献物、杉原十帖・鈍子〔緞〕一巻、／春宮同前、職事へ銀三枚也、

（二）　霊元天皇綸旨写　一通

楮紙打紙　二四・三糎×三三・九糎　一紙

（備考）①・②書継、墨（句切点・註記）、

①霊元天皇綸旨写　天和三年三月九日

（本文）来年三月弘法大師八百五十年忌、於東寺／准御斎會可被修行、法會豫相觸都鄙／門徒之諸寺、可令致随分之懇志、存無貳之／報恩之旨、天気所候也、仍執啓如件、

（差出）右大弁清閑寺熈定

（宛所）謹上長者前大僧正御房水本法務有雅

（備考）奥に「カケ紙ニ追啓、／若於有疎略之輩、可及／放門之沙汰由候也」、

②霊元天皇綸旨写　天和三年三月九日

（本文）来年三月弘法大師八百五十年忌、於東寺准／御斎會可被修行、法會報恩謝徳事、豫被／仰下都鄙徒門輩、別而令同心勠力者可為神／妙之由、／天気所候也、悉之、以状、

（差出）右大弁清閑寺判

（宛所）東寺諸門徒中

一一七　宝輪院・仏乗院連署西院修造奉加口上書　（年未詳）三月十四日　一通
江戸前期　竪紙　楮紙（高檀紙）　三二・四糎×四五・四糎　一紙
（本文）当所西院等修造之事、／綸旨被　成下訖、則写令送達候、／偏勧奨之縁、無疎意、／於被励篤志者、／宣命不空、　高祖之照耀、納受／不可有揺候也、不宣、
（差出）宝輪院権僧正義（花押）／仏乗院僧□（花押）
（宛所）真言諸寺院中
（備考）懸紙（高檀紙、四六・一糎×三二・四糎、ウハ書「真言諸寺院中　仏乗院僧正　宝輪院権僧正」）、

一一八　三宝院門跡寺社領覚　（年月日未詳）　一通
江戸後期　続紙　楮紙（奉書紙）　三四・八糎×九六・三糎　二紙
（書出）深雪山醍醐寺三宝院御門跡／御支配所之　御判物、三千九百／九拾八石弐計余之覚／一弐百九拾石　上醍醐伽藍分
（書止）一七百八拾六石三計　上醍醐下法師五拾壱人／一弐拾四石四計　上醍醐下醍醐諸役人拾人／以上、
（備考）懸紙（奉書紙、五〇・二糎×三五・二糎、ウハ書「三宝院御門跡御支配所之　御判物御拝領之内寺社領覚書」）、

一一九　惣在庁年戒問状　（年月日未詳）　一通
江戸前期　竪紙　楮紙（奉書紙）　二九・七糎×四五・〇糎　一紙
（本文）追申、御年戒被付／冬夏可注給候、
（備考）包紙（漉返紙、四四・三糎×二六・八糎、ウハ書「心観院御房　威儀師隆賀」）、本紙欠か、

一二〇　原在中絵料請取状　（年未詳）八月五日　一通
江戸後期　竪紙　楮紙（奉書紙）　三七・五糎×三四・七糎　一紙
（本文）覚／一白銀三枚／尊影大幅御会釈／一白銀弐枚／尊像小幅御会釈／右之通拝領仕、難有頂戴仕候、／御請如此御座候、以上、
（差出）原在中（方形朱印「在中」）
（宛所）密乗院様御使高田勇様

一二一　賢隆書状　二通
江戸後期　楮紙（美濃紙）
（備考）（一）・（二）一括、

（一）　賢隆書状　（年月未詳）八日　一通
切紙　一六・六糎×四五・五糎　一紙
（書出）今朝者、預御懇書、忝致拝見候、／弥御無為之間、承珎重奉存事候、／且又絵具御用之由畏入候、
（書止）新門様／今朝より茸かりニ御出被成、御供／仕、只今罷帰候故、御報及延／引、背本意奉存候、万々期貴面／之時、可申上候、恐惶謹言、
（差出）賢隆
（備考）奥に封書「厳耀法印様回章　賢隆」、逐而書、

（二）　賢隆書状　（年未詳）九月十一日　　　一通
竪紙　二九・二糎×四〇・五糎　一紙
（書出）先程者、預尊書、忝致拝見候、如来意／御神事首尾能相済、珎重ニ奉存候、手前／少々取紛、其後にて御見舞候も、不申上候、無音／背本意候、
（書止）書付進上仕候、／絵具御用ニ候て、可被仰下候、恐惶再拝、
（差出）賢隆
（備考）端裏上部「『三〇[四]』」、端裏に切封（墨引、ウハ書「厳耀様人々御中　賢隆」）、貼紙「此惣紙分ハ／空ト御座候間、／セイタイ／いたし度候、（図）」、

一一二二　御陵町理性院被官庄三郎・九郎右衛門連署口上覚等　　九通
江戸中期　竪紙　楮紙（美濃紙）
（備考）（一）～（九）一括、包紙（美濃紙、四一・三糎×二六・一糎、ウハ書「報恩院・理性院・無量寿院三人之被官共、三宝院殿御下知／違背仕ニ付、吟味之上、差出候一札本紙　七通／報恩院被官孫左衛門・忠右衛門追放以後差出願書本紙　弐通」）、

（一）　御陵町理性院被官庄三郎・九郎右衛門連署口上覚
元禄貳年巳十一月晦日　一通
二四・六糎×三三・七糎　一紙
（本文）口上之覚／一今度被　仰出候御役儀、町並ニ／無相違相勤可申候、為其判形／仕指上ヶ申候処、依如件、
（差出）御陵町／理性院被官庄三郎（長円形黒印）／九郎右衛門（円形黒印）
（備考）端裏に貼紙「理性院被官一札之本紙」「庄三郎／九郎右衛門」、

（二）　松橋被官徳右衛門・理性院被官伝左衛門等連判状
元禄弐己巳年十一月晦日　一通
二四・二糎×三四・〇糎　一紙
（本文）指上ヶ申一札之事／一今度御門跡様より被　仰付候御／役儀違背申候処ニ、御　奉行所江／被召出、急度被為　仰付候旨、畏／入候、自今以後相応之御役等／被仰付候共、少も違背不仕、急／度相勤可申候、仍而為後證之／指上ヶ申一札如件、
（差出）松橋被官徳右衛門（円形黒印）／理性院被官伝左衛門（長方形黒印）
同久助（円形黒印）／和泉町年寄平兵衛（円形黒印）

（三）　理性院被官久助・三助連判口上覚
元禄二歳巳十一月晦日　一通
二四・二糎×三二・一糎　一紙
（本文）口上之覚／一今度被　仰出候御役儀、町並ニ／無相違相勤可申候、為其判形／仕、指上ヶ申候処、仍而如件、
（差出）赤間町／理性院被官久助（長方形黒印）／三助（複郭円形黒印）

（四）　理性院被官六兵衛等連署状　元禄弐己巳年十一月晦日　一通
二四・〇糎×三四・五糎　一紙
（本文）指上ヶ申一札之事／一今度御門跡様より被為　仰付候御／役義、

違背申候処ニ、御　奉行所江／被召出、急度被為　仰付候旨畏／入候、自今以後相応之御役等、／被仰付候とも、少も違背不仕、／急度相勤可申候、仍而為後證／之指上ヶ申一札如件、
（差出）理性院被官六兵衛（略押）／同長助（複郭円形黒印）／水本被官久兵衛（円形黒印）／南里町年寄平右兵衛（円形黒印）／同九兵衛（長円形黒印）
（備考）端裏に貼紙「理性院・水本被官一札之本紙」「六兵衛／長助／久兵衛」、

（五）落之保町年寄三左衛門等連署状

元禄弐年／巳極月朔日　一通

二六・二糎×三一・七糎　一紙
（書出）一札之事／一落之保町弥三兵衛・善兵衛・仁右衛門、右／三人之儀者、院家松橋殿家来にて／御座候、然者　御門跡様諸役義等、
（書止）自今以後、弥急度相／勤可申候、為其連判仕、一札指上申候、以上、
（差出）落之保町年寄三左衛門（円形黒印）／弥三兵衛（方形黒印）／善兵衛（円形黒印）／仁右衛門（円形黒印）
（宛所）三宝院御門跡様御奉行衆中様
（備考）端裏に貼紙「松橋被官一札之本紙」「弥三兵衛／善兵衛／仁右衛門」、

（六）大谷町年寄源左衛門等連署状　元禄二年／巳極月朔日　一通

二六・六糎×四一・二糎　一紙
（書出）差上申一札之事／一理性院ひ官新町　五兵衛／一松橋ひ官大谷町　久右衛門／右両人者共、被為仰付候御役儀等、唯／今迄ハ相勤不申候ニ付、
（書止）自今／以後御役儀等、少も相背申間敷候、／為後日之御請負申上候、一札如件、
（差出）年寄／大谷町源左衛門／同長兵衛／新町与三兵衛／同町五兵衛（円形黒印）／大谷町九右御門（長円形黒印）
（宛所）御奉行様
（備考）端裏に貼紙「理性院松橋被官一札之本紙」「五兵衛／九右衛門」、

（七）落之西町年寄喜右衛門・右左衛門連署状

元禄貳年／巳極月朔日　一通

二六・二糎×二五・七糎　一紙
（書出）一札之事／一落之西町忠左衛門儀者、院家松橋殿御／家来ニ而御座候、然者　御門跡様諸／役儀等、御雇柴之義、自今以後、弥／急度相勤可申候、為其連判仕、一札指上／申候、以上、
（差出）落之西町年寄喜右衛門（円形黒印）／右左衛門（円形黒印）
（宛所）三宝院御門跡様御奉行衆中様
（備考）端裏に貼紙「松橋被官一札之本紙」「忠左衛門」、

（八）忠右衛門・親類弥兵衛・同二郎左衛門連署願書

元禄貳年／巳ノ霜月廿九日　一通

二九・三糎×四三・四糎　一紙
（書出）乍恐謹言／一私義法〔報カ〕恩院殿被官之者ニ而御座候、然処ニ／三宝院様江御守護役ニ而被　仰付候御役／儀、
（書止）以御／慈悲御支配下ニ出入仕候様、御赦免被成被下候／ハヽ、生々世々難有可奉存候、以上、
（差出）願主忠右衛門（円形黒印）／親類弥兵衛（円形黒印）／同二郎左衛門（円形黒印）
（宛所）御奉行所様
（備考）端裏に貼紙「報恩院被官忠右衛門追放以後差出候願書之本紙」、

（九）　孫左衛門・親類庄兵衛連署願書

元禄二年巳ノ極月七日　一通

二八・六糎×四一・二糎　一紙
（書出）乍恐謹而言上／一私義報恩院被官之者ニ而御座候、然處／三宝院様御守護役ニ而被　仰付候御役儀共、／去々年卯ノ年迄相勤候へとも、
（書止）自今以後者、如／前々如何様之御役ニ而も、無違背相勤／可申候間、以御慈悲、御支配下出入仕候様ニ御／赦免被成被下候者、生々世々難有可奉存候、以上、
（差出）願主孫左衛門（長円形黒印）／親類庄兵衛（円形黒印）
（宛所）御奉行様
（備考）端裏に貼紙「報恩院被官孫左衛門追放以後差出候願書之本紙」、

一一三　無量寿院家来辻上野等連署起請文

寛文十二年子十二月廿日　一通

江戸前期　続紙　楮紙（美濃紙）　二九・二糎×六九・八糎　二紙
（書出）今度松橋相果赦申候砌、本尊・聖教／等法流筋目、密教院・慈心院・弥勒院／吟味被申帳面ニ着、　御所様へ指上ヶ申候／様ニ御申被成候所、
（書止）若相背儀／有之候ハヽ、日本大小神祇・／清瀧権現・天満大自在／天神之可蒙御罰候、／仍而起請文如件、
（差出）少貳事辻上野（花押）／辻伊豫（長方形黒印）／同八郎右衛門（長円形黒印）
（宛所）淳昭法眼様／平井兵部卿様／甲村壱岐様
（備考）端裏に押紙「無量寿院家来辻上野并一家之者共、／以連判指上ル神文詫言状之本紙」、包紙（美濃紙、四一・六糎×二八・六糎、ウハ書「院家無量寿院家来辻上野儀、三宝院殿御下知違背仕ニ付、／閉門被仰付候処、寛文十二年子十二月廿日、右上野并一家之者共、／連判を以差上神文之侘言状本紙、／右、翌日上野閉門御赦免ニ付、彼者并一家之者共連判を以差上一札本紙」）、第二紙目は牛王宝印を翻す（漉返紙）、

一一四　辻上野・同伊豫・同八郎右衛門連署侘状

寛文十二年子十二月廿一日　一通

江戸前期　竪紙　楮紙（美濃紙）　二九・二糎×四三・一糎　一紙
（書出）拙者閉門之義、御侘言状／指上申候所、御披露被成／御赦免被仰

出、千万難有／忝奉存候、
（書止）早速御家老衆まて／御内意可申上候、若右之趣、違背／仕候者、
急度曲事ニ可被仰付候、／為其一札指上候、仍如件、
（差出）辻上野（長方形黒印）／同伊豫（長方形黒印）／同八郎右衛門（長
円形黒印）
（宛所）淳昭法眼様／平井兵部卿様／甲村壱岐様
（備考）端裏に貼紙「上野閉門御赦免ニ付、彼者并一家之者共／以連判指
上ル一札之本紙」、

一二五　上醍醐日雇人与兵衛口上覚写　寛保元年酉四月廿五日　一通
江戸中期　続紙　楮紙（美濃紙）　二九・二糎×六三・三糎　二紙
（端書）写
（書出）御吟味ニ付口上之覚／一言寺御門前境内之芝、比類地ニ居屋
敷・／畑山等有之、則仏眼院殿知行地之内ニ而七ヶ年／以前ニ岩
渕采女殿より私方江買得仕、沽券／絵図を以地面請取候、
（書止）猶又向後御境内／之芝地江堅進退仕間敷候旨、被　仰付／奉畏
候、芝伏せ置シ出来仕候ハヽ、早々其段御届／可申上候、
（差出）上醍醐日雇人与兵衛印
（宛所）三宝院菅宮様御役人中様
（備考）年月日後に「右、被為　仰渡候趣、猶同席奉承知候、以上、／仏
眼院被官／泉町弥右衛門印」、糊離れ、

一二六　院家座席口上書（宝永四年五月五日）　一通
江戸中期　続紙　楮紙（奉書紙）　一五・五糎×四九・八糎　二紙
（書出）口上／明日登山之儀、先日被仰／下候付、座席之事、年預へ／相
尋候処、長者之外之座者、先年之通ニ与返事／申来候故、
（書止）学侶中へ被仰／付候て、可致出座候願ハ／此通ニ罷成候而、致出
座候／様ニ与存候、右御断旁／以使者申入候、以上、
（備考）端裏に貼紙「宝永四年亥五月五日、院家理性院・／無量寿院より
座席之儀付、差越／口上書本紙」、包紙（美濃紙、二九・〇糎×四一・二
糎、ウハ書「宝永四年亥五月五日、院家理性院・／無量寿院より
座席之儀付、差越口上書本紙」）、

一二七　越後柏崎永徳寺願書　嘉永三〔庚〕戌年八月十二日　一通
江戸後期　続紙　楮紙（美濃紙）　三三・一糎×八四・四糎　二紙
（書出）添簡／一清滝寺儀、報恩院流之／法則軌則相改〆灌頂／執行仕
度、年来志願ニ附、／今般壱流之御伝授御／願ニ登山仕候間、
（書止）別而灌頂壇／荘厳并雛形等迄、万事／御授可有之様、宜敷／御取
成被下度、奉願上候、以上、
（差出）越後刈羽郡柏崎町永徳寺（円形黒印「永徳」）
（宛所）醍醐山／報恩院様御役者中
（備考）包紙（美濃紙、二九・八糎×三八・三糎、ウハ書「添簡　越後柏崎町永徳寺」
「嘉永三年庚戌九月十三日、為末寺越後国苅羽郡加納村清瀧寺／
後住僧憲盛義、此度継目ニ付、登山御座候ニ付、持参事」）、紙継
目表裏に差出と同じ円形黒印二顆ずつ、

一二八　高座等諸支度注文〔天明三年〕卯二月廿八日　一通
江戸後期　巻子装　楮紙（美濃紙）　二六・二糎×一五〇・八糎　六紙
（端裏）天明三卯年
（書出）注文之事／一高座一通　巾弐尺三寸四分／高サ壱尺九寸六分／
階　高サ壱尺八寸五分／巾弐尺三寸四分／奥行壱尺壱寸九分
（書止）今年迄木地かり申候、今春塗かり物等申候付ヶ、／秋七月上旬出
来、代金廿九両壱分相渡済候、
（差出）毘首門亭清水隆慶（長方形黒印「隆慶」）
（宛所）円明院様御役人中様
（備考）奥に「今年報院成深僧都入旦ニ用之、／水本ニ安置也、弥重々
々、／辰七月　日　淳杲記之、／外ニ磐ノふちモ申付次第也」、墨
合点、

一二九　鎮守御読経雑具料物請取状　貞享三年十一月十九日　一通
江戸中期　切紙　楮紙（美濃紙）　二六・三糎×三三・七糎　一紙
（本文）請取申鎮守御読経雑具料物／金堂誦経料物之事／合五斗者、
二斗清瀧宮分、弐斗金堂分、／右、所請取申如件、
貞享三年／十一月十九日
（差出）執当蔵快（花押）

一三〇　神主岩渕康継御幣料物請取状
貞享三年／十一月十九日　一通
江戸中期　切紙　漉返紙　二九・五糎×二〇・三糎　一紙
（本文）請取申御弊料物之事、／合弐斗者、慥ニ請取申候、於　神前／御
祈念可申上候、以上、
（差出）神主岩渕木工之助康継（花押）
（宛所）理性院様御内金子角左衛門殿

一三一　御影堂・准胝堂誦経料物請取状
貞享三年十一月十九日　一通
江戸中期　切紙　楮紙（奉書紙）　三〇・二糎×一九・五糎　一紙
（本文）請取申誦経料物之事／合四斗者、此内弐斗准胝堂分、弐斗御影堂分、／右、所請取
申如件、
（差出）御影堂預弘寿（花押）／堂達弘恵（花押）

一三二　観音講下行物注文案　二通
江戸中期　竪紙　楮紙（美濃紙）
（備考）（一）・（二）一括、
（一）　観音講下行物注文案　正徳元辛卯年十一月　日　一通
三一・二糎×四九・〇糎　一紙
（書出）正徳元年ノ所務ヲ以、明ル二年之／下行、／一﨟長存／一弐升
正月三ヶ日ノ御仏供米／一六升　正徳二年中之御仏供米
（書止）一四升　同酒之代／合壱石四斗四升／正月之観音講之料者、寺家
ヨリ渡ル也、
（備考）奥に「右書付、正徳元辛卯年十一月日　執当行照坊増円ヨリ渡ル本
紙在岩本」、

（二）観音講下行物注文案　正徳元年十一月　一通
三・〇糎×四九・三糎　一紙
（端裏）役者定寛より書付持参見せる／年預淳杲
（書出）正徳元年之所務ヲ以、明ル二年之／下行、／二臈順珍／一弐升
正月三ヶ日之御仏供米／一六升　正徳二年中之御仏供米
（書止）一壱斗三升　五月十八日観音講之料／一壱升　同燈明料／一四
升　同酒之代／合壹石五斗壱升

一三三　大住村年貢勘定目録　八通
江戸後期　楮紙（美濃紙）
（備考）（一）～（八）一括、

（一）大住村年貢勘定目録　天明五年／巳三月　一通
竪紙　二七・六糎×四〇・三糎　一紙
（書出）御勘定目録／一御高三拾五石三斗九升八合六勺／内／六斗七升
四合七勺　丑寅荒引
（書止）引残而弐百壱匁四分壱りん不足／右之通、相違無御座候、以上、
（差出）沢井兵右衛門（円形黒印）
（宛所）金蓮院様

（二）大住村年貢勘定目録　天明八年／申十二月　一通
続紙　二八・五糎×四七・七糎　二紙
（書出）御勘定目録／一御高三拾五石三斗九升八合六勺／内六斗七升四
合七勺　丑寅荒引
（書止）引残拾六石壱斗四合弐勺　御通附／右□（之）通、相違無御座候、以上、
（差出）大住村／庄屋伝右衛門（円形黒印）／同伊左衛門（円形黒印）
（宛所）金蓮院様
（備考）糊離れ、継目裏に方形黒印二顆、

（三）大住村年貢勘定目録　寛政三年／亥十二月日　一通
続紙　二八・二糎×六一・〇糎　二紙
（書出）御勘定目録／御高五拾七石九斗六升五合／内壱石壱斗四合八勺
丑寅荒引
（書止）代三百弐拾五匁六分壱厘四毛、／右之通、相違無御座候、以上、
（差出）大住村／庄屋伝右衛門（円形黒印）／同伊左衛門（円形黒印）
（宛所）密厳院様
（備考）糊離れ、

（四）大住村年貢勘定目録　寛政五年／丑十二月　一通
続紙　二八・〇糎×四七・九糎　二紙
（書出）御勘定目録／一御高五拾七石九斗六升五合／内／壱石壱斗四合
八勺　丑寅荒引
（書止）残テ壱石四升九合七勺／代七拾目三分三厘／右之通、相違無御座
候、以上、
（差出）大住村／庄屋伝右衛門（円形黒印）／同伊左衛門（円形黒印）
（宛所）密厳院様

（備考）糊離れ、継目裏に円形黒印、

（五）　大住村年貢勘定目録　文化元年子十二月　一通

続紙　二八・二糎×五四・三糎　二紙

（書出）御勘定目録／御高三拾七石六斗七合七勺／内／七斗壱升六合八勺　丑寅荒引

（書止）差引壱斗六合九勺弐才／代六匁三分壱厘不足／右之通ニ御座候、以上、

（差出）大住村沢井伝之丞（円形黒印）

（宛所）西往院様

（備考）継目裏に円形黒印、

（六）　大住村年貢勘定目録　文化四年／卯十二月　一通

続紙　二七・八糎×七九・四糎　二紙

（書出）御勘定目録／御高五拾七石九斗六升五合／内／壱石壱斗四合八勺　丑寅荒引

（書止）差引壱斗七升三合不足／代拾三匁八分四りん、

（差出）大住村元〆庄屋／沢井伝之丞（円形黒印）

（宛所）西往院様

（備考）糊離れ、継目裏に円形黒印、

（七）　大住村年貢勘定目録　文化六年巳十二月　一通

続紙　二八・二糎×八〇・一糎　二紙

（書出）御勘定目録／一御高　五拾七石九斗六升五合／内／壱石壱斗四合八勺　丑寅荒引

（書止）差引三斗四升壱合九勺不足／代弐拾弐匁五分七厘／右之通、御座候、以上、

（差出）大住村庄屋元〆沢井伝之丞（円形黒印）

（宛所）岳西院様／密厳院様

（備考）糊離れ、継目裏に円形黒印、

（八）　大住村年貢勘定目録　（文化七・八年頃）　一通

竪紙　後欠　二七・八糎×三九・六糎　一紙

（書出）御勘定目録／御高三拾七石六斗七合七勺／内／七斗壱升六合八勺　丑寅荒引

（文尾）五升九合弐勺壱才　喜右衛門水捍荒引／三斗七合八勺六才　畑方凶作之分

（備考）継目裏に円形黒印、

一三四　女房奉書返事写　一冊

江戸後期　袋綴装　楮紙（美濃紙）　二一・五糎×一五・六糎　六十二紙

（備考）①～58書継、外題「女房奉書御返事之案」、

①房すけ消息文写　寛文三六月朔日

（本文）御即位の御祝義も／方々より参候とて、／御太刀目録はいりやういたし、／忝そんし候、／よろしくひろうを頼入候、かしく、

（差出）房すけ
（宛所）勾当内侍とのへ

②ふさ輔消息写　（年月日未詳）
（本文）今朝よりの／御手かはりの御はい／仰られ候まて、／御代くわん
つとめ／候へきのよし、かしこまり入候、／なを〳〵よろしく、／
御前頼申候、かしく、
（差出）ふさ輔
（宛所）勾当内侍とのへまいり候事

③某消息写　（年月日未詳）
（本文）明日よりの御拝御代くわん／仰出／御礼候、／畏入候、／なを
〳〵よろしく／御ひろう頼入候、かしく、

④すけ平消息写　文明七八七始
（書出）仰のよしにて、／文のやう／うけ給り候、／此御まな一折／拝領
いたし／ふかく畏入候、
（書止）いく久しく御機嫌よく、／祝ゐ〳〵／入候へく候、／尚参り候て、
御礼申上つゝ、／よろしく申沙汰頼入存候、かしく、
（差出）すけ平
（宛所）勾当内侍とのへ

⑤某消息写　（年月日未詳）
（書出）仰とおはしまし候て、／文のやううけ給り候、／扨ハ上卿／滞な
く／務まひらせ、忝存候、
（書止）猶参り候て／申上まひらせ候、此よし申沙汰候て、／給り候へく
候、かしく、

⑥某消息写　明和五八十一
（書出）仰のよしにて、／文のやう／うけ給り候、／扨は此／御まな一
折／拝領致し候、／弥々畏り存候、
（書止）幾久しく御機嫌ともよく、／祝ひ〳〵入候へく候、／此よしよく
〳〵／申沙汰候て、給り候へく候、かしく、

⑦某消息写　（年月日未詳）
（書出）仰のよしにて、／文のやううけ給り候、／御理髪とゝこほりな
く／つとめまひらせ候付、此御まな一折／拝れういたし候、
（書止）めてたく存候、／ふかくかしこまり入候、

⑧すけ平消息写　（年月日未詳）
（書出）仰のよしにて、／文のやう／うけ給り候、／扨ハ御まな一折／拝
れう致し、／ふかく畏存候、
（書止）幾久しく／御機嫌ともよく、／祝ひ〳〵入／候へく候、此よし宜
申沙汰頼入存候、かしく、
（差出）すけ平
（宛所）勾当内侍とのへ

⑨某消息写　（年月日未詳）

（書出）仰のよしにて、／文のやう／うけ給り候、／扨は此御まな一折／拝れう致し、／弥かしこまり入候、

（書止）幾久しく御機嫌共よく、／祝ひ〳〵入候へく候、此よし／よろしく申沙汰候て、／給り候へく候、かしく、

⑩某消息写　明和五十一十三

（書出）仰のよしにて、／文のやう／うけ給り候、／扨ハ上卿滞りなく／つとめまいらせ候に付、／此御まな一おり／はいれう致し、弥々畏存候、

（書止）猶参り候て／御礼申あけ候て、／此よしよろしく／申沙汰頼存候へく候、かしく、

⑪すけ平消息写　寛政元正廿六

（書出）仰のよしにて、／文のやう／かしこまり／うけ給り候、／年号改元／御滞なく／済せられ、／天下たい平／いく久しく、

（書止）御機嫌よく／御長久／祝ひ〳〵入候、／此よしよく〳〵／申沙汰候て、給候へく候、かしく、

（差出）すけ平

（宛所）匂当内侍とのへ

⑫すけ平消息写　（年月日未詳）

（書出）仰のよしにて、／文のやう／うけ給り候、／めて度存候、扨ハ此／御まな一折／拝領致し候、／ふかくかしこまり入候、

（書止）御機嫌よく、／祝ゐ〳〵入候へく候、／此よしよく〳〵／申沙汰候て、給り候へく候、／かしく、

（差出）すけ平

（宛所）匂当内侍とのへ

⑬すけ平消息写　（年月日未詳）

（書出）仰のよしにて、／文のやう／うけ給り候、／けふハ御奉幣／かしこまり入候、

（書止）いく久しく／御きけんともよく、／祝ひ〳〵入候、／此よしよく〳〵／申さた候て給り候、かしく、

（差出）すけ平

（宛所）匂当内侍とのへ

⑭すけ平消息写　寛政元九二

（書出）仰のよしにて、／文のやう／うけ給り候、／内宮正せんくう／出御もあらせられ、／何の御滞なく／済せ給候、

（書止）御機嫌よく御長久祝ゐ〳〵入候、此よし／よくよく申沙汰候て、／給り候へく候、かしく、

（差出）すけ平

（宛所）匂当内侍とのへ

⑮すけ平消息写　安永二六九

（書出）仰のよしにて、／文のやう／事外暑さに、／御めてたさ／しん上
のよしにて、
（書止）猶参り候て、／申上候へく候、／此よし宜申沙汰候て、給り候へく
候、／かしく、
（差出）すけ平
（宛所）勾当内侍とのへ
（備考）年月日下に「両御所へ御はい領」、

⑯すけ平消息写　（年月日未詳）
（書出）仰のよしにて／御ふミのやう／うけ給り候、／天気もよく／御滞
りなく／すませられ／めて度存候、
（書止）いく久しく／御機けんともよく、／いわゐ〳〵入候へく候、／此
よしよく〳〵／申さた候て、／給り候へく候、かしく、
（差出）すけ平
（宛所）平中納言との／までの小路とのへ

⑰すけ平消息写　（年月日未詳）
（書出）仰のよしにて／文のやう／うけ給り候、／めて度存候、扨はこ
の／御まな一折／拝れう致し、／深く畏入候、
（書止）御機嫌ともよく／いはゐ〳〵入候へく候、／此よしよく〳〵／申
さた候て、／給り候へく候、／かしく、
（差出）すけ平
（宛所）平中納言との／までの小路とのへ

⑱ふさ輔消息写　（年月日未詳）
（本文）十七日まい御覧／おハしまし候ニ付、／参　内可仕よし、／かた
しけなくそんし候、まつ〳〵／御機嫌の事／めてたく候、／なを
〳〵よろしきやうに／御前頼入候、／かしく、
（差出）ふさ輔
（宛所）勾当内侍とのへ　申給へ

⑲某消息写　（年月日未詳）
（本文）来十七日に／舞御覧／おはしまし候、万々／申上まいらせ候へく
候、此よしよろしく申沙汰候て／参り候へのよし、／かしこまり
入候、／まいり候て／めてたさ／給り候へく候、かしく、

⑳某書状写　（年月日未詳）
（本文）来廿六日に御能／おはしまし候、万々／申上まいらせ候へく
候、／此よしよろしく申沙汰候て／参り候へのよし、／かしこま
り入候、／まいり候て／めてたさ／給り候へく候、かしく、

㉑すけ平消息写　（年月日未詳）
（本文）来ル廿七日八日御能／おはしまし候、万々／両日ともめて度／参
り候へのよし、／畏入存候、かしく、／なを参り候て申入候、／宜
申さた／頼入存候、
（差出）すけ平
（宛所）勾当内侍とのへ

㉒某消息写 （年月日未詳）

（本文）来廿一日より／三ヶ日の間、／てうもんに／まいり候へのよし、／かしこまり入候、／せんほう講／おはしまし候まゝ、／此よしよろしく／申沙汰候て、／給り候へく候、かしく、

㉓ふさ輔消息写 （年月日未詳）

（書出）仙洞様より／仰として／見事の／御まな一折二／拝領いたし、忝そんし候、

（書止）なを〳〵御礼に遂、院参／可申上候、／御前よろしく頼入候、かしく、

（差出）ふさ輔

（宛所）新大納言とのへまいらせ候事、

㉔すけ平消息写 （年月日未詳）

（書出）仰のよしにて／文のやう／うけ給り候、／次第にあつさ／出御おはしまし、御賑々の御事、／仙洞にも／聞召、

（書止）尚参り候て／御礼申上候へく候、／よろしく申沙汰頼入存候、かしく、

（差出）すけ—

（宛所）源中納言との／新中納言とのへ

㉕すけ平消息写 （年月日未詳）

（書出）仰のよしにて、／ふミのやう／かしこまりうけ給り候、／いよ〳〵／御機けんよく／成せられ候、

（書止）幾久敷御機嫌よく／悦々入候、／猶参り候て／御礼申上候、宜申沙汰頼入存候、かしく、

（差出）すけ平

（宛所）源中納言との／新中納言とのへ

㉖某消息写 （年月日未詳）

（本文）仰のよしにて／文のやう／事外暑さに／候へとも、いよ〳〵／御機嫌よく／ならせられ、／めて度そんし候、／扨は此御まな一折／拝れう致し、かしこまり入候、此よし宜申沙汰候て、／給り候へく候、かしく、

㉗某消息写 （年月日未詳）

（本文）仰のよしにて／文のやう／此御かつう／いつものことく／拝れういたし、／かしこまり入候、／御機嫌よく／いく久しくと／いわゐ存候、／此よしよろしく／申沙汰候て、／給り候へく候、かしく、

㉘某消息写 （年月日未詳）

（本文）仰のよしにて／文のやう／事外ひえ／まひらせ候へとも、／いよ〳〵／御機嫌よく／ならせられ、めて度存候、／扨は此かん一折／拝れう致し、／かしこまり入候、／此よし宜申沙汰候て、／給り候へく候、／かしく、

㉙まさ熈消息写　（年月日未詳）
（書出）仰のようにて／文のやう謹て／うけ給り候ぬ、／次第にあた〻か
に成候、ます〳〵／御機嫌よく／ならせられ、／めて度存候、
（書止）なを参り候て／御礼申上候、まつ〳〵宜／申沙汰／たのミ入存
候、かしく、
（差出）まさ熈
（宛所）勾当内侍とのへ

㉚某消息写　（年月日未詳）
（書出）仰のようにて／文のやう／うけ給り候、／さむくにおはしまし
候、弥／御機嫌よく／ならせられ、／めて度存候、
（書止）なを参り候て、／御礼申上候、よろしく申沙汰／頼入存候、／めて
度かしく、

㉛すけ平消息写　（年月日未詳）
（本文）仰のようにて／文のやう／いまた時気揃／不申候へとも、／いよ
〳〵／御機嫌よく／ならせられ、／めて度存候、扨は此御まな一
折／拝れう致し／かしこまり入候、／此よし宜申沙汰候て、／給
り候へく候、かしく、
（差出）すけ平
（宛所）藤内侍とのへ

㉜某消息写　（年月日未詳）
（書出）仰とおハしまし候て／文のやう／うけ給り候、／いよ〳〵／御機
嫌よくならせられ、／めて度そんし候、
（書止）猶参り候て／申上候へく候、／此よし宜／申沙汰候て、／給り候、
頼入候、かしく、

㉝某消息写　（年月日未詳）
（書出）仰のようにて／文のやう／うけ給り候、／けふもひへ〳〵しく
候、／いよ〳〵御機嫌よく／ならせられ候、
（書止）猶参り候て／御礼申上候へく候、／よろしく申沙汰／頼入存
候、／めて度かしく、

㉞すけ平消息写　明和五八十
（書出）令旨のよしにて／文のやう／うけ給り候ぬ、／きのふは／立坊御
滞りなく／済せられ候、／めて度そんし候、
（書止）幾久しく／御機嫌ともよく／祝ゐ〳〵入／まいらせ候、／此よし
宜申さた／たのミ入存候、／めてたくかしく、
（差出）すけ―
（宛所）高松とのへ
（備考）宛所脇に「明和五八十、紗綾三巻・生鯛一折」、

㉟すけ平消息写　天明五十二十五
（書出）令旨のようにて／文のやう／うけ給り候、／寒気のせつ弥／御機
嫌よくならせられ、／めて度そんし候、

（書止）なを参り候て／御礼申上へく候へとも、／其うち以後ニて、／よ

くく申沙汰頼入そんし候、かしく、

（差出）すけー

（宛所）源中納言との／新中納言とのへ

㊱すけ平消息写　（年月日未詳）

（書出）令旨のようにて／文のやう／うけ給り候、／いよく／御機嫌よ

くならせられ、／めて度存候、

（書止）御懇の御儀／ふかく畏入存候、／此よしよろしく／申さた頼入存

候、／かしく、

（差出）すけ平

（宛所）高松とのへ

㊲すけ平消息写　（年月日未詳）

（書出）令旨のようにて／文のやう／うけ給り候、／いよく／御機嫌よ

く／ならせられ、／めて度存候、

（書止）毎度々々／御懇の御たつね／ふかく畏入存候、御礼／よろしく申

沙汰／頼入存候、／めて度かしく、

（差出）すけ平

（宛所）たか松とのへ

㊳某消息写　（年月日未詳）

（書出）令旨のをもむき／跪てうけ給り候、／一二三日は／ひとしほの／あ

つさにて候へとも、／いよく御きけんよく、

（書止）御礼申上まいらせ候へく候、／それゆへ何事も／申残し候、かし

く、

㊴某消息写　（年月日未詳）

（書出）きのふは／ゆるくと／御前にさふらひ、ことに／天盃なと頂戴

いたし、

（書止）先々／御とりつくろい／申さた／候やう、／たのミ入まいらせ

候、／かしく、

㊵すけ平消息写　（年月日未詳）

（書出）仰のようにて／文のやう／かしこまり／うけ給り候ぬ、／いよ

く／御機嫌よく／ならせられ、／めて度存候、

（書止）此御まな一折／はい領いたし／畏入候、なをいく久しくと／祝々

入まいらせ候、／此よし宜申沙汰候て、／給り候へく候、かしく、

（差出）すけー

（宛所）源中納言との／新中納言とのへ

㊶某消息写　（年月日未詳）

（書出）今日祝着の事／きこしめし候て、／此おり物・御硯箱／拝領いた

して、／かしこまりて／頂戴いたし候、

（書止）近々に伺候いたして／御礼申上候へく候、／此よしよくく／披

露候て、／給り候へく候、かしく、

㊷某消息写（年月日未詳）

（本文）仰のよしにて御ふミのやう／かしこまりうけ給候ぬ、／けふ冠儀、／とゝのへ候て／参り候へハ、／御対面おハしまし／かしこまり入存候、／此御まな一折／はい領いたし、／猶幾久と／かしこまり存候、／此よし宜／申沙汰給り候へく候、かしく、

㊸某消息写（年月日未詳）

（本文）仰のよしにて／御ふミのやう／かしこまりうけ給り候ぬ、／けふはい賀／申候につき、／此二色壱か／はい領致し、／猶幾久と／かしこまり存候、／此よしよく御心得候て、／申沙汰給り候へく候、かしく、

㊹すけ平消息写（年月日未詳）

（書出）仰のよしにて／文のやう／うけ給り候、／いよ〳〵／御機嫌よくならせられ、／めて度そんし候、

（書止）猶参り候て／申上候へく候、／此よし／よろしく／申沙汰候て、／給り候へく候、かしく、

（差出）すけ—

（宛所）勾当内侍とのへ

㊺すけ平消息写（年月日未詳）

（本文）仰のよしにて／文のやう／うけ給り候ぬ、／いよ〳〵／御機嫌よくならせられ、／めて度存候、／さてはきのふ房姫／婚礼とゝのひ候につき、／此二色壱か／拝れういたし、／いく久しくとふかく／かしこまり入候、／猶参り候て申上候へく候、

（差出）すけ—

（宛所）勾当内侍とのへ

（備考）宛所上に「仙洞様より御まな一折／平中納言との」、

㊻某消息写（年月日未詳）

（書出）仰とおはしまして／文のやう／うけ給り候、／いよ〳〵／御機けんよく／ならせられ、／めて度存候、

（書止）猶参り候て／申上候へく候、／此よし／よろしく／申沙汰／たのミ／まいらせ候、／かしく、

㊼すけ平消息写　安永五三五

（書出）仰とおはしまして、／文のやう／うけ給り候、／又々御元かへり／餘寒におハしまし候、弥／御機嫌よく／ならせられ、／めて度／そんし候、

（書止）それまて何分／よろしく／申さた候て、給り候へく候、かしく、

（差出）すけ—

（宛所）源中納言とのへ

㊽てる良消息写（年月日未詳）

（本文）此御かつう／いつものことく／かしこまり入候、／誠にいく久しく／めてたく／ちやうたい、／めてたくたひ〳〵御事、／ふか

く／何も御礼の義、よろしく申さた／給へく候、／かしく、

（差出）てる良

㊾つね凞消息写　（年月日未詳）

（書出）例年のとをり／此御かつう拝領／かしこまり入候、／なを〳〵／御機嫌ともよく／幾久しくと／祝ひ入そんし候、

（書止）まつ〳〵／御礼よろしく／御申さた頼入そんし候、／めて度かしく、

（差出）つね凞

（宛所）源中納言とのへ／新中納言とのへ

㊿てる良消息写　（年月日未詳）

（本文）此御かつう／いつもの／ことく／かしこまり入候、／誠に幾久しく／めて度／ちやうたい候えも、／めて度／たひ〳〵御事／ふかく候へく候、／御礼の義／よろしく申さた／給へく候、かしく、

（差出）多々良より

(51)ひろ道消息写　（年月日未詳）

（書出）御ふミのやう／かしこまり／うけ給候、／扨ハ／御機嫌よく／ならせられ候、

（書止）このよし／よろしく／申沙汰たのミ存候、／めてたくかしく、

（差出）ひろ道

（宛所）源中納言との／新中納言とのへ

(52)てる良消息写　（年月日未詳）

（書出）仰のよし／かしこまり／うけ給候、弥／御機嫌よく／ならせられ、／頼母のめてたさ／祝いらせられ候御事、／めてあさからす候、

（書止）何も御礼の義、よろしく／申もうされ給へく候、かしく、

（差出）てる良

(53)つね凞消息写　（年月日未詳）

（書出）仙洞より仰として／御文のやう奉候、／いよ〳〵／御機嫌よく／ならせおハしまし、／めて度そんし候、

（書止）猶御機嫌よく、／幾久しく／相かハらすと／祝入そんし候、／先々／御礼よろしく御申さた頼入候、

（差出）つね凞

（宛所）源中納言とのへ／新中納言とのへ

(54)某消息写　（年月日未詳）

（書出）御たのむの／御めてたさ／御にき〳〵の／御事にて／いわひ／入らせられ候、

（書止）御ひろう候へく候よし、よく／このよし御心得候て／候へく候、めてたくかしく、

（宛所）たれにても御つほねへまいらせ候、

(55)た、良消息写　（年月日未詳）

（書出）仰のよし／かしこまり／うけ給候、弥／御機けんよく／ならせられ候、
（書止）幾久しくかしこまり入候、／何も御礼の義よろしく申もらされ給へ候、かしく、
（差出）た、良

56某消息写　（年月日未詳）
（書出）仙洞様より／仰のよしにて／ふミのやう／申入まひらせ候、／いよ〳〵／御機嫌よく成らせ／おはしまし、めてたく候、
（書止）かす〳〵／いわゐ入、忝おもひ給入候、このよし／よく申給候、めて度かしく、
（差出）たれにてもの御つほねへまいらせ候、

57はる孝消息写　（年月日未詳）
（書出）おほせのむね畏はい見致候、／いよ〳〵御機嫌よくならせられ、／めて度そんしまひらせ候、
（書止）猶参り候て／御礼申上候ハんつれとも、ま／つ宜敷御申さた、あらせ／給候へく候、あなかしこ〳〵、
（差出）はる孝
（宛所）源中納言との／新中納言とのへ御返候、
（備考）逐而書、

58なり通消息写　（年月日未詳）
（書出）仰のむね畏はい見いたし、／いよ〳〵御機嫌よく成せられ、／めてたく存まひらせ候、
（書止）まつよろしく御申さた、あら／せ給候へく候、あなかしこ〳〵、
（差出）なり通
（宛所）源中納言との／新中納言とのへ御返事
（備考）逐而書、

第七〇函

一　祭文　一通

江戸中期　竪紙　楮紙打紙　朱点（返点・合符・句切点）、墨点（送仮名・声点）　墨（博士点）　三〇・五糎×四五・八糎　一紙

（端裏）三月廿一日祭文

（文首）諸徳三礼／維々々年三月二十一日、日本国東寺沙門某甲／敬以香茶之奠、供于累代阿闍梨耶之霊、惟／諸阿闍梨吾道祖師也、

（文尾）宜以山海為心、莫恠塵露／之志、庶幾臨鑒、照知微衷、尚饗、

（奥書）『享保十七年／三月七日／給之而已』演経

二　祭文　一通

江戸中期　続紙　斐紙（鳥の子）　朱点（傍訓・合符・句切点）　墨（博士点）　三三・九糎×八四・六糎　二紙

（文首）諸徳三礼／維々々年三月二十一日、日本国東寺沙門／敬以香茶之奠、供于累代阿闍梨耶之霊、／惟諸阿闍梨吾道祖師也、

（文尾）宜巨山海為心、莫恠塵露之志、／庶幾臨鑒照知微裏（マヽ）、尚饗、

（奥書）貞享二年三月廿一日、以西光坊御本書写之、照阿院賢能

三　祭文　一通

室町後期　続紙　楮紙打紙　朱点（返点・送仮名・傍訓・合符）　二八・七糎×七九・五糎　三紙

（端裏）三月廿一日祭文

（文首）諸徳三礼／維　　三月廿一日、日本国東寺金剛／仏子某謹以餅菓茶薬蔬食之饌、／敬献第八祖師弘法大師、

（文尾）仰願尊霊、衷涓露之微報、／垂水月之霊応、尚饗、

（備考）奥に「涓露之微報、垂水月之／霊応尚響」、

四　祭文　一通

江戸後期　竪紙　泥間似合　四〇・二糎×五三・四糎　一紙

（文首）諸徳三礼／維天保十五年十月十八日、醍醐寺門葉敬以香茶之／奠、奉大祖菩薩霊供養、

（文尾）仍慇／懃励恭敬、誠奉備六種供養、必垂哀愍、尚／饗、

五　祭文　一通

江戸後期　竪紙　楮紙（奉書紙）　三六・二糎×四七・五糎　一紙

（文首）諸徳三礼／維天保十五年十月八日、醍醐寺門葉敬以香茶之奠、供于累／代阿闍梨霊、惟沙門一行阿闍梨耶者、金剛智三蔵之／法化也、

（文尾）仍奉礼真客尽如才誠、遮幾／照察微志、尚饗、

六　金剛智供養祭文　一通

江戸後期　竪紙　泥間似合　四〇・四糎×五三・八糎　一紙

（端裏）金剛智三蔵

（文首）諸徳三礼／維天保十五年八月十五日、醍醐寺門葉敬以香之／奠、
供于累代阿闍梨耶霊、

（文尾）爰仏子等不堪難堪之感、／以翹如在之誠、庶幾照知微志、尚饗、

七　弘法大師供養祭文　一通

平安院政期　続紙　漉返紙　墨点（返点・送仮名・傍訓）三一・四糎×一四八・四糎　三紙

（端裏）御入定［　］

（文首）□師遍照金剛者、位居三地化被□／□□業験極難得而稱矣、

（文尾）虚空行儀等サタ憑古聖和光利生同／塵歟、

（奥書）保元二年八月八日書之、執筆深印／即時点了、真阿

（備考）虫損甚し、

八　御影供祭文故実　一通

室町前期　折紙　漉返紙　二九・九糎×四八・四糎　一紙

（端裏）祭文故実事

（文首）御影供養祭文事／弘法大師祭文東宮受土記／洲望筆候也、

（文尾）是則覚洞院／僧正口伝任賢アサリ承我／説也云々、

（奥書）原ム云、已上、報前僧正憲｜淳報尺／水本僧正御房依状詞也、末資／
何不服膺之、／応永十二年酉八月二日、参／水本御坊仰云、先祭文不／審条々在之、祖師御沙汰之分／如此、尤可令存知之由、神仰也、／則御記分書写之了、／法印増宥

九　天狗祭文　一通

室町中期　折本　楮紙打紙　墨界（天一、界高二一・三糎）墨点（返点・送仮名）二一・七糎×一二・二糎　五折（三紙）

（首題）天狗祭文

（文首）帰命高輪房、帰命頂礼風源房、／南無大乱房、南無大郎御房、

（文尾）毒害毒虵之難、生霊死霊／難、彼等難、他方世界令退／給、

（備考）包紙（美濃紙、三三・七糎×五三・九糎、ウハ書「此［　］祭文ハ行樹院御本也」）、

一〇　孟子祭文　一通

江戸後期　竪紙　楮紙（美濃紙）二九・七糎×四一・一糎　一紙

（端裏）孟子祭文

（文首）祭孟夫〇子文／聖人既没、五倫不序、世教漸衰、邪説／蜂起、故便
天下人多乱、聴惑志之／憂也、

（文尾）以故斎戒礼奠、／伏請格享、

（奥書）此孟子祭文、中嶋間人所持、令見予之、則／遂写書畢、公雅以為
浮山先生艸矣、文洞

一一　某会次第　一通

江戸中期　続紙　泥間似合　墨点（返点・送仮名・傍訓）一八・二糎×九〇・

七糎　二紙
（文首）請已起立、称歎三宝同声咒願、／稽首釈迦真教法三乗賢／聖目連尊、
（文尾）廻向／願以此功徳　普及於一切／我等与衆生　皆倶成仏道

一二　理性院流十八道初行表白　一帖
鎌倉中期　粘葉装　後欠　漉返紙（宿紙）　押界（界高一三・〇糎、界幅一・七糎）　七行・十二字　一四・六糎×一四・八糎　六丁
（外題）十八道初行表白理性院
（首題）十八道初行表白今付如意輪
（文首）敬白、真言教主大日如来、本尊／界会、聖如意輪観自在菩薩、／摩阿薩六大八大諸大観音、
（文尾）天下泰平、国土安穏、季節調和、／風雨順時、穀《稼イ》家成就《熟イ》、諸人快楽、／為／本尊――丁諸大観音丁五大明王丁／十二大天丁両――丁
（備考）丁付、

一三　表白案等　二通
江戸前期
（備考）（一）・（二）一括、寛済筆、

（一）　表白案（年月日未詳）　一通
切紙　前欠　楮紙（杉原）　一四・七糎×四三・九糎　一紙
（文首）爰護持女施主／為除病延寿、／修息災秘法、／一七日之梵焼無障、／無二心之懇祈有憑者歟、
（書止）乃至／家内安穏／利益無際／敬白
（備考）墨（返点・送仮名）、

（二）　不動護摩表白（年月日未詳）　一通
折紙　漉返紙　三三・三糎×五〇・〇糎　一紙
（書出）不動護摩表白／敬白真言教主大日如来／両部界会、諸尊聖衆、
（書止）乃至／家門繁栄／諸人快楽／敬白
（備考）奥書「右表白古草也、依之以下／改古句、加新句、当要之／後、早破々々、／寛永十一　正　朔／開白之、僧正寛済」、墨（返点・送仮名・合符）、墨（註記・合点）、寛済筆、

一四　阿弥陀表白写等　四通
江戸後期　折紙　楮紙（奉書紙）　紙背あり
（備考）（一）～（四）一括、淳杲筆、包紙（奉書紙、三三・八糎×三八・一糎、ウハ書「阿ミタ／尊勝／光明真言／吉祥天／表白　北院御作ノ内／円」「修七日之時之秘法／資聖具仏果之直同／光明真言アカ」）、包紙に紙背あり、

（一）　阿弥陀表白写（年月日未詳）　一通
三三・八糎×四六・八糎　一紙
（書出）阿弥陀表白／敬白―――――／―――――／―――――／夫阿弥陀如

来者、
（書止）乃至法界　平等利益、敬白、
（備考）奥書「北大王御作之内抜出候、／淳杲」、見返奥に「阿弥陀」、
（紙背）不動護摩巻数書止シ　（年月日未詳）　一通
竪紙
（書出）不動明王護摩所／奉供／供養法三百五十五箇度／護摩供三百五十五箇度
（書止）四大明王呪各三万五千五百遍／大金輪

（二）　尊勝仏頂表白　（年月日未詳）　一通
三・八糎×四六・八糎　一紙
（書出）尊勝仏頂表白／ム加敬白ーーーー／ーーーー／夫尊勝仏頂者、／功能甚深　威徳特尊也、
（書止）牽延寿之功力／保栄運於避算、／敬白、
（備考）奥書「北院大王御作之内抜出、／淳杲」、見返奥に「尊勝表白」、
（紙背）不動護摩巻数案　寛政二年十二月　日　一通
竪紙
（書出）不動明王護摩所／奉供／供養法三百五十五箇度／護摩供三百五十五箇度
（書止）自去正月朔日至于今月今日、凡三百五十五箇／日之間、満山僧侶殊致精誠、奉修如件、
（差出）別当僧正法印大和尚位淳杲

（三）　光明真言表白　（年月日未詳）　一通
三・七糎×四六・六糎　一紙
（書出）光明真言表白／敬白ーーーー／ーーーー／夫光明真言者、／滅罪十善之軌範／往生極楽之指南也、
（書止）乃至善根、無辺利益、不限一心之／丹誠、三宝垂知見給、敬白、
（備考）奥書「北院大王御作内抜出、／追而諸尊諸経／諸天ノ表白可書／写候也、／淳杲」、見返奥に「光明真言」、
（紙背）不動護摩巻数書止シ　（年月日未詳）　一通
竪紙
（書出）不動明王護摩所／奉供／奉供
（書止）大金剛輪呪二千四百八十五遍／一字金輪呪三万五千五百遍

（四）　吉祥天表白　（年月日未詳）　一通
三・九糎×四六・八糎　一紙
（書出）吉祥天表白／敬白真言教主大日如来、両部／界会、諸尊聖衆、殊ニハ本尊／界会、
（書止）恒沙諸仏、恭敬供養シ給、／一々巨益難讃嘆、万々利益是無辺、／敬白、
（備考）奥書「比表白北院大王御作之内ヨリ／抜書、尤始神□《コヲロシ》ハ私ニ加之、／淳杲」、見返奥に「吉祥天」、

〔紙背〕不動護摩巻数書止シ（年月日未詳）　一通

竪紙

〔本文〕不動明王不（マヽ）不動不動明王護摩所

〔包紙紙背〕不動護摩巻数案（寛政三年十二月　日）　一通

竪紙

〔書出〕不動明王護摩所／奉供／供養法三百五十五箇度

〔書止〕始自去正月朔日至于今月今日凡三百五／十五箇日之間、満山僧侶
殊致精誠、奉修如件、

〔備考〕（一）～（四）一括包紙の紙背、

一五　印可加行表白案等　三通

江戸中期

〔備考〕（一）～（三）一括、包紙（奉書紙、三・六糎×四三・一糎、ウハ書「印
可加行表白」）、

（一）印可加行表白案（年月日未詳）　一通

折紙　斐紙（鳥の子）三七・六糎×五三・三糎　一紙

〔書出〕印可加行表白／敬白、真言教主大日如来、／両部界会諸尊聖衆、
殊／本尊聖者不動明王、

〔書止〕本尊聖者諸大忿怒／知見一心之精祈、成就無上／之所願、乃至砂
界悉到金場、／敬白、

〔備考〕奥に追記「抑三密修行之處、所願懇祈之／砌ナレハ、冥衆定降臨影
向シ玉フラン、／然則――――」、

（二）印可加行表白案（年月日未詳）　一通

折紙　楮紙（奉書紙）紙背あり　三三・三糎×四六・六糎　一紙

〔書出〕印可加行表白／敬白、真言教主大日如来、／両部界会諸尊聖衆、
殊／本尊聖者不動明王、

〔書止〕本尊聖者諸大忿怒、／知見一心之精祈、成就無上／之所願、乃至
砂界悉到金場、／敬白、

〔備考〕奥に追記「抑三密修行之處、所願懇祈之／砌ナレハ、冥衆定降臨影
向シ玉フラン、／然則――――」、墨（返点・送仮名）、紙背に某訪
物目録（「昆布　一折／五智院」）あり、

（三）弥勒院澄翁印可授与記　一通

続紙　漉返紙　二五・八糎×三〇・八糎　二紙

〔文首〕天文五庚申年三月十八日、於松橋／道場、弥勒院法印澄翁四十二、／
印可開壇、被修行之受者ハ／松橋法印元雅

〔文尾〕表白伝受ハ師主真円権僧正／御房ヨリ受之、則澄翁法印ノ／指図
ニ依テ也、宥円記之、

一六　実意法印二十五廻忌表白写（宝永元年十一月三日）　一帖

江戸中期　綴葉装　楮紙（美濃紙）墨点（返点・送仮名・傍訓・合符）

六行・六字前後　二一・七糎×一九・四糎　八丁

〔外題〕実意法印二十五年表白賢隆草

（表紙）金資祐誉之
（文首）夫以／孝者万行之源也、／親睦之好、如峨々丘嶽、／師者四恩之最也、／慈訓之深、似漫々滄溟、／誰乎疎之哉、
（文尾）寿算長遠而、／遂修学不退望、／乃至法界、平等利益、／敬白、
（奥書）本云、　宝永元申年十一月三日、普賢院先師法印／実意廿五年ニ相当、于時供養法／相勤者也、法印賢隆五十六／宝永三年九月十五日、向／青灯模写畢、／権大僧都祐誉三十一オ／抑追善追福之庭ニハ報恩／謝徳ノ砌ナレハ、冥衆定降臨影向シ／給ラン、然則三界所有
（裏表紙）以此結縁／疾成覚道、／南無阿弥陀仏
（備考）表紙に方形朱印（「雨筍」）、方形朱印（「豊山」）、

一七　伝法阿闍梨別行表白案　（年月日未詳）　一通
室町後期　折紙　後欠　漉返紙　二四・一糎×三五・二糎　一紙
（書出）行者発心之始／依擁護而得増長、／如来成道之時／現威力而息障難、
（文尾）一百由旬之内／鬼神之類削跡／就中
（備考）墨（返点・送仮名）、包紙（漉返紙、三三・七糎×三四・〇糎、ウハ書「伝法アサリ別行表白」、裏書「御写本奥書云、／本云、文正元六廿四日、以院家本写之、／宗典四十一生／永正七年七月廿日書之畢、／十一歟、本ノマ、宗典八十一生／本云、ム伝、授与初四十一ニテ候了、其時ノ／本候歟、／永正十四年正月廿二日書写之、／厳助／私考文正元年ヨリ永正七年ニテ凡／四十五年也」）、

一八　後七日御修法表白　文政十一年戊子年　一通
江戸後期　折紙　斐紙（雁皮紙）　三六・〇糎×五三・〇糎　一紙
（書出）後七日表白甲取香呂、／敬白秘密教主三世常住浄妙／法身摩訶毘盧遮那如来金剛／界会三十七尊
（書止）七日之精誠不空／四序節調／五穀豊稔／万民悦与、敬白
（備考）紙背に奥書「文政十一戊子年後七日淳心法務推任参勤、／仍此表白書与、就中令伝授／後七日秘法者也、／山務僧正淳覚識」、墨（返点・送仮名・傍訓・博士点）、

一九　御影供表白　（年月日未詳）　一通
室町後期　折紙　中欠　漉返紙　二七・二糎×四〇・八糎　一紙
（書出）敬白、真言教主大日如来／金剛界会三十七尊九／会万茶羅、諸尊聖衆／并大悲胎蔵、
（書止）読師白裳小袈裟著之、付衣／当堂承仕之外、御堂役人／三人随役也、
（備考）奥書「写本云、宝徳参年三月十三日書写之、／行樹院法印隆瑜所持ヲ令借用、／於修禅院閑窓書写了、／仏子弘世三十」「大永三未年十一月日彼本／披見之次、乍悪筆書写之、／比興無極候間、戒光院之外／不可他出之、　公運五十二」、

二〇　誦経導師表白　（年月日未詳）　一通
江戸後期　折紙　楮紙（奉書紙）　三六・四糎×五六・六糎　一紙
（書出）誦経導師表白　袖下ノ終授堂達ニ諷誦文、堂達堂達仁／立坐文ヲ授導師、／夫曼荼羅供大意者、／法仏内證表自家仏乗教／修之、現世得

成最勝覚、
（書止）一天泰平、万民快楽、／乃至法界、平等利益、敬白、
（備考）墨（返点・送仮名・傍訓・博士点）、

二一　根本導師表白　（年月日未詳）　一通
鎌倉中期　続紙　前欠　楮紙（檀紙）　一五・三糎×一四三・一糎　三紙
（文首）□□法身摩訶毘盧遮那／如来大悲胎蔵悲生曼荼／羅十三大會海會聖衆／并金剛界會卅七尊九會／曼荼羅諸尊聖衆、
（書止）事為恒例旨趣不具、／乃至法界、平等利益、敬白、／次神分、
（備考）奥書「右、遍智院僧正成（賢）｜御自筆歟、仍加修複了、／可秘蔵之、隆源」、墨（返点・送仮名・声点・傍訓）、包紙（奉書紙、三三・三糎×二九・四糎、ウハ書「根本尊師表白遍智院／成｜《賢》御真筆、可令秘蔵／者也、内虫損分記添之耳、／権少僧都真円二十四才／宝永三年八月四日」）、

二二　某方結縁灌頂表白　（年月日未詳）　一通
南北朝時代　巻子装　楮紙（杉原）　二九・八糎×二二・三糎　四紙
（書出）敬白十方法界不可説々々々、三宝境界／天照大神・春日権現等垂跡和光言、弟／子某甲過去業因拙而今已得卑賤孤／獨之果、
（書止）南無法相擁護慈悲万行菩薩今生必／得発菩提心、生々世々親近奉仕三反、
（備考）合軸、墨界（界高二四・三糎、界幅二・九糎）、墨（返点・送仮名・傍訓）、

二三　弘法大師遠忌請諷誦文案　天明四年三月廿日　一通
江戸後期　続紙　楮紙（高檀紙）　四五・五糎×九六・六糎　二紙
（書出）敬白／請諷誦事／三宝衆僧御布施／右、／弘法大師性徳円満宝業無辺、渡海／伝三密之秘法、
（書止）阜豊、乃／至動植郡類、利益平均、仍諷誦／所修／如件、敬白、
（備考）包紙（美濃紙、三九・二糎×二七・〇糎、ウハ書「高祖九百五拾遠忌諷誦文」）、糊離れ、

二四　聖円等連署請諷誦文案等　四通
（備考）（一）～（四）一括、包紙（漉返紙、三六・七糎×三三・二糎、ウハ書、「伝法灌頂諷誦、鎮守読経請定」）、

（一）　聖円等連署請諷誦文案　永禄七年五月三日　一通
室町後期　竪紙　楮紙（高檀紙）　三三・二糎×四五・三糎　一紙
（本文）敬白／請諷誦事／両部四曼諸尊御布施一裹／右、為仏弟子等払三業妄／雲、顕五智心月、諷誦所請／如件、敬白、
（差出）聖円／昭悠／杲盛／長文

（二）　仏子秀長・円隆連署請諷誦文　文禄五年四月五日　一通
安土桃山時代　竪紙　楮紙（高檀紙）　三五・五糎×四八・五糎　一紙
（本文）敬白／請諷誦事／両部四曼御布施一裹／右、為仏第〔弟〕子払三業妄雲、／顕五智心月、諷誦所請／如件、敬白、
（差出）仏子秀長／仏子円隆

（三）　某請諷誦文　延宝六年六月十八日　一通
江戸前期　竪紙　楮紙（奉書紙）　三一・二糎×四三・七糎　一紙
（本文）敬白請諷誦之事／三宝衆僧御布施一裹／右、天下安全、五穀成熟、／護持施主、滅罪生善、子孫／繁昌、所修諷誦如件、
（備考）奥裏に「円明院祥誉年預之時、予勤／隆弁労」、

（四）　某請諷誦文土代　延宝五年六月廿四日　一通
江戸前期　竪紙　楮紙（奉書紙）　三一・五糎×四四・七糎　一紙
（本文）敬白／請諷誦之事／三宝衆僧御布施一囊〔裹〕／右、奉為天下泰平、風／両〔雨〕順時、五穀成就、万／民豊楽如件、敬白、
（備考）奥裏に「弥勒院尭信年預之時、某勤之」、

二五　伝法灌頂請諷誦文書様等　三通
（備考）（一）～（三）一括、包紙（泥間似合、三三・六糎×四五・八糎、ウハ書「当日諷誦文之案　金三両流／并理趣経奥書一紙入　西普蔵」）、

（一）　伝法灌頂請諷誦文書様　一通
江戸中期　竪紙　楮紙（美濃紙）　墨点（返点・送仮名・傍訓）　三三・二糎×四六・〇糎　一紙
（文首）今此諷誦文《ブミ》ハ、予入壇之時用之案也、以理性院経蔵之古本書之、今度／亮観大僧都入壇之時令用之、
（文尾）鎮守／奉幣料米三斗送之、山上山下同前也、山下長尾宮御膳料米二斗称〔禰〕宜江／送之、
（備考）明徳五年四月十五日大法師堅仲請諷誦文を引用、

（二）　鎮守読経記書様（年月日未詳）　一通
江戸中期　竪紙　楮紙（美濃紙）　二四・二糎×二四・五糎　一紙
（書出）鎮守読経　五人之内導師一口、或ハ別催導師六口、／理趣経奥書又其上八口、十口、之儀、可依時也、厳重／題号（梵字）／或（梵字）
（書止）右、為四種恩徳報謝、五種大願成就、布施所行如件、／年月日金剛仏子――敬白／未印可之受者、則／唯仏子某甲或官名、（花押）仮ニ記ス、

（三）　亮観請諷誦文案　寛政九年九月十二日　一通
江戸後期　竪紙　楮紙（美濃紙）　三三・〇糎×四六・三糎　一紙
（端裏）当日諷誦之案　今度ハ鷹紙二枚引重テ令書之、多クハ強杉原、或ハ引合セ用之、／諸堂ノ諷誦ハ今度中奉書二枚重書之、多クハ杉原一枚ニ用之、／受者自筆可為本意歟、諸流通例也、　澄意倉卒ニ記之、
（本文）敬白／請諷誦事／両部四曼諸尊御布施一裹／右、為仏子亮観、払三業之妄雲、／顕五智之心月、諷誦所請如件、敬白、
（差出）大僧都亮観敬白
（備考）奥に「私云、敬白二字、初中後三處書之、多本如此、雖重言、而任本記之、然享保／十九年甲寅四月廿四日、覚源大僧正御房御開壇之時、如件之下被略敬白二字了、／若此體亦古法、則可依用者歟、尚可考矣、其記云、鷹紙同紙包之、或奉書／用之云云、（包

紙図アリ）如此、私云、此奉書者、旧記強杉原云物、即今奉書也、／多一枚書之、近来之様也、然道快大僧正御授与之記等、料紙者椙原二枚今度引合二枚用之、／引重書之、立紙一枚、立文上下押折、誦経物上挿之云云、二枚重之事、当流亦可用也」、

二六　後柏原天皇聖忌請諷誦文草　（年月日未詳）　一通

室町後期　巻子装　漉返紙　紙背あり　三一・〇糎×一九八・一糎　六紙

（書出）夫天道左旋、日月右行、／造花難極、地位無変、／節候有度、応物克生、

（書止）今者芙蕖台上之覚王、／乃至多方、得益同等、／即證良因、皆悟一味、／敬白、

（備考）二七号とほぼ同文、

（紙背）大江千里詠歌等古歌集抄　一巻

巻子装

（文首）ひとりのミなかめてちりぬむめのはな／しるはかりなる人はとひこそ／文集嘉陵春夜詩、不明不暗朧々／月といへることをよみ侍ける／大江千里／照もせすくもりもはえぬはるの夜の／おほろ月よにしく物そなき

（文尾）藤原隆時朝臣／さくらはなさかはまつミんとおもふ間に／いかすへにけりはるの山さと

二七　後柏原天皇聖忌請諷誦文案　永禄元年四月　日　一通

室町後期　続紙　楮紙（杉原）　三〇・二糎×八五・〇糎　二紙

（書出）夫天道左旋、日月右行、造花難極、地位無変、／節候有度、応物克生、

（書止）今者芙蕖台上之覚王、乃至多方、／得益同等、即證良因、皆悟一味、敬白、

（備考）二六号とほぼ同文、朱句切点、墨（返点・送仮名・傍訓・合符）、

二八　後柏原天皇遠忌請諷誦文草　永禄――（元年四月七日）　一通

室町後期　竪紙　楮紙（杉原）　三〇・二糎×四二・七糎　一紙

（書出）敬白／請諷誦事／三宝衆僧御布施／右、／後柏原院尊霊丁孟夏之遠忌、

（書止）乃／至業苦即消、妄縁頓釈、仍諷誦所修如件、／敬白、

（備考）二九号とほぼ同文、朱（合符・句切点）、墨（返点・送仮名・傍訓・合符）、

二九　後柏原天皇遠忌請諷誦文写　永禄元年四月七日　一通

室町後期　竪紙　楮紙（杉原）　二六・三糎×四四・〇糎　一紙

（書出）敬白／請諷誦事／三宝衆僧御布施／右、／後柏原院尊霊丁孟夏之遠忌、

（書止）乃至業苦即消、妄縁頓釈、仍諷誦所修如件、敬白、

（備考）二八号とほぼ同文、

三〇　法務高賢東寺拝堂請諷誦文案　寛文六年十一月廿日　一通
江戸前期　竪紙　楮紙（高檀紙）　四七・八糎×六三・八糎　一紙
（端裏）法務高賢御拝堂諷誦案
（本文）敬白／請諷誦事／三宝衆僧御布施一裹／右、為悉地成就所請如件、敬白、
（差出）法務権僧正高賢敬白
（備考）三一号と本文同文、

三一　法務高賢東寺拝堂請諷誦文案　寛文六年十一月廿日　一通
江戸前期　竪紙　楮紙（高檀紙）　三七・五糎×六三・七糎　一紙
（端裏）東寺拝堂諷誦案
（本文）敬白／請諷誦事／三宝衆僧御布施一裹／右、為悉地成就所請如件、敬白、
（差出）法務権僧正高賢敬白
（備考）三〇号と本文同文、

三二　寛平法皇八百五十廻御忌願文写　安永九年三月十二日　一通
江戸中期　続紙　楮紙（奉書紙）　三一・八糎×九一・一糎　二紙
（端裏）『寛平聖主八百五旬之聖忌、公家御願文之写、／作者唐橋前亜相在家卿／清書持明院前参議宗時卿』
（書出）夫大宝蓮華経万歳、不凋傷、摩尼珠光／照三世、自明朗法水、至深仏日益耀、非／修無上白業、
（書止）然則／尊儀真如之月益明、菩提之華弥鮮、／乃至群類悉皆成道、敬白、
（備考）朱（返点・送仮名・合符）、

三三　入壇加行護摩結願作法　一通
江戸中期　切紙　楮紙（奉書紙）　墨点（返点・送仮名）　一八・三糎×四九・五糎　一紙
（首題）入壇加行護摩／結願作法次後供養閼伽
（文首）一百箇日行法結願／当此座、日来之間、殊／雖致精誠、凡夫難護／三業、
（文尾）次後鈴等了、／破壇作法下礼盤、
（備考）包紙（美濃紙、二六・九糎×四一・七糎、ウハ書「加行護摩結願詞」）、

三四　延命供願文写（年月日未詳）　一通
江戸中期　竪紙　楮紙（美濃紙）　三一・一糎×四三・五糎　一紙
（端裏）延命　宝幢院
（書出）延命／夫諸仏大権利生方便各雖深、速退厄恪延／寿算、普賢延命悲願無過、
（書止）偏憑此経王威力、為玉躰安穏、宝寿／□遠、所令勤修之御願也、
（備考）奥書「宝暦十二壬午歳十月廿四日拝見之序、以寛順法務／御自毫書写之了、　有円」、墨（返点・送仮名・註記）、

三五　根来寺聖天院賢範卅五日忌願文并諷誦文写　一冊
室町前期　袋綴装　楮紙（杉原）　原表紙本紙共紙　三一・二糎×一三・五糎　七

紙
（外題）願文并諷誦　原ム　根来寺聖天院卅五日
（首題）願文依根来寺聖天院法印誂綴遣之、先師賢範法印卅五日、
（文首）蓋聞、／遍六趣救生者、地蔵之悲願殊勝、／雖一部広益者、法華之
　功能甚深ナリ、
（文尾）伏願出儀頓證／正覚、仍所請如件、敬白、／応永十六年五月廿五
　日弟子法印大和尚位景範敬白、
（備考）隆源筆、

三六　伝法灌頂受者嘆徳文　一帖
安土桃山時代　綴葉装　楮紙（杉原）　墨点（返点・送仮名・傍訓）　一三・
一糎×一七・四糎　四丁
（外題）嘆徳
（表紙）宝囿
（文首）金剛乗仏子等異口同音言、／夫授職灌頂事業者、／甲遍照如来示
　深密秘趣、／乙授金杵薩埵之掌中、
（文尾）丙各催一會厳重之感、／共作三拝稽首之礼、
（奥書）文禄四年七月十日、／高野慈光院頓写／下給候、／宝囿

三七　伝法灌頂受者嘆徳文草　一通
室町中期　竪紙　漉返紙　三一・五糎×四九・七糎　一紙
（端裏）嘆徳草　師信耀僧正光寂院法印隆賢、資道賢法印灌頂ニ付嘆徳草云々、
（文首）夫以／秘密真乗之道、相承雖旧、師資付属之跡血脈是新、／爰現
　前大阿闍梨耶権大僧都法印大和尚位、
（文尾）各々不堪随喜感腸之至、／面々致偈仰稱賞之礼（マヽ）矣、
（備考）本文紙背にわたる、

三八　千手観音讃　一通
江戸前期　折紙　楮紙（美濃紙）　墨点（傍訓・句切点）　二九・〇糎×四二・七
糎　一紙
（文首）千手讃／惹自反擢野観没哩鼻声二合／孥上引羅
（文尾）曼駄銘引七薩嚩秫詩筆反／駄悉地○野二合左入、
（奥書）右、千手観音讃者、報恩院／権僧正有雅御自筆也、／寛文十年六
　月廿四日　釈学乗
（備考）包紙（美濃紙、三一・四糎×二〇・九糎、ウハ書「千手讃有雅大僧正御筆」）、

三九　伴僧念誦本尊注文等　二通
江戸中期
（備考）（一）・（二）一括、

（一）　伴僧念誦本尊注文　一通
折紙　楮紙（奉書紙）　三三・五糎×四五・九糎　一紙
（本文）伴僧／仏眼／大日当界／薬師／延命／不動慈救／吉祥天／一字／
　已上各百遍許、
（備考）四〇号・四一号と本文同文、

（二） 本命・当年星真言注文　一通
折紙　楮紙（奉書紙）　三一・四糎×四五・二糎　一紙
（文首）主上　二十一酉御歳／本命星文曲星　ヲンイリタラタ吽
（文尾）俊範三十三酉歳／本文四星　ヲンイリタラタ吽／当火曜星　ヲンアウギヤラカシリソハカ／宝暦十一辛巳歳御星呪
（備考）紙背を包紙として用いる（ウハ書「半〔伴〕僧念誦円明院」）、

四〇　伴僧念誦本尊注文　一通
江戸中期　折紙　楮紙（奉書紙）　三五・〇糎×四九・〇糎　一紙
（外題）伴僧念誦学乗筆
（本文）伴僧／仏眼／大日当界／薬師大呪／延命／不動慈救／吉祥天／一字／已上各百遍許、
（備考）三九号（一）・四〇号と本文同文、包紙（奉書紙、三五・〇糎×四九・二糎、ウハ書「伴僧念珠学乗筆」）、

四一　伴僧念誦本尊注文　一通
江戸中期　折紙　楮紙（奉書紙）　三五・七糎×四九・五糎　一紙
（本文）伴僧／仏眼／大日当界／薬師大呪／延命／不動慈救／吉祥天／一字／已上各百遍許、
（備考）三九号（一）・四〇号と本文同文、

四二　如意輪堂修造勧進状案　永禄六年五月　日　一通
室町後期　続紙　楮紙（杉原）　三一・五糎×一九三・四糎　四紙
（書出）勧進沙門敬白／特十方檀那の助成を蒙りて／醍醐山如意輪堂を修造せんとこふ事／夫小罪小過をゝそるゝハ、衆生の良策、／大慈大應をたるゝは、薩埵の方便也、
（書止）蓬屋をすてす、檀門をすゝめたり、蓋涓／露海に朝し、土壌山をたかくするためしをこひ／ねかふ者也、仍勧進旨趣大綱如斯、敬白、
（差出）勧進沙門敬白

四三　法務前大僧正法印房演上表案　宝永三丙戌年十一月十八日　一通
江戸中期　続紙　楮紙（奉書紙）　三三・六糎×二二・六糎　三紙
（書出）臣／僧某言、仁庇万機、則猛虎渡江、徳耀兆民、則鰐／魚弭暴矣、
（書止）降於／宸恵、曲垂追賜於徽号、則緇素欣懌不任雀躍之至、臣頓首頓首奉表而敢不知所述、誠惶誠惶謹以聞、
（差出）法務前大僧正法印大和尚位房演／上表
（備考）墨（返点・送仮名・傍訓・合符）、

四四　円秀授与聖円加持念誦大事印信写　文安六年正月十一日　一通
室町中期　竪紙　漉返紙　三〇・〇糎×四一・五糎　一紙
（端裏）曳念誦大事『三宝院実□』　聖円
（書出）大宝楼閣経中云、加持念誦真言曰、／唵廬止羅摩伲鉢羅二合鞅多那吽、／以此真言加持念誦七遍、
（書止）不知初度／用之事、不可有煩心事也云々、
（差出）伝燈大阿闍梨位法印円秀示之（花押）

（宛所）授与聖円
（備考）虫損甚し、

四五　東寺結縁灌頂記　　一巻
鎌倉中期　巻子装　中欠　楮紙（檀紙）　紙背あり・裏書あり　二六・五糎×
四三・〇糎　十紙
（文首）正嘉元年十二月廿六日恒例灌頂勤仕之、公卿右衛門督／弁右中弁
（文尾）凡僧別当被申之間、俄被召出／中間性慶、依為御旅宿、為随雑役、
　　自然／令参之處、俄背此儀、着布衣裳打袴／勤仕之、
（奥書）文永十年十月五日、給此御記、忩終書写功、／返上、

（紙背一）某勘返某書状　（年月日未詳）　一通
竪紙　後欠・地欠　二六・五糎×四三・〇糎　一紙
（本文）其後何事候哉、／抑仲庄事、若御　□／候哉、便宜能候ハン時、
　　令伺／機嫌給候て、直ニも可有御／奏聞候、只此訴訟弥被／閣之
　　条、無術之子細／にて候、又□□□勧修寺、

（紙背二）某勘返頼誉書状　（年未詳）八月廿九日　一通
竪紙　（モト重紙カ）　地欠　二六・五糎×四二・五糎　一紙
（文首）畏入候、殊七条条／兼又自由恐存給候也、恐々謹言、任／三位入道殿
（書止）可然様可有計沙汰候、／恐惶謹言、
（差出）■■／頼□〔誉カ〕
（備考）本紙欠、袖欠、本文墨線にて抹消、習書、奥に切封墨引、

（紙背三）某勘返某書状案　（年月日未詳）　一通
竪紙　（モト重紙カ）　後欠　二六・五糎×四三・二糎　一紙
（文首）以円仙被仰下候之間、／委細御承恐入、／来月一日入御有／無
（文尾）大旨思定之定／雖自　船□

（紙背四）為□勘返頼誉書状　（年未詳）八月廿日　一通
竪紙　（モト重紙カ）　二六・五糎×四三・二糎　一紙
（本文）召置此房候也、きと／給御使可進候、夜中／七条朱小路可有怖畏
　　候間、如此令申候、恐々／謹言、
（差出）頼誉／「為□」
（備考）本紙欠、袖欠、

（紙背五）某勘返頼誉書状　（年未詳）八月九日　一通
竪紙　二六・五糎×四三・三糎　一紙
（本文）昨日御報謹畏悦候、／彼二品御返事可給／候、為證人候、進被作
　　也、／兼又明日左大弁許へ／申合事候て、可参向候、其次／きと
　　可参入之由存候、恐惶／謹言、
（差出）頼誉／「□□」
（備考）逐而書、袖欠、本文墨線にて抹消、

（紙背六）為□勘返頼誉書状　（年未詳）八月十五日　一通
竪紙　（モト重紙）　二六・五糎×四三・二糎　一紙
（本文）仲庄事、　奏聞／候哉、被閣候、庄々当時／御沙汰候之由、承及

候間、／被其沙汰候、徳政一身／漏之条、無術之次第／候也、先々
得御意候／間、如此令申、明後日
（備考）裏紙欠、〔紙背八〕に接続、

〔紙背七〕某勘返某書状　（年月日未詳）　一通
竪紙（モト重紙カ）前欠・後欠　二八・五糎×四三・三糎　一紙
（本文）使者令進候、給御札／□□上綱前主也、自其／直可尋向候由、
此使ニ可被仰合／候也、馳如御詞可令／申入給候、御帰洛之時／有御参
能々可被申
（備考）裏紙欠、本文一部墨線にて抹消、

〔紙背八〕為□勘返頼誉書状　（年未詳）八月十五日　一通
竪紙（モト重紙）前欠　二八・五糎×四三・三糎　一紙
（本文）□□□□□□□／勤候、定入御参候歟、／其時得便宜候者、必可／
申承候、人夫事廿八日／夕可召進其御亭候、／心事期拝揭候、
恐々／謹言、
（差出）頼誉／「為□」
（備考）本紙欠、〔紙背六〕に接続、奥に切封（墨引、ウハ書「冷泉殿
「為」」）、

〔紙背九〕為□勘返頼誉書状　（年未詳）八月十九日　一通
竪紙　前欠　二八・五糎×四二・九糎　一紙
（本文）彼御□□一定候歟、御亭／少々可進之由下知候也、／毎事可参入
候、恐々／謹言、
（差出）頼誉／「為□」
（備考）本紙欠、奥に切封（墨引、ウハ書「冷泉殿　瀬□」）、

〔紙背一〇〕為□勘返頼誉書状　（年未詳）八月十五日　一通
鎌倉中期　竪紙　地欠　二八・五糎×四二・一糎　一紙
（書出）聞食事々とて、最中迄／中庄事ハ、已　奏聞候、／其間事、逐可
申候、／神泉事、此間服□／候之間、彼御事
（書止）若御参候乎、毎事／可参候、恐々謹言、
（差出）頼誉／「為□」
（備考）袖欠、全体に習書の墨を入れる、

四六　続門葉和歌集題箋　三葉
江戸後期
（備考）（一）～（三）一括、包紙（奉書紙、三〇・八糎×三三・五糎、ウハ書「飛
鳥井大納言雅章卿御筆」）、

（一）　続門葉和歌集題箋　一葉
小切紙　泥間似合　一四・八糎×二・九糎　一紙
（ウハ書）続門葉和歌集
（備考）金地唐草文、

（二）　続門葉和歌集一題箋　一葉

小切紙　泥間似合　一四・八糎×三一・二糎　一紙
（ウハ書）続門葉和歌集一
（備考）金地唐草文金薄散、

（三）続門葉和歌集五題箋　一葉
小切紙　泥間似合　一四・八糎×三一・二糎　一紙
（ウハ書）続門葉和歌集五
（備考）金地唐草文金薄散、

四七　報恩院経蔵再興勧進状案　旹／安政貳乙卯稔仲春日　一通
江戸後期　続紙　楮紙（奉書紙）　三九・三糎×八七・四糎　二紙
（書出）特請当院末寺並真言新義一流緇素／之助成而、再営醍醐報恩院経
蔵勧奨／之状
（書止）是／以重而請有縁衆、且為興隆、且為結縁、／欲預格外之俸賽、
依勧奨／之状如件、
（差出）勧化沙弥敬白
（備考）奥裏に「此序　大塚従六位下武蔵大掾源光慶／作文」、墨（返点・
送仮名・傍訓・合符）、包紙（美濃紙、四五・三糎×三一・六糎、ウハ書
「再勧化興行之事、旹ニ／安政二乙卯年三月、東国並北国当直末ハ
勿論、真言一派／諸寺院、当御経蔵再建ニ付、当而家司大塚民部
卿興行／被仰付候ニ付、勧化牒序文草稿一紙」）、

四八　造内裏条々事書　（年月日未詳）　一通
室町前期　折紙　楮紙（檀紙）　三一・七糎×四九・五糎　一紙
（書出）造内裏条々／一在所事／為歴代　皇居閑／院尤可然乎、但暦／応
有沙汰、可為万／里小路殿跡之由、治／定歟、且可為何様／乎、
（書止）一諸国段米事／近古以来、此儀久／中絶、今更有沙汰／之条、可
為窮民之愁／乎、
（備考）満済筆、

四九　戒光院口上覚案　（年未詳）十月廿三日　一通
江戸前期　折紙　楮紙（美濃紙）　三一・六糎×四三・二糎　一紙
（書出）覚／一就今度出入、口上／書他門為八人／差上候事、実正也、
（書止）乍然右両人加／判候者、違儀／申間敷候、／以上、
（差出）戒光院判
（宛所）五智院御房／行樹院々々／宝幢院々々／龍光院々々／西之坊々
々
（備考）包紙（美濃紙、二七・八糎×三六・六糎、ウハ書「承仕屋敷由来」「羅く
とのへ」）、

五〇　後七日御修法請定裏書写　万治二年　一通
江戸前期　続紙　楮紙（美濃紙）　二八・九糎×七五・二糎　二紙
（端裏）万治二年後七日御修法裏書文言
（書出）八日後七日御修法任近例、仍旧貫如形／始行之、十四日蔵人来臨、
奉返渡御衣、／東寺執行参入、返納唐櫃了、

（書止）叡信之至、可謂道／光華乎、是併大師冥助列祖之餘暉／耳、
（備考）奥に「万治二年後七日御修法／続紙裏書文言也」、

五一　笠取村納庭帳　一冊
江戸後期　横帳　楮紙（美濃紙）　一三・〇糎×三三・二糎　五紙
（外題）戒光院領笠取村納庭帳
（表紙）寛政十二〻巳／〻未申年十一月　日／雑掌
（文首）御用捨引残高一六石壱升七合壱勺九才／佐右衛門計
（文尾）一七斗九升六合五勺八才／辻子佐兵衛／右佐兵衛不埒ニ付、田畑山林皆／昨午ノ年取上ケ、いまた作人無之、／一番条半本　下町清右衛門計

五二　笠取村納庭帳　一冊
江戸後期　横帳　楮紙（美濃紙）　一三・七糎×三四・三糎　五紙
（外題）笠取村納庭帳
（表紙）寛政十戊午年十月　日／戒光院殿雑掌
（文首）御用捨引残高一五石六斗弐升七合壱勺九才、
（文尾）一番条半本　下町清右衛門計／午ノ七月上納、

五三　四重禁・十無尽戒写　一通
江戸中期　続紙　斐紙（雁皮紙）　墨界（界高三三・四糎、界幅二・一糎）　墨点（返点・送仮名）　三一・六糎×六三・五糎　二紙
（文首）四重戒者／一者捨正法而起邪行、是第一波羅夷也、
（文尾）十者於一切衆生有損害無利益之心、皆／不応作於利他法及慈悲相違背故、
（備考）包紙（泥間似合、四四・五糎×三三・五糎、ウハ書「四波羅夷十無尽戒　金剛仏子淳覚」）、

五四　後七日御修法印明等　三通
江戸中期　折紙　楮紙（美濃紙）
（備考）（一）～（三）一括、包紙（泥間似合、三四・一糎×六七・一糎、ウハ書「秘」「京墨〻浅井江庵〻〻」）、

（一）　後七日御修法印明　一通
三〇・九糎×四三・九糎　一紙
（首題）御七日御修法
（文首）般若僧正御伝云、雖行両界実／宝生如来法也、
（文尾）金剛宝菩薩亦名虚空蔵菩薩、名宝生／如来、同用（梵字）、此真言云々、

（二）　後七日御修法作法抄　一通
二四・三糎×三四・七糎　一紙
（文首）金剛界秘抄抜／讃四智／礼仏両界共加五大尊梵号
（文尾）撥遣准召請、右風三撥加撥遣句、／本尊段宝生

（三）　後七日御修法作法抄　一通

墨点（声点）　二六・〇糎×四〇・五糎　一紙

（文首）本尊　宝生如来如浄土身是也、／又云、宝菩薩、顕名虚空蔵、

（文尾）金剛　種（梵字）　三宝／印三昧耶會　外縛二大宝形／ヲン羅怛

曩二个三婆縛怛洛二个

五五　後七日御修法香水加持作法等　四通

（備考）（一）〜（四）一括、包紙（美濃紙、二九・三糎×四五・四糎、ウハ書「伴

僧之意得也、／四枚」）、

（一）　後七日御修法香水加持作法　一通

江戸中期　折紙　泥間似合　三一・八糎×四五・八糎　一紙

（文首）香水加持／発願／至心発願　加持香水

（文尾）菩提無上誓願證／発願了、／慈救呪

（二）　後七日御修法礼仏作法　一通

江戸中期　折紙　泥間似合　三一・八糎×四五・八糎　一紙

（文首）礼仏／南無摩訶盧遮那仏／南無宝幢　南無開敷

（文尾）南無金剛界一切諸仏／菩薩摩訶薩

（三）　後七日御修法後夜発願作法　一通

江戸後期　折紙　泥間似合　三一・八糎×四五・六糎　一紙

（外題）後夜　発願

（文首）後夜発願／至心発願　唯願大日／本尊聖者　大聖明王

（文尾）ナウマクサラバタ、キヤ／テイビシンバ、、、

（四）　後七日御修法唱真言次第　一通

江戸後期　折紙　泥間似合　三五・〇糎×四七・九糎　一紙

（文首）三力金後／仏眼真言／振鈴後／当界大日

（文尾）一字金後／一字真言

五六　僧正尭円和歌懐紙土代　一通

江戸前期　竪紙　漉返紙　紙背あり　三六・五糎×五二・七糎　一紙

（本文）詠懐〔憶〕牛女言志／和歌／僧正尭円／あまのかハミつかけ／くさの

つゆの間もおし／とおもふ夜のあふせ／なる覧

（紙背）某方伝授日記　一通

折紙

（文首）六日　第十一／七日闕／八日　同十／九日　同了、

（文尾）廿八日闕／廿九日　第十九／廿日　同

五七　某請諷誦文案等　八通

（備考）（一）〜（八）一括、

（一）　某請諷誦文案　寛永十三年九月廿九日　一通

江戸前期　竪紙　漉返紙　三四・七糎×四九・二糎　一紙

（本文）敬白／請諷誦事／三宝衆僧御布施／右、為二世願望成就円満、／

諷誦所修如件、敬白、
（差出）大施主敬白

（二）　僧正寛済請諷誦文案　寛永十一年三月二十日　一通
江戸前期　竪紙　泥間似合　三七・〇糎×五一・九糎　一紙
（文首）敬白／請諷誦事／三宝大師御布施
（文尾）必熟／上生之縁、仍所修如件、敬白、
（差出）弟子僧正法印大和尚位寛済敬白

（三）　僧正寛済請諷誦文草　寛永十一年三月二十日　一通
江戸前期　竪紙　楮紙（高檀紙）　三四・一糎×四五・六糎　一紙
（書出）敬白／請諷誦事／三宝大師御布施／右、就高祖八百載之忌場、
（書止）冀垂微雲○《之照》徹覧《察印》、必熟上生之／芳縁、仍○《諷誦》所修如件、敬白、
（差出）弟子僧正法印大和尚位寛済敬白
（備考）墨（返点・送仮名）、習書、

（四）　僧正寛済請諷誦文草　寛永十一年三月二十日　一通
江戸前期　竪紙　楮紙（高檀紙）　三五・二糎×四六・三糎　一紙
（書出）敬白／請諷誦事／三宝大師御布施／右、就高祖八百■《年》■《聖》忌、
（書止）冀垂微雲／之察、必熟上生之縁、仍諷誦／所修如件、敬白、
（差出）弟子僧正法印大和尚位寛済敬白
（備考）墨（返点・送仮名）、

（五）　僧正法印寛済請諷誦文案　寛永十一年三月二十日　一通
江戸前期　竪紙　泥間似合　三七・一糎×五三・〇糎　一紙
（書出）敬白／請諷誦事／三宝大師御布施
（書止）冀垂微／雲之察、必熟上生之縁、仍諷誦所修／如件、敬白、
（差出）弟子僧正法印大和尚位寛済敬白

（六）　覚定請諷誦文案　寛永十一年三月廿日　一通
江戸前期　竪紙　楮紙（高檀紙）　三五・三糎×四六・〇糎　一紙
（書出）敬白／請諷誦事／三宝大師御布施
（書止）宿望已《至》深、必鑒通知恩之懇《丹》棘矣、敬白、
（差出）金剛仏子覚定敬白
（備考）袖に「渚」「五条為学卿」、墨（返点・送仮名）、

（七）　某請諷誦文写　寛永十一年三月廿日　一通
江戸前期　竪紙　漉返紙　三七・八糎×三五・五糎　一紙
（本文）敬白／請諷誦事／三宝衆僧御布施一裹／右、／高祖弘法大師値八百之嘉會、／凝懇露之至誠、所叩梟鐘之／韻、所驚鵞玉之聴、所修如件、敬白、

（八）　少僧都杲助請諷誦文案　寛政三年四月二十八日　一通
江戸後期　竪紙　泥間似合　三六・五糎×四九・〇糎　一紙
（端裏）中タカ二枚重、上包同紙、／三摩ヤ戒之節之諷誦之案自筆
（本文）敬白／請諷誦事／両部四曼諸尊御布施一裹／右、為仏弟子杲助、

払三業之妄雲一〇、／顕五智之心月、諷誦所請如件、敬白、

（差出）仏子少僧都〇法眼杲助敬白

五八　東寺年預宗円・造営奉行亮春連署披露状

寛永十一年／三月十八日　一通

江戸前期　竪紙　楮紙（杉原）　三〇・三糎×四三・〇糎　一紙

（本文）今月廿日、就高祖八百廻之／遠忌、御諷誦文・綾御被物／代銀子五枚御奉納、則於／高祖之宝前奉誦唱候、此旨／宜預御披露者也、

（差出）東寺年預宗円／造営奉行亮春

（宛所）三宝院御門跡様侍従法眼御房

五九　報恩院雑掌御影捧物送状等　三通

江戸前期　竪紙

（備考）（一）～（三）一括、

（一）報恩院雑掌御影捧物送状　寛永十一年三月二十日　一通

泥間似合　三一・八糎×四七・〇糎　一紙

（本文）奉送　御影御捧物事／錦横被一帖代銀子拾両／右、奉送如件、

（差出）報恩院家雑掌（花押）

（二）雑掌東寺御影捧物送状案　寛永十一年三月二十日　一通

漉返紙　三三・六糎×三一・七糎　一紙

（本文）奉送／東寺御影御捧物事／綾被物代銀五枚／右、奉送如件、

（差出）雑掌判

（三）報恩院雑掌御影捧物送状案　寛永十一年三月二十日　一通

楮紙（高檀紙）　三五・二糎×四五・七糎　一紙

（本文）奉送　御影御捧物事／水精念珠一連代銀子十枚両、／錦横被一帖代銀子拾両、／右、奉送如件、

（差出）報恩院家雑掌判

六〇　散花覆新調料足注文等　二十二通

（備考）（一）～（二二）連券、

（一）散花覆新調料足注文　〔永享三年〕卯月廿六日　一通

室町前期　折紙　楮紙（杉原）　二六・七糎×四七・五糎　一紙

（書出）散花覆二枚、地鋪／一枚、以上参枚又帯一筋、／新調入目事

（書止）四百五十文　糸手間分／以上代貳拾捌貫五十文

（備考）見返奥に「永享三年新調分」、端裏に貼紙「等持寺八講／の古書書類」、

（二）等持寺御八講職衆交名　〔嘉吉二年六月〕　一通

室町前期　続紙　楮紙（杉原）　二六・五糎×八六・五糎　二紙

（端裏）嘉吉二六御八講僧名

（書出）等持寺御八講御點料僧名／前大僧正経覚興殿大乗院　大僧正房能寺大納言花園

（書止）法眼持宝東太政大臣尊勝院　権律師房胤寺中納言明王院／仲暁興大納言修南院　俊祐興大納言

春光院／已講範兼寺中納言

（備考）墨合点、

（三）　等持寺御八講職衆交名　〔嘉吉元年十二月〕　一通

室町前期　竪紙　楮紙（杉原）　二六・五糎×四六・二糎　一紙

（端裏）嘉吉元十二　僧名

（書出）等持寺御八講僧名嘉吉元／證義者／僧正仲承　権僧正俊円兼講師

（書止）権大僧都房明　権少僧都宗紹／権律師俊祐

（四）　等持寺御八講證義・講師勤仕僧交名　〔嘉吉二年五月廿日〕　一通

室町前期　折紙　楮紙（杉原）　二六・〇糎×二七・〇糎　一紙

（端裏）嘉吉二五廿　注遣惣在庁案

（書出）等持寺御八講[redacted]僧名／證義者／俊円僧正兼講師

（書止）重慶法印　房明僧都／宗紹僧都　俊祐律師／範兼

（五）　等持寺御八講職衆領状交名　（嘉吉二年）　一通

室町前期　折紙　漉返紙　二六・一糎×四五・二糎　一紙

（書出）等持寺御八講僧名／講師／法印権大僧都範誉／房縁／貞兼

（書止）権律師俊祐／已講範兼／已上領状

（六）　周忌勤修日次勘例　（年月日未詳）　一通

室町中期　竪紙　漉返紙　二六・二糎×四五・〇糎　一紙

（端裏）依日次被引上周忌御法事例

（本文）周忌御願被除御衰日例／成勝寺崇徳院御願寺御八講自治承元年八月廿二日被始置之、廿六日雖為御正日、依被撰吉日也、自明年者、自廿三日可被行之云々、仍長寛二年八月廿六日、／崩御之間、雖非御周忌正被始置御願之間、尤可被准拠候者哉、後光厳院自応安八年正月廿四日被行御八講御正日廿九日也、周忌御願云々、

（七）　慶暹請文　（年未詳）五月廿八日　一通

室町中期　続紙　楮紙（杉原）　二七・六糎×九〇・二糎　二紙

（端裏）御八講開白以後中絶例事

（本文）御八講自来十八日／可被始行候、就其隔／一日、廿三日可被結願候、／先例等事、一紙注進仕／候、先年　仙洞御八講／一日延引勿論候、将又御経／供養御導師事、可為如／先年由、謹承候了、何も／早々相觸可申入散状候、／慶暹誠恐頓首謹言、

（差出）慶暹上請文

（備考）奥に切封墨引、逐而書「明旦可登山仕候、下山仕／候者、早々可参仕言上仕候」、

（八）　最勝講等出仕勘例　（年月日未詳）　一通

室町中期　竪紙　前欠　楮紙（杉原）　二六・二糎×四四・八糎　一紙

（本文）宝治二年五月二日始行、院最勝講僧名／前権僧正覚遍興福寺別当法印宗源山已上證義兼講師、／文永十年　法勝寺御八講結座講師　顕覚西南院／已上後日勘出之、仍続之、

（九）　御八講開白以後中絶勘例　（年月日未詳）　一通

室町中期　竪紙　漉返紙　二六・二糎×四五・〇糎　一紙

室町中期　竪紙　楮紙（杉原）　二七・六糎×四三・七糎　一紙
（書出）御八講開白以後中絶例／光厳院七回 自応安三年七月三日被行、宸筆御講第二日四日、被閣也、依為御衰日也、仍自第五日御正日至七日被結願也、四ヶ日也、
（書止）等持寺御八講 自応永廿一年四月十四日被行、御筆御講第四日十七日、依為同社神事被閣也、

（一〇）僧正俊円請文　（年未詳）五月廿六日　一通
室町前期　竪紙　楮紙（杉原）　二七・三糎×四五・〇糎　一紙
（端裏）俊円僧正
（本文）就證義事、委細被示／下候、畏入候、先規候上者、／必々可参懃申入候、恐惶／謹言、
（差出）（俊円）（花押）
（備考）奥に「進覧之候」、

（一一）法印兼暁書状　（年未詳）五月廿六日　一通
室町前期　続紙　楮紙（杉原）　二六・七糎×九〇・〇糎　二紙
（端裏）兼暁法印
（本文）先日就御八講僧名事、／自惣在庁方内々相催／子細候之間、兼證義事、及御／沙汰候条、先以面目之至候、雖然／證誠事者、一段之儀候之間、／此間為講師参仕事、猶以／出物之至極候之間、不存寄之題／目候、其上少瘡以外候之間、着／座難治、当年参仕事者、蒙／御免候之様、可申入之旨、返答仕候／畢、被閣候之条、返々畏存候、／随而寺務僧正御請之由承候、尤／珎重存候、別当兼證義事者、有／子細事候哉、別而積学仁なと／為被聞召所作、臨期　勅定候て／講師役懃仕事者、其跡候哉、／只無其由、寺務兼講師事者いかゝと／存候、為寺門可然之様、申御沙汰可為御／祈禱候、以次如此之申状返々恐存候、／猶今度事、被閣候条、千万／畏存候、兼暁誠恐謹言、
（差出）兼暁
（備考）逐而書「得便宜之間、竹葉／一双進上仕候、左道／至憚入存候」、奥に「進覧之候」、奥に切封墨引、

（一二）山門大講堂三塔集会事書案　嘉吉二年六月三日　一通
室町前期　竪紙　楮紙（強杉原）　三三・七糎×五四・六糎　一紙
（端裏）三塔集会事書
（書出）嘉吉二年六月三日山門大講堂三塔集会議曰、／可早為寺家沙汰申入　貫首、被達伝　奏辺事、
（書止）若猶／混非拠、於旧例被掠法理、於世情者、起一山之／大訴、可及三千之群議之旨、衆議而已、
（備考）袖上に貼紙「御経供大衆□□」、

（一三）御八講職衆交名　（年月日未詳）　一通
室町前期　竪紙　楮紙（檀紙）　二八・六糎×四六・三糎　一紙
（書出）御筆御八講御點料僧名／前大僧正俊円《興》　清意《寺》／実助《山》
（書止）大法師快賢《山》　衛連《山住学生》／兼雅《興》　光淳《興》／孝祐《興》　延営《東住侶》

（一四）御筆御八講布施支配状　応永二一年　一通

室町前期　折紙　漉返紙　二六・四糎×四七・〇糎　一紙
（本文）御筆御八講応永二／證義三人二人兼講師各五千疋、／平講師八人各三千疋、／聴衆十三人各二千疋、／綱所方三千八百疋、／已上陸万八千八百疋、

（一五）　法相宗僧御八講経供養勘例　（年月日未詳）　一通
室町前期　竪紙　漉返紙　二七・七糎×四五・一糎　一紙
（書出）法相宗輩御八講御経供養例／鳥羽院御願久安四年六月十六日／法印権大僧都隆覚興兼講師別当、
（書止）（法勝寺）同御八講延文五年七月七日／法印権大僧都公憲興大納言初座講師也、小倉大納言実教卿—

（一六）　法印尭全書状　（年未詳）六月六日　一通
室町前期　竪紙　楮紙（杉原）　二九・五糎×四七・三糎　一紙
（本文）就御八講御経供養事、／三塔集会事書如此候、／子細見状候歟、以此旨可令／披露給候哉、恐々謹言、
（差出）法印尭全
（宛所）謹上　安芸法橋御房

（一七）　御八講経供養導師他宗勘例　（年月日未詳）　一通
室町中期　竪紙　楮紙（杉原）　二九・五糎×四八・〇糎　一紙
（端裏）御八講御経供養導師非天台宗例
（書出）法華講讃席他宗御経供養例／鳥羽院御願久安四年六月十六日／法印権大僧都隆覚興別当兼講師、
（書止）（法勝寺）同御八講延文五年七月七日／法印権大僧都公憲興結座講師、

（一八）　俊円請文　（年未詳）六月十四日　一通
室町前期　竪紙　楮紙（杉原）　二九・六糎×四七・〇糎　一紙
（本文）御経供養任先例可致／参懃之由、蒙仰候、可存其／旨之由、可得御意候、恐惶／謹言、
（差出）（俊円）（花押）
（備考）逐而書「綱所注進一紙返献候」、奥に「進覧之候」、

（一九）　俊円書状　（年未詳）六月十四日　一通
室町前期　続紙　楮紙（杉原）　二九・六糎×九五・二糎　二紙
（書出）彼御導師事、先規分明／上者、山門申状不可及御許容／候、必可参懃之由、蒙仰候間、／可存其旨之由、御返事申入／候了、
（書止）就／惣別不可然存候、巨細被仰下／候ハヽ、可被存候、恐惶謹言、
（差出）（俊円）（花押）
（備考）奥に「進覧之候」、奥に切封墨引、

（二〇）　祐通請文案　（年未詳）六月六日　一通
室町前期　竪紙　漉返紙　紙背あり　二六・二糎×四〇・〇糎　一紙
（本文）等持寺御八講御参／日事、可為初中結三ヶ日／候哉、可承存候也、恐々／謹言、
（差出）祐通
（宛所）柳原殿
〔紙背〕某書状案　（年未詳）六月十九日　一通

竪紙
（本文）来月御拝賀御方御供奉事、[redacted]○伺申候之處無子細候、／目出候、早々可有御用
意候也、毎事／可参申候也、恐々謹言、
（宛所）四条殿

（一二一）　等持寺御八講着座公卿交名　〔嘉吉二年六月十八日〕　一通
室町前期　折紙　楮紙（強杉原）　三一・五糎×二四・七糎　一紙
（書出）依御願初度開結被撰日次也、／嘉吉二六十八初日、廿三日結願、／等
持寺御八講公卿／初日十八日、／三条大納言（実量）　新大納言（実雅）
（書止）重賢　成任／基有　時兼／教秀　為賢
（備考）糊離れ、

（一二二）　御八講初日着座公卿交名　（年月日未詳）　一通
室町中期　折紙　楮紙（強杉原）　三四・六糎×五五・〇糎　一紙
（書出）御八講初日／公卿／帥　前権大納言／新大納言　西園寺大納言
（書止）堂童子／久住　行治／行香所役／橘通任

六一　僧綱牒土代　元禄六年十一月十五日　一通
江戸中期　竪紙　楮紙（奉書紙）　三五・八糎×四九・七糎　一紙
（本文）僧綱／権僧正ム云、全海／右、依　宣旨、奉請、来十八日為／東寺
後七日御修法新写大曼荼／羅開眼供養、於仁和寺可被行／大曼荼
羅供持金剛衆如件、
（差出）芝築地少進従儀師法橋隆敬／高橋大輔威儀師法眼維純

（備考）行間に書入、懸紙（奉書紙、四八・八糎×三四・二糎、ウハ書「綱牒　威
儀師／元禄六年癸酉十一月十八日快晴、導師　御室二品覚助親王
御年廿二、／為東寺新写曼荼羅開眼／供養、於仁和寺被行舞楽曼
荼羅供、／此綱牒威儀師ノ字無之、故ムニ書付置也、古案皆有之
也」）、

六二　僧綱牒案　享保九年後四月六日　一通
江戸中期　竪紙　楮紙（高檀紙）　三八・六糎×五二・六糎　一紙
（端裏）『三』
（本文）僧綱／伝燈大法師　真言宗延暦寺／右、依　宣旨、請定当年尊勝
寺灌／頂蓮台阿闍梨如件、
（差出）従儀師伝燈法師位／威儀師伝燈法師位／前大僧正堯観／僧正／
僧正／僧正／僧正／僧正／僧正／僧正

六三　一身阿闍梨解文・官符案　一巻
江戸前期　巻子装　楮紙（奉書紙）　三二・三糎×三五・四糎　七紙
（備考）①〜⑥書継、端裏「一身阿闍梨解文・官符案」、

①大僧正禅助解文写　徳治二年十二月廿八日
（書出）請殊蒙　天慈、奉授伝法灌頂／阿闍梨職位於　禅定　仙院状／
右、闍利耶之職者、遮那仏之位也、
（書止）奉授阿闍梨職於　禅定　仙院、／不耐悃款之至、修状以聞、禅助
誠惶誠恐／謹言、

（差出）阿闍梨前大僧正法印大和尚位禅助上状

②金剛性解文写　正和六年正月十五日
（書出）請特蒙　天慈、因准先例、以弟子／信朝被授伝法灌頂職位状
（書止）望／請　天慈、因准先例、以件信朝被授伝法／灌頂職位者、殊誇
五宗之光華、奉祈／皇家之静謐、仍勒事状、謹請處分、
（差出）阿闍梨金剛性
（備考）奥に「於年号　後宇多院御筆也」、

③後西天皇宣旨写　明暦三年二月十二日
（書出）応令二品性承親王授一身阿闍梨職位事／右、得僧正法印大和尚位
信遍今月九日／奏状偁、
（書止）右中弁藤原／朝臣頼孝伝宣、権大納言藤原朝臣共綱／宣、奉　勅、
依請者、
（差出）左大史兼主殿頭算博士小槻宿祢忠利奉

④僧正信遍解文写　明暦三年二月九日
（書出）請特蒙　天慈、因准先例、以／入道二品親王性承被授一身阿闍／
梨職位状
（書止）望請　天慈、因／准先例、以入道二品親王性承、被授／一身阿闍
梨職位、弥祈　金闕万歳／之宝祚、奉祝玉洞長久之遐齢、仍／勒
事状、謹請　處分、
（差出）僧正法印大和尚位信遍

⑤太政官牒写　元暦元年八月九日
（端書）『後高野御室一身阿闍梨　官符案』
（書出）太政官牒東寺／応授伝法灌頂職位事／伝燈大法師位――年拾玖、臈捌、
（書止）正二位行大納言／兼皇后大夫藤原朝臣実房宣、奉／勅、依請者、
省宜承知、依宣行之者、寺／宜承知、牒到准状、故牒、
（差出）修理東大寺大仏長官正五位下行左大史／修理左宮城使長官正四
位下行左中弁兼皇大后宮亮藤原朝臣

⑥僧正尊海解文写　永正十三年十二月―日
（端書）『後禅阿院御室一身阿闍梨解文』
（書出）僧正法印大和尚位尊海誠惶誠恐謹言／請無品法親王覚道授与伝
法灌頂職／位状／無品覚道親王年十七、臈七、　東大寺真言宗
（書止）望請　天恩、因准先例、被授伝法灌頂／職位、将弘師資之厳道、
謹請　天裁、
（差出）僧正法印大和尚位尊海

六四　大僧正寛済解文案　寛文三年正月九日　一通
江戸前期　竪紙　楮紙（奉書紙）　三七・〇糎×五一・三糎　一紙
（端裏）一身阿闍梨解文権僧正高賢灌頂、寛文三年二月九日、
（書出）請特蒙　天慈、因准先例、被授伝法灌／頂阿闍梨職位於権僧正高
賢状
（書止）望請　天慈、因准先／例、以件高賢被授伝法灌頂職位者、誠将／
誇吾宗之光華、弥奉祈　皇祚之無彊、／仍勒事状、謹請處分、

（差出）法務前大僧正法印大和尚位寛済上状

六五　妙法院堯恕親王解文案　元禄五年十二月十八日　一通

江戸中期　竪紙　楮紙（奉書紙）　紙背あり　三一・五糎×四六・七糎　一紙

（端裏）一身阿闍梨解状妙法院堯延親王御灌頂、元禄五十二十八、／翼〔翌カ〕年二月廿八日灌頂、三昧耶戒、

（書出）請特蒙　天恩、因准先例、以弟子無品／親王堯延被補一身阿闍梨職状

（書止）望請　天恩、以件堯延被授彼職者、必伝法水於／千劫、致　宝祚於万歳、仍勒事状、謹請處分、

（差出）阿闍梨二品私云、妙法院堯恕親王

（備考）奥および紙背に追記、紙背に進上目録（「金子　百疋」）、

六六　太政官牒写　元禄五年二月廿九日　一通

江戸前期　竪紙　漉返紙　三一・八糎×四六・〇糎　一紙

（端裏）一身阿闍梨官符仁和寺覚助親王灌頂

（書出）太政官牒東大寺／応授伝法灌頂職位事／入道二品覚助親王年貳拾壹、臈拾、

（書止）正二位行権大納言藤原朝臣資熙宣、奉　勅、依請者、省／宜承知、依宣行之者、寺宜承知、牒到准状、故牒、

（差出）修理東大寺大仏長官従四位上行主殿頭兼左大史小槻宿祢（花押）牒／正五位上行右少弁藤原朝臣

六七　惣在庁披露状（年未詳）六月三日　一通

江戸中期　竪紙　楮紙（美濃紙）　二六・一糎×四三・二糎　一紙

（本文）七月三日於　院御所／可被行結縁灌頂、可有／誦経御懃仕之由、被仰／下候也、以此旨可令披露給、／恐々謹言、

（差出）威儀師詮昌

（宛所）人々御中

（備考）礼紙（美濃紙、二六・二糎×四三・〇糎）、逐而書「追而言上、／有法具御用意、可被召具／従僧由、其沙汰候也」、

六八　惣在庁披露状（年未詳）十一月一日　一通

南北朝時代　竪紙　漉返紙　二六・八糎×四三・〇糎　一紙

（本文）来七日於等持寺／御堂可被行結縁／灌頂、誦経導師可／有御勤仕之由、被仰下候也、／以此旨可令披露給、恐々／謹言、

（差出）威儀師行暹

（宛所）大納言僧都御房

六九　某方奉請状包紙（年月日未詳）　一紙

江戸後期　竪紙　楮紙（杉原）　四九・五糎×三六・五糎　一紙

（備考）ウハ書「奉請　眞明」、

七〇　東寺長者拝堂記　一巻

室町前期　巻子装　前欠　楮紙（杉原）　二六・二糎×三〇六・〇糎　八紙

（文首）次列鎰取六人、法師原等歩列、次侍一人威儀師最縁／次鎰取長二人

騎馬、
（文尾）飼口一人、仕丁一人各紫布一段、／扈従前駈輩、各退出、召御輿、還御
上乗院、／于時
（奥書）本云、宝治三年二月廿五日、於二条御壇所書写之、／至徳二年二
月上旬之比、恵秀公誂了、同／中旬一交了、堅済／応永七年辰十
一月廿六日、不慮一見次、書写之了、／不及交合不審条々、／沙門
隆宥

七一　憲深方印明悉曇字義　一巻
室町前期　巻子装　前欠・後欠　楮紙（杉原）　墨界（天一地一、界高一五・〇糎）・押界（界高一五・〇糎、界幅一・五糎）　墨点（返点・送仮名）　一六・三糎×六六一・二糎　十四紙
（文首）也、自宗者、法爾為宗之教也、故蓮／花三昧経曰、帰命本覚心法
身云云、
（文尾）明王天童□／可令治罰給哉、願四恩施主□／途類同一性故入阿字
矣、
（奥書）寛喜三年五月八日／金剛仏子憲深御判
（備考）奥に「此書相伝事／記者憲深　頼瑜　頼縁　実尊　□□／義印
義継　賢継　印融　寛□／成□」、奥裏に「於金剛峯寺伝之了、
乗吽」、

七二　戒壇図経刊記写　一通
室町中期　竪紙　楮紙（強杉原）　朱点（返点・送仮名・傍訓）　墨（註記）　三一・五糎×四六・〇糎　一紙
（文首）釈迦仏時、給孤独長者、欲為仏建寺、側布／黄金、買祇陀太子之
園方四十里、建六十四院／三門、
（文尾）人見者／少、於是鋟板、以伝諸信者、／延祐二年三月吉日　杭州
路白雲宗南山／大普寧寺耆旧比丘明晟　重刊

七三　御影供請定等　十九通・二紙
（備考）（一）～（一九）一括、

（一）　御影供請定　天正十七丑三月日　一通
安土桃山時代　折紙　楮紙（檀紙）　三〇・五糎×四七・五糎　一紙
（書出）御影供／大輔法印西往院堯巖「奉」合殺発音／刑部卿法印光台院亮淳「奉」供養法
（書止）来廿日於金剛輪院殿／可令参勤給之状／如件、
（備考）奥に追記「以力者了円、山上山下觸之畢、／同今日灌頂院ノ御影
供、於寺家／行之、彼院退転之故也、又金剛輪院／ニテモ行之事
在之、良家衆出仕／勿論也、今度聊在存旨、不觸之」、義演筆、

（二）　醍醐山大衆等申状写　万治二年四月廿日　一通
江戸前期　竪紙　楮紙（美濃紙）　三一・七糎×四六・〇糎　一紙
（書出）醍醐山大衆法師等誠惶誠恐謹言／謹考旧貫、当寺者自聖宝創建降、
専祈　皇運於不／窮、
（書止）伏願垂／聖断、令達衆徒愁訴給、仍不耐丹款之至、衆徒等誠惶／誠
恐謹言、

（差出）醍醐山大衆等上

（備考）墨（返点・送仮名・傍訓）、

（三）奥州龍蔵寺末寺願證文　延宝三年／乙卯六月廿一日　一通

江戸前期　折紙　楮紙（奉書紙）　三一・七糎×四五・〇糎　一紙

（書出）證文之事／一奥州白川龍蔵寺者、／古来本寺無御座儀、／於国本無其隠候、／依之今度醍醐／三宝院御門跡様之／御末寺被召加候様ニ御／取持被成可被下由／頼上候処、

（書止）若龍蔵寺付、他ニ本／寺有之候而妨出来候者、／證人并拙僧罷出／申開、少も御苦労ニ／掛申間敷候、依而／為後日證文如件、

（差出）奥州白川龍蔵寺俊浄（花押）

（宛所）智積院一﨟定誉房様

（備考）包紙（美濃紙、三〇・〇糎×四一・八糎、ウハ書「奥州白川龍蔵寺／智積院一﨟当所」）、

（四）奥州宝蔵寺・法泉寺末寺願證文　延宝三年／乙卯六月廿一日　一通

江戸前期　折紙　楮紙（奉書紙）　三一・七糎×四五・二糎　一紙

（書出）證文之事／一奥州白川龍蔵寺・／同国社村法泉寺、／古来本寺無御座候、／就其今度／三宝院御門跡様御末／寺罷成度由望申付、

（書止）他之／妨於有之者、我等／罷出申開、少も掛／御苦労申間敷候、／依而為後日證文如件、

（差出）下野桜野一乗院住縁了宥仙（花押）／奥州白川宝蔵寺住仲善祐円（花押）

（宛所）智積院一﨟定誉房様

（備考）包紙（美濃紙、三〇・〇糎×四一・八糎、ウハ書「下野桜野一乗院縁了房／奥州白川宝蔵寺仲善房／右両僧證人／智積院○一﨟当所」）、

（五）奥州法泉寺末寺願證文　延宝三年／乙卯六月廿一日　一通

江戸前期　折紙　楮紙（美濃紙）　三一・七糎×四五・〇糎　一紙

（書出）證文之事／一奥州白川法泉寺者、／古来本寺無御座候儀、／於国本無其隠候、／依之今度醍醐／三宝院御門跡様之／御末寺被召加候様ニ／御取持罷成可被下由、／頼上候処ニ、

（書止）若法泉寺付、／他ニ本寺有之候而／妨出来候者、證人并拙僧罷出申開、少も／御苦労掛申間敷候、／依而為後日證文／如件、

（差出）奥州白川社村法泉寺宥敞（花押）

（宛所）智積院一﨟定誉房様

（備考）包紙（美濃紙、三〇・〇糎×四一・八糎、ウハ書「奥州白川社村／法泉寺／智積院一﨟当所」）、

（六）奥州仙台満徳寺宥□書状　寛文九年／三月六日　一通

江戸前期　竪紙　漉返紙　二九・五糎×四〇・二糎　一紙

（端裏）仙台満徳寺末寺ニ付差上ル一通

（本文）今度三宝院御門跡様／被召加御直末寺、難有／奉存候、自今以後弥御／当法流之義式、専可／相守候、仍如件、

（差出）奥州仙台松山茂庭主水祈念所満徳寺宥（花押）

（宛所）岳西院権僧正様

（七）東寺款状写　寛延四年三月十八日　一通

江戸中期　竪紙　楮紙（奉書紙）紙背あり　三二・七糎×四六・〇糎　一紙

（書出）東寺／請被殊蒙　天恩、因准先例、補別当職状／法印大和尚位権大僧都有円

（書止）望請　天恩、因准先例、以件宥円被補彼／職者、弥仰　明憲之無偏矣、仍勒事状、謹請處分、

（差出）都維那伝燈大法師位／寺主伝燈大法師位／上座伝燈大法師位／検校法務権僧正法印大和尚位

（備考）紙背に某書止シ（「東寺々務」）、

（八）久米寺妙瑞大塔再建申状　宝暦七丁丑年十一月　一通

江戸中期　竪紙　楮紙（杉原）　二九・七糎×四一・〇糎　一紙

（書出）就大塔再建言上／御室御所御寺務所　和州久米寺／一善無畏三蔵御建立八丈之多宝塔、往古礎之通、再建ニ付、／御寺務御所様継承応・宝永之　仰、

（書止）尤妙瑞老極仕、／歩行等難計ニ付、院代智城を以て、御願奉申上候、其段／御宥恕可被成下候、以上、

（差出）和州高市郡久米寺妙瑞（円形黒印「妙瑞」）

（宛所）無量寿院法務様御役人御中

（九）三宝院門跡御教書写

（備考）1～3一括、包紙（美濃紙、二九・〇糎×三九・八糎、ウハ書「水本有雅之時歟、御法務御奉書之写／例書、則久米寺より写持参」）、

1　三宝院門跡御教書写　宝暦七丑年／十二月　一通

江戸中期　折紙　楮紙（杉原）　二八・〇糎×四一・二糎　一紙

（書出）和州久米寺堂舎／就及破壊、為再建、／今般諸国真言／諸寺院勧化、／当御所御末寺之輩／催勧化度願望、

（書止）任先規之／例、被行教令之条、／御消息之所也、仍／執達如件、

（差出）三宝院御門主御内兵部卿法印正慶（花押影）

（宛所）和州久米寺妙瑞

2　検校法務僧正元雅御教書写　〔宝暦八年〕正月廿一日　一通

江戸中期　折紙　楮紙（杉原）　二八・〇糎×四一・二糎　一紙

（書出）久米寺大塔再／興之事、右本朝／密教之濫觴、／高祖大師感通之／霊場也、

（書止）誠我宗之／眉目、以密教之僧／徒檀越之芳志令／周備者、一宗之随／喜、二世之利益、不／可過之候旨、検校法務御消息ニ／候也、仍執達如件、

（差出）別当権僧正澄翁判

（宛所）久米寺妙端御房

（備考）見返奥に「予于時法務僧正元雅／宝暦八戊寅年正月」、

3　検校法務僧正元雅御教書写　〔宝暦八年〕正月廿一日　一通

江戸中期　折紙　楮紙（杉原）　二八・〇糎×四一・二糎　一紙

（書出）久米寺大塔再／興之事、右本朝／密教之濫觴、／高祖大師感通之／霊場也、

（書止）誠我宗之／眉目、以密教之僧／徒、檀越之芳志、令／周備者、一
宗之随／喜、二世之利益、不／可過之候旨、／検校法務御消息ニ／
候也、仍執達如件、
（差出）別当権僧正澄翁
（宛所）久米寺妙端御房
（備考）見返奥に「宝暦八戊寅年、依願遣之、／当所三宝院門主よりも書簡
被出之／外ニ寄附物一向無之、書簡計也、／当院へ為祝氷豆腐弐
袋・油煙／壱挺、取次之家来銀弐匁到来、／別当ハ弥勒院権僧正
澄翁也、／法務予元雅」、

（一〇）法務有雅御教書写（年未詳）十月十六日　一通
江戸中期　折紙　楮紙（奉書紙）三三・七糎×四六・五糎　一紙
（書出）大和国久米之霊／蹤久及荒廃之／處、当住僧励再／興之志、廻幹
縁之／簿候間、
（書止）一宗之大慶／不可過之候旨、／法務御気色之所／候也、仍執啓如
件、
（差出）別当大納言法印
（宛所）江戸四箇寺／古儀五ケ寺
（備考）包紙一（杉原、二六・六糎×三九・〇糎、ウハ書「和州久米寺江奉書之留」）、
包紙二（泥間似合、二九・〇糎×三九・六糎、ウハ書「和州久米寺勧進之／
書簡数通留／御寺務御所御奉書之写」）、挿入小切紙（奉書紙、一六・
七糎×八・〇糎、「久米□〔寺〕へ　一通／古義・新義門徒中へ　一通／新
義四ヶ寺・古義五ヶ寺へ　一通／一京陵之□柳之馬場東へ入□
□／大和□坊飛脚宿御座候、以上」）、

（一一）六大院真長口上書　天明六丙午年閏十月十一日　一通
江戸後期　竪紙　楮紙（奉書紙）三九・二糎×五三・〇糎　一紙
（書出）口上覚／一拙僧儀、今般致上京候意趣者、御本山／報恩院様江継
目之御礼、且上人号／勅許之願望仕度所ニ而御座候、
（書止）勅願精勤之励法儀、繁興之力、旁上人号蒙／勅許候様、偏奉願候、
以上、
（差出）勢州津六大院真長（花押）
（宛所）御同法御方各雑掌御中

（一二）寛済書状（寛文元年）丑ノ七月廿五日　一通
江戸前期　折紙　楮紙（奉書紙）三五・〇糎×五一・〇糎　一紙
（書出）良久不得尊慮、／恐鬱之至、背本意／存事候、此比暑気／御平安
御座候哉、如何、／然者来月十□日先師／成就院僧都□応／卅三
廻忌ニ相当申候、
（書止）捧／愚札自由之至、其／恐不少候、他事期／後音候、恐々謹言、
（差出）寛済
（宛所）理性院僧正様
（備考）年月日後に「如件従報恩院前大僧正寛済申給ニ付、／令領状畢」、
逐而書、

（一三）寛済書状（年未詳）七月廿七日　一通

江戸前期　折紙　楮紙（奉書紙）　三一・七糎×四七・二糎　一紙
（書出）一昨日者導師之義／申入候所、早速御同／心被成、畏悦存候、猶
又／戒光院参上之刻、委／細被仰聞之段承存候、
（書止）一職衆之事、先日八口ニと／申入候へ共、十口ニ可相催と／存事
候、諸篇重而可為／貴慮候、恐々謹言、
（差出）寛済
（宛所）理僧正様人々御中
（備考）逐而書、

（一四）太元法等文書覚（年月日未詳）　一通
江戸前期　折紙　楮紙（杉原）　三三・〇糎×四八・二糎　一紙
（書出）覚／内年号書付アリ、太元法手代一通内ニ一枚懸紙アリ、上包已上共ニ三枚、／同明年
手代一通　一枚
（書止）太元御カンキンノ時御拝之奉書／二枚重テ有、／私云、理性院附
法太元法懃修一通、
（備考）押紙、

（一五）神照寺忠雄書状案（年未詳）六月十二日　一通
江戸前期　折紙　楮紙（杉原）　二七・八糎×四〇・〇糎　一紙
（書出）就東寺御寺務之儀、／御綸旨并報恩院殿様／御書書令致拝見
之、／実以諸宗之亀鏡、／宗門之眉目不可如之候、
（書止）九月中／祐円被差下候者、／相調慥渡可進入候、／恐惶謹言、
（差出）忠雄判

（宛所）行樹院まいる御報
（備考）逐而書、包紙（杉原、二七・六糎×一一・九糎、ウハ書「醍醐行樹院まいる　御報　神照寺無量寿院／忠雄」）、

（一六）越前中台寺山寺院号書付（年月日未詳）　一通
江戸前期　竪紙　泥間似合　二七・八糎×四〇・〇糎　一紙
（端裏）当門跡之御末寺也、
（本文）越前国坂北郡長畝郷／如意山／中台寺／鎮護院／一愚僧法之諱
寛海と申候、中興／開山仕候、

（一七）寛済書状（年月日未詳）　一通
江戸前期　竪紙　楮紙（奉書紙）　三一・二糎×四四・八糎　一紙
（備考）裏紙のみ、奥に切封（墨引、ウハ書「左少弁殿　寛済」）、

（一八）前法務寛済書状懸紙（年未詳）六月十七日　一紙
江戸前期　竪紙　楮紙（奉書紙）　四五・〇糎×三一・二糎　一紙
（備考）ウハ書「岳西院法印御房御披露　前法務寛済」、

（一九）亮厳書状包紙（年月日未詳）　一紙
江戸前期　竪紙　楮紙（美濃紙）　二六・八糎×四〇・〇糎　一紙
（備考）ウハ書「甲村壱岐様御報　亮厳舜尊」、

七四　前大僧正某置文写　嘉暦二年十一月八日　　一通

鎌倉後期　竪紙　楮紙（杉原）　三五・七糎×四二・二糎　一紙

（書出）遺状条々／一本尊・聖教・坊舎・庄園等事、所奉／譲与于大納言阿闍梨俊性、且其／子細先年坊城書進状了、

（書止）且不被置御意、被仰／合、又可申入候由、仰含了、自余略之、／仍遺状如件、

（差出）前権僧正判

（備考）墨合点、

七五　亮僧都伝授記土代　　一通

鎌倉中期　続紙　楮紙（杉原）　紙背あり　二八・五糎×一〇〇・二糎　三紙

（端裏）□□法印御房御自筆〇記〔雑〕佐々目僧都受法事〔法務大僧正〕

（文首）「文永六年」六月九日関東亮僧都〔歳廿四云々、中武蔵子、〕／入門室来臨、先牛黄加／持事授之、

（文尾）十六日朝、少酒肴一□／遣之、悦承給候也、

（紙背一）某書状　（年月日未詳）　一通

竪紙（モト重紙カ）　後欠　二八・五糎×四〇・五糎　一紙

（本文）有職解文給預候、／今朝令進使者候之由、／遮下給候、恐悦候、／護摩具事承て候、／不及子細候、早可借遣候、／注文給預候了、／彼早世事、自日来無／憑之由ハ雖承及候、

（備考）裏紙欠、

（紙背二）某書状　（年月日未詳）　一通

切紙（モト竪紙カ）　後欠　二六・二糎×四〇・二糎　一紙

（書出）所労事、風気之□／咳病計会候之間、／無殊候、

（書止）心地吉日之誓／□□□□

（紙背三）某書状断簡　（年月日未詳）　一通

切紙　後欠　二六・二糎×一九・五糎　一紙

（本文）隆実有職解文／無相違被成候覧、

七六　三宝院供僧職補任状案　寛喜元年六月　日　　一通

鎌倉中期　竪紙　楮紙（強杉原）　三三・〇糎×五五・二糎　一紙

（端裏）［　］供僧補任

（本文）補任／三宝院供僧職事／大法師徳尊／右人補任彼職如件、

（差出）検校前権僧正（花押）

（備考）後筆書入（「徳尊」の脇に「良円」「阿闍梨大法師成□」、年月日脇に「建長七〔八〕年二〔四〕月八〔廿九〕日」、差出脇に「院主権僧正憲深」「法印権大僧都憲深」）、奥に「建長七二八成遍阿闍梨辞退替良円補之了、／同八年四月廿九日成遍還補了」、

七七　権大僧都実深座主職申文　建長元年十一月　日　　一通

鎌倉中期　続紙　楮紙（檀紙）　三四・七糎×一〇五・七糎　二紙

（端裏）［　］蓮蔵院

（書出）言上／欲被補醍醐寺座主職事／右彼職者、三宝院之流、一門跡之

輩補任来年序／尚、仍改日来之非分、於被付于当流者、実深之外、
更無／可被抽補之仁哉、
（書止）仍若／有御許容者、雖一日先以可被抽補之、不能争申、／不然者
実深当其仁者也、内々為御心得粗言上如件、
（差出）法印権大僧都実深

七八　後嵯峨上皇院宣等　二通
（備考）（一）・（二）一括、

（一）後嵯峨上皇院宣　（年未詳）十一月廿五日　一通
鎌倉中期　竪紙　楮紙（檀紙）　三四・〇糎×四九・八糎　一紙
（本文）実深法印申醍醐寺／務事、　奏聞候之処、／憲深補任之時、於今
度／仁者、可在上卿計之由乍／申之、無左右譲与之条、御不／審
之間、聊雖有御猶豫、／所詮実深可被補之由、令／存給候了、随
重此事、可有／御計歟之由、／御気色候也、顕朝恐惶謹言、
（差出）左衛門督顕朝
（宛所）進上　弾正少弼殿

（二）　権大僧都源朝後七日御修法伴僧請定請文案
寛永三年正月五日　一通
江戸前期　竪紙　楮紙（美濃紙）　三六・〇糎×五三・二糎　一紙
（端裏）如此用意スル処、今年ハ連請也、奉ヲ付訖、十二天供、但六日ニ請
定廻、

（本文）謹請／御請書事／右、於紫震（マヽ）殿、被行後七日御修法、／伴僧可参
勤者、謹所請如件、
（差出）法印権大僧都源朝

七九　即身義聞書　一巻
南北朝時代　巻子装　前欠・中欠　楮紙（杉原）　紙背あり　墨界（天二
地一、界高二五・三糎）　墨点（返点・送仮名）　朱（註記）　二七・三糎×八二・〇
糎　二十三紙
（文首）答、即離不謬ノ談ハ自宗ノ実義故ニ、一躰不離ノ四曼及四種別／
躰ノ四曼、両義共ニ可有之、
（文尾）自宗俗諦為自証、真諦／為化他、以常情不可例難也、
（奥書）此抄者、先年頼我大僧都小年之比、対東寺学頭／宝厳院上綱頼宝
談即身義、為仁和寺伝法会初度／講師配文遂其業之日、以御口筆
所記置也、而愚僧／去元亨年中以彼同聴之人本、雖令書写之、紕
謬／脱落非一之間、借請彼大僧都清書、頼杲之本令校合／之所添
削也、一宗之要須也、末学之指南也、可秘蔵／々々、偏任大師遺
法弘通之志、拭老眼染筆了、末資更／莫忽諸〔緒〕、于時正平城南八年癸巳
文和二年也上都、　十月廿九日、於／宝幢院閑窓記而已、法印権大僧都文
海行年六十一
（備考）付箋（鳥の子、一七・九糎×五・一糎、ウハ書「城南正平八年／上都文和
二年／権大僧都文海奥書」）、

〔紙背一〕志紀南北庄々官某書状　（年未詳）八月九日　一通

竪紙　地欠　二七・三糎×三六・〇糎　一紙
（書出）今年当御庄旱魃大損亡事、／庄百姓等申状如此候、
（書止）此之上御不審候者、可被差下内検□／之由、可有御披露候哉、恐
　惶謹言、
（差出）志紀南北庄□□

〔紙背二〕醍醐北庄年貢対捍人交名注進状　（年月日未詳）　一通
鎌倉後期　竪紙（モト続紙）　後欠　二七・三糎×三六・五糎　一紙
（書出）注進　醍醐北庄御年貢対捍交名注文／合／丹下分／南条郷
　代大夫入道　右馬入道
（文尾）五条郷代平四郎藤原　安住名代四郎大井／仏道八尾木、

〔紙背三〕河内国志紀庄年貢未済注文断簡
　文永四年八月　日　一葉
鎌倉後期　小切紙　前欠・後欠　二七・三糎×三・二糎　一紙
（本文）儿二丁八反三百廿［　　］
（差出）公文在判／［　　］
（備考）〔紙背四〕に接続、

〔紙背四〕河内国志紀庄年貢未済注文　（文永四年八月　日）　一通
鎌倉後期　続紙　前欠・後欠　二七・三糎×二四・五糎　二紙
（文首）定使一丁八反　徴使四反六丁　神祭二反井料／垸飯二反半　麦
　破料二反／残田十七丁一反十分　分米六十八石四斗一升一合四
　斗代、
（文尾）八幡宣旨奉免神人預十二丁五反大　田九丁六反卅分、
（備考）〔紙背三〕に接続、

〔紙背五〕某書状　（年月日未詳）　一通
鎌倉後期　竪紙　後欠　二七・三糎×三六・三糎　一紙
（書出）御札委細拝見仕候了、／抑御逝去御事、殊驚入候、／即令参入候て
　可承候處、
（書止）又御思□／行事者、雖無故実候、以御参拝／次、可申承候、恐惶
　謹言、

〔紙背六〕某書状　（年月日未詳）　一通
鎌倉後期　竪紙　後欠　二七・三糎×三五・三糎　一紙
（本文）御札委細拝見仕候了、／抑先度参洛之時、被仰遣□／旨、欲令衆
　中仁披露候處、或／物詣と申、或令止住山寺之□／彼代官職未定
　候、近日早々被／下候之旨、披露候て、来十四日五日／前に、可
　令参洛候哉、委細事／御使ニ申入候畢、恐惶謹言、

〔紙背七〕河内国志紀南北庄百姓申状　元応二年八月日　一通
鎌倉後期　折紙　二七・三糎×三五・三糎　一紙
（書出）醍醐寺御領河内国志紀南北／御庄百姓等謹言上／欲被差下御使
　於当御庄、／被遂御内検田畠大損亡／愁訴間事
（書止）所詮／早被下御使於当御庄／為被遂内検之節、粗／言上如件、

（宛所）進上南北御庄公文所

〔紙背八〕某書状土代　（年月日未詳）　一通

竪紙　前欠　二七・三糎×三六・二糎　一紙

（書出）誠連々御所労無物躰□存□／抑北庄下司事、於事／頼忽緒本所□人之間、

（書止）恐惶謹言、

（備考）習書、

〔紙背九〕学衆供米請取状　元亨元年三月廿九日　一通

鎌倉後期　竪紙　後欠　二七・三糎×三六・二糎　一紙

（本文）請取　学衆供米事／合貳石壹升九合八勺八才者、／右、四月々宛別符沙汰帥律師／御分、所請取如件、

（差出）蔵□

（備考）奥に追記「元応二年七月勤功未下分／合壹斗五升四合者、／右、帥律師房御分、所請取如件」、

〔紙背一〇〕隆光書状　（年未詳）正月六日　一通

続紙（モト重紙）　中欠　二七・三糎×七〇・六糎　二紙

（本文）相当三陽之初節、／令補七大寺学頭職／給候条、殊勝覚候、／抑彼御事欲令申之／處、三十講以下寺役／計会候之間、乍存窮□／閣筆候条、頗失本意／〔　　　〕期／面謁候、恐々謹言、

（差出）隆光

（備考）裏紙・本紙の順で継がれている、逐而書、裏紙奥に切封墨引、

〔紙背一一〕志紀北庄公文代幸増請文　（年未詳）三月十六日　一通

竪紙　地欠　二七・三糎×三五・五糎　一紙

（本文）二月十日御札今月十□□／到来、委細拝見仕候了、／抑可令上洛之由被仰下候、今／月廿三日四日比、可令上洛候、□〔委カ〕／旨御使ニ申入候畢、恐惶謹／言、

（差出）志紀北庄公文代幸増

〔紙背一二〕性覚書状断簡　（年未詳）八月十九日　一通

小切紙　前欠・地欠　二七・三糎×五・三糎　一紙

（本文）可宜候、可有御心得候也、恐々謹言、

（差出）性覚

八〇　三宝院門跡満済御教書土代　応永五年卯月廿九日　一通

室町前期　竪紙　楮紙（杉原）　二九・五糎×四一・〇糎　一紙

（端裏）［　］所望間、雖不見先跡書与之、可為四授法之随一歟、

（本文）○奥州恵日寺〻僧甚恵（醍醐三宝院末寺）／律師大阿闍梨職事、／年戒共闌、〻〻〻（行学兼備、）旁又為〻〻〻〻〻（所其採択、尤為器要歟、自今以後）其／器○（用）上者、向後随意可〻（宜）達／弘通本懐者也、仍為後証〻〻〻（状如件、）

（差出）前僧正法印大和尚位判（満済）

（備考）隆源筆、

八一　三宝院門跡満済御教書案　応永五年四月　一通

室町前期　竪紙　漉返紙　二九・二糎×四九・〇糎　一紙

（端裏）□〔状〕案　治部卿法印、、房頻懇望之間、雖不見先跡、且以□□□／一篇書□□也、向後者可加斟酌者也、

（書出）大阿闍梨職事／右、三宝院末寺奥州恵日寺々僧／権少僧都甚恵頻望申之上、

（書止）自今以後随意、宜／達弘通本懐之状如件、

（差出）前僧正〔満済〕法印大和尚位判

（備考）隆源筆、

八二　報恩院田米算用状　永享六年十二月　日　一通

室町前期　折紙　漉返紙　二八・〇糎×四七・〇糎　一紙

（書出）永享六検帳進之了、／報田勘弁事／永享六年分米／○九拾貳石七斗九升五合／内　下用事

（書止）永享六十二月七日算用也、／落居候了、必定／定残米四十三石九斗九升二合、

八三　成秀奉書　（永享十一年）七月十三日　一通

室町前期　折紙　漉返紙　二七・八糎×四三・二糎　一紙

（本文）永享十年十二月、／五壇法御供料／到来候、以御請取／早々可被召候由、／被申候、此等可得／御意候、恐々謹言、

（差出）成秀（花押）

（宛所）理性院御坊中人々御中

八四　憲瑜・超深連署預状　文安貳七月廿九日　一通

室町中期　折紙　漉返紙　二八・五糎×四六・二糎　一紙

（本文）本尊箱九合、／雑々皮古廿六合、／以上卅五合、／大蔵卿法橋御房／・大夫上座御房／御両人以御符／預置了、

（差出）憲瑜（花押）／超深（花押）

八五　三宝院政所衆議事書写　一通

南北朝時代　竪紙（モト続紙）　前欠　漉返紙　二八・二糎×四二・五糎　一紙

（文首）一第一狙他郷之合戦及殺害刃傷事／一作庭透網蹴蹴鞠事

（文尾）良顕〔亮〕仁同心之余党、可追放山中之由、自当寺務／雖被成奉書、重而自政所可被成敗之由、衆儀之間、／当座之人数加判形畢、／明徳三年十月　日

（奥書）三宝院〔座主定忠僧正〕　政所／本堂閉籠ハ、明徳三七十一、　開事同廿六、／悪行族山中悉退散ハ十月　日／文正元年丙戌十一月十三日、古本朽損之間、乍率爾／書改之了、　俊慶（花押）

弘済　俊盛　俊憲　隆宥　顕宥〔祐〕　正恵　弘秀

八六　東寺拝堂下行物送進状案　寛正六十月十六日　一通

室町中期　折紙　漉返紙　二八・三糎×四七・三糎　一紙

（書出）送進／御拝堂下行物事／一諸堂仏供代　三百五十文／御明代百文

（書止）一事畢後、執行別録／一貫文／已上五十三貫卅六文／右、所送進如件、

（差出）目代増禅判

（備考）見返奥に「前寺務定紹慈尊院拝堂下行物送状案（寛正六）」、

八七　勾当代祐栄注進状　明応四年十一月廿九日　一通

室町後期　竪紙（モト続紙）　前欠　漉返紙　二七・三糎×四六・五糎　一紙

（本文）已上参拾四貫八百八文／右、執事根本半額之注進之状如件、

（差出）勾当代祐栄（花押）

八八　醍醐寺領目録（年月日未詳）　一通

室町前期　続紙　後欠　楮紙（檀紙）　三一・五糎×九九・〇糎　二紙

（端裏）御領目六

（書出）無為知行地所々／遠江国／醍醐寺辺田　百石　桂辺寺領　百石

（文尾）以上廿四ヶ所／八千七百五十／無為知行分／一万四千五百

（備考）継目裏花押、

八九　醍醐寺領目録写（年月日未詳）　一冊

江戸中期　袋綴装　斐紙（鳥の子）　二六・〇糎×二三・三糎　十三紙

（書出）無為知行所々／山城国醍醐寺辺田　百石／同国桂辺寺領　百石

（書止）以上領所　廿五箇所／知行高合　八千八百五十石／已上三口
分／領所　五拾九箇所／知行惣高　壹万八千百八十石

九〇　新薬師寺伝法灌頂職衆交名案（年未詳）二月十九日　一通

室町後期　折紙　漉返紙　三三・六糎×四九・五糎　一紙

（書出）来廿一日／伝法灌頂／新禅院宥慶阿闍梨　呪願／新薬師寺堂司阿
光阿闍梨　誦経／内山坂上重弘阿闍梨　唄

（書止）善識阿闍梨／是三房／□桂房　堂達

（差出）新薬師寺

（備考）墨合点、折紙下段に印可授与交名等あり、

九一　深応附法状案　永禄十三年歳次四■巳（庚午）九月廿三日　一通

安土桃山時代　竪紙　漉返紙　二四・〇糎×三九・二糎　一紙

（端裏）安文雅厳大僧都江附法状　報恩院殿　権僧正深応

（本文）当流御相承事、以雅厳／大僧都所奉令附法瀉瓶／也、仍宗之大
事・道之故／実・大法秘法秘事口決等、／悉奉令指授訖、

（差出）権僧正（深応）判

（宛所）報恩院大僧都（雅厳）御房

九二　末寺帳落分注記等　六通

（備考）（一）〜（六）一括、

（一）　末寺帳落分注記　寛文十三年　一通

江戸前期　竪紙　楮紙打紙　二九・三糎×二六・八糎　一紙

（書出）末寺帳ニ落分　寛文十三年／一竹生嶋　一山衆御中

（書止）国ニヲイテハ、／今宮摂津守修験入峯ニヲイテハ、今宮／源松院
是也、

（二） 某秘密道具免許請文案　天正八年　一通
安土桃山時代　竪紙　楮紙（杉原）　二六・二糎×四〇・四糎　一紙
（書出）今度秘密之御道具懇望申処仁、／御免許ニ付而、永代〇御請文之事、
（書止）一本寺不忘法恩、永通達可申事、／右此条々、於違犯者、清瀧大師／聖宝可蒙御罰者也、
（備考）紙背に「御道具置文」、

（三） 権律師真勝請文案　寛永五年八月晦日　一通
江戸前期　竪紙　漉返紙　二九・三糎×四二・六糎　一紙
（本文）不動供／三十五座／右、自今月廿四日迄今日一七ヶ日間、／致精誠、奉供如件、
（差出）権律師真勝

（四） 寛済書状　（年未詳）三月五日　一通
江戸前期　竪紙　楮紙（奉書紙）　三三・一糎×四四・九糎　一紙
（書出）当時東寺一長者之事、雖及于数年、未被辞退候、
（書止）勅裁無相違之様、宜預申御／沙汰候哉、恐々謹言、
（差出）寛済
（宛所）左少弁殿
（備考）切封封帯、

（五） 寛済書状　（年未詳）六月十七日　一通
江戸前期　重紙　楮紙（奉書紙）　三一・八糎×四四・七糎　二紙
（書出）宝池院御流之重位／等之事、無別条申入候、
（書止）以此／旨御法流御再興之義／御尤候、是等之趣、可得／御意候、恐々謹言、
（差出）寛済
（宛所）岳西院法印御房

（六） 田辺庄兵衛口上書　嘉永二年酉十月　一通
江戸後期　竪紙　楮紙（杉原）　二四・七糎×三三・〇糎　一紙
（書出）乍恐御願申上口上書／一今般天の森田地、昨申年大荒ニ而、／凶作仕候故、昨年度之御願申上候処、／御聞済も無御座候故、大ニ難渋仕候処、
（書止）年々凶作打続田地荒所、今ニ／出来難成ク候故、何卒々々御上納之所／少々御用捨被成下候ハヽ、難有仕合ニ奉存候、
（差出）田辺庄（マヽ）兵衛（円形黒印）
（宛所）宝堂院様

第七一函

一　前権少僧都勝賢請諷誦文写等　一巻

江戸前期　続紙　楮紙（杉原）　三一・二糎×一七三・六糎　四紙

（備考）①～⑤書継、

①前権少僧都勝賢請諷誦文写　嘉応二年十一月二日

（端書）高野奥院誦経諷誦文

（書出）敬白／請諷誦事／三宝衆僧御布施／紫七帖袈裟一帖、／錦櫃皮一帖、／右、奉為大師法楽所請如件、

（書止）然則雲管是不遠、定／照中舟之底焉、宿望已深、必熟上生之／縁矣、敬白、

（差出）前権少僧都法眼和尚位勝賢敬白

（備考）墨（返点・送仮名・傍訓）、

②金剛仏子勝賢請諷誦文写　治承五年潤三月廿一日

（端書）高野誦経諷誦文

（書出）敬白／請諷誦事／三宝大師御布施／布御衣一領、／五帖袈沙一帖、／水精念珠一連、／右、今日者、大師御入定佳辰也、

（書止）以表知恩報恩之懇志、必垂慈悲／之照覧、納受謝徳丹誠而已、敬白、

（差出）金剛仏子勝賢敬白

（備考）墨（返点・送仮名・声点）、

③御影捧物送文写　元徳二年十二月廿九日

（端書）御影御捧物送之、

（本文）奉送／御影御棒物綾被物一重／右、奉送如件、

（備考）年月日下に「書杉原一枚、有立紙、／上下押折之」、

④結縁灌頂誦経物送文写　元徳二年十二月廿九日

（端書）誦経物送文

（本文）奉送　結縁灌頂御誦経物／麻布三十端有誦経文、／安一脚在小莚、／右、奉送如件、

（備考）年月日下に「書様同前」、

⑤大僧正道意請諷誦文写　元徳二年十二月廿九日

（端書）諷誦文

（本文）敬白／請諷誦事／三宝衆僧御布施麻布三百端、／右、諷誦所修如件、敬白、

（差出）弟子法務前大僧正法印大和尚位道意敬白

（備考）奥に「書杉原一枚、有立紙、上下／捻之、指誦経物、結緒」、

二　文海請諷誦文案等　三通

南北朝時代　楮紙（杉原）

（備考）（一）〜（三）一括、包紙（美濃紙、二四・六糎×三三・八糎、ウハ書「文海　諷誦外二点」）、

（一）文海請諷誦文案　正和三年八月廿三日　一通

竪紙　二六・五糎×四〇・三糎　一紙

（端裏）道場丈六堂／文海／瓦屋／諷誦文案

（本文）敬白／請諷誦事／三宝衆僧御布施一裹、／右、為大願成就諷誦所修／如件、敬白、

（差出）文海敬白

（二）礼仏頌等案　一通

折紙　二六・五糎×四〇・三糎　一紙

（端裏）道場丈六堂　文海／瓦屋／礼仏頌等

（文首）金二打受者打之、／次礼仏頌已下受者心中作之、

（文尾）受諸仏所共灌頂／是故至心帰命礼、／已上受者作之、

（奥書）此ハ愚身奉受故神光院闍梨之／時、被書出之本ニテ書之、本ハ／故観遍僧都予注也、／観応元／九月　日　文海五十八、／為案文書出候也、

（三）灌頂仏供支配案　観応元庚申十月一日　一通

竪紙　二六・〇糎×四〇・五糎　一紙

（端裏）今水　諷他之内／文海／瓦屋／灌頂仏供支配

（書出）仏供支配事／大小壇、祖師等、四分一承仕、四分二駈仕、四分一不随役也、

（書止）已上、去康永元年壬午十二月　日、瓦屋／大吽上人被注出之、先師神光院／同者之時例歟、／今度観応元庚寅十月一日、／任此旨致沙汰了、

（差出）文海五十八、

三　東寺諷誦文古案　一冊

江戸前期　袋綴装　楮紙（美濃紙）三三・八糎×一七・〇糎　十八紙

（外題）東寺諷誦古案等

（表紙）寛永十一年、／勝賢ノ御諷誦アリ、／執持　阿頼邪　含蔵皆同義也、又室ノ義也、

（文首）高野奥院誦経諷誦文勝賢御詞也、殊勝々々、／敬白／請諷誦事／三宝大師御布施／紫七帖袈沙（マヽ）一帖／錦横皮一帖／右、奉為大師法楽所修如件、

（文尾）廿日晴、依職衆官位之事、法事遅々申刻被始之、及夜半、／仍還列無之云々、諸事早卒省略云々、

四　結縁灌頂職衆表白写等　一巻

江戸前期　巻子装　前欠　楮紙（美濃紙）二七・七糎×二三・二糎　六紙

（備考）①〜③書継、奥書「寛永十九年七月三日於　仙洞結縁灌頂有之、大阿闍梨／大覚寺殿二品親王、職衆二十四口、当寺ヨリ出仕、水

本大僧正寛済呪願、／密教院権大僧都甚信、戒光院権少僧都公清、理趣房権律師良盛、／密乗院権律師□□讃頭、以上五人、／理性院僧正嘆徳、／金剛王院僧正誦経、密厳院僧正堯政、成身院法印演賀、／西房大僧都実意、西往院律師定信、五智院兵部卿阿闍梨観詢／已上山下□七人、山上山下合十二人」、書写奥書「寛永十九年七月晦日、以越後本書写畢、但職衆／交名役付ケ聞及書付也、重而出仕之仁ニ相尋後ニ書添ヘキ也、／宝幢院朝□」、

①結縁灌頂職衆表白写　（年月日未詳）

前欠

（文首）行致厳衰、已身之爽月加之、東門法／□□□

（書止）仍凝随喜之感悦、作低頭／之礼帰、

②別当某請諷誦文写　寛永十九年七月三日

（書出）諷誦文／院庁／請諷誦事／三宝衆僧都布施／右、奉　仰俑、夫結縁灌頂之法會者、頓入即身□□／門也、

（書止）恵日大輝速入真如之／浄城、乃至抜済無漏皆具頓成、奉仰諷誦所修如件、敬白、

（差出）別当

③誦経導師表白写　（年月日未詳）

（書出）誦経導師表白／夫結縁灌頂事業者、貴賤同携木刃也、莫不徐罪根／於其場男女併蹈蓮台也、

（書止）月浮千秋之光、／凡厥／徳之不孤／覃之無際、

五　権律師某請諷誦文案　弘安三年十月十三日　一通

鎌倉中期　竪紙　楮紙（強杉原）　二九・八糎×四五・二糎　一紙

（端裏）諷誦文案自證法院給之　五末

（本文）敬白／請諷誦事／三宝御布施一裹、／右、為大願成就、諷誦所修如件、

（差出）権律師法橋上人位□□

六　権少僧都某請諷誦文案　延文三年十月十三日　一通

南北朝時代　竪紙　楮紙（杉原）　二七・八糎×三七・六糎　一紙

（端裏）□□〔延文〕三　十　十三

（本文）敬白／請諷誦事／三宝衆僧御布施一裹、／右、為滅罪生善・悉地成就、所請／如件、敬白、

（差出）仏子権少僧都法眼○位、、敬白

（備考）虫損甚し、

七　権少僧都請諷誦文案　延文四年三月七日　一通

南北朝時代　竪紙　漉返紙　三三・五糎×四四・〇糎　一紙

（本文）敬白／請諷誦事／両部四曼諸尊御布施一裹、／右、為仏弟子宗助払三業之／妄雲、顕五智○之心月、諷誦所修如件、

（差出）仏子権少僧都法眼和尚位／宗助敬白

八　権律師憲増請諷誦文案　応永五年十一月廿五日　一通

室町前期　竪紙　漉返紙　三〇・五糎×四九・二糎　一紙

（端裏）諷誦　憲増

（本文）敬白／請諷誦事／三宝衆僧御布施、／右、諷誦所修如件、敬白、

（差出）権律師憲増敬白

九　左馬頭源義宣請諷誦文案　応永卅五年閏三月廿八日　一通

室町前期　竪紙　漉返紙　二九・二糎×四五・二糎　一紙

（端裏）諷誦百ケ日

（書出）敬白／請諷誦事／三宝衆僧御布施麻布　端、／□〔右〕禅定一品贈太相国尊儀別離○〔難〕忘空／滴数千行之哀涙、

（書止）廻向無辺利益／不限、仍諷誦所修如件、敬白、

（差出）弟子従五位守左馬頭源朝臣／義宣敬白、

（備考）奥に上下逆に「今日」（文書書止シカ）、

一〇　都々丸請諷誦文写　永享七年七月十七日　一通

江戸前期　竪紙　楮紙（奉書紙）　三〇・八糎×四三・五糎　一紙

（本文）敬白／請諷誦事／三宝衆僧御布施／右、奉為過去准三〔満済〕宮尊霊成等／正覚諷誦所修如件、敬白、

（差出）都々丸敬白

（備考）一〇号～一五号同筆、同料紙、

一一　僧正房仲請諷誦文写　永享七年七月十七日　一通

江戸前期　竪紙　楮紙（奉書紙）　三〇・七糎×四三・三糎　一紙

（本文）敬白／請諷誦事／三宝衆僧御布施／右、奉　過去尊霊頓證菩提諷誦／所修如件、敬白、

（差出）弟子僧正法印大和尚位房仲敬白

一二　権僧正宝清請諷誦文写　永享七年七月十七日　一通

江戸前期　竪紙　楮紙（奉書紙）　三〇・八糎×四三・五糎　一紙

（本文）敬白／請諷誦事／三宝衆僧御布施／右、奉為　過去幽儀尊霊准三〔満済〕宮前大／僧正出離生死、頓證菩提、聊捧嚏嚫叩／石磬所修如件、敬白、

（差出）権僧正宝清

一三　権大僧都隆円請諷誦文写　永享七年七月十七日　一通

江戸前期　竪紙　楮紙（奉書紙）　三一・八糎×四三・六糎　一紙

（本文）敬白／請諷誦事／三宝衆僧御布施／右、過去尊霊成等正覚、仍諷誦所修如件、

（差出）仏子法印権大僧都隆円敬白

一四　尊夜叉丸請諷誦文写　永享七年七月十七日　一通

江戸前期　竪紙　楮紙（奉書紙）　三〇・八糎×四三・四糎　一紙

（本文）敬白／請諷誦事／三宝衆僧御布施／右、奉為　過去尊霊頓證菩提、諷誦／所修如件、敬白、

（差出）尊夜叉丸敬白

一五　権大僧都賢紹請諷誦文写　永享七年七月十七日　一通
江戸前期　竪紙　楮紙（奉書紙）三〇・七糎×四三・三糎　一紙
（本文）敬白／請諷誦事／三宝衆僧御布施／右、奉為　過去尊霊頓證菩
提、諷誦／所修如件、敬白、
（差出）弟子権大僧都法眼和尚位賢紹敬白

一六　内蔵寮請諷誦文案　永享十二年七月廿日　一通
室町前期　竪紙　漉返紙　二七・七糎×四五・〇糎　一紙
（本文）内蔵寮／請諷誦事／三宝衆僧御布施麻布三百端／右、諷誦所請
如件、
（差出）正四位下行右近衛権中将兼／頭大膳朝臣持俊奉

一七　前大僧正某請諷誦文案　享徳二年六月　日　一通
室町中期　竪紙　楮紙（杉原）三一・五糎×四五・〇糎　一紙
（書出）敬白／請諷誦事／三宝衆僧御布施／右、尊霊迎一紀之遠忌、弟子
瀝無弐之懇／誠、
（書止）而驚金胎之冥聴、幽儀増進／請尊證明、仍諷誦所修如件、敬白、
（差出）仏子前大僧正法印大和尚位　敬白
（備考）墨点（返点・送仮名・傍訓）、

一八　足利義政請諷誦文案　康正三年四月廿九日　一通
室町中期　竪紙　漉返紙　二七・八糎×四四・五糎　一紙
（書出）敬白／請諷誦事／三宝衆僧御布施／右、贈太相国尊儀斡転且宅百
年之光／陰、
（書止）何蓋之上善根平／等功徳多瑞、仍諷誦所修如件、敬白、
（差出）弟子征夷大将軍従一位行権大納言兼右近衛大将源朝臣義政　敬
白

一九　大法師超瑜請諷誦文案　寛正二年九月六日　一通
室町中期　竪紙　漉返紙　二七・五糎×三六・四糎　一紙
（端裏）傳法灌頂諷誦案文当流
（本文）敬白／請諷誦事／三宝衆僧御布施一裹、／右、為滅罪生善、悉地
成就、諷誦所修／如件、敬白、
（差出）弟子大法師超瑜敬白
（備考）奥書「明応三年三月十八日、賢松法印令授与覚祐大法師給之／時、
報恩院僧正賢深以自筆令写之、被出之、予諷誦文／書之間、以彼
自筆本案文書写之者也、／此諷誦之案文ハ、彼遍智院准后御授与
于超瑜之時、／案文也」、

二〇　法橋清賢請諷誦文写　文明五年八月　日　一冊
室町中期　袋綴装　楮紙（杉原）二六・八糎×一九・七糎　三紙
（書出）一條禅閤御草／敬白　請諷誦事／三宝衆僧御布施／惟夫法華経
者、二乗作仏之妙典也、

(書止)余薫之力三有共済、／仍諷誦所請如件、
(差出)弟子法橋清賢敬白
(備考)表紙右下「権律師玄誘」、表紙左上「外雑々」、表紙・裏表紙見返
等に音釈、墨(返点・送仮名・声点・傍訓)、

二一　前僧正賢深請諷誦文案　文亀二年九月五日　一通
室町後期　続紙　楮紙(杉原)　二六・〇糎×七五・九糎　二紙
(端裏)水本隆済僧正卅三回仏事　理趣三昧諷誦也、宗永導師也、
(書出)敬白／請諷誦事、三宝衆僧御布施／右、先師聖霊舜有待之境、
(書止)凡厥功徳有隣廻向無限、諷誦／所修如件、敬白、
(差出)前僧正法印大和尚位賢深敬白
(備考)墨(返点・送仮名・傍訓・合符)、

二二　後花園院三十三回忌請諷誦文案　文亀二年十二月十九日　一通
室町後期　竪紙　漉返紙　二五・五糎×四一・五糎　一紙
(書出)敬白／請諷誦事／三宝衆僧御布施／右、／先院聖霊麟趾之化、雖
再盛鶴駕之／夢、
(書止)豈空伏乞上界下生、沈魂滞魄刹々／円洞箇々頓成、仍諷誦所修如
件、敬白、

二三　施主北村宗春請諷誦文写　天文六年六月日　一通
江戸前期　竪紙　楮紙(杉原)　二八・〇糎×三七・七糎　一紙
(端裏)伊賀入道融雲宗春也、六月十八日北村方施主一切経虫払諷誦案、札案モ中ニアリ、札山下へ役人ニ下也、
(本文)敬白／請諷誦事／三宝衆僧御布施／右、為二世大願成就／円満、
滅罪生善、諷誦／所修如件、
(差出)施主敬白
(備考)奥に「此諷誦者、年預ヨリ出んと云々、古案文損故、写箱入置者
也、／万治三年七月日　定昌書之」、

二四　権律師宗然請諷誦文案　天文十八年二月八日　一通
室町後期　竪紙　楮紙(強杉原)　三一・〇糎×四六・五糎　一紙
(本文)敬白／請諷誦事／両部四曼諸尊御布施一裹、／右、為仏子宗然、
払三業妄雲、顕／五智心月、諷誦所請如件、敬白、
(差出)仏子権律師宗然敬白

二五　大法師厳詢請諷誦文案　弘治元年十一月朔日　一通
室町後期　竪紙　楮紙(強杉原)　三一・三糎×四五・五糎　一紙
(本文)敬白／請諷誦事／両部四曼諸尊御布施一裹、／右、為仏〇弟子厳詢、
払三業妄雲、顕五智之／心月、諷誦所請如件、敬白、
(差出)仏子大法師厳詢敬白

二六　権大僧都堯助請諷誦文案　弘治元年十一月朔日　一通
室町後期　竪紙　楮紙(強杉原)　三一・二糎×三九・二糎　一紙
(本文)敬白／請諷誦事／両部四曼諸尊御布施一裹／右、為仏弟子堯助、
払三業妄雲、顕五智／心月諷誦、所請如件、敬白、

（差出）仏子○権大僧都法眼和尚位堯助敬白

二七　愛賀丸請諷誦文案　文禄三年十二月八日　一通

安土桃山時代　竪紙　楮紙（檀紙）　紙背あり　三三・〇糎×五〇・〇糎　一紙

（端裏）諷誦案文禄三 十二 八、源雅僧正卅三回忌、

（書出）敬白／請諷誦事／三宝衆僧御布施／右、過去前法務前大僧正法印（源雅）大和／尚位相迎卅三回之忌辰、

（書止）重増開敷之粧、仍諷誦所／修如件、敬白、

（差出）愛賀丸敬白

（備考）奥に「右、報恩院源雅僧正卅三回忌トシテ雅厳僧正万供始行、仍理趣経并為香典貳石送遣之、左道々々」、

（紙背）恵命院亮淳書状　（年未詳）十一月廿七日　一通

折紙

（書出）昨日御登山被成候由、及晩承候、

（書止）御門主様へ可然様、御取成所／仰候、恐々謹言、

（差出）恵命院亮淳（花押）

（宛所）大蔵卿殿御申

（備考）逐而書、

二八　瑞雲院十三回忌請諷誦文案　永禄四年七月九日　一通

室町後期　竪紙　楮紙（強杉原）　三三・五糎×五二・〇糎　一紙

（書出）敬白／請諷誦事／三宝衆僧御布施／右、／瑞雲院尊霊今年一十有三回、光陰若夢、

（書止）仍為篘菩提所請如件、

（差出）仏子等禖敬白

二九　某請諷誦文土代　（年月日未詳）　一通

室町前期　竪紙　楮紙（杉原）　二七・八糎×四一・二糎　一紙

（端裏）諷誦七廻忌　無名諷誦

（書出）敬白／請諷誦事／三宝衆僧御布施／右、先師聖霊者、辞石火迅速之生、

（書止）万徳甚朗、仍諷誦所修如件、

（備考）墨（返点・送仮名・傍訓）、

三〇　仏子観助請諷誦文案　元和六年十一月十五日　一通

江戸前期　竪紙　楮紙（美濃紙）　二六・二糎×三九・〇糎　一紙

（端裏）観助伝法灌頂諷誦案也、

（本文）敬白／請諷誦事／三宝衆僧御布施一裹、／右、為滅罪生菩、悉地／成就、所請如件、敬白、

（差出）仏子観助敬白

三一　大僧都覚定請諷誦文案　寛永五年四月廿一日　一通

江戸前期　竪紙　楮紙（美濃紙）　三二・〇糎×四三・五糎　一紙

（書出）敬白／請諷誦事／三宝衆僧御布施一裹、／右、先師尊霊准三后丁孟夏大祥之／廻忌、

（書止）乃至無辺／利益、仍諷誦所修如件、敬白、

（差出）弟子大僧都覚定敬白

（備考）墨（返点・送仮名・傍訓・合符）、

三二　大施主某請諷誦文土代等　二通

江戸前期　竪紙　楮紙（杉原）

（備考）（一）・（二）一括、同筆、

（一）　大施主某請諷誦文土代　寛永九年八月十二日　一通

紙背あり　三一・二糎×四七・八糎　一紙

（本文）敬白／請諷誦事／三宝衆僧御布施／右、為〇〔二世願望成就円満〕所願成就所請／〇〔諷誦所修〕如件、敬白、

（差出）大施主敬白

（備考）袖に「右、奉為当所神等威光陪増、別二世／願望成就円満、諷誦所修如件」、奥に「右、為二世願望成就円満、殊〇〔奉為〕当所神等／威光陪増、諷誦所修如件」、紙背に曼荼羅供職衆請定書止シあり、

（二）　大施主某請諷誦文案　寛永九年八月十五日　一通

三一・三糎×四七・八糎　一紙

（本文）敬白／請諷誦事／三宝衆僧御布施／右、為二世願望成就円満、／諷誦所修如件、敬白、

（差出）大施主敬白

三三　某請諷誦文案　寛永拾年十月十七日　一通

江戸前期　竪紙　楮紙（高檀紙）　三六・五糎×五三・五糎　一紙

（端裏）一言観音堂供養諷誦

（本文）敬白／請諷誦事／三宝衆僧御布施／右、為滅罪生善、悉地成就、／所請如件、敬白、

三四　僧正観助請諷誦文土代　寛永十一年三月廿日　一通

江戸前期　竪紙　楮紙（美濃紙）　二七・五糎×三九・〇糎　一紙

（書出）敬白／請諷誦事／三宝衆僧御布施一裹、／右、／高祖大師〔弘法〕値八百／之嘉會、

（書止）所驚鷲王／之聴、仍所修如件、敬白、

（差出）僧正－－－－〔観助〕敬白

（備考）奥に「作者不知之、／文章如何」、

三五　大僧都尊済請諷誦文案　寛永十一年三月二十日　一通

江戸前期　竪紙　楮紙（高檀紙）　四八・〇糎×五三・八糎　一紙

（本文）敬白／請諷誦事／三宝衆僧御布施／右、奉為大師法楽所修如件、／敬白、

（差出）大僧都法眼和尚位尊済敬白

三六　権律師定増請諷誦文案　寛永十四年十一月七日　一通

江戸前期　竪紙　楮紙（高檀紙）　三八・〇糎×四四・四糎　一紙

（端裏）定増灌頂諷誦

（本文）敬白／請諷誦事／三宝衆僧御布施一裹／右、為滅罪生善、悉地
成就、所修如件、敬白、
（差出）権律師定増敬白

三七　別当権僧正信遍請諷誦文案　寛永十七年二月十一日　一通
江戸前期　竪紙　泥間似合　四二・〇糎×五七・〇糎　一紙
（書出）入道一品親王庁／請諷誦事／三宝衆僧御布施麻布三十端／右、奉
仰偁、今日者、青雲院禅定殿下三十三廻之／御遠忌也、
（書止）奉仰諷誦所修如件、敬白、
（差出）別当権僧正法印大和尚位信遍奉

三八　仏子一品親王覚深願文案　寛永十七年二月十一日　一通
江戸前期　続紙　泥間似合　四三・五糎×一七〇・四糎　三紙
（書出）仏弟子覚―稽首和南伽梵大師／蓋聞三界無安、猶如火宅、
（書止）併報五広／山令到五智誠敬白、
（差出）仏子一品親王覚―（深）

三九　藤原経季奉中和門院庁請諷誦文案　寛永十九年七月三日　一通
江戸前期　続紙　楮紙（美濃紙）　三〇・五糎×八七・四糎　二紙
（書出）院庁／請諷誦事／三宝衆僧御布施／右、奉　仰偁、夫結縁灌頂之
法会者、／頓入即身之要門也、
（書止）乃至抜／済無漏皆具頓成、奉　仰諷誦所修／如件、敬白、
（差出）別当正位（マヽ）藤原朝臣経季奉

（備考）墨（返点・送仮名・傍訓・合符）、

四〇　前大僧正寛済請諷誦文案　慶安二年八月廿五日　一冊
江戸前期　仮綴　漉返紙　紙背あり　三二・二糎×三三・三／二四・五糎　二紙
（端書）諷誦案憲応僧都卅三回忌、万タラ供正忌、九月十日引上、八月廿五日行之、
（書出）敬白／請諷誦事／三宝衆僧御布施／夫三春翔北之鴈必有望秋而
帰南之翅、
（書止）乃至偏界預発露之余潤、仍諷誦／所修如件、敬白、
（差出）仏子前大僧正法印大和尚位寛済白敬
（備考）奥書「右、万タラ供導師理性院僧正観助、色衆八口、於尺迦院／
行之、正忌雖為九月十日、自八月初比、老母病悩／危兼之間、今
月引上如此、終ニ老母九月十三日逝去了、／今度一会之儀、別ニ
委記之、愚身不得寸暇取／紛之故、諷誦草、弥以比興々々」、
一紙目は切紙、二紙目は袋綴に仮綴されている、

〔紙背一〕宣観書状　（年未詳）五月十二日　一通
折紙　前欠・中欠　三二・〇糎×三二・四糎　一紙
（文首）□□□□已前／隙明候て、東寺へ／罷越候、遠路之所／御次無之
候節分／きと申入候儀如何／存候へ共、
（書止）於／入御以貴面之次、／可得内意候、猶奉／期来信之次候也、／誠
恐謹言、
（差出）宣観

（紙背二）宗宣書状（年未詳）弥生十日　一通

折紙　前欠・中欠　三三・四糎×四九・二糎　一紙

（文首）御事候御前可然様ニ／御取成、仰所候へと／一書令啓上候、

（書止）御取成奉頼候、／何様頓而御山へ／致伺公、可得／尊意候条不具候、恐惶謹言、

（差出）光枝釆女宗宣（花押）

（宛所）善福坊様□□□

四一　実淳請諷誦文案　慶安四年十月八日　一通

江戸前期　竪紙　漉返紙　三四・〇糎×四四・五糎　一紙

（本文）敬白／請諷誦事／両部四曼諸尊御布施一裹／右、為仏第〔弟〕子等、払三業妄／雲、顕五智心月、諷誦所請如／件、敬白、

（差出）実淳

四二　醍醐寺衆徒等請諷誦文案　明暦四年七月六日　一通

江戸前期　竪紙　楮紙（奉書紙）　三六・〇糎×五三・七糎　一紙

（書出）敬白／請諷誦事／三宝衆僧御布施／右、尊師聖霊、法水深於蒼海、／遥伝薩埵之流、

（書止）諸天善願配室家、利益遍／沙界、仍諷誦所修如件、敬白、

（差出）醍醐寺衆徒等敬白

（備考）四三号とほぼ同文、

四三　醍醐寺衆徒等請諷誦文土代　明暦四年七月六日　一通

江戸前期　竪紙　楮紙（奉書紙）　三六・二糎×五三・六糎　一紙

（書出）敬白／請諷誦事／三宝衆僧御布施／右、尊師聖霊／法水深於蒼海、遥伝薩埵之流、

（書止）善願配室家、利益遍沙界、／仍諷誦所修如件、

（差出）―――敬白

（備考）四二号とほぼ同文（但差出省略）、墨（返点・送仮名・合符）、

四四　前大僧正覚定請諷誦文案　明暦四年四月廿一日　一通

江戸前期　竪紙　楮紙（奉書紙）　三五・〇糎×四九・〇糎　一紙

（端裏）先師准后義―〔演〕三十三回御忌諷誦

（本文）敬白／請諷誦事／三宝衆僧御布施／右、奉為過去准三宮尊霊成等／正覚諷誦所修如件、敬白、

（差出）前大僧正法印大和尚位覚定敬白

四五　法務前大僧正寛済請諷誦文案　三通

江戸前期　竪紙　楮紙（高檀紙）

（備考）（一）～（三）一括、同文、同筆、

（一）　法務前大僧正寛済請諷誦文案　万治三年十月廿日　一通

三八・八糎×五三・二糎　一紙

（本文）敬白／請諷誦事／三宝衆僧御布施一裹、／右、為悉地成就、所請如件、敬白、

（差出）法務前大僧正寛済敬白

（二）　法務前大僧正寛済請諷誦文案　万治三年十月廿日　一通
三八・六糎×五二・三糎　一紙
（本文）敬白／請諷誦事／三宝衆僧御布施一裹、／右、為悉地成就、所請
如件、敬白、
（差出）法務前大僧正寛済敬白

（三）　法務前大僧正寛済請諷誦文案　万治三年十月廿日　一通
三八・七糎×五二・三糎　一紙
（本文）敬白／請諷誦事／三宝衆僧御布施一裹、／右、為悉地成就、所請
如件、敬白、
（差出）法務前大僧正寛済敬白

四六　権僧正高賢請諷誦文案　寛文二年五月十九日　一通
江戸前期　竪紙　楮紙（奉書紙）　三六・〇糎×五四・〇糎　一紙
（端裏）後荘厳院殿一周忌
（書出）敬白／請諷誦事／三宝衆僧御布施
（書止）功徳有隣、得脱／無限、諷誦所修如件、
（差出）権僧正法印大和尚位高賢敬白

四七　権僧正高賢請諷誦文案　二通
江戸前期　竪紙　楮紙（高檀紙）
（備考）（一）・（二）一括、同筆、包紙（高檀紙、五三・五糎×三八・五糎、ウハ
書「後荘厳院第三回忌諷誦」）、

（一）　権僧正高賢請諷誦文案　寛文三年二月九日　一通
四六・八糎×六六・〇糎　一紙
（端裏）高賢入壇諷誦案
（本文）敬白／請諷誦事／三宝衆僧御布施一裹、／右、為滅罪生善、悉地
成就、／諷誦所修如件、敬白、
（差出）権僧正法印大和尚位高賢敬白

（二）　権僧正高賢請諷誦文案　寛文三年二月九日　一通
四六・七糎×六五・八糎　一紙
（本文）敬白／請諷誦事／三宝衆僧御布施一裹、／右、為滅罪生善、悉地
成就、／諷誦所修如件、敬白、
（差出）権僧正法印大和尚位高賢敬白

四八　権僧正高賢請諷誦文案　寛文三年五月十九日　一通
江戸前期　竪紙　楮紙（高檀紙）　三八・八糎×五三・三糎　一紙
（本文）敬白／請諷誦事／三宝衆僧御布施一裹、／右、為過去尊霊増進仏
果、／諷誦所修如件、
（差出）権僧正法印大和尚位高賢敬白

四九　法務大僧正高賢請諷誦文案　寛文八年十一月十四日　一通

江戸前期　竪紙　楮紙（高檀紙）　三七・八糎×五三・〇糎　一紙

（端裏）一致院従一位前左丞相

（本文）敬白／請諷誦事／三宝衆僧御布施／右、奉為　過去尊霊従一位前左丞相／出離生死、頓證菩提、諷誦所修如件、

（差出）法務大僧正高賢敬白

五〇　前法務前大僧正高賢請諷誦文案　寛文十三年五月十九日　一通

江戸前期　竪紙　楮紙（高檀紙）　三九・五糎×五四・五糎　一紙

（端裏）後荘厳院十三回之諷誦大鷹調之、

（書出）敬白／請諷誦事／三宝衆僧御布施／右、尊霊早辞有待之境、入常住之／台、以来哀慟末休十三廻之御忌／云、

（書止）奉祈三明開悟／之妙果、功徳有隣得脱無限、仍／諷誦所修如件、

（差出）前法務前大僧正高賢敬白

五一　定蔵請諷誦文案　延宝三年五月廿八日　一通

江戸前期　竪紙　楮紙（高檀紙）　三六・八糎×四九・五糎　一紙

（書出）敬白／請諷誦事／三宝衆僧御布施／右、成身院法眼空朝聖霊／相迎七ヶ之忌辰開演理趣／會曼荼羅法筵観、

（書止）伏乞酬此修善、／早脱無明糟、速坐本覚台也、／仍諷誦所修如件、

（差出）定蔵敬白

五二　権少僧都賢隆・権律師賢晃連署請諷誦文案　延宝六年二月十日　一通

江戸前期　竪紙　漉返紙　三三・〇糎×四四・二糎　一紙

（端裏）請定也、

（本文）敬白／請諷誦事／三宝衆僧御布施一裹、／右、為滅罪生善、悉地成就、／諷誦所修如件、敬白、

（差出）権律師権賢晃／権少僧都賢隆／敬白

（備考）五三号と同文、

五三　権少僧都賢隆・権律師賢晃連署請諷誦文案　延宝六年二月十日　一通

江戸前期　竪紙　楮紙（高檀紙）　三八・七糎×五一・五糎　一紙

（本文）敬白／請諷誦事／三宝衆僧御布施一裹、／右、為滅罪生善、悉地成就、諷誦所修如件、敬白、

（差出）権律師賢晃／権少僧都賢隆／敬白

（備考）五二号と同文、

五四　金剛仏子亮盛請諷誦文案　延宝七年十二月十日　一通

江戸前期　竪紙　楮紙（杉原）　三〇・〇糎×四五・二糎　一紙

（本文）敬白／請諷誦事／両部四曼諸尊御布施一裹、／右、為仏子亮盛、払三業妄雲、／顕五智心月、諷誦所修如件、敬白、

（差出）金剛仏子亮盛敬白

五五　前法務高賢請諷誦文案　元禄六年五月十九日　一通

江戸中期　竪紙　楮紙（高檀紙）　四〇・九糎×五六・八糎　一紙

（端裏）後荘厳院殿三十三回之也、

（書出）敬白／請諷誦事／三宝衆僧御布施／右、尊霊撫育之恩、難忘恋募之思、

（書止）答斯／功徳成彼出離、仍諷誦所修如件、敬白、

（差出）前法務高賢敬白

五六　前法務高賢請諷誦文案　元禄七年五月二十六日　一通

江戸中期　竪紙　楮紙（高檀紙）　四一・〇糎×五六・五糎　一紙

（本文）敬白／請諷誦事／三宝衆僧御布施／右、為後浄輪院前大僧正／俊海十三回忌之増進仏／果、諷誦所修如件、

（差出）前法務高賢敬白

（備考）懸紙（高檀紙、五六・七糎×四〇・五糎）、

五七　前大僧正房演請諷誦文案　元禄十三年二月十五日　一通

江戸中期　竪紙　楮紙（高檀紙）　四六・二糎×六三・五糎　一紙

（書出）敬白／請諷誦事／三宝衆僧御布施／右、奉為　後景皓院殿従一位前博陸候五七日之忌辰、

（書止）伏乞酬此修善、早／発無明之暗、速坐本覚之台、仍諷誦／所修如件、

（差出）仏子前大僧正房演敬白

五八　前法務高賢請諷誦文案　元禄十三年十月三日　一通

江戸中期　竪紙　楮紙（高檀紙）　四六・五糎×六一・八糎　一紙

（書出）敬白／請諷誦事／三宝衆僧御布施／右、尊霊撫育之恩、難忘恋慕之思、

（書止）答斯／功徳、成彼出離、仍諷誦所修如件、敬白、

（差出）前法務高賢敬白

（備考）懸紙（高檀紙、六三・八糎×四七・〇糎）、

五九　法務前大僧正房演請諷誦文土代　宝永四年十二月九日　一通

江戸中期　竪紙　楮紙（杉原）　三三・八糎×四八・五糎　一紙

（書出）敬白／請諷誦事／三宝衆僧御布施一裹、／右、先師　前法務尊霊本任不生滅之理、

（書止）均至法秘仏池之蓮台、仍諷誦所／修如件、

（差出）弟子法務前大僧正房演／敬白

（備考）端裏に天地逆に「鶉」、墨（返点・送仮名・合符）、

六〇　仏子厳耀請諷誦文案　宝永五年六月十三　一通

江戸中期　竪紙　楮紙（高檀紙）　三九・〇糎×五三・二糎　一紙

（書出）敬白／請諷誦之事／三宝衆僧御布施／右、先師長者前大僧正法印大和尚位辞閻浮之境、遷／無為之都以降、

（書止）今果位定照彼懇誠、伏乞廻向／不二得益平均、仍諷誦所修如件、

（差出）遺弟仏子厳耀敬白

六一　理源大師忌日請諷誦文書様　宝永五年七月六日　一通
江戸中期　竪紙　楮紙（奉書紙）　三〇・二糎×四四・八糎　一紙
（端裏）理源大師／此諷誦八百年忌ニ用者也、
（書出）敬白／請諷誦事／三宝衆僧御布施／右、理源大師／八祖密伝之秘
　扃、留樞鍵於我山、
（書止）応物布満山、利益普沙界、／仍諷誦所修如件、
（差出）－－－敬白
（備考）墨（返点・送仮名・合符）、

六二　権律師信融請諷誦文案　宝永七年十一月廿四日　一通
江戸中期　竪紙　楮紙（奉書紙）　三三・八糎×四六・五糎　一紙
（本文）敬白／請諷誦事／両部四曼諸尊御布施一裹、／右、為仏子信融、
　払三業之妄雲、顕五／智之心月、諷誦所請如件、敬白、
（差出）仏子権律師信融敬白

六三　円光大師五百年忌請諷誦文案　宝永八年正月二十二日　一通
江戸中期　竪紙　斐紙（雁皮紙）　四二・二糎×五四・五糎　一紙
（書出）敬白　請諷誦事／三宝衆僧御布施／右、宗祖円光東漸大師示生於
　美作国、降神於漆／間家、
（書止）乃至／結縁緇素平等利益、仍諷誦所修如件、敬白、
（差出）法主敬白
（備考）朱（句切点・註記・博士点）、墨（返点・送仮名・合符・註記）、

六四　権少僧都演春請諷誦文案　享保八年十二月十三日　一通
江戸中期　竪紙　楮紙（杉原）　三三・八糎×四五・八糎　一紙
（端裏）此紙弐枚也弐通山上、弐通山下、
（本文）敬白／請諷誦事／三宝衆僧御布施一裹、／右、為滅罪生善、悉地
　円満、／諷誦所修如件、
（差出）権少僧都演春敬白
（備考）包紙（杉原、四六・二糎×三三・五糎、ウハ書「上包ミの一枚諷誦　演春」）、
　包紙紙背に本文書止シ、

六五　某請諷誦文案　享保十三年六月十八日　一通
江戸中期　竪紙　楮紙（杉原）　三三・五糎×四六・〇糎　一紙
（本文）敬白／請諷誦之事／三宝衆僧御布施一裹、／右、奉為天下泰平、
　風／雨順時、五穀成就、万民豊楽如件、敬白、

六六　六条有藤請諷誦文案　享保十三稔八月十四日　一通
江戸中期　竪紙　楮紙（奉書紙）　三五・八糎×五三・五糎　一紙
（書出）敬白／請諷誦事／三宝衆僧御布施／右、／故法務前大僧正有雅顕
　教博施振宗風、
（書止）開法筵修白〔業〕且詠和歌十首魂而有／霊尚受無哀音、敬白、
（差出）白衣弟子正二位有藤（六条）敬白

六七　権少僧都宥円請諷誦文案　元文四年十月十五日　一通
江戸中期　竪紙　楮紙（奉書紙）　三三・九糎×四五・六糎　一紙

（本文）敬白／請諷誦事／三宝衆僧御布施一裹、／右、為滅罪生善、悉地成就、／所請如件、
（差出）仏子権少僧都法眼和尚位宥円敬白
（備考）差出脇に「此通リモ宜歟、権少僧都宥円敬白」、懸紙（奉書紙、四五・四糎×三二・八糎、ウハ書「元文四年十月十五日宥円入壇之砌、山上本堂執当方ヘ御影堂預リヘ／為持遣諷誦文之案、各料米添之、二三日前ニ為持遣ス也」）、

六八　権大僧都演静請諷誦文案　延享二年十二月十六日　一通
江戸中期　竪紙　楮紙（奉書紙）　二九・四糎×五三・三糎　一紙
（本文）敬白／請諷誦事／三宝衆僧御布施一裹、／右、為滅罪生善、悉地円満、／諷誦所修如件、
（差出）法印権大僧都演静敬白

六九　権大僧都演静請諷誦文案　延享二年十二月十六日　一通
江戸中期　竪紙　楮紙（美濃紙）　二五・二糎×三四・二糎　一紙
（本文）敬白／請諷誦事／三宝衆僧布施一裹、／右、為滅罪生善、悉地円満、／諷誦所修如件、
（差出）法印権大僧都演静敬白

七〇　某請諷誦文案　延享五年六月廿三日　一通
江戸中期　竪紙　楮紙（杉原）　三六・七糎×四九・五糎　一紙
（本文）敬白／請諷誦之事／三宝衆僧御布施一裹、／右、奉為天下泰平、風／雨順時、五穀成就、万民豊楽如件、敬白、

七一　権少僧都英春請諷誦文案　宝暦七年五月八日　一通
江戸中期　竪紙　楮紙（美濃紙）　二四・八糎×三四・六糎　一紙
（本文）敬白／請諷誦事／三宝衆僧御布施一裹、／右、為滅罪生善、悉地円満、諷誦所修如件、
（差出）権律師 少僧都 英春敬白

七二　理源大師八百五十回忌請諷誦文案　宝暦八年七月六日　一通
江戸中期　竪紙　楮紙（杉原）　三二・六糎×四四・〇糎　一紙
（書出）敬白／請諷誦事／三宝衆僧御布施／夫理源大師者、三蔵教海波涛『浩々』唇物、
（書止）尚酬徳海、利益無辺廻向『乃至妙界平等抜済』／法界、仍所修如件、
（差出）大阿闍梨法務――
（備考）朱（送仮名・傍訓・合符・註記）、墨（返点・送仮名）、

七三　少僧都某請諷誦文土代　宝暦九年七月廿一日　一通
江戸中期　竪紙　楮紙（美濃紙）　三三・三糎×四七・五糎　一紙
（本文）敬白／請諷誦事／三宝衆僧御布施一裹、／右、為滅罪生善、悉地成就／所請如件、
（差出）仏子少僧都法眼和尚位実名――
（備考）行頭左に圏印、

七四　大僧都亮運請諷誦文案　明和七年十一月九日　一通
江戸中期　竪紙　楮紙（奉書紙）　三六・五糎×四九・五糎　一紙
（端裏）和州内山永久寺上乗院大僧都亮運伝法灌頂諷誦文亮運筆
（本文）敬白／請諷誦事／三宝衆僧御布施一裹／右、為滅罪生善、悉地成
就／所請如件、敬白、
（差出）大僧都法印大和尚位亮運／敬白、

七五　大僧都成深請諷誦文土代　二通
江戸後期　竪紙　楮紙（美濃紙）
（備考）（一）・（二）一括、

（一）大僧都成深請諷誦文土代　天明四年三月廿日　一通
二七・八糎×四〇・五糎　一紙
（書出）敬白／請諷誦事／三宝衆僧〔大師〕御布施／右、迎大祖九百五十之聖忌
茶、／就弘仁給預之梵場所修如件、
（書止）然則獨尊／定散灑哀悲之法雨、必鑒通／知恩之丹棘給、敬白、
（差出）法印大僧都成深
（備考）奥に「右之通、御思召御取寄も候ハヽ、／御直し、無御遠慮候」、

（二）大僧都成深請諷誦文土代　天明四年三月廿日　一通
三三・八糎×四七・〇糎　一紙
（書出）敬白／請諷誦之事／三宝大師御布施／右、迎大祖九百五十之聖忌
茶、就弘仁給預之梵場／所修如件、
（書止）然則獨尊定散灑哀悲／之法雨、必鑒通知恩之丹／棘給、敬白、
（差出）大僧都法印成深
（備考）墨註記、

七六　弘法大師九百五十廻請諷誦文写　天明四年三月廿日　一冊
江戸後期　袋綴装　原表紙本紙共紙　楮紙（美濃紙）　三三・〇糎×一六・五糎
四紙
（書出）敬白／請諷誦事／三宝衆僧御布施／右、弘法大師性徳円満宝業無
辺渡海、伝三密之秘法、
（書止）乃至／動植群類利益平均、仍諷誦所修如件、／敬白、
（備考）外題「弘法大師九百五十廻諷誦文」、表紙「堂達師山下岳西院顕
淳」、

七七　少僧都杲助等請諷誦文案等　二通
江戸後期
（備考）（一）・（二）一括、

（一）少僧都杲助等請諷誦文案　寛政三年四月二十八日　一通
竪紙　楮紙（奉書紙）　三六・三糎×四九・五糎　一紙
（本文）敬白／請諷誦事／三宝衆僧御布施一裹、／右、為護持仏子大願成
就、諷誦所請如件、
（差出）仏子少僧都法眼杲助等敬白

（二）　少僧都杲助請諷誦文案　寛政三年四月二十八日　一通
竪紙　楮紙（高檀紙）　三九・五糎×五四・〇糎　一紙
（本文）敬白／請諷誦事／両部四曼諸尊御布施一裹、／右、為仏弟子杲助、
　払三業之妄雲、顕五智之心月、諷誦所請如件、敬白、
（差出）仏子少僧都法眼杲助敬白

七八　僧正賢賀請諷誦文案　寛延第三庚午歳十二月二日　一通
江戸中期　続紙　楮紙（美濃紙）　三一・〇糎×八〇・五糎　二紙
（書出）敬白／勧修寺宮庁／請諷誦事／三宝衆僧御布施／右、丁　長吏宮
　帥身院二品大王済深尊儀／五十回正忌、
（書止）然則／尊儀得益豈是唐捐、大王薫修誰敢間／然、凡厥功徳所及妙
　業有隣、敬白、
（差出）僧正賢賀敬白
（備考）朱（返点・送仮名・傍訓・合符）、

七九　大僧正高演請諷誦文案　寛政四年三月十八日　一通
江戸後期　竪紙　楮紙（高檀紙）　四六・四糎×六六・二糎　一紙
（本文）敬白／請諷誦事／三宝衆僧御布施一裹、／右、為滅罪生善、悉地
　成就、諷誦所修如件、敬白、
（差出）大僧正法印大和尚位高演敬白
（備考）懸紙（高檀紙、六六・〇糎×四六・〇糎、ウハ書「三摩耶戒諷誦」）、

八〇　権少僧都聖深請諷誦文案　寛政七年八月四日　一通
江戸後期　竪紙　楮紙（美濃紙）　二八・〇糎×三九・六糎　一紙
（本文）敬白／請諷誦事／三宝衆僧都布施一裹、／右、為滅罪生善、悉地
　成就、／所請如件、　敬白、
（差出）権少僧都聖深敬白

八一　大僧都澄意請諷誦文案　寛政七年十二月四日　一通
江戸後期　竪紙　楮紙（高檀紙）　四五・三糎×五八・五糎　一紙
（書出）敬白／請諷誦事／三宝衆僧御布施一裹、／右、本願聖霊天運難辞
　謝、
（書止）乃／至九界遍潤法雨、仍所請如件、
（差出）大僧都法印澄意敬白

八二　前大僧正高演請諷誦文案　寛政十二年四月六日　一通
江戸後期　竪紙　楮紙（高檀紙）　四四・八糎×六七・八糎　一紙
（書出）敬白／請諷誦事／三宝衆僧御布施一裹、／右、神変大菩薩卜本居
　於華蔵、
（書止）乃至有頂／無間同飽鑁乳、三有四生等遊阿閣、仍諷誦修如件、
（差出）前大僧正大和尚位高演敬白

八三　法眼淳禅請諷誦文案　文化九年九月六日　一通
江戸後期　続紙　楮紙（高檀紙）　四五・五糎×九三・〇糎　二紙
（書出）敬白／請諷誦事／三宝衆僧御布施　一裹、／夫以曩祖検校僧正

者、迷海之船梁・密／蔵之樞鍵也、
（書止）光明閣上本有／之月益添光、乃至法界平等利益、仍諷／誦所修如件、
（差出）法眼淳禅敬白

八四　権少僧都演寿請諷誦文案　文化九年九月二十六日　一通
江戸後期　竪紙　楮紙（高檀紙）　四五・七糎×六一・二糎　一紙
（本文）敬白／請諷誦事／三宝衆僧御布施一裹、／右、為滅罪生善、悉地成就、所請如件、
（差出）権少僧都演寿敬白

八五　大僧都淳心請諷誦文案　文政四年九月廿日　一通
江戸後期　竪紙　楮紙（美濃紙）　二八・〇糎×四〇・二糎　一紙
（本文）敬白／三宝衆僧御布施　一裹、／右、為滅罪善〔生〕善、悉地成就、／所請如件、敬白、
（差出）大僧都法印淳心敬白

八六　座主前大僧正高演請諷誦文土代　文政七年四月廿一日　一通
江戸後期　竪紙　楮紙（高檀紙）　四七・六糎×六一・八糎　一紙
（端裏）灌頂院准后御忌諷誦案
（本文）敬白／請諷誦事／三宝衆僧御布施／右〇奉為過去〇灌頂院准三宮前法務大僧正尊霊増進仏果、／諷誦所修如件、
（差出）座主〇（前大僧正高演）敬白

八七　仏子定演請諷誦文案　文政十年三月二十七日　一通
江戸後期　竪紙　楮紙（奉書紙）　四一・七糎×六五・〇糎　一紙
（端裏）諷誦文案文政十三二十七
（本文）敬白／請諷誦事／三宝衆僧御布施一裹、／右、為滅罪生善、悉地成就、所／請如件、敬白、
（差出）仏子定演敬白

八八　大僧都教助奉総法務宮庁請諷誦文写　天保四年二月廿一日　一通
江戸後期　竪紙　楮紙（杉原）　三一・五糎×四四・八糎　一紙
（書出）総法務宮庁／請諷誦事／三宝衆僧御布施麻布五十端、／夫巍々心殿高掲四曼妙相赫々日宮長／結三密秘印、
（書止）国家／安穏、民庶豊饒、乃至大千利益無差、／仍諷誦所請如件、
（差出）大僧都教助奉

八九　大僧都亮恕請諷誦文写　天保四年二月廿一日　一通
江戸後期　竪紙　楮紙（杉原）　三一・五糎×四四・八糎　一紙
（端裏）如形紛雑先烏渡写候而上候、たれかニ改写被仰付可被下候、
（書出）敬白／請諷誦事／三宝衆僧御布施／高祖大師千年之忌辰已迫明歳、
（書止）宗派更／盛国祚益永、仍諷誦所請如件、
（差出）大僧都亮恕奉

九〇　某請諷誦文案　天保十年六月日　一通
江戸後期　竪紙　楮紙（奉書紙）　三三・三糎×四四・六糎　一紙
（本文）敬白／請諷誦事／三宝衆僧御布施一褁、／右、奉為天下泰平、五穀成就、／万民豊楽、所請諷誦如件、

九一　某請諷誦文案　天保十二年六月日　一通
江戸後期　竪紙　楮紙（奉書紙）　三二・二糎×四四・三糎　一紙
（本文）敬白／請諷誦事／三宝衆僧御布施一褁、／右、奉為天下泰平、五穀成就、／万民豊楽、所請諷誦如件、

九二　某請諷誦文土代　維持明治三十年六月　一通
明治時代　竪紙　楮紙（杉原）　三八・四糎×五三・三糎　一紙
（書出）敬白諷誦請之事／伏惟生死無常則沙婆之掟也、
（書止）速往請／密厳国土宝刹、安住本有常住宮殿、
（備考）墨註記、

九三　某請諷誦文書止シ等　七通
（備考）（一）～（七）一括、

（一）　某請諷誦文書止シ　（年月日未詳）　一通
安土桃山時代　竪紙　漉返紙　三二・二糎×四四・五糎　一紙
（書出）敬白／請諷誦事／三宝衆僧御布施／右、尊霊去有待之境、入常住／之台以来、
（書止）則恭《忽》驚諸仏界会／之高聴、

（二）　理源大師八百年忌請諷誦文案　（年月日未詳）　一通
江戸中期　竪紙　後欠　楮紙（奉書紙）　三〇・五糎×四五・二糎　一紙
（端裏）此諷誦理源大師八百年忌ニ余新ニ認之也、
（書出）敬白／請諷誦事／三宝衆僧御布施／右、理源大師／恵日雖止光余耀猶耀于万葉、
（文尾）定驚自在宮之聖衆／将及摩尼殿之道場／乃至沙界　平等普利、
（備考）墨（返点・送仮名・合符）、

（三）　某請諷誦文案　（年月日未詳）　一通
江戸前期　竪紙　後欠　楮紙（杉原）　二八・五糎×四三・〇糎　一紙
（書出）敬白／請諷誦事／三宝衆僧御布施／右―――、／今年一十有三廻光陰若夢、人生三万六千日　迅晷転頭、
（文尾）又思存日不見貴栄、／風樹之悲料《断》腸、／秋梧之声徹骨、
（備考）墨（返点・送仮名・傍訓・合符）、

（四）　某作善表白案　（年月日未詳）　一通
江戸前期　竪紙　後欠　楮紙（杉原）　二八・六糎×三七・五糎　一紙
（書出）敬白／所修善根甄録次第／「奉造立　大日如来三摩耶形、」／奉修理趣三昧一座、／奉頓写《書》　妙法蓮華経一部、
（文尾）誠胞胎掬育之／乳養労苦於身心疲渇、只是眼前懇志哀慟也、呵／嘖庭訓之教導、囂嗔起居緩急、併亦将来出身、

（備考）墨註記、

（五）誦経導師表白土代　（年月日未詳）　一通

室町前期　竪紙　後欠　楮紙（杉原）　三二・三糎×二六・二糎　一紙

（端裏）誦経導師土代

（書出）伝法誦経導師／敬白真言教主大日如来金剛界会／三十七尊九会
曼荼羅諸尊聖衆并ニ大悲台蔵八葉蓮台十三大会ーー、

（文尾）先以／十派羅密之教説／□地之遷登也、久遠、

（備考）墨（送仮名・傍訓・註記・合点）、隆源筆、

（六）某方法会次第書付　（年月日未詳）　一通

室町前期　折紙　楮紙（杉原）　二六・五糎×四五・〇糎　一紙

（書出）諷誦／諷誦ヲ取テ金三丁、／読了金丁、／発願／已心発願　諷誦
□力、

（書止）法門／□□下／護持諸徳所願成／就ノ為ニ／一切普誦丁四五行
読之、／心経金丁経ヲ□了、

（備考）隆源筆、

（七）誦経導師表白　（年月日未詳）　一通

室町前期　続紙　後欠　楮紙（杉原）　三一・〇糎×五六・六糎　二紙

（端裏）誦経用也、

（書出）誦経導師／敬白真言教主大日如来金剛界会／卅七尊九会万タラ
諸尊聖衆并ニ／大悲台蔵八葉蓮台十三大会ーー、

（文尾）補当寺貫長列、／掌三皇之叡願、／備本流正統所、／専烈祖之遺
法、／是以

（備考）墨（返点・送仮名・合符・註記・頭点・合点）、隆源筆、

九四　根本尊師聖宝祭文写　（年月日未詳）　一通

室町後期　竪紙　斐紙（鳥の子）　三二・九糎×四八・九糎　一紙

（端裏）尊師祭文進之箱　無量寿院

（書出）諸徳三礼／維文和三年七月六日、醍醐寺門葉欽讋月国／漢地密教
祖師之霊而言、夫崇山海者也、

（書止）仍謹／備茶薬之饌、庶幾照察微志、尚饗、

（差出）然可

（備考）奥書「戒光院自賀茂伝来之本、以之光台院有書写之、然者尊師ノ
御表白已下／取合有之、来忌日可有勤行之由、荒増有之、仍此可
書写／之被命、已下其次書損留之、／永正六年六月廿四日　然
可」、墨（返点・送仮名・傍訓・合符・註記・博士点）、

九五　東寺御影供祭文　（年月日未詳）　一通

南北朝時代　竪紙　楮紙（檀紙）　三二・三糎×四六・四糎　一紙

（書出）□徳三礼／維延文五年三月廿一日　日本国東寺沙門某／敬以香
茶之奠、供于累代阿闍梨耶之霊、

（書止）宜巨山海為心莫恡塵露之志、庶幾／臨鑒照知微裏衷、尚饗、

（備考）朱（句切点・註記）、墨（返点・送仮名・註記）、裏打スミ、

九六　御影供祭文写　（年月日未詳）　一通

室町前期　続紙　楮紙（杉原）　九一・二糎×二七・八糎　三紙

（端裏）祭文

（書出）諸徳三礼／維ーーー年三月二十一日、日本国／東寺沙門ム甲敬以
香茶之奠、供于／累代阿闍梨耶之霊、

（書止）宜／巨山海為心莫恠塵露之志、庶幾／臨鑒照知微衷、尚饗、

（備考）奥書「応安弐年十月　日／於金剛輪院書写畢」、第一紙・第二紙
裏打スミ、挿入紙三紙（美濃紙、三〇・四糎×二〇・三糎、三〇・三糎×二四・
九糎、三〇・三糎×二四・七糎）、墨（返点・送仮名・声点・傍訓・合符・
句切点・博士点）、

九七　御影供祭文写　（年月日未詳）　一通

江戸後期　竪紙　泥間似合　三三・八糎×四四・八糎　一紙

（書出）諸徳三礼／維々々々（応安四）年三月二十一日、日本国東寺沙門ム甲敬以香
茶之奠、供于累代／阿闍梨耶之霊、

（書止）宜以山海為心莫恠塵露之志、庶／幾臨監照（マヽ）知微衷『志』、尚饗、

（備考）朱註記、墨（返点・送仮名・傍訓・博士点）、

九八　御影供祭文　文明六年三月三日　一通

室町中期　続紙　楮紙（杉原）　二九・二糎×七〇・〇糎　二紙

（書出）諸□□（徳三）礼／維文明六年三月□（二）十一日、沙門□□／謹敬以香茶之
奠、供累代阿闍梨耶／之霊、

（書止）宜以山海為心莫／恠塵露之志、庶幾臨監照知裏（マヽ）（衷）、／尚饗、

（備考）奥書「文明六年三月三日為小将公俄書之、宗典／公我」、奥に「燈」、
墨（返点・送仮名・傍訓）、

九九　御影供祭文　天文三年三月　一通

室町後期　続紙　斐紙（鳥の子）　二四・五糎×九五・〇糎　二紙

（書出）諸徳三礼／維某年三月廿一日、沙門／欽讐月国漢地密教祖師之霊
而／言、夫崇山海者也、

（書止）以加蓮葉宝台之／餝仰願両部諸尊八大祖師、明／照懇情之内濃、
莫恠気味之／疎、尚饗、

（備考）奥書「天文三年三月日、雖憚悪筆、依所望／書写之、且相当高祖
七百年忌之條、為／報恩謝徳、不顧後覧、謹馳禿毫了、／東大寺
前眼代兼善法寺住金資照海書之」、糊離れ、

一〇〇　御影供祭文　（年月日未詳）　一通

江戸中期　竪紙　斐紙（鳥の子）　三三・〇糎×四九・四糎　一紙

（書出）諸徳三礼／維弘治二年三月二十一日、日本国東寺沙門敬以□（香）／茶
之奠、供于累代阿闍梨耶之霊、

（書止）宜以山海為心莫恠塵露之志、庶幾臨鑒照／知微衷、尚饗、

（備考）朱（返点・送仮名・合符・句切点）、墨（声点、博士点）、

一〇一　藤原定好先妣心光院祭文案　明暦元年秋七月廿三日　一通

江戸前期　竪紙　漉返紙　三一・〇糎×四六・五糎　一紙

（書出）先妣心光院五十箇回之忌辰、当今／歳七月廿三日也、即今帰依慈

眼禅寺松／翁和尚、
(書止) 先妣／跋黄梁夢拈一片香／霊廟前、
(差出) 定好

一〇二　藤原定好後光明院一周忌祭文　明暦元年秋九月廿日　一通
江戸前期　竪紙　楮紙 (奉書紙)　三一・五糎×四七・〇糎　一紙
(書出) 先帝後光明院当一周忌下給／院宣、召萬年一山大衆、令観音懺法読之、
(書止) 一忌回猶宮様空秋来感旧意、／仲々涙痕滴憶、聴琴筑鈸鼓代／声金闕中、
(差出) 藤原定好拈香泣拝

一〇三　根本尊師僧正七百五十回忌祭文案 (年月日未詳)　一通
江戸前期　竪紙　楮紙 (奉書紙)　三一・五糎×四四・二糎　一紙
(書出) 維明暦四載七月上澣、正当醍醐寺開基／根本尊師僧正之七百五十載、遠孫僧某／等謹以匏羞盞茶爐薫之奠、祭于／祖壇之前曰、
(書止) 時維／孟秋当師忌日、斯設法席、薄薦豆実、／尊師其尚饗、
(備考) 墨 (返点・送仮名・傍訓)、

一〇四　御影供祭文写 (年月日未詳)　一通
江戸前期　続紙　斐紙 (鳥の子・雲母引)　三三・五糎×七〇・〇糎　二紙
(書出) 諸徳三礼／維々々々年三月二十一日、日本国東寺／沙門ム甲敬以香茶之奠、供于累代阿／闍梨耶之霊、
(書止) 庶幾臨鑒照知微哀〔衷〕尚饗、
(備考) 奥書「寛文四辰年三月中旬日老眼書之」、押界 (天地、界高二六・〇糎)、糊離れ、

一〇五　御影供祭文写 (年月日未詳)　一通
江戸前期　竪紙　楮紙 (奉書紙)　三一・四糎×四八・七糎　一紙
(書出) 諸徳三礼／維、、、年七月六日、醍醐寺門葉欽讐月国／漢地密教祖師之霊而言、夫崇山海者也、
(書止) 仍謹備茶薬之饌、庶幾照／察微志尚饗、
(備考) 奥に「寛文六年六月廿二日侍従大法師隆弁十三才／為稽古与之」、押界 (界高二六・一糎、界幅三・〇糎)、墨 (返点・傍訓・博士点)、朱書入、

一〇六　御影供祭文写 (年月日未詳)　一通
江戸中期　続紙　楮紙 (奉書紙)　四四・二糎×六三・〇糎　二紙
(端裏) 祭文三月十八日、
(書出) 諸徳三礼／維々々々三月二十一日、日本国東寺沙門某甲敬以香／茶之奠、
(書止) 宜以山海為心莫忮／塵露之忘、庶幾臨鑒照知微衷尚饗、
(備考) 奥書「右之本者、宝幢院隆弁借用申候而、令書写者、／于時延宝九辛酉年／三月朔日　宰相大法師広遍生年二八才」、墨博士点、

一〇七　御影供祭文写　（年月日未詳）　一通
江戸中期　続紙　楮紙（美濃紙）　二九・〇糎×五八・四糎　二紙
（書出）諸徳三礼／維慶安三年三月二十一日、沙／門某甲謹備仙菓之礼奠、跪供／祖師之霊堂、
（書止）庶幾幽覧照察微志「（貼紙）尚饗、」
（備考）墨（返点・送仮名）、

一〇八　御影供祭文写　（年月日未詳）　一通
江戸中期　竪紙　楮紙（杉原）　三〇・二糎×四三・七糎　一紙
（端裏）祭文　三月御影供
（書出）諸徳三礼／維々々々年三月二十一日、日本国東寺沙門某甲敬以香茶《茶》之奠、
（書止）庶幾臨鑒照知微衷、尚／饗、
（備考）奥書「右、密乗院権律師賢澄以御本書之、ジヨミノタメ／書トメヲクモノ也、／爾時天和三亥ノ三月九日弥勒院信栄」、墨（返点・傍訓）、

一〇九　御影供祭文写　（年月日未詳）　一通
江戸中期　続紙　楮紙（奉書紙）　一九・二糎×八九・八糎　二紙
（端裏）俊存之
（書出）諸徳三礼／維元禄五年七月六日、醍醐／寺門葉、欽讋白月国漢／地密教祖師之霊而言、夫／崇山海者也、
（書止）仍謹備茶薬之饌、／庶幾照察微志、尚饗、
（備考）奥書「元禄五歳七月日　俊存之、／円明院祐誉之以本尼子氏写之者也」、墨（返点・送仮名・合符・博士点）、

一一〇　御影供祭文写　（年月日未詳）　一通
江戸中期　竪紙　泥間似合　三八・五糎×四九・六糎　一紙
（端裏）御影供祭文『小野方』不及伝受也、
（書出）諸徳三礼／維正徳三年正月二十一日、沙門某甲謹備／仙菓之礼奠、
（書止）庶幾幽覧照察／微志、尚饗、
（備考）墨（返点・送仮名・博士点）、

一一一　御影供祭文写　（年月日未詳）　一通
江戸中期　竪紙　斐紙（雁皮紙）　三七・〇糎×五三・〇糎　一紙
（書出）諸徳三礼／維々々々七月六日、醍醐寺沙門葉欽讋白月／国漢地密○《教》祖師之霊而言、夫崇山海者也、
（書止）仍謹備茶薬／之饌、庶幾照察微志、尚饗、
（備考）奥書「宝暦七年夷則　定観之」、朱（返点・送仮名・傍訓・博士点）、

一一二　御影供祭文写　（年月日未詳）　一通
江戸中期　続紙　楮紙（美濃紙）　二七・八糎×七〇・〇糎　二紙
（書出）諸徳三礼／維々々々年三月二十一日、日本国東寺沙門／敬以香茶之奠、

(書止)庶幾臨鑒照知微裏〔衷〕、尚饗、

(備考)奥書「右、御本書者、成身院法印大僧都賢春／以御本、令書写之畢、／于時明和六己丑年二月中旬、仏眼院権大僧都定観」、朱(返点・傍訓)、墨博士点、

一一三　御影供祭文写　寛政九年三月十二日　一通

江戸後期　竪紙　楮紙(奉書紙)　三六・七糎×五〇・〇糎　一紙

(書出)諸徳三礼／維々々年三月二十一日、日本国東寺沙門某甲／敬以香茶之奠、

(端裏)祭文　理取

(書止)庶幾臨鑒照知微衷、尚饗、宜、

(差出)仏子常観

(備考)押界(界幅一・五糎)、朱(返点・合符)、墨(返点・送仮名・声点・博士点)、

一一四　御影供祭文写　(年月日未詳)　一通

江戸後期　竪紙　斐紙(鳥の子)　三六・〇糎×四六・二糎　一紙

(書出)諸徳三礼／維々々年三月二十一日、日本国東寺沙門某甲／敬以香茶之奠、

(書止)庶幾臨鑒照知微衷、尚饗、

(備考)奥書「文政十三年二月廿八日、依権律師演永所用書写之」、朱(返点・傍訓)、墨(傍訓・博士点)、

一一五　善无畏三蔵供祭文案　(年月日未詳)　一通

江戸後期　竪紙　斐紙(鳥の子)　四一・二糎×五三・五糎　一紙

(端裏)善元畏三蔵

(書出)諸徳三礼／維天保四年二月七日、醍醐寺門葉同音龍言両／部三宝護法天等言、

(書止)仍備茶薬饌、庶照察微志、尚饗、

(備考)緑界(界高三七・八糎、界幅二・六糎)、

一一六　金剛智三蔵供祭文案　(年月日未詳)　一通

江戸後期　竪紙　斐紙(鳥の子)　四〇・〇糎×五三・〇糎　一紙

(端裏)金剛智三蔵祭文

(書出)諸徳三礼／維天保十四年八月十五日、醍醐寺門葉敬以香茶之奠、

(書止)庶幾照知微志尚饗、

(備考)緑界(界高三七・六糎、界幅二・七糎)、

一一七　善無畏三蔵供祭文案　(年月日未詳)　一通

江戸後期　竪紙　楮紙(奉書紙)　三六・五糎×四八・〇糎　一紙

(端裏)善無畏三蔵

(書出)諸徳三礼／維天保十五年二月七日、醍醐寺門葉同音龍言両部三宝護／法天等、

(書止)仍／備茶薬饌、照察微志尚響〔饗〕、

(備考)奥に「饗」、

一一八　善無畏三蔵供祭文書止シ等　二通

江戸後期

（備考）（一）・（二）一括、

（一）善無畏三蔵供祭文書止シ　（年月日未詳）　一通

竪紙　斐紙（鳥の子）　四〇・六糎×三三・〇糎　一紙

（書出）諸徳三礼／維天保十五年二月七日、醍醐寺門葉同音龍言／両部三
宝護法天等言、

（書止）受瓶水、豈報恩酬徳哉、夫無畏三蔵者開

（備考）習書、

（二）善無畏三蔵供祭文写断簡　（年月日未詳）　一通

切紙　斐紙（鳥の子）　三九・八糎×二〇・六糎　一紙

（書出）諸徳三礼／維天保十五年二月七日、醍醐寺門葉同音龍言両部／三
宝護法天等言、

（書止）開後／仏国欲満大慈願弃宝位入道林龍智和尚之、

（備考）紙背に界線あり、

一一九　不空三蔵供祭文写　（年月日未詳）　一通

江戸後期　竪紙　斐紙（鳥の子）　四〇・五糎×三三・〇糎　一紙

（端裏）不空三蔵

（書出）諸徳三礼／維天保十五年六月十五日、醍醐寺門葉欽白月国漢地／
密教阿闍梨耶霊言、

（書止）以仍香茶之奠、奉／供尊容、庶幾臨鑒微志尚饗、

（備考）墨点（返点・送仮名・博士点）、

一二〇　龍智阿闍梨耶供祭文写　二通

江戸後期

（備考）（一）・（二）一括、

（一）龍智阿闍梨耶供祭文写　（年月日未詳）　一通

竪紙　斐紙（鳥の子）　四〇・七糎×三三・二糎　一紙

（書出）諸徳三礼／維天保十五年七月一日、醍醐寺門葉敬以香茶／之奠供
于累代祖師霊、惟龍智阿闍梨耶者、

（書止）爰仏子等因難堪／之感以翘如在之誠、庶幾臨鑒令納受／微哀給尚
饗、

（二）龍智菩薩祭文写　（年月日未詳）　一通

竪紙　楮紙（杉原）　三六・二糎×四八・〇糎　一紙

（端裏）龍智菩薩祭祭文

（書出）諸徳三礼／維天保十五年七月一日、醍醐寺門葉敬以香茶／之尊〔奠カ〕、
供累代祖師霊、惟龍智阿闍梨耶者、

（書止）爰仏子等因難堪感以翘如在之誠、庶幾臨鑒令納／受微哀給尚饗、

（備考）奥書「竜智菩薩祭文元和元年七月朔日　依当用、早率記之、（梵字）七十有五、／天保七年」、

一二一　金剛智三蔵供祭文写　（年月日未詳）　一通
江戸後期　竪紙　斐紙（鳥の子）　四〇・二糎×五一・七糎　一紙
（書出）諸徳三礼／維天保十五年八月十五日、醍醐寺門葉敬以香茶之
奠、／供于累代阿闍耶霊、惟（梵字）三蔵者、
（書止）爰仏子等不堪難堪之感、以／翹如在之誠、遮〔庶〕幾照知微志尚饗、
（備考）墨（返点・送仮名・註記・博士点）、

一二二　那伽閼頼樹那菩薩供祭文写　二通
江戸後期
（備考）（一）・（二）一括、

（一）那伽閼頼樹那菩薩供祭文写　（年月日未詳）　一通
竪紙　斐紙（鳥の子）　四〇・〇糎×五三・〇糎　一紙
（書出）諸徳三礼／維天保十五年十月十八日、醍醐寺門葉敬以香茶之
奠、／奉大祖菩薩霊供養、
（書止）仍慇懃励茶敬、誠奉備六〇〔種供〕養必垂／哀愍尚饗、

（二）那伽閼頼樹那菩薩供祭文写　（年月日未詳）　一通
竪紙　楮紙（奉書紙）　三五・七糎×四八・〇糎　一紙
（書出）諸徳三礼／維天保十五年十月十八日、醍醐寺門葉敬以香茶之奠、
奉大祖／菩薩霊供養、
（書止）豈仏子等、誰報恩酬徳、仍慇懃励茶敬、誠奉備六種／供養、必垂
哀愍尚饗、

（備考）奥書「依衆許今春始二月六日、奉供養八代高祖／忌日、雖率卒爾
為初心新登発意／此祭文粗行状之万一記、重而勘考可／取捨者
也、／天保七」、

一二三　一行阿闍梨供祭文写　二通
江戸後期　竪紙　斐紙（鳥の子）
（備考）（一）・（二）一括、

（一）一行阿闍梨供祭文写　（年月日未詳）　一通
四〇・〇糎×五三・〇糎　一紙
（端書）一行禅師祭文〈十月十八日〉祭文　祭　祭文
（書出）諸徳三礼／維天保十五年十月八日、醍醐寺門葉敬次香茶之／奠、
供于累代阿闍梨耶霊、惟沙門一行阿闍梨／者、金剛智三蔵之法化
也、
（書止）仍奉／礼真容盡如才誠、遮幾照察微志尚饗、
（備考）奥に「金剛智　一行禅師　竜猛菩薩　龍智菩薩／不空三蔵　善无
畏三蔵　一行禅師　恵果阿闍梨／高法　弘法大師　理源大師
憲深　淳覚／淳心」、

（二）一行阿闍梨供祭文写　（年月日未詳）　一通
後欠　四〇・六糎×五三・六糎　一紙
（書出）諸徳三礼／維天保十五年十月八日、醍醐寺門葉敬以香茶之／尊
供、于累代阿闍梨耶霊、惟沙門一行阿／闍梨者、金剛智三蔵之法

化也、
（文尾）仏国満大慈願、令蒙訳大恵／禅師一代行業難述、可仰可貴、豈報
恩酬徳、仍真容

一二四　那伽閼頼樹那菩薩供祭文写　（年月日未詳）　一通
江戸後期　竪紙　斐紙（鳥の子）　四〇・六糎×三三・九糎　一紙
（書出）諸徳三礼／維天保、、十月十八日、醍醐寺門葉敬以香茶之／奠、
奉大祖菩薩霊供養、
（書止）則入南天鐵塔中親授金剛薩埵灌頂誦、／持此秘密、最上漫茶羅教、
（備考）天一部破損、

一二五　慧果阿闍梨供祭文写　（年月日未詳）　一通
江戸後期　竪紙　楮紙（奉書紙）　三六・五糎×四七・八糎　一紙
（書出）諸徳三礼／維天保十五年十二月十五日、醍醐寺門葉敬白、以香茶
之奠、奉供于／累代阿闍梨耶之霊、夫不滅者也、
（書止）遮庶幾／鑒鑑臨照察微哀尚饗、

一二六　慧果阿闍梨供祭文写　二通
江戸後期　竪紙　斐紙（鳥の子）
（備考）（一）・（二）一括、
（一）慧果阿闍梨供祭文写　（年月日未詳）　一通
四〇・四糎×三三・〇糎　一紙
（書出）諸徳三礼／維天保、、年十二月十五日、醍醐寺門葉敬白、以香茶
之奠、／奉供于累代阿闍梨耶霊、夫不滅者也、
（書止）庶幾臨鑒照察微哀尚饗、
（備考）地部一部破損、本文紙背にわたる、
（二）慧果阿闍梨供祭文写　（年月日未詳）　一通
四〇・五糎×三三・八糎　一紙
（書出）諸徳三礼／維天保、、年十二月十五日、醍醐寺門葉敬白、以香
茶／之奠、奉供于累代阿闍梨耶霊、夫不滅者也、
（書止）庶幾臨鑒照察微哀尚饗、

一二七　七祖御影供祭文集　一冊
江戸後期　袋綴装　楮紙（美濃紙）　二六・〇糎×二〇・二糎　十紙
（備考）①〜⑥書継、
①七祖御影供祭文写　（年月日未詳）
（書出）諸徳三礼／維弘化二年十月十八日、醍醐寺門葉敬／以香茶之奠、
奉大祖菩薩霊供養、
（書止）奉備六／種供養必垂哀愍尚饗、
②七祖御影供祭文写　（年月日未詳）
（書出）諸徳三礼／維弘化二年七月一日、醍醐寺門葉／敬以香茶之奠、供
于累代祖師／霊、

（書止）庶幾臨監〔鑒カ〕令納受微哀給尚／饗、

③七祖御影供祭文写　（年月日未詳）

（書出）諸徳三礼／維弘化二年八月十五日、醍醐寺門葉／敬以香茶之奠、
供于累代阿闍／梨耶霊、

（書止）庶幾照知／微志尚饗、

④七祖御影供祭文写　（年月日未詳）

（書出）諸徳三礼／維弘化二年六月十五日、醍醐寺／門葉欽白月国漢地密
教阿／闍梨耶霊、

（書止）奉供尊容、庶幾臨鑑／微志尚饗、

⑤七祖御影供祭文写　（年月日未詳）

（書出）諸徳三礼／維弘化二年二月七日、醍醐寺門／葉同音龍言両部三宝
護／法天等言以者三世之如来者、

（書止）爰諸徳等機感熟縁印璽学／訓、仍備茶薬饌、照察微志尚／饗、

⑥七祖御影供祭文写　（年月日未詳）

（書出）諸徳三礼／維弘化二年十月八日、醍醐寺門葉／敬以香茶之尊〔奠カ〕、供
于累代阿闍／梨耶霊、

（書止）仍奉礼真容／尽如才誠、庶幾照察微志尚／饗、

一二八　善無畏三蔵供祭文案　（年月日未詳）　一通

江戸後期　続紙　楮紙（美濃紙）　三二・一糎×五九・一糎　二紙

（書出）諸徳三礼／維弘化四年二月七日、醍醐寺門葉同青龍言両部／三宝
護法天等言、

（書止）爰諸徳等機／感熟縁印璽学訓、仍備茶薬饌、照察／微志尚饗、

（備考）墨（返点・送仮名・傍訓・博士点）、

一二九　真言祖師供祭文　（年月日未詳）　一通

江戸後期　続紙　楮紙（美濃紙）　二七・六糎×八三・五糎　三紙

（書出）諸徳三礼／維嘉永二年六月六日、醍醐寺門葉／欽龔白月国漢地密
教祖師之霊而言、

（書止）仍謹備茶薬饌、庶幾照察微志尚饗、

（備考）墨（返点・送仮名・傍訓・博士点）、

一三〇　善無畏三蔵供祭文写等　七通

江戸後期　竪紙

（備考）（一）～（七）一括

（一）　善無畏三蔵供祭文写　嘉永三年仲春上旬　一通

楮紙打紙　二六・〇糎×四一・〇糎　一紙

（書出）諸徳三礼／維嘉永三年二月七日、日本国醍醐寺沙門等同音／言、
夫以三世之如来、

（書止）設微少礼奠、／仰請垂納受尚饗、

（備考）奥書「嘉永三年仲春上旬、以僧正光心本令書写訖、／権大僧都演護」、朱（送仮名・傍訓・合符・句切点・博士点）、墨博士点、

（二）不空三蔵供祭文案　嘉永三年林鐘　一通

楮紙打紙　二四・六糎×三八・〇糎　一紙

（端裏）不空三蔵六月十六日、同十四日引上、

（書出）取抜花金二打、　諸徳三礼／維嘉永三年六月十五日、日本国醍醐寺沙門等／以香茶奠、敬供于大弁正広智不空金剛闍梨之霊、

（書止）臨徳海之深、謹迎忌辰、纔設祭薦、／伏乞垂照臨尚饗、

（備考）奥書「嘉永三年林鐘草之畢、金剛桑演護識」、墨（返点・送仮名・傍訓・博士点）、

（三）龍智菩薩供祭文写　嘉永三年仲春上旬　一通

楮紙打紙　二五・一糎×三八・八糎　一紙

（端裏）龍猛第子（マヽ）龍智菩薩祭文七月朔日、同月十六日延在之、

（書出）諸徳三礼／維嘉永三年七月一日、日本国醍醐寺沙門等敬供密／教第二祖之霊、

（書止）仍而謹備香茶之奠、以表祭薦之儀、庶幾／照察微志尚饗、

（備考）奥書「嘉永三年仲春上旬、今般／以光心僧正本令書写訖、権大僧都演護識」、墨（返点・送仮名・傍訓・博士点）、

（四）一行阿闍梨供祭文写　嘉永三年中夏　一通

斐紙（鳥の子）　二五・二糎×三九・二糎　一紙

（端裏）一行阿闍梨祭文十月十八日、同月二日引上之、

（書出）諸徳三礼／維嘉永三年十月八日、醍醐寺門葉敬以香茶／奠、供累代祖師之霊、

（書止）仍而／迎忌辰礼真容至深心備微供、幾照察尚饗、

（備考）奥書「嘉永三年中夏書写畢、桑門演護」、墨（送仮名・傍訓・合符・博士点）、

（五）那誐閼頼樹那菩薩供祭文写　嘉永三年仲春初二　一通

斐紙（鳥の子）　二六・五糎×三八・八糎　一紙

（端裏）龍猛菩薩祭文十月十八日、

（書出）諸徳三礼／維嘉永三年十月十八日、日本国醍醐寺苾蒭／等、謹奉供大祖那誐閼頼樹那菩薩之影像、

（書止）宜／深信礼、敬爰迎諱日、纔設少供、仰願垂照臨尚饗、

（備考）奥書「嘉永三年仲春初二書写訖、権大僧都演護識」、墨（返点・送仮名・傍訓・博士点）、

（六）恵果阿闍梨供祭文写　嘉永三年二月初旬　一通

斐紙（鳥の子）　二四・九糎×三八・二糎　一紙

（端裏）恵果祭文十一月十五日、

（書出）諸徳三礼／維嘉永三歳十二月十五日、日本国醍醐寺沙門謹／以□奠□□□食之饌、敬献第七祖師大唐／之恵果阿闍梨、

（書止）式備祭奠仰請尊霊、宜通照鑒尚饗、

（備考）奥書「嘉永三年二月初旬、以光心僧正所持草書写訖、十一月十五

日／恵果御影供令勤行シ、并俊賢正忌、仍而表白被行ト云々」、
朱（送仮名・博士点）、墨（送仮名・傍訓・博士点）、虫損、

（七）金剛智三蔵供祭文写　嘉永四年八月十日　一通
泥間似合　二五・七糎×三六・三糎　一紙
（書出）諸徳三礼／維、、、年八月十五日、醍醐寺門葉敬以香茶之奠、／
于累代阿闍梨耶霊、
（書止）奉受五部灌頂、諸仏秘密之明蔵、爰仏子等不／堪難堪之感、以翹
如在之誠、庶幾照知微志尚饗、
（備考）奥書「于時嘉永四年仲秋十日、以光心僧正本文、於／円明院南窓
令書写訖、権大僧都演護」、具引に墨で訂正、墨送仮名、

一三一　真言七祖供祭文案　（年月日未詳）　一通
江戸後期　巻子装　楮紙打紙　二五・〇糎×五三・五糎　一紙
（書出）諸徳三礼／維慶應四年六月六日、醍醐寺門葉／欽襲白月国漢地密
教祖師之霊、而／言夫崇山海者也、
（書止）縦碎身粉骨、豈報恩酬徳乎、仍／謹備茶薬之饌、庶幾照察微志尚
饗、
（備考）黒塗切軸、押界（界高二一・二糎、界幅一・五糎）、朱（返点・送仮名・
傍訓・合符・註記・博士点）、擦消の上に訂正、裏打スミ、

一三二　龍智菩薩供祭文案等　十通
江戸後期　竪紙

（備考）（一）～（一〇）一括、

（一）龍智菩薩供祭文案　弘化三丙之初秋　一通
楮紙打紙　三〇・五糎×三〇・五糎　一紙
（端裏）龍智菩薩祭文七月朔日、同月十六日延在、
（書出）諸徳三礼／維弘化三年七月一日、日本国醍醐寺沙門等敬供密／教
第二祖之霊、
（書止）仍而謹備香茶之奠、以表祭薦之儀、庶幾照察微／志尚饗、
（備考）奥書「弘化三丙午之初秋草之書以与按察使僧都者也、金剛仏子
光心」、墨（返点・傍訓・送仮名・博士点）、包紙（美濃紙、二七・
七糎×一三・〇糎、ウハ書「龍智祭文」）、

（二）一行阿闍梨供祭文案　弘化三丙午秋　一通
斐紙（鳥の子）　三〇・六糎×三二・〇糎　一紙
（端裏）一行闍梨祭文十月八日、同月二日引上、／彌
（書出）諸徳三礼／維弘化三年十月八日、醍醐寺門葉、敬以香／茶奠、供
累代祖師之霊、
（書止）仍而迎忌辰、礼真容至深心備微／供、幾照察尚饗、
（備考）奥書「弘化三丙午秋九月草之、僧正光心」、墨（返点・送仮名
・傍訓・博士点）、包紙（美濃紙、二八・〇糎×一五・六糎、ウハ書「一
行祭文」）、

（三）不空三蔵供祭文写　元治元年六月　日　一通

斐紙（鳥の子）　三〇・二糎×四三・六糎　一紙
（端裏）不空三蔵　祭文
（書出）諸徳三礼／維元和元年六月十五日、日本国醍醐寺沙門等、以香／
茶奠、敬供于大辨正廣智不空金剛闍梨之霊、
（書止）臨徳海之深、謹／迎忌辰、纔設祭薦、伏乞垂照臨尚饗、
（備考）奥書「元治元年六月日写之、演心」、墨（返点・送仮名・合符・
博士点）、包紙（美濃紙、三一・五糎×一六・四糎、ウハ書「六月十五日／
不空三蔵祭文／俊忍」）、

（四）善無畏三蔵供祭文案　（年月日未詳）　一通
楮紙打紙　三〇・六糎×四三・七糎　一紙
（端裏）善無畏三蔵祭文二月七日、
（書出）諸徳三礼／維弘化三年二月七日、日本国醍醐寺沙門等／同音言、
夫以三世之如来、雖苦修練行、
（書止）仍今膺忌辰、設微少礼奠、仰請／垂納受尚饗、
（備考）朱（返点・合符・句切点）、墨（送仮名・声点・傍訓・博士点）、
包紙（美濃紙、二七・八糎×一三・二糎、ウハ書「善無畏祭文」）、

（五）龍猛菩薩供祭文案　（年月日未詳）　一通
楮紙打紙　二九・六糎×三〇・二糎　一紙
（端裏）龍猛祭文十月十八日、
（書出）諸徳三礼／維弘化三年十月十八日、日本国醍醐寺苾蒭等／謹奉供
大祖那誐閼頼樹那菩薩之影像、
（書止）爰迎／諱日、纔設少供、仰願垂照臨尚饗、
（備考）墨（返点・送仮名・傍訓・合符・博士点）、包紙（奉書紙、三一・〇
糎×二〇・六糎、ウハ書「龍猛祭文」）、

（六）恵果阿闍梨供祭文案　（年月日未詳）　一通
楮紙打紙　二九・〇糎×三六・三糎　一紙
（端裏）十一月十五日／恵果之祭文
（書出）諸徳三礼／維天保十年十二月十五日、日本国醍醐寺／沙門謹以餅
菓・茶薬・蔬食之饌、敬献第／七祖師大唐之恵果阿闍梨、
（書止）専礼画象之新影、今鐘忌辰、式備祭奠、仰請尊霊、宜通照鑒尚饗、
（備考）朱（返点・送仮名・声点・傍訓）、墨（傍訓・博士点）、包紙（美
濃紙、二六・〇糎×一四・〇糎、ウハ書「恵果祭文」）、

（七）金剛智三蔵供祭文案　（年月日未詳）　一通
斐紙（鳥の子）　三〇・五糎×二九・四糎　一紙
（端裏）金剛智御影供祭文八月十五日、同月十四日ニ引上、
（書出）諸徳三礼／維弘化二年八月十五日、醍醐寺門葉、敬以香茶之奠、／
供于累代阿闍梨耶之霊、
（書止）惟恩惟徳／豈不報謝乎、依而不堪難堪之感、以〇致如在之誠、庶幾／
照察微志尚饗、
（備考）墨（返点・送仮名・傍訓・博士点）、包紙（奉書紙、三一・〇糎×九・
八糎、ウハ書「金剛智祭文」）、

（八）　弘法大師供祭文写　文化八年未三月十七日　一通
斐紙（鳥の子）　三二・〇糎×四四・五糎　一紙
（端裏）弘法大師祭文三月十八日
（書出）諸徳三礼／維文化八年三月二十一日、日本国東寺沙門等敬以香茶之／奠、供于累代阿闍梨耶之霊、
（書止）莫怪塵露之志、庶／幾臨鑒照知微裏〔衷カ〕尚饗、
（備考）奥書「文化八年未三月十七日、二位公依所望書写之畢、権大僧都光心識」、朱（合符・博士点）、墨（返点・送仮名・傍訓・博士点）、包紙（鳥の子、二五・五糎×一五・〇糎、ウハ書「高祖大師祭文三月十八日、演心」）、

（九）　理源大師供祭文案　（年月日未詳）　一通
楮紙打紙　二八・八糎×四四・六糎　一紙
（書出）諸徳三礼／維々々年七月六日、醍醐寺沙門『等』欽龔白月／国漢地密教祖師之霊而言、夫崇山海者也、
（書止）歓伝法之／靡違、縦砕身粉骨、豈報恩酬徳矣、仍謹備茶薬／之饌、庶幾照察微志尚饗、
（備考）奥書「弥勒院大法師光心」、朱（送仮名・傍訓）、墨（返点・送仮名・傍訓・博士点）、包紙（泥間似合、二五・八糎×一九・六糎、ウハ書「理源大師祭文演心七月二日」）、

（一〇）　尊師御影供祭文写　天保九年四月七日　一通
泥間似合　三〇・三糎×四三・二糎　一紙
（端裏）尊師御影供祭文
（書出）諸徳三礼／維々々年七月六日、醍醐寺門葉欽讐白月国漢地／密教祖師之霊而言、夫崇山海者也、
（書止）仍謹備茶薬之饌、庶幾照察／微志尚饗、
（備考）奥書「右依演永僧都需書之畢、／天保九年四月七日　（梵字）光心誌」、墨（返点・送仮名・傍訓・博士点）、包紙（美濃紙、二七・六糎×三〇・〇糎、ウハ書「尊師祭文」）、

一三三　妙覚心地祭文　永号八年十一月日　一通
江戸中期　続紙　楮紙（美濃紙・茶染紙）　一九・一糎×一四三・五糎　二紙
（書出）妙覚心地祭文／抑天神七葉者、過去七仏転／呈天七星、地神五葉者、現在／□仏加□□為五仏化成地、
（書止）大梵天王観其／実躰摩訶毘盧遮那如来、仍／為法楽庄厳威光増益、一切神／分般若心経、
（備考）奥書「永号八年十一月日、筆者香日七十六歳、／高野大師毎日□経秘蜜文伝候、難有／書」、墨界（界高一六・六糎、界幅二・一糎）、包紙（茶染紙、三一・三糎×三〇・四糎、ウハ書「妙覚心地祭文　以外破損之間、急／可打裏者也」）、外郎包装紙を転用（ウハ書「透頂香五十粒　外郎」「封」）、料紙繕い、虫損甚し、

一三四　土公祭文　（年月日未詳）　一通
室町後期　巻子装　楮紙（杉原）　三〇・二糎×三五〇・一糎　七紙
（書出）土公祭文居跪　袈裟威儀□□□幣□／維□〔明〕応三年歳□甲寅□□□□／主人木浴潔斎シテ奉種々礼奠跪令啓白、

（書止）南無陀羅尼耶南無蓮花上仏道ソハカ／再拝々々、
（備考）奥書「□□□□之書写之、／覚瑜定音房」、墨界（界高二五・一糎、界幅三・三糎）、墨（送仮名・傍訓・註記）、虫損甚し、

一三五　弁財天供祭文案　（年月日未詳）　一通
江戸中期　竪紙　斐紙（鳥の子）　三六・八糎×五三・二糎　一紙
（書出）弁財天祭文／夫以天地和合星宿相応、福智降／雨如雲集、以吉日良辰護持弟子／餝道場、備供具、
（書止）早施勝利於現世、成悉地於立処、／功徳無私、広遍十方利益無窮、普度／一切、再拝々々、
（備考）墨（返点・送仮名・傍訓・合符）、

一三六　施餓鬼祭文案　（年月日未詳）　一通
江戸後期　竪紙　楮紙打紙　三五・八糎×四八・三糎　一紙
（端裏）施餓鬼
（書出）仰冀洪慈、俯垂昭鑑、／院門今月今日　伏値／富春院殿前侍中郎普岩受趙大居士／二十五年忌之辰、
（書止）親一切幽霊河沙餓鬼咸出迷衢／同登覚路　十方三世ーーーー蜜、

一三七　御影供祭文　（年月日未詳）　一通
南北朝時代　続紙　楮紙（杉原）　二七・六糎×七一・二糎　二紙
（端裏）御影供祭文宮御筆跡、
（書出）□□□礼／維々々年三月二十一日、日本国／東寺沙門ム甲敬以香茶之奠、供于／累代阿闍梨耶之霊、惟諸阿闍梨吾／道祖師也、
（書止）宜以山海為心、莫怪露塵之志、庶幾／臨鑒照知微衷尚饗、
（備考）奥書「遍智院宮御筆聖尊金蓮坊定盛法印御房被与之、」、朱（声点・合符）、墨（返点・送仮名・傍訓・博士点）、包紙（奉書紙、四三・三糎×二六・八糎、ウハ書「御影供祭文遍智院宮聖尊御筆」）、虫損甚し、裏打スミ、

一三八　御影供祭文案　（年月日未詳）　一通
江戸中期　続紙　斐紙（鳥の子）　三五・二糎×六六・〇糎　二紙
（端裏）祭文三月御影供、
（書出）諸徳三礼／維々々年三月二十一日、日本国東寺沙門某甲敬以香茶／之奠、供于累代阿闍梨耶之霊、惟諸阿闍梨吾道祖師也、
（書止）宜以／山海為心、莫怪塵露之志、庶幾臨鑒照知微衷尚饗、
（備考）墨界（界高三〇・五糎、界幅一・九糎）、朱（返点・送仮名・傍訓）、墨博士点、

一三九　御影供祭文案　（年月日未詳）　一通
江戸前期　竪紙　斐紙（鳥の子）　三六・二糎×五一・五糎　一紙
（書出）諸徳三礼／維々々年三月二十一日、日本国東寺沙門某甲／敬以香茶之奠、供于累代阿闍梨耶之霊、惟諸阿闍／梨吾道祖師也、
（書止）自去延喜十／年以来、献以新茗遂成恒例、永及今朝惟諸阿闍梨耶、／宜以山海為心、莫怪塵露之志、庶幾臨鑒照知微衷尚饗、
（備考）朱頭点、墨（返点・送仮名・声点・傍訓・合符・博士点）、

一四〇　尊師供祭文案　　二通
江戸前期　竪紙
（備考）（一）・（二）一括、

（一）　尊師供祭文案　（年月日未詳）　　一通
斐紙（鳥の子）　二六・八糎×三四・四糎　一紙
（書出）諸徳三礼／維々々年七月六日、醍醐寺沙門葉欽龔白月国／漢地密教祖師之霊而言、夫崇山海者也、
（書止）仍謹備茶薬之饌、庶幾照察微志尚饗、
（備考）墨（送仮名・博士点）、

（二）　尊師供祭文案　（年月日未詳）　　一通
楮紙（美濃紙）　三六・五糎×四七・七糎　一紙
（書出）諸徳三礼／維々々年七月六日、醍醐寺沙門欽龔白月／国漢地密教祖師之霊而言、夫崇山海者也、猶無疎消塵戴仏日者也、
（書止）尚歓／伝法之靡違、縦碎身粉骨、豈報恩酬徳矣、／仍謹備茶薬之饌、庶幾照察微志尚饗、
（備考）墨（返点・送仮名・傍訓・合符・博士点）、

一四一　根来寺中性院願文等写　　一冊
室町前期　袋綴装　楮紙（杉原）　二一・〇糎×一四・〇糎　十四紙
（備考）①〜④書継、隆源筆、外題「願文根来寺中性院」、見返「願文一首／諷誦一首　已上愚草／願文一首祖師権僧正御草、／願文料紙一枚面白薄濃、裏蒼切薄、表紙辺面日裏月」、奥書「已上写本如元返下中性院了」、墨（返点・送仮名・傍訓・合符）、一四二号とほぼ同文、

①根来寺中性院聖融願文写　応永十四年卯月十九日
（書出）夫／大覚三明月朦朧、終隠中天双林之梢矣、／常住三世日赫奕、始耀南国開塔之空焉、
（書止）昔想心上之蓮、定開無垢菩提之座、／寺院安穏人法繁昌、／乃至砂界皆到金場、敬白、
（差出）弟子金剛仏子聖融敬白

②根来寺中性院聖融請諷誦文写　応永十四年卯月十九日
（書出）敬白／請諷誦事／三宝衆僧御布施一褁、／右、先師聖霊辞八苦客舎、帰九品妙台以来、数行渡川難抑、
（書止）還馳九佰之塵、／救済舩叩舷也、来往三有海、乃至蠢々／群生、各々利益、仍所請如件、
（差出）弟子金剛仏子聖融敬白

③前大僧正隆源覚写　（年月日未詳）
（書出）右諷誦願文者、応永十四丁亥卯月七日、自／紀州根来寺中性院書状到来、彼状云、聖増／僧都自去年九月比、連々違例仕候き、
（書止）即令清書了、但先賢／御草并清書加一見之處、不覚之涙／難抑、彼本則返下訖、彼願文殊更／所書写留也、

④金剛仏子頼淳願文写　嘉元二年二月六日
（書出）根来寺中性院頼瑜法印卅五日法事／願文　祖師報恩院権僧正憲ー《淳》御草／□清書也、彼願文曰、／金剛仏子合一心清浄之掌白十方塵滴之／尊、
（書止）雖謝迷悟於五智之月輪、今西刹／之新主也、宜開性徳於八葉之蓮台、乃至／有性無性斎遊阿字之閣、三千大千同掌／鏤乳之味、敬白、
（差出）金剛仏子頼淳敬白

一四二　根来寺中性院願文等写　二冊
袋綴装　楮紙（美濃紙）
（備考）（一）・（二）一括、一四一号とほぼ同文、

（一）根来寺中性院願文等写　一冊
江戸前期　二七・三糎×二一・二糎　十一紙
（備考）①～④書継、外題「願文　根来寺中性院」、見返「願文一首／諷誦一首　已上愚草／願文一首　祖師権僧正御草／願文料紙三枚面白薄濃、裏蒼切薄、表紙辺面日裏月」、本奥書「已上写本如元返下中性院了、／前大僧正隆源」、校合奥書「万治二年三月中旬之比、以旧祖／隆源御自筆之本課或人書之、／校合了、／法務前大僧正覚済」、十紙目ノドに瓢箪形朱印（「水本」）、長方形朱印（「報恩院」）、朱註記、墨（返点・送仮名・声点・合符）、丁付、

①根来寺中性院聖融願文写　応永十四年卯月十九日
（書出）夫／大覚三明月朦朧　終隠中天双林之梢矣、
（書止）寺院安穏人法繁昌／乃至砂界皆到金場、敬白、
（差出）弟子金剛仏子聖融敬白

②根来寺中性院聖融請諷誦文写　応永十九年卯月十九日
（書出）敬白／請諷誦事／三宝衆僧御布施一褁／右、先師聖霊辞八苦客舎、帰九図妙台以来、／数行涙川難抑、
（書止）来往三有之海、及至蠢々群生、各々／利益、依《仍》所請如件、
（差出）弟子金剛仏子聖融敬白

③前大僧正隆源覚写　（年月日未詳）
（書出）右諷誦願文者、応永十四丁亥卯月七日、自紀／州根来寺中性院書状到来、
（書止）抑彼本則返下訖、彼願文□□／所書写留也、
（差出）前大僧正隆源記之、

④金剛仏子頼淳願文写　嘉元二年二月六日
（書出）根来寺中性院頼瑜法印三十五日法事／願文　祖師報恩院権僧正憲淳御草／則清書也、彼願文曰、
（書止）乃至有性無性／斎遊阿字之閣、三千大千同掌鏤乳之味、敬白、
（差出）金剛仏子頼淳敬白

(一二) 根来寺中性院願文等写　一冊

江戸中期　二九・五糎×二一・三糎　十一紙

(備考) ①～④書継、外題「願文根来寺中性院」、見返「願文一首／諷誦一首　已上愚草／願文一首　祖師権僧正御草」、本奥書「已上写本如元返下中性院了、／前大僧正隆源」「万治二年三月中旬之比、以旧祖／隆源御自筆之本課或人書之、／校合了、／法務前大僧正寛済」、書写奥書「正徳二年五月令智本房写之訖、／報恩院末資法務寛順／(方形朱印「金剛寛順」)」、表紙右下に長方形朱印(「醍醐山／報恩院」)、朱(送仮名・註記)、墨(返点・送仮名)、

①根来寺中性院聖融願文写　応永十四年卯月十九日

(書出) 夫／大覚三明月朦朧　終隠中天双林之梢矣、

(書止) 寺院安穏人法繁昌／乃至砂界皆到金場、敬白、

(差出) 弟子金剛仏子聖融敬白

②根来寺中性院聖融請諷誦文写　応永十四年卯月十九日

(書出) 敬白／請諷誦事／三宝衆僧御布施一裹／右先師聖霊辞八共〔苦〕客舎、帰九品妙台以来、数行涙川難抑、

(書止) 乃至蠢々群生各々利益、仍所請如件、

(差出) 弟子金剛仏子聖融敬白

③前大僧正隆源覚写　(年月日未詳)

(書出) 右諷誦願文者、応永十四年丁亥卯月七日、自紀／州根来寺中性院書状到来、

(書止) 但先賢御草案并清書加一見之処、／不覚之涙難抑、彼本則返下訖、彼願文殊更／所書写留也、

(差出) 前大僧正隆源記之、

④金剛仏子頼淳願文写　喜〔嘉〕元二年二月六日

(書出) 根来寺中性院頼瑜法印三十五日法事／願文　祖師報恩院権僧正憲淳御草／則清書也、彼願文曰、

(書止) 乃至有性無性斎遊阿字之閣、三千／大千同掌〔嘗〕鑁乳之味、敬白、

(差出) 金剛仏子頼淳敬白

一四三　根来寺中性院願文等写　一冊

室町前期　袋綴装　楮紙(杉原)　二一・八糎×一七・六糎　九紙

(備考) ①～④書継、隆源筆、外題「願文紀州根来寺中性院」、虫損甚し、

①頼瑜法印卅五日法事願文写　嘉元二年二月六日

(端書) 根来寺中正〔性、下同ジ〕院頼瑜法印卅五日法事願文／祖師報恩院権僧正憲―〔淳〕御草清書、則／御自筆也、件本自中正院為一見送之、仍今／卒爾所写留之耳、後日調料紙、可書直之、

(書出) 金剛仏子合一心清浄之掌白十方塵滴之尊、

(書止) 雖謝迷悟於五智之月輪、／今西刹之新主也、□□徳於八葉蓮台、／乃至有性無性斎遊阿字之閣、三千大千同／掌鑁乳之味、敬白、

(差出) 金剛仏子頼淳敬白

②聖融書状写　応永十四年卯月七日
（書出）応永十四年丁亥卯月七日、自紀州中性院／書状到来、彼状云、聖増僧都、自去年九月之比、／連々違例仕候き、依不非急病、不申案内、／而去月十三日円寂候之間、
（書止）仍愁雖令領状、云草案云清書、／不可似祖師上代□□□黷先跡歟、有／恐有憚、進退□各試據先賢御草、励／愚昧□才者也、
（備考）虫損甚し、

③聖融敬白願文写　応永十四年卯月十九日
（端書）料紙続三枚、面白雲濃所々、裏蒼大霞濃、／面之端日輪、以金薄押之、　□之端月輪、以銀薄押之、　／料紙端者日月絵、仍発場句日与月、
（書出）夫／大覚三明月朦朧、終隠仲春双林之雲矣、（仲春中夜）
（書止）古観臆中之月、新添五智円満之相、／昔想心上之蓮、定開無垢菩提之座、／寺院安穏、人法繁昌、／乃至砂界、皆到金場、敬白、
（差出）弟子金剛仏子聖融敬白
（備考）墨（註記・合点）、

④聖融請諷誦文写　応永十四年卯月十九日
（端書）同諷誦
（書出）敬白／請諷誦事／三宝衆僧御布施一裹／右、先師聖霊辞八苦客舎、帰九品妙台、以来／数行渡雨、未晴、五七光院之到、仍仰両足之／尊達、
（書止）然／則聖霊神通乗輅廻轅、還馳九佰塵、／救済船叩舷、来住三有海、乃至蠢々群生、／各々利益、仍諷誦所修如件、○敬白、
（差出）弟子金剛仏子聖融敬白

一四四　三宝院光済願文・諷誦文集　一冊
室町前期　袋綴装　楮紙（杉原）　三・七糎×二五・五糎　十紙
（備考）①～⑥書継、外題「願文等」、表紙「応安二年八月上旬書写之」、表紙左下「□□□□僧都（花押）」、見返「応安二年十一月／三宝院前大僧正賢俊十三廻仏事、一七ヶ日於／菩提寺被修之」、裏表紙に「風聞　捫　百三ー　激　碩」等の註記、墨傍訓、破損甚し、

①法務僧正光済願文写　応安二年七月十三日
（端書）清書阿弥陀院宮　草
（書出）敬白／奉如法如説書写妙法蓮華経七部五十六巻
（書止）乃至自界他方有情非誠一善所覃、巨益／無辺、敬白、
（差出）弟子法務僧正法印大和尚位光済敬白

②法務僧正光済請諷誦文写　応安二年七月十三日
（端書）同日諷誦、
（書出）敬白／請諷誦事／三宝衆僧御布施一裹
（書止）仍□□□□／韻奉驚満月両部之尊、乃至蠢々□証如□〔件カ〕、
（差出）弟子法務僧正法印大和尚位光済

③法務僧正某万曼羅供願文写　応安二年七月十五日

（端書）万タラ供願文

（書出）夫本有常住之月光、遍照於恒沙界之中、／内證自覚之花色、芬郁於曼陀林之外、臨／其会者、

（書止）諸尊／知見證明、乃至以此善根普覃法界、敬白、

（差出）弟子法務僧正法印□□□□

④法務僧正光済理趣三昧請諷誦文写　応安二年七月十六日

（端書）七月十六日／理趣三昧諷誦文　願文無之、

（書出）敬白／請諷誦事／三宝衆僧御布施／右、先師聖霊正当一十三廻之忌陰如説理趣三昧致／勤行、

（書止）月前／興清浄法性如来、同位大摩尼殿之雲上、彼八十／倶胝菩薩着肩、洒揚秋分之清響以驚天衆之／高聴、仍諷誦所修如件、敬白、

（差出）弟子法務僧正大和尚位光済敬白

⑤藤原時親請諷誦文写　貞治六年十月卅日

（端書）時親筆

（書出）敬白／請諷誦事／三宝衆僧御布施／右、先年幽霊去九月之下澣、辞四句之生涯、

（書止）着肩於十号之□／□異豊霜之声、速達諸天之聴、仍諷誦所修／如件、敬白、

（差出）弟子正五位上藤原朝臣敬白

⑥弟子某請諷誦文写　貞治六年十月卅日

（書出）敬白／請諷誦事／三宝衆僧御布施一褁／□奉迎私天聖霊三十五日之光景、為祈□／如来三十二相之證位従摺写妙法十軸之真文、／敬啓白清浄無二之懇志、

（書止）□□□□鐘奉驚両足之尊躰者也、仍諷誦□□／如件、敬白、

（差出）弟子―敬白

一四五　弘法大師七百年忌願文案　天文三年三月　日　一通

室町後期　続紙　楮紙（強杉原）　三三・〇糎×一〇一・九糎　二紙

（書出）夫仏法流布之霊場、如万水朝東／海、聖恩雍悲之光澤、以一陽掛／上天、於今有紀有綱所、仰或顕／或蜜、伏惟／今上陛下巍候而、

（書止）宣慙非多才博／智之識量、偏是仰冥助、敢以／励丹誠、乃至八祖鑒通両界納／受、敬白、

（備考）糊離れ、

一四六　僧正堯雅立願条々　元亀元庚午年七月廿四日　一通

安土桃山時代　竪紙　楮紙（杉原）　裏書あり　三一・八糎×四六・二糎　一紙

（本文）奉立願条々事／一山上清瀧宮　正五九月御膳可参之事、／一如意輪堂常灯奉加三百疋之事、／一御影堂毎年百疋可有奉加之事、／一於院家毎年六月朔日百座愛染供之事、／一同院ニテ正五九月一七ヶ日護摩之事、／一白山権現江毎月御膳可参之事、／一山下長尾天神毎年仁王講事、／右条々、於所願成就者、可有／沙汰之状、如件、

（差出）僧正堯雅敬白

一四七　義演立願条々文案　（年未詳）卯月五日鬼宿　一通

江戸前期　竪紙　漉返紙　三二・四糎×四八・八糎　一紙

（本文）立願之事／一清瀧宮参籠付仁王経読誦等、／一太神（マヽ）宮参詣之事、／一春日参詣之事、／一大師法楽之事、／一開山法楽之事、

（差出）前大僧正敬白

（備考）追記「右之外、／延命　聖天／立願申候了」、

一四八　有雅願文　延宝四年二月五日　一通

江戸前期　重紙　漉返紙　二九・五糎×四四・一糎　二紙

（書出）立願／護持国母仙院、今年之／御厄難別、二月中無障／碍（災）難、御除病延命、宮／内静謐安穏、地狐怪異等／消除解脱、公家武家、御安／寧、

（書止）浴油供一座可奉勤修、／若自行及遅引者、以代官／今年中可奉修、伏願一々之／御願、令如意満足給、敬白、

（差出）有雅欽白

一四九　弘法大師八百年忌願文等　二通

江戸前期　続紙　楮紙（高檀紙）

（一）　弘法大師八百年忌願文　（寛永十一年）　一通

四五・〇糎×一三・二糎　二紙

（書出）夫以瑞花晋発、権化之蹤長芳、法幢高望、／洪業之基既著、巍々烈々、始元興学三論、粛々／洋々、後醐峰誘両部、身口清浄、五獅揮／于講筵、聖神円明、

（書止）仏日更輝信真、聴正法者、／妙雲現霑骨髄、諸仏薩埵面示応化、衆生／群類、同證菩提、仰願皇図禎祥至無窮、／法苑昌栄伝永久、敬白、

（備考）包紙（奉書紙、五八・〇糎×四二・五糎、貼紙ウハ書「願文清書」）、訂正跡、

（二）　弘法大師八百年忌表白　（寛永十一年）　一通

四四・五糎×一三・八糎　二紙

（書出）伏惟大師聖霊、／法流盛徳遍四海、慧日洪慈被万年、／高風遥以遷顕蜜至教、須宗／餘輝明而常鑽仰勤行、無息／利益周施上張七重之綱、

（書止）四天梵釋臨降諸仏菩薩證明、／仰願／皇土安寧茲扇天長之泰平、／堂閣紹隆、永致地久之福恵、／乃至平等、／巨益無遍、／敬白、

（備考）包紙（奉書紙、五七・六糎×四三・八糎）、

一五〇　弘法大師八百年忌願文案　（寛永十一年）　一通

江戸前期　続紙　楮紙（奉書紙）　三二・七糎×一三・二糎　三紙

（書出）夫以瑞花普発、権化之蹤長芳、／法幢高望、洪業之基既著、

（書止）衆生群類、同證菩提、仰願／皇図禎祥至無窮、法苑昌栄伝／永久、敬白、

（備考）朱句切点、墨（返点・送仮名・傍訓・合符）、

一五一　宇多天皇八百五十聖忌願文写　安永九年三月十二日　一通
江戸中期　竪紙　楮紙（奉書紙）　三・五糎×四五・〇糎　一紙
（端裏）寛平法皇八百五十之聖忌御願文之写／作者唐橋前亜相在家
（書出）夫大宝蓮花経、万歳不凋錫摩尼珠、光照三／世自明朗、法水至深仰日益耀、非修無上白業／争致追遠丹誠、伏惟／宇多天皇尊儀、
（書止）然則／尊儀真如之月益明、菩提之花弥鮮、乃至群／類悉皆成道、敬白、
（備考）包紙（美濃紙、四〇・二糎×二八・二糎、ウハ書「願文案」）、

一五二　透尉立願条々　天保十五甲辰年正月吉日　一通
江戸後期　竪紙　楮紙（奉書紙）　三・四糎×四五・八糎　一紙
（本文）願文　敬白／一円満院宮金子之事、／一石原家本所帰役之事、／一専念寺帰国之事、／右、三箇条依傍人之頼、今般／柳営上﨟姉小路殿随有内縁、則内願申込、／首尾能相調候上、契約之一儀、於令吉祥／成就満足者、毎歳正月可奉浴油供養者也、／敬白、
（差出）透尉謹上百拝、／当年申三十三歳

一五三　中性院願文・諷誦文包紙　（年月日未詳）　一紙
室町前期　竪紙　楮紙（杉原）　四四・〇糎×三〇・二糎　一紙
（備考）ウハ書「中性院頼瑜法印卅五日願文一通／同院聖増僧都卅五日願文一通諷誦一通」、

一五四　僧正寛済清瀧宮等参勤度数控　寛永十一年十二月廿八日　一通
江戸前期　切紙　楮紙（美濃紙）　三・八糎×二七・六糎　一紙
（端裏）立願未済事
（本文）清瀧宮へ／金灯爐一ツ済了、／太神宮へ／三ヶ度代参／此内へ寛永十五年卯月五日ヨリ参リ、同九日下向、／下醍醐与七ト云者也、此度まつ一人まいらせ候／御霊社へ／湯ニ釜済了、／以上右分如件、
（差出）僧正寛済
（備考）墨合点、墨抹、

一五五　陀羅尼手控　一通
江戸前期　切紙　楮紙（杉原）・斐紙（雁皮紙）　一四・八糎×一五・八糎　二紙
（文首）ナウホヒタハヤナウホヒタユセイナウホ／シンチリヤグダキヤ
（文尾）チタ[redacted]グタシヤ／チマタハラヤヒタンマコクタラアラ／タンナウサンシヤエン／ヒ抄　十七八／コマ　拝借

一五六　某包紙　（年月日未詳）　一紙
室町後期　竪紙　漉返紙　二五・二糎×三六・六糎　一紙
（備考）墨付なし、指定外、

第七二函

一　後七日御修法請僧交名写　　一冊

江戸前期　仮綴（モト袋綴装カ）　後欠　楮紙打紙　二九・〇糎×四三・四糎　七
紙

（備考）①～⑩書継、一紙目袖端・二紙目奥上裏・三紙目端裏・四紙目奥
下・五紙目奥下・六紙目端裏・七紙目奥下に楕円形黒印七顆、丁
付、

①後七日御修法請僧交名写　〔天仁三年〕

（書出）『鳥羽院』『○』『天永元』天仁三年後七日御修法修僧等交名事／阿闍梨権僧正法印大
和尚位範俊　金剛界

（書止）以前交名如件、／裏書曰、加持香水役、依行歩不快、以権少僧都厳
覚令勤仕畢、

②後七日御修法請僧交名写　〔天永二年〕

（書出）天永二年真言院後七日御修法請僧等事／阿闍梨法印大和尚位権
大僧都寛助　胎蔵界

（書止）大行事大法師慶兼　小行事慶実／本供物請品治麿牛丸　吉田俊
永

（備考）墨抹、

③後七日御修法請僧交名写　〔久寿三年〕

（書出）久寿三年真言院後七日御修法請僧交名事／阿闍梨法務法印大和
尚位権大僧都寛遍

（書止）寛季阿闍梨　忠證阿闍梨／仁宝入寺　寛什大徳／増遍大徳
舎利守、

（備考）墨抹、

④後七日御修法請僧交名写　〔永暦元年〕

（書出）永暦元年真言院後七日御修法請僧交名事／阿闍梨権律師法橋上
人位任覚　金剛界

（書止）大行事大法師俊尊　小行事善住／本供物請佐伯金剛丸　紀延末

⑤後七日御修法請僧交名写　〔永暦二年〕

（書出）永暦二年真言院後七日御修法請僧事／阿闍梨権少僧都法眼和尚
位禎喜　胎蔵界

（書止）大行事大法師永尊　小行事善住／本供物請熊牛丸　紀宮重

⑥後七日御修法請僧交名写　〔応保二年〕

（書出）応保二年真言院後七日御修法請僧事／阿闍梨権少僧都法眼和尚
位禎喜　金剛界

（書止）大行事上座大法師永尊　小行事善住／本供物請熊牛丸　紀宮重

⑦後七日御修法請僧交名写〔応保三年〕
（書出）応保三年真言院後七日御修法請僧交名事／阿闍梨権大僧都法眼
和尚位任覚　胎蔵界
（書止）隆任阿闍梨増益護摩、　任俊大徳／行宴入寺／大行事大法師俊尊
小行事善住

⑧後七日御修法請僧交名写〔仁安元年カ〕
（書出）阿闍梨法印大和尚位権大僧都任覚　金剛界／覚明已灌頂息災護摩、
行仁阿闍梨聖天供師、
（書止）大行事大法師俊尊　小行事善住／本供物請藤井次郎丸　紀宮重

⑨後七日御修法請僧交名写〔仁安二年〕
（書出）仁安二年真言院後七日御修法請僧交名事／阿闍梨法務法印大和
尚位権大僧都禎喜／胎蔵界
（書止）裏書云、　於大内裏加持香水第七日参仕御斎会御論義／如常、講師
弘雅　番僧正尋範　八宗奏法／橋僧宗十四日加持香水如常、
（備考）墨抹、

⑩後七日御修法請僧交名写〔嘉応三年〕
後欠
（書出）嘉応三年真言院後七日御修法請僧交名事／阿闍梨法務権僧正法
印大和尚位禎喜／胎蔵界
（文尾）顕毫已灌頂五大尊供、　賢明入寺十二天供、／印成阿闍梨　延杲阿
闍梨
（備考）墨抹、

二　地鎮支度注進状案　建久八年十月二日　一通
鎌倉前期　竪紙　楮紙（強杉原）　三五・〇糎×四四・五糎　一紙
（端裏）『廿』／地〔鎮カ〕□支度九条殿御塔結界
（書出）注進　地鎮供支度事／合／五色糸各一丈五尺、／蘇　密　名香
（書止）承仕二人浄衣布各一段、　駈仕二人浄衣同、／右、注進如件、
（差出）阿闍梨権律師法橋上人位宗厳
（備考）墨註記、虫損、

三　五大虚空蔵法支度注進状　嘉元三年八月　日行事　一通
鎌倉後期　竪紙　楮紙（強杉原）　三四・一糎×五三・〇糎　一紙
（端裏）五大虚空蔵支度一紙
（書出）注進　五大虚空蔵御修法一七箇日支度事／合／蘇　蜜　名香
白檀、
（書止）阿闍梨　伴僧十口　承仕三人／駈仕四人　見丁二人／浄衣
白色、／右、注進如件、
（差出）阿闍梨法印権大僧都「憲淳」
（備考）シミ、虫損、

四　報恩院法流由緒　二通
江戸前期　竪紙

（備考）（一）・（二）一括、

（一） 報恩院法流由緒 （年月日未詳） 一通

漉返紙 三四・三糎×五〇・二糎 一紙

（書出）報恩院法流異于他事／当流嫡々相承之子細、代々師資之附法／状
歴然、且後宇多院御在位御時、依／為醍醐正流、

（書止）尤可為法流之一揆歟、不／可有相違者、可為令法久住之基／候歟、
已上勅書取詮、

（備考）朱註記、

（二） 報恩院法流由緒 （年月日未詳） 一通

楮紙（奉書紙） 三五・〇糎×五〇・四糎 一紙

（書出）報恩院法流異于他事／当流嫡々相承之子細、代々師資之／附法状
歴然、然且 後宇多院御在位／御時、依為醍醐正流、

（書止）尤可為法流之一揆歟、不可有相／違者、可為令法久住之基候歟、／
已上勅書取詮、

五 報恩院法流由緒 二通

江戸前期 竪紙

（備考）（一）・（二）一括、包紙（楮紙打紙、四一・四糎×三一・三糎、ウハ書「報
恩院法流之事 二通」）、

（一） 報恩院法流由緒 （年月日未詳） 一通

斐紙（鳥の子） 三五・四糎×四九・四糎 一紙

（書出）報恩院法流異于他事／当流嫡々相承之子細、代々師資之／附法状
歴然、且 後宇多院御在位御／時、

（書止）尤／可為法流之一揆歟、不可有相違者、可／為令法久住之基候歟、
已上勅書取詮、

（備考）シミ、朱書の押紙、

（二） 報恩院法流由緒 （年月日未詳） 一通

泥間似合 三九・六糎×六〇・九糎 一紙

（書出）報恩院法流異于他事／当流嫡々相承之子細、代々師資之／附法状
歴然、且 後宇多院御在位／御時、

（書止）尤可為法流之一揆歟、不可有相／違者、可為令法久住之基候歟、／
已上勅書取詮、

（備考）朱註記、

六 憲淳請文写 『徳治二』／三月廿五日 一冊

江戸中期 袋綴装 楮紙（奉書紙） 三三・一糎×三一・九糎 二紙

（書出）『後宇多院震筆 勅書／憲淳僧正請文』／一大師相承之法呂《リヨ》、秘奥
在当寺、然者若以小野／可被宛御本流者、不可違祖師之置文歟事、

（書止）則六条大納言捧申状候畢、定披露候、委／細殊得御意、可令洩 奏
給候、憲淳誠恐謹言、

（差出）権僧正憲淳上

（備考）墨傍訓、差出後に「古記抜書」、

七　後宇多院灌頂解文写　正和六年三月十五日　一通
江戸前期　竪紙　楮紙（奉書紙）　三六・二糎×五一・八糎　一紙
（端裏）灌頂解文大覚寺殿御製作、
（書出）請特蒙　天慈因准先例、以弟子信朝／被授伝法灌頂職位状
（書止）殊誇五宗之光／花、奉祈　皇家之静謐、仍勒事状、謹／請處分、
（差出）阿闍梨金剛性（後宇多法皇）
（備考）紙背に「於年号後宇多院御筆也」、天部虫損甚し、

八　伝法灌頂職衆請定写　建治二年十二月二日　一通
江戸後期　竪紙　楮紙（美濃紙）　裏書あり　二七・五糎×三七・六糎　一紙
（端裏）建治二年十二月二日請定写此中教授不記之、若大阿自教授歟、多載役名也、又散華写時脱之歟、可有之也、／大阿覚済上綱　受者覚継阿闍梨　澄意以古本写之、
（書出）請定／伝法灌頂職衆事／大納言法眼呪願、嘆徳、　大進律師誦経導師、／越中律師唄、　護摩、
（書止）以上讃衆／右、来五日於金剛王院、可令行伝法灌頂／職衆請定如件、
（差出）上座大法師賢守／大阿闍梨法印大和尚位
（備考）墨註記、裏書に墨（返点・送仮名）、

九　七箇条制誡写　元久元年十一月七日　一冊
江戸中期　横帳（折紙）　楮紙（奉書紙）　一三・九糎×四一・〇糎　三紙
（書出）普告号予門人、念仏上人等、／一可停止未窺一句文、奉破真／言止観、謗餘仏菩薩事、
（書止）非可黙止、先／随力■及、所廻禁遏之計也、仍録／其趣、示門人等之状如件、
（差出）沙門源空在判／二尊院第二世法運坊也、信空／感聖／尊聖／西山上人也、證空（以下百八十六名省略）
（備考）墨（返点・送仮名・合符・註記）、

一〇　金剛仏子杲宝願文写　正平七年二月廿五日　一通
江戸前期　続紙　三椏紙　二四・二糎×一〇三・三糎　二紙
（書出）敬白秘密教主大日法身両部界会諸尊聖衆、別而／三世覚母大聖文殊師利菩薩○并真言蜜教根本高祖／遍照金剛、
（書止）早恵光照迷暗、神力／加護命速発堅固道心、必令成弟子所願給、／乃至法界平等利益、敬白、
（差出）金剛佛子杲宝
（備考）墨（返点・送仮名・傍訓）、

一一　相国寺新御堂結縁灌頂持金剛衆綱牒及請文写　一通
室町前期　竪紙　漉返紙　二八・一糎×四三・八糎　一紙
（備考）①～③書継、
①相国寺新御堂結縁灌頂持金剛衆綱牒写　明徳元年四月廿一日
（本文）一綱牒事／僧綱／光信方印権大僧都／右、奉請来廿八日於相国寺新御堂／可被行結縁灌頂持金剛衆如件、
（差出）従儀師祐済／威儀師教紹

②相国寺新御堂結縁灌頂持金剛衆綱牒写　明徳元年四月廿一日
（本文）僧綱／亮顕権律師／右、奉請来廿八日於相国寺新御堂可被行／結
縁灌頂持金剛衆如件、
（差出）従儀師祐済／威儀師教紹

③相国寺新御堂結縁灌頂持金剛衆請文写　明徳元年四月廿一日
（本文）請文案 謹請／綱牒一紙／右、来廿八日於相国寺新御堂可被行〔可被行三字不可有候也、〕／結
縁灌頂持金剛衆謹請如件、
（差出）権律師亮顕

一二　澄顕勘返隆宥書状　（年月未詳）卅日　一通
南北朝時代　竪紙　楮紙（強杉原）　紙背あり　三一・八糎×五一・〇糎　一紙
（書出）夜前御窮屈察申入候、「無断候き、」／懇令聴聞候間、「さてハ如此候ける、」無申／計指事候、「察申候、」
（書止）可遣人候、若／又御物詣之次、可被御覧候者、／随御左右、可参
申候、誠恐／謹言、
（差出）隆宥／「澄顕」
（備考）切封（墨引、ウハ書「進上候、隆宥／「澄顕」」）、
（紙背）東寺長日延命法仏供等注文　（年月日未詳）　一通
折紙
（端裏）一長者時御持長日御修法納、
（本文）仏供／大三／小二　毎日四升／八ヶ日八座／菓子汁二百文／燈
明／壇敷布一段／大幕四段／慢代木
（備考）追記「七ヶ日計如此、後々／仏供二坏計也、」／東寺々務長日延命
修法」、

一三　後七日御修法支度注進状案　（年月日未詳）　一通
南北朝時代　竪紙　漉返紙　三〇・一糎×四五・〇糎　一紙
（端裏）後七日□□〔御修法〕支度案　□円院僧正
（本文）注進　真言院後七日御修法香薬等支度／合／蘇　蜜　名香
沈　白檀　丁子　各一両許、／五宝　金　銀　瑠璃　真珠　水精／
五香　沈　白檀　薫陸　欝金　龍脳／五薬　白木　人参　黄精
根　遠志　枸杞／甘草　地黄　訶梨勒　桂心　木蘭／□〔浄カ〕衣十五
領白也、　自余如常、／右、注進如件、
（差出）行事／阿闍梨
（備考）切封墨引、

一四　後七日御修法百貫支配状等　五通・二紙
（備考）（一）～（七）一括、

（一）後七日御修法百貫支配状　（年月日未詳）　一通
南北朝時代　折紙　天欠　漉返紙　紙背あり　三〇・八糎×五〇・六糎　一紙
（書出）後七日法百貫支配応安八正八、／□百文　政所下部／□貫文　少行
事／十貫文　阿サリ方／廿七貫文　伴僧十三人
（書止）三貫文　大井材木／六貫三百文　番匠ニ下行、／以上十八貫九百
文／都合九十二貫四百八十三文／ノコリ七貫五百十四文

（紙背）某書状懸紙　（年月日未詳）　一紙
竪紙
（備考）ウハ書「松田殿　虎」、

（二）後七日御修法下行物注文　（年月日未詳）　一通
南北朝時代　竪紙　漉返紙　三〇・三糎×四三・九糎　一紙
（端裏）後七日下行物請配應安二年
（書出）後七日下行物注文應安二正十四、／一道場方／十五貫文　少行事／六百
文　護摩両壇燈油料／百六十文　木具畳渡車力開白結願両度分、／
以上十五貫七百六十文
（書止）一御相節方／米八石　御坊用定米ニテ懸ニ付也、　代六貫文／雑事
三貫文／并六十九貫二百六十三文
（差出）（花押）
（備考）墨合点、

（三）後七日御修法供料百貫下行物注文　應安七年正月　日　一通
南北朝時代　竪紙　漉返紙　三一・七糎×四九・三糎　一紙
（端裏）［　　］事自上被出候定、
（書出）後七日法供料百貫下行物注文應安七分、／十五貫文　少行事方／
六百文　油代承仕二人分／百五十文　勧盃菓子両度分
（書止）〇十　貫文此内三貫文院司米、七貫文御相節、　修中相節方／以上七十貫文　渡理申
性院殿方了、
（備考）墨合点、

（四）後七日御修法伴僧供料注文　（年月日未詳）　一通
南北朝時代　折紙　漉返紙　三一・五糎×四八・二糎　一紙
（書出）後七日伴僧供料／伊与法印　二貫文／西方院僧都刑部卿法印　二貫文／證
菩提院僧都　三貫文
（書止）刑部卿公　二貫文／按察公　二貫文／少輔公　二貫文／弁僧都
二貫文／以上、
（備考）墨合点、切封墨引、

（五）後七日御修法下行物注文包紙　（年月日未詳）　一紙
江戸前期　切紙　漉返紙　二四・五糎×一六・六糎　一紙
（備考）ウハ書「後七日御修法下行之事」、懸紙を包紙に転用（ウハ書「金
子主馬様真長　川久保主水」）、

（六）後七日御修法料足下行分請取状　（年月日未詳）　一通
南北朝時代　竪紙　後欠　楮紙（杉原）　二九・五糎×九・三糎　一紙
（本文）後七日料足六十三貫二百六十三文下行分請取／一但百八十文小
使酒肴代、勅使之時請取之間、不及請取状／一米代〇六貫文不及下行、
雖被入御注文、米ニテ下行間不下行、除定斗六十三貫二百六十□□、

（七）後七日御修法木具方注文包紙　（年月日未詳）　一紙
江戸前期　切紙　漉返紙　二六・六糎×二〇・三糎　一紙
（備考）ウハ書「後七日木具方注文」、紙背紙継目に残画あるも判読でき
ず、

一五　隆源書状断簡　　二通

南北朝時代　切紙（モト竪紙）　漉返紙　紙背あり

（備考）（一）〜（二）一括、

（一）　隆源書状　（年未詳）十月廿二日　　一通

一五・〇糎×四五・五糎　二紙

（書出）其後者又不申入、貴辺／御事御座候哉、

（書止）兼又山中之／林菓一籠令推進之候、可令／入見参給候、恐々謹言、

（備考）現状中央横で半裁、

（紙背）勝覚略年譜　（年月日未詳）　一通

切紙（モト折紙）

（書出）前権僧正勝覚／保延四戊午二十八誕生、／五／六／永治元辛酉／康治元壬戌

（書止）安貞元丁亥／二／寛喜己丑／二／三辛卯　九十九入滅七十、

（備考）折紙線で半裁、墨合点、

（二）　隆源書状断簡　（年未詳）□月六日　一通

一五・〇糎×四七・三糎　一紙

（本文）［　］為御祈禱、長日／［　］座候間者、用手替候了、／［　］間本地供実舜得業／［　］于今無解怠候、／［　］不存等閑候、明日無為／［　］可参承候、以此日／［　］□〔恐カ〕々謹言、

（差出）隆源

（備考）上半分欠、

（紙背）成賢略年譜　（年月日未詳）　一通

切紙（モト折紙）

（書出）遍智院僧正成賢／應保二壬午、、誕生／長寛元癸未／二／永万元乙酉

（文尾）安元々乙未／二／治承元丁酉／二／三／四／養和元辛丑／□□〔寿永〕元壬寅／二／元暦元甲辰

（備考）折紙下半部欠、

一六　法印景範追善願文案　応永十二年五月廿五日　一通

室町前期　続紙　前欠　漉返紙　三一・〇糎×六六・三糎　二紙

（端裏）願文追善

（文首）為伝法嘱十六口蘿衲、貴先調三摩耶之／軌則、今日為追善、請二八輩苾蒭、〇〔号〕励曼陁羅之供養、

（書止）安養則九品／之旧鄙也、莫停滞帰郷、廻此餘薫、普／及群萌、敬白、

（差出）法印大和尚位景―敬白

（備考）墨（返点・送仮名・声点・傍訓・合符・註記）、隆源筆、

一七　隆賀奉書案　文安四年七月廿五日　一通

室町中期　竪紙　漉返紙　二七・八糎×四六・八糎　一紙

（端裏）定真坊木守宛状浄音法師　文安四

（本文）定真坊浄音法師令買得／之上者、敷地中谷大道下定給坊之上候也、事、同被申
付、竹木以下可警（被）固／之由、可申付候、恐々敬白、
（差出）法印在判（袖）／隆賀
（宛所）円明坊僧都御房
（備考）奥に「斉僧正御房御筆跡也、西渓老桑深（賢深カ）」、

一八　年貢米請取状　文安六年二月廿二日　　一通
室町中期　切紙　前欠・後欠　楮紙（杉原）　紙背あり　二八・二 二八・五糎×九・五 一〇・六糎
二紙
（端裏）二月廿二日
（本文）請取申　米之事／合壹石者、／右、為山科之御年貢之内二月下旬
御相節、且／可下行候、如件、
（差出）懐増（花押）／音阿ミ（花押）
（備考）継目裏花押、現状中央縦に破れて二紙だがモト一紙、
（紙背）等不等葉覚書　（年月日未詳）　　一通
切紙
（書出）一勧修寺流ミニハミ不等葉ノ血脈（血脈ハ）者至極等葉義■（ト同也、）金界胎界共、ミ七（八）葉
（書止）是任深秘相承本願獨等葉ノ血脈被放之事、ミ当流規模也、○仍代々等■（葉）印信放之也、
（備考）朱（返点・送仮名）、墨註記、

一九　権僧正某書状案　（年未詳）十一月八日　　一通
室町中期　竪紙　楮紙（杉原）　二五・二糎×四〇・五糎　一紙
（端裏）巻数副状■■
（本文）八字文殊護摩御巻数／進覧之候、殊抽忠懃之由、得／御意、可有
御披露候哉、／恐々謹言、
（差出）権僧正――
（宛所）左少弁殿

二〇　遍照院某書状案　（年月日未詳）　　一通
室町後期　竪紙　楮紙打紙　二六・八糎×三三・〇糎　一紙
（端裏）小松寺所望ニテ遍照院遣之状案文
（書出）就秘密道具儀、雖無愚意別義候、従／前々安（対）養院法印、各種々申
事、依在之、
（書止）法印へ○（可）申調候、従□□同彼法印之／前、可被相調候、
（備考）虫損甚し、

二一　某仮名消息写　　二通
室町中期　重紙
（備考）（一）・（二）一括、同文、
（一）　某仮名消息写　（年月日未詳）　　一通
楮紙（檀紙）　三五・六糎×四八・六 四八・八糎　二紙
（書出）宮しゆ御いとま／の事、そうせい／そう正／申候おもむき／きこ
しめし候ぬ、／いまほとも、
（書止）申候事にて候／ほとに、ちからをよひ候ハぬ／御さたにて候、／

とくといせんにかまへて、しこうし候やうにおほせ／られ候へく
候、
（宛所）頭中将とのへ
（備考）奥上に「御花園院御代」、

（二）某仮名消息写　（年月日未詳）　一通
楮紙打紙　三〇・八糎×四五・八糎　二紙
（書出）宮しゆ御いとま／の事、そうせい／そう正／申候おもむき／きこ
しめし候ぬ、／いまほとも
（書止）申候事にて候／ほとに、ちから／をよひ候ハぬ／御さたにて
候、／とくといせんにかまへて、／しこうし候やうにおほせ／ら
れ候へく候、
（宛所）頭中将とのへ

二二　賢長書状　（年未詳）八月九日　一通
室町中期　竪紙　楮紙（杉原）　二六・八糎×四三・〇糎　一紙
（端裏）延徳元／八月九日　澄恵法印壇行事可然之事　賢長
（書出）委細承候条々事／一壇行事事、兵部卿僧都たるへき由承候、／御
流仁にて□□共まいらせ候ハヽ、兵部卿万一／辞退申候ハヽ、又
別人にも可仰付候哉、
（書止）大概承候て、可披／露申候、取乱□□□きと申候、恐々謹言、
（差出）賢長
（備考）虫損甚し、逐而書、

二三　某書状　（年月日未詳）　一通
室町後期　切紙　後欠　漉返紙　一三・三糎×四三・二糎　一紙
（書出）去廿九日之御状、今月四日／下着候、仍而六月分御年貢／于今未
進上、御不審之由承／候、六月以来ハ、日々弓矢ニ／地下人と召
具候て罷出、
（文尾）時宣／御返事ニ申、両度まて／上候へハ、路にて粮物・書状等／
被取罷帰候間、我等更々
（備考）端裏に切封墨引、

二四　某書状　（年月日未詳）　一通
室町後期　竪紙　後欠　漉返紙　二六・八糎×四三・三糎　一紙
（書出）先日者、御念比ニ預返□／書状無申□□、仍而／下地之文書之事、
（文尾）得心替候ハヽ、尋候へと被仰候間、／和尚殿へ尋申候へハ、壱貫
四百文、
（備考）逐而書、虫損甚し、端裏に切封封帯、

二五　元雅授恵周印可許状案　元文五年庚申十一月廿四日　一通
江戸中期　竪紙　楮紙（奉書紙）　三六・四糎×三七・二糎　一紙
（端裏）印可許状案奥州棚倉領東舘村観音寺本浄恵周、元文五庚申年十一月廿四日、
（書出）松橋法流許可授与之事、因予身授与之／年齢未満、以正嫡権僧正
真円為阿闍梨、
（書止）観／音寺住持代々当流之旧好○仏祖之御恩、不可有違失、出／世之本懐、不
可勝之耳、

（差出）松橋法頭大僧都元雅判
（宛所）松橋直末奥州棚倉受者観音寺恵周
（備考）墨註記、

二六　報恩院流付法状書様　（年月日未詳）　一通
江戸後期　竪紙　楮紙（奉書紙）　三二・四糎×四五・三糎　一紙
（書出）醍醐報恩院法流者、小野流之渕府、三宝／院之正統也、因茲中古名徳中性院頼瑜／法印、雖広泳野沢之源委、
（書止）以往可永弘／伝流通、恢挑三密之法燈、普度五濁之群／機而已、斯付法之状、如上件、
（備考）墨（返点・送仮名・傍訓・合符）、

二七　尭運授尭雅瑜祇灌頂附法状写　永禄六年癸亥十一月廿五日　一通
江戸前期　折紙　楮紙打紙　三二・八糎×四五・五糎　一紙
（本文）永禄六年癸亥十一月廿五日／心宿、日曜、奉授瑜祇灌頂於／尭雅僧正房畢、
（差出）法印権大僧都尭運
（備考）奥に「塔図別在之」、

二八　東大寺戒壇院戒牒写　天正十年卯月八日　一通
安土桃山時代　重紙　漉返紙　二五・一糎×四〇・八糎　二紙
（端裏）進之箱／南都東大寺戒壇院、戒牒　松橋妙雲院尭円受戒也、天正十年四月八日、（本紙）
進之箱（裏紙）
（書出）稽首和尚　大徳足下／竊以三学殊途必令会通、於漏／尽五乗広運、以資於戒足、
（書止）沙弥稽首和尚受具足戒、伏願大徳／慈悲抜済少識、謹疏、
（差出）戒和上　伝燈大法師位／綱所　伝燈大法師位乗海／従儀師　伝燈大法師位慶懐／治部少　正六位上行／玄番寮　正六位下行
（宛所）東大寺　戒壇院／東大寺　大徳禅実律師／興福寺　大徳快成律師／東大寺　大徳円空律師／興福寺　大徳静弁律師／元興寺　大徳良秀律師／招提寺　大徳秀恵律師／法隆寺　大徳信慶律師／大安寺　大徳隆算律師／薬師寺　大徳頼専律師／法隆寺　大徳尊玄律師

二九　太元護摩巻数案等　一冊
仮綴
（備考）（一）～（六）一括、

（一）　太元護摩巻数案　寛永五年卯月廿五日　一通
江戸前期　竪紙　漉返紙　二六・七糎×四二・三糎　一紙
（書出）太元護摩所／奉供／供養法二十一ヶ度／護摩供二十一ヶ度／諸神供三ヶ度／奉念／仏眼真言　五百遍／大日真言　二千一百遍
（書止）玉躰安穏、御願円満、始自去十九日、／至于今日／一七箇日夜間、殊致請（マヽ）誠奉供奉念如右、
（差出）法印観助

（二）　太元護摩巻数案包紙　（年月日未詳）　一紙
江戸前期　竪紙　楮紙（杉原）　二四・〇糎×三三・七糎　一紙
（備考）ウハ書「太元之巻数／『一延宝二小御修法之記』」、

（三）　延宝二年後七日御修法日々三時次第書　（年月日未詳）　一通
江戸前期　竪紙　楮紙（奉書紙）　三〇・三糎×四五・五糎　一紙
（端書）延宝二甲寅年正月
（本文）八日／後夜／九日／日中　初夜　後夜／十日／日中　初夜　後
夜／十一日／日中　初夜　後夜　日中／十二日／初夜牛黄加持アリ、　後夜
日中　初夜／十三日／後夜　日中　初夜　後夜／十四日／日中
初夜
（備考）墨註記、

（四）　太元護摩巻数案　享保十九年十二月廿二日　一通
江戸中期　竪紙　楮紙（杉原）　三〇・一糎×四二・八糎　一紙
（書出）太元護摩所／奉供／供養法二十一箇度／護摩供二十一箇度／諸
神供三箇度
（書止）右、為護持仏子滅罪生善、悉地成就、一七箇日夜之間、／殊致精
誠奉供奉念如右、
（差出）金剛仏子道雅

（五）　太元護摩巻数案　宝暦八年九月四日　一通
江戸中期　竪紙　楮紙（杉原）　二九・二糎×四一・三糎　一紙
（書出）太元護摩所／奉供／供養法二十一箇度／護摩供二十一箇度／諸
神供三箇度
（書止）天下泰平、万民豊楽、地味増長、五穀豊饒、／万菓成就、無辺御
願成就、始従去二十八日至于今日十七箇日夜／之間、殊致精誠奉
供奉念如右、
（差出）阿闍梨僧正法印大和尚位道雅

（六）　太元法巻数案　宝暦九年五月十九日　一通
江戸中期　竪紙　楮紙（杉原）　二九・三糎×四〇・二糎　一紙
（書出）太元御修法所／奉供／供養法七箇度／奉念／仏眼真言百五十
遍／大日真言七百遍／尺迦真言七百遍
（書止）右、奉為／金輪聖王天長地久、玉躰安穏、増長宝寿、無辺御願、／
成就円満、三箇日間、殊致精誠奉修如件、
（差出）阿闍梨僧正法印大和尚位道雅

三〇　如意輪供巻数案等　一冊
江戸中期　仮綴
（備考）（一）～（五）一括、

（一）　如意輪供巻数案　元禄七年八月十一日　一通
竪紙　泥間似合　三三・八糎×四五・六糎　一紙
（書出）如意輪供所／奉供／花水供二十一箇度／飲食供二十一箇度／燈
明供二十一箇度／奉念／仏眼真言五百遍／大日真言二千一百遍

（書止）右、為護持仏子滅罪生善、悉地成就、／始自去四日至于今日一七
箇日夜之間、／殊致精誠奉供奉念如右、
（差出）有淳

（二）如意輪供巻数案　元禄八年六月十日　一通
竪紙　泥間似合　三二・八糎×四五・六糎　一紙
（書出）如意輪供所／奉供／花水供三百箇度／飲食供三百箇度／燈明供
三百箇度／奉念／仏眼真言六千三百遍
（書止）右、為護持仏子滅罪生善、悉地成就、始自／二月廿八日至于今月
今日一百箇日夜間、殊致／精誠奉供奉念如右、
（差出）仏子有淳

（三）如意輪供巻数案　寛延三年三月九日　一通
竪紙　楮紙打紙　二六・〇糎×四一・五糎　一紙
（端裏）十八道正行
（書出）如意輪供所／奉供／花水供三百箇度／飲食供三百箇度／燈明供
三百箇度／奉念／仏眼真言六千三百遍
（書止）右、為護持仏子滅罪生善、悉地成就、始自去十一月廿八日／至于
今月今日一百箇日夜之間、殊致精誠奉供奉念／如右、
（差出）仏子宗恕

（四）如意輪供巻数案　寛延三年七月十八日　一通
竪紙　楮紙打紙　二六・〇糎×四一・五糎　一紙
（端裏）金剛界加行
（書出）如意輪供所／奉供／花水供三百箇度／飲食供三百箇度／燈明供
三百箇度／奉念／仏眼真言六千三百遍
（書止）右、為護持仏子滅罪生善、悉地成就、始自去四月六日／至于今月
今日一百箇日夜之間、殊致精誠奉供奉念／如右、
（差出）仏子宗恕

（五）如意輪供巻数案　寛延三年／十一月十七日　一通
竪紙　楮紙（杉原）　二六・〇糎×四一・五糎　一紙
（端裏）金剛界正行
（書出）金剛界所／奉供／花水供三百箇度／飲食供三百箇度／燈明供三
百箇度／奉念／仏眼真言六千三百遍／胎蔵大日真言三万遍
（書止）右、為護持仏子滅罪生善、悉地成就、始自八月六日／至于今月今
日一百箇日夜之間、殊致精誠奉供奉念／如右、
（差出）仏子宗恕

三一　胎蔵界念誦巻数案等　一冊
江戸中期　仮綴
（備考）（一）～（四）一括、

（一）胎蔵界念誦巻数案　元禄九年十二月六日　一通
竪紙　泥間似合　三二・二糎×四五・七糎　一紙
（書出）胎蔵界所／奉供／花水供二十一箇度／飲食供二十一箇度／燈明

供二十一箇度／奉念／仏眼真言五百遍／金界大日真言二千一百
遍
（書止）右、為護持仏子滅罪生善、悉地成就、始自去廿／一〔八〕日至于今一七
箇日夜之間、殊致精誠奉／奉奉（衍カ）供奉念如右、
（差出）仏子有淳

（二）　金剛界加行念誦巻数案　寛延四年／四月廿六日　一通
竪紙　楮紙打紙　二七・九糎×四一・六糎　一紙
（端裏）胎蔵界加行
（書出）金剛界所／奉供／花水供三百箇度／飲食供三百箇度／燈明供三
百箇度／奉念／仏眼真言六千三百遍／胎蔵大日真言三万遍
（書止）右、為護持仏子滅罪生善、悉地成就、始自正月十五日／至于今月
今日一百箇日夜之間、殊致精誠奉供奉念／如右、
（差出）仏子宗恕

（三）　胎蔵界初行念誦巻数案　寛延四年五月五日　一通
竪紙　楮紙打紙　二八・〇糎×四一・二糎　一紙
（端裏）胎蔵初行
（書出）胎蔵界所／奉供／花水供二十一箇度／飲食供二十一箇度／燈明
供二十一箇度／奉念／仏眼真言五百遍／金剛界大目〔日〕真言二千一
百遍
（書止）右、為護持仏子滅罪生善、悉地成就、始自二十七日／至于今日一
七ヶ日夜間、殊致精誠奉供奉念如右、
（差出）仏子宗恕

（四）　胎蔵界正行念誦巻数案　寛延四年／八月三日　一通
竪紙　楮紙打紙　二八・〇糎×四〇・三糎　一紙
（端裏）胎蔵界正行
（書出）胎蔵界所／奉供／花水供三百箇度／飲食供三百箇度／燈明供三
百箇度／奉念／仏眼真言六千三百遍／金剛界大日真言三万遍
（書止）右、為護子仏子滅罪生善、悉地成就、始自五月廿一日／至于今月
今日一百箇日夜之間、殊致精誠奉供奉念如右、
（差出）仏子宗恕

三三一　不動護摩巻数案等　一冊
江戸中期　仮綴
（備考）（一）～（七）一括、

（一）　灌頂前行巻数案包紙（年月日未詳）　一紙
切紙　楮紙（杉原）　三〇・七糎×二一・九糎　一紙
（備考）ウハ書「式部卿灌頂前行巻数之案其許〈御留置可被成候也、帥殿参、〉」、

（二）　不動護摩巻数案　宝永七年十月廿九日　一通
竪紙　楮紙（杉原）　二四・二糎×三四・六糎　一紙
（書出）不動護摩所／奉供／大壇供三百箇度／護摩供三百箇度／諸神供
十一箇度／奉念／仏眼真言六千三百遍

（書止）右、為護持仏子滅罪生善、大願成就円満、如（始）／自去八月十七日到
于今月今日一百箇日夜之／間、殊致精誠奉供奉念如右、
（差出）仏子信融

（三）不動護摩巻数案　寛延四年／十一月廿七日　一通
（端裏）不動護摩正行
竪紙　楮紙（杉原）　二六・七糎×四〇・三糎　一紙
（書出）不動護摩所／奉供／大壇供　三百箇度／護摩供　三百箇度／諸
神供　十一箇度／奉念／仏願　真言六千三百遍
（書止）右、為護持仏子滅罪生善、悉地成就、始自八月十五日／至于今月
今日一百箇日夜之間、殊致精誠奉供奉念／如右、
（差出）仏子宗恕

（四）不動護摩巻数案　宝暦四年五（六）月四日　一通
竪紙　楮紙（杉原）　二九・〇糎×四〇・〇糎　一紙
（端裏）灌頂前行護摩巻数
（書出）不動護摩所／奉供／大壇供三百箇度／護摩供三百箇度／諸神供
十一箇度／奉念／仏眼真言六千三百遍
（書止）右、為護持仏子滅罪生善、大願成就円満、如（始）自去／閏二月廿二日
到于今月今日一百箇日夜之間、／殊致精誠奉供奉念如右、
（差出）仏子宗諄

（五）不動護摩巻数案　宝暦七年三月二十八日　一通
竪紙　楮紙（杉原）　二六・八糎×三九・七糎　一紙
（端裏）宝暦七丁丑年三月廿八日胃宿日曜、安住宿第二重印可受与／大阿闍梨
僧正道雅　受者宗淳
（書出）不動護摩所／奉供／大壇供二十一箇度／護摩供二十一箇度／諸
神供三箇度／奉念／仏眼真言五百遍／仏眼真言二千一百遍
（書止）右、為護持仏子滅罪生善、悉地成就、始自去三月廿一日／至于今
月今日一七箇日夜間、殊致精誠奉供奉念如右、
（差出）金剛仏子宗淳

（六）不動護摩巻数案　宝暦十二年四月十三日　一通
竪紙　楮紙（杉原）　二六・二糎×四〇・三糎　一紙
（端裏）第二度／灌頂アサリ加行、三七日、不動護摩之巻数／正受者法印
杲観　便壇権大僧都暁海
（書出）不動護摩所／奉供／供養法六十三箇度／護摩供二十一箇度／諸
神供三箇度／奉念／仏眼真言千五百遍／大日真言六千三百遍
（書止）右、為護持仏子滅罪生善、悉地成就、始自去三月廿一日／至于今
月今日三七箇日夜間、殊致精誠奉供奉念／如右、
（差出）金剛仏子道雅

（七）不動護摩巻数案　宝暦十三年八月二十八日　一通
竪紙　楮紙（杉原）　二六・三糎×四〇・八糎　一紙
（書出）不動護摩所／奉供／大壇供二十一箇度／護摩供二十一箇度／諸
神供三箇度／奉念／仏眼真言五百遍／大日真言二千一百遍

（書止）右、為護持仏子滅罪生善、悉地成就、始自去二十一日至今日／一
七箇日夜間、殊致精誠奉供奉念如右、
（差出）金剛仏子暁海

三三　阿吒薄護摩巻数案　宝暦十一年八月十二日　一通
江戸中期　竪紙　楮紙（杉原）　二六・四糎×四一・二糎　一紙
（端裏）實顕公御祈禱　壇料白銀五枚
（書出）阿吒薄護摩所／奉供／供養法二十一箇度／護摩供二十一箇度／
諸神供三箇度／奉念／仏眼真言五百遍／大日真言二千一百遍
（書止）右、奉為　護持大施主御息災延命、御所願円満、殿内安穏、諸人
快楽、十七箇日之間、殊致精誠奉修如件、
（差出）僧正法印大和尚位道雅

三四　延命法巻数案　一冊
仮綴
（備考）（一）〜（五）一括、

（一）延命法巻数案　明和九年六月二十九日　一通
江戸中期　竪紙　楮紙（杉原）　二七・八糎×四一・二糎　一紙
（端裏）明和九壬辰年六月二十九日去五月青蓮院座主宮尊真親王杲観第二度／
生廿八歳、
（書出）延命御修法所／奉供／供養法二十九箇度／奉念／仏眼真言六百
遍／大日真言二千九百遍
（書止）右、奉為／金輪聖王天長地久、玉體安穏、増長宝寿、無辺御願、
成就／円満、始自去朔日迄今日并二十九箇日之間、殊致精誠奉修
如件、
（差出）阿闍梨権僧正法印大和尚位杲観

（二）延命法巻数案　天明二年三月二十九日　一通
江戸後期　竪紙　楮紙（杉原）　二六・三糎×四〇・八糎　一紙
（端裏）天明二寅歳三月勤仕結願巻数先二月仁和真乗院法務前大僧正有證勤仕、
／当今御持第五度　杲観
（書出）延命御修法所／奉供／供養法二十九箇度／奉念／仏眼真言六百
遍／大日真言二千九百遍／本尊真言二千九百遍／又真言二万九
千遍
（書止）右、奉為／金輪聖王天長地久、玉體安穏、増長宝寿、無辺御願／
成就円満、始自去朔日迄今日并二十九箇日之間、／殊致精誠奉修
如件、
（差出）阿闍梨前法務僧正法印大和尚位杲観

（三）延命法巻数案　天明二年八月三十日　一通
江戸後期　竪紙　楮紙（杉原）　二六・三糎×四一・一糎　一紙
（端裏）天明聖主護持　第四〔六〕度の巻数
（書出）延命御修法所／奉供／供養法三十箇度／奉念／仏眼真言六百三
十遍／大日真言三千遍／本尊真言三千遍／又真言三万遍
（書止）右、奉為／金輪聖王天長地久、玉體安穏、増長宝寿、無辺御願、／

成就円満、始自去朔日迄于今日并三十箇日之間、殊致／精誠奉修如件、

（差出）阿闍梨前法務僧正法印大和尚位杲観

（四）延命法巻数案　寛政元年十一月二十九日　一通

江戸後期　竪紙　楮紙（杉原）　二六・一糎×四一・四糎　一紙

（端裏）当今護持結願巻数第廿一度目、寛政元年十一月

（書出）延命御修法所／奉供／供養法二十九箇度／奉念／仏眼真言六百遍／大日真言二千九百遍／本尊真言二千九百遍／又真言二万九千遍

（書止）右、奉為／金輪聖王天長地久、玉體安穏、増長宝寿、無辺御願、／成就円満、始自去朔日迄今日并二十九箇日之間、／殊致精誠奉修如件、

（差出）阿闍梨前法務僧正法印大和尚位杲観

（五）延命法巻数案　安永四年九月二十九日　一通

江戸中期　竪紙　楮紙（杉原）　二八・二糎×三九・八糎　一紙

（端裏）安永四年九月　第十二度

（書出）延命御修法所／奉供／供養法二十九箇度／奉念／仏眼真言六百遍／大日真言二千九百遍／本尊真言二千九百遍／又真言二万九千遍

（書止）右、奉為／金輪聖王天長地久、玉體安穏、増長宝寿、無辺御願、成就／円満、自去朔日迄于今日并二十九箇日之間、／殊致精誠奉修如件、

（差出）阿闍梨法務僧正法印大和尚位杲観

三五　愛染護摩巻数案書様控（年月日未詳）　一通

室町中期　切紙　漉返紙　二六・三糎×三三・八糎　一紙

（本文）愛染護摩供所／奉供／護摩供二十一箇座／大壇供二十一箇座／諸供／右、奉為／金輪聖王玉躰安穏、増長宝祚、天長地久、無辺／御願、成就円満、殊致誠精奉供如件、

三六　前大僧正寛済書状（年未詳）十二月廿一日　一通

江戸前期　竪紙　楮紙（杉原）　二九・〇糎×四三・二糎　一紙

（書出）就正円帰国、内々懇望被申候灌頂／道具相調候て、差下候間、慥可有／領納候、惣而当流門徒秘密道具／許与義、不容易希有之事候、

（書止）未来末弟／等不散失之様、能々可被申／付置候事、肝要に候、向後弥以／当門流於繁栄大慶之至候也、／恐々謹言、

（差出）前大僧正寛済

（宛所）長福寺

（備考）逐而書「念珠一貫并白帯／一すし進入候也」、

三七　文永寺某書状（年未詳）三月廿三日　一通

安土桃山時代　竪紙　漉返紙　三一・一糎×四九・三糎　一紙

（書出）信州下伊奈内勅願寺南原文永寺院主并十二坊、河嶋安養寺六坊／

事、理性院末流として代々の院主児にて罷上、醍醐にて出家／いたし、禁中御祈禱之人衆にしたかひ申候、

（書止）田舎より　禁中の／御祈念之人衆に参候事、いつれの寺にもまれなる事にて候、／彼　勅書御歌の短冊正本ハ、信玄乱入の時焼失申候間、／うつしを御目にかけ申候、此旨法印様へ御取成憑入候、

（差出）信州南原文永寺

（宛所）松田勝右衛門尉殿

三八　清瀧宮毎月理趣三昧供養法修僧支配状案等　三通

江戸中期　竪紙　楮紙（美濃紙）

（備考）（一）～（三）一括、包紙（美濃紙、三〇・三糎×四二・二糎、ウハ書「被与之、淳誉／山上清瀧宮張文　三紙／有円法印之筆」）、宝暦四年正月吉祥日山上清瀧宮着到状を包紙に転用、

（一）清瀧宮毎月理趣三昧供養法修僧支配状案

宝暦四年正月　日　一通

二四・三糎×三三・九糎　一紙

（本文）清瀧宮／毎月理趣三昧供養法／正三五七九十一月　宝／宝幢院法印／二四六八十十二月／閏月可准本月、／右、如件、

（二）清瀧宮毎月理趣三昧讃修僧支配状案　宝暦四年正月　日一通

二四・二糎×三三・九糎　一紙

（本文）清龍宮／毎月理修三昧讃／正三五七九十一月　密教院権大僧都／二四六八十十二月　円明院権少僧都／閏月可准本月、／右、如件、

（三）清瀧宮毎月理趣三昧調声修僧支配状案

宝暦四年正月　日　一通

二四・三糎×三三・〇糎　一紙

（書出）清瀧宮／毎月理趣三昧調声／正三五七九十一月　戒光院権律師 二位阿闍梨／（二四六）七八九八十十二月／閏月可准本月、／右、如件、

三九　伝法灌頂職衆請定写　享保十八年四月■日　一通

江戸中期　竪紙　楮紙（美濃紙）　二四・一糎×三四・一糎　一紙

（書出）請定／伝法灌頂職衆事／権僧正唄、呪願、　按察使法印誦経導師、／二位法印　大夫権少僧都

（書止）右、来十九日為権律師演良於光台院／可被行伝法灌頂職衆請定如件、

（差出）行事大法師甚秀

四〇　運事注文　正保四年九月廿八日　一通

江戸前期　竪紙　漉返紙　三一・九糎×四一・六糎　一紙

（端裏）運時之事

（本文）運時之事／九月／廿八日　初夜／廿九日　後夜　日中　初夜／卅日　後夜　日中／卅日之初夜帰寺候て、／可被行候也、／正保四年九月廿八日書之、

（備考）墨合点、

四一　作兵衛等請文写　正保三年／卯月三日　一通

江戸前期　竪紙　漉返紙　二六・七糎×三九・一糎　一紙

（書出）今度江戸御下向ニ付、馬四口／請取申候、日数ハ十二日也、但ソ、クニ成共御意次第ニ○御下片道之分銀子可仕候、
／壱駄疋ニ付、六拾三匁ツ、ニ相定申候、

（書止）若道ニて／馬いたミ申候共、急度替馬相立／出候間も、無滞江戸
御宿迄付／可申候、為其一筆如件、

（差出）請人作兵へ／音翁〔大宅〕ー／大宅／ー／ー／ー／ー

（宛所）理性院僧正様之内内海但馬殿／同金子兵庫殿

四二　東山天皇勅書写　宝永四年正月十八日　一通

江戸中期　竪紙　楮紙（杉原）　二六・七糎×四〇・〇糎　一紙

（端裏）勅書ノ写

（本文）勅九経之於後別有仏家契経、／当須信受三宝之為最何異聖／人大
宝正好帰依、便是理之本源、／宜増法之光耀、故僧正聖宝小野始
祖、上宮再身曽闢醍醐霊場、／恢帳密教、又創東南名刹、中興／
論宗、于茲当八百年之遠忌、足兒／孫追懐、懇請宜諡理源大師、

四三　後七日御修法御下行注進状　正徳五乙未年正月　日　一通

江戸中期　竪紙　楮紙（杉原）　三一・三糎×四四・五糎　一紙

（本文）後七日御修法御下行之事／貳石　出納／貳石　御蔵／壱石　主
殿寮／五斗　主殿寮下司火炬師／三斗　衛士／合五石八斗／右、
任例注進申所如件、

（差出）出納（方形黒印「隴周」）

（宛所）水本大僧正御内川久保主水殿

（備考）包紙（杉原、四一・八糎×二六・六糎）、

四四　醍醐村大年寄惣百姓等返答書　享保十六年亥十一月七日　一通

江戸中期　巻子装　楮紙（美濃紙）　二九・九糎×四〇・九糎　九紙

（書出）一小野村より申上候ハ、往古より小野御領山之儀、／廿九年以前
未ノ年、小野醍醐出入以後／論所ニ成候而在之由之事、

（書止）右之通、相違無御座候間、被為／聞召分、御吟味被為　仰付被下
候ハヽ、／難有可奉存候、以上、

（差出）三宝院御門跡様御下醍醐村／大年寄市郎兵衛／同幸助／年寄惣代
市左衛門／同利兵衛／同新右衛門／同源兵衛／百性惣代助三郎／
同治兵衛／同甚左衛門／同弥兵衛

（宛所）御奉行様

（備考）袖に「小野村より御訴訟申上候ニ付、乍恐返答書／城州宇治郡醍
醐村／大年寄／惣百性中」、

四五　上下醍醐山年預等請書　（年未詳）丑十二月　一通

江戸中期　切紙　泥間似合　一九・九糎×五一・一糎　一紙

（端裏）御門室ヘ指出候請書者中奉書折紙ニ認出ス也、文言／等全ク此通
也、上包美濃紙、

（本文）住侶／権少僧都十六歳／少僧都廿一歳／権大僧都廿六歳／大僧都

法印三十歳／権僧正四十歳／僧正五十歳／右之通、被／仰出候、御
沙汰之御旨／一統奉畏候、
（差出）上醍醐山年預仏眼院大僧都（円形黒印）／下醍醐山年預普賢院権大僧
都（円形黒印）／惣代宝幢院権大僧都（円形黒印）
（備考）黒印三顆すべてを墨抹、

四六　美濃国武儀郡跡部村東光院口上書写　慶応四年／辰六月十五日　一通
江戸後期　竪紙　楮紙（杉原）　二七・六糎×四〇・一糎　一紙
（書出）御届奉申上口書／一美濃国武儀郡跡部村惣社大跡部神社／別当
従来拙院神勤仕来候處、今般／王政御復古ニ付、
（書止）拙僧事、跡部真志雄与／改名仕候間、此段御届ヶ奉申上候、右、
願之通リ／御聞済被為成下置候ハヽ、難有仕合奉存候、以上、
（差出）濃州武儀郡跡部村東光院／改名跡部真志雄
（宛所）醍醐御所御役所
（備考）包紙（杉原、三四・二糎×三・七糎）、

四七　元春房運敞書状　（年未詳）五月廿六日　一通
江戸後期　折紙　楮紙（奉書紙）　三・三糎×四五・一糎　一紙
（書出）以飛檄令啓呈候、／爾来久失面候、背／素懐候、／尊體御清勝被
来／御座候哉、承度候、
（書止）延引／可仕と令迷惑候、／右之趣宜様ニ御盡／達頼存候、恐惶／
謹言、
（差出）元春運敞（花押）
（宛所）竹内権兵衛殿御披露
（備考）逐而書、包紙（高檀紙、四九・一糎×一五・六糎、ウハ書「元春房運敞筆」）、

四八　淳心書状案　（年未詳）六月十九日　一通
江戸後期　折紙　泥間似合　三・七糎×四二・八糎　一紙
（書出）過刻者、種々御示教／畏承候、抑御内々希度文者、／当春以来、
知行所之文ニ付、／御門主ト相伺候後、
（書止）御内々／御聞合之義、分而希上御座候、／諸般拝眉之節と早々、
敬白、
（差出）淳心
（備考）奥に逐而書、包紙（杉原、二五・二糎×三四・一糎、ウハ書「尊師僧正様」）、

四九　亮珍書状　（年未詳）五月十七日　一通
江戸後期　折紙　泥間似合　三・五糎×四四・七糎　一紙
（書出）其後者、御遠々敷候、／薄暑ニ愈御安全多歓／令賀候、
（書止）為念御落手／書、且差上置候、證書御／返却希入候、右申入度迄／
如此候、尚萬々／後音ニ可有候也、
（差出）亮珍
（宛所）円明院殿
（備考）奥に「金子五両壱歩添」、逐而書、

五〇　大溪法印某書状　（年未詳）正月五日　一通

江戸後期　続紙　楮紙（杉原）　一八・一糎×五〇・六糎　二紙

（書出）以手紙得御意候、然者従来／八日後七日　御修法被行候処、

（書止）此段御入魂ニ得御意／旨、御衆中江御伝達被下度、／右可得御意

如此御座候、以上、

（備考）端裏に捻封（墨引、ウハ書「行樹院権僧正御房　大渓法印」）、

五一　賢涼院某消息　（年月日未詳）　一通

江戸中期　折紙　楮紙（奉書紙）　紙背あり　三六・〇糎×四八・八糎　一紙

（書出）新玉り参らせ候、／この春の御祝儀、／幾ちとせ萬世の／外かき

りあらすと／祝まいらせ候、

（書止）おほせまいらせ候、［　　］院さまニ御祝伺／申上度そんしまい

らせ候、尚春なからと／あら〻めて度かしく、

（備考）見返奥に「法務様江御披露　賢涼院」、

〔紙背〕准胝法并牛黄加持次第包紙　（年月日未詳）　一紙

竪紙

（備考）ウハ書「『准胝法并牛黄加持等事公家御自筆』」、

五二　山田駿河守某書状案　（年未詳）六月廿三日　一通

江戸後期　続紙　楮紙（杉原）　一七・九糎×七六・〇糎　二紙

（書出）御手紙拝見仕候、如仰大暑ニ／御座候処、弥御安全被成御座候、／

珍重奉存候、

（書止）先右貴答如斯ニ／御座候、御別紙得と拝見仕候／ニ付、返進仕候、

御入手可被下候、以上、

（備考）逐而書「御端書拝見仕候、随而御茶二袋／御贈恵被下、忝拝受仕

候、乍憚／宜御礼申上度、御席之節、可然／奉頼上候、以上」、

端裏に捻封（墨引、ウハ書「密乗院僧正様　山田駿河守」）、

五三　勧修寺経広書状　（年未詳）五月十五日　一通

江戸前期　折紙　楮紙（杉原）　三一・五糎×四五・六糎　一紙

（書出）先日者、芳墨／為悦候、抑勧門主／長者法務、御持僧／等辞退候、

然者長／者事、可被　仰上候哉、

（書止）近日参／内申、先日之小折／紙、経慶披露候様／可仕之、餘事期

面／謁候、恐々謹言、

（差出）（勧修寺経広）（花押）

（宛所）水本殿

五四　行法中掟并禁制　宝暦六丙子年四月日　一通

江戸中期　続紙　泥間似合　一六・四糎×一三・二糎　三紙

（書出）行法中掟并禁制／一行中昼夜小袈裟不／可離事、／但大小便利之

時暫除之、／平生禁酒之事、

（書止）一行法之内其行法第一勤、世／間私之用次可勤事、／右之條々、

相慎守可申者也、

（差出）行者少納言大法師堯賢

（備考）紙背上部に裏打、墨（返点・送仮名・傍訓）、

五五　常住掟条々　二通

（備考）（一）・（二）一括、

（一）常住僧掟条々（年月日未詳）　一通

江戸中期　続紙　楮紙（美濃紙）三〇・〇糎×六四・五糎　二紙

（書出）掟／一早期参堂勤行等之事、／一昨習所復五反、／一朝飯尤調威儀、施食作法不可／虧之事食不言云々、

（書止）一初夜鐘後、可有寝休要用各別也、／惣於堂可守敬事、／以上、

（差出）策宥雄沙弥箴

（備考）奥書「右者、予若年之時、師主大僧正御房／為常住書之給、仍而今令書写／与之者也、　権僧正真円」、追記、包紙（杉原、三四・三糎×二四・二糎、ウハ書「策宥雄沙弥箴」）、

（二）常住僧掟条々（年月日未詳）　一通

江戸後期　続紙　泥間似合　三七・八糎×六六・一糎　二紙

（端裏）淳杲記

（書出）掟／一早朝参堂勤行等之事、／一昨習所復五反、／一朝飯尤調威儀、施食作法／不可虧之事食不言云々、

（書止）一対衆人可存敬事、／一就善悪仮令ニモ不有虚言事、／以上、

（備考）奥書「今般淳覚沙弥令書与之者也、／淳杲」、追記、

五六　某御尋・拝答書集　一冊

江戸中期　横帳　楮紙（杉原）一五・二糎×四四・七糎　三紙

（文首）御尋／一山上堂家無人ニ付、山下堂家助役／相語合度段、去ル寅年相願候所、仲間／無人ニ而、難渋之段、且助役相願候趣、被／聞召届、御許容被　仰付候、

（文尾）右条々、此度依　御尋、乍恐／拝答仕候、愚昧之面々、定而不届／成文段、前後相違之事共、／可有御座候間、何分宜御沙汰／奉存候、以上、／辰如月／｜｜／｜｜

（備考）挿入紙（三椏紙、一五・三糎×四・七糎）、

五七　拝借道具目録　嘉永六　三月　一通

江戸後期　折紙　楮紙（杉原）三六・五糎×四八・五糎　一紙

（書出）拝借願候御道具／秘密御道具　一箱／白赤蓋　貳本／敷万荼羅貳枚

（書止）得自在院准后様御影／外ニ／満｜済　義｜演　／高｜賢／右、拝借願度、

（差出）演隆

五八　理性院某書状案（年未詳）八月十　一通

江戸中期　折紙　楮紙（美濃紙）二七・〇糎×三七・五糎　一紙

（書出）就致立石村立石寺上洛候、／乍幸便一書申達候、／先以其地御勇健ニ候哉、／承度候、

（書止）近日従此方以飛脚／可申入候間、其節兎角／之様子相伝候、猶／期後音候、恐惶／謹言、

（差出）理性院

（宛所）知久伊左衛門殿

（備考）逐而書、

五九　実雅請文等　　五通

江戸後期

（備考）（一）〜（五）一括、

（一）　実雅請文　（年未詳）十二月廿三日　　一通

竪紙　楮紙（杉原）　三三・二糎×四五・三糎　一紙

（本文）来年正月後七日法可／令勤修之旨、摂政殿御消息之／所、謹承候、

早可令存知候也、／恐々謹言、

（差出）実雅

（二）　別当権僧正明覚書状案　（年未詳）十二月四日　　一通

折紙　楮紙（美濃紙）　三五・七糎×四九・一糎　一紙

（本文）明春後七日御修法被／仰出、法務僧正被参修候、／依茲従貴山伴

僧五口／可有御出座之旨候、仍内々／令啓候也、恐々謹言、

（差出）別当権僧正　明覚

（宛所）年預権大僧都御房

（備考）折紙下段に「左之通リ、同紙半分認書状ニ相添参候也、／天保十

■三年十二月四日年預方ヘ参候／写也、／一開中結之時、役無役

共／平袈裟可有御着用候事、／一五大尊　十二天供／貴山御出勤

之中可有／御勤之由候事」、

（三）　行雅奉書案　（年未詳）十月五日　　一通

折紙　楮紙（杉原）　三五・九糎×四九・六糎　一紙

（本文）近来国家多事／被悩／宸襟候、偏依仏陀之／冥護、四海泰平、／

宝祚延長、万民／娯楽之御祈、一七箇日／一寺一同可抽丹誠可／

令下知于東寺給、被／仰下謹候也、

（差出）行雅

（宛所）勘解由小路権右少弁殿

（備考）逐而書、

（四）　資生奉書案　（年未詳）十月五日　　一通

折紙　楮紙（美濃紙）　二四・五糎×三五・二糎　一紙

（本文）近来国家多事／被悩／宸襟候、偏依／仏陀之冥護、四海／泰平、

宝祚延長、／万民娯楽之御祈、／一七箇日一寺一同可／抽丹誠、可

令下知于／東寺給被／仰候、仍早々申入候／也、

（差出）資生

（宛所）法務前大僧正御房

（備考）逐而書、包紙（美濃紙、二四・五糎×三四・五糎、ウハ書「法務前大僧正

御房　資生」）、

（五）　某法会請書案　（年未詳）十月五日　　一通

折紙　楮紙（美濃紙）　二四・六糎×三四・七糎　一紙

（本文）近来国家多事／被悩／宸襟候、偏依／仏陀之冥護、四海／泰平、

宝祚延長、／万民娯楽之御祈、／可抽丹誠之旨、一寺一同／謹畏奉

候也、

（備考）逐而書、包紙（美濃紙、二四・四糎×三四・四糎、ウハ書「上包美濃紙、／内小奉書弐つ折、／東寺御祈御請書、／法務へ送遣候案」）、

六〇　前大僧正・大僧正等交名　（年月日未詳）　一通

江戸前期　竪紙　漉返紙　紙背あり　三三・〇糎×四七・八糎　一紙

（書出）前大僧正／青蓮院尊純　随心院増孝／大乗院ーー　南光坊天海／東本願寺ーー　勧修寺寛興／実相院ーー

（書止）権僧正／三宝院覚定　報恩院寛済／理性院観助　光明院尭瑜／覚王院弘盛　皆明寺禅秀／智積院ーー　密厳院尭政

〔紙背〕寛済ヵ書状案　（年月日未詳）　一通

竪紙

（本文）御慶賀之事、世之／所推雖不可驚候、当／時抃悦不□所謝候、非／啻御幸運之、然定而／高祖之御加護候歟、参啓（マヽ）／之間、且所持拙状候也、

六一　合殺等　二十一通・二紙

（備考）（一）〜（二三）一括、

（一）　合殺　一通

江戸後期　折紙　楮紙（杉原）　紙背あり　墨（博士点）　二九・五糎×四三・六糎　一紙

（文首）毘盧舎那仏／々々々々／、、、、

（文尾）ヒロサタ仏／ヒロサタ仏／ヒロサタ仏

〔紙背〕こんの助房某書状　（年月日未詳）　一通

折紙

（書出）中宮様より／此申せとニて／ふり一折、／おハしまし候へく候、

（書止）宜／色やすくおほしめし候へく候、／かしく、

（差出）こんの助房

（宛所）按察大なこん殿へまいる申給候へ

（二）　某口上書案　（年月日未詳）　一通

江戸後期　折紙　後欠　泥間似合　三二・〇糎×四〇・七糎　一紙

（書出）早々申入候、此義者、他僧之事故、／是非ニて入用、急々御取立給度／存候、只々及延引拙官餓死乞食／躰ニ致候存知哉、

（文尾）且此間申入候、／当季金八拾両、同米三拾五石、右従

（三）　某口上書案　（年月日未詳）　一通

江戸後期　折紙　泥間似合　三一・八糎×四〇・八糎　二紙

（書出）昨亥年以来申入候次第ニ付、醍／醐方江御引合之処、

（書止）甚以迷惑之／次第ニ付、前文之通リ宜／敷御沙汰之程希候也、

（四）　芝築地隆政書状　（年未詳）十一月十二日　一通

江戸後期　折紙　楮紙（美濃紙）　三三・三糎×四五・一糎　一紙

（書出）幸便御座候条、一簡致／啓達候、
（書止）右可得御意如此／御座候、恐惶謹言、
（差出）芝築地少進／隆政
（宛所）高田右京様／金子主馬様

（五）水本某書状　（年未詳）十二月廿九日　一通
江戸後期　折紙　楮紙（奉書紙）　三・八糎×四六・五糎　一紙
（端裏）一
（書出）貴簡致拝見候、／然者明春後七日／御修法、被／仰出法務僧正御参／勤之旨〔由〕、
（書止）是等之趣宜願御伝／達候、恐惶謹言、
（差出）水／判
（宛所）水　御房
（備考）逐而書、折紙下段一部切取られる、

（六）有雅書状　（年未詳）十月七日　一通
江戸前期　折紙　楮紙（美濃紙）　三・五糎×四七・五糎　一紙
（本文）態令啓候、昨／日御門跡江為／御見舞美濃／進之候、就其談／合申度義候之間、／乍御大儀御下□／待下□□候者如／此候、頓首、／参了、／如左、
（差出）有雅
（宛所）理趣坊御房
（備考）虫損甚し、

（七）光格天皇職事中山愛親等書状案　〔寛政二年〕四月廿六日　一通
江戸後期　折紙　漉返紙　三・一糎×四四・九糎　一紙
（本文）今度報恩院無量寿院／所伝来之銭形屏風経／叡覧、新調御物被／摸／之、宸賞不斜候、仍／申入候也、
（差出）経逸／伊光／愛親
（宛所）三宝院権僧正御房
（備考）折紙下段に追記「右、中書四ツ折、上紙ニ／宸賞書之写ト認参ル也、」「去寛政元五月七日ニ差出ス十二天仙水屏風、／当二年四月廿六日返却、／五月十日座主ヘ水本院主被向、右ノ至、本ノ／書付、御門主直ニ見せ賜写ヲ給ル也、仍而／写留」、

（八）別当大僧都某書状案　（年未詳）十月六日　一通
江戸中期　続紙　楮紙（美濃紙）　一五・八糎×三五・六糎　二紙
（端書）小奉書付弐つ折ニ付認、／上包美濃、
（書出）一簡致啓達候、追日寒冷／弥御法勤珎重不斜令賀候、
（書止）右之趣、／御衆中江為可得御意如是候、／恐惶謹言、
（差出）別当大僧都
（宛所）年預大僧都御房

（九）平井法眼等書状　（年未詳）九月廿日　一通
江戸後期　切紙　楮紙（美濃紙）　一八・〇糎×四三・八糎　一紙
（本文）秋冷之節、弥御安全／被成御法勤、珎重奉存候、然者／御面会申

度義御座候ニ付、／乍御苦労今明日之内、御参／殿御座候様致し
度存候、右、／得其意度早々、以上、
（備考）端裏に切封（墨引、ウハ書「密乗院僧正様　大渓法印／平井法眼」）、

（一〇）寛雅書状（年月日未詳）　一通
江戸後期　切紙　楮紙（美濃紙）　一九・八糎×二七・五糎　一紙
（本文）忝拝見申候、珍花／拝領殊畏存候、神／分返進申候、長々／忝存
候、尚期拝面／御礼可申述者也、／即刻、
（備考）奥に捻封（墨引、ウハ書「拝復　寛雅」）、

（一一）某方拝答書写（年未詳）卯十二月十九日　一通
江戸後期　続紙　楮紙（奉書紙）　一六・三糎×四四・八糎　二紙
（端裏）卯十二月十九日御本坊へ出之、
（書出）拝答／一此間言上仕候、山下堂家与山上／住侶参會法事等相勤候
儀者、
（書止）寺法ニ相背申候旨、不言上仕候、／別ニ子細■無御座候、右之
段、／宜敷御沙汰奉願候、以上、

（一二）平井法眼等書状（年未詳）九月十三日　一通
江戸後期　続紙　三椏紙　一四・六糎×六九・五糎　二紙
（書出）御手紙得御意候、秋冷／之節、弥御安静被成御法勤／弥重奉存候、
（書止）貴衲ニおゐて者、段々御骨折／之義故、先不取敢可得／御意候、
如此御座候、以上、
（備考）端裏に切封（墨引、ウハ書「密乗院僧正様／大渓法印／平井法眼」）、

（一三）某覚書（年月日未詳）　一通
江戸後期　続紙　後欠　三椏紙（雲母引）　三一・〇糎×七八・四糎　二紙
（書出）覚／一光台院僧正様［　］／来ル十五日［　］／鎮守絵図
［　］
（文尾）尤十五日御夕飯進上／仕候、其御心得候とて、／御頼存御案内儀
□／［　］
（備考）虫損甚し、墨抹、

（一四）有円書状（年未詳）五月廿八日　一通
江戸後期　切紙　楮紙（美濃紙）　一六・四糎×三三・三糎　一紙
（本文）兼日被示聞候／不動明王尊像、今日／漸奉開眼候間返納／申候、
長々留置候段可被／免候也、
（差出）有円
（宛所）円明院御房

（一五）演永口上書（年未詳）極月廿四日　一通
江戸中期　切紙　楮紙（美濃紙）　一五・七糎×三二・九糎　一紙
（本文）口演／一別紙去ル四日峨山より到来ニ付、／早速可及披露之処、
先達而より／一藕僧正へ見置候処、漸今日返／弁被致候故、乍延
引御覧入候、／先者早々、以上、

（差出）演永
（宛所）権大僧都様

（一六）昆布等到来物覚　（年月日未詳）　一通
江戸中期　折紙　楮紙（奉書紙）　三一・三糎×四五・七糎　一紙
（書出）覚／一昆布　三十本／一御末広　一本／大僧正様江／入道様より
（書止）一青銅　一貫文／右、下部中へ／布千代丸様より

（一七）摺写法花経等修復供養覚　（年月日未詳）　一通
江戸中期　切紙　楮紙（美濃紙）　一七・七糎×五三・六糎　一紙
（本文）覚／一摺写法花経　一部／一同理趣経　一部／一率都婆　一基／一虚空蔵菩薩絵像、是を／今度修復仕候間、重而開／眼供養被遊可被下候也、／以上此分ニて候、

（一八）某方廻状　（年月日未詳）　一通
江戸後期　切紙　楮紙（美濃紙）　一六・四糎×一八・五糎　一紙
（端裏）本堂回達之件／御廻状
（本文）如御示教候、秋冷之節／弥御安全被成御本務候、珍重奉存候、然者御面会／候付参候而、今晩之内参／殿可仕候旨奉承候、

（一九）布施等手控　（年月日未詳）　一通
江戸後期　切紙　漉返紙　一八・五糎×一七・三糎　一紙
（本文）手控／一銀三枚／加布施一同壱枚／御饗応料一金三百疋／右、行樹院様

（二〇）布施等手控　（年月日未詳）　一通
江戸後期　切紙　漉返紙　一八・五糎×一六・九糎　一紙
（本文）手控／一銀三枚／加布施一同壱枚／御饗応料一金三百疋／右、円明院様

（二一）官位年戒書付等送進覚　（年月日未詳）　一通
江戸後期　折紙　泥間似合　紙背あり　三一・九糎×四四・七糎　一紙
（本文）一官位年戒書付進之／候事、／一請定之事、得貴意／候事、／一開中結平袈裟着／用之事、得其意候事、／以上、
（備考）紙背を包紙に用いる（ウハ書「報恩院相伝手継状従成賢僧正譲憲深、寛喜三年八月十八日、至賢深僧正委附公深法眼、長享二年四月日」）、

（二二）結札　（年月日未詳）　一紙
江戸後期　小切紙　漉返紙　一五・六糎×五・〇糎　一紙
（本文）行樹院様床下　照阿院

（二三）別当権僧正某書状懸紙　（天保十三年十二月四日）　一紙
江戸後期　竪紙　楮紙（美濃紙）　二六・一糎×三六・五糎　一紙
（備考）ウハ書「醍醐山年預権大僧都御房　別当権僧正」「嵯峨覚性院附弟聖無動院明春後七日御／御修法被仰出候ニ付、別当より当山ニ而／伴

僧五口頼参り候也、／年預ハ照阿院演永也、別当ハ／高尾躍王院
権僧正也、／天保十三年十二月四日ニ到来也」、

六二　頓誉房円心勧進状案　維時元禄十四辛巳暦／卯月　一通
江戸中期　竪紙　楮紙打紙　三・一糎×四七・八糎　一紙
(書出) 営勧進帳／夫なかれを挹て法水の源をたつね、香をかいて／覚樹
の根をた丶すハ、英傑《エイケツ》のなすところなり、
(書止) 若しからば同心よぜんの俊衲《シヒノウ》真俗ゑいせい／にほこり、現当のし
つぢをなさむ、仍而勧進の／状如斯、
(差出) 頓誉円心

六三　某請諷誦文案　享保十九年三月廿日　一通
江戸中期　竪紙　楮紙 (杉原)　三・三糎×三八・三糎　一紙
(書出) 敬白／請諷誦事／三宝衆僧御布施／弘法大師覚行円満、智照融
通、徳祖一宗、道師百世、誦経／降雨、旌渡海伝法之功、
(書止) 乃至動植群類利益平均、仍諷誦所修／如件、敬白、

六四　鎮守御読経衆廻状　寛政七年八月日　一通
江戸後期　折紙　楮紙 (高檀紙)　四五・一糎×五九・〇糎　一紙
(書出) 鎮守読経衆事／龍光院僧正導師、「奉」／密厳院権僧正「奉」／宰相権少
僧都「奉」
(書止) 右、来四日於　御社／可被勤仕之状如件、
(備考) 包紙 (高檀紙、四四・五糎×五八・八糎、ウハ書「鎮守読経円明院聖深僧都／
入旦之請状」)、

六五　伝法灌頂道具目録　一帖
江戸前期　折本　楮紙打紙　一五・五糎×九・六糎　十三折 (五紙)
(外題) 伝法灌頂道具目録
(表紙) 長信
(文首) 伝法灌頂道具事／一庭幡在龍頭棹、　一筵道員数可随所、
(文尾) 一神供桶二／一同杓二／一張仏供形四十八
(奥書) 延宝二甲寅年四月八日以御本写之、／長信
(備考) 表奥に貼紙 (美濃紙、一五・五糎×三・九糎、ウハ書「長一尺、広九寸
二分、カワノ高一寸、承応二八二記之、寛済／片供ノセル折敷、
古寸法セハキ故、以今案如此相定了」)、包紙 (美濃紙、二六・〇糎×
四〇・七糎、ウハ書「灌頂道具目録／灌頂道具揃／長信筆」)、

六六　金蓮院仏具目録　一冊
江戸後期　袋綴装　楮紙 (美濃紙)　原表紙本紙共紙　朱 (註記)　二七・四
糎×一八・八糎　四紙
(表紙) 金蓮院
(文首) 一本尊如意輪観音　一躰／一地蔵菩薩　一躰／一弘法大師　一
躰
(文尾) 一桶并手桶　大小『七ツ』三ツ／四ツ／一戸棚　一ツ／右之通ニ御坐候、以
上、

六七　請雨経法勤修先例　二通

室町前期　竪紙

（備考）（一）・（二）一括、ほぼ同文、

（一）　請雨経法勤修先例　〔応永廿四年壬五月十五日〕　一通

楮紙（杉原）　裏書あり　三三・〇糎×四八・三糎　一紙

（端裏）請雨経法　懃修先例　雨言　以切出本書写了、／裏書分也、／応
永廿四壬五月／十五日

（書出）追加之、一請雨経法勤修先例／淳和弘法大師天長元年甲辰二ヶ日延行、於神泉修
之、勧賞小〔少〕僧都、

（書止）堀川義範小〔少〕僧都寛治元年八月十日於神泉修之、有験、勧賞、以弟子静意叙法印、

（二）　請雨経法勤修先例　〔応永廿四年閏五月十五日〕　一通

漉返紙　裏書あり　二六・三糎×四六・二糎　一紙

（端裏）請雨経法　懃修先師　雨言　以切出本書写了、／裏書分也、／応
永廿四閏五月／十五日

（書出）追加之、一請雨経法勤修先例／淳和弘法大師天長元年甲辰二ヶ日延行、於神泉修
之、勧賞小〔少〕僧都、

（書止）堀川義範小〔少〕僧都寛治元年八月十日於神泉修之、有験、勧賞、以弟子静意叙法印、

（備考）裏打スミ、

六八　長保四年法華八講證義者等交名　（年月日未詳）　一通

安土桃山時代　竪紙　泥間似合　三三・〇糎×四六・七糎　一紙

（本文）一條院御宇／長保四年十二月廿二日被行／震〔宸カ〕筆法花八講云々、／
證義者　四人／前大僧正覚慶山座主　大僧正観修／僧正雅慶東寺
権僧正勝算／梵音衆／仁海東寺　成典同／至慶長三年六百年歟、

六九　御産御祈記　一巻

鎌倉中期　巻子装　楮紙（杉原）　紙背あり　墨（註記）　二九・一糎×二〇八・
四糎　四紙

（外題）牛黄加持記

（首題）御産御祈記

（文首）正□□年九月十一日午時、二□殿御産今□□門院／皇子誕生、／皇子
誕生、

（文尾）廿三日御産女子、十五日六字事護摩、／御物加持助修了、

（備考）虫損甚し、

（紙背）大勧進覚増表白　貞永二年四月廿日　一通

巻子装

（書出）敬白／奉読誦妙法蓮華経一千部／阿弥陀経六千巻／法華懺法一
千巻

（書止）重請料紙大檀那／散位秦重長同養母良阿弥陀仏無辺／□欣求二
世必護得乃至法界□施分／限、敬白、

（差出）大勧進仏子覚増敬白

七〇　菩提心論大事　　一通
鎌倉後期　竪紙　漉返紙　三・五糎×五〇・八糎　一紙
（端裏）菩提心論大事
（文首）権僧正御房御記理性院／菩提心論大事、正応二年十一月八日自證聞
院法印御房／奉伝受之、是高野賢日房伝歟、
（文尾）速證大覚位定頭指端ト恵大指端ト相合ス、
（奥書）正慶元年十月廿三日委細口伝／事承了、／権少僧都道賢
（備考）虫損甚し、

七一　某御修法雑記　　一巻
鎌倉後期　巻子装　漉返紙　二六・七糎×二〇・一糎　七紙
（端裏）□□法雑記文永十一
（端書）前ノ枚半枚許虫損之間不写之、
（文首）炎摩天方所下／壇敷布一反　代銭百七十文所下七日、承仕下之慶法、
（文尾）又伴僧三人浄衣調下分一貫五百文／并十二貫九百五十七文、／文
永十一年八月　日
（奥書）此記、先師前大僧都廻御修法参懃之時、行事僧／日記歟、仍書写
之、写本賢延法印自筆也、／法印権大僧都定耀
（備考）裏打、

七二　大小御修法伴僧交名記　　一冊
鎌倉中期　袋綴装　漉返紙　原表紙本紙共紙　墨（合点）　二六・五糎×一八・〇糎　十一紙
（外題）大小御修法御勤仕事
（文首）建長三年辛亥閏九月去六月七日、御寺務、／廻御修法／伴僧
（文尾）孔雀護摩／文応元年六月　日於本房被修之、／一院御発心地御祈、

七三　諸修法職衆之記　　一巻
鎌倉後期　巻子装　前欠　漉返紙　墨（合点）　一八・四糎×三四・九糎　七紙
（文首）放光仏供養／御導師／初旬　定観法師□□　第二旬　覚守法印安居院／第
三旬　忠性已講石亀
（文尾）正観音法　延命法　北斗法／尊星王護摩　普賢延命々〇護摩　不空
羂索護摩
（奥書）嘉暦元年五月三日以或〇人本書之了、／定超
（備考）糊離れ、虫損甚し、

七四　御修法記　　一通
南北朝時代　続紙（折紙）　前欠　楮紙（杉原）　三三・四糎×二八・七糎　三紙
（文首）□□□／同翌日廿三日、東寺塔供養舞楽／曼荼ラ供臨幸、大アサ
リ同上、
（文尾）先可為事煩、今度直可賜／大童子歟仍者、仍此定用之了、／原云、
（備考）隆源筆、虫損、

七五　伴僧念誦呪口決　　一通
室町前期　続紙　漉返紙　二四・〇糎×七五・四糎　二紙
（外題）両方伴僧念誦呪事付同折紙符案、

（文首）伴僧念誦呪事／文治五覚台御記云、普供三力偈打金之後、伴僧念誦仏眼真言、
（文尾）今者、延文比、三宝院光済僧正初度奉仕之時、／所賦伴僧之折紙、賢季時与全同也、是／用正和賢助之様歟、
（備考）隆源筆、

七六　高雄規模殊勝記抜書　一通
江戸後期　折紙　楮紙（美濃紙）　墨（合点）　三・〇糎×八九・〇糎　二紙
（文首）高雄規模殊勝記云、／当堂両界曼荼羅事／或記云、此堂奉安置大師御筆／金泥九幅両界万荼羅也、
（文尾）又喜伝法／結縁之本尊、及散華三庭矣、
（奥書）高祖十八葉末資両部伝法大阿闍梨耶／（梵字）記之、／已上是規模是不思議、
（備考）元暦元年八月廿八日高雄聖人御房宛後白河上皇院宣写・元暦二年正月廿九日院庁下文写を引用、包紙（美濃紙、三・八糎×三三・三糎、ウハ書「高雄／御請来両界万荼羅之事／高雄規模殊勝記之抜書」）、

七七　一七ヶ日理趣三昧日記　一通
鎌倉後期　折紙　楮紙（杉原）　紙背あり　三・三糎×四八・六糎　一紙
（外題）一七ヶ日理趣三昧日記
（文首）応長元年閏六月十／五日ヨリ、於遮那院一七ヶ／日之理趣三昧始行之、
（文尾）殊勝々々、偏清瀧権現ニ／法楽之、
（備考）包紙（漉返紙、三七・一糎×三九・〇糎、ウハ書「中谷遮那院／七日理趣三昧日記／宝幢院」、裏書「此料紙者入用アル／之間、無断ツカヒ申／間敷候、為念如件、／（花押）」）、
〔紙背〕某書状（年月日未詳）　一通
竪紙　前欠・後欠
（文首）但不可依其功畢、可預御請候歟、／其故者醍醐寺の学道衆為／一烈義疏義章、倶舎等／三ヶ三十講令勤仕候上者、
（文尾）此等之趣、直雖可／申候、未申承候間、無左右者、

七八　上醍醐西坂表町石之次第　一冊
江戸前期　袋綴装　楮紙（美濃紙）　墨点（傍訓）　四行前後・十字前後　三〇・四糎×三三・五糎　八紙
（首題）上醍醐西坂表町石之次第旧記ニ町率都婆（脱アルカ）トアリ、
（文首）五仏羯磨会種子也、／寛永十八年日権律師公清戒光院／（梵字）大日如来　卌七町
（文尾）（梵字）金剛索　二町／（梵字）金剛鈎　一町　文永九年三月　日勧進僧入信座主権僧正

七九　権律師隆有書状案等　二通
南北朝時代
（備考）（一）・（二）一括、

（一）権律師隆宥伝受記案　貞治三年七月廿一日甲辰　一通

折紙　漉返紙　二九・〇糎×三八・〇糎　一紙

（書出）貞治三年甲辰七月自　日御病悩、／宗大事等先日奉受畢、爰老父／四月七日○他界事、今月（故）■十七日始聞之、仍行教切ニ／籠居了、

（書止）一御修法等古実先例等能々／可有稽古、当事人無稽／古無至極也、更不可懸／慇懃仰数刻耳、

（差出）権律師隆宥（花押）／（花押）

（備考）虫損、追記、墨抹、

（二）伝法灌頂事　一通

続紙　楮紙打紙　墨点（送仮名）　一五・〇糎×九七・二糎　二紙

（首題）伝法灌頂事

（文首）（金剛）□□界／智拳印　（梵字）／□□此有□□□左衆生也、即地獄等五道也、従小指配之、

（文尾）故大日是／密持義也、□此拳菩薩者十六大菩薩／之時ハ最後杲極之拳菩薩也、三十七／尊之時、最尊中台之大日也、可思／之、

（奥書）一交了、／仏子隆宥（花押）／法安寺御口決也、

（備考）糊離れ、

八〇　後七日御修法記　一通

南北朝時代　竪紙　楮紙（杉原）　三一・二糎×四九・三糎　一紙

（文首）貞治五年真言院後七日御修法請僧等事／阿闍梨僧正弘賢法印大和尚位弘賢金剛界、／賢□有盛法印法印権大僧都息災護摩、　頼印法印権大僧都増益護摩、

（文尾）先途俄可謂千載／一遇者哉矣、

八一　伝法灌頂記　一通

南北朝時代　竪紙　漉返紙　二九・四糎×四七・六糎　一紙

（文首）応安六年癸丑十二月廿六日　於醍醐山東坊／伝法灌頂有之矣、／大阿闍梨弘顕法印年六十三、戒四十五、授与第四度／受者宝池院僧都光助年廿三、

（文尾）承仕／良覚　教覚鐃役、／鎮守読経五人／弘俊大輔大僧都導師、／十弟子右鐃入壁代、大アサリ左鐃如常、

（備考）隆源筆、

八二　結縁灌頂職衆交名　永和四年四月三日　一通

南北朝時代　竪紙　漉返紙　三五・〇糎×四〇・〇糎　一紙

（書出）結縁灌頂僧名／大阿闍梨　前僧正法印大和尚位性禅／法印権大僧都　弘守唄、呪願、／性厳尊号、

（書止）大法師　隆禅教授、／恵瑜讃、／栄深教授、／任秀堂達、教授、／已上甲衆、／於勧修寺先長吏□□親王御第三年御仏事ニて、

八三　護持僧記　一巻

江戸前期　巻子装　楮紙（美濃紙）　二七・五糎×二三・五糎　七紙

（外題）護持僧記尊応准后注進　報恩院

（文首）三寺護持僧三壇長日御修法御本尊事／如意輪法延暦寺　延命法東寺　不動法園城寺／各就其尊形有諸流之口伝事也、今度被／仰

出之御本尊事者、如先規正壇之御祈可被／再興之御儀候哉、
（文尾）永和二　六　廿一日　加任護持僧、／綸旨―／被　綸旨偁、可祇候二間夜居之由、宜遣仰／者、　綸旨如斯、悉之、以状、／六月廿一日　右少弁経重奉／謹奉　般若院僧正御房〔坊〕／今度当所計法性寺座主僧都――右、尊勝院光什僧都注進也、
（文中識語）右、前天台座主青蓮院准后依御尋、且／注進、可写給之由、依仰拝領正本、仍以／件本書之、／文亀二年正月廿九日　権中納言元長
（奥書）右一巻者、青蓮院尊応依　仰／被注進之記也、甘露寺元長卿被写／置之、今般上件之本、自勧修寺亜相／経広郷〔卿〕儆之給、因茲令書写畢、／明暦三年六月十日／前大僧正寛済
（備考）表紙（奉書紙、二六・一糎×二四・四糎）、表紙糊離れ、見返に瓢箪形朱印（「水本」）、巻頭に方形朱印（「報恩院」）、包紙（奉書紙、三一・二糎×四六・四糎、ウハ書「護持僧記尊応注進」）、

八四　三ヶ吉事惣判注文　一通
江戸前期　竪紙　漉返紙　二七・二糎×四一・〇糎　一紙
（端裏）語
（本文）観応元　十二　廿五　三箇吉事惣判／綱牒云、／大僧正一人／僧正六人／権僧正十人／法印権大僧都二人／已上、／応永卅三　三廿　惣判之綱牒、／大僧正一人／僧正六人／権僧正十人／法印権大僧都二人／已上、
（備考）寛済筆、

八五　親王長者補任例覚（年月日未詳）　一通
江戸中期　竪紙　後欠　漉返紙　三〇・〇糎×三三・七糎　一紙
（本文）覚／一親王被補長者例之事、／南都東南院宮無品親王聖珎／文和三年九月廿八日　宣下／前大覚寺宮二品親王尊性／寛永十二年四月廿日　宣下／右、古今両代之外無其例、於竹／園不被規模之故、無今競望、

八六　大阿闍梨声明不審聞書　一通
南北朝時代　竪紙　前欠　漉返紙　墨点（送仮名・声点）　三三・四糎×二九・七糎　一紙
（文首）嘉慶二年五月廿日菩提院結縁灌頂／法印聴聞大阿闍梨声明不審両三／有之由、
（文尾）或説ニハツキニ／読之云々、ツキニ読事、無存知也、

八七　関東御祈以下引付等　一冊・二通
室町中期
（備考）（一）～（三）一括、

（一）　関東御祈以下引付　一冊
袋綴装　漉返紙・楮紙（杉原）　紙背あり　九行前後・十六字前後
二七・九　二七・七　二六・一　二六・一　二七・九糎×四三・九　四四・四　四四・八　四四・〇　四三・九糎　五紙
（外題）関東御祈以下引付
（表紙）永享十二四月

（首題）永享十二年四月五日ヨリ関東御祈事
（文首）五壇御修法／中壇三宝院門跡御撫物在之、／脇壇理性院僧正同前、
／軍荼利金剛王院僧正同前、／大威徳中性院僧正同前、／金剛夜叉
慈尊院法印同前、／結願運時同十一日也、
（文尾）一承仕二人小浄衣、　尭任、　尭弁
（備考）現状綴放し、

〔紙背一〕存宗書状懸紙　（年月日未詳）　一紙
竪紙　漉返紙　二七・九糎×四三・九糎　一紙
（備考）ウハ書「存宗」、

〔紙背二〕玄朝書状懸紙　（年月日未詳）　一紙
竪紙　漉返紙　二七・七糎×四四・四糎　一紙
（備考）ウハ書「玄朝」、

〔紙背三〕某書状　（年未詳）十一月八日　一通
竪紙　後欠　楮紙　（杉原）　二八・一糎×四四・八糎　一紙
（書出）先日者、以御文委細蒙／仰候、真実々々忝畏入候、進／延事窮固
無比類候、あハれ、
（書止）先一ヶ度分沙汰申候、仍御私へ／以折紙令啓候、御次之時可得／
御意候、恐々謹言、

〔紙背四〕某書状　（年未詳）十月七日　一通
竪紙　楮紙　（杉原）　二八・一糎×四四・〇糎　一紙
（書出）尊札之趣、折節書状／懸御目候之處、御書如此候、／近日定御入
寺候哉、其ニて、
（書止）態預御使／候之条恐悦万々候、能々／可得御意候、恐々謹言、
（差出）□□

〔紙背五〕某書状　（年月日未詳）　一通
竪紙　後欠　漉返紙　二七・九糎×四三・九糎　一紙
（書出）竹五荷卅本令拝領候、／大切畏入存候、毎度御煩／申入候、其通
存候、
（文尾）相／構不可被仰付候、又所労／此間者次第ニ乱置候之間、

（二）釈迦院伝法灌頂記　一通
続紙　前欠　楮紙　（杉原）　紙背あり　二六・八糎×八七・五糎　二紙
（文首）隆賀／宥全田舎客僧／宥福徳同／已上三人、年紀重而可記之、／文
正二年三月
（文尾）承仕両人明遠 明尋　駈仕三人宗行 菊春　善厳

〔紙背一〕弘雅書状裏紙　（年月日未詳）　一通
竪紙　二六・五糎×四三・八糎　一紙
（本文）釈迦院殿弘雅

〔紙背二〕まあ消息　（年月日未詳）　一通

竪紙　前欠　二六・八糎×四三・七糎　一紙
（文首）わか御れう人さまハ御／帰候しやらん、御ゆかしく、おほえさせをハしまして候、
（書止）返下候ハす候、よろつ／又々申入候へく候、／かしく、
（差出）むさのこうちとのより／まあ
（備考）奥上に「九月卅日申候」「この文はや返され候とも、しやかいん殿さま御めにかけられ候也」、

（三）　受者加行雑事　　一通
竪紙　楮紙（杉原）　紙背あり　二六・七糎×四五・七糎　一紙
（文首）受者加行事、／僧都九月廿一日仙闍梨同廿七日開白之、各表白／一句被草遣之畢、
（文尾）結願日事、可被成就之上、任近日時宜、翌月早々可有／結願歟之由、被示之畢、
〔紙背〕某書状　（年月日未詳）　一通
竪紙　前欠・後欠
（文首）奔走候て、可被進之条、可／目出度之由、相続候つる程ニ／涯分可廻奔之由、面々／被申候つる、
（文尾）御章躰貫首御事、／并御門跡中奉行仁躰／事なとハ、若覚候事、

八八　伝法灌頂記　　一通
室町中期　続紙　前欠・後欠　漉返紙　紙背あり　二六・八糎×一六七・八糎　四紙
（文首）職衆交名／隆俸兵部卿法印唄、呪願、／俊増大夫法印誦経導師、
（文尾）報恩院権僧正隆瑜右外当代印可御資／戒光院三位僧都［　］
〔紙背一〕某仮名消息　（年月日未詳）　一通
竪紙　前欠・後欠　二六・八糎×四〇・九糎　一紙
（文首）よくかやうに文をかきて／まいらせ候も、なを〳〵申し御むかへの事／あなたこなたし候も、いつはかねにも／たいきに候へハ、いまのやう物いひ
（文尾）御むつかしなから／けふあすにも給候ハんするか、をなしくハ／みちのほともくるしからす、又
〔紙背二〕弘雅ヵ書状　（年未詳）九月十二日　一通
竪紙　二六・八糎×四二・〇糎　一紙
（書出）今出川殿昨日還御候、先以／大慶候、且々静謐候、仍小性等／時日邊可召寄之由存候、
（書止）巨細猶期／参拝候、恐々謹言
（差出）□〔弘ヵ〕雅
（宛所）尺迦院殿
〔紙背三〕某仮名消息　（年月日未詳）　一通
竪紙　後欠　二六・五糎×四二・三糎　一紙
（書出）世の物いひ／いまゝては／まことに候ハねとも、／あまりに色々

に申候／ほとに、さ候へハしんしやう
（文尾）あなたより申候ハ／し候ハねとも／よく、、

〔紙背四〕某仮名消息（年月日未詳）　一通
竪紙　前欠　二六・八糎×四四・六糎　一紙
（文首）さやうにれんをいより／かわこあつかりまいらせられ候、
（書止）よろこひなか、、申／ハかりなく候、／いか、申候やらん、
（宛所）しやか院とのへ

八九　五大堂長日護摩着到帳　一巻
室町後期　巻子装　前欠　漉返紙　二六・四糎×三四六・三糎　九紙
（文首）十日／十一日／十二日不動護摩供密乗院権大僧都／十四日不動
　護摩供密乗院権大僧都
（文尾）廿七日／廿八日／晦日／右、如件、／五大堂長日護摩着到、

九〇　同壇灌頂略記　一巻
室町中期　巻子装　漉返紙　紙背あり　墨点（送仮名）　朱（註記・頭点）、
墨（註記・合点）　二六・五糎×二五五・一糎　六紙
（外題）同壇灌頂ノ略記『文明元 十一 報恩院方』
（文首）文明元年己丑十一月廿四日甲辰 水曜 房宿〇於上醍醐寺釈迦院道／場、被行伝法灌
　頂無識〔職カ〕衆也、
（文尾）次受者自後／戸入テ、如先作法畢、衲横後着、後戸ヨリ又出云々、
　『〇』〔其後〕大アサリ『御』／登礼盤、即結願作法有之、是又廿四日ニ相
　遺歟、後日ニ／任思出記之者也、
（備考）朱挿入線、

〔紙背一〕某仮名書状（年月日未詳）　一通
竪紙　二六・五糎×四四・六糎　一紙
（書出）昨日の御ねんころの文、／御うれしく思まいらせ候、
（書止）久しくハ候ぬ、／返々ハすかしく候、かしく、
（備考）奥に捻封（墨引、ウハ書「しやかいん殿まいる」）、

〔紙背二〕某仮名書状（年月日未詳）　一通
竪紙　二六・五糎×四五・六糎　一紙
（書出）昨日は御返事こま〳〵と／見まいらせ候、うれしく候、
（書止）しもんを御やとに／候ハ、、御うれしくまいらせ候、かしく、
（宛所）しやかいん殿まいる
（備考）奥に捻封（墨引、ウハ書「しやかいん殿まいる御申給へ」）、

〔紙背三〕某仮名書状（年月日未詳）　一通
竪紙　二六・五糎×四四・八糎　一紙
（書出）けさハ御返事くハしく見／まいらせ候、／返々うれしく候、
（書止）返々なにと、、、／ようにしたく候、
（宛所）しやかいん殿まいる

〔紙背四〕宗鑁書状（年未詳）極月八日　一通

竪紙　二六・五糎×三六・八糎　一紙
（本文）朔日御慶、御目出度候、定而御満足／珍重〳〵、／抑先日隆継御
布施物百疋、只今／納申候、于今延引無正躰候／之由、能々可申
旨候、此由可然候様、／可預御披露候、恐々謹言、
（差出）宗鏤（花押）
（備考）端裏に切封ウハ書「幸千代殿　宗鏤」、

〔紙背五〕幸千代書状　（年未詳）十二月十八日　一通
竪紙　二六・五糎×四〇・〇糎　一紙
（本文）浄勝房のたのもしのかけ／もつ、かハされ候へく候、米の／ふん
さいを御さんにう候て、／代物を此つかいに給候へく候／よし、
申せとて候、かしく、
（差出）幸千代（花押）
（備考）端裏に切封ウハ書「□□とのへ　幸千代」、追而書「三十疋はか
りにて／候ハんするか」、

〔紙背六〕宗珍書状　（年未詳）十二月十五日　一通
竪紙　二六・五糎×四〇・八糎　一紙
（本文）法印合力、今日治定如形候人まゐり／定之間、目出度候、殊委細
御念比ニ／被仰下□□畏入候之由、法印も申／まいらせ候、此
由可然之様、可預御披露候、／恐々謹言、
（差出）宗珍
（宛所）□□□代殿

九一　六条八幡宮社頭勤行注進記　一巻
室町後期　巻子装　前欠　漉返紙　二六・八糎×二三・五糎　五紙
（文首）理趣三昧六貝定、錫杖　理趣経　宝篋院陀羅尼七反／仏眼真言
廿一反　慈救咒廿一反
（文尾）一六條八幡宮并高倉天神堂之勤行、於彼社頭／被行之、御料所又
各別有之、不能注進申候、／已上、／明応三年九月　日

九二　蓮花会記　一通
室町後期　折紙　楮紙（杉原）　紙背あり　二四・七糎×四〇・四糎　一紙
（文首）弘治三丁巳年六月十八日／蓮花会之事、北谷之／紀伊弟子安芸／頭
人也、
（文尾）是モ尋失不見候也、／先今度法事分／大方推量ニ記置候者也、／
弘治三丁巳年七月日記之、／法印深応／六十九才也、
（備考）見返奥に「弘治三丁巳年六月十八日蓮花会／之事」、

〔紙背〕定重書状　（年未詳）正月廿九日　一通
折紙
（書出）如仰当春吉慶、／漸雖事旧候、猶以／不為際限候、
（書止）委細之段、彦左衛門方可被申／候間、不一二能候、恐惶／謹言、
（差出）大石日向守定重（花押）
（宛所）行樹院御返報

九三　印可授与記（年月日未詳）　一通
江戸前期　竪紙　漉返紙　二七・二糎×四〇・〇糎　一紙
（本文）知恩院房州北郡瀧田／源祐学名定紹　二位／同院慶祐／学名　智覚民部僧都云々、／延徳二年六月六日ニ登山、同八月十二日印可／御授与也、／同弟子学名憲順理光房云々、　同御礼被申了、／大アサリ法務僧正源雅／天文十六年潤七月十七日丙申／於佐竹宝鏡院印可、延命院権大僧都宥澄／於佐竹宝鏡院印可、

九四　賢深印可授与記　一通
室町後期　竪紙　楮紙（杉原）　墨（頭点）　二八・八糎×四五・二糎　一紙
（文首）当時授与注文賢深大アサリ／文明三年辛卯九月廿日己未鬼宿土曜受者文倕律師／大アサリ初度四十二才、　灌頂、釈迦院道場堂上一行烈、
（文尾）一座主御灌頂／已上両度年月等可注之、／一隆助律師／一源盛アサリ／同前
（備考）本文紙背にわたる、

九五　口宣案目録（年月日未詳）　一通
江戸前期　竪紙　楮紙（杉原）　二七・五糎×四四・三糎　一紙
（書出）口　宣案目録／隆源永和三正七権僧正、応永廿一十一四大僧正、
（書止）源雅享禄三正十八法印、同三年六九権僧正、／右之外、公深・憲応法眼之口　宣二通、

九六　極略許可支度　一通
室町中期　竪紙　楮紙（杉原）　墨（合点）　二八・八糎×三八・五糎　一紙
（首題）極略許可支度／先師教誡
（文首）大壇供二具、若但一具惣故云々、一具飲仏供八坏
（文尾）無失時、如情眼精、／如守身命、努々悉之云々、
（奥書）明応五年丙辰七月廿五日、於賀茂宝幢院／三宝院殿御印可之時、以神光院本、楚忽ニ／書写畢、追而可有清書者也、／法印澄基

九七　理性院雑掌某手日記等　六通
（備考）（一）～（六）一括、包紙（漉返紙、四八・〇糎×三四・七糎、ウハ書「信州伊那郡文永寺宗詢法印／児にての時、被成下女房奉書／案文」）、

（一）　理性院雑掌某手日記（年未詳）極月二日　一通
江戸後期　続紙　漉返紙　二九・二糎×四八・四糎　二紙
（書出）手日記／一信州伊那郡之内文永寺十二坊・安養寺／六坊之事、醍醐理性院末寺登候て、代々／彼住持はかならす児にて本寺へのほり得／度申、
（書止）一家康下にて小大膳時も別義なく寺領そた／てられ候、此度ちかひ申候へは、両寺の事、悉／退転申相果申候条、前々のことくに寺領仰／つけられ候様に、羽柴侍従殿へ御取成頼入／存候事、
（差出）理性院雑掌
（宛所）逸見殿

（二）　理性院僧正某手日記土代　（年月日未詳）　　一通
江戸前期　竪紙　漉返紙　三五・五糎×四八・八糎　一紙
（書出）手日記／一信州伊那郡之内、文永寺十二坊・安養寺／六坊之事、
たいこりしやうゐん末寺として、／代々彼住寺はかならす兒にて
本寺への／ほり得度申、
（書止）一家康下にて小大膳時も、無別義寺領そたてられ候、／此度ちか
ひ申候へハ、両領寺へと両寺の事、悉退転申、／住持罷上、　禁
裏様にてのせう、、御祈禱の役にも罷出候事／なる□□相果申
候事、／相果申条、如前々寺領被仰付候様、羽柴侍従殿へ／ハ被
成頼入存候、
（差出）理性院僧正
（宛所）逸見殿
（備考）墨傍訓、本文紙背にわたる、

（三）　三条西実連詠草　　一通
室町後期　続紙　漉返紙　二九・四糎×七三・九糎　二紙
（文首）六月／立秋　秋もはややかてけふそとゆふ立の／なこりすまし
き庭のしら露
（文尾）祝言　ためしにもいまをやひかんあつさ弓／やすみをかけてお
さまれる世へ　実連（三条西息／三条少将）／享徳四年六月十六日庚申当座
（奥書）天文二年五月廿八日、於信州伊那郡伴野庄知久之郷／文永寺密乗
院写之訖、宗詢法印童形也、叡慮忝趣、為備／後鏡、率爾書写者也、
法印厳助
（備考）奥に追記、

（四）　勅筆和歌短冊写　　一通
室町後期　竪紙　楮紙（杉原）　三〇・七糎×四五・〇糎　一紙
（文首）親王／名残なくなにかいわすの神無月／た、折とめよ菊のひと
枝
（文尾）惜別恋しゐて猶ひきやと、めむ、／これをかきりの袖のわかれ
地／有注、（是ハ宮寿丸出家の御いとま申候とて、参内つかまつりし時あそはさる、御和歌也、勅筆）／已上短冊三枚勅筆、

（五）　文永寺和歌披講記写　（年月日未詳）　　一通
室町後期　竪紙　楮紙（杉原）　二八・八糎×三五・三糎　一紙
（書出）頼真の方より文永寺へ京の注進の状きれ也、宗詢法印の兒にての事也、天文十九年六月廿七日写之、信州密乗院東の広／掾（縁カ）にて／
十月廿九日に、又内裏へめされ候て御参内、勅使頭中将殿、御／
供者土佐相阿頼真乙法師、力者二人、宮寿殿御出京之時分／紅葉
一枚出来候、内裏へ御持参候を弥敷よし仰られ候て／一首あそは
し候、
（書止）院家不断仰られ候、宮寿殿のめいよ思／出中々無申計候、衣裳な
との事おほしめし、御やり候状□申／立かたく候間、いたつら事
にて候、

（六）　勅筆手本写　（年月日未詳）　　一通
室町後期　竪紙　楮紙（杉原）　三〇・八糎×四五・〇糎　一紙
（本文）宮寿丸の言上申せし時御手本　勅筆也、／おもひいてはおなし／空と

は月をみよ／ほとは雲井に／めくりあふまて／おもふにはしの
ふる／ことそすけにける／あふにしかへは／さもあらはあれ

九八　元日節会略次第等　一通・三冊
(備考) (一)〜(四) 一括、包紙 (美濃紙、三〇・二糎×四一・七糎、ウハ書「元日節会次第等」、裏書「目録／一元日節会次第／一白馬次第／一踏歌次第／一四色四枚アリ、／一永享四年記／一御即位奉幣事／一午日宣命使／以上八色／寛文二　十　廿七」)、

(一)　元日節会略次第　一冊
江戸前期　横帳　楮紙 (奉書紙)　一三・四糎×三八・五糎　三紙
(文首) 永正十四無　出御之間、／御膳之事略之、／元日節会略次第
(文尾) 次二献、次御酒勅使、／次三献、次立楽、／次内弁起座直着陣、見／宣命見参、

(二)　白馬次第　一冊
江戸前期　横帳　楮紙 (奉書紙)　一五・二糎×四六・七糎　二紙
(首題) 白馬次第略
(文首) 諸卿参着仗座／職事仰内弁一上不仰之、／内弁移着端座一上無此義、
(文尾) 次群臣一々揖左廻罷出復座、／次二省召賜位記、／二省輔共退出、／諸仗居、

(三)　踏歌節会略次第　一冊
江戸前期　横帳　楮紙 (奉書紙)　一五・二糎×四六・九糎　二紙
(首題) 踏歌節会略次第
(文首) 諸卿参着仗座、／職事仰内弁一上不仰之、／奉仰移着端座、
(文尾) 次宣命使復座、／次内弁以下復座、／次給禄、／天皇還御、
(奥書) 本云、／文明十二年三月廿五日、以扇次第／写之畢、

(四)　御即位奉幣覚書　一通
室町前期　続紙　楮紙 (檀紙)　紙背あり　墨点 (送仮名)　一四・七糎×七四・一糎　二紙
(首題) 御即位奉幣事　北廳
(文首) 御即位以前ヨシミヽノ奉幣事、／或俗客与神祇官ニ北廳トテ／御所ヲ立ラル、三条伯奉行、
(文尾) 後日聞、三条伯為奉行、／神祇官ニ猶北廳建／立之、設雖無行幸、北廳／建立先規歟云々、
(備考) 隆源筆、
〔紙背〕後七日御修法大阿闍梨表白 (年月日未詳)　一通
続紙　後欠
(書出) 敬白秘密教主、三世／常住、浄妙法身、摩訶／毘盧遮那如来、金剛界／会、
(文尾) 代々叡信自是相続／年々勤修于今不退者歟、
(備考) 隆源筆、朱 (声点・合符・句切点・註記・頭点)、墨 (返点・送仮名・傍訓・註記)、

九九　持幡童装束以下用意条々　一通
室町前期　続紙　楮紙（杉原）　紙背あり　二三・六糎×一四六・七糎　五紙
（首題）持幡童装束以下用意条々
（文首）一器用事、／或児、或中童子、随時不定、各二人局也、
（文尾）延喜永延并徳治□着□候共、／毎分持幡法師也、其外灌頂／法師事、未勘考者也、
（備考）糊離れ、

（紙背一）某仮名消息（年月日未詳）　一通
竪紙　後欠　二六・二糎×二三・六糎　一紙
（書出）まことにこの昔よりの／御よろこひ□も□す、、／おほしめし候まゝに、うけたまハり／候つる、
（文尾）あのたうのよろこひ、返々／□しく思まらせ候、／［　　］へ□ぅにて候、
（備考）料紙縦使い、

（紙背二）某仮名消息（年月日未詳）　一通
竪紙　前欠・後欠　二九・七糎×二三・四糎　一紙
（文首）こそ候へ、又としのうち人／た□□りて候けるに、
（文尾）又京へ／御いてのをりハ、うけたまハり候、
（備考）料紙縦使い、

（紙背三）某仮名消息（年月日未詳）　一通
竪紙　後欠　二九・六糎×二三・四糎　一紙
（書出）御こそて給候ぬ、廿四日にとて候、／御こそてなを候ハ、、そのひよた□ひて給候へ、
（文尾）これにハいまたみの／より物もまたつけ候ハて、なにの
（備考）逐而書、料紙縦使い、

（紙背四）某仮名消息（年月日未詳）　一通
竪紙　前欠　二九・六糎×二三・四糎　一紙
（文首）ことしは、かものおく／御住にまいらせ候ハす候、
（書止）御いり候へく候、あなかしく、
（備考）料紙縦使い、

（紙背五）某仮名消息（年月日未詳）　一通
竪紙　後欠　二九・六糎×二三・五糎　一紙
（書出）御よろこひかた、、／ことわり候ぬれとも／なを、、／御めてたくをしハかり、
（文尾）このつく／かたへて候／二三日／人にまて候、とく、、／つ、□□ち／□給まいらせ候、
（備考）料紙縦使い、

一〇〇　十弟子装束持物并進退記　一巻
室町前期　巻子装　楮紙（杉原）　紙背あり　墨点（送仮名）　二三・五糎×二八八・八糎　十紙

（端裏）十弟子三河
（文首）十弟子装束持物并進退事／中記云、／中性院法印頼瑜私記之故、
［　　］号中□／祖師以彼抄物被称甲抄、甲斐法印之本、
（文尾）新アサリ不語一拝、起座、十弟子進出、自内／下御簾、撤法具○、／
已上
（備考）隆源筆、虫損甚し、

〔紙背一〕某消息断簡　（年月日未詳）　一通
竪紙　前欠・後欠　二九・四糎×三三・五糎　一紙
（文首）めてたき事ともにて候へハ、うれしくて候、／なをゝゝなに事
にゝゝゝおほしめし／候まゝの御事にて存候、返々御／めてた
くこそ候へ、
（文尾）つくしの事も御よろこひ候／なり、かゝりたる事とも候へと、
（備考）料紙縦使い、

〔紙背二〕某消息断簡　（年月日未詳）　一通
竪紙　前欠　二九・五糎×三三・六糎　一紙
（文首）御ふミをまいらせ候へく候、御すゝき物ハ、／あれへおほせ事候
へ、としの中も／なとや御こそてとりをハ、すゝき候／給候ハぬ、
（書止）つきをちとあつけてときて候、／御心やすくをほしめし候へく
候、
（備考）料紙縦使い、

〔紙背三〕某消息断簡　（年月日未詳）　一通
竪紙　前欠・後欠　二九・四糎×三三・六糎　一紙
（文首）御くたり候、いまちともちかく候つる／よろこひ入て候、あなた
さまのひん／まゝ候へつるにうけ給候へ、
（文尾）しもへ入候、御たつね候やらん、／又まつまのゝとしよりのもと
より□
（備考）料紙縦使い、

〔紙背四〕某消息断簡　（年月日未詳）　一通
竪紙　前欠・後欠　二九・二糎×三三・五糎　一紙
（本文）御よろこひハかたゝゝ／ことふり候ぬれとも、なをゝゝ／御めて
たくをしハかり／まいらせ候、さて□日□
（備考）逐而書、料紙縦使い、

〔紙背五〕某消息断簡　（年月日未詳）　一通
竪紙　前欠・後欠　二九・一糎×三三・一糎　一紙
（本文）申て御事とも／十日こそ／くたり候て、みのにて／久々ちかく候
つる、つゐに／申候へく候、それよりも／うけ給候《事》しにて候、御
こそて／の事、すゝきたらひいまつま入へ
（備考）料紙縦使い、

〔紙背六〕某消息断簡　（年月日未詳）　一通
竪紙　前欠・後欠　二九・二糎×三三・二糎　一紙

（本文）又よく、、ゆめ、、［　　　　］／候へとも、み候しほとに／こ
つ、、一御さかないろ、、／一つ、らまいらせ候、返々／ゆ
め、、しさをかしく候へく候、
（備考）右下破損、料紙縦使い、

〔紙背七〕某消息断簡　（年月日未詳）　一通
竪紙　前欠　二九・二糎×三三・六糎　一紙
（文首）ようみ事に候ハ、、心かなしく候らん、／それにもよろつなにとの
をはせ／をハしまし候ハんと候、
（書止）又としよりの／かミ申給候、返々申つくしかたく候へく候、／御
申入ら□□候へとも、申□候へく候、かしく、
（差出）□□
（備考）奥欠、虫損甚し、料紙縦使い、

〔紙背八〕某消息断簡　（年月日未詳）　一通
竪紙　前欠　二九・四糎×三三・五糎　一紙
（本文）御たち返候て候とも、御／いり候へく候、あれにわたくしも／を
ハしまし候らんほとニ、／人を給ハり候へく候、又／御こそてた
まハり候ぬ、
（差出）□□
（備考）奥欠、料紙縦使い、

〔紙背九〕某消息断簡　（年月日未詳）　一通
竪紙　前欠・後欠　二九・〇糎×三三・五糎　一紙
（本文）あまたまいらせ候て、よろつ／御心やすき御事ニうけた／まハり
候へハ、返々めてたく／うれしく思まいらせ候、これニも／よろ
つおもひのま、なる／事にて候へハ、めてたく、
（備考）料紙縦使い、

〔紙背一〇〕某消息断簡　（年月日未詳）　一通
竪紙　前欠　二八・六糎×三三・五糎　一紙
（文首）さて、、もとみのへくたり候、夫ハし／候ハ、、みちつれしたく
候、あさ□の／あゐた下候ハんする、もし、、くたり候、
（書止）さも候ハ、、あすの／ゆふかたよりこれへ給ハり候て□候へく
候、／よく、、このはちきたなけに候へと、／□□、
（備考）料紙縦使い、

一〇一　土公法見聞問答　一通

鎌倉後期　竪紙　楮紙（杉原）　墨点（送仮名）　墨（註記）　三〇・六糎×四六・
五糎　一紙
（端裏）土公法密家ニ存知様／「法」
（文首）一土公法存知一様勘申候、／見聞草問答第四／問、地鎮・々壇同異如
何、答、分別之者、地鎮者／堂舎建立以前、築壇之時、先鎮其地、
瓶許埋之、／小野説埋加五色玉、彦沢（広歟、）伝五色石云々、
（文尾）問、結壇作法、有其證文乎、答、可依安鎮軌也云々、／私云、此
上壇様等作法、彼御秘抄ニ／安鎮之處ニ／大旨見ル歟、

（備考）虫損甚し、本文紙背にわたる、

一〇二　姫君様御陀羅尼結番注文　二通

室町中期　竪紙　楮紙（杉原）

（備考）（一）・（二）一括、

（一）姫君様御陀羅尼結番注文　一通

三六・八糎×四三・二糎　一紙

（文首）姫君御陀羅尼寛正四年七月廿日御誕生、／当年自八月十九日至十二月晦日、百三十箇日／結番

（文尾）自十二月十八日至同晦日十三箇夜、山仲恵僧都／寛正四年九月十八日自門跡賜之、／於御本者、返進候也、仍写之置也、

（二）姫君様御陀羅尼結番注文　一通

二七・九糎×四六・七糎　一紙

（端裏）理性院僧正

（本文）姫君様御陀羅尼／寛正四年七月廿日／御誕生／自九月廿八日至十月十一日／十三箇夜／已上当年中分／毎月四日十四日廿四日／三箇日／已上明年明後年分

一〇三　弁才天七月行日記　一通

安土桃山時代　折紙　楮紙（杉原）　三三・三糎×四四・八糎　一紙

（首題）三月十五日仁始行吉、但任意、／弁才天七月行日記

（文首）先護身法、／八印　一明

（文尾）日所作三時仁可行之、／天正九年［　　　］吉日

（備考）折紙下段に追記「尚終昇幸因／終因始果」、

一〇四　秘鈔伝受書付　一冊

安土桃山時代　横帳　楮紙（杉原）　二三・八糎×四三・〇糎　二紙

（文首）文禄四乙未年十一月朔日／秘鈔伝受　資源朝／師深宥律師／朔日八巻正観音、千手法、千手愛法、馬頭法、／二日十七巻十一面、准胝法、如意輪、

（文尾）廿九日聖天、十二天、訶利帝、十五童子、童子経、／晦日十八巻孔雀経、仁王経、駄都、　北斗／三月／二日四巻

一〇五　仁王経御修法記抜書　一冊

江戸後期　横帳　楮紙（美濃紙）　墨点（返点・送仮名・合符）　朱（註記・合点）　十四行前後・十三字前後　一四・一糎×二〇・二糎　十紙

（外題）義ー准后御記／仁王経御修法記抜書

（表紙）龍光院蔵

（首題）文禄五丙申七月廿二日開白、／義演准后仁王経御修法御記抜／書

（文首）集会金事／一承久元年記云、『秘鈔問答云、』成賢『光宝』予召承仕仰／金、承仕重慶法師金打三十六、／其後大阿サリ着礼盤、

（文尾）○前大阿サリ経渡殿、道場東妻戸入堂、相／従僧綱之内、親尊律師勤御簾役、南面／大幔東端間入、幔役／同人、経幔内御着／座、

（奥書）義演ー准后御記拝見之次、書／写之了、　僧正定隆

一〇六　忌日法要入用次第　　一通

室町後期　続紙　楮紙（杉原）　三〇・〇糎×二一・一糎　三紙

（首題）［　　］入用之次第

（文首）□□□□　石塔之代／□□□□　いはい之代／一四拾三匁　月盃霊供之代／初七日　不動法／一拾六匁　理趣三摩耶御布施

（文尾）一拾匁　菜種之代　一拾六匁五分　葩百五拾枚之代／一廿八匁五分　万入用之代／以上合八百六拾目、但銀廿枚之通、

（備考）糊離れ、

一〇七　伝法灌頂色衆支配注文　　一通

江戸前期　折紙　楮紙（高檀紙）　二四・六糎×四七・三糎　一紙

（文首）写次第不同当日／真性院呪願、／覚王院唄、

（文尾）戒〔刑〕部卿／宰相／讃衆者、貴寺衆誰ニテモ両人、

一〇八　兼賢書状写（年未詳）九月廿一日　　一通

江戸前期　竪紙　前欠　楮紙（美濃紙）　三一・〇糎×四五・三糎　一紙

（書出）一仏事始日次事、／一着服并裁縫日時事、／右両事、日時可択給候、今年卅四歳衰日子午、／母儀衰日辰戌、此日可致除候也、

（書止）凡於自今／以後者、直可申承候也、恐々謹言、

（備考）奥書「右写本、報恩院前大僧正寛済手跡、西往院／所持、予依備給、令馳筆候了、追而可改／書者也、／慶安二年二月二日」、

一〇九　後七日御修法記　　一通

江戸前期　竪紙　漉返紙　三五・〇糎×四七・四糎　一紙

（文首）八日巳刻、朝拝　御加持等如例、今年真言院後七日／御修法於紫宸殿有、可再興之、／勅、仍奉入道具辛櫃、於南殿執行、

（文尾）叡覧、／勅問及数刻、是豈匪高祖遺恩自宗眉目矣、冀後阿闍梨耶、／続愚昧之一紙奏為恒例焉、

一一〇　宗古拝行記　　一通

江戸前期　竪紙　楮紙打紙　三〇・六糎×四〇・二糎　一紙

（本文）宗佳所為象戯馬法并作物、若干／一巻鏤梓行、于世既有年矣、今／復継家伝之□、存面諭之道増／補者、若干條聚、以為続巻、庶幾／使好事之人、慰悦賓友、消遣／世慮也、／寛永丙子季夏　宗古

（備考）虫損甚し、

一一一　嫡子等着素服作法記　　一通

江戸前期　竪紙　楮紙打紙　墨点（送仮名・傍訓）　三〇・九糎×四五・〇糎　一紙

（首題）嫡子等着素服事

（文首）千心作法云、次出門外着素服、注云、無吉日未／着服者也、今夜不可着素服、嫡子等着素服／事、必不出門外、

（文尾）千心云、棺ヲ安火炉之時、役人胃(マヽ)額アルヘシ文、白絹ノ／四方ナルヲスチカヘテ、額ニアツ、爾者正シク、葬所ニテ／棺ヲ舁役人等用之也、未為共奉人等之所用也、

一一二　伏見観音寺法流相承記　一冊
江戸中期　袋綴装　楮紙（美濃紙）　墨点（返点・送仮名・合符）　墨（註記）　八行・十六字　二一・〇糎×一三・五糎　四紙
（首題）伏見太子山観音寺法流相承之事
（文首）報恩院故法務実雅僧正専為当流之正／統、愚身雖不肖、即受彼嫡流、当伝燈之仁／也、
（文尾）若爾永代親為当法流寺、烈名于／水本血脈、相続之由緒不可断絶者也、仍／為示後葉、聊以所記如件、／宝暦十一辛巳年九月六日　法印大僧都有円（花押）／観音寺圭洞法印御房

一一三　四度加行別記　一通
江戸前期　続紙　泥間似合　一九・二糎×一〇七・一糎　二紙
（端裏）四度別行日記　有雅
（首題）四度別行日記　有雅
（文首）正保四年丁亥四度別行／開白・結願之覚／行者伝燈大法師有雅／一十八道加行／四月十五日始行、七月朔日暗誦始、同十二月日校合、／同月廿七日百日結願、
（文尾）同九日初行七日結願、／同日護摩百日始行、／九月廿一日護摩百日結願、／四度別行成就畢、／自正保四年至慶安二年／三箇年之間、相済者也、
（備考）包紙（美濃紙、二八・六糎×四〇・八糎、ウハ書「四度別行日記／有雅御筆」「戒之」）、

一一四　内山上乗院亮運伝授記　一通
江戸中期　折紙　楮紙（美濃紙）　三三・六糎×四八・三糎　一紙
（外題）和州内山上乗院権僧正亮運／金剛王院法流正統授与之覚書／松橋前大僧正元雅
（文首）安永三甲午年九月、和州内山上乗院／権僧正亮運、今度金剛王院法流／印可諸伝授願望、登山、
（文尾）十一月廿五日、上乗院江金流印信重位／数通・血脈、悉令書写附属了、右為礼／施物金三百疋受納之了、

一一五　三宝院印可執行記　一通
江戸中期　折紙　楮紙（美濃紙）　紙背あり　三三・五糎×四六・〇糎　一紙
（文首）宝暦十四甲申年二月廿三日、於／三宝院門室印可執行、／大阿闍梨松橋前法務大僧正元雅
（文尾）大阿闍梨予勤仕、／正受者三宝院門室直末寺／出羽国鳥海山福王寺法印有程四十五歳、
〔紙背〕進物目録（年月日未詳）　一通
竪紙
（本文）井籠一荷

一一六　醍醐寺縁起筆者注文　一通
江戸中期　小切紙　楮紙（美濃紙）　一八・八糎×二五・三糎　一紙
（本文）醍醐寺縁記（マヽ）筆者／一条院尊照法親王／外山前中納言光顕卿／烏

丸大納言光栄卿／花山院大納言常雅卿／滋野井大納言公澄卿／
日野中納言資時卿／桑原中納言長義卿／石井中納言行康卿／正
親町一位公通卿／右、寄合目録○者、（筆）桜井正三位氏敦卿

（備考）包紙（杉原、二九・九糎×四七・四糎、ウハ書「伏見兵部卿貞建親王御筆／御
外題」）、

一一七　祖師実名不審事書　一冊

安土桃山時代　横帳　楮紙（杉原）　紙背あり　三一・〇糎×四二・五糎　五紙

（首題）祖師実名不番〔審〕事

（文首）宗仲是ハ理趣坊之後、改テ寂賢云也、宗観入壇師也、西方院法師事歟、／憲増是普賢院也、宗我之
坊主也、　光演／忠厳信耀入壇資也、

（文尾）賢永／賢真桜町／慶印／定印／仙秀｜阿弥陀／隆俸／重耀／超親
宝篋院ノ弟子／宗誉宗典ノ弟也、

（備考）末尾に「照阿院雑誰候や」、綴穴、

〔紙背一〕桜書状（年月日未詳）　一通

折紙　二六・六糎×四一・八糎　一紙

（書出）遥久不懸御目／御床しく奉存候、山中御逗留之間、切々／御見舞
可参候処、少／相煩子細御座候而、非本／意候、

（書止）貴院さま／も、定而御童躰中ニ御取敷／一分ニ御成候ハんと願念
仕候、／御作事故、種々様々の御／□やわさ共、御沙汰候ハんと／
朝暮存出申御事候、かしく、

（備考）逐而書、見返奥に切封（墨引、ウハ書「□□しさままいる　桜／
より」）、

〔紙背二〕桜書状（年月日未詳）　一通

折紙　二六・〇糎×四三・〇糎　一紙

（書出）自是内々可申入／覚悟候処、貴札過分／此事候、如仰河州両城／
相渡、弥以天下静謐まて候、／仍明日可有御出京候由、

（書止）イノラストクルシカラスヤ、一度ハ／コケホムシロノ岩ノ影ニ
テ、／何様ノ貴答、誠々古今御座／かましく候、何も与風今夕／
令参上相積候、御物語可申／入候、かしく、

（備考）逐而書、見返奥に切封（墨引、ウハ書「南無□□観音大菩薩／延
□様まいる御返事、　桜」）、

〔紙背三〕尭助書状（年月日未詳）　一通

折紙　二六・六糎×四三・四糎　一紙

（書出）先日者、珎札拝披／本望至極候、路次拵へ／条々、今無音事候、／
其邊各無何事／御座候由、

（書止）一弟子之事、御思安如何候、卒爾之儀、無勿躰候、／猶々御折合
可申候、御法流／之事、他流ニ成候事、／口惜候条々、面時可申／
入候、かしく、

（備考）逐而書、見返奥に切封（墨引、ウハ書「五大力菩薩　醍醐より尭
助／内山上乗院殿人々御中」）、

〔紙背四〕某書状（年月未詳）十三日　一通

折紙　二六・六糎×四三・四糎　一紙

（書出）遥久不申候、／御疎々敷候、仍内々／令申候、来廿一日、先師十七年候、／然共当月之事候間、／十五日に引上て、／如形仏事、無／御指合候ハヽ、

（書止）御出候へと申度候へとも、／今之時分、中々候て、／不申事候、御心得候て、／可有御伝達候、自僧正／同前可申旨候、不宣、

（備考）逐而書、見返奥に切封（墨引、ウハ書「十三日申／五大力菩薩　大たり延／御□□まいる」）、

〔紙背五〕西林書状（年月日未詳）　一通

折紙　二四・六糎×三九・六糎　一紙

（書出）御懇之御芳札／難打置詠入存候、／如仰先日御入寺之／折節者、ふた〳〵と／御沙汰候て、御雑談をも／しか〳〵と不申上候て、

（書止）未不究も、御隙候ハヽ、／与風御参奉待存候、／江州への御事、少も相／延事能御入候、かしく、

（備考）逐而書、見返奥に切封（墨引、ウハ書「辰刻／西林より／延もし様御番　披露御尊報　蓮恵」）、

一一八　三宝院門跡候人扶持目録　一冊

江戸前期　袋綴装　楮紙（杉原）　二四・三糎×一七・〇糎　八紙

（外題）三宝院御門跡諸候人御扶持目録写

（表紙）慶長拾弐年／丁未十一月日

（首題）三宝院御門跡諸候人御扶持目録

（文首）拾石　菩提寺新御寄進分

（文尾）弐石　林才三郎御扶持分／京御地子之替ニ於大住村被下也、

一一九　弘法大師九百年忌後夜御影供道場図　一通

江戸中期　竪紙　楮紙（美濃紙）　三一・〇糎×四八・五糎　一紙

（備考）図中に「伝法院」、図右脇に「享保十九甲寅年三月廿一日／高祖大師九百年忌後夜／御影供之図但前日廿日万供之図別紙在之也、」、朱線、包紙（美濃紙、二九・五糎×四〇・八糎）、

一二〇　印可交名　二通

江戸中期　竪紙　楮紙（奉書紙）

（備考）（一）・（二）一括、包紙（奉書紙、四三・六糎×三一・八糎、ウハ書「元文五庚申年智山初瀬伝授印可交名」）、

（一）　印可交名　元文五庚申年卯月十四日甲申年房宿月曜　一通

三一・〇糎×四三・九糎　一紙

（書出）元文五庚申年卯月十四日甲申年房宿月曜、／印可人数

（書止）常州新治郡府中宮部不動院住法印随応房尊雄／以上、

（二）　印可交名　元文五庚申年首夏四月十三日癸未満氏宿日曜　一通

三一・〇糎×四四・〇糎　一紙

（書出）元文五庚申年首夏四月十三日癸未満氏宿日曜、／印可之人数

（書止）山城国宇治郡西笠取邑西宮寺看坊／以上、

一二一　御衣取次役人等交名　延宝六戊午暦九月廿九日　　一通

江戸前期　折紙　漉返紙　三・九糎×四・八糎　一紙

（書出）御持之御衣持参／勅使　差次蔵人／御衣等取次役人

（書止）衛士次郎作重成／仕丁二人／長櫃舁之、

（備考）見返奥に「延宝六戊午暦九月廿九日／護持御撫物持参役人」、

一二二　高賢先途略記　　一通

江戸前期　竪紙　楮紙（奉書紙）　亖・一糎×四五・八糎　一紙

（文首）高賢鷹司前左大臣従一位教平○公息、悲母上冷泉為満女、

（文尾）従僧　刑部卿　二位／運役　治部卿法眼　太輔（マヽ）上座　三河寺主　筑後寺主

一二三　浴油入用物帳等　　二十六通・一冊・一紙

（備考）（一）〜（六）一括、

（一）　浴油入用物帳　　一冊

江戸中期　横帳　楮紙（美濃紙）　十七行前後・十字前後　三・三糎×亖・三糎　六紙

（外題）浴油入用物帳

（表紙）聖深之写

（首題）香具之覚此時香具類皆住吉や十兵衛、

（文首）一交趾沈香代三十四匁、極紬末、　二両

（文尾）団ノ上ェ此通六ヨウニスル也、／ブトノ形チ凡此通也、

（二）　浴油入用覚　　一通

江戸中期　折紙　楮紙（美濃紙）　墨点（送仮名）　墨（合点）　三五・〇糎×亖・一糎　一紙

（首題）浴油入用

（文首）桂辛　一両／肉桂　一両／沈香　両也、壹包ノ一両

（文尾）団畢文為入、雖所箱入施主ヘ送ル也、／又参詣節、団送ル不定、

（備考）包紙（美濃紙、亖・七糎×亖・三糎、ウハ書「天供入用之事」）、

（三）　浴油七ヶ日入用覚　　一通

江戸後期　折紙　楮紙（美濃紙）　三・六糎×四・三糎　一紙

（端裏）浴油入用

（首題）浴油七ヶ日入用

（文首）桂辛　一両／内桂　一両／沈香　代一匁ノ位、一両

（文尾）団畢施主ヘ於一ツ箱入、／又参ル時団送ル不定、

（四）　香代物覚等

江戸後期

（備考）1〜15一括、

1　香代物覚　（年未詳）十月七日　　一通

続紙　楮紙（美濃紙）　一五・五糎×亖・一糎　二紙

（書出）覚／一壱匁七分五り　細末沈香／半両

（書止）〆　拾五匁五分六分／右之通ニ御座候、

（差出）大和屋忠八（黒印「中大忠」）
（宛所）上

2　香代物覚　（年未詳）十一月十六日　一通
切紙　楮紙（美濃紙）　三・〇糎×三七・二糎　一紙
（書出）沈香　小半両／白檀　一両／丁子　半両
（書止）右之分来ル十八日中／出来、／代物之事

3　岳西院戒光院入用物覚　（年未詳）午十月十九日　一通
切紙　前欠　楮紙（美濃紙）　一六・一糎×三三・七糎　一紙
（文首）金壹歩ト／○貳百■■文三拾九文／銀拾四匁壹分五り五毛／此
　金三朱ト
（書止）右之通差上ヶ申候故、／御落手可被下候、
（差出）内海忠兵衛
（宛所）西南院様御役人中様

4　内海忠兵衛口上書　（年未詳）二月八日　一通
続紙　楮紙（美濃紙）　一六・四糎×二九・一糎　二紙
（端書）天卯二月分
（書出）口上／一胡マ油三升／代金壹歩
（書止）皆先ハ御報申上候度、如此御座候、以上、
（差出）内海忠兵衛
（宛所）密乗院様御役人中様

5　入用物覚　（年未詳）九月廿六日　一通
切紙　楮紙（美濃紙）　一五・七糎×二六・二糎　一紙
（書出）口上／一三匁七十五文　米のこ四斗／一百四十文　うとんのこ四斗
（書止）一十貳文　かや一分／〆　九百七十三文／内一朱壱り受之、／か
　り三百文、
（差出）万八

6　入用物覚　（年未詳）十一月八日　一通
切紙　楮紙（美濃紙）　一六・五糎×二九・二糎　一紙
（書出）覚／一四百五拾文　米のこ五升「上之候、」／一八拾文　うとんこ三升「上之候、」
（書止）一三百五拾七文　小豆貳升三分「上之候、」／入させ入■■六文
（差出）万八
（宛所）宝幢院様御役人中様

7　入用物覚　（年未詳）七月七日　一通
切紙　楮紙（美濃紙）　一五・五糎×二五・三糎　一紙
（書出）口上／一貳匁五十文　米粉三升
（書止）一十四文　かや壹枚／〆八百四十貳文、
（差出）万八

8　大和屋忠八納物覚　（年未詳）卯九月廿四日　一通
切紙　楮紙（美濃紙）　一六・五糎×三四・四糎　一紙

(書出) 覚／一壹匁貳分五り細末沈香／小半両
(書止) 〆四匁貳分、／右之通御座候、已上、
(差出) 大和屋忠八
(宛所) 上

9　御備物等覚　(年月日未詳)　一通
切紙　後欠カ　楮紙 (美濃紙)　一六・三糎×三三・七糎　一紙
(書出) 覚／一銀壱匁九分弐り壱毛二月十日御備物
(文尾) 同四匁五分／金壱歩藤氏講かけ金

10　奈良屋平兵衛納紙覚　(年未詳) 十月七日　一通
続紙　泥間似合　一七・一糎×三三・四糎　二紙
(書出) 覚／一弐匁四分　小杉原弐帖／一弐匁　半紙拾折
(書止) 〆弐拾匁弐分／金三百分、四百七文、
(差出) 奈良屋平兵衛 (円形黒印「京都／諸紙類／寺町／四条」)
(宛所) 上

11　大和屋忠八納物覚　(年未詳) 九月廿三日　一通
切紙　楮紙 (美濃紙)　一六・〇糎×三三・六糎　二紙
(書出) 覚／一拾五匁弐分　香具代
(書止) 此残百拾文／右之通差上申候、
(差出) 大忠
(宛所) 宝(マヽ)道院様

12　大和屋忠八納物覚　(年未詳) 卯十月十日　一通
江戸後期　切紙　楮紙 (美濃紙)　一六・四糎×四〇・一糎　一紙
(書出) 覚／一四匁弐分　御香具／にしな
(書止) さか壱分、／已上、／右之通御座候、以上、
(差出) 大忠
(宛所) 上

13　内海忠兵衛金子相済覚　(年未詳) 十一月十三日　一通
切紙　楮紙 (美濃紙)　一六・〇糎×三三・〇糎　一紙
(書出) 覚／一五匁　こま一升／一六匁六分　油弐升
(書止) 右之所へ金三朱半迄／右相済申入候、
(差出) 内海忠兵衛
(宛所) 密乗院様御役人中様

14　大和屋忠八納物覚　(年未詳) たつ霜月六日　一通
続紙　前欠　楮紙 (美濃紙)　一六・七糎×三三・六糎　二紙
(文首) 覚／一拾九匁〆高
(書止) 差引六分九り／已上、／〆／相渡申上候、
(差出) 大忠

15　浴油御入用注文包紙　(年未詳) 十一月二十八日　一紙
江戸後期　切紙　楮紙 (美濃紙)　三三・九糎×一六・四糎　一紙
(備考) ウハ書「浴油御入用注文」、方形黒形 (「京都／寺町通六角南角／

御珠数所／藤屋宗治郎」）、

（五）　某方覚等

江戸後期　楮紙（美濃紙）

（備考）1～6一括、包紙（美濃紙、二三・〇糎×三四・五糎、ウハ書「天保五年
十月／浴油入用書注文／不可紛失者也」）、

1　某方覚　（年未詳）二月六日　一通

切紙　後欠　一五・七糎×二六・八糎　一紙

（書出）覚／一百八拾文　一番粉《四升》／弐升

（文尾）一弐文　かや壱合／〆　壱貫拾七文

（差出）□□

2　ならや平兵衛納紙覚　（年未詳）十月廿二日　一通

切紙　一五・五糎×三三・二糎　一紙

（書出）覚／一貳匁四分　小杉貳帖

（書止）右之通御座候、以上、

（差出）ならや平兵衛（円形黒印「京都／奈／諸紙類／寺町／四條」）

（宛所）上

（備考）長方形黒印（「奈請取」）二顆、

3　大津や忠三郎金子覚　（年未詳）十月廿一日　一通

切紙　一五・八糎×一七・二糎　一紙

（端裏）天入用

（本文）覚／一こま油三升／代金壹歩ト／残百文、／右之通、慥可申上候、
以上、

（差出）大津や忠三郎

（宛所）西南院様御役人中様

4　大和屋忠八納物覚　（年未詳）午十月廿二日　一通

続紙　一六・二糎×四〇・五糎　二紙

（書出）覚／一壹匁七分五り　細末沈香／半両

（書止）差引九拾五文両上、／右之通御坐候、已上、

（差出）大和屋忠八

（宛所）上

5　内海忠一郎金子覚　（年未詳）十月七日　一通

切紙　一六・五糎×三三・六糎　一紙

（書出）覚／一こま三升／貳拾八分

（書止）此■六百四十八文／右之通御座候、以上、

（差出）内海忠一郎

（宛所）密乗院様御役人中様

6　大和屋忠八納物覚　（年未詳）二月五日　一通

続紙　一六・〇糎×三三・七糎　二紙

（書出）覚／一壹匁七分五り細末沈香／半両

（書止）一八匁七七分　出じま／三分／〆拾五匁七分、／右之通御座候、早々、
（差出）大和屋忠八
（宛所）上

（六）大和屋忠八納物覚等
江戸後期
（備考）1～4一括、包紙（美濃紙、三四・七糎×二四・七糎、ウハ書「天保四年辛卯十月廿一日浴湯／浴油入用書（外ニ米紛五升為挽事）」）、包紙紙背に「豆腐拾五挺／御障同行中」、

1　大和屋忠八納物覚　（天保四年）九月廿三日　一通
切紙　楮紙（美濃紙）一五・九糎×四三・九糎　一紙
（書出）覚／一壱匁七分五り　細末沈香／半両／一壱匁六分　刻白檀／弐両
（書止）〆拾五匁壱分／「改十九匁、」／右之通ニ御座候、／「たつ十一月一八日」
（差出）大和屋忠八
（宛所）上

2　万八納物覚　（天保四年）十月一日　一通
続紙　楮紙（美濃紙）一六・二糎×二九・七糎　二紙
（書出）覚／一四百五拾文　米の子／五升／一八拾文　うとんこ／三升
（書止）〆九百七拾弐文／受取申候、／四百五十五文／又受取申候、
（差出）万八
（宛所）宝幢院様御役人中様

3　至郎納物覚　（年未詳）十月九日　一通
切紙　漉返紙　一四・四糎×二四・八糎　一紙
（本文）覚／一壹タル百文　こま三升／右、受取申候、
（差出）至郎より

4　油なべ之事覚書断簡　（年月日未詳）　一通
続紙　前欠・後欠　楮紙（美濃紙）一五・八糎×一二・一糎　二紙
（本文）油なべ／之事／火はし二本、長キ丈夫を／手摺ずみ　一丁／たうしん之事／すりばち　一

一二四　醍醐四谷院家衆事書写等　十二通
江戸後期
（備考）（一）～（一二）一括、包紙（美濃紙、二七・四糎×二五・二糎、ウハ書「諸寺院（道永僧都勘定被申書物也、）」）、

（一）　醍醐四谷院家衆事書　文政三年三月六日　一通
続紙　楮紙（奉書紙）一六・三糎×七九・七糎　二紙
（書出）四谷之院家衆／西谷ニハ報恩院、（憲深方正嫡ナリ、）号水本殿、／（松橋方）慈心院、（憲深方）円明院／（憲深方）宝幢院
（書止）下醍醐ハ／三宝院　理性院　随心院／金剛王院等也、委義閣之、

（備考）奥書「慶長拾年丁巳上ノ醍醐山／東谷於安養院書之、／常州下妻淳賢模形歟、之／云々、文政三年三月六日書写畢、／大僧都（花押）」、

（二）　三宝院代々伝記　　一通
続紙　楮紙（奉書紙）　朱（註記・頭点）　一八・〇糎×七三・六糎　三紙
（首題）三宝院伝記
（文首）大僧正定済『宝池院大僧正、弘安五十月十三日入滅、』『天明元五百也、』　定勝―定任／賢助　大僧正賢俊
（文尾）前大僧正高演『鷹司関白左大臣輔平公息、同前関白左大臣政熙舎弟也、』／勝演『前殿下政熙公息、号法界心院大僧都法印、』
（備考）奥に「延享三年治孝公生、文化十一年ニ六十一ニアタル」、包紙（美濃紙、二四・六糎×三四・二糎、ウハ書「三門主伝記」）、

（三）　菩提院・真光院・慈尊院等法流略譜　　一通
続紙　楮紙（美濃紙）　朱（註記・頭点）　一五・五糎×一八五・九糎　五紙
（文首）菩提院行遍―了遍―能助―／信助　貞治道渕
（文尾）禅那院／賢光―賢琛／松橋相承／賢紹―賢誉

（四）　密厳院尭政出自略記　（年月日未詳）　一通
続紙　楮紙（奉書紙）　一六・一糎×五一・三糎　二紙
（書出）密厳院尭政者、高柳治部／小輔ト申ビンコノミヨシノ一家ニテ／ヨキ侍也、
（書止）尭政権僧正記云、／伯父村上重右衛門尉／久慶、是尭政僧正伯父也、

（備考）本文中に「右、蓮花院大僧都御房／少紙書給、文化十三年四月廿七日／拝見、仍写之」、

（五）　三宝院准后御祈禱記　　一通
切紙　楮紙（奉書紙）　一六・〇糎×四六・〇糎　一紙
（端裏）三宝院准后御祈禱　仰
（文首）慶長十九年五月廿三日、仰／晴雨御祈一七ヶ日可被修旨、／奉行権右中弁光長、
（文尾）右、各三宝院准三后トアリ、／若義演准后歟、
（奥書）文化丙子五月八日、道永之、

（六）　醍醐寺領竹木役覚　（年月日未詳）　一通
続紙　楮紙（奉書紙）　一六・二糎×六四・四糎　二紙
（書出）右、可有金院納并岩間山東笠村／山林竹木等、如前々不有相違之状／如件、／元和三年九月七日
（書止）六月ニ舟川／等之証文被出之、誓願有之、／已上覚、
（備考）元和三年九月七日・寛永十三年十一月九日某書状を引用、

（七）　醍醐寺門流院家当住・無住書上　（年月日未詳）　一通
続紙　楮紙（奉書紙）　一六・三糎×七四・二糎　二紙
（書出）座主三宝院前法務前大僧正／高演年三十九、
（書止）無住　山上持福坊　山下真光坊　山下吉祥坊／五十一坊
（備考）朱註記、

（八）　随心院々務書上　（年月日未詳）　一通
続紙　楮紙（奉書紙）　一六・〇糎×五九・二糎　二紙
（端裏）随心院々務之事
（書出）阿闍梨増俊／僧都顕厳／前大僧正親厳法務
（書止）元文之人前大僧正堯厳／延享年中還俗之人者此人歟、

（九）　西坊院務等院務書上　（年月日未詳）　一通
折紙　楮紙（奉書紙）　三六・〇糎×四九・二糎　一紙
（書出）西坊院務／可安石井三省入道、年　月廿九日入滅、
（書止）権大僧都澄翁　亮祐散花／龍光院貞隆
（備考）本文紙背にわたる、

（一〇）　上醍醐無量寿院々務略系譜　（年月日未詳）　一通
竪紙　楮紙（美濃紙）　二四・二糎×三四・〇糎　一紙
（書出）応永卅五年宗済任僧都給歟、／上醍醐寺無量寿院／空雄－弘真－
賢季－賢信
（書止）慶長十年無量寿院東谷ニアリ、寛永年中ニ歟消失、

（一一）　修法出仕僧名書上　（年月日未詳）　一通
竪紙　楮紙（美濃紙）　二四・〇糎×三四・三糎　一紙
（書出）正長二年正月妙法院僧正／理性院　妙法院　禅那院等僧正　淳
誉法印
（書止）永享五酉賢快僧正／応永卅四年四月妙法院法印賢長

（一二）　鑑真等出自記　（年月日未詳）　一通
切紙　楮紙（美濃紙）　一七・七糎×一七・二糎　一紙
（本文）雅西正治三年正月四日入滅、七十九、／鑑真唐揚州江陽県人、招提寺、／如宝鑑真弟子、招提寺、
／豊安大僧都如宝徒、
（備考）習書、

一一五　東寺長者勘例　（年月日未詳）　一通
江戸前期　竪紙　漉返紙　三三・六糎×五〇・〇糎　一紙
（本文）後柏原院文亀二年長者／一長者大覚寺准三宮性深／二長者報恩院
僧正賢深／三長者理性院法印宗永／已上／自文亀三年至寛永十
九年、凡／一百四十年二長者以下加任無之、

一一六　権僧正勘例　（年月日未詳）　一通
江戸前期　竪紙　楮紙（奉書紙）　三四・六糎×四七・六糎　一紙
（書出）権僧正勘例／文安二年拝任、　権僧正融覚　年五十六　金勝院
（書止）明暦二年十二月一日拝任、　権僧正宗円　年五十七、口宣有之、職事資熙、　増長院
（備考）文安二年より明暦二年に至る、

一一七　五智院宗典返状写　（年未詳）二月廿九日　一通
江戸前期　竪紙　楮紙打紙　三三・三糎×四七・四糎　一紙
（書出）山上入寺僧之儀ニ付、澄恵僧正記云、／永正十一年二月六日、密
教院坊主得度大輔公深典、年十五、
（書止）くしとり之／事、余義ナク候、寺僧ニ入次第ト申事ハ、一向不存

候、左様ノ義ハ／き、も不及候、ふせりなから御返事申候、御
免々々、恐々謹言、
(差出) 宗典判
(備考) 奥に包紙ウハ書写「上書行樹院御坊御報　五智院宗典」、

一二八　継目御礼江戸下向大概記　一冊
江戸中期　横帳　斐紙(鳥の子)　原表紙本紙共紙　墨(註記)　十行
三・八糎×一九・六糎　九十五紙(墨付八十二紙)
(外題) 従高賢房演江諸式／御譲、依之為御継目／御礼、江戸御下向大概
記
(表紙) 宝永四年亥二月
(文首) 一宝池院高賢、去々年酉年／御隠居、御願之通、首尾能相済候
付、／当御門主房演継目為御礼、関東／江御下向被成度由、
(文尾) 道中人馬之／御朱印并船川渡之御證文／等、御返納被成候由申入
処、用人／両人罷出候故、右之両通相／渡紀伊守殿、御返答相応
并／両通慥ニ受取候由也、／一小堀仁左右衛門江者御届使不被遣
也、

一二九　聖天供団入用物注文等　四通
江戸前期
(備考) (一)〜(四) 一括、包紙(漉返紙、二九・六糎×三六・九糎、ウハ書「正
天団注文」)、

(一) 聖天供団入用物注文　慶安元年五月六日　一通
竪紙　漉返紙　二六・四糎×四三・八糎　一紙
(書出) 団百ニ付テ／一粉　五升但うる米也、此内へ餅米五合入ル、／一小豆　壱升三
合
(書止) 一塩　少／以上／右、従東寺覚勝院殿参候、聖天／団之注文也、

(二) 聖天供団調様注文 (年月日未詳)　一通
折紙　漉返紙　三〇・六糎×三四・六糎　一紙
(書出) 聖天供一七日／団百廿顆之調様／一座ニ八ツ充備之、合百十二
也、／八ツハ余分合百廿顆也、
(書止) 一仏供米七合／日中ニ備之、白仏供二杯、／赤仏供二杯、合四杯
也、／但白仏供ハ四合五勺、／赤仏供ハ仏ハ二合五勺也、

(三) 聖天供団入用物注文 (年月日未詳)　一通
竪紙　漉返紙　二六・五糎×三六・九糎　一紙
(書出) 団百ニ付テ／粉　五升但うる米歟、此内へ餅米五合入ル、／小豆　壱升三合
(書止) 胡〔椒〕舛　十粒斗／はしかミ　少／塩　少／以上、

(四) 聖天供団入用物注文　慶安二年五月十三日　一通
折紙　楮紙(杉原)　三二・五糎×四九・六糎　一紙
(書出) 聖天団之注文／一黒砂糖上々　四斤／一沈香　二両壱両ニ付、三匁程、／一桂
心　五両／一白檀　弐両
(書止) 一薄紙　二束／以上此分町にて、／以右注文毎度／被用之者

也、／慶安二年／五月十三日記之、

一三〇　御持僧事仰書付　明暦三年正月晦日　一通

江戸前期　竪紙　楮紙（高檀紙）　三三・六糎×四四・五糎　一紙

（本文）仰持僧事／勅使／極﨟正六位上左近衛将監小槻重房／御倉民部大丞紀正方／主殿衛士藤井重行／仕丁二人役者／明暦三年正月晦日／御祈奉行勧修寺左少弁経慶

一三一　仁和寺宮無品親王守恕灌頂上堂行列次第　一冊

江戸中期　横帳　楮紙打紙　墨点（傍訓）　墨（註記）　三四・八糎×一二・二糎　十紙

（外題）仁和寺宮無品親王守恕／御灌頂　上堂行烈次第

（表紙）醍戒

（文首）所守　鎰取　同　綱掌　三木飛弾守衆僧前／所守　鎰取　同　綱掌　藤木左馬権頭衆僧前

（文尾）大阿闍梨／十弟子仁和心蓮院／十弟子石山明王院／御受者無品親王／威儀僧勧修寺慈尊院／威儀僧仁和真乗院／還烈次第式衆・諸役人如上堂、

（奥書）享保十一丙午年三月十三日甲巳月曜角宿、／仁和寺守恕無品大王御灌頂御年二十一才、／大阿闍梨自性院大僧正法印大和尚位孝宥

（備考）貼紙、後半に「還烈従幔門之外、至観音堂新阿闍梨行烈次第」を付記、嘆徳所也、

一三二　一言寺観音堂供養行烈次第　一通

江戸前期　続紙　漉返紙　三二・四糎×八九・九糎　二紙

（外題）寛永十年十月十七日一言観音堂供養行烈次第

（文首）左〇〇力者六人　〇〇同　〇〇同　〇〇同　〇〇同
右〇〇力者六人　〇〇同　〇〇同　〇〇同　〇〇同

（文尾）●●同　●●同　●●同　●●同　●●同
●●同　●●同　●●同　●●同　●●同

一三三　御参内始御列次第　一冊

江戸後期　袋綴装　楮紙（美濃紙）　一七・五糎×六・〇糎　十一紙

（外題）御参　内始御列

（表紙）文化四年丁卯十月廿日

（文首）六門格勤侍格勤侍／院錦大越家　同　出世／御家来修験京智宝院同
六門格勤侍格勤侍／院錦大越家　同　出世

（文尾）釣台　三棹　押押／御行列奉行／下役／小遣手明三人

一三四　参内行列次第等　二通

（備考）（一）・（二）一括、

（一）　参内行列次第　一通

江戸後期　続紙　楮紙（奉書紙）　一六・四糎×一五七・四糎　四紙

（端書）八日御参　内御行列

（文首）青侍喜右衛門竹杖、／青侍権兵衛竹杖、／力者／力者／力者　堂童子／堂童子／堂童子

（文尾）笠籠水流、同伊兵衛、同水流、押上下水流、／押上下水流、／御列奉行尉斗目長上下、／御列奉行尉斗目長上下、　郡行

（備考）糊離れ、

（二）某行列次第　一通

江戸前期　続紙　楮紙打紙　墨点（傍訓）二七・一糎×八一・二糎　二紙

（文首）先所守一人／先所守一人／次職掌三人／次職掌三人／綱掌二人／綱掌二人／中綱二人／中綱二人

（文尾）御後侍三河／中童子一人／中童子一人／大童子一人／大童子一人／〇つ、もち／扈従

一三五　某遠忌配役交名　明治三十三年五月四日　一通

明治時代　巻子装　楮紙（奉書紙）三八・〇糎×三九・一糎　九紙

（書出）御遠忌配役／総監　篁光雅／監督　平之亮禅／多田信道／法会係　天野快道／萱野良雅／佐伯宥照／田村智範

（書止）燗方　渡邊三郎兵衛／洗方　クニ／シゲ／シヨ／已上／右、悉知、

（差出）三宝院事務庁

一三六　聖深法名公名書出等　六十通・三冊・一帖

（備考）（一）～（六二）一括、

（一）聖深法名公名書出　（年月日未詳）　一通

江戸後期　折紙　泥間似合　三三・〇糎×四六・五糎　一紙

（本文）円明院山務権僧正淳杲附第〔弟〕中将／聖深年八歳、戒一、／安永九子歳三月廿六日／得度、

（二）醍醐寺定額僧交名　文化四丁卯年　一通

江戸後期　折紙　楮紙（奉書紙）三三・〇糎×四五・五糎　一紙

（書出）文化四丁卯年／醍醐寺定額交名／地蔵院僧正定隆年六十四、戒五十三、／慈心院僧正俊賢年六十一、戒五十、

（書止）無量寿院法眼純海年、戒、／二位大法師俊厳年十一、戒二、／円明院権少僧都淳済年十八、戒八、

（三）宝菩提院教猷等年戒書（享保二年）　一通

江戸中期　折紙　楮紙（奉書紙）三三・六糎×四六・三糎　一紙

（書出）宝菩提院法印大僧都教猷年四十、戒三十三、／金剛珠院法印大僧都亮恕年四十一、戒二十九、

（書止）真如院少僧都快済年二十八、戒十八、／妙観院権少僧都弾恕年十八、戒六、／右者、享保三年明年之年戒、

（四）寺僧々官位書上草　（年月日未詳）　一通

江戸中期　折紙　楮紙（美濃紙）三三・六糎×四五・〇糎　一紙

（書出）権律師　岳西院阿闍梨／権律師　龍光院阿闍梨行典／権律師　宝幢院阿闍梨隆弁

（書止）法印　五智院権大僧都観典／法印延宝七年十二月廿一日　光台院権大僧都定減／法印延宝七年十二月廿一日　持明院権大僧都定円

（五）演光等僧略記　（年月日未詳）　一通
江戸中期　折紙　楮紙（美濃紙）　三一・四糎×四四・八糎　一紙
（書出）演光／演／法印　寛永十一年四月十五日（十六）／演慶／法印　同／実意／権少僧都　寛永拾一年二月廿八日
（書止）祥恕／権大僧都　慶安四卯月十日／法印　明暦三三月四日／定昌／権大僧都　明暦三三月四日／法印五十三　寛文三十二月廿八日

（六）観修院々号考文写　（年月日未詳）　一通
江戸後期　折紙　楮紙（奉書紙）　三三・四糎×四六・五糎　一紙
（本文）観修院／頌曰、観人修智慧／涙照五衆空／歴劫修念者／離煩一心通、
（備考）包紙（美濃紙、三三・二糎×四六・二糎、ウハ書「院号考文」）、

（七）後七日御修法御衣到来先例　（年月日未詳）　一通
室町後期　折紙　楮紙（杉原）　三〇・四糎×四九・六糎　一紙
（書出）応永廿四年／三宝院満済法身院／八日阿闍梨坊／御衣勅使〔臨〕来〔臨〕覧事、
（書止）建武四年正月八日／三宝院賢俊／酉刻、真言院／八日　御衣■勅使参向、盃酌、／如例八種菓子等、

（八）西往院信隆僧正勅許院参日覚　（年月日未詳）　一通
江戸後期　切紙　楮紙（奉書紙）　一九・四糎×一八・〇糎　一紙
（本文）安永五年六月／醍醐寺定額僧西往院権僧正信隆四十八歳、／僧正勅許後御礼　院参、先日御／車寄より門之間ニ伺公候而、無程御／対顔相済之事、
（備考）挿入紙（美濃紙、一五・九糎×二一・九糎、「八月廿七日」）、

（九）根来寺中性院法印聖空折紙　（年月日未詳）　一通
江戸後期　折紙　楮紙（奉書紙）　二九・六糎×四六・二糎　一紙
（本文）根来寺小池権大僧都専誉／師根来寺中性院也、　法印聖空

（一〇）十八道加行先例　（年月日未詳）　一通
江戸後期　切紙　楮紙（美濃紙）　一五・六糎×二一・〇糎　一紙
（書出）寛文七年十二月廿一日／十八道加行開白、／行者伝灯大法師学乗、／延宝八庚申正月朔日入滅六十才、／法印禅誉
（書止）元禄十、三、六、十八道加行開白、／僧正法印寛順、行者摂津寂淵、／後宥栄、

（一一）元雅法眼勅許年紀書付　（年月日未詳）　一通
江戸後期　切紙　楮紙（美濃紙）　三二・六糎×三二・六糎　一紙
（本文）元雅無量寿院／享保八年卯六月八日／法服　勅許　十二歳

（一二）元雅法眼勅許参院礼物等覚　（年未詳）十月　一通
江戸中期　続紙　楮紙（美濃紙）　一六・五糎×四一・五糎　二紙
（書出）松橋元雅様御時之格、此御方ノ時之通ヲ以被成候也、／享保八年卯六月八日／直叙法眼　勅許、／同九日職事葉室様へ御礼、

（書止）職事／葉室様ヘ金弐百疋／同雑掌へ／鳥目五百文／熊紙五束／御両伝へハ御礼計御出、／右之通御座候也、

（一三）法眼某勅許参院御礼覚写　（年月日未詳）　一通

江戸中期　折紙　楮紙（美濃紙）　三〇・八糎×四五・七糎　一紙

（書出）享保八年四月八日／直叙法眼／勅許ニ付、葉室頭弁様御一通／到来、御返書・御控等御記録／一包之内ニ有之候也、

（書止）右、　勅許ニ付、御直参御礼／ニ而御進等ハ無御座候、

（一四）亮淳等僧略歴　（年月日未詳）　一通

江戸前期　折紙　楮紙（美濃紙）　三一・〇糎×四四・七糎　一紙

（書出）亮淳／権律師／権少僧都／権大僧都／法印／権僧正天正十一年後正月十日口宣有、四十六、／慶長七年十月四日入滅六十六、

（書止）親意／権律師　寛永十九九月十五日／廿八／権少僧都　慶安三四月廿一日／三十七／明暦三年十月十七日入滅四十五、

（一五）醍醐寺々僧直叙法眼勘例　（年月日未詳）　一通

江戸中期　切紙　楮紙（奉書紙）　一七・二糎×四八・二糎　一紙

（書出）直叙法眼勘例／憲応報恩院／文禄四年十二月廿二日叙十三才、／観助理性院／慶長十六年四月廿一日叙十□□、

（書止）実雅報恩院／享保八年四月八日叙十□才、

（備考）奥に「享保十八年小春六日、里より勘例書可遣申来、／即七日書付等遣□定候、喜多院法眼仍願也」、（一五）・（一六）一括、一括包紙（奉書紙、二九・〇糎×二〇・四糎、ウハ書「南都喜多院様直叙法眼御願付ニ、御里より／勘例書其後無之付ニ、此通御認候而、可遣候、／御ヒカへ也、享保十八□六日」）、

（一六）喜多院某伝授覚　享保十八年　一通

江戸中期　切紙　楮紙（美濃紙）　一五・五糎×三三・二糎　一紙

（書出）卯六月十八日昼後、於師主御住所、水本／権僧正成深、予淳覚両人、教授作法／御伝受、

（書止）今ハ行者の右ノ方ヨリ四墨、一青、三赤（梵字）、二黄、／又赤ハ青マクトナリ、／中々其種子ハ観（梵字）―――――／台ノ（梵字）也、

（一七）報恩院淳心叙法眼御礼参内覚　（年月日未詳）　一通

江戸後期　折紙　間似合　三一・八糎×四五・〇糎　一紙

（本文）法眼御禮参／内之事／醍醐報恩院法眼淳心

（備考）折紙下半に「法眼御禮／参内之事」、包紙（美濃紙、二七・八糎×四〇・四糎、ウハ書「寺家入之節、四五日程／前、広ニ使者ニ而山務江遣ス／古例也、留メ」）、

（一八）金・胎別行日数覚　一通

江戸前期　折紙　漉返紙　三五・一糎×五〇・三糎　一紙

（首題）別行日数之事

（文首）一礼拝加行　一百日／自七十五日伝授十八道次第／一十八道初行一七日、開白結願用表白、

（文尾）自七十五日護摩次第伝誦「授」之、／一護摩初行七日、開結表白／一護摩正行百日表白用之、／以上七百日余結願畢、
（備考）見返奥に「幢之箱」、

（一九）弘法大師逆修日記抄等
（備考）1・2一括、包紙（美濃紙、二七・七糎×四〇・一糎、ウハ書「文化十二年正月十日／広橋左少弁殿江御持参、御披露／御頼被仰入、御参／内中ニ付、雑掌浜崎雅楽権助／御預リ申候」）、

1　弘法大師逆修日記抄　一冊
江戸中期　横帳（折紙）　楮紙（美濃紙）　墨点（返点・送仮名）　三一・八糎×三四・〇糎　二一紙
（首題）弘法大師逆修日記事
（文首）初七日正月十六日、秦皇王本地／不動種子（梵字）、不動経云、欲見／諸仏土、明王忽出現、頂戴、／於行者、能令得見之、
（文尾）三十三年十二月十三日、虚空蔵／種子（梵字）、礼三十五仏名経云、唱／虚空蔵名者、四重五逆之罪、／悉消滅、三業之過、皆除滅矣、

2　勝覚授賢覚附法状不審等　一通
南北朝時代　竪紙　前欠・後欠　漉返紙　二六・一糎×三七・六糎　一紙
（備考）①・②書継、

①勝覚授賢覚附法状不審
前欠
（文首）附法状歟、於傍流者、可有後代之／不審之間、故附法状歟、所謂祖師権僧正／勝覚、理性房之法眼賢覚仁放之附法状有之、
（文尾）其後為相続、嫡々存此義者也、／但門跡相承之上者、別ニ無附法状例／又有之歟、

②勝賢僧正附法状写（年月日未詳）
後欠
（端書）『勝賢僧正被授于成賢僧正附法状』／一　覚洞院附法状
（書出）右尊法、寺代々自鈔其旨、如記文誠宗々／秘法多所被注也、
（文尾）爰勝賢／雖不肖之身、偏為思跡棄之、如眼精、然／間先年不慮之外、本寺乱雑刻、世間出世

（二〇）某方結縁灌頂職衆書上案等
（備考）1・2一括、包紙（美濃紙、三一・七糎×四八・五糎）、

1　某方結縁灌頂職衆書上案（年月日未詳）　一通
江戸前期　折紙　前欠　漉返紙　紙背あり　三一・九糎×四九・八糎　一紙
（文首）無量寿院法印堯演／密教院法印俊典嘆徳、／勧修寺西林院法印慶順尊号、／慈心院法印俊長乞戒、／金剛王院権大僧都実融尊号、
（書止）弥勒院演真大法師／十弟子四人■■■也、／承仕二人／花籠役堂衆五人シテ役ヲ随也、／鈍色小袈裟

(紙背) 結縁灌頂神供書上案 (慶長九年八月十日) 一通
竪紙 後欠
(本文) 醍醐寺/結縁灌頂金剛界、慶長九年八月十日/多聞天/持国天/
伊勢太神宮/石清水/賀茂/松尾/平野/稲荷/春日/大原野

2 結縁灌頂作法覚 一帖
江戸前期 綴葉装 楮紙(美濃紙) 朱(註記) 二三・六糎×一八・〇糎 二十
四丁
(文首) 八日対顔先大師、次初瀬、/九日 印可加行〔加行〕表白、結後天晴、/先
着座諸衆一揖伽座○〔塗香・護摩等〕結後、/印可ハ十三日・十四日両日ニ有べし、
(文尾) 二生罪ヲ、/次成菩提心 三反、

(二一一) 弘法大師九百五十年忌着座公卿交名
(天明三年五月) 一通
江戸後期 折紙 楮紙(奉書紙) 三三・〇糎×四五・〇糎 一紙
(書出) 高祖大師九百五十遠忌/公卿交名/着座公卿/正親町大納言公
明卿/鷲尾中納言隆建卿/日野左衛門督資矩卿
(書止) 執蓋/極﨟北大路大学助大江俊冬/奉行/油小路頭中将隆彭《ミチ》/
天明三年春〔五月〕写之、
(備考) 墨傍訓、

(二一二) 憲深僧正五百五十年忌曼荼羅供請僧交名
(年月日未詳) 一通
江戸後期 折紙 楮紙(奉書紙) 三五・八糎×四八・二糎 一紙
(書出) 導師/地蔵院僧正定隆/職衆/慈心院僧正俊賢/普賢院僧正澄
意/安養院僧正蔵海
(書止) 右、元祖憲深僧正五百五十/年正忌曼荼羅供請僧交名/法主僧正
淳覚/同法眼淳禅識之、

(二一三) 憲深僧正五百五十年忌曼荼羅供請僧交名写
(年月日未詳) 一通
江戸後期 折紙 楮紙(奉書紙) 三五・八糎×四八・二糎 一紙
(書出) 導師/地蔵院僧正定隆/職衆/唄慈心院僧正俊賢/呪願普賢院
僧正澄意/安養院僧正蔵海
(書止) 右、元祖憲深僧正五百五十年/正忌曼荼羅供請僧交名/法主正嫡
僧正淳覚/同院務法眼淳禅識之、

(二一四) 弘法大師九百五十年忌舞楽曼荼羅供職衆交名
(天明三年) 一通
江戸後期 折紙 楮紙(奉書紙) 三六・四糎×四九・七糎 一紙
(書出) 高祖九百五十遠忌/勅会舞楽曼荼羅供職交名/僧正敬宝東寺観音智院唄、呪願、左、
年四十三、戒三十四、
(書止) 宰相権律師顕淳下醍醐寺岳西院合鉢、堂達、左、年十五、戒六、/少納言権律師慈観高雄山迎接院磬、右、年十六、戒三、
/以上讃衆

(二一五) 後夜御影供職衆交名 (天明三年) 一通

江戸後期　折紙　楮紙（奉書紙）　三六・三糎×五〇・〇糎　一紙
（書出）後夜御影供職衆交名／僧正敬宝東寺観智院合殺、年四十三、戒三十四、／僧正寛淳大覚寺聖無動院年三十一、戒二十三、
（書止）中将大法師尊観石山寺宝塔院年十五、戒三、／民部卿大法師成證仁和寺心蓮院年十三、戒二、

（二一六）　某法会従儀師等作法覚　　一通
江戸後期　折紙　楮紙（奉書紙）　三三・二糎×四五・二糎　一紙
（本文）衆僧起集会座／従儀師参進申案内、下略／右／会奉行参進申案内
云々、／引従僧列／威儀師・従儀師為引頭、／従僧二行相分／
右／従儀師為引頭従僧行／上﨟前、莚道外、

（二一七）　隆源追善曼荼羅供私記案　　一通
江戸中期　竪紙　楮紙（奉書紙）　三三・四糎×四七・〇糎　一紙
（首題）曼荼羅供私記
（文首）永享九年三月廿九日、為祖師／前大僧正隆―源十三廻之追善／於釈
迦院道場被行、
（文尾）施主／報恩院権大僧都隆済／職衆十口

（二一八）　醍醐寺山上伽藍書上　（年月日未詳）　　一通
江戸前期　折紙　漉返紙　二九・四糎×四三・一糎　一紙
（本文）延命院／念覚院安置延喜御本尊、／五大堂／観音堂安置千手、／遍照院／中院安置五大尊、／大宮御堂／持明院／円光院同西御堂、／御影堂尊師、／已上山
上

（二一九）　弘法大師七百年忌職衆交名写　天文三年　　一通
室町後期　折紙　漉返紙　二六・六糎×四三・〇糎　一紙
（書出）天文三年七百年遠忌／職衆三十四口交名事／宝光院前大僧宗
永／中院権僧正／報恩院権僧正源雅
（書止）宝菩提院法印亮恵／無量寿院大僧都尭雅／行樹院権大僧都深
応／金勝院大僧都真淳／以下略之、

（二二〇）　某方印可加行運事書上　　一通
江戸中期　折紙　楮紙打紙　三三・六糎×三四・二糎　一紙
（首題）印可加行運時之事
（文首）従八日初夜開白至十一日／初夜三時如常、
（文尾）十四日　初夜初夜、／十五日　後夜後夜、日中、
（奥書）右、如件、／正徳二年三月八日

（二二一）　御本尊渡役者賜禄注文等　　一通
江戸中期　折紙　楮紙（奉書紙）　三三・〇糎×四五・五糎　一紙
（備考）①・②同一折紙上下に書かれる、
①御本尊渡役者賜禄注文　（年月日未詳）
（本文）御本尊渡　禄　酒肴／被物一重　御蔵小舎人　白布一段、代二百文、／白布各一
段　衛司二人　雑布各一段、二百文、／二百文酒肴料　二百文、
②御撫物注文　（年月日未詳）

（本文）御撫物／御小鏡　壹／文亀三年正月十三日／自御祈奉行（甘露寺弁、）
方／被渡之、自身太元ノ／壇所（江）持来、公運律師／請取之云々、

（三二）　円明院代々惣位牌裏書写　（年月日未詳）　一通
江戸中期　折紙　楮紙（美濃紙）　二六・〇糎×四一・四糎　一紙
（書出）円明院元祖（出口阿闍梨山務）深勝／上人重源
（書止）律僧成給也、／悉曇也、殊勝人也、／祐誉・重誉僧都先住寺也、

（三三）　醍醐寺参勤之輩交名　（年月日未詳）　一通
江戸後期　折紙　楮紙（奉書紙）　三一・六糎×四四・五糎　一紙
（書出）醍醐寺参勤之輩／（上）正四位下（狛）越後守近周宿祢
（書止）東儀　右兵衛少尉文行／（林）正六位下　豊前守太秦広範

（三四）　豊山所化交名　（年月日未詳）　一通
江戸後期　折紙　楮紙（奉書紙）　三一・九糎×四五・二糎　一紙
（書出）豊山所化交名／（江州惣持寺住）土佐　俊元／（今般、不参、）小池坊鑑事、武蔵
諦忍
（書止）武州　徹山／土佐　洪音／土佐　圭淳／以上十三人、

（三五）　後夜御影供次第　一通
江戸後期　折紙　楮紙（美濃紙）　二八・三糎×四〇・五糎　一紙
（首題）後夜御影供次第
（文首）寅剋　集会鐘／着座　発乱声／発音取／発楽　万歳楽
（文尾）発楽　陪臚／下礼盤／発楽　慶徳／退出
（奥書）高祖九百五十年三月二十日大万供／習廿一日御影供悉出座、／東
寺内会奉行全院（并）／年預（并）／従弟子共出席也、／為覚語写之、淳
覚

（三六）　曼荼羅供誦経導師先例　一通
江戸中期　切紙　楮紙（美濃紙）　三三・〇糎×三三・〇糎　一紙
（文首）一康正三年四月廿九日／等持院贈左相府百年忌／大阿准三宮義
賢
（文尾）一文禄三年七月二十二日東寺塔供養／（誦経導師）理性院大僧正堯助

（三七）　五八代記抜書　（年月日未詳）　一冊
江戸前期　袋綴装　楮紙（美濃紙）　二四・四糎×一七・一糎　二紙
（本文）五八代記云、（義－演）永正十年七月九日、於行樹院自澄恵深応（江）／灌頂
授、十弟子上総観浄房祐増（私加也、）／讃岐照禅房公秀（已下私加、）
（備考）第二紙目裏に「論所一件」、

（三八）　醍醐山上山下諸法会布施物覚
享保十六（辛亥）年九月十六日　一通
江戸中期　続紙　三椏紙　一六・〇糎×八三・八糎　三紙
（書出）凡法者紹隆ヲ本懐トス、其興／隆者、如法ヲ是トス、
（書止）右之一紙者、治定之上院家中（江）／遺之者也、
（差出）山務権僧正賢継／一﨟法印（〻〻権僧正）真円／年預

（三九）　後七日御修法請僧交名裏書写　（年月日未詳）　一通
江戸前期　竪紙　楮紙（美濃紙）　二六・五糎×四三・八糎　一紙
（書出）裏書云、／孟春初八午一点参　禁裏、行粧如形也、仁和／威従・
東寺々官准御斎会之供奉這回／催之也、
（書止）十四日早旦結願、　御衣奉返渡○蔵人冬仲（源）／冬仲（道具）被検納、執行栄
信綷々如例矣、

（四〇）　聖天供日記　一冊
江戸中期　横帳　楮紙（美濃紙）　一五・三糎×四三・四糎　四紙
（首題）天供日記
（文首）一白米三斗宣旨升定、／此内七升団之粉ニ用之、／残仏供米、仏供
ハ開白ニハ／壹升二合、
（文尾）一けいしん　同、一こせう壹両、／一くるミ　百、一さたう　二
斤、／一しやうか　五合、一かや　少、／以上、

（四一）　享保七年山水屏風書写覚　（年月日未詳）　一通
江戸後期　切紙　楮紙（美濃紙）　三三・七糎×二四・四糎　一紙
（書出）十二天者、信海律師筆祖師伝云、実深僧正唐土海船之／便○（丹青等）徼之、
被用彩具云々、
（書止）山水者、以上古相承之図様、名画工康房令筆写云云、十二天山水／
共以貴重之什物也、○
（備考）文中に「享保七年壬寅七月吉旦前法務大僧正有雅八十九」、包紙（美
濃紙、二九・二糎×四〇・三糎、ウハ書「御法流御許容大蔵」）、

（四二）　施食偈写　一通
江戸後期　折紙　楮紙（奉書紙）　三三・〇糎×四五・五糎　一紙
（首題）施食之偈
（文首）上献三宝　中報四恩／下及三途　悉皆飽満
（文尾）賀利帝母真言／ヲムドヾマリキヤキテイソワカ
（備考）見返奥に「此施食之偈并呪等茂、得度後十一月、門主江授申也」、

（四三）　請白偈写　一通
江戸後期　折紙　楮紙（高檀紙）　三四・〇糎×四八・〇糎　一紙
（首題）請白偈
（文首）諸仏慈悲有情者／唯願存念於我等／我今請白諸賢聖
（文尾）不捨悲願悉降臨／我受此地求成就／為作證明加護我

（四四）　舎利講式　一通
江戸後期　折紙　楮紙（奉書紙）　墨点（返点・送仮名）　三九・六糎×五三・三
糎　一紙
（首題）舎利講式密
（文首）敬白迷於為法界三昧主、奉／帰大寂牟尼金剛體而言、
（文尾）持法主、滅罪生善、廻向二ヶ所、廻施法界、廻向天上菩提、／以
下礼盤、一礼
（奥書）右、法印運助記ヲ以写之、納置者也、／嘉永二年己酉□（十カ）月　僧正淳
心／識

（四五）　月次日々三十仏書上　　　　　　　　　　一通
江戸前期　折紙　楮紙（美濃紙）　二七・一糎×三五・〇糎　一紙
（文首）朔日（梵字）定光仏／二日（梵字）燈明仏／三日（梵字）多宝仏
（文尾）廿八日（梵字）大日如来／廿九日（梵字）薬上菩薩／晦日（梵字）
　釈迦如来
（備考）見返奥に「三十仏」、

（四六）　醍醐寺雑掌白銀送状等写（年未詳）亥五月　　一通
江戸後期　切紙　前欠　楮紙（美濃紙）　一六・六糎×四〇・二糎　一紙
（文首）亥五月　勘定所○／一同　拾枚／有御―――
（書止）金剛峯寺金堂再建勧進帳序／蓋《ケタシ》聞仏陀の生菩提を利するに、
（備考）墨傍訓、

（四七）　五鈷杵由緒書様（年月日未詳）　　　　　一通
江戸後期　竪紙　楮紙（美濃紙）　三・一糎×四七・五糎　一紙
（書出）五鈷杵此駄都封納之、／右、尊師所持之霊具而三密／観心之元鑑、
　五智法車之轄轄也、
（書止）末代感応之掲焉、敢勿懐／於疑網矣、／年号月日
（備考）包紙（美濃紙、四〇・八糎×二七・三糎、ウハ書「執行」「『シ』」）、

（四八）　観典任権僧正款状（年月日未詳）　　　　一通
江戸中期　折紙　楮紙（奉書紙）　三・六糎×四六・二糎　一紙
（書出）口上之覚／一五智院法印権大僧都観典歳五十八、／権僧正望申候、
（書止）尤／東寺醍醐之学侶勝劣無之／候間、超越無之様ニ奉願候事、

（四九）　武州大智寺乗雄本山参仕願写
　　　　　　　　　　宝暦五乙亥年／十月十日　一通
江戸中期　折紙　楮紙（美濃紙）　三・〇糎×四三・〇糎　一紙
（書出）武州入間郡勝呂郷／龍護山実證院　大智寺／往古坊号　原之坊
　ト申候、
（書止）大智寺什宝附与被成下／并初重御印信・前行表白等悉／御自毫被
　成下、則今般持参仕候、／右、大蒄如斯御座候、
（差出）武州勝呂大智寺現住乗雄

（五〇）　平井兵部卿訴状留（年月日未詳）　　　　一通
江戸後期　続紙　楮紙（美濃紙）　一五・九糎×一三・五糎　四紙
（書出）留／一延宝四辰年十月二日、年預渡／修禅院執行平井兵部卿登
　山／之上ニ而、堂衆願申候、
（書止）其上閼伽井此方支配所ニ候／得者、於境紛敷異論無事／之存候事、

（五一）　当月朝座人数控（年月日未詳）　　　　　一通
江戸後期　折紙　漉返紙　三・一糎×五〇・六糎　一紙
（書出）当月京衆・南都衆・天王寺衆、以上合四四十四人朝座、〔衍カ〕／一番しうゐのらんしやう
（書止）又たちならひふたいの番ニ立た／う也、御くはんきよのかくけん
　しやう／らく歟、
（備考）見返奥に「但馬守進仕候」、

（五二）　某書状草　（年月日未詳）　一通

江戸後期　続紙　楮紙（美濃紙）　一六・六糎×一七三・八糎　四紙

（書出）当春後七日御祈ニ付、旧冬催之／趣意及言上候、／抑某去秋九月所労発病ニ付、其節／本願五百之御国忌ニ茂不参及候、

（書止）承候通ニ、更被仰出候様奉頼候、／然然者、

（五三）　年預隆厳口上覚　（年月日未詳）　一通

江戸後期　続紙　三椏紙　一五・八糎×九九・五糎　二紙

（端裏）用意案紙到来也、　年預隆厳

（書出）口上覚／一故摂津後住志摩／得度已後、四度行法／伝授之儀、報恩院僧正江／相願候旨承之候、

（書止）右之御書付之表ニ相違仕／候様ニ奉存候ニ付、難捨置／御窺申上候、右之段、宜／御沙汰奉頼入候、以上、

（五四）　法界寺由緒書草　（年月日未詳）　一通

江戸後期　切紙　楮紙（美濃紙）　一八・八糎×四八・〇糎　一紙

（書出）醍醐寺領境内／法界寺之事／縁起壇主日野家由緒勿論也、

（書止）素舜墓外有範墓建、親鸞因縁ハ進発ス訣フ／旨ヲ唱只名理耳、聞而已■事実更不聞、

（備考）墨（送仮名・傍訓・註記）、

（五五）　久遠寺等名所打聞抄　（年月日未詳）　一通

江戸前期　竪紙　楮紙（美濃紙）　二四・一糎×四〇・八糎　一紙

（書出）久遠寺法花寺鳴藤左之、しおや　梅か崎堺ノ松ニ有、

（書止）おもひやれしはしはおもふ旅たにも猶ふる郷ハ恋しき物を

（五六）　先師墓参次第　一通

安土桃山時代　竪紙　楮紙打紙　墨点（送仮名）　三〇・〇糎×四三・五糎　一紙

（文首）七月十四日御墓参、／先師御前ニテ錫杖・理三昧・宝篋印タラ尼七反、／阿弥陀大呪七反・光明真言廿一反、

（文尾）同十五日ニ／盂蘭盆講導師表白アリ、／次アミタ如昨日、

（奥書）右、文倖法印記也、一見之次写之、

（備考）虫損甚し、

（五七）　本国寺塔婆打聞抄　一通

江戸前期　竪紙　楮紙（奉書紙）　三一・〇糎×四四・九糎　一紙

（文首）本国寺塔婆已落時、初／度初五也、盾緇林之威儀／酔中呈一絶云、

（文尾）慈恩請／浄地蓮宗末流及今栄、／昌三机

（五八）　道行房置文土代　（年月日未詳）　一通

江戸後期　竪紙　楮紙（美濃紙）　紙背あり　二四・八糎×三三・九糎　一紙

（端裏）道行房より之下書

（書出）為後證一礼之事／一本堂御再建入用銀為御引手当、去ル文化九申年より／札数四拾枚之、定ニ而満講迄四拾会、

（書止）直ニ其元本堂為蔵元、右之米、年々御引取／故、御修理講帳合之

御勘定取計可尋申候、
(備考) 墨抹多し、紙背に「『第十八号』／神泉　祈当　孔雀経　読経事、
奥書無之、／料紙裏消息在、嘉元記年」、

(五九) 練緯・袙等装束打聞　(年月日未詳)　一通
江戸中期　竪紙　楮紙(美濃紙)　二六・三糎×四三・九糎　一紙
(本文) 練緯・袙・奴袴一切停止之、廂五箇間／幘鳥装束

(六〇) 薬師中呪抜書　一通
江戸中期　竪折紙　楮紙(美濃紙)　墨点(句切点)　三〇・六糎×三三・六糎　一紙
(本文) 薬師中呪／(梵字) バセイ、、、バセイ、、、／バセイシヤサン
ボリギヤ／テイソハカ／(梵字)／(梵字)

(六一) 太山府君祭聞書　(年月日未詳)　一通
江戸中期　切紙　楮紙(美濃紙)　一七・七糎×一三・五糎　一紙
(書出) 太山府君被事《祭》／花除人天業苦忍辱、有徳／人以五常備身《成執》故年々
(書止) 仏性開華因果顕□／顕然同現也、
(備考) 別筆「□衲」(天地逆)、奥に朱印の痕、

(六二) 某献立　(年月日未詳)　一通
江戸中期　続紙　楮紙(美濃紙)　三三・九糎×一四八・三糎　六紙
(書出) 五日□□□□献立／千代具《黒》さゝけ　御□茶／香物
(書止) 六日昼／提重／赤□／煮メ／しかし
(備考) 全紙糊離れ、

一三七　道三薬治類聚　一冊
室町後期　袋綴装　楮紙打紙　朱点(句切点)、墨点(返点・送仮名・傍訓)　朱(圏点)　十行・十字　一七・二糎×二四・三糎　十紙
(文首) 一椒目主肺気上喘咳嗽、／一蛇床下気
(文尾) 蟬《センセイ》爪足ヲ去、ハシモ去、胴計ノカラヲ焙、
(文中識語) 永禄九丙寅年九月初旬／雖知苦斉、道三／於雲州嶋根陣類集之、

一三八　故事雑聚　一冊
江戸後期　袋綴装　楮紙打紙　十行・十八字　三〇・三糎×二一・九糎　四十二紙
(文首) 当門血脈第廿九世菩提寺前大僧正賢俊貞和観応之時乎、
(文尾) 一説月やく六月七月いむ、八日、十六日、廿六日／この日ともにしへゆくへからす、
(備考) 丁付、

一三九　官位先例　一冊
江戸後期　袋綴装　楮紙(美濃紙)　十行・十八字　二四・〇糎×一六・八糎　四紙
(文首) 勲二等、勲官也、凡ソ有十二転、按スルニ官位令ヲ勲／一等ハ相

当正三位、勲二等ハ従三位

（文尾）大納言令ニハ四人、相当正従三位、今従二位、今ハ六人、唐名亜相、献納、亜槐、

一四〇　八祖讃　　一通

江戸中期　続紙　楮紙（美濃紙）　墨点（返点・送仮名・傍訓）　二六・五糎×一七二・五糎　四紙

（文首）龍猛菩薩誕迹南天、被化五印、作千部論、摧邪／顕正、

（文尾）卜居於高野之樹下、遊神於都卒之雲上、／不闕曰候、影向検知処々遺跡、

（備考）包紙（奉書紙、四四・五糎×三〇・七糎、ウハ書「八祖ノ讃先師朝隆之筆」）、包紙紙背に某書状書止シ二通（同一折紙上下に書かれる）、糊離れ、

一四一　八祖讃　　一巻

江戸前期　巻子装　楮紙打紙　紙背あり　朱点（返点・送仮名・傍訓・合符）、墨点（声点）　朱（註記・頭点・合点）、墨（註記）　二六・九糎×三九・五糎　十二紙

（首題）八祖讃

（文首）龍猛菩薩讃／龍猛菩薩者、誕迹南天、被化五印、

（文尾）貫《通イ》三恩賞　月俸是詠／于今門葉　寔以煽哉、

〔紙背〕不動・降三世等修法次第　　一巻

巻子装　前欠・後欠　墨界（界高三・一糎、界幅二・五糎）　墨点（傍訓・合符）　墨（註記）

（文首）唵嚩日羅二合矩尸、阿引、羯呼重茶微羯茶婆／縛二合、加召請句、四摂印明如常、

（文尾）閼伽一前并鈴杵灑水塗香等如常置之、／壇中央置賢瓶其瓶入五宝、

一四二　八祖讃　　一巻

江戸中期　巻子装　泥間似合　二四・八糎×二六・七糎　八紙

（外題）八祖之讃

（文首）龍猛菩薩御影讃、／龍猛菩薩誕迹南天、被化五印、

（文尾）卜居於高野／之樹下、遊神於都率之霊上、不闕／日々影向、検知処々遺跡、

（備考）第一紙右下に「行樹院」、表紙の前に美濃紙（三四・六糎×一六・四糎）を貼継、

一四三　尊師讃　　七通

（備考）（一）〜（六）一括、

（一）　尊師讃　　一通

江戸中期　竪紙　漉返紙　墨点（返点・送仮名・傍訓・合符）　三・二糎×四六・二糎　一紙

（備考）①〜③書継、

①尊師讃

（首題）尊師賛

（文首）我師在世　居諸幾廻／廣作仏事　高称賢才
（文尾）于今門葉　寔以煽哉、
②覚鑁上人讃
（首題）覚鑁上人賛
（本文）帰命金剛秘密仏／霊地令法久往者／世出世間利群生／引導結縁
及法界
③意教上人讃
（首題）意教上人賛
（本文）興慈院上人／遍智院附法／松橋之梁棟／理師如影形／終焉七十
□

（二）　阿字讃　一通
江戸前期　竪紙（モト続紙）　後欠　楮紙（美濃紙）　二九・〇糎×四三・〇糎　一紙
（首題）阿字讃文
（文首）文曰、此観者、万行之尊主、諸處之帝王、／出凡之正門入仏道、
（文尾）菩提心論云、我今志求阿耨／菩提不求餘果云々、文曰、能求心者
辟

（三）　尊師讃　一通
江戸前期　続紙　楮紙（奉書紙）　墨点（返点・送仮名・合符）　二五・二糎×四・二糎　二紙
（端裏）尊師之讃　円明院
（文首）醍醐寺根本尊師者、俗／姓王氏左京人也、
（文尾）延喜九年七月六日／遷化春秋七十有八、于今門葉、寔以煽哉、
（奥書）慶安三年□月十八日、聖宝僧正影像之賛染○毫（禿）、／同令開眼供養
畢、／東寺貫長醍醐末羽前大僧正寛済書
（備考）糊離れ、

（四）　弘法大師讃等
江戸前期　竪紙　楮紙（美濃紙）
（備考）1・2一括、包紙（美濃紙、三三・四糎×三三・六糎、ウハ書「大師尊師
讃并略頌　[redacted]」）、

1　弘法大師讃　一通
二七・二糎×三九・二糎　一紙
（端裏）大師讃
（首題）弘法大師讃
（文首）誕生光仁宝亀五　讃州多度佐伯氏
（文尾）贈大師号観賢表　醍醐延喜二十一
（奥書）元和八年八月五日、於釈迦院写之畢、／円明院初学沙門寛仙

2　弘法大師略頌　一通
二五・二糎×三三・五糎　一紙

（端裏）弘法大師略頌　円明院
（首題）弘法大師讃
（文首）誕生光仁宝亀五　讃州多度佐伯氏
（文尾）贈大師号観賢表　醍醐延喜二十一
（奥書）元九八五

（五）尊師略頌　一通
安土桃山時代　竪紙　楮紙（檀紙）　墨（註記）　三五・五糎×五一・三糎　一紙
（端裏）略頌尊師
（首題）尊師略頌
（文首）誕生□□〔淳和〕天長九、俗姓王氏仁明天皇左京人、／出家得脱年十六、承和十六
師真雅、
（文尾）年七十五、同皇帝　醍醐御願、延喜七／同九入滅、七十八
（備考）虫損甚し、

（六）国花合記集抄　一通
江戸前期　竪紙　楮紙（美濃紙）　朱点（句切点）、墨点（返点・送仮名・傍訓）朱（合点）、墨（註記）　三三・二糎×五一・六糎　一紙
（端書）一丁不勾、二示不小、三王不直、四罪不罪、五吾不口、六交不メ、七皀不白、八分不刀、九丸不点、十針不金、博聞録ニアリ、
（首題）国花合記集　貞元進士大原華艶答撰、
（文首）乾　月都嗜又兎訖、霜質麼、霧訖利、岸耆質、空沙羅、雨下未、水明動、

（文尾）牛挿八朱、韻会ニアリ、人居草木間茶、横目四也、己酉配也、百姓眼眠也、
（備考）（一）・（二）一括、

一四四　八大師影像銘等　二冊
江戸中期　袋綴装　楮紙（美濃紙）　紙背あり

（一）八大師影像銘　一冊
墨点（送仮名・傍訓・合符）朱（註記）、墨（註記）　八行前後・二十字前後　三〇・一糎×二三・八糎　十四紙
（外題）八大師影像銘覚洞院報恩院二通
（表紙）「寛済之」（右下）
「『二帖之内』」（右）
（首題）上醍醐寺持宝王院八大師銘
八大師銘報恩院八祖如此有之、
（文首）龍猛／龍猛菩薩誕迹南天、化被五印、造千部論、
（文尾）通三恩賞　月俸是談／于今門葉　寔以煽哉
（文中識語）右報恩院検校僧正御筆『○大師尊師』讃文如此也、
（奥書）右尊師銘、以隆源僧正御自筆書之了、
（備考）紙背に聖教書止シあり、

（二）八大師并尊師銘　一冊
墨点（傍訓）朱（註記・頭点・合点）　七行前後・二十字前後　二六・〇糎×三・〇糎　十二紙

(外題) 八大師并尊師銘
(表紙) 「寛済之」(右下)
「『二帖之内』」(右)
(首題) 八祖師銘略本
(文首) 龍猛菩薩者誕迹南天、化被五印、尋本遍、覆初生如来、
(文尾) 猶春／肉身不壊松櫝、対閉運歩徒、恩于嗟悲哉、／正和四年三月廿一日
(備考) 紙背に聖教書止シあり、

一四五　勧学文集　一冊
江戸前期　袋綴装　楮紙（杉原）　二六・〇糎×二〇・四糎　四紙
(首題) 勧学文
(文首) 真宗皇帝勧学／富家不用買良田　書中自有千鍾粟
(文尾) 燈火稍可親　簡編可巻舒　豈不且夕念／為爾惜居諸　思義有相奪　作勧躊躇詩
(奥書) 寛永十年六月二日　書之、
(備考) 現状綴放し、丁付（「一」～「四」）、

一四六　嘆徳表白集　一冊
江戸中期　袋綴装　楮紙（美濃紙）　原表紙本紙共紙　墨点（送仮名・傍訓）　墨（註記・博士点）　二六・〇糎×一九・八糎　十一紙
(外題) 嘆徳詞古章
(文首) 金剛乗仏子等異口同音而言、／夫結縁灌頂事業者、／方便究竟之妙道也、
(文尾) 摘法林之花実　誠是僧宝璵璠　可称宗門関轄／今以諸師度礼奉譲八祖高察
(奥書) 安永三午年十月、内山上乗院権僧正亮運伝授、住山持来自筆写之抜給之、／元雅記之、
(備考) 康永三年十二月廿八日東寺結縁灌頂嘆徳表白・至徳二年三月四日東寺金蓮院嘆徳表白・勧修寺門主嘆徳表白を含む、包紙（美濃紙、三・七糎×二七・七糎）、包紙紙背に「文徴明書与枝山祝書之間、／仇実父所図画有之、今般／早卒之間、不得写之、／清浄蔵識之」、

一四七　続門葉集序　一冊
江戸後期　袋綴装　楮紙打紙　紙背あり　朱点（返点・合符・句切点）、墨点（返点・送仮名・傍訓・合符）　墨（註記）　八行・十四字前後　二六・三糎×二〇・五糎　五紙
(外題) 続門葉集序
(首題) 続門葉集序
(文首) 夫二儀之初、清濁漸分、三才以来謌／什盛起、所以者何有人倫、必有心情、
(文尾) 不為灑清瀧恩波之媒乎、／嘉元三年玄冬臘月記之耳、
(備考) 文首に方形黒印、紙背に本文書止シあり、挿入紙、

一四八　上林賦写　一通
江戸後期　続紙　斐紙（雁皮紙）　二六・七糎×九六・四糎　四紙

（首題）上林賦
（文首）亡是公听然而笑曰、楚則失矣、而斉亦未為得／也、
（文尾）於是二子愀然改容／曰、鄙人固陋不知忌諱、乃今日見教謹受命
矣、／嘉請戊辰冬十一月　長州文徴明書（方形黒印影二種）、
（備考）第一紙右端下に円形黒印影、包紙（杉原、三・九糎×二七・二糎、ウハ
書「上林賦　宝幢院」）、糊離れ、

一四九　賦何路連歌　一通
室町後期　続紙（折紙）　中欠・後欠　楮紙（杉原）　紙背あり　三四・一糎×
二六四・四糎　六紙
（文首）永正十貳年六月十三日／賦何路連歌／涼しさのこもるや／たか
きふちの嶺　貞勝
（文尾）□□十二　天海三／能遵六　康慶三／大秀九／江左十五／白甫
八／宗仙十／一舟七／兼理九／□□十
（紙背）結縁灌頂次第　一通
続紙（折紙）　前欠　墨点（返点・送仮名）　墨（博士点）　三四・一糎×二四九・
二糎　五紙
（文首）『丁』昆明三千非其喩／是併／『甲』光仁之芳誉也、『乙』尊霊之
余薫也、／『丙』不可不報、『丁』不可不謝、
（文尾）十弟子／正覚院越後　宝泉院日向／承仕慶法　慶宗／大阿闍梨増
長院法印尭清
（奥書）醍醐五智院権僧正宗典賜御本、為令法久住／利益人天、殊為鈍情
転変頓成利根書之、／永正十三丙子年九月廿四日翼宿火曜壬寅日／
清瀧末資長典生四十二、法廿四、

一五〇　書札書様等　十六通・三冊
（備考）（一）～（一九）一括、

（一）　書札書様　一冊
安土桃山時代　袋綴装　楮紙（檀紙）　紙背あり　八行前後・八字前後
一五・八糎×三三・〇糎　十二紙
（文首）啓白事無拠辞／貴命、先以令草進了、
（文尾）いつれも／頓而々ふと／下山万々可得御意候／條、不克詳候、
恐々謹言、
（備考）紙背に某書状断簡あり、

（二）　祖師讃集　一冊
江戸前期　袋綴装　楮紙（奉書紙）　紙背あり　朱点（傍訓）　朱（註記）
十一行・八字　一六・五糎×二四・二糎　十三紙
（文首）『弘法大師影像讃』末代吾弟子等翫此／教望、三世悉地者空／海到
日々、
（文尾）伝業所職遂為／七大寺之検校、門跡／長留五師子之如意、／延喜
九年七月六日／入滅、春秋七十八、
（備考）「弘法大師影像讃」「根本尊師影像讃」を含む、紙背に尊済書状断
簡等あり、

（三）　吉野山詠草　　一通
江戸中期　切紙　楮紙（美濃紙）　一七・二糎×三一・〇糎　一紙
（文首）吉野山江花見に／まかりたる時、
（文尾）夜寒こふ　外山の嵐／ふくるまて　衣打なり／秋篠の里

（四）　真浄尺牘写　　一通
江戸前期　竪紙　楮紙（奉書紙）　三一・〇糎×四五・〇糎　一紙
（文首）真浄和南謹言、真浄久侍　階下沐　恩両／滋辱誇　恩雨滋恣頑愚
言行仁哉、
（文尾）数月塵　階傾竹管／已誇　造両更忘還／散謾言行祈　恩赦／尚
闢　仁門放白鷴、

（五）　素心詠草　　一通
江戸前期　切紙　楮紙（奉書紙）　三一・五糎×一七・五糎　一紙
（文首）遠到春山樵路斜長明石上有桜花
（文尾）かせに山路越うむる紅葉ハ　同、

（六）　龍嶽禅師華偈草　　一通
江戸後期　切紙　楮紙（美濃紙）　一八・五糎×五四・〇糎　一紙
（文首）謹奉和／龍嶽禅師華偈之厳韻二首、／嚎之、／其一／法燈挑得示
誇功、
（文尾）楮尾叨綴蕪語一絶敢塵／電矚伏冀／慈手作風、／北邑三静修艸稿

（七）　漢詩評繹　　一通
江戸前期　折紙　楮紙（美濃紙）　墨点（返点・送仮名・傍訓・合符）
三一・八糎×四一・三糎　一紙
（首題）宮怨　無姓氏
（文首）花晨月夕玉堦前／猶在椒房看未縁／金鎖合時星漸見／靚粧空背
暁燈眠／一二ノ句、此ハ宮女ノ君王寵幸アツカラヌヲ怨タル／ヲ
云詩也、
（文尾）サテ我心ノヨソホヒ誰／ニ恥べキ所モナク用意ハアレドモ、□□
不遇／ノ身ナレバ、ソレモ空ナリハテ、、世間ニ背テヲル／シヤ
マテト云意也、

（八）　連句詩稿　　一冊
江戸中期　横帳（折紙）　楮紙（美濃紙）　朱（註記）　一五・八糎×四四・〇糎　三
紙
（文首）観蓮／小艇『浮来』尋蓮繞槳聲／湖非流『無風池』水自『碧』波平
（文尾）却愁明『朝欲問』日楓林色／只満階前再為悲『一片幽情清絶思』
（備考）末尾に「右歟正　中渓」、第三紙奥に「右、不遠可申出候也」、現状
綴放し、

（九）　相思樹語釈義　　一通
江戸前期　竪紙　楮紙（美濃紙）　二七・八糎×三八・〇糎　一紙
（文首）相思樹／捜神記、韓馮妻康王奪之、馮自殺、妻欲以尸骨／合葬、
（文尾）左伝襄公季郈之雞闘季氏介其羽、郈氏為之／金距、□播其羽也、

（一〇）　煙霞山人頌　　　　　　　　一通

江戸後期　続紙　前欠　楮紙（美濃紙）　三三・三糎×八四・六糎　三紙

（文首）有是、仍実父筆散煙雲／忽見性雪月探言、

（文尾）無最始／宣揚尊之声／煙霞山人随梁題（方形黒印二種）

（奥書）座主文補之書拝見之刻、不移時日／書写之、原本者、従水戸前中
納言／光国所被送云々、／干時文化七年八月三章（マヽ）一日　清浄公
然

（備考）第一紙左下糊継ぎ部に「三」、第二紙左下糊継ぎ部に「四」、糊離
れ、

（一一）　連歌草　　　　　　　　一通

江戸前期　続紙　前欠・後欠　楮紙（美濃紙）　三三・七糎×七一・四糎　三紙

（文首）幾世経ぬらん老のかせ杖、

（文尾）塵塚に何処か□捨て虫の声／捨たる鎌につるむ夕月／芦洲／
第三

（備考）糊離れ、

（一二）　誹偕連歌草　　　　　　　　一通

江戸後期　続紙　楮紙（美濃紙）　一五・六糎×八二・五糎　三紙

（文首）誹偕連歌／むら雨や仏なき堂乃秋の墓／山田の早蘇（穂カ）は殊更の出
来／丹項

（文尾）遣ハる、矢立ひまなき花の旅／心長閑に盡ぬ音の葉／月

（備考）奥に「文化八年辛未九月三日夜／藤枝内記より到来、／古洞ハ宇
治上林味分也、／丹項ハ藤枝也、笑月ハ院ー」、

（一三）　詠草　　　　　　　　一通

江戸中期　竪紙　楮紙（奉書紙）　三二・二糎×三三・〇糎　一紙

（文首）上野国百姓の女十五歳／にてよめる／いとはやきこゝろの梅の
花ころも／春よりさきにほころひにけり、

（文尾）百とせこのかたにあるましきとなん／おふせられける、

（備考）「仙洞様御返歌」あり、料紙転用にて奥に「露路自然哉」、

（一四）　詠草　　　　　　　　一通

江戸中期　竪紙　楮紙（美濃紙）　三一・三糎×四七・六糎　一紙

（文首）尚直編有之、／韓愈啓、孟夏漸熱、惟道體安和愈／弊劣無謂、

（文尾）已怙縣、具／人船奉迎、日夕佇瞻、四月七日愈上大／顛禅師、

（一五）　詠草　　　　　　　　一通

江戸中期　竪紙　楮紙（美濃紙）　二四・九糎×四二・〇糎　一紙

（文首）謂北春天木江頭日暮雲杜子春　清水湘水

（文尾）うつミ火に春もおりかね夜の間かな

（一六）　某書状草（年月日未詳）　　　　　　　　一通

江戸中期　竪紙　楮紙（美濃紙）　三三・五糎×三三・〇糎　一紙

（書出）如尊命盡不得貴意、／疎遠之至ニて存候、

（書止）尚期貴顔之時存候、

（一七）正胤詠草　一通

明治時代　竪紙　画仙紙　三〇・五糎×三〇・〇糎　一紙

（文首）正胤／弥生の望の日は野山の呑海楼にやとりてよめるうた、かへしうた、

（文尾）雲のうへにたつかの嶺の見わたしにたかきしらへのなきそやさしき、

（備考）料紙縦使い、

（一八）正胤詠草　一通

明治時代　竪紙　画仙紙　三〇・五糎×三〇・〇糎　一紙

（文首）正胤／人の手鏡もて鳥をうちたるをしてよめる、

（文尾）明治といふとしのよとせ、しもつきしるす、

（備考）料紙縦使い、

（一九）涵峰山人詩稿写　一通

江戸後期　続紙　楮紙（美濃紙）三三・〇糎×五六・一糎　二紙

（文首）右仇実父以繪上林図／其樹石後色、

（文尾）李将軍趙伯駒再起莫之、或過也、宝之重／之、　涵峰山人王守題、
（方形黒印「王守／之印」「涵峰／□」）

（備考）文首に方形黒印（「枝山」）、文中に方形黒印（「□／明」、陰刻「□／招」）二顆、

一五一　牛頭天王祭文　一巻

室町中期　巻子装　楮紙（杉原）墨点（返点・送仮名・傍訓）朱（註記・頭点・合点）二五・二糎×三四・五糎　六紙

（首題）牛頭天王祭文

（文首）維当年大歳年号日事、ヨルヘシ、恒例之御勤トシテ／大日本国中王城之南、山城国某郡某村、居住シ給フ、

（文尾）所求悉地圓満セシメ給ハ、太安々々、急々如律令、

（奥書）文明十七年乙巳六月二日、於白河別所西坊東部屋／書写之、近比左道之料紙也、／右筆豪経七十二、

（備考）奥に「仏説消除疫病神呪経」を付記、

一五二　請密厳上人謚号表（版本）　一巻

江戸中期　巻子装　三椏紙　墨点（返点・送仮名）三〇・〇糎×一八〇・六糎　三紙

（文首）請密厳上人謚号表／臣僧信盛卓玄等言、信盛卓玄等聞、崇／賢旌善、／王化所先、追遠賞勲、礼秩所重是知、

（文尾）追賜徽号、然則神天隋喜、僧人欣戴、不任／懇款之至、奉表陳請、以聞、誠惶誠恐頓／首頓首謹言、／元禄三年庚午六月十日／僧正法印大和尚位信盛／僧正法印大和尚位卓玄／等上表

（備考）表紙（紺地、金泥秋草文、二九・八糎×一九・七糎、萌黄色平組紐、ウラ金銀切薄散シ）、軸（塗軸頭、合軸）、

一五三　六字名号口伝　　一冊

江戸中期　袋綴装　楮紙打紙　二六・二糎×一九・七糎　九紙

（外題）六字名号口伝

（首題）六字名号口伝　弘法大師御尺云云、

（文首）南無阿弥陀仏トハ西国正音也、爰ニハ無量寿覚ト書テハ、／命極リナキ仏トヨム、又南無トハ、きミやうト云、きミやうト云／テハ、イノチヲたてまつるとよむ、

（文尾）うたかひをなさん人ハ、無間地獄ニ堕罪すへし、／たいとくすへきナリ、あひかまひて、、、、不信之人ニ／不可見、末代未来之ためにうつしをく也、

（尾題）本主／弘法大師御制奉口伝法云々、

（奥書）明徳第二高雄神護寺幽得也、自宝蔵也、／應永卅一年十二月廿四日、然今於高野山ニ天正六年〔戊寅〕／十二月十三日書写也、

（備考）奥に「頓阿上人御哥」「安居屋〔大師ノ御母也〕」「空海御返哥」、

一五四　胎蔵金剛界名号記　　一巻

室町中期　巻子装　楮紙打紙　二七・五糎×三五・三糎　七紙

（外題）胎蔵金剛界両本大教金剛名号

（文首）胎蔵教法金剛界名号／青龍寺東塔院沙門羅他捺嘌余唐云、義操集、／大毗盧遮那如来〔号遍照金剛〕、東方宝幢如来〔名福聚々々〕、

（文尾）廿天聖者、都名外金剛部〔名護宝々々、或云普金剛〕、／已上勘青寺本、

（奥書）御本記云、／貞永二年三月廿三日、於極楽房閑窓、以先師御本書写了、／金剛仏子憲ー／正嘉元年七月十日、於報恩院閑窓、以上件御本書写了、／金剛仏子俊ー〔生廿二〕、／本云、永仁五年五月九日、以御本書写了、金剛仏子義俊

延徳貳　五　廿七、頓写之文字不審之所々残之、追而可／書加者也、金剛仏子賢深／写本者、三十紙草紙也、慈心院所持物云々、未校也、

一五五　補陀落山記　　一通

鎌倉後期　続紙　前欠・中欠・後欠　斐紙（鳥の子）　紙背あり　墨点（返点・送仮名・傍訓）　二七・二糎×三一・四糎　四紙

（文首）安養浄土兜率内院、無往而不礼、三会下生／千仏出世、無期而不過、

（文尾）以大悲清浄／手摂取憶念、諸衆生会、於一切厄難中、獲得無憂／安穏楽云々、

（文中識語）宝治元年八月十二日、於甲州巨勢、為海上／舟中憶持不妄、聊記之、于時悲涙灑面了〔有〕、／欣求南山沙門辨海〔四十四才〕、

（奥書）此記粗伝聞之間、一見之志之處、或人此記／所持之由、以寺侶申出之間、暫乞請書写了、／求菩提宗阿

（備考）本文紙背にわたる、

（紙背）孔雀経法次第　　一通

続紙　墨界（界高二〇・五糎、界幅二・二糎）　墨点（声点・傍訓）

（文首）此仏母明王陀羅尼、為沙底苾蒭而作救護

（文尾）羯句吒迦及蠍足　毛毯馬勝等皆慈

一五六　大乗義章抄出　一巻
鎌倉中期　巻子装　前欠・中欠　楮紙（強杉原）　裏書あり　墨点（返点・送仮名）　墨（註記）　二八・一糎×三六九・九糎　十二紙
（文首）章云、問、四界天楽勝鬱平何故准難、○又彼天中有仏所化、鏡林／鏡壁諸天於中、見已来世所向悪趣、愁憂心深○《失》於天楽、如隔／千世無有遺余、○能厭三有趣求出離、是故作離文、
（文尾）以四大咋曇、以四大是／空法故属触光成、空触是空法、四大是仮故離之也文、
（備考）糊離れの第一紙は同筆ではあるが料紙が異なる、

一五七　某論義問答記等　二十四通
（備考）（一）～（二四）一括、

（一）　某論義問答記　一通
南北朝時代　続紙　中欠　楮紙（檀紙）　朱点（声点・句切点）、墨点（送仮名・傍訓）　朱（頭点・合点）　三一・七糎×二三・〇糎　三紙
（文首）一問／章云、如法華論宣説、声聞有其四種文、其四種／者何等耶、
（文尾）若云故業如何、可名不共異生法耶、／無過可答申也、
（奥書）永徳二年壬戌四月十六日書写畢、／権大僧都深誉／『交点了、』

（二）　冬講論義略題　正徳元年九月廿四日　一通
江戸中期　竪紙　漉返紙　三二・二糎×四四・〇糎　一紙
（書出）冬講論義略題／西種外道　貪瞋倶起
（書止）真実性體　下地三執／右、所定如件、
（差出）権僧正隆慶判

（三）　論義問難　一通
江戸中期　竪紙　楮紙（奉書紙）　墨点（返点・送仮名・合符）　朱（博士点）　三三・七糎×二七・六糎　一紙
（本文）是答者、已前重候、既論釈■中、判／唯真言法中即身成仏、若如誠申／候、仮令頓覚本仏、一業□□之所／談、実教遍満之軌則故、可非不共／之談聞候、其如已前会申候、如何様候、

（四）　初地即極問難　一通
江戸前期　竪紙　楮紙（杉原）　墨点（返点・送仮名）　三四・五糎×五一・二糎　一紙
（端裏）初地即極問者
（首題）初地即極問者
（文首）講讃経中、就明設教相［　　］／自宗心於凡位最初発心位、不用修行、証果有機根、可云事
（文尾）密教所説候間、常途義門申難候、左様候者、／此度分明可聞候、
（奥書）戒光院二位公助
（備考）本文紙背にわたる、

（五）　般若方便問難　一通
江戸中期　竪紙　泥間似合　朱点（合符・句切点）、墨点（返点・送仮名）

墨（博士点） 三・七糎×四六・五糎 一紙

（首題）般若方便問者

（文首）重加疑問候共、学解浅陋之難者、最初／分斉、加顕義勢有之間敷候、乍去今此般若／□〔方〕便

（文尾）初二劫方便別事、如視掌候、爾者何無／相違候、此上、

（六） 七識體一重難 一通

江戸中期 竪紙 楮紙（美濃紙） 墨点（返点・送仮名） 三・五糎×四三・七糎 一紙

（首題）七識體一問者

（文首）重難申候、已前重事過間敷候、／乍去、可七識体一蒙、被成於御答者、

（文尾）仮令題七化経故、被成立／候、約所変化意得之間、無相違候、如何様候、

（七） 学摩訶衍人重講答 一通

江戸後期 竪紙 楮紙（美濃紙） 墨点（返点・送仮名） 三・三糎×四四・五糎 一紙

（首題）学摩訶衍人第二重講師

（文首）同疏文学摩訶衍人ト文、可云真言行者也耶、

（文尾）如此成申、講答無過答可申也、

（八） 賢継授龍真重位印信印明写

元文四年己未歳次五月十四日尾宿金曜 一通

江戸中期 竪紙 楮紙（美濃紙） 紙背あり 三三・八糎×四七・七糎 一紙

（書出）法印籠真／援重位／大率都婆印

（書止）右、於醍醐金剛輪道場授両部重位畢、

（差出）伝授大阿闍梨山務僧正賢継

（備考）紙背に「和紙 三朱」、

（九） 三密具闕重問 一通

江戸中期 竪紙 楮紙（美濃紙） 朱点（句切点）、墨点（返点・送仮名） 墨（博士点） 三・八糎×四六・〇糎 一紙

（首題）三密具闕講師

（文首）重応高問、募講答所立、義解暗昧故、最／初分斉有加顕間敷候、

（文尾）六大所具色形意得候間、無相／違候、如何様候、

（一〇） 三密具闕問答 一通

江戸中期 竪紙 楮紙（美濃紙） 墨点（返点・送仮名） 墨（博士点） 三・二糎×四〇・八糎 一紙

（首題）三密具闕

（文首）今疏文、入真言門略有三事文、然者唯依一密／二密為有成仏類、将如何宗家釈中上達法身／、下及六道文、

（文尾）但至一辺御難、約三／密双修機故、無相違、如是成申、不可有相違、無過可／答申也、

（一一）　宿善有無講答　　一通
江戸中期　竪紙　楮紙（美濃紙）　墨点（返点・送仮名）　墨（博士点）
三一・〇糎×四八・一糎　一紙
（首題）宿善有無講師
（文首）自宗意宿生、不値遇今教、今生初発心、可／云有即身成仏類耶、
（文尾）如是成申○某可有相違、無過可／答申也、

（一二）　宿善有無重講答　　一通
江戸中期　竪紙　楮紙（美濃紙）　朱点（返点・声点・句切点）、墨点（返点・送仮名）　墨（博士点）　三一・二糎×四〇・八糎　一紙
（首題）宿善有無講師
（文首）再応高問、唱拳講答所立、寡聞浅識之答／者、最初之重異義勢有之間歟候、
（文尾）已前之□申候、如何様候、

（一三）　後二無性重講答　　一通
江戸中期　竪紙　楮紙（美濃紙）　墨点（返点・送仮名）　墨（博士点）　三三・二糎×四四・〇糎　一紙
（首題）後二無性第二重講師
（文首）同疏中、就明三無性、且後二無性、於依円当／躰、直可云立無性称耶、
（文尾）如是／成申、○不可有相違、無過可答申也、

（一四）　後二無性初重講問　　一通
江戸中期　竪紙　楮紙（美濃紙）　墨点（返点・送仮名）　朱（註記）、墨（博士点）　三〇・八糎×四七・七糎　一紙
（首題）後二無性初重講師
（文首）重応高問候共○『麁学浅膚之学者』最初分斉、相替間敷候、
（文尾）不可局第／八聞候共、如已前会申候、如何様候、

（一五）　学摩訶衍人重講答　　一通
江戸中期　竪紙　楮紙（美濃紙）　朱点（句切点）、墨点（返点・送仮名・声点）　墨（博士点）　三一・五糎×四六・〇糎　一紙
（首題）学摩訶衍人講師
（文首）□応疑問、識知浅近之答者、最初分斉、
（文尾）可属外道聞候得共、如最初会申候、如何様候、

（一六）　後二無性初重講答　　一通
江戸中期　竪紙　楮紙（美濃紙）　墨点（返点・送仮名）　墨（博士点）　三一・六糎×四五・二糎　一紙
（首題）後二無性講師初重
（文首）重応高問候共、麁学浅膚之学者、最初分斉相替／間敷候、
（文尾）不可局／第八聞候共、已前会申候、如何様候、

（一七）　無相至極初重講答　　一通
江戸中期　竪紙　楮紙（奉書紙）　墨点（返点・送仮名）　墨（博士点）　三三・

〇糎×四六・二糎　一紙
（首題）無相至極講師初重
（文首）重応高問候共、最初分斉相替間敷候、
（文尾）非至極／重、不成難候、然者何無妨候、如何様候、

（一八）　七識體一重講答　一通
江戸中期　竪紙　楮紙（美濃紙）　墨点（返点・送仮名）　墨（博士点）
二四・八糎×三四・七糎　一紙
（首題）問者第二重
（文首）今論文而今発起人空般若文、今此／文、人空無漏、現起義也、可
　云耶、
（文尾）爾者両方也、如何／可請答乎、

（一九）　無明住地講答　一通
江戸中期　竪紙　楮紙（美濃紙）　墨点（返点・送仮名）　朱（博士点）
三〇・〇糎×四三・〇糎　一紙
（首題）無明住地講師
（文首）同論中引勝鬘経、證無明住地見、
（文尾）如此成申講不可有相違答無過答／申也、

（二〇）　所執捨不捨問答　一通
江戸中期　竪紙　斐紙（雁皮紙）　墨点（返点・送仮名）　墨（博士点）
三五・〇糎×四五・二糎　一紙
（首題）所執捨不捨
（文首）□中釈法明道、取毒虵譬見、然者、得法明道／可云改迷情所執耶、
（文尾）如是成申、不可有／相違、無過答可申也、／元禄十一寅歳

（二一）　宮御灌頂後期嘆徳表白　一通
鎌倉中期　竪紙　前欠・後欠　漉返紙　紙背あり　墨点（返点・送仮名・声点）
三・〇糎×四八・二糎　一紙
（文首）［　　　］異口同音言瑜伽深秘之教法者、探仏海之□／
［　　　］大智之観門者、示直道□径極、
（文尾）然則人皆驚鄭重之嘉会衆／悉念随喜之懇念、仍不堪欽敬之思、忝
　奉至群撮之礼而已、
（奥書）貞応二年十一月廿五日　宮御灌頂後期嘆徳表白禅巌僧都草之、
（備考）奥に「御返答」を記す、

〔紙背〕某書状断簡（年月日未詳）　一通
竪紙　後欠
（書出）御見事、ことなく／はて候事候、返々／［　　　］／昨日そう正
　のかり／申候ハ、
（文尾）またのやうに／つかハし候／き、よて／みくるしき

（二二）　行樹院本尊由緒　一通
室町後期　竪紙　楮紙（強杉原）　裏書あり　二六・八糎×四〇・〇糎　一紙
（端裏）行樹院本尊釈迦如来・地蔵・不動・多門天事書也、

（文首）此地蔵菩薩者、自根本当坊上醍醐行樹院安置之尊像也、然而／中途明徳二三年之比ヨリ依去子細ニハ其時師匠良善カ時也、東谷徳善之坊　奉安置之、

（文尾）是ハ徳善カ／師匠坊主良善之時、予方へ奉返渡之、董至也、如元三尊ナカラ／安置、本懐之至也、

（奥書）永享十三年辛酉二月日記之、行樹院隆瑜

（備考）裏書「毘沙門ハ永正七年八歟、正月十五日夜当院炎上之時、取落テ／奉焼者■也、尊躰モ一向不見間、重テ奉祷、直度望也、」「尺迦ハアンアミタ仏作ト云也、」「当院愛染王ハ慈覚大師御作也、石山寺倉坊ヨリ澄恵僧正／時代安置之ト云々」、奥に応永卅三年六月下旬行樹院隆瑜草吉祥天奇瑞記を追記、

（二三）　即心之印第三重講答　　一通

江戸前期　竪紙　楮紙（美濃紙）　墨点（返点・送仮名・声点）　三〇・〇糎×四一・〇糎　一紙

（首題）即心之印　第三重読場　運敞草之、

（文首）然後□記、即心之印文、今此即心之印者、可云指真言教乎、答不／爾也、両方也、

（文尾）近代用答者、以即心之印為顕一乗之義、是愚草并指心鈔／及草子中下地一義、道範杲宝等先達亦成此義也、故今依草子及愚草之、／意記之、難者、或為金剛頂経等、可任意歟、皆古来義故、／即心之、

（二四）　弘法大師影現明遍親授文写　（年月日未詳）　一通

江戸後期　続紙　泥間似合　三〇・二糎×一一七・九糎　三紙

（書出）指両方一方者、是方便也、簡／九域而止乱心分正行五種者、／亦方便也、

（書止）焼失袈裟見在令以彼／写本、亦模擬正本而已、

（備考）墨（返点・傍訓）、

一五八　論義草　　一通

南北朝時代　続紙　前欠・後欠　楮紙（檀紙）　朱点（返点・合符）、墨点（送仮名・傍訓）　朱（合点）　三一・〇糎×九三・八糎　二紙

（文首）不覚之喩、非無余者、為説何物、但於章主引此説不為證／抛云難者、凡二百余科章拾一代簡要、

（文尾）次於助故業云人師尺者、此則慈恩大師等、

一五九　五智院宗典口説　　一冊

室町後期　横帳　漉返紙　原表紙本紙共紙　紙背あり　墨（註記・合点）　五三・八糎×一七・二糎　四紙

（外題）竪義方／五智院宗典口説記也、

（表紙）公運

（文首）永正十三丙子柳、十月十九日丁卯日／下醍醐五智院ニテ／宗典僧正ニ面談之時、／竪義探題ノ口伝／尋申也、大都ノ作法／澄恵僧正ニ相伝申ニ同也、

（文尾）最結句三番ノ／論義畢テ、最末ノ／仁、此枝ニテ三礼スル也、

（備考）包紙（漉返紙、三一・三糎×三〇・七糎、ウハ書「公運記／竪義巨細」）、包紙紙背に「五郎作年貢米之内より請取覚」、墨斜線にて抹消、

〔紙背一〕某供養表白土代（年月日未詳） 一通
折紙 三六・〇糎×四一・五糎 一紙
（書出）伏惟過者聖霊権僧正法印大和尚位／○／厭俗塵、／入真門以来、／鑚仰年積、／鑑恵眼
於金剛乗、／練行霜旧、／凝観心於秘門、
（書止）自作他作ノ勤修、／廻向廻施何之也、／夫不動明王、

〔紙背二〕馬場繁久書状案（年未詳）八月十八日 一通
竪紙 二七・一糎×三八・〇糎 一紙
（書出）昨日ハ、借物共之事、御さいそく無余存候、／可然やうニたのミ
存計候、／彼石田等事ハ、こん／さうはうより被申候ニよつて、
いんりやうより／おさへられ候間、
（書止）御ふちあるへく候、／恐々謹言、
（差出）繁久在判
（備考）奥に「此使返可給之」、逐而書、端裏に封書「右京進殿進之候、
馬場繁久」、

〔紙背三〕某消息（年月日未詳） 一通
竪紙 二六・五糎×四五・四糎 一紙
（書出）文御うれしく候へく候、／昨日／中まいらせられ候、文をまいら
せ候て、
（書止）つねハいまたこれかこゝろにて候、やかてかへらせ候、／かしく、
（差出）□□□□
（宛所）□□□□

（備考）逐而書、

〔紙背四〕某消息（年月日未詳） 一通
竪紙 二六・八糎×四五・七糎 一紙
（書出）このほとハ久しく申／候ハて、御ゆかしくこそ候へ、
（書止）そのあたりニ／山の／御いも候やらん、／ちとまいらせられ
候、／かしく、
（差出）ひ
（宛所）かい光ゐんへまいらせ候へし

一六〇 発心即到問難等 三通・一冊
（備考）（一）～（四）一括、

（一） 発心即到問難 一冊
室町後期 横帳 楮紙（杉原） 墨点（返点・送仮名） 一四・八糎×四一・〇糎
二紙
（文首）講讃之経中明仏果相見、爾者／出仏果、因満度生願、可云乎、
（文尾）疑難ナレハ／難成御会通候、左様候者、／猶此度分明可被成候、
（裏表紙）発心即到■問者／円明院

（二） 讃注文 一通
室町後期 切紙 前欠・後欠 漉返紙 一五・二糎×四五・六糎 一紙
（文首）一吉慶梵語初段 仏讃 南方讃／一吉慶漢語第一第五 東方讃

（文尾）一四智漢　吉慶第四　第五／一心略梵加（梵字）　吉慶第三　同第□

（三）　山上清瀧宮仮遷座日次記抜書　一通

江戸中期　続紙　楮紙（杉原）　一五・三糎×六四・〇糎　二紙

（首題）宝永三丙戌年十月十日山上／清瀧宮仮遷座日次之内抜書

（文首）同廿三日、仁王講導師山務権僧正賢隆、／報恩院長者前大僧正寛順『法印信栄』弥勒院

（文尾）同日金剛王院殿／御社参能序故、被拝見候也、／右、年預法印信栄日次之写／御頼故、抜書進上申候、以上、／甲子二月晦日　澄翁／宝幢院様

（備考）糊離れ、

（四）　神符奉祈作法　一通

室町前期　続紙　楮紙打紙　一五・五糎×八一・六糎　二紙

（文首）（梵字）（梵字）／南無仏陀耶　南無達磨耶、

（文尾）私書加之、小呪梵本／（梵字）／（梵字）／（梵字）

（備考）糊離れ、

一六一　灌水略説　一冊

江戸後期　袋綴装　楮紙（杉原）　原表紙本紙共紙　七行・十五字　二四・二糎×一六・三糎　十四紙

（外題）灌水略説

（見返）常州曲条／灌斎古宇田知常伊明／是人今世専灌水をす、めし人也、

（首題）灌水略説

（文首）夫灌水灸治ハ大古乃治療にして、／灸治ハ今に行るれとも、灌水ハ行ふ人／稀也、

（文尾）此他の病症にも／水火の術を以て療する症お、くあ／れとも、皆々作法ありてみたりに／なしがたし、

（奥書）大江重臣／述之、

（裏表紙）「明治乙酉歳七月下旬、修補之、憲隆」

一六二　宝林玉葉集　一冊

江戸後期　袋綴装　楮紙（美濃紙）　原表紙本紙共紙　墨点（返点・送仮名・傍訓・句切点）　十行・二十三字前後　二七・〇糎×二一・〇糎　五紙

（首題）宝林玉葉集

（文首）三部被甲事／三部被甲ハ必シモ行法ノ時、是ヲ行ノミニアラス、

（文尾）此地牧牛有諸相、師来共古相自相謂／言、此牧牛兒却、後七日必当寿尽是牧牛兒、又於異時与諸小兒聚、

一六三　大臣書札礼　一冊

江戸後期　袋綴装　楮紙打紙　原表紙本紙共紙　墨点（返点・送仮名・傍訓・合符）　十行・十八字前後　二六・一糎×二一・一糎　十三紙

（首題）大臣書札之礼

（文首）一大臣書札之事、当于其官当于其身イヘトモ、／無智無才更不知其故候、

（文尾）而其／儀久断絶中比、八幡祠官善法寺両三代令相続、童／殿上人令参遂昇殿、面目至無比類者歟、頗

（備考）表紙紙背に「当流四度加行條々私／一十八道加行正」、付箋、書止シか、裏表紙紙背に某記（仮名交り、全体を斜線にて墨抹）あり、

一六四　護国教会規約　　一冊

明治時代　横帳　楮紙（杉原）　原表紙本紙共紙　十三行・十一字前後

一四・一糎×一二・六糎　七紙

（外題）護国教会規約

（首題）真言宗護国教会規約

（文首）一本宗ノ教旨ヲ奉シテ異端ニ／惑ハス、四恩十善ノ道ヲ遵／守スヘキ事、

（文尾）一会員ハ毎月教会金一口、金／壱銭宛ヲ説教所へ納ムベシ、／但シ一人ニテ一口以上ヲ納ムル／ハ特ニ篤志トス、／以上、

（備考）真言宗和讃を追記、

一六五　金剛王院覚源叙任記　　一通

江戸中期　折紙　楮紙（杉原）　三一・八糎×四六・二糎　一紙

（文首）金剛王院覚源／直叙法眼十三才、／元禄元年十二月二十六日／任少僧都十六歳、／同四年十二月二十一日

（文尾）任大僧都　三十八歳／正徳三年七月二十日／已上、

一六六　権僧正叙任勘例（年月日未詳）　　一通

江戸中期　折紙　楮紙（杉原）　三六・一糎×五〇・〇糎　一紙

（本文）勘例／醍醐寺住侶、光台院、亮淳四十六歳／「戒三十四、四十六歳、」／天正十年後正月十日任権僧正、／醍醐寺住侶、行樹院、真円四十九歳、／戒三十八、四十九歳、／享保十六年八月十二日任権僧正、

（備考）包紙（美濃紙、三〇・五糎×三七・七糎、ウハ書「勘例」）、

一六七　東寺諸院家僧々歴書上等　　九通

（備考）（一）～（七）一括、

（一）　東寺諸院家僧々歴書上（年月日未詳）　　一通

江戸後期　折紙　楮紙（奉書紙）　三六・三糎×四九・三糎　一紙

（書出）東寺／宝輪院義運／宝暦元年任少僧都年十九、戒九、／同四年任権大僧都年十二十、戒十一、

（書止）東塔院敬宝／宝暦四年任権律師年十三、戒四、／同五年叙法眼年十四、戒五、／同七年任権少僧都年十六、戒七、／同九年任少僧都年十八、戒九、／同十一年任権大僧都年二十、戒十二、

（備考）宝輪院義運・金勝院淳賢・金蓮院亮杲・宝泉院秀雅・東塔院敬宝を含む、

（二）　大僧都顕淳叙法印許状　寛政十一年五月八日　　一通

江戸後期　折紙　楮紙（奉書紙）　三六・五糎×四九・六糎　一紙

（本文）大僧都顕淳／寛政十一年五月八日御許容／法印

（備考）懸紙（杉原、二八・〇糎×四〇・三糎、ウハ書「大僧都顗□〔淳〕」）、

（三）　阿闍梨顗淳任権律師許状　安永九年二月六日　一通
江戸中期　折紙　楮紙（杉原）　三六・三糎×四八・〇糎　一紙
（本文）阿闍梨顗淳／安永九年二月六日御許容／権律師、
（備考）懸紙（杉原、三七・七糎×四〇・五糎、ウハ書「阿闍梨顗淳」）、

（四）　阿闍梨真賢任権律師許状　天明四年三月十七日　一通
江戸後期　折紙　楮紙（奉書紙）　三六・四糎×五〇・一糎　一紙
（本文）阿闍梨真賢／天明四年三月十七日御許容／権律師、
（備考）懸紙（杉原、三一・一糎×四三・八糎、ウハ書「権律師真賢」）、

（五）　演寿叙法印勘例等
江戸後期　折紙　楮紙（杉原）
（備考）1・2一括、包紙（杉原、三二・九糎×四五・一糎、ウハ書「持明院／権大僧都演隆三十歳」）、

1　演寿叙法印勘例　（年月日未詳）　一通
三三・〇糎×四五・五糎　一紙
（本文）勘例／成身院／権大僧都演寿三十歳、／文化十五年正月廿二日叙法印、

2　演隆叙法印申文案　（年月日未詳）　一通
三三・〇糎×四五・四糎　一紙
（本文）申／法印／権大僧都演隆

（六）　澄意任大僧都申文案　（年月日未詳）　一通
江戸後期　折紙　泥間似合　三六・一糎×四九・八糎　一紙
（本文）申　大僧都／権大僧都澄意
（備考）懸紙（泥間似合、三五・八糎×四九・〇糎、ウハ書「醍醐寺住侶／普賢院／権大僧都澄意三十歳」）、

（七）　信隆・暁海任大僧都勘例土代
江戸後期　折紙　泥間似合
（備考）1・2一括、懸紙（泥間似合、三六・七糎×四九・二糎、ウハ書「醍醐寺住侶／金蓮院／権大僧都照範三十二歳」）、

1　信隆・暁海任大僧都勘例土代　（年月日未詳）　一通
三七・〇糎×五一・〇糎　一紙
（本文）勘例／醍醐寺住侶／西往院／権大僧都信隆三十六歳、此間三分アキ、／明和元年八月二十六日任　大僧都／醍醐寺住侶／普賢院／権大僧都暁海三十三歳、此間三分アキ、／明和二年三月八日任　大僧都、
（備考）見返奥に「極真字」、

2　照範任大僧都申文案　（年月日未詳）　一通

三七・〇糎×五〇・九糎　一紙

（本文）申　大僧都／権大僧都照範

（備考）見返奥に「極真字」、紙背に「醍醐寺住侶／金蓮院権大僧都照範
三十三歳」、

一六八　子得書　二通

明治時代　竪紙

（備考）（一）・（二）一括、

（一）　子得書　（年月日未詳）　一通

画仙紙　一三・五糎×二九・一糎　一紙

（本文）夏雲黄峯多、／子得書（方形朱印「子／得」）

（備考）料紙縦使い、

（二）　松泉書　（年月日未詳）　一通

画仙紙　一三・〇糎×二九・二糎　一紙

（本文）雪擁不摧寒庭松、／松泉書（方形朱印「子／得」）

（備考）料紙縦使い、

第七三函

一　鎮壇支度案　　二通

（備考）（一）・（二）一括、

（一）鎮壇支度案　貞応二年十月　日　　一通

鎌倉中期　竪紙　楮紙打紙　三一・五糎×四六・六糎　一紙

（端裏）鎮壇支度

（書出）注進　御堂鎮壇略支度／合／五色糸二筋一色各二分、　名香一裹

（書止）阿闍梨　弟子一人　駈仕二人／浄衣

（備考）付箋「貞応二年十月　日阿闍梨前権――　外題長講堂鎮壇支配」、

（二）鎮壇支度案　貞応二年十月　日　　一通

室町前期　竪紙　漉返紙　二九・六糎×四六・八糎　一紙

（端裏）鎮壇支度

（書出）注進　御堂鎮壇略支度／合／五色糸二筋一色各二分、　名香一裹

（書止）阿闍梨　弟子一人　駈仕二人／浄衣

（備考）付箋「貞応二年十月　日阿闍梨前権――　外題長講堂鎮壇支配」、

二　御堂鎮壇支度案　（年月日未詳）　　一通

南北朝時代　竪紙　漉返紙　三一・二糎×四四・七糎　一紙

（端裏）金真等

（書出）注進　御堂鎮壇支度／合／蘇　蜜　名香

（書止）浄衣／阿闍梨／承仕／右、注進、

三　菩提寺伝法灌頂受者・職衆交名　（年月日未詳）　　一通

南北朝時代　折紙　漉返紙　三〇・四糎×四八・二糎　一紙

（端裏）菩提寺灌頂

（書出）初日／誦経弘尊了禅房長安寺住持、／散華理秀良密房西大寺東室三坊主、

（書止）受者／長盛俊良房　頼深良心房／旭秀深宗房　頼恵聖明房／以上当寺住、

（備考）奥書「明徳貳辛未―――、於醍醐寺／菩提寺、伝法灌頂大阿闍梨当寺当住／長老、受者并職衆所作人」、

四　御報条々土代　（年月日未詳）　　一通

南北朝時代　仮綴（モト続紙）　漉返紙　二八・六糎×一二六・九糎　三紙

（端裏）文―法印御房御手跡

（書出）条々御報可被勘付○下候、／一料足事、ワツカニ用途二三結ノ外ハナニモ候ハサリ／ケル、此上ハ此ノ谷底ニテ自承仕ノ風情ニテタテ／マワシ候テ、密々ニトリコソサツケ候ハ、文、

（書止）一両界ノマタラハ尊形ハ常ノ事也、種子マタラモ／不可有子細歟、種子マタラハ是ニ候、／種子目出候、

（備考）糊離れ、

五　後奈良天皇綸旨写　天文十七年十一月廿五日　一通

江戸中期　続紙　漉返紙　二七・九糎×八三・四糎　二紙

（書出）顗《円》｜僧正御時代／建武二年三月五日／等持院殿太元明王軍法秘書／御相伝、其時件一巻奥書／御判被成下也、

（書止）天気所候也、仍執啓／如件、

（差出）左中弁判

（宛所）謹上　理性院僧正御房

六　ツクリ鳥子作様　（年月日未詳）　一通

南北朝時代　竪紙　漉返紙　二四・〇糎×四一・九糎　一紙

（端裏）鳥子ノ方

（本文）ツクリ鳥子スルヤウ／タ、ノ深山木ノ■ハイ也、／マキノハイヲアクニタシテ、／紙ヲツケテヤ《シ》ハラクカミニ／ヒタシテ、ホサスシテ、ソノマ、／ウツナリ、

七　後七日御修法記　一巻

室町後期　巻子装　漉返紙　一四・三糎×二七八・六糎　九紙

（端裏）後七日記　宗典

（文首）後七日御修法者、承知元／年大師密々令行給、同／年十一月奏聞事由、則／被　宣下、従承和二年／為恒例無退転云々、

（文尾）二種コ摩倶地天ヲ殊ニ／可供也、火天　本尊／部主　諸尊　地天世天／已上六段ニ行之、両界同／此定也云々、／永正六年潤八月十五日／宗典生八十四、

（備考）包紙（漉返紙、三三・二糎×三三・五糎、ウハ書「後七日ノ記／宗典（一）」、

八　東寺灌頂院御影供請文案等　三通

室町後期

（備考）（一）～（三）一括、同筆、

（一）　東寺灌頂院御影供請文案　（年未詳）二月廿八日　一通

切紙　楮紙（杉原）　三三・八糎×一七・八糎　一紙

（端裏）御ウケノ案

（端書）御ウケノ案

（本文）当年東寺灌頂院御影供執事々、／任　令旨之旨、可承知仕之由、可令披／露賜之候哉、恐々謹言、

（差出）法印宗典

（備考）奥に「立紙上書／謹上　別当法印御房　法印宗典」、

（二）　東寺灌頂院御影供差文案　（年未詳）十一月十四日　一通

竪紙　漉返紙　三三・五糎×二九・七糎　一紙

（端裏）「良清法印御房御勲仕之時也、」執行ヨリ寺務へ注進ノ案別当ノ差文案同御請ノ案

（本文）明年東寺灌頂院御影供執事／一方之事、法印権大僧都宗典其巡候、／任例賜御差文、可相催之由、可有／申御沙汰候、恐惶謹言、

（差出）大法師救賢

（宛所）謹上　別当法印御房
（備考）奥に「ム云、只ノ杉原也、二枚ニ書テ／不封也、／立紙ノ上書／
謹上　別当法印御房　大法師救賢／私云、救賢トハ東寺ノ執行
也」、

（三）東寺灌頂院御影供差文案　（年未詳）十一月廿六日　一通
竪紙　漉返紙　三二・七糎×二九・八糎　一紙
（端裏）指文ノ案
（端裏）差文案
（本文）明年東寺灌頂○院御影供執事々、／救賢大法師注進如此、可令承知
給之由、／法務准后御気色所候也、恐々謹言、
（差出）法印権大僧都隆賢
（宛所）謹上　五智院法印御房
（備考）奥に「ム云、強杉原二枚ニ書テ只マキテ／不封也、／立紙ノ上書／
謹上　五智院法印御房　法印権大僧都隆賢／ム云、／法務准后
トハ当東寺ノ長者大覚寺殿《家門》タカツカサトノ、／長者ノ下ニテノ別当
大勝《良家》院隆賢、又此下ニテ東寺ニ／別当代アリ、宝泉院僧都成印／
去年十一月廿八日、東寺ノ小行事《重衣》職掌具《エホシヒタシ》シテ来候、一コンアリ、／
小行事ニ五十疋、職掌ニ廿疋遣之、コノ代コシサシト申云々」、

九　天文弘治永禄年中日記断簡　（年月日未詳）　一通
江戸中期　巻子装　前欠　漉返紙　三二・三糎×一六七・二糎　六紙
（文首）御壇所祇候申了、／同七月　日、禁裏様御不予為御祈禱、六字護
摩／一七日於住坊勤修之、
（書止）及相論／自門跡以両使侍従法橋、治部卿寺主、先規之様、御尋御返事、／不致
分別為御計可被仰出事、肝要之由申入了、／十二月廿一日才神上
葺事有之、

一〇　東寺西寺縁起写　（年月日未詳）　一通
室町前期　巻子装　前欠・後欠　漉返紙　二六・二糎×一七六・六糎　五紙
（文首）□□□記云、観智院法印杲宝東寺之三宝縁起／□□□八巻被註置
畢、末代之亀鏡不可過之哉、
（端書）［　　］天皇　建長八年□□年四十六
（文尾）柱入貫畢、東寺修理上人為勧進所被下向也、誰人無志／于仏法哉、
不成疑心可令結縁之状如件、建久二年十二月十一日
（備考）袖に習書、

一一　自慶長十年至寶永七年役者遣事等書上
正徳元年卯九月　日　一通
江戸中期　巻子装　前欠　漉返紙　三一・八糎×五五九・〇糎　十二紙
（文首）一□□上ル南都諸白酒調役者遣事、／一筭大坂江役者持参事、
（書止）宝永七年／一東山院様崩御ニ付、役者召連、御布施／受取ニ遣、
奉行・伝　奏衆江使ニ遣候事、
（備考）奥に「右之外、年始臨時之御祝儀事、或ハ／二条向付届、山上寺
役之觸、掃治觸／等、毎年之儀御座候故、書記不申候、已上」、
糊離れ、

一二　御音信物来覚　一冊
江戸前期　袋綴装　漉返紙　三二・二糎×一六・五糎　五紙
（外題）御音信物来覚
（表紙）寛永十一年／六月吉日
（文首）従杢平大隅殿　翌日礼ニ但馬遣候也、／銀子拾枚　帷子十内単
物五、白キはぶたへ白キさらし／従薩摩守殿　同人遣候、／銀子十枚
（文尾）神保左京亮殿より／諸白大柳二　使礼給　別返事申入候也、
（備考）見返に「将軍様江諸礼七月十三日／御能七月廿一日被為召見物申
也、御振舞重畳ノ御馳走、直懸紙筆也」、義演筆、

一三　寛文元年・二年護持僧次第案等　一通・一巻
江戸前期
（備考）（一）・（二）一括、
（一）寛文元年・二年護持僧次第案　（年月日未詳）　一通
竪紙　漉返紙　三二・二糎×四五・〇糎　一紙
（書出）万治四寛文元年護持僧次第／正月　照高院宮／二月　円満院前
大僧正／三月　随心院前大僧正
（書止）十月　随心院／十一月　報恩院／十二月　照高院
（備考）寛文元年と同二年を表裏に記す、寛済筆、
（二）御祈奉行等歴名　一巻
巻子装　楮紙（奉書紙）　紙背あり　二九・三糎×四九二・六糎　十一紙
（文首）明暦二年二月晦日／御持僧御本尊持参、／勅使／極﨟／正六位上
左近衛将監小槻重房
（文尾）寛文三年卯二月廿九日／極﨟正六位上左近衛将監源当治／御倉
従五位下真継宮内源玄弘／衛士源兵衛藤井重行／仕丁二人／御
祈奉行／柳原右少弁資廉
（備考）明暦二年より寛文三年に至る、
〔紙背一〕進物包紙　（年月日未詳）　一紙
竪紙　二九・三糎×四五・九糎　一紙
（備考）ウハ書「油煙二挺／進上釈迦院様　杉山権左衛門」、
〔紙背二〕高松重保書状　（年未詳）正月十二日　一通
折紙　天欠　二九・四糎×四五・八糎　一紙
（書出）□被仰下新春／御慶珎重ニ奉存候、／昨日御礼ニ伺公／候へ共、
当年御／□京無極御礼／□〔申カ〕上候、
（書止）御前之儀、可然様ニ／御取成偏ニ奉頼候、／恐惶謹言、
（差出）高松龍庵重保　（花押）
（宛所）御披露竹内権兵衛殿貴答
（備考）逐而書、
〔紙背三〕某書状　（年未詳）四月廿四日　一通
竪紙　二九・六糎×四一・九糎　一紙
（書出）尊書忝拝見仕リ候、今日／石山へ伺公仕りて追付ヶ罷出候、帰

り／自是可申上候、

（書止）一唯今罷出候仕合ニより一紙ニ尊行／御免可被下候、石山よりか

へり自是／御礼可申上候、恐惶謹言、

（差出）（略押）

〔紙背四〕某書状　（年未詳）四月廿五日　一通

竪紙　二九・六糎×四六・〇糎　一紙

（書出）昨日ほたるみニ参候、円清殊外之／由、定中々／筆紙ニハ不可申

上候、

（書止）貴公様より被仰遣候ゆへと別而忝／奉存候、／為御礼如斯候、恐

惶謹言、

（差出）秀（花押）

（宛所）水本大僧正様有馬式部 有馬宮内

〔紙背五〕忠嘉書状　（年未詳）三月廿五日　一通

竪紙　二九・六糎×四二・一糎　一紙

（書出）貴札令拝見候、如芳意其後／御疎々敷奉存候、被仰下候通、／此

方之儀御推量被成可被下候、

（書止）先日も早々／御使者被下忝存候、多事期／後便候、恐々謹言、

（差出）忠嘉

〔紙背六〕水野石見守書状　（年未詳）五月朔日　一通

折紙　天欠　二九・五糎×四八・七糎　一紙

（書出）□内々儀候様／□三日中者無／□罷過候、今日より／□護持僧之

御／□番之由、

（書止）爰許別条／□御座候、万端／奉期後音之／剋候、恐惶謹言、

（差出）水野石見守忠貞（花押）

（宛所）水本様御同宿御中

（備考）逐而書、

〔紙背七〕宥貞書状　（年未詳）卯月廿七日　一通

竪紙　前欠　二九・五糎×三六・三糎　一紙

（文首）令内存候、手前取紛候故、御／報罷成意外候、

（書止）致慶悦候、諸事／期快悦之節候、恐惶謹言、

（差出）宥貞（花押）

〔紙背八〕水野石見守書状　（年未詳）二月廿九日　一通

折紙　二九・六糎×四九・二糎　一紙

（書出）昨日者尊札／□拝見仕候、他出／尊答遅々仕候、

（書止）何様ふと丶丶預言／上可奉得貴／意候、恐惶謹言、

（差出）水野岩見守忠貞

（宛所）水本様尊答

（備考）逐而書、

〔紙背九〕八幡山門房書状　（年未詳）閏極月十二日　一通

折紙　二九・八糎×四八・七糎　一紙

（書出）態以飛札致啓上候、／然者寒天之時分、其／御地御無事ニ被成／
御座候哉、
（書止）□事之寸志迄ニ／□候、尚期後慶候、／恐惶謹言、
（差出）八幡山門房円（花押）
（宛所）□大僧正様
（備考）逐而書、

一四　諸掟并禁制条々写　寛延二己巳天二月九日　一通
江戸中期　続紙　楮紙（強杉原）　三〇・八糎×七七・三糎　三紙
（書出）［　　］校并禁［　　］／一行中盡［　　］可離事［　　］
利之時ハ除之、／一平生禁酒之事、一一切勝負無用之事、／一盤
上無用之事、
（書止）一行法之内、其行法第一勤、世間私用次可勤事、／右、倍〔條〕々相慎
守可申者也、
（差出）尊勝坊晃賀書写（方形朱印「尊」「晃／賀」）
（備考）朱（返点・傍訓）、

一五　一派掟書条々（年月日未詳）　一通
江戸中期　巻子装　泥間似合　一六・八糎×二五・五糎　六紙
（書出）一派／一興山寺儀者可為／東照宮之別当、然上者至末代迄／無退
転可相続事、
（書止）一六時之鐘揆五院之堂守、山内／町人内雇諸職人・谷之者・山之
堂／等惣分可為支配、但シ壇上職之／道心者可為学侶支配事、

一六　後七日御修法御樽目録　寛永三年正月　一冊
江戸前期　横帳（折紙）　漉返紙　一三・三糎×三六・二糎　八紙
（書出）寛永三年正月／後七日御樽目録／八日
（書止）九条かミさま／御樽一か／こはう　十把／こふ　五束／たうふ
一斤

一七　後七日御修法指燭御役交名（年月日未詳）　一通
江戸中期　折紙　楮紙（奉書紙）　三二・三糎×四五・五糎　一紙
（書出）指燭御役／八日／藤若大和権介殿／竹内刑部少輔殿／北小路極
﨟殿
（書止）十三日／桜井上野権介殿／交野左馬頭殿／小森典薬頭殿、
（備考）包紙（美濃紙、二七・八糎×四〇・八糎、ウハ書「後七日／指燭御役名前」）、

一八　新門主加行日数　三通
江戸前期　竪紙　楮紙（高檀紙）
（備考）（一）～（三）一括、

（一）新門主加行日数　承応二年　一通
三四・五糎×四三・三糎　一紙
（端裏）新門主大夫加行日数也、
（書出）礼拝加行堂荘厳日之事／承応二年五月小廿一日開白、／六月大
二日　十二　廿二日
（書止）十月大　朔日　十一日　廿一日／十一月大　朔日　十一日　廿

一日結願、／右次第如件、

（二）　新門主加行日数　承応三年二月　日　一通

三四・一糎×四四・三糎　一紙

（端裏）新門主加行日数也、

（書出）金剛界加行日数之事／承応三年二月廿一日開白、／二月小　廿一日

（書止）八月大　二日　十二日　廿二日／九月小　二日　十二日　廿二日結願、

（三）　新門主加行日数　承応四年　一通

三三・〇糎×四三・二糎　一紙

（端裏）新門主四度護摩御結願、三箇年之間無一事之作障大行／無為無事御成就、是只非鎮守之御加護、大師之冥應平乎、大慶々々、／大夫四度護摩結願、明暦元年十二月十一日（花押）（覚定カ）

（書出）承応四年／胎蔵界加行日数之事／正月小　廿一日開白、／二月大二日　十二日　廿二日

（書止）十一月大　朔日　十一日　廿一日／十二月大　朔日　十一日結願、／右次第如件、

一九　報恩院実雅法務宣下等抜書等　四通

江戸中期

（備考）（一）～（四）一括、包紙（美濃紙、二七・二糎×三九・〇糎、ウハ書「報恩院僧正実雅法務／宣下等抜書職事留書之写也、／松橋」）、

（一）　報恩院実雅法務宣下等抜書　一通

折紙　楮紙（奉書紙）　三三・二糎×四五・一糎　二紙

（文首）寛延四年三月／十二日今日宣下遣消息、左之通捻文、／法務唯今／宣下候、仍申入候也、

（文尾）仍勒事状、謹請　處分、／寛延四年三月　日　都維那伝燈大法師位／寺主伝燈大法師位／上座伝燈大法師位／検校法務権僧正法印大和尚位実雅

（奥書）右、資望朝臣五位蔵人之日勤／御祈奉行日記也、就蔵人権弁／資枝亭一覧之間、即請紙筆／採其要写之了、／宝暦六六十七

（二）　北山抄抜書　一通

折紙　楮紙（美濃紙）　二七・七糎×四〇・四糎　一紙

（文首）官符之事／并僧位記受事、／北山抄云、謚号勅書事

（文尾）北山抄云、下宣旨部類之内／法務事、給官符ト文、

（奥書）右ハ岡元六條左中将有栄朝臣／所持之本一見写抜之、／宝暦六子年七月　僧正元雅／北山抄者四條大納言公任卿之作集也ト云々

（備考）墨（返点・送仮名）、

（三）　報恩院実雅法務宣下記　一通

折紙　楮紙（奉書紙）　三三・二糎×四四・九糎　一紙

（文首）一凡僧別当　宣下之節／法務江捻文ニ而申進候事、

（文尾）一同御礼日限者、勿論従／御祈奉行指図之事、
（奥書）右、報恩院僧正実雅法務　宣下之例也、／右、資枝所注送也、／宝暦六六廿七

（四）　日野資枝書状　（年未詳）六月十八日　一通
折紙　楮紙（奉書紙）　三・四糎×四五・三糎　一紙
（書出）昨日者光臨、得貴意／畏存候、弥御健壮候哉、／承知度候、
（書止）書抜候而、可令進上候、本／借見之義ハ、何卒可／被覧候也、
（差出）資枝（日野）
（宛所）六條為林公

二〇　行列次第　（年月日未詳）　一通
江戸中期　続紙　楮紙（奉書紙）　三・一糎×三九・一糎　三紙
（端裏）一番　甲村壱岐
（書出）一番　奉行甲村壱岐／先　雑色頭　壱人／次　雑色下　二人
（書止）同五按察　同五刑部卿／付白丁　廿人／三次竹枝　二人武兵衛源兵衛

二一　西三条三光院実枝書状等　四通
竪紙
（備考）（一）～（四）一括、包紙（強杉原、三三・三糎×二四・〇糎、ウハ書「僧官座烈之次第／五大尊之和当山伽藍炎上之記／准三后義演尊納三十三回忌曼供之記」）、

（一）　西三条三光院実枝書状　（年月未詳）廿四日　一通
安土桃山時代　楮紙（強杉原）　三〇・〇糎×四〇・九糎　一紙
（書出）僧官座列之事、自去年御尋之処、／可被下之法度不弥候儀之条、
（書止）可被立法度事、可為一山之／興隆候、猶□〔静カ〕可申述候也、
（差出）西三条三光院実枝
（宛所）報恩院殿

（二）　五大尊記　一通
江戸前期　楮紙（奉書紙）　三・三糎×四六・〇糎　一紙
（文首）和　少納言公不戈子／五大明王第一尊手中剣索断情根聞名見體／知三毒尽大地帷解脱門、
（文尾）明王代現覚皇尊降伏悪魔大猛根左右神童存順運／生々加護祖師門　聖教忠〔虫〕拂次、見或本写之、虫食字不知事多、

（三）　承応貳年霜月十五日法事記　一通
江戸前期　漉返紙　二六・六糎×四一・七糎　一紙
（文首）承應貳年霜月十五日　道場理性院／理性院前大僧正観助阿闍梨／授者勝行院大僧都／職衆
（文尾）公家衆　烏丸宰相殿　村松殿／油小路殿　カテノ〔勘解由〕小路殿／各御前有テ大酒、／京よりウタイウタイ／両人罷出、其時分ノ／上手着、大夫ト云／喜三郎云者も参、／是も大音声也、

（四）　義演三十三回忌曼供之記　明暦四年四月廿六日　一通

江戸前期　漉返紙　三〇・九糎×四五・七糎　一紙
（書出）明暦四戊年四月廿一日、灌頂院殿准三宮義演／三十三回忌於金剛輪院理趣三昧初段演、
（書止）廿三日ニ御布施残五十疋宛、為後見記之畢、
（差出）権少僧都朝隆

二二　塔婆碑文案　元禄二己巳天孟夏廿八日　一通
江戸中期　竪紙　漉返紙　二八・二糎×四〇・四糎　一紙
（端裏）法花一字一石書写奉納碑文、章案宥覚上人
（書出）（梵字）（梵字）（梵字）奉納妙法蓮華経一字／一石全部書写、
（書止）四聖／平等利益、草木国土悉皆成仏而已、
（備考）奥書「一品親王惣法務宮仁和寺御室御直末寺／福寿山慈尊院妙泉寺清恩坊住持／大僧都法印宥覚上人大和尚位謹言」、

二三　塔婆碑文案　元禄二己巳天孟夏廿八日　一通
江戸中期　竪紙　漉返紙　二四・五糎×三八・三糎　一紙
（書出）法花経一字一石書写塔婆／（梵字）（梵字）（梵字）奉納妙法蓮花／経一字一石〇書写、
（書止）四聖平等利益、草木国土／悉皆成仏而已、務　興隆　書写草、
（備考）奥書「一品親王惣法務宮仁和寺御室御直末寺／福寿山慈尊院妙泉寺清恩坊／大僧都法印宥覚上人謹言」、

二四　仁王護国経壱部八品一字一石碑文案　元禄二巳天孟夏廿八日　一通
江戸中期　竪紙　楮紙（美濃紙）　二四・五糎×三八・一糎　一紙
（書出）仁王護国経壱部八品一字一石碑文／一（梵字）〇二（梵字）三（梵字）五（梵字）四メ（梵字）（梵字）（梵字）／（梵字）
（書止）七難則滅、無所褱／滅転禍為福七福即生一切吉祥皆令満足而已、
（備考）奥書「一品親王惣法務宮仁和寺御室御直末寺／福寿山慈尊院妙泉寺清恩坊大僧都法印宥覚上人謹言」、

二五　淳杲抜書等　二通
江戸中期　折紙　楮紙（美濃紙）
（備考）（一）・（二）一括、包紙（美濃紙、二八・四糎×二三・八糎、ウハ書「入用覚書也」）、

（一）　淳杲抜書　一通
墨点（返点・送仮名）　墨（合点）　二七・九糎×二六・六糎　一紙
（文首）昔南天竺ニ一凶婆、一ノ非祢等／アリ、破是ノ密花園ヲ云ヘリ、
（文尾）凶悪婆ラ門　非祢／ミコナリ　コウナキ是ハ名歟、／淳杲／追可テ決、

（二）　淳杲抜書　一通
二七・七糎×三七・八糎　一紙
（文首）法花法ニ、秘説云、結卒都婆ノ印／二大指少開、／二大指乍付二頭

指之、／腹小シキ開之、
（文尾）守護経異尊ノ内ノ裏ニ、云々、　龍与無上菩提最勝■■尊トハ／智奉印ノ名也ト
（備考）見返奥に「淳杲記」、

二六　西往院信隆等昇進次第等　三通
江戸後期
（備考）（一）～（三）一括、

（一）西往院信隆等昇進次第　（年月日未詳）　一通
折紙　楮紙（美濃紙）　紙背あり　二七・八糎×三九・九糎　一紙
（書出）醍醐寺演隆中納言／文化十一年三月廿八日得度十六才、
（書止）宝菩提院少僧都法眼隆源／寛政元年五月朔日／任叙大僧都法印、
（備考）紙背は石井行弘書状懸紙（切封墨引、ウハ書「宝幢院僧正様皆々御報／石井弾正大弼／行弘」）、

（二）弥勒院澄翁僧歴　（年月日未詳）　一通
竪紙　楮紙（美濃紙）　二四・二糎×三四・四糎　一紙
（書出）弥勒院澄翁／正徳三癸巳年十一月廿八日得度号英丸、／戒師弥勒院法印権大僧都信栄
（書止）宝暦十一辛巳年十二月廿四日転　正僧正戒四十九、年六十二、／右、如件、

（三）浄珠院澄貢・慈心院俊賢僧歴　（年月日未詳）　一通
竪紙　楮紙（杉原）　二四・〇糎×三四・二糎　一紙
（書出）浄珠院澄貢／宝暦六丙子年十二月十二日得度号美尾丸、／戒師山務弥勒院権僧正法印澄翁
（書止）同年七月四日任　権律師年十五、戒四、／明和二乙酉歳十二月十九日任権少僧都年十九、戒八、

二七　出羽国庄内金峯山学頭書付　一通
江戸後期　竪紙　楮紙（美濃紙）　二九・二糎×三八・三糎　一紙
（本文）出羽国庄内金峯山学頭／青龍寺／権大僧都法印朝栄／年五拾四歳

二八　高野山雑事記　一巻
江戸中期　巻子装　楮紙（奉書紙）　一六・〇糎×二七〇・九糎　六紙
（文首）弘法開基時之事、／一嵯峨天皇弘仁七年、弘法初而／高野山をひらき、其後金堂／御社等建立、大塔ハ弘法存生之／時、承知之年仁明天皇へ奏聞シ、半作にて弘法入定、
（文尾）右高之内、弐百石ニ新田百石を／加テ、出目三百石と申上候由ニ御座候事、／一修理領之事、別紙ニ御座候事、

二九　寺家覚　（年月日未詳）　一冊
江戸後期　横帳　漉返紙　一六・二糎×四四・八糎　三紙
（書出）覚／一三宝院敷事、当時座主職衆／院家中相従候義、中古／以来有来通ハ相守候／得共、近年従座主諸事／新法之御下知被仰掛／

致難儀候、
（書止）然共今更／新規ニ学侶下僧等之／様ニ万事御支配被成度候と／有之義ハ、為法流之／旁歎ヶ敷存候事、／右之趣、為御心得致覚書／懸御目候、○御聞届被成可被取候、／以上、

三〇　遷宮法則等控　一冊
江戸後期　袋綴装　楮紙（美濃紙）　二四・八糎×一七・二糎　六紙
（文首）一当時　御門下ニ而御取用之法則ハ、遷宮法／本他〔地〕法共、導師壱人ニ而修行致し候事と／決定候義ニ御座候哉、
（文尾）何れ右法則向之義、拙寺／調方行届不申候而ハ、不都合ニ御座候間、如此段／相伺候、何分早速御報被仰下度奉存候、以上、／辰十月　鳳閣寺／大渓刑部卿様／平井治部卿様／飯田河内介様

三一　上京火事記　元和六年庚申二月晦日　一通
江戸前期　折紙　漉返紙　二六・二糎×三三・二糎　一紙
（本文）上京ノ火事／二月晦日　午刻也、／但シ三千家計、／三月四日未剋也、／但二千家計、

三二　某日記抜書　一冊
江戸中期　横帳（折紙）　後欠　楮紙（美濃紙）　紙背あり　一八・〇糎×四八・五糎　五紙
（文首）三月十四日晴、雷雨昼有之、／早朝御時相済後、御道具渡し等、例／之通り相済、灌頂院より引取掛、法務／御宿坊へ参殿万事相

恐悦、門弟／一統より御祝儀申上ル、
（文尾）日取モ廿一日二三日、月ノ内ニ被遊被／下候様ニ御願候由、御申遣候、戒師
（備考）文中識語「報恩院殿坊人近代得度／日次之書抜」「正徳第五乙未暦五月／廿二日、善春後住相続、／依之、御本坊より御祝儀物／被遣之例」「享保第四己亥年九月／十五日春覚後住行伝／今日於御本院得度仕候」、第一紙紙背「真読料／金　弐百疋」、第二紙紙背「御葬式御布施／金　五拾疋」、

三三　神名帳　一巻
江戸中期　巻子装　楮紙打紙　紙背あり　黒点（傍訓）　二一・三糎×三五・六糎　八紙
（文首）日光大明神／一言主大明神／中山大明神／高和良大明神／比叡大明神／大和大明神
（文尾）近津尾大明神／甘南備大明神／雨師大明神／飯岡天神
（備考）糊離れ、

〔紙背〕某聖教断簡　一巻
巻子装　天欠・地欠
（文首）井出天神等ニ申／［　］也、次流転者／［　］衆正此時仏界／無量義経
（文尾）次仮出法［　］／居本覚［　］／門々大非［　］／義也、一切［　］／応同下［　］／門有三方［　］／本法者一［　］／

隔万法一

三四　清龍宮御遷座中法事次第断簡　一巻

江戸中期　巻子装　中欠　楮紙（奉書紙）三三・六糎×七三・七糎　二十一紙

（文首）定／清瀧宮御遷座中法事次第／閏七月十九日　仮遷座戌尅、／理趣三昧　八講第一　尊勝陀羅尼七反、／供養法　持明院僧正／調声戒光院権少僧都

（文尾）四日御本地供　尊勝陀羅尼七反、／龍光院大僧都

（備考）糊離れ、

三五　結願詞等　四通

江戸前期

（備考）（一）〜（四）一括、

（一）　結願詞　（年月日未詳）　一通

折紙　楮紙（奉書紙）　三三・七糎×四五・六糎　一紙

（本文）結願詞／一百箇日之間、奉／勤修、大願已ニ成／就円満ス、早ク本／曼荼羅位ニ還着シ／給ヘシ、開白ノ始ヨリ／結願ノ今ニ至ルマテ／降臨影向シ玉フラン、／外金剛部ノ金剛／天等ヲ始奉リテ／ーーーーー

（備考）包紙（奉書紙、三三・五糎×四五・五糎、ウハ書「結願詞」）、

（二）　結願詞　（年月日未詳）　一通

折紙　楮紙（奉書紙）　三三・七糎×四五・七糎　一紙

（本文）結願詞／一百箇日之間、奉／勤修、大願已ニ成／就円満ス、早ク本曼荼羅位ニ還着シ／給ヘシ、開白ノ始ヨリ／結願ノ今ニ至ルマテ／降臨影向シ玉フ／ラン、外金剛部ノ／金剛天等ヲ始メ／奉リテーーーー

（備考）包紙（奉書紙、三〇・九糎×四三・一糎、ウハ書「結願詞／仏眼院」）、

（三）　祖師忌日注文　一通

切紙　泥間似合　紙背あり　裏書あり　一五・三糎×四三・四糎　一紙

（端裏）祖師交名為廻向記之、七十余才集之、／（梵字）六地蔵種子／（梵字）地蔵三蔵（梵字）舎利

（文首）朔日権僧正勝覚七十三才、／二日行基菩薩八十二才、准三宮義賢七十才、／三日真雅僧正七十九才、頼義公八十八才、

（文尾）延宝六年八月廿二日／山務権僧正定昌六十八才、／法橋正盛八十二才、記之、／東福門院七十二才、御遷化、／延宝六年六月十五日

（紙背）進物目録　（年月日未詳）　一通

切紙

（本文）御樽代／金子百疋／以上、

（備考）この他詠草詩稿あり、

（四）　祖師没日世寿注文　延宝六年　一通

折紙　漉返紙　三三・七糎×三四・五糎　一紙

（書出）十二月十五日恵果和尚　六十才／三月廿一日弘法大師　六十二／
十一月十三日実恵僧都　六十三／二月廿五日僧正真済　六十一
（書止）法花倶舎毎度読之、利政坊当山久住客僧、
（差出）法印定昌
（備考）見返奥に「祖師交名為廻向、記之了」、追記、

三六　後七日御修法要用具諸雑記　一冊
明治時代　横帳　楮紙（美濃紙）　三・三糎×一六・四糎　十六紙
（外題）後七日御修法要用具諸雑記
（表紙）明治三庚午歳閏十月吉日（右）
宗覚手元控（左）
（文首）一御団／一香具類／一水嚢直シ
（文尾）奉行ヱ一通中奉書同断

三七　資金積立簿　一冊
明治時代　横帳　楮紙（美濃紙）　三・二糎×三四・五糎　八紙
（外題）当寺資金積立簿
（表紙）糸桜山（外題右下）
菩提寺用度課（外題左下）
（見返）当時無禄之義ニ付、／修覆等難行届、依テ／毎月金拾戔（銭、下同ジ）宛積／立、
是を母金とし、／子金を以修繕等ノ／手当トス、／明治十三年／
三月現住春昶
（文首）始り／一金　四拾戔明治十年三月より六月中
（文尾）右ハ明治十八年積立ル／事、／一五拾戔一月ヨリ五月迄／一三拾戔五月より八月迄

三八　伝法灌頂職衆交名（年月日未詳）　一通
室町前期　折紙　楮紙（檀紙）　三・二糎×五〇・二糎　一紙
（書出）貞和三丁亥三廿二日、大阿闍梨前大僧正賢俊、受者大納言僧都光済、／伝法灌頂職衆交名／
法印権大僧都中納言号證菩提院、宣雅呪願、嘆徳、
（書止）誦経導師従僧覚舜常陸上座／庭行事　従儀師相暹

三九　鎮守読経衆請定案　貞和四年十一月　日　一通
南北朝時代　折紙　楮紙（強杉原）　三三・〇糎×五〇・八糎　一紙
（書出）鎮守読経衆事／刑部卿律師／刑部卿々導師
（書止）右、来十一日、於御社可被勤仕之／状如件、
（備考）見返奥に「鎮守読経請定案貞和四」、

四〇　伝法灌頂職衆交名　二通
南北朝時代
（備考）（一）～（二）一括、
（一）　伝法灌頂職衆交名（年月日未詳）　一通
折紙　楮紙（杉原）　二九・〇糎×四〇・二糎　一紙
（書出）延文四年四月十三日、於修禅院／伝法灌頂行之堂上、／大阿闍梨
大僧都弘顕

（書止）鎮守読経於清瀧宮行之、権律師亮俊導師／賢西唄／幸恵／顕祐／
弘誉散花

（二）伝法灌頂職衆交名　（年月日未詳）　一通
折紙　楮紙（杉原）　二九・〇糎×四〇・五糎　一紙
（書出）延文四年四月十日、於／修禅院伝法灌頂行之堂上、／大阿闍
梨法印大納言権大僧都親恵／受者中納言法眼房運
（書止）鎮守読経衆／権律師弘俊導師、／賢西唄、／薩摩阿闍梨幸恵／俊尊／成済
散花、／於清瀧宮行之了、

四一　伝法灌頂職衆交名案　（年月日未詳）　一通
南北朝時代　折紙　楮紙（杉原）　三〇・一糎×四八・八糎　一紙
（書出）灌頂職衆／浄色房十算不壊化身院長老　唄、呪願、
（書止）承仕／浄光　禅光／於木幡観音院被行之、大阿闍梨／太子堂長老
当院々務静恵上人尊基／受者尊順上人／至徳三年丙寅十一月十五日
（備考）見返奥に「灌頂色衆」、

四二　鎮守読経衆請定等　二通
室町前期
（備考）（一）・（二）一括、

（一）鎮守読経衆請定　応永三年十一月　日　一通
折紙　楮紙（杉原）　二九・八糎×四八・八糎　一紙
（書出）鎮守読経衆事／民部法印導師、／按察僧都「奉」
（書止）右、来三日、於御社／可被勤仕之状如件、

（二）鎮守読経衆請定案　応永三年　一通
折紙　漉返紙　三〇・三糎×四八・六糎　一紙
（書出）鎮守読経衆事／民部法印導師、／兵部卿僧都
（書止）右、来――於御社可被／懃仕之状如件、
（備考）見返奥に「鎮守読経請定案応安三」、

四三　鎮守読経衆請定案　康正貳年二月　日　一通
室町中期　折紙　楮紙（杉原）　二八・八糎×四八・五糎　一紙
（書出）鎮守読経衆事／源儔大進法印導師、／俊慶民部卿僧都
（書止）右、来十八日、於御社／可被勤仕之状如件、
（備考）折紙上段奥に「隆円護摩時」、見返奥に「受者隆円鎮守読経」、

四四　鎮守読経衆請定案　文明三年九月　一通
室町中期　折紙　漉返紙　二七・〇糎×四四・二糎　一紙
（書出）鎮守読経衆／大貳大僧都導師、／按察僧都
（書止）来廿日、於御社可／被行如件、
（備考）見返奥に「文倖受者」、

四五　伝法灌頂職衆交名案　六通
（備考）（一）～（六）一括、

（一）伝法灌頂職衆交名案（年月日未詳）　一通
室町後期　折紙　漉返紙　二七・〇糎×四四・六糎　一紙
（書出）伝法灌頂職衆／大夫法印唄、呪願、／按察大僧都誦経導師、
（書止）一当日　十八日／一道場　釈迦院／一袈裟　衲、

（二）伝法灌頂職衆交名案（年月日未詳）　一通
室町後期　折紙　楮紙（杉原）　二六・六糎×四八・二糎　一紙
（書出）伝法灌頂職衆／大夫法印唄、呪願、　俊増／按察僧都誦経導師、　宗我
（書止）一十弟子／俊能大法師／宗慶大法師／隆円護摩時、
（備考）見返奥に「受者隆円」、

（三）伝法灌頂職衆交名案（年月日未詳）　一通
室町中期　折紙　漉返紙　三三・二糎×四九・八糎　一紙
（書出）嘆徳法印権大僧都頼淳唄、／祐盛呪願、／誦経導師弘俊
（書止）庭行事／法橋　能祐
（備考）見返奥に「受者　教令院／大アサリ　アミタ院／新熊野伝法灌
頂」、

（四）伝法灌頂職衆交名案（年月日未詳）　一通
室町中期　折紙　漉返紙　二七・四糎×四三・八糎　一紙
（書出）伝法灌頂職衆／大進法印唄、呪願／民部卿法印誦経導師
（書止）承仕／明意　明与／駈仕／宗行　観行
（備考）見返奥に「受者文俸」、

（五）伝法灌頂職衆礼物注文（年月日未詳）　一通
室町前期　折紙　楮紙（杉原）　三〇・二糎×四七・八糎　一紙
（書出）一職衆八人／八貫各一貫文、／一十弟子二人／一貫文各五百文、
（書止）一堂庄厳方／畳三帖／油／米

（六）伝法灌頂職衆交名案（年月日未詳）　一通
室町前期　折紙　楮紙（杉原）　二九・四糎×四八・〇糎　一紙
（書出）灌頂職衆／釈迦院／刑部卿僧大都（マヽ）誦行導師、／民部卿僧都
（書止）駈仕下部二人／福王　定音／菊音

四六　鎮守読経衆請定　文禄四年正月　日　一通
安土桃山時代　折紙　楮紙（檀紙）　三三・九糎×四七・八糎　一紙
（本文）参会辰一點、／鎮守読経衆／恵命院僧正導師、「奉」／治部卿法印「奉」／形〔刑〕部卿阿闍梨「奉」／少貳阿闍梨「奉」／兵部卿公「奉」／右、来廿
七日於御社／可被行之状如件、

四七　仁王経御修法伴僧請定案　元和六庚申年三月　日　一通
江戸前期　竪紙　楮紙（檀紙）　三五・六糎×五三・一糎　一紙
（端書）禁中ニテ三宝院義演仁王経大法被行候時之伴僧衆
（書出）請定／仁王経御修法伴僧事／光明院堯瑜法印権大僧都　妙観院弘
盛法印権大僧都
（書止）理趣坊良盛大法師　実／右、依　宣旨、自来十五日、於　禁中可
被／始行、仍請定如件、

(差出)大行事庁務《大蔵卿》法印大和尚位経運
(備考)包紙(美濃紙、三二・二糎×二四・八糎、ウハ書「仁王経大法之伴僧衆ノ覚」)、

四八　鎮守読経衆請定　元和六年十月　日　一通
江戸前期　折紙　楮紙(高檀紙)　三八・五糎×五一・六糎　一紙
(本文)鎮守読経衆事/刑部卿権大僧都導師、「奉」/兵部卿律師「奉」/元栄大法師「奉」/公助大法師「奉」/良盛大法師「奉」/右、来廿六日於御社/可被懃仕之状如件、
(備考)見返奥に「鎮守読経/請定実誉灌頂之節」、

四九　大般若経転読衆請定案　(年未詳)正月三日　一通
安土桃山時代　折紙　楮紙(檀紙)　三四・一糎×四九・六糎　一紙
(本文)大般若転読/理性院法印/松橋――奉/治部卿――奉/民部卿――奉/二位権少僧都奉/報恩院法眼奉/大夫権律師奉/少将――――奉/刑部卿――――奉/演快阿闍梨奉/演俊――――奉/宗情――――奉/澄然――――奉/演超――――奉/来五日、於金剛輪院/可有参懃状如件、

五〇　伝法灌頂衆請定案　天明四年八月日　一通
江戸後期　竪紙　楮紙(奉書紙)　三六・〇糎×四九・五糎　一紙
(書出)請定/伝法灌頂職衆事/権僧正唄、呪願、　侍従大僧都法印/新中将大僧都法印誦経、　侍従大僧都法印
(書止)一位権律師　少将権律師/右、来十九日於釈迦院、可被行/伝法灌頂職衆、請定如件、
(備考)包紙(奉書紙、三七・一糎×三三・六糎、ウハ書「天明四甲辰年八月十九日報恩院大僧都法印成深二十一入壇/職衆請定之写シ也、但大鷹上包同紙也、/大阿闍梨円明院山務僧正淳―年五十二」)、

五一　中間護摩時受者達嚫案　寛政九年十月二日　一通
江戸後期　竪紙　楮紙(奉書紙)　三六・三糎×四九・四糎　一紙
(本文)中間護摩別施物之事/金剛界指事　二巻/胎蔵界指事　二巻/右、為四種恩徳報謝五種/大願成就、布施所行如件、
(差出)金剛仏子亮観敬白
(備考)包紙(奉書紙、四六・〇糎×三三・八糎、ウハ書「寛政九年丁巳十月二日金流開壇/中間護摩時受者達嚫案」)、

五二　大法師淳済請諷誦文　寛政十二年閏四月十日　一通
江戸後期　竪紙　楮紙(奉書紙)　三九・〇糎×五三・一糎　一紙
(書出)敬白/請諷誦事/三宝衆僧御布施一裹/伏惟膺先師前山務僧正法印大和尚位淳杲/第三廻之期辰、
(書止)然則聖霊/覚月朗曜心台恵日遍照利益群生、仍諷誦/所修如件、
(差出)大法師淳済敬白
(備考)包紙(奉書紙、五〇・〇糎×三六・二糎、ウハ書「寛政十二年閏四月十日、当故山務僧正淳杲三回忌曼供修行/諷誦堂達戒光院権律師隆耀、則当日供養之諷誦也、/為後代被円明院経蔵納置」)、

五三　後南御室覚深入道親王御教書写　一通

安土桃山時代　折紙　楮紙（杉原）　三一・一糎×四四・〇糎　一紙

（備考）①・②書継、

①後南御室覚深入道親王御教書写　天正十二年七月廿九日

（本文）聖人御免事、／令披露候之処、／不可有相違之由、／御室御気色所候也、／仍執達如件、

（差出）禅海判

（宛所）祐阿聖人御房

②後南御室覚深入道親王御教書写　天正十六八月十五日

（本文）上人御免之事、令／披露之處、任先例／不可有相違之由、／御室御気色所候也、／仍執達如件、

（差出）春證判

五四　信長・秀吉朱印状等目録（年月日未詳）　一通

江戸後期　折紙　楮紙（美濃紙）　三一・〇 二六・一糎×四五・〇 四一・〇糎　二紙

（書出）当寺領之事、先年両度雖来／――

（書止）此種ノ類ハ総テ巻物／又ハ掛物ニ仕立ザレバ散失ノ／患アルヲ免ンズ、

（備考）第一紙見返奥に「文政八乙酉年十月改之、年預光心／信長秀吉朱印等目録」、朱註記、円形朱印（「□野」）三顆、元亀三年から天正十七年にかけて出された朱印・黒印状等の目録、第一紙目、第二紙目は筆跡を異とす、右端に綴穴二つ、

五五　大貳書状（元和六年）三月九日　一通

江戸前期　竪紙　漉返紙　二九・三糎×四三・〇糎　一紙

（端裏）元和六庚申年三月十五日開白、

（本文）御公料御院家八石相渡／候間、明日早々御奉行被／出御請取候て可給候、恐々／謹言、

（差出）（花押）

（備考）奥に切封（墨引、ウハ書「金子五左衛門殿　大貳」）、

五六　後大御室承法法親王御教書写　一通

江戸前期　折紙　楮紙（杉原）　三三・〇糎×四三・八糎　一紙

（備考）①～④書継、

①後大御室承法法親王御教書写　元和七年三月廿一日

（本文）権大僧都御免／事、不可有子細旨、／御室宮御気色所候也、／仍執達如件、

（差出）禅宥

（宛所）観秀僧都

②後大御室承法法親王御教書写　元和九年九月廿四日

（本文）法印権大僧都／御免許事、不可有子細旨、／御室宮御気色所候也、／仍執達如件、

（差出）禅宥判
（宛所）観秀法印御房

③後大御室承法法親王御教書写　元和六年五月十五日
（本文）権大僧都御免／事、不可有子細旨、／御室宮御気色所候也、／仍執
　達如件、
（差出）禅宥判
（宛所）俊誉僧都御房

④後大御室承法法親王御教書写　元和九年九廿一日
（本文）法印権大僧都／御免許事、不可有／相違旨、　御室宮御／気色所
　候也、仍執達如／件、
（差出）禅宥
（宛所）俊誉法印

五七　侍従法眼某書状　二通
江戸前期　折紙　楮紙（杉原）
（備考）（一）・（二）一括、

（一）　侍従法眼某書状　寛永元十二月廿三日　一通
三四・五糎×五〇・九糎　一紙
（本文）来春後七日御修法／被　仰出、御／出仕被成候、然者如／御先例
　御出仕被成／護摩御勤仕候様ニ／可申入旨候、恐々謹言、
（差出）侍従法眼／浄（花押）
（宛所）水本殿
　善俊坊

（二）　侍従法眼某書状　寛永元十二月廿三日　一通
三四・五糎×五一・〇糎　一紙
（本文）明日廿四日御公料／板倉周防守殿御蔵候て、／被任例八石相渡候
　間、／御奉行被出、早々／可被請候、恐々／謹言、
（差出）侍従（花押）
（宛所）水本殿
　善俊
（備考）逐而書、

五八　良音書状　寛永九八月十五日　一通
江戸前期　折紙　楮紙（美濃紙）　二六・四糎×四一・二糎　一紙
（書出）従是以飛脚可申／上候處、其元様迄被下候、
（書止）是ハ／留守居之者ニ被仰付、／可然かと皆々申義／候□、□事々
　都より／可申上候、恐惶謹言、
（差出）関根采女／良音
（宛所）三□様まいる
（備考）逐而書、

五九　近衛政熈書状　（年未詳）後八月廿一日　一通
江戸前期　折紙　楮紙（奉書紙）　三三・四糎×四六・五糎　一紙
（書出）貴書拝見候、誠ニ此／間者拝面大慶候、抑内々御祈本尊／之事、

御別帋御／注進承候、
（書止）先以御答迄如斯候也、／恐々謹言、
（備考）見返奥に「貴答　政熈」、墨合点、逐而書、

六〇　勧修寺大納言某書状　（年未詳）卯月九日　一通
江戸前期　折紙　楮紙（奉書紙）　三一・六糎×四五・五糎　一紙
（書出）其以来者、誠遠／之至候、御無事候哉、
（書止）委曲期面謁候条、／不能詳候、恐々謹言、
（差出）（花押）
（宛所）水本殿
（備考）懸紙（美濃紙、二九・〇糎×三九・六糎、墨引、ウハ書「水本殿　勧修寺大納言」）、包紙（美濃紙、二八・〇糎×四〇・〇糎）、

六一　某書状等　一巻
江戸後期　巻子装　漉返紙（黄檗染）　一五・七糎×一五〇・四糎　六紙
（備考）①・②書継、糊離れ、

①某書状　（年未詳）四月九日
（書出）文永寺中将先月十三日／夜○《致》離山、就夫為祈〔訴〕百姓／罷登候ニ付、
（書止）○《御肝煎》［　　　］／恐惶謹言、
（備考）逐而書、虫損甚し、

②金子隠岐書状　（年未詳）四月
（書出）文永寺中将出走仰《被致離山》ニ《被致候》付、／早々寺領百姓被仰付、御登せ、／殊更御細書忝致拝見候、
（書止）幾重ニも宜想得可申入由／被申候、猶期後音之時候、恐惶謹言、
（差出）金子隠岐
（宛所）知久次郎左衛門様／虎岩与惣左衛門様／知久頼母様／人々御中

六二　金子隠岐書状　（年未詳）三月六日　一通
江戸後期　続紙　三椏紙（黄蘗染）　紙背あり　一六・七糎×七一・〇糎　三紙
（書出）文永寺領百姓罷登申《就》候ニ／一筆啓上仕候、
（書止）尚期後音之時、恐惶謹言、
（差出）金子隠岐
（宛所）虎岩求馬様／知久頼母様

（紙背）某書状　（年月日未詳）　一通
続紙
（書出）一旧冬中将百姓共ニ被申候者、面々／文永寺住物大切ニ存、
（書止）尚以飛脚罷登候［　　　］、
（備考）習書、

六三　金子隠岐書状　（年未詳）九月十九日　一通
江戸後期　続紙　三椏紙（茶染）　一四・九糎×八五・〇糎　二紙
（書出）万御無異御勤之由、／珍重奉存候、当境院内／別条無御座候、然者文永寺／後住ニ御相続被申見性坊／事、

（書止）此段も／円福寺へ申上遺事々御座候、／尚期後音之時候、／恐惶
謹言、
（差出）金子隠岐
（宛所）虎岩与惣左衛門様／知久次郎左衛門様／知久善兵衛様／御報

六四　後桜町院廻向料納状案等　十六通・一紙
江戸後期
（備考）（一）～（一七）一括、包紙（美濃紙、二七・一糎×三七・七糎、ウハ書
「上醍醐山円明院様　松永主膳／要用書」）、

（一）　後桜町院廻向料納状案　（年月日未詳）　一通
続紙　楮紙（奉書紙）　一六・二糎×二九・五糎　二紙
（書出）後桜町院様／御廻向料　白銀三枚／御納
（書止）右、御世話之御局方者、／梅園局油小路故一位殿女〔娘カ〕□

（二）　後桜町院廻向料納状案　（年月日未詳）　一通
切紙　楮紙（奉書紙）　一六・三糎×二七・二糎　一紙
（書出）後桜町院様／御廻向料白銀三枚／御納
（書止）其後　崩御ニ付、御施／物を直ニ為御廻向〇料拝領／仕候事、

（三）　後桜町院廻向料納状案断簡　（年月日未詳）　一通
切紙　後欠　楮紙（奉書紙）　一六・三糎×二〇・〇糎　一紙
（本文）後桜町院様／御廻向料　白銀三枚／御納

（四）　霊元院霊儀事書写　（年月日未詳）　一通
切紙　楮紙（奉書紙）　一八・〇糎×三六・〇糎　一紙
（書出）霊元院尊儀諱識仁、／享保十七壬子年八月六日崩御、
（書止）則尊儀奉仕之局也、号光音院、

（五）　霊元院霊儀事書写　（年月日未詳）　一通
切紙　楮紙（美濃紙）　二七・三糎×三六・二糎　一紙
（書出）霊元院尊儀／金二拾両御祠堂料御寄附、
（書止）一打敷者新大納言局寄附、藤谷前中納言為條卿女、薙髪後号智徳院、

（六）　松永恒孝書状　（年未詳）正月二日　一通
続紙　三椏紙　一五・四糎×三一・七糎　二紙
（端裏）拝復　恒孝拝
（書出）尊書拝誦仕候、于今寒兎角／退兼候得共、
（書止）猶御勘考／伺候、早々御尊翰迄敬白、

（七）　松永恒孝書状　（年未詳）二月六日　一通
続紙　楮紙（美濃紙）　一五・七糎×六三・六糎　二紙
（書出）態御使者以啓上仕候、不順之／気候ニ御座候処、倍御安泰／被為
成奉恭賀候、
（書止）態御使者以申上候、／何も拝面委曲可申上候、／敬白、
（差出）恒孝拝
（宛所）円明院様／尊報

（八）　光人書状　（年未詳）閏月九日　　一通
続紙　楮紙（美濃紙）　一五・九糎×二一・〇糎　三紙
（書出）澄翁日記／享保十七年十二月／廿六日
（書止）右之分よりハ不相見当候／間、書付進上候、尚祠堂箱／御吟味可然奉存候、以上、
（差出）光人
（備考）奥に封書「円僧都様　光人」、澄翁日記の享保十七年十二月廿六日・同十八年正月廿九日・三月六日・七月五日・八月四日～六日条を引用、

（九）　松永恒孝書状　（年未詳）壬正月廿二日　　一通
続紙　三椏紙　一五・三糎×五三・一糎　二紙
（書出）春寒難退御座候處、倍／御安泰被為成、奉御恭賀候、
（書止）右、御内々申上度、早々敬白、
（差出）恒孝
（宛所）円明院様 猊下

（一〇）　若山書状　（年月日未詳）　　一通
折紙　楮紙（奉書紙）　三三・八糎×四五・七糎　一紙
（書出）此程ハ御ふミの様、／忝さ承存候、
（書止）二袋わたくし江／送給へく候との御事候、／かしく、
（差出）若山／より
（宛所）ま津永／主膳殿／まいらせ給候へ
（備考）逐而書、

（一一）　松永恒孝書状　（年未詳）壬正月廿日　　一通
続紙　三椏紙　一五・三糎×三〇・三糎　二紙
（書出）雲章拝誦仕候、春寒／難退御座候得共、
（書止）仍／艸々如是御坐候、敬白、
（備考）端裏に切封（墨引、ウハ書「円明院様　松永主膳／拝復」）、

（一二）　松永恒孝書状　（年未詳）五月十八日　　一通
続紙　三椏紙　一五・四糎×六三・八糎　二紙
（書出）御書拝見仕候、拙雨中／朦々敷御座候処、
（書止）唯今取込／麁筆申上候、以上、
（備考）逐而書、端裏に切封（墨引、ウハ書「円明院様 拝答　恒存まいる」）、

（一三）　円明院先例覚　（年月日未詳）　　一通
切紙　前欠　三椏紙　一五・四糎×四三・九糎　一紙
（文首）右之通御先例も御座候間、／御内々宜奉願上候、以上、
（書止）法名天香院殿／御□所／五百崎事 蓮友院／若山事 宝珠院

（一四）　松永恒孝書状　（年未詳）六月九日　　一通
切紙　漉返紙　一五・三糎×三三・七糎　一紙
（端裏）円明院様　恒孝
（書出）炎暑難堪御座候處、／倍御安泰被為成、奉御恭賀候、

（書止）宜御覧可成被下候、／仍而早々敬白、
（備考）逐而書、

（一五）光人書状　（年未詳）閏月晦日　一通
続紙　楮紙（美濃紙）　三一・一糎×三六・四糎　二紙
（書出）御細書拝見候、
（書止）御問合可／然ニ奉存候、以上、
（備考）端裏に切封（墨引、ウハ書「円僧都様貴報　光人」）、

（一六）宮林有斉請取覚　（年未詳）丑五月十五日　一通
続紙　楮紙（美濃紙）　一六・四糎×一五・〇糎　二紙
（本文）覚／一取鷹の爪／代金十三朱分、／右之通、代料慥ニ受取申候、已上、
（差出）宮林有斉（長方形黒印）
（宛所）上西御使中様
（備考）本文中に差出と同印二顆、

（一七）松永主膳書状懸紙　（年月日未詳）　一紙
竪紙　楮紙（美濃紙）　三三・三糎×二七・五糎　一紙
（備考）ウハ書「上醍醐山円明院様　桂宮御内松永主膳／御用書入」、

六五　御室花厳院書状　（年未詳）正月廿五日　一通
江戸中期　折紙　楮紙（奉書紙）　三三・五糎×四五・六糎　一紙
（書出）印鑑（円形黒印）／庄右衛門／御下行米御渡之事／廿七日御指合有之候ニ付、
（書止）御渡可被下候、／尤印鑑掛御目置／申候、以上、
（差出）花厳院
（宛所）法務御方御雑掌中
（備考）懸紙（美濃紙、三九・三糎×二七・九糎、ウハ書「醍醐水本御里坊御留主居中　御室花厳院」）、

六六　報恩院法眼・宝幢院僧正連署状写　（年月日未詳）　一通
江戸中期　折紙　楮紙（奉書紙）　三七・九糎×四九・一糎　一紙
（書出）一翰令啓達候、追日落着相催／候処、弥御清福御修行法幸之至ニ／御座候、抑来ル九月六日相当当流／元祖五百五十回遠諱諱之節、
（書止）御風味希入候、仍而得芳慮／度、如斯御座候、恐々謹言、
（差出）報恩院法眼判／宝幢院僧正判
（宛所）真福寺法印御老衲
（備考）折紙下段に「右一枚／円福寺／弥勒寺／根生院　同文言」、追而書、

六七　真源書状　（年未詳）臘月十日　一通
江戸前期　折紙　楮紙（杉原）　三一・五糎×四五・三糎　一紙
（本文）明春後七日、就／御執行、伴僧可／令参仕候旨、畏入／奉存候、御前／宜令掛御披露／給候也、恐々謹言、

(差出) 真源
(宛所) 井内侍従御房

六八　藤井出羽介書状　(年未詳)十一月廿八日　一通
江戸後期　続紙　三椏紙　一四・八糎×四五・三糎　四紙
(書出) 以手紙得貴意候、弥御安全御法勤珎重／奉存候、然者／神変菩薩
千年御忌／山下伽藍曼供次第、
(書止) 一覧相済候次第／御返脚(マヽ)申候間、宜奉頼候、／以上、
(差出) 藤井出羽介
(宛所) 密厳院僧正様

六九　前執行栄元書状　(年未詳)極月廿八日　一通
江戸前期　折紙　楮紙(杉原)　三一・六糎×四四・九糎　一紙
(書出) 以上、／後七日御修法御／参勤供奉之中綱・／中﨟四人相催可／
申候、
(書止) 指貫着用も可然／可有御座候、御示被下／通、御用意可被成候、／
恐々謹言、
(差出) 前執行栄元
(宛所) 淳昭法眼御房

七〇　東之坊等連署状　(年未詳)卯月一日　一通
江戸前期　折紙　楮紙(杉原)　三六・四糎×五一・〇糎　一通
(書出) 以上、／幸便御座候間、乍恐一筆／致啓上候、依而　当御門跡様／
益御機嫌宜被為成御座、／并御自分様方御堅固ニ可有／御座与奉
存候、
(書止) 一御門跡様御入峯之様子、乍恐／無心元奉存候、御発足之／日限
仰被下候者、其節罷登／可得其意候条、不能細筆候、／恐惶謹言、
(差出) 笠取山／東之坊行盛(花押)／中之坊清賢(花押)／惣寺中
(宛所) 甲村壱岐様／飯田備後様／淳昭法眼様

七一　理性院僧正口上書　(年月日未詳)　一通
江戸中期　切紙　後欠　楮紙(奉書紙)　一八・〇糎×四九・二糎　一紙
(端裏) 此覚書も不指出也、
(書出) 理性院僧正口上／初瀬川右近／一一昨日被仰渡候趣、承畏／存候
得共、先年鉄炮改／又宗旨改両度之儀、醍醐／村ハ地頭入組百姓
之人ニ付、／相改ニ御座候、
(文尾) 一此度證文指出不□(申カ)候四人之／田畑と證文□(加カ)判致ニ候、四拾／人
余之田畑と同□□儀ニ而、
(備考) 虫損甚し、

七二　某書状案　(年月日未詳)　一通
江戸中期　続紙　三椏紙　一五・七糎×一二九・六糎　三紙
(書出) 態一簡致啓達候、／然者今度山下伽藍急々／御入用由而、内々与
兵衛より山上／観音堂建立料寄進之内、／貳貫五百目爰元衆中へ指
先出／至し分ニ、
(書止) とり八つ時分ニ愚寺ニテ／御登山可参候、猶面上ニ承リ／言上

ニ而憑可仕候、

七三　杲弘書状（年未詳）三月十七日　一通

江戸後期　切紙　楮紙（杉原）一六・四糎×四六・七糎　一紙

（書出）此間者打続御苦労存候、／愈無御障珍重存候、／抑令約候書写物
料／紙并本共為持令進入候、

（書止）裏書等所々違不申候／様、頼入存候、万々面上／可申承不詳候也、

（差出）杲弘

（宛所）普賢院僧都御房

七四　某書状写等　四通

江戸後期

（備考）（一）～（四）一括、

（一）某書状写（年月日未詳）　一通

続紙　楮紙（美濃紙）一八・〇糎×一〇一・五糎　二紙

（書出）昨春後七日伴僧差掛無人、／当惑ニ付、相願候処、格別之儀ヲ以、
上首殊ニ師範之事ニ候得共、

（書止）今壱ヶ年密乗院／僧正出席之儀、被／聞召届候ハヽ、安心勤修
可／致候、

（二）主上等本命・当年星陀羅尼文写　一通

切紙　楮紙（杉原）一八・二糎×四九・五糎　一紙

（文首）主上御宝算御十八／御本命星　貪狼星

（文尾）御当年星　羅睺星／唵羅睺室哩娑婆賀

（三）道具覚（年月日未詳）　一通

小切紙　楮紙（奉書紙）一八・三糎×二〇・〇糎　一紙

（本文）覚／一赤大井川／一紐鏡／一武蔵鐙／以上、／封之候、

（差出）（楕円形黒印）

（四）一身阿闍梨先例上表土代（年月日未詳）　一通

切紙　楮紙（美濃紙）三七・六糎×二九・五糎　一紙

（端裏）上表

（書出）上表奥処、／｜｜｜奉修　御願就〇中於当寺者、旧祖宮僧正／覚源初
補先職、

（書止）復タ寛治六年堀河帝命法王覚行密宗／為一身｜、

七五　太元護摩堂建立勧進状写　延宝八年四月廿五日　一通

江戸前期　巻子装　楮紙（奉書紙）三三・五糎×二六五・四糎　七紙

（端裏）醍醐寺理性院殿什宝写

（書出）夫太元明王は合戦乃帥法、天魔鬼神／の統領なり、

（書止）右一巻者、龍池院／二品親王尊朝真跡、／可謂至宝者也、

（差出）龍池末流二品（花押）親王書之、

七六　肥前国如泉寺勧進状土代　　二通

江戸前期

（備考）（一）・（二）一括、

（一）　肥前国如泉寺勧進状土代　延宝九年辛酉八月中旬　　一通

続紙　漉返紙　二六・二糎×六二・二糎　二紙

（書出）抑勧進の意趣ハ、鎮西肥前の国下松浦五嶋吉田江の邑／福寿山妙泉寺ハ、開闢年紀誰人の草創といふ事を／知らす、

（書止）壱銭二銭によらす、力を合せ心を／一にして、小僧の愚願成就満足せしめ給へ、奉頼者也、

（差出）福寿山慈尊院妙泉寺住持法印有寛謹言

（二）　肥前如泉寺勧進状土代　延宝九年辛酉八月中旬　　一通

竪紙　漉返紙　三三・八糎×三三・六糎　一紙

（書出）抑勧進之意趣者、鎮西肥前／国下松浦五嶋吉田江邑（意私云、一本ニ富ノ字ト見ユル、）／福寿山如泉寺、開白之年紀未決何人草創也、

（書止）二世安穏のため、一銭二銭の助力を奉頼／者也、

（差出）福寿山慈尊院妙泉寺住持法印有寛／謹言

（備考）本文紙背にわたる、

七七　口上覚土代（年月日未詳）　　一通

江戸前期　竪紙　漉返紙　二四・二糎×三〇・五糎　一紙

（書出）口上之覚／一松橋（醍醐）与同門弟弥勒院与申分就有之、被及御断候、

（書止）伝奏／之御紙面無相違相立諸事、有来通（前々之通）ニ寺法／寺例相続仕候様ニ（於御取沙汰者可畏存候、）○所仰御座候、

七八　放出事注進状（年月日未詳）　　一通

江戸中期　竪紙　漉返紙　二四・九糎×四三・六糎　一紙

（書出）天神之讃加点候、定而可有相違之間、可用捨由被申送／候、

（書止）以記録之／始末、可被御覧合候哉、此分返事被下候、

七九　上下醍醐寺惣代連署願書案　　二通

江戸中期　続紙　楮紙（奉書紙）

（備考）（一）・（二）一括、

（一）　上下醍醐寺惣代連署願書案　宝暦十一年辛巳九月廿八日　一通

三六・三糎×五五・七糎　二紙

（書出）奉願口上覚／今般　大御所様就　薨御、如先規献経拝礼相勤度／奉願候、

（書止）右之趣、被為　聞召分、先規／之通被為　仰付被下置候ハヽ、難有可奉存候、以上、

（差出）真言大本寺城州下醍醐寺惣代西往院法印（円形黒印）／同所上醍醐寺惣代密教院法印（円形黒印）

（宛所）寺社御奉行所

（二）　上下醍醐寺惣代連署口上覚案

宝暦十一辛巳年九月廿八日　一通
三六・五糎×五四・八糎　二紙
（書出）奉願口上覚／今般　大御所様就　薨御、如先規献経拝礼相勤度／
奉願候、
（書止）右之趣、被為　聞召分、先規之／通被為　仰付被下置候ハヽ、難
有可奉存候、以上、
（差出）真言大本寺城州下醍醐寺惣代 西往院法印（円形黒印）／同所上醍醐寺
惣代 密教院法印（円形黒印）
（宛所）寺社 御奉行所

八〇　上下醍醐寺惣代連署口上覚案（年未詳）巳宝暦十一年也九月　日　一通
江戸中期　縦切紙　楮紙（奉書紙）　紙背あり　三・九糎×二四・九糎　一紙
（端裏）寺社奉行毛利讃岐守内河内勝右衛門より右之通口上書、可然よし
内々／申聞、此口上書差出候、是ニ而相済也、
（書出）口上覚／今般献経拝礼申上度、京都御奉行所江相願参府仕候、
（書止）先々右之通ニ御聞候間、宣御沙汰奉願候、以上、
（差出）真言大本寺城州上醍醐寺惣代 密教院法印印形／同所下醍醐寺惣代 西往
院法印印形
（宛所）寺社 御奉行所
（備考）紙背に「公用人申候者、上下ヘ百貫文宛拝領ト相認、可然申聞候、
重而下向まいら／せ候様、可然事也」、

八一　山上・山下年預連署口上覚土代等　二通
江戸中期
（備考）（一）・（二）一括、
（一）　口上覚土代（年未詳）巳六月廿一日　一通
小切紙　楮紙（美濃紙）　一九・一糎×二五・二糎　一紙
（書出）口上之覚／昨日／一今般　大御所様○就薨御、献経拝礼／参府願之
儀、
（書止）此段随分宜様、御沙汰奉／希上候、以上、
（二）　山上・山下年預連署口上覚案（年未詳）巳六月廿一日　一通
続紙　漉返紙　一六・四糎×三三・二糎　二紙
（書出）口上之覚／一今般／大御所様就　薨御、献経／拝礼参府願之儀、
（書止）此／段宜様、御沙汰奉希上候、以上、
（差出）山下年預 阿弥陀院／山上年預 密乗院

八二　上下醍醐寺惣代連署口上覚土代　宝暦十一年六月　日　一通
江戸中期　竪紙　楮紙（美濃紙）　二八・五糎×四〇・二糎　一紙
（書出）覚／一厳有院様薨御之節、延宝八庚申年六月五日、於上野献経拝
礼／相勤候、
（書止）依之今度山上／山下惣代下向之儀、御願申上候、右之様、被聞召
別宜様－－－／奉希候、以上、
（宛所）御奉行所

八三　山上・山下年預連署口上書土代等　十六通・一紙

（備考）（一）〜（一七）一括、包紙（美濃紙、二七・八糎×四一・二糎、ウハ書「上醍醐伽藍證文□村勘兵衛方へ遣置、戻リ／残リ本皆五［　］」）、

（一）　山上・山下年預連署口上覚土代　〔宝暦十一年六月廿日〕　一通

江戸中期　続紙　三椏紙　一六・〇糎×五〇・八糎　二紙

（端裏）宝暦十一巳年六月廿日、御門主へ出ス／大御所様献経拝礼之義、二条表江／願出候ニ付、御座主江御届口上書也、

（書出）口上覚／今般　大御所様就／薨御ニ、如先規為御献経／拝礼参府願之儀、

（書止）宜被為聞召分、御下知／奉願候、以上、

（二）　山上・山下年預連署願書案　（年未詳）巳ノ六月　一通

江戸後期　続紙　三椏紙　一五・六糎×七一・八糎　三紙

（書出）今般　大御所様就薨御、如先／規為献経拝礼参府之儀、奉／御届申上候、則先規如左、

（書止）依之此度如先々／相勤申度、奉願候、以上

（差出）山下年預阿弥陀院／山上年預密乗院

（三）　諷経覚　（年未詳）五月　一通

江戸後期　続紙　楮紙（美濃紙）　一四・七糎×四五・六糎　二紙

（端書）有章院様御時御觸書写

（書出）諷経之覚／一御当地得遠国共、拝礼／相勤候寺院、可致納経事、

（書止）右之外、古跡各別之／由緒有之寺院吟味之上、／可差加無断罷出／間敷事、

（四）　某書状案　（年月日未詳）　一通

江戸後期　小切紙　楮紙（美濃紙）　一八・八糎×三五・〇糎　一紙

（書出）昨日之趣拝面、其後於三本木伊勢ヤ清右衛門方、

（書止）今明日桜井殿へ参申候、覚悟ニ御座候、

（備考）（一一）に関連、

（五）　阿弥陀院・成身院連署状　（年未詳）六月廿六日　一通

江戸後期　続紙　三椏紙　一五・六糎×四六・一糎　二紙

（端裏）蜜乗院様御参候、　阿弥陀院／成身院

（書出）御書中拝見仕候、／酷暑ニ御座候次第、弥／御安康ニ被成御座／珎重奉存候、

（書止）明早期ニ／御届可申上候旨、心得ニ／御心持重而被申候哉、／御書中之趣可申達候、以上、

（備考）逐而書、

（六）　密教院書状案　（年未詳）六月廿六日　一通

江戸後期　折紙　楮紙（美濃紙）　二六・二糎×四一・二糎　一紙

（書出）態以飛脚得其意候、先以／弥御安全御在然可被成候、珎重／申存

候、

（書止）尚期拝顔候、万々／可申承候也、

（差出）密教院

（宛所）密乗院

（備考）逐而書、

（七）　鳳閣寺某書上　（年未詳）十一月五日　一通

江戸後期　続紙　楮紙（奉書紙）　一六・五糎×三三・五糎　二紙

（端裏）密教院様／西往院様　鳳閣寺

（書出）其後者及御無音候、／追日冷気募候得共、御安全被成御逗留珎重／奉存候、

（書止）御家来へ可被下候、／御安否承度、如此御座候、／尚期貴顔候、以上、

（八）　弘忠書状写　（年未詳）八月十一日　一通

江戸後期　小切紙　楮紙（美濃紙）　一八・七糎×二八・三糎　一紙

（端裏）御年預円明院様用事　弘忠

（書出）弥御安全珎重奉存候、然者二條表／願之通、無滞相済申候、

（書止）且又兼日之金子、御取寄可申候、／明日帰山可仕候、左様思召可申候、以上、

（九）　某書状土代　（年月日未詳）　一通

江戸後期　切紙　三椏紙　一五・七糎×二七・五糎　一紙

（書出）只今山下より如別書申来□、／就夫二条表江御門生より先々／御使被進候御事、

（書止）御門主よりハ惣代廿三日可出候、／已御願被成候由、被仰遣之間、違可申／御事候歟、如何、

（備考）天地破損、

（一〇）　某書状土代　（年月日未詳）　一通

江戸後期　切紙　楮紙（美濃紙）　三・七糎×二八・三糎　一紙

（書出）今日二條西之御役所江献経拝礼／願出候処、可及披露候間、今申刻時／伺可申参旨、

（書止）尚／参府発足之日限等可被申／聞旨、被申渡候、以上、

（一一）　弘忠書状案　（年未詳）六月廿四日　一通

江戸後期　小切紙　漉返紙　一九・二糎×二五・〇糎　一紙

（書出）一参申候供廻り之事／西院ハ侍二人、下部二人、六尺三人／之よしニ御座候、

（書止）一用意物彼是聞合相調申候、／尚期拝面之時候、早々、以上、

（差出）弘忠

（宛所）密乗院様

（備考）（四）に関連、

（一二）　寺社奉行召状　（年未詳）五月十日　一通

江戸後期　切紙　楮紙（美濃紙）　一八・二糎×三一・〇糎　一紙

（端裏）上醍醐寺惣代密乗院／下醍醐寺惣代西往院／石嶋五三郎／木村九郎
兵衛
（本文）被申達候儀有之候間、／明十一日九時迄之内、阿波守殿／御役所
江御出可被成候、以上、

（一三）　津国屋請負状　（年未詳）未六月　　一通
江戸後期　折紙　楮紙（美濃紙）　二四・四糎×三四・三糎　一紙
（書出）通り御用直段付／従御当所江戸迄東海道日数／十二日十三日切
（書止）一御道中川留一日／壹人ニ付銭貳百五拾文／右通ニ而慥御請負
申上候、以上、
（差出）ふしミき□丁津問屋太郎兵衛

（一四）　弘忠金子覚　（年未詳）九月十一日　　一通
江戸後期　切紙　楮紙（美濃紙）　一九・八糎×二六・二糎　一紙
（本文）覚／一京都礼物入用ニ付、今明日之内、／才覚致したく候間、右
之金子子（マヽ）／従西往院可被申入候間、まつ／明朝落手被致候様、宜
頼／入存候、／一金子拾両歩金にて、
（差出）弘忠（円形黒印）
（宛所）円明院様

（一五）　寺社奉行・若年寄・老中交名　（年月日未詳）　　一通
江戸後期　折紙　楮紙（美濃紙）　二四・五糎×三五・〇糎　一紙
（書出）寺社／酒井飛弾守／太田摂津守／若年寄／板倉佐渡守／水野壹
岐守、
（書止）老中／酒井左衛門尉／秋元但馬守／寺社／毛利讃岐守

（一六）　山上年預有円書状結札　（年月日未詳）　　一紙
江戸後期　小切紙　楮紙（奉書紙）　一六・四糎×六・六糎　一紙
（備考）ウハ書「山下御年預阿弥陀院様／用事成身院様／山上年預有円／何
レ成共御披見可申候、以上」、

（一七）　密教院・西往院連署状断簡　（年月日未詳）　　一通
江戸後期　小切紙　楮紙（奉書紙）　一六・二糎×一一・四糎　一紙
（差出）城州上醍醐寺惣代密教院／同所下醍醐寺惣代西往院

八四　山上・山下年預連署口上覚案　（年未詳）未ノ六月廿六日　一通
江戸中期　切紙　楮紙（奉書紙）　一六・四糎×四六・三糎　一紙
（端裏）御本坊江差出候留
（書出）口上覚／今般　大御所様就／御薨去ニ、如先規為御納経／拝礼
参府願之儀、
（書止）同月十七日、同處於花岳院／御施物両寺江青銅／貳百貫文拝領仕
候、以上、
（差出）山下年預岳西院／山上年預慈心院

八五　山務・山上年預等連署銀子預證文案
宝暦十一辛巳年七月　日　一通

江戸中期　竪紙　漉返紙　二四・三糎×三四・四糎　一紙
（書出）預リ申銀子之事／一丁銀合貳貫弐百七拾壱匁五分也、
（書止）来ル霜月中ニ元利共、急度返弁／可申候、仍而預證文如件、
（差出）山上衆中惣代密教院印／同年預密乗院印／山務弥勒院印
（宛所）中村源右衛門様

八六　江戸四ヶ寺役者連署状写　一通
江戸後期　続紙　楮紙（美濃紙）　一五・四糎×一二七・二糎　三紙
（端裏）四ヶ寺より来書
（備考）①・②書継、

①江戸四ヶ寺役者連署状写　（年月日未詳）
（書出）覚／一金弐百四拾九両／壱貫弐百文／内金百六拾弐両去卯十二月両山江向為相登候、
（書止）右之通、今般為相登候間、／御落手之上、宜敷頼上候、以上、
（差出）弥勒寺役者大鏡判印／円福寺役者義龍判印／根生院役者本盛判印／真福寺役者鑁明判印

②江戸四ヶ寺役者連署状写　（年月日未詳）
（書出）一筆啓上仕候、春暖之節、弥御安全被成、／御勤役大慶之御儀ニ／奉存候、然者／理源大師九百年忌／御相当ニ付、御助成之儀、
（書止）右之段、宜得御意旨／各院主被申付如此御座候、／恐惶謹言、
（差出）弥勒寺役者大鏡義厳判／円福寺役者義龍羿伝判／根生院役者本盛玄周判／真福寺役者鑁明観雅判
（宛所）慈心院僧正様／宝幢院権僧正様御雑掌中

八七　進物覚　（年月日未詳）　一通
江戸中期　小切紙　楮紙（杉原）　一七・八糎×二〇・二糎　一紙
（本文）覚／理源大師御遠忌に付、先達而／惣分一派江御頼之儀御座候処、／今度右為御会尺、／山吹　壱折／綿　一結

八八　薬師堂知行指出高覚　（年月日未詳）　一通
江戸中期　竪紙　楮紙（美濃紙）　二八・四糎×三九・四糎　一紙
（書出）薬師堂知行之指出高覚／貳段四分《クサフチ》　三石三斗六升　南里治部／弥三郎／落保与五郎
（書止）合三石九斗三升／右七升　不足／惣合四石、

八九　大住村庄屋元〆等連署請書　文化六年巳極月　一通
江戸後期　竪紙　楮紙（杉原）　二六・一糎×四〇・一糎　一紙
（書出）奉差上御請書／一当御殿御領大住村上納米之内貳拾石、来ル午／年より山上御年預方江直上納可仕、
（書止）御沙汰可被成下段、被　仰渡奉畏候、仍而／御請書奉差上候、以上、
（差出）大住村庄屋元〆／沢井伝之丞（円形黒印）／年寄藤五郎（円形黒印）／同庄右衛門（円形黒印）／百姓惣代又右衛門（円形黒印）
（宛所）御殿御代官所

（備考）懸紙（杉原、三四・二糎×三・九糎、ウハ書「上　大住村」）、

九〇　御代官方書状　（年未詳）九月十日　一通
江戸後期　続紙　楮紙（杉原）　一八・四糎×七四・一糎　二紙
（書出）弥御安康可被成御入珎重奉存候、／然者昨暮及御対談節、／大住村収納米之儀、
（書止）御落手可被下候、猶／貴面之節、委鋪可得／御意候、以上、
（備考）端裏に切封（墨引、封帯、ウハ書「密乗院様／龍光院様　御代官方」）、逐而書、

九一　一ノ井池田井路普請入用帳　一冊
江戸後期　袋綴装　楮紙（美濃紙）　原表紙本紙共紙　二四・四糎×一七・二糎　六紙
（外題）一ノ井池田井路普請入用帳
（表紙）弘化三年午七月（外題右）
愛宕郡／西賀茂村（左下）
（文首）覚／一竹拾四駄／代銀百四拾分　但シ壱駄ニ付／銀拾分宛
（文尾）右御出銀被成下候様、奉願上候、以上、／弘化三年七月　西賀茂村／庄屋利兵衛（円形黒印）／年寄金七（円形黒印）／醍醐三宝院御殿御代官所

九二　醍醐村大年寄返書　（年月日未詳）　一通
江戸後期　巻子装　後欠　楮紙（美濃紙）　一五・四糎×五五・二糎　十紙
（書出）一小野村より申上候ハ、往古より／小野御領山之儀、廿九年／以前未ノ年小野醍醐／出入以後、論所ニ成候而／在之由之事、
（文尾）子細ハ小野村ハ／百姓高弐百七拾七〔六〕／石余之所、百五十／五石ハ、醍醐領百姓
（備考）袖に「小野村より御訴訟申上候ニ付、乍恐／返答候、／城州宇治郡醍醐村大年寄」、

九三　御表具師冨永頼母見積覚　享保二十一年辰卯月廿六日　一通
江戸中期　続紙　楮紙（美濃紙）　二八・三糎×七五・二糎　三紙
（書出）覚／一三尊弥陀裏打軸付入用／一惣たけ壱丈五尺、幅壱丈三尺也、／右、裏打美濃紙并大直シくす紙、
（書止）一右御裏打袖付仕立手間／代百弐拾匁、／但し御用相勤候間、給物其院ニ而／被仰付被下候、
（差出）御表具師冨永頼母（円形黒印）
（宛所）上醍醐寺御年預龍光院様御役人中
（備考）紙継目裏に冨永頼母黒印、

九四　御絵所法橋素俊見積覚　（享保廿一年）辰ノ卯月廿六日　一通
江戸中期　続紙　楮紙（美濃紙）　二八・七糎×四三・七糎　二紙
（書出）覚／一三尊阿弥陀／仕付絵表具仕立／惣幅壱丈三尺／長ヶ壱丈五尺余
（書止）右、絵具地紙入用、／合百三拾四匁也、／一右筆料／百六拾匁也、
（差出）御絵所法橋素俊（壺形朱印）

（宛所）龍光院様御役人中様

九五　田中紋弥地蔵菩薩像注文書覚　（年未詳）午十月　一通

江戸後期　竪紙　楮紙（美濃紙）　二六・二糎×四〇・〇糎　一紙

（書出）御注文書覚／一地蔵菩薩御像　御壱躰

（書止）御台座蓮花金白檀、下台／惣黒塗リ、尤入念ニ仕候、御料物／金拾両弐歩也、／右之通御座候、以上、

（差出）田中紋弥（方形黒印「田中」）

（宛所）上

（備考）包紙（美濃紙、三・五糎×二四・〇糎、ウハ書「御注文書　仏工紋弥」）、

九六　水本内竹内志摩口上覚　〔延宝二年〕寅十二月廿日　一通

江戸前期　切紙　楮紙（美濃紙）　二六・〇糎×三・四糎　一紙

（本文）口上之覚／一山上かうし戸のかきの事、／尺迦院殿結番之時者、年／預よりかきを請取可相勤候、／おとハかた、、さし候て／置可申候、以上、

（差出）水本内竹内志摩（花押）

（宛所）甲村壱岐殿参

（備考）端裏に押紙「延宝二年上醍醐清瀧宮拝殿格子戸鍵之儀付、／報恩院家来竹内志摩手形本紙」、包紙（美濃紙、四一・九糎×二六・六糎、ウハ書「延宝二年／上醍醐清瀧宮拝殿格子戸鍵之儀付、／報恩院家来竹内志摩手形本紙壱枚」）、

九七　鳥井川上総介等連署白銀請取状覚　（年未詳）九月七日　一通

江戸中期　切紙　楮紙（奉書紙）　三六・二糎×三六・四糎　一紙

（本文）おほへ／寛徳院様御仰の御手として／白銀百五拾枚しけられするはち／ひろういたし候、以上、

（差出）鳥井川上総介（円形黒印）／富小路大進（円形黒印）／寺家宰相（円形黒印）

（宛所）敬心院殿

第七四函

一　北村長門守書状　（年未詳）三月三日　一通

江戸中期　切紙　楮紙（美濃紙）　一七・九糎×三五・二糎　一紙

（本文）以手紙得御意候、然者／只今被召候間、御参／殿可被成候、若御差支／之儀等御座候ハヽ、成身院殿／御参可成候、以上、

（備考）端裏に糊封墨引（ウハ書「岳西院様　北村長門守」）、

二　権大僧都経深授宗信伝法灌頂印信案等　四十五通・一帖・二十紙・四葉

（備考）（一）～（六五）一括、

（一）　権大僧都経深授宗信伝法灌頂印信案

南北朝時代　仮綴

（備考）1～3一括、

1　権大僧都経深授宗信伝法灌頂印信血脈案　延文二年才次丁酉三月廿一日／鬼宿水曜　一通

切紙　楮紙（杉原）　二一・三糎×二六・五糎　一紙

（書出）大日如来　金剛サタ／龍猛――／竜智菩提〔薩〕

（書止）経深法印　宗信法印

（差出）伝授大阿サリ法印権／大僧都経深

2　権大僧都経深授宗信伝法灌頂印信印明案　（年月日未詳）　一通

切紙　楮紙（杉原）　二一・三糎×二六・五糎　一紙

（本文）法印宗信／――――／――――／――――／――――

（差出）伝受大アサリ――――／――――

3　権大僧都経深授宗信伝法灌頂印信紹文案　延文貳年歳次丁酉三月廿一日／己卯　鬼宿水曜　一通

切紙　楮紙（杉原）　二一・三糎×二六・五糎　一紙

（本文）愚身廿　九代大悲胎蔵廿八代／――――／幸随報恩院権僧正法印／大和尚位受――／妥法印／宗信深信――――、

（差出）伝授大アサリ法印権大僧都／経深

（二）　某書状案　（年月日未詳）　一通

室町中期　竪紙　地欠　楮紙（杉原）　三三・五糎×四九・〇糎　一紙

（書出）自宝菩提院僧都房返事有之、致明日披露、御返事従是可申入候、

（書止）昨日／対客之砌取乱、二通共長者口宣案／遣之候哉、無正躰者也、

（三）　栄祐書状案　（年未詳）酉三月十九日　一通

室町後期　竪紙　楮紙（杉原）　二六・五糎×四〇・二糎　一紙

（本文）式之三月御影供十九日ニ／御定被成候て可有候、無不参／出仕為

可致御断申候、／此筆目長尊寺各々江／奉頼入候、恐々敬白、

（差出）栄祐判

（宛所）東坊御中

（四）執行某口上覚　（年未詳）正月十一日　一通

江戸後期　切紙　泥間似合　一八・二糎×二五・八糎　一紙

（書出）口演／近日御繁用と奉存候、／然者先日御頼申遣候、

（書止）猶得拝顔、／万々申上度如此御座候、恐々、

（備考）端裏に切封（墨引、ウハ書「宝幢院僧正様尊下　執行」）、

（五）寺規条々覚　（年月日未詳）　一通

江戸前期　竪紙　漉返紙　三一・二糎×四八・五糎　一紙

（書出）覚／一横入事但童子一人被列ノ事、円光寺へ御物語以後、儀　伊賀殿ノ事、

（書止）一承仕以下相応可被下事、／一聖教事、

（六）某書状案　（年未詳）二月九日　一通

江戸前期　切紙　楮紙（美濃紙）　一六・八糎×三四・二糎　一紙

（書出）明日可差上存候、相認／メ進候処、水本殿御家頼／登山之由、依而相頼／今ハさし上候、

（書止）尚御初号之上、／可然御伝達奉頼候、以上、

（七）某書状写　（年月日未詳）　一通

江戸中期　折紙　楮紙（美濃紙）　二五・〇糎×三四・〇糎　一紙

（書出）口ニ不通之序書御座候、／一文永寺事、去年より相留候而／置申候へ共、

（書止）委細之義ハ、素純口上ニ御／聞可被成候、／大形文書ハひかへ、是も／如此之様子ニ申遣候、

（宛所）広岩与三左衛門様

（八）某奉書請取状　延宝二年正月十一日　一通

江戸前期　竪紙　漉返紙　三一・五糎×四六・六糎　一紙

（書出）延宝二年正月十一日之御奉書／御使永井理左衛門

（書止）不苦之由ニて其封御使方へうけ取申候、

（九）披露条々事書　（年月日未詳）　一通

室町後期　竪紙　泥間似合　二七・五糎×四三・七糎　一紙

（書出）御よう、、御さためあるへき事、

（書止）一けふなるより知行五十石ノ事

（備考）墨合点、

（一〇）高野山金光院贈物請取状　（年未詳）卯十一月五日　一通

江戸後期　続紙　前欠　泥間似合　一七・八糎×八二・二糎　二紙

（文首）此者当春之御出座、／金光院へ

（書止）右之通、慥受取申候間、夫々江早速相届可申候、／為念如此御座候、已上、

（差出）高野山金光院役僧（円形黒印）

(宛所) 川上左衛門殿
(備考) 糊離れ、

(一一) 某置文 (年月日未詳) 一通
室町中期 竪紙 楮紙 (杉原) 二五・九糎×三四・六糎 一紙
(書出) 正教紛〔紛〕失事／光助法眼所持牛黄加持作法二(等)帖、彼／秘伝光助自筆
(相向字染)○故僧正之筆／于時法印権大僧都信ー加判也、(年号月日)
(書止) 尋聞子細、／可申行強盗之罪科■也、仍候人／之輩所加署判如件、
(備考) 本文紙背にわたる、

(一二) 某口上書断簡 (年月日未詳) 一通
江戸中期 切紙 後欠 楮紙 (美濃紙) 一五・三糎×三・〇糎 一紙
(本文) 口上／改年之御吉慶目出度／申納候、弥御勇健可被成／御越年、
弥重存候、然者従／明八日後七日御修法

(一三) 御守送進状控 (年月日未詳) 一通
江戸後期 切紙 漉返紙 一五・八糎×三・四糎 一紙
(書出) 公方様へ 不動一箱／大納言様へ 同一箱
(書止) 右之通、正五九月ともニ／同前ニ御坐候、以上、

(一四) 蔵海任大僧都申文案 (年月日未詳) 一通
江戸後期 折紙 楮紙 (奉書紙) 紙背あり 三六・二糎×三四・二糎 一紙
(本文) 申 大僧都／権大僧都蔵海

(備考) 紙背を包紙として用いる(ウハ書「山上／山下入堂次第公清法印自筆／戒光院本」)、

(一五) 灌頂会十弟子配役覚 (年月日未詳) 一通
江戸後期 折紙 楮紙 (美濃紙) 二八・五糎×四〇・七糎 一紙
(書出) 十弟子／左一﨟 居箱 戒躰箱 金蔵院／右下﨟 香呂 如意 通元
(書止) 上承仕 烈催 東安寺／下承仕 職衆右鐃持 随仙

(一六) 不動護摩施主覚 (年月日未詳) 一通
江戸後期 切紙 楮紙 (美濃紙) 一八・七糎×二四・二糎 一紙
(本文) 不動護摩／一女院／一前博陸殿下／一政所

(一七) 不動護摩・愛染供・千手護摩施主覚 (年月日未詳) 一通
江戸後期 切紙 楮紙 (奉書紙) 一六・四糎×三八・一糎 一紙
(書出) 不動護摩／一女院／一前博陸殿下／一政所(箱)
(書止) 千手護摩／一御台(箱)／一女二(枝)宮

(一八) 玄秘抄等聖教抄出控 (年月日未詳) 一通
室町中期 続紙 前欠 楮紙 (杉原) 二四・四糎×九三・九糎 三紙
(文首) 在之大原野本、立紙、 同薄草子一部在之、／一玄秘抄一部四帖、無外題、
(書止) 縦雖有授与、余之輩不可授之、已上院家宿納／之重書如件、
(備考) 糊離れ、

（一九）　某方三綱・中綱・職掌交名　（年月日未詳）　一通
江戸中期　折紙　楮紙（美濃紙）　三五・〇糎×四七・四糎　一紙
（書出）三綱三役／権上座法眼浩寿上座圭随依所苦ニ宮野下総／寺主　法橋浄秀宮野按察使
（書止）闕分二人新宮仕／堤金七／芦田嘉兵衛

（二〇）　某方三綱・中綱・職掌交名　（年月日未詳）　一通
江戸前期　切紙　楮紙（奉書紙）　一六・八糎×三五・三糎　一紙
（本文）職掌／源兵衛／浅右衛門／八左衛門／治兵衛／五郎左衛門／吉兵衛／中綱／志摩／専順／大隅／隆玄／三綱／常新／親長／祐専／祐意

（二一）　伝法灌頂職衆交名　（年月日未詳）　一通
江戸前期　折紙　漉返紙　三一・一糎×四九・五糎　一紙
（書出）職衆校〔交〕名／新禅院阿闍梨呪願／阿光阿闍梨誦経／重弘阿闍梨
（書止）善識房／是三房　油煙一丁／宗桂房　堂達
（備考）折紙下段に「元和八年歳次壬戌〔戊〕二月廿一□□亥箕宿、金曜、於新薬師寺／授与／□〔受〕者新薬師寺北坊／大法師快玄年廿三、／戒臈十五、／同弥収年、／印可／同日箕宿、金曜、」、

（二二）　内裏焼亡先例書上　（年月日未詳）　一通
江戸前期　折紙　楮紙（高檀紙）　三六・〇糎×三四・七糎　一紙
（書出）清和貞観十八年大極殿焼／村上天徳四年九月廿三日　内裏炎上
（書止）後花園嘉吉三年九月廿三日　内裏炎上、貳百十一年歟、自天徳四年至承応二年、凡六百九十二年歟、

（二三）　某法会被物覚案　（年月日未詳）　一通
江戸後期　折紙　楮紙（美濃紙）　二七・五糎×四一・六糎　一紙
（書出）堂童子座之事／公卿殿上人之差別有之、／殿上人赤縁云紫縁、
（書止）三戒大阿御畳厚二帖／御受者　一帖／ノ事、
（備考）文化四年・同十年・寛保三年の灌頂における被物の記事を含む、

（二四）　某法会被物覚案　（年月日未詳）　一通
江戸後期　折紙　楮紙（奉書紙）　三五・九糎×四八・三糎　一紙
（書出）堂童子座之事／公卿殿上人之差別有之、／殿上人赤縁紫縁ト云也、／被物之事／文化四年　大覚寺御灌頂／大阿五重
（書止）職衆被物之事／僧正之分二ツ、、未僧正一ツ、、／嘆徳誦経導師段別有之、被引之事、

（二五）　後是稱院照月快寂追貢十三仏十王書上　（年月日未詳）　一通
江戸後期　折紙　楮紙（美濃紙）　三四・二糎×四八・六糎　一紙
（書出）十三仏／初七日　不動　秦広王／二七日　釈迦　初江王
（書止）卅三年　虚空蔵　威徳王／後是稱院照月快寂

（二六）　慶親官位官職名乗書出　（年月日未詳）　一通

江戸中期　折紙　漉返紙　三・六糎×四九・三糎　一紙
（本文）康親公／親綱卿／正二品前亜相慶親《ノリチカ》卿
（二一七）　後七日御修法仏供員数注文　（年月日未詳）　一通
江戸前期　折紙　漉返紙　三・六糎×四七・七糎　一紙
（書出）仏供員数之事／一本壇二之分／一壇ニ十六杯大小可有歟、
（書止）一五色糸　三筋／東壇内一筋ハ東寺、／内一筋ハ短舎利塔之用、／内二筋新調此御所ノ、
（二一八）　論義草断簡　一通
室町前期　切紙　前欠・後欠　楮紙打紙　墨点（返点・送仮名）　一六・六糎×五・二糎　一紙
（文首）□□花公敷、是因之中因万徳／厳密也、
（文尾）雖一依能具之人／有不同、若如所立、因位本覚
（備考）某書状を転用、本文紙背にわたる、
（二一九）　某書状案断簡　（年未詳）四月廿七日　一通
江戸後期　切紙　前欠　楮紙（奉書紙）　紙背あり　一六・五糎×一六・二糎　一紙
（本文）止宿、同四日伏見休之筈御座候、／右旅宿上御使者ニ而茂被下候／御儀御用捨被下候様、兼而御断／申上候、右可申上如此御座候、以上、

〔紙背〕諸国末寺證文等目録断簡　（年月日未詳）　一通
切紙　前欠・後欠
（文首）一越前性海寺證文出ル、／一越後三嶋郡清瀧寺證慥有、出ス、
（文尾）同州宝持院　御法流書物出ル、
（三〇）　後七日御修法日次記　（年月日未詳）　一通
江戸中期　竪紙　楮紙（美濃紙）　紙背あり　三四・〇糎×四七・二糎　一紙
（書出）八日参進当壇勤修秘法、／九日詰朝南庭霽雪予《呈》示豊稔之徴瑞矣、
（書止）十四日咫尺　龍顔勤任、御加持退出如例、
（備考）奥に追記（紙背と同筆）、
〔紙背〕弘法大師八百五十回忌意趣書案　（年月日未詳）　一通
竪紙
（書出）抑今年暮春因　我高祖大師／八百五十回之忌辰、豫去歳《予》恭蒙／追崇之　綸命、
（書止）誠是諸宗超絶之　勅褒／自宗之栄耀者歟、
（三一）　餅米渡覚　（年月日未詳）　一通
江戸後期　切紙　楮紙（美濃紙）　二四・五糎×一七・二糎　一紙
（書出）覚／一餅米三斗五升貳升うち／代四斗貳升
（書止）さし引／壱斗八升八合三勺四才／相渡候、
（三二）　衣寸法覚　（年月日未詳）　一通

江戸後期　切紙　漉返紙　一五・六糎×二一・八糎　一紙
（本文）くじら二反／長ヶ　三尺七寸五分／ゆき　一尺七寸／袖下　一
尺貳寸五分

（三三）法印定怡請文写　正安三年十月十七日　一通
江戸中期　竪紙　前欠　楮紙（美濃紙）　三五・七糎×四一・四糎　一紙
（文首）者也、重書等モ随稽古可被借与之、於秘抄以／下重書者、
（書止）若破此誓約者、可被加祖師之／冥罰者也、状如件、
（差出）法印定怡（花押）
（備考）逐而書「凡秘伝書籍口伝等、請人重申之、／更不可被借与之、若
違此約者、／祖師冥罰給、穴賢々々」、

（三四）三金抄巻別各尊法目録案　一通
江戸前期　折紙　楮紙（美濃紙）　墨（合点）　二四・〇糎×三九・五糎　一紙
（首題）三金目六
（文首）一巻阿閦、宝生、阿弥陀、尺迦、薬師、七仏｜｜、仏眼、
（文尾）水天　聖天　十二天／訶利二　十五童子　童子経／本抄■■第四
孔雀　仁王／已上、

（三五）善無畏三蔵頌文案（年月日未詳）　一通
江戸前期　折紙　楮紙（美濃紙）　二七・二糎×四三・八糎　一紙
（書出）善無畏三蔵云、／馱都惟釈尊談一身／経云、亦舎那之金躰也、
（書止）末葉必／興法利生菩薩来、／而可恢此教於世云云、

（三六）飲光讃文写（年月日未詳）　一通
江戸後期　竪紙　楮紙（美濃紙）　二八・七糎×二七・〇糎　一紙
（本文）稽首大聖悲智円成／龍威、欽伏斯弟斯兄、／浅浪忽静業海長清、
累代永劫茲福群生、
（差出）小比丘飲光敬讃
（備考）墨（送仮名・傍訓・合符）、全文籠字、

（三七）某法語写（年月日未詳）　一通
江戸後期　竪紙　楮紙（美濃紙）　二四・二糎×三三・五糎　一紙
（書出）仏界無礙法海徹源／慈救群有、
（書止）天上人間不究歟、／古往今往也太奇、
（備考）墨（返点・送仮名・傍訓）、

（三八）毘盧舎那神力加持経開題写　一通
江戸前期　竪紙　漉返紙　朱点（返点・送仮名）、墨点（返点・送仮名・
傍訓）　二九・三糎×四一・八糎　一紙
（文首）毘盧舎那神力加持経者、諸仏不思議境界、深密／妙用之霊府、
（文尾）惣持諸度徳給、西域化流、殊方研眼此経、／深窮奥旨文、□

（三九）某法語写（年月日未詳）　一通
江戸後期　切紙　楮紙打紙　一五・七糎×四四・八糎　一紙
（本文）帰命毘盧遮／無染　生生　世世／清瀧権現増法楽／大楽金剛不
空真実三摩／耶経

(四〇) 押紙

江戸前期

(備考) 1～4一括、包紙（美濃紙、二四・三糎×三六・八糎）、

1 押紙 一葉

小切紙 楮紙（美濃紙） 一四・三糎×二・九糎 一紙

(本文) 後鈴ノ次ニ四智讃／唵ハサラサトハーーーー

2 押紙 一葉

小切紙 楮紙（美濃紙） 九・二糎×二・三糎 一紙

(本文) 後夜時ニハ 金一丁／白衆等各念／次金一丁 回向

3 押紙 一葉

小切紙 楮紙（美濃紙） 一四・五糎×九・〇糎 一紙

(文首) 南無々量 南無不空／南無四波羅 南無十六

(文尾) 南無々々々焰曼 南無々々々薬叉

4 押紙 一葉

小切紙 楮紙（美濃紙） 二六・五糎×三・三糎 一紙

(本文) 長一尺 広九寸二分 カワノ高一寸／片供ノセル折敷古寸法セハキ故、以今案如此相定了、／承応二八二記□、／寛済

(四一) 某法次第 一帖

南北朝時代 粘葉装 前欠・後欠 楮紙打紙 押界（界高一四・二糎、界幅一・八糎） 七行 一七・二糎×一六・二糎 二丁

(文首) 摩訶毘盧遮那仏名丁／金剛手菩薩丁

(文尾) 廻向聖朝安穏 廻向伽藍／廻向天下 廻施法界／廻向無上大菩薩

(四二) 某漢詩写 一通

江戸中期 竪紙 楮紙（美濃紙） 墨点（返点・送仮名・傍訓） 墨（註記） 二八・六糎×三一・七糎 一紙

(端書) 行旅

(文首) 滴会昌 勝玉霄／莫道文章不直銭、

(文尾) 又為梅花入瘴煙、／今日ーーノ南方ヘ行クハ好詩ヲ三千首ニ作リタサン為ナリトイフ意也、

(備考) 奥に「蓴滑鱸肥湖水空」、

(四三) 御経奉納詠草写 一通

江戸中期 竪紙 楮紙（美濃紙） 二四・〇糎×三四・三糎 一紙

(文首) 奉納御経普門品一巻／江州岩間寺／為芳春院梅岳珠清大姉冥福享保戊申正月二日、／御経ニ相添書付也、

(文尾) 従石山寺伝達役者持参、石山寺江者三井寺□□□、／比丘ヨリ伝達□□役者□□坊申来也、

(備考) 虫損甚し、

(四四) 寺山院号注文 一通

江戸前期　折紙　漉返紙　三三・〇糎×四六・六糎　一紙
（本文）龍蔵寺／雨宝山／慈雲院／法泉寺／天龍山／宝珠院

（四五）清閑寺前大納言某書状懸紙　（年月日未詳）　一紙
江戸中期　竪紙　楮紙（美濃紙）　二八・六糎×四三・〇糎　一紙
（備考）ウハ書「水本僧正御房　清閑寺前大納言」、墨引、

（四六）阿闍梨職免許状包紙　（年月日未詳）　一紙
室町中期　竪紙　楮紙（美濃紙）　紙背あり　三九・七糎×二七・五糎　一紙
（備考）ウハ書「当院末寺阿闍梨職免許之宛文　二通、／甚恵ハ恵日寺ノ開基、／恵日寺之事有之」、裏書「前僧正法印隆源御宛文大和尚位」、

（四七）某証文包紙　（年月日未詳）　一紙
江戸中期　竪紙　漉返紙　三四・五糎×三三・七糎　一紙
（備考）ウハ書「信州ヘ江戸智足院門下不動院弟子見性房申者、／文永寺ヘ看坊申付候砌、申付之證文也」、

（四八）念誦記包紙　一紙
江戸中期　竪紙　楮紙（美濃紙）　二七・八糎×四〇・八糎　一紙
（備考）ウハ書「御修法念誦書／五大願等書付入」、

（四九）御参返書包紙　（年月日未詳）　一紙
江戸後期　竪紙　楮紙（美濃紙）　三三・五糎×三三・六糎　一紙
（備考）ウハ書「御参御返答書條々」、

（五〇）寛済書状懸紙　（年月日未詳）　一紙
江戸前期　竪紙　楮紙（美濃紙）　三三・八糎×三四・二糎　一紙
（備考）ウハ書「理性院僧正様人々御中　寛済より」、墨引、

（五一）公事書付包紙　（年月日未詳）　一紙
江戸後期　竪紙　楮紙（美濃紙）　三三・六糎×二五・五糎　一紙
（備考）ウハ書「高野山公事之義ニ付、仁・東・嵯・高ヨリ之書付」、

（五二）西往院詠草包紙　一紙
江戸前期　竪紙　楮紙（美濃紙）　四五・五糎×三三・〇糎　一紙
（備考）ウハ書「□〔ふカ〕なし読人　大夫本なし西往院／受者　兵部卿」、

（五三）三ヶ吉事指図等包紙　一紙
江戸中期　竪紙　楮紙（美濃紙）　三三・八糎×三三・〇糎　一紙
（備考）ウハ書「三ヶ吉事／高賢御時ノ図／法身院御時ノ役付」、

（五四）後七日御修法伴僧交名包紙　（年月日未詳）　一紙
江戸中期　竪紙　楮紙（美濃紙）　二八・四糎×二六・五糎　一紙
（備考）ウハ書「宝暦九年／後七日伴僧交名」「戌」、

（五五）灌頂道場指図等包紙　一紙

江戸中期　竪紙　楮紙（美濃紙）　二六・〇糎×三六・二糎　一紙
（備考）ウハ書「予灌頂ノ時、大阿淳心僧正以報恩院堂ヲ／六口堂上修之、其筋道場ノ図別ニ種々／書取《トリ》等入之、尤後代ノ用意共成ベキ／者也、／大納言覚心書之」、

（五六）　真言秘目包紙　一紙
室町前期　竪紙　漉返紙　三三・九糎×二四・一糎　一紙
（備考）ウハ書「真言秘目端不足歟」、

（五七）　宝玉等記包紙　一紙
室町後期　竪紙　漉返紙　二七・二糎×四〇・六糎　一紙
（備考）ウハ書「宝玉等記」、裏書「宝玉等記／合／卅紙」、

（五八）　教授作法包紙　一紙
江戸後期　竪紙　漉返紙　三三・五糎×三三・三糎　一紙
（備考）ウハ書「進／教授作法」、

（五九）　寛済法印御筆跡書包紙　一紙
江戸前期　竪紙　漉返紙　二八・五糎×四五・八糎　一紙
（備考）ウハ書「寛済法印御筆跡」、

（六〇）　薄草子口決第十二表紙　一紙
鎌倉後期　切紙　楮紙打紙（雲母引）　一三・七糎×二五・六糎　一紙
（外題）薄草決第十二下菩薩
（見返）弥勒菩薩　勢至菩薩／随求菩薩
（備考）モト巻子装カ、

（六一）　三金抄五壇御修法次第表紙　一紙
南北朝時代　切紙　楮紙打紙　一六・五糎×一三・五糎　一紙
（外題）三金抄五壇御修法
（備考）モトの形状不詳、折本もしくは粘葉装カ、

（六二）　定額僧置札　一紙
江戸中期　縦切紙　楮紙（檀紙）　四一・〇糎×八・三糎　一紙
（備考）ウハ書「定額僧」、

（六三）　伝法灌頂道場図等包紙　一紙
江戸後期　竪紙　楮紙（高檀紙）　三九・九糎×四六・八糎　一紙
（備考）ウハ書「伝法灌頂堂上　新古道場図并次第等入／壇行事控」、裏書「堂」、

（六四）　洞泉師口伝聞書包紙　一紙
江戸後期　竪紙　楮紙（美濃紙）　三三・〇糎×四七・五糎　一紙
（備考）ウハ書「諸大事洞泉師口伝聞書／醍醐山宝幢院蔵」、平麺進上包紙を転用（ウハ書「進上／平麺／十輪院／宝幢院様」）、

（六五）　伝法灌頂職衆配符　一通

室町後期　切紙　楮紙（杉原）二四・三糎×三・七糎　一紙

（本文）治部卿権少僧都散花　左京権律師

三　僧正淳杲草鞋着用書付　一通

江戸中期　切紙　泥間似合　墨点（送仮名・傍訓）一六・九糎×三〇・四糎　一紙

（端裏）草カイハキ様事

（本文）草鞋着用事、／先右ノ足ヲ草カイ二ツノ／間ニ指入、次ニ左ノ足ヨリ／ハク、次ニ右ヲハク也、／脱グ時ハ左ノ足ヲ草／カイ二ツノ間ニ入、次ニ右ノ足ヲヌク也、次ニ少シ／揖ス、次ニ着坐スル也、

僧正淳杲識

（備考）包紙（杉原、二四・五糎×三一・九糎、ウハ書「草鞋着用ノ事」）、

四　地蔵院僧正口上書案等　一冊

江戸後期　仮綴

（備考）（一）・（二）一括、同筆、

（一）　地蔵院僧正口上覚案（年未詳）西十一月　一通

竪紙　楮紙（奉書紙）三一・四糎×四五・四糎　一紙

（端裏）地蔵院法流相続附弟願書之案

（書出）口上覚／先達而願上候地蔵院法流相続附弟／之儀、持明院取立候様被／仰出候ニ付、此度植松三位文雅次男治丸／為致相続○度旨及内談、則衆中江毛申談候所、

（書止）弥／相談仕候様奉願候、此段宜御沙汰可／被下候、以上、

（差出）地蔵院僧正印

（宛所）座主御門主様御家司御衆中

（二）　持明院演隆口上覚案（年月日未詳）　一通

竪紙　楮紙（奉書紙）三二・二糎×四五・四糎　一紙

（端裏）持明院中納言演隆五智院兼帯願之案

（書出）奉願口上覚／五智院後住之儀、相応之仁躰毛御座候得者、／取立申度存候得共、知行所百姓共近年甚困窮／仕、

（書止）右願之趣、被為　聞食届被下候ハ、有難与奉存候、／此段宜御沙汰可被下候、以上、

五　成身院某書状　慶長十□七月日　一通

江戸前期　竪紙　楮紙（杉原）二四・五糎×五三・六糎　一紙

（書出）今度対菩提寺門前之者甚龍山之儀ニ付、不□／働□故、雖及公儀之御沙汰、彼等懇望申者□／□慶、法度之外、

（書止）菩提寺御忠孝之至、其以神妙思食之旨当門跡与□□／□□□、仍為後日如件、

（差出）成身院□□（花押）

（宛所）菩提寺■喝食春良／泉涌寺□（照カ）善院面堂／御両所御中

（備考）裏打スミ、虫損甚し、

六　太元明王功験記　　一通
南北朝時代　重紙（モト続紙カ）　前欠・中欠・後欠　楮紙（杉原）　三〇・四 三一・二 二七・三糎×四七・五 四八・五 四九・八糎　三紙
（文首）□□セ［　　　］せんによ□ん、はるかに此／□うわうのミや
　うかうをとなふれは、
（文尾）めしてはいにやきてのミたまふこ［　　　］／て、くんしんとて
　つわもの、はたか［　　］
（備考）裏打スミ、虫損甚し、後筆の濁点、

七　伝法灌頂所作口決　　一冊
江戸中期　袋綴装（未表具）　前欠・中欠・後欠　楮紙（美濃紙）　朱点
（傍訓・句切点）、墨点（返点・送仮名・傍訓）　朱（註記・頭点）　十行
二八・三糎×三八・六糎　六紙
（文首）一削枝木事、／桑木ノ東ヘ指タル枝ノ節ナキヲキリテ長八寸四分
　削之二支也云々、
（文尾）土器小百五十、大五十、　閼伽桶二口加杓、／折敷十枚　椋手洗／浄薦一
　枚、／一護摩事、／息災香薬等如常、
（備考）第三紙に貼紙、

八　官位勅許覚案　（延享三年）七月　　一通
江戸中期　竪紙　楮紙（美濃紙）　二四・七糎×三四・〇糎　一紙
（本文）延享三年七月廿五日、座主より申来、／覚　大谷右京事大谷対馬
　守／右之通、／今般諸大夫被／仰付官位／勅許ニ候、為御心得申
　入候、以上、
（差出）平（マヽ）平兵部卿

九　年預職条々掟写等　　一通
江戸中期　竪紙　前欠　楮紙（美濃紙）　二六・二糎×四三・〇糎　一紙
（備考）①・②書継、奥書「『本紙密教院経庫ニアリ、』／此一紙披見之次
　第写之置者也、／宝暦二壬申十月廿七日年預俊応」、

①年預職条々掟写　明暦二丙申年十一月　日
前欠
（文首）一対令披見候、皆出入之儀、昨夜五人之衆／相談ニ而候とて新法
　一紙見来候、其趣者、／年預職掟之事
（書止）右之条々、末代可被相守者也、
（差出）『行樹院』真勝／『戒光院』公清／『龍光院』良盛　『密乗院』定昌
　『光台院』親意／『宝幢院』朝隆　『持明院』定円　『行樹院弟子』乗勝／
　『慈心院』俊貞　如斯候、

②行樹院真勝書状写　（年未詳）十一月廿三日
（本文）貴院之儀者、『密教院住僧也、』以俊典之先規諸事別条／不可有之、猶面話候、恐惶
　謹言、
（差出）行樹院真勝判
（宛所）密教院寿信御房

一〇　五大堂長日護摩条々事書案　（年月日未詳）　一通
江戸中期　竪紙　楮紙　（杉原）　三二・六糎×四二・四糎　一紙
（書出）五大堂長日護摩之事／一為布施物八木壱斗宛、従／年預可令相渡事、
（書止）一公用寺家之用隙入付、当病／之仁ハ年預ヘ可被断事、／右之条々、竪可被相守者也、
（備考）奥に「各実名判形有之様ニ可被相觸／也」、

一一　山上浄土渓墳塔目録包紙　寛永八林鐘二　一紙
江戸前期　竪紙　楮紙打紙　四三・八糎×三二・〇糎　一紙
（備考）ウハ書「山上浄土渓墳塔之目録」、裏書「此記者祖師隆済僧正御筆也、／当院代々墳塔之目録而已、／隆勝僧正以前者、山下報恩院／可有之者也、寛永八林鐘二記之、／権僧正寛済」、

一二　醍醐寺条々覚等　二十六通・十三紙
（備考）（一）〜（三九）一括、

（一）　醍醐寺条々覚　（年月日未詳）　一通
江戸中期　竪紙　楮紙　（美濃紙）　三〇・六糎×四七・五糎　一紙
（書出）覚／一七百年已来至于今横入無之事、
（書止）一東寺十二流高野衆ヘ／高野之仏法ト申者、本寺十二流の下ニ／悉相附候事、／一聖教等并口伝聞書等、

（二）　金堂供養曼荼羅供職衆覚　（年月日未詳）　一通
江戸中期　折紙　楮紙　（美濃紙）　二七・〇糎×四〇・八糎　一紙
（書出）金堂供養／曼多羅供職衆覚／東寺　九倶此内役者／妙法院　観智院散花
（書止）此内役者中ニハ加布施壱貫文ツヽ也、／以上、

（三）　某書状土代　（年月日未詳）　一通
江戸中期　竪紙　楮紙　（美濃紙）　二四・三糎×三四・一糎　一紙
（書出）遠路飛札令披見候、然者光明寺／住持頼順房円忠、一両年中／病気ニ而先月廿六日被相果候ニ付、
（書止）乍然／其□〔地カ〕御奉行へも被得御意、／兎角已後、違乱無之様専一候、／遠方早々仰進候て御満足ニ思召候、

（四）　三宝院光済拝社注進状　（年月日未詳）　一通
南北朝時代　続紙　後欠　楮紙　（杉原）　二八・〇糎×七九・二糎　二紙
（端裏）貫首御拝社注進康暦元年八月九日
（書出）注進／別当御拝社事三宝院僧正光―済御例
（文尾）御祈始社僧中貳貫文先々者参結下行、／□□□　三貫文
（備考）糊離れ、

（五）　北村季保・飯田経明連署奉書写等　一通
江戸後期　竪紙　楮紙　（美濃紙）　二四・四糎×三四・七糎　一紙
（備考）①・②書継、奥に「十月十九日之記、澄意」、

①北村季保・飯田経明連署奉書写　（享和元年）十月十九日

（端書）享和元年辛酉十月廿一日下遷宮／翌年二月　正遷宮／年預西岳院、大僧都顕淳筆記在之、／一申之刻頃、院両家司中消息到来、奉書如常／折紙也、其文言ニ云、

（書出）為〔依〕仰申入候、然者天満宮御社御造営ニ付、来廿一日下／遷宮御治定御座候、

（書止）右之趣、相心得申達候様、御沙汰ニ御座候、謹言、

（差出）飯田周防守経明判／北村長門守季保判

（宛所）普賢院権僧正御房

②普賢院澄意請状写　（年未詳）十月十九日

（端書）右、御請書之事

（書出）為　仰貴翰致拝見候、然者長尾宮御造営ニ付、

（書止）被／仰出候右之趣相心得申達候様、御沙汰ニ御座候、謹言、〔御旨、謹奉候、右、御請宜御沙汰所希候、謹言、〕

（差出）普賢院澄意判

（宛所）北村長門守殿／飯田周防守殿

（備考）末尾に「右之通、返翰相認、早速差向ヶ候也、／年預迄右如先規遷座師以御消息／被仰出候旨、吹聴申入候也、／一其日前行之日限無之間、随分相成リ候程、勤修心掛候也」、

（六）　山務日記抜書　（年月日未詳）　一通

江戸前期　竪紙　漉返紙　三五・二糎×三三・〇糎　一紙

（書出）一山務所夷破之時、／当堂之自一臈末至マテ十人可参者也、／一心経会之時、料紙山務ヨリ下行、／一垂布手巾、山務ヨリ調被出之、

（書止）此日記者、執当弘延ヨリ旧記ノ趣トテ被見候間、是ハ上代数千石ヲ山務／下行之時ノ儀式也、

（七）　長尾宮修理大工名字書上　（年月日未詳）　一通

江戸後期　竪紙　楮紙（美濃紙）　二四・三糎×三三・五糎　一紙

（本文）今度享和元年辛酉十月以後御修理大工名字／杉村平兵衛安重／羽田藤兵衛栄〔栄〕重／長尾宮御修理／播州加東郡／垂井ノ庄北嶋村／井上重兵衛長吉

（八）　山田氏寺役補任次第覚　（年月日未詳）　一通

江戸後期　折紙　楮紙（美濃紙）　三三・六糎×三三・八糎　一紙

（書出）一山田氏者、其混雑さ中、去年以来／寺家より補任遣ス分〔三人〕有之、

（書止）一実之補任与申もの者、法務より／之補任之事、実之補任之人躰／壱人、又年預執行入魂ニ而、

（九）　理性院覚助書状写　慶長六年十二月六日　一通

江戸前期　続紙　中欠・後欠　漉返紙　紙背あり　二四・〇糎×三六・六糎　二紙

（書出）大元八臂像自筆に新図の事／心つくし今の世に寿持去承和／以来の阿闍梨の中にても無比類／事ニて候へく候、

（文尾）再興候／ハ、、諸願尚以成就候て、被仰出候と／［　］

〔紙背〕宗命・宗厳等出自覚（年月日未詳）　一通

続紙　中欠

（書出）大安寺法眼　俗姓高野小別当賢円威儀師息

（書止）大僧都宗厳／俗姓松木宗命甥也、内大臣宗能公孫／尊誉アサリ息尊誉ハ三井別当／アサリト云人也、

（一〇）　水本長者兼綜讃文草稿　一通

江戸後期　竪紙　泥間似合　二六・〇糎×四四・七糎　一紙

（文首）謹奉謝／水本長者兼綜尊宿金猊下

（文尾）直／漏燈光伝十方、信手他／時須探賾、登遊期得白雲／郷

（奥書）薯雍困敦秋／東武無所観光津拝稿

（備考）奥に草花絵、

（一一）　仏眼法念誦次第　一通

室町前期　竪紙　楮紙（強杉原）　三三・五糎×五四・七糎　一紙

（本文）三力金後仏眼真言、／振鈴後当界大日、／薬師大呪、／延命／不動慈救、／吉祥天／一字金後一字真言、

（一二）　真明具足戒牒　明治十九年十一月十日　一通

明治時代　続紙　楮紙（美濃紙）　三六・七糎×九六・八糎　三紙

（書出）奉請／前泉涌寺大徳長老尋玄宗師知／奉請／泉涌寺大徳長尾旭雅宗師知

（書止）悚今契今月今日於泉涌寺戒／場受具足戒、伏願大徳慈悲抜済小識／和南、

（差出）真明謹疏

（宛所）和上伝燈大宗師旭雅／戒壇堂達伝燈律師宥城

（一三）　ちやうせん人らいちやうほつ句書付　一通

江戸後期　切紙　楮紙（美濃紙）　二一・三糎×二七・五糎　一紙

（文首）ちやうせん人らいちやうほつ句／奉る、ちやうせん扇日本ニ入、

（文尾）そらくもりミむろてどふかこうせじ／ぬればべうだうあめにおほばく

（一四）　某詠草留　一通

江戸中期　折紙　漉返紙　二六・七糎×四〇・一糎　一紙

（文首）雪ふかみつもるか／うへにはれやらて／□きくともしく／冬ニもるハな

（文尾）山こゆるほとに／みるゝ雪に／あまつふしのね

（一五）　某連歌習詠留　一通

江戸中期　竪紙　前欠・後欠　楮紙（美濃紙）　二六・三糎×四一・二糎　一紙

（文首）秋にはたそはるおもひやいかにせん／くれてやよその花うつ音

（文尾）雲かゝる山や雪とそなりぬまて／花さかりこそちるかたにあれ

（一六）　太平記第一巻抜書　一通

江戸中期　竪紙　楮紙（美濃紙）　墨点（傍訓）　二四・四糎×三四・五糎　一紙

（文首）太平記第一巻／文観僧正ト申ハ、元ハ幡〔播〕摩国／法花寺ノ住侶タリシカ、
（文尾）法勝寺円観上人、小野文観僧正、浄土寺忠円僧正／右三人事也、

（一七）大師御影伝開帳記　一通
江戸中期　竪紙　楮紙（美濃紙）　墨点（傍訓）　三〇・〇糎×四四・五糎　一紙
（文首）下醍醐伽藍宝蔵に安置し奉候、／弘法大師御真筆御影伝記、勝尾寺／以空上人直筆之写
（文尾）此度諸人けちゑんのため、拝ませ候者也、くわ／しくハ伝記之本紙にこれあり、参詣之人々拝見／これあるべし、千年に及ぶたつとき尊像也、／寅三月十三日より一言寺御開帳中おがませ候者也、

（一八）大日寺伝盛秘密灌頂伝受願書　（年月日未詳）　一通
江戸後期　竪紙　楮紙（美濃紙）　二八・七糎×四一・九糎　一紙
（書出）薩陽市来院号鳳凰山大日寺有小寺家、昔実賢方／御薄之法流為本旨、
（書止）乍憚／貴師様茂無御失念、門弟之一筋被加思食給本望也、／佳事恐々頓首、憚多々、
（差出）伝盛（花押）

（一九）聖観音・延命菩薩彫像作法記　（年月日未詳）　一通
江戸前期　折紙　楮紙（美濃紙）　二七・三糎×四〇・八糎　一紙
（書出）栢／一白檀ヲ以聖観音ト／延命ヲ作ル、
（書止）一延命薩埵ハ／右ノ手ニ五古ヲモチ、ムネニ／アツ、左手ニ金剛鈴／ヲモツ、コシノホトリニ／アツ、

（二〇）行法中間起座作法　一通
江戸中期　竪紙　後欠　楮紙打紙　墨点（返点・送仮名）　二九・八糎×一六・三糎　一紙
（本文）行法中間起座作法壇上置鈴杵、可尋之、／義尺三云、以此方便、観毘盧遮那身、全与我身無二無別而、在二明／王中間、名為住於仏室也、至尽曼荼羅竟時、阿闍梨移座位、出／壇門外、当於此仏室之位、置意所楽尊、或置般若経以金剛宝盤、

（二一）後七日法由緒　一通
江戸前期　竪紙　楮紙（美濃紙）　墨界（界高二四・九糎、界幅二・一糎）　二十二行・十七字前後　二七・六糎×四七・〇糎　一紙
（端裏）最初承和二年ヨリ元亨三年マテ也、又康暦三年マテ
（首題）後七日法
（文首）一由来事、／遺告云、不空三蔵以大官道場為秘密之場、改号／青龍寺文、
（文尾）息災・増益建／立曼荼羅、具受灌頂略抄、私云、二壇古摩〔護〕始自天竺／始歟云々、

（二二）阿弥陀堂修造勧進状土代　（年月日未詳）　一通

江戸中期　竪紙　楮紙（美濃紙）　三一・三糎×四五・九糎　一紙
（書出）蒙十方檀那之助力、請直堂修造状、／夫直堂者、　宣陽門院御願、
遍知院／僧正成賢建立也、
（書止）成賢御願等／為雨霧侵損せんコトヲなけき、以他力之誠志／欲為
修造状、如件、

（二三）　法花法都魯婆香作法　一通
江戸中期　切紙　楮紙（美濃紙）　墨点（返点・送仮名・傍訓）　一六・〇糎×
四八・〇糎　一紙
（首題）法花法　都魯婆《トロバ》香
（文首）宝心云、入鉢置中瓶後云々、七月／過行者飲之云々、
（文尾）金宝抄云、草香也、煎之入鉢、備／壇上云々、

（二四）　某授弘阿両部灌頂印信印明断簡
文政六歳次癸未年九月十三日婁宿木曜　一通
江戸後期　切紙　前欠　斐紙（鳥の子）　三九・五糎×二六・〇糎　一紙
（本文）（梵字）／右、於智積院授両部印可畢、
（宛所）授与弘阿

（二五）　梵字習字指南　一通
江戸後期　折紙　楮紙（奉書紙）　三一・二糎×四五・五糎　一紙
（本文）疑是小野僧正之筆力歟、／（梵字）（梵字）（梵字）クビツヨスキ中候、／
（梵字）天下一大臣烏帽子（梵字）

（備考）左上部欠、

（二六）　寛順書状包紙　（年月日未詳）　一紙
江戸中期　竪紙　楮紙（美濃紙）　二〇・四糎×二七・五糎　一紙
（備考）ウハ書「一位御房　寛順」、

（二七）　山上弥勒院口上覚包紙　（年月日未詳）　一紙
江戸中期　竪紙　楮紙（美濃紙）　二四・四糎×三四・六糎　一紙
（備考）ウハ書「口上　山上弥勒院」、

（二八）　勧修寺大納言書状包紙　（年月日未詳）　一紙
江戸中期　竪紙　楮紙（美濃紙）　二八・七糎×四三・二糎　一紙
（備考）ウハ書「水本大僧正御房　勧修寺大納言」、

（二九）　山上五大堂寄進状包紙　（年月日未詳）　一紙
江戸後期　竪紙　楮紙（美濃紙）　四五・〇糎×二七・七糎　一紙
（備考）ウハ書「山上五大堂三人山寄進状　円明院戒光院」、

（三〇）　後七日御修法伴僧交名包紙　（年月日未詳）　一紙
江戸中期　竪紙　楮紙（美濃紙）　二五・三糎×四〇・〇糎　一紙
（備考）ウハ書「宝永四年後七日御修法伴僧交名控」、

（三一）　後七日御修法伴僧交名書止シ　（年月日未詳）　一通

江戸中期　竪紙　楮紙（奉書紙）　三・二糎×四五・〇糎　一紙
（本文）注進／阿闍梨権僧正法印大和尚位高賢金剛界／伴僧／権僧正

（三二）　西江庵菓子料納状包紙　（年月日未詳）　一紙
江戸中期　竪紙　楮紙（美濃紙）　三五・四糎×四八・二糎　一紙
（備考）ウハ書「奉上御菓子料　西江庵」「求聞持法」、

（三三）　金剛界念誦私記包紙　一紙
江戸後期　切紙　楮紙（高檀紙）　四五・一糎×一六・三糎　一紙
（備考）ウハ書「金剛界念誦私記／演護」、

（三四）　法華経普門品一巻包紙　一紙
江戸中期　竪紙　漉返紙　三・五糎×三三・八糎　一紙
（備考）ウハ書「霊元院様御一周忌御追善ノタメ智徳院殿／新写奉納之普
　門品一巻」、

（三五）　普賢延命記包紙　一紙
江戸前期　竪紙　楮紙（美濃紙）　三・五糎×四六・三糎　一紙
（備考）ウハ書「普賢延命記隆済記　一帖」、

（三六）　御遺告勘註抄包紙　一紙
江戸前期　竪紙　楮紙（美濃紙）　三・八糎×四二・八糎　一紙
（備考）ウハ書「索之箱／御遺告勘註抄／一帖」、

（三七）　愛染供等次第包紙　一紙
江戸後期　竪紙　楮紙（美濃紙）　三・〇糎×四三・六糎　一紙
（備考）ウハ書「愛染供初重二遍二通祖師堯円御筆也、／薬師供」、ウハ書左下に額縁形黒
　印（印文「慈心院」）、

（三八）　虚空蔵経包紙　一紙
江戸後期　竪紙　楮紙（檀紙・雲母引）　二七・八糎×三四・六糎　一紙
（外題）コク蔵経

（三九）　大法勤行記包紙　一紙
江戸後期　竪紙　楮紙（美濃紙）　二七・六糎×二九・四糎　一紙
（備考）ウハ書「文化十五年／大法［　　］」、左半分欠、

一三　山本善達請状　享保三年戌九月十日　一通
江戸中期　竪紙　楮紙（美濃紙）　二四・〇糎×三四・三糎　一紙
（書出）一礼之事／一嘉参等義、此度急病ニ而／相果申候、
（書止）若／相尋申者御座候者、私罷出、其／申分可仕候、為御礼一札如
　件、
（差出）山本善達（花押）
（宛所）下村助三郎殿

一四　長谷川等栄入用覚　（年未詳）丑十一月廿七日　一通
江戸後期　竪紙　楮紙（美濃紙）　二四・八糎×三三・二糎　一紙

（書出）覚／一こま犬　はくの上　しどうぐま／は□□□くびけ瓦こん
じやう／口の内　朱／右、絵之具諸事入用／新銀拾四匁
（書止）右、絵の具手間入用／新銀四拾七匁／右之通少も相違無御座候、
以上、
（差出）長谷川等栄

一五　諸勤行役日時支配　一巻
江戸中期　巻子装　前欠　楮紙（美濃紙）　二六・九糎×三四・五糎　九紙
（文首）（二月）廿八日　調声讃賢隆阿闍梨／廿九日　調声讃賢隆阿闍梨
（文尾）（九月）廿日　調声讃金蓮院権少僧都／廿一日　調声讃金蓮院権少僧都

一六　某会法則抄等　七通
（備考）（一）～（七）一括、包紙（美濃紙、三三・五糎×三四・五糎、ウハ書「元
禄十四三月十一日、虫払相済、／真円」）、

（一）　某会法則抄　一通
江戸中期　折紙　楮紙（美濃紙）　三一・二糎×四三・七糎　一紙
（文首）『勧請／帰命ーー／四方ーー十六ーー／教令　大聖』
（文尾）『五穀成就』○『万民豊楽』／『及以法界』○『平等利益』／『五大
願』

（二）　伝法灌頂作法次第　一通
江戸中期　切紙　後欠　楮紙（奉書紙）　墨点（返点）　一六・〇糎×四五・四糎
一紙
（文首）次大阿闍梨大壇登礼盤／次金一打　次一字真言百反／次五供養印
言　次事供／先塗香　次花鬘／次飲食／次佛布施已上作法如常、
（文尾）奉始外／金剛部護法天等、三界所有／天衆神祇為法楽荘厳戒光

（三）　後七日御修法仏供等条々　一通
江戸中期　折紙　楮紙（美濃紙）　三七・一糎×四九・〇糎　一紙
（文首）初年小行事江衣料之事御調べ／神泉薗ェ水汲箱〔桶〕ノ事
（文尾）〆三十二、護摩具三十二、／五大尊十、十二天廿四、／惣〆

（四）　水天等真言覚　一通
江戸前期　切紙　斐紙（鳥の子）　墨点（返点・送仮名・傍訓・合符）
一五・八糎×一七・八糎　一紙
（文首）水天内縛竪合二風、令円如環、／曩莫三曼多没馱引喃引一阿種子播／
晡日反鉢多曳娑縛二合賀引
（文尾）曩莫三曼多没馱引喃引一銘種子伽捨你曳娑／縛二合賀引

（五）　某種子加持次第　一通
室町後期　切紙　前欠・後欠　楮紙（杉原）　墨点（返点・送仮名・傍訓）
朱（合点）、墨（合点）　一一・八糎×五三・三糎　一紙
（文首）即想我身、成本尊○身、以十九／種文字布身諸分、真言曰／曩莫薩
嚩怛他薩等帝薬／薩嚩目契毗薬薩嚩他唵阿／左羅賛拏、已上帰
命、

（文尾）自身即成本尊、坐満月輪上、／本尊加持／先大日印明／根本印火界呪、剣印慈救呪、／次仏眼印明／次散念誦

（備考）種子の追記、

（六）後七日御修法請僧修中闕怠先例土代　（年月日未詳）　一通

江戸中期　折紙　楮紙（美濃紙）裏書あり　三六・〇糎×四九・六糎　一紙

（書出）密ー僧正／今春後七日催（相催）出席之趣意、／淳心去九月依（由）■■有病脳、（有候、）

（書止）夫々旁我等宗之用心第一ノ事ニ候間、御賢慮之躰、／奉願候事、

（備考）料紙の一部切取られる、

（七）某修法作法抜書　一通

江戸中期　折紙　楮紙（美濃紙）二六・一糎×四三・三糎　一紙

（文首）四礼／四仏加持／五仏灌頂／四仏花鬘

（文尾）或自入仏三昧耶至慈氏菩薩／准如来身会

一七　観助・観広僧歴　（年月日未詳）　一通

江戸前期　竪紙　楮紙（美濃紙）三四・六糎×五三・六糎　一紙

（端裏）理性院

（本文）観助／慶長十六年四月卅□□□〔叙カ〕法眼十二歳、／同／元和三年八月二日任少僧都十八歳、／観広／寛永十九年十一月十五日□法眼十一才、／同／正保二年九月廿三日□少□〔僧〕都十四才、

一八　堯円書状案　元和九年八月朔日　一通

江戸前期　竪紙　楮紙（奉書紙）三三・六糎×四八・六糎　一紙

（書出）新健陀穀子之袈裟一領、為／叡願御寄進之事、去正月／後七日之修中、於南殿之密場／宗祖大師請来之霊宝　咸／御覧之次、

（書止）密教劫栄未徒／博延有斯事歟、早収宝蔵、永可被／衛護之旨（者）、依長者法務厳命、／執達如件、

（差出）別当僧正堯円

（宛所）謹上　〇（東寺）年預法印御房

一九　後七日御修法道具目録　享和四年正月十四日　一通

江戸後期　竪紙　楮紙（高檀紙）四六・〇糎×六〇・四糎　一紙

（書出）享和四年正月十四日／五鈷金剛杵　一口　五鈷鈴　一口

（書止）金銅塔　一基　仏舎利　二壺／以前目録如件、

（差出）大阿闍梨法務前大僧正法印大和尚位高演

（備考）墨合点、

二〇　後七日御修法道具目録　寛文二年正月十四日　一通

江戸前期　竪紙　楮紙（奉書紙）三五・〇糎×四九・八糎　一紙

（書出）寛文二年正月十四日／五鈷金剛杵一口　五鈷鈴一口／三鈷金剛杵一口　獨鈷杵一口／輪一口　羯磨四口

（書止）覆面二帖　水精念珠一連／金銅塔一基　仏舎利二壺／以前目録如件、

（差出）大阿闍梨法務前大僧正法印大和尚位／寛済

二一　御持僧御撫物持参勅使・役人交名　宝永二年八月晦日　一通
江戸中期　竪紙　楮紙（美濃紙）三〇・九糎×四三・五糎　一紙
（本文）御持僧御撫物持参／勅使之事／極﨟正六位上式部大丞卜部兼
充／御撫物役送御倉／治部大丞中原康忠／衛士藤井重康／仕丁
二人役者

二二　俊範・公雅入壇日時勘文（年月日未詳）　一通
江戸中期　竪紙　楮紙（美濃紙）二五・一糎×三四・七糎　一紙
（書出）運時事／七月廿日後夜時後夜、日中、
（書止）廿一日後夜時　廿□□夜　廿二日ノ日中
（備考）奥に「俊範／公雅入壇之時書／与之、／有円」、

二三　胎蔵界正行日時勘文案　一通
江戸後期　竪紙　楮紙（奉書紙）三三・八糎×四四・九糎　一紙
（本文）胎動界正行／開白　五月十七日／結願　八月廿八日／護摩初
行／開白　同日／結願　九月五日
（奥書）天保八酉年五月　大道之識

二四　胎蔵界正行堂荘厳日時勘文案　正徳六申歳正月日　一通
江戸中期　竪紙　楮紙（奉書紙）三二・〇糎×四五・八糎　一紙
（本文）胎動界正行堂荘厳之事／正月廿三日開白、／二月四日　十四日
廿四日／閏二月四日　十四日　廿四日／三月芸古、五日　十五日
廿五日／四月六日結願、／右如件、
（差出）大法師演春

二五　尊海入壇日時勘文（年月日未詳）　一通
江戸中期　竪紙　楮紙（奉書紙）三二・〇糎×四五・一糎　一紙
（本文）運時事／十一月五日後夜時後夜、日中、／日中時初夜、六日ノ後夜、
／初夜時六日ノ日中、六日ノ初夜、／六日後夜時七日ノ後夜、七日ノ
日中、
（備考）奥書「尊海入壇之時書／写之、／寛順」、

二六　清玄米請取状　万治三年十月十五日　一通
江戸後期　切紙　楮紙（美濃紙）二四・三糎×三三・三糎　一紙
（本文）長者并別当御拝堂／御下行米合六拾貳石四斗三升貳合也、／右、
請取申所如件、
（差出）勾当敬定／清玄（花押）
（宛所）水本大僧正御内竹内権兵衛殿

二七　前大僧正賢助受職等先例等　十一通・一紙
（備考）（一）～（一二）一括、

（一）前大僧正賢助受職先例（年月日未詳）　一通
鎌倉後期　折紙　泥間似合　三三・五糎×四七・三糎　一紙
（端裏）遍方□□□
（本文）受職「受前大僧正賢助」／元徳元年十二月廿六日／同貳年正月十九

日／印信等渡之、

（二）　だいご村等山地子注文　（年月日未詳）　一通
江戸中期　竪紙　楮紙　（美濃紙）　三〇・二糎×四五・四糎　一紙
（書出）山地子の事／一だいご村之事　たがうより三十五か出申候、
（書止）一ひかしかさとりの事、貳十か出申分、／以上、
（備考）袖に方形黒印、

（三）　扶持米等下行注文　〔天正十六年正月廿一日〕　一通
安土桃山時代　竪紙　楮紙　（美濃紙）　二七・六糎×四二・八糎　一紙
（端裏）天正十六　正　廿一
（書出）一壱石　東寺下行／請取状被懸御目候、両通御座候、／一八石　右
近入道／去年十石之由申上候、／一八石　本間甚三郎
（書止）一十三石　兵部卿新御ふちとして／悉被遣候事、

（四）　某書状写　（年未詳）八月二日　一通
江戸中期　巻子装　中欠　楮紙　（美濃紙）　二四・四糎×一〇四・四糎　六紙
（書出）御飛簡令披閲候、弥御堅固御勤珎重ニ存候、／爰元御院家御清健
御勤被成候、然者今度／従　御公儀、国絵図被　仰付候付、
（書止）従伊左衛門殿も／従御院家御状被遣候間、左様ニ御心得／可被成
候、恐惶謹言、
（差出）（花押影）
（宛所）文永寺御房

（備考）糊離れ、

（五）　金堂供養導師方道具目録　（年月日未詳）　一通
安土桃山時代　竪紙　泥間似合　三三・〇糎×五〇・〇糎　一紙
（書出）金堂御供養御導師方目録／一執蓋執綱秀頼様諸大夫衆五位袍にて候、市正殿へ早々可被仰越候、石
山供養ノ時此候、　三人
（書止）一所守惣在庁ヨリ遣申候、　二人／右之役者先例如此候、○東寺塔供養の時も
召供被成、なされて／先例此分候彼役者共定而御下行之事御訴訟可申候間、如此
候、／一褥

（六）　理性院坊領広瀬郷年貢等請文案　〔嘉吉三十二廿七〕　一通
室町後期　竪紙　楮紙　（杉原）　二八・七糎×四七・五糎　一紙
（端裏）坊人河尻請文案文　嘉吉三十二廿七
（書出）預申理性院御坊領広瀬郷御年貢并／役月等条々子細請人等事為得請文間事
（書止）公方并／守護方被申御代官請人等相共ニ○何様の御罪科者／也、仍請文状如件、

（七）　諸国末寺書上　（年月日未詳）　一通
江戸後期　折紙　楮紙　（奉書紙）　三三・五糎×四七・二糎　一紙
（本文）和泉岸和田　千手院／武蔵鴻巣　瀧本院／同玉芝　大行院／遠
江中泉　大乗院／尾張名古屋　清寿院／同国　大乗院／同国
福寿院／近江大講請僧　願応寺／備前　快長院／出雲　阿厳
院／安芸　明王院／筑州　明厳院／奥陸米沢　大善院／伊勢桑
名　普賢院／日向　実玄院

（八）　某口上覚土代　（年月日未詳）　一通
江戸後期　続紙　後欠　楮紙（奉書紙）　三一・六糎×八四・七糎　二紙
（書出）口上之覚／一東寺寺務長者職拝任候得者、必東／寺拝堂、其前三
　箇吉事遂行候、○古来之／定式御座候、
（文尾）任先例催申通／円明院申聞、行樹院も随分取持相調候／様と加入
　魂候得共、無承引候故、相催候、○三ヶ吉

（九）　法務大僧正某御教書案　（年未詳）十一月十五日　一通
江戸中期　竪紙　楮紙（美濃紙）　二八・八糎×四〇・五糎　一紙
（端書）拝堂前遣惣在庁江／一通之写
（本文）来廿日可有東寺拝堂事、／威従以可被相催者、法務大僧正／所候
　也、仍執達如件、
（差出）権僧正運助
（宛所）惣在庁威儀師御房
（備考）奥に「礼紙云、／遂申／刻限所為辰一点之由、所有存知候也」、

（一〇）　灌頂職衆布施覚　（年月日未詳）　一通
江戸中期　竪紙　楮紙（美濃紙）　三三・三糎×四六・五糎　一紙
（書出）職衆布施之覚／密教院権僧正唄呪願 金貳歩生料五匁 加布施　五匁
（書止）貳人堂達 金貳歩五匁生料／已上八口、

（一一）　真福寺由緒書写　延宝三乙卯暦孟春初六　一通
江戸前期　竪紙　斐紙（鳥の子）　五一・五糎×三七・六糎　一紙
（本文）右、真福寺者、自先代依為直末寺、慶長十六年／八月、　准三宮
　義演江府下向之砌、印可於于当寺／被授照海、其節印信・血脈等
　被下置處、近代之／住僧令紛失之旨、当住悲歎、此義経星霜、懇
　望之／難黙止、以准三宮義演御自筆今般予令書写之、／則遣畢、
（差出）醍醐寺座主前法務（房演）（花押）
（備考）料紙縦使い、

（一二）　久世大和入道告文包紙　永享十年六月廿四日　一紙
室町中期　竪紙　漉返紙　四六・三糎×二八・〇糎　一紙
（備考）ウハ書「久世大和入道告文永享十年六月廿四日大蔵卿法眼許へ持参」、

二八　検校僧正憲深自誓頌文写等　八通・四冊
（備考）（一）～（一二）一括、

（一）　検校僧正憲深自誓頌文写　（年月日未詳）　一通
江戸後期　竪紙　後欠　楮紙（美濃紙）　三一・〇糎×四三・五糎　一紙
（書出）検校僧正憲深自誓頌／願我令蒙本尊諸仏、当所鎮守／清瀧権現・
　高祖大師遍照金剛／乃至十方悲願深重護法天神、
（文尾）各不忘失生々世々必得成就

（二）　法務某御教書写　（年月日未詳）　一通
江戸後期　切紙　染紙（紅染紙）　一六・〇糎×四五・九糎　一紙
（端書）御門主初度法務之節往覆、／安政三酉年先年極月廿五日到来写

（書出）一開中結之時、平袈裟／御着用之事、／一五大尊供・十二天供貴
寺／御出座中可有御勤之由／候事、
（書止）伴僧五口御出座可有之旨、／法務　仰候、依而内々令啓候、／恐々
謹言、

（三）法務御教書書様　（年未詳）十二月廿四日　一通
江戸後期　切紙　前欠　染紙（黄染紙）　一六・〇糎×二九・六糎　一紙
（差出）別当権僧正
（宛所）醍醐寺年預権大僧正御房
（備考）本文欠、宛所後に書様・上包表書等を記す、

（四）後加持発願文写　〔安政三年〕　一通
江戸後期　折紙　楮紙（美濃紙）　二七・八糎×四〇・六糎　一紙
（書出）後加持発願／至心発願　唯願大日／本尊聖者　大聖不動
（書止）法門如来　菩提無上／護持聖王成御願
（備考）追記「中奉書二ッ折、包紙美の也」、奥書「右、安政三丙辰歳／後
七日御修法、小野随心院門跡／参勤之時、相廻され写置、／臘月
廿五日相写」、

（五）某伝法頌草　一通
江戸中期　竪紙　楮紙（美濃紙）　墨点（返点・送仮名・合符）　二四・一糎×
三四・三糎　一紙
（文首）負笈問津者克幾／来歴千里不為遠、亦不悦乎、／伝法許可人又
幾／習経歳月不為倦、亦不楽乎、
（文尾）出双親之家／入三密之門／運心於真乗／以降、

（六）灌頂讃頭存知条々　一通
江戸中期　切紙　楮紙（奉書紙）　紙背あり　墨点（返点・送仮名）　一六・
五糎×一六・五糎　一紙
（文首）灌頂讃頭可存知事／一初後夜時承仕持鉢鐃入、讃頭／前置、
（文尾）如初座／脇重置宜也、後讃済、鐃重入、始中終鐃ブチ入置儀也、／一中間之讃教授讃
一声催也、

〔紙背〕灌頂色衆念誦作法　一通
切紙
（首題）灌頂色衆念誦
（文首）初夜自普供養ノ金振鈴マテ／仏眼真言、
（文尾）自一字金／後鈴マテ一字明誦之也、／万供声明講准之也、
（奥書）宝暦五乙亥年四月九日、真亮律師へ／令書与之了、／法印有円

（七）嘆徳文写　一通
江戸中期　竪紙　漉返紙　三〇・五糎×四四・五糎　一紙
（文首）嘆徳　和州内山上乗院唱之、／金剛仏子異口同音言白、／夫灌頂
大智梵風　則闡秘蔵之門戸／法身内證慧照　益輝瑜伽之密壇
（文尾）受嫡々相承　継師々遺業／感随喜之思　唱称嘆之詞／敬白

（八）　某発願次第草　一通

江戸後期　続紙　楮紙（美濃紙）　二七・二糎×七九・八糎　二紙

（文首）発願／至心発願　諷誦威力　天衆地類／倍僧法楽　過去尊霊頓證菩提

（文尾）次大悲護念成諷誦金一丁、／次於有者、発願之次大悲護念、成諷誦金一丁、

（九）　慶雲院殿忌辰曼荼羅供誦経導師作法　一冊

室町前期　横帳　後欠　楮紙（杉原）　一三・七糎×三三・一糎　四紙

（文首）万陀羅供慶雲院殿七回忌東山殿御舎兄也、／誦経導師作法〻七〻□〻□〻供／先取香呂一礼、／次置香呂、登礼盤、／次取香呂、金二丁／次三礼、

（文尾）自性身土非古今、受用之定恵五智三身円明添荘厳／［　］仏無増減［　］

（備考）四紙目綴糸なし、隆源筆、

（一〇）　報恩院実雅七回忌表白土代　一冊

江戸中期　横帳　楮紙（奉書紙）　紙背あり　墨点（返点・送仮名・傍訓）

一六・八糎×四七・一糎　二紙

（文首）夫以／人中之世尊　唱滅於林中／天上之快楽　起悲於五衰、

（文尾）兼亦六道無明之客／同饜〔厭カ〕一味之法食、／斉到如々之覚殿、

（備考）本文朱線にて抹消、一紙目・二紙目紙背共に「昆布　五拾本之内」、

（一一）　弘忠法印忌辰表白文　一冊

江戸後期　横帳　楮紙（奉書紙）　墨点（返点・送仮名・傍訓・合符）　一六・六糎×四六・二糎　二紙

（文首）夫以／万法皆空之観／春花飛而秋葉落／諸行無常之理／朝露晞而暮雲消／閻浮之郷　誠非常住之土、

（文尾）常ノ表白ノ處ニテ開眼アリ、／新開眼供養ゼラレシ給ヘリ、／五大法性ノソトバ一基出眼ノ功徳／五輪ノ妙相各具足円満ノ為メニ／仏眼真言丁／五智四種法身等ノ内證外用恒砂ノ／万徳成就円満ノタメニ／大日真言／次表白／次開題／柳新

（備考）文中識語「右、弘忠法印一周忌之表白也、兼日供養／法之有沙汰、故ニ幔ニ右草抜書シ了、／西溪」、本文斜線にて墨抹、

（一二）　後宝池院殿十三回忌表白文土代　一冊

江戸中期　横帳　楮紙（美濃紙）　一五・二糎×四四・七糎　二紙

（文首）風聞／有為転変之習／無分凡聖／無常迅速之理／何限賢愚乎、／伏惟後宝池院尊霊者、

（文尾）御法灯永挑／尽無上之悉地、／乃至砂〔沙〕界／利益無辺　敬白

二九　上納并未進米一札案等　十四通

（備考）（一）～（一四）一括、

（一）　上納并未進米一札案　享和元年辛酉年霜月日　一通

江戸後期　続紙　楮紙（美濃紙）　一五・五糎×三一・八糎　二紙

（書出）一札之事／一当御上納并未進米等段々／不埒ニ罷成、可申上処無

御座候へ共、
（書止）急度／上納可仕候、為後日、仍而御覧／印形奉差上候、以上、
（差出）願主日野井脇坊印／被官惣代同村半右衛門印
（宛所）山上戒光院様御雑掌中

（二）　山上・山下年預口上覚　（年未詳）未十二月　一通
江戸後期　続紙　楮紙（美濃紙）　一五・〇糎×三七・〇糎　二紙
（書出）奉差上口上書／来春報恩院権僧正／御修法勤修候ニ付、
（書止）右、被　仰出候趣、相答可申候、／仍而御請書如斯御座候、／以上、
（差出）山下年預西往院／山上年預宝幢院
（宛所）三宝院御門跡様御家司御衆中
（備考）端裏に円形黒印、

（三）　某方年貢米預覚　（年未詳）酉十一月廿七日　一通
江戸中期　切紙　三椏紙　一七・五糎×一四・八糎　一紙
（本文）覚／一拾貳石貳斗　納高／五升九合五勺三才／内壱斗五升　蔵
　敷引／拾貳石壱斗〇九合五勺三才／右之通御預ﾘ申候、

（四）　戒光院年貢書付　（年月日未詳）　一通
江戸後期　続紙　三椏紙　一四・八糎×三〇・一糎　三紙
（書出）戒光院領年貢／ミしん共　何丁何右衛門／来ル十六日、無相違／
　はらて丁伝右衛門へ可相計事、
（書止）八斗壹升六合口／谷道殿ヲクデ三人程　喜兵衛／五斗

（五）　印可布施等用意覚　（年月日未詳）　一通
江戸後期　切紙　楮紙（美濃紙）　一五・三糎×四四・二糎　一紙
（書出）覚／一御印可之節、仏布施／列祖共并壇引壇敷／絹等、此方用意
　申付候、
（書止）一大アサリ当日御斎并／後朝御祝義両度共ニ／饗料被致進上候
　間、／其御方ニ而御用意之事、／以上、

（六）　印可諸事覚　（年未詳）壬月廿九日　一通
江戸後期　切紙　楮紙（美濃紙）　一五・四糎×五四・二糎　一紙
（書出）覚／一預ﾘ内承仕之義、甲斐江／申聞、并御印可共ニ領掌／申候
　事、
（書止）一先日道具帳御覧相済候ハヽ、／被遣可被下候御事、／以上、

（七）　戒光院蔵本真乗坊・雑掌連署状案　文化四卯年／三月　一通
江戸後期　続紙　三椏紙　一四・五糎×三七・三糎　二紙
（書出）今度其御元計候年貢米之内、／過分之鍬下被相願甚《容赦》不容／易事ニ
　候へ共、
（書止）尤右拾ヶ年ニ満之上ハ、本米／通ﾘ無滞上納可有之候事、
（差出）戒光院殿蔵本真乗坊／同断雑掌
（宛所）井脇坊殿

（八）　日野村惣代連署状案　寛政十弐年申十二月十六日　一通
江戸後期　竪紙　楮紙（美濃紙）　二五・二糎×三四・四糎　一紙

(書出) 奉差上一札之事、／一当村百性庄助義段々不埒仕、其上当御上納／米不納仕候ニ付、又々私共段々御願申上、来ル酉ノ／二月十五日切急度上納可仕候、
(書止) 来二月十五日切急度御上納訳立可仕候、此義／ニ付、以来六ヶ敷義出来候共、我等共罷出急度／埒明ヶ可申候、為後日仍而一札如件、
(差出) 日野村百性庄介親類／惣代治郎介印／同新左衛門印
(宛所) 山上戒光院様御役人中様

(九) 仏供白米覚 (年未詳) 五月　一通
江戸後期　切紙　楮紙 (美濃紙)　一七・四糎×四八・二糎　一紙
(書出) 仏供白米覚／一三升貳合初後夜染仏供中江入壱合ツヽ、三十二杯分
(書止) 右、白米三斗御渡シ申候間、／大壇祖師仏供少々よけい／御用意可被下候、以上、
(差出) 下村助三郎
(宛所) 本浄様

(一〇) 閼伽桶等仏前諸具覚 (年未詳) 四月晦日　一通
江戸後期　続紙　楮紙 (美濃紙)　一七・三糎×四五・〇糎　二紙
(本文) 覚／一閼伽桶　貳ツ／一同杓　貳本／一丸閼伽折敷　貳ツ／一角折敷　大小三ツ／一閼伽水汲桶　棒共　一荷／一かいけ杓　貳本／一とうしん　壱把／一かわらけ　小重五十枚／三度　百廿枚／油付　五十枚／右之通、御請取可被下候、以上、
(差出) 下村助三郎
(宛所) 本浄様

(一一) 請物支配状 (年月日未詳)　一通
江戸後期　続紙　楮紙 (美濃紙)　一七・三糎×四六・二糎　二紙
(書出) 請物支配之事／木具閼伽折敷、同桶方ノ折櫃等、綵帛、／右大アサリ、
(書止) 大壇仏供一角、護摩壇仏供一角、／祖師仏供菓子半分、／右駈仕、

(一二) 諸下行覚 (年月日未詳)　一通
江戸後期　小切紙　楮紙 (美濃紙)　一五・一糎×一〇・二糎　一紙
(本文) 当日御斎□　百疋／後朝　銀五匁／御□□□ハ御施物　青銅五十疋／御施物　金五百疋／御□物一□

(一三) 音和例書上 (年月日未詳)　一通
江戸後期　切紙　泥間似合　裏書あり　一六・七糎×一五・六糎　一紙
(書出) 木姓／宗《金》信《金》晋《金》　異□音和例／宗《々》親《々》津《々》　同例、
(書止) 宗《金》恕《金》翕《金》　三同音和例／宗《金》誉《土》怚《金》　同例、
(備考) 朱註記、墨註記、朱筆裏書、

(一四) 宗誉僧名由緒 (年月日未詳)　一通
江戸後期　切紙　楮紙 (美濃紙)　二四・三糎×一七・一糎　一紙
(書出) 宗《金》誉《土》
怚《ショ》ホコル、ヲフル、イタム、ヲトロク、
(書止) 木姓ニ土姓ノ字ヲ用ルハ、草木ハ土ノ力ヲ／借テ成長スルユヘ

二、土姓ニ木姓ノ字ハ不ノ用、

三〇　誦経料請取状　（年未詳）丑十月十七日　一通

江戸後期　切紙　楮紙（美濃紙）　三一・〇糎×三五・八糎　一紙

（本文）覚／一米五斗／右者、清瀧宮金堂両所之為／誦経料、致受納候所
如件、

（差出）執当 吉祥坊（円形黒印）

（宛所）普賢院様 御雑掌 参

（備考）懸紙（美濃紙、三二・一糎×一九・二糎、ウハ書「誦経料請取　山下 執当」）、

三一　宗恕入壇日時勘文　三通

江戸中期

（備考）（一）〜（三）一括、包紙（美濃紙、一五・四糎×二六・八糎、ウハ書「『宗恕入壇日取　演春考』／〇ハ不審也」）、

（一）　宗恕入壇日時勘文　（年月日未詳）　一通

続紙　泥間似合　一八・四糎×三七・四糎　二紙

（書出）入壇前行之事／壬二月小　開白廿二日／三月大　三日　十三日
廿三日／四月大　三日　十三日　廿三日／五月小　三日　十三
日　廿三日

（書止）五月十一日ヨリ六月九日迄吉日不／相見歟、此上御考被成候、

（二）　宗恕入壇日時勘文　（年月日未詳）　一通

続紙　泥間似合　一八・四糎×三三・七糎　二紙

（書出）入壇前行之事／三月大　開白三日　十三日　廿三日／四月大
三日　十三日　廿三日／五月小　三日　十三日　廿三日／六月
小　四日　十四日結願

（書止）右、五月十九日ヨリ六月十日迄吉日相考無／之、殊ニ土用大暑時
分不相勝御事歟、／此上御考被成候、

（三）　宗恕入壇日時勘文　（年月日未詳）　一通

小切紙　泥間似合　一八・〇糎×二〇・二糎　一紙

（本文）衰日『寅申満四十』／辰戌　大アサリ『卅九オノツモリ歟、』／卯酉　受者

三二　権僧正某覚　（年未詳）三月十七日　一通

江戸後期　切紙　楮紙（美濃紙）　一五・三糎×三五・九糎　一紙

（書出）一綵帛絹此方ニてハ前方ニ／五色共タチ置、一包宛包／分金台惣
包致置候、

（書止）一御印可二日前程致参／上、壇引等何角見繕／可申覚語〔悟〕ニ御座候
事、／已上、

（備考）懸紙（美濃紙、二〇・一糎×二五・七糎、ウハ書「三月十七日覚書　権僧
正」）、

三三　宗恕入壇糸縒日時勘文　（年月日未詳）　一通

江戸中期　切紙　楮紙（美濃紙）　一六・七糎×二一・七糎　一紙

（書出）糸縒日取／五月三日午鬼宿、日曜、安住宿／四日未柳宿、月曜、和善宿

（書止）六日酉・七日戌　衰日／右、三日之内御考御治定可被成候、／已上、

（備考）朱圏点、懸紙（美濃紙、二四・二糎×三四・一糎、ウハ書「宗恕入壇糸縒日取　演春考／『〇ハ不審也』」）、

三四　要書写文書目録等　十八通・一冊・一帖・四葉・一括

（備考）（一）～（二四）一括、

（一）　要書写文書目録（年月日未詳）　一通

江戸後期　切紙　三椏紙　一五・一糎×二五・八糎　一紙

（書出）不苦者相願写置度書附／之目録／准后様御直書高野山検校職補任事　一通

（書止）東寺醍醐一味連判准后様御袖判、／以上十二通

（二）　当代武家注文（年月日未詳）　一通

江戸前期　竪紙　楮紙（美濃紙）二八・五糎×四三・〇糎　一紙

（本文）一将軍義政公管領細川右京大夫勝元／右ハ、三宝院義賢御代ニ相当、／一将軍義晴公管領細川武蔵守高国／右ハ、三宝院義堯御代ニ相当、

（三）　正行院殿得度・叙法眼日付覚　正保二年／七月廿七日　一通

江戸前期　折紙　楮紙（美濃紙）二七・四糎×三七・三糎　一紙

（本文）正行院殿／得度年月日寛永十九年十一月六日、／法眼年月日寛永十九年十一月十五日、／此下□付□可然候、／右之通、烏弁殿より／申来候ニ付、得度、叙法眼、／年月日書付進候也、為／已後粗記置者也、

（四）　山内廻状書様（年未詳）丑十二月　一通

江戸後期　切紙　泥間似合　一六・二糎×二九・二糎　一紙

（本文）――――／――――／右之通、被／仰出候御沙汰之御旨、一統／奉畏候、

（差出）上醍醐山年預何院印／下醍醐山年預何院印／惣代何院印

（五）　鎮守読経理趣経奥書々様　一通

江戸後期　切紙　楮紙（美濃紙）一六・〇糎×一〇・九糎　一紙

（本文）鎮守読経理趣経奥書之事／右、今般就登壇、為鎮守読経／奉摺写供養畢、／年号月日　受者実名

（六）　座主光済僧正拝堂行列人数覚　一通

江戸前期　折紙　楮紙（美濃紙）二〇・〇糎×二九・七糎　一紙

（文首）座主光済僧正拝堂之時／威儀僧二人／任恵アサリ／賢清アサリ

（文尾）前駈二人／栄潤アサリ／栄宝アサリ／威儀僧二人／顕範アサリ／禅瑜アサリ

（七）　出家受戒章抄出等

江戸前期

（備考）1・2一括、

1　鎮守清瀧権現供養法　　一通
竪紙　楮紙（美濃紙）　二四・三糎×三三・五糎　一紙
（文首）抑出家受戒之處ニハ滅罪生善之砌ナレハ、冥衆定テ降臨／影向シ玉フラン、然則外金剛部金剛天等ヲ始奉テ、三界所有／天王天衆殊ニハ当所鎮守清滝権現部類眷属、
（文尾）廻向／所修功徳　廻向三宝願海　廻向一切神等　廻向院内／廻向護持受者　廻施法界　廻向無上大菩提丁

2　求聞持造壇事書　　一通
折紙　楮紙（美濃紙）　墨点（返点・送仮名）　二四・二糎×三四・〇糎　一紙
（文首）求聞持造壇事／一別ニ作一ノ方木曼荼羅ヨリ／造壇ノ文段也、別也、殊ニハ惣別也、／惣ト者常壇也、
（文尾）何ンカ故ソ二重ニ／壇ヲ用ルヤ耶、答軌ニハ無其沙汰稚スルニ先ツ／得聞持、其上ニ憶持不忘スヘキ事ヲ／表スル故ニ二重ニ用也、

（八）　某供巻数（年月日未詳）　　一通
江戸中期　竪紙　楮紙（美濃紙）　紙背あり　二四・五糎×三四・三糎　一紙
（本文）吉祥天真言／訶利帝真言／一字金輪真言六千三百遍／右、奉為護持大施主、、、始自七月廿九日迄／于今月今日并三七箇日夜之間、殊致精誠／奉供如件、
（備考）習書、紙背に「愛染供所／愛染○供敬愛所」、

（九）　火天法次第　　一帖
南北朝時代　粘葉装　前欠・後欠　斐紙（鳥の子）　押界（天一地一、界高二一・九糎）　朱点（返点・送仮名・傍訓・合符）　朱（註記・頭点・合点）　七行・十一字前後　一四・三糎×一四・四糎　四丁
（文首）次嗽口三度、／次撥遣　取一花、誦小呪、投仏前、／次前勧請印風指向外撥之言、
（文尾）次嗽口三度、／次撥遣／取一花、誦真言、投仏前、観呪啓白准前、

（一〇）　某方表白　　一通
江戸後期　切紙（モト粘葉装）　前欠・後欠　斐紙（鳥の子）　墨点（返点・送仮名・傍訓）　墨（博士点）　六行・八字前後　一六・〇糎×一三・三糎　一紙
（文首）真言道句之神力／不可得而称者也、
（文尾）理知高而心地遥、

（一一）　史記秦始皇本紀抄　　一通
江戸前期　折紙　泥間似合　朱点（合符）、墨点（返点・送仮名・合符）　朱（合点・圏点）　三三・二糎×四六・〇糎　一紙
（文首）史記秦始皇本紀曰、正義曰、彗音似歳反見並音行練反、／七年彗星先出東方見北方五／月見西方
（文尾）則是彗／孛原二星特其類似而占不同耳云云、

（一二）　法花口伝抄　　一通

江戸前期　竪紙　楮紙（杉原）　三八・六糎×四二・五糎　一紙
（文首）法花口伝抄云、／口伝云、法花法者、為除病延命、或滅罪出離、
　専可修之、／経文云、病即消滅不老不死文、
（文尾）口病患者、風病等四百四病、宿業病依此経功力病／患悉除、必持
　不老不死之身色者歟、

（一三）　声明対揚七句　　一通
江戸中期　切紙　楮紙（杉原）　押界（界高二四・〇糎、界幅一・八糎）　朱点（合符）　朱（博士点・頭点）、墨（博士点）　七行　一七・二糎×三二・〇糎　一紙
（文首）対揚　七句／南無法界　道場三密／教主遮那尊
（文尾）院内安穏　興隆仏法／御願成弁　金剛手菩薩／『手菩薩』
（奥書）安永八歳次己亥抄冬初六、／無礙心院尊霊相丁七回之／忌日待于
　追福之筵時用／此（梵字）之仙梵焉、／権大僧都澄意
（備考）切紙を二つ折にして桝型本の形をとる、

（一四）　声明譜　　一冊
江戸後期　仮綴（切紙）　楮紙（美濃紙）　墨点（合符）　墨（註記・博士点）　四行・五字　一五・三糎×一五・一糎　八紙
（文首）一切業障海／皆従妄想生／若欲懺悔者／端坐思実相
（文尾）願以此功徳／平等施一切／同発菩提心／往生安楽国
（備考）法量は最大をとる、

（一五）　声明符　　一通
江戸後期　切紙　楮紙（美濃紙）　墨点（傍訓）　墨（博士点）　八行・七字　一八・五糎×二四・三糎　一紙
（本文）願我在道場、香花／供養仏、天地此界／多門室、近宮天處／十方
　無、丈夫牛王／大沙門、尋地山林／遍無等、香玉供養／仏、願以
　此功徳／普及於一切我等、

（一六）　声明譜　　一通
江戸後期　切紙　楮紙（美濃紙）　朱（博士点）、墨（博士点）　四行・七字　二四・二糎×一五・五糎　一紙
（本文）敬礼天人大覚尊／恒沙福智皆円満／因円果満成正覚／住寿凝然
　無去来

（一七）　漢詩断簡　　一通
江戸後期　竪紙　前欠・後欠　楮紙（奉書紙）　三八・八糎×二四・八糎　一紙
（本文）時是石山覗法林／檜枮千載自杏之／大悲閣畔香薫／處一洗人間
　凡俗

（一八）　某日記断簡　　一通
室町前期　切紙　中欠　漉返紙　紙背あり　二五・一糎×三三・六 三三・四糎　二紙
（文首）五月／一日、四季ノタラニ有、其帰リ、慈院ニテ竹子御フルマイ
　也、／虎モ行也、然處ニ下笠ヨリ勝三郎登山、扇三本女中ヨリ／
　給ル也、
（文尾）谷へ御振舞候へトテ／酒小ツノ一ツ、去月四日ヨリ始行スル愛染

ノラウ／シヤ今日結願、立願結願ニ吉ト有る壬午日也、盛宿／張宿也、晩ニ初夜ノ時分ニ結願セラレホトキ○存也、

（紙背）行樹院某書状　（年月日未詳）　一通
切紙　中欠
（本文）先刻御入見　祝着候／［　　　］／此方より□せと御はつ□／しく候、／かしく
（差出）行樹院御房
（備考）逐而書、

（一九）　某書状断簡　（年月日未詳）　一通
江戸中期　切紙　後欠　楮紙（美濃紙）　紙背あり　一七・八糎×一七・七糎　一紙
（本文）其後者久々御歳始にも／伺申上す、御無沙たのミ
（備考）逐而書、
（紙背）某消息断簡　（年月日未詳）　一通
切紙　後欠
（書出）其後者、久しく御機嫌候と／伺申上す、御無沙たのミ
（文尾）ちと〳〵御下りあそハし候へハ、後々御出／あそハし候、

（二〇）　押紙　一括
江戸中期　小切紙　斐紙（鳥の子）　墨点（返点・送仮名・傍訓）　墨（博士点）　三・八糎×五・五/五・二糎　二紙
（本文）故ニ／早受ヶ許可ノ密印／且伺フ両部ノ秘奥／遂抽未請之丹棘ヲ／頻叩ク即身之玄門ヲ

（二一）　押紙　一葉
江戸中期　小切紙　楮紙（美濃紙）　墨（博士点）　七・八糎×六・五糎　一紙
（本文）享保十五年／七月廿九日／此散花密ハ覚亮筆也、

（二二）　押紙　一葉
江戸中期　小切紙　楮紙（美濃紙）　墨点（傍訓）　墨（博士点・頭点）　九・〇糎×四・五糎　一紙
（文首）金剛薩埵セツシウコ　一切善生主
（文尾）ゲンセイ金剛勝シゲウ　遍照我頂礼

（二三）　押紙　一葉
江戸中期　小切紙　楮紙（美濃紙）　墨点（傍訓）　墨（博士点）　九・六糎×三・六糎　一紙
（本文）理源大師倍増法楽

（二四）　押紙　一葉
江戸中期　小切紙　楮紙（美濃紙）　墨点（傍訓）　墨（博士点）　五・〇糎×四・一糎　一紙
（文首）縛曰羅薩埵縛摩

（文尾）波潭嚢謨ソトテイ

三五　長者拝堂有職装束覚等　　十通

（備考）（一）～（一〇）一括、

（一）長者拝堂有職装束覚　　一通

江戸前期　小切紙　楮紙（美濃紙）　一六・五糎×三一・〇糎　一紙

（本文）十一月廿日、東寺御拝堂／之節、前駈有識装束覚／一法服平袈裟／供　素袍貳人／白丁笠持壱人／白丁牀机持壱人

（二）印可烈祖注文　　一通

江戸中期　折紙　楮紙（杉原）　三〇・二糎×四四・二糎　一紙

（端裏）印可烈祖

（本文）佛前、南、／善無畏、龍猛／一行、龍智／恵果、金剛智／弘法、不空／成賢　理源／実深　憲深／隆源　憲淳／深應　源雅／寛済　雅厳

（三）本命星七曜・当年星九曜真言　　一通

江戸前期　折紙　楮紙（杉原）　墨点（傍訓）　三一・七糎×四五・〇糎　一紙

（文首）本命星／七曜真言／貪狼星／唵陀羅尼々々々吽

（文尾）木曜、／唵没羅賀娑跛底室利／ソハカ

（四）得度次第　　一通

室町前期　切紙（モト続紙）　前欠・後欠　楮紙（杉原）　一五・五糎×四三・〇糎　一紙

（文首）箱時不入経無留香鑪／此間諸僧惣礼各持香鑪、

（文尾）次仰度者、／次置香爐執経、

（五）理趣経節付　　一通

江戸前期　小切紙　前欠・後欠　楮紙（杉原）　墨（博士点）　一八・三糎×三一・五糎　一紙

（文首）毘盧遮那仏／無染無着々々々

（文尾）大楽金剛不空真実三摩／耶経、如是我聞

（備考）本文紙背にわたる、

（六）前讃声名符　　一通

江戸中期　続紙　楮紙（美濃紙）　墨点（傍訓）　墨（博士点）　一五・二糎×三〇・六糎　二紙

（首題）声明集

（本文）善／摩訶迦魯抳建嚢／貪／薩縛吠南｜｜｜｜｜／鉢羅拏麼弭怛他／薩埵

（備考）糊離れ、

（七）六即釈義　　一通

室町中期　切紙　後欠　染紙（茶染紙）　朱点（返点・送仮名）　朱（註記・頭点）　一四・八糎×三〇・六糎　一紙

（文首）六即／理即／名字、／観行、／相似、／分真、／九九、
（文尾）玄義云、寂光理通如鏡如器／諸土別異如像如飯業力所／隔感見不同文、

（八）　某口決断簡　　一通
江戸前期　切紙（モト続紙）　前欠　楮紙（杉原）　墨点（送仮名）　一六・七糎×九・四糎　一紙
（本文）五結護／六供養三華座、五供養、普供養、／右御口決之趣、分明記持不仕／候之間、重奉仰提撕候、已上、

（九）　地蔵尊護符　　一通
江戸前期　切紙　漉返紙　二六・八糎×一三・八糎　一紙
（備考）印版を捺す、上中央に地蔵尊・右下に不動明王・左下に持国天を記す、

（一〇）　合殺頭句　　一通
江戸中期　切紙　楮紙（杉原）　墨点（合符）　墨（博士点）　一七・七糎×五・
一糎　一紙
（本文）毘盧遮那仏（表）
善哉々々（裏）
（備考）表裏に書かれる、

三六　雷除并疱瘡守　　一包
江戸後期　切紙　楮紙（美濃紙）　四紙
（備考）小切紙に黒印を捺した札四紙（各二一・五糎×三・六糎）と御守（柿渋色烈地草花唐草文様、三角形、底辺六・〇糎、他二辺各四・三糎）を包紙にて一括（美濃紙、二五・二糎×三五・二糎、ウハ書「雷除守并疱瘡守／岩間山正法寺開依帳／一七日結縁出／三月吉日」）、札一（印文「（梵字）東方光明電王阿掲多」）、札二（印文「（梵字）西方光明電王主多光」）、札三（印文「（梵字）南方光明電王設羝嚕」）、札四（印文「（梵字）北方光明電王蘇多未尼」）、

三七　仏具等借用覚（年未詳）亥四月　　一通
江戸中期　切紙　泥間似合　一六・九糎×三一・六糎　一紙
（書出）覚／一小壇所前机／一同仏具　一式／一同脇机　二脚
（書止）一花足中間護摩之用　十六／右之通、拝借仕度候、以上、
（差出）有円

三八　中村三介書状（年未詳）九月七日　　一通
室町後期　切紙　楮紙（杉原）　三・八糎×二四・〇糎　一紙
（書出）さうめんの事うけ給候／するより百八十文／ニて取候てまいらせ候、
（書止）代物八十八文、此者ニふう／をつけかへし進候へく候、かしく、
（差出）中村三介
（宛所）三〔院脱カ〕宝殿御宿所

三九　定馦結願作法　　一通

江戸中期　切紙　楮紙（美濃紙）　一四・四糎×四一・四糎　一紙

（端裏）結願作法／定馦筆

（文首）灌頂護摩結願之詞／奉書ノ折紙庁面ニテ／結願詞

（文尾）外金剛部シテ／金剛天等ヲ始メ／奉ツテーーーー、

（奥書）右之通持参仕、宝池院ニテ／奉窺所、仰云、常ノヲ用テモ不苦歟、／即此灌頂護摩結願之詞／幸最用之可為結願也云々、又仰／云、只常ノ結願ノ御法之詞ト比ヘ見所、／大○願已ニ成就ス、ケ様之所違分而已ト云々、是故ニ／右結願之詞令伝授于勝元畢、／元禄二己巳稔卯月廿四日／金剛子定馦房

四〇　惣礼伽陀　　一通

江戸中期　折紙　楮紙（杉原）　朱（博士点）　三一・五糎×四四・〇糎　一紙

（文首）惣礼顕／『呂』敬礼天人大学尊／恒沙福智皆円満

（文尾）十方無辺衆生　皆共速證大菩提

（奥書）宝暦十庚辰歳五月五日／法印杲観書之、

四一　亮祐入壇記　　一冊

江戸中期　袋綴装　楮紙（美濃紙）　二〇・二糎×一二・六糎　四紙

（文首）享保六辛丑年十月廿七当日日堂上／八月六日入壇加行開白　受者権律師亮祐

（文尾）大阿闍梨安養院権山務僧正運助伝法灌頂アサリ第三度、

四二　自誓受戒作法　　一通

江戸前期　折紙　楮紙（奉書紙）　三一・八糎×四六・八糎　一紙

（首題）自制受戒之作法

（文首）先焼香　三礼／次懺悔／我昔所造諸悪業

（文尾）汝等鬼神衆／我今施汝供、此／食遍十方一切／鬼神供

（奥書）此一紙、了式房江依所望／被早毫畢、／寛文四年三月七日

四三　勧請句等　　一通・四帖

（備考）（一）～（五）一括、

（一）　勧請句　　一通

江戸前期　折紙　楮紙（美濃紙）　二一・六糎×二七・二糎　一紙

（外題）勧請

（文首）仰願胎蔵／八葉　十三天　教令

（文尾）誓願奉／誓願證得大菩提

（二）　論義問難　　一帖

江戸前期　粘葉装　中欠　楮紙（美濃紙）　朱点（声点・合符）、墨点（返点・送仮名）　九・八糎×七・五糎　六丁

（外題）問者

（文首）於講讃経、平等大／会立稱可謂乎、

（文尾）般若経会座、果人／来ルト見ヘタリ、例／可斉、如何、

（三）　対揚　一帖

江戸後期　折本　泥間似合　墨点（傍訓）　墨（博士点）　一〇・〇糎×六・〇糎　三折（一紙）

（文首）南無法界道場／三密教主舎那尊

（文尾）法性制底、甚深妙典／御願成弁金剛手菩薩、

（備考）本文紙背にわたる、

（四）　法華講論義問難　一帖

江戸前期　折本　楮紙（美濃紙）　朱点（合符）、墨点（返点・送仮名）　朱（圏点）　九・九糎×六・七糎　二折（一紙）

（外題）法華講問者

（文首）於講讃経、平等大会稱立／云ヘシ乎、／同経会座、縁覚果人来／可云乎、

（文尾）是以／余経ノレイナンノ勘ルニ、般／若経ノ会座ニハ果人来ト／見ヘタリ、例セハヒトシカル／ベシ、如何、

（五）　廻向文　一帖

江戸中期　折本　前欠・後欠　楮紙（美濃紙）　墨（博士点）　七・八糎×六・七糎　二折（一紙）

（本文）願以此功徳／普及於一切／我等与衆生／皆共成仏道／香花供養／仏

四四　宿星図様　一帖

江戸中期　折本　楮紙（美濃紙）　朱（註記・頭点）　一五・〇糎×六・一糎　七折（三紙）

（文首）知本命星様／（図）

（文尾）木の酉や、金のうさぎニ火の／ねずミ、水土性ハ午よりに／うけ、

（奥書）宝永第四春書之与智伝訖、　祐誉三十『二』オ

（備考）本文紙背にわたる、

四五　千手法次第　一帖

江戸中期　折本　楮紙（杉原）　墨点（返点・送仮名・傍訓）　一六・五糎×三・六糎　七折（四紙）

（首題）〔千〕□手法所望　除災　産生

（文首）先壇前普礼、／次着座普礼、／次塗香、三密浄三業〇三部被甲等

（文尾）解界　撥遣　三部被甲／普礼　出堂

（奥書）戒光院運助少僧都之以御次第／者為私用之、急ニ書写之畢、／〔追カ〕□而書置ヘキ者也、／元禄第四辛未年／五月十五日　隆弁

四六　当年星九曜次第　一通

江戸前期　続紙　楮紙（美濃紙）　墨点（傍訓）　一三・七糎×六七・〇糎　三紙

（文首）当年星　九曜／十一羅（梵字）羅睺室利ソワカ／二十土（梵字）舎儞始者羅始制帝室利ソワカ

（文尾）己未武俺誐都嚕吽／午破俺婆娑陀嘱吒吽／寛永元年六月六日記之、／源朝（花押）

四七　金剛線結様　　二通

江戸後期

（備考）（一）・（二）一括、

（一）　金剛線結様　　一通

竪紙　楮紙（美濃紙）　二七・七糎×四〇・六糎　一紙

（文首）金剛線結様／一先糸ノマム中ヨリ二ツニ折、トンボ結ヒ／一ツ、次ニ男結ヒ一ツ、次ニ亦トンボ結ヒ／一ツ、

（文尾）但シ片結ヒノ様モ有之、両様也、カタ／結ヒノ時ハ、糸ノ末留メ赤ノ方／ニテ結フ也、

（奥書）天明六午年二月六日夜、於宝幢院居間／艸之候、於灯下書之、　淳杲

（二）　金剛線結様　　一通

切紙　楮紙（美濃紙）　二七・七糎×七・五糎　一紙

（文首）『金剛線』／先糸ノマム中ヨリ二ツ折花《トンホ》マム結ヒ一、次ニ／男結ヒ一、

（文尾）カ／ケ結ヒニスヘキ也、但シ片結ヒノ様モ有リ両様也、カタ結ヒノ時ハ糸ノ末留、赤ノ方ニテ結、

第七五函

一　権少僧都某法文道具譲状　承安元年六月廿四日　一通
平安院政期　竪紙　楮紙（強杉原）　三〇・二糎×三三・三糎　一紙
（端裏）道具法文等
（書出）□□／法文并道具事／合／一□僧自幼年至長大書儲法文事／御請来法文自筆／本経儀軌并細々抄物等
（書止）抑思／惟事雑多、本病更厳餘算無馮、／今末不幸只有此事者歟、以一察万／可被妨後世菩提状如件、
（差出）権少僧都（花押）
（備考）虫損甚し、

二　東寺宝蔵仏具盗取注文案　建保四年二月七日　一通
室町前期　竪紙　漉返紙　二八・四糎×四一・五糎　一紙
（端裏）東寺宝蔵盗取注文　建保四年／書入了、
（書出）建保四年二月五日夜為盗人盗取宝蔵御仏具等事／合／一御道具唐櫃一合納物
（書止）一金銅宝鉾一／右、注進如件、
（備考）虫損甚し、

三　井関飛騨介屏風請取状（年未詳）未正月十四日　一通
江戸前期　竪紙　漉返紙　三三・四糎×四六・六糎　一紙
（本文）覚／一武蔵野　一双／一牧　同／一李白　同／一鷹雉白鷺　同／一王昭君　片／一耕作　同／右、五双之御屏風慥請取申候、
（差出）井関飛騨介
（宛所）阿闍梨御内良賢坊殿／藤木庄左衛門殿

四　僧某灌頂道具等置文写　永徳元年三月廿一日　一通
江戸後期　竪紙　楮紙（奉書紙）　三三・一糎×四六・四糎　一紙
（書出）申置　灌頂道具等事／合／天蓋覆骨四、宝形一、　同幡四流
（書止）互不可有違心、若背遺命輩者、非／予弟子、清瀧権現八大高祖可加治罰給也、仍為／後日所申置之状如件、
（差出）御判

五　法印弘済灌頂道具置文写等　二通
江戸中期　竪紙　楮紙（美濃紙）
（備考）（一）・（二）一括、

（一）　法印弘済灌頂道具置文写　至徳二年十二月十三日　一通
二七・四糎×四一・五糎　一紙
（本文）灌頂道具事、任先師遺命、／無違失所用之時者、可／渡進候、至未来之遺弟、／相互不可○有異変之儀／者也、仍状如件、
（差出）法印弘済

（二）法印弘済灌頂道具置文写　至徳貳年乙丑十二月十三日　一通

二七・四糎×四一・四糎　一紙

（本文）灌頂道具事、任先師／遺命、無違失、所用之時者、／不可有悋惜候、至未来之／弟子、相互不可有異変／之儀者也、仍状如件、

六　道具目録案　宝徳四年正月十四日　一通

室町中期　竪紙　漉返紙　二七・二糎×四五・〇糎　一紙

（書出）宝徳四年正月十四日／五牯金剛杵一口　五牯鈴一口

（書止）仏舎利二壷／以前目録如件、

（差出）大阿闍梨法務僧正守遍

（備考）袖に後筆「左点、宝徳二年三月十四日法務守遍」「右点、同三月廿一日法務守遍」、奥に後筆「右第二点、宝徳三年正月十四日法務了助／左第二点、宝徳三年三月廿一日法務了助」、墨合点、

七　慈心院俊聡秘密道具置文写　天文十九年庚戌八月廿三日　一通

江戸中期　竪紙　楮紙（美濃紙）　二四・〇糎×三三・二糎　一紙

（端裏）御道具添状写

（本文）下妻中高道祖五宝寺法印／隆栄致両三度住山、就之秘密之／御道具懇切為懇望、依難遁／模重代之重器、彼寺造写所明／鏡也、雖為後々末代門流人不／可有忘達者也、仍置文状如件、

（差出）慈心院法印権大僧都俊惣〔聡〕

八　常州一乗院海義秘密道具請文案（年月日未詳）　一通

室町後期　竪紙　漉返紙　二六・六糎×三六・一糎　一紙

（書出）就今度秘密御道具懇望申、／預御許容、○〔則〕被調下、忝奉存候、

（書止）若／於○〔背〕此儀背申、清瀧権現・高祖／大師幷万タラ諸尊御罰可蒙／罷者也、仍為後證書進置／所如件、

（差出）常州佐竹太田一乗院名乗判

（宛所）〔俊聡〕安養院法印御房

（備考）奥に「彼坊主方へ遣□文也」、包紙（漉返紙、四九・七糎×三二・〇糎、ウハ書「大田一乗院〔海義〕方ヨリ御道具ノ置文　天文十九年菊月十四日／返状也、俊聡法印之時」）、

九　奥州薬王寺宥堅秘密道具相承置文案

天文廿四年小春十七日　一通

室町後期　竪紙　楮紙（杉原）　三一・八糎×四三・六糎　一紙

（書出）秘密御道具以相承之御本而写／給之条、末代之亀鏡、当時之嘉模也、／仍申定條々事、

（書止）右、此旨背候者、清滝権現・高祖／大師・開山之御罰可蒙其身事也、

（差出）薬王寺宥堅（花押）

（宛所）醍醐寺慈心院法印御房江参人々

（備考）宛所上に別筆「俊聡之時」、包紙（杉原、四九・〇糎×三一・五糎、ウハ書「御道具　奥州薬王寺宥堅置文　俊聡法印之時、／天文廿四乙卯十十四」）、

一〇　岩城花園山仁長秘密道具請文　天文廿四年乙卯七月廿七日　一通
室町後期　竪紙　楮紙（杉原）　三四・〇糎×四八・九糎　一紙
（端裏）常州（マヽ）花園山御道具之状　天文廿四年
（書出）就今度秘密御道具懇望申／処仁御調預御許容尤忝奉存候、
（書止）若背此等之／趣申者、／清瀧権現・高祖大師并万タラ諸／尊可蒙御罰罷者也、仍為後日／彼證書進置所之状如件、
（差出）岩城住花園山仁長（花押）
（宛所）上醍醐御院家松橋僧正御坊御門家中
（備考）包紙（杉原、四四・四糎×二九・一糎、ウハ書「奥州岩城花園別当御道具置文返状也、／天文廿四年乙卯七月吉、予時／堯（松橋堯雅）」、

一一　常州普済寺一心院宥證秘密道具請文　元亀四年十月吉日　一通
安土桃山時代　竪紙　楮紙打紙　三・九糎×四〇・三糎　一紙
（書出）今度内證秘密之御道具、以前小屋種性院／法印宥行以御取次懇望申候趣仁、無相違預／御許容、寔以忝令存者也、仍為後資／申置条々事
（書止）右此條々、於違背者、清瀧・大師・／諸之祖師両部諸尊可蒙御罰者也、／後之為證跡之表紙面依状如件、
（差出）一心院宥證（花押）
（宛所）宝珠坊御披露
（備考）包紙（杉原、三九・三糎×三三・五糎、ウハ書「「予遣之、」内證道具請文　常州普済寺／元亀四癸酉十吉」）、

一二　松橋大僧正堯雅秘密内證道具免許状案　元亀四癸酉年小月吉日　一通
安土桃山時代　竪紙　楮紙打紙　三・五糎×四〇・〇糎　一紙
（端裏）元亀四年／瓦子普済寺一心院御道具状
（書出）当流累代秘密内證道具、常州／海笛（マヽ）山一心院法印宥證、以小川修性院宥行法印／難去有懇望之間、令免許者也、
（書止）於道具開眼供養者、予沙汰之、／為後證記之而已、肝簡、
（差出）松橋大僧正堯雅（花押）
（宛所）普済寺僧都参

一三　奥州南山薬師寺憲海秘密道具請文　元亀三年壬申拾月廿三日　一通
安土桃山時代　竪紙　楮紙（杉原）　二六・七糎×四二・〇糎　一紙
（端裏）元亀三年　南ノ山薬師寺（礼紙）
（書出）右秘密内證之御道具所／申請御許容尤願望奉存、／然間　御院家後々永代／相応之御用等不可致如在者也、
（書止）若於是有者、両部／諸尊并高祖大師可蒙御罰者也、／仍為後日申上状如件、
（差出）奥州南山薬師寺憲海（花押）
（宛所）松橋僧正御院家青侍中
（備考）礼紙（杉原、二六・六糎×四一・九糎）、包紙（杉原、五〇・〇糎×三二・二糎、ウハ書「元亀元年奥州南ノ山薬師寺　秘密御道具請文」）、

一四　松橋大僧正堯雅秘密道具免許状案　天正八年／五月十六日　一通

安土桃山時代　竪紙　楮紙（強杉原）　三一・九糎×四七・〇糎　一紙

（書出）今度下野鍋山宝蓮寺／蓮花院法印祐鏤当流内証／秘密道具連々懇望之間、模／写令免許了、

（書止）就中他寺他山江写遣事、／更以不可有之旨、請文誓文之／状有露顕者也、仍為後證所／記置之如件、

（差出）松橋末流大僧正堯雅

（宛所）宝蓮寺法印参

一五　源雅秘密道具預状　天正十八年八月日　一通

安土桃山時代　竪紙　楮紙（杉原）　三〇・一糎×四三・一糎　一紙

（端裏）天正十八年　源雅

（本文）今度秘密之御道具一／通被預置申候、雖為何時／御用次第可被召上者也、仍／為後日状如件、

（差出）源雅（花押）

（宛所）進上松橋殿様

一六　佐久山宥淳秘密道具請文　文禄貳年／七月廿一日　一通

安土桃山時代　竪紙　漉返紙　二七・八糎×四三・八糎　一紙

（書出）今度秘密之御道具懇望／仕候處、御免許ニ付、永代御請／文之事、

（書止）右條々、於違犯者、清瀧・大師・／聖宝可蒙御罰者也、

（差出）佐久山宥淳（花押）

（宛所）歓済坊御披露

一七　常州西光院宥長秘密道具請文　元和陸庚申年林鐘十三日　一通

江戸前期　竪紙　楮紙（杉原）　三四・五糎×五〇・一糎　一紙

（端裏）秘密御道具請文　夏海西光院宥長（礼紙）

（書出）秘密之御道具被写下請文之事／一雖為当御流同御門家他之寺院江／不可致通用事、

（書止）右、今度致登山、種々懇望仕付而、／御許容忝奉存候、末々資々不可／相背松橋殿御流之由緒者也、

（差出）常州夏海西光院宥長（花押）

（宛所）上醍醐密教院御房御披露

（備考）礼紙（杉原、三四・五糎×五〇・〇糎）、

一八　武州高尾山有喜寺堯秀請文　元和七年五月朔日　一通

江戸前期　竪紙　斐紙（鳥の子）　三六・〇糎×五三・九糎　一紙

（端裏）武州横山《ヨコ》庄《ノ》椚田《クヌギタ》郷高尾《タカヲ》山《サン》有喜寺《イフキジ》状也、

（書出）申定條々／一今度不慮被申分ニ付、致住山当御法流御祖師之／切紙等有喜寺ニ相持分、懸御目候處、

（書止）右之條々、可然様御取成奉頼也、

（差出）武州高尾山有喜寺堯秀（花押）

（宛所）密教院殿御披露

（備考）包紙（杉原、四一・一糎×二九・三糎、ウハ書「武州横山《ヨコ》庄《ノ》椚田《クヌキタ》郷高尾山有喜寺状也、秘密御道具請文言」）、

一九　下野満福寺秀快秘密道具請文案　元和九年／九月十九日　一通
江戸前期　竪紙　楮紙（杉原）　三〇・四糎×四三・三糎　一紙
（端裏）下野宇都宮満福寺　堯音御道具之請状
（書出）秘密御道具御許容ニ付請文事／一雖為当流同門弟輙不可許拝見
　候、於通／用者、堅可致停止事、
（書止）於御造科者、愚僧并ニ可取成事、／右、為後日所申定如件、
（差出）甚音秀快（花押影）
（宛所）密教院御房

二〇　常州鏡徳寺興玄秘密道具請文案　二通
江戸前期　竪紙
（備考）（一）・（二）一括、ほぼ同文、

（一）　常州鏡徳寺興玄秘密道具請文案　寛永五戊辰年　月　日　一通
楮紙（美濃紙）　三三・〇糎×四六・五糎　一紙
（書出）御道具申請状之事／一雖為同門弟輙不可許拝見事、
（書止）右、奉仰清瀧・大師・尊師冥見處也、
（差出）佐竹利員鏡徳寺元智興玄（花押影）
（宛所）松橋僧正様　密教院殿御披露

（二）　常州鏡徳寺興玄秘密道具請文案　寛永五戊辰年　月　日　一通
漉返紙　紙背あり　三三・二糎×四八・七糎　一紙
（書出）御道具申請状之事／一雖為同門弟輙不可許拝見事、
（書止）右、奉仰清瀧・大師・尊師冥見／處也、
（差出）佐竹利員鏡徳寺｜判
（宛所）松橋僧正様　密教院殿御披露
〔紙背〕密教院宋倩道具渡目録案　寛永五戊辰年正月十一日　一通
折紙
（書出）為御寄進○鏡徳寺江新調之御道具／目録／一宝冠／一白払
（書止）已上／右、奉松橋法務僧正／厳命相渡興玄法印／畢、
（差出）醍醐寺密教院宋倩判
（宛所）佐竹利員　鏡徳寺
（備考）袖に「判　御道具悉在此御判」、墨線にて抹消、

二一　常州鏡徳寺興玄秘密道具請文案　〔寛永五年〕孟春九日　一通
江戸前期　竪紙　楮紙（杉原）　三三・八糎×五〇・二糎　一紙
（端裏）寛永五年戊辰佐竹鏡徳寺へ御道具遣候時、玄智坊請状也、
（書出）謹而請常州佐竹鏡徳寺秘密御道具之事／抑彼寺者、醍醐寺松橋無
　量寿院為末寺草創、既経／二十七代葉、
（書止）然則往後以／渇澤者歟、誠惶誠恐謹言、
（差出）鏡徳寺直弟元智興玄（花押影）
（宛所）謹上密教院殿御披露

二二　小松寺宥重披露状　寛永十年癸酉／卯月廿四日　一通
江戸前期　竪紙　楮紙（杉原）　三一・一糎×四四・二糎　一紙

（端裏）小松寺状　鏡徳寺へ秘密道具遣候手形也、
（本文）先年従松橋殿秘密之御道具鏡徳寺江／被成御寄附候、尤忝存候、
則彼寺江奉／納候、弥可奉仰醍醐本寺之御法命候、此旨／宜預御
披露候也、
（差出）小松寺宥重（花押）
（宛所）円仲御房御中

二三　長国寺如周秘密道具請文　寛永十三子／三月十六日　一通
江戸前期　竪紙　楮紙（高檀紙）三七・八糎×五三・五糎　一紙
（端裏）寛永十三年三月十六日／秘密御道具請文　長国寺如周
（書出）秘密御道具被写下請文之事／一当御流同御門家之外、他之寺院
江／不可致通用事、
（書止）仍至後／々末弟、更不改　御法流、右条々、堅／可奉相護者、爾
誠惶誠恐、
（差出）洛之東南泉涌長国寺　如周（花押）
（宛所）弥勒院御房

二四　秋田一乗院義堂秘密道具請文　元禄十一年戊寅八月廿五日　一通
江戸前期　竪紙　楮紙（杉原）三一・四糎×四七・〇糎　一紙
（端裏）秘密御道具請文　秋田一乗院義堂
（書出）自御本寺就秘密御道具被写下／請文之事／一雖為当流同門之寺
并愚寺末寺或附／弟不可許借用或拝見、況他流通用／堅可令停止
事、
（書止）右、奉仰清瀧権現・大師・尊師殊本／願大僧都和尚列祖冥見也、
（差出）秋田一乗院　義堂（花押）
（宛所）雲龍院義豊和尚

二五　慈心院俊聡秘密道具免許状案等　三通
室町後期　竪紙
（備考）（一）～（三）一括、

（一）慈心院俊聡秘密道具免許状案　大永六年九月廿七日　一通
楮紙（杉原）三二・五糎×四二・四糎　一紙
（端裏）秘密御道具　佐野金蔵院代僧へ添状
（本文）秘密御道具之事、金蔵院／為使両人被致登山并遂／受法、競望懇
切間、乍聊爾〇令新調／下申上者、迄至于末代可被致／奉行者也、仍所
記如件、
（差出）慈心院　俊聡在判
（宛所）真乗坊／宝専坊
（備考）奥に「已上三通在之、俊聡法印自筆也」、

（二）下野金蔵院秘密道具請文案　大永六年九月廿六日　一通
楮紙（杉原）三二・二糎×四一・七糎　一紙
（端裏）秘密御道具請文案　佐野金蔵院／「宇津宮慈心院」
（書出）慈心院相承御道具奉模写事／今度為金蔵院俊澄代両人致住山
遂／受法、懇望申之處、無相違預御許容之／本懐満足者也、

(書止) 右條々、雖為末資違背輩在之者、／可蒙鎮守并祖師御罰者也、仍
為／末代申定状如件、
(差出) 名
(備考) 奥上に「御道具請文案文」、

(三) 慈心院俊聡秘密道具免許状案　大永六年丙戌九月廿六日　一通
楮紙 (杉原) 三二・三糎×四二・一糎　一紙
(端裏) 佐野金蔵院へ秘密御道具寄附状写
(書出) 下野国佐野庄金蔵院以真乗坊宝泉坊／両人門弟、彼寺家ニ秘密御
道具可安置／由競望慇重也、
(書止) 嗚呼、於野州被立三宝之幢／者、遠境盍帰松橋之流乎、為末／代
所記如件、
(差出) 権大僧都俊聡在判
(備考) 奥に「佐野金蔵院就懇望御道具被下／置文案、披見次写之」、

二六　東寺朱辛櫃御道具目録案　寛永四年正月十四日　一通
江戸前期　竪紙　楮紙 (美濃紙)　三三・六糎×四五・〇糎　一紙
(端裏) 東寺朱辛櫃御道具目録
(書出) 寛永四年正月〇日（十四之字今日書入之、）／五鈷金剛杵　一口　五鈷鈴　一口
(書止) 仏舎利　二壺／以上目録如件、
(備考) 奥に「八日執行、懐中而渡宋倩僧都、今日十四日校点而返之」、
墨合点、

二七　後七日御修法大阿闍梨寛済道具目録土代　万治二年正月十四日　一通
江戸前期　竪紙　楮紙 (奉書紙)　三一・六糎×四四・九糎　一紙
(端裏) 下書
(書出) 万治二年正月十四日／五胋金剛杵一口　五胋鈴一口
(書止) 金銅塔一基　仏舎利二壺／以前目録如件、
(差出) 大阿闍梨法務前大僧正法印大和尚位寛済

二八　後七日御修法大阿闍梨寛済道具目録　寛文二年正月十四日　一通
江戸前期　竪紙　楮紙 (奉書紙)　三五・〇糎×四九・一糎　一紙
(書出) 寛文二年正月十四日／五胋金剛杵一口　五胋鈴一口
(書止) 金銅塔一基　仏舎利二壺／以前目録如件、
(差出) 大阿闍梨法務前大僧正法印大和尚位寛済

二九　後七日御修法大阿闍梨信遍道具目録　寛文六年正月十四日　一通
江戸前期　竪紙　楮紙 (奉書紙)　三四・八糎×四九・〇糎　一紙
(書出) 寛文六年正月十四日／五胋金剛杵一口　五胋鈴一口
(書止) 金銅塔一基　仏舎利二壺／以前目録如件、
(差出) 大阿闍梨法務前大僧正法印大和尚位信遍
(備考) 墨合点、懸紙(奉書紙、四六・五糎×三四・五糎、ウハ書「道具之目録」)、

三〇　後七日御修法大阿闍梨高賢道具目録
寛文七年正月十四日　一通
江戸前期　竪紙　楮紙（高檀紙）　四二・二糎×五七・三糎　一紙
（書出）寛文七年正月十四日／五胋金銅杵一口　五胋鈴一口
（書止）金銅塔一基　仏舎利二壺／以前目録如件、
（差出）大阿闍梨法務権僧正法印大和尚位高賢
（備考）墨合点、懸紙（高檀紙、五七・三糎×四二・〇糎、ウハ書「道具目録」）、

三一　後七日御修法大阿闍梨高賢道具目録案　二通
江戸前期　竪紙　楮紙（高檀紙）
（備考）（一）・（二）一括、

（一）　後七日御修法大阿闍梨高賢道具目録案
寛文八年正月十四日　一通
四二・五糎×五七・三糎　一紙
（書出）寛文八年正月十四日／五胋金銅杵一口　五胋鈴一口
（書止）金銅塔一基　仏舎利二壺／以前目録如件、
（差出）大阿闍梨法務権僧正法印大和尚位高賢

（二）　後七日御修法大阿闍梨高賢道具目録案
寛文八年正月十四日　一通
四二・四糎×五七・三糎　一紙
（書出）寛文八年正月十四日／五胋金剛杵一口　五胋鈴一口
（書止）金銅塔一基　仏舎利二壺／以前目録如件、
（差出）大阿闍梨法務権僧正法印大和尚位高賢

三二　後七日御修法道具目録　寛文九年正月十五日　一通
江戸前期　竪紙　楮紙（奉書紙）　三六・二糎×五三・六糎　一紙
（書出）寛文九年正月十五日／五胋金剛杵　一口　五胋鈴　一口
（書止）仏舎利　二壺／以前目録如件、
（備考）墨合点、懸紙（奉書紙、五二・四糎×三七・八糎、ウハ書「御道具目録」）、

三三　後七日御修法大阿闍梨実雅道具目録　二通
江戸中期　竪紙
（備考）（一）・（二）一括、

（一）　後七日御修法大阿闍梨実雅道具目録
宝暦三年正月十四日　一通
楮紙（高檀紙）　四五・二糎×五八・四糎　一紙
（書出）宝暦三年正月十四日／五胋金剛杵一口　五胋鈴一口
（書止）金銅塔一基　仏舎利二壺／以前目録如件、
（差出）大阿闍梨法務僧正法印大和尚位実雅

（二）　後七日御修法大阿闍梨実雅道具目録
宝暦二年正月十四日　一通
楮紙（高檀紙）　四五・三糎×五八・一糎　一紙

（書出）宝暦二年正月十四日／五胋金剛杵一口　五胋鈴一口
（書止）金銅塔一基　仏舎利二壺／以前目録如件、
（差出）大阿闍梨法務権僧正法印大和尚位実雅

三四　後七日御修法大阿闍梨禅證道具目録
享和二年正月十四日　一通
江戸後期　竪紙　楮紙（高檀紙）　四三・一糎×五四・〇糎　一紙
（書出）享和二年正月十四日／五胋金剛杵一口　五胋鈴一口
（書止）金銅塔一基　仏舎利二壺／以前目録如件、
（差出）大阿闍梨法務前大僧正法印大和尚位禅證
（備考）墨合点、

三五　後七日御修法大阿闍梨高演道具目録
享和三年正月十四日　一通
江戸後期　竪紙　楮紙（高檀紙）　五三・四糎×六六・一糎　一紙
（書出）享和三年正月十四日／五胋金剛杵一口　五胋鈴一口
（書止）金銅塔一基　仏舎利二壺／以前目録如件、
（差出）大阿闍梨法務前大僧正法印大和尚位高演
（備考）墨合点、押紙、懸紙（高檀紙、六五・七糎×五三・〇糎）、

三六　後七日御修法大阿闍梨高演道具目録
文化二年正月十四日　一通
江戸後期　竪紙　楮紙（高檀紙）　五四・五糎×六八・五糎　一紙
（書出）文化二年正月十四日／五胋金剛杵一口　五胋鈴一口
（書止）金銅塔一基　仏舎利二壺／以前目録如件、
（差出）大阿闍梨法務前大僧正法印大和尚位高演
（備考）墨合点、

三七　後七日御修法大阿闍梨高演道具目録
文化三年正月十四日　一通
江戸後期　竪紙　楮紙（高檀紙）　五三・七糎×六六・五糎　一紙
（書出）文化三年正月十四日／五胋金剛杵一口　五胋鈴一口
（書止）金銅塔一基　仏舎利二壺／以前目録如件、
（差出）大阿闍梨法務前大僧正法印大和尚位高演
（備考）墨合点、書入、懸紙（高檀紙、六六・八糎×五二・九糎）、

三八　後七日御修法大阿闍梨淳心道具目録
文政十三年正月十四日　一通
江戸後期　竪紙　楮紙（杉原）　四七・五糎×六〇・四糎　一紙
（端裏）兼テ諮〔認カ〕大鷹、包同紙也、／十四日返納節、別当點ヲカクル也、五胋
　ト念珠ハ御加持参内ノ上、於宮中／着用ノ衲衣ト一処ニ執行江渡
　古例也、依之點ナシ、其外往古紛失ノ分點無之、
（書出）文政十三年正月十四日／五鈷金剛杵一口　五鈷鈴一口
（書止）金銅塔　一基　仏舎利　二壺／以前目録如件、
（差出）大阿闍梨法務権僧正法印大和尚位淳心
（備考）墨合点、

三九　後七日御修法大阿闍梨定演道具目録等　二通
江戸後期　竪紙
（備考）（一）・（二）一括、

（一）　後七日御修法大阿闍梨定演道具目録
弘化四年正月十四日　一通
楮紙（高檀紙）　四八・四糎×六七・五糎　一紙
（端裏）道具目録留
（書出）弘化四年正月十四日／五貼金剛杵一口　五貼鈴一口
（書止）仏舎利二壺／以前目録如件、
（差出）大阿闍梨法務前大僧正法印大和尚位定演
（備考）奥に「右者、大鷹紙長成リ、上包致之候事、／折帖ハ巾三寸余リニ折候事」、書入、

（二）　後七日御修法大阿闍梨定演道具目録案
弘化四年正月十四日　一通
楮紙（杉原）　三六・三糎×四九・〇糎　一紙
（書出）弘化四年正月十四日／五貼金剛杵一口　五貼鈴一口
（書止）仏舎利二壺／以前目録如件、
（差出）大阿闍梨法務前大僧正法印大和尚位定演
（備考）奥に「右、大鷹紙相認候事、御道具執行ニ相渡候節入用」、書入、

四〇　菩提心論印明以下一結目録　（年月日未詳）　一通
鎌倉後期　竪紙　楮紙（強杉原）　二九・五糎×四三・六糎　一紙
（端裏）菩提心論印明以下一結目六／「灌頂同次事」
（書出）永仁四年丙申六月十四日五辛亥、斗宿日曜、金定／印可　奉伝受了、印明有別、
（書止）三部経印信一紙／灌頂印信朽本一紙／僅勝許可一紙

四一　道具注文　応永三年　一通
室町前期　折紙　楮紙（杉原）　三〇・九糎×四九・七糎　一紙
（書出）道具注文応永三／壁代三宝院一具四帖、／高座本堂一脚在半畳、
（書止）又散杖数　円座少々
（備考）見返奥に「道具目六応永三」、墨合点、書入、

四二　東坊渡分目録　応永七年十一月廿二日　一通
室町前期　折紙　漉返紙　二九・九糎×四八・六糎　一紙
（書出）傘／幡　十二流／花幡　六―／壁代／三衣袋　一
（書止）礼盤／草座／以上、
（差出）経増（花押）
（備考）見返奥に「目六東坊渡分」、折紙下段に追記「翌日遣之注文／紫檀念珠／如意／榡手洗／已上」、

四三　装束等目録　（年月日未詳）　一通
室町前期　折紙　漉返紙　二六・八糎×四三・八糎　一紙

（書出）一鈍《白》色　同裳《白》／一腰帷東寺
（書止）以上／此分令借用儀候、／慥可返進候、／此外大概、
（備考）墨合点、書入、折紙下段に追記、

四四　某申上條々等　一通
室町前期　折紙　漉返紙　二九・七糎×四二・三糎　一紙
（備考）①・②書継、

①某申上條々　（年月日未詳）
（書出）令申門主方事／一夏袍裳四具／一鐃鉢二具
（書止）一散花誦経札事／幡事／以上、

②某申條々　（年月日未詳）
（書出）條々可申水本之、／一書簡事
（書止）一持幡童装束事／一玉幡柄事／一前垂事／以上、

四五　装束注文　（年月日未詳）　一通
室町前期　続紙　楮紙（杉原）　二七・一糎×八六・一糎　二紙
（書出）装束注文／一阿闍梨分　暫不注之、／大帷　下袴　表袴
（書止）一職衆大貳□／一職衆治部
（備考）墨合点、糊離れ、

四六　三昧耶戒道具注文　二通
（備考）（一）・（二）一括、

（一）　三昧耶戒道具注文　（年月日未詳）　一通
室町前期　折紙　楮紙（強杉原）　二七・九糎×四〇・九糎　一紙
（書出）三昧耶戒道具／庭幡〔幡、下同ジ〕幡竿十本、十流　龍頭十／庭蓋并幡四流
（書止）御寺当時ニ□□ニケ□／□ケチ分
（備考）墨合点、虫損甚し、

（二）　三昧耶戒道具注文　（年月日未詳）　一通
室町中期　折紙　漉返紙　二九・七糎×四五・三糎　一紙
（書出）三摩耶戒道具注文／蓋幡　高机／壁代　花箱／柄香呂　居箱
（書止）糸一丁六尺ニ経ル／一尺六結線／四丁ニヘル大檀ノ糸
（備考）墨合点、

四七　中童子装束等目録　（年月日未詳）　一通
江戸前期　竪紙　漉返紙　三三・一糎×四七・二糎　一紙
（書出）もくろく／一中とうじもき《ゐ》れかり表《こしおひ》あり　二／一同あかくづれもんのさしぬき　二
（書止）一同ゐほし　拾かしら／一ちいさかたな□け《□ぬき》をそけ　十二こし／已上、
（備考）虫損甚し、

四八　御代始太元法参勤新調道具注文　〔寛永八年正月八日〕　一通
江戸前期　竪紙　楮紙（美濃紙）　三・七糎×三四・五糎　一紙
（端書）寛永八年四月八日御代始太元大法参勤之時新調ノ注文
（書出）覚／一大だん　たかさ壱尺二寸　一間半四方　壱つ／一らいはん　たかさ九寸　二尺五分四方　壱つ
（書止）一中とうだい　たかさ二尺七寸　六本四本／一小とうだい　ばんとうざの間之五四本

四九　装束・道具目録　（年月日未詳）　一通
江戸前期　巻子装　三椏紙　一五・一糎×一五七・八糎　五紙
（書出）覚／一表袴　貳通壱／一法服　壱通裳帯襲
（書止）一あさ上下　貳通政利／一行灯　壱張／一小灯《てうちん》　三張

五〇　香具目録　（年月日未詳）　一通
江戸前期　折紙　楮紙（杉原）　三三・七糎×五〇・〇糎　一紙
（書出）香具／一酥　三両／一蜜　三両／一名香沈・白壇・丁子／一金薄十三枚
（書止）一伏苓　二分／一石昌蒲　二分／一天門冬　二分
（備考）折紙下段に後筆にて追記「絵之具／一朱　一朱／一黄檗　壱両／一アヲハナ　五枚／已上三色、／一」、

五一　仏具数注文　（年月日未詳）　一通
江戸前期　折紙　漉返紙　三三・七糎×四七・六糎　一紙
（書出）仏具数之事／一両壇之分四面器／二通東壇金減器新調大仏具両壇真鍮大仏具
（書止）一護摩之器／二通／一聖天之器／一通

五二　東寺御影供装束目録　（年月日未詳）　一通
江戸前期　切紙　楮紙（奉書紙）　三一・五糎×五七・六糎　一紙
（書出）東寺御影供／一鈍色　同裳／一平袈裟　一／一同　青地一
（書止）一襪　二／一次第等／一草鞋　一／一鼻高　一

五三　地蔵院方道具目録　一冊
江戸中期　袋綴装　楮紙（美濃紙）　原表紙本紙共紙　朱（合点）　三一・一糎×二四・六糎　五紙
（外題）『地蔵院方』　密道具目録
（首題）地蔵院相承小壇道具目録
（文首）□□　□長サ四寸中古長□□シ四古中古ノ中半程／□□□□ホ□シ全躰小ガラナリ、
（文尾）團　大躰初ノ如シ、但シ團扇ノモト并柄ノ中程ヨリ上ノ／方□拝見ノハ図如ク黒ク塗ル、今拝見ノハ黒ク／塗ラズ、團明ノ元ハ地紙同様シブ色、柄ノ黒キトコ／ロハ皮ムキ□□□也、一段殊勝不可思議之物也、
（奥書）右拝見後日筆記之、開経□□□□□年四月廿一日也、／龍光院法印・密教院法印為手伝、令同伴、則右御道具者、両箱共予□付之、右両箱ノ中、初ニ拝見者、若写歟、一々新ク／見ユル也、／安永九子年□□□日記之、□可不出戸外者也、前法務杲観

（備考）表紙に長方形朱印（「杲観之□」）、

五四　伝受目録（年月日未詳）　一通

江戸前期　折紙　楮紙（杉原）　二八・〇糎×三九・〇糎　一紙

（書出）御機嫌を以御願被仰上候て、／一後夜念誦　請雨経法／一求聞持

地鎮

（書止）一四度口決ノ事／一護身法ニ而も人ニ授申時ノ／作法之事

（備考）包紙（美濃紙、四四・二糎×三四・〇糎、ウハ書「御願伝受目録」）、

五五　御門跡御装束已下覚　慶長十九年／六月廿四日　一冊

江戸前期　袋綴装　楮紙（美濃紙）　原表紙本紙共紙　六行　二六・〇糎×

一九・〇糎　十二紙（墨付九紙）

（書出）御門跡御装束以下覚／一参百目　袍裳　色かう織物六丈五尺／

一六百目　御袈裟金襴壱巻

（書止）呪願導師御二人まへ／合壱貫参拾八匁

（差出）三宝院御門跡御内侍従／妙法院御門跡御内伊豆／聖護院御門跡御内岩

坊

（宛所）河路五兵衛殿／按戸平右衛門尉殿

（備考）外題「慶長九年御門跡御装束已下覚」、

五六　内庫道具目録（年月日未詳）　一通

江戸前期　折紙　楮紙（杉原）　一二・五糎×四四・五糎　一紙

（書出）内庫道具目録／蓋柄骨箱／香象箱香印押木入、

（書止）柄香呂箱／十瓶箱／祖師三幅／本願　俊聡　尭円

五七　道具目録写　文応元庚申十月十八日　一冊

江戸前期　横帳（折紙）　楮紙（杉原）　一四・二糎×四一・三糎　二紙

（書出）道具之目六／一壁代四帖慈心院置、　一天蓋同幡四流、緒、

（書止）アカ折敷　七枚／杓二　神供桶二／丸アカ折敷

（備考）奥に「文応元庚申十月十八日　公惟定金　廿七十六口」、

五八　道具目録（年月日未詳）　一冊

江戸前期　横帳（折紙）　楮紙（美濃紙）　一二・二糎×三四・七糎　四紙

（書出）道具目六／一灯台　四本／一大壇　一面／一礼皿　一脚／一両

脇机　一脚

（書止）一もうせん／一灯台　四本／一金燭新調之事　四本／『用意物内へ書入

事、』

（備考）墨合点、

五九　道具目録（年月日未詳）　一通

室町中期　折紙　楮紙（美濃紙）　二八・二糎×四〇・八糎　一紙

（書出）道具目六／一片供「宝」　一火舎万字／一座具　一香象

（書止）拝殿分／一高机一脚／一如意　一磐台

（備考）墨合点、

六〇　道具目録　（年月日未詳）　一冊

江戸前期　横帳（折紙）　楮紙（杉原）　三三・三糎×四〇・三糎　八紙

（書出）一造花　拾本卅目／一葩　百八十枚七十貳匁／一阿伽桶長八寸口九寸二口五匁五分

（書止）合壱貫八百七拾九匁七分／右四口／合三貫貳十目七分貳リン、

六一　借用道具目録　（年月日未詳）　一通

室町前期　折紙　漉返紙　二六・五糎×四七・五糎　一紙

（書出）御借用道具目録事／一天蓋悉皆同幡四流／十二天　山水屛風

（書止）一小壇之八葉二枚／一覆面／已上、

（差出）弘典（花押）

（備考）奥に追記「戒躰箱／如意／座具二」、包紙（杉原、三三・八糎×四五・五糎、ウハ書「道具目録／修禅院弘典法印之筆跡也、／此人世人能知ル處、一万三千日之／護摩ノ修タル人也、此筆跡殊ニ／可珎重、／俊賢／忍」）、包紙紙背に「昆布　三拾本之内」「青面金剛法俊賀筆」、

六二　道具借用覚　一冊

江戸前期　袋綴装　楮紙（杉原）　原表紙本紙共紙　二四・三糎×一七・六糎　十四紙

（外題）道具借用覚

（表紙）寛文二年壬寅（右）

従何方之目録共も／東経蔵南之棚ニ置之／者也、（左）

（文首）松橋殿／一台子　一風呂釜　一水指／一柄杓立　一蓋置　一火筋

（文尾）泉涌寺／一まくとんす、からくさ、ぬいませ、　廿六間一帳四間ツヽ、

六三　借用道具目録　一冊

江戸前期　袋綴装　楮紙（杉原）　原表紙本紙共紙　三〇・二糎×三三・〇糎　十三紙

（外題）従方々御借用道具

（文首）一唐織　貳重四／一持幡童装束　貳人前／かへり天冠共ニ、

（文尾）一大錫八之内貳紛失／一小錫拾之内三紛失

六四　極略許可灌頂支度注進状案　正治二年十二月十五日　一通

鎌倉後期　竪紙　楮紙打紙　二九・六糎×四三・九糎　一紙

（端裏）許可支度

（書出）極略許可支度／大壇供二具若但一具物改之、／一具飯仏供八坏（杯、下同ジ）餅八坏　水菓子八坏、

（書止）阿闍梨布施等大小任意／右、大略注進如件、

（差出）大阿闍梨｜｜｜｜在判

六五　許可灌頂略支度記案　三通

南北朝時代

（備考）（一）〜（三）一括、包紙（奉書紙、四四・八糎×三〇・六糎、ウハ書「許可略支度　三通」）、

（一）許可灌頂略支度記案　建武三年十一月廿一日　一通
竪紙　楮紙（檀紙）三一・八糎×四九・三糎　一紙
（書出）許可略支度／壇敷絹四丈　名香一裏沈、白檀、丁子、
（書止）赤土器大小　八春日／燈心　香一升
（備考）年紀脇に書入「延文三年十二月廿二日」、追記、

（二）許可灌頂略支度記案　康永二年三月廿八日　一通
竪紙　楮紙（強杉原）裏書あり　二六・六糎×四〇・五糎　一紙
（端裏）印可支度
（書出）許可略支度／壇敷絹四丈二疋 一疋　名香一裏沈 白檀 丁子
（書止）赤土器大小　八春日／燈心　香一升
（備考）年紀脇に書入「三　八　五」「延文三　十一　廿五日」、裏書「爰
権律師成俊／延文三年十一月廿八日斗宿土曜」「尊師聖宝　遍智院成賢
報恩院憲深　祖師法印玄慶　先師法印定耀／三宝院前大僧正賢助　三宝院前大僧
正賢俊　宝池院権僧正定任／金剛三昧院長老実融／證道上人」、

（三）許可灌頂略支度記案　応安二年九月十三日　一通
竪紙　楮紙（杉原）三一・二糎×五〇・五糎　一紙
（端裏）許可支度案宝池院方
（書出）許可略支度／壇敷絹四丈　名香一裏沈 白檀 丁子
（書止）赤土器大小／八春日　燈心／香一升
（差出）宝池院方岳西院法印注置定
（備考）墨合点、

六六　松橋殿内円仲・密教院宗倩連署請取状案　寛永四年／十二月十三日　一通
江戸前期　竪紙　楮紙（美濃紙）裏書あり　三〇・六糎×二六・二糎　一紙
（端裏）野州榎の本龍樹寺へ遣候手形留　密／円判
（端書）（方形黒印）箱之○符印是也、
（本文）秘密御道具○御新調之并為御供養之御報物代金○金子小判八両、／慥請取相済候者也、委細
書状ニ／申越候、已上、
（差出）松橋殿内円仲（花押）／密教院宗倩（花押）
（宛所）野州榎本龍樹寺御房参
（備考）裏書「手形ニハ如法度八両ト依所望如此也、／但此時二両用捨、六
両請取候者也、／六両請取由密書状書遣之」、

六七　道具注文　寛永十七年四月九日　一通
江戸前期　竪紙　楮紙（美濃紙）三〇・五糎×四一・七糎　一紙
（書出）注文／一タラ　一ツ／一タンノキ　二ツ／一大コンノキ　二
ツ／一サカツキ　二ツ
（書止）一たかさ　九分／一柄ノなかさ但さしどめ也、　七寸二分／以
上、／寛永十七年四月九日右之分、あつらへ訖、

六八　真言院御本尊櫃寸法注文等　一通
江戸前期　折紙　楮紙（美濃紙）紙背あり　三一・五糎×四八・九糎　一紙
（備考）①・②同一折紙上下に書かれる、紙背を包紙として用いる（ウハ
書「人々御中　詮□」）、

①真言院御本尊櫃寸法注文　（年月日未詳）

（書出）真言院御本尊櫃寸法／両界／長　六尺三寸／横　五寸／高　二寸、

（書止）以上、於真言院正月十四日／兵衛太郎於御前取／此寸法云々、

②東寺両界表背寸法　（年月日未詳）

（書出）東寺両界表背寸法／上ヒロサ　七寸五分／下ヒロサ　五寸

（書止）ヒロサ　二寸七分／以上一界分、

六九　前大僧正寛済置文案　正保三年七月廿九日　一通

江戸前期　竪紙　楮紙（杉原）　紙背あり　三〇・〇糎×四〇・〇糎　一紙

（端裏）道具之事

（本文）新調道具之事／右、今歳関東下向之刻、当国安部郡／建穏菩提樹院仁令逗留、于時／住持学頭坊円雄法印灌頂秘密／道具致新調之旨、被申之間、即／遂一覧令加持畢、向後於伝法／授与者、可被依用此道具、仍為／末資存知貽一翰如件、

（差出）報恩院前大僧正寛済（花押）

（紙背）前大僧正寛済軍陣守加持証状案

正保三年五月廿一日　一通

竪紙

（本文）軍陣守加持事／仏眼印明／大日印明／次大勝金剛印明／次百遍許加持之、／右守之調様、授社務恵宣了、

（差出）報恩院前大僧正

七〇　当流秘密道具置文土代等　二通

江戸前期

（備考）（一）・（二）一括、

（一）当流秘密道具置文土代　（年月日未詳）　一通

切紙　楮紙（美濃紙）　二四・二糎×二六・六糎　一紙

（書出）此秘密御道具者、模写当流累／代之重器御《而》令寄進《附》佐竹利員、殊／欣勝候也、

（書止）頗可謂《可謂》名誉歟、／寄代之珎事也《相》知、有諸尊冥応／列祖之加被矣、

（二）当流秘密道具差図并寸法書　（年月日未詳）　一通

重紙（マクリ）　楮紙（美濃紙）　八二・六糎×二三・六糎　三紙

（書出）一タラソトノリ七寸五分　フカサ一寸八分半／一團サシワタシ五寸四ブ、タカサ八ふ、数四ツ、

（書止）一天ノ座三寸七分　数貳ツ

（備考）「蘿富團ノ器」「酒ノ器」の差図、器物型紙七葉付属す、

七一　聖天器物目録　（年月日未詳）　一通

江戸前期　竪紙　楮紙（美濃紙）　二五・九糎×三七・〇糎　一紙

（本文）聖天器物之覚／一たら　一つ／一だんのき　二つ／一さけのき　二つ／一大こんのき　二つ／一ふつくのき　四つ／一たしのき

四二つ／一しやくをき　二つ／一汁のき　二つ／以上物数十七

（備考）追記、

七二　秘密道具價注文　〔元禄十一戊寅八月廿五〕　一通

江戸中期　折紙　楮紙（奉書紙）　紙背あり　三六・〇糎×四八・七糎　一紙

（書出）一銀八十目　仏具師奥州／五鈷　金箟　輪

（書止）一三匁五分　同箱塗／カキ合セ錠前黒塗／一壱匁　同箱ニ付候さなた／壱丈二尺幅八分、

（備考）見返奥に「元禄十一戊寅八月廿五／附秋田一乗院／秘密御道具價注文」、

〔紙背〕羽州秋田一乗院献上目録　（年未詳）六月三日　一通

折紙

（本文）献上／昆布　一折／銀子　壱枚／已上、

（差出）羽州秋田一乗院

（備考）奥に「右六月三日初而入来時持参」、

七三　本堂畳改申付覚　宝永三年／正月日　一通

江戸中期　切紙　楮紙（奉書紙）　三〇・四糎×五四・〇糎　一紙

（書出）覚／本堂畳之事／一僧綱之坐小文高麗縁／一有職之座赤縁

（書止）右内陣外陣共ニ、十八日／廿三日前相改可然者也、

（差出）山務権僧正

（備考）袖一部破損、

七四　香具覚　（年未詳）九月　一冊

江戸前期　袋綴装　前欠　楮紙（杉原）　二七・一糎×三一・九糎　二十紙

（文首）香具之覚／一なり　五粒／一しんじゅ　五粒

（書止）一同燈台　二本／高二尺四寸八分　此内ニ壱寸八分／蛛平有之、

（備考）裏表紙に「新写畢」、虫損甚し、綴糸離れにより順番不明、

第七六函

一　忠賢授良舜伝法灌頂印信紹文案　寛喜四年壬寅（マヽ）三月甲辰九日庚寅　一通

鎌倉中期　竪紙　楮紙（杉原）　三一・八糎×五一・八糎　一紙

（端裏）忠賢筑後阿闍梨授良舜印信

（書出）授与伝法灌頂阿闍梨職位於金剛仏子良舜改名観空、事／夫以昔大日如来開
大悲胎蔵・金剛秘密両部界会、／授金剛薩埵、

（書止）能洗／世間五塵之垢、可尋出世八葉之蓮、是則酬三世仏恩、／答
一世師徳、吾願如是、不念者、不可有焉、

（差出）伝灯阿闍梨大法師忠賢

（宛所）授与金剛仏子良舜

（備考）奥に「焉」、

二　定俊授良舜伝法灌頂印信印明案　文永参年丙寅十月廿三日　一通

鎌倉中期　竪紙　楮紙（強杉原）　三〇・〇糎×四三・〇糎　一紙

（端裏）灌頂印信私本

（書出）文永参年丙寅十月廿三日／伝法灌頂授之／大阿闍梨権大僧都定俊
生年五十六、／受者

（書止）胎蔵界ニハ　卒都婆印　（梵字）／又阿闍梨位品印　以定恵手屈
肘向上合掌、／与肩膺各屈、戒忍方願入掌、或坐或立、皆／成就／
（梵字）／胃地心品印　二手内相叉、各以禅智捻進力／（梵字）／
四行摂品　四摂印／（梵字）／蘇悉地奉菩薩印言羯磨会

三　親快授賢俊許可灌頂印信紹文案　文永八年歳次辛未十二月十二日鬼宿金曜　一通

鎌倉中期　竪紙　楮紙（強杉原）　三五・六糎×五六・六糎　一紙

（書出）伝法許可灌頂印信／昔大日如来開大悲胎蔵・金剛秘密両部／界
会、授金剛薩埵、数百歳之後、

（書止）能洗五塵之染、可期八葉／之蓮、是則酬仏恩、答師徳、吾願如此、
不可／余念耳、

（差出）伝授大阿闍梨法印大和尚位前権大僧都親快

四　定俊授定誉伝法灌頂印信紹文案　建治二年丙子九月戊戌十二日癸卯奎宿火曜　一通

鎌倉中期　竪紙　楮紙（檀紙）　三一・七糎×四九・四糎　一紙

（書出）最極秘密法界躰伝法灌頂阿闍梨位事／伏惟昔大日如来開金剛・胎
蔵両部界会、授金剛薩埵、

（書止）能洗五塵之染、可尋八葉之蓮、是／則酬四恩広徳、興三宝妙道、
吾願如此、不可余念矣、

（差出）伝授阿闍梨法印大和尚位権大僧都定俊

（宛所）授与金剛弟子定誉

五　琳俊授某理性院初二重印信印明案　弘安七年甲申十一月四日　一通
鎌倉中期　竪紙　楮紙（強杉原）　三〇・〇糎×四二・六糎　一紙
（端裏）理性院密印
（本文）蓮台僧正授延命院僧都／金剛界　大卒都婆印　（梵字）／胎蔵界
外縛五股印　（梵字）／石山内供授延命院僧都／金剛界　塔印
（梵字）／胎蔵界　塔印　（梵字）／（梵字）／（梵字）／弘安七年甲申
十二月四日授之畢、
（差出）伝授阿闍梨金剛仏子琳舜

六　定誉授雲聡伝法灌頂印信紹文案　永仁五年閏十月廿二日　一通
鎌倉後期　竪紙　楮紙（杉原）　三〇・〇糎×四二・七糎　一紙
（端裏）理性院印信
（書出）授与伝法灌頂阿闍梨位事／金剛仏子雲聡／夫以昔大日如来宣説
金剛・胎蔵両部大法、／授金剛薩埵、
（書止）宜／為次後阿闍梨、為示後哲記而授之、妙成就許／可之事、如眼
前陳、能可存念耳、
（差出）伝授阿闍梨金剛仏子定誉
（宛所）賜金剛仏子雲聡
（備考）虫損甚し、

七　頼瑜授聖忠許可灌頂印信紹文案
正安四年歳次壬寅十月廿六日丙戌氐宿金曜　一通
鎌倉後期　竪紙　楮紙（檀紙）　三四・一糎×五四・〇糎　一紙
（書出）伝法許可灌頂印信／昔大日如来開大悲胎蔵・金剛秘密両部界
会、／授金剛薩埵、
（書止）能洗五塵之染、可期八葉之蓮、是則酬仏／恩、答師徳、吾願如是
耳、
（差出）伝授大阿闍梨法印大和尚位頼瑜（花押）

八　実印授定誉即身成仏印信印明案　二通
鎌倉後期　竪紙
（備考）（一）～（二）一括、

（一）　実印授定誉即身成仏印信印明案　□（徳）治二年丁未六月一日　一通
楮紙打紙　裏書あり　二八・〇糎×四三・〇糎　一紙
（端書）第三大阿闍梨位品
（書出）究竟内證即身成仏阿闍梨位灌頂印言／金剛波羅蜜
（書止）胎大日　法界躰性智　塔印　（梵字）
（差出）伝授□□（大阿）闍梨位実印
（宛所）受者定誉
（備考）虫損甚し、

（二）　実印授定誉即身成仏印信印明案　徳治二年丁未六月一日　一通
楮紙（杉原）　二六・二糎×四一・〇糎　一紙
（端裏）出生灌頂印言
（書出）究竟内證即身成仏出生灌頂職位印言／中有左右元所不至半印合塔、（梵字）

(書止) 金大日　本地身　外縛（梵字）／蘇悉地本地身　合掌（梵字）、
(差出) 伝授大阿闍梨位実印
(宛所) 受者定誉

九　隆舜授元勝許可灌頂印信案　二通

南北朝時代　竪紙　楮紙（檀紙）
(備考)（一）・（二）一括、

（一）隆舜授元勝許可灌頂印信紹文案
康永四年乙酉八月八日己未斗宿日曜　一通
三二・二糎×五三・四糎　一紙
(書出) 伝法許可灌頂印信／昔大日如来開大悲胎蔵・金剛秘密両部界／会、授金剛薩埵、数百歳之後、
(書止) 能洗五塵／之染、可期八葉之蓮、是則酬仏恩、答師徳、吾／願如此、不可余念耳、
(差出) 大阿闍梨前権〔僧脱カ〕正法印大和尚位「隆舜」

（二）隆舜授元勝許可灌頂印信印明案
康永四年歳次乙酉八月八日己未斗宿日曜　一通
三二・九糎×五三・四糎　一紙
(書出) 大法師元勝／授印可／金剛界　大率都婆印　普賢一字明
(書止) 右、於伊豆国走湯山密厳院道場、授両部印可畢、
(差出) 大阿闍梨前権僧正法印大和尚位「隆舜」

一〇　隆舜授隆叡灌頂印信案　二通

南北朝時代　竪紙　楮紙（檀紙）
(備考)（一）・（二）一括、

（一）隆舜授隆叡伝法灌頂印信紹文案
貞和四年歳次戊子十一月十一日甲辰畢宿火曜　一通
三二・五糎×五三・九糎　一紙
(書出) 伝法灌頂阿闍梨位事／昔大日如来開大悲胎蔵・金剛秘密両部界／会、／授金剛薩埵、数百歳之後、
(書止) 能洗五塵之染、／可期八葉之蓮、是則酬仏恩、答師徳、吾願／如此、不可余念耳、
(差出) 伝授大阿闍梨前権僧正法印大和尚位「隆舜」

（二）隆舜授隆叡許可灌頂印信印明案
貞和四年歳次戊子十一月十一日甲辰畢宿火曜　一通
三二・五糎×五三・九糎　一紙
(書出) 阿闍梨伝燈大法師位隆叡／授印可／金剛界　大率都婆印　普賢一字明
(書止) 右、於醍醐山釈迦院、授両部灌頂畢、
(差出) 伝授大阿闍梨前権正法印大和尚位「隆舜」

一一　弘済授覚深許可灌頂印信紹文案
至徳四年歳次丁卯閏五月廿四日胃宿水曜　一通

南北朝時代　竪紙　楮紙（強杉原）　三五・〇糎×五五・一糎　一紙

（書出）伝法許可灌頂印信／昔大日如来開大悲胎蔵・金剛秘密両部界／会、授金剛薩埵、数百歳之後、

（書止）能洗五塵之染、可期八葉之蓮、是則酬仏恩、／答師徳、吾願如此、不可余念耳、

（差出）伝授大阿闍梨法印大和尚位権大僧都「弘済」

一二　弘済授弘誉灌頂印信案　二通

南北朝時代　竪紙　楮紙（強杉原）

（備考）（一）・（二）一括、

（一）　弘済授弘誉伝法灌頂印信紹文案　明徳元年歳次庚午六月九日氏宿木曜　一通

三四・七糎×四四・五糎　一紙

（書出）伝法灌頂阿闍梨位事／昔大日如来大悲胎蔵・金剛秘密両部界／会、授金剛薩埵、数百歳之後、

（書止）能洗五塵之染、可期八葉之蓮、是則酬／仏恩、答師徳、吾願如此、不可余念耳、

（差出）伝授大阿闍梨法印大和尚位権大僧都弘済

（二）　弘済授弘誉許可灌頂印信印明案　明徳元年歳次庚午六月九日氏宿木曜　一通

三四・八糎×五五・四糎　一紙

（書出）権大僧都弘誉／授印可／金剛界　大率都婆印　普賢一字明

（書止）右、於上醍醐寺光台院道場、授両部／灌頂畢、

（差出）伝授大阿闍梨法印大和尚位権大僧都弘済

一三　祐尊授隆宥一宗大事印信印明案　明徳五年甲戌卯月　日　一通

室町前期　竪紙　楮紙（檀紙）　三・八糎×四六・四糎　一紙

（書出）開心仏国／無所不至閇二空／（梵字）／成心正覚／同印二空内入／（梵字）

（書止）右、三箇印明一宗大事輙不可披露、努々々、／文明徳五年甲戌卯月日／金剛仏子祐尊示法印隆宥畢、

一四　隆宥授隆円灌頂印信印明案　二通

室町前期　竪紙　楮紙（檀紙）　裏書あり

（備考）（一）・（二）一括、

（一）　隆宥授隆円伝法灌頂印信印明案　応永元年甲戌十二月廿九日甲午危宿水曜　一通

三・八糎×四七・三糎　一紙

（端裏）案

（書出）大法師隆円／授印可／金剛界　大率都婆印　普賢一字明

（書止）右、於醍醐山宝幢院、両部印可畢、

（差出）伝授阿闍梨権大僧都法印大和尚位〔法印和尚位権大僧都〕隆宥

（備考）裏書「此外阿闍梨○〔位〕一紙有之、是則先師法務以別義／許可之時〔令〕授

阿闍梨位給之由、被仰者也、仍同今度致／沙汰畢、非自由者也」、

（一一）　隆宥授隆円許可灌頂印信印明案

応永元年甲戌十二月廿九日甲午危宿水曜　一通

三一・八糎×四七・三糎　一紙

（端裏）案無用

（書出）大法師隆円／授印可／金剛界　大率都婆印　普賢一字明

（書止）右、於醍醐山宝幢院、授両部印可畢、

（差出）伝授○阿闍梨権大僧都法印大和尚位隆宥

（備考）裏書「先師法務ハ大阿闍梨ト被遊、今大字略之、伝授阿闍梨ト書了」、

一五　俊海授隆円許可灌頂印信紹文案

応永二十二年乙未二月廿八日壁宿土曜　一通

室町前期　竪紙　楮紙（強杉原）　三一・二糎×四三・五糎　一紙

（書出）伝法許可灌頂印信／昔大日如来開大悲胎蔵・金剛秘密両部界会、／授金剛薩埵、数百歳之後、

（書止）能洗五塵之染、／可期八葉之蓮、是則酬仏恩、答師徳、吾願如／是、不可余念耳、

（差出）伝授阿闍梨権律師俊海

一六　公運授宥静伝法灌頂印信紹文案

永正十八年辛巳六月十日庚寅房、土、　一通

室町後期　竪紙　漉返紙　二四・八糎×四〇・一糎　一紙

（端裏）永正十八辛巳年植田宝徳院印信

（書出）伝法灌頂阿闍梨位事／昔大日如来開大悲胎蔵・金剛秘密両部界会、／授金剛薩埵、数百歳之後、

（書止）能洗五塵／之染、可期八葉之蓮、是則酬仏恩、答師徳、／吾願如斯、不可余念耳、

（差出）伝授阿闍梨権大僧都法印大和尚位公運

一七　源雅授義堯許可灌頂印信印明案

天文九年歳次庚子十一月二十日戊申軫宿土曜　一通

室町後期　竪紙　斐紙（鳥の子）　三六・六糎×五五・〇糎　一紙

（書出）座主大僧正義堯／授印可／金剛界　大率兜婆印　普賢一字明

（書止）右、於醍醐山釈迦院、奉授両部灌頂訖、

（差出）伝授阿闍梨耶権僧正源雅

（備考）包紙（強杉原、四五・六糎×三三・〇糎、ウハ書「西南院法務前大僧正房印信并紹書」）、

一八　良雄授有空臨終大事印信印明案

慶長十一年丙午六月廿一日　一通

江戸前期　竪紙　漉返紙　二九・七糎×四四・九糎　一紙

（本文）臨終大事／外縛二大指右上入月／（梵字）／秘口云、（梵字）唱後、可解縛是離作業義也、

（差出）伝灯大阿闍梨良雄

（宛所）授与有空

一九　演光授快意許可灌頂印信印明案　寛文四年歳次甲辰十二月六日壁宿月曜　一通

江戸前期　竪紙　斐紙（鳥の子）　三六・四糎×五〇・九糎　一紙

（端裏）薩摩大乗院印信書損

（書出）法印快意／授印可／金剛界　大率都婆印　普賢一字明

（書止）右、於醍醐寺金剛輪院、授両部印可畢、

（差出）伝授大阿闍梨法印権大僧都大和尚位演光

（宛所）法印快意

（備考）包紙（鳥の子、五一・〇糎×三六・六糎、ウハ書「印信紹書案　法眼」）、

二〇　高賢授賢継伝法灌頂印信紹文案　貞亨四年歳次丁卯二月十五日角宿金曜　一通

江戸中期　竪紙　斐紙（鳥の子）　三六・一糎×五一・六糎　一紙

（書出）伝法灌頂阿闍梨職位事／昔大日如来大悲胎蔵・金剛秘密両部界会、／授金剛薩埵、

（書止）能洗五塵之染、可期／八葉蓮、是則酬仏恩、答師徳、吾願如是、不可／余念耳、

（差出）伝授大阿闍梨前法務「高賢」

（宛所）権律師賢継

二一　覚定授定信許可灌頂印信案　二通

江戸前期　竪紙　楮紙（檀紙）

（備考）（一）・（二）一括、

（一）　覚定授定信許可灌頂印信紹文案　明暦元年歳次乙未十二月廿二日房宿火曜　一通

三五・七糎×五五・七糎　一紙

（端裏）案許可、明暦元十二廿二、授定信、

（書出）伝法許可灌頂印信／昔大日如来開大悲胎蔵・金剛秘密両部界会、授／金剛薩埵、数百歳之後、

（書止）能洗吾（マヽ）塵之染、可期八葉之蓮、是則／酬仏恩、答師徳、吾願如是、不可余念耳、

（差出）伝授大阿闍梨前大僧正法印大和尚位覚定

（宛所）権大僧都定信

（二）　覚定授定信許可灌頂印信印明案　明暦元年歳次乙未十二月廿二日房宿火曜　一通

三六・二糎×五六・〇糎　一紙

（端裏）許可印信明暦元十二廿二、授定信、

（書出）権大僧都定信／授印可／金剛界　大率都婆印　普賢一字明

（書止）右、於醍醐寺金剛輪院、授両部印可畢、

（差出）伝授大阿闍梨前大僧正法印大和尚位覚定

（宛所）権大僧都定信

二二　覚定授祐栄許可灌頂印信印明案

明暦二年歳次丙申潤四月十八日斗宿火曜　一通

江戸前期　竪紙　楮紙（檀紙）　三三・五糎×四一・七糎　一紙

（端裏）許可印信　越後国　威徳院祐栄明暦三年二月日与之、

（書出）法印権大僧都祐栄／授印可／金剛界　大率都婆印　普賢一字明

（書止）右、於醍醐寺金剛輪院、授両部印可畢、

（差出）伝授大阿闍梨前大僧正法印大和尚位「覚定」

（宛所）法印権大僧都祐栄

二三　覚定授実雲許可灌頂印信印明案

明暦二年歳次丙申四月廿八日畢宿水曜　一通

江戸前期　竪紙　斐紙（鳥の子）　三六・七糎×五一・五糎　一紙

（端裏）許可印信伊予国頼存房〔密乗院〕実雲、明暦三年二月日与之、

（書出）法印権大僧都実雲／授印可／金剛界　大率都婆印　普賢一字明

（書止）右、於醍醐寺金剛輪院、授両部印可畢、

（差出）伝授大阿闍梨前大僧正法印大和尚位「覚定」

（宛所）法印権大僧都実雲

二四　覚定授政真許可灌頂印信案　二通

江戸前期　竪紙　楮紙（奉書紙）

（備考）（一）・（二）一括、

（一）覚定授政真許可灌頂印信印明案

万治二年歳次己亥五月廿五日昴宿水曜　一通

三一・四糎×四四・八糎　一紙

（端裏）許可印信薩州安養院権僧正政真与之、極官事、大学〔覚〕寺御門跡御執奏付　勅許、万治二六七

（書出）権僧正政真／授印可／金剛界　大率都婆印　普賢一字明

（書止）右、於醍醐寺金剛輪院、授両部印可畢、

（差出）伝授大阿闍梨前大僧正法印大和尚位「覚定」

（宛所）権僧正政真

（二）覚定授政真許可灌頂印信紹文案

万治二年歳次己亥五月廿五日昴宿水曜　一通

三一・四糎×四四・七糎　一紙

（端裏）詔書案薩州安養院権僧正政真与之、万治二六七、

（書出）伝法許可灌頂印信／昔大日如来開大悲胎蔵・金剛秘密両部界会、／授金剛薩埵、数百歳之後、

（書止）能洗世間五塵之染、可尋出世八葉蓮、是則／酬仏恩、答師徳、余願如是、不可余念耳、

（差出）伝授大阿闍梨前大僧正法印大和尚位「覚定」

（宛所）権僧正政真

二五　覚運授快雄伝法灌頂印信案　四通

江戸前期　竪紙　楮紙（美濃紙）

（備考）（一）～（四）一括、

（一）　覚運授快雄伝法灌頂印信紹文案　　正保五年戊子二月五日土曜畢宿　一通

三三・〇糎×四五・三糎　一紙

（書出）授与伝法灌頂職位事／在昔大日如来開大悲胎蔵・大智金剛両部界会、授／金剛薩埵、

（書止）是剛〔則〕酬三世仏恩、答一世師徳也、吾願如是、次示／後哲文、

（差出）前検校執行法印大和尚位覚運

（宛所）授与快雄

（二）　覚運授快雄第三重印信印明案　　正保五年戊子二月五日土曜畢宿　一通

三三・二糎×四五・四糎　一紙

（端裏）阿闍梨位／第三重中院心ー方、

（書出）金剛界／摂一切如来大阿闍梨行位印

（書止）此印信根本大師御筆也、嫡々相承最後授之流々例也、

（差出）前検校執行法印大和尚位覚運　判

（宛所）授与快雄

（三）　覚運授快雄秘密灌頂第二重印信印明案　　正保五年戊子二月五日土曜畢宿　一通

三三・二糎×四五・五糎　一紙

（端裏）秘密灌頂第二重中院心ー方、

（本文）秘密灌頂密印言／閇台（梵字）（梵字）／率都婆印／開金（梵字）（梵字）

（差出）前検校執行法印大和尚位覚運　判

（宛所）授与快雄

（四）　覚運授快雄伝法灌頂印信印明案　　正保五年戊子二月五日土曜畢宿　一通

三三・三糎×四五・四糎　一紙

（端裏）伝法灌頂印信中心ー方、

（書出）秘密伝法灌頂秘印／大阿闍梨云、灌頂有多種、普通大門徒之様、／外縛五跍印／（梵字）

（書止）右、於高野山金剛峯寺西禅院／灌頂道場、授両部職位畢、

（差出）前検校執行法印大和尚位覚運

（宛所）授与快雄

（備考）本文紙背にわたる、

二六　祖師印信写　一冊

江戸後期　袋綴装　楮紙打紙　二四・八糎×一七・〇糎　十七紙

（備考）①〜⑮書継、外題「祖師印信写」、表紙「僧正定隆」、奥書「祖師印信数通、亮淳僧正被写置之所、虫損難披故、随所／見類集了、仍次第不同也」、書写奥書「文化四丁卯年六月朔日、依有痛所、愛染供不参令書写了、／金剛資定隆」、表紙・二紙目に方形朱印（「上醍醐寺／龍光院蔵」）、十六紙目に方形朱印（「（梵字）」）、

①弘済授弘鑁伝法灌頂印信紹文写　至徳二年乙丑歳次十二月十三日鬼宿日曜

(書出)『灌頂』　伝法灌頂阿闍梨位事／昔大日如来開大悲胎蔵・金剛秘
密両部／界会、授金剛薩埵、
(書止)能〔脱アルカ〕五塵之染、／可期八葉之蓮、是則酬仏恩、答師徳、吾願／如是、
不可余念耳、
(差出)伝授大阿闍梨法印大和尚位権大僧都弘済
(備考)奥に追記、

②弘済授弘鏤許可灌頂印信印明写　至徳二年歳次乙丑十二月十三日鬼宿日曜
(書出)大法師弘鏤／授印可／金剛界　大率都婆印　普賢一字明
(書止)右、於上醍醐光台院道場、授両部灌頂畢、
(差出)伝授大阿闍梨法印大和尚位権大僧都弘済
(備考)奥に追記、

③亮恵授亮諄伝法灌頂印信紹文写　永禄四年歳次辛酉三月廿六日丙戌奎宿金曜
(書出)伝法灌頂阿闍梨位事／昔大日如来開大悲胎蔵・金剛秘密両部界
会、授／金剛薩埵、
(書止)能洗五塵之染、可期八葉之蓮、／是則酬仏恩、答師徳、吾願如是、
不可余念／耳、
(差出)伝授大阿闍梨僧正大和尚位法印亮恵
(宛所)権律師亮諄

④亮恵授亮諄許可灌頂印信印明写　永禄四年歳次辛酉三月廿六日丙戌奎宿金曜
(書出)権律師法橋上人位亮諄／授印可／金剛界　大率都婆印　普賢一
字明
(書止)右、於東寺金剛珠院、授両部灌頂畢、
(差出)伝授大阿闍梨前権僧正法印大和尚位亮恵

⑤亮恵授弘瑜許可灌頂印信紹文写　天文廿三年歳次甲寅三月十日張宿水曜
(書出)伝法許可灌頂印信／昔大日如来開大悲胎蔵・金剛秘密両部界会、
授／金剛薩埵、
(書止)能洗五塵之染、可期八葉之蓮、是則酬／仏恩、答師徳、吾願如此、
不可余念耳、
(差出)伝授大阿闍梨僧正法印大和尚位亮恵

⑥成賢授勝海伝法灌頂印信紹文写　元久元年歳次甲子十月十五日癸酉鬼宿火曜
(書出)伝法灌頂阿闍梨位事／昔大日如来開大悲胎蔵・金剛秘密両部界
会、／授金剛薩埵、
(書止)能洗五塵／之染、可期八葉之蓮、是則酬仏恩、答師徳、吾／願如
此、不可余念耳、
(差出)伝授大阿闍梨権少僧都法眼和尚位成賢
(宛所)権律師勝海
(備考)年月日脇に「押紙云、／十二月十八日丙午軫宿日曜権少僧都定範」、奥
に押紙の写、

⑦成賢授勝海許可灌頂印信印明写
元久元年歳次甲子十一月十五日癸酉鬼宿火曜

（書出）権律師法橋上人位勝海／授印可／金剛界　大率都婆印　普賢一字明
（書止）右、於醍醐寺遍智院、授両部灌頂畢、
（差出）大阿闍梨権少僧都法眼和尚位成賢

⑧某授覚許可灌頂印信紹文写　建暦元年歳次辛未十一月廿五日
（書出）伝法許可灌頂印信／昔大日如来開大悲胎蔵・金剛秘密両部界会、／授金剛薩埵、
（書止）能五〔脱アルカ〕／塵染、可期八葉之蓮、是則酬仏恩、答師／徳、吾願如此、不可余念耳、
（差出）伝授大阿闍梨前権僧正法印大和尚位某甲
（備考）年月日右脇に「貞応三年歳次甲申二月廿七日辟宿月曜」、奥に押紙・裏書の写、

⑨弘済授弘鑁許可灌頂印信紹文写　永徳貳年歳次壬戌三月廿一日女宿日曜
（書出）伝法許可灌頂印信／昔大日如来開大悲胎蔵・金剛秘密両部／界会、授金剛薩埵、
（書止）能洗五塵之染、可期八葉之蓮、是則酬仏恩、／答師徳、吾願如此、不可余念耳、
（差出）伝授大阿闍梨法印大和尚位権大僧都弘済
（備考）奥に追記、

⑩親快授賢俊許可灌頂印信紹文写　文永八年歳次辛未十二月十二日鬼宿金曜
（書出）伝法許可灌頂印信／昔大日如来開大悲胎蔵・金剛秘密○〔両部〕界会、授金剛／薩埵、
（書止）能洗五塵之染、可期八葉之蓮、是則酬仏恩、／答師徳、吾願如此、不可余念耳、
（差出）伝授大阿闍梨法印大和尚位前権大僧都親快
（備考）奥に「深賢法師自筆折紙」の写を記す、

⑪勝賢授某重位印信印明写　（年月日未詳）
（書出）初重／金剛界　大率都婆印　普賢一字明
（書止）第三重／二界　一印塔　一真言五大
（差出）勝賢
（備考）奥書「以勝賢自筆写之畢、尤可仰信、求法資房玄」、

⑫道教授浄尊秘密灌頂印信印明写　嘉禎二年五月廿四日
（本文）秘密灌頂印明／初重二印二明普賢一字、五字、／第二重一印二明（梵字）（梵字）／第三重一印一明　秘密明／右、所授浄尊大法師如件、
（差出）道教
（備考）奥書「以道教自筆書写畢、此本被納台皮子親以／正本写之、仰結縁尤深矣、／求法資房玄」、

⑬浄尊授親快秘密灌頂印信印明写　建長二年庚戌十月十九日柳宿日曜
（本文）秘密灌頂印明／初重二印二明普賢一字、五字、／第二重一印二明（梵字）（梵字）／第三重一印一明　秘密明／右、所授親快法印如件、

（差出）浄尊
（備考）奥書「以浄尊自筆写之畢、此本所被納台皮子也、／求法資房玄」、
⑭親快授親玄重位印信印明写　建治二年五月廿三日
（本文）秘印明三重事／初重二印二明　如常／二重一印二明 （梵字）（梵字）／
　三重一印一明　五輪／右、所授親玄法眼如件、
（差出）法印前権大僧都親快
⑮某授覚雄重位印信印明写　元亨二年三月十二日
（書出）初重伝法之時授之、／帰命 （梵字）／（梵字）／已上初重也、／第
　二重ヨリヲ宗ノ大事ト／申之、
（書止）仍臨／病床、袈裟ヲ心上ニ置、多／代々祖師被授之、而今／付法
　当其身所授覚雄／阿闍梨也、
（差出）前大僧正判
（備考）奥に梵字で「阿鑁覧唅欠」と記す、

二七　祖師印信写　一冊
平安院政期　仮綴　楮紙（杉原）　二九・一糎×四八・〇糎　十一紙
（備考）①～⑩書継、第一紙に印信十通の目録、丁付、
①元杲授明観伝法灌頂印信紹文写　永観二年四月五日
（端書）元杲授明観　料紙
（書出）遠自大日如来迄ーーー／界十二代金剛界、十三代相承伝来／内供
　又同葉也、
（書止）于時甲申歳建巳月乙酉日鬼宿日／木曜合甘露時行之、
（差出）伝授阿闍梨権少僧都法眼和尚位元杲
（備考）奥に「妙成就之許可／高野旧風所不　也、他家行　如／陳　存念
　耳」、
②仁海授覚源伝法灌頂印信紹文写　治安二年十二月十四日
（端書）仁海授覚源　紫紙
（書出）最極秘密法界體伝法灌頂阿闍梨職位事／在昔大日如来開大悲胎
　蔵・金剛秘密両部界／会、授金剛薩埵、
（書止）能洗世間五塵之染、可尋／出世八葉之蓮、是即酬三世仏恩、答一
　世師徳也、／余願如是、不可余念矣、
（差出）伝授阿闍梨権律師法橋上人位（梵字）
（宛所）授与金剛弟子
③覚源授定賢伝法灌頂印信紹文写　康平三年歳次十二月廿八日宿曜
（端書）覚源授定賢　引合打紙
（書出）最極秘密法界躰伝法灌頂阿闍梨職位事／在昔大日如来開大悲胎
　蔵・金剛秘密両部／界会、授金剛薩埵、
（書止）五智定水澄迷浪羨、為末代闍梨弘／将来密教矣、
（差出）伝法阿闍梨法印大和尚位権大僧都覚源
④義範授勝覚伝法灌頂印信紹文写　（年月日未詳）

（端書）義範僧都授勝覚僧正　薄紫紙
（書出）授与伝法灌頂職位事／金剛弟子勝覚／在昔大日如来開大悲胎
蔵／・金剛秘密両部界会、
（書止）令勝覚大法師／早開三密之門、専尋両部／之道、即従小僧頻受流
而／写瓶今授密印許可、為／次後阿闍梨、為宗後哲、／記而授矣、
（差出）伝授阿闍梨権律師（花押影）

⑤勝覚授定海伝法灌頂印信紹文写　康和三年十月廿六日
（端書）勝覚授定海　引合紙
（書出）最極秘密法界伝法灌頂阿闍梨職位事／在昔大日如来開大悲胎
蔵・金剛秘密両部界〔脱アルカ〕、授金剛／薩埵、
（書止）能洗世間五塵之染、可尋出世八葉之／蓮、是即酬三世仏恩、答一
世師徳也、余願如是、不可余／念矣、
（差出）伝授阿闍梨法眼和尚位勝覚
（宛所）授与金剛弟子定海
（備考）奥に「案押紙云、／金剛界　金剛薩埵／胎蔵界　阿弥陀／定海」、

⑥定海授元海伝法灌頂印信紹文写　天承元年四月十四日
（端書）定海授元海　庸吉紙
（書出）最極秘密法界躰伝法灌頂阿闍梨職位事／金剛弟子元海／在昔大
日如来開大悲胎蔵・金剛秘密両部／界会、授金剛薩埵、
（書止）専学両部大法、／諸輩瑜伽、即従小僧頻受深而写瓶今授密印／許
可、為次後阿闍梨、為示後哲、記而授矣、
（差出）伝授阿闍梨権少僧都法眼和尚位定海
（宛所）授元海大法師

⑦定海授乗海伝法灌頂印信紹文写　康治元年七月四日
（端書）前大僧正定海授乗海　引合紙
（書出）最極秘密法界躰伝法灌頂阿闍梨職位事／在昔大日如来開大悲胎
蔵・金剛秘密両部界会、／授金剛薩埵、
（書止）能洗世間五塵之染、可尋出世八葉之蓮、是即／酬三世仏恩、答一
世師徳、吾願如此、不可余念焉、
（差出）伝授阿闍梨前大僧正法印大和尚位定海
（宛所）授与金剛弟子乗海

⑧明海授乗海伝法灌頂印信紹文写　保元二年七月廿七日
（端書）勝倶胝院僧都明海授乗海　杉原紙
（書出）最極秘密法界躰伝法灌頂阿闍梨職位事／伝授大師識云、秘惜猶有
罪惜於善人故、伝授亦○有／罪授於非器故云々、／昔大日如来開大
悲胎蔵・金剛秘密両部界会、／授金剛薩埵、
（書止）能洗／五塵之染、可期八葉之蓮、是則酬仏恩、答師徳／矣、
（差出）授与乗海大法師
（宛所）伝授阿闍梨権律師法橋上人位明海

⑨元海授実海伝法灌頂印信紹文写　保元元年五月卅日
（端書）元海授実海　庸吉紙

(書出) 最極秘密法界躰伝法灌頂阿闍梨職位事／伝授大師識云、秘惜猶有罪惜於善人故、／伝授亦有罪授於非器故云々 ／昔大日如来開大悲胎蔵・金剛秘密両部界会、授／金剛薩埵、
(書止) 能洗五塵之染、可／期八葉之蓮、是則酬仏恩、答師徳、吾願如此、不／可余念矣、
(差出) 伝授阿闍梨前大僧都法眼和尚位元海
(宛所) 授実海大法師

⑩乗海授実海伝法灌頂印信紹文写　永万二年七月七日
(端書) 乗海授実海　引合紙
(書出) 最極秘密法界躰伝法灌頂阿闍梨職位事／金剛弟子実海／在昔大日如来開大悲胎蔵・金剛秘密両部界／会、授金剛薩埵、
(書止) 専学両部大法、／諸尊瑜伽、即従小僧頻受流而写瓶、今授密印／許可、為／次後阿闍梨、為示後哲、／記而授矣、
(差出) 伝授阿闍梨権律師法橋上人位乗海
(宛所) 授実海大法師
(備考) 奥書「永万二年七月五日丙午亢宿、火曜、入壇重受遂之、／以彼受者実海自筆記書之、／然者印信者以後日賜之歟、／一交畢」、

二八　印可受者交名 (年月日未詳)　一通
安土桃山時代　折紙　漉返紙　二九・四糎×四五・七糎　一紙
(書出) 印可人数／権大僧都宝弁／権少僧都実乗
(書止) 護摩之、　権大僧都俊宗／大法師尊清／以上、
(備考) 墨合点、

二九　印可受者交名等　二通
江戸前期　続紙　漉返紙
(備考) (一)・(二) 一括、
(一) 印可受者交名　時寛文元辛丑年夏六月一日　一通
三一・七糎×八三・九糎　二紙
(書出) 寛文元年六月朔日／御印可人数／武州葛鹿《カツシカノ》郡大竹村東養寺住持／法印純慶房賢尊
(書止) 雲州神門《カンドノ》郡日御崎恵光院弟子／雲仙房日雄
(二) 印可日次勘文　正保四年　一通
二四・一糎×一〇四・七糎　三紙
(書出) 正保四　四月中印可／五日丙子　鬼宿　木曜
(書止) 正保四年印可五ヶ度／在之、日次勘定如右、
(備考) 墨合点、

三〇　報恩院寛済許状案等　十一通・一紙
(備考) (一)～(一一) 一括、
(一) 報恩院寛済許状案　寛永十四年三月廿四日　一通
江戸前期　竪紙　楮紙 (美濃紙)　二七・八糎×四二・三糎　一紙

（書出）高野山万日院養遍当流諸大事書／籍等被自見事、
（書止）依斯結縁／早出三界苦域、速到九品満願而已、
（差出）報恩院僧正寛済判

（二）印可受者交名（年月日未詳）　一通
江戸前期　竪紙　漉返紙　二九・六糎×四二・七糎　一紙
（書出）慶安元年七月十八日辛巳　婁宿　土曜／印可同道場／受者八人
（書止）同山　長尊坊宥盛／城州佐山　円乗坊乗林

（三）理性院流附法状懸紙（年月日未詳）　一紙
室町中期　竪紙　漉返紙　裏書あり　三二・九糎×三三・七糎　一紙
（備考）ウハ書「理性院流附法状正文」、奥に「四末」、裏書「自賢覚迄于光耀附法状」、

（四）某僧伝断簡　一通
鎌倉前期　切紙　楮紙打紙　三〇・六糎×一五・一糎　一紙
（文首）永久三年乙未月　日勝賢・勝成両闍梨入壇、
（文尾）於本堂龍樹菩薩宝前見得銅針／二寸許、時之是一吉瑞也、

（五）五智院宗典口説抄写　一通
江戸後期　竪紙　楮紙（美濃紙）　二六・二糎×三九・四糎　一紙
（文首）一最初許可ノアサリ加行三七日、／可然後ニハ一七日モ不苦也、
（文尾）以上五智院僧正宗典口説ノ／中ニ在之、

（六）受者印信等書上　正保四年丁亥四月五日丙子鬼宿木曜　一通
江戸前期　竪紙　漉返紙　二六・二糎×四三・二糎　一紙
（端裏）相済遣了、
（書出）正保四年丁亥四月五日丙子鬼宿木曜、／上総国塚出光福寺法印権大僧都良仁印紹血三通、
（書止）法印々々々々　祐厳同前二通、／以上四人
（備考）墨（頭点・合点）、

（七）受者印信等書上　正保四年丁亥二月十九日辛卯心宿月曜　一通
江戸前期　竪紙　漉返紙　二六・〇糎×四三・八糎　一紙
（端裏）相済遣了、
（書出）正保四年丁亥二月十九日辛卯心宿日曜、／紀伊国紀三井山本願院法印権大僧都宥範／印　紹　血　三通
（書止）大法師良精／印　紹共ニ
（備考）墨（頭点・合点）、

（八）印可授法記　一通
室町後期　続紙　漉返紙　二四・五糎×六五・五糎　二紙
（文首）印可　宝池院御流／永正八年辛未二月十三日翼宿水曜、於／醍醐山上釈迦院執行、受者院主禅下源雅法眼直叙、
（文尾）壇行事大蔵卿法印隆祐、／承仕明久、御門跡御承仕也、

（九）隆源僧正当流授与日記　一通

室町前期　折紙　漉返紙　三三・五糎×五〇・二糎　一紙

（本文）隆源僧正授与日記／至徳二年乙丑六月二日壬辰柳日、／印可山上釈迦院
道場／受者越前三郡住僧／宝幢上人叡憲／当流事故中性院良憲
伝之云々、／応永五年戊寅七月八日／灌頂無職衆三摩耶戒教授隆増
法印／受者叡憲

（一〇）印可授与記断簡　一通

室町後期　切紙　前欠　漉返紙　二四・四糎×一八・〇糎　一紙

（本文）永正同十二乙亥年六月廿八日甲申鬼宿水曜、印可、／受者高野一心院之内
寂静院五坊ト云々、／江州神照寺ニ住スル時ハ龍光院云々、／権
大僧都善宗受者　道場行樹院、／已上六十人此内三十六人灌頂、

（一一）印可日次覚（年月日未詳）　一通

江戸前期　続紙　前欠・後欠　楮紙（美濃紙）　三一・九糎×四五・三糎　二紙

（文首）印可日次事／正保四／二月／七月戊申　鬼｜　木｜

（文尾）応永卅四年十月十九日柳｜金｜／印可／師僧正隆寛　資法眼隆
済

（備考）袖に印可日次関連記事、

（一二）印可日次覚（年月日未詳）　一通

江戸前期　竪紙　楮紙（美濃紙）　二四・一糎×三四・一糎　一紙

（書出）正保四丁亥十月／印可之日次／十八日　乙酉　鬼宿　木曜

（書止）奥州岩城恵日寺法印権大僧都勝学印紹血三通／法印権大僧都舜意房勝
成印信一通計／以上二人

（備考）墨合点、

（三一）勝覚附法状　天仁二年三月二日　一通

平安院政期　竪紙　楮紙（檀紙）　三三・六糎×五三・二糎　一紙

（書出）賢覚者、従幼少之始迄長／大之今、随逐給仕弟子也、

（書止）併以教授、弥守／仏法、謹勿墜地矣、

（差出）勝覚

（備考）包紙（高檀紙、五一・九糎×三八・七糎、ウハ書「四十三　附法状
勝覚賢覚師資、天仁二年三月二日自明治四十二年八百年」）、裏打スミ、

（三二）勝覚附法状案　天仁二年二（マヽ）月二日　一通

平安院政期　竪紙　楮紙（強杉原）　紙背あり　三〇・五糎×四三・八糎　一紙

（端裏）権僧正御房付法理性房状／「五末」

（書出）賢覚者、従幼小之始迄長大之今、／随遂給仕弟子也、

（書止）併以教授、弥守仏法、／謹勿墜地矣、

（差出）勝覚

（備考）奥書「此ハ権僧正御房御自筆御名字理性院在之、／以其本写之、／此附法
状者、師頼大納言執筆也、御名字者権僧正御房御自筆也、」「建保
四年閏六月二日酉刻、於浄土院□三昧書□之由也、／同二日（マヽ）聖明
書写之了、一交了」、

（紙背）薬師供巻数書止シ（年月日未詳）　一通

竪紙
（全文）薬師供所／奉供／供養法一十三座／奉念／仏眼真言二百七十三
遍／大日真言一千三百遍／仏慈護真言一千□

三三　勝覚附法状写　一通
平安院政期　竪紙　楮紙（強杉原）　三四・二糎×五一・八糎　一紙
（端裏）勝覚僧正附法状案二通
（備考）①・②書継、

①勝覚附法状写　天仁二年三月二日
（書出）賢覚者、従幼少之始迄長大之今、随逐給仕弟子也、
（書止）併以教授、弥守仏法、謹勿墜地矣、
（差出）勝覚

②勝覚附法状写　天仁三年二月九日
（書出）修学之事、真言之道、不論貴賤只擇其器、爰賢覚／者、自幼少至
于成人、随逐給仕弟子也、
（書止）注置多巻、為／守法因縁、目録委曲之趣如常談、
（差出）大阿闍梨権少僧都法眼和尚位勝覚在判
（宛所）授与金剛弟子賢覚

三四　勝覚附法状写　一通
江戸前期　竪紙　楮紙（美濃紙）　二六・六糎×三九・八糎　一紙
（備考）①・②書継、奥に「天仁二年付法状者、源大納言師頼卿執筆也」、
墨（返点・送仮名・傍訓）、

①勝覚附法状写　天仁二年三月二日
（端書）当流代々附法状案
（書出）賢覚者、従幼少之始迄長大之○今、随遂給仕弟子／也、
（書止）併以教授、弥守仏法、謹勿墜地矣、
（差出）勝覚

②勝覚附法状写　天仁三年二月九日
（書出）修学之事、真言之道不論貴賤、只択其器、爰／賢覚者、自幼少至
于成人、随逐給仕弟子也、
（書止）就中以下諸事者、弘法大師／心肝也、注置多巻、為守法因縁、委
曲之趣如常矣、
（差出）大阿闍梨権少僧都法眼和尚位勝覚在判
（宛所）授与金剛弟子賢覚

三五　勝覚附法状写　一通
江戸後期　竪紙　楮紙（美濃紙）　裏書あり　三三・九糎×四六・五糎　一紙
（備考）①・②書継、袖に付箋「天仁二年付法状者、源大納言師頼卿執筆
也」、裏書「『此一紙、理性院大僧都杲助大和尚位所写給也、寛政
六年次甲寅六月十五日／普賢院大僧都澄意／（花押）』」、朱註記、
包紙（美濃紙、四九・七糎×三六・〇糎、ウハ書「本願大安寺法眼賢覚自

権僧正所賜附法状写／久寿三年三月十六日入寂、春秋七十七、澄意」)、

①勝覚附法状写　天仁二年三月二日

(書出)賢覚者、従幼少始迄長／大之今、随逐給仕弟子也、

(書止)併以教授、弥守／仏法、謹勿墜地矣、

(差出)勝覚

②勝覚附法状写　天仁三年二月九日

(書出)修学之事、真言之道、不論貴賤、只択其器、爰／賢覚者、自幼少至于成人、随逐給仕弟子也、

(書止)就中以下諸事者、弘法大師／心肝也、注置多巻、為守法因縁、委曲之趣如常矣、

(差出)大阿闍梨権少僧都法眼和尚位勝覚在判

(宛所)授与金剛弟子賢覚

三六　法眼賢覚附法状案　康治二年癸亥十月廿七日　一通

平安院政期　続紙　前欠　楮紙(強杉原)　紙背あり　三一・一糎×五三・三糎　三紙

(文首)[　　　]大切無極事共也、仍以／[　　　]自筆賢覚所書置也、／一五智院改五智院号後号理性院也、

(書止)世間出世之事皆所付属□、可／為後公験之状如件、

(差出)法眼和尚位(賢覚)(花押影)

(備考)文中に「東安寺別当職事／右、件職付属宝心阿闍梨之状如件、(賢覚)(花押影)」、紙背に追記「先師法眼毎夙発所労時宝心爾／付属處分文、或自筆或時ハ他筆／爾天書賜事八箇度也、大様同／事也、然於○此處分状者、出世付法之由／被書載、仍真言付法血脈続加也」、

三七　宝心附法状案　保元三年十月　日　一通

鎌倉中期　竪紙　楮紙打紙　三〇・七糎×五六・〇糎　一紙

(端裏)後日御参上時、可清書候、只今儀不候也、

(本文)大法師宗命者、数十年之間／相随先師法眼和尚位、受秘蜜／奥旨写瓶、爰宝心重加教訓、／為写瓶者也、依之師之付法／印信文付属之状如件、

(差出)伝授阿闍梨宝心

(宛所)沙門宝心

(備考)墨界(界高二七・二糎、界幅一・八糎)、

三八　権少僧都宗命附法状案　承安元年七月　日　一通

平安院政期　竪紙　楮紙(檀紙)　三一・五糎×五四・三糎　一紙

(書出)秘密上乗血脈付法事／金剛弟子阿闍梨大法師位宗厳／右、昔高祖弘法大師去延暦年中之／渡万累之蒼溟、奉遇青瀧和尚、／伝授両部灌頂奥旨・諸尊之秘法、

(書止)爰今以此秘法等、悉令写／瓶阿闍梨宗厳畢、為向後誓記之而已、

(差出)伝授阿闍梨権少僧都法眼和尚位宗命

三九　権大僧都行厳ヵ附法状案　嘉禎二年正月廿一日　一通
鎌倉前期　竪紙　楮紙（檀紙）　三二・六糎×五五・〇糎　一紙
（書出）付法事／観俊阿闍梨者、自幼少之昔至于／成身之今而、随遂承仕
　弟子／也、
（書止）為仏法／不令堕地、仍所記置／如件、
（差出）法印権大僧都（花押）

四〇　法印定俊書上案　暦応二年四月十九日　一通
南北朝時代　竪紙　漉返紙　三一・四糎×五〇・六糎　一紙
（本文）当流大事等故実被仰置候し／分、重位等悉前々申入候了、於今
　ハ／一分も無所残候、大法・秘法等之口決、／面々祖師之自鈔等
　進入候了、返々／無所残候、相構々々再興之御志不／可有御亡（マ、）却
　候、仍注進如件、
（差出）法印定俊
（備考）奥に「今一度不拝恩顔之条、生涯之／遺恨候」、

四一　権大僧都観俊附法状案　文永六年十二月十一日　一通
鎌倉中期　竪紙　楮紙（檀紙）　三四・一糎×五四・四糎　一紙
（端裏）附法状
（書出）兼観律師者、自幼少之／昔随逐給仕之上、因縁／旁不浅、
（書止）弥守仏法、勿堕地、爰／所記置如件、
（差出）法印前権大僧都（花押）

四二　前権大僧都観俊附法状写等　一通
鎌倉後期　続紙　楮紙（強杉原）　三二・〇糎×一四・一糎　三紙
（端裏）附法状等案
（備考）①～⑤書継、

①前権大僧都観俊附法状写　文永六年三月二日
（端書）延命院法印御房被授先師法印付法状案
（書出）宗遍律師者、生年十三歳之時、従入室以降、芳意互／不疎、性操
　穏便之上、求法之志慇也、
（書止）弥守法、勿堕地、為後代證判所記置／而已、
（差出）法印前権大僧都観俊在判

②前権大僧都観俊附法状写　文永六年十二月十一日
（端書）延命院法印御房○被授先師律師附法状案
（書出）兼観律師者、自幼少之昔随逐給仕之上、因縁／旁不浅、器量又相
　備、
（書止）弥守仏法、勿堕地矣、所記置如件、
（差出）法印前権大僧都在判

③前権大僧都観俊置文写　文永六十二月十八日
（端書）延命院法印御房被進関東御消息案先後略之、
（書出）又兼観律師ハ因縁不浅、常随給仕候之上、門流事、／一事已上大
　小無所残申置候、

（書止）為門流不便事／候、雖為一流荒涼之仁、勤仕不可然候之間、如此／
申置候、
（差出）観俊在判
（宛所）御壇所

④僧兼観置文写　文永十一年二月廿六日
（端書）少納言律師申入関東状案前後略之、
（書出）一私書籍事、一向上野公仙覚ニ申置候、但若年之仁候／之間、大
事等未及授候、
（書止）於書籍者、不可出院家候、御要物ハ／上野公ニ可被召候、、、
（差出）兼観在判

⑤権大僧都宗遍附法状写　正応二年正月十三日
（端書）證聞院法印付法状案
（書出）仙覚阿闍梨者、為宗遍之附法之上足之上、才智／又相備、尤足為
附法之器、
（書止）弥守法、勿堕地、仍為後代之證判所記置／而已、
（差出）法印権大僧都宗遍在判

四三　権大僧都宗遍附法状　正応二年正月十三日　一通
鎌倉後期　竪紙　楮紙（檀紙）　三三・六糎×五三・〇糎　一紙
（書出）仙覚阿闍梨者、為宗遍之／附法之上足之上、才智又相備、
（書止）弥守法、勿堕／地、仍為後代之證判、所記置而已、
（差出）法印権大僧都宗遍（花押）

四四　権律師仙覚附法状案　永仁元年十二月十三日　一通
鎌倉後期　竪紙　楮紙（檀紙）　三三・七糎×五三・二糎　一紙
（端裏）附法状
（書出）信耀阿闍梨者、自幼少之時随逐／給仕之上、因縁旁不浅、器量又
相備、／尤足為附法之器、
（書止）弥守仏法、勿堕地矣、仍／為後代之證判、所記置如件、
（差出）権律師仙覚（花押）

四五　授定位附法状写　一通
鎌倉後期　続紙　楮紙打紙　二七・九糎×一二四・八糎　三紙
（端裏）御所御附法状案
（備考）①〜③書継、奥書「徳治二年二月廿一日、当流大事御相承之分承
之／時、即此御附法状等為存知可書写旨被仰下、自台／皮子被取
出下賜之間、即於于御前令書写畢、今日／為後代亀鏡被下御附法
状畢、／金剛資定位卅九、／今日御口決云、覚洞院僧正御房建久被
行転法輪法之／事、（梵字）薄ヲ被懸本尊、其色普通非調伏青、／
黒色赤色云々、有併心歟云々、私云、此者マタラノ外ニ別ニアタ
ハクヲ被懸云々」、

①法印頼瑜附法状写　正安四年二月十一日
（端書）附法状案頼瑜方

（本文）従先師法印実勝御房、／所承置宗大事并／大法秘法已下、悉奉／
　授之候畢、
（差出）法印頼瑜

②座主僧正親玄伝授目録写　嘉元二年七月廿五日
（端書）伝授目六案大僧正方
（書出）孔雀経三月十四日、／仁王経同、／如法尊勝同、
（書止）已上八箇秘法、以秘抄并別本等／委細口決悉奉授遍智院（聖雲）／宮畢、
（差出）座主僧正親玄在判

③座主僧正親玄附法状写　嘉元二年十一月廿一日
（端書）附法状案大僧正
（書出）当流大事等、代々遺誡／之趣、猶雖可廻思案、
（書止）仍申請大師三／宝所奉授遍智院宮／也、後資不可成疑殆者也、
（差出）座主僧正在御判

四六　前権僧正信耀附法状案　正慶元年十一月廿五日　一通
鎌倉後期　竪紙　楮紙（檀紙）　三二・九糎×五一・二糎　一紙
（本文）当流事、灌頂之渕府、諸尊之／瑜伽以下、悉以教授道賢僧都畢、／
　謹以守法、勿堕地矣、
（差出）前権僧正信耀

四七　権大僧都信耀カ附法状　貞和四年九月十五日　一通
南北朝時代　竪紙　楮紙（檀紙）　三一・七糎×五〇・二糎　一紙
（本文）仲我僧都者、入先師之／室、随逐給仕異于他者也、／仍法流小事大事
　所残悉授、／所記如件、
（差出）法印権大僧都（花押）

四八　権大僧都某附法状　延文三年戊戌九月　日　一通
南北朝時代　竪紙　楮紙（檀紙）　三一・一糎×五〇・〇糎　一紙
（端裏）附法状
（書出）賢耀律師者、為仲我之門資、灌頂／受法等終其功畢、才智又相備、
　尤是／為附法之器、
（書止）弥守法、勿堕地、仍為後代之／證判、所記置如件、
（差出）法印権大僧都（花押）

四九　権大僧都某附法状案　延文三年戊戌九月　日　一通
南北朝時代　竪紙　楮紙（杉原）　二九・八糎×四一・四糎　一紙
（書出）賢耀律師者、為仲我之門資、／灌頂受法等終其功畢、才智／又相
　備、尤是為附法之器、
（書止）弥守法、／勿堕地、仍為後代之證判、所記／置如件、
（差出）法印権大僧都判

五〇　僧正某附法状　明徳五年甲戌三月廿一日　一通
室町前期　竪紙　楮紙（杉原）　三一・八糎×五〇・八糎　一紙

（書出）光信法印者、入先師僧正之室、随逐給仕異／于他、因茲受具支灌
頂、伝諸尊瑜伽、
（書止）弥守仏／法、勿堕地矣、仍所記置如件、
（差出）僧正法印大和尚位（花押）

五一　権大僧都光信附法状　応永二年乙亥五月十五日　一通
室町前期　竪紙　楮紙（檀紙）　三一・七糎×四五・七糎　一紙
（端裏）附法状
（書出）光覚僧都者、入先師僧正之室、／随逐給仕異于他、因茲受具支灌
頂、／伝諸尊瑜伽、
（書止）弥守仏法、勿堕地矣、仍所／記置如件、
（差出）法印権大僧都光信（花押）

五二　権僧正光覚附法状案　応永廿七年庚子四月十四日　一通
室町前期　竪紙　楮紙（檀紙）　三一・七糎×四五・一糎　一紙
（書出）聖覚僧都者、従幼少之昔／至長大之今、随逐給仕異／于他也、
（書止）堅守法、勿堕于地、為後證／染筆矣、
（差出）権僧正光覚
（備考）袖上部に付箋「改光耀」、

五三　権大僧都厳忠附法状案　享徳二年八月七日　一通
室町中期　竪紙　楮紙（檀紙）　三一・六糎×四五・七糎　一紙
（書出）宗耀律師者、自幼少之昔／至于成身之今、随逐給仕之／弟子也、
（書止）弥守仏法、／勿堕地矣、所記如件、
（差出）法印権大僧都厳忠

五四　権僧正尭瑜附法状　寛永十一甲戌年正月廿一日　一通
江戸前期　竪紙　楮紙（高檀紙）　三八・二糎×五三・三糎　一紙
（本文）法流之事、従宝泉院宗秀僧正／令伝授處、一流奥義不相残令／授
与於少僧都尊済畢、自余／秘決等者、可被自見候、仍附／法状如
件、
（差出）権僧正尭瑜（花押）
（宛所）醍醐寺金剛王院少僧都御房

五五　中性院賢松書状　（年未詳）九月廿一日　一通
室町中期　竪紙　楮紙（杉原）　三〇・六糎×四三・五糎　一紙
（本文）御当流之三重之大事并　御／遺告諸次第等、悉奉授訖、／御旅宿
中御本於之者、未／申入候、此趣可有　御／披露候、恐々謹言、
（差出）賢松（花押）
（宛所）大貳上座御房
（備考）逐而書「尚々既御已達之御事候之間、／相残候御聖教等御自見／
更不可苦候」、礼紙（杉原、三〇・四糎×四三・六糎）、礼紙端裏に切封（墨
引、ウハ書「大貳上座御房　中性院賢松」）、本紙袖に切封帯、

五六　大僧正定海付属状案　康治二年六月一日　一通
平安院政期　続紙　楮紙（檀紙）　三一・二糎×一六六・二糎　三紙

（端裏）大僧正御房万事御付属状
（書出）譲与　醍醐寺條條雑事／合／一灌頂院事／右件院定海私建立也、而従天承元年寄進／御願以降、
（書止）以前條條、譲与座主権少僧都元海畢、一族之上、為／入室瀉瓶之弟子、仍委付万事之状如件、
（差出）大僧正定海
（備考）追記「前大僧正被付嘱寺家経蔵、并万／事於元海之状一通、今又書具経／蔵書籍・秘仏等起請、安置之、／代々座主見此文、如守眼精、凡勿／相背矣、／保元々年六月廿日／座主権大僧都元海」「此経蔵秘曼荼羅并書籍・道具等、／伝自　尊師般若僧正嫡々相承、至于／予時無紛失無外見、爰前大僧正譲／状書具起請、譲与明海律師了、／能々秘蔵可伝次座主矣、／同廿日（花押（元海））」、継目裏に元海花押、糊離れ、五六号～五九号一括、一括包紙（泥間似合、五七·四糎×四一·三糎、ウハ書「灌頂院／経蔵目録／々起請」）、

五七　座主権大僧都元海経蔵宝物相承置文　保元元年六月十三日　一通
平安院政期　巻子装　楮紙（檀紙）　裏書あり　三二·〇糎×二六·八糎　二紙
（端裏）御経蔵目録
（書出）注置／醍醐経蔵宝物等事／仏舎利在日記、　宝珠一果在日記、　／仏像　一切経　章疏　伝記等目録在別、
（書止）右、件物等累代相承之物也、代々座主次第相伝／不可散失、仍大略所記置如件、
（差出）座主前権大僧都（花押（元海））
（備考）一紙目裏書「無之、／進宮了、／无之、／焼失」、二紙目裏書「破損了」、往来軸（木軸、全長三九·九糎、軸頭表書「経蔵起請」、裏書「律師重起請」）、

五八　座主前権大僧都元海経蔵起請文　保元元年六月十三日　一通
平安院政期　竪紙　楮紙（檀紙）　三一·六糎×五六·〇糎　一紙
（書出）起請／経蔵一宇五間事／以此三間、安置一切経并宗章疏伝記等、／不可令散失、
（書止）若背此旨／者、宗之三宝護法天等并鎮守権現、忽与／冥罰令滅亡、仍起請如件、代々座主被存知此旨矣、
（差出）座主前権大僧都（花押（元海））

五九　権律師明海起請文　保元々年六月廿日　一通
平安院政期　竪紙　楮紙（檀紙）　三一·二糎×五七·五糎　一紙
（端裏）律師起請
（書出）起請／條々事／一御経蔵事、任御起請旨敢不可／違失事、
（書止）右起請如件、若背此旨者、現世蒙仏天／罰、永失冥加、後生堕悪趣、永不可有出期、／仍録事状起請如右、
（差出）権律師明海

第七七函

一　寛空授元杲伝法灌頂印信紹文写　　康保二年十一月廿一日辛巳鬼、土、　一通

鎌倉後期　竪紙　漉返紙　二五・〇糎×四二・五糎　一紙

（書出）授与伝法灌頂職位事／金剛弟子元杲

（書止）仍以今年十一月廿一日授与伝法灌頂職位／乎、今為後誓授印信耳、

（差出）阿闍梨僧正法印大和尚位寛空

（備考）年月日脇に書入、一号～二六号一括、一括包紙（杉原、三一・三糎×四七・二糎、ウハ書「印案正二一」）、一括包紙紙背に印信印明書止シ（「授印可／金剛界　大卒兜婆印　普賢一字明帰命（梵字）／金」）、

（宛所）授与金剛弟子乗海

二　定海授乗海伝法灌頂印信紹文案　康治元年七月四日　一通

鎌倉前期　竪紙　漉返紙　二六・二糎×三九・八糎　一紙

（端裏）定海授乗海

（書出）最極秘密法界躰伝法灌頂阿闍梨職位事

（書止）能洗世間五塵之染、可尋出世八葉之／蓮、是即酬三世仏恩、答一世師徳、吾願如此、不可／余念焉、

（差出）伝授阿闍梨前大僧正法印大和尚位定海

三　元海授實海伝法灌頂印信紹文案　保元元年五月卅日　一通

鎌倉前期　竪紙　漉返紙　二六・〇糎×四一・五糎　一紙

（端裏）元海授実海

（書出）最極秘密法界躰伝法灌頂阿闍梨職位事／伝授大師誡云、秘惜猶有罪、惜於善人故、／伝授亦有罪、授於非器故云々、

（書止）能洗五塵之染、可／期八葉之蓮、是則酬仏恩、答師徳、吾願如此、／不可余念矣、

（差出）伝授阿闍梨前権大僧都法眼和尚位元海

（宛所）授実海大法師

四　明海授乗海伝法灌頂印信紹文案　保元二年六〔七〕月十二〔廿七〕日　一通

鎌倉前期　竪紙　楮紙（杉原）　三一・八糎×四二・一糎　一紙

（端裏）明海授乗海印信

（書出）最極秘密法界躰伝法灌頂阿闍梨職位事／伝授大師誡云、秘惜猶有罪、惜於善人故、伝授／亦有罪、授於非器故云々、

（書止）能洗五塵之染、可期八葉／之蓮、是則酬仏恩、答師徳、吾願如此、不可余念矣、

（差出）伝授阿闍梨権律師法橋上人位

（宛所）授与乗海大法師

（備考）紙背に押紙「天照大神　大日、我無身躰、以慈悲為身躰、／牛頭天王　薬師、吾無意、以忠考一重為意、／八幡大菩薩　弥陀、我

無奇特、以無事為奇特、／住吉大明神　観音、吾無道、以正直専
可為道」、本文・年月日に書入、

五　乗海授実海伝法灌頂印信紹文案　永萬二年七月七日　一通
鎌倉前期　竪紙　漉返紙　三六・五糎×四〇・五糎　一紙
（端裏）乗海授実海
（書出）最極秘密法界躰伝法灌頂阿闍梨職位事／金剛弟子実海
（書止）専学両部大法諸／尊瑜伽、即従小僧頻受流而写瓶令授密印／許
可、為次後阿闍梨、為示後哲記而授矣、
（差出）伝法阿闍梨権律師法橋上人位乗海
（宛所）授実海大法師

六　勝賢授実継伝法灌頂印信紹文写
文治二年歳次丙午十二月廿一日甲午氏宿日曜　一通
鎌倉後期　竪紙　楮紙打紙　二九・三糎×四八・八糎　一紙
（書出）伝法灌頂阿闍梨職位事／昔大日如来開大悲胎蔵・金剛秘密両部
界会、／授金剛薩埵、数百歳之後、
（書止）為後阿闍梨、／為示後生而授之、是則酬仏恩、答師徳、吾願如／
此、不可余念耳、
（差出）伝授大阿闍梨権僧正法印大和尚位勝賢
（宛所）法眼和尚位実継
（備考）奥に「月ム（隆勝、下同ジ）云、清書受者自筆、／御名字御筆」、

七　勝賢授実継許可灌頂印信印明写
文治二年歳次丙午十二月廿一日甲午氏宿日曜　一通
鎌倉後期　竪紙　楮紙打紙　二九・五糎×四八・八糎　一紙
（本文）阿闍梨法眼和尚位実継／授印可／金剛界　大率都波印（マヽ）　普賢一
字明／帰命（梵字）／金剛名号　福徳金剛／胎蔵界　外縛五股印
満足一切智々明／（梵字）／金剛名号　常住金剛／右、於醍醐寺三
宝院授両部灌頂畢、
（差出）大阿闍梨権僧正法印大和尚位勝賢上端写置者也、
（備考）袖に「月ム云、御自筆、／料紙此／躰薄檀／紙也、／横竪寸／法も
如此（草名影（勝賢））」、

八　某許可灌頂印信紹文写　建暦元年歳次辛未十一月廿五日　一通
鎌倉後期　竪紙　楮紙（強杉原）　三四・五糎×五四・四糎　一紙
（端裏）許可印信案遍智院御本
（書出）伝法許可灌頂印信／昔大日如来開大悲胎蔵・金剛秘密両部界会、
授／金剛薩埵、数百歳之後、
（書止）能洗五塵之染、可期八葉之蓮、／是則酬仏恩、答師徳、吾願如此、
不可餘念耳、
（差出）伝授大阿闍梨権僧正法印大和尚位ム
（備考）奥に「以報恩院僧正御房御筆ニテ／書了、隆勝」、

九　許可血脈写　貞永元年閏九月廿日　一通
鎌倉後期　竪紙　斐紙（鳥の子・雲母引）　三四・七糎×五四・〇糎　一紙

（書出）許可血脈／大日如来　金剛薩埵　龍猛菩薩／龍智菩薩　金剛三
蔵　不空三蔵
（書止）第四勧修寺流従先師玄證上人受之、玄證、房海、巌覚、宗意、念範、仁済、／已上四
範流、或随機授之、或任受者意楽授之、仍所記一途、
（差出）金剛仏子（花押影）
（備考）奥に「りうしゃうとの　廿五」、

一〇　実深授覚雅伝法灌頂印信紹文案
文永二年歳次乙丑六月四日庚午張宿金曜　一通
鎌倉後期　竪紙　楮紙（強杉原）　三三・八糎×五三・八糎　一紙
（書出）伝法灌頂阿闍梨位事／昔大日如来開大悲胎蔵・金剛秘密両部界
会、／授金剛薩埵、数百歳之後、
（書止）能洗五塵之染、可期八葉之蓮、是則酬仏恩、／答師徳、吾願如此、
不可余念耳、
（差出）伝授大阿闍梨前権（実深）僧正法印大和尚位
（宛所）権律師法橋上人位覚雅

一一　定俊授覚雲伝法灌頂印信紹文案
文永四年丁卯七月戊申廿七日壬子星宿木曜　一通
鎌倉後期　竪紙　楮紙（杉原）　三二・〇糎×五一・〇糎　一紙
（書出）最極秘密法界躰伝法灌頂阿闍梨位事／伏惟、昔大日如来開金剛・
胎蔵両部界会、授金剛薩埵、／金剛薩埵数百歳之後、
（書止）能洗五塵之染、可尋八葉之蓮、是則酬／四恩、広徳興三宝妙道、
吾願如此、不可余念矣、
（差出）伝授阿闍梨法印大和尚位権大僧都定俊
（宛所）授与金剛弟子覚雲

一二　伝授記抜書　一通
鎌倉後期　竪紙　楮紙（杉原）　二九・四糎×四六・六糎　一紙
（端裏）報深御筆ヲ以テ写之、本虫損散々、如形尺僧都写之、万済
（文首）（虫）ーー壬寅六月一日鬼日、於尺迦院授之、印可／大阿闍梨権少僧都
経ー、法服　衲衣／受者　憲海、法服　平袈裟　持香呂焼名香、
三衣袋但略之、可有云々、（虫）
（文尾）一堂上ーー幔被引之、

一三　憲淳授運雅許可灌頂印信紹文案
永仁五年歳次丁酉五月十八日庚辰虚宿日曜　一通
鎌倉後期　竪紙　楮紙（強杉原）　三四・三糎×五四・五糎　一紙
（端裏）印信甘露王院律師、又内府僧都、
（書出）伝法許可灌頂印信／昔大日如来開大悲胎蔵・金剛秘密両部／界
会、授金剛薩埵、数百歳之後、
（書止）能洗／五塵之染、可期八葉之蓮、是則酬仏恩、答師徳、／吾願如
此、不可余念耳、
（差出）伝授大阿闍梨権大僧都法印大和尚位在御判
（備考）受者名「権律師運雅」の脇に「権少僧都道順」の書入、年月日脇
に書入、

一四　憲淳授運雅印信印明案

永仁五年歳次丁酉五月十八日庚辰虚宿日曜　一通

鎌倉後期　竪紙　楮紙（強杉原）　紙背あり　三四・五糎×五四・五糎　一紙

（端裏）印信甘院律師、又内府僧都、

（書出）阿闍梨権少僧都法眼和尚位道順権律師法橋上人位運雅／授印可／金剛界　大率都婆印

普賢一字明

（書止）右、於甘露王院、授両部印可畢、

（差出）大阿闍梨法印権大僧都憲—（淳）

（備考）奥に「御右筆間、取計候随仰両人印信予書之了、／追以御自筆被書直候歟」、年月日脇に書入、紙背に書止シ（「伝法許可灌」）、

一五　憲淳授道順伝法灌頂印信紹文案等　二通

鎌倉後期

（備考）（一）・（二）一括、

（一）　憲淳授道順伝法灌頂印信紹文案

永仁六年歳次戊戌八月廿二日丙子鬼宿日曜　一通

竪紙　楮紙（強杉原）　裏書あり　三二・八糎×五四・〇糎　一紙

（端裏）詔書内僧都甘律師

（書出）伝法灌頂阿闍梨位事／昔大日如来開大悲胎蔵・金剛秘密両部／

界会、授金剛薩埵、数百歳之後、

（書止）能洗五塵之染、可／期八葉之蓮、是則酬仏恩、答師徳、吾願如此、

不可／余念耳、

（差出）伝授大阿闍梨法印大和尚位○権大僧都

（宛所）権少僧都法眼和尚位道順

（備考）日付脇に後筆「廿六日庚辰翼宿水曜、権律師法橋上人位運雅経覚経宗／大法師良定」、奥に後筆「嘉元二年歳次甲辰六月十二日癸巳尾宿水曜権律師法橋上人位兼勝」、袖・本文に書入、墨註記、

（二）　実勝授憲淳灌頂胎蔵世代記

建治三年十二月十三日丁卯鬼宿金曜　一通

切紙　楮紙（強杉原）　裏書あり　三四・〇糎×一〇・一糎　一紙

（本文）灌頂阿闍梨位事／第廿六代大悲胎蔵第廿五葉——

（差出）伝授大阿闍梨法印大和尚位権大僧都実勝

（宛所）阿闍梨大法師憲淳

（備考）裏書「右、於醍醐寺西南院授畢、／建治三年丁丑十二月十三日丁卯鬼宿、金曜、／大阿闍梨法印大和尚位権大僧都実勝」、

一六　某授裔実許可灌頂印信紹文案

永仁七年歳次己亥正月十九日辛丑氐宿　金曜　一通

鎌倉後期　竪紙　楮紙（強杉原）　三四・〇糎×五四・二糎　一紙

（端裏）印信案裔実僧都・良俶阿闍梨、永仁七年正月十九日同壇、

（書出）伝法許可灌頂印信／昔大日如来開大悲胎蔵・金剛秘密両部／界

会、授金剛薩埵、数百歳之後、

（書止）能／洗五塵之染、可期八葉之蓮、是則酬仏恩、答師徳、吾願如此、

不可余念耳、

（差出）伝授大阿闍梨権（憲淳カ）大僧都法印大和尚位
（備考）本文中に書入、

一七　憲淳授兼勝伝法灌頂印信紹文案

嘉元二年歳次甲辰六月十二日癸巳尾宿水曜　一通

鎌倉後期　竪紙　楮紙（強杉原）　三二・八糎×五三・八糎　一紙
（書出）伝法灌頂阿闍梨位事／昔大日如来開大悲胎蔵・金剛秘密両部界会、／授金剛薩埵、数百歳之後、
（書止）能洗五塵之染、可期八葉之／蓮、是則酬仏恩、答師徳、吾願如此、不可余／念耳、
（差出）伝授大阿闍梨法印権大僧都憲淳
（宛所）権律師法橋上人兼勝

一八　憲淳授兼勝許可灌頂印信印明案

嘉元二年歳次甲辰六月十二日癸巳尾宿水曜　一通

鎌倉後期　竪紙　楮紙（強杉原）　三二・八糎×五四・三糎　一紙
（書出）阿闍梨権律師兼勝／授印可／金剛界　大率都波印（マヽ）　普賢一字明／帰命（梵字）
（書止）右、於禅林寺浄土院、授両部灌頂畢、
（差出）伝授大阿闍梨法印大和尚位権僧都憲淳
（備考）端裏に押紙「報権僧正　授兼勝」、

一九　憲淳授隆舜伝法灌頂印信紹文案

嘉元三年歳次乙巳□月十九日觜宿水曜　一通

鎌倉後期　竪紙　楮紙（強杉原）　三四・〇糎×五四・〇糎　一紙
（端裏）隆舜
（書出）伝法灌頂阿闍梨位事／昔大日如来開大悲胎蔵・金剛秘密両部界会、／授金剛薩埵、数百歳之後、
（書止）能洗五塵之／染、可期八葉之蓮、是則酬仏恩、答師徳、吾願／如此、不可余念耳、
（差出）伝授大阿闍梨法印大和尚位権大僧都憲―（淳）
（宛所）阿闍梨大法師隆舜
（備考）月日脇に「二月十七日甲午氐―土―、憲什」、

二〇　憲淳授後宇多上皇伝法灌頂印信紹文案

徳治二年歳次丁未四月十四日戊申房宿火曜　一通

鎌倉後期　竪紙　楮紙（杉原）　二九・八糎×四三・〇糎　一紙
（書出）伝法灌頂阿闍梨位事／昔大日如来開大悲胎蔵・金剛秘密両部／界会、授金剛薩埵、数百歳之後、
（書止）能洗／五塵之染、已開八葉之蓮、是則酬仏恩、答師徳、／吾願如此、可被専（不可有余）叡念耳、
（差出）伝授大阿闍梨法印大和尚位権大僧都憲淳
（宛所）太上天皇
（備考）本文中に書入、

二一　憲淳授後宇多上皇許可灌頂印信印明案　　徳治二年歳次丁未四月十四日戊申房宿火曜　一通

鎌倉後期　竪紙　楮紙（檀紙）　裏書あり　三三・八糎×五一・五糎　一紙

（端裏）印信院准后

（書出）太上天皇／奉授印可／金剛界　大率都婆印　普賢一字明／帰命（梵字）

（書止）右、此字又不可／然由申入了、／但何も後日／一見無其／詮者也、於洛陽城内金剛道場、授与／両部灌頂畢、

（差出）伝授阿闍梨梨（衍カ）法印大和尚位権大僧都憲（淳）

（備考）裏書「月ム云、准后者印可也、／金剛号不可有之」、書出の「太上天皇」脇に「准三后菩薩戒尼蓮花智月ム云、此三字不可有之由令申、尤可然、為向後可懸約之由承候間、御本ニ／書載其子細」、本文中に書入、

二二　憲淳授後宇多上皇許可灌頂印信印明案　　徳治二年歳次丁未四月十四日戊申房宿火曜　一通

鎌倉後期　竪紙　楮紙（杉原）　二九・八糎×四三・三糎　一紙

（書出）太上天皇／奉授印可／金剛界　大率都婆印　普賢一字明／帰命（梵字）

（書止）右、於洛陽城内金剛道場、奉授与／両部灌頂畢、

（差出）伝授阿闍梨法印大和尚位権大僧都憲淳

（備考）書出の「太上天皇」脇に「准三后菩薩戒尼蓮花智」此三字不可有之歟、

二三　憲淳授後宇多上皇伝法灌頂印信紹文案　　徳治二年歳次丁未四月十四日戊申房宿火曜　一通

鎌倉後期　竪紙　楮紙（檀紙）　裏書あり　三三・〇糎×五一・七糎　一紙

（端裏）詔書案院

（書出）伝法灌頂阿闍梨位事／昔大日如来開大悲胎蔵・金剛秘密両部界会、／授金剛薩埵、数百歳之後、

（書止）能洗五塵之染、已開八／葉之蓮、是則酬仏恩、答師徳、吾願如此、可被専／叡念耳、

（差出）伝法大阿闍梨法印大和尚位権大僧都憲（淳）

（宛所）太上天皇

（備考）裏書「月ム云、／廿六代也、蓮僧正被授与先師紹文了、／廿四代云々、先師被与師主之時、廿五代云々、／仍月給伏（降勝）廿六代云々、同又依仰書進／紹書、皆書廿六代了、後日一見無用、／同前也」、本文中に書入、

二四　憲淳授准三后許可灌頂印信紹文写　　徳治二年歳次丁未四月十四日戊申房宿火曜　一通

鎌倉後期　竪紙　楮紙（檀紙）　三三・二糎×五二・五糎　一紙

（端裏）詔書案准后

（書出）伝法許可灌頂印信／昔大日如来開大悲胎蔵・金剛秘密両部界会、／授金剛薩埵、数百歳之後、

（書止）能洗五塵之染、已開八葉之／蓮、是則酬仏恩、答師徳、吾願如比、不可余念耳、

（差出）伝授大阿闍梨法印大和尚位権大僧都憲（淳）

（備考）奥に「月ム云、准三后三字為次後、阿闍梨等十三字不可然之／由、

申候了、尤有其謂云々」、

二五　隆勝授隆海許可灌頂印信印明案

正和三年歳次甲寅十一月十日庚申昴宿火曜　一通

鎌倉後期　竪紙　楮紙（強杉原）　三二・七糎×五一・五糎　一紙

（端裏）尺僧正　授隆海

（書出）阿闍梨伝燈大法師位隆海／授印可／金剛界　大率都婆印　普賢

一字明

（書止）右、於相模国鎌倉郡大懸道場、両部印可畢、

（差出）大阿闍梨僧正法印大和尚位「隆勝」

二六　隆勝授隆海許可灌頂印信印明案（年月日未詳）　一通

鎌倉後期　竪紙　楮紙（強杉原）　三三・九糎×五三・五糎　一紙

（端裏）（隆勝カ）尺迦院僧正資　隆海阿闍梨印

（本文）塔印／帰命（梵字）／外縛五股印／（梵字）／二手合掌屈進力戒方

二節／相合禅智並竪去進力如口形／縛日羅二合素乞史磨摩賀引

薩埵縛二合吽吽

（差出）大阿闍梨僧正法印大和尚位

二七　俊盛授隆宥許可灌頂印信紹文案

永和元年歳次乙卯十一月十五日鬼宿土曜　一通

室町前期　竪紙　楮紙（檀紙）　三二・二糎×四九・五糎　一紙

（書出）伝法許可灌頂印信／昔大日如来開大悲胎蔵・金剛秘密両／部界

会、授金剛薩埵、金剛薩埵数百歳之後、

（書止）能洗五塵之染、／可期八葉之蓮、是則酬仏恩、答師徳、吾／願如

此、不可余念耳、

（差出）伝授阿闍梨法印大和尚位権大僧都俊盛

二八　賢耀授宗仲瑜祇灌頂印信印明案　康暦元年八月十六日　一通

室町前期　続紙　漉返紙　二六・二糎×四四・三糎　二紙

（書出）（梵字）（瑜祇）灌頂事／祖師鳥羽僧都宗命御伝／外五古印　普賢一字

（梵字）

（書止）次結外五古印（梵字）／已上両伝先師御伝云々、上野上綱御記

（差出）伝授阿闍梨法印権大僧都御判西方院法印賢耀

（宛所）授宗仲阿闍梨畢、

（備考）奥に「大事」、

二九　睿憲授睿宥相応経灌頂印信印明案

明徳四年十一月廿一日　一通

室町前期　続紙　楮紙（強杉原）　三四・六糎×四四・〇糎　二紙

（端裏）相応経灌頂　越ノ滝谷寺ノ写留

（書出）相応経灌頂印　初重／内五古　明（梵字）口云、／持明阿闍梨　思

惟十六義

（書止）此口伝雖不戴紙筆、依愚鈍／恐廢妄故如此、受師口授紙上注了、

穴／賢々々、

（差出）伝燈大阿闍梨権少僧都法眼和尚位睿憲（花押）

（宛所）賜睿宥大法師了、

三〇　隆源授睿憲灌頂印信写　　四通

江戸前期　竪紙

（備考）（一）～（四）一括、

（一）　隆源授睿憲許可灌頂印信印明写

応永五年歳次戊寅七月十日甲申箕宿木曜　一通

泥間似合　三四・三糎×四六・八糎　一紙

（書出）阿闍梨伝燈大法師睿憲／授印可／金剛界　大率都婆印　普賢一

字明

（書止）右、於醍醐山釈迦院道場、授両部／灌頂畢、

（差出）伝授阿闍梨前僧正法印大和尚位隆源

（二）　隆源授睿憲伝法灌頂印信紹文写

応永五年歳次戊寅七月十日甲申箕宿木曜　一通

楮紙（奉書紙）　裏書あり　三四・五糎×四七・二糎　一紙

（端裏）越（越前国）之瀧谷寺睿憲へ隆源僧正御授与之留写

（書出）伝法灌頂阿闍梨位事／昔大日如来開大悲胎蔵・金剛秘密両部界

会、授／金剛薩埵、

（書止）能洗五塵之染、可期八葉之蓮、是／則酬仏恩、答師徳、吾願如此、

不可餘念耳、

（差出）伝授阿闍梨前僧正法印大和尚位隆源

（備考）裏書に至徳二年六月二日隆源授某許可灌頂印信紹文書様あり、

（三）　隆源授睿憲伝法灌頂印信血脈写　（応永五年七月十日）一通

楮紙（奉書紙）　三四・六糎×四七・六糎　一紙

（端裏）印可ノ時、添被渡写也、

（書出）大日　金剛薩埵　龍猛　龍智／金剛智三蔵　不空　恵果　弘法

（書止）報恩院憲淳僧正　尺加院隆勝僧正／報恩院隆舜僧正　尺迦院経深法

印　隆（隆源）　睿憲

（四）　隆源授睿憲伝法灌頂印信血脈写　（応永五年七月十日）一通

楮紙（奉書紙）　三四・五糎×四七・三糎　一紙

（端書）灌頂印信紹文ニ添有之、

（書出）三宝院流／血脈／大日如来　金剛薩埵　龍猛菩薩　龍智菩薩／

金剛智三蔵　不空三蔵　恵果和尚　弘法大師

（書止）報恩院権僧正憲淳　釈迦院僧正隆勝／報恩院法務僧正隆舜　尺迦院法

印経深　報恩院隆源　瀧谷寺睿憲　以下次第／当住迄、祖師御／

自毫ニ三宝院ト／被成本、此度写留也、

三一　宗助授憲増伝法灌頂印信紹文案　応永四年丁丑七月四日　一通

室町前期　竪紙　楮紙（檀紙）　三一・〇糎×四五・〇糎　一紙

（書出）授与伝法灌頂職位事／金剛弟子権律師憲増／夫以大日如来開金

剛・胎蔵両部界会、授金剛／薩埵、

（書止）能洗五塵之／染、可期八葉之台、是則酬仏恩、答師徳也、吾願如／

是、不可餘念、妙成就許可如眼前耳、
（差出）伝授阿闍梨前大僧正法印大和尚宗助
（備考）受者名「憲増」脇に「重賢」、紙背袖に「重賢授与年月日応永八年
、九月廿六日、」、本文紙背にわたる、

三二　宗済授宗深伝法灌頂印信紹文案

文安五年戊辰十二月五日奎宿月曜　一通

室町中期　竪紙　楮紙（檀紙）　三三・五糎×五三・〇糎　一紙
（書出）授与伝法灌頂職位事／金剛弟子宗深／夫以大日如来開金剛・胎
蔵両部界会、授○（金剛薩埵、）
（書止）能洗五塵／之染、可期八葉之台、是則酬仏恩、答師徳也、／吾願
如是、不可餘念、妙成就許可如眼前耳、
（差出）伝授阿闍梨権僧正法印大和尚位宗済
（宛所）授与金剛仏子宗深
（備考）貼紙（杉原、二七・〇糎×五・四糎、「康正貳年十二月十一日被下之者也、
乗深生卅一、」）、

三三　重耀授宗深許可灌頂印信紹文案

宝徳三年八月十八日畢宿月曜　一通

室町中期　竪紙　楮紙（杉原）　三一・四糎×四五・〇糎　一紙
（端裏）印可理重耀法印ヨリ宗典ヘ給候、
（書出）伝法許可灌頂印信／昔大日如来開大悲胎蔵・金剛秘密両部界
会、／授金剛薩埵、
（書止）能洗／五塵之染、可期八葉之蓮、是則酬仏恩、答師／徳、吾願如
此、不可餘念耳、
（差出）伝授大阿闍梨権大僧都法印大和尚位重耀
（宛所）授与大法師宗深

三四　厳忠授宗忠伝法灌頂印信紹文案

享徳三年十一月十九日翼宿日曜　一通

室町中期　竪紙　楮紙（強杉原）　三一・五糎×四五・〇糎　一紙
（書出）授与伝法灌頂職位事／金剛弟子宗忠／夫以大日如来開金剛・胎
蔵両部界会、授金剛薩埵、
（書止）能洗／五塵之染、可期八葉之蓮、是則酬仏恩、答師／徳也、吾願
如是、不可餘念、妙成就許可如眼前／耳、
（差出）伝授阿闍梨法印権大僧都厳忠
（宛所）授与金剛弟子宗忠

三五　賢深授文俸許可灌頂印信印明案

文明三年辛卯九月廿日己未鬼宿土曜　一通

室町中期　竪紙　斐紙（鳥の子）　三四・二糎×五一・七糎　一紙
（書出）阿闍梨権律師法橋上人位文俸／授印可／金剛界　大率都婆印
普賢一字明
（書止）右、於醍醐山釈迦院、授両部灌頂畢、
（差出）伝授大阿闍梨権僧正法印大和尚位賢深

三六　賢深授文俸伝法灌頂印信紹文案　一通

文明三年歳次辛卯九月廿日己未鬼宿土曜

室町中期　竪紙　楮紙打紙　三四・一糎×五一・七糎　一紙

（書出）伝法灌頂阿闍梨位事／昔大日如来開大悲胎蔵・金剛秘密両部界会、／授金剛薩埵、

（書止）能洗五塵之染、可／期八葉之蓮、是則酬仏恩、答師徳、吾願如／斯、不可餘念耳、

（差出）伝授阿闍梨権僧正法印大和尚位賢深

三七　賢深授重円許可灌頂印信印明案　一通

文明四年壬辰二月七日甲戌参宿月曜

室町中期　竪紙　楮紙打紙　三四・三糎×五一・二糎　一紙

（書出）権律師重円／授印可／金剛界　大率都婆印　普賢一字明

（書止）右、於醍醐寺釈迦院、授両部印可畢、

（差出）伝授大阿闍梨権僧正法印大和尚位賢深

三八　澄恵授深応許可灌頂印信印明案　一通

永正十二年歳次乙亥十二月三日乙卯奎宿日曜

室町後期　竪紙　斐紙（鳥の子）　三一・五糎×四六・八糎　一紙

（書出）阿闍梨伝燈大法師深応／授印可／金剛界　大率都婆印　普賢一字明

（書止）右、醍醐山於慈心院、授両部許可畢、

（差出）伝授大阿闍梨権僧正法印大和尚位澄恵

（備考）端裏に押紙「松方印可《印信》師澄恵　資深応」、

三九　不動大事印明等　二通

室町後期

（備考）（一）・（二）一括、包紙（杉原、二四・二糎×四一・〇糎、ウハ書「霊永禄三十二」「法印深応相伝之（花押）」）、

（一）不動大事印明（年月日未詳）　一通

折紙　漉返紙　二七・六糎×四六・七糎　一紙

（本文）不動大事印明／初二之印明之後、／則塔印ヲ頭指ヲ／作鈒形云々、／明／（梵字）ト自右頭中間、至左頭中間、／一反誦之、／（梵字）ト自左方如前、又至右、／一反誦之、

（二）霊灌頂印信印明案（年月日未詳）　一通

折紙　斐紙（雁皮紙）　一六・七糎×三三・四糎　一紙

（本文）霊印信／印塔／（梵字）

（備考）本文墨線にて抹消、

四〇　堯運授雅厳灌頂印信案　二通

室町後期　竪紙　楮紙（杉原）

（備考）（一）・（二）一括、

（一）　堯運授雅厳伝法灌頂印信紹文案

永禄九年歳次丙寅閏八月十七日乙巳月曜房宿　一通

三一・七糎×四六・一糎　一紙

（書出）最極秘密法界躰伝法灌頂阿闍梨職位事／昔大日如来開大悲胎蔵・金剛秘密両部界会、授／金剛薩埵、

（書止）能洗五塵之染、可期八葉之蓮、是則酬仏／恩、答師徳、吾願如是、不可餘念耳、

（差出）伝授大阿闍梨法印権大僧都堯運

（二）　堯運授雅厳許可灌頂印信印明案

永禄九年歳次丙寅閏八月十七日乙巳月曜房宿　一通

三一・五糎×四六・三糎　一紙

（書出）法眼雅厳／授印可／金剛界　大率兜婆印　普賢一字明

（書止）右、於上醍醐寺報恩院霊場、奉授両部／密印訖、

（差出）伝授大阿闍梨法印権大僧都堯運

四一　堯助授良意許可灌頂印信紹文案

天正十三乙酉年二月廿四日虚宿土曜　一通

安土桃山時代　竪紙　楮紙（檀紙）　二九・八糎×四五・八糎　一紙

（書出）伝法許可灌頂印信／昔大日如来開大悲胎蔵・金剛秘密／両部界會、授金剛薩埵、

（書止）能洗五塵之染、／可期八葉之蓮、是則仏〔酬脱カ〕恩、答師／徳、吾願如此、不可餘念耳、

（差出）伝授大阿闍梨僧正法印大和尚位堯助

（宛所）授与大法師良意

四二　雅厳授源朝灌頂印信案　二通

安土桃山時代　竪紙　楮紙打紙

（備考）（一）・（二）一括、包紙（美濃紙、四六・三糎×二八・九糎、ウハ書「源朝印信大阿雅厳」）、

（一）　雅厳授源朝許可灌頂印信印明案

文禄四歳次乙未年正月廿七日虚宿火曜　一通

三五・八糎×五一・〇糎　一紙

（書出）大法師源朝／授印可／金剛界　大率都婆印　普賢一字明

（書止）右、於山城国宇治郡上醍醐宝幢院道場、授両部／灌頂畢、

（差出）伝授大阿闍梨僧正法印大和尚位「雅厳」

（二）　雅厳授源朝伝法灌頂印信紹文案

文禄四歳次乙未年正月廿七日虚宿火曜　一通

三五・八糎×五〇・八糎　一紙

（書出）伝法灌頂阿闍位事／昔大日如来開大悲胎蔵・金剛秘密両部／界會、授金剛薩埵、

（書止）能洗五塵之染、宜期／八葉之蓮、是則酬仏恩、答師徳、吾願如此、不／可餘念耳、

（差出）伝授大阿梨僧正法印大和尚位「雅厳」

四三　義演授覚定初重・二重印信印明案

寛永三丙寅年三月十七日　一通

江戸前期　竪紙　楮紙（奉書紙）　三九・六糎×五四・五糎　一紙

（端裏）新門印信トメ

（書出）法眼覚定／授印可／金剛界　大率都婆印　普賢一字明

（書止）第二重／一印二明／金　塔印　（梵字）／胎　同印　（梵字）

（差出）伝法大阿闍梨准三宮法務前大僧正法印大和尚位

（宛所）法眼覚定

四四　寛済授朝隆灌頂印信案

二通

江戸前期　竪紙　楮紙打紙

（備考）（一）・（二）一括、懸紙（奉書紙、四八・六糎×三一・二糎、ウハ書「伝法灌頂印信紹書　権少僧都朝隆」）、包紙（楮紙打紙、五一・五糎×三六・六糎）、

（一）　寛済授朝隆伝法灌頂印信紹文案

寛文二年歳次壬寅九月廿六日丙申角宿月曜　一通

三六・七糎×五三・〇糎　一紙

（書出）伝法灌頂阿闍梨職位事／昔大日如来開大悲胎蔵・金剛秘密両部界／会、授金剛薩埵、

（書止）能洗五塵之／染、可期八葉之蓮、是則酬仏恩、答師徳、／吾願如此、不可餘念耳、

（差出）伝授大阿闍梨法務前大僧正法印大和尚位寛済

（二）　寛済授朝隆許可灌頂印信印明案

寛文二年歳次壬寅九月廿六日丙申角宿月曜　一通

三六・七糎×五三・〇糎　一紙

（書出）権少僧都朝隆／授印可／金剛界　大率都婆印　普賢一字明

（書止）右、於醍醐山円明院、授両部灌頂畢、

（差出）伝授大阿闍梨法務前大僧正法印大和尚位寛済

四五　淳杲授淳覚灌頂印信案

二通

江戸後期　竪紙　泥間似合

（備考）（一）・（二）一括、懸紙（美濃紙、四六・四糎×三一・二糎、ウハ書「伝法灌頂印信紹書先師僧正真翰写、包紙同紙、淳覚／淳覚授与職位文、遷弟へ者、随先師山務僧正淳杲、受伝法具支灌頂／奥秘、爰｜｜｜、他所者、随先師山務円明院僧正｜｜｜」）、懸紙ウハ書に朱線、

（一）　淳杲授淳覚許可灌頂印信印明案

天明三年歳次癸卯九月廿五日癸丑軫宿月曜　一通

三四・八糎×五〇・五糎　一紙

（端裏）灌頂印信真翰写　淳覚

（書出）権大僧都淳覚／授印可／金剛界　大率都婆印　普賢一字明

（書止）右、於醍醐山宝幢院、授両部灌頂畢、

（差出）伝授大阿闍梨僧正法印大和尚位淳杲

（備考）端裏横に押紙「文化十三歳次丙子」、端裏に朱線、

（二）　淳杲授淳覚伝法灌頂印信紹文案

天明三年(歳次癸卯)九月廿五日癸丑(軫宿月曜)　一通

裏書あり　三五・二糎×五〇・〇糎　一紙

（端裏）伝法阿闍梨職位事、先師真翰写　淳覚

（書出）伝法灌頂阿闍梨職位事／昔大日如来開大悲胎蔵・金剛秘密両部界／会、授金剛薩埵、

（書止）能洗五塵之染、可期八／葉之蓮、是則酬仏恩、答師徳、吾願如此、不可／餘念耳、

（差出）伝授大阿闍梨僧正法印大和尚位淳杲

（備考）裏書「以師主僧正真翰拝写　淳覚」、端裏・裏書に朱線、

四六　淳覚授雄光重位印信紹文案　寛政十一年／己未七月廿六日　一通

江戸後期　竪紙　泥間似合　三八・七糎×五一・二糎　一紙

（端裏）留

（書出）最極秘密初貳参重之大事、令瀧谷寺／第二十四世法印雄光□□□、乍不容易事、／□□院由緒于他異、祖師阿闍梨耶去(源雅)／天文廿三年六月五日於越境霊区瀧谷／道場、被授伝法許可重々之奥秘、

（書止）然則被励至誠心報○(仏)恩、可被酬師徳、偏可／冥賀者、面授状如是、不可有余念、

（差出）報恩院検校僧正憲深後葉正嫡大僧都法印大和尚位淳覚

（宛所）越前瀧谷寺第卅四代雄光法印和上

（備考）虫損甚し、宛所紙背にわたる、

四七　淳覚授恵澤許可灌頂印信印明案

文化九年(歳次壬申)九月五日甲戌(金曜箕宿)　一通

江戸後期　竪紙　泥間似合　三六・八糎×五三・五糎　一紙

（書出）律師恵澤／授印可／金剛界　大率都婆印　普賢一字明

（書止）右、於醍醐寺報恩院道場、○(授)両部印可訖、

（差出）伝授大阿闍梨僧正法印大和尚位淳覚

（備考）紙背に押紙「大超坊実順(法印寛端)　大僧都亮珍」「文政六年(歳次癸未)三月八日(庚寅七月朔日丁戌)丁丑(金曜、)柳宿(張)、」、

四八　淳覚授観雅許可灌頂印信印明案

文化十一年(歳次甲戌)九月四日辛卯(日曜尾宿)　一通

江戸後期　竪紙　泥間似合　三七・二糎×五一・五糎　一紙

（端裏）『印可印信留』

（書出）法印観雅／授印可／金剛界　大率都婆印　普賢一字明

（書止）右、於醍醐寺円明院道場、○(授)両部印可訖、

（差出）伝授大阿闍梨僧正法印大和尚位淳覚

（備考）差出脇に押紙「報恩院」、

四九　僧正淳覚授運瑜許可灌頂印信印明案

文政七年(歳次甲申)二月廿四日戊午(水曜虚宿)　一通

江戸後期　竪紙　泥間似合　三九・五糎×五三・五糎　一紙

（書出）運瑜／授印可／金剛界　大率都婆印　普賢一字明

（書止）右、於醍醐寺報恩院、授両部印可訖、

（差出）大阿闍梨僧正法印大和尚位淳覚

五〇　淳覚授寛瑞許可灌頂印信紹文案

文政十三年歳次庚寅七月朔日丙辰水曜張宿　一通

江戸後期　竪紙　泥間似合　三九・五糎×五三・五糎　一紙

（書出）伝法許可灌頂印信／昔大日如来開大悲胎蔵・金剛秘密両部界会、／授金剛薩埵、

（書止）能洗五塵之染、可期八葉之蓮、是則／酬仏恩、答師徳、吾願如是、不可餘念耳、

（差出）大阿闍梨山務僧正法印大和尚位淳覚

（備考）懸紙（泥間似合、五三・二糎×三九・一糎、ウハ書「伝法許可／灌頂印信紹書血脈　授与寛瑞／留也、読渡之用」）、挿入紙（泥間似合、三八・五糎×八・〇糎、「文政十三年歳次庚寅卯■■五月廿六日甲申金曜畢宿伝授大阿闍梨――」、紙背「文政七年歳次甲申二月廿四日戊午水曜虚宿／七　六年、次癸未十二月廿二日丙辰木房、／先晋」）、

五一　恵果授空海印信印明写　三通

江戸後期　竪紙　楮紙（美濃紙）

（備考）（一）～（三）一括、包紙（美濃紙、一六・九糎×一三・七糎、ウハ書「青龍印信三紙入」）、

（一）　恵果授空海胎蔵界伝法灌頂印信印明写

歳次辛酉唐貞元廿一年六月十三日　一通

三・〇糎×四一・一糎　一紙

（端裏）六青龍

（本文）大和尚空海／授与胎蔵界伝法灌頂密契／金剛号　遍照金剛空海／率都婆即一切智々五字明／（梵字）／右、於胎蔵界伝法灌頂阿闍梨位／辰旦国青龍寺灌頂道場、授日本国／沙門空海阿闍梨畢、

（差出）伝法大阿闍梨耶恵果

（二）　恵果授空海金剛界伝法灌頂印信印明写

大唐貞元廿一年辛酉七月日　一通

三・二糎×四一・五糎　一紙

（端裏）七青龍

（本文）大法師空海／授与金剛界伝法灌頂秘印／金剛号　遍照金剛空海／外五股印　普賢一字明／（梵字）／右、於金剛界伝法灌頂阿闍梨位／青龍寺灌頂院授大日本国沙門／空海和尚畢、

（差出）伝法大阿闍梨耶恵杲〔果〕

（三）　恵果授空海秘密大阿闍梨位印信印明写

貞元廿一年歳次八月十日　一通

三・〇糎×四一・四糎　一紙

（端裏）八青龍

（書出）大阿闍梨空海和尚／授与秘密大阿闍梨位密印／大秘密印結之

十度同合（梵字）／付二（梵字）（梵字）頂　（梵字）

（書止）如写瓶水、如／守眼精矣、予又如斯三蔵付弟也、汝又吾／写瓶也、
汝我恩深知之、如何可報而已、

（差出）青龍寺大阿闍梨恵果畢、

（宛所）授空海阿闍梨畢、

五二　空海授実恵伝法灌頂印信印明写等　四通

江戸前期　竪紙　斐紙（雁皮紙）

（備考）（一）〜（四）一括、包紙（美濃紙、四四・五糎×三一・八糎、ウハ書「秘々天長印信之写水」）、包紙天部に「糸糸水丁」、

（一）　空海授実恵伝法灌頂印信印明写　天長二年三月十一日　一通

三七・〇糎×五〇・五糎　一紙

（本文）伝法灌頂印信／胎蔵界　外五股　真言／（梵字）／金剛界　無所不至　真言／帰命（梵字）／右、於教王護国之寺道場、／奉授実恵大法師畢、

（差出）大阿闍梨遍照金剛空海

（備考）追記「秘密阿闍梨位密印／胎蔵　塔印」、奥下に「一」、籠文字、

（二）　空海授真雅金剛界伝法灌頂印信印明写

天長八年六月七日軫宿日曜　一通

三七・八糎×五二・〇糎　一紙

（本文）（梵字）／金剛　塔印／（梵字）／右、於教王護国之寺／授真雅法師

畢、

（差出）大阿闍梨遍照金剛空海

（備考）追記「両部大法大阿闍梨位毘盧遮那根本最極／伝法密印／金剛界伝法灌頂密印事／摂一切如来大阿闍梨行位印／以定恵手屈肘向上合掌与肩齊、各屈戒忍方」、奥下に「二」、籠文字、

（三）　空海授真雅胎蔵界伝法灌頂印信印明写

天長三年乙巳三月五日　一通

三七・八糎×五一・八糎　一紙

（書出）願入掌或座或立皆成就／（梵字）／大悲胎蔵伝法灌頂密印／阿闍梨行位印

（書止）有写瓶実恵、又雖入檀〔壇〕授法弟子、頗多唯／汝一人授之、争可報尽吾恩哉、穴賢穴賢、／雖入室、随器量可授之耳、／右、天長三年乙巳三月五日、於東寺真雅大法師授之、

（差出）伝授阿闍梨遍照金剛（梵字）〔空海〕

（備考）奥下に「三」、籠文字、

（四）　空海手印写　承和元年九月十五日　一通

五一・五糎×三六・二糎　一紙

（本文）承和元年九月十五日付真雅／金剛峯寺大僧都空海書／入唐求法沙門空海

（備考）両手印写、籠文字、料紙縦使い、

五三　義演授源朝許可灌頂印信案　　二通

江戸前期　竪紙　斐紙（鳥の子）

（備考）（一）・（二）一括、包紙（美濃紙、五〇・七糎×三四・五糎、ウハ書「印可印信大阿闍梨法務准三宮　受者源朝」）、義演筆、

（一）　義演授源朝許可灌頂印信印明案　慶長九年歳次甲辰十一月十二日　一通

三七・五糎×四九・三糎　一紙

（書出）権律師源朝／授印可／金剛界　大率都婆印　普賢一字明

（書止）右、於金剛輪院、授両部印可畢、

（差出）伝授大阿闍梨准三宮法務前大僧正法印大和尚位義演

（二）　義演授源朝許可灌頂印信紹文案　慶長九年歳次甲辰十一月十二日觜宿土曜　一通

三七・二糎×四九・二糎　一紙

（書出）伝法許可灌頂印信／昔大日如来開大悲胎蔵・金剛秘密両部界会、授金剛／薩埵、

（書止）能洗五塵之染、可期八葉之蓮、是則酬仏恩、答師徳、吾願如是、／不可餘念耳、

（差出）伝授大阿闍梨准三宮法務前大僧正法印大和尚位義演

（宛所）権律師源朝

五四　源朝授寛済灌頂印信案　　二通

江戸前期　竪紙　漉返紙

（備考）（一）・（二）一括、

（一）　源朝授寛済伝法灌頂印信紹文案　元和五年歳次己〻未〻己未十一月七日○丙戌奎宿木曜　一通

三・七糎×四八・五糎　一紙

（端裏）寛済僧都印信案

（書出）伝法灌頂阿闍梨位事／昔大日如来開大悲胎蔵・金剛秘密両部界會、／授金剛薩埵、

（書止）能洗五塵之染、可期八葉之蓮、是則酬／仏恩、答師徳、吾願如此、不可餘念耳、

（差出）伝授阿闍梨法印大和尚位権大僧都源朝

（二）　源朝授寛済許可灌頂印信印明案　元和五年歳次己未十一月七日丙戌奎宿木曜　一通

三・七糎×四八・二糎　一紙

（端裏）寛済僧都印信案

（書出）大僧都寛済／授印可／金剛界　大率都婆印　普賢一字明

（書止）右、於醍醐山釈迦院道場、授両部灌頂畢、

（差出）伝授阿闍梨法印大和尚位権大僧都源朝

五五　尭瑜授源朝伝法灌頂印信案　　三通

江戸前期　竪紙　楮紙（高檀紙）

（備考）（一）～（三）一括、包紙（高檀紙、五三・三糎×三七・六糎、ウハ書「印可〇印信　大阿闍梨尭瑜東寺光明院　受者源朝金剛王院流正流也」）、

（一）　尭瑜授源朝伝法灌頂印信血脈案（元和七年三月七日）　一通

三八・一糎×五四・〇糎　一紙

（書出）聖賢　源運　蓮花院杲海　賢海／実賢　勝尊　学済　良融

（書止）金剛幢院隆全　同全淳　東寺光明院陽春　同尭運／東寺宝泉院宗秀　光明院尭瑜　源朝

（二）　尭瑜授源朝伝法灌頂印信印明案

元和七年辛酉三月七日水曜鬼宿　一通

三八・二糎×五四・〇糎　一紙

（書出）法印源朝／授印可／金剛界　大率都婆印　普賢一字明／帰命（梵字）／金剛名号　遍照金剛

（書止）右、於東寺光明院道場、授両部伝法灌頂／畢、

（差出）伝授大阿闍梨法印権大僧都大和尚位尭瑜（花押）

（三）　尭瑜授源朝伝法灌頂印信紹文案　元和七年辛酉三月七日　一通

三八・二糎×五四・五糎　一紙

（書出）最極秘密法界躰伝法灌頂阿闍梨職位事／昔大日如来開大悲胎蔵・金剛秘密両部界會、授／金剛薩埵、

（書止）能洗五塵染、／可期八葉蓮、吾願如斯、不可餘念耳、

（差出）伝授大阿闍梨法印権大僧都大和尚位尭瑜

五六　源朝授珍収許可灌頂印信印明案

元和八年歳次壬戌二月廿一日丁亥箕宿金曜　一通

江戸前期　竪紙　斐紙（鳥の子）　三六・四糎×四九・〇糎　一紙

（書出）大法師珍収／授印可／金剛界　大率都婆印　普賢一字明／帰命（梵字）／金剛名号　遍照金剛

（書止）右、於新薬師寺道場、授両部灌頂畢、

（差出）伝授大阿闍梨法印大和尚位権大僧都源朝

（備考）包紙（雁皮紙、三一・〇糎×四六・五糎、ウハ書「許可印信師主法務僧正隆《舜》ー」、裏書「先年隆有数日発心地有之、先師法務仰云、妙発心之時、／可令祈念条々有之、其時秘印蒙之、／伝法印明、次塔印（梵字）後、不動慈救末ニ加（梵字）、／是則不動明王灌頂印明也、可秘々々、／掌加持自身、発心地平癒畢」）、本紙と包紙墨書との関係は要検討、

五七　有雅授真円許可灌頂印信案　　二通

江戸前期　竪紙　斐紙（鳥の子）

（備考）（一）・（二）一括、包紙（泥間似合、五一・六糎×三六・三糎、ウハ書「伝法許可印信紹書　授与真円」）、

（一）　有雅授真円許可灌頂印信紹文案

宝永六年歳次己丑五月二日壬申井宿日曜　一通

三七・〇糎×五三・〇糎　一紙
（書出）伝法許可灌頂印信／昔大日如来開大悲胎蔵・金剛秘密両部／界會、授金剛薩埵、
（書止）能／洗五塵之染、可期八葉之蓮、是則酬仏恩、答／師徳、吾願如此、不可餘念耳、
（差出）伝授大阿闍梨前法務前大僧正法印大和尚位有雅

（二）　有雅授真円許可灌頂印信印明案
宝永六年歳次己丑五月二日壬申井宿日曜　一通
三七・〇糎×五三・二糎　一紙
（書出）権少僧都真円／授印可／金剛界　大率都婆印　普賢一字明
（書止）右、於醍醐寺釈迦院、授両部印可畢、
（差出）大阿闍梨前法務前大僧正法印大和尚位有雅

五八　朝海授宥円許可灌頂印信案　二通
江戸中期　竪紙　斐紙（鳥の子）
（備考）（一）・（二）一括、包紙（鳥の子、五三・〇糎×三八・三糎）、

（一）　朝海授宥円許可灌頂印信印明案
寛保二年三月廿八日壁宿水曜　一通
三八・二糎×五〇・四糎　一紙
（書出）権大僧都宥円／授印可／胎蔵界　内縛五股印／満足一切智々明／（梵字）
（書止）右、寛保二年三月廿八日壁宿水曜、於／小野随心院御門跡御道場授之畢、
（差出）伝授阿闍梨権僧正法印大和尚位朝海

（二）　朝海授宥円許可灌頂印信血脈案
（寛保二年三月廿八日）　一通
三七・一糎×五一・四糎　一紙
（書出）血脈／大師　真雅　源仁　聖宝／観賢　淳祐　元杲　仁海
（書止）栄禅　栄厳　宗儼　俊海／隆禅　栄春　朝海　宥円

五九　性善授宥円悉曇大事印信印明案　五通
江戸中期
（備考）（一）～（五）一括、懸紙（泥間似合、五一・二糎×三七・五糎、ウハ書「悉曇灌頂印信　授与宥円法印」）、同筆、

（一）　性善授宥円悉曇大事浅略印信印明案
宝暦七年歳次丁丑八月十七日丙子昴宿木曜　一通
竪紙　泥間似合　三八・〇糎×五〇・五糎　一紙
（端裏）（梵字）第一等至
（書出）（梵字）大事浅略／一十二摩多為韻引本三昧耶言／（梵字）二地東（梵字）二水西／（梵字）二火南　（梵字）二風北　（梵字）二空中
（書止）以遍口十字配二手左手右手（梵字）（梵字）／已上向東方可結誦之云云、
（差出）悉曇大阿闍梨苾芻性善

（宛所）授与法印宥円

（二）　性善授宥円悉曇大事深秘印信印明案
　　　宝暦七年歳次丁丑八月十七日丙子昴宿木曜　一通

竪紙　泥間似合　三六・〇糎×五〇・五糎　一紙
（端裏）（梵字）第二等至
（書出）（梵字）大事深秘／三声合韻外胡言／（梵字）二火中（梵字）右風東（梵
　字）二地南／（梵字）右風西（梵字）二空地
（書止）（梵字）以下至（梵字）字各加摩多可誦／尽例（梵字）字配之、／
　已上向南方可結誦之云云、
（差出）悉曇阿闍梨性善
（宛所）授与法印宥円

（三）　性善授宥円悉曇大事秘中深秘印信印明案
　　　宝暦七年歳次丁丑八月十七日丙子昴宿木曜　一通

続紙　泥間似合　三六・〇糎×六六・三糎　二紙
（端裏）（梵字）第三等至
（書出）（梵字）大事秘中深秘／四本三昧耶引言曰、／於左五指誦十二字
　（梵字）地東／（梵字）水西（梵字）火南（梵字）風北（梵字）空中
（書止）十六點時以（梵字）四字如光、／配水短長（梵字）二字、可加誦
　之者也、／已上向東〔北イ〕方可結誦之、
（差出）悉曇阿闍梨性善
（宛所）授与法印宥円

（備考）糊離れ、

（四）　性善授宥円悉曇大事秘々中深秘印信印明案
　　　宝暦七年歳次丁丑八月十七日丙子昴宿木曜　一通

竪紙　泥間似合　三六・〇糎×五〇・六糎　一紙
（端裏）（梵字）第四等至
（書出）（梵字）大事秘々中深秘／六外窟胡引言曰、／可誦無句（梵字）五十
　字悉皆帰（梵字）一字／故也、
（書止）是名惣持一字心密語也矣、／已上向十方任心、宜結誦之云云、
（差出）悉曇阿闍梨性善
（宛所）授与法印宥円

（五）　性善授宥円悉曇大事秘上秘密中密印信印明案
　　　宝暦七年歳次丁丑八月十七日丙子昴宿木曜　一通

竪紙　泥間似合　三六・〇糎×五〇・八糎　一紙
（端裏）（梵字）第五等至已上三五七重印信
（書出）（梵字）至極大事秘上秘密中密／七（梵字）一切（梵字）成就引言／身相
　挙動　皆是密印／所出言語　便成真言
（書止）以如此心住定恵鎮成、自然／覚是日在凡成覚也云云、
（差出）悉悉〔曇〕伝授大阿闍梨苾芻性善
（宛所）授与法印宥円

六〇　性善授宥円許可灌頂印信印明案

宝暦七年歳次丁丑八月十七日丙子昴宿木曜　一通

江戸中期　竪紙　泥間似合　三七・八糎×五〇・七糎　一紙

（本文）金剛界　許可印言／印／自在契印／真言／（梵字）／胎蔵界　許可印言／印／外五古印／真言／（梵字）

（差出）悉曇伝授大阿闍梨苾芻性善

（宛所）授与法印宥円

六一　覚明授晃雅印信印明案　二通

江戸中期

（備考）（一）・（二）一括、

（一）　覚明授晃雅第二重印信印明案

安永六歳次丁酉十月四日斗｜月｜　一通

切紙　泥間似合　一九・七糎×三一・四糎　一紙

（本文）第二重／塔印／（梵字）／（梵字）／體者不変之故、印者一也、／説者替故、真言者両種也、／安永六歳次丁酉十月四日斗｜、月｜、／右秘印明、依懇望令授与／晃雅闍梨畢、

（差出）苾芻覚明

（備考）懸紙（泥間似合、二六・一糎×一九・五糎、ウハ書「第二重」）、懸紙二紙貼続、

（二）　覚明授晃雅第三重印信印明案　安永六年丁酉十月四日　一通

続紙　泥間似合　一九・七糎×二九・九糎　二紙

（本文）第三重／塔印閉塔一印一明、／（梵字）／安永六年丁酉十月四日／令伝授晃雅闍梨了、／是併為続仏種而已、

（差出）伝燈阿遮梨覚明

（備考）懸紙（泥間似合、二六・三糎×一九・六糎、ウハ書「第三重」）、

六二　探源授晃深重位印信印明案　二通

江戸中期　切紙　斐紙（鳥の子）

（備考）（一）・（二）一括、

（一）　探源授晃深第二重印信印明案　安永九年庚子八月心宿日曜　一通

一五・一糎×三〇・四糎　一紙

（本文）第二重／塔印／（梵字）／（梵字）／體者不変之故、印者一也、／説者替故、真言者両種也、／安永九年庚子八月心宿日曜、／授晃深大徳了、

（差出）金資探源

（備考）包紙（鳥の子、二六・三糎×三〇・〇糎、ウハ書「二重」）、

（二）　探源授晃深第三重印信印明案　安永九年庚子八月五日　一通

三〇・四糎×三一・七糎　一紙

（本文）第三重／塔印閉塔一印一明、／（梵字）／右、最極秘密印明授与晃深／大徳了、

（差出）金資探源

（備考）包紙（泥間似合、二九・六糎×一九・二糎、ウハ書「第三重」）、

六三　淳杲授淳覚許可灌頂印信案　二通

江戸後期　竪紙　泥間似合

（備考）（一）・（二）一括、懸紙（泥間似合、三三・一糎×四〇・二糎、ウハ書「伝法許可灌頂印信紹書　授与淳覚」）、六三号～六七号一括、一括包紙（鳥の子・黄蘗染、五〇・九糎×四〇・一糎、ウハ書「伝法許可灌頂印信紹書／伝法灌頂印信紹書　血脈／上人方印信／蒙師主御授与真翰／大切可守護事、　淳覚」）、

（一）　淳杲授淳覚許可灌頂印信紹文案

天明元年歳次辛丑五月廿二日甲午奎宿木曜　一通

三七・五糎×五三・二糎　一紙

（書出）伝法許可灌頂印信／昔大日如来開大悲胎蔵・金剛秘密両部／界会、授金剛薩埵、

（書止）能洗五塵之染、／可期八葉之蓮、是則酬仏恩、答師徳、吾／願如是、不可餘念耳、

（差出）大阿闍梨権僧正法印大和尚位淳杲

（二）　淳杲授淳覚許可灌頂印明案

天明元年歳次辛丑五月廿二日甲午奎宿水曜　一通

三七・五糎×五三・〇糎　一紙

（書出）権大僧都淳覚／授印可／金剛界　大率都婆印　普賢一字明

（書止）右、於醍醐寺円明院、授両部印可畢、

（差出）大阿闍梨権僧正法印大和尚位淳杲

六四　淳杲授淳覚許可灌頂印信写　二通

江戸後期　竪紙　斐紙（鳥の子）

（備考）（一）・（二）一括、懸紙（美濃紙、四六・六糎×三一・三糎、ウハ書「先師僧正真翰ノ写／伝法許可灌頂印信紹書　授与淳覚」）、

（一）　淳杲授淳覚許可灌頂印信印明写

天明元年歳次辛丑五月廿二日甲午奎宿水曜　一通

三五・六糎×五〇・四糎　一紙

（端裏）先師真翰印信ノ写　淳覚

（書出）権大僧都淳覚／授印可／金剛界　大率都婆印　普賢一字明

（書止）右、於醍醐寺円明院、授両部印可畢、

（差出）大阿闍梨権僧正法印大和尚位淳杲

（備考）奥書「真翰大切ノ間拝写之、真翰秘蔵納、　淳覚」、

（二）　淳杲授淳覚許可灌頂印信紹文写

天明元年歳次辛丑五月廿二日甲午奎宿水曜　一通

三五・五糎×五〇・六糎　一紙

（端裏）先師真翰印信紹文写　淳覚

（書出）伝法許可灌頂印信／昔大日如来開大悲胎蔵・金剛秘密両部界会、授金剛／薩埵、

（書止）能洗吾（マヽ）塵之／染、可期八葉之蓮、是則酬仏恩、答師徳、吾願如是、不可餘念耳、

（差出）大阿闍梨権僧正法印大和尚位淳杲

(備考)追記「右、小僧伝法印信為暗誦拝写、師主真翰奉経庫秘蔵、／先師僧正ト八報恩院法務僧正実雅也、／前別当法印大僧都ト八　宝幢院法印大僧都有円也、別当ト八東寺法務／実雄ノ時、東寺別当也」、貼紙「文化十三年歳次丙子――」「（梵字）四十八代」、朱註記、墨註記、

六五　淳杲授淳覚灌頂印信案　二通
江戸後期　竪紙　斐紙（鳥の子）
(備考)(一)・(二)一括、懸紙（鳥の子、五一・三糎×四八・五糎、ウハ書「伝法灌頂印信紹書」)、包紙（美濃紙、四五・二糎×二九・四糎、ウハ書「灌頂／印信紹書　淳覚」)、

(一)　淳杲授淳覚許可灌頂印信印明案
天明三年歳次癸卯九月廿五日癸丑軫宿月曜　一通
三八・八糎×五一・三糎　一紙
(書出)権大僧都淳覚／授印可／金剛界　大率都婆印　普賢一字明
(書止)右、於醍醐山宝幢院、授両部灌頂畢、
(差出)伝授大阿闍梨僧正法印大和尚位淳杲

(二)　淳杲授淳覚伝法灌頂印信紹文案
天明三年歳次癸卯九月廿五日癸丑軫宿月曜　一通
三八・八糎×五一・三糎　一紙
(書出)伝法灌頂阿闍梨職位事／昔大日如来開大悲胎蔵・金剛秘密両部界／会、授金剛薩埵、
(書止)能洗五塵之染、可期八／葉之蓮、是則酬仏恩、答師徳、吾願如此、不可／餘念耳、
(差出)伝授大阿闍梨僧正法印大和尚位淳杲

六六　淳杲授淳覚許可灌頂印信印明案
天明五年歳次乙巳三月十九日戊辰箕宿水曜　一通
江戸後期　竪紙　斐紙（鳥の子）　三八・五糎×五一・八糎　一紙
(書出)権大僧都淳覚／授印可／金剛界　智拳印　普賢一字明
(書止)右、於醍醐山水本坊、授両部印可畢、
(差出)伝授大阿闍梨僧正法印大和尚位淳杲
(備考)懸紙（鳥の子、五一・七糎×三八・三糎、ウハ書「許可灌頂印信　授与権大僧都淳覚」)、

六七　淳杲授淳覚伝法灌頂印信血脈写〔寛政十年三月五日〕　一通
江戸後期　竪紙　斐紙（鳥の子）裏書あり　三八・六糎×五一・三糎　一紙
(書出)大日如来　金剛薩埵　龍猛　龍智　金剛智／不空　恵果　弘法　貞観寺僧正真雅
(書止)報恩院前法務前大僧正寛順　行樹院権僧正真円　報恩院前法務僧正実雅　宝幢院前別当大僧都有円／円明院山務僧正淳杲　宝幢院大僧都法印淳覚
(備考)裏書「右血脈依所望令書與之、　寛政十戊午三月五日　師主御授与　大切文者也、　淳杲」、包紙（鳥の子、五〇・六糎×三五・六糎、ウハ書「血脈　淳覚」)、

六八　淳覚授雄光許可灌頂印信案　　二通

江戸後期　竪紙　泥間似合

（備考）（一）・（二）一括、懸紙（泥間似合、四一・五糎×三七・六糎、ウハ書「伝法〈許可〉灌頂印信紹書　越ノ瀧谷寺住職六十二才授与雄光／弟子寛蓮モ序授与畢、／印信計授与畢、年二十四才」）、懸紙紙背に某印信紹文書止シあり、

（一）淳覚授雄光許可灌頂印信印明案

寛政十一年歳次己未七月廿六日壬午柳宿日曜　一通

三八・七糎×五一・五糎　一紙

（端裏）授越雄光留也、

（書出）法印雄光／授印可／金剛界　大率都婆印　普賢一字明

（書止）右、於醍醐寺釈迦院、授両部印可訖、

（差出）伝授大阿闍梨大僧都法印大和尚位淳覚

（二）淳覚授雄光許可灌頂印信紹文案

寛政十一年歳次己未七月廿六日壬午柳宿日曜　一通

三九・二糎×五一・二糎　一紙

（端裏）越前瀧谷寺授雄光留也、

（書出）伝法許可灌頂印信／昔大日如来開大悲胎蔵・金剛秘密両部界会、授／金剛薩埵、

（書止）能洗五塵之染、可期八葉之蓮、／是則酬仏恩、答師徳、吾願如是、不可餘念／耳、

（差出）伝授大阿闍梨大僧都法印大和尚位淳覚

（備考）本文・年月日・差出脇に朱筆書入、

六九　淳覚授雄光重位大事印信紹文案等　　五通

江戸後期

（備考）（一）〜（四）一括、包紙（漉返紙、二四・七糎×三三・八糎、ウハ書「越前滝谷寺雄光免許帖留重位留」）、

（一）淳覚授雄光重位大事印信紹文案

寛政十一年己未七月廿六日　一通

竪紙　斐紙（鳥の子）　三九・〇糎×五三・五糎　一紙

（端裏）留

（書出）最極秘密初貳参重之大事、令瀧谷寺第三十／四代法印雄光免許訖、乍不容易事、於其院由／緒于他異、祖師阿闍梨耶、去天文廿三年六月／五日、於越境霊区瀧谷道場、被授伝法許可・／重々之奥秘、

（書止）然則被／励至誠心、報仏恩、可被酬師徳、偏可冥賀〈為〉／者、面授之状如是、不可有余念、

（差出）報恩院検校僧正憲深後葉正嫡大僧都法印大和尚位淳覚

（宛所）越前瀧谷寺第卅四代雄光法印和上

（二）最極秘密大事口決（寛政十一年）　一通

切紙　斐紙（鳥の子）　一九・四糎×一六・二糎　一紙

（本文）両部不二惣躰五大法身也、／万法不二故金一印一明也、／最極秘密大事口説、／可秘阿闍梨心府、

（三）　淳覚授雄光第三重大事印信印明案等

（備考）１・２一括、包紙（美濃紙、二九・〇糎×一七・三糎、ウハ書「秘重印明授与雄光」）、

１　淳覚授雄光第三重大事印信印明案　（寛政十一年）　一通

切紙　斐紙（鳥の子）　二〇・二糎×一六・三糎　一紙

（端裏）留

（本文）第三重／塔印閉塔一印一明／（梵字）／越前瀧谷寺雄光法印免許訖、　（梵字）／令雄光授与訖、

２　最極秘密大事切紙　（寛政十一年）　一通

小切紙　斐紙（鳥の子）　二〇・二糎×七・三糎　一紙

（本文）三口仰曰、両部不二惣躰五大法身也、／万法不二故金一印一明也、

（四）　淳覚授雄光第二重印信印明口決案　（寛政十一年）　一通

切紙　斐紙（鳥の子）　一九・四糎×三・七糎　一紙

（端裏）留

（本文）（梵字）有口／（梵字）／（梵字）／躰ハ不変之故、印ハ一也、／説ハ替故、言ハ二也、／令越前瀧谷寺現住雄光法印令授与訖、尤奥秘／深々不〔及〕口外者也、

（備考）包紙（美濃紙、二六・八糎×一七・二糎、ウハ書「授與雄光」）、

七〇　淳覚授雄光許可灌頂印信紹文案

享和三年歳次癸亥己未六月廿八日辛卯鬼宿月曜和善宿　一通

江戸後期　竪紙　泥間似合　四〇・七糎×四七・五糎　一紙

（書出）伝法許可灌頂印信／昔大日如来開大悲胎蔵・金剛秘密両部界会、授／金剛薩埵、

（書止）然〔能〕則洗五塵之染、可期八葉之蓮、是則／酬仏恩、答師徳、吾願如是、不可餘念耳、

（差出）伝法〔授〕大阿闍梨権僧正法印大和尚位淳覚

（備考）書入、

七一　淳覚授覚満許可灌頂印信紹文案

文化元年歳次甲子三月十八日丁未金曜尾宿　一通

江戸後期　竪紙　斐紙（鳥の子）　三五・五糎×五三・五糎　一紙

（端裏）『留形也、／○』

（書出）伝法許可灌頂印信／昔大日如来開大悲胎蔵・金剛秘密両部界会、授／金剛薩埵、

（書止）能洗五塵之染、可期八葉之蓮、是則酬仏／恩、答師徳、吾願如是、不可餘念耳、

（差出）伝授大阿闍梨権僧正法印大和尚位淳覚

（備考）墨界（天一のみ）、朱書入、包紙（泥間似合、五三・〇糎×三九・〇糎、ウハ書「伝法灌頂印信」）、

七二　淳覚授契実許可灌頂印信紹文案

文化元年歳次甲子九月八日甲午丁未木曜虚宿　一通

江戸後期　竪紙　斐紙（鳥の子）　三六・八糎×五一・五糎　一紙

（書出）伝法許可灌頂印信／昔大日如来開大悲胎蔵・金剛秘密両部界会、／授金剛薩埵、

（書止）能洗五塵之染、可期八葉之蓮、是則／酬仏恩、答師徳、吾願如是、不可餘念耳、

（差出）伝授大阿闍梨権僧正法印大和尚位淳覚

（備考）朱界（天二のみ）、朱書入、一二三号に許可灌頂印信印明案、

七三　高演授淳覚許可灌頂印信案　二通

江戸後期　竪紙　斐紙（鳥の子）

（備考）（一）・（二）一括、包紙一（鳥の子・黄蘗染、五一・三糎×四〇・三糎、ウハ書「印信紹書大阿闍梨法務座主大僧正高演上綱」、裏書「文化二年乙丑二月八日蒙御授与、同三年三月三日印信被下於御常住／御居間、御対面約速〔束〕、印信ヲト被仰、御手ヅカラ被下紹書之内、理性院／大僧正ハ杲観ノ事、爰ーー淳覚ーー随先師僧正雖受伝法師位／ト被遊ハ則予淳覚先師円明院僧正淳杲ノ事也、／則予淳杲ノ嫡弟ノ証拠ヲ被記給御事也」）、包紙二（鳥の子、五〇・〇糎×三八・二糎）、包紙三（美濃紙、四五・七糎×三三・五糎）、

（一）　高演授淳覚許可灌頂印信印明案

文化二年歳次乙丑二月八日　一通

三八・五糎×五〇・五糎　一紙

（書出）権僧正淳覚／授印可／金剛界　大率都婆印　普賢一字明

（書止）右、於金剛輪院、授両部印可畢、

（差出）伝授大阿闍梨法務前大僧正法印大和尚位高演

（二）　高演授淳覚許可灌頂印信紹文案

文化二年歳次乙丑二月八日井宿金曜　一通

三八・五糎×五〇・三糎　一紙

（書出）伝法許可灌頂印信／昔大日如来開大悲胎蔵・金剛秘密両部界会、授／金剛薩埵、

（書止）能洗五塵之染、可期八葉之蓮、是則酬仏恩、答／師徳、吾願如是、不可餘念耳、

（差出）伝授大阿闍梨法務前大僧正法印大和尚位高演

（宛所）権僧正淳覚

七四　淳覚授恵達許可灌頂印信紹文案

文化三年歳次丙寅三月十日戊午月曜張宿　一通

江戸後期　竪紙　斐紙（鳥の子）　三五・九糎×五〇・四糎　一紙

（書出）伝法許可灌頂印信／昔大日如来開大悲胎蔵・金剛秘密両部／界会、授金剛薩埵、

（書止）能洗／五塵之染、可期八葉之蓮、是則酬仏恩、答師／徳、吾願如是、不可餘念耳、

（差出）伝授大阿闍梨権僧正法印大和尚位淳覚

（備考）一二四号に許可灌頂印信印明案、

七五　淳覚授明道許可灌頂印信紹文案

文化五年歳次戊辰九月二十九日木曜房宿　一通

江戸後期　竪紙　斐紙（鳥の子）　三五・二糎×五一・〇糎　一紙

（書出）伝法許可灌頂印信／昔大日如来開大悲胎蔵・金剛秘密両部／界会、授金剛薩埵、

（書止）能洗五塵之染、可期八葉之蓮、是／則酬仏恩、答師徳、吾願如是、不可餘念耳、

（差出）伝授大阿闍梨権僧正法印大和尚位淳覚

（備考）書入、七五号・七六号一括、一括懸紙（鳥の子、五一・〇糎×三五・〇糎、ウハ書「伝法許可灌頂印信紹書血脈　授与宜然〔明道〕／留也」）、仮名故改、

七六　淳覚授明道許可灌頂印信血脈案（文化五年九月廿九日）　一通

江戸後期　竪紙　斐紙（鳥の子）　三五・二糎×五一・二糎　一紙

（書出）大日如来　金剛薩埵　龍猛　龍智　金剛智／不空　恵果　弘法　貞観寺僧正真雅

（書止）報恩院前法務前大僧正寛順　行樹院権僧正真円　報恩院前法務僧正実雅　宝幢院前別当大僧都有円／円明院山務僧正淳杲　宝幢院権僧正淳覚　西岡奥海寺海印寺宜然仮名故改遣、／海印寺法印明道

七七　淳覚授明道許可灌頂印信案　二通

江戸後期　竪紙　斐紙（鳥の子）

（備考）（一）・（二）一括、

（一）淳覚授明道許可灌頂印信印明案

文化五年歳次戊辰九月二十九日壬辰木曜房宿　一通

三五・二糎×五一・五糎　一紙

（書出）法印宜然〔明道〕／授印可／金剛界　大率都婆印　普賢一字明

（書止）右、於醍醐寺宝幢院道場、授両部印可訖、

（差出）伝授大阿闍梨権僧正法印大和尚位淳覚

（二）淳覚授明道許可灌頂印信紹文案

文化五歳次戊辰九月二十九日壬辰木曜房宿　一通

三四・五糎×五一・二糎　一紙

（書出）伝法許可灌頂印信／昔大日如来開大悲胎蔵・金剛秘密両部／界会、授金剛薩埵、

（書止）能洗五塵之／染、可期八葉之蓮、是則酬仏恩、答師／徳、吾願如是、不可餘念耳、

（差出）伝授大阿闍梨権僧正法印大和尚位淳覚

七八　淳覚授興雅許可灌頂印信紹文案

文化六年歳次己巳五月二十四日癸未胃宿金曜　一通

江戸後期　竪紙　斐紙（鳥の子）　三六・二糎×五一・四糎　一紙

（書出）伝法許可灌頂印信／昔大日如来開大悲胎蔵・金剛秘密両部界／会、授金剛薩埵、

（書止）能洗五塵之染、可期八葉之蓮、是／則酬仏恩、答師徳、吾願如是、
不可餘念耳、
（差出）伝法〔授〕大阿闍梨権僧正法印大和尚位淳覚

七九　淳覚授宥深許可灌頂印信印明案

文化六年歳次己巳五月廿八日丁亥参宿火曜　一通

江戸後期　竪紙　泥間似合　三九・〇糎×五二・八糎　一紙
（書出）権律師宥深／授印可／金剛界　大率都婆印　普賢一字明
（書止）右、於醍醐山円明院、授両部灌頂畢、
（差出）大阿闍梨僧正法印大和尚位淳覚

八〇　密厳授淳覚許可灌頂印信印明案

文化七年二月十四日軫宿日曜　一通

江戸後期　竪紙　斐紙（鳥の子）　三六・八糎×五一・五糎　一紙
（書出）許可灌頂印信／胎蔵界　率都婆印／明（梵字）／金剛界　智拳印
（書止）右、文化七年二月十四日軫宿、日曜、於醍醐寺／宝幢院、授権僧正淳覚
畢、
（差出）伝授阿闍梨権僧正法印大和尚位密厳

八一　淳覚授宥深許可灌頂印信印明案

文化九年歳次壬申九月五日甲戌金曜箕宿　一通

江戸後期　竪紙　泥間似合　三九・〇糎×五三・〇糎　一紙
（書出）権律師宥深／授印可／金剛界　大率都婆印　普賢一字明
（書止）右、於醍醐寺宝幢院道場、授両部印可訖、
（差出）大阿闍梨僧正法印大和尚位淳覚
（備考）懸紙（泥間似合、五三・〇糎×三九・〇糎、ウハ書「伝法許可灌頂印信　授
与宥深」）、

八二　淳覚授光禅許可灌頂印信印明案

文化九年歳次壬申九月五日甲戌金曜箕宿　一通

江戸後期　竪紙　斐紙（鳥の子）　三六・九糎×五三・四糎　一紙
（書出）光禅／授印可／金剛界　大率都婆印　普賢一字明
（書止）右、於醍醐寺報恩院道場、授両部印可訖、
（差出）伝授大阿闍梨僧正法印大和尚位淳覚

八三　淳覚授光盛許可灌頂印信紹文案

文化十年歳次癸酉四月二十七日甲子木曜觜〔昴〕宿　一通

江戸後期　竪紙　斐紙（鳥の子）　三六・八糎×五一・二糎　一紙
（端裏）書損也、
（書出）伝法許可灌頂印信／昔大日如来開大悲胎蔵・金剛秘密両部界
会、／授金剛薩埵、
（書止）能洗五塵之染、可期八葉之蓮、是則／酬仏恩、答師徳、吾願如是、
不可餘念耳、
（差出）伝授大阿闍梨僧正法印大和尚位淳覚

八四　某授淳覚瑜祇灌頂印信印明案等　二通

江戸後期　竪紙　楮紙（美濃紙）

（備考）（一）・（二）一括、

（一）某授淳覚瑜祇灌頂印信印明案

文化十年歳次癸申五月十一日　一通

三六・三糎×五〇・〇糎　一紙

（端裏）瑜祇一二三

（書出）瑜祇灌頂印信／瑜祇灌頂　心大日／初重／有印有明　内五鈷

（書止）右、於和州生駒山宝山寺授与訖、

（差出）伝法大阿闍梨比丘――

（宛所）授与淳覚僧正

（二）某授淳覚蘇悉地灌頂印信印明案

文化十年歳次癸卯五月十一日　一通

三六・五糎×五〇・三糎　一紙

（端裏）ソシツヂ

（書出）蘇悉地灌頂印信／初重印／左胎剱（拳）仰斎前以右金拳覆之、／明曰、

（梵字）

（書止）右、於和州生駒山宝山寺授与訖、

（差出）伝法大阿闍梨比丘――

（宛所）授与淳覚僧正

八五　淳覚授密眼許可灌頂印信印明案

文化十五二年歳次乙亥四月廿六日辛巳土曜胃宿　一通

江戸後期　竪紙　斐紙（鳥の子）　三六・二糎×五〇・三糎　一紙

（書出）法印密眼／授印可／金剛界　大率都婆印　普賢一字明

（書止）右、於醍醐寺宝幢院、授両部印可訖、

（差出）伝授大阿闍梨僧正法印大和尚位淳覚

八六　淳覚授密厳許可灌頂印信案　二通

江戸後期　竪紙　斐紙（鳥の子）

（備考）（一）・（二）一括、

（一）淳覚授密厳許可灌頂印信印明案

文化十二年歳次乙亥四月廿六日辛巳土曜胃宿　一通

三七・六糎×五三・五糎　一紙

（端裏）印可印信留

（書出）権僧正密厳／授印可／金剛界　大率都婆印　普賢一字明

（書止）右、於醍醐寺宝幢院道場、授両部印可畢、

（差出）大阿闍梨僧正法印大和尚位淳覚

（備考）奥に追記「伝授大――古代有之、有雅法務并先師予給無之、有―并先師トモ両様被認ニ而モ爾也」、書入、

（二）淳覚授密厳許可灌頂印信紹文案

文化十二年歳次乙亥四月廿六日辛巳金曜胃宿　一通

三七・七糎×五三・四糎　一紙
（端裏）印可紹書留　歳次月日乙未
（書出）伝法許可灌頂印信／昔大日如来開大悲胎蔵・金剛秘密両部界
会、／授金剛薩埵、
（書止）能洗五塵之染、可期八葉之／蓮、是則酬仏恩、答師徳、吾願如是、
不可／餘念耳、
（差出）大阿闍梨僧正法印大和尚位淳覚
（備考）年月日下に追記「『文化九年九月初重也、／文化十二年四月二重授
与也』」、年月日脇に朱書入、

八七　淳覚授盛宥許可灌頂印信紹文案
文化十五年歳次戊寅三月四日壬寅木曜觜宿　一通
江戸後期　竪紙　斐紙（鳥の子）　三六・六糎×五一・三糎　一紙
（端裏）『印可紹書ノ様／字割留也、』
（書出）伝法許可灌頂印信／昔大日如来開大悲胎蔵・金剛秘密両部界
会、／授金剛薩埵、
（書止）能洗五塵之染、可期八葉之蓮、是則／酬仏恩、答師徳、吾願如是、
不可餘念／耳、
（差出）伝授大阿闍梨僧正法印大和尚位淳覚
（備考）墨界（天一のみ）、朱註記、

八八　淳覚授淳心灌頂印信写　二通
江戸後期　竪紙　泥間似合
（備考）（一）・（二）一括、

（一）　淳覚授淳心許可灌頂印信印明写
文政四年歳次辛巳九月二十日丁卯鬼宿月曜　一通
三九・九糎×五三・八糎　一紙
（端裏）『灌頂印信留』
（書出）大僧都淳心／授印可／金剛界　大率都婆印　普賢一字明
（書止）右、於醍醐山釈迦院、授両部灌頂畢、
（差出）伝授大阿闍梨僧正法印大和尚位淳覚
（備考）朱註記、

（二）　淳覚授淳心伝法灌頂印信紹文写
文政四年歳次辛巳九月二十日丁卯鬼宿月曜　一通
三九・九糎×五三・九糎　一紙
（端裏）『灌頂紹書留』
（書出）伝法灌頂阿闍梨職位事／昔大日如来開大悲胎蔵・金剛秘密両部
界会、／授金剛薩埵、
（書止）能洗五／塵之染、可期八葉之蓮、是則酬仏恩、答師徳、／吾願如
此、不可餘念耳、
（差出）伝授大阿闍梨僧正法印大和尚位淳覚
（備考）朱註記、墨註記、

八九　定隆授宥山許可灌頂印信印明案

寛政五年歳次癸丑五月八日庚子軫宿日曜　一通

江戸後期　竪紙　斐紙（鳥の子）　三九・六糎×五一・〇糎　一紙

（端裏）印信案

（書出）法印権大僧都宥仙／授印可／金剛界大率都婆印　普賢一字明

（書止）右、於金剛輪院、授両部印可畢、

（差出）伝授大阿闍梨僧正法印大和尚位定隆

（備考）紙背に押紙六葉「法印権大僧都慶山」「法印朝円」「文政五年歳次壬午五月十二日乙酉房宿月曜」「文政十一年歳次戊子十一月廿日丙辰軫宿金曜」「右、於醍醐寺三宝院／道場授両部印可畢、」「伝授大阿闍梨僧正法印大和尚位淳覚」、朱註記、

九〇　淳覚授先晋許可灌頂印信紹文土代等　二通

江戸後期　竪紙　斐紙（鳥の子）

（備考）（一）・（二）一括、

（一）　淳覚授先晋許可灌頂印信紹文土代

文政七年歳次甲辰十二月廿二日丙辰木曜房宿　一通

三九・三糎×五三・〇糎　一紙

（書出）伝法許可灌頂印信／昔大日如来開大悲胎蔵・金剛秘密両部界会、／授金剛薩埵、

（書止）能洗五塵之染、可期八葉之蓮、是則／酬仏恩、答師徳、吾願如是、不可餘念耳、

（備考）追記「〇印信紹書計也」、紙背に墨界（天一地一、界高三三・五糎、界幅三・三糎）、朱書入、

（二）　淳覚授義照許可灌頂印信印明土代

文政七年歳次甲申二月廿四日戊午水曜虚宿　一通

三九・六糎×五三・二糎　一紙

（端裏）印明割／計

（端書）印信認計也、卅通行数ニ而宜シ、

（書出）義照等因各別認也、運瑜、／授印可／金剛界　大率都婆印　普賢一字明

（書止）右、於醍醐寺報恩院、授両部印可訖、

（差出）大阿闍梨僧正法印大和尚位淳覚

（備考）墨界（天一地一、界高三四・七糎、界幅四・五糎）、

九一　淳覚授孝雄許可灌頂印信印明案

文化六年歳次己巳五月二十四日癸未金曜胃宿　一通

江戸後期　竪紙　斐紙（鳥の子）　三五・六糎×五一・七糎　一紙

（書出）権少僧都孝雄／授印可／金剛界　大率都婆印　普賢一字明

（書止）右、於醍醐寺円明院道場、授両部印可訖、

（差出）伝授大阿闍梨僧正大和尚位淳覚

（備考）懸紙（鳥の子、五一・三糎×三四・二糎、ウハ書「伝法許可灌頂印信　授与孝雄「応」」）、懸紙紙背に貼紙「権大僧都法印孝応」、

九二　淳覚授先晋許可灌頂印信案　　二通

江戸後期　竪紙　斐紙（鳥の子）

（備考）（一）・（二）一括、懸紙（鳥の子、五三・五糎×三九・二糎、ウハ書「伝法許可灌頂印信紹書血脈　授与先晋」）、

（一）　淳覚授先晋許可灌頂印信印明案

文政六年歳次癸未十二月廿二日丙辰木曜房宿　一通

三九・三糎×五三・四糎　一紙

（書出）法印先晋／授印可／金剛界　大率都婆印　普賢一字明

（書止）右、於醍醐寺報恩院、授両部印可訖、

（差出）大阿闍梨僧正法印大和尚位淳覚

（二）　淳覚授先晋許可灌頂印信血脈案

（文政六年十二月廿二日）　一通

三九・四糎×五三・二糎　一紙

（書出）大日如来　金剛薩埵　龍猛　龍智　金剛智／不空　恵果　弘法

貞願寺僧正真雅

（書止）報恩院法務大僧正寛順　行樹院権僧正真円　報恩院法務僧正実雅

宝幢院大僧都法印有円／円明院山務僧正淳杲　宝幢院僧正淳覚

智山持宝院音長　先晋法印

九三　淳覚授等因許可灌頂印信印明案

文政七年歳次甲申二月廿四日戊午水曜虚宿　一通

江戸後期　竪紙　斐紙（鳥の子）三九・五糎×五三・一糎　一紙

（書出）等因／授印可／金剛界　大率都婆印　普賢一字明

（書止）右、於醍醐寺報恩院、授両部印可訖、

（差出）大阿闍梨僧正法印大和尚位淳覚

九四　淳覚授弁暁灌頂印信案　　二通

江戸後期　竪紙　楮紙（美濃紙）

（備考）（一）・（二）一括、懸紙（美濃紙、四四・八糎×三三・一糎、ウハ書「伝法灌頂印信紹書」「智山大燈坊弁暁入旦授与ノ留／天明〔保〕二年四月廿九日○（辛亥取觜、木曜）授与、／誓水ノ器ハ春日土器也、支木投花共」）、

（一）　淳覚授弁暁伝法灌頂印信紹文案

文政十二年歳次己丑九月六日丁酉斗宿土曜　一通

三二・四糎×四五・〇糎　一紙

（書出）昔大日如来開大悲胎蔵・金剛秘密両部界会、／授金剛薩埵、

（書止）能洗／五塵之染、可期八葉之蓮、是則酬仏恩、答／師徳、吾願如此、不可餘念耳、

（差出）伝授大阿闍梨山務僧正大和尚位淳覚

（備考）墨註記、

（二）　淳覚授弁暁許可灌頂印信印明案

文政十二年歳次己丑九月六日丁酉斗宿土曜　一通

三一・四糎×四四・九糎　一紙

（書出）弁暁／授印可／金剛界　大率都婆印　普賢一字明
（書止）右、於醍醐山宝幢院、授両部灌頂畢、
（差出）伝授大阿闍梨山務僧正法印大和尚位淳覚

九五　淳覚授弁暁許可灌頂印信印明案　　一通
文政十二年己丑歳次九月六日土曜斗宿
江戸後期　竪紙　泥間似合　三九・二糎×四七・〇糎　一紙
（書出）弁暁／授印可／金剛界　大率都婆印　普賢一字明
（書止）右、於醍醐山宝幢院授両部灌頂畢、
（差出）大阿闍梨山務僧正大和尚位淳覚

九六　淳覚授弁暁第二重印信印明写　天明（保）二年四月廿九日　一通
江戸後期　切紙　泥間似合　一九・五糎×三一・二糎　一紙
（端裏）弁暁授与留
（本文）（梵字）有口／（梵字）／（梵字）／躰ハ不変之故、印ハ一也、／説ハ替故、言ハ二也、／天明（保）二年四月廿九日秘重印明／授与弁暁、不可及口外者也、
（差出）僧正大ー位ーー
（備考）包紙（鳥の子、二六・六糎×一九・六糎、ウハ書「重位外包秘重　弁暁／留」、裏書「第二重」）、

九七　淳杲授寛伝第二重印信印明案　嘉永三年十月廿二日月曜翼宿　一通
江戸後期　切紙　泥間似合　一七・五糎×四八・五糎　一紙

（書出）第二重／塔印／二大中間開之法界／塔印也、則出生万法／両方大頭間両部之／大日也、不二塔印也、
（書止）於醍醐山釈迦院道場、授／寛伝畢、
（差出）前大僧正法印淳ー（杲カ）
（備考）包紙（泥間似合、三一・三糎×一七・四糎、ウハ書「第二重嘉永三年／十月廿二日／佐州寛伝授之、留書／幸方」）、包紙紙背に「第二重印信印明土代」（後欠、墨抹消）、

九八　某授某許可灌頂印信紹文懸紙　宝永六年　一紙
江戸中期　竪紙　斐紙（鳥の子）　裏書あり　五一・八糎×三六・四糎　一紙
（備考）ウハ書「許可印信紹書」、裏書「宝永六年己丑十二月十八日／予此度初而印可入壇伝授ス、以上五人、／岳西院賢晃／密厳院賢継／便檀／円明院祐誉／上野国千手院／江州周郷岳西院ニ客僧／上野国世田郡上深津庄女渕村／大悲山千手院大坊奥隆寺尊祐／宝永六年己丑十二月十八日印可許容、／同廿二日是三通遣也」、

九九　種子曼荼羅写　二通
江戸後期　竪紙　泥間似合
（備考）（一）・（二）一括、
（一）　種子曼荼羅写　一通
五〇・一糎×三七・九糎　一紙
（端裏）悉曇曼荼羅東

（二）　種子曼荼羅写　　一通
五〇・二糎×三八・〇糎　一紙
（端裏）悉曇曼荼羅 西

一〇〇　淳覚授淳済伝法灌頂印信血脈案（年月日未詳）　　一通
江戸後期　竪紙　斐紙（鳥の子）　三六・〇糎×五一・五糎　一紙
（書出）大日如来　金剛薩埵　龍猛　龍智　金剛智／不空　恵果　弘法
　貞願寺僧正 真雅
（書止）報恩院前法務前大僧正 寛順　行樹院権僧正 真円　報恩院前法務僧正 実
雅　宝幢院前別当大僧都 有円／円明院前山務僧正 淳杲　宝幢院僧正 淳
覚　円明院大僧都法印 淳済
（備考）紙背袖に「依所望書与訖、／僧正淳覚 識」、包紙（泥間似合、五三・
二糎×三九・〇糎、ウハ書「血脈　授与淳済」）、

一〇一　聖天大事　　三通
江戸後期　切紙　泥間似合
（備考）（一）～（三）一括、懸紙（鳥の子、二六・二糎×二〇・二糎、ウハ書「聖
天大事」）、

（一）　聖天大事合呪　　一通
墨点（返点）　二〇・一糎×一六・二糎　一紙
（本文）聖天大事／左右牙印仰左覆右重以左大指、／押右頭中右同之、／
合呪／（梵字）

（二）　聖天大事内外縛印　　一通
二〇・四糎×一九・九糎　一紙
（本文）聖天大事／内縛（梵字）　法身／外縛（梵字）　報身／外縛二火立
合（梵字）応身 即聖天

（三）　聖天大事合呪　　一通
墨点（送仮名）　二〇・二糎×一〇・九糎　一紙
（本文）聖天大事／牙印左下右上重、頭中ノ前キヲ／大指ヲ押ス合呪、／
（梵字）

一〇二　義演授頼真許可灌頂印信紹文案
慶長四年歳次己亥八月九日女宿火曜　一通
安土桃山時代　竪紙　楮紙（強杉原）　裏書あり　四三・三糎×六六・二糎　一紙
（端裏）許可印信高野山宝性院法印改遍同壇五人、道場金剛輪院護摩堂、
（書出）伝法許可灌頂印信／昔大日如来開大悲胎蔵・金剛秘密両部／界
會、授金剛薩埵、
（書止）能洗五／塵之染、可期八葉之蓮、是則酬仏恩、答師徳、吾／願如
是、不可餘念耳、
（差出）伝授大阿闍梨准三宮法務前大僧正法印大和尚位義演
（宛所）法印権大僧都頼真
（備考）宛所裏に「九州成正院」、義演筆、

一〇三　深宥授源朝許可灌頂印信案　二通

安土桃山時代　竪紙　漉返紙

（備考）（一）・（二）一括、包紙（三椏紙、五〇・二糎×三五・八糎、ウハ書「印可印信大阿深宥　受者源朝」）、

（一）　深宥授源朝許可灌頂印信印明案

慶長五年歳次庚子九月十三日癸丑婁宿木曜　一通

三三・三糎×五一・〇糎　一紙

（書出）律師法橋上人位源朝／授印可／金剛界　大率兜婆印　普賢一字明

（書止）右、於醍醐山行樹院、授両部印可訖、

（差出）伝受大阿闍梨権少僧都深宥

（二）　深宥授源朝許可灌頂印信紹文案

慶長五年歳次庚子九月十三日癸丑婁宿木曜　一通

三三・三糎×五〇・六糎　一紙

（書出）伝法許可灌頂印信／昔大日如来開大悲胎蔵・金剛秘密両部界會、／授金剛薩埵、

（書止）能洗五塵之染、可期八葉之蓮、是則酬／仏恩、答師徳、吾願如此、不可餘念耳、

（差出）伝授大阿闍梨権少僧都深宥

一〇四　義演授源朝許可灌頂印信写　二通

江戸中期　竪紙　楮紙（美濃紙）

（備考）（一）・（二）一括、包紙（美濃紙、四八・二糎×三二・五糎、ウハ書「印可印信大阿闍梨法務准三宮　受者源朝」）、

（一）　義演授源朝許可灌頂印信印明写

慶長九年歳次甲辰十一月十二日　一通

三二・五糎×四八・三糎　一紙

（端裏）准三宮より受者源朝へ御授与印信紹書、丑十月十日／座主上綱エ御覧ニ入、依之數写ニ留之、

（書出）権律師源朝／授印可／金剛界　大率都婆印　普賢一字明

（書止）右、於金剛輪院、授両部印可訖、

（差出）伝授阿闍梨准三宮法務前大僧正法印大和尚位義演　義演此趣キニ被遊、

（二）　義演授源朝許可灌頂印信紹文写

慶長九年歳次甲辰十一月十二日〻婁宿觜土曜土　一通

三二・二糎×四八・五糎　一紙

（書出）伝法許可灌頂印信／昔大日如来開大悲胎蔵・金剛秘密両部界会、授金剛／薩埵、

（書止）能洗五塵之染、可期八葉之蓮、是則酬仏恩、答師徳、吾願如是、／不可餘念耳、

（差出）伝授大阿闍梨准三宮法務前大僧正法印大和尚位義演

（宛所）権律師源朝

一〇五　演賀授盛範伝法灌頂印信紹文写

元和貳歳次乙丑八月五日□□土曜　一通

江戸前期　竪紙　漉返紙　三四・五糎×五一・五糎　一紙

（書出）伝法灌頂阿闍梨職位事／昔大日如来開大悲胎蔵・金剛秘密両部界會、授金剛薩埵、

（書止）能洗／五塵之染、可期八葉之蓮、是則酬仏恩、答師徳、吾／願如是、不可餘念耳、

（差出）伝授大阿闍梨権大僧都法印大和尚位演賀

（宛所）権律師盛範

一〇六　源朝授空映許可灌頂印信紹文案

元和八年歳次壬戌二月三日己巳胃宿月曜　一通

江戸前期　竪紙　楮紙（美濃紙）　紙背あり　二九・三糎×四一・一糎　一紙

（書出）伝法許可灌頂印信／昔大日如来開大悲胎蔵・金剛秘密両部界會、／授金剛薩埵、

（書止）能洗五塵／之染、可期八葉之蓮、是則酬仏恩、答師徳、吾願／如此、不可餘念耳、

（差出）伝授大阿闍梨法印大和尚位権大僧都源朝

（紙背）源朝授空映許可灌頂印信印明案

元和八年歳次壬戌二月三日己巳胃宿月曜　一通

竪紙

（書出）法印権大僧都空映／授印可／金剛界　大率都婆印　普賢一字明

（書止）右、於醍醐山宝幢院道場、授両部印可／畢、

（差出）伝授大阿闍梨法印大和尚位権大僧都源朝

一〇七　勢誉授宥元許可灌頂印信紹文案

正保三年歳次丙戌十一月四日　一通

江戸前期　竪紙　斐紙（鳥の子）　三六・〇糎×五〇・〇糎　一紙

（書出）伝法許可灌頂印信／昔大日如来開大悲胎蔵・金剛秘密両部界會、授金剛／薩埵、

（書止）能洗五塵之染、／可期八葉之蓮、是則酬仏恩、答師徳、吾願如此、不可餘／念耳、

（差出）伝授大阿闍梨法印権大僧都大和尚位勢誉

一〇八　良慶授実慧伝法灌頂印信印明案

延宝六戊午年卯月八日鬼宿日曜　一通

江戸前期　竪紙　楮紙（美濃紙）　三〇・〇糎×四三・二糎　一紙

（書出）金剛伝法灌頂密印／摂一切如来大阿闍梨行位印／以定恵手屈肘向上、合掌、与肩斎各屈、／戒方忍願入掌、或座或立、皆成就真言／（梵字）

（書止）有写瓶実／慧、又雖入壇授法弟子頗多、唯汝一人授之事、／可報尽吾恩哉、穴賢々々、雖入室随器量可授之耳、

（差出）伝燈大阿闍梨法印良慶

一〇九　妙弁授賢隆許可灌頂印信紹文案

元禄十一戊寅年三月廿八日胃宿木曜　一通

江戸中期　竪紙　斐紙（鳥の子）　三六・六糎×五〇・〇糎　一紙

（書出）伝法許可灌頂印信／昔大日如来開大悲胎蔵・金剛秘密両／部界會、授金剛薩埵、

（書止）能洗五塵之染、可／期八葉之蓮、是則酬仏恩、答師徳、吾願如／此、不可餘念耳、

（差出）伝授大阿闍梨和尚位妙弁

（備考）一四七号に許可灌頂印信印明案、

一一〇　房演授龍真許可灌頂印信紹文案

享保十七年歳次壬子十月廿三日軫宿水曜　一通

江戸中期　竪紙　楮紙（美濃紙）　三二・二糎×四四・〇糎　一紙

（書出）伝法許可灌頂印信／昔大日如来開大悲胎蔵・金剛秘密両部界／會、授金剛薩埵、

（書止）能洗五塵之染、可期八葉／之蓮、是則酬仏恩、答師徳、吾願如是、不可／餘念耳、

（差出）伝授大阿闍梨前法務前大僧正房演

（宛所）法印龍真

（備考）墨（返点・送仮名・傍訓）、

一一一　覚源授澄翁伝法灌頂印信印明案

享保十九年歳次甲寅四月二十四日奎宿水曜　一通

江戸中期　竪紙　泥間似合　三八・八糎×五一・三糎　一紙

（書出）法印澄翁／授印可／金剛界　大率都婆印　普賢一字明

（書止）右、於醍醐寺金剛王院道場、授両部伝法印明畢、

（差出）伝授大阿遮黎前大僧正法印大和尚位覚源

（備考）包紙（鳥の子、五一・五糎×三八・一糎、ウハ書「伝法伝法院流　権大僧都法印隆峯」）、包紙は一一二号の懸紙カ、

一一二　了恕授隆峯許可灌頂印信印明案

享保廿一丙辰年二月廿二日斗宿月曜　一通

江戸中期　竪紙　斐紙（鳥の子）　三八・三糎×五一・五糎　一紙

（端裏）伝法院印信

（書出）授印可金剛名号／胎蔵界／外縛五貼印　満足一切智々五字明／（梵字）

（書止）右、享保廿一丙辰年二月廿二日斗宿月曜、於洛東／智積院道場、授与両部灌頂印可／於権大僧都法印隆峯了、

（差出）大阿闍梨法務僧正了恕

一一三　杲観授隆賀許可灌頂印信紹文案

安永八年歳次己亥六月廿九日壬午柳宿水曜　一通

江戸中期　竪紙　斐紙（鳥の子）　三八・八糎×五二・二糎　一紙

（書出）伝法許可灌頂印信／昔大日如来開大悲胎蔵・金剛秘密両部界會、／授金剛薩埵、

（書止）能洗世間五塵之染、可／尋出世八葉之蓮、是則酬仏恩、答師徳、

余願／如是、不可餘念矣、
（差出）伝授大阿闍梨前法務僧正杲観
（宛所）大法師隆賀

一一四　杲観授深観許可灌頂印信印明案　一通
天明五年歳次乙巳六月二十九日柳宿水曜
江戸後期　竪紙　泥間似合　三七・二糎×五一・〇糎　一紙
（書出）阿闍梨法印大僧都深観／授印可／金剛界　大率都婆印　普賢一字明
（書止）右、於醍醐寺成身院、授両部灌頂畢、
（差出）伝授大阿闍梨前法務僧正法印大和尚位杲観

一一五　淳杲授深観許可灌頂印信印明案　一通
寛政元年歳次己酉四月十四日庚子房宿金曜
江戸後期　竪紙　斐紙（鳥の子）　三九・〇糎×五一・七糎　一紙
（書出）権僧正深観／授印可／金剛界　大率都婆印　普賢一字明
（書止）右、於醍醐山釈迦院、授両部印可訖、
（差出）大阿闍梨僧正法印大和尚位淳杲
（備考）懸紙（鳥の子、五一・〇糎×三六・五糎、ウハ書「伝法許可灌頂印信　授与深観」）、

一一六　定隆授宥山許可灌頂印信紹文案等　三通
江戸後期
（備考）（一）〜（三）一括、包紙（美濃紙、四三・五糎×三〇・九糎、ウハ書「三御流印信紹書血脈案定隆僧正御手替授与案、三紙トモ上書無之、包紙同紙也」）、

（一）定隆授宥山許可灌頂印信紹文案　一通
寛政五年歳次癸丑五月八日軫宿日曜
竪紙　斐紙（鳥の子）　三九・六糎×五一・五糎　一紙
（端裏）於御門室御末寺江授与出羽国鳥海山福王寺宥山
（書出）伝法許可灌頂印信／昔大日如来開大悲胎蔵・金剛秘密両部界會、／授金剛薩埵、
（書止）能洗世間五塵之染、可／尋出世八葉之蓮、是則酬仏恩、答師徳、余願／如是、不可餘念矣、
（差出）伝授大阿闍梨僧正定隆
（宛所）法印権大僧都宥山
（備考）紙背に押紙六葉、

（二）高演授淳覚伝法灌頂印信血脈案（年月日未詳）　一通
竪紙　斐紙（鳥の子）　三九・八糎×五三・二糎　一紙
（書出）三宝院流血脈／大日如来　金剛薩埵　龍猛菩薩　龍智菩薩／金剛智三蔵　不空三蔵　恵果阿闍梨　弘法大師
（書止）報恩院僧正実雅　無量寿院前大僧正元雅　西往院僧正信隆　金蓮院権僧正照範／理性院大僧正杲観　○座主上綱高（演）ー　密乗院僧正淳覚
（備考）末尾に押紙「陸奥国田村郡三春真照寺朝円」、

(三) 杲観授定隆伝法灌頂印信血脈案 (年月日未詳) 一通
竪紙 斐紙(鳥の子) 三九・五糎×五〇・九糎 一紙
(端裏) 血脈
(書出) 三宝院流血脈/大日如来 金剛薩埵 龍猛菩薩 龍智菩薩/金剛智三蔵 不空三蔵 恵果阿闍梨 弘法大師
(書止) 報恩院僧正実雅 無量寿院前大僧正元雅 西往院僧正信隆 金蓮院権僧正照範/理性院大僧正杲観 仏眼院僧正定隆
(備考) 末尾に押紙「座主上綱高演 密乗院僧正淳覚/陸奥国田村郡三春/真照寺朝円/此分貞観寺以下、悉片書/実名連ね候事、古風ニテ見直シ」、

一一七 淳覚授阿乗許可灌頂印信案 三通
江戸後期 竪紙 斐紙(鳥の子)
(備考)(一)〜(三)一括、懸紙(鳥の子、五三・九糎×三九・〇糎、ウハ書「伝法許可灌頂印信紹書野山ノ五人へ授与之留 授与法印阿乗」)、包紙紙背に印信紹文書止シ(「伝法許可灌頂印」)、

(一) 淳覚授阿乗許可灌頂印信紹文案
寛政十二年歳次庚申五月朔日(壬)士午参宿日曜 一通
裏書あり 三九・五糎×五三・六糎 一紙
(書出) 伝法許可灌頂印信/昔大日如来開大悲胎蔵・金剛秘密両部界會、/授金剛薩埵、
(書止) 能洗五塵之染、可期八葉之蓮、是則/酬仏恩、答師徳、吾願如是、不可餘念耳、
(差出) 伝授大阿闍梨大僧都法印大和尚位淳覚
(備考) 受者名脇に「『阿乗』」、裏書に「高野山総分方」安養院法印真瑞阿乗・本願院法印寛山演実等受者五名の受法記録を記す、

(二) 淳覚授阿乗許可灌頂印信印明案
寛政十二年歳次庚申五月朔日壬午参宿日曜 一通
三九・二糎×五三・五糎 一紙
(書出) 法印真瑞『阿乗』/授印可/金剛界 大率都婆印 普賢一字明
(書止) 右、於醍醐寺報恩院、授両部印可訖、
(差出) 伝授大阿闍梨大僧都法印大和尚位淳覚
(備考) 朱註記、墨註記、

(三) 淳覚授阿乗許可灌頂印信紹文案
寛政十二年歳次庚申閏〔五〕四月朔日(壬)士午参宿日曜 一通
三九・二糎×五三・五糎 一紙
(端裏) 高安 阿乗真瑞戒三十四申四十九歳授与之留
(書出) 伝法許可灌頂印信/昔大日如来開大悲胎蔵・金剛秘密両部界會、/授金剛薩埵、
(書止) 能洗五塵之染、/可期八葉之蓮、是則酬仏恩、答師徳、吾願如/是、不可餘念耳、
(差出) 伝授大阿闍梨大僧都法印大和尚位淳覚
(備考) 墨註記、

一一八　淳覚授寛深許可灌頂印信紹文案

寛政十二年歳次庚申閏四月廿八日庚辰畢宿金曜　一通

江戸後期　竪紙　斐紙（鳥の子）　三九・二糎×五三・七糎　一紙

（端裏）印信紹書共授与寛深与留

（書出）伝法許可灌頂印信／昔大日如来開大悲胎蔵・金剛秘密両部界會、／授金剛薩埵、

（書止）能洗五塵之染、／可期八葉之蓮、是則酬仏恩、答師徳、吾願如／是、不可餘念耳、

（差出）伝授大阿闍梨大僧都法印大和尚位淳覚

一一九　淳覚授祐永許可灌頂印信印明案

寛政十二年歳次庚申五月朔日壬午参宿日曜　一通

江戸後期　竪紙　斐紙（鳥の子）　三八・二糎×五一・八糎　一紙

（端裏）智山正福院義像祐永与留

（書出）法印祐永／授印可／金剛界　大率都婆印　普賢一字明

（書止）右、於醍醐寺報恩院、授両部印可訖、

（差出）伝授大阿闍梨大僧都法印大和尚位淳覚

一二〇　淳覚授祐永許可灌頂印信紹文案

寛政十二年歳次庚申五月朔日壬午参宿日曜　一通

江戸後期　竪紙　斐紙（鳥の子）　裏書あり　三八・二糎×五一・八糎　一紙

（端裏）前例　智山正福院義像祐永与留

（書出）伝法許可灌頂印信／昔大日如来開大悲胎蔵・金剛秘密両部界會、授／金剛薩埵、

（書止）能洗五塵之染、／可期八葉之蓮、是則酬仏恩、答師徳、吾願如是、／不可餘念耳、

（差出）伝授大阿闍梨大僧都法印大和尚位淳覚

（備考）裏書「前例　山科妙智院学周亮海／三ノ例　文殊院常明宥演／集義吉祥院恵岳弘基／都合四人同日授与、／印信紹書、十七日於當院授与訖」、包紙（奉書紙、四三・二糎×三五・一糎、ウハ書「印信初授与ノ留等」）、包紙紙背に「九月／四日、壬戌建／五日癸亥」、

一二一　淳覚授雄光許可灌頂印信案　三通

江戸後期　竪紙　斐紙（鳥の子）

（備考）（一）～（三）一括、包紙（鳥の子、五一・五糎×三五・五糎、ウハ書「伝法許可灌頂印信紹書血脈認時ノ形トモ　授与某実名也」）、

（一）淳覚授雄光許可灌頂印信紹文案

享和三年歳次癸亥六月廿八日辛卯鬼宿月曜和善宿　一通

三四・三糎×五一・七糎　一紙

（端裏）瀧谷寺雄光再授与紹書留

（書出）伝法許可灌頂印信／昔大日如来開大悲胎蔵・金剛秘密両部界會、授／金剛薩埵、

（書止）能洗五塵之染、可期八葉之蓮、是則酬／仏恩、答師徳、吾願如是、不可餘念耳、

（差出）伝授大阿闍梨権僧正法印大和尚位淳覚

（備考）文中・年月日脇に朱・墨書入、

（二）　淳覚授雄光許可灌頂印信印明案

亨和三年歳次癸亥六月二十八日辛卯鬼宿月曜和善宿　　一通

三・九糎×五三・二糎　一紙

（端裏）越ノ瀧谷寺雄光再授与ノ留　円明院道場

（書出）法印雄光／授印可／金剛界　大率都印　普賢一字明

（書止）右、於醍醐寺遺跡道場、授両部印可訖、

（差出）伝授大阿闍梨権僧正法印大和尚位淳覚

（備考）受者名・道場名・月日脇に朱書入、

（三）　淳覚授雄光許可灌頂印信血脈案

（亨和三年六月廿八日）　一通

三六・七糎×五一・二糎　一紙

（端裏）留

（書出）大日如来　金剛薩埵　龍猛　龍智　金剛智／不空　恵果　弘法

貞観寺僧正真雅

（書止）報恩院前法務前大僧正寛順　行樹院権僧正真円　報恩院前法務僧正実

雅　宝幢院前別当大僧都『法印』有円／『円明院』上醍醐寺山務僧正淳杲

報恩院権僧正成深　宝幢院大僧都『権僧正』法印淳覚　自開山叡憲第三十四代住持越前瀧谷寺法印雄光法印

（備考）奥に追記「○此ヨリ越｜｜｜｜／雄光法印　此程ニ成様ニ認遣、

依懇望也、『佐州雑太郡慶音寺法印／日融／同世代快賢』」、

一一二一　淳覚授覚満許可灌頂印信案　　二通

江戸後期　竪紙　斐紙（鳥の子）

（備考）（一）・（二）一括、

（一）　淳覚授覚満許可灌頂印信印明案

文化元年歳次甲子三月十八日丁未金曜尾宿　　一通

三五・三糎×五三・六糎　一紙

（端裏）備前岡山安住院覚満授与ノ留『○形也、』

（書出）法印覚満／授印可／金剛界　大率都婆印　普賢一字明

（書止）右、於醍醐寺宝幢院道場、授両部印可訖、

（差出）伝授大阿闍梨権僧正法印大和尚位淳覚

（備考）受者名・道場名・月日脇に朱書入、

（二）　淳覚授覚満許可灌頂印信紹文案

文化元年歳次甲子三月十八日丁未金曜尾宿　　一通

三五・五糎×五三・七糎　一紙

（書出）伝法許可灌頂印信／昔大日如来開大悲胎蔵・金剛秘密両部界會、

授／金剛薩埵、

（書止）能洗五塵之染、可期八葉之蓮、是／則酬仏恩、答師徳、吾願如是、

不可餘念耳、

（差出）伝授大阿闍梨権僧正法印大和尚位淳覚

一二一三　淳覚授契実許可灌頂印信印明案

文化元年歳次甲子九月八日甲午木曜虚宿　一通

江戸後期　竪紙　斐紙（鳥の子）　三五・五糎×五一・五糎　一紙

（書出）法印契実／授印可／金剛界　大率都婆印　普賢一字明

（書止）右、於醍醐寺報恩院道場、授両部印可訖、

（差出）伝授大阿闍梨権僧正法印大和尚位淳覚

（備考）七二号に許可灌頂印信紹文案、

一二一四　淳覚授恵達許可灌頂印信印明案

文化三年歳次丙寅三月十日戊午月曜張宿　一通

江戸後期　竪紙　斐紙（鳥の子）　三五・二糎×五〇・七糎　一紙

（端裏）秦楽寺恵達律師授与留

（書出）恵達律師／授印可／金剛界　大率都婆印　普賢一字明

（書止）右、於醍醐寺宝幢院道場、授両部印可訖、

（差出）伝授大阿闍梨権僧正法印大和尚位淳覚

（備考）挿入紙五葉、七四号に許可灌頂印信紹文案、

一二一五　淳覚授淳済許可灌頂印信印明案

文化六年歳次己巳五月二十八日丁亥参宿月曜　一通

江戸後期　竪紙　斐紙（鳥の子）　三六・〇糎×五一・三糎　一紙

（書出）少僧都淳済／授印可／金剛界　大率都婆印　普賢一字明

（書止）右、於醍醐寺円明院道場、授両部灌頂訖、

（差出）伝授大阿闍梨権僧正法印大和尚位淳覚

一二一六　淳覚授宜然許可灌頂印信紹文案

文化五年歳次戊辰九月二十九日壬辰木曜房宿　一通

江戸後期　竪紙　斐紙（鳥の子）　紙背あり　三三・〇糎×五〇・八糎　一紙

（書出）伝法許可灌頂印信／昔大日如来開大悲胎蔵・金剛秘密両部／界會、授金剛薩埵、

（書止）能洗五塵之染、可期八葉之蓮、是則／酬仏恩、答師徳、吾願如是、不可餘念耳、

（差出）伝授大阿闍梨権僧正法印大和尚位淳覚

（備考）挿入紙五葉、

（紙背）淳覚授宜然許可灌頂印信印明案

文化五年歳次戊辰九月二十九日木曜房宿　一通

竪紙

（書出）法印宜然／授印可／金剛界　大率都婆印　普賢一字明

（書止）右、於醍醐寺宝幢院道場、授両部印可訖、

（差出）伝授大阿闍梨権僧正法印大和尚位淳覚

一二一七　淳覚授宜然許可灌頂印信印明案

文化五年歳次戊辰九月二十九日壬辰木曜房宿　一通

江戸後期　竪紙　斐紙（鳥の子）　三五・三糎×五一・二糎　一紙

（書出）法印宜然／授印可／金剛界　大率都婆印　普賢一字明

（書止）右、於醍醐寺宝幢院道場、授両部印可訖、

（差出）伝授大阿闍梨権僧正法印大和尚位淳覚

（備考）挿入紙三葉、

一一二八　慧達授淳覚重位印信印明案　文化十年歳次癸申〔酉〕五月十一日　一通

江戸後期　竪紙　楮紙（美濃紙）　三六・五糎×五〇・三糎　一紙

（端裏）西大二三ノ案

（本文）第二重一印二明　西大寺流／大率都婆印法界躰伝法次重／金五智明（梵字）／胎五阿明（梵字）／最極秘密重／第三重一印一明／大率都婆閉印（梵字）

（差出）伝受〔燈〕大阿闍梨比丘慧達

（宛所）授与淳覚僧正

（備考）墨註記、

一一二九　淳覚授俊雄許可灌頂印信印明案　文政四年歳次辛巳九月廿四日辛未翼宿金曜　一通

江戸後期　竪紙　泥間似合　三九・八糎×五三・一糎　一紙

（書出）法印俊雄／授印可／金剛界　大率都婆印　普賢一字明

（書止）右、於醍醐山報恩院、授両部灌頂畢、

（差出）伝授大阿闍梨僧正法印大和尚位淳覚

（備考）懸紙（泥間似合、五三・一糎×三九・二糎、ウハ書「伝法灌頂印信」）、

一一三〇　淳覚授慶山許可灌頂印信紹文案　文政五年歳次壬午五月十二日房宿日曜　一通

江戸後期　竪紙　斐紙（鳥の子）　三九・八糎×五三・〇糎　一紙

（書出）伝法許可灌頂印信／昔大日如来開大悲胎蔵・金剛秘密両部界會、／授金剛薩埵、

（書止）能○〔洗〕世間五塵之染、可／尋出世八葉之蓮、是則酬仏恩、答師徳、余願／如是、不可餘念矣、

（差出）伝授大阿闍梨僧正淳覚

（宛所）法印権大僧都慶山

（備考）押紙三葉、

一一三一　淳覚授亮珍許可灌頂印信印明案　文政十三年歳次庚寅五月廿六日甲申金曜畢宿　一通

江戸後期　竪紙　泥間似合　三九・二糎×五三・三糎　一紙

（端裏）亮珍大僧都受与留

（書出）大僧都亮珍／授印可／金剛界　大率都婆印　普賢一字明

（書止）右、於醍醐寺報恩院道場、授両部印可訖、

（差出）伝授大阿闍梨山務僧正法印大和尚位淳覚

一一三二　高賢授房演伝法灌頂印信血脈案（年月日未詳）　一通

江戸中期　竪紙　斐紙（鳥の子）　三六・七糎×五一・八糎　一紙

（書出）三宝院流血脈／大日如来　金剛薩埵　龍猛菩薩　龍智菩薩／金剛智三蔵　不空三蔵　恵果阿闍梨　弘法大師

（書止）荘厳院前大僧正義堯　行樹院権僧正深応　後正覚院僧正雅厳　灌頂院准三宮義演／報恩院前大僧正寛済　宝池院前法務高賢　三宝

院法務前大僧正房演

一三三　高賢授房演伝法灌頂印信血脈案　（年月日未詳）　一通
江戸中期　竪紙　斐紙（鳥の子）　三七・五糎×五一・五糎　一紙
（書出）三宝院流血脈／大日如来　金剛薩埵　龍猛菩薩　龍智菩薩／金剛智菩薩　不空三蔵　恵果阿闍梨　弘法大師
（書止）荘厳院前大僧正義尭　行樹院権僧正深応　後正覚院僧正雅厳　灌頂院准三宮義演／報恩院前大僧正寛済　後宝池院前大僧正高賢　三宝院前法務前大僧正房演

一三四　運寿授宥覚伝法灌頂印信血脈案　（年月日未詳）　一通
江戸後期　竪紙　斐紙（鳥の子）　三七・七糎×五一・五糎　一紙
（書出）三宝院流血脈／大日如来　金剛薩埵　龍猛菩薩　龍智菩薩／金剛智三蔵　不空三蔵　恵果阿闍梨　弘法大師
（書止）岳西院法印演光　越前国丸岡中台寺法印寛海　同寺法印秀円　同寺法印日元／同寺法印運寿　同寺法印宥覚

一三五　淳杲授淳覚伝法灌頂印信血脈案　（年月日未詳）　一通
江戸後期　竪紙　斐紙（鳥の子）　三六・一糎×五〇・五糎　一紙
（端裏）血脈師主真翰ノ写　淳覚
（書出）大日如来　金剛薩埵　龍猛　龍智　金剛智／不空　恵果　弘法
（書止）貞観寺僧正真雅　報恩院前法務前大僧正寛順　行樹院権僧正真円　報恩院前法務僧正実雅　宝幢院前別当大僧都有円／円明院山務僧正淳杲　淳覚
（備考）奥書「従師主僧正蒙授与、以御本奉書写正本、大切也」、懸紙（美濃紙、四六・四糎×三一・三糎、ウハ書「血脈師主御授与ノ写　淳覚」）、

一三六　有円授淳杲伝法灌頂印信血脈案　（年月日未詳）　一通
江戸後期　竪紙　楮紙（奉書紙・茶染）　三六・八糎×五四・二糎　一紙
（端裏）上人方血脈
（書出）大日如来　金剛薩埵　龍猛　龍智　金剛智／不空　恵果　弘法
（書止）貞観寺僧正真雅　報恩院大僧正寛順／行樹院権僧正真円　報恩院法務僧正実雅　宝幢院別当法印有円／円明院淳杲
（備考）奥書「右ハ、／意教ノ願行方、此一流当流ニ自国師僧正憲淳／相続ス、亦慈明方ノ意教関東専発興由也、／上人方之血脈拝書之、権僧正淳杲」、

一三七　淳覚授尊光伝法灌頂印信血脈案　（年月日未詳）　一通
江戸後期　竪紙　泥間似合　三六・五糎×三三・〇糎　一紙
（端裏）血脈留
（書出）大日如来　金剛薩埵　龍猛　龍智　金剛智／不空　恵果　弘法
（書止）貞観寺僧正真雅　報恩院法務大僧正寛順　行樹院権僧正真円　報恩院法務僧正実雅　宝幢院大僧都法印有円／円明院山務僧正淳杲　宝幢院僧正淳覚　尊光　摂州生玉曼荼羅院法印

一三八　淳覚授淳済許可灌頂印信紹文案　文化五年歳次戊辰九月二十五日戊子月曜軫宿　一通

江戸後期　竪紙　泥間似合　三五・二糎×五〇・九糎　一紙

（書出）伝法許可灌頂印信／昔大日如来開大悲胎蔵・金剛秘密両部／界會、授金剛薩埵、

（書止）能洗五塵之染○、可期八葉之蓮、／是則酬仏恩、答師徳、吾願如是、不可餘念耳、

（差出）伝授大阿闍梨権僧正法印大和尚位淳覚

一三九　会津若松金剛寺方印可受者交名等　十通

江戸前期

（備考）（一）～（一〇）一括、一三九号～一七八号一括、一括包紙（泥間似合、三六・〇糎×五一・五糎）、寛順・淳杲伝法灌頂印信血脈を包紙に転用、一括包紙紙背に「初二三切紙之留／上人方切紙トモ／上人方血脈」、

（一）　会津若松金剛寺方印可受者交名　一通

折紙　漉返紙　三三・五糎×四四・五糎　一紙

（文首）御印可数／自昔会津四ケ寺ノ内也、金剛寺　宥伝／八人衆云々、秀行ノ外ニ自宇都宮附来云々、　宝蓮院　旭栄

（文尾）普門院　宥秀／円説房　宥運／右、於会津若松金剛寺印可、／寛永二乙丑七月十六日

（二）　下野国花蔵寺印可受者交名　一通

続紙　漉返紙　墨（合点）　三〇・八糎×六三・六糎　二紙

（文首）印可之御人数次第不同／五宝寺法印権大僧都　初重　良弘堯改／如意輪寺同断　初重　栄誉／宝蓮寺同断　初重　俊晃／花蔵寺同官位　第二重　弘典／養泉院同断　第二重　光宥／龍樹寺同断第二重　海円

（文尾）俊音房龍　初重　尊勝／甚精房花　同断　弘恵／鏡識房龍　同断　長忍／俊良房龍　同断　弘秀／右、於野州梅澤花蔵寺印可人数、／寛永二乙丑年七月晦日・八月朔日移出流山、

（備考）（二）・（三）連券、

（三）　下野国千手院印可受者交名　一通

竪紙　漉返紙　墨（合点）　三一・四糎×三三・五糎　一紙

（文首）出流山印可之御人数／千手院　権大僧都法印　初重　勢雅／妙蔵院権大僧都　同断　勢光

（文尾）甚音房　同断　勢俊／城月坊　権大僧都　同断　祐俊／乙丑八月二日朝、／右、出流山於本月坊号千手院、道場授与、／従此所移山越密蔵院、

（四）　下野国密蔵院印可受者交名　一通

竪紙　楮紙（美濃紙）　三一・七糎×三〇・三糎　一紙

（本文）乙丑八月二日御印可申請衆之事、／密蔵院初重　法印権大僧都俊応／浄蓮寺初重　権律師　俊周／所化甚長房初重　権大僧都　周

英／同真順房初重　権律師　海弁／右、於山越密蔵院之道場、

（五）下野国持宝寺印可受者交名　一通
竪紙　楮紙（美濃紙）三一・七糎×四八・〇糎　一紙
（文首）印可人数次第不同／当寺法印権大僧都　日雅／高崎宝蔵寺同　舜秀／蓮柳寺龍興寺　同　元乗
（文尾）甚性　俊恵持宝寺門徒／甚性　俊鏡結城大輪寺弟子／右、野州小山持宝寺／乙丑七月廿六日

（六）下野国密蔵院印可受者交名　一通
竪紙　漉返紙　三一・七糎×三四・八糎　一紙
（本文）御印可申請衆事／仙波金蔵院弟子之衆／開蔵院初重　権大僧都俊久／所化宗真房初重　権大僧都俊宮／同俊良房初重　権少僧都亮意／宝蔵院初重　権大僧都勢光／右、於山越密蔵院授之、／寛永二乙丑八月二日晩

（七）上野国遍照寺印可受者交名　一通
竪紙　楮紙（美濃紙）墨点（傍訓）三一・六糎×四三・六糎　一紙
（文首）御印可之衆／遍照寺初重　法印権大僧都　善海／宝寿寺初重　法印権大僧都　弘意／自性院初重　法印権大僧都　俊誉
（文尾）下妻五宝寺重位　尭音坊　下妻円福寺弟分／以上四人／凡百四十七人歟、

（八）下野国密蔵院印可受者交名　一通
竪紙　楮紙（美濃紙）三一・八糎×二七・〇糎　一紙
（本文）御印可之衆／鍋山養泉院第三重　法印権大僧都光宥／名草金蔵院第二重　法印権大僧都慶尊／右、於野州山越密蔵院之道場授之、此処迄同道、／乙丑八月二日

（九）下野国密蔵院印可受者交名　一通
竪紙　楮紙（美濃紙）三一・四糎×二五・四糎　一紙
（本文）印可之御人数／仙波金蔵院　法印権大僧都　初重　周誉／来迎寺　権大僧都　同断　宥雅／乗俊房　同官位　同　亮俊／山越密蔵院迄送り便場授与了、／乙丑八月二日

（一〇）武蔵国長明寺・安養寺印可受者交名　一通
竪紙　漉返紙　墨点（傍訓）二四・四糎×三六・七糎　一紙
（文首）九日於長明寺印可／中村長明寺法印専雄／小高證覚院　宥雄
（文尾）中村正覚院――円済／正福寺――良瑜／以上五人

一四〇　勢誉授宥元秘密灌頂印信印明案　承応貳癸巳年六月八日　一通
江戸前期　竪紙　斐紙（鳥の子）三七・六糎×五三・二糎　一紙
（本文）秘密灌頂印明／初重二印二明　普賢一字、五字、／第二重一印二明（梵字）（梵字）／第三重一印一明　秘密明／右、所授宥元大法師如件、
（差出）法印勢誉

一四一　勢誉授有元惣許可灌頂口決案　承応貳癸巳年八月十九日　一通
江戸前期　竪紙　斐紙（鳥の子）　三七・六糎×五三・三糎　一紙
（本文）惣許可／印、左手屈中指・無名指・小指、以母指／押、彼三指甲
頭指直竪右手如前、／以左手受左頬、以右手覆置右膝上、／真言
曰、／（梵字）三反／右、惣許可令授与大法師有元一流大事、／更
無所残上者、能々此可存念耳、
（差出）伝授阿闍梨権大僧都法印勢誉

一四二　覚定授空朝許可灌頂印信印明案
明暦二年歳次丙申閏四月十八日斗宿火曜　一通
江戸前期　竪紙　斐紙（鳥の子）　三六・八糎×五一・〇糎　一紙
（書出）空朝／授印可／金剛界　大率都婆印　普賢一字明
（書止）右、於醍醐寺金剛輪院、授両部印可畢、
（差出）伝授大阿闍梨前大僧正法印大和尚位覚定
（宛所）空朝
（備考）包紙（鳥の子、五一・〇糎×三七・一糎）、

一四三　南都新薬師寺印可受者交名　一通
江戸前期　続紙　楮紙（美濃紙）　墨点（傍訓）　二九・九糎×八七・〇糎　二紙
（文首）南都於新薬師寺道場／御印可之事、和州法楽寺高山庄上之坊　実盛／
同西光院　有円
（文尾）城州相楽郡海住山寺宝篋院　光英／同宝蔵院　実英／同和束ノ庄筠
渓寺　慶雲／寛文元年丑暦八月十六日
（備考）糊離れ、

一四四　定信授賢清許可灌頂印信印明案
寛文六年歳次丙午四月廿日虚宿日曜　一通
江戸前期　竪紙　斐紙（鳥の子）　三六・九糎×五一・五糎　一紙
（書出）権律師賢清／授印可／金剛界　大率都婆印　普賢一字明
（書止）右、於西往院授両部印可畢、
（差出）伝授大阿闍梨権大僧都法印大和尚位定信
（備考）一八九号に許可灌頂印信紹文案、

一四五　高賢授俊雄許可灌頂印信印明案
元禄六年歳次癸酉十月朔日心宿月曜　一通
江戸中期　竪紙　斐紙（鳥の子）　三六・〇糎×五一・二糎　一紙
（書出）法印俊雄／授印可／金剛界　大率都婆印　普賢一字明
（書止）右、於醍醐金剛輪院道場、授両部印可畢、
（差出）伝授大阿闍梨前法務高賢

一四六　敞秀授賢継伝法灌頂印信血脈案
元禄第九丙子年四月廿一日　一通
江戸中期　竪紙　斐紙（鳥の子）　三七・八糎×五一・八糎　一紙
（書出）血脈／大日如来―金剛薩埵―龍猛―龍智―金剛智―／不空―善
無畏―一行―恵果―弘法大師―
（書止）亮淳―法輪寺教畏―長門密乗院堯辰―西国満願寺融雄―亮兼―／定馦―敞

秀

（差出）光台院／道教方　仙蔵寺敞秀

（宛所）密蔵院少僧都／賢継

一四七　妙弁授賢隆許可灌頂印信印明案

元禄十一戊寅年三月廿八日胃宿木曜　一通

江戸中期　竪紙　斐紙（鳥の子）　三六・五糎×五〇・二糎　一紙

（書出）大法師賢隆／授印可／金剛界　大率都婆印　普賢一字明

（書止）右、於洛西密厳院道場、授両部／灌頂畢、

（差出）伝授大阿闍梨和尚位妙弁

（備考）一〇九号に許可灌頂印信紹文案、

一四八　覚翁授隆峯許可灌頂印信案　三通

江戸中期　竪紙

（備考）（一）〜（三）一括、懸紙（泥間似合、五一・八糎×三七・〇糎、ウハ書「伝法許可灌頂印信　授与隆峯」）、包紙（泥間似合、五一・九糎×三七・〇糎、ウハ書「印信紹書血脈　三通」）、

（一）覚翁授隆峯許可灌頂印信印明案

享保六歳次辛丑十二月廿一日丁丑氐宿　一通

泥間似合　三七・二糎×五一・七糎　一紙

（書出）法印権大僧都隆峯／授印可／金剛界　大率都婆印　普賢一字明

（書止）右、於洛東智積院学舎、授両部印可畢、

（差出）大阿闍梨法印大和尚位覚翁

（二）覚翁授隆峯許可灌頂印信紹文案

享保六年歳次辛丑十二月廿一日丁丑氐宿　一通

泥間似合　三七・三糎×五一・七糎　一紙

（書出）伝法許可灌頂印信／昔大日如来開大悲胎蔵・金剛秘密両部／界会、授金剛薩埵、

（書止）能洗五塵之染、可期八葉之蓮、是／則酬仏恩、答師徳、吾願如此、不可餘念耳、

（差出）伝授大阿闍梨法印大和尚位覚翁

（三）覚翁授隆峯許可灌頂印信血脈案

（享保六年十二月廿一日）　一通

斐紙（鳥の子）　三七・一糎×五一・五糎　一紙

（書出）大日如来　金剛薩埵　龍猛　龍智　金剛智／不空　恵果　弘法　貞願寺法務僧正真雅

（書止）後正覚院僧正雅厳　宝幢院法印源朝　報恩院法務前大僧正寛済　報恩院前法務前大僧正有雅／報恩院前法務前大僧正寛順　遍照院法印覚翁　般若院法印隆峯

一四九　隆光授隆峯第二重印信印明案

享保九歳次甲辰四月十五日氐宿日曜　一通

江戸中期　竪紙　泥間似合　三七・一糎×五一・七糎　一紙

（本文）法師隆峯／授第二重／塔印開／（梵字）口云、躰不変故印一
也、／（梵字）説替故言者二也、／右、於南都超昇寺道場授／印可
訖、
（差出）大阿闍梨前僧録大僧正法印大和尚位隆光
（備考）包紙（泥間似合、五一・九糎×三六・八糎、ウハ書「第二重」）、

一五〇　房演授日宥許可灌頂印信写　二通
江戸中期　竪紙　楮紙（奉書紙）
（備考）（一）・（二）一括、（一）の袖に切紙二紙仮綴、切紙一（奉書紙、三六・〇糎×一〇・七糎、「延享四年歳次丁卯三月十五日氏宿月曜、／伝授大阿闍梨成身院法印演春」）、切紙二（奉書紙、三六・三糎×五・八糎、「延享四年歳次丁卯三月十五日氏宿月曜　遵浄／伝授大阿闍梨成身院演春」）、

（一）房演授日宥許可灌頂印信紹文写
享保十七年歳次壬子十一月廿五日心宿土曜　一通
三六・二糎×四九・八糎　一紙
（書出）伝法許可灌頂印信／昔大日如来開大悲胎蔵・金剛秘密両部界
会、／授金剛薩埵、
（書止）能洗世間／五塵之染、可尋出世八葉之蓮、是則酬仏恩、答師徳、／
余願如是、不可餘念耳、
（差出）伝授大阿闍梨前法務前大僧正房演御自筆──
（宛所）法印日宥
（備考）奥下端に「第二」、墨（返点・送仮名・傍訓・合符）、

（二）房演授日宥許可灌頂印信印明写
享保十七年歳次壬子十一月廿五日心宿土曜　一通
三六・二糎×四九・八糎　一紙
（書出）授印可／金剛界　大率都婆印　普賢一字明
（書止）右、於醍醐寺金剛輪院、授両部印可畢、
（差出）伝授大阿闍梨前法務前大僧正房演御自筆、──
（宛所）法印日宥
（備考）奥下端に「第一」、押紙「遵浄」、墨傍訓、

一五一　朝海授演春許可灌頂印信案　二通
江戸中期　竪紙　斐紙（鳥の子）
（備考）（一）・（二）一括、包紙（鳥の子、五一・二糎×三七・三糎）、

（一）朝海授演春許可灌頂印信印明案
寛保二年三月廿八日壁宿水曜　一通
三五・八糎×五一・三糎　一紙
（書出）法印演春／授印可／胎蔵界　内縛五貼印／満足一切智智明／（梵
字）
（書止）右、寛保二年三月廿八日壁宿水曜、於／小野随心院御門跡御道場授之
畢、
（差出）伝授阿闍梨権僧正法印大和尚位朝海

（二） 朝海授演春許可灌頂印信血脈案

（寛保二年三月廿八日） 一通

三六・一糎×五一・六糎 一紙

（書出） 血脈／大師 真雅 源仁 聖宝／観賢 淳祐 元杲 仁海

（書止） 栄禅 栄厳 宗儼 俊海／隆禅 栄春 朝海 演春

一五二 朝海授演昌許可灌頂印信案 二通

江戸中期 竪紙 斐紙（鳥の子）

（備考）（一）・（二）一括、

（一） 朝海授演昌許可灌頂印信印明案

寛保二年三月廿八日壁宿水曜 一通

三七・六糎×五一・七糎 一紙

（書出） 法印演昌／授印可／胎蔵界 内縛五貼印／満足一切智々明／（梵字）

（書止） 右、寛保二年三月廿八日壁宿水曜、於／小野随心院御門跡御道場授之畢、

（差出） 伝授阿闍梨権僧正法印大和尚位朝海

（備考） 挿入紙一紙（印信の年月日・差出部分の押紙カ）、

（二） 朝海授演昌許可灌頂印信血脈案

（寛保二年三月廿八日） 一通

三七・三糎×五一・五糎 一紙

（書出） 血脈／大師 真雅 源仁 聖宝／観賢 淳祐 元杲 仁海

（書止） 栄禅 栄厳 宗儼 俊海／隆禅 栄春 朝海 演昌

一五三 乗雄授亮光灌頂印信案 二通

江戸中期 竪紙 斐紙（鳥の子）

（備考）（一）・（二）一括、包紙（奉書紙、四〇・二糎×三二・七糎、ウハ書「伝法灌頂印信」）、

（一） 乗雄授亮光許可灌頂印信印明案

宝暦三歳次癸酉載二月廿一日丁未箕宿日曜 一通

三六・二糎×五〇・三糎 一紙

（書出） 大法師亮光／授印可／金剛界 大率兜婆印 普賢一字明

（書止） 右、於洛東智積院勧学院道場、授両部灌頂畢、

（差出） 伝授大阿闍梨耶法印権大僧都大和尚位乗雄

（二） 乗雄授亮光伝法灌頂印信紹文案

宝暦三癸酉載二月廿一日丁未箕宿日曜 一通

三六・二糎×五〇・〇糎 一紙

（書出） 伝法灌頂阿闍梨職位事／昔大日如来開大悲胎蔵・金剛秘密両部界会、授／金剛薩埵、

（書止） 能洗五塵之染、可期八葉之蓮、是則／酬仏恩、答師徳、吾願如斯、不可餘念耳、

（差出） 伝授大阿闍梨耶権大僧都大和尚位乗雄

一五四　淳杲授淳覚許可灌頂印信印明案

天明五年歳次乙巳三月十九日戊辰箕宿水曜　一通

江戸後期　竪紙　泥間似合　三五・一糎×五〇・三糎　一紙

(端裏)先師真翰上人方印信写　淳覚

(書出)権大僧都淳覚／授印可／金剛界　智拳印　普賢一字明

(書止)右、於醍醐山水本坊、授両部印可畢、

(差出)伝授大阿闍梨僧正法印大和尚位淳杲

(備考)懸紙(美濃紙、四六・七糎×三一・五糎、ウハ書「上人方印信先師御授与写 許可灌頂印信　授与権大僧都淳覚」)、

一五五　杲観授深観伝法灌頂印信紹文案

天明五年歳次乙巳六月二十九日柳宿水曜　一通

江戸後期　竪紙　泥間似合　三七・二糎×五一・一糎　一紙

(書出)伝法灌頂阿闍梨職位事／昔大日如来開大悲胎蔵・金剛秘密両部界会、授金剛／薩埵、

(書止)能洗五塵之染、可期／八葉之蓮、是則酬仏恩、答師徳、吾願如是、不可餘念耳、

(差出)伝授大阿闍梨前法務僧正法印大和尚位杲観

(宛所)法印大僧都深観

一五六　禅證授亮海西院流大事印信案　二通

江戸後期　竪紙　泥間似合

(備考)(一)・(二)一括、懸紙(鳥の子、五一・八糎×三八・九糎、ウハ書「西院流大事并血脈　亮海」)、

(一)　禅證授亮海西院流大事印信印明案

寛政十一年九月十九日甲戌木曜井宿　一通

三九・〇糎×五一・七糎　一紙

(端裏)西院流大事

(本文)胎蔵界／外五鈷印　五字明／金剛界／無所不至　(梵字)
無帰命句以之、為当流至極云々、

(差出)伝授大阿闍梨法務大僧正禅證

(宛所)授法印亮海畢、

(二)　禅證授亮海西院流大事印信血脈案

(寛政十一年九月十九日)　一通

三九・一糎×五一・七糎　一紙

(端裏)血脈

(書出)広沢西院流相承血脈／大日如来　金剛薩埵　龍猛菩薩／龍智菩薩　金剛智三蔵　不空三蔵／恵果和尚　弘法大師

(書止)頼遍大僧正　孝宥大僧正　宥證大僧正／大僧正禅證　法印亮海

一五七　俊賢授亮海灌頂印信案　二通

江戸後期　竪紙　楮紙打紙

(備考)(一)・(二)一括、

（一）　俊賢授亮海許可灌頂印信印明案　　享和元年五月十八日虚宿日曜　一通

三〇・六糎×四三・一糎　一紙

（書出）権大僧都法印亮海／授印可／金剛界　大率都婆印　普賢一字明

（書止）右、於醍醐寺松橋道場、授両部灌頂訖、

（差出）伝授大阿闍梨僧正法印大和尚位俊賢

（備考）道場名・年月日・授者名・受者名脇に押紙、

（二）　俊賢授亮海伝法灌頂印信紹文案　　享和元年五月十八日虚宿日曜　一通

三〇・四糎×四三・九糎　一紙

（書出）伝法灌頂阿闍梨職位事／昔大日如来開大悲胎蔵・金剛秘密両部界会之道、／授金剛薩埵、

（書止）謝以懇丹至情之誠、致以興法利人之志、予／顧如斯、努力勿失墜耳、

（差出）伝授大阿闍梨僧正法印大和上（マヽ）位俊賢

（備考）年月日・授者名・受者名等に押紙、

一五八　俊賢授亮海重位印信案　二通

江戸後期　竪紙　楮紙打紙

（備考）（一）・（二）一括、

（一）　俊賢授亮海重位印信血脈案　（享和元年九月二十九日）　一通

三〇・七糎×四三・三糎　一紙

（書出）正嫡相承血脈／大日如来　金剛薩埵　龍猛菩薩　龍智菩薩／金剛智三蔵　不空三蔵　恵果和上　弘法大師

（書止）堯円　甚信　有雅　澄翁　元雅／俊賢　亮海

（備考）書止下に押紙「龍肝」、包紙（楮紙打紙、四三・五糎×三〇・六糎）、

（二）　俊賢授亮海重位印信印明案　享和元年九月廿九日房宿木曜　一通

三一・七糎×四三・二糎　一紙

（本文）灌頂重位事／初重　如常／第二重／金　率都婆印　明（梵字）／胎　同印　明（梵字）／右、於松橋道場所授于亮海法印也、

（差出）伝授大阿闍梨僧正法印俊賢

（備考）道場名・年月日・授者名脇に押紙、包紙（楮紙打紙、四三・五糎×三〇・七糎）、

一五九　俊賢授亮海最極秘密灌頂印信紹文案　　享和二年壬戌之夏四月五日　一通

江戸後期　竪紙　楮紙打紙　三〇・五糎×四三・三糎　一紙

（書出）最極秘密灌頂阿闍梨職位事／金胎塔（梵字）無點／遺告所謂不可授非器者、如守眼肝護惜者、則此位也、

（書止）然／則領納心肝与彼永無失壊、遥期龍花会、須堅固／護持、努力々々勿忽緒耳、

（差出）大阿闍梨僧正法印大和上（マヽ）位俊賢

（備考）道場名・年月日・授者名・受者名脇に押紙、

一六〇　淳覚授興雅許可灌頂印信紹文案
文化六年歳次己巳五月二十四日癸未金曜胃宿　一通
江戸後期　竪紙　斐紙（鳥の子）　三五・九糎×五一・〇糎　一紙
（端裏）興雅授与之留智山月輪院法印
（書出）伝法許可灌頂印信／昔大日如来開大悲胎蔵・金剛秘密両部／界会、授金剛薩埵、
（書止）能洗五塵之染、可／期八葉之蓮、是則酬仏恩、答師徳、吾願如是、不／可餘念耳、
（差出）伝授大阿闍梨権僧正法印大和尚位淳覚

一六一　密厳授淳覚許可灌頂印信印明案
文化七年二月十四日軫宿日曜　一通
江戸後期　竪紙　斐紙（鳥の子）　三九・二糎×五一・五糎　一紙
（本文）許可大法房伝／胎蔵界　印外縛五貼／明阿毘羅吽欠／金剛界　印率都婆但口伝如法花印／明唵縛曰羅駄都（梵字）／右、文化七年二月十四日軫宿、日曜、於醍醐寺／宝幢院、授権僧正淳覚畢、
（差出）伝授阿闍梨権僧正法印大和尚位密厳
（備考）包紙（鳥の子、五一・七糎×三六・二糎、ウハ書「大法房伝許可」）、

一六二　淳覚授乗如許可灌頂印信印明案
文化十年歳次癸酉四月二十七日甲子木曜昴宿　一通
江戸後期　竪紙　泥間似合　三六・八糎×五〇・五糎　一紙
（端裏）留
（書出）乗如阿闍梨／授印可／金剛界　大率都婆印　普賢一字明
（書止）右、於金剛峯寺持明院、授両部印可訖、
（差出）伝授大阿闍梨権僧正法印大和尚位淳覚
（備考）挿入紙一紙（「右、於金剛峯寺持明院道場授両部印可訖、／文化十年歳次癸酉四月二十七日甲子木曜昴宿／上人　文化十年歳次癸酉四月二十九日丙寅土曜觜宿」、裏書「阿闍梨乗如　大法師真長光盛」）、

一六三　淳覚授覚満許可灌頂印信印明案
文化十年歳次癸酉四月二十七〔九〕日甲子〔丙寅〕木〔土〕曜昴〔觜〕宿　一通
江戸後期　竪紙　泥間似合　三六・九糎×五〇・七糎　一紙
（端裏）上人方留
（書出）阿闍梨覚満／授印可／金剛界　智拳印　普賢一字明
（書止）右、於金剛峯寺持明院、授両部印可訖、
（差出）伝授大阿闍梨権僧正法印大和尚位淳覚

一六四　慧達授淳覚許可灌頂印信案　二通
江戸後期　竪紙　楮紙（美濃紙）
（備考）（一）・（二）一括、

（一）　慧達授淳覚許可灌頂印信印明案
文化十年歳次癸申〔酉〕五月十一日　一通

三六・三糎×五〇・〇糎　一紙

（端裏）西大灌頂印信案

（書出）伝法灌頂印信　西大寺流／初重　二印二明／金剛界　大率都婆

印　普賢一字明

（書止）右、於和州生駒山宝山寺授与訖、

（差出）伝授大阿闍梨比丘慧達

（宛所）授与淳覚僧正

（二）　慧達授淳覚許可灌頂印信印明案

文化十年歳次癸申（酉）五月十日　一通

三六・三糎×五〇・〇糎　一紙

（端裏）西大流印可印信ノ案

（書出）許可灌頂印信　西大寺流／先金剛界　普賢三昧耶印明／次胎蔵

界　入仏三昧耶印明／次両部大事

（書止）右、於和州生駒山宝山寺授与訖、

（差出）伝授大阿闍梨比丘慧達

（宛所）授与淳覚僧正

（備考）書入、

一六五　淳覚授良俊許可灌頂印信案　二通

江戸後期　竪紙　楮紙（奉書紙）

（備考）（一）・（二）一括、懸紙（奉書紙、四九・七糎×三七・二糎、ウハ書「許可ノ上人方伝法許可ノ上、伝法ノ二字無之方可然、灌頂印信紹書血脈　授与良俊　当流ニハ伝法ーー、此通可為者也、為御見證記之、」）、

（一）　淳覚授良俊許可灌頂印信印明案

文化十三歳次丙子八月二十九日丙子金曜亢宿（亢）（金曜）　一通

三七・五糎×四九・五糎　一紙

（端裏）上人方印信ノ案

（書出）法印良俊／授一字下印可／金剛界　、、、印　普賢一字明／　帰命少シ下

（梵字）

（書止）右、於醍醐山宝幢院、〇授両部印可訖、

（差出）伝授大阿闍梨僧正法印大和尚位淳覚

（備考）本文中に書様位置等を記す、

（二）　淳覚授良俊許可灌頂印信紹文案

文化十三歳次丙子八月二十九日丙子金曜亢宿　一通

三七・五糎×四九・四糎　一紙

（端裏）上人方印可紹文多分印明ノ方耳授与也、今度尾州長久寺良俊／願望ノ間、如此認与、後代為覚語案也、

（書出）許可灌頂印信／昔大日如来開大悲胎蔵・金剛秘密両部界会、／授金剛薩埵、

（書止）能洗五塵之染、可期八葉之蓮、是則／酬仏恩、答師徳、吾願如是、不可餘念耳、

（差出）伝授大阿闍梨僧正法印大和尚位淳覚

一六六　淳覚授有法伝法灌頂印信紹文案

文政四年歳次辛巳九月廿四日辛未翼宿金曜　一通

江戸後期　竪紙　泥間似合　三九・八糎×五三・〇糎　一紙
（書出）伝法灌頂阿闍梨職位事／昔大日如来開大悲胎蔵・金剛秘密両部界会、授金剛／薩埵、
（書止）能洗五塵之染、可期八葉之蓮、是則／酬仏恩、答師徳、吾願如此、不可餘念耳、
（差出）伝授大阿闍梨僧正法印大和尚位淳覚

一六七　淳覚授宣乗伝法灌頂印信紹文案　文政四年歳次辛巳九月廿四日辛未翼宿金曜　一通
江戸後期　竪紙　泥間似合　三九・八糎×五三・六糎　一紙
（書出）伝法灌頂阿闍梨職位事／昔大日如来開大悲胎蔵・金剛秘密両部界会、授／金剛薩埵、
（書止）能洗五塵之染、可期八葉之蓮、則／酬仏恩、答師徳、吾願如此、不可餘念耳、
（差出）伝授大阿闍梨僧正法印大和尚位淳覚

一六八　演護授定心伝法灌頂印信紹文案　明治廿年歳次丁亥四月三日張宿日曜　一通
明治時代　竪紙　泥間似合　四〇・八糎×五一・六糎　一紙
（書出）伝法灌頂阿闍梨職位事／昔大日如来開大悲胎蔵・金剛秘密両部界／会、授金剛薩埵、
（書止）能洗五塵之染、可期八葉之蓮、是則／酬仏恩、答師徳、吾願如此、不可餘念耳、
（差出）伝授大阿闍梨少僧正法印大和尚位演護
（備考）二三七号に伝法灌頂印信印明案、

一六九　演護授善応許可灌頂印信紹文案　明治廿三年九月　一通
明治時代　竪紙　斐紙（鳥の子）　三九・五糎×五〇・五糎　一紙
（書出）両部伝法許可灌頂事／昔法身如来開大悲胎蔵・金剛秘密両部界会道、／授金剛薩埵、
（書止）遠思仏恩、近顧師徳、謝以懇丹至情之誠、致以興法利人之志、予願／如是、努力失墜耳、
（差出）伝授大阿闍梨権大僧正演護（花押）

一七〇　淳覚授重位印信案　十通
江戸後期
（備考）（一）〜（九）一括、

（一）　淳覚授元瑜第三重印信印明案（文政四年）　一通
切紙　斐紙（鳥の子）　一八・四糎×一八・五糎　一紙
（本文）第三重／塔印閉塔一印一明／（梵字）／右、最極秘重之印明■■雖非可授与／元瑜法印令授与訖、口外可有慎者也、
（差出）僧正法印大和尚位淳覚
（備考）懸紙（鳥の子、二五・五糎×一九・六糎、ウハ書「第三重　授与元瑜」「留」）、挿入紙（鳥の子、一八・五糎×七・〇糎、「両部不二惣躰五大法身印（梵字）／万法不二故一印一明也」、端裏書「令元瑜法印授与訖、／僧正―」）、

（二） 淳覚授諦恵第二重印信印明案
文化四年丁卯十月七日乙亥危宿金曜 一通
切紙 斐紙（鳥の子） 裏書あり 一八・〇糎×三一・六糎 一紙
（本文）（梵字）有口、／（梵字）／（梵字）／（梵字）／躰ハ不変之故、印ハ一也、／説ハ替故、言ハ二也、／依神照寺諦恵法印信堅願望悃請／令授与者也、尤奥秘不可及／口外者也、
（差出） 権僧正淳覚
（備考） 裏書「文化四年丁卯十月七日乙亥危宿金曜」、朱註記、懸紙（鳥の子、二六・〇糎×一八・〇糎、ウハ書「諦恵授与留第二重／『八幡中坊孝応授与ノ留朱ノ通』」）、

（三） 淳覚授良俊第二重印信印明案 （年月日未詳） 一通
切紙 斐紙（鳥の子） 紙背あり 一八・四糎×三三・八糎 一紙
（端裏） 右、長久寺授与留、両通トモ別々認、上包／第二重第三重ト認、
（本文） 第二重／塔印有口、／（梵字）／（梵字）／秘重之印明良俊法印授与訖、
（差出） 僧正法印大和尚位淳覚
（備考） 懸紙（鳥の子、二五・六糎×一八・五糎、ウハ書「第二重トモ両面留訖、／上人方第三重」）、
〔紙背〕 淳覚授良俊第三重印信印明案 （年月日未詳） 一通
切紙
（本文） 第三重／塔印／（梵字）／最秘印明良俊法印授与訖、
（差出） 僧正法印大｜｜〔和尚〕位｜｜〔淳覚カ〕

（四） 淳覚授龍肝最極秘印印明土代 〔天保三年二月廿五日〕 一通
切紙 斐紙（鳥の子） 二〇・八糎×一七・二糎 一紙
（端裏） 天保三年二月廿五日登山申ノ期、此趣認遣也、／依之時日ヲ不認也、別段ノ事也、
（本文） 最極塔印閉塔一印明／（梵字）／面授期閉眼時／授与龍肝、
（差出） 淳覚

（五） 淳覚授淳済第二重印信印明案
文化十一年甲戌九月四日日曜尾宿 一通
切紙 斐紙（鳥の子） 裏書あり 一八・六糎×三三・〇糎 一紙
（本文）（梵字）有口／（梵字）／（梵字）／躰ハ不変之故、印ハ一也、／説ハ替故、言ハ二也、／文化十一年甲戌九月四日日曜尾宿、／令授与淳済〇大僧都訖、奥秘／不及口外者也、
（差出） 僧正法印大和尚位淳覚
（備考） 裏書「円明院淳済権大僧都授与留、古代准三后／義演座主上綱モ、権大ヨリハ只大｜都御記等ニ被権略也」、懸紙（鳥の子、二五・九糎×一八・五糎、ウハ書「第二重／淳済授与留也、此上白紙包」）、

（六） 淳覚授覚満第三重印信印明案
（備考） 1・2一括、懸紙（鳥の子、二六・二糎×一八・四糎、ウハ書「第三重 授与覚満／此上白紙ニテ包、遣留」）、

1　淳覚授覚満第三重印信印明案
　　　　　　　　　　　文化十年癸酉四月二十七日木曜昴宿　一通
竪紙　斐紙（鳥の子）　一八・四糎×三三・六糎　一紙
（書出）第三重塔印　閉塔一印一明／（梵字）
（書止）此奥書計認進者也、　右、最極秘重之印明容易雖非可／授与覚満、依
　　為法器、於金剛峯寺／持明院令授与訖、口外可有慎者也、
（差出）僧正法印大和尚位淳覚
（備考）墨註記、

2　淳覚授覚満第三重印信印明案
　　　　　　　　　　　（文化十年四月二十七日）　一通
竪紙　斐紙（鳥の子）　一八・四糎×三三・二糎　一紙
（本文）第三重塔印　閉塔一印一明／（梵字）／右、最極秘重之印明容易雖非可授
　　与／覚満、依為法器、於金剛峯寺持明院令／授与訖、口外可有慎
　　者也、
（差出）僧正法印大和位尚――

（七）　淳覚授覚満第二重印信印明案
　　　　　　　　　　　文化九年壬申九月五日甲戌金曜箕宿　一通
竪紙　斐紙（鳥の子）　裏書あり　一九・八糎×三四・六糎　一紙
（書出）（梵字）有口／（梵字）／（梵字）／躰ハ不変之故、印ハ一也、／説ハ
　　替故、言ハ二也、
（書止）於翤嶺○報恩院道場、令授与覚満法印○阿闍梨／訖、　奥秘不及口外者也、

（差出）僧正法印大和尚位淳覚
（備考）裏書「（梵字）与留」、懸紙（鳥の子、二六・〇糎×一九・七糎、ウハ書「第
　　二重／留／此上秘重切紙白紙ノ包　某法印上包」）、

（八）　淳覚授覚満第二重印信印明案
　　　　　　　　　　　文化十年癸酉四月二十九日丙寅土曜觜宿　一通
切紙　斐紙（鳥の子）　裏書あり　一八・五糎×二四・六糎　一紙
（書出）第二重／塔印有口、／（梵字）／（梵字）
（書止）右、秘重之印明、覚満阿闍梨授与訖、
（差出）僧正法印大和尚位淳覚
（備考）裏書「右授与ノ留／上人方重位准当流認者也」、懸紙（鳥の子、
　　二五・四糎×一八・四糎、ウハ書「上人方第二重此包白紙ニテ遣、上書無之」）、

（九）　淳覚授覚満第三重印信印明案　（年月日未詳）　一通
切紙　斐紙（鳥の子）　裏書あり　一八・四糎×二三・〇糎　一紙
（本文）第三重／塔印／（梵字）／右、最秘印明覚満阿闍梨令授与訖、
（差出）僧正法印大和尚位淳覚
（備考）裏書「授与留、上人方准当流認也」、懸紙（鳥の子、一五・三糎×一八・
　　三糎、ウハ書「上人方第三重此包白紙ニテ遣、上書無之」）、

一七一　淳覚僧正授覚満印信血脈案　（年月日未詳）　一通
江戸後期　竪紙　斐紙（鳥の子）　裏書あり　三六・八糎×五〇・六糎　一紙
（端裏）上人方血脈之留　此定ニ認遣事

（書出）大日如来　金剛薩埵　龍猛　龍智　金剛智／不空　恵果　弘法
貞願寺僧正真雅
（書止）行樹院権僧正真円　報恩院法務僧正実雅　宝幢院別当法印大僧都有円
円明院山務僧正淳杲／宝幢院僧正淳覚　覚満金剛峯寺持明院阿闍梨／
元祖以来
此実名加是迄也、
（備考）血脈断簡一紙（鳥の子、三六・八糎×三・二糎、「血脈計　不空　恵果
弘法　真雅」、紙背「頼賢　憲　憲淳　隆　隆」）、

一七二　淳杲授淳覚印信血脈案（年月日未詳）　一通
江戸後期　竪紙　泥間似合　三六・八糎×五三・二糎　一紙
（端裏）上人方留
（書出）大日如来　金剛薩埵　龍猛　龍智　金剛智／不空　恵果　弘法
真雅
（書止）源朝　寛済　有雅　寛順／真円　実雅　有円　淳杲／淳覚

一七三　演護授定心印信血脈案（年月日未詳）　一通
明治時代　竪紙　泥間似合　四〇・七糎×五一・二糎　一紙
（書出）大日如来　金剛薩埵　龍猛　龍智　金剛智／不空　恵果　弘法
貞願寺僧正真雅
（書止）円明院僧正淳杲　西南院僧正淳覚　報恩院前法務前大僧正淳心　龍華
薗院僧正演隆／三宝院僧正演護　律師定心

一七四　杲観授隆賀印信血脈案（年月日未詳）　一通
江戸後期　竪紙　泥間似合　三九・〇糎×五三・〇糎　一紙
（書出）三宝院流血脈／大日如来　金剛薩埵　龍猛菩薩　龍智菩薩／金
剛智三蔵　不空三蔵　恵果阿闍梨　弘法大師
（書止）報恩院僧正実雅　無量寿院前大僧正元雅　西往院僧正信隆　金蓮
院権僧正照範／理性院僧正杲観　吉祥坊大法師隆賀

一七五　高賢授房演印信血脈土代（年月日未詳）　一通
江戸中期　竪紙　斐紙（鳥の子）紙背あり　三七・〇糎×五一・五糎　一紙
（端裏）三宝院流御血脈　享保九辰年中夏日写之、／隆慶
（書出）三宝院流血脈／大日如来　金剛薩埵　龍猛菩薩　龍智菩薩／金
剛智菩薩　不空三蔵　恵果阿闍梨　弘法大師／貞観寺僧正真雅
南池院小〔少〕僧都源仁　根本尊師聖宝
（書止）灌頂院准三后義演／報恩院前大僧正寛済　後宝池院前大僧正高賢
審安院前大僧房演
（備考）紙背に某授演尊伝法灌頂印信印明書止シあり、

一七六　三宝院流憲深方血脈（年月日未詳）　一通
江戸前期　竪紙　斐紙（鳥の子）三六・四糎×五一・七糎　一紙
（書出）血脈／大日如来―金剛薩埵―龍猛―龍智―金剛智――／不空―恵
果―弘法
（書止）後報恩院前法務大僧正源雅―荘厳院法務前大僧正義尭―行樹院権僧正深
応―後正覚院僧正雅厳―灌頂院准三后義演

一七七　報恩院流略血脈（年月日未詳）　一通

江戸前期　続紙　斐紙（鳥の子）　三四・八糎×七六・〇糎　二紙

（端裏）醍醐寺報恩院法流略血脈

（書出）醍醐寺報恩院法流相承略血脈／大日如来—金剛薩埵—龍猛—龍智—金剛智—／不空—恵果—弘法大師—貞願寺僧正真雅—南池院僧都源仁

（書止）報恩院法務前大僧正隆源—尺迦院僧正隆寛—報恩院法務僧正隆済—後尺迦院法務前大僧正賢深—行樹院権僧正澄恵—／後報恩院前法務前大僧正源雅—行樹院権僧正深応—後○正覚院僧正雅厳

一七八　報恩院流略血脈（年月日未詳）　一通

江戸前期　続紙　斐紙（鳥の子）　三六・二糎×七一・五糎　二紙

（端裏）醍醐寺報恩院法流相承略血脈

（書出）醍醐寺報恩院法流相承略血脈／大日如来—金剛薩埵—龍猛—龍智—金剛智／—不空—恵果—弘法大師—貞願寺僧正真雅

（書止）報恩院法務前大僧正隆源—釈迦院僧正隆寛—報恩院法務僧正隆済—後釈迦院法務前大僧正賢深—行樹院権僧正澄恵—／後報恩院前法務前大僧正源雅—行樹院権僧正深応—後正覚院僧正雅厳

一七九　亮海授辨雅許可灌頂印信案　三通

江戸後期　竪紙　斐紙（鳥の子）

（備考）（一）〜（三）一括、懸紙（鳥の子、五〇・六糎×三七・〇糎、ウハ書「伝法許可灌頂印信紹書　授与辨雅」）、

（一）　亮海授辨雅許可灌頂印信紹文案

文政八歳次乙酉年十一月二十六日己酉尾宿水曜　一通

三七・二糎×五〇・五糎　一紙

（書出）伝法許可灌頂印信／昔大日如来開大悲胎蔵・金剛秘密両部界会、授／金剛薩埵、

（書止）能洗／五塵之染、可期八葉之蓮、是則酬仏恩、答師／徳、吾願如是、不可餘念耳、

（差出）伝授大阿闍梨権僧正法印大和尚位亮海

（二）　亮海授辨雅許可灌頂印信印明案

文政八歳次乙酉年十一月二十六日己酉尾宿水曜　一通

三七・三糎×五〇・五糎　一紙

（書出）法印辨雅／授印可／金剛界　大率都婆印　普賢一字明

（書止）右、於洛東智積院、授両部印可訖、

（差出）伝授大阿闍梨権僧正法印大和尚位亮海

（三）　亮海授辨雅許可灌頂印信血脈案

（文政八年十一月二十六日）　一通

三七・二糎×五〇・三糎　一紙

（書出）大日如来　金剛薩埵　龍猛　龍智　金剛智／不空　恵果　弘法　貞観寺僧正真雅

（書止）円明院山務僧正淳杲　報恩院権僧正成深　宝幢院大僧都法印淳覚　智積院権僧正亮海／辨雅

一八〇　寿明授照温悉曇灌頂印信案　　三通

江戸後期　切紙　斐紙（鳥の子）

（備考）（一）〜（三）一括、懸紙（雁皮紙、三七・四糎×二六・〇糎、ウハ書「悉曇灌頂印信　授与照温」）、

（一）　寿明授照温悉曇灌頂印信紹文案

安政五歳次戊午二月五日畢宿金曜　一通

一九・六糎×五三・四糎　一紙

（書出）悉曇灌頂附属之事／夫悉曇灌頂者、昔従大日如来至／吾祖弘法大師迄既八葉、而今至嫡／々相承師資伝来、稟洛陽六角／堂能満院大願律師附属、今度／於智山大師堂令修行、

（書止）仍許可／灌頂之儀式相承之趣、令伝受／照温法印所明鏡也、於已后撰／其器量可有相伝者也、

（差出）悉曇伝燈大阿遮〔闍〕梨法印寿明

（二）　寿明授照温悉曇灌頂印信印明案　（安政五年二月五日）　一通

一九・八糎×五三・二糎　一紙

（本文）金剛界許可印言小嶋、／自在契印外縛三股印也、／（梵字）／胎蔵法許可印言／外縛五股印／（梵字）

（三）　寿明授照温悉曇灌頂印信血脈案　（安政五年二月五日）　一通

一九・八糎×五三・二糎　一紙

（書出）大日如来　金剛薩埵　龍猛／龍智　金剛智　不空／恵果　弘法真雅

（書止）良意　澄禅　賢隆／性善　法住　宥真／大願　寿明　照温

一八一　定彝授賢晃許可灌頂印信紹文案

元禄八歳次乙亥年八月廿九日房宿日曜　一通

江戸中期　竪紙　斐紙（鳥の子）三六・七糎×五三・〇糎　一紙

（書出）伝法許可灌頂印信／昔大日如来開大悲胎蔵・金剛秘密両部界会、授金剛／薩埵、

（書止）能洗五塵之染、可期八葉之蓮、是則酬仏／恩、答師徳、吾願如此、不可餘念耳、

（差出）伝授大阿闍梨権僧正法印大和尚位定彝

一八二　有円授賢春許可灌頂印信印明案

宝暦十二年歳次壬午正月廿六日庚申虚宿金曜　一通

江戸中期　竪紙　斐紙（鳥の子）三七・六糎×五一・四糎　一紙

（書出）権大僧都賢春／授印可／金剛界　大率都婆印　普賢一字明

（書止）右、於醍醐寺報恩院、授両部印可畢、

（差出）大阿闍梨大僧都法印大和尚位有円

（備考）懸紙（鳥の子、五〇・九糎×三七・六糎、ウハ書「伝法許可灌頂印信　授与賢春」）、

一八三　伝忍授隆峯伝法灌頂印信案　三通

江戸中期　竪紙　斐紙（鳥の子）

（備考）（一）～（三）一括、懸紙（美濃紙、四三・〇糎×三〇・二糎、ウハ書「伝
法灌頂印信　隆峯」）、

（一）　伝忍授隆峯伝法灌頂印信紹文案
宝永八年歳次辛卯二月廿一日水曜箕宿　一通
三六・六糎×五一・五糎　一紙
（書出）伝法灌頂阿闍梨職位事／昔大日如来開大悲胎蔵・金剛秘密両部
界会、／授金剛薩埵、
（書止）能洗五塵之染、可期八／葉之蓮、是則酬仏恩、答師徳、吾願如此、
不／可餘念耳、
（差出）伝燈大阿闍梨法印伝忍大和尚位

（二）　伝忍授隆峯伝法灌頂印信印明案
宝永八年歳次辛卯二月廿一日水曜箕宿　一通
三六・五糎×五一・五糎　一紙
（書出）阿闍梨伝燈大法師／授印可／金剛界　大率都婆印　普賢一字明
（書止）右、於山城国葛野郡五百仏山勧学院／灌頂道場、授両部大法畢、
（差出）大阿闍梨法印権大僧都伝忍

（三）　伝忍授隆峯伝法灌頂印信血脈案
（宝永八年二月廿一日）　一通
三六・五糎×五一・七糎　一紙
（書出）両部灌頂血脈／大日　金薩　龍猛　龍智／金剛智　不空　恵果
弘法／真雅
（書止）慶尊　尊宜　隆鐙　以伝／伝忍　隆峯

一八四　真円授隆峯許可灌頂印信印明案
享保十八年歳次癸丑四月十三日甲子氐宿火曜　一通
江戸中期　竪紙　斐紙（鳥の子）　三六・〇糎×五一・三糎　一紙
（書出）法印権大僧都隆峯／授印可／金剛界　大率都婆印　普賢一字明
（書止）右、於醍醐山報恩院、授両部印可畢、
（差出）大阿闍梨権僧正法印大和尚位真円
（備考）懸紙（鳥の子、五一・二糎×三六・〇糎、ウハ書「伝法許可灌頂印信　授
与隆峯」）、

一八五　行海授頼阿灌頂印信案　三通
江戸後期　竪紙　斐紙（鳥の子）
（備考）（一）～（三）一括、懸紙（鳥の子、四九・七糎×三七・二糎、ウハ書「伝
法灌頂印信紹書　授与頼阿」）、

（一）　行海授頼阿伝法灌頂印信紹文案
文政十二年歳次己丑二月廿五日己丑危宿日曜　一通
三七・五糎×四九・八糎　一紙
（書出）伝法灌頂阿闍梨職位事／昔大日如来開大悲胎蔵・金剛秘密両部界
会、授／金剛薩埵、
（書止）能／洗五塵之染、可期八葉之蓮、是則酬仏恩、答師／徳、吾願如

此、不可餘念耳、

（差出）伝燈大阿闍梨法印権大僧都大和尚位行海

（二）　行海授頼阿許可灌頂印信印明案

文政十二年歳次己丑二月廿五日己丑危宿日曜　一通

三七・四糎×四九・七糎　一紙

（書出）法印権大僧都頼阿／授印可／金剛界　大率兜婆印　普賢一字明

（書止）右、於洛東智積院灌頂道場、授両部灌頂訖、

（差出）伝燈大阿闍梨法印権大僧都大和尚位行海

（三）　行海授頼阿許可灌頂印信血脈案

（文政十二年二月廿五日）　一通

三七・四糎×四九・七糎　一紙

（書出）大日如来　金剛薩埵　龍猛　龍智　金剛智／不空　恵果　弘法
真雅

（書止）雅厳　源朝　寛済　有雅／寛順　性善　動潮　盛諄／亮海　行
海　頼阿

一八六　淳覚授亮海許可灌頂印信案　三通

江戸後期　竪紙　斐紙（鳥の子）

（備考）（一）〜（三）一括、懸紙（鳥の子、五三・〇糎×三八・〇糎、ウハ書「伝法許可灌頂印信紹書　淳覚ヨリ授与亮海」）、

（一）　淳覚授亮海許可灌頂印信紹文案

寛政十二年歳次庚申五月朔日壬午参宿日曜　一通

三八・二糎×五三・三糎　一紙

（書出）伝法許可灌頂印信／昔大日如来開大悲胎蔵・金剛秘密両部界
会、／授金剛薩埵、

（書止）能洗／五塵之染、可期八葉之蓮、是則酬仏恩、答師／徳、吾願如
是、不可餘念耳、

（差出）伝授大阿闍梨大僧都法印大和尚位淳覚

（二）　淳覚授亮海許可灌頂印信印明案

寛政十二年歳次庚申五月朔日壬午参宿日曜　一通

三八・〇糎×五三・〇糎　一紙

（書出）法印亮海／授印可／金剛界　大率都婆印　普賢一字明

（書止）右、於醍醐寺報恩院、授両部印可訖、

（差出）伝授大阿闍梨大僧都法印大和尚位淳覚

（三）　淳覚授亮海許可灌頂印信血脈案

（寛政十二年五月朔日）　一通

三八・二糎×五三・三糎　一紙

（書出）大日如来　金剛薩埵　龍猛　龍智　金剛智／不空　恵果　弘法
貞観寺僧正真雅

（書止）報恩院法務大僧正寛順　行樹院権僧正真円　報恩院法務僧正実雅
宝幢院別当大僧都法印有円／円明院山務僧正淳杲　報恩院権僧正成深

宝幢院大僧都法印淳覚　妙智院法印亮海

一八七　高賢授光昭許可灌頂印信印明案

元禄十六年歳次癸未八月廿一日井宿月曜　一通

江戸中期　竪紙　斐紙（鳥の子）　三七・二糎×五一・八糎　一紙

（書出）光昭／授印可／金剛界　大率都婆印　普賢一字明

（書止）右、於宝池院新道場、授両部印可畢、

（差出）伝授大阿闍梨大阿闍梨前法務高賢

一八八　體應授有阿灌頂印信案　三通

江戸後期　竪紙　斐紙（鳥の子）

（備考）（一）〜（三）一括、懸紙（鳥の子、四九・六糎×三五・八糎、ウハ書「伝法許可灌頂印信　授与有阿」）、

（一）　體應授有阿伝法灌頂印信紹文案

安政四年歳次丁巳正月二十日土曜房宿　一通

三六・〇糎×四九・八糎　一紙

（書出）伝法灌頂阿闍梨職位事／昔大日如来開大悲胎蔵・金剛秘密両部界会、／授金剛薩埵、

（書止）能洗五塵之染、可期八葉之蓮、是則／酬仏恩、答師徳、吾願如此、不可餘念耳、

（差出）伝法大阿闍梨法印大和尚位體應

（二）　體應授有阿許可灌頂印信印明案

安政四年歳次丁巳正月二十日土曜房宿　一通

三六・二糎×四九・八糎　一紙

（書出）法印権大僧都有阿／授印可／金剛界　大率都婆印　普賢一字明

（書止）右、於雒東智積院槙端道場、授両部印可畢、

（差出）伝授大阿闍梨法印大和尚位體應

（三）　體應授有阿伝法灌頂印信血脈案

（安政四年正月二十日）　一通

三六・〇糎×四九・八糎　一紙

（書出）三宝院流／血脈／大日如来　金剛薩埵　龍猛菩薩　龍智菩薩／金剛智三蔵　不空三蔵　恵果和尚　弘法大師／貞観寺僧正真雅

（書止）上州蓮台寺法印宗円尊宜　同院法印以傳　江府円福寺傳忍／同寺教音房覚翁　洛東智積院僧正覚遠　同院権僧正謙順　同院権僧正海應／同院権僧正信海　體應　有阿

一八九　定信授賢清許可灌頂印信紹文案

寛文六年歳次丙午四月廿日虚宿日曜　一通

江戸前期　竪紙　斐紙（鳥の子）　三七・〇糎×五一・五糎　一紙

（書出）伝法許可灌頂印信／昔大日如来開大悲胎蔵・金剛秘密両部界会、授／金剛薩埵、

（書止）能洗五塵之染、可期八葉／之蓮、是則酬仏恩、答師徳、吾願如此、不可餘念耳、

（差出）伝授大阿闍梨権大僧都法印大和尚位定信
（宛所）権律師賢清
（備考）一四四号に許可灌頂印信印明案、

一九〇　三宝院流相承血脈次第　（年月日未詳）　一通
江戸前期　竪紙　斐紙（鳥の子）　三六・二糎×五一・八糎　一紙
（端裏）醍醐寺三宝院法流相承次第
（書出）『号小野流』醍醐寺三宝院法流相承次第／弘法大師—貞観寺僧正真雅—南池院
僧都源仁—醍醐根本僧正聖宝—般若寺僧正観賢
（書止）後尺迦院前大僧正賢深—『醍醐始』行樹院権僧正澄恵／蓮蔵院法印公深／—
後報恩院前法務前大僧正源雅—行樹院権僧正深應—後正覚院僧正雅厳
（備考）朱書入、朱釣線、

一九一　快焉授行識灌頂印信案　三通
江戸後期　竪紙
（備考）（一）〜（三）一括、包紙（泥間似合、四九・五糎×三七・二糎、ウハ書「伝
法灌頂印信紹書　授与行識」「西院流大事」）、包紙紙背に「胎蔵
界／外五胋印　五字明／金剛界／無所至」、

（一）　快焉授行識伝法灌頂印信紹文案
文化十歳次癸酉三月十日丁丑土曜張宿　一通
泥間似合　三七・八糎×五三・五糎　一紙
（書出）伝法灌頂阿闍梨職位事／昔大日如来開大悲胎蔵・金剛秘密両部界
会、授金剛薩埵、
（書止）能／洗五塵之染、可期八葉之蓮、是則酬仏恩、答師徳、吾願如此、／
不可餘念耳、
（差出）伝授大阿闍梨法印権大僧都快焉

（二）　快焉授行識許可灌頂印信印明案
文化十歳次癸酉三月十日丁丑土曜張宿　一通
斐紙（鳥の子）　三七・七糎×五三・三糎　一紙
（書出）法師行識／授印可／金剛界　大率都婆印　普賢一字明
（書止）右、於下総匝嵯郡米倉山西光寺灌頂／道場、授両部灌頂畢、
（差出）伝授大阿闍梨法印権大僧都快焉

（三）　快焉授行識伝法灌頂印信血脈案　（文化十年三月十日）　一通
泥間似合　三七・八糎×五三・五糎　一紙
（書出）大日如来　金剛薩埵　龍猛　龍智　金剛智／不空　恵果　弘法
真雅
（書止）寛海　辨英　元雅　慶範／亮範　道杲　照円　快焉／行識

一九二　胎通授亮海許可灌頂印信印明案
寛政五年歳次癸丑四月晦日木曜参宿　一通
江戸後期　竪紙　斐紙（鳥の子）　三八・八糎×五一・八糎　一紙
（書出）法印亮海／授印可／金剛界　大率都婆印　普賢一字明

（書止）右、於雑東智積院道場、授両部印可畢、
（差出）大阿闍梨僧正法印大和尚位胎通
（備考）懸紙（鳥の子、五一・五糎×三七・〇糎、ウハ書「伝法許可灌頂印信　授与亮海」「胎通ヨリ」）、

一九三　契理授照温神道灌頂第三重印信印明案等　四通
江戸後期　切紙　斐紙（鳥の子）
（備考）（一）～（四）一括、一九三号～一九五号一括、一括包紙（鳥の子、三九・七糎×二六・三糎、ウハ書「神祇灌頂印信　照温」）、

（一）　契理授照温神道灌頂第三重印信印明案
安政五年戊午歳次二月朔日奎宿月曜　一通
一九・八糎×五三・七糎　一紙
（本文）神道奥旨第三重印信／八握印／（梵字）慈救咒／無所不至印／（梵字）慈救咒
（差出）神祇伝燈大阿遮梨法印契理
（宛所）授与照温

（二）　契理授照温大日本紀灌頂初重印信印明案
安政五年戊午歳次二月朔日奎宿月曜　一通
一九・八糎×五三・四糎　一紙
（本文）大日本紀灌頂初重印信／智拳印／（梵字）／外縛五股印／（梵字）／自身即想神躰致信心可再拝、
（差出）神祇伝燈大阿遮梨法印契理
（宛所）授与照温

（三）　契理授照温許可灌頂印信印明案
安政五年戊午歳次二月朔日奎宿月曜　一通
一九・九糎×五三・一糎　一紙
（本文）許可／印明／虚心合掌開二火二風／以二空押二無明指端／（梵字）
（差出）神祇伝燈大阿遮梨法印契理
（宛所）授与照温

（四）　契理授照温麗気灌頂第二重印信印明案
安政五年戊午歳次二月朔日奎宿月曜　一通
一九・七糎×五三・五糎　一紙
（本文）麗気灌頂第二重印信／大日劔形塔／（梵字）／（梵字）／（梵字）／（梵字）／（梵字）
（差出）神祇伝燈大阿遮梨法印契理
（宛所）授与照温

一九四　契理授照温神祇灌頂大事口決案
安政五年戊午歳次二月朔日奎宿月曜　一通
江戸後期　切紙　斐紙（鳥の子）　一九・七糎×五三・三糎　一紙
（書出）神祇灌頂附属之事／夫大日本紀灌頂雖具流多、先以伊勢豊／受両

太神官、奉崇敬、三種神祇為本／尊、稟高祖相伝、
（書止）始自初重至入檀〔壇〕／灌頂儀式一流相承之趣、令伝授照温／権律師所
明鏡也、於已后撰其器量／可有相伝者也、
（差出）神祇伝燈大阿遮梨法印契理
（宛所）授与照温

一九五　契理授照温両部神道灌頂印信血脈案
（安政五年二月朔日）　一通
江戸後期　切紙　斐紙（鳥の子）　三〇・〇糎×五三・二糎　一紙
（書出）両部神道血脈／国常立尊　天神七代如常、　天照皇大神／地神
五代如常、　神武天皇乃至代々　桓武天皇
（書止）実英　英性　活済　文済　鏤啓／周照　先晋　契理　照温

一九六　盛諄授亮海灌頂印信案　三通
江戸後期　竪紙　斐紙（鳥の子）
（備考）（一）～（三）一括、懸紙（鳥の子、五一・三糎×三六・四糎、ウハ書「伝
法灌頂印信紹書　「盛諄ヨリ」授与亮海」）、

（一）　盛諄授亮海伝法灌頂印信紹文案
寛政五年歳次癸丑二月廿日癸未日曜尾宿　一通
三九・一糎×五一・三糎　一紙
（書出）伝法灌頂阿闍梨職位事／昔大日如来開大悲胎蔵・金剛秘密両部
界会、授／金剛薩埵、
（書止）能／洗五塵之染、可期八葉之蓮、是則酬仏恩、答師／徳、吾願如
此、不可餘念耳、
（差出）伝燈大阿闍梨法印権大僧都大和尚位盛諄

（二）　盛諄授亮海許可灌頂印信印明案
寛政五年歳次癸丑二月廿日癸未日曜尾宿　一通
三九・二糎×五一・五糎　一紙
（書出）法印権大僧都亮海／授印可／金剛界　大卒都婆印　普賢一字明
（書止）右、於洛東智積院灌頂道場、授両部灌頂畢、
（差出）伝燈大阿闍梨法印権大僧都大和尚位盛諄

（三）　盛諄授亮海伝法灌頂印信血脈案　（寛政五年二月廿日）　一通
三九・一糎×五一・四糎　一紙
（書出）大日如来　金剛薩埵　龍猛　龍智　金剛智／不空　恵果　弘法
貞願寺僧正真雅
（書止）報恩院法務前大僧正寛順　戒壇院長老性善　智積院僧正動潮　盛諄／
亮海

一九七　演光授賢清灌頂印信案　二通
江戸前期　竪紙　斐紙（鳥の子）
（備考）（一）・（二）一括、

（一）　演光授賢清伝法灌頂印信紹文案　　寛文六年歳次丙午十月朔日心宿木曜　一通

三七・一糎×五〇・八糎　一紙

（書出）灌頂阿闍梨職位事／昔大日如来開大悲胎蔵・金剛秘密両部界会、授／金剛薩埵、

（書止）能洗世間／五塵之染、可尋出世八葉之蓮、是則酬仏恩、答／師徳、余願如是、不可餘念矣、

（差出）伝授大阿闍梨権僧正法印大和尚位演光

（宛所）権律師賢清

（二）　演光授賢清許可灌頂印信印明案　　寛文六年歳次丙午十月朔日心宿木曜　一通

三七・二糎×五〇・八糎　一紙

（書出）権律師賢清／授印可／金剛界　大率都婆印　普賢一字明

（書止）右、於醍醐寺金剛輪院、授両部灌頂畢、

（差出）伝授大阿闍梨権僧正法印大和尚位演光

一九八　甚信授空朝許可灌頂印信　二通

江戸前期　竪紙　斐紙（鳥の子）

（備考）（一）・（二）一括、

（一）　甚信授空朝許可灌頂印信紹文案　　寛文七年二月十六日亢宿木曜　一通

三六・三糎×五一・五糎　一紙

（書出）伝法許可灌頂印信／昔法身如来開胎蔵・金剛秘密両部界会之道、授／金剛薩埵、

（書止）能除五塵之染、可期八葉之蓮、是則酬仏恩、答／師徳也、吾願如此、不可餘念矣、

（差出）伝授大阿闍梨権僧正法印大和尚位甚信

（二）　甚信授空朝許可灌頂印信印明案　　寛文七年二月十六日亢宿木曜　一通

三六・二糎×五一・五糎　一紙

（書出）法眼空朝／授印可／金剛界　大率都婆印　普賢一字明

（書止）右、於醍醐寺無量寿院授与畢、

（差出）伝授大阿闍梨権僧正法印大和尚位甚信

一九九　杲観授隆賀許可灌頂印信印明案　　安永八年歳次己亥六月廿九日壬午柳宿水曜　一通

江戸中期　竪紙　泥間似合　三六・九糎×五三・〇糎　一紙

（書出）大法師隆賀／授印可／金剛界　大率都婆印　普賢一字明

（書止）右、於金剛輪院、授両部印可畢、

（差出）伝授大阿闍梨前法務僧正法印大和尚位杲観

二〇〇　光心授大道許可灌頂印信案　二通

江戸後期　竪紙　泥間似合

(備考)(一)・(二)一括、

(一) 光心授大道許可灌頂印信紹文案

弘化二年十一月五日室宿水曜 一通

三八・七糎×五三・五糎 一紙

(書出)両部伝法許可灌頂事/昔法身如来開大悲胎蔵・金剛秘密両部界会道、/授金剛薩埵、

(書止)遠思仏恩、近顧/師徳、謝以懇丹至情之誠、致以興法利人之志、予/願如斯、努力勿失墜耳、

(差出)伝授大阿闍梨僧正法印大和尚位光心

(二) 光心授大道許可灌頂印信印明案

弘化二年十一月五日室宿水曜 一通

三八・四糎×五三・三糎 一紙

(書出)権大僧都大道/授印可/金剛界 大率都婆印 普賢一字明

(書止)右、於密教院道場伝授畢、

(差出)伝授大阿闍梨僧正法印大和尚位光心

二〇一 寛済授高賢灌頂印信案 二通

江戸前期 竪紙 斐紙(鳥の子)

(備考)(一)・(二)一括、包紙(鳥の子、五一・二糎×三七・三糎、ウハ書「具支灌頂予印信」)、

(一) 寛済授高賢伝法灌頂印信紹文案

寛文三年歳次癸卯二月九日鬼宿日曜 一通

三七・五糎×五一・二糎 一紙

(書出)伝法灌頂阿闍梨職位事/昔大日如来開大悲胎蔵・金剛秘密両部界/会、授金剛薩埵、

(書止)能洗五塵之染、可期八/葉之蓮、是則酬仏恩、答師徳、吾願如此、不可/餘念耳、

(差出)伝授大阿闍梨法務前大僧正法印大和尚位寛済

(宛所)権僧正高賢

(二) 寛済授高賢許可灌頂印信印明案

寛文三年歳次癸卯二月九日鬼宿日曜 一通

三七・三糎×五一・〇糎 一紙

(書出)権僧正高賢/奉授印可/金剛界 大率都婆印 普賢一字明

(書止)右、於醍醐寺金剛輪院、奉授両部灌頂畢、

(差出)伝授大阿闍梨法務前大僧正法印大和尚位寛済

二〇二 房演授演春許可灌頂印信印明案

享保十七年歳次壬子十月廿三日軫宿水曜 一通

江戸中期 竪紙 斐紙(鳥の子) 三八・七糎×五一・七糎 一紙

(書出)法印演春/授印可/金剛界 大率都婆印 普賢一字明

(書止)右、於醍醐寺金剛輪院、授両部印可畢、

(差出)伝授大阿闍梨前法務前大僧正房演

(備考) 包紙(鳥の子、五三・五糎×三八・三糎、ウハ書「許可印信」)、

二〇三　義演授勢誉許可灌頂印信紹文案

慶長二歳次丁酉三月十八日尾宿日曜　一通

安土桃山時代　竪紙　楮紙(美濃紙)　三〇・七糎×四三・五糎　一紙

(書出) 伝法許可灌頂印信／昔大日如来開大悲胎蔵・金剛秘密両部界会、授金剛／薩埵、

(書止) 能洗／五塵之染、可期八葉之蓮、是則酬仏恩、答師徳、吾／願如是、不可餘念耳、

(差出) 伝授大阿闍梨准三后法務前大僧正法印大和尚位(義演)御判

(宛所) 法印権大僧都勢誉

二〇四　甚信授定昌許可灌頂印信紹文案

寛文四歳次甲辰年二月十六日亢宿木曜　一通

江戸前期　竪紙　斐紙(鳥の子)　三六・九糎×五一・〇糎　一紙

(書出) 伝法許可灌頂印信／昔法身如来開胎蔵・金剛両部界会之道、／授金剛薩埵、

(書止) 能除五塵之染、可期八葉之蓮、是／則酬仏恩、答師徳也、吾願如此、不可餘念矣、

(差出) 伝授大阿闍梨権僧正法印大和尚位甚信

(備考) 包紙(奉書紙、四八・九糎×三三・二糎、ウハ書「伝法灌頂印信紹書　権大僧都定昌」)、

二〇五　昭乗授乗昌許可灌頂印信紹文案

元和五年己未三月九日星宿土曜　一通

江戸前期　竪紙　斐紙(鳥の子)　三四・六糎×四六・五糎　一紙

(書出) 伝法灌頂阿闍梨位事／昔大日如来開大悲胎蔵・金剛秘密両部界会、授／金剛薩埵、

(書止) 是則酬仏恩、／答師徳、吾願如此、不可餘念耳、／右、於城州雄徳山瀧本坊之道場授両部灌頂訖、

(差出) 伝授大阿闍梨昭乗

(宛所) 授与乗昌

二〇六　三宝院流憲深方血脈案　(年月日未詳)　一通

江戸中期　竪紙　斐紙(鳥の子)　三六・二糎×三七・〇糎　一紙

(書出) 当流血脈／大日如来　金剛薩埵　龍猛　龍智　金剛智　不空　恵果／弘法　真雅　源仁　聖宝

(書止) 憲淳　隆勝　隆舜　経深　隆源　隆寛　隆済　賢深／澄恵　源雅　深応　雅厳　源朝

二〇七　亮淳授弘延秘密灌頂印信印明案　慶長三年七月廿一日　一通

安土桃山時代　竪紙　斐紙(鳥の子)　三六・四糎×五〇・五糎　一紙

(本文) 秘密灌頂印明／初二重二印二明普賢一字、五字、／第二重一印二明(梵字)(梵字)／第三重一印一明秘密明、／右、所授弘延法師如件、

(差出) 権僧正亮淳

二〇八　義演授覚定伝法灌頂印信紹文案

元和三年丙寅四月廿五日婁宿水曜　一通

江戸前期　竪紙　楮紙（高檀紙）　三九・六糎×五四・七糎　一紙

（書出）伝法灌頂阿闍梨職位事／昔大日如来開大悲胎蔵・金剛秘密両部界會、／授金剛薩埵、

（書止）能洗五塵之染、可期八葉之蓮、是則酬仏／恩、答師徳、吾願如是、不餘（マヽ）年耳、

（差出）伝授大阿闍梨准三宮法務前（義演）大僧正法印大和尚位

（宛所）法眼覚定

二〇九　源朝授実誉灌頂印信案　二通

江戸前期　竪紙　楮紙（美濃紙）

（備考）（一）・（二）一括、墨註記、

（一）　源朝授実誉許可灌頂印信印明案

元和六年庚申十月廿六日庚午氐宿金曜　一通

二六・五糎×四七・〇糎　一紙

（端裏）灌頂印信円明院実誉仙改之、

（書出）伝燈大法師実誉／授印可／金剛界　大率都婆印　普賢一字明

（書止）右、於醍醐山円明院道場、授両部／灌頂畢、

（差出）伝授大阿闍梨法印大和尚位権大僧都源朝

（二）　源朝授実誉伝法灌頂印信紹文案

元和六年歳次庚申十一（十月）月廿六日庚午氐宿金曜　一通

二六・六糎×四七・四糎　一紙

（端裏）灌頂円明院実誉仙改之、

（書出）伝法灌頂阿闍梨位事／昔大日如来開大悲胎蔵・金剛秘密両部界會、／授金剛薩埵、

（書止）能洗五塵之染、可期八葉之蓮、／是則酬仏恩、答師徳、吾願如此、不可／餘念耳、

（差出）伝授大阿闍梨法印大和尚位権大僧都源朝

二一〇　義演授覚定伝法灌頂印信紹文案

寛永三丙寅年四月廿五日婁宿水曜　一通

江戸前期　竪紙　楮紙（高檀紙）　四〇・〇糎×五四・五糎　一紙

（書出）伝法灌頂阿闍梨職位事／昔大日如来開大悲胎蔵・金剛秘密両部界會、授／金剛薩埵、

（書止）能洗五塵之染、可期八葉／之蓮、是則酬仏恩、答師徳、吾願如是、不可餘念耳、

（差出）伝授大阿闍梨准三宮法務前大僧正法印大和尚位義演

二一一　源朝授養遍伝法灌頂印信紹文案

寛永六年歳次己巳二月十六日亢宿土曜　一通

江戸前期　竪紙　斐紙（鳥の子）　三三・七糎×四九・四糎　一紙

（書出）伝法灌頂阿闍梨位事／昔大日如来開大悲胎蔵・金剛秘密両部界

會、授金剛薩埵、
（書止）能〔洗〕五塵之染、可／期八葉之蓮、是則酬仏恩、答師徳、吾願如此、
不／可餘念耳、
（差出）伝授〔大〕阿闍梨法印権大僧都法眼和尚位源朝

二一二　長青授宥貞理趣経灌頂印信印明案等　四通
江戸前期　竪紙　斐紙（鳥の子）
（備考）（一）〜（四）一括、懸紙（美濃紙、四三・五糎×一五・五糎、ウハ書「理
趣経／四通　第三重以後授之、／十」）、

（一）長青授宥貞理趣経灌頂印信印明案
寛永十一甲戌年二月廿一日　一通
三三・五糎×四八・七糎　一紙
（書出）理趣経灌頂／初／印　塔印／明　（梵字）／経題額誦／大楽金剛
不空真実三摩耶経
（書止）第三／印　無所不至／明　（梵字）／次一経誦之、
（差出）伝燈大阿闍梨権大僧都長青
（宛所）授宥貞了、

（二）長青授宥貞理趣経灌頂口決案
寛永十一甲戌年二月廿一日　一通
三三・五糎×四九・〇糎　一紙
（書出）理趣経／題額／印　五鈷印内／明　（梵字）／大摩尼殿種々間錯
鈴鐸繒幡微風揺撃珠鬘瓔珞半満月等文、
（書止）次五鈷印外、段々十七字／次菩薩勝恵者偈五行廿句可誦之、
（差出）伝燈大阿闍梨権大僧都長青
（宛所）授宥貞了、

（三）長青授宥貞理趣経大事印信印明案
寛永十一甲戌年二月廿一日　一通
三三・五糎×四九・〇糎　一紙
（本文）理趣経大事五種善哉大事七箇大事有之、／五種善哉句　五仏印明也、／第六印
獨鈷印　金剛部惣説也、／明　（梵字）／経了、五鈷印内、／明　（梵
字）／右、印明最極秘密也云云、
（差出）伝燈大阿闍梨権大僧都長青
（宛所）授宥貞了、

（四）長青授宥貞理趣経灌頂印信印明案
寛永十一甲戌年二月廿一日　一通
三三・六糎×四九・〇糎　一紙
（本文）理趣経最極秘密灌頂印／金剛薩埵印／左右金剛拳右安胸、左拳安
腰、／（梵字）／大日如来印　智拳印／（梵字）／降三世印如常、／
（梵字）／五秘密印　内五鈷印／（梵字）
（差出）伝燈大阿闍梨権大僧都長青
（宛所）授宥貞

二一三　長青授宥貞越三昧耶大事印信案等　三通
江戸前期　竪紙
(備考)(一)～(三)一括、

(一)　長青授宥貞越三昧耶大事口決案
寛永十一甲戌年二月廿一日　一通
泥間似合　三三・七糎×四八・八糎　一紙
(書出)越三昧耶大事或云、惣許可、／向師匠不伝受真言大事等奉読了、見不得罪法印真言、／左手屈中指・無名指・小指、以母指、押彼三指甲、頭指／直竪、右又如是以左手、受左頬、以右手覆置膝上、
(書止)雖然随分密教伝受之志、依為甚深授之者也、然尤可報師恩也、
(差出)伝燈大阿闍梨権大僧都長青
(宛所)授宥貞了、
(備考)墨(返点・送仮名・傍訓)、包紙(漉返紙、四〇・〇糎×三一・四糎、ウハ書「惣許可　九二」)、

(二)　長青授宥貞第二重印信印明案
寛永十一甲戌年二月廿一日　一通
斐紙(鳥の子)　三三・五糎×四九・〇糎　一紙
(本文)第二重一印二明／金剛界／塔印　五智明／(梵字)／胎蔵界／塔印
五種(梵字)／(梵字)／秘口云、金開之誦明、胎閉之誦明、
(差出)伝燈大阿闍梨権大僧都長青
(宛所)授宥貞了、
(備考)包紙(漉返紙、四〇・〇糎×三一・二糎、ウハ書「第二重／三」)、

(三)　長青授宥貞阿闍梨位大事印信案
寛永十一甲戌年二月廿一日　一通
泥間似合　三三・七糎×四九・二糎　一紙
(書出)両部大法大阿闍梨位毘盧遮那根本最極伝法密印／金剛界伝法灌頂密印事、
(書止)雖入室、随器量可授之、／右、天長二年乙巳三月五日、於東寺真雅大法師授之、／伝授阿闍梨遍照金剛(梵字)
(差出)伝授大阿闍梨権大僧都長青
(宛所)授宥貞大法師了、
(備考)包紙一(漉返紙、四一・二糎×三一・二糎、ウハ書「阿闍梨位大事或云、大事、天長或云、一人大事、唯授第二重ノ次ニ授之、／六」「(梵字)如(梵字)空」)、包紙二(漉返紙、四〇・〇糎×三一・二糎、ウハ書「第三重／四」)、

二一四　長青授宥貞許可灌頂印信紹文案
寛永十一甲戌二月廿一日　一通
江戸前期　竪紙　斐紙(鳥の子)　三三・七糎×四九・〇糎　一紙
(書出)伝法許可灌頂印信血脈／昔大日如来開大悲胎蔵・金剛秘密両部界會、／授金剛薩埵、
(書止)能洗五塵之染、可期八葉之蓮、是則／酬仏恩、答師徳、吾願如此、不可餘念耳、
(差出)伝燈大阿闍梨権大僧都長青

（備考）包紙（漉返紙、四四・〇糎×三一・二糎、ウハ書「三宝院許可血脈」）、本紙と包紙の関係要検討、

二一五　長青授宥貞瑜祇三重印信印明案等　二通

江戸前期　竪紙　斐紙（鳥の子）

（備考）（一）・（二）一括、

（一）　長青授宥貞瑜祇三重口決案　寛永十一甲戌年二月廿一日　一通

三三・七糎×四七・〇糎　一紙

（書出）瑜祇三重／初重　有印有明／外五胋（梵字）／経云、持明阿闍梨思惟十六義誦一字心明三十七円満

（書止）経云、次誦一字明、結大羯磨印時、時不間断、三十七円満、

（差出）伝燈大阿闍梨権大僧都長青

（宛所）授与宥貞了、

（備考）包紙（漉返紙、四四・〇糎×三一・二糎、ウハ書「（梵字）三／五ノ四」）、

（二）　長青授宥貞菩提心論灌頂印信印明案

寛永十一年甲戌二月廿一日　一通

三三・七糎×四六・八糎　一紙

（本文）菩提心論灌頂印信／金界／印　内縛二大並入／明　（梵字）／胎界／印　外縛二大並入／明　（梵字）／文云、／八葉白蓮一肘間炳現阿字索光色／禅智倶入金剛縛　召入如来寂静智

（差出）伝燈大阿闍梨権大僧都長青

（宛所）授宥貞了、

（備考）包紙（漉返紙、四四・一糎×三一・三糎、ウハ書「菩提心論灌頂　十二」）、

二一六　長青授宥貞瑜祇卅七尊一印大事印信印明案等　二通

江戸前期　竪紙　斐紙（鳥の子）

（備考）（一）・（二）一括、

（一）　長青授宥貞瑜祇卅七尊一印大事口決案

寛永十一甲戌年二月廿一日　一通

三三・六糎×四九・二糎　一紙

（書出）一切衆生本有即体果上卅七尊建立密印／東方四菩薩（梵字）二空頂四方在之、行者前如始順置之、

（書止）四摂（梵字）四胋中文外面四方在之、／中台大日（梵字）二中指頂在之、

（差出）伝燈大阿闍梨権大僧都長青

（宛所）授大法師宥貞了、

（備考）包紙（漉返紙、四四・〇糎×三一・二糎、ウハ書「瑜祇卅七尊一印大事五ノ一」）、

（二）　長青授宥貞瑜祇灌頂印信血脈案

寛永十一甲戌年二月廿一日　一通

三三・七糎×四九・〇糎　一紙

（書出）瑜祇灌頂／外五胋／（梵字）／大日如来　金剛薩埵　龍猛菩薩

龍智菩薩　金剛智三藏／不空三藏　恵果和尚　弘法大師

（書止）義印　義継　賢継　印融　覚融／清胤　玄仙　俊圭　長青　宥貞

（差出）伝燈大阿闍梨権大僧都長青

（宛所）授宥貞了、

（備考）包紙（漉返紙、四四・〇糎×三一・二糎、ウハ書「瑜祇灌頂　宥貞五ノ三」）、

二一七　長青授宥貞伝法灌頂印信案　三通

江戸前期　竪紙　斐紙（鳥の子）

（備考）（一）～（三）一括、包紙（漉返紙、四三・五糎×三一・二糎、ウハ書「三宝院成―道―方　伝法　宥貞／二」）、

（一）長青授宥貞伝法灌頂印信印明案

寛永十一甲戌年二月廿一日　一通

三三・六糎×四九・〇糎　一紙

（書出）阿闍梨伝燈大法師宥貞／授印可／金剛界　大率都婆印　普賢一字明

（書止）右、於高野山宝亀院灌頂道場、／授両部職位畢、

（差出）伝燈大阿闍梨権大僧都長青

（二）長青授宥貞伝法灌頂印信血脈案

（寛永十一年二月廿一日）一通

三三・七糎×四九・〇糎　一紙

（書出）両部灌頂血脈／大日　金薩　龍猛　龍智　金剛智／不空　恵果　弘法　真雅　源仁

（書止）義印　義継　賢継　印融　覚融／清胤　玄仙　俊圭　長青　宥貞已上四十代

（三）長青授宥貞伝法灌頂印信紹文案

寛永十一年甲戌二月廿一日　一通

三三・七糎×四九・二糎　一紙

（書出）伝法灌頂阿闍梨職位事／昔大日如来開大悲胎蔵・金剛秘密両部界會、授金剛薩／埵、

（書止）能洗五塵之染、可／期八葉之蓮、是則酬仏恩、答師徳、吾願如此、不可餘念耳、

（差出）伝燈大阿闍梨権大僧都長青

二一八　長青授宥貞第三重印信印明案

寛永十一甲戌年二月廿一日　一通

江戸前期　竪紙　斐紙（鳥の子）　三三・八糎×四九・一糎　一紙

（本文）第三重一印一明／最極秘密法界体両部不二冥會印明化他時開之、自證時閉之、／法界塔婆印　五大明／（梵字）

（差出）伝燈大阿闍梨権大僧都長青（花押）

（宛所）授宥貞大法師了、

二一九　朝遍授快純許可灌頂印信紹文案
寛永十八年八月廿二日　一通

江戸前期　竪紙　泥間似合　三五・三糎×四九・五糎　一紙
（端裏）許可印信三―憲―
（書出）許可印信／右、秘密之宗伝来尚矣、月氏大日如来已為／聿祖、日域弘法大師猶在首聖、所以金剛手／忝稟法水於五智之遍照普賢、尊親伝教／風於三世之覚母、
（書止）能洗五塵之染、可期八葉／之蓮、自今以後酬仏恩、答師徳、吾願如／此、不可余念而已、
（差出）伝授阿闍梨権大僧都朝遍（花押）

二二〇　寛海授甚信伝法灌頂印信紹文案　慶安四年十二月二日　一通
江戸前期　竪紙　楮紙（高檀紙）　三九・三糎×五三・八糎　一紙
（書出）最極秘密法界躰伝法灌頂阿闍梨位之印／在昔大日如来開大悲胎蔵・金剛秘密両部／界會、授金剛薩埵、
（書止）今授権僧正甚信、為／次後阿闍梨、為示後哲記而授矣、
（差出）伝授阿闍梨法務前大僧正大和尚位寛海

二二一　寛済授有雅許可灌頂印信案　二通
江戸前期　竪紙　斐紙（鳥の子）
（備考）（一）・（二）一括、包紙（奉書紙、四五・三糎×三三・二糎、ウハ書「法務実雅」）、本紙と包紙の関係要検討、

（一）　寛済授有雅許可灌頂印信紹文案
慶安五年歳次壬辰五月廿三日癸巳婁宿金曜　一通
三六・三糎×五〇・〇糎　一紙
（書出）伝法許可灌頂印信／昔大日如来開大悲胎蔵・金剛秘密両部界／会、授金剛薩埵、
（書止）能洗五塵之染、可期八葉之蓮、是則／酬仏恩、答師徳、吾願如此、不可餘念耳、
（差出）伝授大阿闍梨前大僧正法印大和尚位寛済

（二）　寛済授有雅許可灌頂印信印明案
慶安五年歳次壬辰五月廿三日癸巳婁宿金曜　一通
三六・四糎×五〇・三糎　一紙
（書出）少僧都有雅／授印可／金剛界　大率都婆印　普賢一字明
（書止）右、於醍醐山釈迦院、授両部印可畢、
（差出）大阿闍梨前大僧正法印大和尚位寛済

二二二　覚定授親意許可灌頂印信紹文案
明暦二年歳次丙申三月廿四日室宿金曜　一通
江戸前期　竪紙　楮紙（奉書紙）　三六・三糎×三三・五糎　一紙
（書出）伝法許可灌頂印信／昔大日如来開大悲胎蔵・金剛秘密両部界会、授／金剛薩埵、
（書止）能洗五塵之染、可期八葉之蓮、是則酬仏恩、／答師徳、吾願如是、不可餘念耳、

（差出）伝授大阿闍梨前大僧正法印大和尚位覚定
（宛所）少僧都親意

二二一三　覚定授親意許可灌頂印信印明案
明暦二年歳次丙申三月廿四日室宿金曜　一通
江戸前期　竪紙　楮紙（奉書紙）　三六・二糎×三三・四糎　一紙
（端裏）印信
（書出）少僧都親意／授印可／金剛界　大率都婆印　普賢一字明
（書止）右、於醍醐寺金剛輪院、授両部印可畢、
（差出）伝授大阿闍梨前大僧正法印大和尚位覚定
（宛所）少僧都親意

二二一四　覚定授実盛許可灌頂印信紹文案
明暦二年歳次丙申卯月廿八日觜宿水曜　一通
江戸前期　竪紙　楮紙（奉書紙）　三六・二糎×三三・六糎　一紙
（書出）伝法許可灌頂印信／昔大日如来開大悲胎蔵・金剛秘密両部界会、
授／金剛薩埵、
（書止）能洗世間／五塵之染、可尋出世八葉之蓮、是則酬仏恩、答／師徳、
余願如是、不可餘念矣、
（差出）伝授大阿闍梨前大僧正法印大和尚位覚定
（宛所）法印実盛
（備考）受者名脇に「快意」、

二二一五　覚定授実盛許可灌頂印信印明案
明暦二年歳次丙申卯月廿八日觜宿水曜　一通
江戸前期　竪紙　楮紙（奉書紙）　三六・八糎×五〇・九糎　一紙
（書出）法印実盛／授印可／金剛界　大率都婆印　普賢一字明
（書止）右、於醍醐寺金剛輪院、授両部印可畢、
（差出）伝授大阿闍梨前大僧正法印大和尚位覚定
（宛所）法印実盛

二二一六　寛済授高賢許可灌頂印信印明案
寛文三年歳次癸卯二月九日鬼宿日曜　一通
江戸前期　竪紙　斐紙（鳥の子）　三七・五糎×五一・〇糎　一紙
（端裏）印可状　高賢
（書出）権僧正高賢／奉授印可／金剛界　大率都婆印　普賢一字明
（書止）金剛名号　遍照金剛／右、於醍醐寺金剛輪院、奉授両部印〈灌頂〉可畢、
（差出）伝授大阿闍梨法務前大僧正法印大和尚位寛済

二二一七　定信印可授与記　一巻
江戸前期　巻子装　漉返紙打紙　三〇・七糎×二七九・九糎　六紙
（首題）寛文五年八月廿八日角宿日曜印可并伝授記
（文首）大阿闍梨大僧都法印定信年算五十九、／受者大僧都宗儼年算卅九、／受者法
印快意年算五十三、／右大乗院快意者、薩陽門主也、大乗院嫡々之／法
流者、以三宝院流相承来也、
（文尾）一大乗院帰国之前日仁第二重之小切紙令遣／之給也、事之歓喜之

由申来也、
（奥書）右之記、此度印可伝授之次第粗書記之也、／悪筆愚案他見雖有憚、
後賢以（マヽ）一知十者、／自為十界之廻向乎、／承西往院法印之口授如
師命書記畢、／寛文五年十月六日筆功訖、　少僧都定歓（花押）
（備考）文中に「道場荘厳之図」、

二二一八　真源授賢清許可灌頂印信印明案　寛文五年臘月十五日　一通
江戸前期　切紙　斐紙（鳥の子）一七・八糎×五一・二糎　一紙
（書出）権律師賢清／授許可／内五貼印／（梵字）／二拳仰左覆右／帰命
欠
（書止）右、於京師東寺宝／巌院道場、授許可／已了、
（差出）伝授大阿闍梨法印真源
（備考）包紙（鳥の子、三六・三糎×二三・四糎）、

二二一九　演光授定昌許可灌頂印信案　二通
江戸前期　竪紙　泥間似合
（備考）（一）・（二）一括、懸紙（泥間似合、三七・〇糎×五〇・八糎）、

（一）　演光授定昌許可灌頂印信紹文案
寛文六年歳次丙午十月朔日心宿木曜　一通
三七・二糎×五〇・七糎　一紙
（書出）伝法許可灌頂印信／昔大日如来開大悲胎蔵・金剛秘密両部界会、
授／金剛薩埵、
（書止）能洗／世間五塵之染、可尋出世八葉之蓮、是則酬仏恩、答／師徳、
余願如是、不可餘念矣、
（差出）伝授大阿闍梨権僧正法印大和尚位演光
（宛所）法印権大僧都定昌

（二）　演光授定昌許可灌頂印信印明案
寛文六年歳次丙午十月朔日心宿木曜　一通
三七・二糎×五〇・七糎　一紙
（書出）法印権大僧都定昌／授印可／金剛界　大率都婆印　普賢一字明
（書止）右、於醍醐寺金剛輪院、授両部印可畢、
（差出）伝授大阿闍梨権僧正法印大和尚位演光
（宛所）法印定昌

二二三〇　高賢授某許可灌頂印信印明案
元禄二年歳次巳巳（マヽ）三月晦日昴宿水曜　一通
江戸中期　竪紙　斐紙（鳥の子）三七・〇糎×五一・三糎　一紙
（書出）授印可／金剛界　大率都婆印　普賢一字明
（書止）右、於金剛輪院道場、授両部印可畢、
（差出）伝授大阿闍梨前法務高賢

二二三一　妙辨授馦真許可灌頂印信紹文案
宝永五戊子年三月七日金―鬼―　一通
江戸前期　竪紙　斐紙（鳥の子）三六・二糎×五一・五糎　一紙

（書出）伝法許可灌頂／昔大日如来開大悲胎蔵・金剛秘密両／部界会、授
金剛薩埵、
（書止）能洗五塵之／染、可期八葉之蓮、是則酬仏恩、答師徳、／吾願如
此、不可餘念耳、
（差出）伝法大阿闍梨耶妙辨（方形朱印「玅辨／之印」）

二三三二　実雅授真海許可灌頂印信紹文案　一通
宝暦四年歳次甲戌六月九日丁巳氏宿日曜
江戸中期　竪紙　斐紙（鳥の子）　三七・八糎×五〇・七糎　一紙
（書出）伝法許可灌頂印信／昔大日如来開大悲胎蔵・金剛秘密両部界
会、／授金剛薩埵、
（書止）能／洗世間五塵之染、可尋出世八葉之蓮、是則酬／仏恩、答師徳、
余願如是、不可餘念矣、
（差出）伝授大阿闍梨法務僧正実雅
（宛所）権律師法印真海
（備考）墨界（界高三一・五糎、界幅二・九糎）、墨註記、界線上に墨書、

二三三三　報恩院隆舜印可授与日記　一通
室町前期　続紙　楮紙（杉原）　朱（註記・合点）、墨（註記）　二六・四糎×
八四・三糎　二紙
（端裏）印可日記　祖師法務僧正授与　原ム
（首題）祖師報恩院僧正隆『舜』授与日記
（文首）正和四年歳次乙卯五月三日庚戌鬼宿木曜、於相模国／鎌倉郡金剛道場授両
部印可云々、金廿八、台廿七葉云々、／師位　権律師法橋上人
位／受者大法師道泉大慶寺長老秋潤
（文尾）已上十一人、各印信案文有之、以彼書之、／祖師印信案／端ニ被記
之、大日　金サ　龍、龍、金、不、恵、弘、
貞、／南、尊、般、石、延、小、小、遍、
三、／三、松、勝、覚、遍、報、蓮、蓮、
報、／尺、廿八□
（備考）隆源筆、

二三三四　某授持厳許可灌頂印信紹文土代（年月日未詳）　一通
室町後期　竪紙　斐紙（鳥の子）　紙背あり　三四・〇糎×五〇・三糎　一紙
（書出）伝法許可灌頂印信／昔大日如来開大悲胎蔵・金剛秘密両部界会、
授／金剛薩埵、
（書止）能洗五塵之染、可期八葉／蓮、是則酬仏恩、答師徳、吾願如斯、
不可餘念耳、

（紙背）某授持厳許可灌頂印信印明書止シ（年月日未詳）　一通
竪紙
（本文）前大僧正持厳／奉授印可／金剛界　大率都婆印　普賢一字明／
帰命（梵字）

（備考）奥に同文書書止シ、

二三五　観光授慧達許可灌頂印信紹文案

享和二壬戌年四月五日鬼宿　一通

江戸後期　竪紙　楮紙（美濃紙）　三六・〇糎×四四・四糎　一紙

（書出）伝法許可灌頂印信／昔大日如来〔開脱カ〕大悲胎蔵・金剛秘密両部界会、／授金剛薩埵、

（書止）能洗五塵之染、可／期八葉之蓮、是則酬仏恩、答師徳、吾願如此、／不可餘念耳、

（差出）伝授阿闍梨大和尚位観光

二三六　杲助授顕淳初重印信印明案等　二通

江戸後期　切紙　泥間似合

（備考）（一）・（二）一括、包紙（泥間似合、三五・七糎×五〇・五糎）、

（一）　杲助授顕淳初重印信印明案

文化十癸酉年十二月十三日鬼宿水曜　一通

一九・〇糎×三三・五糎　一紙

（本文）初重／金剛界　塔印　普賢一字明／帰命（梵字）／胎蔵界　外五古印　五字明／（梵字）／阿闍梨位印明合掌二頭二無名合背、／（梵字）

（差出）伝授大阿闍梨法務僧正法印大和尚位杲助

（宛所）授与権僧正顕淳

（備考）包紙（泥間似合、一五・八糎×三六・三糎）、

（二）　杲助授顕淳許可灌頂印信紹文案

文化十歳次癸酉十二月十三日鬼宿水曜　一通

三八・〇糎×五三・五糎　一紙

（書出）伝法許可灌頂印信／昔大日如来開大悲胎蔵・金剛秘密両部／界会、授金剛薩埵、

（書止）能洗五塵之染、可期八葉之蓮、是則酬仏恩、／答師徳、吾願如是、不可餘念耳、

（差出）伝授大阿闍梨法務僧正法印大和尚位杲助

（宛所）授与権僧正顕淳

二三七　演護授定心許可灌頂印信印明案

明治廿年歳次丁亥四月三日張宿日曜　一通

明治時代　竪紙　斐紙（雁皮紙）　四〇・八糎×五二・〇糎　一紙

（書出）律師定心／授印可／金剛界　大率都婆印　普賢一字明

（書止）右、於金剛輪院、授両部灌頂畢、

（差出）伝授大阿闍梨少僧正法印大和尚位「演護」

（備考）包紙（美濃紙、三三・六糎×四五・七糎）、一六八号に伝法灌頂印信紹文案、

二三八　長青授宥貞霊灌頂印信印明案

寛永十一甲戌年二月廿一日　一通

江戸前期　竪紙　斐紙（鳥の子）　三四・〇糎×四八・七糎　一紙

（本文）霊灌頂／塔印／開金、（梵字）／開胎、（梵字）／閉妙成就、（梵字）／

元杲大僧都　明観宮座主　覚源宮大僧正／定賢法務　勝覚僧正
（差出）伝燈大阿闍梨権大僧都長青
（宛所）授与宥貞了、
（備考）包紙（美濃紙、三一・二糎×四四・一糎、ウハ書「霊灌頂／七／三ノ次ニ」）、

二三九　某授演誉伝法灌頂印信印明書止シ　（年月日未詳）　一通
江戸前期　竪紙　斐紙（鳥の子）　裏書あり　三七・〇糎×五三・五糎　一紙
（本文）大法師演誉／授印可／金剛界　大率都婆印　普賢一字明／帰命（梵字）／金剛名号　遍照金剛／胎蔵界　外縛五貼印　満足一切智々明／（梵字）／金剛名号　吉祥金剛／右、於
（備考）裏書「爰権大僧都亮盛深信三密奥旨、久学両部大法、今機縁相催、所授許可灌頂密印也、／与権大僧都亮盛」、紙背に習書、

二四〇　無量寿院堯雅関東下向印可授与記　一通
江戸前期　続紙　前欠　楮紙（美濃紙）　二四・五糎×一〇七・四糎　三紙
（文首）七月廿八日、於信州長命寺印可、／九月廿一日、於下野鍋山宝蓮寺印可於此所越年云々、／於出流山灌頂證明云々、此所ニ日付無之、
（文尾）（元亀四）同年十月廿五日、尊済　此所宇都宮歟、■■■不分明　修生院見廻云々、一乗院音信、／道場野州出流山慶月坊也トハカリ有之、此書様不審、
（備考）堯円筆カ、

二四一　理性院相承血脈等　三通
（備考）（一）〜（三）一括、

（一）　理性院相承血脈　一通
江戸中期　竪紙　楮紙（美濃紙）　墨（註記）　二七・五糎×四〇・八糎　一紙
（文首）理性院方／賢覚理性房法眼　久寿三年三月十六日　七十七才／宗命理性院僧都　承安元年七月十日　五十三才／宗厳理性院僧都／行厳同院法印
（文尾）堯観延命院前法務大僧正　享保十四辛酉十月十四日　六十二才／宣雅證菩提院権僧正　元文三年四月十五日　八十二才
（備考）包紙（美濃紙、二四・三糎×三五・一糎、ウハ書「理流相承血脈　宝幢院蔵」）、包紙紙背に「天日／モクサ」、

（二）　意教流血脈写　一通
江戸後期　竪紙　楮紙（美濃紙）　墨（註記）　二七・八糎×四一・三糎　一紙
（端裏）上人方　求法沙門淳覚
（文首）大日如来　金剛薩埵　龍猛　龍智　金剛智／不空　恵果　弘法　真雅
（文尾）真円　実雅　有円　淳杲／意教ノ願行方、此一流当流ニ自憲淳／相続ス、又慈明方ノ意教関東専／発興由承、
（奥書）右上人方　淳杲私記、／件之上人方血脈予兼而求処也、今般師主大和上ニ相願、／則御本給、依而如形馳筆者也、御本ハ御草《早》筆也、

（三）　意教流事書写　一通
江戸後期　折紙　楮紙（美濃紙）　墨点（送仮名）　墨（註記）　二七・九糎×四一・二糎　一紙

(首題)意教方法流事
(文首)意教上人頼賢ノ弟子ニ願行房憲静・慈明房良賢／両師有之、両流ニ相分ル也、／意
教之願行方此ノ一流当流ニ国師僧正憲淳ヨリ相続也、
(文尾)鎌倉将軍／家御帰依有之故、東寺／等ノ再興畢、然故ニ東寺／上
人トイヘリ、
(奥書)先師大僧都有円以自毫／御本書摸之而已、／淳覚識

二四二　淳覚授玄瑜許可灌頂印信紹文案
文化元年歳次甲子九月八日甲午木曜虚宿　一通
江戸後期　竪紙　泥間似合　三七・〇糎×五〇・八糎　一紙
(端裏)紹書留
(書出)伝法許可灌頂印信／昔大日如来開大悲胎蔵・金剛秘密両部界
会、／授金剛薩埵、
(書止)能洗五塵之染、可期八葉之蓮、是則／酬仏恩、答師徳、吾願如是、
不可餘念耳、
(差出)伝授大阿闍梨僧正法印大和尚位淳覚
(備考)紙背に付箋、

二四三　淳覚授慶山許可灌頂印信印明案
文政五年歳次壬午五月十二日乙酉房宿日曜　一通
江戸後期　竪紙　泥間似合　三九・八糎×五一・八糎　一紙
(書出)法印権大僧都慶山／授印可／金剛界　大率都婆印　普賢一字
明／帰命(梵字)
(書止)右、於金剛輪院、授両部印可畢、
(差出)伝授大阿闍梨僧正法印大和尚位淳覚
(備考)押紙「福王寺法印権大僧都慶山」、

二四四　淳覚授亮珍許可灌頂印信紹文案
文政十三年歳次庚寅五月廿六日甲申金曜畢宿　一通
江戸後期　竪紙　泥間似合　三九・五糎×五三・二糎　一紙
(端裏)亮珍大僧都文書留
(書出)伝法許可灌頂印信／昔大日如来開大悲胎蔵・金剛秘密両部界
会、／授金剛薩埵、
(書止)能洗五塵之染、可期／八葉之蓮、是則酬仏恩、答師徳、吾願如是、
不／可餘念耳、
(差出)伝授法大阿闍梨山務僧正法印大和尚位淳覚

二四五　淳覚授照雄印信血脈案(年月日未詳)　一通
江戸後期　竪紙　泥間似合　紙背あり　三六・六糎×五三・〇糎　一紙
(端裏)血脈　神照寺松寿院授与留／『血脈留也、』此外末寺授与名字裏ニ
記留、／度々入用、此裏ニ可記也、
(書出)大日如来　金剛薩埵　龍猛　龍智　金剛智／不空　恵果　弘法
貞願寺僧正真雅
(書止)円明院山務僧正淳杲　報恩院権僧正成深　宝幢院淳覚　照雄江州神照
寺松寿院法印
(備考)朱註記、墨(註記・合点)、袖下・奥に押紙(美濃紙)、紙背中央

に追記「真雅／文政十一年諡号法光大師」、紙背袖に追記、

二四六　伝授印可略作法　一通

鎌倉前期　竪紙　漉返紙打紙　紙背あり　三・八糎×五三・八糎　一紙

（端裏）建暦二年三月二日授之、阿闍梨道海／「雖他物功能大切ノタメニ／加置也、」

（首題）伝授印可略作

（文首）先授塗香、／次取受者合掌手末、以散杖灑水三反、

（文尾）諸仏金剛灌頂儀　汝已如法灌頂竟／為成如来躰性故　汝応授此金剛杵／誦畢取返、／已上作法印可有別紙、

（備考）虫損甚し、

〔紙背〕印契口決草　一通

折紙　前欠　墨点（返点・送仮名）

（文首）内山之高（梵字）御流授之、／同御口伝秘伝云、／胎蔵界印二大並入掌中事／者、五峯楼閣内、理智二法身／御思之、

（文尾）法界塔波印／是最秘口印　入塔之後、必重可／授之事也、

（備考）墨抹、

二四七　印可日取吉日勘文案（年月日未詳）　一通

室町中期　折紙　漉返紙　二六・〇糎×三九・二糎　一紙

（書出）印可日取／五月／七日　日曜　吉／翼宿　吉／十二吉宿内也、

（書止）或三七日、／或一七日と相見候、其段御／尊慮次第まいらせ候、又／或ハ供／或又ハ護摩ニテ候／供ヲ被成、可然候ハん哉、護／摩にて候、彼珎重々々、

二四八　淳杲授淳覚第二重印信印明案　天明八戊申年十一月十七日星宿日曜　一通

江戸後期　切紙　泥間似合　一九・四糎×四五・〇糎　一紙

（本文）（梵字）有口／（梵字）／（梵字）／躰ハ不変之故、印ハ一也、／説ハ替故、言ハ二也、／天明八戊申年十一月十七日星宿日曜／於宝幢院道場、権大僧都淳覚／依悃請令授与畢、尤奥／秘、不可及口外者也、

（差出）僧正法印大和尚位淳杲

（備考）懸紙（泥間似合、三・四糎×一九・〇糎、ウハ書「第二重」）、包紙（奉書紙、三・六糎×四六・六糎、ウハ書「秘重切紙　淳覚」）、二四八号・二四九号一括、一括包紙（美濃紙、二七・〇糎×三九・八糎、ウハ書「重位重々ノ時給之八月廿四日渡之取」）、

二四九　淳杲授淳覚第二重印信印明案　寛政四壬子年八月廿二日鬼宿日曜　一通

江戸後期　切紙　斐紙（鳥の子）　一九・三糎×四〇・三糎　一紙

（本文）（梵字）／有口／（梵字）／（梵字）／躰ハ不変之故、印ハ一也、／説ハ替故、明ハ二也、／寛政四壬子年八月廿二日鬼宿、日曜、／右、於円明院道場、淳覚大僧都／二度重位依有信望令授与／畢、尤可秘々々、于時淳覚金輪護／摩修行中結願前日也、

（差出）僧正法印大和尚位淳（花押）

(備考) 懸紙（鳥の子、三六・二糎×一九・二糎、ウハ書「第二重」）、包紙（漉返紙、三三・七糎×三六・八糎、ウハ書「秘重切紙　淳覚」）、

二五〇　淳覚授龍肝第二重印信印明案

文政十二年五月九日壬寅角宿水曜　一通

江戸後期　切紙　斐紙（鳥の子）　一九・九糎×三九・六糎　一紙

(本文)（梵字）有口／（梵字）／（梵字）／躰ハ不変之故、印ハ一也、／説ハ替故、言ハ二也、／文政十二年五月九日壬寅角宿水曜／右秘重印明授与龍肝法印、／不可及口外者也、

(差出) 僧正法印大和尚位淳覚

(備考) 奥に梵字一字、

二五一　淳覚授鏡真第二重印信印明案

文政十二年五月九日壬寅角宿水曜　一通

江戸後期　切紙　泥間似合　裏書あり　三〇・〇糎×三六・〇糎　一紙

(本文)（梵字）有口／（梵字）／（梵字）／躰ハ不変之故、印ハ一也、／説ハ替故、言ハ二也、／文政十二年五月九日壬寅角宿水曜／右秘重印明授与鏡心真法印、／不可及口外者也、

(差出) 僧正法印大和尚位淳覚

(備考) 裏書「鏡真・龍肝・通済・弘賢投与留、／天保二年辛卯四月廿九日、授弁暁」、

二五二　淳杲授淳覚不動灌頂印信印明案

寛政元年／卯月十四日房宿金曜　一通

江戸後期　切紙　泥間似合　一九・六糎×五〇・九糎　一紙

(書出) 不動灌頂／塔印開中如釼原ム云、二大開之、如釼、

(書止) 右、秘印明大事、于宝幢院僧都／淳覚令伝授者也、

(差出) 僧正法印大和尚位淳杲

(備考) 墨送仮名、懸紙（泥間似合、三三・五糎×一九・四糎、ウハ書「不動大事授与淳覚」）、包紙一（奉書紙、三三・五糎×四六・四糎、ウハ書「秘印明」）、包紙二（美濃紙、三四・〇糎×二四・一糎）、

二五三　淳覚授淳心第二重印信印明写等　二通

江戸後期　切紙　楮紙打紙

(備考)（一）・（二）一括、包紙（楮紙打紙、三三・八糎×一九・六糎、ウハ書「淳心権僧正江授与留　第二重」）、

（一）　淳覚授淳心第二重印信印明写

文政十二己丑年五月十三日心宿日曜　一通

裏書あり　一九・九糎×二四・四糎　一紙

(本文)（梵字）有口／（梵字）／（梵字）／躰ハ不変之故、印ハ一也、／説ハ替故、言ハ二也、／文政十二己丑年五月十三日心宿日曜、／於報恩院道場、法務権僧正淳心／依悃請令授与畢、尤奥秘不可／及口外者也、

(差出) 僧正法印大和尚位淳覚

(備考) 裏書「予ヘ先師被授与通、別名認候事、／上包第二重、又上包奉

書、秘重切紙　淳心／切紙同月廿八日授与申」、

（二）　淳覚授淳心第二重印信印明案

文政十二己丑年五月十三日心宿日曜　一通

一九・六糎×三七・八糎　一紙

（端裏）同月廿八日切紙授与留

（本文）（梵字）有口／（梵字）／（梵字）／躰ハ不変之故、印ハ一也、／説ハ替故、言ハ二也、／文政十二己丑年五月十三日心宿日曜、／於報恩院道場、法務権僧正淳心／依悃請令授与畢、尤奥秘不可／及口外者也、

（差出）僧正法印大和尚位淳覚

二五四　淳杲授淳覚阿弥陀灌頂印信印明案

寛政四年歳次壬子八月廿二日戊子鬼宿日曜　一通

江戸後期　切紙　斐紙（鳥の子）　一九・二糎×四九・五糎　一紙

（書出）阿弥陀灌頂／蓮合開二頭（梵字）　二中（梵字）／二無名（梵字）／三部皆入（梵字）／三昧

（書止）五古ハ金界智理智不二ノ／一大事也、／寛政四年歳次壬子八月廿二日戊子鬼宿日曜、／於円明院道場、大僧都法印淳覚／令授与訖、

（差出）僧正法印大和尚位淳杲

（備考）包紙一（鳥の子、二六・二糎×一九・二糎、ウハ書「阿弥陀灌頂」）、包紙二（漉返紙、三三・五糎×四五・八糎、ウハ書「弥陀最極秘事」）、包紙三（美濃紙、二七・四糎×三九・二糎）、包紙四（漉返紙、二七・〇糎×三九・二糎、ウハ書「阿弥陀灌頂／淳覚／八月二十四日伝授」）、

二五五　淳杲授淳覚愛染王法卅七尊印信案　二通

江戸後期　切紙　泥間似合

（備考）（一）・（二）一括、包紙（美濃紙、二七・八糎×四〇・四糎、ウハ書「（梵字）秘々」）、

（一）　淳杲授淳覚愛染王法卅七尊大事口決案（年月日未詳）　一通

一八・八糎×二六・〇糎　一紙

（書出）愛染王法就卅七尊印言有重々／浅深習事／初重ニハ卅七尊印言ノ前ニ結誦、本尊三種印言、

（書止）四重ニハ如口伝結羯磨会卅七尊印／誦瑜祇経卅七尊一字心明云々、／五重　最秘々々、／于淳覚僧都令授与畢、

（差出）僧正淳杲

（二）　淳杲授淳覚愛染王法卅七尊印信印明案

天明五年二月廿一日　一通

一八・九糎×五一・六糎　一紙

（書出）愛染王三十七尊秘々之大印、／振鈴後／外五古印／二中指之上／（梵字）／二大指之上／（梵字）／左頭指之上／（梵字）

（書止）左頭指之下之下（梵字）　索／二小指之下之下（梵字）　鏁／右頭指之下之下（梵字）　鈴／此大事当流深密々々、／秘中秘也、今般淳覚僧都令授与者也、

（差出）僧正淳杲識

（備考）本文紙背にわたる、

二五六　淳杲授成深第二重印信印明案

寛政二戊戌年四月十八日斗宿月曜　一通

江戸後期　切紙　斐紙（鳥の子）一九・四糎×二四・二糎　一紙

（端裏）留メ

（本文）（梵字）有口／（梵字）／（梵字）／躰ハ不変之故、印ハ一也、／説ハ替故、言ハ二也、／寛政二戊戌年四月十八日斗宿月曜、／於山上釈迦院道場、重位／于水本成深大僧都令授与／者也、

（差出）僧正法印大和尚位淳杲

（備考）二五六号・二五七号一括、一括包紙（漉返紙、三三・〇糎×四四・四糎、ウハ書「秘重切紙留　成深／此表包紙、小奉書ニテツヽム」）、

二五七　淳杲授深観第二重印信印明案

寛政四年歳次壬子八月廿二日戊子尾宿日曜　一通

江戸後期　切紙　斐紙（鳥の子）一九・四糎×二六・二糎　一紙

（本文）（梵字）有口／（梵字）／（梵字）／躰ハ不変之故、印ハ一也、／説ハ替故、明ハ二也、／寛政四年歳次壬子八月廿二日戊子尾宿日曜、／於円明院道場、于権僧正深観／依悃請重位令授与訖、尤奥秘不可及／口外者也、

（差出）僧正――――――（淳杲）

（備考）懸紙（鳥の子、二六・四糎×一九・一糎、ウハ書「第二重」）、

二五八　淳杲授淳覚決定往生印信印明案等　三通

江戸後期　切紙

（備考）（一）〜（三）一括、包紙（美濃紙、二七・四糎×四一・三糎、ウハ書「臨終印明」）、

（一）淳杲授淳覚決定往生印信印明案　天明二年初春廿二日　一通

楮紙（奉書紙・茶染）一八・五糎×二九・七糎　一紙

（書出）決定往生事／用梵篋印也、生界ノ／五蘊ニ仏界ノ五蘊ヲ／覆テ、生仏ノ五蘊不／二ナレバ決定往生也、

（書止）天明二年初春廿二日、於円明院客殿、／于淳覚僧都令伝授畢、

（差出）僧正淳杲誌

（備考）墨（返点・送仮名・傍訓）、

（二）淳杲授淳覚臨終印明案　天明二年春二月廿二日　一通

楮紙（奉書紙・茶染）一八・三糎×三七・一糎　一紙

（書出）臨終印明事／金剛界羯摩會阿閦／尊印針固ノ位、次ニ同會宝／生尊印宝行ノ位、次決無量／寿印蓮證ノ位、

（書止）明ハ弥陀ノ十甘露咒々ノ／中ニアミリテイノ句十種アリ、／即十甘露也、初ヨリ誦此／咒功能殊勝也、／天明二年春二月廿三日依信望伝授了、

（差出）僧正淳杲識

（備考）墨（返点・送仮名）、

（三）臨終秘印授与記　一通

楮紙（美濃紙）墨点（送仮名）一八・〇糎×四八・〇糎　一紙

（文首）内縛シテ二火二風立開キ、二空／風ノ側ニサソウ、
（文尾）印明ヲンアミリトハトハンベウン当流此通、／次他流ノ通御授与、／右聊記之、

二五九　弥陀九品印口伝抄　一通
江戸中期　折紙　斐紙（鳥の子）　紙背あり　墨点（返点・送仮名）　三七・八糎×五一・二糎　一紙
（文首）弥陀九品印／上品上生弥陀定印如常、／上品中生同定印也、但二頭ヲ改テ二中二大柱ル也、
（文尾）或説出秘鈔問答　上品上生定印、　中品中生先印、捻中指、／下品下生先印、捻無名指、　已上皆用大咒、
（奥書）宝暦十二壬午年四月廿五日一見之序、以／戒光院運助権僧正御自毫写之畢、／法印大僧都有円
（備考）紙背に許可灌頂印信紹文書止シ等あり、包紙（美濃紙、二九・七糎×四三・六糎、ウハ書「弥陀九品印／宝幢院有円」）、包紙は東大寺真言院書状懸紙を転用（ウハ書「宝幢院様貴答　戒壇院／東大寺／真言院」、糊封）、

二六〇　阿弥陀灌頂秘口説　一通
江戸後期　折紙　楮紙（美濃紙）　墨点（返点・送仮名・傍訓）　二六・〇糎×四〇・七糎　一紙
（首題）（梵字）弥陀灌頂口
（文首）先蓮合二頭ヲ開ク時キ（梵字）ト唱フ、
（文尾）悪敷キ見ハ可甚悪云々、／秘々口／杲／切紙ヲ授与之時、／委口説アル如此、
（奥書）寛政四年八月二十二日、於円明院道場印可／便旦（壇、下同ジ）、重位許可蒙再授与ノ其序引／ツ、キ、便旦ニテ弥陀灌頂受之、二十四日切／紙伝授給畢、此御口御自筆ヲ給／写之、金剛仏子淳覚
（備考）見返奥に「（梵字）弥陀」、包紙（美濃紙、二六・〇糎×四〇・七糎、ウハ書「秘々／アミダ灌頂／秘口説／宝幢院」）、

二六一　高賢授房演伝法灌頂印信案　二通
江戸中期　竪紙　楮紙（高檀紙）
（備考）（一）・（二）一括、包紙（高檀紙、六三・七糎×四五・五糎）、

（一）　高賢授房演伝法灌頂印信紹文案
貞享四年歳次丁卯二月十日己未柳宿日曜　一通
四五・九糎×六三・二糎　一紙
（書出）伝法灌頂阿闍梨職位事／昔大日如来開大悲胎蔵・金剛秘密両部界会、／授金剛薩埵、
（書止）能洗五塵之染、可期／八葉之蓮、是則酬仏恩、答師徳、吾願如是、不可／餘念耳、
（差出）伝授大阿闍梨前法務「高賢」
（宛所）権僧正房演

（二）　高賢授房演許可灌頂印信印明案
貞享四年歳次丁卯二月十日己未柳宿日曜　一通
四五・七糎×六三・二糎　一紙
（書出）権僧正房演／授印可／金剛界　大率都婆印　普賢一字明
（書止）右、於金剛輪院、授両部灌頂畢、
（差出）伝授大阿闍梨前法務「高賢」

二六二　某授某許可灌頂印信紹文案
正保四年丁亥三月十三日甲寅木曜角宿　一通
江戸前期　竪紙　楮紙（杉原）　紙背あり　三五・五糎×五三・五糎　一紙
（書出）伝法許可灌頂印信／昔大日如来開大悲胎蔵・金剛秘（密）両部界会、／授金剛薩埵、
（書止）能洗五塵之染、／可期八葉之蓮、是則酬仏恩、答師徳、吾／願如此、不可餘念耳、
（差出）伝授大阿闍梨権大僧都○法眼大和尚位
（備考）墨（返点・送仮名・傍訓）、紙背に某印信印明習書あり、

二六三　某授賢清初重・二重印信印明写
寛文六年次丙午四月廿日虚宿日曜　一通
江戸前期　竪紙　楮紙（杉原）　三〇・二糎×四五・〇糎　一紙
（書出）初重／普賢三昧耶印内縛二中指立合、／（梵字）／法界生印仏三昧耶印　虚心合掌二大指偃立／曩莫三満多勃駄南阿三迷怛里三／迷三摩曳薄賀
（書止）右初重・二重、於西往院道場／受之畢、
（宛所）求法沙門賢清

二六四　義演授亮済許可灌頂印信案
江戸前期　竪紙　漉返紙　三三・七糎×五〇・七糎　一紙　一通
（備考）①・②書継、

①義演授亮済許可灌頂印信紹文案　慶長三年歳次戊戌二月二日婁宿月曜
（書出）伝法許可灌頂印信／昔大日如来開大悲胎蔵・金剛秘密両部／界会、授金剛薩埵、
（書止）能洗五塵之染、可期八葉之蓮、是則酬／仏恩、答師徳、吾願如是、不可餘念耳、
（差出）伝授大阿闍梨准三宮法務前大僧正法印大和尚位義演
（宛所）阿闍梨亮済

②義演授亮済許可灌頂印信印明案　慶長三年歳次戊戌二月二日婁宿月曜
（書出）阿闍梨亮済／授印可／金剛界　大率都婆印　普賢一字明
（書止）右、於醍醐寺金剛輪院、授両部印可畢、
（差出）伝授大阿闍梨准三宮法務前大僧正法印大和尚位義演

二六五　長青授宥長天長大事印信写　寛永十一年甲戌二月十六日　一通
江戸前期　竪紙　斐紙（鳥の子）　三四・五糎×四七・八糎　一紙
（書出）金剛界伝法灌頂密印／摂一切如来大阿闍梨行位印真言

（書止）右、天長二年三月五日壬午於東寺貞観寺、真雅阿闍梨授之畢、／伝
法阿闍梨遍照金剛空海

（差出）伝授阿闍梨長青

（宛所）授有長改貞了、

（備考）包紙（美濃紙、三五・七糎×三四・一糎、ウハ書「阿闍梨位　第八　一通／宥長改貞」）、

二六六　寛済授宗海第二重印信印明写

正保三年六月廿八日癸卯　一通

江戸前期　切紙　斐紙（鳥の子）　一七・六糎×五〇・二糎　一紙

（端裏）二

（書出）第二重／塔印／二大中間開之、法界塔印也、則／出生万法両方大
頭間両部／大日也、不二塔印也、

（書止）正保三年『七』六月『九』廿八日■■癸卯『酉』／於下総国葛西庄小岩村『駿河国建穂菩提樹院』／善養寺授愛『授学頭坊法印』
染寺法印『円雄畢、』／宗海畢、

（差出）東寺二長者前大僧正法印大和尚位寛済

（備考）包紙（鳥の子、一八・一糎×二一・三糎、ウハ書「二重三」）、

二六七　寛済授弘延第二重印信印明写

寛永二十年九月三十日心宿水曜　一通

江戸前期　切紙　斐紙（鳥の子）　一七・六糎×三六・〇糎　一紙

（書出）第二重／塔印／二大中間開之法界塔印也、／則出生万法両方大頭
間／両部大日也、不二塔印也、

（書止）寛永二十年九月三十日心宿水曜／於醍醐山釈迦院道場、授／与執当弘
延大法師畢、

（差出）大僧正法印大和尚位寛済

（備考）懸紙（鳥の子、三三・五糎×一七・五糎、ウハ書「第二重　幸方」）、

二六八　不二口決

一通

江戸前期　竪紙　斐紙（鳥の子）　墨点（返点・送仮名）　一七・七糎×五一・四糎　一紙

（首題）不二口

（文首）先道場観、就金界観事如常、／次又可観大日如来金、心月輪／上有
（梵字）字、成八葉蓮花、

（文尾）西北花葉有（梵字）字、成／観世音菩薩、東北花葉有（梵字）、／
成弥勒菩薩、及十三大会諸聖／衆、囲繞周匝云々、

（奥書）慶安元年十一月廿日、授喜多房／快玄法師畢、／前大僧正寛済（花
押）

（備考）包紙（美濃紙、二七・二糎×二四・一糎、ウハ書「不二」）、

二六九　澄恵授源雅第二重印信印明写等

二通

江戸前期　切紙　斐紙（鳥の子）

（備考）（一）・（二）一括、包紙（鳥の子、二五・三糎×一七・八糎、ウハ書「阿
弥陀灌頂」）、

（一）　澄恵授源雅第二重印信印明写（年月日未詳）　一通

紙背あり　一八・〇糎×一五・〇糎　一紙
（本文）第二重『此表裏第二重切紙ノ案ハ／権僧正澄恵自筆、源雅僧正ヘ／被授之者也、仍写之、／両通大同小異也、』／（梵字）／躰不変故印一也、説替故言二也、
（備考）紙背に第二重印信印明あり（全文墨抹）、

（二）　寛済授釈迦院某阿彌陀灌頂印信印明写
万治二年十月十五日　一通
一七・二糎×三四・七糎　一紙
（書出）阿弥陀灌頂／蓮合開二頭（梵字）二中（梵字）二無名（梵字）／三部皆入（梵字）三昧／（梵字）
（書止）理趣釈云、五塵交會成一事文、／蓮ハ胎蔵理五古ハ金界智／理智不二ノ一大事也、／万治二年十月十五日授／釈迦院法印畢、
（差出）法務（花押）

二七〇　寛済授長瀬常定大勝金剛印信印明写
正保三年五月六日　一通
江戸前期　折紙　斐紙（鳥の子）　三五・七糎×四九・八糎　一紙
（書出）大勝金剛／印／真言／ソンマカ○バゾロ○シユニ／シヤ○ウンタラク○キリク／アクウン
（書止）功能／若末法世人／長誦此真言、／水火不焚漂、／刀兵不能害、／正保三年五月六日、於江戸／授長瀬新兵衛尉常定畢、
（差出）前大僧正寛済（花押）

（備考）墨（返点・送仮名）、

二七一　如意輪印明口決
二通
江戸後期　切紙　楮紙（美濃紙）
（備考）（一）・（二）一括、懸紙（美濃紙、二四・三糎×三五・八糎、ウハ書「如意輪印明口決秘」）、

（一）　如意輪印明口決
一通
墨点（送仮名）　一六・六糎×二六・三糎　一紙
（文首）一如意輪之法内散念誦之前、大日印／明秘、次本尊加持、
（文尾）此印言加用秘伝也、／私ニ御書之淳杲記、

（二）　如意輪印明口決
一通
墨点（返点・送仮名）　朱（註記）　一六・六糎×四六・一糎　一紙
（首題）如意輪印明口決
（文首）心中心印如文、／重仰云、此尊ヲハ殊ニ付此印習也、
（文尾）吽輪／金剛之故、如此印真言三形皆一儀ニ習／合スル、甚深々々云々、
（奥書）天明四甲辰年九月六日、令書写深秘／口決耳、僧正淳杲識

二七二　妙辨授䖍真秘密灌頂印信印明
宝永五戊子年孟冬廿二日月曜觜宿　一通
江戸中期　竪紙　楮紙（高檀紙）　三三・六糎×四四・八糎　一紙

（本文）秘密灌頂印明／第二重一印二明（梵字）（梵字）／右、所授䢗真闍梨如是、
（差出）妙辨（方形朱印「妙辨／之印」）

二七三　三宝院流灌頂秘印口決注進案　（年月日未詳）　一通
江戸前期　切紙　楮紙（美濃紙）　一三・五糎×一四・二糎　一紙
（端裏）灌頂秘三宝院注進、
（書出）三宝院灌頂重口決／普賢一字明事／五字明事／無所不至印事
（書止）金剛界心月輪三十七尊布／字事／灌頂功能事／裏付云、依仁和寺之仰集之訖、
（差出）勝ー
（備考）結札（美濃紙、一三・二糎×二・七糎、ウハ書「三流印信目六」）、

二七四　有円授淳杲印信血脈写　（年月日未詳）　一通
江戸後期　竪紙　斐紙（鳥の子）　三一・二糎×四五・三糎　一紙
（端裏）上人方
（書出）大日如来　金剛薩埵　龍猛　龍智　金剛智／不動空　恵果　弘法　貞観寺僧正真雅
（書止）行樹院権僧正真円　報恩院法務僧正実雅　宝幢院別当法印有円　円明院僧正淳杲／意教ノ願行方此一流当流ニ自〇国師僧正憲淳／相続ス、又慈明方ノ意教関東専発興由承、／右上人方血脈、淳杲私記
（備考）二七四号・二七五号一括、一括包紙（美濃紙、四五・一糎×三一・六糎、ウハ書「血脈上人方　二通」）、

二七五　運助授性善印信血脈写　（年月日未詳）　一通
江戸中期　竪紙　楮紙（奉書紙）　三六・七糎×五〇・五糎　一紙
（書出）大日如来　金剛薩埵　龍猛　龍智　金剛智／不空　恵果　弘法　真雅
（書止）源朝　寛済　有雅　安養院山務権僧正運助／瓶泉貞福律寺性善
（備考）書止後に押紙「瓶泉貞福律寺苾蒭性善」、奥に追記「性善ハ元ハ円院住、後ニ貞福寺住、此寺律寺自建立ス、／又後ニ当跡戒壇院住哉、／右ハ比丘性善本書写之」、

二七六　観光授恵達許可灌頂印信印明案　享和二壬戌天四月五日鬼宿　一通
江戸後期　竪紙　楮紙（美濃紙）　三六・〇糎×四四・四糎　一紙
（書出）授恵達／金剛界　大率都婆印　普賢一字明
（書止）右、於和州般若窟宝山寺道場、授／両部灌頂畢、
（差出）伝燈阿闍梨大和尚位観光

二七七　栄厳授快道許可灌頂印信印明案等　二通
明治時代　竪紙　楮紙打紙
（備考）（一）・（二）一括、

（一）　栄厳授快道許可灌頂印信印明案　明治廿九年八月朔日日曜壁宿　一通
三七・七糎×四九・八糎　一紙

（本文）胎蔵界／外五胋印　五字明／金剛界／無所不至印（梵字）無帰命句、以之為当流至極云々、
（差出）伝燈大阿闍梨前長者法務大僧正栄厳
（宛所）授与僧都快道
（備考）懸紙（奉書紙、五一・九糎×三七・八糎、ウハ書「印可　快道」）、三七・八糎×四九・九糎　一紙

（二）栄厳授快道両部灌頂印信印明案　明治廿九年八月朔日　一通
（書出）快道阿闍梨／胎界　入仏三昧耶／金界　三昧耶薩埵鑁／次内五胋印　口授（梵字）通両
（書止）唵縛曰羅蘇乞叉摩摩訶／薩埵縛吽吽、／大事在口、／明治廿九年八月朔日　授与之、
（差出）伝授大阿闍梨法務大僧正栄厳
（備考）懸紙（奉書紙、五三・〇糎×三六・一糎、ウハ書「御流　快道」）、

二七八　宥中授快道許可灌頂印信印明案
明治二十九年丙申十一月九日女宿月曜　一通
明治時代　竪紙　泥間似合　三六・二糎×四六・七糎　一紙
（端裏）許可小野大僧都流
（書出）台大師大日劔印虚掌屈二風而端相／狂、以二空捻二風第三節側、印成加持五／處云々、明曰、／（梵字）
（書止）蘇大市　文云、二拳而相合云々、師説云、以右／拳覆左拳置斎下明曰、／（梵字）
（差出）伝燈大阿闍梨法印大和上位宥中（花押）
（宛所）授快道畢、
（備考）懸紙（美濃紙、五一・七糎×三七・二糎、ウハ書「許可中―心―　快道」）、

二七九　宥明授宥鋭許可灌頂印信印明写
嘉永二酉年五月廿五日昴宿水曜　一通
明治時代　竪紙　斐紙（鳥の子）　三四・六糎×五三・三糎　一紙
（端裏）許可　小野大僧都流
（書出）台大師　大日劔印虚掌屈二風而端相／柱〔狂〕、以二空捻二風第三節側、印成加持五／處云々、明曰、／（梵字）
（書止）蘇大師　文云、二拳而相合云々、師説云、以右／拳覆左拳置斎下明曰、／（梵字）
（差出）伝授大阿闍梨宥明（花押）
（宛所）授大法師宥鋭畢、
（備考）紙背に押紙三片「明治二十七年　月　日宿曜授大法師最深」「諦住」「伝燈大阿闍梨権中僧正宥匡」、包紙（美濃紙、五〇・二糎×三七・四糎、ウハ書「許可中―　宥鋭」）、

二八〇　観光授恵達第三重印信案等　五通
江戸後期
（備考）（一）～（五）一括、

（一）観光授恵達第三重印信血脈案（享和二年四月五日）　一通

竪紙　楮紙（美濃紙）　三五・九糎×四九・五糎　一紙
（書出）大日如来　金剛薩埵　龍猛　龍智　金剛智／不空　恵果　弘法
　真雅　源仁　聖宝
（書止）宗秀　亮盛　宗弘　恵覚　恵照　湛海／湛清　観明　叡運　観
　光　恵達

（二）　観光授恵達第三重印信印明案
　　　　　　　　　　　　　　享和二壬戌年四月五日木曜鬼宿　一通
切紙　楮紙（美濃紙）　三五・九糎×二四・八糎　一紙
（本文）秘密灌頂印明／第三重一印一明秘密明、／右、所授恵達如件、
（差出）和尚位観光

（三）　観光授恵達第三重印信印明案　享和二壬戌歳四月五日　一通
竪紙　楮紙（美濃紙）　三五・九糎×四九・六糎　一紙
（本文）秘密灌頂印／第三重一印一明／最極秘密法界躰両部不二冥會印
　明化他之時開之、自證之時閉之、／法界塔婆印／（梵字）／右、所授恵達如件、
（差出）大和尚位観光

（四）　観光授恵達臨終大事印信印明案
　　　　　　　　　　　　　　享和二壬戌年四月五日　一通
竪紙　楮紙（美濃紙）　三五・九糎×四九・三糎　一紙
（本文）臨終之大事／印　蓮合　（梵字）／（梵字）／念仏十遍唱テ、印ヲ
　開テハ、十界我／前ニソナワル観念ス、／右ノ手ハ仏、左ノ手ハ
　衆生、仏モ衆生モ／一如也、仏衆生不二迷悟、即一ヒシ／平等也
　ト観念ス、
（差出）伝授大阿闍梨比丘観光
（宛所）授恵達畢、
（備考）墨送仮名、

（五）　観光授恵達蘓悉地・瑜祇大事印信印明案
　　　　　　　　　　　　　　享和二壬戌年四月五日　一通
竪紙　楮紙（美濃紙）　三五・九糎×四四・〇糎　一紙
（本文）蘇悉地大事／（梵字）　々印／瑜祇大事／（梵字）／右、所授恵達如
　件、
（差出）和尚位観光

二八一　某授実然伝法灌頂印信紹文案等　　　　　　　七通
（備考）（一）～（七）一括、

（一）　某授実然伝法灌頂印信紹文案（年月日未詳）　　一通
江戸前期　竪紙　後欠　漉返紙　三三・六糎×五一・二糎　一紙
（書出）最極秘密法界礼伝法灌頂阿闍梨職位事／昔大日如来開大悲胎
　蔵・金剛秘密両部界会、／授金剛薩埵、
（文尾）能洗五塵之染、／可期八葉之蓮、是則酬仏恩、答師徳、吾願

（二）　某授寛済伝法灌頂印信紹文書止シ（年月日未詳）　　一通

江戸前期　竪紙　楮紙打紙　三五・九糎×五〇・六糎　一紙
（書出）伝法灌頂阿闍梨位事／昔大日如来開大悲胎蔵・金剛秘密両部／界
会、授金剛薩埵、
（書止）為次後阿闍梨、為○示後哲而授之、能洗五塵之

（三）某授頼遍許可灌頂印信紹文案

（年月未詳）［　　］日井宿土曜　一通

鎌倉後期　竪紙　天欠　楮紙（檀紙）　一六・〇糎×五一・八糎　一紙
（本文）［　　］金剛秘密両部／［　　］之後、授龍猛／［　　］
迄吾祖師根本／［　　］今至愚身第廿／［　　］脈相承明
鏡也、
（書止）能洗五塵之染、可期八／［　　］徳、吾願如此、不可餘念耳、
（差出）［　　］前権大僧都（花押）
（宛所）授与阿闍梨頼遍

（四）良融授親恵灌頂印信紹文案

延慶三年歳次庚戌八月十三日丁巳辟宿日曜　一通

鎌倉後期　切紙　前欠　楮紙（杉原）　三三・八糎×一六・六糎　一紙
（本文）可期八葉之蓮、是則酬仏恩、答師徳、／吾願如此、不可餘念耳、
（差出）伝授大阿闍梨伝燈大法師「良融」
（宛所）伝燈大法師位親恵

（五）伝法灌頂印信印明案　（年月日未詳）　一通

南北朝時代　竪紙　楮紙（杉原）　三七・七糎×五一・三糎　一紙
（本文）胎蔵界／外縛五股印／明　阿尾囉吽欠／金剛界　率都波〔婆〕印／明
唵嚩曰羅駄覩（梵字）／蘇悉地　妙成就印／金剛拳菩薩印真言
也、

（六）某伝法灌頂印信紹文案　（年月日未詳）　一通

室町後期　竪紙　後欠　楮紙（杉原）　三一・七糎×四九・二糎　一紙
（書出）最極秘密法界躰伝法灌頂阿闍梨職位事、／昔大日如来開金剛秘
密・大悲胎蔵／両部界会、授金剛薩埵、
（文尾）而予初就神光院／阿闍梨伝蜜〔密〕印許可後、随悉地院

（七）伝法灌頂印信紹文書止シ　（年月日未詳）　一通

江戸前期　竪紙　斐紙（鳥の子）　三五・九糎×四八・四糎　一紙
（端裏）［　　］印信□壇灌頂印信紹書□□□　□□□　源朝
（書出）伝法灌頂阿闍梨位事／昔大日如来開大悲胎蔵・金剛秘密両部界
會、／授金剛薩埵、
（書止）幸随後正覚院僧正法印大和尚位先受伝法／灌頂奥義、後逢行樹院権
少僧都
（備考）虫損甚し、

第七八函

一　淳祐授某五字明印信印明写　天慶九年八月廿八日　一通

鎌倉後期　竪紙　楮紙（檀紙）　三三・七糎×五三・七糎　一紙

（端裏）□〔石〕山淳祐印信

（書出）（梵字）方文不窮事、只在心耳、／先結印当心前、以五大種子字布身已訖、

（書止）（梵字）／次誦五阿於心上、／（梵字）／誦七遍已〇印身五處、／印信

（差出）伝燈法師淳祐印信

二　仁海授舜円伝法灌頂印信紹文写　長元九年十二月廿三日　一通

鎌倉中期　竪紙　楮紙（強杉原）　三一・五糎×五六・〇糎　一紙

（端裏）小野僧正賜理趣房之印信　後為月日知之、写置處也、隆元

（書出）授与伝法灌頂職位事／伝授大師誡云、秘惜猶有罪、惜於善人故伝授、亦／有罪、授於非器故云々、

（書止）許可灌頂同以究之、為次／後阿闍梨、為示後哲記而授之、

（差出）伝授阿闍梨僧正法印大和尚位仁海

（宛所）授舜円大法師

（備考）奥に「灌頂之後、長暦三年十二月給之故、御判所僧正言、後見定生疑歟、／灌頂之後任僧正」、

三　某授義覚伝法灌頂印信紹文写　承徳二年四月三〔二〕日　一通

鎌倉中期　竪紙　楮紙（強杉原）　三一・五糎×五六・二糎　一紙

（端裏）申理趣房賜教王房之印信　為知月日写□、

（書出）授与伝法灌頂職位事／伝受〔授〕大師誡云、秘惜猶有罪、惜於善人故伝授、

（書止）許可灌頂倶以伝之、為次後阿闍梨、為／示後哲記而授之、

（差出）伝授阿闍梨大法師

（宛所）授義覚大法師

（備考）奥に「妙成就許可事、其趣如眼前陳、能可／存念而已」、

四　聖賢授亮恵伝法灌頂印信紹文写　天承元年二月十三日　一通

安土桃山時代　竪紙　楮紙（強杉原）　三七・六糎×五三・七糎　一紙

（書出）最極秘密法界體伝法灌頂阿闍梨位印／伝授大師誡云、

（書止）仍授与大師所伝印可、為次／後阿闍梨、為示後哲記而授之而已、

（差出）伝授阿闍梨伝燈大法師位聖賢

（宛所）授与　金剛弟子亮恵

（備考）懸紙（強杉原、四四・六糎×三四・六糎、ウハ書「聖賢阿闍梨内山亮恵法師伝法灌頂令授与賜昭〔紹〕書写　一通」）、

五　行耀授隆元伝法灌頂印信紹文写　保元二年六月三日　一通

鎌倉前期　竪紙　楮紙（檀紙）　三二・一糎×五六・〇糎　一紙

（端裏）後理趣坊賜浄珠坊隆元之印信

（書出）授与伝法灌頂阿闍梨職位事／伝授大師誡云、秘惜猶有罪、惜於善

人故伝授、亦／有罪授於非器故云々、
（書止）五種護摩悉以受学、許可灌頂倶伝／之、為次阿闍梨、為示後賢記
而授之而已、
（差出）伝授阿闍梨大法師行耀
（宛所）授金剛弟子隆元改有禅、
（備考）奥に「妙成就許可事、其趣如眼前陳、能可存念耳」、

六　宗厳授慶深伝法灌頂印信紹文案　建久八年二月八日　一通
鎌倉前期　竪紙　楮紙（檀紙）三二・二糎×五三・八糎　一紙
（端裏）理性院宗厳□
（書出）授与伝法灌頂阿闍梨職事／金剛弟子慶深／夫以、昔大日如来宣
説、金剛胎蔵両部大法、／授金剛薩埵、
（書止）吾願在此、不可他念、／又妙成就許可事、如眼前陳耳、
（差出）伝授大阿闍梨権律師法橋上人位宗厳
（宛所）賜金剛弟子慶深

七　成賢授憲深伝法灌頂印信紹文写
建保二年歳次甲戌十一月十日庚午昴宿金曜　一通
鎌倉後期　竪紙　楮紙（檀紙）紙背あり　三四・〇糎×五四・六糎　一紙
（書出）伝法灌頂阿闍梨職位事／昔大日如来開大悲胎蔵・金剛秘密両部界
会、／授金剛薩埵、
（書止）能洗五／塵之染、可期八葉之蓮、是則酬仏恩、答師徳、／吾願如
此、不可余念耳、

（差出）伝授阿闍梨権僧正法印大和尚位成賢
（宛所）伝燈大法師憲深
（備考）袖右下に「月ム（隆勝）云、清書深賢法印、／御名二字御自筆、是ヲ付ハ本
書様也」、墨合点、隆勝筆、

（紙背）成賢授憲深伝法灌頂印信印明写
建保二年歳次甲戌十一月十日庚午昴宿金曜　一通
竪紙
（本文）阿闍梨伝燈大法師位憲深／授印可／金剛界　大率都婆印　普賢
一字明／帰命（梵字）／金剛名号　遍照金剛／胎蔵界外縛五股印
満足一切智智明／（梵字）／金剛名号　清浄金剛／右、於醍醐寺三
宝院、授両部灌頂／畢、
（差出）伝授大阿闍梨権僧正法印大和尚位成賢
（備考）袖に「月ム云、御自筆」、

八　実覚授慶重伝法灌頂印信紹文案
嘉禄元年十一月廿五日壬午心宿金曜　一通
鎌倉中期　竪紙　楮紙（檀紙）三五・三糎×五五・八糎　一紙
（端裏）□□院実覚法印授与慶重阿闍梨印信
（書出）最極秘密法界躰伝法灌頂阿闍梨職位事／在昔大日如来開大悲胎
蔵・金剛秘密両部界会、授／金剛薩埵、
（書止）能洗世間五塵之染、可尋出世八葉之／蓮、是則酬三世仏恩、答一
世師徳、吾願如此、／不可余念焉、

（差出）伝授阿闍梨法眼和尚位実覚

（宛所）授与金剛弟子慶重

九　成賢授実深伝法灌頂印信紹文写　安貞二年歳次戊子四月廿三日丙寅壁宿日曜　一通

鎌倉後期　竪紙　楮紙（檀紙）　紙背あり　三四・〇糎×五四・五糎　一紙

（書出）伝法灌頂阿闍梨位事／昔大日如来開大悲胎蔵・金剛秘密両部界会、／授金剛薩埵、

（書止）能洗五塵之染、可期八葉之／蓮、是則酬仏恩、答師徳、吾願如此、不可余念耳、

（差出）法眼和尚位実深

（宛所）伝授大阿闍梨前権僧正法眼和尚位成賢

（備考）奥上に貼紙「遍院授蓮僧正」、袖に「月私云、清書報恩院僧正、／御位所御名字御自筆、／料紙檀紙」、隆勝筆、

（紙背）成賢授実深伝法灌頂印信印明写　安貞二年歳次戊子四月廿三日丙寅壁宿日曜　一通

竪紙

（書出）法眼和尚位実深／授印可／金剛界　大卒都婆印　普賢一字明／帰命（梵字）／金剛名号　遍照金剛

（書止）金剛名号　迅疾金剛／右、於醍醐寺遍智院、授両部灌頂畢、

（差出）大阿闍梨前権僧正法眼和尚位成賢

（備考）袖に「月私云、御自筆、／料紙檀紙」、

一〇　経杲授某許可灌頂印信血脈案　貞永元年閏九月廿日　一通

鎌倉中期　竪紙　斐紙（鳥の子・雲母引）　三四・八糎×五四・三糎　一紙

（書出）許可血脈／大日如来　金剛薩埵　龍猛菩薩／龍智菩薩　金剛三蔵　不空三蔵、

（書止）已上、四箇流或随機授之、或任受者意楽授之、仍所記一途、

（差出）金剛仏子経杲（花押影）

一一　憲深授実深許可灌頂印信紹文写　嘉禎四年歳次戊戌十二月廿一日角宿火曜　一通

鎌倉後期　竪紙　楮紙（檀紙）　三三・九糎×五四・七糎　一紙

（書出）伝法許可灌頂印信／昔大日如来開大悲胎蔵・金剛秘密両部界会、／授金剛薩埵、

（書止）能洗五塵之染、／可期八葉之蓮、是則酬仏恩、答師徳、吾願／如此、不可余念耳、

（差出）伝授大阿闍梨権少僧都法眼和尚位憲深

（備考）隆勝筆、

一二　浄月授栄俊伝法灌頂印信印明案　仁治二年歳次辛丑二月廿七日乙酉壁火　一通

鎌倉中期　竪紙　楮紙（杉原）　三〇・二糎×四八・三糎　一紙

（端裏）伝法灌頂密印東初重栄俊伝之、

（書出）伝法灌頂秘印／大阿闍梨云、　灌頂有多種、／普通大門徒様外五肱印、　／（梵字）

（書止）虚心合掌、屈二風而端相柱、以二空捻二風第三節側即成、／（梵字）
（差出）伝授阿闍梨伝燈大法師位浄月示之
（宛所）弟子栄俊
（備考）虫損、

一三　浄月授栄俊瑜祇灌頂印信紹文案　仁治二年辛丑四月四日　一通
鎌倉中期　竪紙　楮紙打紙　三〇・三糎×四三・五糎　一紙
（端裏）瑜祇灌頂印信
（書出）最極秘密瑜伽瑜祇一心灌頂印信相承／夫以、瑜伽瑜祇之理灌頂、是无相法身之至極、
（書止）是則酬三世仏恩、答一世師徳、我願既満、不可余念矣、
（差出）阿闍（梨）伝燈大法師位浄月（花押影）
（宛所）弟子栄俊
（備考）虫損甚し、

一四　金剛王院実賢灌頂授与記　一通
鎌倉中期　竪紙　楮紙（強杉原）　墨点（送仮名）　三〇・八糎×四五・七糎　一紙
（文首）宝治元年十二月廿二日房宿、日曜、於金剛王院遂／灌頂、大阿闍梨検校僧正実ー（賢）、授者経舜権少僧都、
（文尾）灌頂堂ノ内ニ入テ、東方ノ机ニ置シテ退／出、座主御房仰云、天晴殊勝々々、感応之至也云々、

一五　性円授真空唯授一人大事印信印明写　建長四年三月廿日　一通
鎌倉中期　竪紙　楮紙（杉原）　二七・七糎×四〇・五糎　一紙
（端裏）伝法灌頂阿闍梨位印　大師印信
（書出）金剛界伝法灌頂密印／摂一切如来大阿闍梨行位印真言曰、
（書止）右、天長二年三月五日壬午於東寺貞観寺真雅阿闍梨／授之畢、伝授阿闍梨遍照金剛空海、
（差出）伝授阿闍梨伝燈大法師位性円示之、
（宛所）弟子真空

一六　実深授某伝法灌頂印信血脈　文永三年六月一日　一通
鎌倉後期　竪紙　楮紙（檀紙）　三三・二糎×五一・三糎　一紙
（書出）両部灌頂血脈／大日　金薩　龍猛　龍智／金智　不空　恵果
弘法
（書止）於醍醐寺釈迦院奉授了、／于時文永三年六月一日也、
（差出）金剛仏子（実深）（花押）

一七　経覚授憲海伝法灌頂印信紹文案　文永九年十一月十日　一通
鎌倉後期　竪紙　楮紙（強杉原）　二九・二糎×四三・五糎　一紙
（書出）最極秘密法界躰伝法灌頂阿闍梨職位事／在昔大日如来開大悲胎蔵・金剛秘密両部界会、
（書止）是即酬三世仏恩、答一世師徳、／吾願如此、不可余念焉、
（差出）伝授阿闍梨経覚
（宛所）授与金剛弟子憲海

一八　経杲授隆勝許可灌頂印信案　二通
鎌倉中期　竪紙　斐紙（鳥の子・雲母引）
（備考）（一）・（二）一括、

（一）経杲授隆勝許可灌頂印信血脈案
弘安九年丙戌三月廿七日甲午婁宿　一通
三四・八糎×五四・二糎　一紙
（書出）大日如来　金剛薩埵　龍猛　龍智　金剛智／不空　恵果　弘法
真雅
（書止）聖賢　源運　雅西　覚隆／琳経　経舜　経杲　隆勝
（差出）金剛仏子経杲（花押影）

（二）経杲授隆勝許可灌頂印信紹文案
弘安九年丙戌三月廿七日甲午婁宿三吉　一通
三四・六糎×五四・四糎　一紙
（書出）授与　伝法許可并灌頂職位事／権律師隆勝／右律師者、行業無怠、求法志深、仏界／加護何不及哉、
（書止）且報仏恩、／且答師徳、一事敢勿違乖、故令授之、／委如面前陳耳、
（差出）伝燈阿闍梨経杲

一九　経杲授全恵許可灌頂印信紹文案
弘安九年丙戌三月廿七日甲午婁宿三吉　一通
鎌倉中期　竪紙　斐紙（鳥の子・雲母引）三四・六糎×五三・三糎　一紙
（書出）授与　伝法許可并灌頂職位事／阿闍梨伝燈大法師全恵
（書止）後代阿闍梨伝／授之、其志趣具如面前之而已、
（差出）伝燈阿闍梨経杲

二〇　許可日記　二通
鎌倉後期
（備考）（一）・（二）一括、

（一）許可日記　一通
竪紙　楮紙（杉原）二八・二糎×三六・六糎　一紙
（端裏）許可日記
（文首）許可事／正応二年己丑五月十二日房宿水曜、於理性院遂之了、
（文尾）如形贈膳結構之、／御布施三貫進之、
（備考）端裏に付箋「『語』」、

（二）許可日記写　一通
竪紙　楮紙（杉原）二八・二糎×四三・〇糎　一紙
（端裏）許可日記
（文首）許可事／正応二年己丑五月十二日房宿水曜、於理性院遂之了、
（文尾）如形贈膳結構之、／御布施三貫進之、

二一　某授定誉両部経大事口決　一通
鎌倉後期　竪紙　楮紙（檀紙）墨点（返点・送仮名・傍訓）二九・七糎×

四四・七糎　一紙
（端裏）両部經大事宝光院
（文首）二経大事／胎蔵界／二手合根、十指各開、□先《テ》誦我覚本所生合二小ヲ、
（文尾）文永五年正月九日、於高野山宝光院主俊［　　　］、金剛仏子□□／建治二年九月十日、於醍醐寺中正(マヽ)院伝之了、金剛資仙覚／正応三年庚寅三月廿三日危宿、火曜、奉伝受畢、仏子定誉
（備考）虫損甚し、

二二　覚雅授憲淳伝法灌頂印信紹文案
正応五年歳次壬辰八月十四日癸卯奎宿金曜　一通
鎌倉後期　竪紙　楮紙（杉原）　三四・〇糎×五五・四糎　一紙
（書出）伝法灌頂阿闍梨位事／昔大日如来開大悲胎蔵・金剛秘密両部界会、
（書止）是則酬仏恩、／答師徳、吾願如此、不可余念耳、
（差出）伝授大阿闍梨権大僧都法印大和尚位（花押影）
（宛所）大法師憲淳

二三　覚雅授憲淳許可灌頂印信印明案
正応五年歳次壬辰八月十六四日乙巳癸卯胃奎宿日金曜　一通
鎌倉後期　竪紙　楮紙（杉原）　三三・九糎×五五・三糎　一紙
（書出）阿闍梨大法師憲淳／授印可／金剛界　大率都婆印　普賢一字明
（書止）右、於関東二階堂真言院、授両部印可畢、
（差出）大阿闍梨法印権大僧都「覚雅」
（備考）端裏に押紙「蓮法印覚雅授報権僧正憲淳」、

二四　覚雅授憲淳伝法灌頂印信紹文写
正応五年歳次壬辰八月十四日癸卯奎宿金曜　一通
安土桃山時代　竪紙　楮紙（杉原）　紙背あり　三四・一糎×五四・七糎　一紙
（書出）伝法灌頂阿闍梨位事／昔大日如来開大悲胎蔵・金剛秘密両部界会、
（書止）可期八葉之蓮、是則／酬仏恩、答師徳、吾願如此、不可余念耳、
（差出）伝授大阿闍梨権大僧都法印大和尚位在御判
（宛所）大法師憲淳
（備考）端裏に押紙「蓮法印授報権僧正」、
〔紙背〕覚雅授憲淳許可灌頂印信印明写
正応五年歳次壬辰八月十六日乙巳胃宿日曜　一通
竪紙
（本文）阿闍梨大法師憲淳／授印可／金剛界　大率都婆印　普賢一字明／帰命（梵字）／胎蔵界　外縛五股印　満足一切智々五字明／（梵字）／右、於関東二階堂真言院、授両部印可／畢、
（差出）大阿闍梨法印権大僧都覚雅

二五　憲淳授隆勝許可灌頂印信印明案
永仁五年歳次丁酉二月一日甲午奎宿土曜　一通

鎌倉後期　竪紙　楮紙（杉原）　三四・〇糎×五四・四糎　一紙
（書出）阿闍梨法印権大僧都隆勝／授印可／金剛界　大率都婆印　普賢
　一字明
（書止）金剛名号　平等金剛／右、於甘露王院、授両部灌頂畢、
（差出）伝授大阿闍梨法印大和尚位権大僧都憲淳

二六　憲淳授隆舜灌頂印信案　二通
鎌倉後期　竪紙　楮紙（杉原）
（備考）（一）・（二）一括、

（一）憲淳授隆舜伝法灌頂印信印明案
　嘉元三年歳次乙巳八月十九日癸巳觜宿水曜　一通
三三・三糎×五三・一糎　一紙
（書出）阿闍梨大法師隆舜／授印可／金剛界　大率都婆印　普賢一字明
（書止）金剛名号　遍照金剛／右、於醍醐寺報恩院、授両部灌頂畢、
（差出）伝授大阿闍梨法印大和尚位権大僧都憲淳
（備考）端裏に押紙「報権僧正憲淳授報僧正隆舜」、

（二）憲淳授隆舜伝法灌頂印信紹文案
　嘉元三年歳次乙巳八月十九日癸巳觜宿水曜　一通
三三・四糎×五三・一糎　一紙
（書出）伝法灌頂阿闍梨位事／昔大日如来開大悲胎蔵・金剛秘密両部界
　会、
（書止）可期八葉之蓮、是則酬仏恩、答師徳、吾願／如此、不可余念耳、
（差出）伝授大阿闍梨法印大和尚位権大僧都憲淳
（宛所）阿闍梨大法師隆舜

二七　隆勝授実済許可灌頂印信紹文案
　徳治二年歳次丁未十月六日虚宿水曜　一通
鎌倉後期　竪紙　楮紙（杉原）　紙背あり　三五・三糎×五三・六糎　一紙
（書出）伝法許可灌頂印信／昔大日如来開大悲胎蔵・金剛秘密両部界会、
（書止）可期八葉之蓮、是則酬仏恩、答師徳、吾願／如此、不可余念耳、
（差出）伝授大阿闍梨法印権大僧都（隆勝）（花押影）
（備考）①・②書継、
（紙背）隆勝授実済許可灌頂印信血脈案　一通
竪紙
①隆勝授実済許可灌頂印信血脈案　徳治二年丁未十月六日丁丙虚宿水曜
（書出）大日如来　金剛薩埵　龍猛　龍智　金剛智　不空／恵果　弘法
（書止）勝覚　定海　覚鏡　実覚／琳経　経舜　経杲　隆勝　実済
（差出）（隆勝）（花押影）
②隆勝授実済許可灌頂印信印明案　徳治二年歳次丁未十月六日丁丙虚宿水曜
（書出）阿闍梨権大僧都法眼和尚位実済／授印可／金剛界　大率都婆印
　普賢一字明

（書止）右、於醍醐寺釈迦院、授両部印可／畢、
（差出）大阿闍梨法印権大僧都（隆勝花押影）

二八　隆勝授隆舜許可灌頂印信案　二通
鎌倉後期　竪紙　楮紙（杉原）
（備考）（一）・（二）一括、

（一）　隆勝授隆舜許可灌頂印信紹文案
延慶二年歳次己酉十月十五日甲子觜宿月曜　一通
三三・五糎×五三・六糎　一紙
（書出）伝法許可灌頂印信／昔大日如来開大悲胎蔵・金剛秘密両部界会、
（書止）可期八葉之蓮、是則酬仏恩、答／師徳、吾願如此、不可余念耳、
（差出）大阿闍梨権僧正法印大和尚位隆勝
（二）　隆勝授隆舜許可灌頂印信印明案
延慶二年歳次己酉十月十五日甲子觜宿月曜　一通
（書出）阿闍梨伝燈大法師位隆舜／授印可／金剛界　大率都婆印　普賢一字明
三三・六糎×五二・三糎　一紙
（書止）右、於相模國鎌倉郡多宝寺、授両部印可畢、
（差出）大阿闍梨権僧正法印大和尚位隆勝
（備考）端裏に押紙「釈僧正隆勝授報法務僧正隆舜」、

二九　良融授親恵許可灌頂印信印明案
延慶三年歳次庚戌八月十三日丁巳辟〔壁〕宿日曜　一通
鎌倉後期　竪紙　漉返紙　三三・八糎×五三・〇糎　一紙
（書出）伝燈大法師親恵／授印可／金剛界　大率都婆印　普賢一字明
（書止）右、於賀茂神光院灌頂道場、授両部／伝法灌頂畢、
（差出）大阿闍梨大法師良融

三〇　隆舜授経深灌頂印信案　二通
南北朝時代　竪紙　楮紙（杉原）
（備考）（一）・（二）一括、

（一）　隆舜授経深許可灌頂印信印明案
貞和四年歳次戊子十一月十一日甲辰畢宿火曜　一通
三三・六糎×五一・二糎　一紙
（書出）阿闍梨権少僧都法眼和尚位経深／授印可／金剛界　大率都婆印　普賢一字明
（書止）右、於醍醐山釈迦院、授両部灌頂畢、
（差出）伝授大阿闍梨前権僧正法印大和尚位隆舜
（備考）端裏に押紙「報法務僧正隆舜授先師法印経深」、

（二）　隆舜授経深伝法灌頂印明紹文案
貞和四年歳次戊子十一月十一日甲辰畢宿火曜　一通
三三・〇糎×五一・二糎　一紙

（書出）伝法灌頂阿闍梨位事／昔大日如来開大悲胎蔵・金剛秘密両部界
会、
（書止）可期／八葉之蓮、是則酬仏恩、答師徳、吾願如此、不可余念耳、
（差出）伝授阿闍梨前権僧正法印大和尚位隆舜

三一　隆舜授隆宥阿闍梨位灌頂印信印明案

貞和五年己丑九月十二日庚午奎宿土曜　一通

南北朝時代　竪紙　楮紙（檀紙）　三二・七糎×四九・八糎　一紙
（本文）大法師隆宥／阿闍梨位印明印如馬頭、／（梵字）／右、於醍醐山釈迦
院同授畢、
（差出）大阿闍梨前権僧正法印大和尚位隆舜

三二　隆舜授隆宥許可灌頂印信印明案

貞和五年己丑九月十二日庚午奎宿土曜　一通

南北朝時代　竪紙　楮紙（檀紙）　三一・五糎×四九・八糎　一紙
（本文）大法師隆宥／授印可／金剛界　大率都婆印　普賢一字明／帰命
（梵字）／胎蔵界　外縛五鈷印　満足一切智々明／（梵字）／右、於
醍醐山釈迦院、授両部印可畢、
（差出）大阿闍梨前権僧正法印大和尚位隆舜

三三　隆舜授隆宥許可灌頂印信紹文案

貞和五年己丑九月十二日庚午奎宿土曜　一通

南北朝時代　竪紙　楮紙（檀紙）　三一・五糎×五〇・三糎　一紙
（書出）伝法許可灌頂印信／昔大日如来開大悲胎蔵・金剛秘密両部界会、
（書止）是則酬仏恩、答師徳、吾願如此、／不可余念耳、
（差出）大阿闍梨前権僧正法印大和尚位隆舜

三四　仲我授賢耀伝法灌頂印信紹文案

観応元年庚寅十月廿五日觜宿水曜　一通

南北朝時代　竪紙　楮紙（強杉原）　二九・一糎×四一・〇糎　一紙
（書出）授与伝法灌頂職位事／金剛第子賢耀顕円／夫以大日如来開金剛・胎
蔵両部界会、
（書止）我願如是、不可余念、／妙成就許可如眼前耳、
（差出）伝授阿闍梨法印大和尚位〇仲我
（宛所）授与金剛仏子賢耀顕円
（備考）奥裏下に「十廿二　翼宿月曜」、虫損甚し、書入多し、

三五　経深授隆宥伝法灌頂印信紹文案

文和五年歳次丙申三月九日星宿日曜　一通

南北朝時代　竪紙　楮紙（檀紙）　三二・七糎×五〇・一糎　一紙
（書出）伝法灌頂阿闍梨位事／昔大日如来開大悲胎蔵・金剛秘密両部界
会、
（書止）可期／八葉之蓮、是則酬仏恩、答師徳、吾願如比、不可／余念耳、
（差出）伝授阿闍梨法印権大僧都法眼和尚位経深

三六　経深授隆宥許可灌頂印信印明案
文和五年歳次丙申三月九日星宿日曜　一通
南北朝時代　竪紙　楮紙（檀紙）　三二・九糎×五〇・三糎　一紙
（書出）阿闍梨伝燈大法師隆宥／授印可／金剛界　大率都婆印　普賢一字明／帰命（梵字）
（書止）右、於醍醐山釈迦院、授両部灌頂畢、
（差出）伝授阿闍梨法印権大僧都法眼和尚位経深

三七　親海授良助許可灌頂印信印明案
延文二年歳次丁酉六月五日翼宿木曜　一通
南北朝時代　竪紙　楮紙（杉原）　三二・三糎×四九・二糎　一紙
（書出）伝燈大法師良助／授印可／金剛界　大率都婆印　普賢一字明
（書止）右、於光明照院灌頂道場、授両部／伝法灌頂畢、
（差出）大阿闍梨前権僧正法印大和尚位親海

三八　経深授隆憲伝法灌頂印信紹文案
延文三年歳次戊戌十月十三日昴宿水曜　一通
南北朝時代　竪紙　楮紙（杉原）　三四・五糎×五六・五糎　一紙
（書出）伝法灌頂阿闍梨位事／昔大日如来開大悲胎蔵・金剛秘密両部界会、
（書止）可期八葉之／蓮、是則酬仏恩、答師徳、吾願如此、不可余念耳、
（差出）伝授阿闍梨法印大和尚位権大僧都経深
（備考）端裏に押紙「正覚院法印経深授権少僧都隆憲」、

三九　経深授隆憲許可灌頂印信印明案
延文三年歳次戊戌十月十三日戊寅昴宿水曜　一通
南北朝時代　竪紙　楮紙（檀紙）　三四・七糎×五六・四糎　一紙
（書出）阿闍梨権少僧都隆憲／授印可／金剛界　大率都婆印　普賢一字明
（書止）右、於醍醐山釈迦院、授両部灌頂畢、
（差出）伝授阿闍梨法印大和尚位権大僧都経深
（備考）端裏に押紙「正覚院法印経深授権少僧都隆憲」、

四〇　経深授隆源灌頂印信案　二通
南北朝時代　竪紙　楮紙（檀紙）
（備考）（一）・（二）一括、

（一）　経深授隆源許可灌頂印信印明案
貞治元年壬寅十二月六日丁丑婁宿木曜　一通
三二・九糎×四九・四糎　一紙
（書出）権律師隆源／授印可／金剛界　大率都婆印　普賢一字明
（書止）右、於醍醐山釈迦院道場、授両部灌頂畢、
（差出）伝授阿闍梨法印大和尚位権大僧都経深
（備考）端裏に押紙「正覚院法印経深授前大僧正隆源」、

（二）　経深授隆源伝法灌頂印信紹文案
貞治元年壬寅十二月六日丁丑婁宿木曜　一通

三三・〇糎×四九・三糎　一紙

（書出）伝法灌頂阿闍梨位事／昔大日如来開大悲胎蔵・金剛秘密両部界会、

（書止）是則酬仏恩、答師徳、吾願如此、／不可余念耳、

（差出）伝授阿闍梨法印大和尚位権大僧都経深

四一　俊盛授隆宥許可灌頂印信印明案

永和元年歳次乙卯十一月十五日鬼宿土曜　一通

南北朝時代　竪紙　楮紙（檀紙）　三一・八糎×四九・一糎　一紙

（書出）権少僧都隆宥／授印可／金剛界　大率都婆印　普賢一字明

（書止）右、於醍醐寺慈心院、授両部印可畢、

（差出）伝授阿闍梨法印大和尚位権大僧都俊盛

四二　俊盛授隆宥伝法灌頂印信案　三通

南北朝時代　竪紙　楮紙（杉原）

（備考）（一）〜（三）一括、

（一）　俊盛授隆宥伝法灌頂印信紹文案　嘉慶二年五月八日　一通

三一・四糎×四九・二糎　一紙

（書出）授与　伝法灌頂職位事／金剛弟子隆宥／在昔大日如来開大悲胎蔵・金剛秘密両部／界会、

（書止）誠幸蒙先師宝幢院法印／大和尚位許可、今授隆宥法印、為次後阿闍梨、／為示後哲記而授矣、

（差出）伝授阿闍梨法印大和尚位権大僧都俊盛

（二）　俊盛授隆宥伝法灌頂印信印明案（嘉慶二年五月八日）　一通

三一・三糎×四八・二糎　一紙

（本文）胎蔵　率都婆印／真言　（梵字）／金剛界／智拳印真言如常、／蘇悉地／金剛拳印真言

（三）　俊盛授隆宥伝法灌頂印信血脈案（嘉慶二年五月八日）　一通

三一・二糎×四八・二糎　一紙

（端裏）許

（本文）義□根本阿闍梨懐順　青蓮房覚心　大法房実任　興然／栄然　栄尊　聖済　栄海　道我／文海　俊盛

四三　隆宥授隆円許可灌頂印信案　四通

室町前期　竪紙

（備考）（一）〜（四）一括、

（一）　隆宥授隆円許可灌頂印信印明土代

応永元年甲戌十二月廿九日甲午危宿水曜　一通

楮紙（杉原）　二九・六糎×四八・七糎　一紙

（端裏）案

（本文）大法師隆円／阿闍梨位印明印如馬頭、／（梵字）／右、於醍醐山宝幢院同授畢、

（差出）伝授阿闍梨権大僧都法印大和尚位隆宥
（備考）奥に「位所　法印大和尚位権大僧都、、／如此常途也、両様無難事歟」、

（二）　隆宥授隆円阿闍梨位大事印信印明案　応永元年甲戌十二月廿九日甲午危宿水曜　一通
楮紙（檀紙）　三・七糎×四七・二糎　一紙
（本文）大法師隆円／阿闍梨位印明印如馬頭、／（梵字）／右、於醍醐山宝幢院同授畢、
（差出）伝授阿闍梨権大僧都法印大和尚位隆宥

（三）　隆宥授隆円許可灌頂印信印明案　応永元年甲戌十二月廿九日甲午危宿水曜　一通
楮紙（檀紙）　三・八糎×四七・三糎　一紙
（書出）大法師隆円／授印可／金剛界　大率都婆印　普賢一字明
（書止）右、於醍醐山宝幢院、両部印可畢、
（差出）伝授阿闍梨権大僧都法印大和尚位隆宥

（四）　隆宥授隆円許可灌頂印信紹文案　応永元年甲戌十二月廿九日甲午危宿水曜　一通
楮紙（檀紙）　三・七糎×四七・二糎　一紙
（書出）伝法許可灌頂印信／昔大日如来開大悲胎蔵・金剛秘密両部界会、
（書止）可期八葉之／蓮、是則酬仏恩、答師徳、吾願如此、不可余念耳、
（差出）伝授阿闍梨権大僧都法印大和尚位隆宥

四四　隆源授隆円許可灌頂印信印明案　応永三年丙子十一月三日虚宿日曜　一通
室町前期　竪紙　楮紙（檀紙）　三・六糎×四七・七糎　一紙
（書出）大法師隆円／授印可／金剛界　大率都婆印　普賢一字明
（書止）右、於醍醐山釈迦院道場、授与両部灌頂畢、
（差出）伝授阿闍梨前僧正法印大和尚位隆源
（備考）隆源筆、

四五　満済授長済許可灌頂印信印明案　永享五年歳次癸丑十一月廿一日　一通
室町前期　竪紙　楮紙（檀紙）　三六・八糎×五三・三糎　一紙
（端裏）印信　長済僧都　永享五十一廿一
（書出）阿闍梨権少僧都長済／授印可／金剛界　大率都婆印　普賢一字明
（書止）金剛名号　吉祥金剛／右、於灌頂院、授両部灌頂畢、
（差出）伝授大阿闍梨准三宮前大僧正法印大和尚位満済
（宛所）権少僧都長済
（備考）満済筆、

四六　宗典授某許可灌頂印信印明案　文亀三年三月廿三日辟宿水曜　一通
室町後期　竪紙　斐紙（鳥の子）　三〇・三糎×四九・二糎　一紙

（端裏）理印　ウツム（埋）ヘシ
（書出）伝法許可灌頂印信／夫以大日如来開金剛・胎蔵両部界会、
（書止）是則酬仏恩、答師徳、吾願如此、不可／余念耳、
（差出）伝授大阿闍梨権大僧都法印大和尚位宗典
（宛所）授与資

四七　賢深授公円許可灌頂印信紹文案

文亀三年六月十九日甲寅壁宿水曜　一通

室町後期　竪紙　楮紙（強杉原）　三五・一糎×五一・四糎　一紙
（書出）伝法許可灌頂印信／昔大日如来開大悲胎蔵・金剛秘密両部／界会、
（書止）可期八葉之蓮、是則酬仏／恩、答師徳、吾願如此、不可余念耳、
（差出）伝授阿闍梨法務前大僧正大和尚位賢深

四八　賢深授公円許可灌頂印信印明案

文亀三年癸亥六月十九日甲寅壁宿水曜　一通

室町後期　竪紙　楮紙（強杉原）　三五・二糎×五一・五糎　一紙
（書出）大法師公円／授印可／金剛界　大率都婆印　普賢一字明
（書止）右、於醍醐山釈迦院道場、授両部／印可畢、
（差出）伝授阿闍梨法務前大僧正大和尚位賢深

四九　宗鑁授隆祐許可灌頂印信印明案

文亀三年癸亥九月廿三日丁亥柳宿水曜　一通

室町後期　竪紙　漉返紙　三四・四糎×四九・二糎　一紙
（端裏）『印可　文亀三年』
（書出）権少僧都隆祐／授印可／金剛界　大率都婆印　普賢一字明
（書止）右、於醍醐山最尊院、授両部印可畢、
（差出）伝授阿闍梨権大僧都法印大和尚位宗鑁

五〇　宗典授公運初重・第二重印信印明写　一通

江戸中期　折紙　楮紙（杉原）　二九・二糎×四〇・四糎　一紙
（備考）①・②書継、折紙上下に書かれる、奥書「享保九年四月廿一日／右、印信紹書被覧之序、写留也、／師五智院権僧正宗典、／資戒光院権少僧都公運、／印信両通共切紙也」、

①宗典授公運初重印信印明写　永正四年十二月十五日星宿月曜
（本文）初重／金塔印　帰命（梵字）／胎外五古　（梵字）／阿闍梨位大事／以定恵手屈肘、向上合掌、与／肩臍各屈戒忍方願入／掌、或坐、或立、皆成就、／（梵字）／（梵字）
（差出）阿闍梨権僧正判
（宛所）授与資権少僧都公運

②宗典授公運第二重印信印明写　永正四年十二月十五日星宿月曜
（本文）第二重大事／塔印―金五智明／印引放又合也、／胎五阿明
（差出）阿闍梨権僧正判
（宛所）授与資権少僧都公運

五一　澄恵授文俸許可灌頂印信印明案　　文明六年歳次甲午四月十一日丙寅角宿水曜　一通

室町中期　竪紙　楮紙（強杉原）　三四・五糎×五一・九糎　一紙

（書出）権律師文俸／授印可／金剛界　大率都婆印　普賢一字明

（書止）右、於秦楽寺遍照院、授両部印可畢、

（差出）伝授阿闍梨権大僧都法眼和尚位澄恵

五二　鏡鑑授重円許可灌頂印信紹文案　　文明七年歳次乙未十月廿一日支干丁酉日曜帳宿　一通

室町中期　竪紙　楮紙（杉原）　三一・二糎×三三・六糎　一紙

（書出）伝法許可灌頂印信／昔大日如来開大悲胎蔵・金剛秘密両部／界会、

（書止）能洗五塵之染、可期八葉之蓮、是則酬仏恩、／答師徳、吾願如是、不可餘念耳、

（差出）伝授阿闍梨法印鏡鑑

五三　印可交名　　一通

室町後期　竪紙　楮紙（檀紙）　二六・六糎×四三・二糎　一紙

（端裏）許可宿曜

（本文）天文廿一壬子年五月日、紀州於／根来寺印可被授之、実名等事、／中性院法印権大僧都道證歳四十五、／五月廿四丙午日胃宿木曜／蓮花院法印権大僧都／五月廿六日戊申畢宿土曜、

五四　俊慶授某重位印信印明案　　永禄三年歳次庚申三月廿日丙戌斗宿月曜　一通

室町後期　竪紙　後欠　楮紙（杉原）　三・〇糎×四一・二糎　一紙

（端裏）信州仏法寺ニ遣之案　印可次ニ初中後大事、庚申〔永禄〕三廿／授之、俊慶筆、元雅修補之、

（書出）秘密宗極重位印信／初重／金剛界　大率都婆印　帰命（梵字）／胎蔵界　外縛五貼印　（梵字）

（文尾）両界　同塔印　明　（梵字）／已上代々祖師待閉眼剋、胸臆深秘不許之、然仁／俊応法印者、先年登醍醐山随先師和尚〔法印〕、深奥秘密／極伝授之、抑今度東国下向之次、彼院令良逗留／処〔半〕仁、毎事到懇志也、属〔至〕予被〔依之〕被印可遂行印可、／以其次此極秘授之、如此事忽背祖師炳戒／者歟、雖然依為重位、別〔以〕儀子細授之了、於／後代甚不可許者也、為末資存知記之而已、

（備考）書出下に「ム云、俊慶名代ニ澄恵自筆／如此写之者也、後々可有如此」、

五五　義尭授尭真灌頂印信案　　二通

室町後期　竪紙　楮紙（杉原）

（備考）（一）・（二）一括、

（一）　義尭授尭真伝法灌頂印信紹文案　　永禄五年歳次壬戌正月十八日亢宿土曜　一通

三一・七糎×五三・三糎　一紙

（書出）伝法灌頂阿闍梨職位事／昔大日如来開大悲胎蔵・金剛秘／密両部界会、授金剛薩埵、
（書止）能洗五塵之染、可期／八葉之蓮、是則酬仏恩、答師徳、吾願如是、不可餘念耳、
（差出）伝授大阿闍梨前大僧正法印大和尚位義尭
（宛所）権律師尭真

（二）　義尭授尭真許可灌頂印信印明案

永禄五年歳次壬戌正月十八日癸卯亢宿土曜　一通

三二・七糎×五三・〇糎　一紙
（書出）阿闍梨権律師尭真／授印可／金剛界　大率都婆印　普賢一字明
（書止）右、於醍醐寺菩提寺、授両部灌頂畢、
（差出）伝授大阿闍梨前大僧正法印大和尚位義尭

五六　尭運授源長伝法灌頂印信紹文案

永禄九年歳次丙寅閏八月十七日乙巳月曜房宿　一通

室町後期　竪紙　楮紙（檀紙）　三〇・二糎×四三・五糎　一紙
（書出）最極秘密法界躰伝法灌頂阿闍梨職位事／昔大日如来開大悲胎蔵・金剛秘密両部界会、授／金剛薩埵、
（書止）能／洗五塵之染、可期八葉之蓮、是則酬仏恩、答師／徳、吾願如是、不可餘念耳、
（差出）伝授大阿闍梨法印権大僧都尭運

五七　金剛乗院俊尊灌頂記抜書　一通

室町後期　竪紙　楮紙（檀紙）　三五・二糎×五三・〇糎　一紙
（文首）大阿闍梨□ーーーー／金剛乗院権僧正俊尊／大覚寺一品親王寛尊灌頂資也、／十弟子三人之事、於醍醐者、永□例歟、御室／御灌頂之時、雖被催四人、一人不参之間、烈立／之時三人、以之為例哉、
（文尾）為醍醐之／沙汰之間、難治之由、故障臨期可闕如之間、／金剛王院被誘之、仍随役畢、
（備考）追記「右記六ノ内抜書候て、御めにかけ申候、／よく〳〵御心得可被成候、此金剛乗院／俊尊ト当寺金剛王院頼俊トハ兄弟／ニて候故、如此旧記ニも子細ミへ申候、／□年より少よしある事ニて候、一咲々々、」「追而申、十弟子三人ノ内／宣祐ハ醍醐者トきこへ申候、／残リ二人ハ仁和歟醍醐歟／不分明候、かしく」、

五八　隆宥授隆円許可灌頂印信紹文案

応永元年甲戌十二月廿九日甲午危｜水｜　一通

室町前期　竪紙　楮紙（檀紙）　裏書あり　三二・八糎×四七・五糎　一紙
（端裏）案
（書出）伝法許可灌頂印信／昔大日如来開大悲胎蔵・金剛秘密両部界會、／授金剛薩埵、
（書止）能洗五塵／之染、可期八葉之蓮、是則酬仏恩、答師徳、吾願／如此、不可餘念耳、
（差出）伝授阿闍梨権大僧都法印大和尚位隆宥

五九　隆済授深円伝法灌頂印信紹文案

康正二年歳次丙子二月十八日戊午房宿水曜　一通

室町中期　竪紙　楮紙（強杉原）　三三・八糎×五三・〇糎　一紙

（書出）伝法灌頂阿闍梨位事／昔大日如来開大悲胎蔵・金剛秘密両部界會、授／金剛薩埵、

（書止）能洗五塵之染、可期八葉之蓮、是則酬仏恩、／答師徳、吾願如此、不可餘念耳、

（差出）伝授大阿闍梨権僧正法印大和尚位隆済

六〇　隆源授隆円伝法灌頂印信紹文案

応永三年丙子十一月三日虚宿日曜　一通

室町前期　竪紙　楮紙（檀紙）　三三・七糎×四八・〇糎　一紙

（書出）伝法灌頂阿闍梨位事／昔大日如来開大悲胎蔵・金剛秘密両部界會、／授金剛薩埵、

（書止）能洗五塵之染、可期八葉之蓮、是則／酬仏恩、答師徳、吾願如此、不可餘念耳、

（差出）伝授阿闍梨前僧正法印大和尚位隆源

（備考）隆源筆、

六一　某授亮懐永久寺流第二重大事口決案

応永十一年甲申十月十七日　一通

室町前期　竪紙　漉返紙　二九・五糎×四三・一糎　一紙

（端裏）当山流第二重事

（書出）永久寺流　第二重印明御口伝ヲ私記之、　虚心合掌是ヲ印母ト定ム、掌蓮花合ミノ様ニフクレタリ、ノ中ニ月輪ヲ現シテ／又月輪ノ中ニ蓮華ヲ観ス、

（書止）帰命（梵字）文五転三句ニ配当シテ彼ノ真／言ヲ八反誦ル也、／応永十一年甲申十月十七日是ヲ伝受之、

（宛所）亮懐／同場円浄房

（備考）年月日次行に「未印信ヲ不下給候」、

六二　俊海授隆円許可灌頂印信印明案

応永廿二年未二月廿八日壁宿土曜　一通

室町前期　竪紙　楮紙（檀紙）　三一・四糎×四三・一糎　一紙

（書出）権少僧都隆円／授印可／金剛界　大率都婆印　普賢一字明

（書止）於慈心院道場、授両部許可密印畢、

（差出）伝授阿闍梨権律師俊海

六三　満済授義賢許可灌頂印信印明案

応永卅二年歳次乙巳四月十四日房宿水曜　一通

室町前期　竪紙　楮紙（檀紙）　三六・二糎×六〇・五糎　一紙

（端裏）案宝池院権大僧正　応永卅二年四月十四日職衆廿六口、庭儀、

（書出）阿闍梨大僧正義賢／授印可／金剛界　大率都婆印　普賢一字明

（書止）金剛名号　遍照金剛／右、於醍醐寺三宝院、授両部灌頂畢、

（差出）伝授大阿闍梨前大僧正法印大和尚位満済

（備考）満済筆、

六四　満済授賢長伝法灌頂印信紹文案

応永廿五年歳次戊戌五月八日日曜軫宿　一通

室町前期　竪紙　楮紙（檀紙）　三六・〇糎×六〇・八糎　一紙

（端裏）同六月一日書之、　案　賢長僧都於金剛輪院授之、職衆十二口、堂上十弟子四人、教授別座、妙法院僧正「光超」誦経導師光慶法印　布施衆大内記元長朝臣、受者廿一、

（書出）伝法灌頂阿闍梨〇職位事／昔大日如来開大悲胎蔵・金剛秘密両部

界會、授／金剛薩埵、

（書止）能洗五塵之染、可期八葉之蓮、是／則酬仏恩、答師徳、吾願如是、

不可餘念耳、

（差出）伝授大阿闍梨法務前大僧正法印大和尚位満済

（宛所）権少僧都賢長

（備考）満済筆、

六五　満済授賢光伝法灌頂印信案　二通

室町前期　竪紙

（備考）（一）・（二）一括、満済筆、

（一）　満済授賢光伝法灌頂印信紹文案

応永廿八年歳次辛丑四月廿一日木曜危宿　一通

楮紙（檀紙）　三六・四糎×五三・〇糎　一紙

（端裏）印信案応永廿八四月十一日、於理性院授之、同壇、教授妙法院僧正列座、賢光僧都、職衆十口、壇行事弘忠、

（書出）伝法灌頂阿闍梨職位事／昔大日如来開大悲胎蔵・金剛秘密両部

界會、／授金剛薩埵、

（書止）能洗五塵之／染、可期八葉之蓮、是則酬仏恩、答師徳、吾願／如

是、不可餘念耳、

（差出）伝授大阿闍梨前大僧正法印大和尚位満済

（宛所）大僧都賢光

（二）　満済授賢光伝法灌頂印信印明案

応永廿八年歳次辛丑四月廿一日木曜危宿　一通

楮紙（杉原）　三一・六糎×四四・四糎　一紙

（端裏）印信案　賢光僧都

（書出）阿闍梨大僧都賢光／授印可／金剛界　大率都婆印　普賢一字明

（書止）右、於醍醐寺理性院、授両部灌頂畢、

（差出）伝授大阿闍梨前大僧正法印大和尚位満―

六六　満済授実有許可灌頂印信紹文案

応永廿八年歳次辛丑四月廿三日土曜壁宿　一通

室町前期　竪紙　楮紙（杉原）　二九・八糎×四九・〇糎　一紙

（端裏）印可印信案応永廿八四廿三、於金剛輪院授之、同壇実有、

（書出）伝法許可灌頂印信／昔大日如来開大悲胎蔵・金剛秘密両部界

會、／授金剛薩埵、

（書止）能洗五塵之染、可期八葉之蓮、吾願如是、／不可餘念耳、

（差出）伝授大阿闍梨前大僧正法印大和尚位満―

（宛所）権少僧都実有

（備考）満済筆、

六七　満済授義賢許可灌頂印信印明案

応永卅三年丙午九月廿一日辛亥柳宿月曜　一通

室町前期　竪紙　楮紙（杉原）　三一・四糎×四四・七糎　一紙

（書出）法務前大僧正義賢／授印可／金剛界　大率都婆印　普賢一字明

（書止）右、於醍醐寺金剛輪院、授両部印可訖、

（差出）伝授大阿闍梨座主前大僧正法印大和尚位――

（備考）満済筆、

六八　満済授賢紹許可灌頂印信紹文案

応永卅四年歳次丁未九月十七日觜宿火曜　一通

室町前期　竪紙　楮紙（杉原）　三一・五糎×四三・六糎　一紙

（端裏）印信案許可、授賢紹僧都、応永卅四　九十七日、道場金剛輪院小御堂、

（書出）伝法許可灌頂印信／昔大日如来開大悲胎蔵・金剛秘密両部界／會、授金剛薩埵、

（書止）能洗五塵之染、可期八葉蓮、是則／酬仏恩、答師徳、吾願如是、不可餘念耳、

（差出）伝授大阿闍梨前大僧正法印大和尚位満―

（宛所）権少僧都賢紹

（備考）満済筆、

六九　重耀授快耀伝法灌頂印信紹文案　文安六年六月十一日　一通

室町中期　竪紙　楮紙（杉原）　三一・九糎×四六・六糎　一紙

（書出）授与伝法灌頂職位事／金剛弟子大法師快耀／夫以大日如来金剛・胎蔵両部界會、授金剛薩埵、

（書止）能洗五塵之染、可期八葉之台、是則酬／仏恩、答師徳也、吾願如是、不可餘念□成就許可如／眼前耳、

（差出）伝授阿闍梨権大僧都重耀

（備考）虫損甚し、

七〇　澄恵授文俸許可灌頂印信紹文案

文明六年歳次甲午四月十一日丙寅角宿水曜　一通

室町中期　竪紙　楮紙（強杉原）　三四・二糎×五一・六糎　一紙

（書出）伝法許可灌頂印信／昔大日如来開大悲胎蔵・金剛秘密両部界／會、／授金剛薩埵、

（書止）能洗五塵之染、可期八葉之蓮、是／則酬仏恩、答師徳、吾願如斯、不可餘念耳、

（差出）伝授阿闍梨権大僧都法眼和尚位澄恵

（備考）包紙（杉原、三八・九糎×二四・〇糎、ウハ書「許可印信行樹院大僧都受者文俸権律師」）、

七一　賢深授文俸許可灌頂印信紹文案

文明十五年正月廿六日庚申虚宿水曜　一通

室町中期　竪紙　楮紙打紙　三四・九糎×四九・八糎　一紙

（書出）伝法許可灌頂印信／昔大日如来開大悲胎蔵・金剛秘密両部界／会、／授金剛薩埵、

（書止）能洗五塵之染、可期八葉／之蓮、是則酬仏恩、答師徳、吾願如此、

不可餘／念耳、
（差出）伝授大阿闍梨僧正法印大和尚位賢深

七二　賢弥授祐正許可灌頂印信印明案　明応八年歳次己未三月廿八日　一通
室町後期　竪紙　漉返紙　三五・八糎×四三・七糎　一紙
（書出）祐正大法師／授印可／胎蔵界　金剛名号／外縛五鈷印／満足一切智々五字明　（梵字）
（書止）右、明応八年歳次己未三月廿八日／高野山功徳聚院道場、両部伝法灌頂／職位畢、
（差出）大阿闍梨前検校執行法印大和尚位賢弥　判

七三　俊聡授深応許可灌頂印信印明案　永正十七庚辰年九月廿五日庚辰軫宿月曜　一通
室町後期　竪紙　斐紙（雁皮紙）　二九・三糎×三九・九糎　一紙
（書出）権律師深応／授印可／金剛界　大率都婆印　普賢一字明
（書止）右、於醍醐慈心院、授両部印可畢、
（差出）伝授大阿闍梨和尚位権少僧都俊聡

七四　某授聖誉許可灌頂印信印明案　大永四年歳次甲申八月廿八日庚申角宿日曜　一通
室町後期　竪紙　楮紙（杉原）　三五・三糎×四三・五糎　一紙
（端裏）万徳寺江遣之印可、印信案
（端書）大永四年歳次申
（本文）法印権大僧都聖誉／授印可／金剛界　大率都婆印　普賢一字明

七五　源雅授善證許可灌頂印信案　二通
室町後期　竪紙　楮紙（杉原）
（備考）（一）・（二）一括、包紙（杉原、四〇・一糎×二六・九糎、ウハ書「本云、新禅院俊明坊源雅ヨリノ印信、文禄三年四月下旬南都御下向之節、令書写畢、」「新禅院俊明房　善證」）、

（一）　源雅授善證許可灌頂印信紹文案　天文廿一年歳次壬子五月廿四日丙午胃宿木曜　一通
二九・二糎×四〇・一糎　一紙
（書出）伝法許可灌頂印信／昔大日如来開大悲胎蔵・金剛秘密両部／界会、授金剛薩埵、
（書止）能洗五塵之染、可期八葉之蓮、是／則酬仏恩、答師徳、吾願如此、不可餘念耳、
（差出）伝授大阿闍梨耶前法務権僧正源雅

（二）　源雅授善證許可灌頂印信印明案　天文廿一年歳次壬子五月廿四日丙午胃宿木曜　一通
二九・三糎×四・〇三糎　一紙
（書出）善證／授印可／金剛界　大率都婆印　普賢一字明
（書止）右、於大和国添上郡菩提山報恩院、授両部印可訖、

（差出）伝授大阿闍梨耶前法務権僧正源雅

七六　隆源授隆寛許可灌頂印信案　二通
室町前期　竪紙　斐紙（鳥の子）
（備考）（一）・（二）一括、隆源筆、

（一）　隆源授隆寛許可灌頂印信印明案
応永二年八月廿一日井宿水曜　一通
三四・四糎×五三・〇糎　一紙
（端裏）印可印信 法務大僧正隆源令授長者僧正隆寛、初隆基、
（書出）大法師隆寛／授印可／金剛界　大率都婆印　普賢一字明
（書止）右、於醍醐山釈迦院、授両部印可畢、
（差出）大阿闍梨前僧正法印大和尚位隆源

（二）　隆源授隆寛許可灌頂印信紹文案
応永二年八月廿一日井宿水曜　一通
三四・四糎×五一・八糎　一紙
（端裏）印可紹書 前大僧正隆源令授長者僧正隆寛、初隆基、
（書出）伝法許可灌頂印信／昔大日如来開大悲胎蔵・金剛秘密両部／界会、授金剛薩埵、
（書止）能洗五塵之染、／可期八葉之蓮、是則酬仏恩、答師徳、吾願如此、不可／餘念耳、
（差出）伝授阿闍梨前僧正法印大和尚位隆源

七七　隆源授満済許可灌頂印信紹文案
応永十元年癸未六月廿日丙寅奎宿月曜　一通
室町前期　竪紙　楮紙（杉原）　二九・七糎×四九・三糎　一紙
（書出）伝法許可灌頂印信／昔大日如来開大悲胎蔵・金剛秘密両部界会、／授金剛薩埵、
（書止）能洗／五塵之染、可期八葉之蓮、是則酬仏恩、答師徳、／吾願如此、不可餘念耳、
（差出）伝授大阿闍梨僧正法印大和尚位隆源
（備考）袖に「八祖　真雅　源仁已上十代／○　聖　観　○淳　元　仁　成
義　勝　定　元　実已上廿代／勝　成　憲　実　覚　淳　隆　舜
経　隆源已上卅代」「予六十三／受者座主権僧正廿六」、隆源筆、

七八　隆源授隆春伝法灌頂印信案　二通
室町前期　竪紙　楮紙（檀紙）
（備考）（一）・（二）一括、隆源筆、

（一）　隆源授隆春伝法灌頂印信紹文案
応永十七年庚寅十一月廿五日戊子心宿日曜　一通
三三・八糎×五三・二糎　一紙
（書出）伝法灌頂阿闍梨位事／昔大日如来開大悲胎蔵・金剛秘密両部／界会、授金剛薩埵、
（書止）能洗五塵之染、／可期八葉之蓮、是則酬仏恩、答師徳、吾願如此、不／餘念耳、

（差出）伝授阿闍梨僧正法印大和尚位隆源

（二一）隆源授隆春許可灌頂印信印明案

応永十七年庚寅十一月廿五日戊子心宿日曜　一通

三三・四糎×五三・二糎　一紙

（書出）伝燈大法師隆春／授印可／金剛界　大率都婆印　普賢一字明

（書止）右、於醍醐山釈迦院道場、授両部／灌頂畢、

（差出）伝授阿闍梨僧正法印大和尚位隆源

七九　満済授賢長許可灌頂印信印明案

応永廿五年歳次戊戌五月八日軫宿日曜　一通

室町前期　竪紙　楮紙（檀紙）　三六・二糎×六〇・九糎　一紙

（端裏）印信案　賢長僧都

（書出）阿闍梨権少僧都賢長／授印可／金剛界　大率都婆印　普賢一字明

（書止）右、於〔醍醐寺〕金剛輪院、授両部灌頂畢、

（差出）伝授大阿闍梨法務前大僧正法印大和尚位満済

（宛所）権少僧都賢長

（備考）満済筆、

八〇　満済授光経伝法灌頂印信紹文案

応永廿八年歳次辛丑五月十九日危宿木曜　一通

室町前期　竪紙　楮紙（檀紙）　三六・七糎×五三・一糎　一紙

（端裏）印信案光経僧正　応永廿八五十九、堂上職衆十二、教授列座妙法院僧正、十弟子四人、道場理性院、

（書出）伝法灌頂阿闍梨職位事／昔大日如〔来〕開大悲胎蔵・金剛秘密両部界会、／授金剛薩埵、

（書止）能染〔洗〕五塵之染、可期八葉蓮、／是則酬仏恩、答師徳、吾願如是、不可餘念耳、

（差出）伝授大阿闍梨前大僧正法印大和尚位満済

（宛所）僧正光経

（備考）満済筆、

八一　満済授光経許可灌頂印信印明案

応永廿八年歳次辛丑五月十九日危宿木曜　一通

室町前期　竪紙　楮紙（檀紙）　三六・三糎×五三・〇糎　一紙

（端裏）案光経僧正

（書出）阿闍梨僧正光経／授印可／金剛界　大率都婆印　普賢一字明

（書止）右、於醍醐寺理性院、授両部灌頂畢、

（差出）伝授大阿闍梨前大僧正法印大和尚位満済

（備考）満済筆、

八二　満済授賢長許可灌頂印信紹文案

応永卅三年歳次丙丁八月廿二日鬼宿月曜　一通

室町前期　竪紙　楮紙（檀紙）　三三・六糎×五三・六糎　一紙

（書出）伝法許可灌頂印信／昔大日如来開大悲胎蔵・金剛秘密／両部界会、授金剛薩埵、

（書止）能洗五／塵之染、可期八葉之蓮、是則酬仏恩、答師徳、／吾願如此、不可餘念耳、
（差出）伝授大阿闍梨前大僧正法印大和尚位満済
（宛所）法印権大僧都賢長
（備考）満済筆、

八三　満済授頼暹灌頂印信案　二通
室町前期　竪紙　楮紙（檀紙）
（備考）（一）・（二）一括、満済筆、

（一）　満済授頼暹許可灌頂印信印明案
応永卅三歳次丙午十二月十八日軫宿火曜　一通
三三・七糎×五三・三糎　一紙
（端裏）印信案頼暹
（書出）阿闍梨大法師頼暹／授印可／金剛界　大率都婆印　普賢一字明
（書止）右、於醍醐寺三宝院、授両部灌頂畢、
（差出）伝授大阿闍梨前法務前大僧正法印大和尚位満済
（宛所）大法師頼暹

（二）　満済授頼暹伝法灌頂印信紹文案
応永卅三歳次丙午十二月十八日軫宿火曜　一通
三三・八糎×五三・三糎　一紙
（端裏）印信案頼暹　応永卅三十二十八、於灌頂院授之、職衆十二口、十弟子二人、戒躰箱羅箱持之、教授弘忠法印、誦経導師宗済法眼、
（書出）伝法灌頂阿闍梨職位事／昔大日如来開大悲胎蔵・金剛秘密／両部界会、授金剛薩埵、
（書止）能洗五塵之染、可期八葉／之蓮、是則酬仏恩、答師徳、吾願如是、不可／餘念耳、
（差出）伝授大阿闍梨前法務前大僧正法印大和尚位満（済）―
（宛所）大法師頼暹

八四　隆寛授隆済灌頂印信案　二通
室町前期　竪紙　楮紙（強杉原）
（備考）（一）・（二）一括、

（一）　隆寛授隆済許可灌頂印信印明案
正長元年戊申十一月廿日戊辰軫宿日曜　一通
三四・〇糎×五五・六糎　一紙
（端裏）灌頂印信
（書出）阿闍梨法眼和尚位隆済／授印可／金剛界大率都婆印　普賢一字明
（書止）右、於醍醐山釈迦院、授両部灌頂畢、
（差出）伝授大阿闍梨僧正法印大和尚位隆寛
（備考）端裏に押紙「僧正隆（寛）―令授隆済給」、

（二）　隆寛授隆済伝法灌頂印信紹文案
正長元年歳次戊申十一月廿日戊辰軫宿日曜　一通

三四・三糎×五五・四糎　一紙
（端裏）灌頂詔〔紹〕書
（書出）伝法灌頂阿闍梨位／昔大日如来開大悲胎蔵・金剛秘密両部界
会、／授金剛薩埵、
（書止）能洗五塵之染、可期八葉之蓮、是則酬仏恩、答／師徳、吾願如此、
不可餘念耳、
（差出）伝授大阿闍梨僧正法印大和尚位隆寛

八五　満済授長済伝法灌頂印信紹文案

永享五年歳次癸丑十一月廿一日庚子角宿金曜　一通

室町前期　竪紙　楮紙（檀紙）　三六・七糎×五三・五糎　一紙
（端裏）案　長済法師　永享五　十一廿一
（書出）伝法灌頂阿闍梨職位事／昔大日如来開大悲胎蔵・金剛秘密両
部／界会、授金剛薩埵、
（書止）能洗五塵之染、可期八葉之蓮、是則酬仏／恩、答師徳、吾願如是、
不可餘念耳、
（差出）伝授大阿闍梨准三宮前大僧正法印大和尚位満済
（宛所）権少僧都長済
（備考）満済筆、

八六　隆済授賢深灌頂印信案　二通

室町中期　竪紙　楮紙（強杉原）
（備考）（一）・（二）一括、

（一）　隆済授賢深許可灌頂印信印明案

宝徳三年歳次辛未五月三日辛丑鬼宿水曜　一通

三三・九糎×五五・四糎　一紙
（書出）阿闍梨権律師法橋上人位賢深／授印可／金剛界大率都婆印　普
賢一字明
（書止）右、於醍醐山釈迦院、授両部灌頂畢、
（差出）伝授大阿闍梨権僧正法印大和尚位隆済
（備考）端裏に押紙「伝法法務隆済令授賢深給」、

（二）　隆済授賢深伝法灌頂印信紹文案

宝徳三年歳次辛未五月三日辛丑鬼宿水曜　一通

三三・九糎×五五・四糎　一紙
（書出）伝法灌頂阿闍梨位／昔大日如来開大悲胎蔵・金剛秘密両部界
会、／授金剛薩埵、
（書止）能洗五塵之染、可／期八葉之蓮、是則酬仏恩、答師徳、吾願如斯、／
不可餘念耳、
（差出）伝授大阿闍梨権僧正法印大和尚位隆済
（備考）端裏に押紙「伝法法務隆済令授賢深給」、不審紙（青）、

八七　賢深授重円許可灌頂印信紹文案

文明四年歳次壬辰二月七日甲戌参宿月曜　一通

室町中期　竪紙　楮紙打紙　三四・二糎×五一・五糎　一紙
（書出）伝法許可灌頂印信／昔大日如来開大悲胎蔵・金剛秘密両部界

会、／授金剛薩埵、

（書止）能洗五塵之染、可期／八葉蓮、是則酬仏恩、答師徳、吾願如此、
〔脱アルカ〕餘念耳、

（差出）伝授大阿闍梨権僧正法印大和尚位賢深

八八　賢深授文倖許可灌頂印信印明案

文明十五年正月廿六日庚申虚宿水曜　一通

室町中期　竪紙　楮紙（檀紙）　三五・〇糎×五〇・〇糎　一紙

（書出）権律師文倖／授印可／金剛界　大率都婆印　普賢一字明

（書止）右、於醍醐山釈迦院道場、授両／部印可畢、

（差出）伝授大阿闍梨僧正法印大和尚位賢深

（備考）包紙（杉原、四五・〇糎×三三・〇糎、ウハ書「灌頂印信紹書大阿隆源受者
隆宥／宝幢院」）、

八九　賢深授公深許可灌頂印信案　二通

室町中期　竪紙　楮紙打紙

（備考）（一）・（二）一括、

（一）　賢深授公深許可灌頂印信紹文案

文明十五年正月廿六日虚宿水曜　一通

三四・二糎×五三・一糎　一紙

（書出）伝法許可灌頂印信／昔大日如来開大悲胎蔵・金剛秘密両部界／
会、授金剛薩埵、

（書止）能洗五塵之染、可／期八葉之蓮、是則酬仏恩、答師徳、吾願如此、
不可／餘念耳、

（差出）大阿闍梨前僧正法印和尚位賢深

（備考）端裏に押紙「奉授公深印信」、不審紙（青）、

（二）　賢深授公深許可灌頂印信印明案

文明十五年正月二十六日虚宿水曜　一通

三四・一糎×五一・三糎　一紙

（書出）法眼和尚位公深／授印可／金剛界　大率都婆印　普賢一字明

（書止）右、於醍醐山釈迦院、授両部印可畢、

（差出）大阿闍梨前僧正法印和尚位賢深

（備考）端裏に押紙「奉授公深印信」、

九〇　賢深授公深灌頂印信案　二通

室町中期　竪紙　楮紙（杉原）

（備考）（一）・（二）一括、

（一）　賢深授公深伝法灌頂印信紹文案

文明十八年丙午四月一日丙子畢宿木曜　一通

三四・九糎×五〇・七糎　一紙

（端裏）蓮蔵院

（書出）伝法灌頂阿闍梨位事／昔大日如来開大悲胎蔵・金剛秘密両部界
会、／授金剛薩埵、

(書止)能洗五塵之染、可／期八葉之蓮、是則酬仏恩、答師徳、吾願如此、
不可餘念耳、
(差出)伝授大アサリ前僧正法印大和尚位賢深

(二)　賢深授公深伝法灌頂印信印明案

文明十八年丙午四月一日丙子畢宿木曜　一通

三四・七糎×五〇・九糎　一紙
(書出)法眼和尚位公深／授印可／金剛界　大率都婆印　普賢一字明
(書止)右、於醍醐山釈迦院道場、授両部灌頂畢、
(差出)伝授大阿闍梨前僧正法印大和尚位賢深

九一　澄恵授宥信伝法灌頂印信紹文案

永正十二年歳次乙亥八月九日癸亥女宿日曜　一通

室町後期　竪紙　楮紙打紙　三三・〇糎×四六・四糎　一紙
(書出)伝法灌頂阿闍梨位事／昔大日如来開大悲胎蔵・金剛秘密両部
界／会、授金剛薩埵、
(書止)能洗五塵之染、宜期八葉之蓮、／是則酬○仏恩、答師徳、吾願如此、
不可餘念耳、
(差出)伝授大阿闍梨権僧正法印大和尚位澄恵
(備考)本文斜線にて墨抹、

九二　某授宥界伝法灌頂印信紹文案

永正十七年歳次庚辰五月廿三日庚戌婁宿金曜　一通

室町後期　竪紙　楮紙(杉原)　三三・九糎×四五・二糎　一紙
(書出)伝法灌頂阿闍梨位事／昔大日如来開大悲胎蔵・金剛秘密両部／
界会、授金剛薩埵、
(書止)能洗五塵之染、可期／八葉之蓮、是則酬仏恩、答師徳、吾願如此、
不／可餘念耳、
(差出)伝授

九三　公運授澄鏡伝法灌頂印信紹文案

大永三年癸未八月六日甲辰尾宿火曜　一通

室町後期　竪紙　漉返紙　二四・九糎×四一・五糎　一紙
(端裏)大永三　恵日寺　日付事、追而可決之、
(書出)伝法灌頂阿闍梨位事／昔大日如来開大悲胎蔵・金剛秘密両部界
会、／授金剛薩埵、
(書止)能洗五塵之染、可期八葉之蓮、是則／酬仏恩、答師徳、吾願如斯、
不可餘念耳、
(差出)伝授大阿闍梨法印大和尚位権大僧都公運
(備考)奥に「ム云、次受者ハ権律師賢賀ト認之也」、

九四　義尭授弘栄伝法灌頂印信案　二通

室町後期　竪紙　楮紙(杉原)
(備考)(一)・(二)一括、包紙(漉返紙、四三・七糎×二五・三糎、ウハ書「印
信案」)、

(一)　義堯授弘栄伝法灌頂印信印明案

天文十七年正月廿八日　一通

二八・〇糎×四三・四糎　一紙

(端裏) 印信案弘栄

(書出) 権律師弘栄／授印可／金剛界　大率都婆印　普賢一字明

(書止) 右、於醍醐寺金剛輪院道場、授両部／灌頂畢、

(差出) 伝授大阿闍梨前法務大僧正義堯

(二)　義堯授弘栄伝法灌頂印信紹文案

天文十七年正月廿八日　一通

二七・九糎×四三・二糎　一紙

(書出) 伝法灌頂阿闍梨位事／昔大日如来開大悲胎蔵・金剛秘密両部界会、／授金剛薩埵、

(書止) 能洗五塵之染、可期八葉蓮、是則酬仏恩、／答師徳、吾願如此、不可餘念耳、

(差出) 伝授大阿闍梨前法務大僧正義堯

九五　義堯授道澄許可灌頂印信紹文案

天文廿一歳次壬子年五月廿四日胃宿木曜　一通

室町後期　竪紙　楮紙（杉原）　二四・六糎×四〇・七糎　一紙

(端裏) 許可印信法印道澄重受、

(書出) 伝法許可灌頂印信／昔大日如来開大悲台蔵・金剛秘密／両部界会、授金剛薩埵、

(書止) 能洗五塵之染、可期八葉蓮、／是則酬仏恩、答師徳、吾願如是、不可餘念／耳、

(差出) 伝授大阿闍梨前法務大僧正法印大和尚位義堯

九六　義堯授快徧許可灌頂印信紹文案

応天文廿一歳次辛亥年十一廿月七日箕宿木曜　一通

室町後期　竪紙　楮紙（杉原）　二七・九糎×四二・〇糎　一紙

(端裏) 許可印信案隅州高僧寺快徧重受、

(書出) 伝法許可灌頂印信／昔大日如来開大悲台蔵・金剛秘密両部界／会、授金剛薩埵、

(書止) 能／洗五塵之染、可期八葉蓮、是則酬／仏恩、答師徳、吾願如是、不可餘念耳、

(差出) 伝授大阿闍梨前大僧正法印大和尚位義堯

(宛所) 法印快徧

(備考) 本文・年月日脇に書入、包紙（杉原、四一・六糎×二七・五糎、ウハ書「許可印信案快徧重受、阿闍梨義堯」）、

九七　真永授房済伝法灌頂印信紹文案

天文廿二歳次癸丑九月廿六日　一通

室町後期　竪紙　楮紙（強杉原）　三一・六糎×四六・一糎　一紙

(書出) 最極秘密法躰伝法界灌頂阿闍梨職位事／在昔大日如来開金剛・胎蔵両部界会、授金剛／薩埵、

(書止) 能洗五塵之染、可期八葉之蓮、是則／酬仏恩、答師徳、吾願如此、

不可餘念耳、
（差出）伝授大阿闍梨法印大和尚位大僧都真永
（宛所）法眼和尚位房済
（備考）包紙（杉原、四三・二糎×二七・五糎、ウハ書「房済僧正東寺宝泉院真永
権僧正対伝法灌頂受賜昭〔紹〕書一通」）、裏打スミ、

九八　堯運授源長許可灌頂印信印明案
永禄九年歳次丙寅閏八月十七日乙巳月曜房宿　一通
室町後期　竪紙　楮紙（杉原）　三〇・五糎×四三・八糎　一紙
（書出）僧都源長／授印可／金剛界　大率兜婆印　普賢一字明
（書止）右、於上醍醐寺報恩院霊場、授両部／密印訖、
（差出）伝授〇大阿闍梨法印権大僧都堯運

九九　厳宝授某重位印信印明案　（年月日未詳）　一通
室町中期　竪紙　楮紙（強杉原）　三一・九糎×四五・八糎　一紙
（本文）胎蔵／五鈷印内／（梵字）／金剛界／塔印／（梵字）／（梵字）
（差出）伝授阿闍梨准三宮厳宝（花押）

一〇〇　五宝寺道具文書目録　（年月日未詳）　一通
安土桃山時代　竪紙　漉返紙　二七・八糎×四〇・五糎　一紙
（端裏）下妻五宝寺　御道具ノ年号勘之、
（書出）下妻五宝寺事／一松橋流御道具申請事／天文十九年庚戌八月廿三
日　隆栄五宝寺／添状ハ松橋流ノ祖師俊聡法印也、
（書止）一亮淳ヨリ卌八才也、于時権律師云々、御道具ノ添状ハ、／天正二甲戌年也、永禄九年ヨリ天正
二／迄九年後也、

一〇一　某授盛範許可灌頂印信印明案
元和貳年歳次乙丑八月五日心宿土曜　一通
江戸前期　竪紙　楮紙（美濃紙）　二七・八糎×三九・六糎　一紙
（書出）阿闍梨大法師盛範／授印可／金剛界　大率都婆印　普賢一字明
（書止）右、於醍醐成身院、授両部灌頂畢、
（宛所）大法師盛範

一〇二　昭乗授乗昌許可灌頂印信印明案
元和五年己未三月九日星宿土曜　一通
江戸前期　竪紙　斐紙（鳥の子）　三四・七糎×四八・八糎　一紙
（書出）乗昌／授印可／金剛界　大率都婆印　普賢一字明
（書止）右、於城州雄徳山瀧本坊之道場、授両部灌頂訖、
（差出）伝燈大阿闍梨昭乗
（宛所）授与乗昌

一〇三　義演授演光許可灌頂印信印明案
元和六年歳次庚申五月七日翼宿日曜　一通
江戸前期　竪紙　斐紙（鳥の子）　裏書あり　三六・六糎×四〇・六糎　一紙
（書出）阿闍梨演光／授印可／金剛界　大率都婆印　普賢一字明
（書止）右、於金剛輪院、授両部印可畢、

（差出）伝授大阿闍梨准三宮法務前大僧正法印大和尚位義演

（備考）奥に押紙別筆「伝授大阿闍梨前法務前大僧正」、紙背に伝領奥書「伝領普賢院権僧正澄意年四十五、夏三十五、雖朽損、而深／珍重、以莫令／散失焉、／享和二年次壬戌十二月廿八日感得之、／此印信清瀧宮末社之下与古紙祈禱札／一緒散落、堂守将焼火、予侍者童子岡／巌十三歳乞得之、還坊令見予拝見之、／准后尊書故、慎蔵之者也」、義演筆、

一〇四　源朝授養遍許可灌頂印信紹文土代

寛永五年歳次戊辰十月十日丁酉奎宿日曜　一通

江戸前期　竪紙　楮紙（美濃紙）　紙背あり　二九・六糎×四三・五糎　一紙

（端裏）高野山養遍ニ放印可印信下書　寛永五十月十日奎宿日曜

（書出）伝法許可灌頂印信／昔大日如来開大悲胎蔵・金剛秘密両部界会、／授金剛薩埵、

（書止）能洗五塵之染、可期八葉／之蓮、是則酬仏恩、答師徳、吾願如此、不可餘念耳、

（差出）伝授大阿闍梨法印大和尚位権大僧都源朝

（備考）奥に追記「寛永六年歳次己巳四月十二日丁卯亢宿日曜、印可授与、／常州佐白《サシロ》山勝福寺観伝　武州高幡《タカハタ》金剛寺良（仙脱カ）同壇、／共以テ此印信遣畢」、

〔紙背〕源朝授養遍許可灌頂印信印明土代

寛永五年歳次戊辰十月十日丁酉奎宿日曜　一通

竪紙

（書出）阿闍梨伝燈大法師養遍／授印可／金剛界　大率都婆印　普賢一字明

（書止）右、於醍醐山宝憧院道場、授両部印可畢、

（差出）伝授大阿闍梨法印大和尚位権大僧都源朝

（備考）奥に「宝幢院道場」、

一〇五　印可同壇交名

寛永六年四月十二日丁卯亢宿日曜　一通

江戸前期　切紙　楮紙（美濃紙）　三〇・五糎×二一・九糎　一紙

（本文）寛永六年四月十二日丁卯亢宿、日曜、於宝幢院道場／印可授与、同壇／常州佐白山《サシロサン》千手院勝福寺観伝／武州高幡《タカハタ》金剛寺良仙

一〇六　長青授宥長許可灌頂印信案　二通

江戸前期　竪紙　泥間似合

（備考）（一）・（二）一括、包紙（漉返紙、二五・五糎×三三・八糎、ウハ書「三宝院許可　二通／宥長」、裏書「尚《ハルカニ》久《シ》／ヒサシ／ヒサシ／肇《デウ》《ハジメ》」）、

（一）　長青授宥長許可灌頂印信紹文案

寛永十一甲戌二月十六日　一通

三四・三糎×四七・七糎　一紙

（端裏）許可文

（本文）授与印信許可文／夫両部大法相伝尚久矣、／大日如来為西天之肇祖／弘法大師為日域之元祖／師資相承、爰伝燈大阿闍梨位／長

青授与宥長大法師、而今／金剛仏子早入三密之門、久遊／両部之道、仍授与両部密印已畢、／故弟子本名上加金剛法名畢、
(差出) 伝授阿闍梨長青
(宛所) 授宥長

(二) 長青授宥長許可灌頂印信印明案　寛永十一年甲戌二月十六日　一通
三四・三糎×四七・七糎　一紙
(端裏) 許可秘印
(書出) 伝法許可／胎大印　大日釼印／虚掌峴二風而端柱以二空／捻二風第三節側加持五処
(書止) 蘇悉地印　以右拳覆左拳置斉下／(梵字)
(差出) 伝授阿闍梨長青
(宛所) 授宥長

一〇七　寛済授真勝灌頂印信案　三通
江戸前期
(備考) (一)～(三) 一括、包紙 (鳥の子、四九・九糎×三五・一糎)、ウハ書「印可印信并紹書　師報恩院寛済大僧正　資真勝」)、

(一) 寛済授真勝第二重印信印明案　寛永十五年五月九日　一通
切紙　斐紙 (鳥の子) 一八・〇糎×三五・九糎　一紙
(書出) 第二重／塔印／二大中間開之法界塔印也、則／出生万法両方大頭間両部／大日也、不二塔印也、
(書止) 寛永十五年五月九日、於山上／釈迦院授与真勝法印畢、
(差出) 僧正法印大和尚位寛済
(備考) 包紙 (杉原、二九・五糎×四三・一糎)、ウハ書「第二重　師寛済大僧正　資真勝」)、

(二) 寛済授真勝許可灌頂印信印明案　寛永十五年歳次戊寅五月九日角宿日曜　一通
竪紙　斐紙 (鳥の子) 三五・五糎×五〇・五糎　一紙
(書出) 法印権大僧都真勝／授印可／金剛界　大率都婆印　普賢一字明
(書止) 右、於醍醐山釈迦院、授両部印可畢、
(差出) 大阿闍梨僧正法印大和尚位寛済

(三) 寛済授真勝許可灌頂印信紹文案　寛永十五年歳次戊寅五月九日辛未角宿日曜　一通
竪紙　斐紙 (鳥の子) 三五・四糎×五〇・八糎　一紙
(書出) 伝法許可灌頂印信／昔大日如来開大悲胎蔵・金剛秘密両部界／会、授金剛薩埵、
(書止) 能洗五／塵之染、可期八葉之蓮、是則酬仏恩、答師徳、吾／願如此、不可餘念耳、
(差出) 伝授大阿闍梨僧正法印大和尚位寛済

一〇八　覚雄授信快灌頂印信案等　三通
江戸中期　竪紙　楮紙（美濃紙）
（備考）（一）～（三）一括、

（一）　覚雄授信快許可灌頂印信紹文案
貞享三歳次丙寅年九月廿二日奎宿月曜　一通
二八・一糎×四一・五糎　一紙
（書出）伝法許可阿闍梨位事／昔大日如来開大悲胎蔵・金剛秘密両部／界会、授金剛薩埵、
（書止）能洗五／塵之染、宜期八葉之蓮、是即酬仏恩、／答師徳、吾願如此、不可餘念耳、
（差出）伝燈大阿闍梨大和尚位覚雄

（二）　松橋流血脈　貞享三歳次丙寅拾月　一通
二八・六糎×四三・〇糎　一紙
（書出）松橋流血脈／大日如来　金剛薩埵　龍猛菩薩　龍智菩薩／金剛智三蔵　不空三蔵　恵果和尚　弘法大師／真雅　源仁　聖宝　観賢
（書止）俊恵僧正　俊誉　俊賢　俊海界イ　俊乗　俊重　俊杲／隆玄　俊芳　栄昌　覚雄　信快　勝応

（三）　覚雄授信快伝法灌頂印信紹文案
貞享三歳次丙寅年九月廿二日奎宿月曜　一通
二八・五糎×四三・〇糎　一紙
（書出）伝法灌頂阿闍梨位事／昔大日如来開大悲胎蔵・金剛秘密両部／界会、授金剛薩埵、
（書止）能洗五塵之／染、可期八葉之蓮、是即酬仏恩、答師徳、吾／願如此、不可餘念耳、
（差出）伝燈大阿闍梨法印大和尚位覚雄

一〇九　恵達授澄意瑜祇灌頂印信印明案
文化五年戊辰三月十九日　一通
江戸後期　竪紙　泥間似合　三六・〇糎×四九・四糎　一紙
（本文）瑜祇灌頂／外五股印／（梵字）／右、於醍醐山普賢院道場授与之、
（差出）伝燈大阿闍梨苾芻恵達
（宛所）澄意
（備考）懸紙（泥間似合、三三・五糎×四九・二糎、ウハ書「瑜祇灌頂印信　澄意」）、

一一〇　淳心授本浄許可灌頂印信印明案
天保十二歳次辛丑二月廿八日癸丑金曜奎宿　一通
江戸後期　竪紙　泥間似合　三九・三糎×五三・〇糎　一紙
（端裏）新薬師北坊本浄奥坊栄善江遣留／草案
（書出）本浄／授印可／金剛界　大率都婆印　普賢一字明
（書止）右、於醍醐寺報恩院、授両部印可訖、
（差出）伝授大阿闍梨前法務僧正法印大和尚位淳心

一一一　理性院流印可次第等　　十三通

江戸中期

（備考）（一）〜（一三）一括、

（一）　理性院流印可次第書止シ　　一通

切紙　楮紙（美濃紙）　一五・四糎×四・五糎　一紙

（本文）理性院印可事／先教授

（二）　印可人数書止シ　　一通

切紙　楮紙（美濃紙）　一四・四糎×四・一糎　一紙

（本文）印可人数事／享保九甲辰年十二月十八日水曜軫宿／大阿者〔闍〕梨尭雅

（三）　理性院流印可次第　　一通

折紙　楮紙（美濃紙）　二四・七糎×二六・〇糎　一紙

（文首）理性院流印可事／先両界拝、金三礼、胎三礼、／次ニ大阿者梨礼三礼、

（文尾）本流ハ何〔阿〕者梨五古持テ／誦文ノ唱テ、其ノ後受者ヘ授ル也、／受者ヘ三度頂戴イ也、

（備考）見返奥に略道場図、習書、

（四）　理性院流印可次第　　一通

切紙　後欠　楮紙（美濃紙）　一四・四糎×七・五糎　一紙

（本文）理性院流印可之事／先教授案内受者引入、　如本流、／次含香、／次両界拝金三礼、胎三礼、五躰投地如本流、

（五）　理性院流印可次第　　一通

切紙　楮紙（美濃紙）　一四・五糎×三・一糎　一紙

（文首）理性院流印可之事／先教授案内受者引入、／次両界拝、五躰投地、／金剛界三礼、胎蔵界三礼、

（文尾）次塗香護身法、／次灑水、／次普賢三｜、

（六）　理性院流印可職衆・受者交名　　一通

切紙　楮紙（美濃紙）　一五・四糎×三・三糎　一紙

（文首）理性院流印可事／後七日御修法ニ付、伴僧為諸役／印可ノ催有之、／十二月十八日／大阿闍梨法務大僧正尭観

（文尾）以上／前行十三日ヨリ不動供七ヶ日／修行、

（七）　理性院流印可次第　　一通

切紙　楮紙（美濃紙）　一四・四糎×二六・四糎　一紙

（文首）理性院流印可之事／先教授案内シテ受者引入也、如ク本流ノ、／次両界拝金剛界三礼、胎蔵界三礼、五躰投地、

（文尾）次普賢三昧耶印明　一返、／真言少相違、帰命ノ句ノ未／ナウマクサンマムダボダナウ／是ノナウノ字、本流ハナント唱、是レ／相違、印者如本流、次ニ言者、本流ハ／三反御授ケ也、当流ハ一反也、相違也、

（八）　理性院流印可職衆・受者交名　　一通
切紙　楮紙（美濃紙）　一五・四糎×二二・四糎　一紙
（本文）理性院流印可事／後七日御修法ニ付、伴僧為諸役／印可有之、／
十二月十八日当日／大阿闍梨法務前大僧正堯観／教授　権僧正
宣雅／受者　権少僧都演深／権少僧都演春／権少僧都澄翁／権
少僧都亮祐／以四人、

（九）　理性院流印可次第書止シ　　一通
切紙　楮紙（美濃紙）　一五・五糎×五五・六糎　一紙
（本文）理性院流印可事／後七日御修法ニ付、伴僧為諸役

（一〇）　理性院流印可次第　　一通
切紙　楮紙（美濃紙）　一五・五糎×三九・四糎　一紙
（文首）理性院流印可之事／先教授案内受者引入、／次含香、無本流ニ、／
次両界ノ拝金剛界三礼、胎蔵界三礼、
（文尾）入仏三昧耶真言／ナウマクサンマムダボダナウ／アサンメイチ
リシムメイソワカ／金剛界／ナウマクサンマムダボダナウバン

（一一）　理性院流印可次第書止シ　　一通
切紙　楮紙（美濃紙）　二三・一糎×六六・七糎　一紙
（本文）理性院流印可之事／先教授案内受者引入、／次両界拝五躰、

（一二）　理性院流印可職衆交名　　一通
切紙　楮紙（美濃紙）　一四・一糎×八八・五糎　一紙
（本文）当流印可事／享保七壬寅四月十四日／大阿闍梨有雅大僧正／教授
運助権僧正／発起　初瀬

（一三）　印可次第書止シ　　一通
切紙　楮紙（美濃紙）　一四・三糎×四四・一糎　一紙
（本文）印可事／享保七年寅四月廿

一一二　某授実順許可灌頂印信案包紙等　　四紙
（備考）（一）～（四）一括、

（一）　某授実順許可灌頂印信案包紙　文政十一年八月二日　　一紙
江戸後期　竪紙　泥間似合　五一・六糎×三八・七糎　一紙
（備考）ウハ書「伝法許可灌頂印信紹書血脈　授与実順／「文政十一年七八
月二日授与留也」」、

（二）　某授行識伝法灌頂印信包紙　（年月日未詳）　　一紙
江戸後期　竪紙　泥間似合　五三・二糎×三七・二糎　一紙
（備考）ウハ書「伝法灌頂印信紹書　授与行識」、

（三）　某伝法灌頂印信紹文包紙　（年月日未詳）　　一紙
江戸中期　竪紙　斐紙（鳥の子）　五一・九糎×四〇・八糎　一紙
（備考）ウハ書「伝法灌頂印信紹書」、

（四）　某授観雅許可灌頂印信案包紙（年月日未詳）　一紙
江戸後期　竪紙　斐紙（鳥の子）　五一・八糎×三七・〇糎　一紙
（備考）ウハ書「伝法許可灌頂印信紹書血脈　授与観雅／「留也」」、

一一三　三宝院流憲深方印信集　一冊
江戸前期　袋綴装　楮紙（杉原・奉書紙・高檀紙）　紙背あり　三一・六糎×二四・〇糎　二十二紙
（外題）当流印信集
（表紙）金剛仏子寛済（右下）
（備考）①～㉓書継、裏表紙に「一引壇敷絹事」書止シ（折紙、斜線にて墨抹）、挿入紙一（美濃紙、七・八糎×五・一糎、「不動秘法欲臨重位許可／灌頂道場、伏願七座之勤修」）、挿入紙二（奉書紙、五・八糎×九・三糎、「爰大法師覚深信三密／奥旨、已受両部灌頂、而今重／望許可之儀式、○所授秘密印璽○也、／能洗五塵之染ーーーー」）、

①成賢授憲深伝法灌頂印信印明写　建保二年歳次甲戌十一月十日庚午昴宿金曜
（端書）月ム云、御自筆云々、／『灌頂』
（書出）阿闍梨伝燈大法師位憲深／授印可／金剛界　大率都婆印　普賢一字明
（書止）右、於醍醐寺三宝院、授両部灌頂／畢、
（差出）伝授大阿闍梨権僧正法印大和尚位成賢

②成賢授憲深伝法灌頂印信紹文写　建保二年歳次甲戌十一月十日庚午昴宿金曜
（端書）月ム云、清書深賢法印／御名二字御自筆云々、／『灌頂』
（書出）伝法灌頂阿闍梨職位事／昔大日如来開大悲胎蔵・金剛秘密両部界会、／授金剛薩埵、
（書止）能洗五／塵之染、可期八葉之蓮、是則酬仏恩、答師徳、／吾願如此、不可餘念耳、
（差出）伝授大阿闍梨権僧正法印大和尚位成賢

③成賢授実深許可灌頂印信印明写　安貞二年歳次戊子四月廿三日丙寅壁宿日曜
（端書）月ム云、御自筆云々、／『灌頂』
（書出）法眼和尚位実深／授印可／金剛界　大率都波〔婆〕印　普賢一字明
（書止）右、於醍醐寺遍智院、授両部灌頂畢、
（差出）大阿闍梨前権僧正法眼和尚位成賢

④成賢授実深伝法灌頂印信紹文写　安貞二年歳次戊子四月廿三日丙寅壁宿日曜
（端書）月ム云、清書報恩院僧正／御位所御名字御自筆云々、／『灌頂』
（書出）伝法灌頂阿闍梨位事／昔大日如来開大悲胎蔵・金剛秘密両部界会、／授金剛薩埵、
（書止）能洗五塵之染、可期八葉之／蓮、是則酬仏恩、答師徳、吾願如此、不可餘念耳、
（差出）伝授大阿闍梨前権僧正法眼和尚位成賢
（宛所）法眼和尚位実深
（備考）奥に「『御位所下ニ無御名字、／右朱筆分、実深僧正紹書也』」、本文・年月日・宛所脇に朱書入、

⑤憲深授実深許可灌頂印信紹文写　嘉禎四年歳次戊戌十二月廿一日角宿火曜

（端書）『印可』

（書出）伝法許可灌頂印信／昔大日如来開大悲胎蔵・金剛秘密両部界会、／授金剛薩埵、

（書止）能洗五塵之染、／可期八葉之蓮、是則酬仏恩、答師徳、吾願如／此、不可餘念耳、

（差出）伝授大阿闍梨権少僧都法眼和尚位憲深

（備考）本文・年月日・差出に朱書入、

⑥憲深授源聖許可灌頂印信印明写　宝治二年歳次戊申十一月一日甲辰斗宿火曜

（端書）寛済ム云、御自筆也、／『灌頂』

（書出）阿闍梨伝燈大法師位源聖／授印可／金剛界　大率都婆印　普賢一字明

（書止）右、於醍醐寺極楽房、授両部灌頂／畢、

（差出）伝授大阿闍梨法印大和尚位権大僧都憲深

⑦憲深授公惟伝法灌頂印信紹文写　文応元年歳次庚申十月八日壬寅室宿金曜

（端書）寛済ム云、他筆御名字二字御自筆、／『灌頂』

（書出）伝法灌頂阿闍梨職位事／昔大日如来開大悲胎蔵・金剛秘密両部界会、授金／剛薩埵、

（書止）能洗五塵之染、可期八葉之蓮、是則酬仏恩、答師／徳、吾願如此、不可餘念耳、

（差出）伝授大阿闍梨前権僧正法印大和尚位憲深

（宛所）権少僧都公惟

⑧憲淳授隆勝許可灌頂印信印明写　永仁五年歳次丁酉二月一日甲午奎宿土曜

（端書）寛済ム云、御自筆、／『印可』

（書出）阿闍梨法印権大僧都隆勝／授印可／金剛界　大率都婆印　普賢一字明

（書止）右、於甘露王院、授両部印可畢、

（差出）大阿闍梨法印大和尚位権大僧都憲淳

⑨憲淳授隆勝伝法灌頂印信紹文写　永仁五年歳次丁酉二月一日甲午奎宿土曜

（端書）寛済ム云、清書隆勝御筆、／御名字御自筆耳、／『印可』

（書出）伝法灌頂阿闍梨位事／昔大日如来開大悲胎蔵・金剛秘密両部界会、／授金剛薩埵、

（書止）能洗五塵之染、可期八葉之蓮、／是則酬仏恩、答師徳、吾願如此、不可餘念耳、

（差出）伝授大阿闍梨法印大和尚位権大僧都憲淳

（宛所）法印権大僧都隆勝

（備考）本文・年月日に朱書入、

⑩隆源授隆寛許可灌頂印信印明写　応永二年八月廿一日井宿水曜

（端書）『印可』

（書出）大法師隆寛／授印可／金剛界　大率都婆印　普賢一字明

（書止）右、於醍醐山釈迦院、授両部印可畢、

（差出）大阿闍梨前僧正法印大和尚位隆源

⑪隆源授隆寛許可灌頂印信紹文写　応永二年八月廿一日井宿水曜

（端書）『印可』

（書出）伝法許可灌頂印信／昔大日如来開大悲胎蔵・金剛秘密両部／界会、授金剛薩埵、

（書止）能洗五塵之染、／可期八葉之蓮、是則酬仏恩、答師徳、吾願如此、／不可餘念耳、

（差出）伝授阿闍梨前僧正法印大和尚位隆源

（備考）本文・年月日・差出に朱書入、

⑫隆源授隆基伝法灌頂印信印明写　応永十年癸未十一月四日丁未危宿月曜

（端書）『灌頂』

（書出）阿闍梨権少僧都法眼和尚位隆基／授印可／金剛界　大率都婆印　普賢一字明

（書止）右、於醍醐山釈迦院、授両部灌頂畢、

（差出）伝授大阿闍梨僧正法印大和尚位隆源

⑬隆源授隆基伝法灌頂印信紹文写　応永十年歳次癸未十一月四日丁未危宿月曜

（端書）『灌頂』

（書出）伝法灌頂阿闍梨位事／昔大日如来開大悲胎蔵・金剛秘密両部界／会、授金剛薩埵、

（書止）能洗五塵之染、可期八葉之蓮、／是則酬仏恩、答師徳、吾願如此、不可餘念耳、

（差出）伝授大阿闍梨僧正法印大和尚位隆源

（備考）本文・年月日・差出に朱書入、

⑭隆勝授隆海許可灌頂印信印明写　正和三年歳次甲寅十一月十日庚申昴宿火曜

（端書）『印可』

（書出）阿闍梨伝燈大法師位隆海／授印可／金剛界　大率都婆印　普賢一字明

（書止）右、於相模国鎌倉郡犬懸道場、両部印可畢、

（差出）大阿闍梨僧正法印大和尚位隆勝

⑮隆勝授隆海重位印信印明写　（年月日未詳）

（端書）表書云、『月御記也、』隆海阿闍梨印／『印可』

（本文）塔印／帰命（梵字）／外縛五貼印／（梵字）／二手合掌、屈進力戒方二節、／相合禅智、並竪去進力、如口形、／囀曰羅二合素乞央麼摩賀引薩怛囀二合吽吽

（差出）大阿闍梨僧正法印大和尚位

（備考）奥に「右両通之印信、各別二紙ニ在之、則／隆勝御自筆也、但又紹書ハ無之」、墨合点、

⑯隆舜授円源許可灌頂印信印明写　貞和四年戊子十月廿二日乙酉翼宿木曜

（端書）『印可』

（書出）阿闍梨伝燈大法師位円源／授印可／金剛界　大率都婆印　普賢

一字明

（書止）右、於醍醐山釈迦院、授両部印可畢、

（差出）大阿闍梨前権僧正法印大和尚位隆舜

（備考）奥に「隆舜御記云、此紹書印信依失念物忩之間、支干等書落了、後日／書改之遣之、但今度除阿闍梨位了、別紙ニ／阿闍梨位許書写之、印馬頭云々」、本文に朱書入、

⑰隆舜授円源許可灌頂印信紹文案　貞和四年戊子十月廿二日〇乙酉翼宿木曜

（端書）『印可』

（書出）伝法許可灌頂印信／昔大日如来開大悲胎蔵・金剛秘密両部／界会、授金剛薩埵、

（書止）能／洗五塵之染、必可期八葉之蓮、是則酬仏恩、答／師徳、吾願如此、不可餘念耳、

（差出）大阿闍梨前権僧正法印大和尚位隆舜

（備考）本文に朱書入、

⑱某授某許可灌頂印信紹文写　建暦元年歳次辛未十一月廿五日――

（端書）月御筆云、／許可印信案　遍智院御本云々、／『印可』

（書出）伝法許可灌頂印信／昔大日如来開大悲胎蔵・金剛秘密両部界会、授／金剛薩埵、

（書止）能洗五塵之染、可期八葉之蓮、／是則酬仏恩、答師徳、吾願如此、不可餘念耳、

（差出）伝授大阿闍梨権僧正法印大和尚位ム

（備考）奥に「以報恩院僧正御房御筆本／書之了、隆勝云々」、墨合点、本文に書入、

⑲三宝院流代々灌頂等授与記

（文首）幸随蓮蔵院僧正蒙具支灌頂印可伝深奥、爰大法師憲淳――、

（文尾）爰権大僧都宥義深信三密奥旨、久学両部大法、既雖開両部／密壇、今機縁相催、已所授伝法灌頂職位者也、為次後阿闍梨、為／示後哲而授之――、

（備考）本文に朱書入、

⑳憲深授聖守印信血脈写　（年月日未詳）

（書出）大日如来　金剛薩埵　龍猛　龍智／金剛智　不空　恵果／弘法　真雅　源仁

（書止）元海　実運　勝賢／成賢　報恩院僧正憲深　真言院中道房聖守

（備考）奥に「右血脈一紙、以報検御自筆書了、／同印信紹書在之、以上三通也」、

㉑経深授隆源印信血脈写　（年月日未詳）

（書出）大日如来　金剛薩埵　龍猛菩薩　龍智菩薩　金剛智三蔵／不空三蔵　恵果和尚　弘法大師　真雅　源仁

（書止）覚雅　憲淳　隆勝　隆舜　経深／隆源卅一代

（備考）奥に「右血脈、以原僧正御自筆書之了」、

㉒宝幢院法印源朝授寛済印信血脈写　（年月日未詳）

（書出）大日如来　金剛薩埵　龍猛　龍智　金剛智　不空／恵果　弘法
貞観寺僧正真雅

（書止）行樹院権僧正深応　後正覚院僧正雅厳　宝幢院法印源朝　報恩院僧正
寛済

（備考）朱書入、

㉓三宝院流血脈代数不審記

（文首）当流肸〔血〕脈代数不審之事／右印信詔〔紹〕書文言、以累祖之御案御自筆書
集之、尤自由之／所為、祖意難測者乎、

（文尾）但祖葉之深旨可有之歟、如何、所不可及愚案之勘見而已、／末資
猶可案之々々、寛永十二年九月廿日記之、□□末資寛済（花押）

一一四　印可壇場図　一通

江戸前期　竪紙　斐紙（鳥の子）　裏書あり　三七・〇糎×五一・五糎　一紙

（端裏）印可壇場図尺迦院、明徳辛未二廿七、

（備考）裏書「此図以旧祖前大僧正隆源／御筆之本写之、／承応貳十二廿
五／金剛仏子有雅」、包紙（漉返紙、三三・六糎×四三・八糎、ウハ書「印
可図」）、包紙に付箋「図隆源印可壇図／有雅筆」、

一一五　随心院方印可授与記　一冊

江戸前期　仮綴（折紙）　漉返紙　紙背あり　一四・七糎×四三・二糎　二紙

（首題）随心院方印可

（文首）元禄七年甲戌十月一日心宿水曜、／於東寺妙観院被授之、／大阿　妙観院
法印権大僧都隆禅四十七歳、／受者　権僧正全海廿七歳、

（文尾）一大阿へ布施／金二百疋／中啓一柄／教授へ／素麺一箱

（備考）包紙（泥間似合、二七・八糎×四一・〇糎、ウハ書「随心院方印可」）、包
紙紙背にまつはし様宛ふさ書状あり、

〔紙背一〕隆快書状　（年未詳）九月五日　一通

折紙　二六・三糎×四三・二糎　一紙

（書出）遠境之□御使　札忝／令拝見候、如仰厥後／御物定打過候、

（書止）後朝／後夜次ニ相務可申候間、／左様御心得可被成候、旁／期後
音之時候、恐惶謹言、

（差出）妙観院／隆快

（宛所）松橋権僧正様円答

（備考）逐而書、

〔紙背二〕隆快書状　（年未詳）九月廿二日　一通

竪紙　二六・三糎×四三・二糎　一紙

（書出）従此方以人可申入候と存候所ニ被／入御念、預貴札忝存候、寒気
趣候／へ共、弥御堅固之旨、珎重存候、

（書止）早朝ハ御大儀存候間、一宿かけニ御出候／ハヽ、可宜と存候、折
節御前為早々申抄候、／恐惶謹言、

（差出）隆快

一一六　祖師御影道場懸様覚　一通

江戸中期　折紙　楮紙（奉書紙）紙背あり　墨（合点）三九・五糎×五三・七糎　一紙

（文首）西正面／善無畏　龍猛／一行　龍智／恵果　金剛智／弘法　不空／成賢　尊師

（文尾）隆済　隆源／深応《源雅》　源雅／寛済　雅厳

（紙背）進上物目録（年月日未詳）　一通

竪紙

（本文）昆布　百本／白銀御樽代　壹枚／井篭　一荷

（差出）円明院僧正

一一七　意教方印可授与記　一冊

江戸中期　袋綴装　楮紙（美濃紙）九行・十八字前後　二八・三糎×二〇・五糎　七紙

（外題）意教方印可授与記極秘々々、真ー《円》御記、

（表紙）円明《西渓》院蔵（右下）

上人方極秘不可口外者也、（外題右）

（文首）享保九甲辰十月十八日願行方ノ意教遂印可、／道場山下尺迦院也、大阿闍梨前法務前大僧正／有雅、于時九十一歳、同十一日ヨリ前行開白不動供、

（文尾）一長久寺ハ故法務寛順ヘ善通其外重抄等／御遺告迄不残受法、印可ハ初二重迄許／容ノ仁也、然上今度御了簡万事調安義也、

（奥書）享保九甲辰歳十月十八日夜記之、／東寺末葉法印権大僧都真ー右、拝見之序、令書写、予トハ真ー自称也、／全可為後資之便捷者也、／校合了、／金剛仏子実雅／意教憲静頼賢也、　願行頼賢憲静也、

右、師主法務実雅以御自筆写本／乍恐書写、早々於灯下写、追而／可清書、一校畢、仏子淳杲識

（備考）挿入紙、

一一八　意教方法流相承大事口決　一冊

江戸中期　袋綴装　楮紙（美濃紙）墨点（送仮名）九行・十八字前後　二八・二糎×二〇・五糎　六紙

（外題）意教方法流相承口授大事秘々極秘々、

（表紙）円明院当住末資淳杲（右下）

ム不可口外者也、印可之口授（外題左）

（首題）意教方法流相承口授大事／有円私云、戒光院運助権僧正之記

（文首）尾州長久寺者、先代ヨリ意教方相承之寺ナレトモ、／当時慥成相伝モ無之候ニ付、当住懇志ニヨリ前法務ヘ／法流相続ノ事頼申入所也、

（文尾）翌日礼ニ参金三百疋報謝、戒ハ百疋、頭巾一／持参対面、菓子出、首尾珎重々々、／師九十歳、運助六十歳、／師云ハ有雅法務御事也、有円私ニ加之、

（奥書）以安養院山務権僧正運助自毫之御本令書写／校合、尤深秘々々、／寛延四辛未年六月十八日　于時東寺別当法印有円有円以御自筆乍恐書写之、深秘々々、／他見勿論不可口外者也、

金剛資淳杲
（備考）包紙一（泥間似合、四四・〇糎×三三・五糎、ウハ書「上人方／印可相承口授深秘々々、　二通／円／真ｌ　運助ノ両記／卒爾拝見無用」）、包紙一紙背あり、包紙二（高檀紙、三七・七糎×四五・〇糎、ウハ書「「甚秘モノ」／意教方初二三ノ口説極秘、　／外ニ血脈印信等　円」）、包紙二紙背に「金子　弐百疋」「八祖」、
（包紙紙背）按察進慎山書状　（年月未詳）八日　一通
折紙
（書出）御別紙拝見長州／罷仕候、愚娘義、易産／之義、御風聴申、且／御祈禱之御礼申入候処、／御歓被仰下忝存候、
（書止）御全快之由、／珎重存候、尚又御自愛／専一存候、頓首、
（差出）按察進慎山
（宛所）僧正様
（備考）逐而書、包紙一の紙背、

一一九　頼賢上人方印可道場図　一通
江戸後期　竪紙　泥間似合　紙背あり　三六・二糎×四九・七糎　一紙
（端裏）上人方印可／天明五乙巳歳三月十九日／常日箕宿水曜、
（首題）道場水本坊
（文首）善無畏　龍猛／一行　竜智／恵果　金智／弘法
（文尾）今般意教ノ願行方印可修行、祖師如此掛、／此上人方国師（憲淳）より相続有之、仍而如此也、淳杲

（備考）紙背に「金　千疋」（折紙）、

一二〇　意教上人願行方印可授与記　一冊
江戸後期　袋綴装　楮紙（美濃紙）　墨点（送仮名）　七行・十三字前後　二〇・六糎×一四・〇糎　五紙
（外題）意教ノ願行方上人方印可初重
（表紙）淳杲（右下）
（文首）今天明五乙巳歳三月十九日箕宿水曜、／上人方初重印可修行、仍而他流／印可初度ニ附、前行七日修之不動供、／道場水本坊、受者報恩院大僧都成深、
（文尾）龍猛ヨリ無畏ニ到リ／正面脇机ニ香呂置中、順廻テ退出、
（奥書）今度意教ノ願行方印可初重修行、／仍テ早々記之、勿他見而已、／金剛資僧正淳杲／堂ノ図等別紙ニ有之、
（備考）挿入紙、

一二一　意教方血脈記　一通
江戸中期　折紙　楮紙打紙　墨点（送仮名・傍訓）　三二・二糎×四四・七糎　一紙
（文首）意教上人ノ弟子ニ／願行・慈明之両資／有之、願行上人ハ憲静／ト云、又ハ東寺上人トモ云、
（文尾）時之将軍《グン》／鎌倉家御帰依候故、／東寺ノ再興畢、然／故ニ願行ヲ東寺／上人トモイヘリ、
（奥書）右予為覚語聊／書之、／安永六年／十二月十二夜／権僧正淳杲

第七九函

一　空海授真雅伝法灌頂印信紹文写　天長二年三月五日　一通
安土桃山時代　竪紙　漉返紙　三三・五糎×五〇・二糎　一紙
（書出）金剛界伝法灌頂密印／摂一切如来阿闍梨行位印真言曰、
（書止）有瀉瓶実恵、又雖入壇授法弟子頗多、／唯汝一人授之、争可報尽吾恩哉、／穴賢、雖／入室、随器量可授之、
（差出）伝授大阿闍梨遍照金剛空海
（宛所）於東寺真雅阿闍梨授之、
（備考）奥に貼紙「竪被折之、此印信ニ有手本、一本ハ貞願寺真雅云々、此本ハ仁寛アサリ本也、／為流人之間、依不本持、暗ニ書之故ニ、書○貞願寺也、彼下印信皆以如此、真実正本／大師御筆ニハ東寺真雅云々、御筆有之也、可信也、今本両寺号書之、／如此本不欠之、不審也、是伊豆本ニ東寺ト書入歟、不審々々」、

二　深覚授覚源伝法灌頂印信印明写
長元六年歳次癸酉十二月廿六日斗宿土曜　一通
室町後期　竪紙　楮紙（杉原）　二九・八糎×五三・七糎　一紙
（端裏）第四禅林寺僧正与太閤宮僧正印明
（書出）覚源内供奉十禅師／授印可　金剛名号　不動金剛
（書止）右、長元六年歳次癸酉十二月廿六日斗宿土曜、於／東寺灌頂堂、授両部伝法灌頂職位焉、
（差出）大阿闍梨前大僧正深覚

三　宮僧正授定賢伝法灌頂印信紹文案
康平三年歳次十二月廿八日曜宿　一通
室町前期　竪紙　楮紙（杉原）　二八・四糎×三一・〇糎　一紙
（端裏）宮僧正印信案康平三年
（書出）最極秘密法界躰伝法灌頂阿闍梨職位事／在昔大日如来、開大悲胎蔵・金剛秘密両部界会、授金剛薩埵、
（書止）以先師所授伝法印可授与金剛弟子、然則挑三秘慧燈照昏懼、／灌五智定水澄迷浪、羨為末代阿闍梨弘将来密教矣、
（差出）――師主宮僧正也、
（備考）日下に「定賢印信也」、

四　賢覚授宝心伝法灌頂印信紹文写　大治四年正月廿四日　一通
平安院政期　竪紙　楮紙打紙　二八・九糎×四二・八糎　一紙
（端裏）印璽本願理性房　以或本書写之、乗印写
（書出）授与伝法灌頂阿闍梨位事／金剛弟子宝心／夫以、在昔大日如来、開大悲胎蔵・金剛秘密両部界／会、授金剛薩埵、
（書止）大師法務／権僧正大阿闍梨耶令加随喜之辞而已、
（差出）伝授阿闍梨伝燈大法師位（花押影）在判
（宛所）賜金剛弟子宝心

（備考）奥書「承安元年□（九カ）月二日、於理性院、以先師大綱（マヽ）御自筆／印信、
於大師阿闍梨耶御前書写了、／金剛仏子乗印」、

五　孝賢授良成灌頂印信案　二通

鎌倉中期　竪紙　楮紙（檀紙）

（備考）（一）・（二）一括、

（一）　孝賢授良成許可灌頂印信印明案

嘉禎元年歳次乙未十一月十二日角宿日曜　一通

三四・四糎×六〇・三糎　一紙

（書出）阿闍梨伝燈大法師位良成／授印可／金剛界　大率都婆印　普賢
一字明

（書止）右、於醍醐寺観心院、授両部灌頂／畢、

（差出）伝授大阿闍梨権律師法橋上人位孝賢

（二）　孝賢授良成伝法灌頂印信紹文案

嘉禎元年歳次乙未十一月十二日角宿日曜　一通

三四・五糎×六〇・五糎　一紙

（端裏）印信　孝賢与良成

（書出）伝法灌頂阿闍梨位事／昔大日如来開大悲胎蔵・金剛秘密両部／
界会、授金剛薩埵、

（書止）能洗五塵之染、可期八葉之／蓮、是則酬仏恩、答師徳、吾願如此、
不可餘念耳、

（差出）伝授大阿闍梨権律師法橋上人位孝賢

（宛所）伝燈大法師良成

六　孝賢授成淳許可灌頂印信紹文案

嘉禎二年歳次丙申二月廿三日女宿月曜　一通

鎌倉中期　竪紙　楮紙（檀紙）　三四・四糎×六〇・八糎　一紙

（端裏）印信　孝賢律師　成淳授之嘉禎二年二月廿三、

（書出）伝法許可灌頂印信／昔大日如来開大悲胎蔵・金剛秘密／両部界
会、授金剛薩埵、

（書止）能洗／五塵之染、可期八葉之蓮、是則酬仏恩、／答師徳、吾願如
此、不可餘念耳、

（差出）伝授大阿闍梨権律師法橋上人位孝賢

七　浄月授阿忍光明灌頂印信印明并口決案

嘉禎四年二月十五日　一通

鎌倉中期　竪紙　楮紙打紙　二九・四糎×四五・三糎　一紙

（端裏）光明灌頂印信三輪

（書出）光明灌頂印信又阿字灌頂トモ云也、又金色泥塔法トモ云也、　／印口伝／明（梵字）／嘉禎四
年二月十五日示之、／伝燈大法師浄月授阿忍畢、

（書止）サレハ如／此思ニ静ル時キ無量無邊ノ罪滅スルナリ、　能々可観想
云々、

（備考）虫損甚し、

八　憲深授玄慶許可灌頂印信紹文写

建長三年〔歳次辛亥〕五月三日〔鬼宿水曜〕　一通

室町前期　竪紙　楮紙（強杉原）　三三・三糎×五三・三糎　一紙

（端裏）許可〔報恩院〕

（書出）伝法許可灌頂印信／昔大日如来開大悲胎蔵・金剛秘密両部界会、／授金剛薩埵、

（書止）能洗五塵之染、可期八葉之蓮、／是則酬仏恩、答師徳、吾願如此、不可餘念耳、

（差出）伝授大阿闍梨法印大和尚位権大僧都憲深

九　観俊授頼助伝法灌頂印信紹文案

文永四年〔丁卯〕七月廿二日〔鬼宿日曜〕　一通

鎌倉中期　竪紙　漉返紙　三五・〇糎×五七・〇糎　一紙

（端裏）九条宰相法印〔寛覚〕伝法印信案　大僧正同法印僧都〔□□正〕〔頼助〕印信

（書出）秘密上乗血脈付法事〔相承〕／授与伝法灌職〔頂〕位事／法印権大僧都寛覚〔金剛仏子権大僧都頼助〕

（書止）能洗五塵〔塵〕之染、可期八葉蓮、／是則酬仏恩、答師徳、〔也〕吾願如是、不可餘／念、妙成就許可如眼前〇〔陳〕耳、

（差出）伝授阿闍梨法印〔大和尚位〕前権大僧都観俊

（宛所）授与法印権大僧頭〔（マヽ）〕寛覚

（備考）年月日・受者名等脇に墨書入多し、裏打スミ、

一〇　観俊授最俊許可灌頂印信紹文案

文永六年〔己巳〕十二月十九日〔角宿日曜〕　一通

鎌倉中期　竪紙　楮紙（強杉原）　三四・四糎×五九・〇糎　一紙

（書出）伝法許可灌頂印信／昔大日如来開大悲胎蔵・金剛秘密両部界会、／授金剛薩埵、

（書止）能洗五塵之染、可期八葉之蓮、／是則酬仏恩、答師徳、吾願如此、不可餘念耳、

（差出）伝授大阿闍梨法印大和尚位前権大僧都観俊（花押）

（宛所）授与大法師最俊

（備考）裏打スミ、

一一　観俊授定覚許可灌頂印信紹文案

文永六年〔己巳〕十二月廿日〔□（亢カ）宿月曜〕　一通

鎌倉中期　竪紙　楮紙（強杉原）　裏書あり　三一・一糎×四三・二糎　一紙

（端裏）九条中納言僧都〔定覚〕印可印信案〔又宰相阿闍梨頼遍〕

（書出）伝法許可灌頂印信／昔大日如来開大悲胎蔵・金剛秘密両部／界会、授金剛薩埵、

（書止）能洗五塵之染、可期八葉之蓮、是則酬仏／恩、答師徳、吾願如此、不可餘念耳、

（差出）伝授大阿闍梨法印大和尚位前権大僧都観｜〔俊〕

（宛所）〔授与阿闍梨頼遍〕授与権少僧都定覚

（備考）年月日・受者名等脇に墨書入多し、

一二　定済授厳誉灌頂印信写

一通

江戸前期　竪紙　楮紙（檀紙）

（備考）（一）・（二）一括、包紙（檀紙、五〇・六糎×三五・七糎、ウハ書「大法師厳誉」）、寛済筆、

（一）　定済授厳誉伝法灌頂印信紹文写　弘安二年歳次己卯六月廿五日辛丑觜宿金曜　一通

三八・二糎×五〇・九糎　一紙

（書出）伝法灌頂阿闍梨職位事／昔大日如来開大悲胎蔵・金剛秘密両部界会、授金／剛薩埵、

（書止）能洗五塵之／染、可期八葉之蓮、是則酬仏恩、答師徳、吾願如此、不可／餘念耳、

（差出）伝授大阿闍〔梨脱カ〕僧正法印大和尚位定済

（宛所）阿闍梨大法師厳誉

（二）　定済授厳誉許可灌頂印信印明写　弘安二年歳次己卯六月廿五日辛丑觜宿金曜　一通

三八・二糎×五一・二糎　一紙

（書出）阿闍梨大法師厳誉／授印可／金剛界　大率都婆印　普賢一字明

（書止）右、醍醐寺宝池院、授両部灌頂畢、

（差出）伝授大阿闍梨僧正法印大和尚位定済

（宛所）阿闍梨大法師厳誉

一三　定済授聖兼許可灌頂印信紹文案　弘安二年歳次己卯十二月五日奎宿月曜　一通

鎌倉中期　竪紙　楮紙（檀紙）　三五・七糎×六七・四糎　一紙

（端裏）印信

（端書）受者　東南院大僧正聖兼／大阿闍梨　宝池院前大僧正定済

（書出）伝法許可灌頂印信／□〔昔〕大日如来開大悲胎蔵・金剛秘密両／□□〔部界〕会、授金剛薩埵、

（書止）能洗五塵之染、可期八葉之蓮、／□□〔是則〕酬仏恩、答師徳、吾願如此、不可餘念耳、

（差出）□□大阿闍梨僧正法印大和尚位定済

（備考）天破損、

一四　教舜授定快伝法灌頂印信紹文案　弘安七年歳次十二月二日　一通

室町前期　竪紙　楮紙（杉原）　二五・五糎×四二・〇糎　一紙

（端裏）印信教舜　授定快

（書出）最極秘密法界躰伝法灌頂阿闍梨職位事／昔大日如来開大悲胎蔵・金剛秘密両部界会、

（書止）能洗五塵之染、／可期八葉之蓮、是則酬仏恩、答師徳、吾願／如此、不可餘念耳、

（差出）伝授阿闍梨伝燈大法師教舜

（宛所）権律師定快

（備考）奥書「一交了、　弘済」、袖に「一交了」、墨註記、

一五　経杲授全恵印信血脈案　弘安九年丙戌三月廿七日甲午婁宿　一通
鎌倉中期　竪紙　楮紙打紙　三四・七糎×五三・九糎　一紙
（書出）大日如来　金剛薩埵　龍猛　龍智　金剛智／不空　恵果　弘法
（書止）聖賢　源運　雅西　覚隆／琳経　経舜　経杲　全恵
（差出）金剛仏子（花押）

一六　賢照授聖雲伝法灌頂印信紹文写
弘安九年丙戌正月廿二日癸丑尾宿日曜　一通
南北朝時代　竪紙　楮紙（強杉原）　三七・〇糎×五〇・八糎　一紙
（書出）最極秘密法界大伝法灌頂阿闍梨職位事／高祖大毘盧遮那如来開
大悲胎蔵・金剛秘密両部大法、
（書止）深可仰大師誓約給、対未入壇之者莫説／之、於非其器之人莫宣之、
不可餘念、是師戒也、旨趣雖広大／概如斯、
（差出）伝授大阿闍梨法務大僧正法印和尚位賢照
（宛所）一身闍梨聖雲

一七　覚済授真清伝法灌頂印信紹文案
永仁五年歳次丁酉正月廿一日乙酉心宿木曜　一通
鎌倉後期　竪紙　楮紙（強杉原）　三三・七糎×五四・〇糎　一紙
（書出）最極秘密法界躰伝法灌頂阿闍梨職位事／昔大日如来開大悲胎
蔵・金剛秘密両部界会、
（書止）能洗五塵之染、可期八葉之／蓮、是則酬仏恩、答師徳、吾願如此、
不可餘念耳、
（差出）伝授大阿闍梨前大僧正覚済
（宛所）権律師法橋上人位真清
（備考）裏打スミ、

一八　憲淳授憲什伝法灌頂印信紹文案
嘉元三年歳次乙巳二月十七日甲午氐宿土曜　一通
鎌倉後期　竪紙　楮紙（強杉原）　三三・八糎×五二・五糎　一紙
（端裏）古印信
（書出）伝法灌頂阿闍梨位事／昔大日如来開大悲胎蔵・金剛秘密両部界
会、
（書止）能洗五塵之染、／可期八葉之蓮、是則酬仏恩、答師徳、吾願／如
此、不可餘念耳、
（差出）伝授大阿闍梨法印大和尚位権大僧都憲淳
（宛所）阿闍梨大法師憲什
（備考）裏打スミ、

一九　成瑜授幸舜伝法灌頂印信印明写　徳治二年丁未六月廿一日　一通
南北朝時代　竪紙　楮紙打紙　三一・七糎×四九・三糎　一紙
（端裏）伝法印信
（書出）印信／金剛界／大率都婆印　普賢一字明
（書止）右、於熊野那智山、奉授両部伝法灌頂職位／印言畢、
（差出）伝授大阿闍梨権律師成瑜（花押）
（宛所）授者新阿闍梨権律師幸舜

二〇　成瑜授某三部許可印信印明案　徳治二年丁未六月廿一日　一通

鎌倉後期　竪紙　楮紙打紙　三一・一糎×四九・四糎　一紙

（端裏）三部許可印信

（書出）金剛／（梵字）／胎蔵／（梵字）

（書止）虚心合以二頭指捻二大、次以二中捻二大、／次以二名捻二大、如先印向外、

（差出）伝授阿闍梨権律師成瑜（花押）

二一　賢爾授融賢伝法灌頂印信印明案　元應三年六月一日癸丑鬼宿日曜　一通

鎌倉後期　竪紙　楮紙打紙　三二・八糎×四七・七糎　一紙

（書出）最極大秘伝法灌頂印明／第一／金剛界　大率都婆印　帰命（梵字）

（書止）第三／金剛界／胎蔵界印如前　（梵字）

（差出）伝授阿闍梨賢爾判

（宛所）融賢

二二　内供奉十禅師某授普賢院僧都重位印信印明案　正中二年九月十日　一通

鎌倉後期　竪紙　漉返紙　三二・五糎×五三・五糎　一紙

（書出）初重二印二明、／金剛界　塔印（梵字）／台蔵界　外五古　（梵字）

（書止）右、当流至極秘密重位、於報恩院／灌頂道場、普賢院僧都奉授之畢、

（差出）内供奉十禅師

（備考）付箋「和上位亮海」、

二三　某授覚融菩提心論印信印明案　〔元徳二年六月十四日〕　一通

鎌倉後期　竪紙　漉返紙　三二・四糎×五三・五糎　一紙

（端裏）印信菩提心論　元徳二六十四　此上書私覚融ニ始書之了、

（書出）菩提心論印信／八葉上月輪我与本尊無二一躰而坐／（梵字）外縛、禅智倶入、

（書止）速証大覚位／智拳印有口伝、／右授覚融阿闍梨畢、

（差出）伝授阿闍梨法印大和尚位権大僧都（花押）

二四　覚救授順覚伝法灌頂印信紹文案　元徳二年歳次庚午六月十九日己亥壁宿木曜　一通

鎌倉後期　続紙　斐紙（鳥の子）　三二・〇糎×九七・三糎　二紙

（書出）最極秘密法界躰伝法灌頂阿闍梨職位事／昔大日如来開大悲胎蔵・金剛秘密／両部界会、

（書止）能洗五塵之染、可期八葉之蓮、是則／酬仏恩、答師徳、吾願如此、不可餘／念耳、

（差出）伝授大阿闍梨伝燈大法師覚救

（宛所）伝燈大法師位順覚

二五　浄尊授聖恵重位印信印明写　建長二年十月廿四日　一通

南北朝時代　竪紙　楮紙（杉原）　三三・三糎×四五・八糎　一紙

（端裏）浄尊授聖恵印信案
（書出）秘密灌頂印明／初重二印二明　普賢一字明　帰命（梵字）／
外五古下　（梵字）
（書止）右、所授聖恵大法師如件、
（差出）浄尊
（備考）奥書「以浄尊自筆正本書写畢、／末愚房玄／以彼御本書写了、　弘
鑁」、

二六　教舜授定快伝法灌頂印信紹文写　弘安七年十二月二日　一通
室町前期　竪紙　楮紙（杉原）　三五・六糎×四一・七糎　一紙
（端裏）印信 教舜　授定快
（書出）最極秘密法界體伝法灌頂阿闍梨位之印 本案右傍、／在昔大日如来、開大悲
胎蔵・金剛秘密両部界会、
（書止）授権律師定快、為次後阿闍梨、為示後哲、／記而授之焉、
（差出）伝授阿闍梨伝燈大法師教舜
（宛所）賜定快
（備考）奥に「一交了、　弘済」、

二七　覚済授真清許可灌頂印信紹文案
永仁五年歳次丁酉正月廿一日乙酉心宿木曜　一通
鎌倉後期　竪紙　楮紙（強杉原）　三三・八糎×五三・五糎　一紙
（書出）権律師真清／授印可／金剛界　大率都婆印　普賢一字明／帰命
（梵字）
（書止）右、於香隆寺宝光院道場、授／両部伝法灌頂畢、
（差出）大阿闍梨前大僧正覚済

二八　定誉授雲聡印信案　二通
鎌倉後期　竪紙　楮紙（強杉原）
（備考）（一）・（二）一括、

（一）　定誉授雲聡真言三部経大事印信印明案
永仁四年丙申八月十日丙午虚宿土曜　一通
二九・六糎×四四・二糎　一紙
（端裏）□〔真〕言三部経印信 仁和寺経瑜僧都方
（書出）真言三部経印明／大日経／両手合腕（梵字）小指合時、我覚本不
生、（梵字）無名合時、／出過語言道（梵字）中指合時、諸過得解脱、
（書止）妙蘇也、外外縛也、水（梵字）也、一一字也、／結外縛印／誦（梵
字）一字明也、／永仁四年丙申八月十日丙午虚宿土曜奉伝授了、
（差出）雲聡
（備考）奥に追記「相承血脈／智浄房　金胎房覚禅　二位僧都経瑜　俊音
房頼瑜　上野阿闍梨仙覚　伊与僧都定誉　雲聡」、墨送仮名、

（二）　定誉授雲聡菩提心論灌頂印信印明案
永仁四年丙申八月十日丙午虚宿土曜　一通
二九・七糎×四四・一糎　一紙
（端裏）菩提心論灌頂印明 醍醐

（書出）菩提心論灌頂印明／胎蔵界／左手作智拳半印、仰右膝上、又右手
作智拳半／印、
（書止）金剛界／作智拳印反之、頌文如前、次明時以竪実合掌／柱頤下、
明（梵字）無句
（差出）伝授阿闍梨定―
（備考）墨送仮名、

二九　定誉授雲聡菩提心論灌頂印信血脈案（年月日未詳）　一通
鎌倉後期　竪紙　楮紙（強杉原）　二九・七糎×四四・六糎　一紙
（端裏）菩提心論印明血脈醍醐
（書出）菩提心論印明血脈／大日如来　金剛薩埵　龍猛菩薩／龍智菩薩
金剛智三蔵　不空三蔵
（書止）真空律師　頼瑜阿闍梨　仙覚阿闍梨／定誉律師　雲聡阿闍梨

三〇　定誉授雲聡菩提心論灌頂印信案　一巻
鎌倉後期　巻子装
（備考）（一）・（二）連券、虫損甚し、糊離れ、

（一）定誉授雲聡菩提心論灌頂印信血脈案
（永仁五年九月二九日）　一通
竪紙　楮紙（強杉原）　二九・二糎×四三・五糎　一紙
（端裏）□〔菩〕提心論印明血脈仁和寺
（書出）菩提心論印明血脈／大日如来　金剛薩埵　龍猛菩薩／龍智菩薩
金剛智三蔵　不空三蔵
（書止）仁勝房入（梵字）　善永房円貞　廻心房真空／俊音房頼瑜阿闍梨
仙覚阿闍梨　定誉律師

（二）定誉授雲聡菩提心論灌頂印信印明案
永仁五年九月廿九日　一通
竪紙　楮紙（強杉原）　二九・二糎×四三・五糎　一紙
（端裏）菩提心論印明仁和寺
（書出）菩提心論印明／外縛二大指合面入内、是□〔胎〕八葉内月輪中□〔大〕日／尊
也、真言（梵字）
（書止）次結合掌印□頤下誦（梵字）、是両部不二印也、
（宛所）授与金剛弟子擬灌頂雲聡
（備考）墨傍訓、

三一　賢耀授宗仲許可灌頂印信紹文案
永和二年正月廿二日尾宿火曜　一通
南北朝時代　竪紙　楮紙（檀紙）　三一・三糎×四七・五糎　一紙
（端裏）私云印可印信　理
（書出）伝法許可灌頂印信／右、大日如来開大悲胎蔵・金剛秘密両部界会、
授／金剛薩埵、
（書止）能洗／五塵之染、可期八葉之蓮、是則酬仏恩、答師徳、吾願／如
此、不可餘念耳、
（差出）伝授大阿闍梨権大僧都法印大和尚位賢耀

(宛所) 授与大法師宗仲

三二　賢俊授長験伝法灌頂印信紹文案

貞和三年歳次丁亥十二月十二日癸丑胃宿日曜　一通

南北朝時代　竪紙　楮紙（檀紙）　三五・八糎×五四・七糎　一紙

(書出) 伝法灌頂阿闍梨職位事／昔大日如来開大悲胎蔵・金剛秘密両部／界会、授金剛薩埵、

(書止) 能洗五塵／之染、可期八葉之蓮、是則酬仏恩、答師徳、吾願如／是、不可餘念耳、

(差出) 伝授大阿闍梨法務前大僧正法印大和尚位賢俊

(宛所) 権律師長験

(備考) 賢俊筆、

三三　賢俊授賢季伝法灌頂印信紹文案

康永元年歳次壬午十二月十六日甲寅張宿月曜　一通

南北朝時代　竪紙　楮紙（檀紙）　三三・二糎×五〇・六糎　一紙

(端裏) 松橋印信案　康永二年二月十三日遣之、

(書出) 伝法灌頂阿闍梨職位事／昔大日如来開大悲胎蔵・金剛秘密両部界会、／授金剛薩埵、

(書止) 能洗五塵之染、可期八葉之蓮、是則／酬仏恩、答師徳、吾願如是此、不可餘念耳、

(差出) 伝授大阿闍梨法務僧正法印大和尚位賢俊

(宛所) 法印権大僧都大和尚位賢季

(備考) 受者名・宛所脇に書入「無品親王玄円」、賢俊筆、

三四　賢俊授賢季許可灌頂印信印明案

康永二年歳次壬午十二月十六日　一通

南北朝時代　竪紙　楮紙（檀紙）　三三・二糎×五〇・四糎　一紙

(端裏) 松橋印信案　康永元年〔二〕二月十三日遣之、

(書出) 阿闍梨法印権大僧都賢季〔無品親王玄円〕／授印可／金剛界　大率都婆印　普賢一字明

(書止) 右、於醍醐寺金剛輪院、授両部／灌頂畢、

(差出) 伝授大阿闍梨法務僧正〇〔法印〕大和尚位賢俊

(宛所) 法印権大僧都賢季

(備考) 賢俊筆、

三五　賢俊授成助許可灌頂印信紹文土代

貞和二年歳次丙戌閏九月廿一日柳宿日曜　一通

南北朝時代　竪紙　楮紙（檀紙）　三一・六糎×五一・〇糎　一紙

(端裏) 土代　成助法印許可印信　同十一月三日給了、

(書出) 伝法許可灌頂印信／昔大日如来開大悲胎蔵・金剛秘密両部／界会、授金剛薩埵、

(書止) 能洗五塵之染、可／期八葉之蓮、是則酬仏恩、答師／徳、吾願如此、不可餘念耳、

(差出) 伝〔伝〕授大阿闍梨法務前大僧正法印大和尚位賢俊

(宛所) 法印権大僧都成助

（備考）賢俊筆、

三六　賢耀授光覚伝法灌頂印信案　二通

室町前期　竪紙　楮紙（檀紙）

（備考）（一）・（二）一括、

（一）　賢耀授光覚伝法灌頂印信印明案　明徳四年三月廿三日　一通

三一・六糎×四六・六糎　一紙

（端裏）第四

（書出）権少僧都光覚／授印可／金剛界　大率都婆印　普賢一字明

（書止）右、於大覚寺、授両部伝法灌頂畢、

（差出）伝授阿闍梨僧正法印大和尚位賢耀

（二）　賢耀授光覚伝法灌頂印信紹文案　明徳四年癸酉三月廿三日戊辰　一通

三一・五糎×四六・六糎　一紙

（端裏）第四

（書出）最極秘密法界躰伝法灌頂阿闍梨職位事／昔大日如来開大悲胎蔵・金剛秘密両部界会、授／金剛薩埵、

（書止）能洗五塵之染、可期八葉之／蓮、是則酬仏恩、答師徳、吾願如此、不可餘念耳、

（差出）伝授阿闍梨僧正法印大和尚位賢耀

三七　光済授道杲伝法灌頂印信紹文案　貞治六年丁未四月五日癸酉水曜 鬼宿密日　一通

南北朝時代　竪紙　楮紙（檀紙）　三七・二糎×五三・〇糎　一紙

（書出）最極秘密法界大伝法灌頂阿闍梨位事／昔大日如来開大悲胎蔵・金剛秘密両部大法、授薩埵、

（書止）対未入壇之者莫説之、其器之人宣之者、酬仏恩、答師／徳、不可餘念、是師之戒也、旨趣雖広大概如斯、

（差出）伝授大阿闍梨権僧正法印和尚位光済

（宛所）大法師道杲

（備考）宛所上に押紙「胤賢」、本文上に方形朱印（「日本伝法／勅宣写之、／醍醐印璽秘之」）、

三八　賢□授宗覚伝法灌頂印信紹文案　明徳元年四月十一日　一通

南北朝時代　竪紙　楮紙（檀紙）　三一・八糎×四六・一糎　一紙

（書出）授与伝法灌頂職位事／金剛弟子大法師／夫以大□□□〔日如来〕開金剛・胎蔵両部界会、／授金剛薩埵、

（書止）能洗五塵之染、可期八葉之蓮、是則／酬仏恩、答師徳也、吾願如是、不可餘念、妙成就許可／事、其趣如眼前陳耳、

（差出）伝授大阿闍梨僧正法印大和尚位賢■

（宛所）授与金剛仏子宗覚

三九　賢俊授光済許可灌頂印信印明案　貞和三年歳次丁亥三月廿二日　一通

南北朝時代　竪紙　楮紙（檀紙）　三五・八糎×五三・一糎　一紙
（書出）阿闍梨権少僧都光済／授印可／金剛界　大率都婆印　普賢一字
明
（書止）右、於法身院、授両部灌頂畢、
（差出）伝授大阿闍梨法務前大僧正法印大和尚位賢俊
（宛所）権少僧都光済
（備考）賢俊筆、

四〇　仲我授定淵伝法灌頂印信紹文案　延文元年丙申十一月　一通
南北朝時代　竪紙　楮紙（強杉原）　二八・一糎×三八・六糎　一紙
（書出）伝法灌頂阿闍梨職位事／昔大日如来開大悲胎蔵・金剛秘密両部界
会、授／金剛薩埵、
（書止）能洗五塵之／染、可期八葉之蓮、是則酬仏恩、答師徳、吾願如此、／
不可餘念耳、
（差出）伝授阿闍梨法印和尚位○権大僧都仲我

四一　道賢授仲我許可灌頂印信紹文案　康永四年乙酉正月十八日亢宿日曜　一通
南北朝時代　竪紙　楮紙（檀紙）　三三・二糎×五一・四糎　一紙
（端裏）仲我僧都之時、／印可印信案康永四正十八日
（書出）伝法許可灌頂印信／昔大日如来開大悲胎蔵・金剛秘密両部／界
会、授金剛薩埵、
（書止）能／洗五塵之染、可期八葉之蓮、是則酬／仏恩、答師徳、吾願如
此、不可餘（マヽ）耳、
（差出）伝法大阿闍梨法眼和尚位権大僧都道賢

四二　賢俊授賢秀許可灌頂印信印明案　文和四年歳次乙未十一月廿二日　一通
南北朝時代　竪紙　楮紙（檀紙）　三三・六糎×四九・〇糎　一紙
（端裏）賢秀　文和四十廿二　職衆八口　□□誦経　仙照○定経　頼甚散花神供
僧頼淳　成紹　賢俊　憲済□／教授別座　宝池院　護摩阿闍梨
十弟（マヽ）了順　観芸／道場法身院　承仕　浄円　浄随
（書出）阿闍梨権少僧都賢秀／授印可／金剛界　大率都婆印　普賢一字
明
（書止）金剛名号　厳迅金剛／右、於法身院、授両部灌頂畢、
（差出）伝授大阿闍梨法務前大僧正法印大和尚位賢俊
（宛所）権少僧都賢秀

四三　賢耀授宗俊許可灌頂印信紹文案　応安八年正月廿五日　一通
南北朝時代　竪紙　楮紙（強杉原）　三三・二糎×四八・二糎　一紙
（端裏）按察阿闍梨俊宗印可紹書案　永和三年六月廿一日書写之了、
（書出）伝法許可灌頂印信／右、大日如来開大悲胎蔵・金剛秘密両部界
会、／授金剛薩埵、
（書止）能洗五塵之染、可期八葉之蓮、是則酬仏恩、答師／徳、吾願如此、
不可餘念耳、
（差出）伝授大阿闍梨権大僧都法眼大印○和尚位賢耀

（宛所）授与大法師宗俊

四四　全海授深誉伝法灌頂印信印明案

応安五年歳次壬子十二月九日壬午畢宿月曜　一通

南北朝時代　竪紙　楮紙（檀紙）　三二・二糎×四九・〇糎　一紙

（書出）権律師深誉／授印可／金剛界　大率覩婆印　平等金剛／帰命（梵字）

（書止）右、於光明照院道場、授与両部伝法灌頂畢、

（差出）伝授大阿闍梨権僧正法印大和尚位全海

四五　賢耀授俊宗伝法灌頂印信紹文土代

永和二年十月廿七日房宿火曜　一通

南北朝時代　竪紙　楮紙（杉原）　紙背あり　三一・〇糎×四八・〇糎　一紙

（端裏）書与俊宗阿闍梨伝法灌頂印信案 永和三年六月五日書与之了、

（書出）授与伝法灌頂職位事／金剛弟子大法師俊宗／夫以大日如来開金剛・胎蔵両部界会、／授金剛薩埵、

（書止）能洗五塵之染、可期八葉蓮、／是則酬仏恩、答師徳也、吾願如是、不可餘念、妙成／就許可○其趣事、如眼前陳耳、

（差出）伝授阿闍梨権大僧都法印大和尚位賢耀

（宛所）授与金剛仏子俊宗

（備考）奥に「永和三年六月五日書与之畢、入壇之時者、雖為宗俊、／去四月之比、俊宗改之故、付当時名字書与俊宗也」、虫損甚し、

〔紙背〕某書状案（年未詳）十一月八日　一通

竪紙（モト重紙）　前欠

（文首）前子細候、辞退候、

（書止）千万節／而已、恐々謹言、

（宛所）澄教院御房

四六　道我授仲我理性院流大事口決　暦応四年七月十一日　一通

南北朝時代　続紙　楮紙打紙　二九・三糎×八四・三糎　二紙

（端裏）理性院乗印

（書出）理性院流／無所不至印（梵字）／外五古印（梵字）／従元杲僧都以来最前授此印明官裁／義也、於此印明者、浅深閉口長短不論事也、

（書止）血脈／賢覚　宝心　乗印　聖守　賢爾　栄海／又口云、或五重四明、次加八明印塔云々、／暦応二年正月十五日授聖（道我）無動院僧正了、／前権僧正栄海

（差出）権僧正道我

（宛所）授仲我律師了、

（備考）暦応二年授与された口決を仲我に与えたもの、糊離れ、

四七　光済授道杲許可灌頂印信印明案

貞和六年丁未四月五日癸酉水曜鬼宿密日　一通

南北朝時代　竪紙　楮紙（檀紙）　裏書あり　三七・〇糎×五一・五糎　一紙

（書出）大法師道杲／印信／金剛界／大率都婆印　普賢一字明

（書止）右、於醍醐寺三宝院道場、両部大伝法灌頂／職位乎、
（差出）伝燈大阿闍梨権僧正法印和尚位光済
（備考）裏書「阿味囉吽欠　吉祥金剛／鑁　堅固金剛」、袖下に押紙「伊
勢弘光寺」、差出上に左手手印、

四八　某授尊耀伝法灌頂印信紹文案　康応元年三月九日星宿月曜　一通
南北朝時代　竪紙　楮紙（檀紙）　三一・四糎×四六・七糎　一紙
（書出）授与伝法灌頂職位事／金剛仏子比丘尊耀／夫以大日如来開大悲
金剛・胎蔵秘密両部界会、授金剛薩埵、
（書止）能洗五／塵之染、可期八葉之台、是則酬仏恩、答師徳也、吾／願
如是、不可餘念、妙成就許可、如眼前耳、
（差出）伝授阿闍梨僧正法印大和尚位（花押）
（宛所）授与金剛仏子比丘尊耀

四九　道賢授覚融許可灌頂印信紹文案
暦応貳年己卯十二月廿八日虚宿木曜　一通
南北朝時代　竪紙　楮紙（檀紙）　三一・二糎×五一・〇糎　一紙
（端裏）印可　理
（書出）伝法許可灌頂印信／昔大日如来開大悲胎蔵・金剛秘密両部界／
会、授金剛薩埵、
（書止）能洗五塵之染、可期八葉／之蓮、是則酬仏恩、答師徳、吾願如此、
不可／餘念耳、
（差出）伝授大阿闍梨法眼和尚位権（マヽ）僧都道賢

五〇　宗恵授道誉重位印信印明案　暦応四年十月五日心宿水曜　一通
南北朝時代　竪紙　楮紙打紙　三二・二糎×四九・八糎　一紙
（書出）大法師道誉／授印可／金剛界　大率都婆印　／（梵字）／胎蔵界
外五古印／（梵字）　初重
（書止）最極秘密法界躰両部不二冥会印明／三重／口授／授印可畢、酬仏
恩而已、
（差出）伝授阿闍梨沙門宗恵（花押）

五一　仲我授宗助伝法灌頂印信紹文案　延文四年己亥十二月七日　一通
南北朝時代　竪紙　楮紙（強杉原）　三一・一糎×四八・五糎　一紙
（書出）授与伝法灌頂職位事／金剛弟子宗助／夫以大日如来開金剛・胎蔵
両部界会、授金剛／薩埵、
（書止）能洗五塵之染、可期八／葉之蓮、是則酬仏恩、答師徳也、吾願如
是、不可餘念、妙成就／許可、如眼前耳、
（差出）伝授阿闍梨法印権大僧都仲我
（宛所）授与金剛弟子権少僧都宗助
（備考）包紙（杉原、三七・九糎×三〇・〇糎）、

五二　光済授道杲許可灌頂印信印明
貞治六年丁未四月五日癸酉鬼宿水曜密日　一通
南北朝時代　竪紙　斐紙（雁皮紙）　裏書あり　三四・三糎×五一・七糎　一紙
（書出）大法師道杲／印信／金剛界／大率都婆印　普賢一字明
（書止）右、於金剛峯寺三宝院道場、両部大伝法灌頂職位／授与乎、

（差出）伝燈大阿闍梨醍醐座主僧正法印和尚位光済
（備考）裏書「吉祥金剛／堅固金剛」、差出上に右手手印、

五三　賢耀授仙助伝法灌頂印信紹文書様
永和二年丙辰三月十八日尾宿　一通
南北朝時代　竪紙　楮紙（檀紙）　三一・八糎×四六・八糎　一紙
（端裏）授仙助僧都印信書様至徳二七廿五書之、
（書出）授与伝法灌頂職位事／大法師仙助／夫以大日如来開金剛・胎蔵両部界会、授金剛薩埵、
（書止）能洗五塵之染、可期八葉蓮、是則／酬仏恩、答師徳也、吾願如是、不可餘念、妙成就／許可、如眼前耳、
（差出）伝授阿闍梨法印権大僧都賢耀
（宛所）授与大法師仙助
（備考）奥に別筆「至徳二年七月廿五日書与仙助僧都了、権僧正（花押）」、

五四　実然授澄円伝法灌頂印信印明案
延文元年歳次丙申四月十六日丙寅尾宿月曜　一通
南北朝時代　竪紙　楮紙（杉原）　三三・〇糎×四八・二糎　一紙
（書出）伝燈大法師澄円／授印可／金剛界　大率覩婆印　普賢一字明
（書止）右、於丹波国巌辺寺灌頂道場、授両部／伝法灌頂畢、
（差出）大阿闍梨権少僧都法眼和尚位実然

五五　光済授道杲伝法灌頂印信紹文
貞治六年丁未四月五日癸酉水曜鬼宿密日　一通
南北朝時代　竪紙　斐紙（雁皮紙）　三四・五糎×五一・〇糎　一紙
（書出）最極秘密法界大伝法灌頂阿闍梨職位事／高祖大毘盧遮那如来開大悲胎蔵・金剛秘密両部大法、授／金剛薩埵、
（書止）能洗五塵之染、可／期八葉蓮、従今日及覚位持如来之禁戒、深可仰大師誓約、対未入壇之者／莫説之、於非其器之人莫宣之、不可餘念、是師戒也、旨趣雖広大概如斯、
（差出）伝授大阿闍梨権僧正法印和尚位光済（花押）
（宛所）大法師道杲
（備考）書出上に方形朱印（「日本／伝燈」）、差出上に方形朱印（「醍醐／印信」）、

五六　賢俊授長験許可灌頂印信印明案
貞和三年歳次丁亥十二月十二日　一通
南北朝時代　竪紙　楮紙（檀紙）　三一・五糎×四九・三糎　一紙
（端裏）長験律師
（書出）阿闍梨権律師長験／授印可／金剛界　大率都婆印　普賢一字明
（書止）金剛名号　清浄《尸羅》金剛／右、於法身院、授両部灌頂畢、
（差出）伝法大阿闍梨法務前大僧正法印大和尚位賢俊
（宛所）権律師長験
（備考）賢俊筆、

五七　聖尊授道杲伝法灌頂印信紹文

貞治三年甲辰六月一日癸酉鬼宿火曜　一通

南北朝時代　竪紙　楮紙（檀紙）　三七・二糎×五一・〇糎　一紙

（書出）最極秘密法界大伝法灌頂阿闍梨職位事／高祖大毘盧遮那如来開大悲胎蔵・金剛秘密両部大法、授／金剛薩埵、

（書止）能洗五塵之染、可期八葉蓮、従／今日及覚位持如来之禁戒、深可仰大師誓約、対未入壇之者莫説之、於非其器／之人莫宣之、不可餘念、是師戒也、旨趣雖広大概如斯、

（差出）伝燈大阿闍梨座主無品親王一身闍梨耶大和尚位聖尊（花押）

（宛所）大法師道杲

（備考）本文上に方形朱印（「日本／伝燈」）三顆、差出上に方形朱印（「醍醐／印信」）、

五八　聖尊授道杲許可灌頂印信印明

貞治三年甲辰六月一日癸酉鬼宿火曜　一通

南北朝時代　竪紙　楮紙（強杉原）　裏書あり　三七・〇糎×五一・四糎　一紙

（書出）大法師道杲／印信／金剛界／大率都婆印　普賢一字明

（書止）右、於醍醐山三宝院道場、両部大伝法灌頂職位／授与乎、

（差出）伝燈大阿闍梨座主無品親王一身闍梨耶大和尚位聖尊

（備考）裏書「吉祥金剛／堅固金剛」、本文中に方形朱印（「日本／伝燈」）二顆、差出上に方形朱印（「醍醐／印信」）、差出上に右手手印、

五九　道叡授良猷許可灌頂印信印明案　応安貳年己酉六月五日　一通

南北朝時代　竪紙　楮紙（杉原）　二九・八糎×三九・六糎　一紙

（本文）授与／胎／外五貼印／（梵字）／金／塔印／（梵字）

（差出）伝授大阿闍梨法印権大僧都道叡

（宛所）与沙門良猷

六〇　聖尊授道杲伝法灌頂印信血脈

貞治三年甲辰六月一日癸酉鬼宿火曜　一通

南北朝時代　竪紙　楮紙（強杉原）　三七・三糎×五一・八糎　一紙

（書出）血脈／大日如来　金剛薩埵　龍猛大士　龍智阿闍梨／　金剛智三蔵『南天』　不空三蔵『西域南卯 大興善寺』　『大唐』恵果和尚『三朝国師 青龍寺』　『日本』空海和尚『東寺 謚弘法大師』

（書止）『長者 座主』和尚聖尊『遍智院 二品親王』　大法師道杲『発心院』／已上、三国伝燈血脈相承如件、／貞和三年甲辰六月一日癸酉鬼宿、火曜、於醍醐山三宝院／道場、大伝法灌頂職位授与乎、

（差出）伝燈大阿闍梨座主二品親王一身闍梨耶大和尚位聖尊（花押）

（備考）朱註記、書出上に方形朱印（「日本／伝燈」）、差出上に方形朱印（「醍醐／印信」）、

六一　賢耀授光覚重位印信印明案　明徳四年三月廿三日　一通

南北朝時代　竪紙　楮紙（檀紙）　三一・五糎×四六・五糎　一紙

（本文）秘密灌頂印明／初重　二印二明金界 胎界　率都婆、普賢一字、 外五貼、五字、／第二重　二印二明　印率都婆、五智五阿、／第三重　一印一明印如先、一字無

點、／右、所授光覚僧都如件、
（差出）僧正賢耀
（備考）紙背に「第四」、

六二　弘顕授光助重位印信印明案　至徳二年八月廿三日　一通
南北朝時代　竪紙　楮紙（杉原）　三一・八糎×四九・〇糎　一紙
（本文）秘密灌頂印明／初重二印二明普賢一字五字／第二重一印二明（梵字）（梵字）／第三重一印一明秘密明／右、所授申権僧正光助如件、
（差出）法印弘顕（花押）

六三　覚澄授実然灌頂印信紹文案断簡　暦応四年歳次辛巳八月十二日丁巳室宿日曜　一通
南北朝時代　切紙　前欠　楮紙（檀紙）　三三・三糎×一四・四糎　一紙
（本文）如此不可餘念耳、
（差出）伝授大阿闍梨権大僧都法印大和尚位覚澄
（宛所）伝燈大法師実然

六四　親海授良助伝法灌頂印信紹文案　延文二年歳次丁酉六月五日翼宿木曜　一通
南北朝時代　竪紙　前欠　楮紙（檀紙）　三一・四糎×二四・五糎　一紙
（本文）大法令機縁相催、已所授伝法灌頂之／密印也、能洗五塵之染、可期八葉之蓮、／是則酬仏恩、答師徳、吾願如此、不／可餘念耳、
（差出）伝授大阿闍梨前権僧正法印大和尚位親海
（宛所）伝燈大法師位良助

六五　隆宥授隆円許可灌頂印信紹文案　応永元年甲戌十二月廿九日甲午危宿水曜　一通
室町前期　竪紙　楮紙（檀紙）　三三・〇糎×四七・三糎　一紙
（書出）応永六年歳次己卯三月廿一日壬午女宿、日曜、／伝法阿闍梨権大僧都法印大和尚位隆宥／伝法許可灌頂印信／昔大日如来開大悲胎蔵・金剛秘密両部界会、／授金剛薩埵、
（書止）能洗五塵之染、可期八葉之蓮、是則酬／仏恩、答師徳、吾願如此、不可餘念耳、
（差出）阿闍梨権大僧都法印大和尚位隆宥
（備考）受者名・差出脇に書入、

六六　宗助授宗観伝法灌頂印信紹文案　応永四年丁丑七月四日　一通
室町前期　続紙　楮紙（檀紙）　三五・〇糎×一〇七・五糎　二紙
（書出）授与伝法灌頂職位事／金剛弟子権少僧都宗観／夫以大日如来開金剛・胎蔵両部界会、授／金剛薩埵、
（書止）能洗五塵之／染、可期八葉之台、是則酬仏恩、答師徳也、／吾願如是、不可餘念、妙成就許可、如眼前耳、
（差出）伝授阿闍梨前大僧正法印大和尚位宗助

六七　寂賢授頼恵重位印信印明案　応永十五年二月十四日軫宿日曜日　一通
室町前期　竪紙　楮紙（杉原）　三一・五糎×四四・二糎　一紙

（端裏）初重二重
（本文）伝法灌頂印明／初重／金剛界／外五古印　帰命（梵字）／胎蔵
界／塔印　（梵字）／第二重／金剛界／塔印閉　（梵字）／胎蔵
界／同印開　（梵字）／右、授頼恵大僧都畢、
（差出）伝授阿闍梨法印権大僧都寂賢

六八　寂賢授宗観許可灌頂印信紹文案
応永十九年十二月〔十一月〕廿二日亢宿日曜　一通
室町前期　竪紙　楮紙（杉原）　三一・七糎×四四・五糎　一紙
（書出）伝法許可灌頂印信／右、大日如来開大悲胎蔵・金剛秘密両部界会、
授／金剛薩埵、
（書止）能洗五塵之染、偏可期八葉之蓮、是則／酬仏恩、答師徳、吾願如
此、不可餘念耳、
（差出）伝授大阿闍梨権大僧都法印大和尚位寂賢
（宛所）授与法印権大僧都宗観

六九　寂賢授光演伝法灌頂印信紹文案
応永廿一年十一月廿六日尾宿火曜　一通
室町前期　竪紙　楮紙（杉原）　三一・〇糎×四三・二糎　一紙
（書出）授与伝法灌頂職位事／金剛弟子光演／夫以大日如来開金剛・胎
蔵両部界会、授金剛薩埵、
（書止）能洗五塵之染、可期八葉之台、是則酬仏恩、答／師徳也、吾願如
是、不可餘念、妙成就許可、如眼前耳、
（差出）伝授阿闍梨権大僧都法印大和尚位寂賢
（宛所）授与金剛仏子光演

七〇　寂賢授光耀許可灌頂印信紹文案
応永卅二年十月廿一日張宿土曜　一通
室町前期　竪紙　楮紙（檀紙）　三三・五糎×五〇・二糎　一紙
（書出）伝法許可灌頂印信／右、大日如来開大悲胎蔵・金剛秘密両部界会、
授／金剛薩埵、
（書止）能洗五塵之／染、可期八葉之蓮、是則酬仏恩、答師徳、吾願／如
此、不可餘念耳、
（差出）伝授大阿闍梨権大僧都法印大和尚位寂賢
（宛所）授与権大僧都光耀

七一　義賢授重賀伝法灌頂印信案　二通
室町前期　竪紙　楮紙（檀紙）
（備考）（一）・（二）一括、包紙（杉原、四一・六糎×三三・〇糎、ウハ書「案　義
賢准后」）、

（一）　義賢授重賀伝法灌頂印信印明案
永享十一年歳次己未十一月十四日井宿日曜　一通
三三・三糎×五三・五糎　一紙
（書出）阿闍梨権律師重賀／授印可／金剛界　大率都婆印　普賢一字明
（書止）右、於醍醐寺三宝院、授両部灌頂畢、

（差出）伝授大阿闍梨前大僧正法印大和尚位義賢

（二）　義賢授重賀伝法灌頂印信紹文案

永享十一年歳次己未十一月十四日井宿日曜　一通

三三・三糎×五四・〇糎　一紙

（書出）伝法灌頂阿闍梨職位事／昔大日如来開大悲胎蔵・金剛界秘／密両部界会、授金剛薩埵、

（書止）能洗五塵之染、可／期八葉之蓮、是則酬仏恩、答師徳、吾／願如是、不可餘念耳、

（差出）伝授大阿闍梨前大僧正法印大和尚位義賢

（宛所）権律師重賀

七二　円秀授聖円伝法灌頂印信印明案　文安五年戊辰十二月五日　一通

室町中期　竪紙　楮紙（杉原）　三二・二糎×四一・〇糎　一紙

（端裏）『実－方』三宝院伝法灌頂印信

（書出）伝燈大法師聖円／授印可／金剛界　大率都婆印　普賢一字明

（書止）右、於備州常楽寺灌頂堂、授両部／伝法灌頂畢、

（差出）伝燈大阿闍梨位法印円秀示之、（花押）

（備考）端裏書下に押紙「四十六」、

七三　円秀授聖円第二重印信印明案　文安六年己巳正月十一日　一通

室町中期　竪紙　楮紙（杉原）　三一・六糎×四一・四糎　一紙

（端裏）『実－方』三宝院秘密灌頂第二重印信

（本文）三宝院秘密灌頂印言／伝授金剛末資聖円／金剛界塔右開、或左右開、／明曰、（梵字）／胎蔵界同左開、或閉、／明曰、（梵字）／右、任先師聖人和尚之所伝授与密言畢、

（差出）伝燈大阿闍梨位法印円秀示之、（花押）

（宛所）授与聖円

七四　宗済授公厳伝法灌頂印信紹文案　寛正五年甲申三月廿八日　一通

室町中期　竪紙　楮紙（檀紙）　三二・二糎×四四・〇糎　一紙

（書出）授与　伝法灌頂職位事／金剛弟子法眼公厳／夫以大日如来開金剛・胎蔵両部界会、授金剛／薩埵、

（書止）能洗五塵之染、可期八葉之台、是／則酬仏恩、答師徳也、吾願如是、不可餘念、妙成就許可、如眼前耳、

（差出）伝授阿闍梨前大僧正法印大和尚位宗済

七五　仙秀授仙海灌頂印信案　三通

室町中期　竪紙　楮紙（檀紙）

（備考）（一）～（三）一括、包紙（杉原、四四・〇糎×三一・〇糎）、

（一）　仙秀授仙海伝法灌頂印信紹文案

文正元年丙戌七月八日丁寅心宿日曜　一通

三一・四糎×四四・四糎　一紙

（書出）伝法灌頂阿闍梨職位事／昔大日如来開大悲胎蔵・金剛秘密両部界会、授／金剛薩埵、

（書止）能洗五塵之染、可期八葉之蓮、／是則酬仏恩、答師徳、吾願如此、
不可餘念耳、
（差出）伝授大阿闍梨権少僧都仙秀

（二）　仙秀授仙海許可灌頂印信印明案
文正元年丙戌七月八日丁寅心宿日曜　一通
三一・六糎×四四・六糎　一紙
（書出）阿闍梨仙海／授印可／金剛界　大率都婆印　普賢一字明
（書止）右、於下醍醐寺阿弥陀院灌頂道場、授両部／印可畢、
（差出）伝授大阿闍梨権少僧都仙秀

（三）　仙秀授仙海伝法灌頂印信血脈案（文正元年七月八日）一通
三一・八糎×四四・八糎　一紙
（書出）大日如来　金剛薩埵　龍猛　龍智／金剛智　不空　恵果／弘法
真雅　源仁
（書止）本円　賢宝　宗海／宗宝　宗杲　仙秀／仙海

七六　弘典授重賀許可灌頂印信紹文案
文明十年歳次戊戌十月十七日井宿水曜　一通
室町中期　竪紙　楮紙（檀紙）　三二・八糎×五三・八糎　一紙
（書出）伝法許可灌頂印信／昔大日如来開大悲胎蔵・金剛秘密両部／界
会、授金剛薩埵、
（書止）能洗五塵之染、可期八葉之蓮、是／則酬仏恩、答師徳、吾願如此、
不可餘念耳、
（差出）伝授大阿闍梨法印大和尚位権大僧都弘典

七七　重賀授重慶許可灌頂印信印明案
文明十六年甲辰十一月廿七日箕宿水曜　一通
室町中期　竪紙　楮紙（強杉原）　三四・八糎×五一・〇糎　一紙
（書出）法師　重慶／授印可／金剛界　大率都婆印　普賢一字明
（書止）金剛名号　遍照金剛／右、於葉室浄住寺、授両部灌頂畢、
（差出）伝授大阿闍梨権大僧都法印大和尚位重賀

七八　重賀授重慶伝法灌頂印信紹文案
文明十六年甲辰十一月廿七日箕宿水曜　一通
室町中期　竪紙　漉返紙　三四・四糎×五一・二糎　一紙
（書出）伝法灌頂阿闍○梨職位事／昔大日如来開大悲胎蔵・金剛秘密両部界
会、授金剛／薩埵、
（書止）能／洗五塵之染、可期八葉之蓮、是則酬仏恩、答師徳、吾願如是、
不可／餘念耳、
（差出）伝授大阿闍梨権大僧都法印大和尚位重賀
（宛所）法師重慶

七九　賢深授隆祐伝法灌頂印信紹文案
文明十八年丙午四月六日辛巳柳宿火曜　一通
室町中期　竪紙　楮紙（強杉原）　三四・六糎×四九・八糎　一紙

（書出）伝法灌頂阿闍梨位事／昔大日如来開大悲胎蔵・金剛秘密両部界会、授／金剛薩埵、
（書止）能洗五塵之染、可期八葉之蓮、是／則酬仏恩、答師徳、吾願如斯、不可餘念耳、
（差出）伝授阿闍梨前僧正法印大和尚位賢深

八〇　宗典授宗永伝法灌頂印信紹文案

長享貳年戊申十二月十三日鬼宿水曜　一通

室町中期　竪紙　楮紙（檀紙）　三一・九糎×四五・〇糎　一紙

（書出）授与伝法灌頂職位事／金剛弟子法眼宗永／夫以大日如来開金剛・胎蔵両部界会、授金剛薩埵、
（書止）能洗五塵之染、／可期八葉之台、是則酬仏恩、答師徳也、吾願如是、／不可餘念、妙成就許可、如眼前耳、
（差出）伝授阿闍梨権大僧都法印大和尚位宗典
（宛所）授与金剛弟子宗永

八一　賢松授覚祐伝法灌頂印信紹文案

明応三年歳次三月十八日尾宿火曜　一通

室町後期　竪紙　楮紙（檀紙）　三二・二糎×四六・〇糎　一紙

（書出）伝法灌頂阿闍梨職位事／昔大日如来開大悲胎蔵・金剛秘密両部界／会、授金剛薩埵、
（書止）能洗五塵之染、可期八葉之蓮、是／則酬仏恩、答師徳、吾願如是、不可餘念耳、
（差出）伝授大阿闍梨権大僧都法印大和尚位賢松
（宛所）大法師覚祐

八二　澄恵授隆祐許可灌頂印信紹文案

永正元年歳次甲子九月廿日丁未鬼宿日曜　一通

室町後期　竪紙　楮紙（檀紙）　三二・二糎×四五・二糎　一紙

（書出）伝法許可灌頂印信／昔大日如来開大悲胎蔵・金剛秘密両部界会、授金／剛薩埵、
（書止）能洗五塵之染、可期八葉之蓮、是則／酬仏恩、答師徳、吾願如此、不可餘念耳、
（差出）伝授阿闍梨法印大和尚位権大僧都澄恵

八三　某授厳助伝法灌頂印信紹文案　永正十四年三月十六日　一通

室町後期　竪紙　漉返紙　二五・九糎×四一・〇糎　一紙

（端裏）灌頂紹書案文
（書出）授与伝法灌頂職位事／金剛弟子厳助／夫以大日如来開金剛・胎蔵両部界会、授金剛／薩埵、
（書止）能／洗五塵之染、可期八葉之蓮、是則酬仏恩、答／師徳也、吾願如此、不可餘念、妙成就許可、如眼／前陳也、
（差出）伝授大阿闍梨権僧正法印大和尚位――
（宛所）授与金剛弟子厳助
（備考）奥に「爰金剛弟子厳助初随師主権僧正、雖受秘密／印可重属愚質、遂至両部職位、為次後阿／闍梨――」、

八四　宥昭授長典伝法灌頂印信紹文案
大永四年二月廿五日危宿火曜　一通
室町後期　竪紙　楮紙（杉原）　三三・一糎×五〇・九糎　一紙
（書出）授与伝法灌頂阿闍梨職位事／昔大日如来開大悲胎蔵・金剛秘密両部界会、授／金剛薩埵、
（書止）能洗五塵之染、／可期八葉之蓮、是則酬仏恩、答師徳、吾願如此、／不可餘念耳、
（差出）伝授大阿闍梨法印大和尚位権大僧都宥昭
（宛所）伝燈大法師長典

八五　宥昭授長典重位印信印明案　大永四年四月五日　一通
室町後期　竪紙　楮紙（杉原）　三三・一糎×五一・〇糎　一紙
（本文）極秘（梵字）／（梵字）／右、於京都長福寺道場、授与／長典大法師了、
（差出）伝授大阿闍梨法印権大僧都大和尚位宥昭

八六　厳助授俊聡許可灌頂印信紹文案
天文四年乙未十月十日奎宿木曜　一通
室町後期　竪紙　漉返紙　二四・六糎×四一・〇糎　一紙
（書出）伝法許可灌頂印信／昔大日如来開大悲胎蔵・金剛秘密両部界会、／授金剛薩埵、
（書止）能洗五塵之染、可期八葉之蓮、是則／酬仏恩、答師徳、吾願如此、不可餘念耳、
（差出）伝授大阿闍梨権僧正法印大和尚位厳助

八七　源雅授義尭伝法灌頂印信紹文案
天文九年歳次庚子十一月二十日戊申軫宿土曜　一通
室町後期　竪紙　斐紙（鳥の子）　三六・八糎×五四・〇糎　一紙
（書出）伝法灌頂阿闍梨位事／昔大日如来開大悲胎蔵・金剛秘密両部界会、授金剛／薩埵、
（書止）能洗五塵之染、宜期八葉之蓮、是則酬／仏恩、答師徳、吾願如此、不可餘念耳、
（差出）伝授阿闍梨耶権僧正源雅
（備考）包紙（漉返紙、四〇・五糎×三三・五糎、ウハ書「伝法印信并紹書報恩院方」）、

八八　尭雅授宗然許可灌頂印信紹文案
永禄八歳次乙丑年八月廿六日庚寅翼宿金曜　一通
室町後期　竪紙　楮紙打紙　三三・二糎×五一・四糎　一紙
（書出）伝法許可（梵字）職位事／在昔大日如来、開大悲胎蔵・金剛秘密両部界会道／以降、根本大阿闍梨弘法大師既八葉焉、今至余／身第三十七代、大悲胎蔵第三十六葉伝授次第／師資血脈相承明鏡也、
（書止）能洗五塵之染垢、宜期八／葉之蓮、是則酬三世之仏恩、答一世之師徳、／吾願如此、不可餘念耳、
（差出）伝授（梵字）権僧正法印大和尚位尭雅

八九　堯運授堯助伝法灌頂印信紹文案

永禄九年歳次丙寅十一月十二日―巳觜宿月曜　一通

室町後期　竪紙　楮紙（杉原）　三〇・六糎×四二・〇糎　一紙

（書出）最極秘密法界躰伝法灌頂阿闍梨職位事／昔大日如来開大悲胎蔵・金剛秘密両部界会、授／金剛薩埵、

（書止）能／洗五塵之染、可期八葉之蓮、是則酬仏恩、答師徳、／吾願如是、不可餘念耳、

（差出）伝授大阿闍梨法印権大僧都堯運

九〇　宗典授淳瑩伝法灌頂印信紹文案

永正七年庚午九月十一日壁宿日曜　一通

室町後期　竪紙　漉返紙　二六・〇糎×四五・一糎　一紙

（書出）授与伝法灌頂［　　　］／金剛弟子淳瑩／夫以大日如来開金剛・胎蔵両部界会、□／金剛薩埵、

（書止）能洗五塵之／染、可期八葉之蓮、是則酬仏恩、／答師徳、吾願如此、不可餘念耳、

（差出）伝授大阿闍梨権僧正法印大和尚位宗典

（宛所）授与資淳瑩

（備考）袖下欠、

九一　厳忠授宗忠許可灌頂印信紹文案

宝徳元年己巳八月十一日危宿金曜　一通

室町中期　竪紙　漉返紙　三一・二糎×四三・〇糎　一紙

（書出）伝法許可灌頂印信／右、大日如来開大悲胎蔵・金剛秘密両部界会、／授金剛薩埵、

（書止）能洗五塵之染、可期八葉之蓮、是則酬仏恩、答／師徳、吾願如是、不可餘念耳、

（差出）伝授大阿闍梨権大僧都法印大和尚位厳忠

九二　円秀授聖円許可灌頂印信印明案　嘉吉四年甲子二月十八日　一通

室町中期　竪紙　楮紙（杉原）　三一・一糎×四五・〇糎　一紙

（端裏）『実―方』三宝院伝法許可印信

（書出）大伝法許可密印言／伝燈大法師聖円／金剛界自在契外伝二火立合鈎形、二風立付二火背、真言

（書止）右相承印、可任先師上人之厳訓令／授与畢、

（差出）伝燈大阿闍梨位法印円秀示之、（花押）

（備考）端裏書下に押紙「四十六」、

九三　仙秀授仙海瑜祇灌頂印信印明案

応仁元年四月廿四日奎宿水曜　一通

室町中期　竪紙　楮紙（檀紙）　三一・〇糎×四四・六糎　一紙

（本文）大法師仙海／外五古印／（梵字）／右、於醍醐寺阿弥陀院道場、授／瑜祇印信畢、

（差出）権少僧都仙秀

（備考）包紙（檀紙、四五・〇糎×三一・五糎）、

九四　澄恵授公円伝法灌頂印信案　二通

室町後期　竪紙　斐紙（鳥の子）

（備考）（一）・（二）一括、包紙（漉返紙、三六・五糎×三三・〇糎、ウハ書「永正二年乙丑三月六日／大阿闍梨行樹院法印澄恵七十四才／受者宝幢院三位阿闍梨公円廿二才」、裏書「宝　公円」）、

（一）　澄恵授公円伝法灌頂印明案　永正二年歳次乙丑三月六日壬辰井宿木曜　一通

三三・一糎×四八・〇糎　一紙

（書出）阿闍梨伝燈大法師位公円／授印可／金剛界　大率都婆印　普賢一字明

（書止）右、於醍醐山釈迦院道場、授両部／灌頂畢、

（差出）伝授大阿闍梨法印大和尚位権大僧都澄恵

（二）　澄恵授公円伝法灌頂印信紹文案　永正二年歳次乙丑三月六日壬辰井宿木曜　一通

三三・一糎×四七・五糎　一紙

（書出）伝法灌頂阿闍梨位事／昔大日如来開大悲胎蔵・金剛秘密両部界会、授／金剛薩埵、

（書止）能洗五塵之染、可期八葉之蓮、是／則酬仏恩、答師徳、吾願如此、不可餘念耳、

（差出）伝授大阿闍梨法印大和尚位権大僧都澄恵

九五　源雅授義尭伝法灌頂印信紹文案　享禄三年歳次庚寅七月九日尾宿火曜　一通

室町後期　竪紙　斐紙（雁皮紙）　三五・一糎×五一・三糎　一紙

（端裏）写

（書出）伝法灌頂阿闍梨職位事／昔大日如来開胎蔵・金剛秘密両部界会、／授金剛薩埵、

（書止）能洗五塵之染、可期八葉之蓮、是則／酬仏恩、答師徳、吾願如是、不可餘念耳、

（差出）伝授大阿闍梨権僧正法印大和尚位源雅

（宛所）大僧都義尭

九六　宗典授印爾許可灌頂印信紹文案　永正十二年乙亥七月廿八日張宿木曜　一通

室町後期　竪紙　漉返紙　二七・〇糎×四四・五糎　一紙

（端裏）印信

（書出）伝法許可灌頂印信／夫以大日如来開金剛・胎蔵両部界会、授金剛薩埵、

（書止）能洗五塵之染、可期八葉之蓮、／是則酬仏恩、答師徳、吾願如此、不可餘念耳、

（差出）伝授大阿闍梨権僧正宗典

（宛所）授与資印爾

九七　全威授全匠伝法灌頂印信印明案
文安三年歳次丙寅二月廿八日丙寅奎宿金曜　一通
室町中期　竪紙　楮紙（檀紙）　三一・八糎×四五・三糎　一紙
（書出）伝燈大法師全匠／授印可／金剛界　大率都婆印　普賢一字明
（書止）右、於清泰院《泉涌寺》灌頂道場、奉授両部灌頂之／職位畢、
（差出）大阿闍梨大法師位全威

九八　頼春授了尊許可灌頂印信印明案　永享三年六月十九日　一通
室町前期　竪紙　楮紙（檀紙）　三二・二糎×四五・三糎　一紙
（端裏）伝法許可印信／「三」
（書出）阿闍梨大法師了尊／授印可／金剛界　大率都婆印　普賢一字明
（書止）右、於雍州菩提寺道場、授両部／灌頂許可畢、
（差出）伝授大阿闍梨沙門頼春

九九　寂賢授性賢許可灌頂印信紹文案　応永廿五年六月廿七日　一通
室町前期　竪紙　楮紙（杉原）　二九・〇糎×四三・二糎　一紙
（書出）伝法許可灌頂印信／右、大日如来開大悲胎蔵・金剛秘密両部／界会、授金剛薩埵、
（書止）能洗五塵之染、可期八葉之蓮、是則酬仏恩、／答師徳、吾願如此、不可餘念耳、
（差出）伝授大阿闍梨法印権大僧都寂賢
（宛所）授与性賢

一〇〇　宥昭授長典許可灌頂印信印明案
大永四年歳次甲申二月廿五日　一通
室町後期　竪紙　楮紙（杉原）　三三・〇糎×五〇・五糎　一紙
（書出）大法師長典／授印可／金剛界　大率都婆印　普賢一字明
（書止）右、洛陽長福寺道場、両部印可畢、
（差出）伝授阿闍梨法印大和尚位権大僧都宥昭

一〇一　源雅授義尭許可灌頂印信印明案
享禄三年歳次庚寅七月九日尾宿火曜　一通
室町後期　竪紙　斐紙（雁皮紙）　三五・二糎×五一・二糎　一紙
（端裏）写
（書出）法印大和尚位大僧都義尭／授印可／金剛界　大率都婆印　普賢一字明
（書止）右、於醍醐山釈迦院、奉授両部灌頂畢、
（差出）伝授大阿闍梨権僧正法印大和尚位源雅

一〇二　厳助授俊怡許可灌頂印信紹文案
天文四年乙未十月十日奎宿木曜　一通
室町後期　竪紙　漉返紙　二四・六糎×四一・〇糎　一紙
（書出）伝法許可灌頂印信／昔大日如来開大悲胎蔵・金剛秘密両部界会、授／金剛薩埵、
（書止）能洗五塵之染、可期八／葉蓮、是則酬仏恩、答師徳、吾願如此、不可餘／念耳、

（差出）伝授大阿闍梨権僧正法印大和尚位厳助
（備考）墨註記、

一〇三　賢深授隆祐許可灌頂印信印明案　文明十八年四月六日辛巳柳宿火曜　一通
室町中期　竪紙　漉返紙　三四・八糎×五〇・〇糎　一紙
（書出）阿闍梨権律師法橋上人位隆祐／授印可／金剛界　大率都婆印
普賢一字明
（書止）右、於醍醐山釈迦院道場、授両部灌頂畢、
（差出）伝授阿闍梨前僧正法印大和尚位賢深

一〇四　澄恵授隆祐許可灌頂印信印明案　永正元年歳次甲子九月廿日丁未鬼宿日曜　一通
室町後期　竪紙　楮紙（檀紙）　三三・二糎×四五・八糎　一紙
（書出）権大僧都隆祐／授印可／金剛界　大率都婆印　普賢一字明
（書止）右、於醍醐山行樹院、授両部印可畢、
（差出）伝授阿闍梨法印大和尚位権大僧都澄恵

一〇五　深応授宗然許可灌頂印信紹文案　永禄十年歳次丁卯四月十日乙未軫宿日曜　一通
室町後期　竪紙　斐紙（雁皮紙）　三一・六糎×四六・四糎　一紙
（書出）伝法許可灌頂印信／昔大日如来開大悲胎蔵・金剛秘密両部界会、
授／金剛薩埵、
（書止）能洗五塵之染、可斯〔期〕八／葉之蓮、是則酬仏恩、答師徳、吾願如此、
不可餘念耳、
（差出）伝授大阿闍梨法印大和尚位権大僧都深応

一〇六　厳助授尭助伝法灌頂印信紹文案　永禄九年七月七日房宿火曜　一通
室町後期　竪紙　楮紙（杉原）　三一・一糎×五一・五糎　一紙
（書出）伝法灌頂阿闍梨職位事／昔大日如来開大悲胎蔵・金剛秘密両部界
会、／授金剛薩埵、
（書止）能洗／五塵之染、可期八葉之蓮、是則酬仏恩、答師徳、／吾願如
此、不可餘念耳、
（差出）伝授大阿闍梨前大僧正厳助
（宛所）授与資大僧都尭助法印大和尚位

一〇七　厳助授深忠伝法灌頂印信紹文案　天文十九年庚戌八月十六日胃宿土曜　一通
室町後期　竪紙　楮紙（杉原）　三〇・八糎×四五・二糎　一紙
（書出）授与伝法灌頂職位事／金剛弟子深忠／夫以大日如来開金剛・胎蔵
両部界会、授金剛薩埵、
（書止）能洗五塵之／染、可期八葉之台、是則酬仏恩、答師徳也、吾願／
如是、不可餘念、妙成就許可、如眼前耳、
（差出）伝授大阿闍梨権僧正法印大和尚位厳助
（宛所）授与金剛仏子深忠

一〇八　宗観授宗済伝法灌頂印信紹文案　応永三十五年壬申　一通

室町前期　続紙　楮紙（杉原）　三・〇糎×八六・〇糎　二紙

（書出）授与伝法灌頂職位事／金剛弟子法眼宗済／夫以大日如来開金剛・胎蔵両部界会、授／金剛薩埵、

（書止）能洗／五塵之染、可期八葉之台、是則酬仏恩、答師徳也、／吾願如是、不可餘念、妙成就許可、如眼前耳、

（差出）伝授阿闍梨僧正法印大和尚位宗観

一〇九　宗一授長典重位印信紹文案

永正十二年乙亥十月十一日婁宿土曜　一通

室町後期　竪紙　楮紙（杉原）　三・三糎×四七・一糎　一紙

（書出）授与／所学伝付惣印信事／右、両部精要諸尊瑜伽流之灌頂師々／秘伝宗大事等、惣所学法相承料紙不／漏一紙、授与長典悉以畢、

（書止）抑□而／問津之者、雖有数輩、専応瀉瓶之仁、只為／一人、殊守護継密教之先言、宜報伝授諸師／遺恩而已、

（差出）伝授大阿闍梨伝燈前大僧正宗一

一一〇　快玄授覚演許可灌頂印信紹文案

応永廿七年歳次庚子三月十日張宿月曜　一通

室町前期　竪紙　楮紙（檀紙）　三・五糎×四・三糎　一紙

（書出）伝法許可灌頂印信／昔大日如来開大悲胎蔵・金剛秘密両部界会、／授金剛薩埵、

（書止）能洗五塵之／染、可期八葉之蓮、是則酬仏恩、答師徳、吾願／如此、不可餘念耳、

（差出）伝授大阿闍梨権僧正法印大和尚位快玄

（備考）包紙（檀紙、四三・七糎×三三・〇糎）、

一一一　円秀授聖円大般若経灌頂惣摂印信印明案

文安六年己巳正月十一日　一通

室町中期　竪紙　楮紙（強杉原）　三〇・〇糎×三九・八糎　一紙

（端裏）大般若経灌頂惣摂印信『三宝院実一方』　聖円

（書出）大般若経一部六百巻惣摂印言／外五古印□／（梵字）／地水火風□□□第□□□是名般若波羅密多

（書止）真諦菩薩摩訶薩当得阿耨多羅三藐三菩提／（梵字）

（差出）伝燈大阿闍梨位法印円秀示之、（花押）

（宛所）授与聖円

（備考）虫損甚し、

一一二　寂賢授光演許可灌頂印信紹文案

応永十六年己丑潤三月八日柳宿火曜　一通

室町前期　竪紙　楮紙（檀紙）　三・〇糎×四三・五糎　一紙

（端裏）ム云、印可印信「理」

（書出）伝法許可灌頂印信／昔大日如来開大悲胎蔵・金剛秘密両部界会、／授金剛薩埵、

（書止）能洗五塵之染、可期八／葉之蓮、是則酬仏恩、答師徳、吾願如是、不可／餘念耳、

（差出）伝授大阿闍梨法印大和尚位権大僧都寂賢

一一三　頼春授㝹尊許可灌頂印信印明案
文安四年丁卯九月廿六日角宿日曜　一通
室町中期　竪紙　楮紙（杉原）　三二・三糎×四四・〇糎　一紙
（書出）大法師㝹尊／授印可／金剛界　大率都婆印／普賢一字明　帰命
（梵字）
（端裏）三
（書止）右、於　菩提寺、授両部密印畢、
（差出）伝授大阿闍梨沙門頼春

一一四　宥昭授長典許可灌頂印信印明案　大永四年三月七日　一通
室町後期　竪紙　楮紙（檀紙）　三三・〇糎×五〇・二糎　一紙
（本文）秘密許可／金剛界　大率都婆印　真言／（梵字）／胎蔵界　同
印／（梵字）／右、於京洛長福寺道場、令伝授長典／大法師畢、
（差出）伝授大阿闍梨法印権大僧都大和尚位宥昭

一一五　某授宗済伝法灌頂印信紹文案　応永三十五年壬申　一通
室町前期　続紙　楮紙（檀紙）　三三・二糎×八五・五糎　二紙
（書出）授与伝法灌頂職位事／金剛弟子法眼宗済／夫以大日如来開金
剛・胎蔵両部界会、授／金剛薩埵、
（書止）能洗五塵之染、可期八葉之台、是則酬／仏恩、答師徳也、吾願如
是、不可餘念、妙成／就許可、如眼前耳、

（差出）伝授阿闍梨僧正法印大和尚位

一一六　公運授尾州万徳寺聖誉印可記写
大永四甲申年八月廿八日庚申角｜日｜　一通
室町後期　竪紙　漉返紙　二四・六糎×四一・三糎　一紙
（端裏）尾州万徳寺印可事
（書出）大永四甲申年八月廿八日庚申角｜、日｜、／尾州万徳寺聖誉法印／於戒光
院印可、其時書与ル／印信三十五代載之、予公運／印可執行授与ハ
是始也、
（書止）雖可有斟酌之儀、如形相／承印明令伝授之畢、
（差出）法印公運五十三歟、

一一七　円秀授聖円許可灌頂印信紹文案
嘉吉四年甲子二月十八日　一通
室町前期　竪紙　楮紙（杉原）　三二・二糎×四四・五糎　一紙
（端裏）『実ー方』三宝院伝法許可印信文
（書出）伝法許可授得金剛弟子阿闍梨職位事／観夫在昔大日如来開金
剛・胎蔵両部門、授金剛／薩埵、
（書止）然者早受覚位灌頂為／令次来葉先以授与焉、
（差出）伝授大阿闍梨位法印円秀示之、（花押）

一一八　快玄授重賢許可灌頂印信印明案
応永十九年歳次壬辰十一月八日婁宿日曜　一通

室町前期　竪紙　楮紙（檀紙）　三一・四糎×四七・〇糎　一紙
（書出）権少僧都重賢／授印可／金剛界　大率都婆印　普賢一字明
（書止）金剛名号　遍照金剛／右、於東寺宝泉院道場、授両部／灌頂畢、
（差出）伝授大阿闍梨法印大和尚位権大僧都快玄

一一九　賢松授覚祐伝法灌頂印信印明案
明応三年甲寅三月十八日尾宿火曜　一通
室町後期　竪紙　楮紙（檀紙）　三二・二糎×四六・八糎　一紙
（書出）大法師覚祐／授印可／金剛界　大率都婆印　普賢一字明
（書止）金剛名号　遍照金剛／右、於醍醐寺中性院、授両部灌頂畢、
（差出）伝授大阿闍梨権大僧都法印大和尚位賢松

一二〇　重賀授賢真伝法灌頂印信案　二通
室町中期　竪紙　楮紙（檀紙）
（備考）（一）・（二）一括、包紙（檀紙、五三・〇糎×三三・六糎、ウハ書「賢信印（マヽ）信」）、

（一）　重賀授賢真伝法灌頂印信印明案
文明五年歳次癸巳十一月廿一日角宿金曜　一通
三五・〇糎×五五・二糎　一紙
（書出）大法師賢真／授印可／金剛界　大率都婆印　普賢一字明
（書止）金剛名号　遍照金剛／右、於賀茂神光院、授両部灌頂畢、
（差出）伝授大阿闍梨権大僧都法印大和尚位重賀

（二）　重賀授賢真伝法灌頂印信紹文案
文明五年歳次癸巳十一月廿一日角宿金曜　一通
三五・五糎×五五・二糎　一紙
（書出）伝法灌頂阿闍○（梨）職位事／昔大日如来開大悲胎蔵・金剛秘密両部／界会、授金剛薩埵、
（書止）能洗五塵之染、可期／八葉之蓮、是則酬仏恩、答師徳、吾願如是、／不可餘念耳、
（差出）伝授大阿闍梨権大僧都法印大和尚位重賀

一二一　道杲授胤賢許可灌頂印信印明
応永十六年己丑十一月十五日癸未密日鬼宿　一通
室町前期　竪紙　斐紙（雁皮紙）　裏書あり　三〇・五糎×五〇・五糎　一紙
（書出）法師胤賢／印信／金剛界／大率都婆印　普賢一字明
（書止）右、於伊勢弘光寺道場、両部大伝法灌頂／職位畢、
（差出）伝燈大阿闍梨沙門大和尚位法印権大僧都道杲
（備考）裏書「阿味羅𤙖欠　吉祥金剛／鑁　堅固金剛」、差出上に左手印、

一二二　宗助授重賢伝法灌頂印信紹文案　応永八年九月廿六日　一通
室町前期　重紙　楮紙（檀紙）　三一・五／三一・六糎×四五・二糎　二紙
（書出）授与伝法灌頂職位事／金剛弟子大法師重賢／夫以大日如来金〔脱アルカ〕剛・胎蔵両部界会、授／金剛薩埵、
（書止）能洗五塵之染、／可期八葉之台、是／則酬仏恩、答師徳也、吾願如是、／不可餘念、／妙成就許可、如眼前耳、

（差出）伝授阿闍梨前大僧正宗助

一一二三　道杲授胤賢伝法灌頂印信紹文

応永十六年己丑十一月十五日癸未密日鬼宿　一通

室町前期　竪紙　斐紙（雁皮紙）　三四・五糎×五一・五糎　一紙

（書出）最極秘密法界大伝法灌頂阿闍梨位事／昔大日如来開大悲胎蔵・金剛秘密両部大法、授薩埵、

（書止）其器之人宣之者、酬仏恩、／答師徳、不可餘念、是師之戒也、旨趣雖広大概如斯、

（差出）伝授大阿闍梨沙門大和尚位法印権大僧都道杲（花押）

（宛所）大法師胤賢

（備考）書出上に方形朱印（「日本／伝燈」）、差出上に方形朱印（「醍醐／印信」）、

一一二四　聖瑩授晏載伝法灌頂印信紹文案

応永十九年歳次壬辰十月廿七日房宿木曜　一通

室町前期　竪紙　楮紙（檀紙）　紙背あり　三一・六糎×四七・九糎　一紙

（書出）伝法灌頂阿闍梨職位事／昔大日如来開大悲胎蔵・金剛秘密両部界会、／授金剛薩埵、

（書止）能洗五塵之染、可期八葉／之蓮、是酬仏恩、答師徳、吾願如此、不可餘念耳、

（差出）伝授大阿闍梨大法師位聖瑩（花押）

（宛所）授与晏載大法師畢、

（備考）紙背に大日如来より廿九代晏載にいたる血脈あり、

一一二五　快玄授重賢伝法灌頂印信紹文案

応永十九年歳次壬辰十一月八日婁宿日曜　一通

室町前期　竪紙　楮紙（檀紙）　三一・四糎×四八・四糎　一紙

（書出）伝法灌頂阿闍梨位事／昔大日如来開大悲胎蔵・金剛秘密両部／界会、授金剛薩埵、

（書止）能洗五塵之染、／可期八葉之蓮、是則酬仏恩、答師徳、吾／願如此、不可餘念耳、

（差出）伝授大阿闍梨法印大和尚位権大僧都快玄

（宛所）権少僧都重賢

一一二六　寂賢授光演伝法灌頂印信紹文案

応永廿年癸巳十一月廿六日尾宿火曜　一通

室町前期　竪紙　漉返紙　三一・八糎×四四・六糎　一紙

（端裏）書与□□律師□□□願也、応永廿一年二月廿八日

（書出）授与伝法灌頂職位事／金剛弟子光演／夫以大日如来開金剛・胎蔵両部界会、授金剛薩埵、

（書止）能洗五塵之染、可期八葉〇之／台、是則酬仏恩、答師徳也、吾願如是、不可餘念、妙／成就許可、如眼前耳、

（差出）伝授阿闍梨権大僧都法印大和尚位寂賢

（宛所）授与金剛仏子光演

（備考）挿入紙に紹書書様（漉返紙、二三・九糎×一一・一糎）、

一一二七　寂賢授亮首許可灌頂印信紹文案

応永廿五年六月廿七日　一通

室町前期　竪紙　楮紙（檀紙）　三〇・九糎×四五・八糎　一紙

（書出）伝法許可灌頂印信／右、大日如来開大悲胎蔵・金剛秘密両部／界会、授金剛薩埵、

（書止）能洗五塵之染、可期／八葉之蓮、是則酬仏恩、答師徳、吾願如此、不可／餘念耳、

（差出）伝授大阿闍梨法印権大僧都寂賢

（宛所）授与大徳亮首

一一二八　宗観授景範釈論大事印信案　応永廿八年八月八日　一通

室町前期　竪紙　楮紙（檀紙）　三二・三糎×四三・二糎　一紙

（端裏）尺論大事

（書出）釈論大事頼瑜法印伝、／釈論第十云、円々性海文、塔印也、／左右風空捻ハ各／（梵字）字形也見大疏、円也、故円々也、水大故性海也、

（書止）結塔印誦（梵字）字是釈論大事也、／永仁六年九月十八日、於中正〔性〕院伝之仙御記、／此両條大事授聖天院景範法印畢、

（差出）伝授阿闍梨権僧正法印権大僧都宗観

一一二九　満済授義賢灌頂印信案　二通

室町前期　竪紙　楮紙（檀紙）

（備考）（一）・（二）一括、包紙（檀紙、五二・七糎×三三・八糎）、満済筆、

（一）　満済授義賢許可灌頂印信印明案

応永卅二年歳次乙巳四月十四日房宿水曜　一通

三三・七糎×五二・四糎　一紙

（書出）阿闍梨大僧正義賢／授印可／金剛界　大率都婆印　普賢一字明

（書止）金剛名号　遍照金剛／右、於醍醐寺三宝院、授両部灌頂畢、

（差出）伝授大阿闍梨前大僧正法印大和尚位満済

（二）　満済授義賢伝法灌頂印信紹文案

応永卅二年歳次乙巳四月十四日房宿水曜　一通

三三・八糎×五二・四糎　一紙

（書出）伝法灌頂阿闍梨職位事／昔大日如来開大悲胎蔵・金剛秘密／両部界会、／授金剛薩埵、

（書止）能洗五／塵之染、可期八葉蓮、是則酬仏恩、答師徳、／吾願如是、不可餘念耳、

（差出）伝授大阿闍梨前大僧正法印大和尚位満済

（宛所）大僧正義賢

一一三〇　頼春授寥尊許可灌頂印信紹文案

文安四年丁卯九月廿六日角宿日曜　一通

室町中期　竪紙　楮紙（杉原）　三二・六糎×四四・六糎　一紙

（端裏）三

（書出）伝法許可灌頂印信／昔大日如来開大悲胎蔵・金剛秘密両部界会、授／金剛薩埵、

（書止）能／洗五塵之染、宜期《期》八葉之蓮、是則酬仏恩、答／師徳、吾願如
此、不可餘念耳、
（差出）伝授大阿闍梨沙門頼春
（宛所）大法師寥尊

一三一　良英授覚祐第三重印信印明案　文安五年歳次戊辰三月十七日心宿土曜　一通
室町中期　竪紙　楮紙（檀紙）　三一・六糎×四三・八糎　一紙
（本文）三宝院第三重／一印一明不二深極言慮絶／（梵字）／仏部塔印
開閉二伝在之、／明／（梵字）尚有異、／右、於吉楽寺灌頂道場授与
之畢、
（差出）伝授大阿闍梨権少僧都良英（花押）
（宛所）金剛資覚祐

一三二　良英授覚祐伝法灌頂印信紹文案　文安五年歳次戊辰三月十七日心宿土曜　一通
室町中期　竪紙　楮紙（檀紙）　三一・六糎×四三・七糎　一紙
（端裏）三
（書出）授与伝法灌頂阿闍梨職位事／金剛弟子覚祐／夫以昔大日如
来以（マヽ）金剛・胎蔵両部大法、授／金剛薩埵、
（書止）仍於吉楽寺灌頂道場／授其位畢、宜守仏法深位不可違失／故、記
而授之、
（差出）伝授大阿闍梨権少僧都良英
（宛所）金剛弟子覚祐
（備考）端裏書下に押紙「四十六」、

一三三　円秀授聖円許可灌頂口決案　文安六年己巳正月十一日　一通
室町中期　竪紙　楮紙（杉原）　三二・二糎×四一・五糎　一紙
（端裏）大許可三宝院『実｜方』
（書出）印信／金剛／胎蔵／塔印閉／（梵字）／（梵字）
（書止）虚心合以二頭捻二大、以二中捻二大、以次／二無名指捻二大、如
先印向外、
（差出）伝燈大阿闍梨位法印円秀示之、（花押）
（宛所）授与聖円
（備考）朱註記、

一三四　重耀授宗深許可灌頂印信紹文案　宝徳三年八月［　　］□宿月曜　一通
室町中期　竪紙　楮紙（杉原）　二七・七糎×三三・四糎　一紙
（端裏）印信案
（書出）伝法許可灌頂印信／昔大日如来開大悲胎蔵・金剛秘密両部界会、
授金剛薩埵、
（書止）能洗／五塵之染、可期八葉之蓮、是則酬仏恩、答師徳、吾／願如
此、不可餘念耳、
（差出）伝授大阿闍梨権□□□法印大和尚位重耀
（宛所）授与大法師宗深

（備考）虫損甚し、

一三五　信砉授全匠重位印信印明案　寛正二年辛巳三月廿一日　一通
室町中期　竪紙　楮紙（檀紙）　三一・九糎×四二・六糎　一紙
（書出）三宝院三重／初重／無所不至印　帰命（梵字）／五古印外（梵字）
（書止）寛正二年辛巳三月廿一日、第三重閉眼大事／令授与全匠大法師畢、
（差出）伝授大阿闍梨信砉（花押）

一三六　仙秀授仙海灌頂印信案　二通
室町中期　竪紙　楮紙（檀紙）
（備考）（一）・（二）一括、包紙（檀紙、四五・三糎×三二・七糎）、

（一）　仙秀授仙海許可灌頂印信印明案
応仁元年丁亥五月十一日氐宿金曜　一通
三三・一糎×四五・七糎　一紙
（書出）大法師仙海／授印可／金剛界　大率都婆印　普賢一字明
（書止）右、於下醍醐寺阿弥陀院、授両部印可畢、
（差出）伝授大阿闍梨権少僧都仙秀

（二）　仙秀授仙海伝法灌頂印信紹文案
応仁元年丁亥五月十一日氐宿金曜　一通
三三・二糎×四五・六糎　一紙
（書出）伝法灌頂阿闍梨位事／昔大日如来開大悲胎蔵・金剛秘密両部界会、授／金剛薩埵、
（書止）能洗五塵之染、可期八葉之蓮、是則酬仏恩、／答師徳、吾願如此、不可餘念耳、
（差出）伝授大阿闍梨権少僧都仙秀

一三七　重賀授深雅灌頂印信案　二通
室町中期　竪紙　楮紙（檀紙）
（備考）（一）・（二）一括、包紙（檀紙、四四・八糎×三二・五糎、ウハ書「印信深雅」）、

（一）　重賀授深雅伝法灌頂印信紹文案
文明十年歳次戊戌十月廿一日張宿日曜　一通
三一・八糎×五四・六糎　一紙
（書出）伝法灌頂阿闍梨職位事／昔大日如来開大悲胎蔵・金剛秘密両部界会、／授金剛薩埵、
（書止）能洗五塵／之染、可期八葉之蓮、是則酬仏恩、答師徳、吾願如／是、不可餘念耳、
（差出）伝授大阿闍梨権大僧都法印大和尚位重賀
（宛所）大法師深雅

（二）　重賀授深雅許可灌頂印信印明案
文明十年歳次戊戌十月廿一日張宿日曜　一通

三一・八糎×五四・二糎　一紙
（書出）阿闍梨大法師深雅／授印可／金剛界　大率都婆印　普賢一字明
（書止）金剛名号　遍照金剛／右、於醍醐寺光台院、授両部灌頂畢、
（差出）伝授大阿闍梨権大僧都法印大和尚位重賀

一三八　重賀授賢深伝法灌頂印信紹文案
文明十一年歳次己亥八月八日斗宿水曜　一通
室町中期　竪紙　楮紙（檀紙）　紙背あり　三一・八糎×五三・九糎　一紙
（書出）伝法灌頂阿闍梨職位事／昔大日如来○開大悲胎蔵・金剛秘密両／部界会、授金剛薩埵、
（書止）能洗五塵之染、可期八葉之蓮、／是則酬仏恩、答師徳、吾願如是、不可／餘念耳、
（差出）伝授大阿闍梨権大僧都法印大和尚位重賀
（宛所）権僧正賢深
（備考）年月日・宛所脇に書入、紙背に伝法灌頂印信紹文書止シあり、

一三九　隆海授亮秀伝法灌頂印信紹文
文明十一月歳次己亥二月二十八日乙卯　一通
室町中期　巻子装　斐紙（鳥の子）　二七・〇糎×一四五・四糎　五紙
（端裏）金許可印信
（書出）日本国近江州比叡山延暦寺大毘盧遮那金剛界解脱輪大曼陀羅所／（梵字）／右、金剛弟子阿闍梨亮秀相従隆海受学金剛界大／瑜伽已訖、
（書止）無上秘教遙相流伝、生生倶遊諸／仏之海會、劫劫同為伝教之師資、広演仏法普／利群生共褰無明等證万徳、
（差出）伝法灌頂大阿闍梨権大僧都法印大和尚位隆海示
（備考）長方形朱印（印文梵字）五十一顆、

一四〇　有俊授公済阿闍梨位大事印信案
文明十六年甲辰八月十六日　一通
室町中期　続紙　楮紙（檀紙）　三一・一糎×九〇・六糎　二紙
（書出）両部大法大阿闍梨位毘盧遮那／根本最極伝法密印／金剛界伝法灌頂密印事
（書止）右、天長二年乙巳三月五日、於東寺真雅大法師授之、／伝授阿闍梨遍照金剛（梵字）
（差出）伝燈大法師権僧正有俊
（宛所）奉授／公済法印畢、
（備考）包紙（檀紙、四五・〇糎×三一・六糎、ウハ書「惣許可醍醐方」）、

一四一　賢松授賀玉許可灌頂印信紹文案
文亀二年壬戌十月三日箕宿　一通
室町後期　竪紙　漉返紙　二九・八糎×二五・八糎　一紙
（書出）伝法許可阿闍梨職位事／昔大日如来○開大悲胎蔵・金剛秘密両部海界会、／授金剛／薩埵、
（書止）能洗五塵之染、可期八葉之蓮、是則為次／後阿闍梨酬仏恩、答師徳、吾願如此、不可餘念耳、

（差出）伝授大阿闍梨権大僧都法印大和尚位賢松
（備考）奥に「同三年正月日書之」、

一四二　宗典授某伝法灌頂印信紹文断簡
文亀三年五月九日角宿土曜　一通
室町後期　切紙　前欠　漉返紙　三〇・四糎×二五・五糎　一紙
（文首）［　　］前／大僧正伝灌頂密印、究諸尊瑜伽、爰／深信三密
奥旨、久□□〔学両〕部大法、今機縁相催、
（書止）能洗五塵之染、□□〔可期〕／八葉之蓮、是則酬仏恩、答師徳、吾願如
此、／不可餘念耳、
（差出）伝授大阿闍梨権大僧都法印大和尚位宗典
（宛所）授与資

一四三　宗鏤授隆祐許可灌頂印信紹文案
文亀三年癸亥九月廿三日丁亥柳宿水曜　一通
室町後期　竪紙　漉返紙　三四・六糎×四九・二糎　一紙
（書出）伝法許可灌頂印信／昔大日如来開大悲胎蔵・金剛秘密両部界会、
授金剛／薩埵、
（書止）能洗五塵／之染、可斯〔期〕八葉之蓮、是則酬仏恩、答師徳、吾願如此、
不可餘念耳、
（差出）伝授阿闍梨権大僧都法印大和尚位宗鏤

一四四　宗典授公運許可灌頂印信紹文案
永正四年丁卯十二月十五日星宿月曜　一通
室町後期　竪紙　楮紙（杉原）　二六・五糎×四〇・六糎　一紙
（書出）伝法許可灌頂印信／夫以大日如来開金剛・胎蔵両部界会、授／金
剛薩埵、
（書止）能洗五塵之染、可期八葉之／蓮、是則酬仏恩、答師徳、吾願如此、
不可餘／念耳、
（差出）伝授大阿闍梨権僧正法印○〔印〕大和尚位宗典
（宛所）授与資公運

一四五　澄恵授深応許可灌頂印信紹文案
永正十二年歳次乙亥十二月三日乙卯奎宿日曜　一通
室町後期　竪紙　斐紙（鳥の子）　三一・六糎×五〇・〇糎　一紙
（書出）伝法許可灌頂印信／昔大日如来開大悲胎蔵・金剛秘密両部界
会、／授金剛薩埵、
（書止）能洗五塵／之染、宜期八葉之蓮、是則酬仏恩、答師徳、／吾願如
斯、不可餘念耳、
（差出）伝授大阿闍梨権僧正法印大和尚位澄恵

一四六　宥昭授長典許可灌頂印信印明案
大永四年歳次甲申二月廿五日危宿火曜　一通
室町後期　竪紙　楮紙（杉原）　三三・二糎×五一・〇糎　一紙
（書出）伝燈大法師長典／授印可／金剛界　大率都婆印　普賢一字明

（書止）金剛名号／右、於京洛長福寺道場、授両部伝法／灌頂畢、
（差出）大阿闍梨法印権大僧都大和尚位宥昭

一四七　源雅授義堯灌頂印信案　　二通

室町後期　竪紙　斐紙（鳥の子）
（備考）（一）・（二）一括、包紙一（杉原、四一・七糎×二七・〇糎、ウハ書「源雅印信」）、包紙二（杉原、四一・八糎×二七・二糎、ウハ書「此両通先師僧正坊印信、師主報恩院源雅也」）、

（一）源雅授義堯許可灌頂印信印明案　　享禄三年歳次庚寅七月九日尾宿火曜　一通
三六・三糎×五一・〇糎　一紙
（書出）法印大和尚位大僧都義堯／授印可／金剛界　大率都婆印　普賢一字明
（書止）金剛名号　遍照金剛／右、於醍醐山釈迦院、奉授両部灌頂畢、
（差出）伝授大阿闍梨権僧正法印大和尚位源雅

（二）源雅授義堯伝法灌頂印信紹文案　　享禄三年歳次庚寅七月九日尾宿火曜　一通
三六・六糎×五一・二糎　一紙
（書出）伝法灌頂阿闍梨職位事／昔大日如来開胎蔵・金剛秘密両部界会、授金剛／薩埵、
（書止）能洗五塵之染、可期八葉之蓮、是則酬／仏恩、答師徳、吾願如是、不可餘念耳、
（差出）伝授大阿闍梨権僧正法印大和尚位源雅
（宛所）大僧都義堯

一四八　長典授厳助伝法灌頂印信紹文案　　天文三年九月二房宿金曜日　一通

室町後期　竪紙　楮紙（檀紙）　三三・二糎×四五・一糎　一紙
（書出）伝法灌頂阿闍梨職位事／昔大日如来開大悲胎蔵・金剛秘密両部界会、／授金剛薩埵、
（書止）能洗五塵之染、可期八葉之蓮、是則／酬仏恩、答師徳、吾願如此、不可餘念耳、
（差出）伝授大阿闍梨大僧（脱アルカ）長典
（宛所）授与資権僧正厳助大和尚位
（備考）押紙「四十六」、糊離れ、

一四九　長典授厳助許可灌頂印信印明案　　天文三年九月二房宿金曜日　一通

室町後期　竪紙　楮紙（檀紙）　三三・二糎×四六・二糎　一紙
（書出）伝法許可印信／金剛界　大率都婆印　普賢一字明
（書止）右、於醍醐山上密篋院、授両部灌頂許可畢、
（差出）伝授大阿闍梨苾蒭長典
（宛所）授与資権僧正厳助大和尚位

一五〇　公誉授実怡伝法灌頂印信紹文案　天文十七年三月十二日　一通
室町後期　竪紙　斐紙（雁皮紙）　三三・三糎×四八・二糎　一紙
（端裏）書改遣也、
（書出）最極秘密法界體伝法灌頂阿闍梨位印／伝授大師誡云、秘惜猶有罪○惜於善人故、／伝授亦有罪授於非器故云々、／在昔大日如来開金剛秘密・大悲胎蔵両部界会、／授金剛薩埵、
（書止）仍授与大師所伝印可為次後／阿闍梨、為示後哲記与授之而已、
（差出）伝授大阿闍梨権僧正法印大和尚位公誉
（宛所）授与金剛弟子実怡

一五一　俊聡授宗然許可灌頂印信紹文案　天文廿二年卯月十三日己丑角宿木曜　一通
室町後期　竪紙　漉返紙　三三・二糎×四七・〇糎　一紙
（書出）伝法許可阿闍梨職位事／昔大日如来開大悲胎蔵・金剛秘密両部界会、／授金剛薩埵、
（書止）能洗五塵之染、／宜期八葉之蓮、是則酬仏恩、答師徳、吾願如此、／不可餘念耳、
（差出）伝授大阿闍梨法印大和尚位権大僧都俊聡

一五二　某授某伝法灌頂印信紹文案　永禄九年七月七日房宿火曜日　一通
室町後期　竪紙　泥間似合　三三・三糎×五一・〇糎　一紙
（書出）伝法灌頂阿闍梨職位事／昔大日如来開大悲胎蔵・金剛秘密両部界会、／授金剛薩埵、
（書止）能洗五塵之／染、可期八葉之蓮、是則酬仏恩、答師徳、吾願／如此、不可餘念耳、
（差出）伝授大阿闍梨前大僧正
（宛所）授与資権少僧都法眼和尚位

一五三　堯運授堯助許可灌頂印信印明案　永禄九年歳次丙寅十一月十二日｜巳觜宿月曜　一通
室町後期　竪紙　楮紙（檀紙）　三〇・七糎×四三・〇糎　一紙
（書出）法印堯助／授印可／金剛界　大率都婆印　普賢一字明
（書止）右、於醍醐寺理性院道場、奉授両部密／印訖、
（差出）伝授大阿闍梨法印権大僧都堯運

一五四　深応授宗然許可灌頂印信印明案　永禄十年歳次丁卯四月十日乙未軫宿日曜　一通
室町後期　竪紙　斐紙（雁皮紙）　三三・五糎×四五・六糎　一紙
（書出）権大僧都宗然／授印可／金剛界　大率都婆印　普賢一字明
（書止）右、於醍醐山行樹院、授両部許可訖、
（差出）伝授大阿闍梨法印大和尚位権大僧都深応

一五五　賢松授覚祐許可灌頂印信印明案　明応三年甲寅三月十八日尾宿火曜　一通
室町後期　竪紙　楮紙（杉原）　二九・五糎×四三・〇糎　一紙

(端裏)[　　　　　]三月廿三日於周防国山口庄書与之畢、
(書出)大法師覚祐/授印可/金剛界　大率都婆印　普賢一字明
(書止)金剛名号　遍照金剛/右、於醍醐寺中性院、授両部灌頂畢、
(差出)伝授大阿闍梨権大僧都法印大和尚位賢松

一五六　某授厳助伝法灌頂印信紹文案　永正十四年丁丑三月十六日房宿月曜　一通
室町後期　竪紙　楮紙(檀紙)　三五・六糎×五三・八糎　一紙
(書出)授与伝法灌頂職位事/金剛弟子法眼厳助/夫以大日如来開金剛・胎蔵両部界会、授金剛/薩埵、
(書止)能洗五塵之染、/可期八葉之台、是則酬仏恩、答/師徳也、吾願如是、/不可餘念、妙成就許可、如眼前耳、
(差出)伝授阿闍梨権僧正法印大和尚位
(宛所)授与金剛仏子厳助

一五七　恵海授円秀伝法灌頂印信血脈案　文安五年戊辰十二月五日　一通
室町中期　竪紙　楮紙(杉原)　三一・五糎×四〇・五糎　一紙
(端裏)『実―方』三宝院伝法灌頂血脈
(書出)大日如来　金剛薩埵　竜猛/竜智　金剛智　不空/恵果　弘法真雅
(書止)高野智明院澄円/金剛三昧院前住寛舜　宝生院重海/薗花蔵院弥海法印　亀蔵院恵海聖人　弥勒院当住円秀法印

一五八　仙秀授仙海許可灌頂印信案　二通
室町中期　竪紙　楮紙(檀紙)
(備考)(一)・(二)一括、包紙(檀紙、四五・〇糎×三三・五糎)、

(一)　仙秀授仙海許可灌頂印信印明案　応仁元年丁亥五月十一日氐宿金曜　一通
三一・一糎×四四・五糎　一紙
(書出)大法師仙海/授印可/金剛界　大率都婆印　普賢一字明
(書止)右、於醍醐寺阿弥陀院道場、授両部印可畢、
(差出)伝授大阿闍梨権少僧都仙秀

(二)　仙秀授仙海許可灌頂印信紹文案　応仁元年丁亥五月十一日氐宿金曜　一通
三〇・〇糎×四五・〇糎　一紙
(書出)伝法許可灌頂印信/昔大日如来開大悲胎蔵・金剛秘密両部界会、/授金剛薩埵、
(書止)能洗五塵之染、可期八葉之蓮、是則酬仏恩、/答師徳、吾願如此、不可餘念耳、
(差出)伝授大阿闍梨権少僧都仙秀

一五九　堯仁授慶円不動灌頂印信印明写　承安二年正月十五日　一通
室町中期　竪紙　楮紙(檀紙)　三一・四糎×四三・二糎　一紙
(本文)不動灌頂印信/印無所不至、釼印口伝/真言(梵字)/同印(梵

字）／右、件印信写本云、承安二年正月十五日／伝燈大法師位堯
仁阿闍梨授慶円畢云々、
（差出）菩薩戒苾蒭金剛仏子理円伝之、／白毫寺地蔵院大阿闍梨真誉／金
剛仏子英空／金剛仏子重永／仏子懐祐
（備考）奥書「永享十一年戊己歟、未卯月十四日書写之、／文正元年丙戌卯月五日書
写之」、

一六〇　仙秀授仙海惣許可印信案　応仁元年丁亥四月廿四日　一通
室町中期　竪紙　楮紙（檀紙）三三・一糎×四四・五糎　一紙
（書出）惣許可印信／印左手屈中指無名指小指、以母指／押、彼三指甲頭
指直竪、右手如／前、以左印之頭指押左頰、以右／印押右腰上、
（書止）右、於下醍醐寺阿弥陀院道場、授／大法師仙海畢、
（差出）伝授大阿闍梨権少僧都仙秀

一六一　仙秀授仙海惣許可印信裏書写　（応仁元年四月廿四日）　一通
室町中期　竪紙　楮紙（杉原）二七・〇糎×三六・〇糎　一紙
（書出）惣許印像如印信之文、猶委為令覚知之、予記之、云左大指之／ユ
ヒノサキ小指ノ甲ノ上ニ在之、
（書止）頭指ノサキチトアカリテ、向左ニ／也、左ノカヲヌス事、如印信
文、
（備考）奥書「右、師主仙秀僧都印信之御上裏ノ□ニ如此／被遊間、予又
為後学記之者也、／仙海」、

一六二　乗海法印一流相承印信印明写等　一通
室町中期　続紙　楮紙（杉原）一五・二糎×一六三・七糎　四紙
（備考）①・②書継、包紙（杉原、二五・〇糎×一六・八糎、ウハ書「『ヨ』乗海法
印一流実助僧正記　賢永」）、

①乗海法印一流相承印信印明写
（外題）『ヨ』乗海法印一流実助僧正記　賢永
（首題）乗海法印一流相承印明
（文首）授許可時／金剛界智拳印　帰命（梵字）／胎蔵界外五古印　帰命
（梵字）
（文尾）蘇悉地灌頂／三昧耶会　拳菩薩印明／以上／暦応三年九月十八
日注之、／前僧正実助
（奥書）長享三年八月十一日、以実助僧正／自筆本、於丈六堂書之、／権
少僧都賢永

②御不審条々
（文首）御不審事／一初重・第二重・第三重名目乗海法印／一流并金剛王
院ニハ弥不審事候間、サテ／又説々トハ注進候、
（文尾）仍依機随人可令授／候歟、各別トハ不可存候、此外第三重説候、／
定御存知候歟之間、不能注申候、／暦応三年九月十九日
（奥書）長享三年八月十一日書之、／於山上丈六堂聖教等撰之時、一見候
間／写之、本ハ彼印明ハ昔杉原ノアツク長／キ料紙ニ実助之自筆
也、彼ノ不審共／被答之一紙ハ引合一枚ニ裏マテ被書之、／是ハ

実助之非自筆、此外実助書状／有之自筆歟、副置之座主相承大
事、／予所伝宗典法印流聊相違、当流三明匠／可決之、／権少僧都賢
永（花押）

一六三　伝法灌頂印信案　三通
室町後期
（備考）（一）～（三）一括、

（一）某授親恵伝法灌頂印信紹文案（年月日未詳）　一通
竪紙　後欠　楮紙（杉原）　三二・八糎×五一・五糎　一紙
（書出）□□秘密法界躰伝法灌頂阿闍梨職位事／昔大日如来開大悲胎
蔵・金剛秘密両部界／会、授金剛薩埵、
（文尾）能洗五塵之染、／可期八葉之蓮、是則酬仏恩、答師徳

（二）某授実誉伝法灌頂印信紹文書止シ（年月日未詳）　一通
竪紙　斐紙（鳥の子）　三六・〇糎×四七・五糎　一紙
（端裏）当院代々祖師印可灌頂「印信」□□〔源朝カ〕集置之、／「宝幢院祖師代々
印信」
（書出）伝法灌頂阿闍梨位事／昔大日如来開大悲胎蔵・金剛秘密両部／界
会、授金剛薩埵、
（書止）爰大法師実誉深信三密奥旨、久／学両部大法、今機縁相催、已所
授伝法灌頂密印也、

（三）某許可灌頂印信印明書止シ（年月日未詳）　一通
折紙　斐紙（鳥の子）　三四・三糎×五〇・七糎　一紙
（本文）奉授印可／金剛界／大恵刀印　帰命（梵字）／胎蔵界／外五古印
（梵字）／阿闍梨位印合掌属風水、私云、属風水合甲也、／（梵字）／（梵字）

一六四　堯助授宗深許可灌頂印信紹文案
天正十四丙戌年九月二日房宿日曜　一通
安土桃山時代　竪紙　楮紙（檀紙）　三三・三糎×四四・二糎　一紙
（書出）伝法許可灌頂印信／昔大日如来開大悲胎蔵・金剛秘密両部界
会、／授金剛薩埵、
（書止）能洗五塵之染、可期八葉之蓮、是則酬／仏恩、答師徳、吾願如此、
不可餘念耳、
（差出）伝授大阿闍梨僧正法印大和尚位堯助
（宛所）授与権律師宗深

一六五　某授堯甚許可灌頂印信紹文案
天正十三乙酉年二月廿二日斗宿金曜　一通
安土桃山時代　竪紙　漉返紙　三一・六糎×四三・〇糎　一紙
（書出）伝法許可灌頂印信／昔大日如来開大悲胎蔵・金剛秘密両部界／
会、授金剛薩埵、
（書止）能洗五塵之染、可期八葉之蓮、／是則〔脱アルカ〕仏恩、答師徳、吾願如此、
不可餘／念耳、
（備考）奥に書入「随法印権大僧都宗然、久学両部〔雖〕／大法、遂受灌頂職位、

雖然又属／愚質、重蒙印可、／天正十三乙辛≀酉≀酉年九月廿四日翼宿」、

一六六　亮淳授祐秀許可灌頂印信紹文案

天正四年歳次丙子六月十三日箕宿月曜　一通

安土桃山時代　竪紙　斐紙（雁皮紙）　三六・〇糎×五一・四糎　一紙

（書出）伝法許可灌頂印信／昔大日如来開大悲胎蔵・金剛秘密両／部界会、授金剛薩埵、

（書止）能洗五塵之染、／可期八葉之蓮、是則酬仏恩、答師徳、吾／願如此、不可餘念耳、

（差出）伝授大阿闍梨前大僧都法眼大和尚位亮淳

一六七　宗典授巌助許可灌頂印信紹文案

永正拾一甲戌年二月廿六日室宿水曜　一通

室町後期　竪紙　漉返紙　三・三糎×三九・八糎　一紙

（書出）伝法許可灌頂印信／昔大日如来開大悲胎蔵・金剛秘密両部界会、／授金剛薩埵、

（書止）能洗五塵／之染、可期八葉○之蓮、是則酬仏恩、答師徳、吾願如／此、不可餘念耳、

（差出）伝授大阿闍梨権僧正宗典

一六八　某授秀長伝法灌頂印信紹文案

文禄五年丙申四月五日鬼宿木曜　一通

安土桃山時代　竪紙　楮紙（強杉原）　三五・〇糎×四一・八糎　一紙

（書出）授与伝法灌頂職位事／金剛弟子秀長／夫以大日如来開金剛・胎蔵両部界会、授金剛薩埵、

（書止）能洗五塵之染、可期八葉之台、是則酬仏恩、答師徳也、／吾願如是、不可餘念、妙成就許可、如眼前耳、

（差出）伝授大阿闍梨

（宛所）授与金剛仏子秀長

一六九　尭助授宥胤許可灌頂印信紹文案

天正十三乙酉九月廿四日翼宿≀木曜日　一通

安土桃山時代　竪紙　楮紙（杉原）　三〇・七糎×四七・〇糎　一紙

（書出）伝法許可灌頂印信／昔大日如来開大悲胎蔵・金剛秘密／両部界会、授金剛薩埵、

（書止）能洗五塵之染、可期八葉之／蓮、是則○酬仏恩、答師徳、吾願如此、不可／餘念耳、

（差出）伝授大阿闍梨僧正法印大和尚位尭助

（宛所）授与権大僧都宥胤

一七〇　尭助授宗然許可灌頂印信紹文案

文禄三甲午年三月十一日曜翼宿日　一通

安土桃山時代　竪紙　楮紙（強杉原）　紙背あり　三五・〇糎×四六・二糎　一紙

（書出）伝法許可灌頂印信／昔大日如来開大悲胎蔵・金剛秘密両部界会、／授金剛薩埵、

（書止）能洗五塵之染、可期八葉之蓮、是／則酬仏恩、答師徳、吾願如此、

不可餘念耳、
（差出）伝授大阿闍梨僧正法印大和尚位尭助
（宛所）授与法印権大僧都宗然
（備考）紙背に「不動護摩息災延命所願成就所也」、

一七一　演光授宥全許可灌頂印信紹文案　寛文九年歳次己酉三月十四日亢宿月曜　一通
江戸前期　斐紙（鳥の子）　三七・一糎×五一・八糎　一紙
（端裏）御末寺奥州仙台松山満徳寺令印可印信紹書被下、寛文九年己酉三月十四日、御手替岳西院権僧正、
（書出）伝法許可灌頂印信／昔大日如来開大悲胎蔵・金剛秘密両部界会、授／金剛薩埵、
（書止）能洗世間／五塵之染、可尋出世八葉之蓮、是則酬仏恩、答／師徳、余願如是、不可餘念矣、
（差出）伝授大阿闍梨権僧正法印大和尚位演光
（宛所）法印宥全

一七二　某授俊慶許可灌頂印信印明案　貞享三年歳次丙寅十月十七日井宿月曜　一通
江戸中期　竪紙　泥間似合　三八・二糎×五三・三糎　一紙
（端裏）印信留、武州糟壁村最勝院ニ被下候
（書出）法印俊慶／授印可／金剛界　大率都婆印　普賢一字明
（書止）右、於金剛輪院道場、授両部印可畢、
（差出）伝授大阿闍梨前法務

一七三　演光授禅誉許可灌頂印信印明案　寛文五年歳次乙巳七月三日軫宿木曜　一通
江戸前期　斐紙（鳥の子）　三七・二糎×五一・四糎　一紙
（端裏）山上円明院禅誉印信留書
（書出）権大僧都禅誉／授印可／金剛界　大率都婆印　普賢一字明
（書止）右、於醍醐寺金剛輪院、授両部印可畢、
（差出）伝授大阿闍梨法印権大僧都大和尚位演光
（宛所）権大僧都禅誉

一七四　演光授尭盛許可灌頂印信紹文案　寛文七年歳次丁未十二月廿三日心宿日曜　一通
江戸前期　斐紙（鳥の子）　三七・一糎×五〇・六糎　一紙
（端裏）東寺衆七人印可　印信紹書被遣留
（書出）伝法許可灌頂印信／昔大日如来開大悲胎蔵・金剛秘密両部界会、授／金剛薩埵、
（書止）能洗世間／五塵之染、可尋出世八葉之蓮、是則酬仏恩、答／師徳、余願如是、不可餘念矣、
（差出）伝授大阿闍梨権僧正法印大和尚位演光
（宛所）権僧正尭盛
（備考）受者名・宛所脇に交名書入「権大僧都宗俊／法印真朝／法印真源／権大僧都亮兼／権大僧都杲快／権律師宗光」、

一七五　演光授寛海許可灌頂印信紹文案
寛文五年歳次乙巳七月三日軫宿木曜　一通
江戸前期　竪紙　斐紙（鳥の子）　三七・八糎×五一・七糎　一紙
（端裏）越前国中台寺法印寛海印・紹・血依懇望被下之留書
（書出）伝法許可灌頂印信／昔大日如来開大悲胎蔵・金剛秘密両部界会、
授／金剛薩埵、
（書止）能洗世間／五塵之染、可尋出世八葉之蓮、是則酬仏恩、答／師徳、
余願如是、不可餘念矣、
（差出）伝授大阿闍梨法印権大僧都大和尚位演光
（宛所）法印寛海

一七六　演光授満徳寺某伝法灌頂印信血脈案
〔寛文九年己酉三月十四日〕　一通
江戸前期　竪紙　斐紙（鳥の子）　三七・二糎×五一・八糎　一紙
（端裏）血脈　御末寺奥州仙台松山彦久山満徳寺被下留、寛文九年己酉三月十四日、
（書出）三宝院流血脈／大日如来　金剛薩埵　龍猛菩薩　龍智菩薩／金
剛智三蔵　不空三蔵　恵果阿闍梨　弘法大師
（書止）荘厳院前大僧正義堯　行樹院権僧正深応　後正覚院僧正雅厳　灌
頂院准三宮義演／岳西院権僧正演光

一七七　某授宥覚許可灌頂印信印明案
元禄九歳次丙子○年十一月十五日鬼宿日曜　一通
江戸中期　竪紙　斐紙（鳥の子）　三五・八糎×五一・六糎　一紙
（書出）法印宥覚／授印可／金剛界　大率都婆印　普賢一字明
（書止）右、於金剛輪院道場、授両部印可畢、
（差出）伝授大阿闍梨前法務

一七八　某授真恵許可灌頂印信印明案
元禄九歳次丙子○年十一月十五日鬼宿日曜　一通
江戸中期　竪紙　斐紙（鳥の子）　三五・八糎×五一・六糎　一紙
（書出）法印真恵／授印可／金剛界　大率都婆印　普賢一字明
（書止）右、於金剛輪院道場、授両部印可畢、
（差出）伝授大阿闍梨前法務

一七九　某授宥真許可灌頂印信印明案
元禄九歳次丙子○年十一月十五日鬼宿日曜　一通
江戸中期　竪紙　斐紙（鳥の子）　三五・八糎×五三・〇糎　一紙
（書出）法印宥真／授印可／金剛界　大率都婆印　普賢一字明
（書止）右、於金剛輪院道場、授両部印可畢、
（差出）伝授大阿闍梨前法務

一八〇　覚定授親意許可灌頂印信案　二通
江戸前期　竪紙　楮紙（高檀紙）
（備考）（一）・（二）一括、懸紙（高檀紙、五五・〇糎×三五・六糎）、

（一）　覚定授親意許可灌頂印信印明案

明暦二年歳次丙申三月廿四日室宿金曜　一通

三五・八糎×五六・〇糎　一紙

（書出）権少僧都親意／授印可／金剛界　大率都婆印　普賢一字明

（書止）右、於醍醐寺金剛輪院、授両部印可畢、

（差出）伝授大阿闍梨前大僧正法印大和尚位覚定

（二）　覚定授親意許可灌頂印信紹文案

明暦二年歳次丙申三月廿四日室宿金曜　一通

三五・八糎×五五・八糎　一紙

（書出）伝法許可灌頂印信／昔大日如来開大悲胎蔵・金剛秘密両部界会、授／金剛薩埵、

（書止）能洗吾（五）塵之染、可期八葉之蓮、是則／酬仏恩、答師徳、吾願如是、不可餘念耳、

（差出）伝授大阿闍梨前大僧正法印大和尚位覚定

（宛所）権少僧都親意

一八一　観助授観円伝法灌頂印信紹文案　慶安四年辛卯十月　一通

江戸前期　竪紙　楮紙（杉原）　三二・三糎×四三・六糎　一紙

（書出）授与伝法灌頂職位事／金剛弟子観円／夫以大日如来開金剛・胎蔵両部界会、授金剛／薩埵、

（書止）能／洗五塵之染、可期八葉之台、是則酬仏恩、答師徳也、／吾願如是、不可餘念、妙成就許可、如眼前耳、

（差出）伝授阿闍梨前大僧正法印大和尚位観助

（宛所）授与金剛仏子観円

一八二　源朝授真勝許可灌頂印信案　二通

江戸前期　竪紙　斐紙（鳥の子）

（備考）（一）・（二）一括、

（一）　源朝授真勝許可灌頂印信印明案

元和五年歳次己未十月十九日戊辰柳宿日曜　一通

三六・〇糎×五一・〇糎　一紙

（書出）阿闍梨伝燈大法師真勝／授印可／金剛界　大率都婆印　普賢一字明

（書止）右、於醍醐山宝幢院道場、授両部印可畢、

（差出）伝授阿闍梨法印大和尚位権大僧都源朝

（二）　源朝授真勝許可灌頂印信紹文案

元和五年歳次己未十月十九日戊辰柳宿日曜　一通

三六・〇糎×五一・二糎　一紙

（書出）伝法許可灌頂印信／昔大日如来開大悲胎蔵・金剛秘密両部界会、／授金剛薩埵、

（書止）能洗五塵之染、／可期八葉之蓮、是則酬仏恩、答師徳、吾願如是、／不可餘念耳、

（差出）伝授阿闍梨法印大和尚位権大僧都源朝

一八三　淳覚授俊雄伝法灌頂印信紹文案

文政四年歳次辛巳九月廿四日辛未翼宿金曜　一通

江戸後期　竪紙　泥間似合　三九・七糎×五三・九糎　一紙

（書出）伝法灌頂阿闍梨職位事／昔大日如来開大悲胎蔵・金剛秘密両部界会、／授金剛薩埵、

（書止）能洗五塵之染、可期／八葉之蓮、是則酬仏恩、答師徳、吾願如此、不可／餘念耳、

（差出）伝授大阿闍梨僧正法印大和尚位淳覚

一八四　観助授政典許可灌頂印信印明案

慶安四年歳次辛卯八月廿七日軫宿水曜　一通

江戸前期　竪紙　斐紙（鳥の子）　三六・七糎×五一・二糎　一紙

（書出）政典／授印可／金剛界　塔印　普賢一字明

（書止）右、於理性院、授両部印可畢、

（差出）伝授大阿闍梨前大僧正法印大和尚位観助

一八五　義演授勢誉許可灌頂印信紹文写

慶長二年歳次丁酉三月十八日尾宿日曜　一通

江戸前期　竪紙　楮紙（奉書紙）　四四・六糎×四九・五糎　一紙

（端裏）伝法灌頂印信

（書出）伝法許可灌頂印信／昔大日如来開大悲胎蔵・金剛秘密両部界会、／授金剛薩埵、

（書止）能洗五塵／之染、可期八葉之蓮、是則酬仏恩、答師徳、吾願／如是、不可餘念耳、

（差出）伝授大阿闍梨准三宮法務前大僧正法印大和尚位義演御判

（宛所）法印権大僧都勢誉

（備考）奥に「右、従三宝院御門跡三代以前、文殊院仁灌頂御伝授之印信也、／又従同御門主二代以前、文殊院応昌仁御伝授印信有之」、

一八六　密厳授淳覚許可灌頂印信印明案

文化七年二月十四日軫宿日曜　一通

江戸後期　竪紙　斐紙（鳥の子）　三六・六糎×五一・三糎　一紙

（本文）許可禅林伝／胎蔵界　印外五胋印／明（梵字）／金剛界　印塔印／明帰命（梵字）／右、文化七年二月十四日軫宿日曜、於醍醐寺／宝幢院、授権僧正淳覚畢、

（差出）伝授阿闍梨権僧正法印大和尚位密厳

（備考）懸紙（鳥の子、五一・三糎×三六・二糎、ウハ書「禅林伝許可」）、

一八七　包紙　二紙

（備考）（一）・（二）一括、

（一）印可印信包紙（年月日未詳）　一紙

江戸前期　竪紙　楮紙（杉原）　三三・二糎×四三・三糎　一紙

（備考）ウハ書「印可印信　密教院権僧正甚信」、

（二）印信写包紙（年月日未詳）　一紙

江戸中期　竪紙　楮紙（美濃紙）　三〇・六糎×四二・七糎　一紙
（備考）ウハ書「法務様　御印信之写」、

一八八　豊山印可人数交名　宝暦二壬申年六月八日　一通
江戸中期　竪紙　楮紙（美濃紙）　三一・八糎×四四・四糎　一紙
（書出）御印可人数交名／伊州名張郡柏原村東光寺住快遍弟子　和州城上郡豊山梅心院住法印浄観房龍慧／信州更科郡失（マヽ）代村法花寺住杲宥弟子　同　豊山金蓮院住法印芳秀房尊勝
（書止）武州崎玉郡堤村延命寺住淳澄弟子　同　豊山喜多坊住法印秀仙房観澄
（備考）包紙（美濃紙、四四・五糎×三二・三糎、ウハ書「豊山御印可交名受者五人」）、

一八九　伝法許可灌頂印信集　一冊
室町後期　袋綴装　楮紙（杉原）　紙背あり　三一・五糎×二〇・五糎　十一紙
（外題）伝法許可灌頂印
（備考）①〜⑧書継、表紙紙背に後晩夏七日宗述書状（片山筑前守宛）、裏表紙紙背に晩夏十三日宗述書状（片山筑前守殿宛）、

①道賢授仲我許可灌頂印信紹文写　康永四年乙酉正月十八日亢宿日曜
（書出）伝法許可灌頂印信／昔大日如来開大悲胎蔵・金剛秘密両部／界会、授金剛薩埵、
（書止）可能洗五塵之染、可期／八葉之蓮、是則酬仏恩、答師徳、吾願○○如此、／不念可餘念耳、

（差出）伝法大阿闍梨法眼和尚位権大僧都道賢
（備考）紙背に某書状書止シ（「御折紙旨委細／申入候、仍十弟子／事内々」）、

②賢耀授宗仲許可灌頂印信紹文写　永和二年正月廿二日尾宿火曜
（書出）伝法許可灌頂印信／右、大日如来開大悲胎蔵・金剛秘密両部界会、／授金剛薩埵、
（書止）能洗／五塵之染、可期八葉之蓮、是則酬仏恩、答師／徳、吾願如此、不可餘念耳、
（差出）伝授大阿闍梨権大僧都法印大和尚位賢耀
（宛所）授与大法師宗仲
（備考）紙背に諦照書状懸紙（理性院殿宛）、

③宗典授厳助許可灌頂印信紹文写　永正十一甲戌年二月廿六日室宿水曜
（書出）伝法許可灌頂印信／昔大日如来開大悲胎蔵・金剛秘密両部界会、授／金剛薩埵、
（書止）能洗五塵之染、可／期八葉之蓮、是則酬仏恩、答師徳、吾願如此、／不可餘念耳、
（差出）伝授大阿闍梨権僧正宗典
（備考）紙背に紀貫之詠草写、

④厳助授俊聡許可灌頂印信紹文写　天文四乙未年十月十日奎宿木曜
（書出）伝法許可灌頂印信／昔大日如来開大悲胎蔵・金剛秘密両部界

会、／授金剛薩埵、
（書止）能洗五塵之染、可期八／葉之蓮、是則酬仏恩、答師徳、吾願如此、
不可／餘念耳、
（差出）伝授大阿闍梨権僧正法印大和尚位厳助
（備考）紙背に紀貫之詠草、

⑤厳助授俊聡許可灌頂印信紹文写　天文四乙未年十月十日奎宿木曜
（書出）伝法許可灌頂印信／昔大日如来開大悲胎蔵・金剛秘密両部界
会、／授金剛薩埵、
（書止）能洗五塵之染、可期／八葉之蓮、是則酬仏恩、答師徳、吾願如此、／
不可餘念耳、
（差出）伝授大阿闍梨権僧正法印大和尚位厳助
（備考）紙背に永禄元年四月日法師厳助綱牒請文、

⑥賢耀授仙助伝法灌頂印信紹文写　永和二年丙辰三月十八日尾宿
（書出）授与伝法灌頂職位事／大法師仙助／夫以、大日如来開金剛・胎蔵
両部界会、授／金剛薩埵、
（書止）能洗五塵之染、可期八葉／蓮、是則酬仏恩、答師徳也、吾願如是、
不可餘／念、妙成就許可、如眼前耳、
（差出）伝授阿闍梨法印権大僧都賢耀
（宛所）授与大法師仙助
（備考）紙背に五月十八日行樹院深応書状（普賢院御房宛）、

⑦寂賢授光演伝法灌頂印信紹文写　応永廿年癸巳十一月廿六日尾宿火曜
（書出）授与伝法灌頂職位事／金剛弟子光演／夫以、大日如来開金剛・胎
蔵両部界会、授金／剛薩埵、
（書止）能洗五塵之染、可期八葉之台、／是則酬仏恩、答師徳也、吾願如
是、不可餘念、／妙成就許可、如眼前耳、
（差出）伝授阿闍梨権大僧都法印大和尚位光演寂賢
（宛所）授与金剛仏子光演
（備考）紙背に五月十八日年預澄慈書状（普賢院御房宛）、

⑧道賢授静舜伝法灌頂印信紹文写　康永二年癸未五月晦日鬼宿日曜
（書出）授与伝法灌頂職位事／金剛弟子静舜／夫以、大日如来開金剛・胎
蔵両部界会、授金剛／薩埵、
（書止）能洗五塵之染、可期／八葉之蓮、是則酬仏恩、答師徳也、吾願如
是、不／可餘念、妙成就許可、如眼陳矣、
（差出）伝授阿闍梨法眼和尚位権大僧都道賢
（宛所）授与金剛弟子静舜
（備考）紙背に某消息、

一九〇　弘鑁授蘊悉地灌頂大事口決等　四十八通・三帖・一紙
（備考）（一）〜（五二）一括、包紙（美濃紙、二七・四糎×三九・四糎、ウハ書「極
意　瑜祇　二紙／蘇悉地／諸大事弘鑁筆祖師之真跡」）、

（一）　弘鑁授蘊悉地灌頂大事口決　応永卅三年二月五日　一通

室町前期　折紙　楮紙（杉原）　三〇・三糎×四九・五糎　一紙
（本文）蘇悉地灌頂事／亦名妙成就許可、／厚造紙妙拳士手明云々、／蘇
悉地者、梵語也、此／翻妙成就、／印　二手作金剛拳、／仰左拳、
覆右拳、二拳／相重文、／明　唵縛曰羅母瑟底二合鑁、
（差出）仏子弘鑁
（備考）墨（返点・送仮名）、

（二）　弘鑁灌頂阿闍梨結頌（年月日未詳）　一通
室町前期　折紙　楮紙（杉原）　三一・七糎×五〇・五糎　一紙
（書出）若凡若聖　得灌頂者　手結塔印／口誦（梵字）明　観我義大日　凡
疑惑者／現在生間　頓断無明　及五逆罪、
（書止）能摧仏種　諸仏無救　何況余人／即身成仏　法楽寺最極秘法、

（三）　弘鑁授当流重位印信印明　一通
室町前期　折紙　楮紙（杉原）　二九・〇糎×四六・七糎　一紙
（本文）当流極位大事／是第三重有之、／初重／二印二明如常、／第二
重／一印二明（梵字）（梵字）／第三重／一印一明　秘密明／応永卅三年
二月五日記之、／金剛仏子弘鑁

（四）　弘鑁授瑜祇大事口決　一通
室町前期　折紙　楮紙（杉原）　二九・〇糎×四六・四糎　一紙
（本文）瑜祇大事／塔印（梵字）／是第三重大事ニ／可相並云々、於他流
者／作法灌頂有之、雖然／仁和・醍醐共於嫡流者／無其儀云々、
／応永卅三年二月五日記之、／金剛仏子弘鑁

（五）　理性院流印可受法記　一通
南北朝時代　折紙　楮紙打紙　二八・八糎×四一・七糎　一紙
（文首）康永元年壬午八月廿五日子、／於大覚寺大金剛院、奉受／印可理性院流、／大阿闍梨大納言僧都御房道ー、／受者権律師仲我、当流重
書／等悉可譲附之旨、契約之間、／奉受之、
（文尾）廿六日／寿命護奉伝受之、／経并次第也、
（備考）見返奥に「理性院毘谷」、包紙（檀紙、二七・四糎×四〇・二糎、ウハ書「諸
印信第四」）、

（六）　金・胎秘事傳受記　一通
鎌倉中期　折紙　楮紙（杉原）　紙背あり　三〇・八糎×四六・〇糎　一紙
（文首）建長七年十一月廿四日記、／初重浅略、／金界／塔印　普賢一字
明帰命〻〻（梵字）／或智拳印（梵字）／胎界／外五股印（梵字）
（文尾）已上理性院被授伝法院／本願之時、加□大種子（梵字）／云々、／
又宝心阿闍梨御伝此定也、
（備考）見返奥に「第四」「先師延御伝　浄寂記自筆／容易不可開之、第三重乱成密房伝歟、但依載大事、秘之、」「第四」、

〔紙背〕某書状（年月日未詳）　一通
竪紙　前欠
（本文）之間、去月十日帰洛候也、／以問差者、今度存命／不可給候、御

入寺候次／候者、必可有御言伝候／也、事々期見参候、恐々／謹言、

（宛所）蓮月御房

（七）　夢灌頂口決写　　一通

鎌倉後期　折紙　楮紙（杉原）　墨（合点）　二九・三糎×二五・五糎　一紙

（端裏）夢灌頂「第四」

（文首）木幡廻心上人真空伝云、／夢灌頂印信／八家惣印灌頂　左右二火二地差違、以二水／二風相繞二火二地、以二空置二水甲上、即成明曰、／（梵字）

（文尾）又云、寂円大師ハ両部灌頂伝給也、宗睿僧正ハ三部／灌頂ヲ伝給、其後此流ニ三部灌頂ヲ授也云々、

（奥書）正安三年三月十日／開彼抄次、聊書出之、

（八）　浄蓮房雑記抄出　　一通

鎌倉後期　切紙　楮紙（杉原）　墨（註記・合点）　一五・〇糎×一二・五糎　一紙

（端裏）不空三蔵御筆様又略出経文大日経文、／「第四」

（文首）浄蓮房雑記秘密上帖内云、／（梵字）

（文尾）私云、略出経金明頂阿字有空點也、大日経阿字無空點也、

（備考）本文紙背にわたる、

（九）　顕月坊律師雑記抄出　　一通

鎌倉後期　小切紙　楮紙打紙　墨（合点）　一四・六糎×一二・二糎　一紙

（端裏）印信先師顕月坊律師、永仁四年十月十三日写出之、／第四

（文首）先師顕月坊律師兼観雑記光明真言所云、／入壇之中、浅ハ帰命（梵字）、深ハ秘印ニ五智明（梵字）○、

（文尾）不二ハ秘印五智五（梵字）、深秘○五大也云々、

（一〇）　勧修寺流印信口決（年月日未詳）　　一通

鎌倉後期　折紙　楮紙（杉原）　裏書あり　二九・二糎×四二・五糎　一紙

（書出）胎蔵界　外縛五貼印　明阿尾羅吽欠

（書止）上人□〔云〕、範俊自筆印信在勧修寺経蔵也、故光明峯寺入道殿下入寺／被□□之、栄然・道宝已上三人諸共披之、即対之不写給云々、／第四

（備考）見返奥に「第四」、端裏「印信勧修寺」、文中識語「弘安四年四月五日、於木幡観音院道場、授仙覚阿／闍梨畢、菩薩戒比丘寂性」「本云、保安二年五月廿四日寅時蒙之」「康治三年正月八日午剋書写畢、生年四十八御房六十六」「建久九年七月十八日写之畢」、裏書に「勧修寺流ニハ許可作法トテ別ニ無之也」等の故実及び血脈、

（一一）　延命院観俊授成祐印可口決写（年月日未詳）　　一通

鎌倉後期　切紙　楮紙（杉原）　一五・五糎×一二・〇糎　一紙

（端裏）印可　正嘉三年二月廿七日壁宿、水曜、無作法／受者成祐／「第四」

（書出）印可事／発菩提心如金剛界真言

（書止）唵縛曰羅《ハサラ》ソキシアマカサト／ハ（梵字）／已上成祐自筆也、大阿

闍梨延命院法印御房観俊　受者成祐三乃阿、、、
（備考）墨（送仮名・傍訓）、

（一二）　三宝院流大事聞書　一通
鎌倉後期　小切紙　楮紙（杉原）　墨点（返点・送仮名）　墨（合点）　一五・〇糎×二〇・二糎　一紙
（端裏）「第四」
（文首）永仁三年信闍梨云、玄慶法印弟子厳誉僧都云、至極重者、定賢法務御伝也、
（文尾）今案、厚草子有草本ト清書ト二本也、[redacted]／如此事、不可談事也、

（一三）　三宝院大事聞書　一通
鎌倉後期　竪紙　楮紙（杉原）　紙背あり　三三・〇糎×五三・〇糎　一紙
（端書）三宝院大事内秘々「第四」
（文首）正和四年五月廿八日、静演僧都云、自證円房秀源傳一簡大事、
（文尾）而貴邊為正縁可授与之云々、／仍歓喜受之了云々、若此大事之事歟、／信耀記之、
（紙背）信耀書状　（年未詳）正月廿九日　一通
竪紙
（本文）以使者内々申之旨候、／被聞食、可然之様、可有／申御沙汰候哉、恐々／謹言、
（差出）信耀
（宛所）伊豆守殿

（一四）　小野流三印聞書　一通
室町前期　切紙　楮紙（杉原）　裏書あり　二四・〇糎×一四・五糎　一紙
（端裏）法務御房御抄内小野三印秘鳥羽僧都御手迹也、／「第四」
（文首）薪如息災乍四種可積云々、以一可知余歟、降伏モ如／然可積也、小野説耳、
（文尾）御入滅之後、／寛治二年十一月十三日奉受之、
（備考）裏書に「勧修寺僧正御説也」等、

（一五）　石山諸伝印明聞書　一通
南北朝時代　竪紙　漉返紙　三三・五糎×四一・八糎　一紙
（端裏）「第四」／「第四」
（文首）根本伝一印／金剛界一印満足一切智々真言、
（文尾）石山金剛界次第奥ニ書付と云々、

（一六）　勝倶胝院印明聞書　一通
南北朝時代　折紙　楮紙（杉原）　裏書あり　二九・五糎×四九・二糎　一紙
（文首）金（梵字）印／（梵字）／台　外五　或内／（梵字）
（文尾）僻見ノ顕杲是同法也、彼／人知事不可退之、但五部／塔者伝僻事也、西光院／之流ナリ、埋令申事流／布也、
（備考）見返奥に「印信三密房勝倶胝院　「第四」」、

（一七）　某印明口決　一通
鎌倉後期　竪紙　後欠　斐紙（鳥の子）　裏書あり　二七・三糎×三一・六糎　一

紙
（端裏）「是也、」／「第四」／「弘安二年七月九日於○理性院賜権僧正御房／御自筆
本書写了、金剛資仙覚」
（文首）西／虚合二雖屈柱頭、以二空並甲指二雖二空開／頗離、塔形
云々、
（文尾）吠縛左良サチハ牟、蘇悉／遍智金剛
（備考）裏書「私云、五種阿也」、

（一八）　霊灌頂大事印明口決　　一通
南北朝時代　小切紙　楮紙（杉原）　二七・〇糎×一一・二糎　一紙
（文首）霊ノ大事ノ事／一印三明トテ
（文尾）一義ノ分也、霊以前ハ五字皆／天也、霊ノ時、五字無天ヲ示／給
也云々、

（一九）　八ケ灌頂印明包紙写　　一通
南北朝時代　小切紙　楮紙（杉原）　一五・〇糎×九・三糎　一紙
（端裏）八頂八ヶ灌頂、　褁紙御記権僧正御房御自筆写／之、
（本文）仁海所持之灌頂印明、／為付法之印爾（マヽ）譲与／賢覚了、法務在御判
／天治二年二月三日／私云、御判（花押）此躰也、／「第四」

（二〇）　声字抄出　　一通
室町中期　小切紙　楮紙（杉原）　二六・七糎×八・〇糎　一紙
（本文）大師云、塵悉文字法身是／実相文、／五大皆有響、十界具最語
文、／承和官符／此界ノ教法、色声為躰文、

（二一）　霊巌口伝　　一通
南北朝時代　竪紙　楮紙（杉原）　裏書あり　三〇・七糎×四三・二糎　一紙
（外題）霊巌口伝
（文首）瑜祇経之中、／一染愛王、定也、男也、（梵字）表示二方五股杵／愛染王
恵也、女也、
（文尾）已上五種秘密霊巌円行和上口伝、
（備考）裏書「霊巌伝義真和尚口伝云々、／「第四」」、

（二二）　相承印信書様　　一通
鎌倉後期　竪紙　楮紙（杉原）　二八・五糎×四八・六糎　一紙
（端裏）相承印信本願理性房御真筆也、　薄墨入筆二ヶ所十字者、浄蓮房御自筆也、
（文首）金剛界　智拳印　帰命（梵字）
（文尾）他宗伝之、
（備考）紙背奥に「印信／「第四」」、

（二三）　勝覚授仁寛伝法灌頂印信写　　一通
鎌倉後期　切紙　楮紙（杉原）　三〇・〇糎×一三・三糎　一紙
（端裏）仁寛也、　仁印信　建暦三年正月十三日日、鬼、乗印／「第四」
（文首）東寺阿闍梨仁寛／胎蔵界　外縛五股印満足一切智々五字、
（文尾）金　率都婆印（梵字）／本
（奥書）永仁六年五月廿八日、以理性院御経蔵／本戒密房乗印自筆書写了、／相伝

可尋之、／大法印御房御写本在判、全同也、／仙覚

（備考）文中に「右、康和三年二月十三日於無量光院、授／両部伝法灌頂職位已了、／大阿闍梨法眼和尚位勝覚」、

（二四）宗厳灌頂式奥書写　一通

鎌倉後期　小切紙　楮紙（杉原）　裏書あり　一五・〇糎×一〇・三糎　一紙

（本文）祖師大僧都御房宗厳灌頂式奥御記云、／承安四年八月十九日、於理性院入壇畢生年卅三、／同廿四日、印信給、并御自筆灌頂式給、／書写之畢、兼又同日、多流多様／灌頂密印秘真言奉被授畢、／権僧正御房御本給テ、故阿闍梨御房／書写之云々「云々、」

（奥書）私云、徳治二年四月廿五日、■■■■■■■■■■書写之、仙覚之、／裏書印信ハ小野六帖説、胎前也、胎第五空點口也、

（二五）秘密口伝抄々出　一通

鎌倉後期　小切紙　楮紙（杉原）　一五・二糎×二七・〇糎　一紙

（端裏）印信　三宝院　道教嫡弟也、「第四」

（文首）秘密口伝抄遍口抄道教云、／灌頂事、／寛喜三年八月廿八日、沈重病、於遍智院／乍臥承之、

（文尾）委細口伝在別紙、閑可被見云々、／○大旨最後示給了、落涙難押／奉了、

（奥書）嘉元二年八月十六日、静演持／来此書之間、書留之、其内抄／出之也、仙覚

（二六）仁和寺法皇印信聞書　一通

鎌倉後期　切紙　楮紙（杉原）　墨（合点）　一四・五糎×四一・二糎　一紙

（端裏）仁和寺法皇印信事「第四」

（文首）永仁四年丙申十月三日、木幡上人寂性／示云、／仁和寺法皇御流打任テハ、

（文尾）禅助僧正説、或人聞之云々、

（文中識語）求法末資仙覚記之、

（備考）本文紙背にわたる、

（二七）三宝院流印信聞書　一通

鎌倉後期　続紙　楮紙（杉原）　裏書あり　墨（合点）　一四・五糎×六〇・七糎　二紙

（端裏）三宝院印信　頼瑜伝「第四」

（文首）遍智院実勝法印座主授頼瑜様／受者加持時、阿闍梨位印明授之、印明如瑜祇経説、

（文尾）永仁四九廿七夜云、左生界、右仏界也、両手合結表不二也云々、／若是成賢御記内歟、

（文中識語）已上度々被示之分、乍憚聊記之、／正安三年正月十八日　仙覚（花押）

（二八）諸流相承印信聞書　一通

鎌倉後期　竪紙　楮紙（杉原）　三〇・三糎×四三・五糎　一紙

（端裏）是月相承、私云、大理趣房本印信又蓮台并石山印信、又小野授明算

給印信、又権僧正御房令授仁覚給印信等也、／成密房方理性院／
「第四」
（文首）金剛界／二手虚合二雖屈柱頭、以二空並甲二雖二空開頗離答形
云々、
（文尾）此是、三宝院権僧正御房勝―授東院仁観阿闍梨御様也、／件阿闍
梨者、被配流伊豆国、於修禅寺終焉、号大人阿闍梨／是也、勝覚
ノ御兄弟也、
（奥書）正嘉元年八月之比、書写了、交了、兼観／木幡御本、
永仁二年七月廿七日書写之、仙覚
（備考）本文紙背にわたる、

（二九）　三宝院大事口決聞書　一通
鎌倉後期　切紙　楮紙（杉原）　墨（合点）　一四・七糎×四三・五糎　一紙
（端裏）木幡三宝院大事口決遍智院僧正憕説也、／「第四」
（文首）去弘安四年四月五日、於木幡観音院、勧修／寺流印可之次、三宝
院流同受印可了、初重二重如常、　仙覚
（文尾）更不可被授他人之状／如件、／弘安五年九月廿六日／伝授阿闍梨
法務前大僧正在判
（奥書）永仁四年十月四日、於理性院／西庵、聊記之、更々不可他見者也、／
金剛仏子仙覚／理性院習三宝院方様、在別紙、／初重二重三重
無相違也、

（三〇）　灌頂印信写　一通
鎌倉後期　小切紙　楮紙打紙　一四・〇糎×二七・八糎　一紙
（端裏）印璽三宝院　建暦二年十二月二日戌剋、於三宝院／賜印璽了云々、
又承久印信、／「第四」
（奥書）嘉元三年八月十三日、両通書写之了、／此外各詔書在之、不写之、
其詞不同章也、／又寛喜元年十一月廿五日印可詔書在之、／受者
大法師観俊、大阿闍梨前権僧正成賢／也、不写之、其詞同章也、
（備考）①・②書継、本文紙背にわたる、
①成賢授行厳許可灌頂印信印明写　建暦二年歳次壬申十一月廿五日心宿水曜
（書出）権律師法橋上人位行厳／授印可／金剛界　大率都波印　普賢一
字明
（書止）右、於醍醐山覚洞院、授両部灌頂畢、
（差出）大阿闍梨権僧正法印大和尚位成賢
②定範授行厳伝法灌頂印信印明写　承久三年辛巳十一月廿五日乙亥
（書出）権少僧都法眼和尚位行厳／授印可／金剛界　大率都波印　普賢
一字明
（書止）右、於醍醐寺三宝院、授両部灌頂畢、
（差出）大阿闍梨権大僧都法印大和尚位定範

（三一）　厚草子大事抄　一通
鎌倉後期　続紙　楮紙（杉原）　一四・七糎×六六・五糎　二紙
（端裏）印信三宝院　厚　大事／永仁四年十月四日、以厚草子内書出

之、／不可他見也、仙覚／「第四」
（文首）松橋僧都元海厚草子云、／大治元年五月十七日壬午、女宿、水曜、／於蓮花院受教王房千日護慶之間也、
（文尾）是最極秘事也、故権僧正モ最後授／之云々、
（備考）紙背奥に「第四」、

（三二）石山三部式抄　一通
鎌倉後期　小切紙　後欠カ　楮紙（杉原）　墨（合点）　一四・七糎×三・五糎
一紙
（端裏）石山御記、永仁四年十月十八日写出之、／可秘之、／「第四」
（文首）三ー式云、鳥羽僧都御抄也、／石山金剛界次第奥書付云、／根本伝一印
（文尾）観音真言、唵阿嚕梨伽婆婆呵／私云、已上三部式内書出之了、又八頂内加此正本也、延

（三三）瑜祇大事抄　一通
鎌倉後期　小切紙　楮紙（杉原）　一四・三糎×一三・二糎　一紙
（端裏）瑜祇大事　意教上人
（文首）大師御筆ニ法界定印名、、印
（文尾）以為御筆、為規模云々、御筆有大事、有小事、

（三四）雅西秘伝聞書　一通
鎌倉後期　続紙　楮紙（杉原）　裏書あり　墨（合点）　一四・九糎×三四・九糎
二紙
（端裏）雅西闍梨秘伝　実詮阿闍梨説云々、／「第四」
（文首）文六堂伝雅西流／初重金台第二重金台如例、
（文尾）又此胎蔵阿闍梨位印明ハ、意教房頼賢授／願行房憲静東寺塔修理之時、感之余／授此事也云々、憲静不授人而終焉云々、
（奥書）已上、実詮参籠上清瀧宮之時、徳治三年八月日／委授静演律師也云々、／同八月八日静演律師来臨語之、仍聊註付之、
（備考）裏書墨線にて抹消、

（三五）金剛王院大事聞書　一通
鎌倉後期　折紙　楮紙（杉原）　墨（合点）　二九・六糎×一九・七糎　一紙
（端裏）金剛王院大事雅西、存勧修寺伝也、　永仁四年十一月七日聞而記之、／「第四」
（文首）永仁五三十六決之、真実正伝也、金剛王院、皆雅西之流也、／金剛王院流智定房雅西自筆記印信様
（文尾）実詮云、初重ハ如常、如六帖記、法皇御伝也、
（備考）本文紙背にわたる、

（三六）石山大事抄　一通
鎌倉後期　小切紙　楮紙（杉原）　墨（合点）　一五・〇糎×一七・三糎　一紙
（端裏）源運授郎澄大事「第四」
（文首）源運僧都授朗澄石山大事／（梵字）／已上以之、為至極重云々、
（文尾）又口伝、無點五大并五智五阿重誦之、為口伝、為所作、

(三七)　金剛王院正伝聞書　一通

鎌倉後期　切紙　楮紙（杉原）　墨（合点）　一五・八糎×二四・〇糎　一紙

（端裏）金剛王院正伝雅西正伝秘々至極／「第四」

（文首）文六堂実詮阿闍梨正伝永仁五年五月廿一日／実詮伝静演、

（文尾）ユキノ／大事ニハアラス、実賢僧正方ハユキ／ヲ為大事、不知子細也云々、

（備考）本文紙背にわたる、

(三八)　佐々目法印頼助印可記　一通

鎌倉中期　竪紙　楮紙打紙　裏書あり　二六・五糎×三一・五糎　一紙

（端裏）佐々目法印御伝大僧正二長者法務／「第四」

（文首）弘安七年十二月六日、師主法印権大僧都証聞院宗遍令参／若宮別当法印関東佐々目、弘安八年正月十四法務頼助御宿所五條給、今日為継血脈、御印／可御重受也、

（文尾）受者被申云、此上事、逐可申入云々、師又微咲云々、

（奥書）弘安七年十二月七日、帰理性院記之、仙覚

（備考）紙背に墨界（界高二五・四糎、界幅二・七糎）、裏書墨線にて抹消、

(三九)　三師大事抄　一通

鎌倉後期　切紙　楮紙打紙　朱(頭点)、墨(合点)　一四・六糎×四二・二糎　一紙

（端裏）印信代々大事三師大事／永仁四年私抄記之、／不可開之、最極秘／「第四」

（文首）五大種子真言事／秘蔵記文在別、

（文尾）吾三衣箱底納置、亦在精進峯入室／弟子沙門土心水師所云々、

（備考）本文紙背にわたる、

(四〇)　憲深僧正口説　一通

鎌倉後期　小切紙　楮紙打紙　墨（合点）　一四・五糎×二四・〇糎　一紙

（端裏）憲深僧正口説聖守記「第四」

（文首）報恩院僧正憲深授中道上人聖守／様、建長六年甲寅正月八日木背、、、／聖守記云、

（文尾）師云、於此言、（梵字）字ニ無空点、為／殊秘密云々、

（奥書）正安四年三月四日、律禅上人、被随身彼記／之間、書留之円、今書出之也、仙覚／今云、聖守伝法者、建長七年也、若以／前遂印可歟、

(四一)　覚舜授真空理性院流大事口決　一帖

鎌倉後期　折本　楮紙（杉原）　一四・五糎×一二・七糎　四折（三紙）

（外題）理性院流／覚舜高野一心院明寂房也、阿闍梨授真空定兼律師也、上人伝法印信先師延命院御自筆也、／「第四」

（文首）初重／金　塔印　普賢一字明

（文尾）改四経身灌頂アリ、

（奥書）私云、已上先師延命院法印御房御／自筆也、／別小草子先師延命院自筆口伝草子也、心伝云、建長四年卯月／九日、於木幡弘誓院大納言入道殿御／草庵、、、、灌頂印明等伝授、／廻心房不及供養法、只於仏前受之、／、、、行願房弟子明舜房法アミタ仏授申、／廻心房灌頂印明云々、○件印明全同也、／又以此伝先師延命院令授浄宗等給／様、至極重非五大也、

六大也、是此上口／決也、廻心房真空被授頼瑜様、塔印第二五智、五阿、五阿、五智、
此重ヨリ習不二也、又至極六大也、非五大也、自余同也、／私云、
行願房被寛覚法印大事五大也云々、／六大者、故覚(梵字)(バン)上人
伝成就院歟、是覚舜時副歟、／行願房マテハ慥歟、五智、五阿、五阿、五智、是壺
坂伝也、乗印／受亮恵也、／非当流也、／見于勝因／之記也、

（四二）　法務定賢大事聞書　　一通
鎌倉後期　切紙　楮紙打紙　一四・五糎×一八・七糎　三紙
（端裏）印信法務御房大事、号座主相承大事也、又号霊灌頂也、／報恩院僧習(マヽ)様也、／「第四」
（文首）永仁元年九月十一日、木幡明道房寂性上人来臨、被示云、／座主光宝法印伝
　東寺厳成法印伝西大寺本心房云々、
（文尾）範俊伝者、不分明云々、私云、見于厚矣、

（四三）　成賢灌頂口伝　　一通
鎌倉後期　切紙　楮紙打紙　押界（界高一三・七糎、界幅一・五糎）　墨（合点）
一七・〇糎×三一・〇糎　一紙
（端裏）御灌頂日記　持宝王院「第四」
（奥書）永仁六年五月廿八日、以理性院御経蔵本○一紙大法印御房御自筆銘／書写了、
　金剛仏子仙覚／私云、以遍智院僧正成ー／之■■御口伝ヲ■■■
　■■、定範令記■■給本也、故表ニ御灌頂日記云也、
（備考）本文紙背にわたる、道場図、

（四四）　宗厳口伝　　一帖
鎌倉後期　綴葉装　楮紙（杉原）　原表紙本紙共紙　一三・二糎×一四・〇糎　四
丁
（表紙）自水本／返納理性院、先師伝領也、／金剛仏子仙覚之、／輙不可開
　之、雖有乱脱事、載口決、仍秘、此大僧都御房御口伝者、自○先師律師／直賜
　之也、不被進覧院主也、／「第四」
（見返）理性院／大僧都御房宗厳／御授与也、／蔵有僧都自筆也、
（文首）建長二年十二月六日、五十／シテ五、大衆字五阿
（文尾）カキ院者、印鎰ノ印ト云也、

（四五）　受者条々聞書　　一通
室町中期　折紙　漉返紙　紙背あり　二三・〇糎×二七・二糎　一紙
（文首）一受者御草鞋ハ集会／所よりめさるゝか、誰へ／進之哉、／一教
　授檜扇歟、
（文尾）扇事カウモリ　ハタシ／ク、リ、トヲリ／アイ圖、
（紙背）某書状書止シ　（年月日未詳）　　一通
竪紙
（書出）虫気すき候共候ハて、迷惑候、仍牛黄円／事申候つる、
（文尾）我等不出候間、其より／御かけ候て、
（備考）本文墨線にて抹消、

（四六）　厚草子異本抄　　一通
室町中期　折紙　楮紙（杉原）　二四・〇糎×四九・二糎　一紙

（文首）敦異本云、／小野僧都成年正月七日入／滅、
（文尾）此鈔齡闌、依物忌天術雖有憚、粗所記／置也、秘説多在此中、為門人上首、座主見／之、更更不可及他見矣、／未開事、／座主前権大僧都元海在判、

（四七）信耀口伝　一通
南北朝時代　小切紙　楮紙打紙　一五・〇糎×九・〇糎　一紙
（端裏）第四
（文首）今信耀私云、実詮以此源運記、金流ニ有三宝院第三重、
（文尾）御利口様、無御信仰歟、道順法印以下承之畢、

（四八）宗厳重受聞書　一通
鎌倉後期　切紙　楮紙打紙　裏書あり　三〇・〇糎×八・二糎　一紙
（端裏）大僧都御房御重受事、三宝院方乗海法印伝○／「第四」
（本文）治承二年五月四日丁酉／重受　印　答、大指漸々、真言同／三宝院流
（奥書）正安四年三月□□於理性院、以祖師大僧都宗厳御自筆本在経蔵、写之、仙覚

（四九）般若寺僧正御記抄　一通
鎌倉後期　小切紙　楮紙打紙　墨（合点）　一五・〇糎×一三・〇糎　一紙
（端裏）般若寺御記「第四」
（文首）小野求児印可文云、／般若僧正胎蔵付法記曰、／（梵字）
（文尾）延喜七年六月七日、律師蓮舟授／与延鑑律師、両部大法并伝法／秘印可之、
（奥書）私云、永仁五年、以小野御抄内書出之、
（備考）本文紙背にわたる、

（五〇）澄守法印口説　一通
鎌倉後期　小切紙　楮紙打紙　墨（合点）　一四・五糎×七・八糎　一紙
（端裏）第四
（文首）乾元二癸卯正月十七日、澄守法印来臨語云、
（文尾）範後所持鈴、同在九条云々、

（五一）中道上人口決　一帖
鎌倉後期　粘葉袋　楮紙打紙　九・八糎×一五・三糎　四丁
（外題）口決
（表紙）中道上人記也、／報恩院僧正澄□／「第四」
（文首）大治元年五月□日壬午水曜女宿／於蓮花院受教王□□十日護之間也、／此○写瓶之人ニハ共□□
（文尾）金剛仏子聖守在判／外題云、／建長六年甲寅正月八日木曜觜宿、
（奥書）正安四年三月四日、白毫寺／上人律禅房源照来臨、被随身／此記之間、同五日書写／之了、但本ハ○大治記・天承記等／如秘書悉載之、雖然有于／秘事分ハ略之也、○中道房／聖守之私記許ハ、不違彼／写也、永治所初一字ニ無点也、仙覚
（裏表紙）第四

（五二）　安祥寺大事包紙　一紙

鎌倉後期　竪紙　楮紙（杉原）　三〇・三糎×四七・七糎　一紙

（備考）ウハ書「安祥寺／「第四」」、裏書（文首「安祥寺大事、高野金光院坊主／伝受俊覚上人忠祥了、是祖師上綱／伝受本相残之間、未伝受、無念、仍雖為／聊爾、先伝受之了」、文尾「被仰云、此一流大事也、不及作法条、無勿躰候事、／今度可致其沙汰也云々、領状申了」）、

一九一　印可表白并合行道場観等私記　一帖

江戸後期　折本　斐紙（鳥の子）　墨界（天一地一、界高二一・六糎）　朱点（合符）、墨点（返点・送仮名・傍訓）　朱（註記）　一三・五糎×一一・九糎　六折（八紙）

（外題）印可表白作法并合行道場等私

（文首）印可表白／敬白真言教主大日如来、金剛／界会、

（文尾）為成如来體性故、汝應授此金剛杵

（文中識語）享保十六歳次辛亥九月廿八戊子日氐宿日曜、金剛峯曰、／初而於鐘樓坊道場許可修行之砌、書写之、／権律師覚運四十五歳、

（奥書）件一帖者、大阿覚運之私秘本也、尤宗之奥蔵、謂／愚僧、雖恐仏祖之所見、依而不可思議縁、閉眼／奉書写之、雖末代努力不可他言、穴賢、一校了、／文化四丁卯正月下旬　金剛資亮雅

（備考）押紙、第一紙のみ横罫押界（界幅一・九糎）、

一九二　唯授一人大事口伝等　十五通

（備考）（一）〜（一四）一括、包紙（美濃紙、二六・六糎×三九・五糎、ウハ書「印信」）、

（一）　唯授一人大事口伝　一通

室町前期　折紙　楮紙（杉原）　二五・五糎×四二・三糎　一紙

（文首）第三重唯授一人大事／儀式口伝、保元々年八月／十八日、於三宝院奉伝／受之、

（文尾）御房記云、故権僧正モ／大僧正御房最後授之、大僧正所労御時、授給／元海、可秘々々、

（備考）見返奥に「並」、

（二）　五輪聞書　一通

鎌倉後期　切紙　楮紙打紙　墨点（返点）　墨（合点）　二八・六糎×九・六糎

一紙

（端裏）東因・中因事／「第四」

（文首）戒云、中因事、／三密観御作云、一行阿闍梨以臺實為果、以外花、為因、是依天台宗意、不可依用、

（文尾）大疏第一云、所謂虚空地水火風文、空者依正不二向上次第也、説相不同者無碍故也、

（三）　理性院流相伝印明　一通

鎌倉後期　切紙　楮紙打紙　墨（合点）　九・八糎×四四・〇糎　一紙

(外題)理性院／相伝印明、以行願房自筆本写之也、／「第四」
(文首)於印明有重々多数、随器相計／授之、／金剛界智挙印／(梵字)
(文尾)権僧正御房―理性房法眼―上乗房阿闍梨―成密房阿闍梨―勝因
稟承如是、
(奥書)正安四年三月四日、白毫寺上人／律禅房源照随身此本行願房勝因自筆本也、／
来臨之間、即書留之了、／仙覚
(備考)本文紙背にわたる、

(四)理趣坊両部印信口決等
(備考)1・2一括、

1　理趣坊両部印信口決　一通
鎌倉後期　小切紙　楮紙打紙　墨(合点)　一四・八糎×三・二糎　一紙
(端裏)印信　理趣坊　永仁四年十月十三日写出之、／「第四」
(文首)鳥羽僧都御抄九帖小草子内軍荼云、／金剛界
(文尾)以寂円自筆本写了云々、「云々、」

2　厚草子抄出　一通
鎌倉後期　小切紙　楮紙打紙　墨点(返点・送仮名)　墨(合点)　一四・七
糎×二〇・六糎　一紙
(端裏)印信　大乗院良雅厚、三宝院、／永仁四年十月四日、以厚草子内書出
之、／不可他見也、仙覚／「第四」
(文首)厚草子云、元―／小野僧都戌年正月七日入滅、以同五／日召範俊、

秘□灌頂最極密印言
(文尾)遺告、非器者不可授、云印則／是印也云々、

(五)灌頂大事聞書　一通
鎌倉後期　切紙　楮紙打紙　墨点(送仮名)　墨(註記・合点)　一四・五糎×
四二・六糎　一紙
(端裏)「第四」
(文首)私云、延命院法印御房観―尋常御授与／様、初夜金界、初重法皇第
二重師伝授之、
(文尾)建久三年大僧都御房御授与様、妙戒就次令授阿闍梨位印給也、
(文中識語)金剛仏子仙覚記之、

(六)延命院灌頂大事聞書　一通
鎌倉後期　小切紙　楮紙(杉原)　裏書あり　墨(合点)　一四・五糎×三・〇
糎　一紙
(端裏)印信　延命院法印御房永仁四年十月十三日写□之、／「第四」
(文首)雑記集延命院法印云、寛喜三年十一月／八日ヨリ不動護摩始行、入
壇之加行也、
(文尾)三重不二／塔印(梵字)云々、

(七)霊灌頂大事聞書　一通
鎌倉後期　切紙　楮紙打紙　墨点(返点・送仮名)　墨(合点)　一四・五糎×
三五・四糎　一紙

（端裏）印信法務御房／号霊灌頂也、又号座主相／承大事也、／永仁四年十月十八日写之、／「第四」
（文首）鳥羽僧都九帖小草随一也、肝心集法務抄云、三印所小野
（文尾）私云、彼詫〔託、下同ジ〕宣灌頂、詫権僧正御房給歟、御違例間也、但浄云、／詫或人云々、如何、
（備考）本文紙背にわたる、

（八）　行厳灌頂聞書　一通
鎌倉後期　切紙　楮紙打紙　墨点（返点・送仮名）朱（頭点）、墨（合点）　一四・七糎×三二・五糎　一紙
（端裏）印信大法印御房／永仁四年十月十三日／写出之、／「第四」
（文首）水記云、大法印御房行厳入壇記、建仁元年二月廿二日、於／醍醐寺理性院道場奉受灌頂了、○
（文尾）私云、已上大法印御房令奉受大僧都御房給口伝也理性院、

（九）　三宝院灌頂大事私記　一通
鎌倉後期　切紙　楮紙打紙　墨（合点）　一四・八糎×四二・七糎　一紙
（端裏）印信先師法印御伝／秘々不可他見也、／受者仙覚私記之、／「第四」
（文首）建治二年丙子四月三日加行百日也、不動護摩参宿、日曜、於理性院道場／伝法灌頂事、色衆六人、
（文尾）私云、三宝院初重、第二重、第三重也、第三重者至極也、五大也、／浄蓮房御伝不違鳥羽僧都御伝也、／上乗房賢□改静聖、伝口決至極六大也、如仰也、但終加□也、

（一〇）　印契口決　一通
鎌倉後期　切紙　楮紙（檀紙）　紙背あり　一五・二糎×四八・〇糎　一紙
（端裏）先師延御自筆也、勧修寺大事但宗意伝、又仁和寺伝、／建長比、令書給、付廻心房伝也、／「第四」
（文首）勧修寺方最極／如法華印也、／塔八指ノサキ／如宝形、
（文尾）或智奉印、或／五古、或無所／不至印等也、

〔紙背〕某書状礼紙書　（年月日未詳）　一通
切紙（モト竪紙）　地欠
（本文）逐申、／有藤名〔　　　〕／返進候、

（一一）　真空灌頂大事口決　一通
室町前期　折紙　楮紙打紙　墨点（返点・送仮名）　三二・二糎×四八・〇糎　一紙
（端裏）廻心上人灌頂裏記極秘々々、
（文首）建久二年正月十一日、於金剛峯寺一心／院清冷堂、対明舜房所奉伝受印／契、乍恐記之、
（文尾）蓮台寺伝ト／印信同故ニ不規模之間、以受伝、為本／見タリ、明舜ノ記分明也、
（奥書）私応永元七月十三日、木幡方印可遂其節了、／御大事等伝受了、於大覚寺証菩提院一七日／不動行法懃修了、結願之日、奉伝受了、／金剛仏子光覚（花押）／「第四」
（備考）見返奥に「第四」、

（一二）　観俊授盛祐重位印信印明写
正嘉三年二月廿七日壁宿水曜　一通
鎌倉後期　小切紙　漉返紙　一四・〇糎×二五・〇糎　一紙
（端裏）印可後秘　印可ハ正嘉三年二月廿七日壁宿水曜也、／受者成祐／「第四」
（書出）極秘々々／塔印金／（梵字）／塔印胎／（梵字）
（書止）已上故成祐阿、、自筆也、第二重第三重／印可初重後、経年之後、於大師御前、備香花／令授之給云々、／大阿、、延命院法印御房観俊受者成祐
（備考）墨（傍訓・合点）、

（一三）　某重位印信印明土代　（年月日未詳）　一通
鎌倉後期　竪紙　楮紙（檀紙）　三一・二糎×三〇・〇糎　一紙
（端裏）先師兼律師御自筆「第四」／「第四」
（書出）■■／金剛界　率都婆印　普賢一字明
（書止）已上第二重、／阿闍梨位印　合掌屈風水合甲也、（梵字）

（一四）　覚鑁上人異義口決　一通
鎌倉後期　小切紙　楮紙（杉原）　墨点（返点）　一四・五糎×九・六糎　一紙
（端裏）「第四」
（文首）正安四二七頼瑜／（梵字）上人一異義意、云十内一両部各別　二両界不二　三一印二明
（文尾）此意被記理性坊口決歟、此配立異成就院流／故云々、又同廻心房習理性院伝故云々、

一九三　賢寛授宗命伝法灌頂印信紹文土代等　二通
（備考）（一）・（二）一括、

（一）　賢寛授宗命伝法灌頂印信紹文土代　（年月日未詳）　一通
鎌倉後期　竪紙　斐紙（雁皮紙）　二七・六糎×四〇・一糎　一紙
（端裏）以本願御自筆御草案写之、印信御草也、御本ニハ無表書、嘉元四年五月十一日写之、
（書出）今至于賢寛身、是十九葉、伝受次第／師資血脈次第明鏡、
（書止）数年伝受持之、一心是以於醍醐寺五智院、
（備考）墨合点、

（二）　某許可灌頂印信印明断簡　（年月日未詳）　一通
江戸前期　竪紙　後欠　斐紙（鳥の子）　三九・八糎×二六・〇糎　一紙
（本文）授印可／金剛界　塔印　普賢一字明／帰命（梵字）／胎蔵界　外縛五貼印　五字明

第八〇函

一　天慶印信口決写　（年月日未詳）　一通
鎌倉後期　竪紙　楮紙（檀紙）　三三・〇糎×四九・〇糎　一紙
（端裏）天慶印信并仁済口
（書出）石山内供印信／（梵字）方、文不窮事、只在心耳、／先結印当心前、
以五大種子布身已訖、次水輪之内、是道／場爰有大月輪、
（書止）種子変制底幢光蓮具、一々／変成台蔵五仏尊形、五阿七遍誦加持五處、
（備考）文中に「印信／天慶九年八月廿八日伝燈法師淳祐」、淳祐の「石山印信」の問答により口決とす、

二　天慶布字印信相承次第　一通
室町前期　竪紙　楮紙（檀紙）　三一・九糎×四七・〇糎　一紙
（首題）天慶布字印信相承次第
（本文）普門院上人秀源―宝幢院法印文海―／法印祐盛―権少僧都弘済

三　理性院流代々附法状集　一帖
室町中期　粘葉装　楮紙打紙　押界（界高一四・二糎、界幅一・九糎）　七行・十三字前後　一六・九糎×一五・九糎　十六丁
（外題）付法状案天仁已下代々
（表紙）切韻云什方遇切与也、〇附符遇切記也云々、
（首題）当流代々附法状案
（文首）賢覚者、従幼少之始迄長大之今、随／逐給仕弟子也、
（文尾）当流事、灌頂之渕府、諸尊之／瑜伽以下、悉以教授道賢僧都／畢、謹以守法、勿堕地矣、／正慶元年十一月廿五日／前権僧正信耀／仲我僧都者、入先師之室、随／逐給仕、異他者也、仍門流大事／小事所残悉授所記如件、／貞和四年九月十五日／法印権大僧都御判
（備考）丁付、虫損甚し、

四　憲深授実位伝法灌頂印信紹文案　天福元年歳次癸巳五月三日丁未鬼宿月曜　一通
鎌倉後期　竪紙　楮紙（強杉原）　裏書あり　三四・〇糎×五三・四糎　一紙
（端裏）伝法灌頂印信案
（書出）伝法灌頂阿闍梨職位事／昔大日如来開大悲胎蔵・金剛秘密両部界／会、授金剛薩埵、
（書止）能洗五塵之染、可期八葉／之蓮、是則酬仏恩、答師徳、吾願如此、不可餘念／耳、
（差出）伝授大阿闍梨権律師法橋上人位憲―
（宛所）内供奉実位
（備考）年月日・差出共に左脇に点を打ち、右脇に「嘉禎三年歳次丁酉三月廿五日丙子壁宿火曜、大法師観成」、受者名脇に書入「観成」「親憲」、裏書「押紙札二有之、／嘉禎三年歳次丁酉十二月廿三日庚子心宿日曜、法眼和

尚位定尊／延慶元年歳次己亥四月十六日乙卯尾宿金曜、伝燈大法師親憲／
裏ニ跡書■■《タルニハ》伝燈二字無之」、四号～一四号一括、一括包紙（美
濃紙、三二・一糎×四七・四糎、ウハ書「印案正」）、

五　憲深授行誉灌頂印信案　二通

鎌倉中期　竪紙　楮紙（杉原）

（備考）（一）・（二）一括、

（一）憲深授行誉許可灌頂印信印明案

嘉禎元年歳次乙未十月廿七日丙辰房宿土曜　一通

三二・〇糎×五〇・三糎　一紙

（書出）阿闍梨伝燈大法師行誉／授印可／金剛界　大率都婆印　普賢一字明

（書止）金剛名号　遍照金剛／右、於醍醐寺極楽坊、授両部灌頂／畢、

（差出）伝授大阿闍梨権律師法橋上人位憲深

（二）憲深授行誉伝法灌頂印信紹文案

嘉禎元年歳次乙未十月廿七日丙辰房宿土曜　一通

三二・〇糎×四九・九糎　一紙

（書出）伝法灌頂阿闍梨職位事／昔大日如来開大悲胎蔵・金剛秘密両部界会、／授金剛薩埵、

（書止）能洗五塵之染、可期八葉之蓮、是則酬仏恩、／答師徳、吾願如此、不可餘念耳、

（差出）伝授大阿闍梨権律師法橋上人位憲深

（宛所）伝燈大法師行誉

（備考）端裏に押紙「報権僧正授行誉」、

六　憲深授親憲許可灌頂印信印明案

延応元年歳次己亥四月十六日乙卯尾宿金曜　一通

鎌倉後期　竪紙　楮紙（強杉原）　三四・二糎×五四・〇糎　一紙

（端裏）印信中納言阿闍梨、又桜町律師、式部、

（書出）阿闍梨伝燈大法師位親憲／授印可／金剛界　大率都婆印　普賢一字明

（書止）金剛名号　法金剛／右、於醍醐寺極楽房、授両部灌頂／畢、

（差出）伝授大阿闍梨権少僧都法眼和尚位憲―

（備考）受者名脇に書入「権律師法橋上人位顕成／俊円／光賢／権少僧都法眼和尚位雅賢／権律師法橋上人位賢親／印禅／教印／源聖／観一」、金剛名号・年月日・差出脇に書入、

七　憲深授守海許可灌頂印信印明案

寛元元年歳次癸卯七月廿五日庚子鬼宿水曜　一通

鎌倉後期　竪紙　楮紙（強杉原）　三四・二糎×五四・四糎　一紙

（端裏）印信案諸人報恩院

（書出）阿闍梨権少僧都法眼和尚位守海／授印可／金剛界　大率都婆印　普賢一字明

（書止）金剛名号　平等金剛開敷花也、／右、於相模国鎌倉郡明王院、授両

部／灌頂畢、
（差出）伝授大阿闍梨法印大和尚位憲｜
（備考）受者名脇に書入「権律師法橋上人位宗円／権僧正法印大和尚位聖実／伝燈大法師位俊誉／弘義」、金剛名号・年月日脇に書入、

八　憲深授源聖許可灌頂印信印明案

宝治二年歳次戊申十一月一日甲辰斗宿火曜　一通

鎌倉中期　竪紙　楮紙（檀紙）三四・七糎×五五・〇糎　一紙
（書出）阿闍梨伝燈大法師位源聖／授印可／金剛界　大率都婆印　普賢一字明
（書止）金剛名号　遍照金剛／右、於醍醐寺極楽房、授両部灌頂／畢、
（差出）伝授大阿闍梨法印大和尚位権大僧都「憲深」

九　憲深授源聖伝法灌頂印信紹文案

宝治二年歳次戊申十一月一日甲辰斗宿火曜　一通

鎌倉中期　竪紙　楮紙（強杉原）三四・九糎×四四・六糎　一紙
（書出）伝法灌頂阿闍梨職位事／昔大日如来開大悲胎蔵・金剛秘密両部界会、／授金剛薩埵、
（書止）能洗五塵之染、可／期八葉之蓮、是則酬仏恩、答師徳、吾願如此、不可餘／念耳、
（差出）伝授大阿闍梨「法印大和尚位権大僧都憲深」
（宛所）大法師源聖
（備考）端裏に押紙「報権僧正授源聖紹書」、

一〇　憲深授公惟灌頂印信案等　二通

鎌倉中期　竪紙
（備考）（一）・（二）一括、

（一）　憲深授公惟許可灌頂印信印明案

文応元年歳次庚申十月八日壬寅室宿金曜　一通

楮紙（檀紙）三四・二糎×五三・四糎　一紙
（書出）阿闍梨権少僧都法眼和尚位公惟／授印可／金剛界　大率都婆印　普賢一字明
（書止）金剛名号　清浄金剛／右、於醍醐寺蓮蔵院、授両部灌頂畢、
（差出）伝授大阿闍梨前権僧正法印大和尚位憲深
（備考）端裏に押紙「報権僧正授公惟印信等」、

（二）　憲深授公惟伝法灌頂印信紹文案

文応元年歳次庚申十月八日壬寅室宿金曜　一通

楮紙（強杉原）三四・四糎×四四・五糎　一紙
（書出）伝法灌頂阿闍梨職位事／昔大日如来開大悲胎蔵・金剛秘密両部界会、授金／剛薩埵、
（書止）能洗五塵之染、可期八葉之蓮、是則酬仏恩、答師／徳、吾願如此、不可餘念耳、
（差出）伝授大阿闍梨前権僧正法印大和尚位「憲深」
（宛所）権少僧都公惟

一一　実深授公惟許可灌頂印信紹文案
文永五年歳次戊辰十月廿八日心宿月曜　一通
鎌倉中期　竪紙　楮紙（檀紙）　三五・〇糎×三五・六糎　一紙
（書出）伝法許可灌頂印信／昔大日如来開大悲胎蔵・金剛秘密両部／界会、授金剛薩埵、
（書止）能洗五塵之／染、可期八葉之蓮、是則酬仏恩、答師徳、吾願／如此、不可餘念耳、
（差出）伝授大阿闍梨前権僧正法印大和尚位「実深」
（備考）端裏に押紙「蓮僧正授公惟印可紹書」、

一二　実深授覚深許可灌頂印信紹文案
建治二年歳次丙子十二月廿二日房宿水曜　一通
鎌倉後期　竪紙　楮紙（杉原）　三一・七糎×四八・三糎　一紙
（書出）伝法許可灌頂印信／昔大日如来開大悲胎蔵・金剛秘密両部界会、授／金剛薩埵、
（書止）能洗五塵之染、可期八葉之蓮、是則酬仏恩、／答師徳、吾願如此、不可餘念耳、
（差出）伝授大阿闍梨前権僧正法印大和尚位実(深)―

一三　覚雅授憲淳許可灌頂印信印明案
正応五年歳次壬辰八月十六日乙巳胃宿日曜　一通
鎌倉後期　竪紙　楮紙（杉原）　三一・七糎×四八・四糎　一紙
（書出）阿闍梨大法師憲淳／授印可／金剛界　大率都婆印　普賢一字明
（書止）右、於関東二階堂真言院、授両部印可畢、
（差出）大阿闍梨法印権大僧正覚(雅)―
（備考）（一）・（二）一括、

一四　憲淳授兼勝灌頂印信案　二通
鎌倉後期　竪紙　楮紙（強杉原）

（一）　憲淳授兼勝伝法灌頂印信紹文案
乾元二年歳次癸卯五月八日代(戊)午軫宿日曜　一通
三四・二糎×五三・七糎　一紙
（端裏）報恩院　乾元二年歳次癸卯／五月八日戊午軫宿日曜
（書出）伝法灌頂阿闍梨位事／昔大日如来開大悲胎蔵・金剛秘密両部界会、／授金剛薩埵、
（書止）能洗五塵之染、可期八葉之蓮、是則／酬仏恩、答師徳、吾願如此、不可餘念耳、
（差出）伝授大阿闍梨法印大和尚位権大僧都「憲淳」

（二）　憲淳授兼勝許可灌頂印信印明案
乾元二年歳次癸卯五月八日乙丑軫宿日曜　一通
三四・二糎×五四・五糎　一紙
（端裏）報恩院　乾元二年／五月八日
（書出）阿闍梨権律師兼勝／授印可／金剛界　大率都婆印　普賢一字明
（書止）右、於醍醐寺報恩院、授両部印可畢、

（差出）大阿闍梨法印権大僧都「憲淳」

一五　後宇多上皇書状写等　一巻

江戸中期　巻子装　楮紙（奉書紙）　三一・四糎×五三一・四糎　十二紙

（備考）①～④書継、

①後宇多上皇書状写　（徳治三年）二月廿二日

（書出）所労更発之由、道順語申、尤驚／思給候、密教紹隆時分、被全恵／命之條、殊所致念願也、若猶不得／減者、法流付属所存之趣、令存知、／始終細々可尋訪候、

（書止）又尤可有／補任歟之由、所思給也、随被申旨／可令　宣下候乎、敬白、

（差出）金剛『―』「性」

②権僧正憲淳書状写　（徳治三年）三月廿五日

（書出）一大師相承之法呂秘奥在当寺、然者若以／小野可被宛御本流者、不可違祖師之置／文歟事

（書止）則属六／条大納言捧申状候畢、定披露候歟、／委細殊得御意、可令洩奏給候、憲淳／誠恐謹言、

（差出）権僧正憲淳上

③後宇多上皇書状写　（徳治三年）四月三日

（書出）委細被申之趣、尤以可然、併令法久住／之至要也、條々無不相叶祖師用心、就中／始終任寛平旧儀、為伝法闍梨専護戒行、／可致紹隆之由、深所憶誓心、既令決定畢、

（書止）若此等趣令依違者、不可為相／承器之間、彼一紙状不可有随身義、住／寺間可被預道順者也、条々為存知、委／令染筆而已、

（差出）阿闍梨金剛『―』「性」

④権僧正憲淳付法状写　徳治三年四月廿六日

（書出）言上／條々事／一御附法事／右、徳治二年四月十四日整具支之道／儀、奉授両部灌頂畢、於宗大事者、雖／須期命正、奉察上々信解之　震襟、／早奉授嫡々相承之秘奥畢、

（書止）早以法流之弘宣、報累祖之遺恩、以利／他之高行、謝霊神之明徳御者、万代之／皇統無絶、三密之仏教久煽者歟、仍奉／附法之状如件、

（差出）権僧正憲淳判

（備考）墨註記、

一六　成賢授頼賢付法口決　一通

南北朝時代　竪紙　斐紙（鳥の子）　三七・七糎×四八・三糎　一紙

（本文）一宗大事師資相伝口決悉授頼賢阿闍梨畢、／従幼少之時、常随一事、不背命、其上依有種々／契約等、秘宗眼目委細口伝悉所授与也、／寛喜三年八月十九日　前権僧正成賢／種々御契約者上人云意教上人事也、／先師僧正仰云、吾ニ有三願、然而未呆〔果、下同ジ〕三者、法花暗誦、／悲母報恩、　遁世閑居是也、此三願汝替我可呆之、仍／

唯授一人等大事所可授之也、　御入壇之時、契約也云々、

（奥書）正平十四年十月十四日、以故上人自筆本書写之、／沙門御判

以　聖尊親王御筆奉書写之、令進上処也、

一七　印可日記写　一冊

江戸前期　袋綴装　楮紙（杉原）　原表紙本紙共紙　紙背あり　一五・五糎×三・四糎　二十五紙

（外題）日記印可

（表紙）（花押）（左下）

（文首）印可事／文永十年癸酉二月十六日／加行始之、／不動護摩三時三行之、／神供七ケ日ニ三ケ度三七／ケ日ニ九度也、

（文尾）弘安三年十月十三日／理性院律師僧都信助御灌頂／以下記加血脈了、

（備考）道場図、紙背に某仮名消息あり、

一八　実然授光意伝法灌頂印信紹文案

貞治元年歳次壬寅十一月八日己酉婁宿木曜　一通

南北朝時代　竪紙　前欠　楮紙（杉原）　三・五糎×四八・九糎　一紙

（本文）権僧正受灌頂職位、爰光意深信／三密奥旨、専学両部大法、今機／縁相催、已所授伝法灌頂蜜印也、能／洗五塵之染、可期八葉之蓮、是／則酬仏恩、答師徳、吾願如此、不／可餘念耳、

（差出）伝授大阿闍梨法印大和尚位権大僧都実然

一九　賢俊授公禅伝法灌頂印信紹文案

暦応二年歳次己卯正月廿六日丙戌虚宿日曜　一通

南北朝時代　竪紙　楮紙（檀紙）　三四・八糎×五一・〇糎　一紙

（端裏）同三月十四書写之、

（書出）伝法灌頂阿闍梨○職位事／昔大日如来開大悲胎蔵・金剛秘密両部界／会、授金剛薩埵、

（書止）能洗五塵之染、可期八葉之蓮、是則酬仏恩、／答師徳、吾願如是、不可餘念耳、

（差出）伝授大阿闍梨法務権僧正法印大和尚位賢俊

（宛所）権律師法橋上人位公禅

（備考）賢俊筆、一九号・二〇号一括、一括包紙（檀紙、四九・三糎×三一・〇糎、ウハ書「印信　賢俊僧正」）、

二〇　賢俊授光済伝法灌頂印信紹文案

貞和三年歳次丁亥三月廿二日甲辰虚宿木曜　一通

南北朝時代　竪紙　楮紙（檀紙）　三五・八糎×四四・四糎　一紙

（書出）伝法灌頂阿闍梨職位事／昔大日如来開大悲胎蔵・金剛秘密両部界／会、授金剛薩埵、

（書止）能洗五塵之染、可期八葉之／蓮、是則酬仏恩、答師徳、吾願如是、不可餘念耳、

（差出）伝授大阿闍梨法務前大僧正大和尚位賢俊

（宛所）権少僧都光済

（備考）賢俊筆、

二一　祐盛授弘済妙拳手大事印信案　応安元年戊申歳次閏六月廿一日　一通

南北朝時代　竪紙　楮紙（檀紙）　三二・二糎×四八・五糎　一紙

（端裏）妙拳士印信

（書出）初重羯摩会拳菩薩印明、即十六大菩薩円満位也、／第二重同印左蓮花拳、右金剛拳重之、此則／両部不二合宿際也、

（書止）已上三重相承次第／権僧正嘉元二年十一月二日授前大僧正、々々々授西南／院権僧正隆―、々々授先師法印文―、々々授愚僧、今／奉授権少僧都弘済畢、

（差出）金剛仏子祐盛

二二　印可伝授次第　一帖

南北朝時代　折本　楮紙打紙　墨点（返点・送仮名・傍訓）　一〇・五糎×一一・二糎　九折（五紙）

（外題）印可私

（文首）敬白、真言教主大日如来／金剛界会九会曼荼／羅并大悲胎蔵十三大／会、塵刹聖衆外金剛／部護法天等、殊奉始／高祖大師伝持密教／諸大阿闍梨耶、惣而密／厳国土希納重々三宝／境界毎驚言

（文尾）外五古印ニ五字明事歟、／又胎蔵秘密八印之事歟、

（奥書）暦応五四十、於万里小路坊／観心院法印俊性遂印可了、／此時為用心書之、／法務賢俊

（備考）賢俊筆、包紙一（杉原、三一・〇糎×四三・八糎、ウハ書「印可次第菩提寺僧正御筆」）、包紙二（漉返紙、二六・五糎×四五・〇糎、ウハ書「印可次第菩提寺僧正御筆」）、包紙三（漉返紙、三一・九糎×四三・九糎、ウハ書「印可次第菩提寺僧正真筆『冬』」）、

二三　壇敷料絹・名香等印可支度注文　五通

室町前期　折紙

（備考）（一）〜（五）一括、

（一）　壇敷料絹・名香等印可支度注文　一通

楮紙（檀紙）　三一・八糎×五三・二糎　一紙

（本文）壇敷料絹四丈／名香一裹／仏供三十八坏大壇并八大師等料、若小土器、料米三斗、花足／仏布施十七裹大壇八大師等料、／燈油一升／小土器燈心少々

（二）　壇敷料絹・名香等印可支度注文　一通

楮紙（杉原）　三〇・八糎×四八・四糎　一紙

（本文）壇敷料絹四丈／名香一裹／仏供四十二坏大壇并八祖師等料、若小土器、料米三斗、花足、／仏布施十五裹大壇八大師等料、／燈油一升／小土器燈心少々

（備考）見返奥に「印可支度」、

（三）　壇敷料絹・名香等印可支度注文　一通

楮紙（杉原）　三一・三糎×五〇・〇糎　一紙

（本文）壇敷料絹四丈／名香一裹／仏供四十二杯大壇并八大師等料、若小土器、料米三斗、花足／仏布施十五裹大壇八大師等料、／燈油一升／小土器燈心少々

（奥書）此支度者、隆印阿闍梨印可之時也、／御記者実舜闍梨印可（印可）之時如

此、／被注了、／以御本書写了、／仏子隆宥

（備考）見返奥に「印可支度」、折紙下段に「御記云、近年於尺迦院令授与之時、／仏供并仏布施等如此注畢、／凡仏布施并仏供等古今有／不同事候、随道場祖師聊有／其用意矣、於此道場有烈祖／御影之故如此、雖令用意之、／所詮広略宜在阿闍梨意楽／而已」、

（四）壇敷料絹・名香等印可支度注文　一通

楮紙（杉原）三〇・二糎×四八・三糎　一紙

（本文）壇敷料絹四丈／名香一裹／仏供四十八坏大壇并八大師等料、若小土器、料米三斗、花足、／仏布施十五裹大壇八大師等料、／燈油一升／小土器燈心少々

（備考）見返奥に「印可支度」、折紙下段に追記「明徳二辛未二廿七奎日、／受者宮内卿聖増俊定房、根来寺中性院坊主、／加行不動供七ヶ日廿二日始行、廿九日々中結願、」等、隆源筆、

（五）壇敷料絹・名香等印可支度注文　一通

漉返紙　三〇・三糎×四八・三糎　一紙

（本文）壇敷料絹四丈／名香一裹／仏供四十二坏大壇并八大師等料、若小土器、料米三斗、花足、／仏布施十五裹大壇八大師等料／燈油一升／小土器燈心少々

（備考）見返奥に「印可支度明徳二辛未二廿七受者聖増律師」、折紙下段に「明徳貳辛未二月、於釈迦院、／被授印可、受者伝法院僧／中正〔性〕院々主聖増律師宮内卿被遣之、／彼法流事」以下法流次第等、

二四　満済授義賢許可灌頂印信紹文案

応永廿五年歳次戊戌正月廿二日尾宿日曜　一通

室町前期　竪紙　楮紙（檀紙）四〇・〇糎×六〇・六糎　一紙

（端裏）許可印信　同廿九日書之、宝池院法印

（書出）伝法許可灌頂印信／昔大日如来開大悲胎蔵・金剛秘密／両部界会、授金剛薩埵、

（書止）能洗五塵之染、可期八葉之蓮、是則酬仏／恩、答師徳、吾願如是、不可餘念耳、

（差出）伝授大阿闍梨法務前大僧正法印大和尚位満済

（宛所）法印大僧都義賢

（備考）満済筆、書入、

二五　満済授義賢許可灌頂印信写　二通

安土桃山時代　竪紙　楮紙（杉原）

（備考）（一）・（二）一括、雅厳筆、

（一）満済授義賢許可灌頂印明写

応永廿五年歳次戊戌正月廿二日尾宿日曜　一通

三三・〇糎×四三・五糎　一紙

（端書）印可ノ印信三通ノ内、満ー御自筆以書写之、

（書出）法印大僧都義賢／授印可／金剛界　大率都婆印　普賢一字明

（書止）右、於法身院、授両部印可畢、

（差出）伝授大阿闍梨法務前大僧正法印大和尚位満済

（二一）満済授義賢阿闍梨位大事印信印明写
応永廿五年歳次戊戌正月廿二日尾宿日曜　一通
三三・二糎×四三・六糎　一紙
（端裏）印可ノ印信三通内、此一通定済方ニ／有之也、／満ー御自筆以書写之、雅厳
（本文）阿闍梨位事／授法印大僧都義賢／印　合掌屈風水如馬頭、／真言／（梵字）／右、於法身院授之畢、
（差出）伝授大阿闍梨法務前大僧正法印大和尚位満済

二一六　房仲授義賢一夜大事印信印明案
嘉吉元年辛酉六月廿一日丙戌　一通
室町前期　竪紙　楮紙（杉原）　二九・六糎×四八・五糎　一紙
（本文）一夜大事／率都婆印／（梵字）／外縛五古印／（梵字）／瑜祇大事／内五古印／（梵字）／右、金剛王院一流伝法大事悉奉授／座主前大僧正（義賢）御坊畢、
（差出）僧正房仲（花押）
（備考）包紙（杉原、四八・〇糎×二九・三糎、ウハ書「金剛王院流　一夜大事」）、

二一七　某授許可灌頂印信印明土代
応永三十二年歳次乙巳四月十四日房宿水曜　一通
室町前期　竪紙　楮紙（杉原）　二八・四糎×四四・五糎　一紙
（書出）阿闍梨大僧正ーー受者名字／授印可／金剛界　大率都婆印　普賢一字明
（書止）金剛名号　遍照金剛／右、於醍醐寺三宝院、授両部灌頂畢、
（差出）伝授大阿サリ前大僧正法印大和尚位ーー大阿サリ御名
（備考）奥に「是ハ灌頂印信案文」、

二一八　頼盛授明久灌頂大事印信印明写　明〔文〕亀三年壬亥八月　日　一通
室町後期　切紙　漉返紙　一四・〇糎×三七・〇糎　一紙
（端裏）印信　明久
（本文）灌頂印信／弥陀定印胎蔵大日／（梵字）／智拳印　金剛大日／（梵字）／率都婆印三重初重也、／（梵字）
（差出）阿闍梨法印頼盛
（宛所）明久
（備考）墨傍訓、

二一九　許可灌頂略作法　一帖
室町後期　粘葉装　斐紙（雁皮紙）　原表紙本紙共紙　押界（界高二三・二糎、界幅一・九糎）　黒点（返点・送仮名・傍訓）　七行・九字前後　一六・〇糎×一五・八糎　八丁
（外題）許可略作法
（表紙）行樹院（右下）
（首題）許可略作法
（文首）先弁備供具、／次引受者入道場、令坐便宜所、
（文尾）伏乞弘法／大師照納受者丹誠必／成就伝法印信給、
（文中識語）本記云、正安三年五月六日以御□書写畢、／元弘四年正月廿一日書写之畢、／金剛仏子玄為／□永二年癸未十二月廿二日書

写畢、／金剛仏子俊勢

（奥書）本云、康永二年癸未十二月廿二日書写了、／金剛仏子俊―勢

永正八年辛未七月　日以慈心院本／書写訖、　法印澄恵八十、

（備考）丁付、包紙（美濃紙、二八・五糎×四〇・七糎、ウハ書「松方許可略作法新写／松方許可略作法／僧正澄恵自筆」）、

三〇　印可雑日記　　一冊

室町前期　袋綴装　楮紙（杉原）　原表紙本紙共紙　八行　一六・〇糎×二六・〇糎　九紙

（外題）印可雑日記

（表紙）明徳二辛未二月廿七日受者聖増、／応永五丑四月廿六日受者隆盛、

（首題）印可記

（文首）明徳二年辛未二月廿七日奎―、日―、／受者　宮内卿聖増俊定房　根来寺中性印坊主

（文尾）仏布施十五裹大壇、八大師等料、／燈油一升／小土器燈心少々／

以上折紙書之、受者方へ遣之、

（奥書）以御本書写了、

三一　報恩院流印可記　　一冊

室町前期　袋綴装　漉返紙　原表紙本紙共紙　七行　二〇・〇糎×三一・二糎　六紙

（外題）印可水本

（文首）明徳二年辛未二月廿七日、被授印可、／大阿闍梨僧正隆源于時三長者、／受者権律師聖増五十――、伝法院住中性院々務

（文尾）一支度折紙一紙被遣之了、／一越前国三国浦住僧宝幢房印可事

三二　許可灌頂口伝記　　一冊

室町後期　袋綴装　楮紙（杉原）　原表紙本紙共紙　墨点（返点・送仮名）　二四・五糎×一七・二糎　六紙

（外題）許可俊海口伝記

（表紙）松橋経蔵（右下）

（文首）就金界行儀在口伝、散念誦、金羯摩会五仏真言各百反、／阿闍梨位言百反、不動・降三世・大金・一字也、是ヲ云口伝、

（文尾）命印可説文大日金剛薩埵耳／サ、ヤキ玉へハ、八祖相伝之秘密壇口伝之秘之中秘也、／仍不書載之、

（奥書）右、已上口決者、松橋法流相伝也、／金資俊海／于時嘉吉二年八月八日、於金井阿ミタ院、／金資長宥／于時文安六年蕤賓下旬、於金井金剛乗院上件之以／御本書之了、／金資恵海／于時文明七年七月三日書写之、／金資俊尊／于時永正十八年九月四日書写之、／金資良慶

三三　雅厳授義演許可灌頂印信案　　五通

安土桃山時代　竪紙

（備考）（一）～（五）一括、

（一） 雅厳授義演許可灌頂印信紹文案

天正十二年歳次甲申十一月十五日鬼宿金曜　一通

漉返紙　紙背あり　二六・六糎×四三・九糎　一紙

（書出）伝法許可灌頂印信／昔大日如来開大悲胎蔵・金剛秘密両部／界会、授金剛薩埵、

（書止）能洗五塵之染、可期八葉之蓮、是則／酬仏恩、答師徳、吾願如是、不可餘念／耳、

（差出）阿闍梨権僧正法印和尚位雅厳

（宛所）大僧正義演

（備考）紙背に許可灌頂表白書止シあり、

（二） 雅厳授義演許可灌頂印信紹文案

天正十二年歳次甲申十一月十五日鬼宿金曜　一通

三椏紙　三五・三糎×四七・四糎　一紙

（書出）伝法許可灌頂印信／昔大日如来開大悲胎蔵・金剛秘密両部界会、／授金剛薩埵、

（書止）能／洗五塵之染、可期八葉之蓮、是則酬仏恩、答師／徳、吾願如是、不可餘念耳、

（差出）伝授阿闍梨権僧正法印和尚位雅厳

（三） 雅厳授義演許可灌頂印信紹文案

天正十二年歳次甲申十一月十五日鬼宿日曜　一通

三椏紙　三五・五糎×四七・二糎　一紙

（端裏）座主　三宝院　義演僧正江参候許可印信安文〔案〕　雅厳

（書出）伝法許可灌頂印信／昔大日如来開大悲胎蔵・金剛秘密両部界会、／授金剛薩埵、

（書止）能洗五塵之染、可／期八葉之蓮、是則酬仏恩、答師徳、吾願如是、／不可餘念耳、

（差出）伝授阿闍梨権僧正法印和尚位雅厳

（宛所）法印大僧正義演

（四） 雅厳授義演阿闍梨位大事印信印明案

天正十二年歳次甲申十一月十五日鬼宿金曜　一通

楮紙（杉原）　三三・二糎×四三・五糎　一紙

（端裏）座主　義演　印可御印信紹書三通ノ内三通、三宝院方ニカキル也、

（本文）阿闍梨位事／奉授大僧正義演／印　合掌屈風水如馬頭、／真言／（梵字）／右、於金剛輪院奉授之畢、

（差出）伝授阿闍梨権僧正法印和尚位雅厳

（五） 雅厳授義演許可灌頂印信印明案

天正十二年歳次甲申十一月十五日鬼宿金曜　一通

楮紙（杉原）　三三・一糎×四三・二糎　一紙

（端裏）座主　僧正　義演　印可　印信安文

（書出）大僧正義演／授印可／金剛界　大率都婆印　普賢一字明

（書止）右、於金剛輪院、奉授両部印可畢、

（差出）伝授阿闍梨権僧正法印和尚位雅厳

三四　雅厳授義演灌頂印信案　二通
安土桃山時代
（備考）（一）・（二）一括、
（一）　雅厳授義演許可灌頂印信紹文案
天正十四年歳次丙戌十二月六日婁宿水曜　一通
竪紙　楮紙（杉原）　三一・七糎×四三・二糎　一紙
（端裏）案文　准三宮義演御灌頂印信　光台院亮淳法印自筆
（書出）准三宮義演／授印可／金剛界　大率都婆印　普賢一字明
（書止）金剛名号　遍照金剛／右、於醍醐寺金剛輪院、奉授両部灌頂畢、
（差出）伝授大阿闍梨権僧正法印大和尚位雅厳
（備考）墨傍訓、
（二）　雅厳授義演伝法灌頂印信紹文案
天正十四年歳次丙戌十二月六日婁宿水曜　一通
切紙　楮紙（杉原）　三一・六糎×三三・七糎　一紙
（端裏）案文　准三宮義演御灌頂印信　光台院亮淳法印自筆
（書出）伝法灌頂阿闍梨職位事／昔大日如来開胎蔵・金剛秘密両部界会、授金剛薩埵、
（書止）能／○洗五塵之染、可期八葉之蓮、是則酬仏恩、答師徳、吾願如此、不／可餘念耳、
（差出）伝授大阿闍梨権僧正法印大和尚位雅厳
（宛所）准三宮義演
（備考）墨（返点・送仮名・傍訓）、

三五　亮淳授義演許可灌頂印信紹文案
天正十六年歳次戊子九月廿六日角宿月曜　一通
安土桃山時代　竪紙　斐紙（鳥の子）　三三・八糎×五一・四糎　一紙
（書出）伝法許可灌頂印信／昔大日如来開大悲胎蔵・金剛秘密両部界会、／授金剛薩埵、
（書止）能洗五塵之染、可期八葉之蓮、／是則酬仏恩、答師徳、吾願如此、不可餘念耳、
（差出）伝授大阿闍梨法印大和尚位権大僧都亮淳
（備考）包紙（杉原、四三・三糎×二六・五糎、二枚重ね、ウハ書「亮淳許可印信義演裏書」、裏書「天正十六戊子九月廿六日、対師主権僧正坊、当流第二重於光台院／道場遂其節畢、以此便場、遍智院方許可対亮淳法印授了、／此印信并折帋後日従彼法印賜之畢、彼祖師弘顕法印已来代々佳例也、／准三后義演卅一」）、

三六　堯瑜授賢昌灌頂印信案　二通
江戸前期　竪紙　楮紙（高檀紙）
（備考）（一）・（二）一括、包紙（漉返紙、五一・八糎×三七・二糎、ウハ書「印信　堯瑜」）、
（一）　堯瑜授賢昌伝法灌頂印信紹文案　寛永四年二月廿八日　一通
三六・〇糎×五四・三糎　一紙

（書出）最極秘密法界躰伝法灌頂阿闍梨職位事／昔大日如来開大悲胎
蔵・金剛秘密両部界会、／授金剛薩埵、
（書止）能洗五塵／染、可斯（マヽ）八葉蓮、吾願如斯、不可餘念耳、
（差出）伝授大阿闍梨権僧正法印大和尚位堯瑜

（二）　堯瑜授賢昌許可灌頂印信印明案
寛永四年丁卯二月廿八日丙寅木曜奎宿　一通
三八・二糎×五四・〇糎　一紙
（書出）法眼賢昌／授印可／金剛界大率都婆印　普賢一字明
（書止）金剛名号遍照金剛／右、於金剛王院道場、授両部伝法／灌頂畢、
（差出）伝授大阿闍梨権僧正法印大和尚位堯瑜

三七　権僧正堯瑜付法状案　寛永十一年三月　日　一通
江戸前期　竪紙　楮紙（杉原）　三四・二糎×四六・二糎　一紙
（本文）金剛王院法流諸大事・／秘事口決等、不残一／事、皆悉令指授尊
済／法印訖、敢以不可有／疑者也、
（差出）権僧正堯瑜

三八　覚定授天阿許可灌頂印信印明案
万治元年歳次戊戌閏十二月十七日翼宿土曜　一通
江戸前期　竪紙　楮紙（杉原）　三一・七糎×四七・三糎　一紙
（端裏）許可印信稲荷上人天阿紹書血脈達而懇望仕故、被遣之、
（書出）上人天阿／授印可／金剛界　大率都婆印　普賢一字明
（書止）右、於醍醐寺金剛輪院、授両部印可畢、
（差出）伝授大阿闍梨前大僧正法印大和尚位覚定
（宛所）上人天阿

三九　覚定授真浄許可灌頂印信案　二通
江戸前期　竪紙　漉返紙
（備考）（一）・（二）一括、

（一）　覚定授真浄許可灌頂印信紹文案
万治二年歳次己亥五月廿五日昴宿水曜　一通
三一・八糎×四七・五糎　一紙
（端裏）詔書薩摩国正元房真浄万治二十二廿七与之、
（書出）伝法許可灌頂印信／昔大日如来開大悲胎蔵・金剛秘密両部界
会、／授金剛薩埵、
（書止）能洗世／間五塵之染、可尋出世八葉之蓮、是則酬仏／恩、答師徳、
余願如是、不可餘念耳、
（差出）伝授大阿闍梨前大僧正法印大和尚位覚定
（宛所）真浄

（二）　覚定授真浄許可灌頂印信印明案
万治二年歳次己亥五月廿五日昴宿水曜　一通
三一・八糎×四七・四糎　一紙
（端裏）許可印信薩摩国正元房真浄万治二十二廿七与之、

（書出）真浄／授印可／金剛界　大率都婆印　普賢一字明
（書止）右、於醍醐寺金剛輪院、授両部印可畢、
（差出）伝授大阿闍梨前大僧正法印大和尚位覚定
（宛所）真浄

四〇　覚定授政意許可灌頂印信印明案

万治二年歳次己亥五月廿五日昴宿水曜　一通

江戸前期　竪紙　漉返紙　三二・八糎×四七・五糎　一紙
（端裏）許可印信 薩摩国甚堯房 政意 万治二 十二廿七与之、
（書出）法印権大僧都政意／授印可／金剛界　大率都婆印　普賢一字明
（書止）右、於醍醐寺金剛輪院、授両部印可畢、
（差出）伝授大阿闍梨前大僧正法印大和尚位覚定
（宛所）法印権大僧都政意

四一　覚定授順雅許可灌頂印信印明案

万治二年歳次己亥五月廿五日昴宿水曜　一通

江戸前期　竪紙　漉返紙　三二・八糎×四七・七糎　一紙
（端裏）許可印信 薩摩国教任房 順雅 万治二 十二廿七与之、
（書出）法印権大僧都順雅／授印可／金剛界　大率都婆印　普賢一字明
（書止）右、於醍醐寺金剛輪院、授両部印可畢、
（差出）伝授大阿闍梨前大僧正法印大和尚位覚定
（宛所）法印権大僧都順雅

四二　覚定授政真伝法灌頂印信血脈案（万治二年六月七日）　一通

江戸前期　竪紙　楮紙（杉原）　三五・八糎×五三・六糎　一紙
（端裏）薩州安養院権僧正政真／印信詔書并血脈所望依難黙止与之、万治二年六月七日
（書出）三宝院流血脈／大日如来　金剛薩埵　龍猛菩薩　龍智菩薩／金剛智三蔵　不空三蔵　恵果阿闍梨　弘法大師
（書止）荘厳院前大僧正義堯　行樹院権僧正深応　後正覚院僧正雅厳　灌頂院准三宮義演／前大僧正予覚定

四三　覚定授親意許可灌頂印信案　三通

江戸前期　竪紙
（備考）（一）～（三）一括、

（一）　覚定授親意許可灌頂印信紹文案

明暦二年歳次丙申三月廿四日室宿金曜　一通

楮紙（高檀紙）　三六・四糎×五六・三糎　一紙
（端裏）案許可 明暦二三廿四　授親意
（書出）伝法許可灌頂印信／昔大日如来開大悲胎蔵・金剛秘密両部界会、授／金剛薩埵、
（書止）能洗吾塵（マヽ）之染、可期八葉之蓮、是則／酬仏恩、答師徳、吾願如是、不可餘念耳、
（差出）伝授大阿闍梨前大僧正法印大和尚位覚定
（宛所）権少僧都親意

（二）　覚定授親意許可灌頂印信印明案

明暦二年歳次丙申三月廿四日室宿金曜　一通

楮紙（高檀紙）　三六・〇糎×五六・五糎　一紙

（端裏）許可印信明暦二三廿四　授親意

（書出）権少僧都親意／授印可／金剛界　大率都婆印　普賢一字明

（書止）右、於醍醐寺金剛輪院、授両部印可畢、

（差出）伝授大阿闍梨前大僧正法印大和尚位覚定

（宛所）権少僧都親意

（三）　覚定授親意許可灌頂印信紹文土代

明暦二年歳次丙申三月廿四日室宿金曜　一通

楮紙（杉原）　三六・二糎×五三・六糎　一紙

（書出）伝法許可灌頂印信／昔大日如来開大悲胎蔵・金剛秘密両部界会、授／金剛薩埵、

（書止）能洗五塵之染、可期八葉／之蓮、是則酬仏恩、答師徳、吾願如是、不可餘念耳、

（差出）伝授大阿闍梨前大僧正法印大和尚位覚定

（宛所）権少僧都親意

（備考）端裏に押紙「光台院へ被之下書」、本文・宛所等に押紙、

四四　寛済授定昌灌頂印信案　二通

江戸前期　竪紙　斐紙（鳥の子）

（備考）（一）・（二）一括、懸紙（鳥の子、五一・五糎×三六・三糎）、寛済筆、

（一）　寛済授定昌伝法灌頂印信紹文案

寛文二年歳次壬寅十月十日庚戌奎宿月曜　一通

三六・八糎×五一・八糎　一紙

（書出）伝法灌頂阿闍梨職位事／昔大日如来開大悲胎蔵・金剛秘密両部界／会、授金剛薩埵、

（書止）能洗五塵之／染、可期八葉之蓮、是則酬仏恩、答師徳、吾／願如此、不可餘念耳、

（差出）伝授大阿闍梨法務前大僧正法印大和尚位寛済

（二）　寛済授定昌許可灌頂印信印明案

寛文二年歳次壬寅十月十日庚戌奎宿月曜　一通

三六・七糎×五一・六糎　一紙

（書出）権大僧都定昌／授印可／金剛界　大率都婆印　普賢一字明

（書止）金剛名号　遍照金剛／右、於醍醐山釈迦院、授両部灌頂畢、

（差出）伝授大阿闍梨法務前大僧正法印大和尚位寛済

四五　演光授実快許可灌頂印信案　二通

江戸前期　竪紙　斐紙（鳥の子）

（備考）（一）・（二）一括、懸紙（鳥の子、五〇・六糎×三六・八糎）、

（一）　演光授実快許可灌頂印信紹文案

寛文六年歳次丙午十月朔日心宿木曜　一通

三七・〇糎×五〇・四糎　一紙

（書出）伝法許可灌頂印信／昔大日如来開大悲胎蔵・金剛秘密両部界会、
　授／金剛薩埵、
（書止）能洗／世間五塵之染、可尋出世八葉之蓮、是則酬仏恩、答／師徳、
　余願如是、不可餘念矣、
（差出）伝授大阿闍梨権僧正法印大和尚位演光
（宛所）法印大僧都実快

（二）　演光授実快許可灌頂印信印明案
寛文六年歳次丙午十月朔日心宿木曜　一通
三七・一糎×五一・二糎　一紙
（書出）法印大僧都実快／授印可／金剛界　大率都婆印　普賢一字明
（書止）右、於醍醐寺金剛輪院、授両部印可畢、
（差出）伝授大阿闍梨権僧正法印大和尚位演光
（宛所）法印実快

四六　有雅授定昌許可灌頂印信案　二通
江戸前期　竪紙　斐紙（鳥の子）
（備考）（一）・（二）一括、懸紙（鳥の子、五一・九糎×三六・八糎）、

（一）　有雅授定昌許可灌頂印信紹文案
延宝二年歳次甲寅四月十八日壬子斗宿水曜　一通
三七・〇糎×五三・二糎　一紙
（書出）伝法許可灌頂印信／昔大日如来開大悲胎蔵・金剛秘密両部／界会、授金剛薩埵、
（書止）能洗五塵之染、／可期八葉之蓮、是則酬仏恩、答師徳、吾願如此、／
　不可餘念耳、
（差出）伝授大阿闍梨僧正法印大和尚位有雅

（二）　有雅授定昌許可灌頂印信印明案
延宝二年歳次甲寅四月十八日壬子斗宿水曜　一通
三七・一糎×五三・三糎　一紙
（書出）法印権大僧都定昌／授印可／金剛界　大率都婆印　普賢一字明
（書止）右、於醍醐寺報恩院、授両部印可畢、
（差出）大阿闍梨僧正法印大和尚位有雅

四七　性善授春快許可灌頂印信印明案
宝暦六年歳次丙子四月廿七日甲子昴宿火曜　一通
江戸中期　竪紙　斐紙（鳥の子）三八・四糎×五三・〇糎　一紙
（書出）大法師春快／授印可／金剛界　大率都婆印　普賢一字明
（書止）金剛名号　遍照金剛／右、於槙尾山西明寺、授両部灌頂畢、
（差出）伝授大阿闍梨苾蒭性善
（備考）懸紙（鳥の子、四三・五糎×三七・六糎、ウハ書「伝法許可灌頂印信　授
　与春快」）、包紙（奉書紙、五四・〇糎×四〇・一糎、ウハ書「洞泉坊性善
　授春快印信真光坊、但馬、後改観長」）、礼紙を包紙に転用（「中納言
　とのへ」）、本紙・懸紙虫損甚し、

四八　印可人数交名　一通

江戸前期　竪紙　楮紙（杉原）　三一・七糎×四五・〇糎　一紙

（文首）寛文元年八月廿一日／御印可人数／東大寺上生院権律師晋英／同金殊院権律師実延

（文尾）東大寺正継　善実坊○／同泉祐　良観坊○／同良恵　正順坊○／已上十人、

四九　高演授真尊許可灌頂印信紹文案

文化四年歳次丁卯十一月二十六日尾宿木曜　一通

江戸後期　竪紙　泥間似合　紙背あり　三九・二糎×四八・二糎　一紙

（書出）伝法許可灌頂印信／昔大日如来開大悲胎蔵・金剛秘密両部界会、／授金剛薩埵、

（書止）能洗世間五塵之染、可／尋出世八葉之蓮、是則酬仏恩、答師徳、余願／如是、不可餘念矣、

（差出）伝授大阿闍梨法務高演

（備考）奥下に「高」の習書多数、

〔紙背〕高演授真尊許可灌頂印信印明案

文化四年歳次丁卯十一月二十六日尾宿木曜　一通

竪紙

（書出）十住心院法印真尊／授印可／金剛界　大率都婆印　普賢一字明

（書止）右、於金剛輪院道場、授両部印可畢、

（差出）伝授大阿闍梨法務

（備考）袖の際に「□□□尤山、、　同壇免許了」（文字半分切り落とされている）、

五〇　亮雄授実快灌頂印信案　三通

江戸前期　竪紙　斐紙（鳥の子）

（備考）(一)〜(三)一括、包紙（漉返紙、三四・〇糎×四四・三糎、ウハ書「金剛王院殿　内山上乗院／印信　二包」）、

(一)　亮雄授実快許可灌頂印信印明案

寛文五年歳次乙巳十月十九日辛未柳宿水曜　一通

三六・〇糎×五一・六糎　一紙

（書出）法印実快／授印可／金剛界　大率都婆印　普賢一字明

（書止）金剛名号　遍照金剛／右、於宇治郡醍醐寺金剛王院道場、授／両部伝法灌頂訖、

（差出）伝授大阿闍梨大僧正法印大和尚位亮雄

（備考）包紙（奉書紙、三七・八糎×三三・八糎、二枚重ね、ウハ書「印信／法印実快御房」）、

(二)　亮雄授実快伝法灌頂印信紹文案

寛文五年歳次乙巳十月十九日辛未柳宿水曜　一通

三六・八糎×五一・七糎　一紙

（書出）最極秘蜜法界躰伝法灌頂阿闍梨職位事／昔大日如来開大悲胎蔵・金剛秘蜜両部界会、／授金剛薩埵、

（書止）能洗五塵染、可期八葉蓮、吾願如斯、不／可餘念耳、
（差出）伝授大阿闍梨大僧正法印大和尚位亮雄
（宛所）金剛弟子実快
（備考）（二）・（三）一括、一括包紙（杉原、三七・四糎×三三・六糎、二枚重ね、
ウハ書「血脈／法印実快御房」）、

（三）　亮雄授実快伝法灌頂印信血脈案　（寛文五年十月十九日）　一通
三六・七糎×五一・八糎　一紙
（書出）血脈／大日　金剛薩埵　龍猛　龍智　金剛智　不空／恵果　弘
法大師　真雅　源仁　聖宝　観賢
（書止）成淳　全融　隆海　空済　隆全　全淳／陽春　尭運　宗秀　尭
瑜　尭助　亮雄

五一　亮雄授甚信許可灌頂印信印明案
寛文五年乙巳十月十一日癸亥 婁宿火曜　一通
江戸前期　竪紙　斐紙（鳥の子）　三六・六糎×五一・四糎　一紙
（書出）権僧正甚信／授印可／金剛界　大率都婆印　普賢一字明
（書止）右、於宇治郡醍醐寺金剛王院／道場、授両部印可訖、
（差出）伝授大阿闍梨大僧正大和尚位亮雄
（備考）包紙（美濃紙、三一・〇糎×四四・五糎、二枚重ね、ウハ書「金剛王院印信／
権僧正甚信御房」）、

五二　印可受者交名　寛文元年八月十九日　一通
江戸前期　続紙　楮紙（杉原）　三一・七糎×八九・〇糎　二紙
（書出）新薬師寺 御印可人数之事／長順房　快叡／教円房　玉盛／円善房
教清
（書止）和州室津常福寺 教学房　実清／以上十六人、

五三　印可加行表白　〔寛文十三年二月廿一日〕　一通
江戸前期　折紙　楮紙（奉書紙）　三二・八糎×四九・五糎　一紙
（書出）印可加行表白／敬白真言教主大日如来／金剛・胎蔵九会四重・
諸／尊聖衆、殊不動明王四／大八大諸大忿怒、惣尽／空法界一切
三宝境界／毎驚言、
（書止）抑三密修行之處、／大願精祈之砌ナレハ、／冥衆定テ降臨影／向
シタマラム、、、、、、、、
（備考）墨（返点・送仮名）、包紙一（美濃紙、三三・九糎×五〇・五糎、ウハ書「印
可加行表白」、裏書「寛文十三年二月廿一日／依禅誉法印之所望／
令書写了、従今日一／七日勤修之料也、／西渓末滴有雅」）、包紙
二（杉原、三四・五糎×四八・一糎、ウハ書「灌頂許可／禅誉」）、包紙二
に紙背あり、

〔包紙紙背〕円明院祐誉書状案　（年未詳）三月晦日　一通
折紙
（書出）和田市之助家来／風図上京仕候間、一簡／啓上仕候、先以弥御安
康／被成御座候旨、従兄方申／越承知仕、目出珍重／奉存候、

（書止）安御用ニ御座候、／心事奉期後音時候／条、不能詳候、恐惶謹言、
（差出）円明院／祐誉（花押）
（宛所）原大吉様人々御中
（備考）包紙二の紙背、逐而書、本文斜線にて墨抹、

五四　入壇加行表白　寛文二年六月廿四日　一通
江戸前期　折紙　斐紙（鳥の子）　三六・六糎×五一・六糎　一紙
（書出）入壇加行表白／敬白真言教主大日如／来両部界会諸尊聖／衆、殊本尊聖者大聖／不動明王四／大八大諸大／忿怒、惣尽空法界三／宝境界驚言、
（書止）抑三密修行之處、大願／成就之砌ナレハ、冥衆定テ／降臨影向シ玉フラン、
（備考）奥書「寛文二年六月廿四日、依灌頂／護摩一百箇日始行、授／権少僧都禅誉畢、／法務前大僧正寛済」、懸紙（鳥の子、三六・三糎×五一・二糎、ウハ書「入壇加行表白」）、

五五　灌頂受者作法口決　一通
江戸前期　折紙　楮紙（奉書紙）　三七・四糎×五一・二糎　一紙
（文首）金界／四礼、羯磨會四仏加持／五仏灌頂　四仏繫鬘／胎蔵／如来身會
（文尾）或自入仏三摩耶／慈氏菩薩マテ
（備考）懸紙（奉書紙、三一・九糎×四八・九糎、ウハ書「受者暗誦」）、

五六　灌頂受者頌　一通
江戸前期　折紙　楮紙（杉原）　三一・三糎×四八・七糎　一紙
（文首）受者頌／我今勧請阿闍梨／合掌恭敬、頭面礼、／当於尊者生仏想／及執金剛菩薩、
（文尾）南無施我仏性三摩耶戒／次大阿闍梨説戒、
（備考）包紙（美濃紙、三三・二糎×三四・一糎、ウハ書「受者頌」）、

五七　淳杲授寛恵許可灌頂印信印明案
明和二年歳次乙酉十一月廿五日丁酉心宿月曜　一通
江戸中期　竪紙　泥間似合　三七・八糎×五一・八糎　一紙
（書出）権大僧都寛恵／授印可／金剛界　大率都婆印　普賢一字明
（書止）右、於醍醐山行樹院、授両部印可畢、
（差出）大阿闍梨権大僧都法印大和尚位淳杲

五八　許可略次第　一帖
江戸前期　折本　漉返紙　墨点（傍訓）　墨（註記）　一七・三糎×一一・二糎
十一折（五紙）
（外題）許可次第
（表紙）上（中央）
堯円ム（右下）
（首題）許可略次第
（文首）敬白真言教主大日如来金／剛界會九會曼荼羅等并大悲／胎蔵十三大會、

（文尾）右、下総国下妻五宝寺良弘発起正受者也、／彼寺之秘密之御道具、
俊聡法印時、／被寄附之、仍俊法印ノ像殊ニ奉懸者也、
（文中識語）本云、寛元四年九月廿七日、以深沙御本／書重比交了、　金剛仏子全―／写本云、　貞和三年十月十五日書写之、／金剛仏子俊盛／元和七年二月十四日書之、写本／有疑、追而可改之、／求道沙門堯円／写本非俊盛自筆歟、
（備考）包紙（漉返紙、三・九糎×四五・八糎、ウハ書「堯円御筆許可次第」「道風」）、

五九　隆禅授湛海大法房口伝印信印明案　宝永二年二月五日　一通
江戸後期　竪紙　泥間似合　三六・六糎×五〇・九糎　一紙
（本文）（梵字）本口伝／（地水火風空 梵字）／（梵字）／灌頂了後、○日来経口伝云云、／師伝云、両説中用（梵字）塔印云々、／宝永二年二月五日授与湛海和尚了、／僧正隆禅／文化十年五月十一日随恵達大比丘受之血脈／湛海以下大比丘給自毫了、
（備考）懸紙（泥間似合、三六・六糎×五二・〇糎、ウハ書「大法房相伝」）、懸紙に紙背あり、
（懸紙紙背）巌覚以来淳覚印信血脈写　（年月日未詳）　一通
竪紙
（書出）巌覚　良勝　実任　興然　栄然　栄尊／聖済　栄海　俊然　尊信　興信　実順
（書止）隆禅　湛海　湛清　観明　叡運　光善／光実　観光　慧達　淳覚

六〇　隆禅授湛海最極秘密大事印信印明写　宝永二年二月五日　一通
江戸中期　切紙　泥間似合　一八・二糎×四六・〇糎　一紙
（書出）乍二塔印／（梵字）／（梵字）／妙拳（梵字）／外五股（梵字）
（書止）（梵字）／（梵字）／已上二種真言彼御筆、
（備考）奥書「康治三年正月八日午剋奉写了、／蓮光房　生年四十八／御房六十六／開／不開」「本云、／建久七年二月十日受重病難存命、／仍不顧年齢、若少授栄然了、／伝授阿闍梨興―于時師七十三、資廿五、／宝永二年二月五日授湛海了、僧正隆禅／文化十年五月十一日以開祖湛海印信令授淳覚僧正訖、／老比丘慧達」、本文紙背にわたる、懸紙（泥間似合、三六・六糎×五〇・四糎、ウハ書「最極」）、

六一　慧達授淳覚天慶印信大事印明写　文化十年五月十一日　一通
江戸後期　竪紙　泥間似合　三六・六糎×五〇・八糎　一紙
（書出）（梵字）方文不窮只在心耳／先結印、当心前以五大種子字布身已訖、
（書止）真言／（梵字）次誦五阿於心上／（梵字）誦七遍己印身五処／天慶九年八月廿八日　伝燈大法師淳祐
（備考）書止次行に「宝永二年二月五日／文化十年五月十一日」、包紙（泥間似合、三六・三糎×五〇・九糎、ウハ書「天慶之印信」）、包紙に紙背あり、

〔包紙紙背〕淳祐以来淳覚天慶印信大事血脈写

（文化十年五月十一日）　一通

竪紙

（書出）淳祐　元杲　仁海　成尊　範俊　厳□／良勝　実任　栄然　栄尊　聖済　栄海

（書止）湛清　観明　叡運　光善　光実　□□／慧達　淳覚

六二　慧達授淳覚鳥羽印信大事印明写　文化十年五月十一日　一通

江戸後期　竪紙　泥間似合　三六・六糎×五二・一糎　一紙

（端裏）鳥羽之印信具支

（書出）宝幢仏／一（梵字）（梵字）妙拳（梵字）／外五股（梵字）

（書止）金剛仏子範俊／大阿闍梨成尊／延久三年七月十四日　賜範俊

（備考）奥に「宝永二年二月五日　書与湛海和尚了、／僧正隆禅／右、以開祖湛海和尚印信令授淳覚僧正、／文化十年五月十一日　老比丘慧達」、懸紙（泥間似合、三六・五糎×五〇・九糎、ウハ書「鳥羽印信」）、

六三　禅誉入壇加行開白日次勘文（年月日未詳）　一通

江戸前期　竪紙　楮紙（杉原）　三一・〇糎×四二・三糎　一紙

（本文）入壇加行開白日次事／寛文二寅六月／廿四日丙寅畢宿火曜／禅誉　年四十二歳／得日　卯酉

（備考）包紙（漉返紙、四〇・七糎×二六・七糎、ウハ書「有雅御筆／禅誉入壇加行開白日次事」）、裏書「入壇加行開白日次事」、

六四　覚雄授某瑜祇経大事印信印明写

貞享三歳次丙寅十月廿六日斗宿日曜　一通

江戸中期　竪紙　楮紙（美濃紙）　二六・五糎×四一・八糎　一紙

（本文）瑜祇経大事／印外五古／（梵字）／右、於武州入間郡勝呂郷大智寺／道場授之畢、

（差出）伝燈大阿闍梨法印大和尚位覚雄

六五　松橋流付法弟子交名　二通

江戸中期　切紙　楮紙（美濃紙）

（備考）（一）・（二）一括、包紙（美濃紙、一七・〇糎×二四・一糎、ウハ書「松橋流有雅真円両師付法任日」）、

（一）有雅授松橋流付法弟子交名　一通

一六・七糎×六七・〇糎　一紙

（文首）松橋流付法／釈迦院前法務前大僧正有雅　六条前中納言有純卿息男／中院前内府○公通村○公卿猶父

（文尾）天龍比丘祐宝印可、同壇、　山上仏眼院住居／弥勒院権小僧都澄翁印可、同壇、

（二）真円授松橋流付法弟子交名　一通

墨点（傍訓）　一六・七糎×六七・七糎　一紙

（文首）行樹院一位権僧正真円　讃岐国丸亀城主京極若狭守家士／熊岡左吉右衛門可般息男

（文尾）西光院深快印可、　水戸大貫村、号海慶上人、／寛保三癸亥五月九

日角、日、／師年六十一、資年六十六、　教授澄翁
（備考）文尾に押紙「享保九年　月　日　印可／運助／真円／亮祐／右任日末考追日書付進可申候」、

六六　実雅授有円附法状案　宝暦六年丙子五月十七日　一通
江戸中期　竪紙　斐紙（鳥の子）四一・一糎×五〇・三糎　一紙
（本文）当流相承之事、以有円法印所令／附法写瓶也、仍宗之大事・道之故実・／大法・秘法・秘事・口決等、悉令指授訖、／於後資相続者、速可有授与、仍附法／状如件、
（差出）報恩院法務僧正／実雅（花押）
（宛所）宝幢院有円法印
（備考）懸紙（鳥の子、五三・七糎×三九・六糎、ウハ書「附法状」）、

六七　淳杲置文　二通
江戸後期　竪紙　楮紙（美濃紙）
（備考）（一）・（二）一括、包紙一（美濃紙、四四・〇糎×三三・五糎、ウハ書「法流御證文」、裏書「我尊師大阿闍梨耶淳杲、去シ寛政七年正月中旬／ヨリ御所営之処、今年三月中旬後より亦々御不例ニ／御座、四月六日ヨリ御下山、十日御出京、五月十日末之／半刻御入滅、十二日御帰山、御供奉淳覚、十三日／御内葬、六月二日表向儀式、廿八日七々日、五旬後／御文庫ノ内ニ此御状納給畢、冥賀至極／別而御大病中御名字ヲ被遊、末代之證拠タル／者也、／七月十五日　遺弟仏子淳覚識」）、包紙二（美濃紙、四四・二糎×三三・二糎、ウハ書「御證文」）、

（一）　淳杲置文　寛政十戊午年四月六日　一通
三三・二糎×四四・五糎　一紙
（本文）当流相承之事、以淳覚大僧都／令附法瀉瓶也、仍宗大事・道之／故実悉面授訖、於宗極大事／者、去三月五日以先師御自毫／之重書令伝授、則御自筆／一合血脈相添、授与我門資、／不可疑滞譲与之状如件、／当院別而頼置者也、
（差出）「淳杲」

（二）　淳杲置文　寛政十戊午年四月六日　一通
三三・二糎×四四・六糎　一紙
（書出）申置之事／当流相承之事、以淳覚令附属／之条、我門資不可疑滞者也、
（書止）一山之恥辱、不仮染不狩多端、有／護法神罰恐、若異乱ノ時者、可上達、
（差出）「淳杲」

六八　某授照貞許可灌頂印信印明書止シ等　四通
江戸中期
（備考）（一）〜（四）一括、

（一）　某授照貞許可灌頂印信印明書止シ（年月日未詳）　一通

切紙　斐紙（鳥の子）三六・九糎×二六・五糎　一紙

（本文）大法師照貞／授印可／金剛界　大率都婆印　普賢一字明／（梵

字）

（二）　某授有禅許可灌頂印信印明書止シ　（年月日未詳）　一通

切紙　斐紙（鳥の子）三六・九糎×二六・〇糎　一紙

（本文）法師有禅／授印可／金剛界　大率都婆印　普賢一字明

（三）　某授寂真許可灌頂印信印明書止シ　（年月日未詳）　一通

竪紙　斐紙（鳥の子）三六・九糎×五一・四糎　一紙

（書出）法印権大僧都寂真／授印可／金剛界　大率都婆印　普賢一字明

（書止）右、於醍醐寺報恩院、授両部印可畢、

（四）　某授某許可灌頂印信印明案　享保三年歳次戊戌　一通

竪紙　斐紙（鳥の子）三七・二糎×四九・九糎　一紙

（書出）授印可／金剛界　大率都婆印　普賢一字明

（書止）右、於東武之旅館、授両部印可畢、

（差出）伝授大阿闍梨前法務前大僧正

六九　南京并雄徳山灌頂印可日記　一冊

江戸前期　袋綴装　楮紙（奉書紙）原表紙本紙共紙　紙背あり　墨点

（傍訓）朱（註記・合点）三一・〇糎×二三・二糎　二十一紙

（外題）南京并雄徳山灌頂印可日記

（首題）南京并雄徳山灌頂印可等之日記

（文首）寛文元年辛丑八月十四日天晴、和州南都教軫／釈迦院法印同前先

詰、且宇治恵心院立寄朝飡／済々馳走有之、

（文尾）受者一人／大西房覚任弟子大夫坊覚琛廿歳／惣計灌頂印可資六

十二人

〔紙背一〕東専院某消息　（年月未詳）二十一日　一通

折紙　一紙

（差出）東専院

（宛所）謹上水もと様御返事申給候へ

（備考）袋綴装のため本文読めず、法量計測不能、以下紙背二一まで同じ、

〔紙背二〕水野専有書状　（年未詳）八月廿八日　一通

折紙　一紙

（差出）水野石見守専有（花押）

（宛所）水本様

〔紙背三〕水野専有書状　（年未詳）正月十九日　一通

折紙　一紙

（差出）水野石見守専有（花押）

（宛所）水本様留主御房

〔紙背四〕水野専有書状　（年未詳）五月八日　一通

折紙　一紙
（差出）水野石見守専有（花押）
（宛所）水本様尊報

〔紙背五〕松田如閑書状（年未詳）三月二日　一通
折紙　一紙
（差出）松田如閑（花押）
（宛所）拝進　水本御房

〔紙背六〕水野専有書状（年未詳）九月四日　一通
折紙　一紙
（差出）水野石見守専有（花押）
（宛所）水本様

〔紙背七〕水野専行書状（年未詳）八月廿二日　一通
折紙　一紙
（差出）水野半左衛門専行（花押）
（宛所）報恩院大僧正様御同宿中

〔紙背八〕水野専有書状（年未詳）八月二日　一通
折紙　一紙
（差出）水野石見守専有（花押）
（宛所）水本様

〔紙背九〕水野専行書状（年未詳）七月廿六日　一通
折紙　一紙
（差出）水野半左衛門専行（花押）
（宛所）報恩院大僧正様尊答

〔紙背一〇〕水野専有書状（年未詳）極月廿二日　一通
折紙　一紙
（差出）水野石見守専有（花押）
（宛所）水本様尊答

〔紙背一一〕水野専有書状（年未詳）九月十八日　一通
折紙　一紙
（差出）水野石見守専有（花押）
（宛所）水本様

〔紙背一二〕水野専行書状（年未詳）四月五日　一通
折紙　一紙
（差出）水野半左衛門専行（花押）
（宛所）水本大僧正様御同宿中

〔紙背一三〕豊蔵坊学国書状（年未詳）九月廿六日　一通
折紙　一紙
（差出）豊蔵坊学国（花押）

（宛所）進上水本大僧正様

〔紙背一四〕水野専有書状（年未詳）十月十六日　一通

折紙　一紙

（差出）水野石見守専有（花押）

（宛所）水本様尊報

〔紙背一五〕水野専行書状（年未詳）四月三日　一通

折紙　一紙

（差出）水野半左衛門専行（花押）

（宛所）水本大僧正様

〔紙背一六〕水野専行書状（年未詳）三月十日　一通

折紙　一紙

（差出）水野半左衛門専行（花押）

（宛所）進上水本大僧正様

〔紙背一七〕水野専有書状（年未詳）十二月五日　一通

折紙　一紙

（差出）水野石見守専有（花押）

（宛所）水本様御同宿御中

〔紙背一八〕高倉賢国書状（年未詳）十二月廿一日　一通

折紙　一紙

（差出）高倉前大納言賢国（花押）

（宛所）報恩院大僧正御房

〔紙背一九〕長瀬栄為書状（年未詳）正月廿八日　一通

折紙　一紙

（差出）長瀬新兵衛栄為（花押）

（宛所）御□□□

〔紙背二〇〕水野専有書状（年未詳）七月十七日　一通

折紙　一紙

（差出）水野石見守専有（花押）

（宛所）水本様

〔紙背二一〕尊可院志輩某書状（年未詳）九月四日　一通

折紙　一紙

（差出）尊可院志輩（花押）

（宛所）水本大僧正様

七〇　金剛輪院印可授与記　一冊

江戸中期　袋綴装　楮紙（高檀紙・奉書紙）・漉返紙　原表紙本紙共紙

紙背あり　十行　三・三糎×三・五糎　八紙

（外題）授与記

（首題）印可授与記
（文首）明暦元乙未年十二月廿二日房宿火曜、予印可授与始四十九才、／金
剛輪院道場　受者権大僧都定信西往院
（文尾）教授西往院法印定信／薩州安養院極官大学寺〔覚〕公弘御執奏、勅許、
就其江戸へ罷下リ候故、印信詔（マヽ）書・血脈達而／懇望、依難黙止、
万治二六八日与之、

（紙背一）某進上目録　□□元年十二月廿五日　一通
折紙　楮紙（高檀紙）一紙
（備考）袋綴装のため本文読めず、法量計測不能、以下紙背八まで同じ、

（紙背二）寛済書状（年未詳）九月五日　一通
折紙　楮紙（奉書紙）一紙
（差出）寛済
（宛所）平井治部卿殿

（紙背三）某消息（年月日未詳）　一通
折紙　楮紙（奉書紙）一紙

（紙背四）某消息（年月日未詳）　一通
折紙　楮紙（奉書紙）一紙

（紙背五）寛済書状（年未詳）十二月十六日　一通
折紙　漉返紙　一紙
（差出）寛済
（宛所）平井治部卿殿

（紙背六）某書状礼紙書（年月日未詳）　一通
竪紙　楮紙（奉書紙）一紙

（紙背七）某天皇女房奉書（年月日未詳）　一通
竪紙　楮紙（高檀紙）一紙

（紙背八）某進上目録　□□元年十二月廿五日　一通
折紙　楮紙（高檀紙）一紙

七一　随心院流印可授与記　一冊
江戸後期　袋綴装　楮紙（美濃紙）原表紙本紙共紙　墨点（送仮名・傍
訓）墨（註記・合点）八行前後・十七字前後　二四・七糎×一七・二糎　八紙
（外題）随流印可記
（表紙）宝幢院僧正淳覚
（文首）文化七年庚午二月十四日、於上醍醐宝幢院、／小野随心院御門跡御
法流相承印可、／大阿闍梨京都姉小路延命院兼小野無染／院権僧
正密厳年五十戒
（文尾）一御当院参上、御授与仕候義、恐畏入候事ト会見也、／一印信同
十二月六日堅嶺行口説畢、／僧正淳覚記之、

（備考）文尾に道場図、

七二　印可雑記　一冊

江戸前期　袋綴装　漉返紙　原表紙本紙共紙　墨点（送仮名・傍訓）　墨

（註記）二五・八糎×一八・四糎　十五紙

（表紙）寛永八

（文首）寛永八辛未年二月廿六日室宿、日曜、印可人数惣廿八人、／泉涌寺長岡寺

　太子堂／仁和法金剛院　八幡金剛寺／以上律僧衆発起　皆着律

　衣七条、

（文尾）十二月十九日印可、／正受者　下野東真壁地蔵院慶存宥長　但二

　重、／直末寺所望／右、道場方料金子壱匁、／施物金壱分三ツ、

七三　伝法許可灌頂印信書様故実　一冊

江戸後期　袋綴装　楮紙（美濃紙）　墨点（返点・送仮名）　八行前後・

十二字前後　二四・六糎×一六・九糎　五紙

（文首）印信認様同葉不同葉不同御座候／中ニ、宝幢院文海法印口ニ、当流ハ印

　可灌頂／共ニ同葉ノ印信施ス之云々、

（文尾）昨六日尋来、　二月七日智山英範方へ遣ス、／寛政二庚戌歳二月、智山

　ヨリ尋、／答ノ留／師主淳杲

七四　当流三重大事口決　一通

江戸中期　折紙　漉返紙　三一・八糎×四二・九糎　一紙

（首題）当流極位大事

（本文）是モ第三重有之、／初重／二印二明　如常、／第二重／一印タ二

　明（梵字）（梵字）／第三重／一印タ一明　秘密明／宝暦十年辰十一月四

　日記之、／金剛仏子演春

七五　宝池院印可記　一通

江戸中期　重紙　楮紙（杉原）　三三・四 三三・二 三三・二 三三・五糎×四四・五 四四・〇 四四・二 四五・九糎　四紙

（文首）元禄十四年歳次辛巳七月五日允宿、月曜、於宝池院新道場、／出羽国鳥海山

　福王子法印弘辨授与之、

（文尾）元禄十三年歳次康辰〔庚〕十一月十一日畢宿、月曜、於宝池院○新道場、／下総国平

　山○東照院法印有照

七六　印可視聴記　一帖

江戸中期　綴葉装　楮紙（美濃紙）　原表紙素紙　墨点（返点・送仮名・

声点・傍訓）　墨（合点）　一四・五糎×二〇・三糎　十二丁

（外題）印可視聴余人所不見、

（表紙）清音房宥覚之（右下）

（首題）印可視聴

（文首）一印可非一流之師範、不可授之、／一印可灌頂共四十以後可勤之、

（文尾）北南向道場／東宥伝／聖宝／弘法／恵果／一行／善無／西頼

　雄／憲深／不空／金智／竜智／龍猛／南

（備考）包紙（美濃紙、二六・二糎×三一・三糎、ウハ書「諸流印可記」）、

七七　虚空蔵真言　一通

江戸後期　続紙　斐紙（鳥の子）　三五・三糎×九五・二糎　二紙

（本文）虚空蔵真言／（梵字）／於穹窿庵西窓書之、／権少僧都賢隆（花押）
（方形朱印）

七八　附法状包紙　（年月日未詳）　一紙

江戸後期　竪紙　泥間似合　三三・八糎×四〇・〇糎　一紙

（備考）ウハ書「附法之状」、

七九　印可作法私記等　七通・一冊

（備考）（一）～（八）一括、懸紙（漉返紙、二八・六糎×四六・〇糎、ウハ書「印可細々」、裏書「印可道場図尺迦院／秘密八印／座主満―斉御印可事／蓮覚印可事／宝幢房印可事／表白」）、

（一）　印可作法私記　一通

室町前期　折紙　漉返紙　紙背あり　墨点（送仮名）　墨（註記）　三六・八糎×五三・五糎　一紙

（文首）道場荘厳周備之後申案内、大阿闍梨入堂令受者坐便宜所後戸辺、／供養法一座就金界修之、／前方便如常訖金二丁、

（文尾）次下礼盤、／次相具受者、令礼八祖等、／次受者退出、／次大阿闍梨出堂、

（備考）見返奥に「印可作法原ム、以旧本書之、但次第ム書之也、」、付箋（青）、隆源筆、

（紙背）伝法灌頂表白旧草　（年月日未詳）　一通

折紙

（書出）表白旧草／敬白真言教主大日如来金剛界會／九會曼荼羅并大悲台蔵十三／大會、

（書止）乃至法界平等利益ノ為ニ／摩訶、、、丁／観自在菩薩丁／金剛手菩薩丁／次五悔等如面、

（備考）墨（返点・送仮名）、隆源筆、

（二）　釈迦院印可壇場図　一通

南北朝時代　竪紙　漉返紙　三〇・二糎×四八・四糎　一紙

（端裏）印可壇場図尺迦院　明徳二辛未二廿七

（備考）隆源筆、

（三）　蓮覚上人印可記　一通

室町前期　折紙　漉返紙　二九・三糎×四八・三糎　一紙

（文首）壇敷料絹四丈／名香一裹／仏供卅六坏大壇并八大師等料花足、若小土器料、米三斗、／仏布施十二裹／燈油一升／小土器燈心少々／応永廿一年甲午七月十三日於／京都法身院護摩堂、三輪／蓮覚上人印可事有之、／仍兼日如此支度書遣之、

（文尾）而当時為座主、被召上、住法身院／御坊談義等有之、

（備考）見返奥に「蓮覚上人印可事」、隆源筆、

（四）　座主満済印可記抜書　一通

室町前期　折紙　漉返紙　二九・六糎×四九・五糎　一紙
（文首）座主権僧正満ー御房／印可事／一御加行事／北斗御壇所中、六月八日
御始行、不動三／時護摩也、御表白別而／草進了、
（文尾）晩頭五社天神堂／御入堂之後、御帰座也、六月／廿日丙寅奎宿、月曜、
（備考）隆源筆、

（五）秘密八印口決　一通
室町前期　折紙　楮紙（杉原）　墨点（返点・送仮名・傍訓）　墨（頭点・合点）　三一・二糎×四六・〇糎　一紙
（首題）秘密八印
（文首）大威徳生宝幢／蓮合二地二風舒散二ー／空並竪二水二火合立之、／帰命藍落（梵字）
（文尾）帰命摩訶瑜誐瑜擬寧／瑜詣誂縛喇欠惹利計（梵字）／○召請／○結界
（備考）見返奥に「秘密八印」、隆源筆、

（六）　秘密八印口決　一通
室町中期　続紙（折紙）　楮紙（杉原）　墨点（返点・送仮名・傍訓）　墨（頭点・合点）　二六・八糎×九〇・五糎　二紙
（首題）秘密八印
（文首）大威徳生宝幢／蓮合散地風、謂二地二風／舒散単竪、二空並竪／
二水二火合立也、
（文尾）朱ム云、迅疾持弥勒印／報御口云、如印文御記云、逆順各三転文、／御口云、但逆ニハ仰左平転順ニハ反シテ／仰右平転明逆順各一反田抄、
（奥書）文明三　正　十六、為令見易、／四度之箱内御口決分略抄之、／小野末葉深（賢深）
（備考）見返奥に「秘密八印」、

（七）秘密八印口決　一通
室町中期　折紙　漉返紙　墨点（送仮名・傍訓）　墨（註記）　二六・五糎×四五・〇糎　一紙
（首題）秘密八印
（文首）大威徳生蓮合散地風、謂二地二風人散、ヒトヘニ立ナリ、二空／並竪テ二水二火合立ナリ、
（文尾）ナウマク三マムタホタナムマカユキヤ／ユキニユケイシムハリケムシヤリケイ／ソハカ
（備考）見返奥に「秘密八印」、

（八）　越前国三州湊住僧某重受記　一冊
室町前期　横帳　楮紙（杉原）　墨点（傍訓）　三一・六糎×四〇・七糎　二紙
（外題）印可事
（文首）越前国三州湊住僧中□殿号□□□、重受事／十月清龍宮参籠中也、／大夫法印来臨、理趣坊宰相／律師宗仲対西方院僧正／賢耀状受法事
望申也云々、
（文尾）大壇八坏大小／八祖尊師大師也、十祖分廿坏小／仏布施二裹両界分／十祖分廿二

褁／以上厚紙廿四帖也、

（備考）隆源筆、

醍醐寺叢書　目録篇
醍醐寺文書聖教目録　第四巻
編　集　総本山醍醐寺
発行者　池　嶋　洋　次
発行所　勉　誠　出　版　㈱
〒101・0051東京都千代田区神田神保町三-十-二
電話　〇三-五二一五-九〇二一㈹
平成二十九年三月三十一日発行
印刷　太平印刷社
製本　若林製本工場